ŒUVRES PHILOSOPHIQUES DE LEIBNIZ

AVEC UNE INTRODUCTION ET DES NOTES

PAR

PAUL JANET

Membre de l'Institut
Professeur à la Faculté des lettres de l'Université de Paris

DEUXIÈME ÉDITION REVUE ET AUGMENTÉE

TOME PREMIER

PARIS
ANCIENNE LIBRAIRIE GERMER BAILLIÈRE ET Cie
FÉLIX ALCAN, ÉDITEUR
108, BOULEVARD SAINT-GERMAIN, 108

1900
Tous droits réservés

AVIS DE L'ÉDITEUR

M. Paul Janet a été enlevé par une courte maladie, au mois de Novembre 1899, au moment où l'impression de cet ouvrage touchait à sa fin. M. Boirac, recteur de l'Académie de Grenoble, a bien voulu en revoir les dernières épreuves et se charger de la Bibliographie de Leibniz *que M. Paul Janet avait projeté de placer en tête de cette publication.*

ŒUVRES
PHILOSOPHIQUES
DE LEIBNIZ

TOME PREMIER

A LA MÊME LIBRAIRIE

AUTRES OUVRAGES DE M. PAUL JANET

Histoire de la science politique dans ses rapports avec la morale. 3e édit. 1887, 2 vol. in-8° de la *Bibliothèque de philosophie contemporaine*. 20 fr.

Les causes finales. 1882, 1 vol. in-8° de la *Bibliothèque de philosophie contemporaine*, 2e édit.. 10 fr.

Victor Cousin et son œuvre, 1 vol. in-8° de la *Bibliothèque de philosophie contemporaine*, 2e édit., 1893.. 7 fr. 50

Saint-Simon et le saint-simonisme. 1878, 1 vol. in-18 de la *Bibliothèque de philosophie contemporaine*. 2 fr. 50

Le matérialisme contemporain, 5e édit., 1888, 1 vol in-18 de la *Bibliothèque de philosophie contemporaine*. Épuisé

La philosophie de Lamennais, 1890, 1 vol. in-18 de la *Bibliothèque de philosophie contemporaine*. 2 fr. 50

Les origines du socialisme contemporain, 1 vol. in-18 de la *Bibliothèque de philosophie contemporaine*, 2e édit., 1892. 2 fr. 50

Philosophie de la Révolution française, 4e édit., 1892, 1 vol. in-18 de la *Bibliothèque de philosophie contemporaine*. Épuisé

La crise philosophique, 1 vol. in-18 de la *Bibliothèque de philosophie contemporaine*. Épuisé

Dieu, l'homme et la béatitude, 1878, 1 vol. in-18 de la *Bibliothèque de philosophie contemporaine*. Épuisé

La dialectique dans Hegel et dans Platon. 1860, 1 vol. in-8°. Épuisé

Le médiateur plastique de Cudworth. 1860, 1 brochure in-8°. 1 fr.

BIBLIOGRAPHIE DE LEIBNIZ

I. — Leibniz n'a publié de son vivant que quelques opuscules : *De Principio individui*, Leipzig, 1663 ; *Specimen quæstionum philosophicarum ex jure collectarum*, Leipzig, 1664 ; *Tractatus de arte combinatoria*, Leipzig, 1666 ; des articles dans les *Acta eruditorum* de Leipzig, à partir de 1684 et dans le *Journal des Savants* à partir de 1691, enfin la *Théodicée*, Amsterdam, 1710.

Après sa mort, on transporta tous ses papiers et tous ses livres dans les archives secrètes et dans la bibliothèque électorale de Hanovre. C'est dans cette bibliothèque, devenue bibliothèque royale, qu'ils sont encore aujourd'hui. Une grande partie des manuscrits reste à publier. D'après Bodemann *(Der Briefwechsel des Leibniz in der Königlichen Bibliothek zu Hanover*, Hann., 1889), il existe 1.500 lettres inédites réparties sous 1.063 numéros (Uberweg, *Grundniss der Geschichte der Philosophie*, III, 165).

En 1717 et 1719 parurent d'abord à Londres, puis à Amsterdam les *Lettres de Leibniz et de Clarke ;* en 1720, à Francfort, la *Monadologie* traduite en allemand par Kœlher et, en 1721, à Francfort et à Leipzig, traduite en latin par Hansche.

En 1765, Raspe publia à Amsterdam et à Leipzig les *Œuvres philosophiques latines et françaises de feu M. de Leibniz, tirées de ses manuscrits qui se conservent dans la Bibliothèque royale de Hanovre*, et où se trouvent compris les *Nouveaux Essais sur l'entendement humain*.

En 1768, parut à Genève la première édition complète des œuvres de Leibniz en 6 volumes par Dutens sous ce titre : *Gothofredi Guillelmi Leibnitii opera omnia, nunc primum collecta, in classes distributa, præfationibus et indiciis ornata studio Ludovici Dutens*. Cependant cette édition ne contient pas les inédits qu'avait publiés Raspe.

De 1838 à 1840, Guhraüer publia les *Écrits allemands de Leibnitz* (Berlin).

En 1840, Erdmann fit paraître à Berlin une édition des *Œuvres philosophiques (Godofredi Guillelmi Leibnitii opera philosophica quæ exstant latina, gallica, germanica omnia)* qui contient, entre autres inédits tirés de la bibliothèque de Hanovre, le texte inédit de la *Monadologie* en français.

Cette édition fut adaptée à l'usage du public français en 1842 par M. A. Jacques, qui publia à Paris *Œuvres de Leibniz, nouvelle édit. en 2 vol.*

Depuis lors V. Cousin a publié en 1845 (dans les *Fragments philosophiques*, t. II) les lettres de *Leibniz à Malebranche ;* Grotefend, en 1846, la *Correspondance de Leibniz et d'Arnaud ;* Foucher de Careil, en 1854 et 1857, la *Réfutation inédite de Spinoza par Leibniz, Lettres et Opuscules inédits de Leibniz,* et en 1859 *Œuvres de Leibniz* publiées pour la première fois d'après les manuscrits originaux.

En 1864, Onno Klopp a entrepris une nouvelle édition des *Œuvres complètes de Leibniz* d'après les manuscrits de la bibliothèque de Hanovre, dont la première partie, publiée de 1864 à 1885, contient seulement les écrits historiques et politiques en 13 volumes.

M. Paul Janet a publié en 1866 une édition des *Œuvres philosophiques* en 2 volumes in-8, dont celle que nous publions aujourd'hui est la reproduction revue et complétée.

Enfin, en 1875 Gerhardt a commencé une *Édition complète des Œuvres philosophiques* qui, à la date de 1890, comprend 7 volumes in-8, à laquelle nous avons fait un certain nombre d'emprunts, en particulier pour la *Correspondance de Leibniz et du Père des Bosses*, déjà partiellement publiée par Erdmann, dont nous avons extrait la partie philosophique.

Parmi les éditions spéciales de certaines œuvres philosophiques de Leibniz, signalons les remarquables éditions que M. Boutroux a données de la *Monadologie* en 1881 et des *Nouveaux Essais* (Avant-propos et livre I), en 1886, avec Introduction et Notes.

II. — Nous ne prétendons pas exposer ici la bibliographie complète des auteurs qui ont écrit sur Leibniz et la philosophie leibnizienne ; nous nous contentons d'indiquer les principaux noms de nature à intéresser le public français.

Sur la vie de Leibniz et l'histoire de ses écrits nous citerons d'abord deux opuscules de Leibniz lui-même, d'un caractère autobiographique : *In specimina Pacidii introductio historica*, publié par Erdmann (1840), et *Vita Leibnitii a se ipso breviter delineata* publié par Foucher de Careil (1717) ; puis l'*Éloge de Monsieur de Leibniz par Fontenelle* (1716) ; enfin *Gottfried Wilhelm Freiherr von Leibniz eine Biographie*, par Gurhaüer, nouvelle édition, 1846, 2 volumes in-12.

Les ouvrages historiques et critiques qui concernent la philosophie de Leibniz sont innombrables. Nous citerons :

1° En langue française :

DE JUSTI, *Dissertation qui a remporté le prix proposé par l'Académie des sciences de Prusse sur le système des monades*, Berlin, 1748.

REINHARD, *Dissertation qui a remporté le prix proposé par l'Académie des sciences de Prusse sur l'optimisme*, Berlin, 1755.

ANCILLON, *Essai sur l'esprit du leibnizianisme*, Berlin, 1846.

MAINE DE BIRAN, *Exposé de la doctrine philosophique de Leibniz* (composé pour la *Biographie universelle*), Paris, 1849.

EMILE SAISSET, *Discours sur la philosophie de Leibniz*, Paris, 1857.

NOURRISSON, *La Philosophie de Leibniz*, Paris, 1860.

FOUCHER DE CAREIL, *Leibniz, la Philosophie juive et la Cabale*, Paris, 1861 ; *Leibniz, Descartes et Spinoza*, avec un *Rapport* par V. Cousin, Paris, 1863.

J. BONIFAS, *Étude sur la Théodicée de Leibniz*, Paris, 1863.

D. NOLEN, *La Critique de Kant et la Métaphysique de Leibniz*, Paris, 1875.

Du même, *La Monadologie, avec une notice sur Leibniz, des éclaircissements*, etc., Paris, 1881.

SEGOND, *La Monadologie, avec notice sur la vie, les écrits et la philosophie de Leibniz*, Paris, 1863.

E. BOIRAC, Article *Leibniz* dans la *Grande Encyclopédie*, Paris, 1898.

2° En langue latine

a. — D'origine française :

NOLEN, *Quid Leibnitius Aristoteli debuerit*, Paris, 1875.

PENJON, *De Infinito apud Leibnitium*, Paris, 1878.

BLONDEL, *De Vinculo substantiali et de Substantia composita apud Leibnitium*, Paris, 1893.

BOIRAC, *De Spatio apud Leibnitium*, Paris, 1894.

b. — D'origine allemande :

BILFINGER, *Commentatio de harmonia animi et corporis humani præstabilita ex mente Leibnitii*, Francfort, 1723.

Du même, *Commentatio de origine et permissione mali, præcipue moralis*, Francfort, 1724.

BAUMEISTER, *Historia doctrinæ de optimo mundo*, Gorlitz, 1744.
PLOUCQUET, *Primaria monadologiæ capita*, Berlin, 1748.
GURHAUER, *Leibnitii doctrina de unione animæ et corporis*, Berlin, 1837.
HARTENSTEIN, *Commentatio de materiæ apud Leibnitium notione et ad monadas relatione*, Leipzig, 1846.
HUGO SOMMER, *De Doctrina quam de Harmonia præstabilita Leibnitius proposuit*, Gott., 1866.
DAX. JACOBY, *De Leibnitii studiis Aristoteleis*, Berlin, 1867.

3° En langue allemande :

Les *Études* de Erdmann et de Kuno Fischer dans leurs *Histoires de la philosophie*.
KANT, *Uber der Optimismus*, Kœnigsberg, 1759.
EBERSTEIN, *Versuch einer Geschichte der Logik und Metaphysik bis den Deutschen von Leibniz bis auf die gegenwœrtige Zeit*, Halle, 1794-1799.
FR. KIRCHNER, *Leibniz' Psychologie*, Cœthen, 1876.
FEUERBACH, *Darstellung, Entwickelung und Critik der Leibnizschen Philosophie*, Ansbach, 1837, 2ᵉ édition, 1844.
J.-TH. MERZ, *Leibniz*, Londres, 1884 ; Heidelberg, 1886 ;
LUDWIG STEIN, *Leibniz in seinem Verhältniss zu Spinoza auf Grundlage unerdites Materials entwickelungsgeschichtlich dargestellt in Sitzungsbericht der Akademie der Wissenschaften zu Berlin*, 1888, p. 615-662.
Du même, *Leibniz und Spinoza*, Berlin, 1890 (ouvrage plus développé avec dix-neuf *Inédits* des manuscrits de Leibniz).
ED. DILMANN, *Eine neue Darstellung der Leibnitzschen Monadenlehre auf Grund der Quellen*, Leipzig, 1791.
P. HARZER, *Leibniz' dynamische Auschauungen, mit besonderer Rücksicht auf der Reform des Kræftemaasses und der Entwickelung des Princips der Erhaltung der Energie*, in « Wierteljahrsschrift für Wissenschaftliche Philosophie », 1882, pp. 265-295.
BENEKE, *Leibniz als Ethiker*, Diss. Erlang., 1891.

INTRODUCTION

Lorsque Descartes est venu dire, dans la première partie du xviie siècle, qu'il n'y a que deux sortes de choses ou de substances dans la nature, les substances étendues et les substances pensantes, les corps et les esprits ; que, dans le corps, tout se ramène à l'étendue, avec toutes ses modifications : figure, divisibilité, repos et mouvement ; et, dans l'âme, à la pensée, avec tous ses modes : plaisir, douleur, jugement, raisonnement, volonté, etc. ; lorsqu'il a réduit enfin toute la nature à un vaste mécanisme, en dehors duquel il n'y a que l'âme, qui se manifeste à elle-même son existence et son indépendance dans la conscience de sa pensée, il a accompli la plus importante révolution de la philosophie moderne. Mais, pour en bien comprendre la grandeur, il faut se rendre compte de l'état où était la philosophie du temps.

La théorie qui régnait alors dans toutes les écoles était la théorie péripatéticienne, assez mal comprise, et altérée par le temps, des *formes substantielles*. Elle consistait à admettre dans chaque espèce de substances une sorte d'*entité* spéciale qui en constituait la réalité et la différence, indépendamment de la disposition des parties. Par exemple, suivant un péripatéticien du temps, « le feu diffère de l'eau, non seulement par la situation de ses parties, mais par une entité qui lui est propre, entièrement distincte de la matière. Quand un corps change d'état, il n'y a pas de changement dans les parties, il y a une forme chassée par une autre forme (1) ». Ainsi, lorsque l'eau devient glace, les péripatéticiens soutenaient qu'une forme nouvelle se substituait à la forme précédente, pour constituer un nouveau corps. Non seulement ils admettaient ainsi des entités premières ou formes substantielles pour expliquer la différence des substances; mais, ils en admettaient aussi pour les moindres changements et pour toutes les qualités sensibles, qu'ils appelaient *formes accidentelles* ; ainsi, la dureté, la chaleur, la lumière, seraient des êtres tout différents des corps dans lesquels ils se trouvent.

Pour éviter les difficultés inhérentes à cette théorie, les scolastiques avaient été amenés à établir des divisions à l'infini entre les formes substantielles. C'est ainsi que les jésuites de Coïmbre en admettaient de trois espèces : 1° l'être qui ne reçoit point l'existence d'une cause supérieure, et n'est point reçu dans un sujet inférieur, c'est-à-dire Dieu ; 2° les forces qui reçoivent l'être d'ailleurs sans être elles-mêmes reçues dans la matière, c'est-à-dire les formes dégagées de toute concrétion corporelle ; 3° enfin, les formes dépendantes de toutes parts, qui tiennent l'être d'une cause supérieure, et sont reçues dans un sujet : tels sont les accidents et formes substantielles déterminant la matière. D'autres scolastiques descendaient à des divisions encore plus minutieuses, et reconnaissaient six classes de formes substantielles : 1° celle de la matière première ou des éléments ; 2° celles des composés inférieurs, à savoir, les pierres ; 3° celles des composés plus élevés, des drogues, par exemple ; 4° celles des êtres vivants, les plantes ; 5° celle des êtres sensibles, les animaux ; 6° enfin, au-dessus de toutes les autres, la forme substantielle raisonnable (*rationalis*), qui ressemble aux autres en tant que forme d'un corps, mais qui ne

---

(1) L.-P. Lagrange, *les Principes de la philosophie contre les nouveaux philosophes.* — Voyez Bouillier, *Histoire de la philosophie cartésienne*, t. I, ch. XXVI.

tient pas du corps son opération propre qui est la pensée.

On croit peut-être que Molière, Nicole, Malebranche, et tous ceux qui, au XVIIe siècle, se sont moqués des formes substantielles, ont calomnié le péripatétisme scolastique, et lui ont imputé de gratuites absurdités. Mais que l'on lise dans Toletus l'explication suivante de la production du feu : « La forme substantielle du feu, dit Toletus, est un principe actif, par lequel le feu, avec la chaleur pour instrument, produit le feu. » Cette réponse n'est-elle pas plus absurde encore que la *virtus dormitiva* ? L'auteur se fait une objection : « Mais le feu, dit-il, ne provient pas toujours du feu. » Pourquoi cela ? « Je réponds, dit l'auteur : il y a la plus grande différence entre les formes accidentelles et les formes substantielles ; car les formes accidentelles ont non seulement une répugnance, mais une répugnance déterminée, comme le blanc avec le noir ; tandis qu'entre les formes substantielles, il y a une certaine répugnance, mais non déterminée, parce que la forme substantielle répugne également à quoi que ce soit. De là, il suit que le blanc, forme accidentelle, ne résulte que du blanc et non du noir, mais que le feu peut résulter de toutes les formes substantielles capables de le produire dans l'air, dans l'eau, dans toute autre chose. »

Non seulement la théorie des formes substantielles ou accidentelles conduisait à des non-sens de cette espèce, mais encore elle entraînait à des erreurs qui éloignaient de toute recherche éclairée des vraies causes. Par exemple, comme parmi les corps les uns tombent vers la terre, les autres s'élèvent dans l'air, on disait que la forme substantielle des uns était la gravité, et la forme substantielle des autres la légèreté : on distinguait donc les corps graves et les corps légers, comme deux classes de corps ayant des propriétés essentiellement différentes ; et, par là, on était détourné de chercher si ces phénomènes, divers en apparence, n'avaient pas une même cause, et ne se ramenaient pas à la même loi. C'est ainsi encore que, voyant l'eau s'élever dans un tube vide, au lieu de chercher à quel fait plus général ce phénomène pouvait se rattacher, on imaginait une *vertu*, une *qualité* occulte, l'*horreur* du vide, qui non seulement cachait l'ignorance par un mot vide de sens, mais rendait la science impossible, parce qu'on prenait une métaphore pour une explication.

Les abus de la théorie des *formes substantielles, qualités occultes, vertus sympathiques*, etc., avaient été tels que ce fut une véritable délivrance, lorsque Gassendi, d'une part, et, de l'autre Descartes, vinrent fonder une nouvelle physique sur ce principe, qu'il n'y a rien dans les corps qui ne soit contenu dans la notion même de corps, c'est-à-dire de chose étendue. Suivant ces nouveaux philosophes, tous les phénomènes des corps ne sont que des modifications de l'étendue, et doivent s'expliquer par les propriétés inhérentes à l'étendue, la figure, la situation et le mouvement. Dans ces principes, rien ne se passe dans les corps, dont l'entendement ne puisse se faire une idée claire et distincte. La physique moderne paraît avoir confirmé en partie cette théorie, lorsqu'elle explique le son et la lumière par des mouvements (vibrations, ondulations, oscillations, etc.), soit de l'air, soit de l'éther.

On a souvent dit que la science moderne marche en sens inverse de la philosophie de Descartes, en ce que celle-ci conçoit la matière comme une substance morte et inerte, tandis que celle-là se la représente comme animée par des forces, des activités, des énergies de toute nature. C'est, à ce qu'il me semble, confondre deux points de vue tout différents : le point de vue physique et le point de vue métaphysique. Au point de vue physique, au contraire, il semble que la science soit plutôt fidèle à la pensée cartésienne: réduire le nombre des qualités occultes et expliquer, autant qu'il est possible, tous les phénomènes par le mouvement. Ainsi, tous les problèmes tendent à devenir des problèmes de mécanique. Changement de situation, changement de figure, changement de mouvement, tels sont les principes auxquels nos physiciens et nos chimistes ont recours toutes les fois qu'ils le peuvent.

Il est donc inexact de dire que la pensée cartésienne a échoué entièrement, et que la science moderne s'en est éloignée de plus en plus. Nous voyons, au contraire, le mécanisme s'étendre de jour en jour dans la science de notre temps. Mais la question change de face, lorsqu'on vient à se demander si le mécanisme est lui-même le dernier mot de la nature, s'il se suffit à lui-même, en un mot si les principes du mécanisme sont eux-mêmes mécaniques. Or, c'est là une question toute métaphysique, et qui n'importe en rien à la science positive ; car les phénomènes s'expliqueront de la même manière, si l'on suppose une matière inerte, composée de petites particules mues et combinées par des mains invisibles, ou si on lui prête une activité intérieure et une sorte de spontanéité. Pour le physicien et pour le chimiste, les forces ne sont que des mots représentant des causes inconnues. Pour le métaphysicien, ce sont des activités véritables. C'est donc la métaphysique, et non la physique, qui s'est élevée au-dessus du mécanisme. C'est en métaphysique que le mécanisme a trouvé, non pas sa contradiction, mais son complément dans la doctrine dynamiste ; c'est cette direction d'idées qui a régné principalement dans la philosophie après Descartes, et c'est Leibniz (1) qui en est le principal promoteur.

(1) Nous donnerons ici en note le résumé de la vie de Leibniz et de ses principaux travaux. Leibniz (Godefroi-Guillaume) est né à Leipzig en 1646. Il perdit son père à l'âge de six ans. Il se fit remarquer dès son enfance par une étonnante facilité. A l'âge de quinze ans, il fut admis aux études supérieures (philosophie et mathématiques), qu'il suivit d'abord à Leipzig, puis à Iéna. Une intrigue mal connue l'empêcha d'obtenir à Leipzig même le titre de docteur. Il alla le demander à la petite Université d'Altorf, près de Nuremberg, il fit la connaissance du baron de Boinebourg, qui devint l'un de ses plus intimes amis, et qui l'emmena à Francfort, où il le fit admettre comme conseiller de justice près de l'électeur de Mayence. Ce fut là qu'il fit ses deux premiers travaux de jurisprudence, sur l'*Étude du droit* et sur la *Réforme du corps de droit*. — De là datent aussi ses premiers essais littéraires et philosophiques, et, en particulier, ses deux traités sur le mouvement : l'un sur le *Mouvement abstrait*, adressé à l'Académie des sciences de Paris, l'autre sur le *Mouvement concret*, adressé à la Société royale de Londres. Il resta auprès de l'Électeur jusqu'en 1672, époque où il commença à voyager. Il alla d'abord à Paris, puis à Londres, où il fut nommé membre de la Société royale revint à Paris, qu'il ne quitta qu'en 1677, parcourut la Hollande, et vint enfin se fixer à Hanovre, où il fut nommé

Pour bien comprendre la doctrine de Leibniz, il ne faut pas oublier (et c'est un point auquel on n'a pas assez fait attention) que Leibniz n'a jamais abandonné ni rejeté le mécanisme cartésien. Il a toujours affirmé que tout dans la nature doit s'expliquer mécaniquement ; qu'il ne faut jamais recourir, dans l'explication des phénomènes, à des causes occultes ; il a même poussé si loin cette disposition d'esprit qu'il s'est refusé à admettre l'attraction newtonienne comme suspecte, à ses yeux, d'être une qualité occulte. Mais si Leibniz admettait comme Descartes les applications du mécanisme, il se séparait de lui sur le principe ; et il répétait sans cesse que si tout dans la nature est mécanique, géométrie, mathématique, les sources du mécanisme sont dans la métaphysique (1). Descartes expliquait tout géométriquement et mécaniquement, c'est-à-dire, comme l'avait fait autrefois Démocrite, par l'étendue, la figure et le mouvement ; mais il ne remontait pas au delà, et il voyait dans l'étendue l'essence même de la substance corporelle. Ce fut le trait de génie de Leibniz d'avoir vu que l'étendue ne suffisait pas à expliquer les phénomènes, et qu'elle avait besoin elle-même d'être expliquée. Nourri dans la philosophie scolastique et péripatéticienne, il était naturellement disposé par là à accorder plus

---

membre conservateur de la Bibliothèque. Il y demeura dix ans, toujours occupé de ses travaux. Il contribua à fonder les *Acta eruditorum*, sorte de journal des savants (1682). Il fit de 1687 à 1691 un voyage de recherches en Allemagne et en Italie pour écrire l'histoire de la maison de Brunswick, à l'invitation du duc Ernest-Auguste, son protecteur. L'Académie de Berlin lui doit sa fondation (1700), et il en fut le premier président. Les quinze dernières années de sa vie furent principalement consacrées à la philosophie. C'est dans cette période qu'il faut placer les *Nouveaux Essais*, la *Théodicée*, la *Monadologie*, et enfin sa Correspondance avec Clarke, qui fut interrompue par sa mort, le 14 novembre 1716. — Voir, pour de plus amples développements, la savante et complète biographie de M. Guhrauer ; 2 vol. in-12, Breslau, 1846.

(1) Lettre à Schulembourg (Dutens, t. III, p. 332) : « Recte cartesiani omnia phenomena *specialia* corporum *per mecanismos* contingere censent ; sed non satis perpexere, ipsos fontes mecanismi oriri *ex altiore causa*. » Lettre à Rémond de Montmort (Erdmann, *Opera philosophica*, p. 702) : « Quand je cherchai les dernières raisons du mécanisme et des lois du mouvement, je fus surpris de voir qu'il était impossible de les trouver dans les mathématiques, *et qu'il fallait retourner à la métaphysique*. — Voyez encore : *De Natura ipsa*, 3. — *De Origine radicali*. — *Animadversiones in Cartesium* (Guhrauer, p. 80), etc.

de réalité à la substance corporelle ; et ses réflexions personnelles le poussèrent bientôt plus avant dans cette voie.

Il est aussi digne de remarque, comme le dit M. Guhrauer dans sa *Vie de Leibniz*, que ce fut un problème théologique qui mit Leibniz sur la voie de la réforme de la notion de substance. Il s'agissait du problème de la présence réelle et de la transsubstantiation. Ce problème paraissait insoluble dans l'hypothèse cartésienne ; car, si le corps consiste essentiellement dans l'étendue, il est contradictoire qu'un même corps puisse se trouver dans plusieurs lieux à la fois. Leibniz, écrivant à Arnault en 1671, lui apprenait qu'il croyait avoir trouvé la solution de ce grand problème, depuis qu'il avait découvert « que l'essence du corps ne consiste pas dans l'étendue, que même la substance corporelle prise en soi n'est pas étendue, et n'est pas assujettie aux conditions de l'étendue, ce qui eût été évident, si l'on eût découvert plus tôt en quoi consiste proprement la substance. »

Quoi qu'il en soit de ce point, voici les diverses considérations qui ont conduit Leibniz à admettre au delà du mécanisme corporel, des principes non mécaniques, et à réduire l'idée de corps à l'idée de substances actives indivisibles, *entéléchies* ou *monades*, ayant en elles-mêmes la raison innée de toutes leurs déterminations.

1° La première et principale raison que Leibniz invoqua contre Descartes, c'est que, « s'il n'y avait dans les corps que l'étendue et la situation des parties, deux corps en mouvement qui se rencontreraient et iraient toujours de compagnie après le concours, celui qui est en mouvement emporterait avec lui celui qui est en repos, sans recevoir aucune diminution de sa vitesse, et sans que la différence de grandeur entre les deux corps pût rien changer » ; or c'est ce qui est contraire à l'expérience. Un corps en mouvement qui en rencontre un autre en repos perd quelque chose de sa vitesse, et est modifié dans sa direction : ce qui n'aurait pas lieu si le corps était purement passif. « Il faut donc joindre à l'étendue quelques notions supérieures, savoir celles de la substance, action et force ; et toutes ces notions portent que ce qui pâtit doit agir réciproquement, et que tout ce qui agit doit pâtir quelques réactions (1). »

2° L'étendue ne peut servir à rendre raison des changements qui arrivent dans les corps, car l'étendue et ses diverses modifications constituent ce que l'on appelle, dans l'école, des dénominations extrinsèques, d'où il ne peut rien résulter pour l'être lui-même ; qu'un corps en effet soit rond ou carré, il n'importe à son état intérieur, il ne peut résulter de là pour lui aucun changement particulier (2). Aussi, toute philosophie exclusivement mécanique est-elle réduite à nier le changement, et à dire que tout est immuable, et qu'il n'y a que des modifications de situation, des déplacements dans l'espace ou des mouvements. Mais qui ne voit que le mouvement lui-même est un changement, et doit avoir sa raison dans l'être qui se meut ou qui est mû ? car même le mouvement passif doit correspondre à quelque chose dans l'essence du corps mû. D'ailleurs, si les éléments corporels sont distincts, les uns des autres par la figure, pourquoi ont-ils telle figure plutôt que telle autre ? Epicure nous parle d'atomes ronds ou crochus. Mais pourquoi tel atome est-il rond et tel autre crochu ? Cela ne doit-il pas avoir sa raison dans la substance même de l'atome ? et ainsi la figure, la situation, le mouvement et toutes les modifications extrinsèques des corps doivent émaner d'un principe intérieur analogue à celui qu'Aristote appelle *nature* ou *entéléchie* (3).

3° En troisième lieu, l'étendue ne peut être substance ; au

---

(1) Lettre si l'essence du corps consiste dans l'étendue, 1691 (Erdmann, t. XXVII, p. 112).

(2) « L'étendue est un attribut qui ne saurait constituer un être accompli ; on n'en saurait tirer aucune action ni changement ; elle exprime seulement un état présent, mais nullement le passé ou le futur, comme doit faire la notion d'une substance. » — Lettre à Arnauld (Voir notre édition de Leibniz., p. 639).

(3) *Confessio naturæ contra Artheista*, 1668. Erdm., p. 45. Leibniz, dans ce petit traité, démontre : 1° que les corps et même les atomes n'ont pas en eux-mêmes la raison de leur figure ; 2° qu'ils n'ont pas la raison de leur mouvement ; 3° qu'ils n'ont pas la raison de leur cohérence.

contraire, elle suppose la substance : « Outre l'étendue, il faut avoir un sujet qui soit étendu, c'est-à-dire une substance à laquelle il appartienne d'être continuée. Car l'étendue ne signifie qu'une répétition ou multiplication continuée de ce qui est répandu, une pluralité, continuité ou coexistence des parties, et par conséquent elle ne suffit pas à expliquer la nature même de la substance répandue ou répétée dont la notion est antérieure à celle de sa répétition (1). »

4° Une autre raison donnée par Leibniz, c'est que la notion de substance implique nécessairement l'idée d'unité. Si l'on suppose deux pierres séparées l'une de l'autre par un grand intervalle, personne ne supposera qu'elles forment une même substance ; si on les suppose jointes et soudées entre elles, cette juxtaposition changera-t-elle la nature des choses ? Non, sans doute ; il y aura toujours là deux pierres et non pas une seule. Si enfin on les suppose attachées l'une à l'autre par une force insurmontable, l'impossibilité de les séparer n'empêchera pas que l'esprit ne les distingue l'une de l'autre, et qu'elles ne restent deux, et non pas une. En un mot, tout composé n'est pas plus une seule substance qu'un tas de sable ou un sac de blé. Autant dire que les employés de la Compagnie des Indes forment une seule substance (2). On reconnaîtra donc qu'un composé n'est jamais une substance, et que pour découvrir la substance vraie il faut parvenir jusqu'à l'unité, jusqu'à l'indivisible. Affirmer qu'il

---

(1) Extrait d'une lettre (Erdmann, XXVIII, p. 115). — Examen des principes du P. Malebranche (Erdmann, p. 692).

(2) « Si les parties qui conspirent à un même dessein sont plus propres à composer une substance que celles qui se touchent, tous les officiers de la Compagnie des Indes feront une substance réelle bien mieux qu'un tas de pierres ; mais le dessein commun, qu'est-il autre chose qu'une ressemblance, ou bien un ordre d'actions et de passions que notre esprit remarque dans des choses différentes ? Que si l'on veut préférer l'unité d'attouchement, on trouvera d'autres difficultés. Les corps fermes n'ont peut-être leurs parties unies que par la pression des corps environnants, et d'eux-mêmes et en leur substance, ils n'ont pas plus d'union qu'un monceau de sable, *arena sine calce*. Plusieurs anneaux entrelacés pour faire une chaîne, pourquoi composeront-ils plutôt une substance véritable que s'ils avaient des ouvertures pour se pouvoir quitter l'un et l'autre... Fictions de l'esprit partout... (*Lettres à Arnauld* ; — voir notre édition).

n'y a point de pareilles unités, c'est dire que la matière n'a point d'éléments, en d'autres termes qu'elle ne se compose pas de substances, en un mot qu'elle est un pur phénomène, comme l'arc-en-ciel. Enfin, ou la matière n'a aucune réalité substantielle, ou il faut admettre qu'elle se réduit à des éléments simples et par conséquent inétendus, appelés *monades*.

5° Leibniz fait encore valoir un autre argument en faveur de sa théorie des monades : c'est que l'essence de toute substance est dans la force, et cela est vrai de l'âme en même temps que du corps. On peut le démontrer *à priori*. N'est-il pas évident, en effet, qu'un être n'existe véritablement qu'autant qu'il agit ? Un être absolument passif serait le pur néant et impliquerait contradiction : car, recevant tout du dehors, par hypothèse, et n'ayant rien par soi-même, il n'aurait aucune détermination, aucun attribut, et par conséquent serait un pur rien. Le simple fait d'exister suppose donc déjà une certaine force, une certaine énergie.

Leibniz pousse si loin cette pensée de l'activité des substances qu'il n'admet même à aucun degré la passivité. Aucune substance, suivant lui, n'est passive à proprement parler ; la passion n'est autre chose dans une substance qu'une action considérée comme liée à une autre action d'une autre substance. Chaque substance n'agit qu'en soi-même et ne peut agir sur aucune autre. Les monades n'ont pas de fenêtres pour rien recevoir du dehors. Elles ne subissent donc aucune action, et par conséquent ne sont jamais passives. Tout ce qui se passe en elles est un développement spontané de leur essence propre. Seulement, les états de chacune correspondent aux états de toutes les autres : lorsque l'on considère dans une monade l'un de ces états comme correspondant à tel autre état dans une autre monade, de telle sorte que celui-ci soit la condition de celui-là, on appelle le premier une *passion*, et le second une *action*. Il y a ainsi entre toutes les substances monades une *harmonie préétablie*, suivant laquelle chacune représente ou *exprime*, selon l'expression de Leibniz, l'Univers tout entier ; mais ce n'est jamais que le développement de sa propre activité.

En restituant aux substances créées l'activité que l'école de Descartes avait par trop sacrifiée, Leibniz croyait avoir contribué à distinguer plus expressément la créature du Créateur. Il faisait remarquer avec raison que plus on diminue l'activité de la créature, plus on rend nécessaire l'intervention de Dieu, de telle façon que, si l'on supprime toute activité dans les créatures, il faut dire que c'est Dieu qui fait tout en elles, et qui est à la fois leur être et leur action (*operari et esse*). Mais quelle différence alors entre ce point de vue et celui de Spinoza? et n'est-ce pas faire ainsi de la nature la vie et le développement de la nature divine? La nature, en effet, dans cette hypothèse, se réduit à un ensemble de modes dont Dieu est la substance. Il est donc tout ce qu'il y a de réel dans les corps comme dans les esprits.

A ces profondes raisons données par Leibniz, qu'il nous soit permis d'ajouter quelques considérations particulières.

Ceux qui nient que l'essence des corps soit dans la force seule admettent le vide, avec les anciens et nouveaux atomistes, ou ils ne l'admettent pas, comme font les cartésiens. Raisonnons séparément avec les uns et avec les autres.

Les atomistes, disciples de Démocrite et d'Épicure, ou de Gassendi, composent l'univers de deux éléments, le vide et le plein, d'une part l'espace, et de l'autre les corps ; et les corps eux-mêmes se réduisent à un certain nombre de corpuscules solides, insécables, de figures diverses, pesants et animés d'un mouvement essentiel et spontané. Ce sont ces atomes qui, par leur réunion, constituent les corps.

Or, il est évident que les atomes, en se déplaçant, occupent successivement dans l'espace vide des places qui leur sont adéquates, qui ont exactement la même étendue et la même figure que l'atome lui-même. Si, au moment où l'atome est immobile en un lieu, vous décrivez par la pensée des lignes suivant les contours de cet atome (comme lorsqu'on décalque un objet), n'est-il pas évident que, l'atome disparaissant, vous pouvez en conserver l'effigie, et en quelque sorte la silhouette, la figure géométrique sur le fond de l'espace vide? Vous obtenez ainsi une portion d'espace, que j'appellerai un atome vide, en opposition à l'atome plein qui l'occupait tout à l'heure.

Cela posé, je demande aux atomistes de m'expliquer ce qui distingue un atome plein d'un atome vide, quels sont les caractères qui se rencontrent chez l'un et ne se rencontrent pas chez l'autre. Est-ce d'être étendu? Non, car l'atome vide est étendu comme l'atome plein. Est-ce d'être figuré? Non, car l'atome vide est figuré comme l'atome plein, et a exactement la même figure? Est-ce d'être invisible? Non, car il est encore plus difficile de comprendre la division de l'espace que la division des corps? En un mot, tout ce qui tient à l'étendue est absolument identique dans l'atome vide et dans l'atome plein. Or, l'atome vide n'est pas un corps et n'a rien de corporel; donc l'étendue n'est pas l'essence des corps, et ne fait peut-être pas même partie de cette essence. Dira-t-on que c'est le mouvement qui distingue l'atome plein de l'atome vide? Mais avant de se mouvoir, il faut que l'atome soit déjà quelque chose; car ce qui ne serait rien par soi-même ne pourrait être ni en repos ni en mouvement; le mouvement n'est donc qu'un phénomène dépendant et subordonné, qui suppose déjà une essence déterminée. Examinez bien : vous verrez que ce qui distingue essentiellement l'atome plein de l'atome vide, c'est la solidité ou la pesanteur. Mais ni la solidité ni la pesanteur ne sont des modifications de l'étendue; et l'une et l'autre dérivent de la force. C'est donc véritablement la force et non l'étendue qui constitue l'essence du corps.

Si, au contraire, comme les cartésiens, on ne veut admettre aucun vide et si l'on soutient que tout est plein, la démonstration est encore plus simple; car on peut demander alors en quoi l'espace plein, pris dans son entier, se distingue de l'espace vide, pris dans son entier. L'un et l'autre sont infinis, l'un et l'autre sont idéalement divisibles et réellement indivisibles? l'un et l'autre sont susceptibles de modalités figurées ou de figures géométriques déterminées. On fera peut-être valoir que dans l'espace plein les particules sont mobiles et peuvent se déplacer ; nous retomberons alors dans le cas précédent, et nous demanderons en quoi ces particules mobiles se distinguent des particules immobiles d'espace dans lesquelles elles se meuvent. Enfin, les cartésiens comme les atomistes seront obligés de reconnaître que le plein ne se distingue du vide que par la résistance, la solidité, le mouvement, l'activité, en un mot la force.

A ceux qui reprochent à la conception leibnizienne de trop idéaliser la matière, on peut répondre que la matière prise en soi est nécessairement idéale et supra-sensible. Sans doute il ne faut pas dire que le corps n'est qu'un ensemble de modifications subjectives. L'idéalisme de Berkeley est un idéalisme superficiel qui ne supporte pas l'examen ; car, lorsque j'aurai réduit l'univers tout entier à n'être qu'un rêve de mon esprit et un prolongement de moi-même, il restera encore à savoir d'où me vient ce rêve et quelles sont les causes qui produisent en moi une hallucination aussi compliquée ; ces causes sont en dehors de ma conscience, et elles me débordent de tous côtés ; ce serait donc très improprement que je les appellerais moi-même ; car le moi est rigoureusement ce dont j'ai conscience. Le moi de Fichte, qui vient à se choquer contre soi-même et qui crée ainsi le non-moi, n'est qu'un détour compliqué et artificiel, pour dire, sous une forme paradoxale, qu'il y a un non-moi. Tout au plus pourrait-on conjecturer avec l'idéalisme absolu que le moi et le non-moi ne sont que les deux faces d'un seul et même être qui les enveloppe l'un et l'autre dans une activité infinie ; mais nous voilà bien loin de l'idéalisme de Berkeley.

Pour en revenir à celui de Leibniz, je crois qu'on peut démontrer *à priori*, que la matière prise en soi est une chose idéale et supra-sensible, pour ceux-là du moins qui admettent une intelligence divine. Dieu, en effet (on en tombera aisément d'accord), ne peut pas connaître la matière par le moyen des sens ; car c'est un axiome en métaphysique que Dieu n'a pas de sens, et ne peut avoir, par conséquent, de sensations. Ainsi Dieu ne peut avoir ni chaud, ni froid ; il ne peut pas sentir l'odeur des fleurs ; il n'entendra pas de sons ; il ne verra pas de couleurs ; il ne sentira pas de commotions électriques, etc. En un mot, puisqu'il est une pure intelligence, il ne peut concevoir que le pur intelligible, non pas qu'il ignore aucun des phénomènes de la nature, mais il ne les connaît que dans leurs raisons intelligibles, et non par les impressions sensibles qu'en ressentent les créatures. Le sensible suppose un sujet sentant, des organes, des nerfs ; en un mot, c'est un rapport entre choses créées. La matière, au point de vue de Dieu, n'est donc rien de sensible ; c'est un *übersinnlich*, comme disent les Allemands. Mais la conséquence est facile à tirer : c'est que Dieu, étant l'intelligence absolue, voit nécessairement les choses telles qu'elles sont ; et, réciproquement, les choses prises en soi sont telles qu'il les voit. La matière est donc soi telle que Dieu la voit ; or, il ne la voit que dans son essence idéale et intelligible ; elle est donc nécessairement une chose intelligible et non pas une chose sensible. A la vérité, on ne peut pas conclure de là que l'essence de la matière ne consiste pas dans l'étendue ; car on pourrait soutenir que l'étendue est un objet de pure intelligence aussi bien que la force ; mais outre qu'il est difficile de dégager l'étendue de tout élément sensible, je ne veux établir qu'une chose, c'est qu'on ne peut reprocher à Leibniz d'idéaliser la matière, puisqu'il doit en être de même de tout système, au moins de celui qui admet un logos divin et une raison préordonnatrice. L'une des objections les plus répandues contre le système monadologique, c'est qu'il est impossible de composer un tout étendu avec des éléments inétendus ; c'est là l'objection capitale d'Euler dans ses Lettres à une princesse d'Allemagne, et il la croit absolument décisive. La conséquence nécessaire de ce système serait donc de nier la réalité de l'étendue et de l'espace et de s'embarquer par là dans toutes les difficultés du labyrinthe idéaliste.

Je crois que l'objection d'Euler n'a rien d'insoluble. On peut même séparer le système des monades du système de l'idéalité de l'espace. Toutes les questions relatives à l'espace peuvent être ajournées et réservées, sans compromettre l'hypothèse des monades ; c'est ce que l'on peut démontrer.

Supposez, en effet, avec les atomistes, avec Clarke et Newton, la réalité de l'espace, en un mot le vide et les atomes, il n'est pas plus difficile de concevoir les monades dans l'espace que d'y concevoir les atomes ; un point d'activité indivisible peut être en un certain point de l'espace, et une réunion de ces points d'activité constituera l'agrégat que nous appelons un corps. Or, il suffit que nous supposions ces points d'activité à distance les uns des autres, pour que leur réunion produise sur les sens une impression d'étendue continue ; même dans ce que nous appelons un corps, par exemple une table de marbre, tout le monde reconnait qu'il y a des pores, c'est-à-dire des vides entre les parties ; mais comme ces vides échappent à nos sens, ces corps nous paraissent continus, comme un cercle de feu décrit par une succession mobile de points lumineux. En un mot, le corps se composerait comme l'avaient déjà dit les pythagoriciens, de deux éléments : les *intervalles* (διαστήματα) et les *monades* (μόναδες) ; seulement les *monades* pythagoriciennes n'étaient que des points géométriques ; pour Leibniz, ce sont des points actifs, des foyers d'activité, des énergies.

Quant à la difficulté d'admettre dans l'espace des forces inétendues, n'ayant par là même aucune relation avec l'espace, elle est, je l'accorde, très sérieuse. Mais elle ne peut être invoquée par ceux qui considèrent l'âme comme une force inétendue et une substance individuelle ; car ils sont obligés de reconnaître qu'elle est dans l'espace, quoiqu'elle n'ait par essence aucun rapport avec l'espace ; il n'est donc pas contradictoire qu'une force simple soit dans l'espace. Ira-t-on jusqu'à nier que l'âme soit dans l'espace, qu'elle soit dans le corps, et même dans une certaine partie du corps ? qui ne voit que c'est attribuer à l'âme un caractère qui n'est vrai que de Dieu? Ceux-là peuvent sans doute parler ainsi qui considèrent l'âme comme une idée divine, une forme éternelle passagèrement unie à l'individualité : à ce point de vue, idéaliste et spinoziste, l'âme n'est pas dans l'espace. Si, au contraire, l'on se représente l'âme comme substance individuelle et créée, comment la concevoir ailleurs que dans l'espace et dans le corps auquel elle est unie ; et par là même, à plus forte raison, sera-t-on obligé d'admettre que les monades peuvent être dans l'espace, et alors, comme nous l'avons vu, l'apparence de l'étendue s'explique sans difficulté.

Si, au contraire, au lieu d'admettre la réalité de l'espace, on en admet soit avec Leibniz, soit avec Kant, l'idéalité, le système des monades n'offre plus aucune difficulté sérieuse, si ce n'est au point de vue de ceux qui nient la pluralité des substances individuelles. Mais l'objection d'Euler disparaît manifestement.

Une autre difficulté élevée contre la monadologie, c'est qu'elle efface la distinction de l'âme et du corps. Cette difficulté me paraît, comme la précédente, tout à fait apparente. En effet, dans toute hypothèse, la distinction essentielle du corps et de l'âme, c'est que le corps est composé, tandis que l'âme est simple. Pour prouver que l'âme n'est pas étendue, on prouve qu'elle n'est pas composée, et que le corps, au contraire, l'est. Or, dans l'hypothèse qu'émet Leibniz, le corps n'est également qu'un composé, qu'un agrégat d'éléments simples. Que nous importe la nature de l'élément? C'est le tout, c'est l'agrégat que nous comparons à l'âme. Or, dans l'hypothèse de Leibniz aussi bien que dans celle de Descartes, le corps, en tant qu'agrégat, est tout à fait incapable de penser.

Fort bien, dira-t-on, mais les éléments sont des substances unes et indivisibles, comme l'âme elle-même : elles sont donc de même nature que l'âme, elles sont des âmes. Cette conséquence est très mal tirée.

Qu'entend-on par *de même nature?* Veut-on dire que les

monades dont se composent le corps sont des monades sentantes, pensantes et voulantes? Leibniz n'a jamais rien dit de pareil? Sur quoi se fonderait-on pour affirmer que les particules de mon corps sont des substances pensantes? Qu'ont-elles donc de semblables à l'âme elle-même? Elles sont, sans doute, comme elle, substances unes et indivisibles. Mais quelle difficulté y a-t-il à admettre qu'il y a entre l'âme et le corps quelques attributs communs? Prenez les atomes, par exemple. N'ont-ils pas cela de commun avec l'âme d'exister, d'être indestructibles, d'être identiques à eux-mêmes, et l'argument de l'identité du moi, opposé à la mobilité de la matière organisée, cesse-t-il d'être bon, parce que l'atome pris en soi est tout aussi identique que l'âme elle-même? Cela est si vrai que l'on se sert même, par analogie, de l'indestructibilité de l'atome pour prouver l'indestructibilité de l'âme. Ce caractère qui leur est commun les fait-il confondre l'un avec l'autre? Pourquoi se confondraient-ils davantage pour avoir encore en commun un attribut, caractère essentiel de toute substance, à savoir l'activité?

Mais si les atomes de substance dont se compose l'univers sont des unités indivisibles, leur notion ne contredit plus la pensée; ils peuvent devenir substances pensantes. Il est vrai, et l'on ne peut contester que dans ce système une monade ne puisse, s'il plaît à Dieu, devenir une âme pensante. Mais, si cela n'est pas impossible, rien ne prouve cependant qu'il en soit ainsi. Pourquoi n'y aurait-il pas plusieurs ordres de monades, qui ne pourraient pas passer d'une classe à l'autre? Pourquoi n'y aurait-il pas de monades qui n'auraient que les propriétés mécaniques, d'autres plus élevées qui deviendraient principes de vie ou âmes végétatives; d'autres, âmes sensitives; d'autres, enfin, âmes intelligentes et libres, douées de personnalité et d'immortalité? Le système de Leibniz ne s'oppose pas plus que tout autre à ces degrés. Si au contraire, par une hypothèse plus hardie, on admet comme possible qu'une monade passe d'un ordre à l'autre, il n'y aurait encore rien là qui pourrait humilier la juste dignité de l'homme; car, après tout, il faut bien reconnaître que l'âme humaine, dans son premier état, n'est guère autre chose qu'une âme végétative, qui s'élève par degré jusqu'à l'état d'âme pensante. Il n'y aurait donc nulle contradiction à admettre que toute monade contient en puissance une âme pensante. Mais si une telle hypothèse répugne, je dis qu'on n'y est nullement contraint par le système monadologique, qui tout aussi bien que l'atomisme vulgaire peut admettre une échelle de substances essentiellement distinctes les unes des autres.

Une autre objection que soulève le système leibnizien, et Arnauld ne manque pas de la faire dans une de ses lettres, c'est que le système des monades affaiblit l'argument du premier moteur en donnant à conjecturer que la matière peut être douée de puissance active et par conséquent de mouvement spontané. Leibniz ne répond pas à cette objection d'une manière très concluante, et il se borne à dire qu'il faut toujours avoir recours à Dieu pour expliquer la coordination des mouvements. Mais c'est sortir de la question : car la coordination ne se rapporte pas à l'argument du premier moteur, mais à celui de l'ordre et de l'arrangement, qui est tout autre. Seulement, il est à remarquer que Leibniz, pour établir la réalité de la force dans la substance corporelle, se sert bien plutôt du fait de la résistance au mouvement, que de celui d'un mouvement prétendu spontané. Ainsi l'un de ses principaux arguments, c'est qu'un corps mis en mouvement qui en rencontre un autre perd de son mouvement en proportion de la résistance que cet autre lui oppose; et c'est ce qu'il appelle l'inertie. Or, si l'activité d'une substance en repos se manifeste par la résistance au mouvement, on voit que l'argument du premier moteur, bien loin d'en être affaibli, en serait au contraire fortifié.

Au reste, même en admettant dans les éléments des corps une disposition spontanée au mouvement, on est toujours obligé de reconnaître, par l'expérience, que cette disposition ne passe à l'acte que par l'excitation d'une action étrangère, puisque nous ne voyons jamais un corps mis en mouvement que par la présence d'un autre ; l'indifférence actuelle au mouvement et au repos, qui est ce qu'on appelle aujourd'hui inertie en mécanique, subsiste donc toujours, soit que l'on admette dans le corps une disposition virtuelle au mouvement, soit au contraire qu'on le considère comme absolument passif; dans les deux cas, il faut une cause déterminante du mouvement ; il n'est pas nécessaire que cette cause première fasse tout dans l'être mû, et qu'elle soit en quelque sorte cause *totale* du mouvement, il suffit qu'elle en soit la cause *complémentive,* comme on disait en scolastique.

Il ne faut pas d'ailleurs confondre l'inertie avec l'inactivité absolue. Leibniz a admirablement démontré qu'une substance absolument passive serait un pur néant, qu'un être est actif en proportion de ce qu'il est, en un mot qu'être et agir ne font qu'un. Mais de ce qu'une substance est essentiellement active, il ne s'ensuit pas nécessairement qu'elle soit douée de mouvement spontané ; car ce n'est là qu'un mode déterminé d'activité, et ce n'est pas le seul. La résistance, par exemple, ou l'impénétrabilité, est un certain degré d'activité, ce n'est pas un mouvement. Ceux-là donc se trompent qui croient que la théorie d'une matière active rend inutile une cause première du mouvement, et si le mouvement est essentiel à la matière, il restera toujours à expliquer pourquoi aucune portion de matière n'est jamais entrée spontanément en mouvement.

En résumé, suivant Leibniz, tout être est actif par essence. Ce qui n'agit pas n'existe pas : *quod non agit non existit*. Or, tout ce qui agit est force. Tout est donc force ou composé de forces. L'essence de la matière n'est pas l'étendue inerte, comme le croyait Descartes, c'est l'action, l'effort, l'énergie. De plus, le corps est composé, et le composé suppose le simple. Les forces qui composent le corps sont donc des éléments simples, inétendus, des atomes incorporels. Ainsi l'univers est un vaste dynamisme, un savant système de forces individuelles, harmoniquement liées sous le gouvernement d'une force primordiale dont l'activité absolue laisse subsister en dehors d'elle l'activité propre des créatures, et les dirige sans les absorber. Ce système se ramène donc à trois points principaux: 1° Il fait prédominer l'idée de force sur l'idée de substance, ou plutôt il ramène la substance à la force; 2° Il ne voit dans l'étendue que le mode d'apparition de la force, et compare les corps d'éléments simples et inétendus plus ou moins analogues, sauf le degré, à ce qu'on appelle l'âme; 3° Enfin, elle voit dans les forces, non seulement comme les savants, des agents généraux, ou les modes d'action d'un agent universel, mais des principes individuels, à la fois substances et causes, qui sont inséparables de la matière, ou plutôt qui constituent la matière même. Le dynamisme ainsi entendu n'est que le spiritualisme universel.

J'ai examiné dans ce travail les diverses difficultés que l'on peut élever contre la monadologie leibnizienne du point de vue du spiritualisme cartésien. Il y aurait encore à examiner la question du point de vue de ceux qui nient la pluralité des substances, c'est-à-dire du point de vue spinosiste ou panthéiste. Mais c'est ici un tout autre ordre d'idées, et que nous ne pouvons aborder ici sans étendre démesurément ce travail. Contentons-nous de dire que la force du système de Leibniz est dans le fait de l'individualité, dont les partisans de l'unité de substance n'ont jamais pu donner l'explication. Ici, à la vérité, il faut passer de l'objectif au subjectif, car c'est dans la conscience surtout que l'individualité se manifeste de la manière la plus éclatante; dans la nature elle est plus voilée. C'est donc au sein de la conscience individuelle qu'il faut se placer pour combattre le spinozisme; c'est ce point de vue qui a été particulièrement développé de nos jours par Maine de Biran et par son école. Nous nous contenterons de l'indiquer, ne voulant pas même effleurer un problème qui touche aux plus hautes difficultés de la métaphysique et de la philosophie religieuse.

RÉFLEXIONS [1]

SUR L'ESSAI

DE L'ENTENDEMENT HUMAIN DE M. LOCKE [2]

Je trouve tant de marques d'une pénétration peu ordinaire dans ce que M. Locke nous a donné sur l'Entendement de l'homme et sur l'éducation, et je juge la matière si importante, que j'ai cru ne pas mal employer le temps que je donnerais à une lecture si profitable ; d'autant que j'ai fort médité moi-même sur ce qui regarde les fondements de nos connaissances. C'est ce qui m'a fait mettre sur cette feuille quelques-unes des remarques qui me sont venues en lisant son Essai de l'entendement. De toutes les recherches, il n'y en a point de plus importante, puisque c'est la clef de toutes les autres. Le premier livre regarde principalement les principes qu'on dit être nés avec nous. M. Locke ne les admet pas non plus qu'*ideas innatas*. Il a eu sans doute des grandes raisons de s'opposer en cela aux préjugés ordinaires ; car on abuse extrêmement du nom des idées et des principes. Les philosophes vulgaires se font des principes à leur fantaisie ; et les Cartésiens, qui font profession de plus d'exactitude, ne laissent pas de faire leur retranchement des idées prétendues de l'étendue, de la matière et de l'âme, voulant s'eximer par là de la nécessité de prouver ce qu'ils avancent, sous

---

[1] 1696 (Erdmann).
[2] LOCKE (John) est né à Wrington (comté de Bristol) en 1632, mort en 1704. Il fut exilé à la Restauration, et revint en Angleterre à la Révolution en 1688. Ses principaux ouvrages sont : l'*Essai sur l'entendement humain* (Londres, 1690, in-fol.) en anglais ; traduit en français par Coste (4 vol. in-12, 1700). — L'*Education des enfants* (Londres, in-8°, 1693). — *Lettre sur la tolérance*, en latin, 1689, traduite en français en 1710. — *Le Christianisme raisonnable* (Londres, 1695, in-8°), trad. par Coste. — *Essai sur le gouvernement civil* (Londres, 1690).

prétexte que ceux qui méditeront les idées, trouveront la même chose qu'eux : c'est-à-dire que ceux qui s'accoutumeront à leur jargon et à leur manière de penser, auront les mêmes préventions ; ce qui est très véritable.

Mon opinion est donc qu'on ne doit rien prendre pour principe primitif, sinon les expériences et l'axiome de l'identicité, ou, ce qui est la même chose, de la contradiction, qui est primitif, puisque autrement il n'y aurait point de différence entre la vérité et la fausseté ; et que toutes les recherches cesseraient d'abord, s'il était indifférent de dire oui ou non. On ne saurait donc s'empêcher de supposer ce principe, dès qu'on veut raisonner. Toutes les autres vérités sont prouvables, et j'estime extrêmement la méthode d'Euclide (1), qui, sans s'arrêter à ce qu'on croirait être assez prouvé par les prétendues idées, a démontré, par exemple, que dans un triangle un côté est toujours moindre que les deux autres ensemble. Cependant Euclide a eu raison de prendre quelques Axiomes pour accordés, non pas comme s'ils étaient véritablement primitifs et indémontrables ; mais parce qu'il se serait arrêté, s'il n'avait voulu venir aux conclusions qu'après une discussion exacte des principes. Ainsi il a jugé à propos de se contenter d'avoir poussé les preuves jusqu'à ce petit nombre de propositions ; en sorte qu'on peut dire que, si elles sont vraies, tout ce qu'il dit l'est aussi. Il a laissé à d'autres le soin de démontrer ces principes mêmes, qui d'ailleurs sont déjà justifiés par les expériences ; mais c'est de quoi on ne se contente point en ces matières. C'est pourquoi Appollonius (2), Proclus (3) et autres ont

---

(1) EUCLIDE, grand géomètre de l'antiquité (qu'il ne faut pas confondre avec le philosophe Euclide de Mégare, disciple de Socrate) ; on ne connaît la date ni de sa naissance ni de sa mort : on sait seulement qu'il vécut à Alexandrie, sous le règne de Ptolémée, fils de Lagus, dans le IIIe siècle avant l'ère chrétienne. Le plus important de ses ouvrages est son livre des *Éléments*, qui est encore aujourd'hui la base de l'enseignement. Une édition grecque-latine et française a été publiée par Payrard, in-4°, Paris, 1814.

(2) APOLLONIUS de Perge en Pamphilie, l'un des quatre grands géomètres de l'antiquité (avec Euclide, Archimède et Diophante), né vers 247 avant J.-C., florissait sous Ptolémée Philopator (221-215) ; on ignore la date de sa mort. Son *Traité des Sections coniques* est aussi célèbre que les *Éléments* d'Euclide.

(3) PROCLUS, célèbre philosophe néo-platonicien ; né à Byzance en 412, mort à Athènes en 485. Ses principaux ouvrages sont : les *Éléments de théologie* (στοιχείωσις θεολογική) ; la *Théologie selon Platon* ; le *Commentaire sur le Timée*. M. Victor Cousin a donné une édition des œuvres inédites (in-4°, Paris, 1864), qui contient le *Commentaire de Parménide*, le *Commentaire sur le premier Alcibiade*, et son traité *de Providentia, libertate, et malo*, dont nous n'avons pas le texte, et qui n'est connu que par la traduction latine de Guillaume de Morbika. Il a fait aussi des ouvrages de géométrie.

pris la peine de démontrer quelques-uns des axiomes d'Euclide. Cette manière de procéder doit être imitée des philosophes pour venir enfin à quelques établissements quand ils ne seraient que provisionnels de la manière que je viens de dire.

Quant aux idées, j'en ai donné quelques éclaircissements dans un petit écrit imprimé dans les *Actes des savants* de Leipsig au mois de novembre 1684, qui est intitulé : *Meditationes de cognitione, veritate, et ideis :* et j'aurais souhaité que M. Locke l'eût vu et examiné ; car je suis des plus dociles, et rien n'est plus propre à avancer nos pensées que les considérations et les remarques des personnes de mérite, lorsqu'elles sont faites avec attention et avec sincérité. Je dirai seulement ici que les idées vraies ou réelles sont celles dont on est assuré que l'exécution est possible ; les autres sont douteuses, ou (en cas de preuve de l'impossibilité) chimériques. Or la possibilité des idées se prouve tant à priori par des démonstrations, en se servant de la possibilité d'autres idées plus simples, qu'à posteriori par les expériences ; car ce qui est ne saurait manquer d'être possible. Mais les idées primitives sont celles dont la possibilité est indémontrable, et qui en effet ne sont autre chose que les attributs de Dieu.

Pour ce qui est de la question, s'il y a des idées et des vérités nées avec nous, je ne trouve point absolument nécessaire pour les commencements, ni pour la pratique de l'art de penser, de la décider ; soit qu'elles nous viennent toutes de dehors, ou qu'elles viennent de nous, on raisonnera juste pourvu qu'on garde ce que j'ai dit ci-dessus et qu'on procède avec ordre et sans prévention. La question de l'origine de nos idées et de nos maximes n'est pas préliminaire en philosophie, et il faut avoir fait de grands progrès pour la bien résoudre. Je crois cependant pouvoir dire que nos idées, même celles des choses sensibles, viennent de notre propre fond, dont on pourra mieux juger par ce que j'ai publié touchant la nature et la communication des substances, et ce que l'on appelle l'union de l'âme avec le corps. Car j'ai trouvé que ces choses n'avaient pas été bien prises. Je ne suis nullement pour la *tabula rasa* d'Aristote ; et il y a quelque chose de solide dans ce que Platon appelait la réminiscence. Il y a même quelque chose de plus, car nous n'avons pas seulement une réminiscence de toutes nos pensées passées, mais encore un pressentiment de toutes nos pensées futures. Il est vrai que c'est confusément et sans les distinguer ; à peu près comme lorsque j'entends le bruit de la mer, j'entends celui de toutes les vagues en particulier qui composent le bruit total, quoique ce soit sans discerner une vague de l'autre. Ainsi il est vrai dans un certain sens que j'ai expliqué, que non seulement nos idées, mais encore nos sentiments, naissent de notre propre fond, et que l'âme est plus indépendante qu'on ne pense, quoiqu'il soit toujours vrai que rien ne se passe en elle qui ne soit déterminé, et que rien ne se passe dans les créatures, que Dieu ne crée continuellement.

Dans le livre II, qui vient au détail des idées, j'avoue que les raisons de M. Locke pour prouver que l'âme est quelquefois sans penser à rien, ne me paraissent pas convaincantes ; si ce n'est qu'il donne le nom de pensées aux seules perceptions qui sont assez notables pour être distinguées et retenues. Je tiens que l'âme et même le corps n'est jamais sans action, et que l'âme n'est jamais sans quelque perception. Même en dormant sans avoir de songes on a quelque sentiment confus et sombre du lieu où l'on est, et d'autres choses. Mais, quand l'expérience ne le confirmerait pas, je crois qu'il y en a démonstration. C'est à peu près comme on ne saurait prouver absolument par les expériences, s'il n'y a point de vide dans l'espace, et s'il n'y a point de repos dans la matière. Et cependant ces sortes de questions me paraissent décidées démonstrativement, aussi bien qu'à M. Locke.

Je demeure d'accord de la différence qu'il met avec beaucoup de raison entre la matière et l'espace. Mais, pour ce qui est du vide, plusieurs personnes habiles l'ont cru. M. Locke est de ce nombre : j'en étais presque persuadé moi-même ; mais j'en suis revenu depuis longtemps. Et l'incomparable M. Huyghens (1) qui était aussi pour le vide et pour les atomes, commença à faire réflexion sur mes raisons, comme ses lettres le peuvent témoigner. La preuve du vide prise du mouvement, dont M. Locke se sert, suppose que le corps est originairement dur, et qu'il est composé d'un certain nombre de parties inflexibles. Car en ce cas il serait vrai, quelque nombre fini d'atomes qu'on pût prendre, que le mouvement ne saurait avoir lieu sans vide ; mais toutes les parties de la matière sont divisibles et même pliables.

(1) HUGENS ou HUYGHENS, physicien et mathématicien illustre du xvii° siècle, né à Hoog (Hollande) en 1629, mort dans la même ville en 1695. — Ses œuvres ont été recueillies et publiées par S' Gravesande sous le titre : *Christ. Hugens opera in IV tomos distributa*. 1 vol. in-4°, Leyde, 1724, et 2 vol. in-4°, Amsterdam, 1728.

Il y a encore quelques autres choses dans ce second livre qui m'arrêtent ; par exemple lorsqu'il est dit (ch. xvii) que l'infinité ne se doit attribuer qu'à l'espace, au temps et au nombre. Je crois à la vérité, avec M. Locke, qu'à proprement parler, on peut dire qu'il n'y a point d'espace, temps ni de nombre qui soit infini, mais qu'il est seulement vrai que [pour grand que soit un espace, un temps, ou un nombre, il y en a toujours un plus grand que] (1) lui sans fin ; et qu'ainsi le véritable infini ne se trouve point dans un tout composé de parties. Cependant il ne laisse pas de se trouver ailleurs, savoir dans l'absolu, qui est sans parties, et qui a influence sur les choses composées, parce qu'elles résultent de la limitation de l'absolu. Donc l'infini positif n'étant autre chose que l'absolu, on peut dire qu'il y a en ce sens une idée positive de l'infini, et qu'elle est antérieure à celle du fini. Au reste, en rejetant un infini composé, on ne nie point ce que les géomètres démontrent de *seriebus infinitis*, et particulièrement ce que nous a donné l'excellent M. Newton, sans parler de ce que j'y ai contribué moi-même.

Quant à ce qui est dit, chapitre xxx, *de ideis adæquatis*, il est permis de donner aux termes la signification qu'on trouve à propos. Cependant, sans blâmer le sens de M. Locke, je mets des degrés dans les idées, selon lequel j'appelle *adéquates* celles où il n'y a plus rien à expliquer, à peu près comme dans les nombres. Or toutes les idées des qualités sensibles, comme de la lumière, couleur, chaleur, n'étant point de cette nature, je ne les compte point parmi les adéquates ; aussi n'est-ce point par elles-mêmes, ni à priori, mais par l'expérience, que nous en savons la réalité, ou la possibilité.

Il y a encore bien des bonnes choses dans le livre III, où il est traité des mots ou termes. Il est très vrai qu'on ne saurait tout définir, et que les qualités sensibles n'ont point de définition nominale, ainsi on les peut appeler primitives en ce sens-là ; mais elles ne laissent pas de pouvoir recevoir une définition réelle. J'ai montré la différence de ces deux sortes de définitions dans la méditation citée ci-dessus. La définition nominale explique le nom par les marques de la chose ; mais la définition réelle fait connaître à

---

(1) Le membre de phrase encadré ici ([ ]) manque dans GEHRARDT, de sorte que la phrase n'a pas de sens.
(2) NEWTON, illustre astronome et mathématicien anglais du xviie siècle, inventeur de la théorie de la gravitation universelle, et en partie du calcul de

priori la possibilité du défini. Au reste, j'applaudis fort à la doctrine de M. Locke touchant la démonstrabilité des vérités morales.

Le quatrième ou dernier livre, où il s'agit de la connaissance de la vérité, montre l'usage de ce qui vient d'être dit. J'y trouve, aussi bien que dans les livres précédents, une infinité de belles réflexions. De faire là-dessus les remarques convenables, ce serait faire un livre aussi grand que l'ouvrage même. Il me semble que les axiomes y sont un peu moins considérés qu'ils ne méritent de l'être. C'est apparemment parce qu'excepté ceux des mathématiciens, on n'en trouve guère ordinairement qui soient importants et solides : j'ai tâché de remédier à ce défaut. Je ne méprise pas les propositions identiques, et j'ai trouvé qu'elles ont un grand usage même dans l'analyse. Il est très vrai que nous connaissons notre existence par une intuition immédiate, et celle de Dieu par démonstration ; et qu'une masse de matière, dont les parties sont sans perception, ne saurait faire un tout qui pense. Je ne méprise point l'argument inventé, il a quelques siècles, par Anselme, archevêque de Cantorbéry (1), qui prouve que l'Être parfait doit exister, quoique je trouve qu'il manque quelque chose à cet argument parce qu'il suppose que l'Être parfait est possible. Car, si ce seul point se démontrait encore, la démonstration tout entière serait entièrement achevée.

Quant à la connaissance des autres choses, il est fort bien dit que la seule expérience ne suffit pas pour avancer assez en physique. Un esprit pénétrant tirera plus de conséquences de quelques expériences assez ordinaires, qu'un autre ne saurait tirer des plus choisies ; outre qu'il y a un art d'expérimenter et d'interroger, pour ainsi dire, la nature. Cependant il est toujours vrai qu'on ne saurait avancer dans le détail de la physique qu'à mesure qu'on a des expériences.

Notre auteur est de l'opinion de plusieurs habiles hommes, qui tiennent que la forme des logiciens est de peu d'usage. Je serais quasi d'un autre sentiment; et j'ai trouvé souvent que les paralogismes, même dans les mathématiques, sont des manquements de la forme.

---

l'infini (en même temps que Leibniz). Son principal ouvrage est intitulé : *Principia philosophiæ naturalis*.

(1) SAINT ANSELME, célèbre philosophe et théologien du moyen âge, né à Aost en 1033, mort archevêque de Cantorbéry en 1109, remarquable surtout par l'invention d'un argument célèbre en faveur de l'existence de Dieu. — Ses deux ouvrages philosophiques sont : *le Monologium* et *le Proslogium*. Il y a plusieurs éditions complètes de ses œuvres : 1° in-fol., Nuremberg, 1491 ; 2° in-fol., Paris, par D. Gerberon, 1575 ; 3° réimprimé en 1721 ; 4° in-fol., Venise, 1 vol. 1744.

M. Huyghens a fait la même remarque. Il y aurait bien à dire là-dessus ; et plusieurs choses excellentes sont méprisées, parce qu'on n'en fait pas l'usage dont elles sont capables. Nous sommes portés à mépriser ce que nous avons appris dans les écoles. Il est vrai que nous y apprenons bien des inutilités ; mais il est bon de faire la fonction della Crusca, c'est-à-dire de séparer le bon du mauvais. M. Locke le peut faire autant que qui que ce soit ; et de plus il nous donne des pensées considérables de son propre crû. Sa pénétration et sa droiture paraissent partout. Il n'est pas seulement essayeur, mais il est encore transmutateur, par l'augmentation qu'il donne du bon métal. S'il continuait d'en faire présent au public, nous lui en serions fort redevables.

II. — ÉCHANTILLON DE RÉFLEXIONS SUR LE LIVRE I DE L'ESSAI DE L'ENTENDEMENT DE L'HOMME.

Pour prouver qu'il n'y a point d'idées nées avec nous, l'excellent auteur de l'Essai sur l'entendement de l'homme allègue l'expérience, qui fait voir que nous avons besoin d'occasions extérieures pour penser à ces idées. J'en demeure d'accord, mais il ne me semble point qu'il s'ensuit que les occasions qui les font envisager, les font naître. Et cette expérience ne saurait déterminer, si c'est par immission d'une espèce ou par l'impression des traces sur un tableau vide, ou si c'est par le développement de ce qui est déjà en nous, que nous nous en apercevons. Il n'est pas extraordinaire qu'il y ait quelque chose en notre esprit dont nous ne nous apercevions point toujours. La réminiscence fait voir que nous avons souvent de la peine à nous souvenir de ce que nous savons, et à attraper ce qui est déjà dans le clos et dans la possession de notre entendement. Cela se trouvant vrai dans les connaissances acquises, rien n'empêche qu'il ne soit vrai aussi dans celles qui sont nées avec nous. Et même il y a encore plus de difficulté de s'apercevoir de ces dernières, quand elles n'ont pas encore été modifiées et circonstanciées par des expériences, comme les acquises le sont, dont souvent les circonstances nous font souvenir.

L'auteur entreprend de faire voir en particulier que l'impossibilité et l'identité, le tout et la partie, etc., n'ont point d'idées nées avec nous. Mais je ne comprends point la force des preuves qu'il apporte. J'avoue qu'on a de la peine à faire que les hommes s'aperçoivent distinctement de ces notions métaphysiques, car les abstractions et les réflexions leur coûtent. Mais on peut avoir en soi ce qu'on a de la peine à y distinguer. Il faut cependant quelque autre chose que l'idée de l'identité pour déterminer la question, qu'on propose ici, savoir : Si Euphorbe et Pythagore (1), et le coq même, où l'âme de Pythagore logeait pour quelque temps, ont toujours été le même individu, et il ne s'ensuit point que ceux qui ne la peuvent point résoudre, n'ont point d'idée de l'identité. Qu'y a-t-il de plus clair que les idées de géométrie ? Cependant, il y a des questions qu'on n'a pas encore pu décider. Mais celle qui regarde l'identité de Pythagore suivant la fiction de sa métempsychose n'est pas des plus impénétrables.

Pour ce qui est de l'idée de Dieu, on allègue les exemples de quelques nations, qui n'en ont eu aucune connaissance. Mons Fabritius (2), théologien fort éclairé du feu électeur palatin Charles-Louis, a publié l'*Apologie du genre humain contre l'accusation de l'athéisme*, où il répond à des passages tels qu'on cite ici. Mais je n'entre point dans cette discussion. Supposé qu'il y ait des hommes, et même des peuples qui n'aient jamais pensé à Dieu, on peut dire que cela prouve seulement qu'il n'y a point eu d'occasion suffisante pour réveiller en eux l'idée de la substance suprême.

Avant de passer aux principes complexes ou vérités primitives, je dirai que je demeure d'accord que la connaissance ou bien l'envisagement actuel des idées et des vérités n'est point né avec nous, et qu'il n'est point nécessaire que nous les ayons connues distinctement autrefois, selon la réminiscence de Platon. Mais, l'idée étant prise pour l'objet immédiat interne d'une notion, ou de ce que les logiciens appellent un terme incomplexe, rien ne l'empêche

---

(1) PYTHAGORE, célèbre philosophe grec, dont la vie ne nous est connue que par des récits plus ou moins légendaires. On fixe sa naissance de 560 à 580 avant Jésus-Christ, et sa mort vers l'an 500. Il paraît être né à Samos, et avait beaucoup voyagé, quoiqu'un grand nombre de ces voyages soient fort douteux. Il fonda à Crotone, dans la Grande-Grèce, une école célèbre, versée surtout dans les mathématiques et dans la musique. On lui attribue la découverte du fameux théorème du carré de l'hypothénuse, et celle des rapports mathématiques des intervalles musicaux. Il ne paraît pas avoir rien écrit ; et tout ce que nous avons sous son nom est apocryphe.

(2) FABRICE ou FABRITIUS (Jean-Louis), professeur à Heidelberg, savant théologien qu'il ne faut pas confondre avec le célèbre bibliographe (Jean-Albert), naquit à Schaffouse en 1632, mourut à Francfort en 1697. — On a de lui une *Apologia generis humani contra calumniam atheismi*, et plusieurs autres ouvrages théologiques.

d'être toujours en nous, car ces objets peuvent subsister, lorsqu'on ne s'en aperçoit point. On peut encore diviser les idées et les vérités en primitives et dérivatives : les connaissances des primitives n'ont point besoin d'être formées ; il faut les distinguer seulement ; celles des dérivatives se forment seulement par l'entendement et par le raisonnement dans les occasions. Cependant on peut dire, en un sens, que les objets internes de ces connaissances, c'est-à-dire les idées et les vérités mêmes, tant primitives que dérivatives, sont toutes en nous, puisque toutes les idées dérivatives et toutes les vérités qu'on en déduit résultent des rapports des idées primitives qui sont en nous. Mais l'usage fait qu'on a coutume d'appeler nées avec nous les vérités à qui on donne créance aussitôt qu'on les entend, et les idées dont la réalité (c'est-à-dire la possibilité de la chose qu'elles représentent) est du nombre de ces vérités et n'a point besoin d'être prouvée par l'expérience ou par la raison ; il y a donc assez d'équivoque dans cette question, et il suffit dans le fond de reconnaître qu'il y a une lumière interne née avec nous, qui comprend toutes les idées intelligibles et toutes les vérités nécessaires qui ne sont qu'une suite de ces idées et n'ont point besoin de l'expérience pour être prouvées.

Pour réduire donc cette discussion à quelque utilité, je crois que le vrai but qu'on y doit avoir est de déterminer les fondements des vérités et leur origine. J'avoue que les vérités contingentes ou de fait nous viennent par l'observation et par l'expérience ; mais je tiens que les vérités nécessaires dérivatives dépendent de la démonstration, c'est-à-dire des définitions ou idées, jointes aux vérités primitives. Et les vérités primitives (telles que le principe de la contradiction) ne viennent point des sens ou de l'expérience et n'en sauraient être prouvées parfaitement, mais de la lumière naturelle interne, et c'est ce que je veux, en disant qu'elles sont nées avec nous. C'est ce que les géomètres aussi ont fort bien compris. Ils pouvaient prouver passablement leurs propositions (au moins les plus importantes) par l'expérience, et je ne doute point que les anciens Égyptiens et les Chinois n'aient eu une telle géométrie expérimentale. Mais les géomètres véritables, surtout les Grecs, ont voulu montrer la force de la raison et l'excellence de la science, en faisant voir qu'on peut tout prévoir en ces matières par les lumières internes avant l'expérience. Aussi faut-il avouer que l'expérience ne nous assure jamais d'une parfaite universalité, et encore moins de la nécessité. Quelques anciens se sont moqués d'Euclide, de ce qu'il a prouvé ce qu'un âne même n'ignore pas (à ce qu'ils disent), savoir que dans un triangle les deux côtés ensemble sont plus grands que le troisième. Mais ceux qui savent ce que c'est que la véritable analyse, savent bon gré à Euclide de sa preuve. Et c'est beaucoup que les Grecs, si peu exacts en autre chose, l'ont été tant en géométrie. Je l'attribue à la Providence, et je crois que sans cela nous ne saurions presque point ce que c'est que démonstration. Aussi, crois-je que c'est en cela principalement que nous sommes supérieurs aux Chinois jusqu'ici.

Mais il faut encore voir un peu ce que dit notre habile et célèbre auteur dans les chapitres II et III pour soutenir qu'il n'y a point de principes nés avec nous. Il s'oppose au consentement universel qu'on allègue en leur faveur, soutenant que bien des gens doutent même de ce fameux principe que deux contradictoires ne sauraient être vraies ou fausses à la fois, et que la plus grande partie du genre humain l'ignore tout à fait. J'avoue qu'il y a une infinité de personnes qui n'en ont jamais fait énonciation expresse. J'ai vu même des auteurs qui l'ont voulu réfuter, le prenant sans doute de travers. Mais où en trouvera-t-on qui ne s'en serve en pratique et qui ne soit choqué d'un menteur qui se contredit? Cependant je ne me fonde pas entièrement sur le consentement universel, et quant aux propositions qu'on approuve aussitôt qu'elles sont proposées, j'avoue qu'il n'est point nécessaire qu'elles soient primitives ou prochaines d'elles, car il se peut que ce soient des faits fort communs. Pour ce qui est de cette énonciation qui nous apprend qu'un et un font deux (que l'auteur apporte comme un exemple), elle n'est pas un axiome, mais une définition. Et lorsqu'on dit que la douceur est autre chose que l'amertume, on ne rapporte qu'un fait de l'expérience primitive ou de la perception immédiate. Ou bien on ne fait que dire que la perception de ce qu'on entend par le mot de la douceur, est différente de la perception de ce qu'on entend par le mot de l'amertume. Je ne distingue point ici les vérités pratiques de celles qui sont spéculatives : c'est toujours la même chose. Et, comme on peut dire que c'est une vérité des plus manifestes, qu'une substance dont la science et la puissance sont infinies, doit être honorée, on peut dire qu'elle émane d'abord de la lumière qui est née avec nous, pourvu qu'on y puisse donner son attention.

III. — Échantillon de réflexions sur le livre II.

Il est très vrai que nos perceptions des idées viennent ou des sens extérieurs ou du sens interne qu'on peut appeler réflexion ; mais cette réflexion ne se borne pas aux seules opérations de l'esprit, comme il est dit chapitre i, paragraphe 4, elle va jusqu'à l'esprit lui-même, et c'est en s'apercevant de lui que nous nous apercevons de la substance.

J'avoue que je suis du sentiment de ceux qui croient que l'âme pense toujours, quoique ses pensées soient souvent trop confuses et trop faibles pour qu'elle s'en puisse souvenir distinctement. Je crois d'avoir des preuves certaines de l'action continuelle de l'âme, et même je crois que le corps ne saurait jamais être sans mouvement. Les objections faites par l'auteur (l. II, ch. i, § 10, jusqu'à 19) se peuvent résoudre facilement par ce qu'on vient de dire ou qu'on va dire. On se fonde sur l'expérience du sommeil qui est quelquefois sans aucun songe : et en effet, il y a des personnes qui ne savent ce que c'est que songer. Cependant, il n'est pas toujours sûr de nier tout ce dont on ne s'aperçoit point. Et c'est à peu près comme lorsqu'il y a des gens qui nient les petits corps et les mouvements insensibles et se moquent des particules, parce qu'on ne les saurait montrer. Mais on me dira qu'il y a des preuves qui nous forcent de les admettre. Je réponds qu'il y en a de même qui nous obligent d'admettre des perceptions qui ne sont pas assez notables pour qu'on s'en souvienne. L'expérience encore favorise ce sentiment ; par exemple, ceux qui ont dormi dans un lieu froid, remarquent d'avoir eu quelque sentiment confus et faible en dormant. Je connais une personne qui s'éveille quand la lampe qu'elle tient toujours allumée la nuit dans sa chambre cesse d'éclairer. Mais voici quelque chose de plus précis et qui fait voir que, si on n'avait point toujours des perceptions, on ne pourrait jamais être réveillé du sommeil. Qu'un homme qui dort soit appelé par plusieurs à la fois, et qu'on suppose que la voix de chacun à part ne soit pas assez forte pour l'éveiller, mais que le bruit de toutes ces voix ensemble l'éveille ; prenons-en une : il faut bien qu'il ait été touché de cette voix en particulier, car les parties sont dans le tout, et si chacune à part ne fait rien du tout, le tout ne fera rien non plus. Cependant il aurait continué de dormir, si elle avait été seule, et cela sans se souvenir d'avoir été appelé. Ainsi il y a des perceptions trop faibles pour être remarquées, quoiqu'elles soient toujours retenues, mais parmi un tas d'une infinité d'autres petites perceptions que nous avons continuellement. Car ni mouvements ni perceptions ne se perdent jamais; l'un et l'autre continuent toujours, devenant seulement indistinguables par la composition avec beaucoup d'autres. On pourrait répondre à ce raisonnement qu'effectivement chaque voix à part touche le corps, mais qu'il en faut une certaine quantité pour que le mouvement du corps aille à l'âme. Je réponds que la moindre impression va à tout corps, et par conséquent à celui dont les mouvements répondent aux actions de l'âme. Et après cela, on ne saurait trouver aucun principe de limitation pour qu'il faille une certaine quantité. Je ne veux point insister sur l'intérêt que l'immortalité de l'âme a dans cette doctrine. Car, si l'âme est sans opération, elle est autant que sans vie, et il semble qu'elle ne peut être immortelle que par grâce et par miracle : sentiment qu'on a raison de désapprouver. J'avoue cependant que notre intérêt n'est pas la règle de la vérité, et je ne veux point mêler ici les raisons théologiques avec celles de la philosophie.

NOUVEAUX ESSAIS

SUR L'ENTENDEMENT HUMAIN

PAR L'AUTEUR DU SYSTÈME DE L'HARMONIE PRÉÉTABLIE (1)

PRÉFACE

L'*Essai sur l'Entendement humain*, donné par un illustre Anglais, étant un des plus beaux et des plus estimés ouvrages de ce temps, j'ai pris la résolution d'y faire des remarques, parce qu'ayant assez médité depuis longtemps sur le même sujet et sur la plupart des matières qui y sont touchées, j'ai cru que ce serait une bonne occasion d'en faire paraître quelque chose sous le titre de *Nouveaux essais sur l'entendement* (2) et de procurer une entrée plus favorable à mes pensées, en les mettant en si bonne compagnie. J'ai cru encore pouvoir profiter du travail d'autrui, non seulement pour diminuer le mien (puisqu'en effet il y a moins de peine à suivre le fil d'un bon auteur qu'à travailler à nouveau frais en tout), mais encore pour ajouter quelque chose à ce qu'il nous a donné, ce qui est toujours plus facile que de commencer; car je crois avoir levé quelques difficultés, qu'il avait laissées en leur entier. Ainsi sa réputation m'est avantageuse, étant d'ailleurs d'humeur à rendre justice et bien loin de vouloir diminuer l'estime qu'on a pour cet ouvrage, je l'accroîtrais si mon approbation était de quelque poids. Il est vrai que je suis souvent d'un autre avis; mais, bien loin de disconvenir pour

---

(1) Écrit en 1704, et publié pour la première fois par Raspe en 1765.
(2) Gehrardt, *Sur Entendement.*

cela du mérite des écrivains célèbres, on leur rend témoignage en faisant connaître en quoi et pourquoi on s'éloigne de leur sentiment quand on juge nécessaire d'empêcher que leur autorité ne prévaille sur la raison en quelques points de conséquence; outre qu'en satisfaisant à de si excellents hommes, on rend la vérité plus recevable, et il faut supposer que c'est principalement pour elle qu'ils travaillent.

En effet, quoique l'auteur de l'*Essai* dise mille belles choses, où j'applaudis, nos systèmes diffèrent beaucoup. Le sien a plus de rapport à Aristote (1) et le mien à Platon (2), quoique nous nous éloignions en bien des choses l'un et l'autre de la doctrine de ces deux anciens. Il est plus populaire, et moi je suis forcé quelquefois d'être un peu plus acroamatique et plus abstrait, ce qui n'est pas un avantage à moi surtout, quand on écrit dans une langue vivante. Je crois cependant qu'en faisant parler deux personnes, dont l'une expose les sentiments, tirés de l'*Essai* de cet auteur, et l'autre y joint mes observations, le parallèle sera plus au gré du lecteur que des remarques toutes sèches dont la lecture aurait été interrompue à tout moment par la nécessité de recourir à son livre pour entendre le mien. Il sera pourtant bon de conférer encore quelquefois nos écrits et de ne juger de ses sentiments que par son propre ouvrage, quoique j'en aie gardé ordinairement les expressions. Il est vrai

---

(1) ARISTOTE, disciple de Platon, fondateur de l'école péripatéticienne, ou du Lycée, né à Stagyre en 384, mort à Chalcis dans l'Eubée en 322. Il fut le précepteur d'Alexandre. C'est le plus illustre encyclopédiste de l'antiquité : il n'est guère de sciences auxquelles il n'ait travaillé. Ses principaux ouvrages sont : l'*Organon* (composé de six ouvrages), ou *Logique*, la *Physique* le *Traité de l'âme*, la *Métaphysique*, la *Morale à Nicomaque*, la *Politique*, l'*Histoire des animaux*, etc. — La première édition complète de ses œuvres est celle de Venise, 5 vol. in-fol., 1495-1498. On estime aussi celle de Duval, Paris, 1619-1654, 4 vol. in-fol. avec une traduction latine. La plus complète et la plus récente est celle de M. Boeck, édition dite de Berlin. Il faut compter aussi l'édition gréco-latine de Firmin-Didot (4 vol. in-4°). M. Barthélemy Saint-Hilaire a entrepris une traduction complète d'Aristote en français qui est aujourd'hui achevée.

(2) PLATON, philosophe illustre de l'antiquité, né dans l'île d'Égine 427 av. J.-C., mort en 347. Il fut disciple de Socrate, fonda l'*Académie*, dont il laissa la direction à son neveu, Speusippe. Tous ses ouvrages nous sont parvenus. C. sont les *Dialogues*, dont le principal personnage est toujours Socrate. Les plus célèbres sont le *Phédon*, le *Phèdre*, le *Banquet*, le *Gorgias*, le *Timée* et la *République*. Nous avons aussi sous son nom des *Lettres* que la plupart des critiques regardent comme apocryphes. Il y a eu un nombre considérable d'éditions de Platon, dont les plus célèbres sont celles d'Henri Etienne, en 1578, et parmi les modernes celles de Becker, d'Ast, de Stallbaum, et tout récemment de Steinbart. Parmi les traductions, nous citerons la traduction latine de Marcile Ficin, allemande de Schleiermacher, et française de M. Victor Cousin. Quant aux *Commentaires sur Platon*, ils sont innombrables. Un ouvrage important sur Platon a été publié à Londres par M. Grote, l'historien de la Grèce, 3 vol. in-8°, Londres, 1864, et un autre en France par M. Alfred Fouillée, 1660.

que la sujétion que donne le discours d'autrui dont on doit suivre le fil, en faisant des remarques, a fait que je n'ai pu songer à attraper les agréments dont le dialogue est susceptible : mais j'espère que la matière réparera le défaut de la façon.

Nos différends sont sur des sujets de quelque importance. Il s'agit de savoir si l'âme en elle-même est vide entièrement comme des tablettes, où l'on n'a encore rien écrit (*tabula rasa*) suivant Aristote et l'auteur de l'*Essai*, et si tout ce qui y est tracé vient uniquement des sens et de l'expérience? ou si l'âme contient originairement les principes de plusieurs notions et doctrines, que les objets externes réveillent seulement dans les occasions, comme je le crois avec Platon et même avec l'école et avec tous ceux qui prennent dans cette signification le passage de saint Paul (*Rom.*, II, 15) où il marque que la loi de Dieu est écrite dans les cœurs? Les Stoïciens appelaient ces principes *prolepses*, c'est-à-dire des assomptions fondamentales, ou ce qu'on prend pour accordé par avance. Les mathématiciens les appellent notions communes (κοινὰς ἐννοίας). Les philosophes modernes leur donnent d'autres beaux noms, et Jules Scaliger (1) particulièrement les nommait *semina æternitatis*, item *Zopyra*, comme voulant dire des feux vivants, des traits lumineux, cachés au dedans de nous, que la rencontre des sens et des objets externes fait paraître comme des étincelles que le choc fait sortir du fusil; et ce n'est pas sans raison qu'on croit que ces éclats marquent quelque chose de divin et d'éternel, qui paraît surtout dans les vérités nécessaires. D'où il naît une autre question, savoir : si toutes les vérités dépendent de l'expérience, c'est-à-dire de l'induction et des exemples; ou s'il y en a qui ont encore un autre fondement. Car, si quelques événements se peuvent prévoir avant toute épreuve qu'on en ait faite, il est manifeste que nous y contribuons par quelque chose du nôtre. Les sens, quoique nécessaires pour toutes nos connaissances actuelles, ne sont point suffisants pour nous les donner toutes, puisque les sens ne donnent jamais que des exemples, c'est-à-dire des vérités particulières ou individuelles. Or tous les exemples, qui confirment une vérité générale, de quelque nombre qu'ils soient, ne suffisent pas pour établir la nécessité universelle de cette même vérité : car il ne suit pas que ce qui est arrivé arrivera toujours de

---

(1) SCALIGER (Jules-César) 1484-1568, érudit et philosophe. L'ouvrage qui intéresse le plus la philosophie est le suivant: *Exercitationum exotericarum liber*, réfutation du *De subtilitate* de Cardan.

même. Par exemple les Grecs et les Romains et tous les autres peuples de la terre connue aux anciens ont toujours remarqué qu'avant le décours de vingt-quatre heures le jour se change en nuit, et la nuit en jour. Mais on se serait trompé si l'on avait cru que la même règle s'observe partout ailleurs, puisque depuis on a expérimenté le contraire dans le séjour de Nova Zembla. Et celui-là se tromperait encore, qui croirait que dans nos climats au moins, c'est une vérité nécessaire et éternelle qui sera toujours, puisqu'on doit juger que la terre et le soleil même n'existent pas nécessairement, et qu'il y aura peut-être un temps où ce bel astre ne sera plus, au moins en sa présente forme, ni tout son système. D'où il paraît que les vérités nécessaires, telles qu'on les trouve dans les mathématiques pures et particulièrement dans l'arithmétique et dans la géométrie doivent avoir des principes, dont la preuve ne dépende point des exemples, ni par conséquent du témoignage des sens, quoique sans les sens on ne se serait jamais avisé d'y penser. C'est ce qu'il faut bien distinguer, et c'est ce qu'Euclide a si bien compris qu'il démontre souvent par la raison ce qui se voit assez par l'expérience et par les images sensibles. La logique encore avec la métaphysique et la morale, dont l'une forme la théologie et l'autre la jurisprudence, naturelles toutes deux, sont pleines de telles vérités; et par conséquent leur preuve ne peut venir que des principes internes, qu'on appelle innés. Il est vrai qu'il ne faut point s'imaginer qu'on puisse lire dans l'âme ces éternelles lois de la raison à livre ouvert, comme l'édit du Préteur se lit sur son album sans peine et sans recherche; mais c'est assez qu'on les peut découvrir en nous à force d'attention, à quoi les occasions sont fournies par les sens; et le succès des expériences sert encore de confirmation à la raison, à peu près comme les épreuves servent dans l'arithmétique pour mieux éviter l'erreur du calcul quand le raisonnement est long. C'est aussi en quoi les connaissances des hommes et celles des bêtes sont différentes. Les bêtes sont purement empiriques et ne font que se régler sur les exemples; car elles n'arrivent jamais à former des propositions nécessaires, autant qu'on en peut juger, au lieu que les hommes sont capables des sciences démonstratives. C'est pour cela que la faculté, que les bêtes ont, de faire des *consécutions*, est quelque chose d'inférieur à la raison, qui est dans les hommes. Les consécutions des bêtes sont purement comme celles des simples empiriques, qui prétendent que ce qui est arrivé quelquefois arrivera encore dans un cas, où ce qui les frappe est pareil, sans être capables de juger si les mêmes raisons subsistent. C'est par là qu'il est si aisé aux hommes d'attraper les bêtes et qu'il est si facile aux simples empiriques de faire des fautes. C'est de quoi les personnes devenues habiles par l'âge et par l'expérience ne sont pas exemptes, lorsqu'elles se fient trop à leur expérience passée, comme il est arrivé à quelques-uns dans les affaires civiles et militaires, parce qu'on ne considère point assez que le monde change et que les hommes deviennent plus habiles, en trouvant mille adresses nouvelles, au lieu que les cerfs ou les lièvres de ce temps ne deviennent pas plus rusés que ceux du temps passé. Les consécutions des bêtes ne sont qu'une ombre du raisonnement, c'est-à-dire ce ne sont que connexions d'imagination et que passages d'une image à une autre, parce que dans une rencontre nouvelle, qui paraît semblable à la précédente, on s'attend de nouveau à ce qu'on y trouvait joint autrefois, comme si les choses étaient liées en effet, parce que leurs images le sont dans la mémoire. Il est vrai qu'encore la raison conseille qu'on s'attende pour l'ordinaire de voir arriver à l'avenir ce qui est conforme à une longue expérience du passé ; mais ce n'est pas pour cela une vérité nécessaire et infaillible, et le succès peut cesser, quand on s'y attend le moins, lorsque les raisons changent, qui l'ont maintenu. C'est pourquoi les plus sages ne s'y fient pas tant, qu'ils ne tâchent de pénétrer (s'il est possible) quelque chose de la raison de ce fait, pour juger quand il faudra faire des exceptions. Car la raison est seule capable d'établir des règles sûres et de suppléer ce qui manque à celles qui ne l'étaient point, en y insérant leurs exceptions, et de trouver enfin des liaisons certaines dans la force des conséquences nécessaires ; ce qui donne souvent le moyen de prévoir l'événement sans avoir besoin d'expérimenter les liaisons sensibles des images, où les bêtes sont réduites ; de sorte que ce qui justifie les principes internes des vérités nécessaires, distingue encore l'homme de la bête.

Peut-être que notre habile auteur ne s'éloignera pas entièrement de mon sentiment. Car après avoir employé tout son premier livre à rejeter les lumières innées, prises dans un certain sens, il avoue pourtant au commencement du second et dans la suite, que les idées, qui n'ont point leur origine dans la sensation, viennent de la réflexion. Or la réflexion n'est autre chose qu'une attention à ce qui est en nous, et les sens ne nous donnent point ce que nous portons déjà avec nous. Cela étant, peut-on nier qu'il y a beaucoup d'inné en notre esprit, puisque nous sommes pour ainsi dire innés à nous-mêmes? et qu'il y a en nous-mêmes : être, unité, substance, durée, changement, action, perception, plaisir, et mille autres objets de nos idées intellectuelles? et ces mêmes objets étant immédiats à notre entendement et toujours présents (quoiqu'ils ne sauraient être toujours aperçus à cause de nos distractions et besoins), pourquoi s'étonner que nous disons que ces idées nous sont innées avec tout ce qui en dépend? Je me suis servi aussi de la comparaison d'une pierre de marbre, qui a des veines, plutôt que d'une pierre de marbre tout unie, ou des tablettes vides, c'est-à-dire de ce qui s'appelle *tabula rasa* chez les philosophes; car, si l'âme ressemblait à ces tablettes vides, les vérités seraient en nous comme la figure d'Hercule est dans un marbre, quand le marbre est tout à fait indifférent à recevoir ou cette figure ou quelque autre. Mais, s'il y avait des veines dans la pierre, qui marquassent la figure d'Hercule préférablement à d'autres figures, cette pierre y serait plus déterminée, et Hercule y serait comme inné en quelque façon, quoiqu'il fallût du travail pour découvrir ces veines et pour les nettoyer par la politure, en retranchant ce qui les empêche de paraître. C'est ainsi que les idées et les vérités nous sont innées, comme des inclinations, des dispositions, des habitudes ou des virtualités naturelles, et non pas comme des actions, quoique ces virtualités soient toujours accompagnées de quelques actions souvent insensibles, qui y répondent.

Il semble que notre habile auteur prétende qu'il n'y ait rien de virtuel en nous, et même rien, dont nous ne nous apercevions toujours actuellement. Mais il ne peut pas le prendre à la rigueur, autrement son sentiment serait trop paradoxe, puisque encore les habitudes acquises et les provisions de notre mémoire ne sont pas toujours aperçues et même ne viennent pas toujours à notre secours au besoin, quoique souvent nous nous les remettions aisément dans l'esprit sur quelque occasion légère, qui nous en fait souvenir, comme il ne nous faut que le commencement pour nous souvenir d'une chanson. Il limite aussi sa thèse en d'autres endroits, en disant qu'il n'y a rien en nous dont nous ne nous soyons au moins aperçus autrefois. Mais, outre que personne ne peut assurer par la seule raison jusqu'où peuvent être allées nos aperceptions passées, que nous pouvons avoir oubliées, surtout suivant la réminiscence des Platoniciens, qui, toute fabuleuse qu'elle est, n'a rien d'incompatible, au moins en partie, avec la raison toute nue ; outre cela, dis-je, pourquoi faut-il que tout nous soit acquis par les aperceptions des choses externes, et que rien ne puisse être déterré en nous-mêmes ? Notre âme est-elle donc seule si vide, qu'outre les images empruntées du dehors, elle n'est rien ? Ce n'est pas là un sentiment (je m'assure) que notre judicieux auteur puisse approuver. Et où trouvera-t-on des tablettes qui ne soient quelque chose de varié par elles-mêmes ? Car jamais on ne verra un plan parfaitement uni et uniforme ? Donc pourquoi ne pourrions-nous pas fournir aussi à nous-mêmes quelque chose de pensée de notre propre fonds à nous-mêmes, lorsque nous y voudrons creuser ? Ainsi je suis porté à croire que dans le fond son sentiment sur ce point n'est pas différent du mien, ou plutôt du sentiment commun, d'autant qu'il reconnaît deux sources de nos connaissances, les sens et la réflexion.

Je ne sais s'il sera si aisé de l'accorder avec nous et avec les Cartésiens, lorsqu'il soutient que l'esprit ne pense pas toujours, et particulièrement qu'il est sans perception, quand on dort sans avoir des songes ; et il objecte que, puisque les corps peuvent être sans mouvement, les âmes pourront bien être aussi sans pensée. Mais ici je réponds un peu autrement qu'on n'a coutume de faire. Car je soutiens que naturellement une substance ne saurait être sans action, et qu'il n'y a même jamais de corps sans mouvement. L'expérience me favorise déjà, et on n'a qu'à consulter le livre de l'illustre M. Boyle (1) contre le repos absolu, pour en être persuadé. Mais je crois que la raison y est encore. Et c'est une des preuves que j'ai pour détruire les atomes.

D'ailleurs, il y a mille marques qui font juger qu'il y a à tout moment une infinité de perceptions en nous, mais sans aperception et sans réflexion, c'est-à-dire des changements dans l'âme même, dont nous ne nous apercevons pas ; parce que les impressions sont ou trop petites et en trop grand nombre, ou trop unies, en sorte qu'elles n'ont rien d'assez distinguant à part ; mais, jointes à d'autres, elles ne laissent pas de faire leur effet, et de se faire sentir, au moins

---

(1) BOYLE (Robert), célèbre physicien anglais, né à Lismore, en Irlande, en 1626, mort à Londres en 1691. Ses œuvres complètes ont paru à Londres en cinq volumes in-fol., 1744. — Ses œuvres physiques et chimiques ont été traduites en latin et publiées à Genève en six volumes in-4, 1680, et en cinq 1714. Il a écrit aussi plusieurs ouvrages importants sur la religion et sur la philosophie, entre autres *le Chrétien naturaliste*, ou Considérations pour concilier la religion et la raison.

confusément, dans l'assemblage. C'est ainsi que l'accoutumance fait que nous ne prenons pas garde au mouvement d'un moulin ou à une chute d'eau, quand nous avons habité tout auprès depuis quelque temps. Ce n'est pas que ce mouvement ne frappe toujours nos organes et qu'il ne se passe encore quelque chose dans l'âme qui y réponde à cause de l'harmonie de l'âme et du corps; mais ces impressions, qui sont dans l'âme et dans le corps, destituées des attraits de la nouveauté, ne sont pas assez fortes pour s'attirer notre attention et notre mémoire, attachées à des objets plus occupants, car toute attention demande de la mémoire, et souvent quand nous ne sommes point admonestés, pour ainsi dire, et avertis de prendre garde à quelques-unes de nos propres perceptions présentes, nous les laissons passer sans réflexion et même sans être remarquées; mais, si quelqu'un nous en avertit incontinent après et nous fait remarquer par exemple quelque bruit qu'on vient d'entendre, nous nous en souvenons et nous nous apercevons d'en avoir eu tantôt quelque sentiment. Ainsi c'étaient des perceptions dont nous ne nous étions pas aperçus incontinent, l'aperception ne venant dans ce cas que de l'avertissement, après quelque intervalle tout petit qu'il soit. Et pour juger encore mieux des petites perceptions, que nous ne saurions distinguer dans la foule, j'ai coutume de me servir de l'exemple du mugissement ou du bruit de la mer dont on est frappé quand on est au rivage. Pour entendre ce bruit, comme l'on fait, il faut bien qu'on entende les parties, qui composent ce tout, c'est-à-dire les bruits de chaque vague, quoique chacun de ces petits bruits ne se fasse connaître que dans l'assemblage confus de tous les autres ensemble, c'est-à-dire dans ce mugissement même, et ne se remarquerait pas, si cette vague, qui le fait, était seule. Car il faut qu'on soit affecté un peu par le mouvement de cette vague, et qu'on ait quelque perception de chacun de ces bruits, quelque petits qu'ils soient; autrement on n'aurait pas celle de cent mille vagues, puisque cent mille riens ne sauraient faire quelque chose. On ne dort jamais si profondément, qu'on n'ait quelque sentiment faible et confus; et on ne serait jamais éveillé par le plus grand bruit du monde, si on n'avait quelque perception de son commencement, qui est petit, comme on ne romprait jamais une corde par le plus grand effort du monde, si elle n'était tendue et allongée un peu par des moindres efforts, quoique cette petite extension, qu'ils font, ne paraisse pas.

Ces petites perceptions sont donc de plus grande efficace par leurs suites qu'on ne pense. Ce sont elles qui forment ce je ne sais quoi, ces goûts, ces images des qualités des sens, claires dans l'assemblage, mais confuses dans les parties ; ces impressions que les corps environnants font sur nous et qui enveloppent l'infini; cette liaison que chaque être a avec tout le reste de l'univers. On peut même dire qu'en conséquence de ces petites perceptions le présent est gros de l'avenir et chargé du passé, que tout est conspirant (σύμπνοια πάντα, comme disait Hippocrate) (1), et que dans la moindre des substances, des yeux aussi perçants que ceux de Dieu, pourraient lire toute la suite des choses de l'univers,

Quæ sint, quæ fuerint, quæ mox futura trahantur. (2)

Ces perceptions insensibles marquent encore et constituent le même individu, qui est caractérisé par les traces ou expressions qu'elles conservent des états précédents de cet individu, en faisant la connexion avec son état présent, qui se peuvent connaître par un esprit supérieur, quand même cet individu ne les sentirait pas, c'est-à-dire lorsque le souvenir exprès n'y serait plus. Mais elles (ces perceptions, dis-je), donnent même le moyen de retrouver le souvenir au besoin par des développements périodiques, qui peuvent arriver un jour. C'est pour cela que la mort ne saurait être qu'un sommeil, et même ne saurait en demeurer un, les perceptions cessant seulement à être assez distinguées et se réduisant à un état de confusion dans les animaux, qui suspend l'aperception, mais qui ne saurait durer toujours, pour ne parler ici de l'homme qui doit avoir des grands privilèges pour garder sa personnalité.

C'est aussi par les perceptions insensibles que s'explique cette admirable harmonie préétablie de l'âme et du corps, et même de toutes les monades ou substances simples, qui supplée à l'influence insoutenable des unes sur les autres, et qui, au jugement de l'auteur du plus beau des dictionnaires, exalte la grandeur des perfections

---

(1) HIPPOCRATE, le plus grand médecin de l'antiquité, né dans l'île de Cos en 460 avant Jésus-Christ; on ne sait l'époque de sa mort; mais il parvint à un âge avancé. Ses théories ont perdu toute leur valeur; mais ses observations sont admirables. La première édition complète de ses œuvres est de Venise, 1526. La dernière est celle de Littré, avec traduction, 1839-1851.

(2) Le vers est évidemment faux, la première syllabe de *futūra* étant brève. Cependant, c'est le texte donné par Gebhardt dans son édition collationnée avec le manuscrit. Amédée Jacques, dans son édition (2 vol., 1842), a remplacé *fŭtūra* par *vĕntūra*.

divines au delà de ce qu'on en a jamais conçu. Après cela j'ajouterais peu de chose, si je disais que ce sont ces petites perceptions qui nous déterminent en bien des rencontres sans qu'on y pense, et qui trompent le vulgaire par l'apparence d'une indifférence d'équilibre, comme si nous étions indifférents de tourner par exemple à droite ou à gauche. Il n'est point nécessaire aussi que je fasse remarquer ici comme j'ai fait dans le livre même, qu'elles causent cette inquiétude, que je montre consister en quelque chose, qui ne diffère de la douleur que comme le petit du grand, et qui fait pourtant souvent notre désir et même notre plaisir, en lui donnant comme un sel qui pique. Ce sont aussi les parties insensibles de nos perceptions sensibles qui font qu'il y a un rapport entre ces perceptions des couleurs, des chaleurs, et autres qualités sensibles, et entre les mouvements dans les corps qui y répondent ; au lieu que les cartésiens, avec notre auteur, tout pénétrant qu'il est, conçoivent les perceptions que nous avons de ces qualités, comme arbitraires, c'est-à-dire comme si Dieu les avait données à l'âme suivant son bon plaisir, sans avoir égard à aucun rapport essentiel entre les perceptions et leurs objets : sentiment qui me surprend et me paraît peu digne de la sagesse de l'auteur des choses, qui ne fait rien sans harmonie et sans raison.

En un mot, les perceptions insensibles sont d'un aussi grand usage dans la pneumatique (1), que les corpuscules dans la physique ; et il est également déraisonnable de rejeter les uns et les autres, sous prétexte qu'elles sont hors de la portée de nos sens. Rien ne se fait tout d'un coup, et c'est une de mes grandes maximes et des plus vérifiées, que la nature ne fait jamais des sauts : ce que j'appelais la loi de la continuité, lorsque j'en parlais dans les premières *Nouvelles de la république des lettres;* et l'usage de cette loi est très considérable dans la physique. Elle porte qu'on passe toujours du petit au grand et à rebours par le médiocre, dans les degrés comme dans les parties; et que jamais un mouvement ne naît immédiatement du repos, ni ne s'y réduit que par un mouvement plus petit, comme on n'achève jamais de parcourir aucune ligne ou longueur avant d'avoir achevé une ligne plus petite, quoique jusqu'ici ceux qui ont donné les lois du mouvement n'aient point observé cette loi, croyant qu'un corps peut recevoir en un moment

---

(1) *Pneumatique*, science des esprits (πνεῦμα, souffle, esprit).

un mouvement contraire au précédent. Tout cela fait bien juger que les perceptions remarquables viennent par degrés de celles qui sont trop petites pour être remarquées. En juger autrement, c'est peu connaître l'immense subtilité des choses, qui enveloppe un infini actuel toujours et partout.

J'ai remarqué aussi qu'en vertu des variations insensibles, deux choses individuelles ne sauraient être parfaitement semblables, et qu'elles doivent toujours différer plus que *numero*, ce qui détruit les tablettes vides de l'âme, une âme sans pensée, une substance sans action, le vide de l'espace, les atomes, et même des parcelles non actuellement divisées dans la matière, le repos pur, l'uniformité entière dans une partie du temps, du lieu, ou de la matière, les globes parfaits du second élément, nés des cubes parfaits originaires, et mille autres fictions des philosophes, qui viennent de leurs notions incomplètes, que la nature des choses ne souffre point, et que notre ignorance et le peu d'attention que nous avons à l'insensible, fait passer, mais qu'on ne saurait rendre tolérables, à moins qu'on ne les borne à des abstractions de l'esprit, qui proteste de ne point nier ce qu'il met à quartier, et qu'il juge ne devoir point entrer en quelque considération présente. Autrement, si on l'entendait tout de bon, savoir que les choses dont on ne s'aperçoit pas ne sont point dans l'âme, ou dans le corps, on manquerait en philosophie comme en politique, en négligeant τὸ μικρόν, les progrès insensibles; au lieu qu'une abstraction n'est pas une erreur, pourvu qu'on sache que ce qu'on dissimule y est. C'est comme les mathématiciens en usent quand ils parlent des lignes parfaites qu'ils nous proposent, des mouvements uniformes et d'autres effets réglés, quoique la matière (c'est-à-dire le mélange des effets de l'infini environnant) fasse toujours quelque exception. C'est pour distinguer les considérations, pour réduire les effets aux raisons, autant qu'il nous est possible, et en prévoir quelques suites, qu'on procède ainsi : car, plus on est attentif à ne rien négliger des considérations que nous pouvons régler, plus la pratique répond à la théorie. Mais il n'appartient qu'à la suprême raison, à qui rien n'échappe, de comprendre distinctement tout l'infini et de voir toutes les raisons et toutes les suites. Tout ce que nous pouvons sur les infinités, c'est de les connaître confusément et de savoir au moins distinctement qu'elles y sont; autrement nous jugeons fort mal de la beauté et de la grandeur de l'univers, comme aussi nous ne saurions avoir une bonne physique, qui explique la nature des corps en général, et encore moins une bonne pneumatique, qui comprenne la connaissance de Dieu, des âmes et des substances simples en général.

Cette connaissance des perceptions insensibles sert aussi à expliquer pourquoi et comment deux âmes humaines ou autrement deux choses d'une même espèce ne sortent jamais parfaitement semblables des mains du Créateur, et ont toujours chacune son rapport originaire aux points de vue qu'elles auront dans l'univers. Mais c'est ce qui suit déjà de ce que j'avais remarqué de deux individus ; savoir, que leur différence est toujours plus que numérique. Il y a encore un autre point de conséquence où je suis obligé de m'éloigner non seulement des sentiments de notre auteur, mais aussi de ceux de la plupart des modernes ; c'est que je crois, avec la plupart des anciens, que tous les génies, toutes les âmes, toutes les substances simples créées, sont toujours jointes à un corps, et qu'il n'y a jamais des âmes entièrement séparées. J'en ai des raisons à priori, mais on trouvera encore qu'il y a cela d'avantageux dans ce dogme, qu'il résout toutes les difficultés philosophiques sur l'état des âmes, sur leur conservation perpétuelle, sur leur immortalité et sur leur opération, la différence d'un de leurs états à l'autre n'étant jamais et n'ayant jamais été que du plus ou moins sensible, du plus parfait au moins parfait, ou à rebours, ce qui rend leur état passé ou à venir aussi explicable que celui d'à présent. On sent assez, en faisant tant soit peu de réflexion, que cela est raisonnable, et qu'un saut d'un état à un autre, infiniment différent, ne saurait être naturel. Je m'étonne qu'en quittant le naturel sans sujet, les écoles ont voulu s'enfoncer exprès dans des difficultés très grandes, et fournir de la matière aux triomphes apparents des esprits forts, dont toutes les raisons tombent tout d'un coup par cette explication des choses, où il n'y a pas plus de difficulté à concevoir la conservation des âmes (ou plutôt selon moi de l'animal), que celle qu'il y a dans le changement de la chenille en papillon, et dans la conservation de la pensée dans le sommeil, auquel Jésus-Christ a divinement bien comparé la mort. Aussi ai-je déjà dit qu'aucun sommeil ne saurait durer toujours ; et il durera moins (1) ou presque point du tout aux âmes raisonnables, qui sont toujours destinées à conserver le personnage qui leur a été donné dans la Cité de Dieu, et par consé-

---

(1) GEHRARDT : *du moins*, pas de sens.

quent la souvenance, et cela pour être mieux susceptibles des châtiments et des récompenses. Et j'ajoute encore qu'en général aucun dérangement des organes visibles n'est capable de porter les choses à une entière confusion dans l'animal, ou de détruire tous les organes et priver l'âme de tout son corps organique, et des restes ineffaçables de toutes les traces précédentes. Mais la facilité qu'on a eue de quitter l'ancienne doctrine des corps subtils, joints aux anges (qu'on confondait avec la corporalité des anges mêmes), et l'introduction de prétendues intelligences séparées dans les créatures (à quoi celles qui font rouler les cieux d'Aristote, ont contribué beaucoup) et enfin l'opinion mal entendue, où l'on a été, qu'on ne pouvait conserver les âmes des bêtes sans tomber dans la métempsycose et sans les promener de corps en corps et l'embarras où on a été en ne sachant ce qu'on devait faire, ont fait, à mon avis, qu'on a négligé la manière naturelle d'expliquer la conservation de l'âme. Ce qui a fait bien du tort à la religion naturelle et a fait croire à plusieurs que notre immortalité n'était qu'une grâce miraculeuse de Dieu, dont encore notre célèbre auteur parle avec quelque doute, comme je dirai tantôt. Mais il serait à souhaiter que tous ceux qui sont de ce sentiment en eussent parlé aussi sagement et d'aussi bonne foi que lui; car il est à craindre que plusieurs qui parlent de l'immortalité par grâce, ne le font que pour sauver les apparences et approchent dans le fond de ces averroistes et de quelques mauvais quiétistes, qui s'imaginent une absorption et réunion de l'âme à l'océan de la divinité, notion dont peut-être mon système seul fait bien voir l'impossibilité.

Il semble aussi que nous différons encore par rapport à la matière, en ce que l'auteur juge que le vide est nécessaire pour le mouvement, parce qu'il croit que les petites parties de la matière sont roides. Et j'avoue que, si la matière était composée de telles parties, le mouvement dans le plein serait impossible, comme si une chambre était pleine d'une quantité de petits cailloux, sans qu'il y eût la moindre place vide. Mais on n'accorde pas cette supposition, dont il ne paraît pas aussi qu'il y ait aucune raison; quoique cet habile auteur aille jusqu'à croire que la roideur ou la cohésion des petites parties fait l'essence du corps. Il faut plutôt concevoir l'espace comme plein d'une matière originairement fluide, susceptible de toutes les divisions, et assujettie, même actuellement, à des divisions et subdivisions à l'infini; mais avec cette différence pourtant, qu'elle est divisible et divisée inégalement en différents endroits à cause des mouvements qui y sont déjà plus ou moins conspirants. Ce qui fait qu'elle a partout un degré de roideur aussi bien que de fluidité et qu'il n'y a aucun corps, qui soit dur ou fluide au suprême degré, c'est-à-dire qu'on n'y trouve aucun atome d'une dureté insurmontable, ni aucune masse entièrement indifférente à la division. Aussi l'ordre de la nature, et particulièrement la loi de la continuité détruit également l'un et l'autre.

J'ai fait voir aussi que la cohésion, qui ne serait pas elle-même l'effet de l'impulsion ou du mouvement, causerait une traction prise à la rigueur. Car, s'il y avait un corps originairement roide, par exemple un atome d'Epicure, qui aurait une partie avancée en forme de crochet (puisqu'on peut se figurer des atomes de toutes sortes de figures), ce crochet poussé tirerait avec lui le reste de cet atome, c'est-à-dire la partie qu'on ne pousse point, et qui ne tombe point dans la ligne de l'impulsion. Cependant notre habile auteur est lui-même contre ces tractions philosophiques, telles qu'on attribuait autrefois à la crainte du vide ; et il les réduit aux impulsions, soutenant avec les modernes qu'une partie de la matière n'opère immédiatement sur l'autre qu'en la poussant de près, en quoi je crois qu'ils ont raison, parce qu'autrement il n'y a rien d'intelligible dans l'opération.

Il faut pourtant que je ne dissimule point d'avoir remarqué une manière de rétractation en notre excellent auteur sur ce sujet dont je ne saurais m'empêcher de louer en cela la modeste sincérité, autant que j'ai admiré son génie pénétrant en d'autres occasions. C'est dans la réponse à la seconde lettre de feu M. l'évêque de Worcester (1), imprimée en 1699, page 408, où pour justifier le sentiment qu'il avait soutenu contre ce savant prélat, savoir que la matière pourrait penser, il dit entre autres choses : « J'avoue que j'ai dit (livre II de l'*Essai concernant l'entendement*, ch. VIII, § 11) que le corps opère par impulsion et non autrement. Aussi était-ce mon sentiment quand je l'écrivais, et encore présentement je ne saurais concevoir une autre manière d'agir. Mais depuis j'ai été convaincu par le livre incomparable du judicieux M. Newton qu'il y a trop de présomption de vouloir limiter la puissance de Dieu par nos conceptions bornées. La

---

(1) *Stillingfleet* (Ed.), controversiste anglican, né à Cranbourg (comté de Dorset) en 1635, évêque de Worcester, et célèbre par sa discussion contre Locke sur la question de l'immatérialité de l'âme, mort à Westminster en 1699. Ses œuvres ont été imprimées en 1711, en 6 vol. in-fol.

gravitation de la matière vers la matière par des voies qui me sont inconcevables, est non seulement une démonstration que Dieu peut, quand bon lui semble, mettre dans les corps des puissances et manières d'agir, qui sont au-dessus de ce qui peut être dérivé de notre idée du corps, ou expliqué par ce que nous connaissons de la matière ; mais c'est encore une instance incontestable qui l'a fait effectivement. C'est pourquoi j'aurai soin que dans la prochaine édition de mon livre ce passage soit redressé. » Je trouve que dans la version française de ce livre, faite sans doute sur les dernières éditions, on l'a mis ainsi dans ce § 11. « Il est visible au moins autant que nous pouvons le concevoir, que c'est par impulsion, et non autrement que les corps agissent les uns sur les autres ; car il nous est impossible de comprendre que le corps puisse agir sur ce qu'il ne touche pas, ce qui est autant que d'imaginer qu'il puisse agir où il n'est pas. »

Je ne puis que louer cette piété modeste de notre célèbre auteur, qui reconnait que Dieu peut faire au delà de ce que nous pouvons entendre ; et qu'ainsi il peut y avoir des mystères inconcevables dans les articles de la foi ; mais je ne voudrais pas qu'on fût obligé de recourir au miracle dans le cours ordinaire de la nature, et d'admettre des puissances et opérations absolument inexplicables. Autrement, on donnera trop de licence aux mauvais philosophes, à la faveur de ce que Dieu peut faire ; et en admettant ces vertus centripètes, ou ces attractions immédiates de loin, sans qu'il soit possible de les rendre intelligibles, je ne vois rien qui empêcherait nos scholastiques de dire que tout se fait simplement par les facultés et de soutenir leurs espèces intentionnelles, qui vont des objets jusqu'à nous, et trouvent moyen d'entrer dans nos âmes. Si cela va bien,

Omnia jam fient, fieri quæ posse negabam.

De sorte qu'il me semble que notre auteur, tout judicieux qu'il est, va ici un peu trop d'une extrémité à l'autre. Il fait le difficile sur les opérations des âmes, quand il s'agit seulement d'admettre ce qui n'est point sensible, et le voilà qui donne aux corps ce qui n'est pas même intelligible ; leur accordant des puissances et des actions qui passent tout ce qu'à mon avis un esprit créé saurait faire entendre, puisqu'il leur accorde l'attraction et même à des grandes distances sans se borner à aucune sphère d'activité ; et cela pour soutenir un sentiment, qui n'est pas moins inexplicable, savoir la possibilité de la pensée de la matière dans l'ordre naturel.

La question qu'il agite avec le célèbre prélat, qui l'avait attaqué, est si la matière peut penser ; et, comme c'est un point important, même pour le présent ouvrage, je ne puis me dispenser d'y entrer un peu, et de prendre connaissance de leur contestation. J'en représenterai la substance sur ce sujet, et prendrai la liberté de dire ce que je pense. Feu M. l'évêque de Worcester appréhendant (mais sans en avoir grand sujet à mon avis), que la doctrine des idées de notre auteur ne fût sujette à quelques abus, préjudiciables à la foi chrétienne, entreprit d'en examiner quelques endroits dans sa Vindication de la doctrine de la Trinité, et ayant rendu justice à cet excellent écrivain, en reconnaissant qu'il juge l'existence de l'esprit aussi certaine que celle du corps, quoique l'une de ces substances soit aussi peu connue que l'autre, il demande (p. 241, *seq.*) comment la réflexion nous peut assurer de l'existence de l'esprit, si Dieu peut donner à la matière la faculté de penser suivant le sentiment de notre auteur (liv. IV, chap. 3), puisque ainsi la voie des idées qui doit servir à discerner ce qui peut convenir à l'âme ou au corps, deviendrait inutile, au lieu qu'il était dit dans le livre II, de *l'Essai sur l'Entendement* (chap. XXIII, § 15, 27, 28), que les opérations de l'âme nous fournissent l'idée de l'esprit, et que l'entendement avec la volonté nous rend cette idée aussi intelligible que la nature du corps nous est rendue intelligible par la solidité et par l'impulsion. Voici comment notre auteur y répond dans la première lettre (p. 65, *seq.*) : « Je crois avoir prouvé qu'il y a une substance spirituelle en nous, car nous expérimentons en nous la pensée ; or cette action, ou ce mode, ne saurait être l'objet de l'idée d'une chose subsistante de soi, et par conséquent ce mode a besoin d'un support ou sujet d'inhésion, et l'idée de ce support fait ce que nous appelons substance » — car, puisque l'idée générale de la substance est partout la même, « il s'ensuit que la modification qui s'appelle pensée ou pouvoir de penser, y étant jointe, cela fait un esprit sans qu'on ait besoin de considérer quelle autre modification il y a encore, c'est-à-dire s'il a de la solidité ou non ; et de l'autre côté la substance, qui a la modification qu'on appelle solidité, sera matière, soit que la pensée y soit jointe ou non. Mais, si par une substance spirituelle vous entendez une substance immatérielle, j'avoue de n'avoir point prouvé qu'il y en ait en nous, et qu'on ne peut point le prouver démonstrativement sur mes principes. Quoique ce que j'ai dit sur les systèmes de la matière (liv. IV, ch. X, § 16), en démontrant que Dieu est immatériel, rende probable, au suprême degré, que la substance qui pense en nous est immatérielle — cependant j'ai montré (ajoute l'auteur, p. 68) que les grands buts de la religion et de la morale sont assurés par l'immortalité de l'âme, sans qu'il soit besoin de supposer son immatérialité. »

Le savant évêque dans sa réponse à cette lettre, pour faire voir que notre auteur a été d'un autre sentiment, lorsqu'il écrivait son second livre de l'*Essai*, en allègue, p. 51, ce passage (pris du même livre, ch. 23, § 15), où il est dit que « par les idées simples que nous avons déduites des opérations de notre esprit, nous pouvons former l'idée complexe d'un esprit, et que mettant ensemble les idées de pensée, de perception, de liberté et de puissance de mouvoir notre corps, nous avons une notion aussi claire des substances immatérielles que des matérielles. » Il allègue d'autres passages encore pour faire voir que l'auteur opposait l'esprit au corps, et dit (p. 54) que le but de la religion et de la morale est mieux assuré, en prouvant que l'âme est immortelle par sa nature, c'est-à-dire immatérielle. Il allègue encore (p. 70) ce passage « que toutes les idées que nous avons des espèces particulières et distinctes des substances, ne sont autre chose que différentes combinaisons d'idées simples », et qu'ainsi l'auteur a cru que l'idée de penser et de vouloir donnait une autre substance, différente de celle que donne l'idée de la solidité et de l'impulsion. Et que (§ 17) il marque que ces idées constituent le corps opposé à l'esprit.

M. de Worcester pouvait ajouter que de ce que l'idée générale de substance est dans le corps et dans l'esprit, il ne s'ensuit pas que leurs différences soient des modifications d'une même chose, comme notre auteur vient de le dire dans l'endroit que j'ai rapporté de sa première lettre. Il faut bien distinguer entre modifications et attributs. Les facultés d'avoir de la perception et d'agir, l'étendue, la solidité, sont des attributs ou des prédicats perpétuels et principaux; mais la pensée, l'impétuosité, les figures, les mouvements, sont des modifications de ces attributs. De plus, on doit distinguer entre genre physique ou plutôt réel, et genre logique ou idéal. Les choses qui sont d'un même genre physique, ou qui sont homogènes, sont d'une même matière pour ainsi dire et peuvent souvent être changées l'une dans l'autre par le changement de la modification, comme les cercles et les carrés. Mais deux choses hétérogènes peuvent avoir un genre logique commun, et alors leurs différences ne sont pas de simples modifications accidentelles d'un même sujet ou d'une même matière métaphysique ou physique. Ainsi le temps et l'espace sont des choses fort hétérogènes, et on aurait tort de s'imaginer je ne sais quel sujet réel commun, qui n'eût que la quantité continue en général et dont les modifications fissent provenir le temps ou l'espace. Quelqu'un se moquera peut-être de ces distinctions des philosophes de deux genres, l'un logique seulement, l'autre encore réel; et de deux matières, l'une physique, qui est celle des corps, l'autre métaphysique seulement ou générale, comme si quelqu'un disait que deux parties de l'espace sont d'une même matière, ou que deux heures sont aussi entre elles d'une même matière. Cependant ces distinctions ne sont pas seulement des termes, mais des choses mêmes, et semblent venir bien à propos ici, où leur confusion a fait naître une fausse conséquence. Ces deux genres ont une notion commune, et celle du genre réel est commune aux deux matières; de sorte que leur généalogie sera telle :

Genre
- Logique seulement, varié par des différences simples,
- Réel, dont les différences sont des modifications, c'est-à-dire Matière.
  - Métaphysique seulement où il y a homogénéité.
  - Physique, où il y a une masse homogène solide.

Je n'ai point vu la seconde lettre de l'auteur à l'évêque. La réponse que ce prélat y fait ne touche guère au point qui regarde la pensée de la matière. Mais la réplique de notre auteur à cette seconde réponse y retourne : « Dieu, dit-il à peu près dans ces termes (p. 397), ajoute à l'essence de la matière les qualités et perfections qui lui plaisent; le mouvement simple dans quelques parties, mais dans les plantes la végétation et dans les animaux le sentiment. Ceux qui en demeurent d'accord jusqu'ici se récrient aussitôt qu'on fait encore un pas pour dire que Dieu peut donner à la matière, pensée, raison, volonté, comme si cela détruisait l'essence de la matière. Mais, pour le prouver, ils allèguent que la pensée ou raison n'est pas renfermée dans l'essence de la matière; ce qui ne fait rien, puisque le mouvement et la vie n'y sont pas renfermés non plus. Ils allèguent aussi qu'on ne saurait concevoir que la matière pense. Mais notre conception n'est pas la mesure du pouvoir de Dieu. » Après cela, il cite l'exemple de l'attraction de la matière (p. 99), mais surtout (p. 408), où il parle de la gravitation de la matière vers la matière, attribuée à M. Newton, dans les termes que j'ai cités ci-dessus, avouant qu'on n'en saurait jamais concevoir le comment. Ce qui est en effet retourner aux qualités occultes, ou, qui plus est, inexplicables. Il ajoute (p. 401) que rien n'est plus propre à favoriser les sceptiques que de nier ce qu'on n'entend point : et (p. 402) qu'on ne conçoit pas même comment l'âme pense. Il veut (p. 403) que les deux substances, la matérielle et l'immatérielle, pouvant être conçues dans leur essence nue sans aucune activité, il dépend de Dieu de donner à l'une et à l'autre la puissance de penser. Et on veut se prévaloir de l'aveu de l'adversaire, qui avait accordé le sentiment aux bêtes, mais qui ne leur accorderait pas quelque substance immatérielle. On prétend que la liberté, la consciosité (p. 408) et la puissance de faire des abstractions (p. 409) peuvent être données à la matière, non pas comme matière, mais comme enrichie par une puissance divine. Enfin, on rapporte (p. 434) la remarque d'un voyageur aussi considérable et judicieux que l'est M. de la Loubère (1), que les païens de l'Orient connaissent l'immortalité de l'âme, sans en pouvoir comprendre l'immatérialité.

Sur tout cela, je remarquerai, avant de venir à l'explication de mon opinion, qu'il est sûr que la matière est aussi peu capable de produire machinalement du sentiment, que de produire de la raison, comme notre auteur en demeure d'accord ; qu'à la vérité je reconnais qu'il n'est pas permis de nier ce qu'on n'entend pas, mais j'ajoute qu'on a droit de nier (au moins dans l'ordre naturel) ce qui absolument n'est point intelligible ni explicable. Je soutiens aussi que les substances (matérielles ou immatérielles) ne sauraient être conçues dans leur essence nue sans aucune activité ; que l'activité est de l'essence de la substance en général, et qu'enfin la conception des créatures n'est pas la mesure du pouvoir de Dieu, mais que leur conceptivité, ou force de concevoir, est la mesure du pouvoir de la nature, tout ce qui est conforme à l'ordre naturel pouvant être conçu ou entendu par quelque créature.

Ceux qui concevront mon système, jugeront que je ne saurais me conformer en tout avec l'un ou l'autre de ces deux excellents auteurs, dont la contestation cependant est fort instructive. Mais, pour m'expliquer distinctement, il faut considérer, avant toutes choses,

(1) La Loubère, Simon (1642-1720) a publié un livre sur le royaume de Siam (Paris, 1691).

que les modifications qui peuvent venir naturellement ou sans miracle à un sujet, y doivent venir des limitations ou variations d'un genre réel ou d'une nature originaire constante et absolue. Car c'est ainsi qu'on distingue chez les philosophes les modes d'un être absolu, de cet être même, comme l'on sait que la grandeur, la figure et le mouvement, sont manifestement des limitations et variations de la nature corporelle. Car il est clair comment une étendue bornée donne des figures, et que le changement qui s'y fait n'est autre chose que le mouvement; et toutes les fois qu'on trouve quelque qualité dans un sujet, on doit croire que si on entendait la nature de ce sujet et de cette qualité, on concevrait comment cette qualité en peut résulter. Ainsi, dans l'ordre de la nature (les miracles mis à part), il n'est pas arbitraire à Dieu de donner indifféremment aux substances telles ou telles qualités; et il ne leur en donnera jamais que celles qui leur seront naturelles, c'est-à-dire qui pourront être dérivées de leur nature comme des modifications explicables. Ainsi on peut juger que la matière n'aura pas naturellement l'attraction, mentionnée ci-dessus, et n'ira pas d'elle-même en ligne courbe, parce qu'il n'est pas possible de concevoir comment cela s'y fait, c'est-à-dire de l'expliquer mécaniquement; au lieu que ce qui est naturel doit pouvoir devenir concevable distinctement, si l'on était admis dans le secret des choses. Cette distinction entre ce qui est naturel et explicable et ce qui est inexplicable et miraculeux lève toutes les difficultés, et en la rejetant, on soutiendrait quelque chose de pis que les qualités occultes, et on renoncerait en cela à la philosophie et à la raison, en ouvrant des asiles de l'ignorance et de la paresse par un système sourd, qui admet non seulement qu'il y a des qualités que nous n'entendons pas, dont il n'y en a que trop, mais aussi, qu'il y en a, que le plus grand esprit, si Dieu lui donnait toute l'ouverture possible, ne pourrait pas comprendre, c'est-à-dire qui seraient ou miraculeuses, ou sans rime et sans raison : et cela même serait sans rime et sans raison que Dieu fît des miracles ordinairement; de sorte que cette hypothèse fainéante détruirait également notre philosophie, qui cherche les raisons, et la divine sagesse qui les fournit.

Pour ce qui est maintenant de la pensée, il est sûr, et l'auteur le reconnaît plus d'une fois, qu'elle ne saurait être une modification intelligible de la matière, c'est-à-dire que l'être sentant ou pensant n'est pas une chose machinale, comme une montre ou un moulin, en sorte qu'on pourrait concevoir des grandeurs, figures et mouvements, dont la conjonction machinale pût produire quelque chose de pensant et même de sentant dans une masse, où il n'y avait rien de tel, qui cesserait aussi de même par le déréglement de cette machine. Ce n'est donc pas une chose naturelle à la matière de sentir et de penser, et cela ne peut arriver chez elle que de deux façons, dont l'une sera que Dieu y joigne une substance à laquelle il soit naturel de penser ; et l'autre, que Dieu y mette la pensée par miracle. En cela donc, je suis entièrement du sentiment des cartésiens, excepté que je l'étends jusqu'aux bêtes, et que je crois qu'elles ont du sentiment et des âmes immatérielles (à proprement parler), et aussi peu périssables que les atomes le sont chez Démocrite ou Gassendi, au lieu que les cartésiens, embarrassés sans sujet des âmes des bêtes et ne sachant ce qu'ils en doivent faire si elles se conservent (faute de s'aviser de la conservation de l'animal réduit en petit), ont été forcés de refuser même le sentiment aux bêtes contre toutes les apparences et contre le jugement du genre humain. Mais, si quelqu'un disait que Dieu, au moins, peut ajouter la faculté de penser à la machine préparée, je répondrais que, si cela se faisait et si Dieu ajoutait cette faculté à la matière, sans y verser en même temps une substance qui fût le sujet de l'inhésion de cette même faculté (comme je le conçois), c'est-à-dire sans y ajouter une âme immatérielle, il faudrait que la matière eût été exaltée miraculeusement pour recevoir une puissance dont elle n'est pas capable naturellement : comme quelques scholastiques prétendent que Dieu exalte le feu jusqu'à lui donner la force de brûler immédiatement les esprits séparés des corps, ce qui serait un miracle tout pur. Et c'est assez qu'on ne puisse soutenir que la matière pense, sans y mettre une âme impérissable ou bien un miracle ; et qu'ainsi l'immatérialité de nos âmes suit de ce qui est naturel, puisqu'on ne saurait soutenir leur extinction que par un miracle, soit en exaltant la matière, soit en anéantissant l'âme, car nous savons bien que la puissance de Dieu pourrait rendre nos âmes mortelles, toutes immatérielles (ou immortelles par la nature seule) qu'elles puissent être, puisqu'il les peut anéantir.

Or cette vérité de l'immatérialité de l'âme est sans doute de conséquence ; car il est infiniment plus avantageux à la religion et à la morale, surtout dans les temps où nous sommes, où bien des gens ne respectent guère la révélation toute seule et les miracles, de montrer que les âmes sont immortelles naturellement, et que ce serait un miracle si elles ne le fussent pas, que de soutenir que nos âmes doivent mourir naturellement, mais que c'est en vertu d'une grâce miraculeuse, fondée dans la seule promesse de Dieu, qu'elles ne meurent pas. Aussi sait-on depuis longtemps que ceux qui ont voulu détruire la religion naturelle et réduire tout à la révélée, comme si la raison ne nous enseignait rien là-dessus, ont passé pour suspects ; et ce n'est pas toujours sans raison. Mais notre auteur n'est pas de ce nombre. Il soutient la démonstration de l'existence de Dieu, et il attribue à l'immatérialité de l'âme une probabilité dans le suprême degré, qui pourra passer par conséquent pour une certitude morale ; de sorte que je crois qu'ayant autant de sincérité que de pénétration, il pourrait bien s'accommoder de la doctrine que je viens d'exposer et qui est fondamentale en toute philosophie raisonnable. Autrement je ne vois pas comment on pourrait s'empêcher de retomber dans la philosophie fanatique, telle que la philosophie mosaïque des Fludd (1), qui sauve tous les phénomènes en les attribuant à Dieu immédiatement et par miracle: ou barbare, comme celle de certains philosophes et médecins du temps passé, qui se ressentait encore de la barbarie de leur siècle, et qu'aujourd'hui on méprise avec raison, qui sauvaient les apparences en forgeant tout exprès des qualités occultes ou facultés qu'on s'imaginait semblables à des petits démons ou lutins, capables de faire sans façon ce qu'on demande, comme si les montres de poche marquaient les heures par une certaine faculté horodeictique, sans avoir besoin de roues, ou comme si les moulins brisaient les grains par une faculté fractive, sans avoir besoin de rien, qui ressemblât aux meules. Pour ce qui est de la difficulté que plusieurs peuples ont eue, de concevoir une substance immatérielle, elle cessera aisément au moins (en bonne partie), quand on ne me demandera pas des substances séparées de la matière, comme, en effet, je ne crois pas qu'il y en ait jamais naturellement parmi les créatures.

(1) FLUDD, philosophe mystique du xvi° siècle, né en Angleterre en 1574, mort en 1637. Ses écrits forment 8 vol. in-fol. L'un d'eux est intitulé : *Philosophia mosaica* (Gouda, 1638). Il a été réfuté par Gassendi : *Exercitatio in Fluddanum philosophiam* (Paris, 1630, in-12).

LIVRE PREMIER

DES NOTIONS INNÉES

CHAP. Ier. — S'IL Y A DES PRINCIPES INNÉS
DANS L'ESPRIT DE L'HOMME.

PHILALETHE. Ayant repassé la mer après avoir achevé les affaires en Angleterre, j'ai pensé d'abord à vous rendre visite, Monsieur, pour cultiver notre ancienne amitié, et pour vous entretenir des matières qui nous tiennent fort au cœur, à vous et à moi, et où je crois avoir acquis de nouvelles lumières pendant mon séjour à Londres. Lorsque nous demeurions autrefois tout proche l'un de l'autre à Amsterdam, nous prenions beaucoup de plaisir tous deux à faire des recherches sur les principes et sur les moyens de pénétrer dans l'intérieur des choses. Quoique nos sentiments fussent souvent différents, cette diversité augmentait notre satisfaction lorsque nous en conférions ensemble, sans que la contrariété qu'il y avait quelquefois y mêlât rien de désagréable. Vous étiez pour Descartes (1), et pour les opinions du célèbre auteur de la *Recherche de la vérité;* et

---

(1) DESCARTES, illustre fondateur de la philosophie moderne (1596-1650). Les œuvres de Descartes sont les suivantes : 1° *Discours de la Méthode*, Leyde, 1637. — 2° *Meditationes de prima philosophia*, Amsterdam, 1644, traduit en français par le duc de Luynes, 1647. — 3° *Principia philosophiæ*, 1644, traduit en français par Claude Vicat, 1647. — *Les Passions de l'âme*, en français, 1649. — Les autres écrits de Descartes ont été publiés après sa mort. Les œuvres complètes sont : *Opera omnia*, 8 vol. in-4°, Amsterdam, 1670-1683. — Œuvres complètes de Descartes, 9 vol. in-12, Paris, 1724. — Œuvres complètes publiées par V. Cousin, 11 vol. in-8°, 1814-1826. — Il se prépare en ce moment une édition nouvelle dont le 1er vol. vient de paraître, par MM. Charles Adam et Paul Tannery. Paris, Léopold Cerf, 1898.

moi je trouvais les sentiments de Gassendi (1), éclaircis par Bernier (2), plus faciles et plus naturels. Maintenant, je me sens extrêmement fortifié par l'excellent ouvrage qu'un illustre Anglais, que j'ai l'honneur de connaître particulièrement, a publié depuis, et qu'on a réimprimé plusieurs fois en Angleterre, sous le titre modeste d'*Essai concernant l'entendement humain*. Et je suis ravi qu'il paraît depuis peu en latin et en français, afin qu'il puisse être d'une utilité plus générale. J'ai fort profité de la lecture de cet ouvrage et même de la conversation de l'auteur, que j'ai entretenu souvent à Londres et quelquefois à Oates, chez milady Masham, digne fille du célèbre M. Cudworth, grand philosophe et théologien anglais (3), auteur du *Système intellectuel* dont elle a hérité l'esprit de méditation et l'amour des belles connaissances, qui paraît particulièrement par l'amitié qu'elle entretient avec l'auteur de l'*Essai*; et comme il a été attaqué par quelques docteurs de mérite, j'ai pris plaisir à lire aussi l'apologie, qu'une demoiselle fort sage et fort spirituelle a faite pour lui, outre celles qu'il a faites lui-même. Cet auteur est assez dans le système de M. Gassendi, qui est dans le fond celui de Démocrite (4). Il est pour le vide et pour les atomes ; il croit que la matière pourrait penser ; qu'il n'y a point d'idées innées ; que notre esprit est *tabula rasa*, et que nous ne pensons pas toujours ; il paraît d'humeur à approuver la plus grande partie des objec-

---

(1) GASSENDI, né en Provence en 1592, professeur au Collège de France, mort en 1656. Son principal ouvrage est : *Syntagma philosophiæ Epicuri*. Ses œuvres complètes ont été publiées à Lyon en 1658, 6 vol. in-fol.

(2) BERNIER, voyageur et philosophe célèbre du xviie siècle et élève de Gassendi. Son ouvrage principal en philosophie est l'abrégé de la philosophie de Gassendi en 8 volumes, in-12, 1678.

(3) RALPH CUDWORTH, né à Aller dans le comté de Sommerset, professeur à l'Université de Cambridge. Il y avait alors à Cambridge une sorte d'académie platonicienne, composée d'Henri Morus, Théophile Gale, Thomas Burnet, Whitcok, Tillotson le prédicateur. Ils passaient pour *latitudinariens*, secte théologique, large et tolérante, qui avait cherché un milieu entre le papisme et le puritanisme, et dont le chef était Chillingsworth. Le principal ouvrage de Cudworh est *le Vrai système intellectuel* (*The true intellectual system*); Londres, 1678. Mosheim a donné une traduction latine des œuvres complètes de Cudworth. Une édition anglaise a été publiée récemment. — Sa fille, lady Masham, amie de Locke, et chez laquelle il est mort, s'est aussi occupée de philosophie; on a d'elle un petit traité *sur l'Amour divin*, contre Norris, Mallebranche et les mystiques de son temps.

(4) DÉMOCRITE, philosophe grec, né à Abdère vers 491 av. J.-C. Il vécut très longtemps, de quatre-vingts à cent ans, fit de nombreux voyages qui nous sont attestés par lui-même dans un fragment célèbre. Il est avec Leucippe le fondateur de la philosophie des atomes. Il composa de nombreux ouvrages sur toutes les connaissances humaines, et Diogène Laerce en compte jusqu'à soixante-douze.

tions que M. Gassendi a faites à M. Descartes. Il a enrichi et renforcé ce système par mille belles réflexions ; et je ne doute point que maintenant notre parti ne triomphe hautement de ses adversaires, les péripatéticiens et les cartésiens. C'est pourquoi, si vous n'avez pas encore lu ce livre, je vous y invite ; et, si vous l'avez lu, je vous supplie de m'en dire votre sentiment.

Théophile. Je me réjouis de vous voir de retour après une longue absence, heureux dans la conclusion de votre importante affaire, plein de santé, ferme dans l'amitié pour moi, et toujours porté avec une ardeur égale à la recherche des plus importantes vérités. Je n'ai pas moins continué mes méditations dans le même esprit ; et je crois d'avoir profité aussi autant et peut-être plus que vous, si je ne me flatte pas. Aussi en avais-je plus besoin que vous, car vous étiez plus avancé que moi. Vous aviez plus de commerce avec les philosophes spéculatifs, et j'avais plus de penchant vers la morale. Mais j'ai appris de plus en plus combien la morale reçoit d'affermissement des principes solides de la véritable philosophie, c'est pourquoi je les ai étudiés depuis avec plus d'application, et je suis entré dans des méditations assez nouvelles. De sorte que nous aurons de quoi nous donner un plaisir réciproque et de longue durée en nous communiquant l'un à l'autre nos éclaircissements. Mais il faut que je vous dise pour nouvelle que je ne suis plus cartésien, et que cependant je suis éloigné plus que jamais de votre Gassendi, dont je reconnais d'ailleurs le savoir et le mérite. J'ai été frappé d'un nouveau système, dont j'ai lu quelque chose dans les journaux des savants de Paris, de Leipsig et de Hollande, et dans le merveilleux dictionnaire de M. Bayle (1) article de Rorarius, et depuis je crois voir une nouvelle face de l'intérieur des choses. Ce système paraît allier Platon avec Démocrite, Aristote avec Descartes, les scholastiques avec les modernes, la théologie et la morale avec la raison. Il semble qu'il prend le meilleur de tous côtés et que puis après il va plus loin qu'on n'est allé encore. J'y trouve une explication intelligible de l'union de l'âme et du corps, chose dont j'avais désespéré

---

(1) Bayle (Pierre), célèbre critique, controversiste, philosophe du xviie siècle, né au Carlat (Comté de Foix) en 1647. Professeur de philosophie à Sedan en 1673, mort en 1706. Ses principaux ouvrages sont : *Pensées sur la Comète* (1682), *Critique générale de l'histoire du Calvinisme de Maimbourg*, *Nouvelles de la République des Lettres* et enfin son célèbre *Dictionnaire historique et critique* (1698). On a publié à La Haye en 1727-1737 les *OEuvres diverses* de Bayle, en 4 volumes in-folio.

auparavant. Je trouve les vrais principes des choses dans les unités des substances que ce système introduit et dans leur harmonie préétablie par la substance primitive. J'y trouve une simplicité et une uniformité surprenantes, en sorte que l'on peut dire que c'est partout et toujours la même chose aux degrés de perfection près. Je vois maintenant ce que Platon entendait, quand il prenait la matière pour un être imparfait et secondaire ; ce qu'Aristote voulait dire par son antéléchie ; ce que c'est que la promesse que Démocrite lui-même faisait d'une autre vie, chez Pline ; jusqu'où les sceptiques avaient raison en déclamant contre les sens ; comment les animaux sont en effet des automates, suivant Descartes, et comment ils ont pourtant des âmes et du sentiment selon l'opinion du genre humain ; comment il faut expliquer raisonnablement ceux qui ont logé vie et perception en toutes choses, comme Cardan (1), Campanella (2), et mieux qu'eux feu Mme la comtesse de Connaway, platonicienne, et notre ami feu M. François Mercure Van Helmont (3) (quoique d'ailleurs hérissé de paradoxes inintelligibles) avec son ami feu M. Henri Morus (4) ; comment les lois de la nature (dont une bonne partie était ignorée avant ce système) tirent leur origine des principes supérieurs à la matière et que pourtant tout se fait mécaniquement dans la matière, en quoi les auteurs spiritualisants, que je viens de nommer, avaient manqué avec leurs archées, et même les cartésiens,

---

(1) CARDAN, médecin, naturaliste, mathématicien, philosophe, l'un des personnages les plus étranges du xvi° siècle, est né à Paris en 1501, et mort à Rome en 1576. Ses œuvres forment 10 vol. in-fol. Lyon, 1631. Les principales sont le *Theognoston*, le *De Consolatione*, les traités *De Naturâ*, *De Immortalitate animarum*, *De Uno*, *De Summo bono* et enfin le *De Vitâ propriâ*, sorte de confession où il nous donne sur lui-même les détails les plus extraordinaires. Sa philosophie est une sorte de mysticisme matérialiste.

(2) CAMPANELLA, moine italien, né en Calabre vers la fin du xvi° siècle, mort à Paris en 1639, dans le couvent des Jacobins. Sa vie, pleine d'aventures tragiques, se termina paisiblement en France sous la protection du cardinal Richelieu. Ses œuvres sont très nombreuses. On connaît surtout le *De sensu rerum*, Francfort-sur-Mein, 1620 ; son *De rerum naturâ*, et enfin sa *Civitas solis*, utopie communiste, imitée de Platon.

(3) MERCURE VAN HELMONT, qu'on ne doit pas confondre avec son père François Van Helmont (1577-1644), est né à Vilvorde, en 1618, et mort à Berlin, en 1699. Sa philosophie est un illuminisme désordonné. Il passa sa vie à chercher et crut avoir trouvé l'élixir de vie et la pierre philosophale. Ses principaux ouvrages sont : *Alphabeti naturalis, hebraici delineatio*, etc., in-12, Sulzbach, 1667 ; *Opuscula philosophica*, in-12, Amsterdam, 1690 ; *Seder olam, sive ordo seculorum*, ib., 1693.

(4) Henri MORE (en latin Morus), né à Grantham, en 1614, mort à Cambridge, en 1687, philosophe mystique platonicien. Ses œuvres complètes philosophiques ont été publiées sous ce titre : *H. Mori Cantabrigientis opera omnia, tum quæ latinè, tum quæ anglicè scripta sunt*, 2 vol. in-fol., Londres, 1679.

en croyant que les substances immatérielles changeaient sinon la force, au moins la direction ou détermination des mouvements des corps, au lieu que l'âme et le corps gardent parfaitement leurs lois, chacun les siennes, selon le nouveau système, et que néanmoins l'un obéit à l'autre autant qu'il le faut. Enfin c'est depuis que j'ai médité ce système, que j'ai trouvé comment les âmes des bêtes et leurs sensations ne nuisent point à l'immortalité des âmes humaines, ou plutôt comment rien n'est plus propre à établir notre immortalité naturelle, que de concevoir que toutes les âmes sont impérissables (*morte carent animæ*), sans qu'il y ait pourtant des métempsycoses à craindre, puisque non seulement les âmes, mais encore les animaux demeurent et demeureront vivants, sentants, agissants : c'est partout comme ici, et toujours, et partout comme chez nous, suivant ce que je vous ai déjà dit. Si ce n'est que les états des animaux sont plus ou moins parfaits et développés sans qu'on ait jamais besoin d'âmes tout à fait séparées, pendant que néanmoins nous avons toujours des esprits aussi purs qu'il se peut, nonobstant des organes qui ne sauraient troubler par aucune influence les lois de notre spontanéité. Je trouve le vide et les atomes exclus bien autrement que par le sophisme des cartésiens, fondé dans la prétendue coïncidence du corps et de l'étendue. Je vois toutes choses réglées et ornées au delà de tout ce qu'on a conçu jusqu'ici, la matière organique partout, rien de vide, stérile, négligé, rien de trop uniforme, tout varié, mais avec ordre, et, ce qui passe l'imagination, tout l'univers en raccourci, mais d'une vue différente dans chacune de ses parties, et même dans chacune de ses unités de substances. Outre cette nouvelle analyse des choses, j'ai mieux compris celle des notions ou idées et des vérités. J'entends ce que c'est qu'idée vraie, claire, distincte, adéquate, si j'ose adopter ce mot. J'entends quelles sont les vérités primitives et les vrais axiomes, la distinction des vérités nécessaires et de celles de fait, du raisonnement des hommes dés consécutions des bêtes qui en sont une ombre. Enfin vous serez surpris, Monsieur, d'entendre tout ce que j'ai à vous dire et surtout de comprendre combien la connaissance des grandeurs et des perfections de Dieu en est relevée. Car je ne saurais dissimuler à vous, pour qui je n'ai rien eu de caché, combien je suis pénétré maintenant d'admiration, et (si nous pouvons oser nous servir de ce terme) d'amour pour cette souveraine source de choses et de beautés, ayant trouvé que celle que ce systême découvre, passent tout ce qu'on a conçu jusqu'ici). Vous savez que j'étais allé un peu trop loin ailleurs et que je commençais à pencher du côté des spinosistes, qui ne laissent qu'une puissance infinie à Dieu, sans reconnaître ni perfection, ni sagesse à son égard, et, méprisant la recherche des causes finales, dérivent tout d'une nécessité brute. Mais ces nouvelles lumières m'en ont guéri ; et depuis ce temps-là je prends le nom de Théophile. J'ai lu le livre de ce célèbre Anglais, dont vous venez de parler. Je l'estime beaucoup, et j'y ai trouvé de belles choses ; mais il me semble qu'il faut aller plus avant et même s'écarter de ses sentiments, lorsqu'il en a pris, qui nous bornent plus qu'il ne faut, et ravalent un peu non seulement la condition de l'homme, mais encore celle de l'univers.

Ph. Vous m'étonnez en effet avec toutes les merveilles dont vous me faites un récit un peu trop avantageux pour que je les puisse croire facilement. Cependant je veux espérer qu'il y aura quelque chose de solide parmi tant de nouveautés dont vous me voulez régaler. En ce cas, vous me trouverez fort docile. Vous savez que c'était toujours mon humeur de me rendre à la raison et que je prenais quelquefois le nom de Philalète. C'est pourquoi nous nous servirons maintenant, s'il vous plaît, de ces deux noms, qui ont tant de rapport. Il y a moyen de venir à l'épreuve, car, puisque vous avez lu le livre du célèbre Anglais, qui me donne tant de satisfaction, et qu'il traite une bonne partie des matières dont vous venez de parler et surtout l'analyse de nos idées et connaissances, ce sera le plus court d'en suivre le fil et de voir ce que vous aurez à remarquer.

Th. J'approuve votre proposition. Voici le livre.

§ 1. Ph. Je l'ai si bien lu que j'en ai retenu jusqu'aux expressions que j'aurai soin de suivre. Ainsi je n'aurai point besoin de recourir au livre qu'en quelques rencontres où nous le jugerons nécessaire.

Nous parlerons premièrement de l'origine des idées ou notions (livre I) puis des différentes sortes d'idées (livre II) et des mots qui servent à les exprimer (livre III), enfin des connaissances et vérités qui en résultent (livre IV), et c'est cette dernière partie qui nous occupera le plus. Quant à l'origine des idées, je crois avec cet auteur et quantité d'habiles gens qu'il n'y en a point d'innées, non plus que de principes innés. Et pour réfuter l'erreur de ceux qui en admettent, il suffit de montrer, comme il paraîtra dans la suite, qu'on n'en a point besoin et que les hommes peuvent acquérir toutes leurs connaissances sans le secours d'aucune impression innée.

Th. Vous savez, Philalèthe, que je suis d'un autre sentiment depuis longtemps, que j'ai toujours été comme je suis encore pour l'idée innée de Dieu, que M. Descartes a soutenue, et par conséquent pour d'autres idées innées et qui ne nous sauraient venir des sens. Maintenant je vais encore plus loin, en conformité du nouveau système, et je crois même que toutes les pensées et actions de notre âme viennent de son propre fond, sans pouvoir lui être données par les sens, comme vous allez voir dans la suite. Mais à présent je mettrai cette recherche à part et, m'accommodant aux expressions reçues, puisqu'en effet elles sont bonnes et soutenables et qu'on peut dire, dans un certain sens que les sens externes sont cause en partie de nos pensées, j'examinerai comment on doit dire à mon avis, encore dans le système commun (parlant de l'action des corps sur l'âme, comme les coperniciens parlent avec les autres hommes du mouvement du soleil, et avec fondement), qu'il y a des idées et des principes qui ne nous viennent point des sens et que nous trouvons en nous sans les former, quoique les sens nous donnent occasion de nous en apercevoir. Je m'imagine que votre habile auteur a remarqué que, sous le nom de principes innés, on soutient souvent ses préjugés et qu'on veut s'exempter de la peine des discussions, et que cet abus aura animé son zèle contre cette supposition. Il aura voulu combattre la paresse et la manière superficielle de penser de ceux qui, sous le prétexte spécieux d'idées innées et de vérités gravées naturellement dans l'esprit où nous donnons facilement notre consentement, ne se soucient point de rechercher et d'examiner les sources, les liaisons et la certitude de ces connaissances. En cela je suis entièrement de son avis, et je vais même plus avant. Je voudrais qu'on ne bornât point notre analyse, qu'on donnât les définitions de tous les termes qui en sont capables, et qu'on démontrât ou donnât le moyen de démontrer tous les axiomes qui ne sont point primitifs, sans distinguer l'opinion que les hommes en ont, et sans se soucier s'ils y donnent leur consentement ou non. Il y aurait en cela plus d'utilité qu'on ne pense. Mais il semble que l'auteur a été porté trop loin d'un autre côté par son zèle fort louable d'ailleurs. Il n'a pas assez distingué à mon avis l'origine des vérités nécessaires, dont la source est dans l'entendement, d'avec celles de fait qu'on tire des expériences des sens et même des perceptions confuses qui sont en nous. Vous voyez donc, Monsieur, que je n'accorde pas ce que vous mettez en fait, que nous pouvons acquérir toutes nos connaissances sans avoir besoin d'impressions innées. Et la suite fera voir qui de nous a raison.

§ 2. Ph. Nous l'allons voir en effet. Je vous avoue, mon cher Théophile, qu'il n'y a point d'opinion plus communément reçue que celle qui établit qu'il y a certains principes de la vérité desquels les hommes conviennent généralement ; c'est pourquoi ils sont appelés notions communes, κοιναὶ ἔννοιαι ; d'où l'on infère qu'il faut que ces principes-là soient autant d'impressions que nos esprits reçoivent avec l'existence.

§ 3. Mais, quand le fait serait certain, qu'il y aurait des principes dont tout le genre humain demeure d'accord, ce consentement universel ne prouverait point qu'ils soient innés, si l'on peut montrer, comme je le crois, une autre voie par laquelle les hommes ont pu arriver à cette uniformité de sentiment. Mais ce qui est bien pis, ce consentement universel ne se trouve guère, non pas même par rapport à ces deux célèbres principes spéculatifs (car nous parlerons par après de ceux de pratique), que tout ce qui est, est ; et qu'il est impossible qu'une chose soit ou ne soit pas en même temps ; car il y a une grande partie du genre humain à qui ces deux propositions, qui passeront sans doute pour vérités nécessaires et pour des axiomes chez vous, ne sont pas même connues.

Th. Je ne fonde pas la certitude des principes innés sur le consentement universel, car je vous ai déjà dit, Philalèthe, que mon avis est qu'on doit travailler à pouvoir démontrer tous les axiomes qui ne sont point primitifs. Je vous accorde aussi qu'un consentement fort général, mais qui n'est pas universel, peut venir d'une tradition, répandue par tout le genre humain, comme l'usage de la fumée du tabac a été reçu presque par tous les peuples en moins d'un siècle, quoiqu'on ait trouvé quelques insulaires, qui, ne connaissant pas même le feu, n'avaient garde de fumer. C'est ainsi que quelques habiles gens, même parmi les théologiens, mais du parti d'Arminius, ont cru que la connaissance de la divinité venait d'une tradition très ancienne et fort générale ; et je veux croire en effet que l'enseignement a confirmé et rectifié cette connaissance. Il paraît pourtant que la nature a contribué à y mener sans la doctrine ; les merveilles de l'univers ont fait penser à un pouvoir supérieur. On a vu un enfant né sourd et muet marquer de la vénération pour la pleine lune, et l'on a trouvé des nations, qu'on ne voyait pas avoir appris autre chose d'autres peuples, craindre des puissances invisibles. Je vous avoue, mon cher Philalèthe, que ce n'est pas encore l'idée de Dieu, telle que nous avons et que nous demandons ; mais cette idée même ne laisse pas d'être dans le fond de nos âmes, sans y être mise, comme nous verrons. Et les lois éternelles de Dieu y sont en partie gravées d'une manière encore plus lisible et par une espèce d'instinct. Mais ce sont des principes de pratique dont nous aurons aussi occasion de parler. Il faut avouer, cependant, le penchant que nous avons à reconnaître l'idée de Dieu est dans la nature humaine. Et, quand on en attribuerait le premier enseignement à la révélation, toujours la facilité que les hommes ont témoignée à recevoir cette doctrine vient du naturel de leurs âmes (1). Mais nous jugerons dans la suite que la doctrine externe ne fait qu'exciter ici ce qui est en nous. Je conclus qu'un consentement assez général parmi les hommes est un indice et non pas une démonstration d'un principe inné ; mais que la preuve exacte et décisive de ces principes consiste à faire voir que leur certitude ne vient que de ce qui est en nous.

---

(1) Il y a ici dans l'édition de Gehrardt, par rapport à l'édition de Raspe et Erdmann que nous avons suivie, dans notre 1re édition, une interversion de trois ou quatre pages qui ne nous paraît pas justifiée, car elle amène des incohérences et des non-sens.

1° Par exemple, édition Gehrardt, p. 69 : « La facilité que les hommes ont toujours témoignée à concevoir cette doctrine vient du naturel de nos âmes. Mais nous jugeons que *ces idées qui sont séparées renferment des notions incompatibles.* » Ce dernier membre de phrase n'a aucun rapport à ce qui précède.

Au contraire, dans le texte de Raspe, qui est le nôtre, la suite des idées est parfaitement claire.

Texte de Raspe : Après ces derniers mots : « vient du naturel de nos âmes », suivent ces mots : « Mais nous jugerons dans la suite que la doctrine externe ne fait qu'exciter ce qui est en nous. » Ce qui est le complément légitime de la doctrine de l'innéité.

2° Gehrardt, p. 72 : « S'il y a des vérités innées, ne faut-il pas qu'il y ait dans la suite que la doctrine externe ne fait qu'exciter ce qui est en nous. » C'est un complet non-sens.

Au contraire, notre texte est absolument clair et cohérent : « S'il y a des vérités innées, ne faut-il pas qu'il y ait des pensées innées ? — Point du tout. »

3° Texte Gehrardt, p. 19 : « Mais, quant à cette proposition : le carré n'est pas le cercle, on peut dire qu'elle est innée ; car en l'envisageant on fait une subsomption ou application du principe de contradiction, *dès qu'on s'aperçoit des pensées innées. — Point du tout, car les pensées sont des actions.* » Propositions incohérentes.

Texte de Raspe : « *Dès qu'on s'aperçoit que ces idées qui sont innées, renferment des notions incompatibles.* » Proposition qui se lie naturellement à la précédente.

Le texte de Gehrardt n'est pas même conforme au manuscrit de Hanovre : ce qui nous a été confirmé par les soins d'une personne obligeante de cette ville. Le désordre vient donc de Gerhardt lui-même.

Pour répondre encore à ce que vous dites contre l'approbation générale qu'on donne aux deux grands principes spéculatifs, qui sont pourtant des mieux établis, je puis vous dire que, quand même ils ne seraient pas connus, ils ne laisseraient pas d'être innés, parce qu'on les reconnaît dès qu'on les a entendus. Mais j'ajouterai encore que, dans le fond, tout le monde les connaît, et qu'on se sert à tout moment du principe de contradiction (par exemple) sans le regarder distinctement. Il n'y a point de barbare qui, dans une affaire qu'il trouve sérieuse, ne soit choqué de la conduite d'un menteur qui se contredit. Ainsi on emploie ces maximes sans les envisager expressément. Et c'est à peu près comme on a virtuellement dans l'esprit les propositions supprimées dans les enthymèmes, qu'on laisse à l'écart, non seulement au dehors, mais encore dans notre pensée.

§ 5 Ph. Ce que vous dites de ces connaissances virtuelles et de ces suppressions intérieures me surprend, car de dire qu'il y a des vérités imprimées dans l'âme qu'elle n'aperçoit point, c'est, ce me semble, une véritable contradiction.

Th. Si vous êtes dans ce préjugé, je ne m'étonne pas que vous rejetiez les connaissances innées. Mais je suis étonné comment il ne vous est pas venu dans la pensée que nous avons une infinité de connaissances, dont nous ne nous apercevons pas toujours, pas même lorsque nous en avons besoin; c'est à la mémoire de les garder et à la réminiscence de nous les représenter, comme elle fait souvent au besoin, mais non pas toujours. Cela s'appelle fort bien souvenir (*subvenire*), car la réminiscence demande quelque aide. Et il faut bien que dans cette multitude de nos connaissances nous soyons déterminés par quelque chose à renouveler l'une plutôt que l'autre, puisqu'il est impossible de penser distinctement tout à la fois à tout ce que nous savons.

Ph. En cela, je crois que vous avez raison : et cette affirmation trop générale que nous nous apercevons toujours de toutes les vérités qui sont dans notre âme, m'est échappée sans que j'y aie donné assez d'attention. Mais vous aurez un peu plus de peine à répondre à ce que je m'en vais vous représenter. C'est que, si on peut dire de quelque proposition en particulier qu'elle est innée, on pourra soutenir par la même raison que toutes les propositions, qui sont raisonnables et que l'esprit pourra toujours regarder comme telles, sont déjà imprimées dans l'âme.

Th. Je vous l'accorde à l'égard des idées pures, que j'oppose aux fantômes des sens, et à l'égard des vérités nécessaires ou de raison, que j'oppose aux vérités de fait. Dans ce sens, on doit dire que toute l'arithmétique et toute la géométrie sont innées et sont en nous d'une manière virtuelle, en sorte qu'on les y peut trouver en considérant attentivement et rangeant ce qu'on a déjà dans l'esprit, sans se servir d'aucune vérité apprise par l'expérience ou par la tradition d'autrui, comme Platon l'a montré dans un dialogue (1) où il introduit Socrate menant un enfant à des vérités abstruses par les seules interrogations sans lui rien apprendre. On peut donc se fabriquer ces sciences dans son cabinet et même à yeux clos, sans apprendre par la vue ni même par l'attouchement les vérités dont on a besoin ; quoiqu'il soit vrai qu'on n'envisagerait pas les idées dont il s'agit, si l'on n'avait rien vu ni touché. Car c'est par une admirable économie de la nature que nous ne saurions avoir des pensées abstraites qui n'aient point besoin de quelque chose de sensible, quand ce ne seraient que des caractères tels que sont les figures des lettres et les sons ; quoiqu'il n'y ait aucune connexion nécessaire entre tel caractères arbitraires et telles pensées. Et, si les traces sensibles n'étaient point requises, l'harmonie préétablie entre l'âme et le corps, dont j'aurai occasion de vous entretenir plus amplement, n'aurait point lieu. Mais cela n'empêche point que l'esprit ne prenne les vérités nécessaires de chez soi. On voit aussi quelquefois combien il peut aller loin sans aucun aide, par une logique et arithmétique purement naturelles, comme ce garçon suédois qui, cultivant la sienne, va jusqu'à faire de grands calculs sur-le-champ dans sa tête, sans avoir appris la manière vulgaire de compter ni même à lire et à écrire, si je me souviens bien de ce qu'on m'a raconté. Il est vrai qu'il ne peut pas venir à bout des problèmes à rebours, tels que ceux qui demandent les extractions des racines. Mais cela n'empêche point qu'il n'eût pu encore les tirer de son fond par quelque nouveau tour d'esprit. Ainsi cela prouve seulement qu'il y a des degrés dans la difficulté qu'on a de s'apercevoir de ce qui est en nous. Il y a des principes innés qui sont communs et fort aisés à tous ; il y a des théorèmes qu'on découvre aussi d'abord et qui composent des sciences naturelles, qui sont plus étendues dans l'un que dans l'autre. Enfin, dans un sens plus ample qu'il est bon d'employer pour avoir des notions plus compréhensives et plus détermi-

---

(1) Dans le *Ménon*.

nées, toutes les vérités qu'on peut tirer des connaissances innées primitives se peuvent encore appeler innées, parce que l'esprit les peut tirer de son propre fond, quoique souvent ce ne soit pas une chose aisée. Mais, si quelqu'un donne un autre sens aux paroles, je ne veux point disputer des mots.

PH. Je vous ai accordé qu'on peut avoir dans l'âme ce qu'on n'y aperçoit pas, car on ne se souvient pas toujours à point nommé de tout ce que l'on sait, mais il faut toujours qu'on l'ait appris et qu'on l'ait connu autrefois expressément. Ainsi, si on peut dire qu'une chose est dans l'âme, quoique l'âme ne l'ait pas encore connue, ce ne peut être qu'à cause qu'elle a la capacité ou la faculté de la connaître.

TH. Pourquoi cela ne pourrait-il avoir encore une autre cause, telle que serait [celle-ci] (1), que l'âme peut avoir cette chose en elle sans qu'on s'en soit aperçu? Car, puisqu'une connaissance acquise y peut être cachée par la mémoire, comme vous en convenez, pourquoi la nature ne pourrait-elle pas y avoir aussi caché quelque connaissance originale? Faut-il que tout ce qui est naturel à une substance qui se connaît, s'y connaisse d'abord actuellement? Cette substance telle que notre âme ne peut et ne doit-elle pas avoir plusieurs propriétés et affections qu'il est impossible d'envisager toutes d'abord et tout à la fois? C'était l'opinion des platoniciens que toutes nos connaissances étaient des réminiscences, et qu'ainsi les vérités que l'âme a apportées avec la naissance de l'homme, et qu'on appelle innées, doivent être des restes d'une connaissance expresse antérieure. Mais cette opinion n'a nul fondement. Et il est aisé de juger que l'âme devait avoir des connaissances innées dans l'état précédent (si la préexistence avait lieu), quelque reculé qu'il pourrait être, tout comme ici : elles devraient donc aussi venir d'un autre état précédent, où elles seraient enfin innées ou au moins concréées, ou bien il faudrait aller à l'infini et faire les âmes éternelles, auquel cas ces connaissances seraient innées en effet, parce qu'elles n'auraient jamais de commencement dans l'âme ; et, si quelqu'un prétendait que chaque état antérieur a eu quelque chose d'un autre plus antérieur, qu'il n'a point laissé aux suivants, on lui répondrait qu'il est manifeste que certaines vérités évidentes devraient avoir été de tous ces états. Et, de quelque manière qu'on se prenne, il est toujours clair, dans tous

---

(1) *Celle-ci* manque dans le texte de Gehrardt.

les états de l'âme, que les vérités nécessaires sont innées et se prouvent par ce qui est interne, ne pouvant point être établies par les expériences, comme on établit par là les vérités de fait. Pourquoi faudrait-il aussi qu'on ne pût rien posséder dans l'âme dont on ne se fût jamais servi? Avoir une chose sans s'en servir est-ce la même chose que d'avoir seulement la faculté de l'acquérir? Si cela était, nous ne posséderions jamais que des choses dont nous jouissons : au lieu qu'on sait qu'outre la faculté et l'objet, il faut souvent quelque disposition dans la faculté ou dans l'objet et dans tous les deux pour que la faculté s'exerce sur l'objet.

Ph. A le prendre de cette manière-là, on pourra dire qu'il y a des vérités gravées dans l'âme, que l'âme n'a pourtant jamais connues, et que même elle ne connaîtra jamais, ce qui me paraît étrange.

Th. Je n'y vois aucune absurdité, quoique aussi on ne puisse point assurer qu'il y ait de telles vérités. Car des choses plus relevées que celles que nous pouvons connaître dans ce présent train de vie, se peuvent développer un jour dans nos âmes, quand elles seront dans un autre état.

Ph. Mais, supposé qu'il y ait des vérités qui puissent être imprimées dans l'entendement sans qu'il les aperçoive, je ne vois pas comment, par rapport à leur origine, elles peuvent différer des vérités qu'il est seulement capable de connaître.

Th. L'esprit n'est pas seulement capable de les connaître, mais encore de les trouver en soi, et, s'il n'avait que la simple capacité de recevoir les connaissances ou la puissance passive pour cela, aussi indéterminée que celle qu'a la cire de recevoir des figures et la table rase de recevoir des lettres, il ne serait pas la source des vérités nécessaires, comme je viens de montrer qu'il l'est : car il est incontestable que les sens ne suffisent pas pour en faire voir la nécessité, et qu'ainsi l'esprit a une disposition (tant active que passive) pour les tirer lui-même de son fonds ; quoique les sens soient nécessaires pour lui donner de l'occasion et de l'attention pour cela, et pour le porter plutôt aux unes qu'aux autres. Vous voyez donc, Monsieur, que ces personnes, très habiles d'ailleurs, qui sont d'un autre sentiment, paraissent n'avoir pas assez médité sur les suites de la différence qu'il y a entre les vérités nécessaires ou éternelles, et entre les vérités d'expérience, comme je l'ai déjà remarqué, et comme toute notre contestation le montre. La preuve originaire des vérités nécessaires vient du seul entendement, et les autres vérités viennent des expériences ou des observations des sens. Notre esprit est capable de connaître les unes et les autres, mais il est la source des premières, et, quelque nombre d'expériences particulières qu'on puisse avoir d'une vérité universelle, on ne saurait s'en assurer pour toujours par l'induction, sans en connaître la nécessité par la raison.

Ph. Mais n'est-il pas vrai que, si ces mots : être dans l'entendement, emportent quelque chose de positif, ils signifient être aperçu et compris par l'entendement?

Th. Ils nous signifient tout autre chose : c'est assez que ce qui est dans l'entendement y puisse être trouvé et que les sources ou preuves originaires des vérités dont il s'agit ne soient que dans l'entendement : les sens peuvent insinuer, justifier et confirmer ces vérités, mais non pas en démontrer la certitude immanquable et perpétuelle.

§ 11. Ph. Cependant tous ceux qui voudront prendre la peine de réfléchir avec un peu d'attention sur les opérations de l'entendement, trouveront que ce consentement que l'esprit donne sans peine à certaines vérités dépend de la faculté de l'esprit humain.

Th. Fort bien; mais c'est ce rapport particulier de l'esprit humain à ces vérités, qui rend l'exercice de la faculté aisé et naturel à leur égard, et qui fait qu'on les appelle innées. Ce n'est donc pas une faculté nue qui consiste dans la seule possibilité de les entendre : c'est une disposition, une aptitude, une préformation, qui détermine notre âme et qui fait qu'elles en peuvent être tirées. Tout comme il y a de la différence entre les figures qu'on donne à la pierre ou au marbre indifféremment, et entre celles que ses veines marquent déjà ou sont disposées à marquer si l'ouvrier en profite.

Ph. Mais n'est-il point vrai que les vérités sont postérieures aux idées dont elles naissent? Or les idées viennent des sens.

Th. Les idées intellectuelles, qui sont la source des vérités nécessaires, ne viennent point des sens ; et vous reconnaissez qu'il y a des idées qui sont dues à la réflexion de l'esprit lorsqu'il réfléchit sur soi-même. Au reste, il est vrai que la connaissance expresse des vérités est postérieure (*tempore vel natura*) à la connaissance expresse des idées, comme la nature des vérités dépend de la nature des idées, avant qu'on forme expressément les unes et les autres ; et les vérités où entrent les idées qui viennent des sens, dépendent des sens, au moins en partie. Mais les idées qui viennent des sens sont confuses, et les vérités qui en dépendent le sont aussi, au moins en partie, au lieu que les idées intellectuelles et les vérités qui en dépendent sont distinctes, et ni les unes ni les autres n'ont point leur origine des sens ; quoiqu'il soit vrai que nous n'y penserions jamais sans les sens.

Ph. Mais, selon vous, les nombres sont des idées intellectuelles, et cependant il se trouve que la difficulté y dépend de la formation expresse des idées ; par exemple un homme sait que 18 et 19 sont égaux à 37, avec la même évidence qu'il sait qu'un et deux sont égaux à trois ; mais pourtant un enfant ne connaît pas la première proposition sitôt que la seconde, ce qui vient de ce qu'il n'a pas sitôt formé les idées que les mots.

Th. Je puis vous accorder que souvent la difficulté qu'il y a dans la formation expresse des vérités dépend de celle qu'il y a dans la formation expresse des idées. Cependant je crois que dans votre exemple, il s'agit de se servir des idées déjà formées. Car ceux qui ont appris à compter jusqu'à 10 et la manière de passer plus avant par une certaine réplication de dizaines, entendent sans peine ce que c'est que 18, 19, 37, savoir une, deux ou trois fois 10, avec 8, ou 9, ou 7 ; mais pour en tirer que 18 plus 19 fait 37, il faut bien plus d'attention que pour connaître que 2 plus 1 sont 3, ce qui dans le fond n'est que la définition de trois.

§ 10. Ph. Ce n'est pas un privilège attaché aux nombres ou aux idées que vous appelez intellectuelles, de fournir des propositions auxquelles on acquiesce infailliblement, dès qu'on les entend. On en rencontre aussi dans la physique et dans toutes les autres sciences, et les sens même en fournissent. Par exemple, cette proposition : deux corps ne peuvent pas être en un même lieu à la fois, est une vérité dont on n'est pas autrement persuadé que des maximes suivantes : « Il est impossible qu'une chose soit et ne soit pas en même temps ; le blanc n'est pas le rouge, le carré n'est pas un cercle, la couleur jaune n'est pas la douceur. »

Th. Il y a de la différence entre ces propositions. La première qui prononce que la pénétration des corps est impossible, a besoin de preuve. Tous ceux qui croient des condensations et des raréfactions véritables et prises à la rigueur, comme les péripatéticiens et feu M. le chevalier Digby, la rejettent en effet ; sans parler des chrétiens, qui croient la plupart que le contraire, savoir la pénétration des dimensions, est possible à Dieu. Mais les autres propositions sont identiques, ou peut s'en faut; et les identiques ou immédiates ne reçoivent point de preuve. Celles qui regardent ce que les sens fournissent, comme celle qui dit que la couleur jaune n'est pas la douceur, ne font qu'appliquer la maxime identique générale à des cas particuliers.

Ph. Chaque proposition, qui est composée de deux différentes idées dont l'une est niée de l'autre, par exemple que le carré n'est pas un cercle, qu'être jaune n'est pas être doux, sera aussi certainement reçue comme indubitable, dès qu'on en comprendra les termes, que cette maxime générale : il est impossible qu'une chose soit et ne soit pas en même temps.

Th. C'est que l'une (savoir, la maxime générale) est le principe, et l'autre (c'est-à-dire la négation d'une idée d'une autre opposée) en est l'application.

Ph. Il me semble plutôt que la maxime dépend de cette négation, qui en est le fondement; et qu'il est encore plus aisé d'entendre que ce qui est la même chose n'est pas différent, que la maxime qui rejette les contradictions. Or, à ce compte, il faudra qu'on reçoive pour vérités innées un nombre infini de propositions de cette espèce qui nient une idée de l'autre, sans parler des autres vérités. Ajoutez à cela qu'une proposition ne pouvant être innée, à moins que les idées dont elle est composée ne le soient, il faudra supposer que toutes les idées que nous avons des couleurs, des sons, des goûts, des figures, etc., sont innées.

Th. Je ne vois pas bien comment ceci : ce qui est la même chose n'est pas différent, soit l'origine du principe de contradiction et plus aisé; car il me paraît qu'on se donne plus de liberté en avançant qu'A n'est point B, qu'en disant qu'A n'est point non A. Et la raison qui empêche A d'être B, est que B enveloppe non A. Au reste cette proposition « le doux n'est pas l'amer » n'est point innée, suivant le sens que nous avons donné à ce terme de vérité innée. Car les sentiments du doux et de l'amer viennent des sens externes. Ainsi c'est une conclusion mêlée (*hybrida conclusio*), où l'axiome est appliqué à une vérité sensible. Mais, quant à cette proposition : le carré n'est point un cercle, on peut dire qu'elle est innée, car en l'envisageant, on fait une subsomption ou application du principe de contradiction à ce que l'entendement fournit lui-même, dès qu'on s'aperçoit que ces idées, qui sont innées, renferment des notions incompatibles.

§ 19. Ph. Quand vous soutenez que ces propositions particulières et évidentes par elles-mêmes, dont on reconnaît la vérité dès qu'on les entend prononcer (comme que le vert n'est pas le rouge), sont reçues comme des conséquences de ces autres propositions plus générales, qu'on regarde comme autant de principes innés ; il semble que vous ne considérez point, Monsieur, que ces propositions particulières sont reçues comme des vérités indubitables de ceux qui n'ont aucune connaissance de ces maximes plus générales.

Th. J'ai déjà répondu à cela ci-dessus : On se fonde sur ces maximes générales, comme on se fonde sur les majeures qu'on supprime lorsqu'on raisonne par enthymèmes ; car, quoique bien souvent on ne pense pas distinctement à ce qu'on fait en raisonnant, non plus qu'à ce qu'on fait en marchant et en sautant, il est toujours vrai que la force de la conclusion consiste en partie dans ce qu'on supprime et ne saurait venir d'ailleurs, ce qu'on trouvera quand on voudra la justifier.

§ 20. Ph. Mais il semble que les idées générales et abstraites sont plus étrangères à notre esprit que les notions et les vérités particulières : donc ces vérités particulières seront plus naturelles à l'esprit que le principe de contradiction, dont vous voulez qu'elles ne soient que l'application.

Th. Il est vrai que nous commençons plutôt de nous apercevoir des vérités particulières, comme nous commençons par les idées plus composées et plus grossières : mais cela n'empêche point que l'ordre de la nature ne commence par le plus simple, et que la raison des vérités plus particulières ne dépende des plus générales, dont elles ne sont que les exemples. Et, quand on veut considérer ce qui est en nous virtuellement et avant toute aperception, on a raison de commencer par le plus simple. Car les principes généraux entrent dans nos pensées, dont ils font l'âme et la liaison. Ils y sont nécessaires comme les muscles et les tendons le sont pour marcher, quoiqu'on n'y pense point. L'esprit s'appuie sur ces principes à tous moments, mais il ne vient pas si aisément à les démêler et à se les représenter distinctement et séparément, parce que cela demande une grande attention à ce qu'il fait, et la plupart des gens, peu accoutumés à méditer, n'en ont guère. Les Chinois n'ont-ils pas comme nous des sons articulés ? et cependant s'étant attachés à une autre manière d'écrire, ils ne sont pas encore avisés de faire un alphabet de ces sons. C'est ainsi qu'on possède bien des choses sans le savoir.

§ 21. Ph. Si l'esprit acquiesce si promptement à certaines vérités, cela ne peut-il point venir de la considération même de la nature des choses, qui ne lui permet pas d'en juger autrement, plutôt que de ce que ces propositions sont gravées naturellement dans l'esprit ?

Th. L'un et l'autre est vrai. La nature des choses, et la nature de l'esprit y concourent. Et, puisque vous opposez la considération de la chose à l'aperception de ce qui est gravé dans l'esprit, cette objection même fait voir, monsieur, que ceux dont vous prenez le parti n'entendent par les vérités innées que ce qu'on approuverait naturellement comme par instinct et même sans le connaître que confusément. Il y en a de cette nature et nous aurons sujet d'en parler ; mais ce qu'on appelle la lumière naturelle suppose une connaissance distincte, et bien souvent la considération de la nature des choses n'est autre chose que la connaissance de la nature de notre esprit et de ces idées innées, qu'on n'a point besoin de chercher au dehors. Ainsi j'appelle innées les vérités qui n'ont besoin que de cette considération pour être vérifiées. J'ai déjà répondu, § 5, à l'objection, § 22, qui voulait que lorsqu'on dit que les notions innées sont implicitement dans l'esprit, cela doit signifier seulement, qu'il a la faculté de les connaître ; car j'ai fait remarquer qu'outre cela, il a la faculté de les trouver en soi et la disposition à les approuver quand il y pense comme il faut.

§ 23. Ph. Il semble donc que vous voulez, monsieur, que ceux à qui on propose ces maximes générales pour la première fois, n'apprennent rien qui leur soit entièrement nouveau. Mais il est clair qu'ils apprennent premièrement les noms, et puis les vérités et même les idées dont ces vérités dépendent.

Th. Il ne s'agit point ici des noms, qui sont arbitraires en quelque façon, au lieu que les idées et les vérités sont naturelles. Mais, quant à ces idées et vérités, vous nous attribuez, monsieur, une doctrine dont nous sommes fort éloignés, car je demeure d'accord que nous apprenons les idées et les vérités innées, soit en prenant garde à leur source, soit en les vérifiant par l'expérience. Ainsi je ne fais point la supposition que vous dites, comme si dans le cas dont vous parlez nous n'apprenions rien de nouveau. Et je ne saurais admettre cette proposition : tout ce qu'on apprend n'est pas inné. Les vérités des nombres sont en nous, et on ne laisse pas de les apprendre, soit en les tirant de leur source, soit en les vérifiant par l'expérience lorsqu'on les apprend par raison démonstrative (ce qui fait voir qu'elles sont innées), soit en les éprouvant dans les exemples comme font les arithméticiens vulgaires, qui faute de savoir les raisons n'apprennent leurs règles que par tradition ; et tout au plus, avant de les enseigner, ils les justifient par l'expérience, qu'ils poussent aussi loin qu'ils jugent à propos. Et quelquefois même un fort habile mathématicien, ne sachant point la source de la découverte d'autrui, est obligé de se contenter de cette méthode de l'induction pour l'examiner ; comme fit un célèbre écrivain à Paris, quand j'y étais, qui poussa assez loin l'essai de mon tétragonisme arithmétique, en le comparant avec les nombres de Ludolphe (1), croyant d'y trouver quelque faute : et il eut raison de douter jusqu'à ce qu'on lui en communiqua la démonstration, qui nous dispense de ces essais, qu'on pourrait toujours continuer sans être jamais parfaitement certain. Et c'est cela même, savoir l'imperfection des inductions, qu'on peut encore vérifier par les instances de l'expérience. Car il y a des progressions où l'on peut aller fort loin avant de remarquer les changements et les lois qui s'y trouvent.

Ph. Mais ne se peut-il point que non seulement les termes ou paroles dont on se sert, mais encore les idées, nous viennent du dehors ?

Th. Il faudrait donc que nous fussions nous-mêmes hors de nous, car les idées intellectuelles ou de réflexion sont tirées de notre esprit : et je voudrais bien savoir comment nous pourrions avoir l'idée de l'être si nous n'étions des êtres nous-mêmes, et ne trouvions ainsi l'être en nous.

Ph. Mais que dites-vous, Monsieur, à ce défi d'un de mes amis ? Si quelqu'un, dit-il, peut trouver une proposition, dont les idées soient innées, qu'il me la nomme, il ne saurait me faire un plus grand plaisir.

Th. Je lui nommerai les propositions d'arithmétique et de géométrie, qui sont toutes de cette nature et en matière de vérités nécessaires on n'en saurait trouver d'autres.

§ 25. Ph. Cela paraît étrange à bien des gens. Peut-on dire que les sciences les plus difficiles et les plus profondes sont innées ?

Th. Leur connaissance actuelle ne l'est point, mais bien ce qu'on peut appeler la connaissance virtuelle, comme la figure tracée par

---

(1) Ludolphe (1649-1716), *Tetragonometria tabularia* (Francfort, 1690).

les veines du marbre est dans le marbre avant qu'on les découvre en travaillant.

Ph. Mais est-il possible que des enfants recevant des notions, qui leur viennent au dehors, et y donnant leur consentement, n'aient aucune connaissance de celles qu'on suppose être innées avec eux et faire comme partie de leur esprit, où elles sont, dit-on, empreintes en caractères ineffaçables pour servir de fondement. Si cela était, la nature se serait donné de la peine inutilement, ou du moins elle aurait mal gravé ces caractères, puisqu'ils ne sauraient être aperçus par des yeux qui voient fort bien d'autres choses.

Th. L'aperception de ce qui est en nous dépend d'une attention et d'un ordre. Or non seulement il est possible, mais il est même convenable que les enfants aient plus d'attention aux notions des sens parce que l'attention est réglée par le besoin. L'événement cependant fait voir dans la suite que la nature ne s'est point donné inutilement la peine de nous imprimer les connaissances innées, puisque sans elle il n'y aurait aucun moyen de parvenir à la connaissance actuelle des vérités nécessaires dans les sciences démonstratives et aux raisons des faits ; et nous n'aurions rien au-dessus des bêtes.

§ 26. Ph. S'il y a des vérités innées, ne faut-il pas qu'il y ait des pensées innées ?

Th. Point du tout, car les pensées sont des actions et les connaissances ou les vérités, en tant qu'elles sont en nous, quand même on n'y pense point, sont des habitudes ou des dispositions, et nous savons bien des choses auxquelles nous ne pensons guère.

Ph. Il est bien difficile de concevoir qu'une vérité soit dans l'esprit, si l'esprit n'a jamais pensé à cette vérité.

Th. C'est comme si quelqu'un disait qu'il est difficile de concevoir qu'il y a des veines dans le marbre avant qu'on les découvre. Il semble aussi que cette objection approche un peu trop de la pétition de principe. Tous ceux qui admettent des vérités innées, sans les fonder sur la réminiscence platonicienne en admettent auxquelles on n'a pas encore pensé. D'ailleurs, ce raisonnement prouve trop ; car, si les vérités sont des pensées, on sera privé non seulement des vérités auxquelles on n'a jamais pensé, mais encore de celles auxquelles on a pensé et auxquelles on ne pense plus actuellement, et si les vérités ne sont pas des pensées, mais des habitudes et aptitudes, naturelles ou acquises, rien n'empêche qu'il y en ait en nous, auxquelles on n'ait jamais pensé ni ne pensera jamais.

§ 27. PH. Si les maximes générales étaient innées, elles devraient paraître avec plus d'éclat dans l'esprit de certaines personnes où cependant nous n'en voyons aucune trace, je veux parler des enfants, des idiots et des sauvages; car, de tous les hommes, ce sont eux qui ont l'esprit le moins altéré et corrompu par la coutume et par l'impression des opinions étrangères.

TH. Je crois qu'il faut raisonner tout autrement ici. Les maximes innées ne paraissent que par l'attention qu'on leur donne, mais ces personnes n'en ont guère ou l'ont pour toute autre chose. Ils ne pensent presque qu'aux besoins du corps, et il est raisonnable que les pensées pures et détachées soient le prix de soins plus nobles. Il est vrai que les enfants et les sauvages ont l'esprit moins altéré par les coutumes, mais ils l'ont aussi moins élevé par la doctrine qui donne de l'attention. Ce serait quelque chose de bien peu juste que les plus vives lumières dussent mieux briller dans les esprits qui les méritent moins et qui sont enveloppés des plus épais nuages. Je ne voudrais donc pas qu'on fît tant d'honneur à l'ignorance et à la barbarie, quand on est aussi habile que vous l'êtes, Philalèthe, aussi bien que notre excellent auteur; ce serait rabaisser les dons de Dieu. Quelqu'un dira que plus on est ignorant, plus on approche de l'avantage d'un bloc de marbre ou d'une pièce de bois qui sont infaillibles et impeccables. Mais, par malheur, ce n'est pas en cela qu'on y approche et tant qu'on est capable de connaissance, on pèche en négligeant de l'acquérir et on manquera d'autant plus aisément qu'on sera moins instruit.

CHAP. II. — QU'IL N'Y A POINT DE PRINCIPES DE PRATIQUE QUI SOIENT INNÉS.

PH. La morale est une science démonstrative, et cependant elle n'a point de principes innés et même il serait bien difficile de produire une règle de morale, qui soit d'une nature à être résolue par un consentement aussi général et aussi prompt que cette maxime : ce qui est est.

TH. Il est absolument impossible qu'il y ait des vérités de raison aussi évidentes que les identiques ou immédiates. Et, quoiqu'on puisse dire véritablement que la morale a des principes indémontrables et qu'un des premiers et des plus pratiques est qu'il faut suivre la joie et éviter la tristesse, il faut ajouter que ce n'est pas une vérité qui soit connue purement de raison, puisqu'elle est fondée sur l'expérience interne ou sur des connaissances confuses ; car on ne sent pas ce que c'est que la joie et la tristesse.

Ph. Ce n'est que par des raisonnements, par des discours et par quelque application d'esprit qu'on peut s'assurer des vérités de pratique.

Th. Quand cela serait, elles n'en seraient pas moins innées. Cependant la maxime que je viens d'alléguer paraît d'une autre nature ; elle n'est pas connue par la raison, mais pour ainsi dire par un instinct. C'est un principe inné, mais il ne fait point partie de la lumière naturelle ; car on ne le connaît point d'une manière lumineuse. Cependant, ce principe posé, on en peut tirer des conséquences scientifiques ; et j'applaudis extrêmement à ce que vous venez de dire, Monsieur, de la morale comme d'une science démonstrative. Aussi voyons-nous qu'elle enseigne des vérités si évidentes que les larrons, les pirates et les bandits sont forcés de les observer entre eux.

§ 2. Ph. Mais les bandits gardent entre eux les règles de la justice, sans les considérer comme des principes innés.

Th. Qu'importe ? Est-ce que le monde se soucie de ces questions théoriques ?

Ph. Ils n'observent les maximes de justice que comme des règles de convenance, dont la pratique est absolument nécessaire pour la conservation de leur société.

Th. Fort bien. On ne saurait rien dire de mieux à l'égard de tous les hommes en général. Et c'est ainsi que ces lois sont gravées dans l'âme, savoir comme les conséquences de notre conservation et de nos vrais biens. Est-ce qu'on s'imagine que nous voulons que les vérités soient dans l'entendement comme indépendantes les unes des autres et comme les édits du préteur étaient dans son affiche ou album ? Je mets à part ici l'instinct qui porte l'homme à aimer l'homme, dont je parlerai tantôt ; car maintenant je ne veux parler que des vérités, en tant qu'elles se connaissent par la raison. Je reconnais aussi que certaines règles de la justice ne sauraient être démontrées dans toute leur étendue et perfection, qu'en supposant l'existence de Dieu et l'immortalité de l'âme ; et celles où l'instinct de l'humanité ne nous pousse point, ne sont gravées dans l'âme que comme d'autres vérités dérivatives. Cependant, ceux qui ne fondent la justice que sur les nécessités de cette vie et sur le besoin qu'ils en ont plutôt que sur le plaisir qu'ils y devraient prendre, qui est des plus grands, lorsque Dieu en est le fondement, ceux-là sont sujets à ressembler un peu à la société des bandits.

Sit spes fallendi, miscebunt sacra profanis.

§ 3. Ph. Je vous avoue que la nature a mis dans tous les hommes l'envie d'être heureux et une forte aversion pour la misère. Ce sont là des principes de pratique véritablement innés, et qui, selon la destination de tout principe de pratique, ont une influence continuelle sur toutes nos actions. Mais ce sont là des inclinations de l'âme vers le bien et non pas des impressions de quelque vérité, qui soit gravée dans notre entendement.

Th. Je suis ravi, Monsieur, de vous voir reconnaître en effet des vérités innées comme je dirai tantôt. Ce principe convient assez avec celui que je viens de marquer qui nous porte à suivre la joie et à éviter la tristesse, car la félicité n'est autre chose qu'une joie durable. Cependant notre penchant va, non pas à la félicité proprement, mais à la joie, c'est-à-dire au présent ; c'est la raison qui porte à l'avenir et à la durée. Or, le penchant exprimé par l'entendement, passe en précepte ou vérité de pratique ; et, si le penchant est inné, la vérité l'est aussi, n'y ayant rien dans l'âme qui ne soit exprimé dans l'entendement, mais non pas toujours par une considération actuelle distincte, comme j'ai assez fait voir. Les instincts aussi ne sont pas toujours de pratique ; il y en a qui contiennent des vérités de théorie, et tels sont les principes internes des sciences et du raisonnement, lorsque, sans en connaître la raison, nous les employons par un instinct naturel. Et dans ce sens vous ne pouvez pas vous dispenser de reconnaître des principes innés, quand même vous voudriez nier que les vérités dérivatives sont innées. Mais ce serait une question de nom après l'explication que j'ai donnée de ce que j'appelle inné. Et, si quelqu'un ne veut donner cette appellation qu'aux vérités, qu'on reçoit d'abord par instinct, je ne le lui contesterai pas.

Ph. Voilà qui va bien. Mais s'il y avait dans notre âme certains caractères qui y fussent gravés naturellement, comme autant de principes de connaissance, nous ne pourrions que les apercevoir agissant en nous, comme nous sentons l'influence des deux principes qui agissent constamment en nous, savoir, l'envie d'être heureux et la crainte d'être misérables.

Th. Il y a des principes de connaissance qui influent aussi constamment dans nos raisonnements que ceux de pratique dans nos volontés; par exemple, tout le monde emploie les règles des conséquences par une logique naturelle sans s'en apercevoir.

§ 4. Ph. Les règles de morale ont besoin d'être prouvées; donc elles ne sont pas innées, comme cette règle, qui est la source des vertus qui regardent la société : ne faites à autrui que ce que vous voudriez qu'il vous soit fait à vous-mêmes.

Th. Vous me faites toujours l'objection que j'ai déjà réfutée. Je vous accorde, Monsieur, qu'il y a des règles de morale qui ne sont point des principes innés, mais cela n'empêche pas que ce ne soient des vérités innées, car une vérité dérivative sera innée lorsque nous la pouvons tirer de notre esprit. Mais il y a des vérités innées que nous trouvons en nous de deux façons, par lumière et par instinct. Celles que je viens de marquer se démontrent par nos idées, ce qui fait la lumière naturelle. Mais il y a des conclusions de la lumière naturelle, qui sont des principes par rapport à l'instinct. C'est ainsi que nous sommes portés aux actes d'humanité par instinct, parce que cela nous plaît, et par raison parce que cela est juste. Il y a donc en nous des vérités d'instinct, qui sont des principes innés, qu'on sent et qu'on approuve quand même on n'en a point la preuve, qu'on obtient pourtant lorsqu'on rend raison de cet instinct. C'est ainsi qu'on se sert des lois des conséquences suivant une connaissance confuse et comme par instinct, mais les logiciens en démontrent la raison, comme les mathématiciens aussi rendent raison de ce qu'on fait sans y penser en marchant et en sautant. Quant à la règle qui porte : qu'on ne doit faire aux autres que ce qu'on voudrait qu'ils nous fissent, elle a besoin non seulement de preuve, mais encore de déclaration. On voudrait trop, si on en était le maître; est-ce donc qu'on doit trop aussi aux autres? On me dira que cela ne s'entend que d'une volonté juste. Mais ainsi cette règle, bien loin de suffire à servir de mesure, en aurait besoin. Le véritable sens de la règle est que la place d'autrui est le vrai point de vue, pour juger équitablement lorsqu'on s'y met.

§ 9. Ph. On commet souvent des actions mauvaises sans aucun remords de conscience, par exemple lorsqu'on prend les villes d'assaut, les soldats commettent sans scrupules les plus méchantes actions; des nations polies ont exposé leurs enfants, quelques Caribes châtrent les leurs pour les engraisser et les manger. Garcilasso de la Vega (1) rapporte que certains peuples de Pérou prenaient des prisonnières pour en faire des concubines, et nourrissaient les enfants jusqu'à l'âge de treize ans, après quoi ils les mangeaient, et traitaient de même les mères dès qu'elles ne faisaient plus d'enfants. Dans le voyage de Baumgarten, il est rapporté qu'il y avait un santon en Égypte, qui passait pour un saint homme, *eo quod non fœminarum unquam esset ac puerorum, sed tantum asellarum concubitor atque mularum.*

TH. La science morale (outre les instincts comme celui qui fait suivre la joie et fuir la tristesse) n'est pas autrement innée que l'arithmétique, car elle dépend aussi de démonstrations que la lumière interne fournit. Et comme les démonstrations ne sautent pas d'abord aux yeux, ce n'est pas grande merveille, si les hommes ne s'aperçoivent pas toujours et d'abord de tout ce qu'ils possèdent en eux, et ne lisent pas assez promptement les caractères de la loi naturelle, que Dieu, selon saint Paul, a gravée dans leur esprit. Cependant comme la morale est plus importante que l'arithmétique, Dieu a donné à l'homme des instincts qui portent d'abord et sans raisonnement à quelque chose de ce que la raison ordonne. C'est comme nous marchons suivant les lois de la mécanique sans penser à ces lois, et comme nous mangeons non seulement parce que cela nous est nécessaire, mais encore et bien plus parce que cela nous fait plaisir. Mais ces instincts ne portent pas à l'action d'une manière invincible; on y résiste par des passions, on les obscurcit par des préjugés et on les altère par des coutumes contraires. Cependant on convient le plus souvent de ces instincts de la conscience et on les suit même quand de plus grandes impressions ne les surmontent. La plus grande et la plus saine partie du genre humain leur rend témoignage. Les Orientaux et les Grecs ou Romains, la Bible et l'Alcoran conviennent en cela; la police des Mahométans a coutume de punir ce que Baumgarten rapporte, et il faudrait être aussi abruti que les sauvages américains pour approuver leurs coutumes, pleines d'une

---

(1) GARCILASSO DE LA VEGA (1540-1618), fils d'une princesse Inca et d'un compagnon de Pizarre; *Histoire général du Pérou* (Cordoue, 1607).

cruauté qui passe même celle des bêtes. Cependant ces mêmes sauvages sentent bien ce que c'est que la justice en d'autres occasions ; et quoiqu'il n'y ait point de mauvaise pratique peut-être qui ne soit autorisée quelque part et en quelques rencontres, il y en a peu pourtant qui ne soient condamnées le plus souvent et par la plus grande partie des hommes. Ce qui n'est point arrivé sans raison, et n'étant pas arrivé par le seul raisonnement doit être rapporté en partie aux instincts naturels. La coutume, la tradition, la discipline s'y est mêlée, mais le naturel est cause que la coutume s'est tournée plus généralement du bon côté sur ces devoirs. C'est comme le naturel est encore cause que la tradition de l'existence de Dieu est venue. Or la nature donne à l'homme et même à la plupart des animaux une affection et une douceur pour ceux de leur espèce. Le tigre même *parcit cognatis maculis :* d'où vient ce bon mot d'un jurisconsulte romain, *quia inter omnes homines natura cognationem constituit, inde hominem homini insidiari ne fas esse.* Il n'y a presque que les araignées qui fassent exception et qui s'entre-mangent jusqu'à ce point que la femelle dévore le mâle après en avoir joui. Après cet instinct général de société, qui se peut appeler philanthropie dans l'homme, il y en a de plus particuliers, comme l'affection entre le mâle et la femelle, l'amour que père et mère portent à leurs enfants, que les Grecs appellent στοργήν (1), et autres inclinations semblables, qui font ce droit naturel ou cette image de droit plutôt, que selon les jurisconsultes romains la nature a enseigné aux animaux. Mais dans l'homme particulièrement il se trouve un certain soin de la dignité et de la convenance, qui porte à cacher les choses qui nous rabaissent, à ménager la pudeur, à avoir de la répugnance pour des incestes, à ensevelir les cadavres, à ne point manger des hommes du tout ni des bêtes vivantes. On est porté encore à avoir soin de sa réputation, même au delà du besoin et de la vie ; à être sujet à des remords de la conscience et à sentir ces *laniatus et ictus*, ces tortures et ces gênes, dont parle Tacite après Platon, outre la crainte d'un avenir et d'une puissance suprême, qui vient encore assez naturellement. Il y a de la réalité en tout cela ; mais dans le fond ces impressions, quelque naturelles qu'elles puissent être, ne sont que des aides à la raison et des indices du conseil de la nature. La coutume, l'éducation, la tradition, la raison y contribuent beau-

(1) Gehrardt, ὀαγτ,ν.

coup ; mais la nature humaine ne laisse pas d'y avoir part. Il est vrai que sans la raison ces aides ne suffiraient pas pour donner une certitude entière à la morale. Enfin, niera-t-on que l'homme est porté naturellement, par exemple, à s'éloigner des choses vilaines, sous prétexte qu'on trouve des gens qui aiment à ne parler que d'ordures, qu'il y en a même dont le genre de vie les engage à manier des excréments, et qu'il y a des peuples de Boutan, où ceux du roi passent pour quelque chose d'aromatique. Je m'imagine que vous êtes, Monsieur, de mon sentiment dans le fond à l'égard de ces instincts naturels au bien honnête ; quoique vous direz peut-être comme vous avez dit à l'égard de l'instinct, qui porte à la joie et à la félicité, que ces impressions ne sont pas des vérités innées. Mais j'ai déjà répondu que tout sentiment est la perception d'une vérité, et que le sentiment naturel l'est d'une vérité innée, mais bien souvent confuse, comme sont les expériences des sens externes : ainsi on peut distinguer les vérités innées d'avec la lumière naturelle (qui ne contient que de distinctement connaissable) comme le genre doit être distingué de son espèce, puisque les vérités innées comprennent tant les instincts que la lumière naturelle.

§ 11. Ph. Une personne qui connaîtrait les bornes naturelles du juste et de l'injuste et ne laisserait pas de les confondre ensemble, ne pourrait être regardée que comme l'ennemi déclaré du repos et du bonheur de la société dont il fait partie. Mais les hommes les confondent à tout moment, donc ils ne les connaissent point.

Th. C'est prendre les choses un peu trop théoriquement. Il arrive tous les jours que les hommes agissent contre leurs connaissances en se les cachant à eux-mêmes lorsqu'ils tournent l'esprit ailleurs pour suivre leurs passions : sans cela nous ne verrions pas les gens manger et boire de ce qu'ils savent leur devoir causer des maladies et même la mort ; ils ne négligeraient pas leurs affaires ; ils ne feraient pas ce que des nations entières ont fait à certains égards. L'avenir et le raisonnement frappent rarement autant que le présent et les sens. Cet Italien le savait bien, qui, devant être mis à la torture, se proposa d'avoir continuellement le gibet en vue pendant les tourments pour y résister, et on l'entendit dire quelquefois : *Io ti vedo;* ce qu'il expliqua ensuite quand il fut échappé. A moins de prendre une ferme résolution d'envisager le vrai bien et le vrai mal, pour les suivre ou les éviter, on se trouve emporté, et il arrive encore par rapport aux besoins les plus importants de cette vie ce qui arrive par rapport au paradis et à l'enfer chez ceux-là même qui les croient le plus :

> Cantantur hæc, laudantur hæc,
> Dicuntur, audiuntur.
> Scribuntur hæc, leguntur hæc,
> Et lecta negliguntur.

Ph. Tout principe qu'on suppose inné ne peut qu'être connu d'un chacun comme juste et avantageux.

Th. C'est toujours revenir à cette supposition que j'ai réfutée tant de fois, que toute vérité innée est connue toujours et de tous.

§ 12. Ph. Mais une permission publique de violer la loi prouve que cette loi n'est pas innée : par exemple la loi d'aimer et de conserver les enfants a été violée chez les anciens lorsqu'ils ont permis de les exposer.

Ph. Cette violation supposée, il s'ensuit seulement qu'on n'a pas bien lu ces caractères de la nature, gravés dans nos âmes, mais quelquefois assez enveloppés par nos désordres ; outre que pour voir la nécessité des devoirs d'une manière invincible, il en faut envisager la démonstration, ce qui n'est pas fort ordinaire. Si la géométrie s'opposait autant à nos passions et à nos intérêts présents que la morale, nous ne la contesterions et ne la violerions guère moins, malgré toutes les démonstrations d'Euclide et d'Archimède, qu'on traiterait de rêveries, et croirait pleines de paralogismes ; et Joseph Scaliger, Hobbes et autres, qui ont écrit contre Euclide et Archimède, ne se trouveraient point si peu accompagnés qu'ils le sont. Ce n'était que la passion de la gloire, que ces auteurs croyaient trouver dans la quadrature du cercle et autres problèmes difficiles, qui ait pu aveugler jusqu'à un tel point des personnes d'un si grand mérite. Et si d'autres avaient le même intérêt, ils en useraient de même.

Ph. Tout devoir emporte l'idée de loi, et une loi ne saurait être connue et supposée sans un législateur qui l'ait prescrite, ou sans récompense et sans peine.

Th. Il peut y avoir des récompenses et des peines naturelles sans législateur ; l'intempérance, par exemple, est punie par des maladies. Cependant, comme elle ne nuit pas à tous d'abord, j'avoue qu'il n'y a guère de préceptes, à qui on serait obligé indispensablement, s'il n'y avait pas un Dieu, qui ne laisse aucun crime sans châtiment ni aucune bonne action sans récompense.

Ph. Il faut donc que les idées d'un Dieu et d'une vie à venir soient aussi innées.

Th. J'en demeure d'accord dans le sens que j'ai expliqué.

Ph. Mais ces idées sont si éloignées d'être gravées naturellement dans l'esprit de tous les hommes qu'elles ne paraissent pas même fort claires et fort distinctes dans l'esprit de plusieurs hommes d'étude et qui font profession d'examiner les choses avec quelque exactitude; tant il s'en faut qu'elles soient connues de toute créature humaine.

Th. C'est encore revenir à la même supposition, qui prétend que ce qui n'est point connu n'est point inné, que j'ai pourtant réfutée tant de fois. Ce qui est inné n'est pas d'abord connu clairement et distinctement pour cela, il faut souvent beaucoup d'attention et d'ordre pour s'en apercevoir; les gens d'étude n'en apportent pas toujours, et toute créature humaine encore moins.

§ 13. Ph. Mais, si les hommes peuvent ignorer ou révoquer en doute ce qui est inné, c'est en vain qu'on nous parle de principes innés et qu'on en prétend faire voir la nécessité; bien loin qu'ils puissent servir à nous instruire de la vérité et de la certitude des choses, comme on le prétend, nous nous trouverions dans le même état d'incertitude avec ces principes que s'ils n'étaient point en nous.

Th. On ne peut point révoquer en doute tous les principes innés. Vous en êtes demeuré d'accord, Monsieur, à l'égard des identiques ou du principe de contradiction, avouant qu'il y a des principes incontestables, quoique vous ne les reconnaissiez point alors comme innés, mais il ne s'ensuit point que tout ce qui est inné et lié nécessairement avec ces principes innés soit aussi d'abord d'une évidence indubitable.

Ph. Personne n'a encore entrepris, que je sache, de nous donner un catalogue exact de ces principes.

Th. Mais nous a-t-on donné jusqu'ici un catalogue plein et exact des axiomes de géométrie ?

§ 15. Ph. Mylord Herbert (1) a voulu marquer quelques-uns de ces principes qui sont : 1° qu'il y a un Dieu suprême ; 2° qu'il doit être servi ; 3° que la vertu jointe avec la piété est le meilleur culte ; 4° qu'il faut se repentir de ses péchés ; 5° qu'il y a des peines et des

---

(1) Herbert de Cherbury (1581-1648), *De veritate* (Paris, 1648).

récompenses après cette vie. Je tombe d'accord que ce sont là des vérités évidentes et d'une telle nature qu'étant bien expliquées, une créature raisonnable ne peut guère éviter d'y donner son consentement. Mais nos amis disent qu'il s'en faut beaucoup que ce soient autant d'impressions innées. Et, si ces cinq propositions sont des notions communes, gravées dans nos âmes par le doigt de Dieu, il y en a beaucoup d'autres qu'on doit aussi mettre de ce rang.

TH. J'en demeure d'accord, Monsieur, car je prends toutes les vérités nécessaires pour innées, et j'y joins même les instincts. Mais je vous avoue que ces cinq propositions ne sont point des principes innés ; car je tiens qu'on peut et qu'on doit les prouver.

§ 18. PH. Dans la proposition troisième, que la vertu est le culte le plus agréable à Dieu, il est obscur ce qu'on entend par la vertu. Si on l'entend dans le sens qu'on lui donne le plus communément, je veux dire de ce qui passe pour louable selon les différentes opinions, qui règnent en divers pays, tant s'en faut que cette proposition soit évidente, qu'elle n'est pas même véritable. Que si on appelle vertu les actions qui sont conformes à la volonté de Dieu, ce sera presque *idem per idem*, et la proposition ne nous apprendra pas grand'chose, car elle voudra dire seulement que Dieu a pour agréable ce qui est conforme à sa volonté. Il en est de même de la notion du péché dans la quatrième proposition.

TH. Je ne me souviens pas d'avoir remarqué qu'on prenne communément la vertu pour quelque chose qui dépende des opinions ; au moins les philosophes ne le font pas. Il est vrai que le nom de vertu dépend de l'opinion de ceux qui le donnent à de différentes habitudes ou actions, selon qu'ils jugent bien ou mal et font usage de leur raison ; mais tous conviennent assez de la notion de la vertu en général, quoiqu'ils diffèrent dans l'application. Selon Aristote et plusieurs autres, la vertu est une habitude de modérer les passions par la raison, et encore plus simplement une habitude d'agir suivant la raison. Et cela ne peut manquer d'être agréable à celui qui est la suprême et dernière raison des choses, à qui rien n'est indifférent, et les actions des créatures raisonnables moins que toutes les autres.

§ 20. PH. On a coutume de dire que les coutumes, l'éducation et les opinions générales de ceux avec qui on converse peuvent obscurcir ces principes de morale, qu'on suppose innés. Mais, si cette réponse est bonne, elle anéantit la preuve qu'on prétend tirer du consentement universel. Le raisonnement de bien des gens se réduit à ceci : les principes que les gens de bon sens reconnaissent sont innés : nous et ceux de notre parti sommes des gens de bon sens ; donc nos principes sont innés. Plaisante manière de raisonner, qui va tout droit à l'infaillibilité !

Th. Pour moi, je me sers du consentement universel, non pas comme d'une preuve principale, mais comme d'une confirmation : car les vérités innés, prises pour la lumière naturelle de la raison, portent leurs caractères avec elles comme la géométrie, car elles sont enveloppées dans les principes immédiats, que vous reconnaissez vous-mêmes pour incontestables. Mais j'avoue qu'il est plus difficile de démêler les instincts, et quelques autres habitudes naturelles, d'avec les coutumes, quoique cela se puisse pourtant, ce semble, le plus souvent. Au reste, il me paraît que les peuples qui ont cultivé leur esprit ont quelque sujet de s'attribuer l'usage du bon sens préférablement aux barbares, puisqu'en les domptant si aisément presque comme des bêtes ils montrent assez leur supériorité. Si on n'en peut pas toujours venir à bout, c'est qu'encore comme les bêtes ils se sauvent dans les épaisses forêts, où il est difficile de les forcer, et le jeu ne vaut pas la chandelle. C'est un avantage sans doute d'avoir cultivé l'esprit, et s'il est permis de parler pour la barbarie contre la culture, on aura aussi le droit d'attaquer la raison en faveur des bêtes et de prendre sérieusement les saillies spirituelles de M. Despréaux dans une de ses satires, où, pour contester à l'homme sa prérogative sur les animaux, il demande si

> L'ours a peur du passant ou le passant de l'ours ?
> Et si par un édit des pâtres de Lybie
> Les lions videraient les parcs de Numidie, etc. (1)

Cependant il faut avouer qu'il y a des points importants où les barbares nous passent, surtout à l'égard de la vigueur du corps ; et à l'égard de l'âme même on peut dire qu'à certains égards leur morale pratique est meilleure que la nôtre, parce qu'ils n'ont point l'avarice d'amasser, ni l'ambition de dominer. Et on peut même ajouter que la conversation des chrétiens les a rendus pires en bien des choses. On leur a appris l'ivrognerie (en leur apportant de l'eau-de-vie), les jurements, les blasphèmes et d'autres vices, qui leur étaient

(1) Vers tirés de la satire VIII.

peu connus. Il y a chez nous plus de bien et plus de mal que chez eux. Un méchant européen est plus méchant qu'un sauvage : il raffine sur le mal. Cependant rien n'empêcherait les hommes d'unir les avantages que la nature donne à ces peuples, avec ceux que nous donne la raison.

Ph. Mais que répondrez-vous, Monsieur, à ce dilemme d'un de mes amis? Je voudrais bien, dit-il, que les partisans des idées innées me disent si ces principes peuvent ou ne peuvent pas être effacés par l'éducation et la coutume. S'ils ne peuvent l'être, nous devons les trouver dans tous les hommes, et il faut qu'ils paraissent clairement dans l'esprit de chaque homme en particulier; que s'ils peuvent être altérés par des notions étrangères, ils doivent paraître plus distinctement et avec plus d'éclat lorsqu'ils sont plus près de leur source, je veux dire dans les enfants et les ignorants, sur qui les opinions étrangères ont fait le moins d'impression. Qu'ils prennent tel parti qu'ils voudront, ils verront clairement, dit-il, qu'il est démenti par des faits constants et par une continuelle expérience.

Th. Je m'étonne que votre habile ami a confondu obscurcir et effacer, comme on confond dans votre parti n'être point et ne point paraître. Les idées et vérités innées ne sauraient être effacées, mais elles sont obscurcies dans tous les hommes (comme ils sont présentement) par leur penchant vers les besoins du corps, et souvent encore plus par les mauvaises coutumes survenues. Ces caractères de lumière interne seraient toujours éclatants dans l'entendement et donneraient de la chaleur dans la volonté, si les perceptions confuses des sens ne s'emparaient de notre attention. C'est le combat dont la sainte Écriture ne parle pas moins que la philosophie ancienne et moderne.

Ph. Ainsi donc nous nous trouvons dans les ténèbres aussi épaisses et dans une aussi grande incertitude que s'il n'y avait point de semblables lumières.

Th. A Dieu ne plaise; nous n'aurions ni sciences, ni lois, et nous n'aurions pas même de la raison.

§ 21, 22, etc. Ph. J'espère que vous conviendrez au moins de la force des préjugés, qui font souvent passer pour naturel ce qui est venu des mauvais enseignements où les enfants ont été exposés, et des mauvaises coutumes, que l'éducation de la conversation leur ont données.

Th. J'avoue que l'excellent auteur que vous suivez dit de fort belles choses là-dessus et qui ont leur prix si on les prend comme il faut; mais je ne crois pas qu'elles soient contraires à la doctrine bien prise du naturel ou des vérités innées. Et je m'assure qu'il ne voudra pas étendre ses remarques trop loin ; car je suis également persuadé, et que bien des opinions passent pour des vérités qui ne sont que des effets de la coutume et de la crédulité, et qu'il y en a bien aussi que certains philosophes voudraient faire passer pour des préjugés, qui sont pourtant fondées dans la droite raison et dans la nature. Il y a autant et plus de sujet de se garder de ceux qui, par ambition le plus souvent, prétendent innover, que de se défier des impressions anciennes. Et après avoir médité sur l'ancien et sur le nouveau, j'ai trouvé que la plupart des doctrines reçues peuvent souffrir un bon sens. De sorte que je voudrais que les hommes d'esprit cherchassent de quoi satisfaire à leur ambition, en s'occupant plutôt à bâtir et à avancer qu'à reculer et à détruire. Et je souhaiterais qu'on ressemblât plutôt aux Romains qui faisaient des beaux ouvrages publics, qu'à ce roi vandale, à qui sa mère recommanda que ne pouvant pas espérer la gloire d'égaler ces grands bâtiments, il en cherchât à les détruire.

Ph. Le but des habiles gens qui ont combattu les vérités innées a été d'empêcher que sous ce beau nom on ne fasse passer les préjugés et cherche à couvrir sa paresse.

Th. Nous sommes d'accord sur ce point, car bien loin que j'approuve qu'on se fasse des principes douteux, je voudrais, moi, qu'on cherchât jusqu'à la démonstration des axiomes d'Euclide, comme quelques anciens ont fait aussi. Et, lorsqu'on demande le moyen de connaître et d'examiner les principes innés, je réponds suivant ce que j'ai dit ci-dessus, qu'excepté les instincts dont la raison est inconnue, il faut tâcher de les réduire aux premiers principes, c'est-à-dire aux axiomes identiques ou immédiats par le moyen des définitions, qui ne font autre chose qu'une exposition distincte des idées. Je ne doute pas même que vos amis, contraires jusqu'ici aux vérités innées, n'approuvent cette méthode, qui paraît conforme à leur but principal.

CHAP. III. — Autres considérations touchant les principes innés, tant ceux qui regardent la spéculation que ceux qui appartiennent à la pratique.

§ 3. Ph. Vous voulez qu'on réduise les vérités aux premiers principes et je vous avoue que, s'il y a quelque principe, c'est sans contredit celui-ci : il est impossible qu'une chose soit et ne soit pas en même temps. Cependant il paraît difficile de soutenir qu'il est inné, puisqu'il faut se persuader en même temps que les idées d'impossibilité et d'identité sont innées.

Ph. Il faut bien que ceux qui sont pour les vérités innées soutiennent et soient persuadés que ces idées le sont aussi ; et j'avoue que je suis de leur avis. L'idée de l'être, du possible, du même, sont si bien innées, qu'elles entrent dans toutes nos pensées et raisonnements, et je les regarde comme des choses essentielles à notre esprit ; mais j'ai déjà dit qu'on n'y a pas toujours une attention particulière et qu'on ne les démêle qu'avec le temps. J'ai déjà dit que nous sommes, pour ainsi dire, innés à nous-mêmes, et, puisque nous sommes des êtres, l'être nous est inné, et la connaissance de l'être est enveloppée dans celle que nous avons de nous-mêmes. Il y a quelque chose d'approchant en d'autres notions générales.

§ 4. Ph. Si l'idée de l'identité est naturelle, et par conséquent si évidente et si présente à l'esprit que nous devions la connaître dès le berceau, je voudrais bien qu'un enfant de sept ans et même un homme de soixante-dix ans me dît si un homme, qui est une créature composée de corps et d'âme, est le même lorsque son corps est échangé, et si, supposé la métempsycose, Euphorbe serait le même que Pythagore.

Th. J'ai assez dit que ce qui nous est naturel ne nous est pas connu pour cela dès le berceau, et même une idée nous peut être connue, sans que nous puissions décider d'abord toutes les questions qu'on peut former là-dessus. C'est comme si quelqu'un prétendait qu'un enfant ne saurait connaître ce que c'est que le carré et sa diagonale, parce qu'il aura de la peine à connaître que la diagonale est incommensurable avec le côté du carré. Pour ce qui est de la question en elle-même, elle me paraît démonstrativement résolue par la doctrine des monades, que j'ai mise ailleurs dans son jour, et nous parlerons plus amplement de cette matière dans la suite.

§ 6. Ph. Je vois bien que je vous objecterais en vain que l'axiome qui porte que le tout est plus grand que sa partie n'est point inné, sous prétexte que les idées du tout et de la partie sont relatives, dépendant de celles du nombre et de l'étendue : puisque vous soutiendrez apparemment qu'il y a des idées innées respectives et que celles des nombres et de l'étendue sont innées aussi.

Th. Vous avez raison et même je crois plutôt que l'idée de l'étendue est postérieure à celle du tout et de la partie.

§ 7. Que dites-vous de la vérité que Dieu doit être adoré ? est-elle innée ?

Th. Je crois que le devoir d'adorer Dieu porte que dans les occasions on doit marquer qu'on l'honore au delà de tout autre objet, et que c'est une conséquence nécessaire de son idée et de son existence; ce qui signifie chez moi que cette vérité est innée.

§ 8. Ph. Mais les athées semblent prouver par leur exemple que l'idée de Dieu n'est point innée. Et sans parler de ceux dont les anciens ont fait mention, n'a-t-on pas découvert des nations entières qui n'avaient aucune idée de Dieu ni des noms pour marquer Dieu et l'âme; comme à la baie de Soldanie, dans le Brésil, dans les îles Caribes, dans le Paraguay ?

Th. Feu M. Fabricius, théologien célèbre de Heidelberg, a fait une apologie du genre humain, pour le purger de l'imputation de l'athéisme. C'était un auteur de beaucoup d'exactitude et fort au-dessus de bien des préjugés; cependant je ne prétends point entrer dans cette discussion des faits. Je veux que des peuples entiers n'aient jamais pensé à la substance suprême, ni à ce que c'est que l'âme. Et je me souviens que, lorsqu'on voulut à ma prière, favorisée par l'illustre M. Witsen, m'obtenir en Hollande une version de l'oraison dominicale dans la langue de Barantola, on fut arrêté à cet endroit : ton nom soit sanctifié, parce qu'on ne pouvait point faire entendre aux Barantolois ce que voulait dire saint. Je me souviens aussi que dans le *credo*, fait pour les Hottentots, on fut obligé d'exprimer le Saint-Esprit par des mots du pays qui signifient un vent doux et agréable, ce qui n'était pas sans raison, car nos mots grecs et latins, πνεῦμα, *anima*, *spiritus*, ne signifient originairement que l'air ou vent qu'on respire, comme une des plus subtiles choses qui nous soit connue par les sens et on commence par les sens pour mener peu à peu les hommes à ce qui est au-dessus des sens. Cependant toute cette difficulté qu'on trouve à parvenir aux connaissances abstraites ne fait rien contre les connaissances innées. Il y a des peuples qui n'ont aucun mot qui réponde à celui d'être ; est-ce qu'on doute qu'ils ne savent pas ce que c'est que d'être, quoiqu'ils n'y pensent guère à part? Au reste, je trouve si beau et si à mon gré ce que j'ai lu chez notre excellent auteur sur l'idée de Dieu (*Essai de l'entendement*, liv. I, ch. III, § 9) que je ne saurais m'empêcher de le rapporter. Le voici : « Les hommes ne sauraient guère éviter d'avoir quelque espèce d'idée des choses, dont ceux avec qui ils conversent ont souvent occasion de les entretenir sous certains noms ; et si c'est une chose qui emporte avec elle l'idée d'excellence, de grandeur ou de quelque qualité extraordinaire qui intéresse par quelque endroit et qui s'imprime dans l'esprit sous l'idée d'une puissance absolue et irrésistible, qu'on ne puisse s'empêcher de craindre », (j'ajoute : et sous l'idée d'une grandissime bonté, qu'on ne saurait s'empêcher d'aimer), « une telle idée doit, suivant toutes les apparences, faire de plus fortes impressions et se répandre plus loin qu'aucune autre, surtout si c'est une idée qui s'accorde avec les plus simples lumières de la raison et qui découle naturellement de chaque partie de nos connaissances. Or, telle est l'idée de Dieu, car les marques éclatantes d'une sagesse et d'une puissance extraordinaire paraissent si visiblement dans tous les ouvrages de la création, que toute créature raisonnable qui voudra y faire réflexion, ne saurait manquer de découvrir l'auteur de toutes ces merveilles ; et l'impression que la découverte d'un tel être doit faire naturellement sur l'âme de tous ceux qui en ont entendu parler une seule fois est si grande et entraîne avec elle des pensées d'un si grand poids et si propres à se répandre dans le monde, qu'il me paraît tout à fait étrange qu'il se puisse trouver sur la terre une nation entière d'hommes assez stupides pour n'avoir aucune idée de Dieu. Cela, dis-je, me semble aussi surprenant que d'imaginer des hommes qui n'auraient aucune idée des nombres ou du feu. » Je voudrais qu'il me fût toujours permis de copier mot à mot quantité d'autres excellents endroits de notre auteur, que nous sommes obligés de passer. Je dirai seulement ici que cet auteur, parlant des plus simples lumières de la raison qui s'accordent avec l'idée de Dieu et de ce qui en découle naturellement, ne paraît guère s'éloigner de mon sens sur les vérités innées et sur ce qui lui paraît aussi étrange qu'il y ait des hommes sans aucune idée de Dieu qu'il serait surprenant de trouver des hommes qui n'auraient aucune idée des nombres ou du feu, je remarquerai que les habitants des îles Mariannes, à qui on a donné le nom de la reine d'Espagne, qui y a favorisé les missions, n'avaient aucune connaissance du feu lorsqu'on les découvrit, comme il paraît par la relation que le R. P. Gobien (1), jésuite français, chargé du soin des missions éloignées, a donnée au public et m'a envoyée.

§ 16. Si l'on a le droit de conclure que l'idée de Dieu est innée, de ce que tous les gens sages ont eu cette idée, la vertu doit aussi être innée parce que les gens sages en ont toujours eu une véritable idée.

Th. Non pas la vertu, mais l'idée de la vertu est innée, et peut-être ne voulez-vous que cela.

Ph. Il est aussi certain qu'il y a un Dieu, qu'il est certain que les angles opposés, qui se font par l'intersection de deux lignes droites, sont égaux. Et il n'y eut jamais de créature raisonnable qui se soit appliquée sincèrement à examiner la vérité de ces deux propositions, qui ait manqué d'y donner son consentement. Cependant il est hors de doute qu'il y a bien des hommes qui, n'ayant point tourné leurs pensées de ce côté-là, ignorent également ces deux vérités.

Th. Je l'avoue ; mais cela n'empêche point qu'elles soient innées, c'est-à-dire qu'on les puisse trouver en soi.

§ 18 Ph. Il serait encore avantageux d'avoir une idée innée de la substance ; mais il se trouve que nous ne l'avons, ni innée, ni acquise, puisque nous ne l'avons ni par la sensation, ni par la réflexion.

Th. Je suis d'opinion que la réflexion suffit pour trouver l'idée de la substance en nous-mêmes, qui sommes des substances. Et cette notion est des plus importantes. Mais nous en parlerons peut-être plus amplement dans la suite de notre conférence.

Ph. S'il y a des idées innées, qui soient dans l'esprit, sans que l'esprit y pense actuellement, il faut du moins qu'elles soient dans la mémoire, d'où elles doivent être tirées par voie de réminiscence.

---

(1) Gobien (Charles) (1653-1708), professeur de philosophie à Tours, a publié une *Histoire des îles Mariannes* (Paris, 1700), p. **72**.

c'est-à-dire être connues lorsqu'on en rappelle le souvenir, comme autant de perceptions, qui aient été auparavant dans l'âme, à moins que la réminiscence ne puisse subsister sans réminiscence. Car cette persuasion, où l'on est intérieurement sûr qu'une telle idée a été auparavant dans notre esprit, est proprement ce qui distingue la réminiscence de toute autre voie de penser.

TH. Pour que les connaissances, idées ou vérités soient dans notre esprit, il n'est point nécessaire que nous y ayons jamais pensé actuellement ; ce ne sont que des habitudes naturelles, c'est-à-dire des dispositions et aptitudes actives et passives et plus que *tabula rasa*. Il est vrai cependant que les platoniciens croyaient que nous avions déjà pensé actuellement à ce que nous retrouvons en nous ; et pour les réfuter, il ne suffit pas de dire que nous ne nous en souvenons point, car il est sûr qu'une infinité de pensées nous revient, que nous avons oublié d'avoir eues. Il est arrivé qu'un homme a cru faire un vers nouveau, qu'il s'est trouvé avoir lu mot pour mot longtemps auparavant dans quelque ancien poète. Et souvent nous avons une facilité non commune de concevoir certaines choses, parce que nous les avons conçues autrefois, sans que nous nous en souvenions. Il se peut qu'un enfant, devenu aveugle, oublie d'avoir vu la lumière et les couleurs, comme il arriva à l'âge de deux ans et demi par la petite vérole à ce célèbre Ulric Schonberg, natif de Weide au haut Palatinat, qui mourut à Konigsberg en Prusse en 1649, où il avait enseigné la philosophie et les mathématiques avec l'admiration de tout le monde. Il se peut qu'il reste à un tel homme des effets des anciennes impressions, sans qu'il s'en souvienne. Je crois que les songes nous renouvellent souvent ainsi d'anciennes pensées. Jules Scaliger, ayant célébré en vers les hommes illustres de Vérone, un certain soi-disant Brugnolus, Bavarois d'origine, mais depuis établi à Vérone, lui parut en songe et se plaignit d'avoir été oublié. Jules Scaliger, ne se souvenant pas d'en avoir ouï parler auparavant, ne laissa point de faire des vers élégiaques à son honneur sur ce songe. Enfin le fils Joseph, Scaliger (1), passant en Italie, apprit plus particulièrement qu'il y avait eu autrefois à Vérone un célèbre grammairien ou critique savant de ce nom qui avait contribué au rétablissement des belles lettres en Italie. Cette histoire se

---

(1) Scaliger (Joseph), fils de Jules César, né à Agen, 1540 mort à Leyde 1609. On peut dire qu'il a fixé la *Chronologie* par son célèbre ouvrage : *De emendatione temporum*.

trouve dans les poésies de Scaliger le père avec l'élégie, et dans les lettres du fils. On la rapporte aussi dans les *Scaligerana*, qu'on a recueillis des conversations de Joseph Scaliger. Il y a bien de l'apparence que Jules Scaliger avait su quelque chose de Brugnol, dont il ne se souvenait plus, et que le songe avait été en partie le renouvellement d'une ancienne idée, quoiqu'il n'y ait pas eu cette réminiscence proprement appelée ainsi, qui nous fait connaître que nous avons déjà eu cette même idée; du moins, je ne vois aucune nécessité qui nous oblige d'assurer qu'il ne reste aucune trace d'une perception quand il n'y en a pas assez pour se souvenir qu'on l'a eue.

§ 24. Ph. Il faut que je reconnaisse que vous répondez assez naturellement aux difficultés que nous avons formées contre les vérités innées. Peut-être aussi que nos auteurs ne les combattent point dans le sens où vous les soutenez. Ainsi je reviens seulement à vous dire, Monsieur, qu'on a eu quelque sujet de crainte que l'opinion des vérités innées ne servît de prétexte aux paresseux, de s'exempter de la peine des recherches, et donnât la commodité aux docteurs et aux maîtres de poser pour principe des principes que les principes ne doivent pas être mis en question.

Th. J'ai déjà dit que, si c'est là le dessein de vos amis, de conseiller qu'on cherche les preuves des vérités, qui en peuvent recevoir, sans distinguer si elles sont innées ou non, nous sommes entièrement d'accord ; et l'opinion des vérités innées, de la manière dont je les prends, n'en doit détourner personne, car, outre qu'on fait bien de chercher la raison des instincts, c'est une de mes grandes maximes, qu'il est bon de chercher les démonstrations des axiomes mêmes, et je me souviens qu'à Paris, lorsqu'on se moquait de feu M. Roberval (1) déjà vieux, parce qu'il voulait démontrer ceux d'Euclide à l'exemple d'Appollonius et de Proclus, je fis voir l'utilité de cette recherche. Pour ce qui est du principe de ceux qui disent qu'il ne faut point disputer contre celui qui nie les principes, il n'a lieu entièrement qu'à l'égard de ces principes qui ne sauraient recevoir ni doute ni preuve. Il est vrai que pour éviter les scandales et les désordres, on peut faire des règlements à l'égard des disputes publiques et de quelques autres conférences, en vertu desquels il soit défendu de mettre en contestation certaines vérités établies. Mais c'est plutôt un point de police que de philosophie.

(1) Roberval, célèbre géomètre français, 1602-1675, professeur de mathématiques au Collège de France.

LIVRE SECOND

DES IDÉES

CHAP. Ier. — Où l'on traite des idées en général, et où l'on examine par occasion si l'ame de l'homme pense toujours.

§ 1. Ph. Après avoir examiné si les idées sont innées, considérons leur nature et leurs différences. N'est-il pas vrai que l'idée est l'objet de la pensée ?

Th. Je l'avoue, pourvu que vous ajoutiez que c'est un objet immédiat interne et que cet objet est une expression de la nature ou des qualités des choses. Si l'idée était la forme de la pensée, elle naîtrait et cesserait avec les pensées actuelles qui y répondent ; mais, en étant l'objet, elle pourra être antérieure et postérieure aux pensées. Les objets externes sensibles ne sont que médiats, parce qu'ils ne sauraient agir immédiatement sur l'âme. Dieu seul est l'objet externe immédiat. On pourrait dire que l'âme même est son objet immédiat interne ; mais c'est en tant qu'elle contient les idées, ou ce qui répond aux choses. Car l'âme est un petit monde, où les idées distinctes sont une représentation de Dieu et où les confuses sont une représentation de l'univers.

§ 2. Ph. Nos messieurs, qui supposent qu'au commencement l'âme est une table rase, vide de tous caractères et sans aucune idée, demandent comment elle vient à recevoir des idées et par quel moyen elle en acquiert cette prodigieuse quantité ? A cela ils répondent en un mot : de l'expérience.

Th. Cette *tabula rasa*, dont on parle tant, n'est à mon avis qu'une fiction, que la nature ne souffre point et qui n'est fondée que dans les notions incomplètes des philosophes, comme le vide, les atomes, et le repos ou absolu ou respectif de deux parties d'un tout entre elles, ou comme la matière première qu'on conçoit sans aucune forme. Les choses uniformes et qui ne renferment aucune variété, ne sont jamais que des abstractions, comme le temps, l'espace et les autres êtres des mathématiques pures. Il n'y a point de corps dont les parties soient en repos, et il n'y a point de substance qui n'ait de quoi se distinguer de toute autre. Les âmes humaines diffèrent non seulement des autres âmes, mais encore entre elles, quoique la différence ne soit point de la nature de celles qu'on appelle spécifiques. Et selon les démonstrations, que je crois avoir, toute chose substantielle, soit âme ou corps, a son rapport à chacune des autres, qui lui est propre ; et l'une doit toujours différer de l'autre par des dénominations intrinsèques, pour ne pas dire que ceux qui parlent tant de cette table rase après lui avoir ôté les idées, ne sauraient dire ce qui lui reste, comme les philosophes de l'école, qui ne laissent rien à leur matière première. On me répondra peut-être, que cette table rase des philosophes veut dire que l'âme n'a naturellement et originairement que des facultés nues. Mais les facultés sans quelque acte, en un mot les pures puissances de l'école, ne sont aussi que des fictions, que la nature ne connaît point, et qu'on n'obtient qu'en faisant des abstractions. Car où trouvera-t-on jamais dans le monde une faculté qui se renferme dans la seule puissance et n'exerce encore quelque acte ? Il y a toujours une disposition particulière à l'action et à une action plutôt qu'à l'autre. Et, outre la disposition, il y a une tendance à l'action, dont même il y a toujours une infinité à la fois dans chaque sujet : et ces tendances ne sont jamais sans quelque effet. L'expérience est nécessaire, je l'avoue, afin que l'âme soit déterminée à telles ou telles pensées, et afin qu'elle prenne garde aux idées qui sont en nous ; mais le moyen que l'expérience et le sens puissent donner des idées ? L'âme a-t-elle des fenêtres, ressemble-t-elle à des tablettes, est-elle comme de la cire ? Il est visible que tous ceux qui pensent ainsi de l'âme, la rendent corporelle dans le fond. On m'opposera cet axiome, reçu parmi les philosophes : que rien n'est dans l'âme qui ne vienne des sens. Mais il faut excepter l'âme même et ses affections. *Nihil est in intellectu, quod non fuerit in sensu*, excipe : *nisi ipse intellectus*. Or l'âme renferme l'être, la substance, l'un, le même, la cause, la perception, le raisonnement, et quantité d'autres notions, que les sens ne sauraient donner. Cela s'accorde assez avec votre auteur de l'*Essai* qui cherche une bonne partie des idées dans la réflexion de l'esprit sur sa propre nature.

Ph. J'espère donc que vous accorderez à cet habile auteur que toutes les idées viennent par sensation ou par réflexion, c'est-à-dire des observations que nous faisons, ou sur les objets extérieurs et sensibles, ou sur les opérations intérieures de notre âme.

Th. Pour éviter une contestation sur laquelle nous ne nous sommes arrêtés que trop, je vous déclare par avance, Monsieur, que lorsque vous direz que les idées nous viennent de l'une ou de l'autre de ces causes, je l'entends de leur perception actuelle, car je crois d'avoir montré qu'elles sont en nous avant qu'on s'en aperçoive en tant qu'elles ont quelque chose de distinct.

§ 9. Ph. Après cela voyons quand on doit dire que l'âme commence d'avoir de la perception et de penser actuellement aux idées. Je sais bien qu'il y a une opinion qui pose que l'âme pense toujours, et que la pensée actuelle est aussi inséparable de l'âme que l'extension actuelle est inséparable du corps (§ 10). Mais je ne saurais concevoir qu'il soit plus nécessaire à l'âme de penser toujours qu'au corps d'être toujours en mouvement, la perception des idées étant à l'âme ce que le mouvement est au corps. Cela me paraît fort raisonnable au moins, et je serais bien aise, Monsieur, de savoir votre sentiment là-dessus.

Th. Vous l'avez dit, Monsieur, l'action n'est pas plus attachée à l'âme qu'au corps ; un état sans pensée dans l'âme et un repos absolu dans le corps me paraissant également contraire à la nature et sans exemple dans le monde. Une substance qui sera une fois en action le sera toujours, car toutes les impressions demeurent et sont mêlées seulement avec d'autres nouvelles. Frappant un corps, on y excite ou détermine plutôt une infinité de tourbillons, comme dans une liqueur ; car, dans le fond, tout solide a un degré de liquidité, et tout liquide un degré de solidité, et il n'y a pas moyen d'arrêter jamais entièrement ces tourbillons internes : maintenant on peut croire que si le corps n'est jamais en repos, l'âme qui y répond ne sera jamais non plus sans perception.

Ph. Mais c'est peut-être un privilège de l'auteur et conservateur de toutes choses, qu'étant infini dans ses perceptions, il ne dort et ne sommeille jamais. Ce qui ne convient point à aucun être fini ou au moins à aucun être tel que l'âme de l'homme.

Th. Il est sûr que nous dormons et sommeillons, et que Dieu en est exempt. Mais il ne s'ensuit point que nous soyons sans aucune perception en sommeillant. Il se trouve plutôt tout le contraire, si on y prend bien garde.

Ph. Il y a en nous quelque chose qui a la puissance de penser; mais il ne s'ensuit pas que nous en ayons toujours l'acte.

Th. Les puissances véritables ne sont jamais des simples possibilités. Il y a toujours de la tendance et de l'action.

Ph. Mais cette proposition : l'âme pense toujours, n'est pas évidente par elle-même.

Th. Je ne le dis point aussi. Il faut un peu d'attention et de raisonnement pour la trouver. Le vulgaire s'en aperçoit aussi peu que de la pression de l'air ou de la rondeur de la terre.

Ph. Je doute si j'ai pensé la nuit précédente. C'est une question de fait. Il la faut décider par des expériences sensibles.

Th. On la décide comme l'on prouve qu'il y a des corps imperceptibles et des mouvements invisibles, quoique certaines personnes les traitent de ridicules. Il y a de même des perceptions peu relevées, sans nombre, qui ne se distinguent pas assez pour qu'on s'en aperçoive ou s'en souvienne, mais elles se font connaître par des conséquences certaines.

Ph. Il s'est trouvé un certain auteur qui nous a objecté que nous soutenons que l'âme cesse d'exister, parce que nous ne sentons pas qu'elle existe pendant notre sommeil. Mais cette objection ne peut venir que d'une étrange préoccupation ; car nous ne disons pas qu'il n'y a point d'âme dans l'homme, parce que nous ne sentons pas qu'elle existe pendant notre sommeil, mais seulement que l'homme ne saurait penser sans s'en apercevoir.

Th. Je n'ai point lu le livre qui contient cette objection, mais on n'aurait pas eu tort de vous objecter seulement qu'il ne s'ensuit pas de ce qu'on ne s'aperçoit pas de la pensée, qu'elle cesse pour cela; car autrement on pourrait dire, par la même raison, qu'il n'y a point d'âme pendant qu'on ne s'en aperçoit point. Et, pour réfuter cette objection, il faut montrer de la pensée particulièrement, qu'il lui est essentiel qu'on s'en aperçoive.

§ 11. Ph. Il n'est pas aisé de concevoir qu'une chose puisse penser et ne pas sentir qu'elle pense.

Th. Voilà sans doute le nœud de l'affaire et la difficulté qui a embarrassé d'habiles gens. Mais voici le moyen d'en sortir. C'est qu'il faut considérer que nous pensons à quantité de choses à la fois, mais nous ne prenons garde qu'aux pensées qui sont les plus distinguées ; et la chose ne saurait aller autrement, car, si nous prenions garde à tout, il faudrait penser avec attention à une infinité de choses en même temps, que nous sentons toutes et qui font impression sur nos sens. Je dis bien plus : il reste quelque chose de toutes nos pensées passées, et aucune n'en saurait jamais être effacée entièrement. Or, quand nous dormons sans songe et quand nous sommes étourdis par quelque coup, chute, symptôme ou autre accident, il se forme en nous une infinité de petits sentiments confus, et la mort même ne saurait faire un autre effet sur les âmes des animaux, qui doivent sans doute reprendre tôt ou tard des perceptions distinguées, car tout va par ordre dans la nature. J'avoue cependant qu'en cet état de confusion l'âme serait sans plaisir et sans douleur, car ce sont des perceptions notables.

§ 12. Ph. N'est-il pas vrai que ceux avec qui nous avons présentement à faire, c'est-à-dire les cartésiens qui croient que l'âme pense toujours, accordent la vie à tous les animaux différents de l'homme, sans leur donner une âme qui connaisse et qui pense, et que les mêmes ne trouvent aucune difficulté de dire que l'âme puisse penser sans être jointe à un corps ?

Th. Pour moi, je suis d'un autre sentiment ; car, quoique je sois de celui des cartésiens, en ce qu'ils disent que l'âme pense toujours, je ne le suis point dans les deux autres points. Je crois que les bêtes ont des âmes impérissables et que les âmes humaines et toutes les autres ne sont jamais sans quelque corps ; je tiens même que Dieu seul, comme étant un acte pur, en est entièrement exempt.

Ph. Si vous aviez été du sentiment des cartésiens, j'en aurais inféré que les corps de Castor ou de Pollux, pouvant être tantôt avec, tantôt sans âme, quoique demeurant toujours vivants, et l'âme pouvant aussi être tantôt dans un tel corps et tantôt dehors, on pourrait supposer que Castor et Pollux n'aient qu'une seule âme qui agisse alternativement dans le corps de ces deux hommes endormis et éveillés tour à tour : ainsi elle ferait deux personnes aussi distinctes que Castor et Hercule pourraient l'être.

Th. Je vous ferai une autre supposition à mon tour, qui paraît plus réelle. N'est-il pas vrai qu'il faut toujours accorder qu'après quelque intervalle ou quelque grand changement, on peut tomber dans un oubli général? Sleidan (1), dit-on, avant de mourir oublia tout ce qu'il savait. Et il y a quantité d'autres exemples de ce triste événement. Supposons qu'un tel homme rajeunisse et apprenne tout de nouveau. Sera-ce un autre homme pour cela? Ce n'est donc pas le souvenir qui fait justement le même homme. Cependant la fiction d'une âme qui anime des corps différents tour à tour, sans que ce qui lui arrive dans l'un de ces corps l'intéresse dans l'autre, est une de ces fictions contraires à la nature des choses, qui viennent des notions incomplètes des philosophes, comme l'espace sans corps et le corps sans mouvement et qui disparaissent quand on pénètre un peu plus avant; car il faut savoir que chaque âme garde toutes les impressions précédentes et ne saurait se mipartir de la manière qu'on vient de dire. L'avenir dans chaque substance a une parfaite liaison avec le passé. C'est ce qui fait l'identité de l'individu. Cependant le souvenir n'est point nécessaire ni même toujours possible à cause de la multitude des impressions présentes et passées qui concourent à nos pensées présentes, car je ne crois point qu'il y ait dans l'homme des pensées dont il n'y ait quelque effet au moins confus ou quelque reste mêlé avec les pensées suivantes. On peut oublier bien des choses, mais on pourrait aussi se ressouvenir de bien loin, si l'on était ramené comme il faut.

§ 13. Ph. Ceux qui viennent à dormir sans faire aucun songe ne peuvent jamais être convaincus que leurs pensées soient en action.

Th. On n'est pas sans quelque sentiment faible pendant qu'on dort, lors même qu'on est sans songe. Le réveil même le marque, et plus on est aisé à être éveillé, plus on a de sentiment de ce qui se passe au dehors, quoique ce sentiment ne soit pas toujours assez fort pour causer le réveil.

§ 14. Ph. Il paraît bien difficile de concevoir que dans ce moment l'âme pense dans un homme endormi, et le moment suivant dans un homme éveillé, sans qu'elle s'en ressouvienne.

Th. Non seulement cela est aisé à concevoir, mais même quelque chose de semblable s'observe tous les jours pendant qu'on veille;

---

(1) SLEIDAN, célèbre historien, né en 1506 à Schleide (électoral de Cologne); mort à Strasbourg en 1556. Son principal ouvrage est son *Dé statu religionis et reipublicæ, Carolo Quinto Cæsare, commentarii*. Strasbourg; 1555, p. 81.

car nous avons toujours des objets qui frappent nos yeux ou nos oreilles, et par conséquent l'âme en est touchée aussi, sans que nous y prenions garde, parce que notre attention est bandée à d'autres objets, jusqu'à ce que l'objet devienne assez fort pour l'attirer à soi en redoublant son action ou par quelque autre raison ; c'était comme un sommeil particulier à l'égard de cet objet-là, et ce sommeil devient général lorsque notre attention cesse à l'égard de tous les objets ensemble. C'est aussi un moyen de s'endormir, quand on partage l'attention pour l'affaiblir.

Ph. J'ai appris d'un homme qui, dans sa jeunesse, s'était appliqué à l'étude et avait eu la mémoire assez heureuse, qu'il n'avait jamais eu aucun songe avant d'avoir eu la fièvre, dont il venait d'être guéri dans le temps qu'il me parlait, âgé pour lors de 25 ou 26 ans.

Th. On m'a aussi parlé d'une personne d'étude bien plus avancée en âge, qui n'avait jamais eu aucun songe. Mais ce n'est pas sur les songes seuls qu'il faut fonder la perpétuité de la perception de l'âme, puisque j'ai fait voir comment, même en dormant, elle a quelque perception de ce qui se passe au dehors.

§ 15. Ph. Penser souvent et ne pas conserver un seul moment le souvenir de ce qu'on pense, c'est penser d'une manière inutile.

Th. Toutes les impressions ont leur effet, mais tous les effets ne sont pas toujours notables ; quand je me tourne d'un côté plutôt que d'un autre, c'est bien souvent par un enchaînement de petites impressions dont je ne m'aperçois pas et qui rendent un mouvement un peu plus malaisé que l'autre. Toutes nos actions indélibérées sont des résultats d'un concours de petites perceptions et même nos coutumes et passions, qui ont tant d'influence dans nos délibérations, en viennent ; car ces habitudes naissent peu à peu, et par conséquent, sans les petites perceptions on ne viendrait point à ces dispositions notables. J'ai déjà remarqué que celui qui nierait ces effets dans la morale, imiterait des gens mal instruits, qui nient les corpuscules insensibles dans la physique ; et cependant, je crois qu'il y en a parmi ceux qui parlent de la liberté, qui, ne prenant pas garde à ces impressions insensibles, capables de faire pencher la balance, s'imaginent une entière indifférence dans les actions morales comme celle de l'âne de Buridan (1) mi-parti entre deux prés. Et c'est de

---

(1) BURIDAN, célèbre scolastique, disciple d'Ockam, vécut dans le xiv° siècle. On ne sait ni la date de sa naissance ni celle de sa mort. On a de lui des *Commentaires sur Aristote.*

quoi nous parlerons plus amplement dans la suite. J'avoue pourtant que ces impressions inclinent sans nécessité.

Ph. On dira peut-être que dans un homme éveillé qui pense, son corps est pour quelque chose et que le souvenir se conserve par les traces du cerveau, mais que, lorsqu'il dort, l'âme a ses pensées à part en elle-même.

Th. Je suis bien éloigné de dire cela, puisque je crois qu'il y a toujours une exacte correspondance entre le corps et l'âme, et puisque je me sers des impressions du corps, dont on ne s'aperçoit pas, soit en veillant, soit en dormant, pour prouver que l'âme en a de semblables. Je tiens même qu'il se passe quelque chose dans l'âme qui répond à la circulation du sang et à tous les mouvements internes des viscères dont on ne s'aperçoit pourtant point, tout comme ceux qui habitent auprès d'un moulin à eau ne s'aperçoivent point du bruit qu'il fait. En effet, s'il y avait des impressions dans le corps pendant le sommeil ou pendant qu'on veille, dont l'âme ne fût pas touchée ou affectée du tout, il faudrait donner des limites à l'union de l'âme et du corps, comme si les impressions corporelles avaient besoin d'une certaine figure et grandeur pour que l'âme s'en pût ressentir, ce qui n'est point soutenable si l'âme est incorporelle, car il n'y a point de proportion entre une substance incorporelle et une telle ou telle modification de la matière. En un mot, c'est une grande source d'erreurs de croire qu'il n'y a aucune perception dans l'âme que celles dont elle s'aperçoit.

§ 16. Ph. La plupart des songes dont nous nous souvenons sont extravagants et mal liés. On devrait donc dire que l'âme doit la faculté de penser raisonnablement au corps ou qu'elle ne retient aucun de ses soliloques raisonnables.

Th. Le corps répond à toutes les pensées de l'âme, raisonnables ou non, et les songes ont aussi bien leurs traces dans le cerveau que les pensées de ceux qui veillent.

§ 17. Ph. Puisque vous êtes si assuré que l'âme pense toujours actuellement, je voudrais que vous me puissiez dire quelles sont les idées qui sont dans l'âme d'un enfant, avant qu'elle soit unie au corps ou justement dans le temps de son union, avant qu'elle ait reçu aucune idée par la voie de la sensation.

Th. Il est aisé de vous satisfaire par nos principes. Les perceptions de l'âme répondent toujours naturellement à la constitution du corps, et, lorsqu'il y a quantité de mouvements confus et peu distingués dans le cerveau, comme il arrive à ceux qui ont peu d'expérience, les pensées de l'âme (suivant l'ordre des choses) ne sauraient être non plus distinctes. Cependant l'âme n'est jamais privée du secours de la sensation, parce qu'elle exprime toujours son corps, et ce corps est toujours frappé par les ambians d'une infinité de manières, mais qui souvent ne font qu'une impression confuse.

§ 18. Ph. Mais voici encore une autre question que fait l'auteur de l'*Essai*. Je voudrais bien, dit-il, que ceux qui soutiennent avec tant de confiance que l'âme de l'homme, ou (ce qui est la même chose) que l'homme pense toujours, me disent comment ils le savent.

Th. Je ne sais pas s'il ne faut pas plus de confiance pour nier qu'il se passe quelque chose dans l'âme, dont nous ne nous apercevions pas; car ce qui est remarquable doit être composé de parties qui ne le sont pas, rien ne saurait naître tout d'un coup, la pensée non plus que le mouvement. Enfin, c'est comme si quelqu'un demandait aujourd'hui comment nous connaissons les corpuscules insensibles.

§ 19 Ph. Je ne me souviens pas que ceux qui nous disent que l'âme pense toujours, nous disent jamais que l'homme pense toujours.

Th. Je m'imagine que c'est parce qu'ils l'entendent aussi de l'âme séparée. Cependant ils avoueront volontiers que l'homme pense toujours durant l'union. Pour moi, qui ai des raisons pour tenir que l'âme n'est jamais séparée de tout corps, je crois qu'on peut dire absolument que l'homme pense et pensera toujours.

Ph. Dire que le corps est étendu sans avoir des parties, et qu'une chose pense sans s'apercevoir qu'elle pense, ce sont deux assertions qui paraissent également inintelligibles.

Th. Pardonnez-moi, Monsieur, je suis obligé de vous dire que, lorsque vous avancez qu'il n'y a rien dans l'âme dont elle ne s'aperçoive, c'est une pétition de principe qui a déjà régné par toute notre première conférence, où l'on a voulu s'en servir pour détruire les idées et les vérités innées. Si nous accordions ce principe, outre que nous croirions choquer l'expérience et la raison, nous renoncerions sans raison à notre sentiment, que je crois avoir rendu assez intelligible. Mais, outre que nos adversaires, tout habiles qu'ils sont, n'ont point apporté de preuve de ce qu'ils avancent si souvent et si positivement là-dessus, il est aisé de leur montrer le contraire, c'est-à-dire qu'il n'est pas possible que nous réfléchissions toujours expressément sur toutes nos pensées; autrement l'esprit ferait réflexion sur chaque réflexion à l'infini sans pouvoir jamais passer à une nouvelle pensée. Par exemple, en m'apercevant de quelque sentiment présent, je devrais toujours penser que j'y pense, et penser encore que je pense d'y penser, et ainsi à l'infini. Mais il faut bien que je cesse de réfléchir sur toutes ces réflexions et qu'il y ait enfin quelque pensée qu'on laisse passer sans y penser; autrement, on demeurerait toujours sur la même chose.

Ph. Mais ne serait-on pas tout aussi bien fondé à soutenir que l'homme a toujours faim, en disant qu'il en peut avoir sans s'en apercevoir.

Th. Il y a bien de la différence : la faim a des raisons particulières qui ne subsistent pas toujours. Cependant, il est vrai aussi qu'encore quand on a faim, on n'y pense pas à tout moment; mais, quand on y pense, on s'en aperçoit, car c'est une disposition bien notable. Il y a toujours des irritations dans l'estomac, mais il faut qu'elles deviennent assez fortes pour causer la faim. La même distinction se doit toujours faire entre les pensées en général et les pensées notables. Ainsi ce qu'on apporte pour tourner notre sentiment en ridicule, sert à le confirmer.

§ 23. Ph. On peut demander maintenant quand l'homme commence à avoir des idées dans sa pensée, et il me semble qu'on doit répondre que c'est dès qu'il a quelque sensation.

Th. Je suis du même sentiment, mais c'est par un principe un peu particulier, car je crois que nous ne sommes jamais sans pensées et aussi jamais sans sensation. Je distingue seulement entre les idées et les pensées; car nous avons toujours les idées pures ou distinctes, indépendamment des sens; mais les pensées répondent toujours à quelque sensation.

§ 25. Ph. Mais l'esprit est passif seulement dans la perception des idées simples, qui sont les rudiments ou matériaux de la connaissance, au lieu qu'il est actif, quand il forme des idées composées.

Th. Comment cela se peut-il, qu'il soit passif seulement à l'égard de la perception de toutes les idées simples, puisque selon votre propre aveu il y a des idées simples, dont la perception vient de la réflexion, et que l'esprit se donne lui-même les pensées de réflexion, car c'est lui qui réfléchit? S'il se peut les refuser, c'est une autre question, et il ne le peut point sans doute sans quelque raison qui l'en détourne, quand quelque occasion l'y porte.

Th. Il semble que jusqu'ici nous avons disputé ex-professo. Maintenant que nous allons venir au détail des idées, j'espère que nous serons plus d'accord et que nous ne différerons qu'en quelques particularités.

Th. Je serai ravi de voir d'habiles gens dans les sentiments que je tiens vrais, car ils sont propres à les faire valoir et à les mettre dans un beau jour.

CHAP. II. — Des idées simples.

Ph. J'espère donc que vous demeurerez d'accord, Monsieur, qu'il y a des idées simples et des idées composées; c'est ainsi que la chaleur et la mollesse dans la cire et la froideur dans la glace, fournissent des idées simples, car l'âme en a une conception uniforme, qui ne saurait être distinguée en différentes idées.

Th. Je crois qu'on peut dire que ces idées sensibles sont simples en apparence, parce qu'étant confuses elles ne donnent point à l'esprit le moyen de distinguer ce qu'elles contiennent. C'est comme les choses éloignées paraissent rondes, parce qu'on n'en saurait discerner les angles, quoiqu'on en reçoive quelque impression confuse. Il est manifeste par exemple que le vert naît du bleu et du jaune, mêlés ensemble; ainsi on peut croire que l'idée du vert est encore composée de ces deux idées. Et pourtant l'idée du vert nous paraît aussi simple que celle du bleu, ou que celle du chaud. Ainsi il est à croire que ces idées du bleu, du chaud, ne sont simples aussi qu'en apparence. Je consens pourtant volontiers qu'on traite ces idées de simples, parce qu'au moins notre aperception ne les divise pas; mais il faut venir à leur analyse par d'autres expériences et par la raison, à mesure qu'on peut les rendre plus intelligibles. Et l'on voit encore par là qu'il y a des perceptions dont on ne s'aperçoit pas. Car les perceptions des idées simples en apparence sont composées des perceptions des parties dont ces idées sont composées sans que l'esprit s'en aperçoive, car ces idées confuses lui paraissent simples.

CHAP. III. — Des idées qui nous viennent par un seul sens.

Ph. On peut ranger maintenant les idées simples selon les moyens qui nous en donnent la perception, car cela se fait ou 1) par le moyen d'un seul sens, ou 2) par le moyen de plus d'un sens, ou 3) par la réflexion, ou 4) par toutes les voies de la sensation, aussi bien que par la réflexion. Pour ce qui est de celles qui entrent par un seul sens, qui est particulièrement disposé à les recevoir, la lumière et les couleurs entrent uniquement par les yeux; toutes sortes de bruits, de sons et de tons entrent par les oreilles; les différents goûts par le palais, et les odeurs par le nez. Les organes ou nerfs les portent au cerveau, et si quelques-uns de ces organes viennent à être détraqués, ces sensations ne sauraient être admises par quelque fausse porte. Les plus considérables qualités tactiles sont le froid, le chaud et la solidité. Les autres consistent ou dans la conformation des parties sensibles, qui fait le poli et le rude, ou dans leur union, qui fait compact, mou, dur, fragile.

Th. Je conviens assez, Monsieur, de ce que vous dites, quoique je pourrais remarquer que, suivant l'expérience de feu M. Mariotte (1) sur le défaut de la vision à l'endroit du nerf optique, il semble que les membranes reçoivent le sentiment plus que les nerfs, et il y a quelque fausse porte pour l'ouïe et pour le goût, puisque les dents et le vertex contribuent à faire entendre quelque son, et que les goûts se font connaître en quelque façon par le nez, à cause de la connexion des organes. Mais tout cela ne change rien dans le fond des choses à l'égard de l'explication des idées. Et pour ce qui est des qualités tactiles, on peut dire que le poli ou rude, et le dur ou mou, ne sont que les modifications de la résistance ou de la solidité.

CHAP. IV. — DE LA SOLIDITÉ.

PH. Vous accorderez aussi, sans doute, que le sentiment de la solidité est causé par la résistance que nous trouvons dans un corps jusqu'à ce qu'il ait quitté le lieu qu'il occupe lorsqu'un autre corps y entre actuellement. Ainsi ce qui empêche la rencontre de deux corps, lorsqu'ils se meuvent l'un vers l'autre, c'est ce que j'appelle la solidité. Si quelqu'un trouve plus à propos de l'appeler impénétrabilité, j'y donne les mains. Mais je crois que le terme de solidité

---

(1) MARIOTTE, physicien célèbre, né en Bourgogne, dans le XVII° siècle, mort en 1684. Le recueil de ses œuvres a été publié à Leyde en 1717 et à La Haye en 1740. On y trouve un mémoire intitulé : *Nouvelle Découverte touchant la vue* qui contient l'expérience rapportée par Leibniz, et un *Essai de Logique*, p. 89.

emporte quelque chose de plus positif. Cette idée paraît la plus essentielle et la plus étroitement unie au corps, et on ne la peut trouver que dans la matière.

TH. Il est vrai que nous trouvons de la résistance dans l'attouchement, lorsqu'un autre corps a de la peine à donner place au nôtre, et il est vrai aussi que les corps ont de la répugnance à se trouver dans un même lieu. Cependant, plusieurs doutent que cette répugnance est invincible, et il est bon aussi de considérer que la résistance, qui se trouve dans la matière, en dérive de plus d'une façon, et par des raisons assez différentes. Un corps résiste à l'autre, ou lorsqu'il doit quitter la place qu'il a déjà occupée, ou lorsqu'il omet d'entrer dans la place où il était près d'entrer, à cause que l'autre fait effort d'y entrer aussi, en quel cas il peut arriver que l'un ne cédant point à l'autre, ils s'arrêtent ou repoussent naturellement. La résistance se fait voir dans le changement de celui à qui l'on résiste, soit qu'il perde de sa force, soit qu'il change de direction, soit que l'un et l'autre arrivent en même temps. Or l'on peut dire en général que cette résistance vient de ce qu'il y a de la répugnance entre deux corps d'être dans un même lieu, qu'on pourra appeler impénétrabilité. Ainsi, lorsque l'un fait effort d'y entrer, il en fait en même temps pour en faire sortir l'autre, ou pour l'empêcher d'y entrer. Mais cette espèce d'incompatibilité, qui fait céder l'un ou l'autre ou les deux ensemble, étant une fois supposée; il y a plusieurs raisons par après, qui font qu'un corps résiste à celui qui s'efforce de le faire céder. Elles sont ou dans lui, ou dans les corps voisins. Il y en a deux qui sont en lui-même, l'une est passive et perpétuelle, l'autre active et changeante. La première est ce que j'appelle inertie après Kepler (1) et Descartes, qui fait que la matière résiste au mouvement et qu'il faut perdre de la force pour remuer un corps quand il n'y aurait ni pesanteur ni attachement. Ainsi il faut qu'un corps qui prétend chasser un autre, éprouve pour cela cette résistance. L'autre cause, qui est active et changeante, consiste dans l'impétuosité du corps même qui ne cède point sans résister dans le moment où sa propre impétuosité le porte dans un lieu. Les mêmes raisons reviennent dans les corps voisins, lorsque le corps qui résiste

---

(1) KEPLER (Jean), né à Weill, dans le Wurtemberg, mort à Ratisbonne en 1630. Illustre géomètre et astronome qui a découvert les lois des mouvements planétaires. Ses œuvres complètes ont été publiées par Frisch : *Joannis Kepler opera omnia;* Francfort, 1858-1871, 8 vol.

ne peut céder sans faire encore céder d'autres. Mais il y entre encore alors une considération nouvelle, c'est celle de la fermeté, ou de l'attachement d'un corps à l'autre. Cet attachement fait souvent qu'on ne peut pousser un corps sans pousser en même temps un autre qui lui est attaché, ce qui fait une manière de traction à l'égard de cet autre. Cet attachement aussi fait que, quand même on mettrait à part l'inertie et l'impétuosité manifeste, il y aurait de la résistance, car, si l'espace est conçu plein d'une matière absolument fluide, et si on y place un seul corps dur, ce corps dur (supposé qu'il n'y ait ni inertie ni impétuosité dans le fluide) y sera mû sans trouver aucune résistance ; mais, si l'espace était plein de petits cubes, la résistance que trouverait le corps dur, qui devrait être mû parmi ces cubes, viendrait de ce que les petits cubes durs, à cause de leur dureté ou de l'attachement de leurs parties les unes aux autres, auraient de la peine à se diviser autant qu'il faudrait pour faire un cercle de mouvement, et pour remplir la place du mobile au moment où il en sort. Mais, si deux corps entraient en même temps par deux bouts dans un tuyau ouvert des deux côtés et en remplissaient également la capacité, la matière qui serait dans ce tuyau, quelque fluide qu'elle pût être, résisterait par sa seule impénétrabilité. Ainsi dans la résistance dont il s'agit ici, il y a à considérer l'impénétrabilité des corps, l'inertie, l'impétuosité et l'attachement. Il est vrai qu'à mon avis cet attachement des corps vient d'un mouvement plus subtil d'un corps vers l'autre ; mais, comme c'est un point contestable, on ne doit point le supposer d'abord. Et par la même raison on ne doit point supposer d'abord non plus qu'il y a une solidité originaire essentielle, qui rende le lieu toujours égal au corps, c'est-à-dire que l'incompatibilité, ou, pour parler plus juste, l'inconsistance des corps dans un même lieu, est une parfaite impénétrabilité qui ne reçoit ni plus ni moins, puisque plusieurs disent que la solidité sensible peut venir d'une répugnance des corps à se trouver dans un même lieu, mais qui ne serait point invincible. Car tous les péripatéticiens ordinaires et plusieurs autres croient qu'une même matière pourrait remplir plus ou moins d'espace, ce qu'ils appellent raréfaction ou condensation, non pas en apparence seulement (comme lorsqu'en comprimant une éponge on en fait sortir l'eau), mais à la rigueur comme l'école le conçoit à l'égard de l'air. Je ne suis point de ce sentiment, mais je ne trouve point qu'on doive supposer d'abord le sentiment opposé, les sens sans le raisonnement ne suffisant point à établir cette parfaite impénétrabilité, que je tiens vraie dans l'ordre de la nature, mais qu'on n'apprend pas par la seule sensation. Et quelqu'un pourrait prétendre que la résistance des corps à la compression vient d'un effort que les parties font à se répandre quand elles n'ont pas toute leur liberté. Au reste, pour prouver ces qualités, les yeux y aident beaucoup, en venant au secours de l'attouchement. Et dans le fond la solidité, en tant qu'elle donne une notion distincte, se conçoit par la pure raison, quoique les sens fournissent au raisonnement de quoi prouver qu'elle est dans la nature.

§ 4. Ph. Nous sommes au moins d'accord que la solidité d'un corps porte qu'il remplit l'espace qu'il occupe, de telle sorte qu'il en exclut absolument tout autre corps (s'il ne peut trouver un espace où il n'était pas auparavant); au lieu que la dureté, ou la consistance plutôt, que quelques-uns appellent fermeté, est une forte union de certaines parties de la matière, qui composent des amas d'une grosseur sensible, de sorte que toute la masse ne change pas aisément de figure.

Th. Cette consistance, comme j'ai déjà remarqué, est proprement ce qui fait qu'on a de la peine à mouvoir une partie d'un corps sans l'autre, de sorte que, lorsqu'on en pousse l'une, il arrive que l'autre, qui n'est pas poussée, et ne tombe point dans la ligne de la tendance, est néanmoins portée aussi à aller de ce côté-là par une manière de traction; et de plus, si cette dernière partie trouve quelque empêchement qui la retient ou la repousse, elle tire en arrière ou retient aussi la première; et cela est toujours réciproque. Le même arrive quelquefois à deux corps, qui ne se touchent point et qui ne composent point un corps continu, dont ils soient les parties contiguës : et cependant l'un poussé fait aller l'autre sans le pousser, autant que les sens peuvent le faire connaître. C'est de quoi l'aimant (1), l'attraction électrique et celle qu'on attribuait autrefois à la crainte du vide, donnent des exemples.

Ph. Il semble que généralement le dur et le mou sont des noms, que nous donnons aux choses seulement par rapport à la constitution particulière de nos corps.

Th. Mais ainsi beaucoup de philosophes n'attribueraient pas la dureté à leurs atomes. La notion de la dureté ne dépend point des sens, et on en peut concevoir la possibilité par la raison, quoique nous soyons encore convaincus par les sens, qu'elle se trouve ac-

---

(1) Gehrardt : *l'animant*.

tuellement dans la nature. Je préférerais cependant le mot de fermeté (s'il m'était permis de m'en servir dans ce sens) à celui de dureté, car il y a quelque fermeté encore dans les corps mous. Je cherche même un mot plus commode et plus général comme consistance ou cohésion. Ainsi j'opposerais le dur au mou, et le ferme au fluide, car la cire est molle, mais sans être fondue par la chaleur elle n'est point fluide et garde ses bornes ; et dans les fluides même il y a de la cohésion ordinairement, comme les gouttes d'eau et de mercure le font voir. Je suis aussi d'opinion que tous les corps ont un degré de cohésion, comme je crois de même qu'il n'y en a point qui n'aient quelque fluidité, et dont la cohésion ne soit surmontable : de sorte qu'à mon avis les atomes d'Epicure, dont la dureté est supposée invincible, ne sauraient avoir lieu non plus que la matière subtile parfaitement fluide des Cartésiens. Mais ce n'est pas ici le lieu ni de justifier ce sentiment ni d'expliquer la raison de la cohésion.

Ph. La solidité parfaite des corps semble se justifier par l'expérience. Par exemple l'eau, ne pouvant point céder, passa à travers des pores d'un globe d'or concave, où elle était enfermée, lorsqu'on mit ce globe sous la presse à Florence.

Th. Il y a quelque chose à dire à la conséquence que vous tirez de cette expérience et de ce qui est arrivé à l'eau. L'air est un corps aussi bien que l'eau, qui est cependant comprimable au moins *ad sensum*, et ceux qui soutiendront une raréfaction et condensation exacte, diront que l'eau est déjà trop comprimée pour céder à nos machines, comme un air très comprimé résisterait aussi à une compression ultérieure. J'avoue cependant de l'autre côté, que quand on remarquerait quelque petit changement de volume dans l'eau, on pourrait l'attribuer à l'air, qui y est enfermé. Sans entrer maintenant dans la discussion, si l'eau pure n'est point comprimable elle-même, comme il se trouve qu'elle est dilatable, quand elle évapore, cependant je suis dans le fond du sentiment de ceux qui croient que les corps sont parfaitement impénétrables, et qu'il n'y a point de condensation ou raréfaction qu'en apparence. Mais ces sortes d'expériences sont aussi peu capables de le prouver que le tuyau de Torricelli (1) ou la machine de Guéricke (2) sont suffisantes pour prouver un vide parfait.

Ph. Si le corps était raréfiable et comprimable à la rigueur, il

---

(1) TORRICELLI (Evangelista), célèbre physicien italien, inventeur du baromètre (1608-1647), *Opera geometrica* (Florence, 1644).

(2) OTTO DE GUÉRICKE (1602-1686), célèbre physicien allemand a fait des expériences sur le vide : *Experimenta nova de vacuo spatio* (Amsterdam, 1672).

pourrait changer de volume ou d'étendue, mais, cela n'étant point, il sera toujours égal au même espace, et cependant son étendue sera toujours distincte de celle de l'espace.

Th. Le corps pourrait avoir sa propre étendue, mais il ne s'ensuit point qu'elle fût toujours déterminée ou égale au même espace. Cependant, quoiqu'il soit vrai qu'en concevant le corps on conçoit quelque chose de plus que l'espace, il ne s'ensuit point qu'il y ait deux étendues, celle de l'espace et celle du corps ; car c'est comme lorsqu'en concevant plusieurs choses à la fois, on conçoit quelque-chose de plus que le nombre, savoir *res numeratas*, et cependant il n'y a point deux multitudes, l'une abstraite, savoir celle du nombre, l'autre concrète, savoir celle des choses nombrées. On peut dire de même qu'il ne faut point s'imaginer deux étendues : l'une abstraite, de l'espace ; l'autre concrète, du corps ; le concret n'étant tel que par l'abstrait. Et, comme les corps passent d'un endroit de l'espace à l'autre, c'est-à-dire qu'ils changent l'ordre entre eux, les choses aussi passent d'un endroit de l'ordre ou d'un nombre à l'autre, lorsque par exemple le premier devient le second, et le second devient le troisième, etc. En effet, le temps et le lieu ne sont que des espèces d'ordre, et dans ces ordres la place vacante (qui s'appelle vide à l'égard de l'espace), s'il y en avait, marquerait la possibilité seulement de ce qui manque avec son rapport à l'actuel.

Ph. Je suis toujours bien aise que vous soyez d'accord avec moi dans le fond, que la matière ne change point de volume. Mais il me semble que vous allez trop loin en ne reconnaissant point deux étendues, et que vous approchez des Cartésiens, qui ne distinguent point l'espace de la matière. Or il me semble que, s'il se trouve des gens qui n'aient pas ces idées distinctes (de l'espace et de la solidité qui le remplit), mais les confondent et n'en fassent qu'une, on ne saurait voir comment ces personnes puissent s'entretenir avec les autres. Ils sont comme un aveugle serait à l'égard d'un autre homme, qui lui parlerait de l'écarlate, pendant que cet aveugle croirait qu'elle ressemble au son d'une trompette.

Th. Mais je tiens en même temps que les idées de l'étendue et de la solidité ne consistent point dans un je ne sais quoi comme celle de la couleur de l'écarlate. Je distingue l'étendue et la matière, contre le sentiment des cartésiens (1). Cependant je ne crois point qu'il y a

---

(1) Voy. Descartes, *Principes de la philosophie*, II⁰ partie, p. 4. « Nous saurons que la nature de la matière du corps, pris en général, ne consiste pas en ce

deux étendues ; et, puisque ceux qui disputent sur la différence de l'étendue et de la solidité, conviennent de plusieurs vérités sur ce sujet et ont quelques notions distinctes, ils y peuvent trouver le moyen de sortir de leur différend ; ainsi la prétendue différence sur les idées ne doit point leur servir de prétexte pour rendre les disputes éternelles, quoique je sache que certains cartésiens, très habiles d'ailleurs, ont coutume aussi de se retrancher dans les idées qu'ils prétendent avoir. Mais, s'ils se servaient du moyen que j'ai donné autrefois pour reconnaître les idées vraies ou fausses et dont nous parlerons aussi dans la suite, ils sortiraient d'un poste qui n'est point tenable.

CHAP. V. — Des idées simples qui viennent par divers sens.

Ph. Les idées dont la perception nous vient de plus d'un sens, sont celles de l'espace, ou de l'étendue, ou de la figure, du mouvement et du repos.

Th. Ces idées, qu'on dit venir de plus d'un sens, comme celle de l'espace, figure, mouvement, nous sont plutôt du sens commun, c'est-à-dire de l'esprit même, car ce sont des idées de l'entendement pur, mais qui ont du rapport à l'extérieur et que les sens font apercevoir ; aussi sont-elles capables de définitions et de démonstrations.

CHAP. VI. — Des idées simples qui viennent par réflexion.

Ph. Les idées simples, qui viennent par réflexion, sont les idées de l'entendement et de la volonté, car nous nous en apercevons en réfléchissant sur nous-mêmes.

Th. On peut douter si toutes ces idées sont simples, car il est clair, par exemple, que l'idée de la volonté renferme celle de l'entendement, et que l'idée du mouvement contient celle de la figure.

qu'il est une chose dure ou pesante, ou colorée, ou qui touche nos sens de quelque autre façon, mais seulement en ce qu'il est une substance étendue en longueur, largeur et profondeur. »

CHAP. VII. — Des idées simples qui viennent par sensation et par réflexion.

§ 1. Ph. Il y a des idées simples, qui se font apercevoir dans l'esprit par toutes les voies de la sensation et par la réflexion aussi, savoir le plaisir, la douleur, la puissance, l'existence et l'unité.

Th. Il semble que les sens ne sauraient nous convaincre de l'existence des choses sensibles sans le secours de la raison. Ainsi je croirais que la considération de l'existence vient de la réflexion. Celle de la puissance et de l'unité aussi vient de la même source et sont d'une tout autre nature que les perceptions du plaisir et de la douleur.

CHAP. VIII. — Autres considérations sur les idées simples.

§ 2. Ph. Que dirons-nous des idées des qualités privatives ? Il me semble que les idées du repos, des ténèbres et du froid sont aussi positives que celles du mouvement, de la lumière et du chaud. Cependant, en proposant ces privations comme des causes des idées positives, je suis l'opinion vulgaire : mais dans le fond il sera malaisé de déterminer s'il y a effectivement aucune idée qui vienne d'une cause privative, jusqu'à ce qu'on ait déterminé si le repos est plutôt une privation que le mouvement.

Th. Je n'avais point cru qu'on pût avoir sujet de douter de la nature privative du repos. Il lui suffit qu'on nie le mouvement dans le corps ; mais il ne suffit pas au mouvement qu'on nie le repos, et il faut ajouter quelque chose de plus pour (1) déterminer le degré du mouvement, puisqu'il reçoit essentiellement du plus ou du moins, au lieu que tous les repos sont égaux. Autre chose est, quand on parle de la cause du repos, qui doit être positive dans la matière seconde ou masse. Je croirais encore que l'idée même du repos est privative, c'est-à-dire qu'elle ne consiste que dans la négation. Il est vrai que l'acte de nier est une chose positive.

---

(1) *Pour* manque dans Gehrardt.

§ 9. Ph. Les qualités des choses étant les facultés qu'elles ont de produire en nous la perception des idées, il est bon de distinguer ces qualités. Il y en a des premières et des secondes. L'étendue, la solidité, la figure, le nombre, la mobilité, sont des qualités originales et inséparables du corps, que j'appelle premières (§ 10). Mais j'appelle qualités secondes les facultés ou puissances des corps à produire certaines sensations en nous, ou certains effets dans les autres corps, comme le feu par exemple en produit dans la cire en la fondant.

Th. Je crois qu'on pourrait dire que, lorsque la puissance est intelligible et se peut expliquer distinctement, elle doit être comptée parmi les qualités premières ; mais lorsqu'elle n'est que sensible, et ne donne qu'une idée confuse, il faudra la mettre parmi les qualités secondes.

§ 11. Ph. Ces qualités premières font voir comment les corps agissent les uns sur les autres. Or les corps n'agissent que par impulsion, du moins autant que nous pouvons le concevoir, car il est impossible que les corps puissent agir sur ce qui ne se (1) touche point, ce qui est autant que d'imaginer qu'il puisse agir où il n'est pas.

Th. Je suis aussi d'avis que les corps n'agissent que par impulsion. Cependant il y a quelque difficulté dans la preuve que je viens d'entendre ; car l'attraction n'est pas toujours sans attouchement, et on peut toucher et tirer sans aucune impulsion visible, comme j'ai montré ci-dessus en parlant de la dureté. S'il y avait des atomes d'Épicure, une partie poussée tirerait l'autre avec elle et la toucherait en la mettant en mouvement sans impulsion ; et dans l'attraction entre des choses contiguës on ne peut point dire que ce qui tire avec soi agit où il n'est point. Cette raison combattrait seulement contre les attractions de loin, comme il y en aurait à l'égard de ce qu'on appelle *vires centripetas*, avancées par quelques excellents hommes.

§ 13. Ph. Maintenant certaines particules, frappant nos organes d'une certaine façon, causent en nous certains sentiments de couleurs ou de saveurs ou d'autres qualités secondes, qui ont la puissance de produire ces sentiments. Et il n'est pas plus difficile à concevoir que Dieu peut attacher telles idées (comme celle de chaleur)

---

(1) *Se* manque dans Gehrardt. Nous préférons la leçon d'Erdmann.

à des mouvements avec lesquels elles n'ont aucune ressemblance, qu'il n'est difficile de concevoir qu'il a attaché l'idée de la douleur au mouvement d'un morceau de fer qui divise notre chair, auquel mouvement la douleur ne ressemble en aucune manière.

Th. Il ne faut point s'imaginer que ces idées de la couleur ou de la douleur soient arbitraires et sans rapport ou connexion naturelle avec leurs causes : ce n'est pas l'usage de Dieu d'agir avec si peu d'ordre et de raison. Je dirais plutôt qu'il y a une manière de ressemblance, non pas entière et pour ainsi dire *in terminis*, mais expressive, ou de rapport d'ordre, comme une ellipse et même une parabole ou hyperbole ressemblent en quelque façon au cercle, dont elles sont la projection sur le plan, puisqu'il y a un certain rapport exact et naturel entre ce qui est projeté et la projection, qui s'en fait, chaque point de l'un répondant suivant une certaine relation à chaque point de l'autre. C'est ce que les cartésiens ne considèrent pas assez, et pour cette fois vous leur avez plus déféré que vous n'avez coutume et vous n'aviez sujet de faire.

§ 15. Ph. Je vous dis ce qui me paraît, et les apparences sont que les idées des premières qualités des corps ressemblent à ces qualités, mais que les idées produites en nous par les secondes qualités ne leur ressemblent en aucune manière.

Th. Je viens de marquer comment il y a de la ressemblance ou du rapport exact à l'égard des secondes aussi bien qu'à l'égard des premières qualités. Il est bien raisonnable que l'effet réponde à sa cause ; et comment assurer le contraire? puisqu'on ne connaît point distinctement ni la sensation du bleu par exemple, ni les mouvements qui la produisent. Il est vrai que la douleur ne ressemble pas aux mouvements d'une épingle, mais elle peut ressembler fort bien aux mouvements que cette épingle cause dans notre corps, et représenter ces mouvements dans l'âme, comme je ne doute nullement qu'elle ne fasse. C'est aussi pour cela que nous disons que la douleur est dans notre corps et non pas qu'elle est dans l'épingle. Mais nous disons que la lumière est dans le feu, parce qu'il y a dans le feu des mouvements, qui ne sont point distinctement sensibles à part, mais dont la confusion ou conjonction devient sensible et nous est représentée par l'idée de la lumière.

§ 24. Ph. Mais, si le rapport entre l'objet et le sentiment était naturel, comment se pourrait-il faire, comme nous remarquons en effet que la même eau peut paraître chaude à une main et froide à l'autre? Ce qui fait voir aussi que la chaleur n'est pas dans l'eau non plus que la douleur dans l'épingle.

Th. Cela prouve tout au plus que la chaleur n'est pas une qualité sensible ou une puissance de se faire sentir tout à fait absolue, mais qu'elle est relative à des organes proportionnés, car un mouvement propre dans la main s'y peut mêler et en altérer l'apparence. La lumière encore ne paraît point à des yeux mal constitués ; et, quand ils sont remplis eux-mêmes d'une grande lumière, une moindre ne leur est point sensible. Même les qualités premières (suivant votre dénomination), par exemple l'unité et le nombre, peuvent ne point paraître comme il faut : car, comme M. Descartes l'a déjà rapporté, un globe touché des doigts d'une certaine façon paraît double, et les miroirs ou verres taillés à facettes multiplient l'objet. Il ne s'ensuit donc pas que ce qui ne paraît point toujours de même n'est pas une qualité de l'objet, et que son image ne lui ressemble pas. Et, quant à la chaleur, quand notre main est fort chaude, la chaleur médiocre de l'eau ne se fait point sentir, et tempère plutôt celle de la main, et par conséquent l'eau nous paraît froide; comme l'eau salée de la mer Baltique mêlée avec de l'eau de la mer de Portugal en diminuerait la salure spécifique, quoique la première soit salée elle même. Ainsi en quelque façon on peut dire que la chaleur appartient à l'eau d'un bain, bien qu'elle puisse paraître froide à quelqu'un, comme le miel est appelé doux absolument, et l'argent blanc, quoique l'un paraisse amer, et l'autre jaune à quelques malades, car la dénomination se fait par le plus ordinaire : et il demeure cependant vrai que, lorsque l'organe et le milieu sont constitués comme il faut, les mouvements internes et les idées, qui les représentent à l'âme, ressemblent aux mouvements de l'objet, qui cause la couleur, la douleur, etc., ou, ce qui est ici la même chose, l'exprime par un rapport assez exact, quoique ce rapport ne nous paraisse pas distinctement, parce que nous ne saurions démêler cette multitude de petites impressions, ni dans notre âme, ni dans notre corps, ni dans ce qui est dehors.

§ 24. Ph. Nous ne considérons les qualités qu'a le soleil de blanchir et d'amollir la cire ou d'endurcir la boue, que comme des simples puissances, sans rien concevoir dans le soleil, qui ressemble à cette blancheur et à cette mollesse ou à cette dureté; mais la chaleur et la lumière sont regardées communément comme des qualités réelles du soleil. Cependant, à bien considérer la chose, ces qualités de lumière et de chaleur, qui sont des perceptions en moi, ne sont point dans le soleil d'une autre manière que les changements produits dans la cire, lorsqu'elle est blanchie ou fondue.

Th. Quelques-uns ont poussé cette doctrine si loin, qu'ils ont voulu se persuader que, si quelqu'un pouvait toucher le soleil, il n'y trouverait aucune chaleur. Le soleil imité, qui se fait sentir dans le foyer d'un miroir ou d'un verre ardent, en peut désabuser les gens. Mais, pour ce qui est de la comparaison entre la faculté d'échauffer et celle de fondre, j'oserais dire que, si la cire fondue ou blanchissante avait du sentiment, elle sentirait aussi quelque chose d'approchant à ce que nous sentons quand le soleil nous échauffe et dirait, si elle pouvait, que le soleil est chaud, non pas parce que sa blancheur ressemble au soleil, car lorsque les visages sont hâlés au soleil, leur couleur brune lui ressemblerait aussi, mais parce qu'il y a dans la cire des mouvements qui ont un rapport à ceux du soleil qui les cause. Sa blancheur pourrait venir d'une autre cause, mais non pas les mouvements qu'elle a eus, en la recevant du soleil.

CHAP. IX. — DE LA PERCEPTION.

§ 1. Ph. Venons maintenant aux idées de réflexion en particulier. La perception est la première faculté de l'âme, qui est occupée de nos idées. C'est aussi la première et la plus simple idée que nous recevions par réflexion. La pensée signifie souvent l'opération de l'esprit sur ses propres idées, lorsqu'il agit et considère une chose avec un certain degré d'attention volontaire; mais dans ce qu'on nomme perception, l'esprit est pour l'ordinaire purement passif, ne pouvant éviter d'apercevoir ce qu'il aperçoit actuellement.

Th. On pourrait peut-être ajouter que les bêtes ont de la perception et qu'il n'est point nécessaire qu'ils aient de la pensée, c'est-à-dire qu'ils aient de la réflexion ou ce qui en peut être l'objet. Aussi avons-nous des petites perceptions nous-mêmes, dont nous ne nous apercevons point dans notre présent état. Il est vrai que nous pourrions fort bien nous en apercevoir et y faire réflexion si nous n'étions détournés par leur multitude qui partage notre esprit ou si elles n'étaient effacées ou plutôt obscurcies par de plus grandes.

§ 4. Ph. J'avoue que, lorsque l'esprit est fortement occupé à contempler certains objets, il ne s'aperçoit en aucune manière de l'impression que certains corps font sur l'organe de l'ouïe, bien que l'impression soit assez forte, mais il n'en provient aucune perception, si l'âme n'en prend aucune connaissance.

Th. J'aimerais mieux distinguer entre « perception » et entre « s'apercevoir ». La perception de la lumière ou de la couleur, par exemple, dont nous nous apercevons, est composée de quantité de petites perceptions dont nous ne nous apercevons pas, et un bruit dont nous avons perception, mais dont nous ne prenons point garde, devient aperceptible par une petite addition ou augmentation. Car, si ce qui précède ne faisait rien sur l'âme, cette petite addition n'y ferait rien encore, et le tout n'y ferait rien non plus. J'ai déjà touché ce point, chapitre ii de ce livre, paragraphes 11, 12, 15, etc.

§ 8. Ph. Il est à propos de remarquer ici que les idées qui viennent par la sensation sont souvent altérées par le jugement de l'esprit des personnes faites, sans qu'elles s'en aperçoivent. L'idée d'un globe de couleur uniforme représente un cercle plat diversement ombragé et illuminé. Mais, comme nous sommes accoutumés à distinguer les images des corps et les changements des réflexions de la lumière selon les figures de leurs surfaces, nous mettons à la place de ce qui nous paraît la cause même de l'image et confondons le jugement avec la vision.

Th. Il n'y a rien de si vrai, et c'est ce qui donne moyen à la peinture de nous tromper par l'artifice d'une perspective bien entendue. Lorsque les corps ont des extrémités plates, on peut les représenter sans employer les ombres en ne se servant que des contours et en faisant simplement des peintures à la façon des Chinois, mais plus proportionnées que les leurs. C'est comme on a coutume de dessiner les médailles, afin que le dessinateur s'éloigne moins des traits précis des antiques. Mais on ne saurait distinguer exactement par le dessin le dedans d'un cercle du dedans d'une surface sphérique, bornée par ce cercle, sans le secours des ombres; le dedans de l'un et de l'autre n'ayant pas de points distingués, ni de traits distinguants, quoiqu'il y ait pourtant une grande différence qui doit être marquée. C'est pourquoi M. Des Argues (1) a donné des préceptes sur la force des teintes

---

(1) Des Argues (Gaspard), géomètre français, ami de Descartes, Gassendi, Pascal et Roberval, s'est occupé surtout de l'application de la géométrie aux arts. Ses écrits ont été perdus. Descartes parle cependant de sa Méthode universelle de mettre en perspective les objets donnés (édition Cousin, t. VI, pp. 250-256).

et des ombres. Lors donc qu'une peinture nous trompe, il y a double erreur dans nos jugements ; car précisément, nous mettons la cause pour l'effet et croyons voir immédiatement ce qui est la cause de l'image, en quoi nous ressemblons un peu à un chien qui était contre un miroir. Car nous ne voyons que l'image proprement et nous ne sommes affectés que par les rayons, et puisque les rayons de la lumière ont besoin de temps (quelque petit qu'il soit), il est possible que l'objet soit détruit dans cet intervalle et ne subsiste plus quand le rayon arrive à l'œil et ce qui n'est plus ne saurait être l'objet présent de la vue. En second lieu, nous nous trompons encore lorsque nous mettons une cause pour l'autre et croyons que ce qui ne vient que d'une plate peinture est dérivé d'un corps, de sorte qu'en ce cas il y a dans nos jugements tout à la fois une métonymie et une métaphore ; car les figures mêmes de rhétorique passent en sophismes lorsqu'elles nous abusent. Cette confusion de l'effet avec la cause, ou vraie, ou prétendue, entre souvent dans nos jugements encore ailleurs. C'est ainsi que nous sentons nos corps ou ce qui les touche et que nous remuons nos bras par une influence physique immédiate, que nous jugeons constituer le commerce de l'âme et du corps ; au lieu que véritablement nous ne sentons et ne changeons de cette manière-là que ce qui est en nous.

Ph. A cette occasion, je vous proposerai un problème, que le savant M. Molineux (1), qui emploie si utilement son beau génie à l'avancement des sciences, a communiqué à l'illustre M. Locke. Voici à peu près ses termes : supposez un aveugle de naissance, qui soit présentement homme fait, auquel on ait appris à distinguer par l'attouchement un cube d'un globe de même métal et à peu près de la même grosseur, en sorte que lorsqu'il touche l'un et l'autre, il puisse dire quel est le cube et quel est le globe. Supposez que, le cube et le globe étant posés sur une table, cet aveugle vienne à jouir de la vue. On demande si, en les voyant sans toucher, il pourrait les discerner et dire quel est le cube et quel est le globe. Je vous prie, Monsieur, de me dire quel est votre sentiment là-dessus.

Th. Il me faudrait donner du temps pour méditer cette question, qui me paraît assez curieuse ; mais, puisque vous me pressez de ré-

---

(1) MOLINEUX ou MOLYNEUX, mathématicien irlandais, né à Dublin en 1656, auteur de la *Dioptricá nova* (Londres, 1692), et de plusieurs mémoires dans les *Philosophical Transactions*, mort en 1698.   P. J.

pondre sur-le-champ, je hasarderai de vous dire entre nous que je crois que, supposé que l'aveugle sache que ces deux figures qu'il voit sont celles du cube et du globe, il pourra les discerner, et dire sans toucher, ceci est le globe, ceci est le cube.

PH. J'ai peur qu'il ne vous faille mettre dans la foule de ceux qui ont mal répondu à M. Molineux. Car il a mandé dans la lettre qui contenait cette question, que l'ayant proposée à l'occasion de l'*Essai* de M. Locke *sur l'entendement* à diverses personnes d'un esprit fort pénétrant, à peine en a-t-il trouvé une qui d'abord lui ait répondu sur cela, comme il croit qu'il faut répondre, quoiqu'ils aient été convaincus de leur méprise après avoir entendu ses raisons. La réponse de ce pénétrant et judicieux auteur est négative; car (ajoute-t-il), bien que cet aveugle ait appris par expérience de quelle manière le globe et le cube affectent son attouchement, il ne sait pourtant pas encore que ce qui affecte l'attouchement de telle ou telle manière doive frapper les yeux de telle ou telle manière, ni que l'angle avancé d'un cube qui presse sa main d'une main inégale doive paraître à ses yeux tel qu'il paraît dans le cube. L'auteur de cet essai déclare qu'il est tout à fait du même sentiment.

TH. Peut-être que M. Molineux et l'auteur de l'*Essai* ne sont pas si éloignés de mon opinion qu'il paraît d'abord, et que les raisons de leur sentiment, contenues apparemment dans la lettre du premier qui s'en est servi avec succès pour convaincre les gens de leur méprise, ont été supprimées exprès par le second pour donner plus d'exercice à l'esprit des lecteurs. Si vous voulez peser ma réponse, vous trouverez, Monsieur, que j'y ai mis une condition, qu'on peut considérer comme comprise dans la question, c'est qu'il ne s'agisse que de discerner seulement, et que l'aveugle sache que les deux corps figurés qu'il doit discerner y sont, et qu'ainsi chacune des apparences qu'il voit est celle du cube ou celle du globe. En ce cas, il me paraît indubitable que l'aveugle, qui vient de cesser de l'être, les peut discerner par les principes de la raison, joints à ce que l'attouchement lui a fourni auparavant de connaissance sensuelle. Car je ne parle pas de ce qu'il fera peut-être en effet et sur-le-champ, étant ébloui et confondu par la nouveauté, et d'ailleurs peu accoutumé à tirer des conséquences. Le fondement de mon sentiment est que dans le globe il n'y a pas de points distingués du côté du globe même, tout y étant uni et sans angles, au lieu que dans le cube il y a huit points distingués de tous les autres. S'il n'y avait pas ce moyen de distinguer les figures, un aveugle ne pourrait pas apprendre les rudiments de la géométrie par l'attouchement. Cependant nous voyons que les aveugles-nés sont capables d'apprendre la géométrie, et ont même toujours quelques rudiments d'une géométrie naturelle, et que le plus souvent on apprend la géométrie par la seule vue, sans se servir de l'attouchement, comme pourrait et devrait même faire un paralytique ou une autre personne, à qui l'attouchement fût presque interdit. Et il faut que ces deux géométries, celle de l'aveugle et celle du paralytique, se rencontrent et s'accordent, et même reviennent aux mêmes idées, quoiqu'il n'y ait point d'images communes. Ce qui fait encore voir combien il faut distinguer les images des idées exactes, qui consistent dans les définitions. Effectivement ce serait quelque chose de fort curieux et même d'instructif de bien examiner les idées d'un aveugle-né, d'entendre les descriptions qu'il fait des figures. Car il peut y arriver, et il peut même entendre la doctrine optique, en tant qu'elle est dépendante des idées distinctes et mathématiques, quoiqu'il ne puisse pas parvenir à concevoir ce qu'il y a de clair-confus, c'est-à-dire l'image de la lumière et des couleurs. C'est pourquoi un certain aveugle-né, après avoir écouté des leçons d'optique, qu'il paraissait comprendre assez, répondit à quelqu'un qui lui demandait ce qu'il croyait de la lumière, qu'il s'imaginait que ce devait être quelque chose agréable comme le sucre. Il serait de même fort important d'examiner les idées qu'un homme sourd et muet peut avoir des choses non figurées, dont nous avons ordinairement la description en paroles, et qu'il doit avoir d'une manière tout à fait différente, quoiqu'elle puisse être équivalente à la nôtre, comme l'écriture des Chinois fait un effet équivalent à celui de notre alphabet, quoiqu'elle en soit infiniment différente, et pourrait paraître inventée par un sourd. J'apprends par la faveur d'un grand prince d'un né sourd et muet à Paris, dont les oreilles sont enfin parvenues jusqu'à faire leur fonction, qu'il a maintenant appris la langue française (car c'est de la cour de France qu'on le mandait il n'y a pas longtemps), et qu'il pourra dire des choses bien curieuses sur les conceptions qu'il avait dans son état précédent et sur le changement de ses idées, lorsque le sens de l'ouïe a commencé à être exercé. Ces gens nés sourds et muets peuvent aller plus loin qu'on ne pense. Il y en avait un à Oldembourg, du temps du dernier comte, qui était devenu bon peintre, et se montrait très raisonnable d'ailleurs. Un fort savant homme, Breton de nation, m'a raconté qu'à Blainville, à dix lieues de Nantes, appartenant au duc de Rohan, il y avait environ en 1690 un pauvre, qui demeurait dans une hutte proche du château hors de la ville, qui était né sourd et muet, et qui portait des lettres et autres choses à la ville et trouvait les maisons, suivant quelques signes que des personnes accoutumées à l'employer lui faisaient. Enfin le pauvre devint encore aveugle et ne laissa pas de rendre quelque service et de porter des lettres en ville sur ce qu'on lui marquait par l'attouchement. Il avait une planche dans sa hutte, laquelle allant depuis la porte jusqu'à l'endroit où il avait les pieds, lui faisait connaître, par le mouvement qu'elle recevait, si quelqu'un entrait chez lui. Les hommes sont bien négligents de ne pas prendre une exacte connaissance des manières de penser de telles personnes. S'il ne vit plus, il y a apparence que quelqu'un sur les lieux en pourrait encore donner quelque information et nous faire entendre comment on lui marquait les choses qu'il devait exécuter. Mais pour revenir à ce que l'aveugle-né, qui commence à voir, jugerait du globe et d'un cube, en les voyant sans les toucher, je réponds qu'il les discernera comme je viens de dire, si quelqu'un l'avertit que l'une ou l'autre des apparences ou perceptions qu'il en aura appartient au cube et au globe ; mais sans cette instruction préalable, j'avoue qu'il ne s'avisera pas d'abord de penser que ces espèces de peintures, qu'il s'en fera dans le fond de ses yeux, et qui pourraient venir d'une plate peinture sur la table, représentent des corps, jusqu'à ce que l'attouchement l'en aura convaincu, ou, qu'à force de raisonner sur les rayons suivant l'optique, il aura compris, par les lumières et les ombres, qu'il y a une chose qui arrête ces rayons et que ce doit être justement ce qui lui reste dans l'attouchement ; à quoi il parviendra enfin, quand il verra rouler ce globe et ce cube, et changer d'ombres et d'apparences suivant le mouvement, ou même quand, ces deux corps demeurant en repos, la lumière qui les éclaire changera de place, ou que ses yeux changeront de situation. Car ce sont à peu près les moyens que nous avons de discerner de loin un tableau ou une perspective qui représente un corps d'avec le véritable.

§ 11. Ph. Venons à la perception en général. Elle distingue les animaux des êtres inférieurs.

Th. J'ai du penchant à croire qu'il y a quelque perception et appétition encore dans les plantes, à cause de la grande analogie qu'il y a entre les plantes et les animaux ; et, s'il y a une âme végétale, comme c'est l'opinion commune, il faut qu'elle ait la perception. Cependant je ne laisse pas d'attribuer au mécanisme tout ce qui se fait dans le corps des plantes et des animaux, excepté leur première formation. Ainsi je demeure d'accord que le mouvement de la plante qu'on appelle sensitive vient du mécanisme, et je n'approuve point qu'on ait recours à l'âme lorsqu'il s'agit d'expliquer le détail des phénomènes des plantes et des animaux.

§ 14. Ph. Il est vrai que moi-même je ne saurais m'empêcher de croire que, même dans ces sortes d'animaux, qui sont comme les huîtres et les moules, il n'y ait quelque faible perception ; car des sensations vives ne feraient qu'incommoder un animal, qui est contraint de demeurer toujours dans le lieu où le hasard l'a placé, où il est arrosé d'eau froide ou chaude, nette ou sale, selon qu'elle vient à lui.

Th. Fort bien, et je crois qu'on peut en dire presque autant des plantes ; mais, quant à l'homme, ses perceptions sont accompagnées de la puissance de réfléchir, qui passe à l'acte lorsqu'il y a de quoi. Mais, lorsqu'il est réduit à un état où il est comme dans une léthargie et presque sans sentiment, la réflexion et l'aperception cessent, et on ne pense point à des vérités universelles. Cependant les facultés et les dispositions innées et acquises, et même les impressions qu'on reçoit dans cet état de confusion ne cessent point pour cela et ne sont point effacées, quoiqu'on les oublie ; elles auront même leur tour pour contribuer un jour à quelque effet notable, car rien n'est inutile dans la nature, toute confusion doit se développer, les animaux mêmes, parvenus à un état de stupidité, doivent retourner un jour à des perceptions plus relevées, et, puisque les substances simples durent toujours, il ne faut point juger de l'éternité par quelques années.

CHAP. X. — De la rétention.

§ 1, 2. Ph. L'autre faculté de l'esprit, par laquelle il avance plus vers la connaissance des choses que par la simple perception, c'est ce que je nomme rétention, qui conserve les connaissances reçues par les sens ou par la réflexion. La rétention se fait en deux manières, en conservant actuellement l'idée présente, ce que j'appelle contemplation, et en gardant la puissance de les ramener devant l'esprit, et c'est ce qu'on appelle la mémoire.

Th. On retient aussi et on contemple les connaissances innées et bien souvent on ne saurait distinguer l'inné de l'acquis. Il y a aussi une perception des images, ou qui sont déjà depuis quelque temps ou qui se forment de nouveau en nous.

§ 2. Ph. Mais on croit chez nous que ces images ou idées cessent d'être quelque chose dès qu'elles ne sont point actuellement aperçues, et que dire qu'il y a des idées de réserve dans la mémoire, cela ne signifie autre chose, dans le fond, si ce n'est que l'âme a, en plusieurs rencontres, la puissance de réveiller les perceptions qu'elle a déjà eues avec un sentiment qui la puisse convaincre en même temps qu'elle a eu auparavant ces sortes de perceptions.

Th. Si les idées n'étaient que les formes ou façons des pensées, elles cesseraient avec elles; mais vous-même avez reconnu, Monsieur, qu'elles en sont les objets internes, et de cette manière, elles peuvent subsister ; et je m'étonne que vous vous pouvez toujours payer de ces puissances ou facultés nues, que vous rejetteriez apparemment dans les philosophes de l'école. Il faudrait expliquer un peu plus distinctement en quoi consiste cette faculté et comment elle s'exerce, et cela ferait connaître qu'il y a des dispositions qui sont des restes des impressions passées, dans l'âme aussi bien que dans le corps, mais dont on ne s'aperçoit que lorsque la mémoire en trouve quelque occasion. Et, si rien ne restait des pensées passées, aussitôt qu'on n'y pense plus, il ne serait point possible d'expliquer comment on en peut garder le souvenir; et recourir pour cela à cette faculté nue, c'est ne rien dire d'intelligible.

CHAP. XI. — DE LA FACULTÉ DE DISCERNER LES IDÉES.

§ 1. Ph. De la faculté de discerner des idées dépend l'évidence et la certitude de plusieurs propositions qui passent pour des vérités innées.

Th. J'avoue que pour penser à ces vérités innées et pour les démêler, il faut du discernement ; mais pour cela, elles ne cessent point d'être innées.

§ 2. Ph. Or la vivacité de l'esprit consiste à rappeler promptement les idées : mais il y a du jugement à se les représenter nettement et à les distinguer exactement.

Th. Peut-être que l'un et l'autre est vivacité d'imagination, et que le jugement consiste dans l'examen des propositions suivant la raison.

Ph. Je ne suis point éloigné de cette distinction de l'esprit et du jugement, et quelque fois il y a du jugement à ne le point employer trop. Par exemple, c'est choquer en quelque manière certaines pensées spirituelles que de les examiner par les règles sévères de la vérité et du bon raisonnement.

Th. Cette remarque est bonne. Il faut que des pensées spirituelles aient quelque fondement au moins apparent dans la raison ; mais il ne faut pas les éplucher avec trop de scrupule, comme il ne faut point regarder un tableau de trop près. C'est en quoi il me semble que le P. Bouhours (1) manque plus d'une fois dans son art de penser dans les ouvrages d'esprit, comme lorsqu'il méprise cette saillie de Lucain :

Victrix causa diis placuit, sed victa Catoni.

§ 4. Ph. Une autre opération de l'esprit à l'égard de ses idées, c'est la comparaison qu'il fait d'une idée avec l'autre par rapport à l'étendue, aux degrés, au temps, au lieu ou à quelque autre circonstance; c'est de là que dépend ce grand nombre d'idées qui sont comprises sous le nom de relation.

Th. Selon mon sens, la relation est plus générale que la comparaison, car les relations sont ou de comparaison ou de concours. Les premières regardent la convenance ou disconvenance (je prends ces termes dans un sens moins large), qui comprend la ressemblance, l'égalité, l'inégalité, etc. Les secondes renferment quelque liaison, comme de la cause et de l'effet, du tout et des parties, de la situation et de l'ordre, etc.

§ 6. Ph. La composition des idées simples, pour en faire de complexes, est encore une opération de notre esprit. On peut rapporter à cela la faculté d'étendre les idées, en joignant ensemble celles qui sont d'une même espèce, comme en formant une douzaine de plusieurs unités.

---

(1) Bouhours (Dominique) (1628-1702). Son principal ouvrage est : *De la manière de bien penser dans les ouvrages d'esprit* (1687).

Th. L'un est aussi bien composer que l'autre sans doute ; mais la composition des idées semblables est plus simple que celle des idées différentes.

§ 7. Ph. Une chienne nourrira de petits renards, badinera avec eux et aura pour eux la même passion que pour ses petits, si l'on peut faire en sorte que les renardeaux la tettent tout autant qu'il faut pour que le lait se répande par tout leur corps. Et il ne paraît pas que les animaux qui ont quantité de petits à la fois, aient aucune connaissance de leur nombre.

Th. L'amour des animaux vient d'un agrément qui est augmenté par l'accoutumance. Mais, quant à la multitude précise, les hommes mêmes ne sauraient connaître les nombres des choses que par quelque adresse, comme en se servant des noms numéraux pour compter ou des dispositions en figure, qui fassent connaître d'abord sans compter s'il manque quelque chose.

§ 10. Ph. Les bêtes ne forment point des abstractions.

Th. Je suis du même sentiment. Elles connaissent apparemment la blancheur, et la remarquent dans la craie comme dans la neige ; mais ce n'est pas encore abstraction, car elle demande une considération du commun, séparé du particulier, et par conséquent il y entre la connaissance des vérités universelles, qui n'est point donnée aux bêtes. On remarque fort bien aussi que les bêtes qui parlent ne se servent point de paroles pour exprimer les idées générales et que les hommes privés de l'usage de la parole et des mots ne laissent pas de se faire d'autres signes généraux. Et je suis ravi de vous voir si bien remarquer ici et ailleurs les avantages de la nature humaine.

§ 11. Ph. Si les bêtes ont quelques idées et ne sont pas de pures machines, comme quelques-uns le prétendent, nous ne saurions nier qu'elles n'aient la raison dans un certain degré ; et pour moi, il me paraît aussi évident qu'elles raisonnent qu'il me paraît qu'elles ont du sentiment. Mais c'est seulement sur les idées particulières qu'elles raisonnent, selon que leurs sens les leur représentent.

Th. Les bêtes passent d'une imagination à une autre par la liaison qu'elles y ont sentie autrefois ; par exemple, quand le maître prend un bâton, le chien appréhende d'être frappé. Et en quantité d'occasions, les enfants, de même que les autres hommes, n'ont point d'autre procédure dans leurs passages de pensée à pensée. On pourrait appeler cela conséquence et raisonnement dans un sens fort étendu. Mais j'aime mieux me conformer à l'usage reçu, en consacrant ces mots à l'homme et en les restreignant à la connaissance de quelque raison de la liaison des perceptions que les sensations seules ne sauraient donner, leur effet n'étant que de faire que naturellement on s'attende une autre fois à cette même liaison, qu'on a remarquée auparavant, quoique peut-être les raisons ne soient plus les mêmes; ce qui trompe souvent ceux qui ne se gouvernent que par les sens.

§ 13. PH. Les imbéciles manquent de vivacité, d'activité et de mouvement dans les facultés intellectuelles, par où ils se trouvent privés de l'usage de la raison. Les fous semblent être dans l'extrémité opposée, car il ne me paraît pas que ces derniers aient perdu la faculté de raisonner, mais, ayant joint mal à propos certaines idées, ils les prennent pour des vérités et se trompent de même manière que ceux qui raisonnent juste sur des faux principes. Ainsi, vous verrez un fou qui, s'imaginant être roi, prétend, par une juste conséquence, être servi, honoré et obéi selon sa dignité.

TH. Les imbéciles n'exercent point la raison, et ils diffèrent de quelques stupides qui ont le jugement bon, mais n'ayant point la conception prompte, ils sont méprisés et incommodes, comme serait celui qui voudrait jouer à l'hombre avec des personnes considérables et penserait trop longtemps et trop souvent au parti qu'il doit prendre. Je me souviens qu'un habile homme, ayant perdu la mémoire par l'usage de quelques drogues, fut réduit à cet état, mais son jugement paraissait toujours. Un fol universel manque de jugement presque en toute occasion. Cependant la vivacité de son imagination le peut rendre agréable. Mais il y a des fous particuliers qui se forment une fausse supposition sur un point important de leur vie et raisonnent juste là-dessus, comme vous l'avez fort bien remarqué. Tel est un homme assez connu dans une certaine cour, qui se croit destiné à redresser les affaires des protestants et à mettre la France à la raison, et que pour cela Dieu a fait passer les plus grands personnages par son corps pour l'anoblir; il prétend épouser toutes les princesses qu'il voit à marier, mais après les avoir rendues saintes, afin d'avoir une sainte lignée qui doit gouverner la terre, il attribue tous les malheurs de la guerre au peu de déférence qu'on a eu pour ses avis. En parlant avec quelque souverain, il prend toutes les mesures nécessaires pour ne point ravaler sa dignité. Enfin, quand on entre en raisonnement avec lui, il se défend si bien que j'ai douté plus d'une fois si sa folie n'était pas une feinte, car il ne s'en trouve pas mal. Cependant ceux qui le connaissent plus particulièrement m'assurent que c'est tout de bon.

CHAP. XII. — Des idées complexes.

Ph. L'entendement ne ressemble pas mal à un cabinet entièrement obscur, qui n'aurait que quelques petites ouvertures pour laisser entrer par dehors les images extérieures et visibles, de sorte que, si ces images, venant à se peindre dans ce cabinet obscur, pouvaient y rester et y être placées en ordre, en sorte qu'on pût les trouver dans l'occasion, il y aurait une grande ressemblance entre ce cabinet et l'entendement humain.

Th. Pour rendre la ressemblance plus grande, il faudrait supposer que dans la chambre obscure, il y eût une toile pour recevoir les espèces, qui ne fût pas unie, mais diversifiée par des plis, représentant les connaissances innées ; que, de plus, cette toile ou membrane étant tendue, eût une manière de ressort ou force d'agir, et même une action ou réaction accommodée tant aux plis passés qu'aux nouveaux venus des impressions des espèces. Et cette action consisterait en certaines vibrations ou oscillations, telles qu'on voit dans une corde tendue quand on la touche, de sorte qu'elle rendrait une manière de son musical. Car non seulement nous recevons des images ou traces dans le cerveau, mais nous en formons encore de nouvelles, quand nous envisageons des idées complexes. Ainsi il faut que la toile, qui représente notre cerveau, soit active et élastique. Cette comparaison expliquerait tolérablement ce qui se passe dans le cerveau ; mais, quant à l'âme, qui est une substance simple ou monade, elle représente sans étendue ces mêmes variétés des masses étendues et en a la perception.

§ 3. Ph. Or les idées complexes sont ou des modes, ou des substances, ou des relations.

Th. Cette division des objets de nos pensées en substances, modes et relations est assez à mon gré. Je crois que les qualités ne sont que des modifications des substances, et l'entendement y ajoute les relations. Il s'ensuit plus qu'on ne pense.

Ph. Les modes sont ou simples (comme une douzaine, une vingtaine) qui sont faits des idées simples d'une même espèce, c'est-à-dire des unités, ou mixtes (comme la beauté) où il entre des idées simples de différentes espèces.

Th. Peut-être que douzaine ou vingtaine ne sont que les relations et ne sont constituées que par le rapport à l'entendement. Les unités sont à part et l'entendement les prend ensemble, quelque dispersées qu'elles soient. Cependant, quoique les relations soient de l'entendement, elles ne sont pas sans fondement et réalité, car le premier entendement est l'origine des choses ; et même la réalité de toutes choses, excepté les substances simples, ne consiste que dans le fondement des perceptions des phénomènes des substances simples. Il en est souvent de même à l'égard des modes mixtes, c'est-à-dire qu'il faudrait les renvoyer plutôt aux relations.

§ 6. Ph. Les idées des substances sont certaines combinaisons d'idées simples, qu'on suppose représenter des choses particulières et distinctes, qui subsistent par elles-mêmes, parmi lesquelles idées on considère toujours la notion obscure de substance comme la première et la principale, qu'on suppose sans la connaître, quelle qu'elle soit en elle-même.

Th. L'idée de la substance n'est pas si obscure qu'on pense. On en peut connaître ce qui se doit et ce qui se connaît en autres choses, et même la connaissance des concrets est toujours antérieure à celle des abstraits ; on connaît plus le chaud que la chaleur.

§ 7. Ph. A l'égard des substances, il y a aussi deux sortes d'idées. L'une des substances singulières, comme celle d'un homme ou d'une brebis ; l'autre, de plusieurs substances, jointes ensemble, comme d'une armée d'hommes et d'un troupeau de brebis ; ces collections forment aussi une seule idée.

Th. Cette unité de l'idée des agrégés est très véritable ; mais dans le fond il faut avouer que cette unité de collection n'est qu'un rapport ou une relation dont le fondement est dans ce qui se trouve en chacune des substances singulières à part. Ainsi ces êtres par agrégation n'ont point d'autre unité achevée que la mentale ; par conséquent, leur entité aussi est en quelque façon mentale ou de phénomène, comme celle de l'arc-en-ciel.

CHAP. XIII. — Des modes simples et premièrement de ceux de l'espace.

§ 3. Ph. L'espace considéré par rapport à la longueur qui sépare deux corps, s'appelle distance ; par rapport à la longueur, à la largeur et à la profondeur, on peut l'appeler capacité.

Th. Pour parler plus distinctement, la distance de deux choses situées (soit points ou étendus) est la grandeur de la plus petite ligne possible, qu'on puisse tirer de l'une à l'autre. Cette distance se peut considérer absolument ou dans une certaine figure qui comprend les deux choses distantes, par exemple la ligne droite est absolument la distance entre deux points. Mais ces deux points, étant dans une même surface sphérique, la distance de ces deux points dans cette surface est la longueur du plus petit grand-arc de cercle, qu'on y peut tirer d'un point à l'autre. Il est bon aussi de remarquer que la distance n'est pas seulement entre des corps, mais encore entre les surfaces, lignes et points. On peut dire que la capacité ou plutôt l'intervalle entre deux corps ou deux autres étendus, ou entre un étendu et un point est l'espace constitué par toutes les lignes les plus courtes, qui se peuvent tirer entre les points de l'un et de l'autre. Cet intervalle est solide, excepté lorsque les deux choses sont situées dans une même surface et que les lignes les plus courtes entre les points des choses situées doivent aussi tomber dans cette surface ou y doivent être prises exprès.

§ 4. Ph. Outre ce qu'il y a de la nature, les hommes ont établi dans leur esprit les idées de certaines longueurs déterminées comme d'un pouce ou d'un pied.

Th. Ils ne sauraient le faire, car il est impossible d'avoir l'idée d'une longueur déterminée précise. On ne saurait dire ni comprendre par l'esprit ce que c'est qu'un pouce ou un pied, et on ne saurait garder la signification de ces noms que par des mesures réelles, qu'on suppose non changeantes, par lesquelles on les puisse toujours retrouver. C'est ainsi que M. Greaves (1), mathématicien anglais, a voulu se servir des pyramides d'Égypte qui ont duré assez et dure-

---

(1) Greaves, orientaliste et mathématicien anglais, né à Colmore en 1602, mort à Londres en 1652. Son ouvrage *Pyramidographia* (Londres, 1646, in-8º), est probablement celui qui contient l'opinion rapportée par Leibniz.

ront apparemment encore quelque temps pour conserver nos mesures en marquant à la postérité les proportions (1) qu'elles ont à certaines longueurs dessinées dans une de ces pyramides. Il est vrai qu'on a trouvé depuis peu que les pendules servent pour perpétuer les mesures (*mensuris rerum ad posteros transmittendis*), comme MM. Huighens, Mouton (2) et Buratini, autrefois maître de monnaie de Pologne, ont montré en marquant la proportion de nos longueurs à celle d'un pendule, qui bat précisément une seconde, par exemple, c'est-à-dire la 86.400^e partie d'une révolution des étoiles fixes ou d'un jour astronomique, et M. Buratini en a fait un traité exprès, que j'ai vu en manuscrit. Mais il y a encore cette imperfection dans cette mesure des pendules, qu'il faut se borner à certains pays, car les pendules, pour battre dans un même temps, ont besoin d'une moindre longueur sous la ligne. Et il faut supposer encore la constance de la mesure réelle fondamentale, c'est-à-dire de la durée d'un jour ou d'une révolution du globe de la terre, à l'entour de son axe et même de la cause de la gravité pour ne point parler d'autres circonstances.

§ 5. Ph. Venant à observer comment les extrémités se terminent ou par des lignes droites qui forment des angles distincts, ou par des lignes courbes, où l'on ne peut apercevoir aucun angle, nous nous formons l'idée de la figure.

Th. Une figure superficielle est terminée par une ligne ou par des lignes, mais la figure d'un corps peut être bornée sans lignes déterminées, comme par exemple celle d'une sphère. Une seule ligne droite ou superficie plane ne peut comprendre aucun espace, ni faire aucune figure. Mais une seule ligne peut comprendre une figure superficielle, par exemple le cercle, l'ovale, comme de même une seule superficie courbe peut comprendre une figure solide, telle que la sphère et la sphéroïde. Cependant, non seulement plusieurs lignes droites ou superficies planes, mais encore plusieurs lignes courbes ou plusieurs superficies courbes peuvent concourir ensemble pour former même des angles entre elles, lorsque l'une n'est pas la tangente de l'autre. Il n'est pas aisé de donner la définition de la figure en général selon l'usage des géomètres. Dire que c'est un étendu borné par un étendu serait trop général, car une ligne

---

(1) Gerhardt : *propositions;* c'est évidemment un contre-sens.
(2) Mouton (Gabriel) (1618-1694), mathématicien et astronome français, connu surtout par ses *Observationes diametrorum solis et lunæ* (1670).

droite, par exemple, quoique terminée par les deux bouts, n'est pas une figure, et même deux droites n'en sauraient faire. Dire que c'est un étendu borné par un étendu, cela n'est pas assez général, car la surface sphérique entière est une figure, et cependant, elle n'est bornée par aucun étendu. On peut encore dire que la figure est un étendu borné dans lequel il y a une infinité de chemins d'un point à un autre. Cela comprend les surfaces bornées sans lignes terminantes que la définition précédente ne comprenait pas et exclut les lignes, parce que d'un point à un autre dans une ligne, il n'y a qu'un chemin ou un nombre déterminé de chemins. Mais il sera encore mieux de dire que la figure est un étendu borné qui peut recevoir une section étendue ou bien qui a de la largeur, terme dont jusqu'ici on n'avait point donné non plus la définition.

§ 6. Ph. Au moins toutes les figures ne sont autre chose que les modes simples de l'espace.

Th. Les modes simples, selon vous, répètent la même idée, mais dans les figures ce n'est pas toujours la répétition du même. Les courbes sont bien différentes des lignes droites et entre elles. Ainsi je ne sais comment la définition du mode simple aura lieu ici.

§ 7. Ph. Il ne faut point prendre nos définitions trop à la rigueur. Mais passons de la figure au lieu. Quand nous trouvons toutes les mêmes pièces sur les mêmes cases de l'échiquier, où nous les avions laissées, nous disons qu'elles sont toutes dans la même place, quoique peut-être l'échiquier ait été transporté. Nous disons aussi que l'échiquier est dans le même lieu, s'il reste dans le même endroit de la chambre du vaisseau, quoique le vaisseau ait fait voile. On dit aussi que le vaisseau est dans le même lieu, supposé qu'il garde la même distance à l'égard des parties des pays voisins, quoique la terre ait peut-être tourné.

Th. Le lieu est ou particulier, qu'on considère à l'égard de certains corps ; ou universel, qui se rapporte à tout et à l'égard duquel tous les changements, par rapport à quelque corps que ce soit, sont mis en ligne de compte. Et, n'y eût-il rien de fixe dans l'univers, le lieu de chaque chose ne laisserait pas d'être déterminé par le raisonnement, s'il y avait moyen de tenir registre de tous les changements, ou si la mémoire d'une créature y pouvait suffire, comme on dit que les Arabes jouent aux échecs par mémoire et à cheval. Cependant ce que nous ne pouvons point comprendre ne laisse pas d'être déterminé dans la vérité des choses.

§ 15. Ph. Si quelqu'un me demande ce que c'est que l'espace, je suis prêt à le lui dire quand il me dira ce que c'est que l'étendue.

Th. Je voudrais savoir dire aussi bien ce que c'est que la fièvre ou quelque autre maladie, que je crois que la nature de l'espace est expliquée. L'étendue est l'abstraction de l'étendu. Or l'étendu est un continu, dont les parties sont coexistantes ou existent à la fois.

§ 17. Ph. Si l'on demande si l'espace sans corps est substance ou accident, je répondrai sans hésiter que je n'en sais rien.

Th. J'ai sujet de craindre qu'on ne m'accuse de vanité en voulant déterminer ce que vous avouez, Monsieur, de ne pas savoir. Mais (1) il y a lieu de juger, que vous en savez, plus que vous ne dites ou que vous ne croyez. Quelques-uns ont cru que Dieu est le lieu des choses. Lessius (2) et M. Guérike (3), si je ne me trompe, étaient de ce sentiment ; mais alors le lieu contient quelque chose de plus que ce que nous attribuons à l'espace, que nous dépouillons de toute action : et de cette manière, il n'est pas plus une substance que le temps, et, s'il a des parties, il ne saurait être Dieu. C'est un rapport, un ordre, non seulement entre les existants, mais encore entre les possibles comme s'ils existaient. Mais sa vérité et réalité est fondée en Dieu, comme toutes les vérités éternelles.

Ph. Je ne suis point éloigné de votre sentiment, et vous savez (4) le passage de saint Paul, qui dit que nous existons, vivons et que nous avons le mouvement en Dieu. Ainsi, selon les différentes manières de considérer, on peut dire que l'espace est Dieu, et on peut dire aussi qu'il n'est qu'un ordre ou une relation.

Th. Le meilleur sera donc de dire que l'espace est un ordre, mais que Dieu en est la source.

§ 19. Ph. Cependant, pour savoir si l'espace est une substance, il faudrait savoir en quoi consiste la nature de la substance en gé-

---

(1) Gerhardt : *S'il*. Nous supprimons le *si*, avec lequel la phrase n'a pas de conclusion.

(2) Lessius, né à Brechtaes, dans le Brabant, en 1554, mort à Louvain, en 1624, célèbre casuiste, souvent cité dans les *Provinciales* de Pascal. Outre ses traités de morale, dont le principal est le *De justitia et jure*, on a de lui les ouvrages théologiques suivants : *De perfectionibus moribusque divinis, De libertate arbitrii et prescientia Dei, De Summo bono, De Providentia numinis*.

(3) Otto de Guérike, physicien célèbre, né à Magdebourg, mort à Hambourg, en 1686, connu surtout par ses belles expériences sur le vide. On lui doit la première idée de la machine pneumatique. On a recueilli ses observations sous ce titre : *Experimenta nova Magdeburgica de pauco spatio* (Amsterdam, 1672, in-fol.)

(4) Gerhardt : *Vous avez*.

néral. Mais en cela il y a de la difficulté. Si Dieu, les esprits finis, et les corps participent en commun à une même nature de substance, ne s'ensuivra-t-il pas qu'ils ne diffèrent que par la différente modification de cette substance ?

TH. Si cette conséquence avait lieu, il s'ensuivrait aussi que Dieu, les esprits finis et les corps, participants en commun à une même nature d'être, ne différeraient (1) que par la différente modification de cet être.

§ 19. PH. Ceux qui les premiers se sont avisés de regarder les accidents comme une espèce d'êtres réels, qui ont besoin de quelque chose, à quoi ils soient attachés, ont été contraints d'inventer le mot de substance pour servir de soutien aux accidents.

TH. Croyez-vous donc, Monsieur, que les accidents peuvent subsister hors de la substance ? ou voulez-vous qu'ils ne soient point des êtres réels ? Il semble que vous faites des difficultés sans sujet, et j'ai remarqué ci-dessus que les substances ou les concrets sont conçus plutôt que les accidents ou les abstraits.

PH. Les mots de substance et d'accidents sont, à mon avis, de peu d'usage en philosophie.

TH. J'avoue que je suis d'un autre sentiment, et je crois que la considération de la substance est un point des plus importants et des plus féconds de la philosophie.

§. 21. PH. Nous n'avons maintenant parlé de la substance que par occasion, en demandant si l'espace est une substance. Mais il nous suffit ici qu'il n'est pas un corps. Aussi personne n'osera faire le corps infini comme l'espace.

TH. M. Descartes et ses sectateurs ont dit pourtant que la matière n'a point de bornes, en faisant le monde indéfini (2), en sorte qu'il ne nous soit point possible d'y concevoir des extrémités. Et ils ont changé le terme d'infini en indéfini avec quelque raison ; car il n'y a jamais un tout infini dans le monde, quoiqu'il y ait toujours des touts plus grands les uns que les autres à l'infini. L'univers même ne saurait passer pour un tout, comme j'ai montré ailleurs.

PH. Ceux qui prennent la matière et l'étendue pour une même

---

(1) GEHRARDT : *ne différaient.*
(2) Voy. DESCARTES, *Principes de la philosophie*, II° partie, p 21 : « Nous saurons que ce monde, ou la matière étendue qui compose l'univers n'a point de bornes parce que quelque part que nous en voulions feindre, nous pouvons encore imaginer au delà des espaces infiniment étendus, de sorte qu'ils contiennent un corps indéfiniment étendu. »

chose prétendent que les parois intérieurs d'un corps creux vide se toucheraient. Mais l'espace qui est entre deux corps suffit pour empêcher le contact mutuel.

Th. Je suis de votre sentiment, car, quoique je n'admette point de vide, je distingue la matière de l'étendue et j'avoue que s'il y avait du vide dans une sphère, les pôles opposés dans la concavité ne se toucheraient pas pour cela. Mais je crois que ce n'est pas un cas que la perfection divine admette.

§ 23. Ph. Cependant il semble que le mouvement prouve le vide. Lorsque la moindre partie du corps divisé est aussi grosse qu'un grain de semence de moutarde, il faut qu'il y ait un espace vide égal à la grosseur d'un grain de moutarde pour faire que les parties de ce corps aient de la place pour se mouvoir librement. Il en sera de même lorsque les parties de la matière sont cent millions de fois plus petites.

Th. Il est vrai que, si le monde était plein de corpuscules durs, qui ne pourraient ni se fléchir ni se diviser, comme l'on dépeint les atomes, il serait impossible qu'il y eût du mouvement. Mais dans la vérité, il n'y a point de dureté originale : au contraire la fluidité est originale et les corps se divisent selon le besoin, puisqu'il n'y a rien qui l'empêche. C'est ce qui ôte toute la force à l'argument tiré du mouvement pour le vide.

CHAP. XIV. — DE LA DURÉE ET DE SES MODES SIMPLES.

§ 10. Ph. A l'étendue répond la durée. Et une partie de la durée en qui nous ne remarquons aucune succession d'idées, c'est ce que nous appelons un instant.

Th. Cette définition de l'instant se doit, je crois, entendre de la notion populaire, comme celle que le vulgaire a du point. Car, à la rigueur, le point et l'instant ne sont point des parties du temps ou de l'espace et n'ont point de parties non plus. Ce sont des extrémités seulement.

§ 16. Ph. Ce n'est pas le mouvement, mais une suite constante d'idées qui nous donne l'idée de la durée.

Th. Une suite de perceptions réveille en nous l'idée de la durée, mais elle ne la fait point. Nos perceptions n'ont jamais une suite assez constante et régulière pour répondre à celle du temps qui est un continu uniforme et simple, comme une ligne droite. Le changement des perceptions nous donne occasion de penser au temps, et on le mesure par des changements uniformes : mais, quand il n'y aurait rien d'uniforme dans la nature, le temps ne laisserait pas d'être déterminé, comme le lieu ne laisserait pas d'être déterminé aussi quand il n'y aurait aucun corps fixe ou immobile. C'est que, connaissant les règles des mouvements difformes, on peut toujours les rapporter à des mouvements uniformes intelligibles, et prévoir par ce moyen ce qui arrivera par des différents mouvements joints ensemble. Et dans ce sens le temps est la mesure du mouvement, c'est-à-dire le mouvement uniforme est la mesure du mouvement difforme.

§ 21. Ph. On ne peut point connaître certainement que deux parties de durée soient égales ; et il faut avouer que les observations ne sauraient aller qu'à un peu près. On a découvert après une exacte recherche qu'il y a effectivement de l'inégalité dans les révolutions diurnes du soleil, et nous ne savons pas si les révolutions annuelles ne sont point inégales aussi.

Th. Le pendule a rendu sensible et visible l'inégalité des jours d'un midi à l'autre : *Solem dicere falsum audet*. Il est vrai qu'on la savait déjà, et que cette inégalité a ses règles. Quant à la révolution annuelle, qui récompense les inégalités des jours solaires, elle pourrait changer dans la suite du temps. La révolution de la terre à l'entour de son axe, qu'on attribue vulgairement au premier mobile, est notre meilleure mesure jusqu'ici, et les horloges et montres nous servent pour la partager. Cependant cette même révolution journalière de la terre peut aussi changer dans la suite des temps : et, si quelque pyramide pouvait durer assez, ou si on en refaisait de nouvelles, on pourrait s'en apercevoir en gradant là-dessus la longitude des pendules, dont un nombre connu de battements arrive maintenant pendant cette révolution ; on connaîtrait aussi en quelque façon le changement, en comparant cette révolution avec d'autres, comme avec celle des satellites de Jupiter, car il n'y a pas d'apparence que, s'il y a du changement dans les unes et dans les autres, il serait toujours proportionnel.

Ph. Notre mesure du temps serait plus juste si l'on pouvait garder un jour passé pour le comparer avec les jours à venir, comme on garde les mesures des espaces.

Th. Mais au lieu de cela nous sommes réduits à garder et observer les corps, qui font leurs mouvements dans un temps égal à peu près. Aussi ne pourrons-nous point dire qu'une mesure de l'espace, comme par exemple une aune, qu'on garde en bois ou en métal, demeure parfaitement la même.

§ 22. Ph. Or, puisque tous les hommes mesurent visiblement le temps par le mouvement des corps célestes, il est bien étrange qu'on ne laisse pas de définir le temps la mesure du mouvement.

Th. Je viens de dire (§ 16) comment cela se doit entendre. Il est vrai qu'Aristote dit que le temps est le nombre et non pas la mesure du mouvement (1). Et en effet on peut dire que la durée se connaît par le nombre des mouvements périodiques égaux, dont l'un commence quand l'autre finit, par exemple par tant de révolutions de la terre ou des astres.

§ 24. Ph. Cependant on anticipe sur ces révolutions, et dire qu'Abraham naquit l'an 2712 de la période Julienne, c'est parler aussi inintelligiblement, que si l'on comptait du commencement du monde, quoiqu'on suppose que la période Julienne a commencé plusieurs centaines d'années avant qu'il y eût des jours, des nuits ou des années désignées par aucune révolution du Soleil.

Th. Ce vide, qu'on peut concevoir dans le temps, marque, comme celui de l'espace, que le temps et l'espace vont aussi bien aux possibles qu'aux existants. Au reste, de toutes les manières chronologiques, celle de compter les années depuis le commencement du monde est la moins convenable, quand ce ne serait qu'à cause de a grande différence qu'il y a entre les soixante-dix interprètes et le texte hébreu, sans toucher à d'autres raisons.

§ 26. Ph. On peut concevoir le commencement du mouvement, quoiqu'on ne puisse point comprendre celui de la durée prise dans toute son étendue. On peut de même donner des bornes au corps, mais on ne le saurait faire à l'égard de l'espace.

Th. C'est, comme je viens de dire, que le temps et l'espace marquent des possibilités au delà de la supposition des existences. Le temps et l'espace sont de la nature des vérités éternelles, qui regardent également le possible et l'existant.

§ 28. Ph. En effet, l'idée du temps et celle de l'éternité viennent

---

(1) Aristote, *Physiq.*, IV, XI : Ἔστιν ὁ χρόνος ἀριθμὸς κινήσεως κατὰ τὸ πρότερον καὶ τὸ ὕστερον.   P. J.

d'une même source, car nous pouvons ajouter dans notre esprit certaines longueurs de durée les unes aux autres aussi souvent qu'il nous plait.

Th. Mais pour en tirer la notion de l'éternité, il faut concevoir, de plus, que la même raison subsiste toujours pour aller plus loin. C'est cette considération des raisons qui achève la notion de l'infini ou de l'indéfini dans les progrès possibles. Ainsi les sens seuls ne sauraient suffire à faire former ces notions. Et dans le fond on peut dire que l'idée de l'absolu est antérieur dans la nature des choses à celle des bornes qu'on ajoute. Mais nous ne remarquons la première qu'en commençant par ce qui est borné et qui frappe nos sens.

CHAP. XV. — DE LA DURÉE ET DE L'EXPANSION CONSIDÉRÉES ENSEMBLE.

§ 4. Ph. On admet plus aisément une durée infinie du temps, qu'une expansion infinie du lieu, parce que nous concevons une durée infini en Dieu et que nous n'attribuons l'étendue qu'à la matière, qui est finie, et appelons les espaces, au delà de l'univers, imaginaires. Mais (§ 2) Salomon semble avoir d'autres pensées lorsqu'il dit en parlant de Dieu : *les cieux et les cieux des cieux ne peuvent le contenir ;* et je crois, pour moi, que celui-là se fait une trop haute idée de la capacité de son propre entendement, qui se figure de pouvoir étendre ses pensées plus loin que le lieu où Dieu existe.

Th. Si Dieu était étendu, il aurait des parties. Mais la durée n'en donne qu'à ses opérations. Cependant par rapport à l'espace, il faut lui attribuer l'immensité, qui donne aussi des parties et de l'ordre aux opérations immédiates de Dieu. Il est la source des possibilités comme des existences; des unes par son essence, des autres par sa volonté. Ainsi l'espace comme le temps n'ont leur réalité que de lui, et il peut remplir le vide quand bon lui semble. C'est ainsi qu'il est partout à cet égard.

§ 11. Ph. Nous ne savons quels rapports les esprits ont avec l'espace, ni comment ils y participent. Mais nous savons qu'ils participent de la durée.

Th. Tous les esprits finis sont toujours joints à quelque corps organique, et ils se représentent les autres corps par rapport au leur. Ainsi leur rapport à l'espace est aussi manifeste que celui des corps. Au reste, avant de quitter cette matière, j'ajouterai une comparaison du temps et du lieu à celles que vous avez données ; c'est que, s'il y avait un vide dans l'espace (comme par exemple si une sphère était vide au dedans), on en pourrait déterminer la grandeur ; mais, s'il y avait dans le temps un vide, c'est-à-dire une durée sans changements, il serait impossible d'en déterminer la longueur, D'où vient qu'on peut réfuter celui qui dirait que deux corps entre lesquels il y a du vide se touchent? Car deux pôles opposés d'une sphère vide ne se sauraient toucher, la géométrie le défend. Mais on ne pourrait point réfuter celui qui dirait que deux mondes dont l'un est après l'autre se touchent quant à la durée, en sorte que l'un commence nécessairement quand l'autre finit, sans qu'il y puisse avoir d'intervalle. On ne pourrait point le réfuter, dis-je, parce que cet intervalle est indéterminable. Si l'espace n'était qu'une ligne et si le corps était immobile, il ne serait point possible non plus de déterminer la longueur du vide entre deux corps.

CHAP. XVI. — Du nombre.

§ 4. Ph. Dans les nombres, les idées sont et plus précises et plus propres à être distinguées les unes des autres que dans l'étendue, où on ne peut point observer ou mesurer chaque égalité et chaque excès de grandeur aussi aisément que dans les nombres, par la raison que dans l'espace nous ne saurions arriver par la pensée à une certaine petitesse déterminée au delà de laquelle nous ne puissions aller, telle qu'est l'unité dans le nombre.

Th. Cela se doit entendre du nombre entier, car autrement le nombre dans sa latitude, comprenant le sourd, le rompu et le transcendant (1) et tout ce qui se peut prendre entre deux nombres entiers est proportionnel à la ligne, et il y a là aussi peu de minimum que dans le continu. Aussi cette définition que le nombre est une

(1) Expressions de la langue mathématique scholastique, rarement employées aujourd'hui. *Le sourd*, c'est l'incommensurable, par ex. $\sqrt{2}$; le *rompu*, c'est la fraction, par ex. $\frac{1}{2}$; le transcendant est ce qui ne peut pas être calculé par un nombre limité d'opérations arithmétiques, par ex. log. 3. Ces trois termes sont compris entre deux nombres entiers. P. J.

multitude d'unités, n'a lieu que dans les entiers. La distinction précise des idées dans l'étendue ne consiste pas dans la grandeur; car, pour reconnaître distinctement la grandeur, il faut recourir aux nombres entiers ou aux autres connus par le moyen des entiers; ainsi de la quantité continue, il faut recourir à la quantité discrète, pour avoir une connaissance distincte de la grandeur. Ainsi les modifications de l'étendue, lorsqu'on ne se sert point des nombres, ne peuvent être distinguées que par la figure, prenant ce mot si généralement qu'il signifie tout ce qui fait que deux étendus ne sont pas semblables l'un à l'autre.

§ 5. Ph. En répétant l'idée de l'unité et la joignant à une autre unité, nous en faisons une idée collective que nous nommons deux. Et quiconque peut faire cela et avancer toujours d'un de plus à la dernière idée collective, à laquelle il donne un nom particulier, peut compter, tandis qu'il a une suite de noms et assez de mémoire pour la retenir.

Th. Par cette manière seule on ne saurait aller loin, car la mémoire serait trop chargée, s'il fallait retenir un nom tout à fait nouveau pour chaque addition d'une nouvelle unité. C'est pourquoi il faut un certain ordre et certaine réplication dans ces noms, en recommençant suivant une certaine progression.

Ph. Les différents modes des nombres ne sont capables d'aucune autre différence que du plus ou du moins; c'est pourquoi ce sont des modes simples comme ceux de l'étendue.

Th. Cela se peut dire du temps et de la ligne droite, mais nullement des figures et encore moins des nombres qui sont non seulement différents en grandeur, mais encore dissemblables. Un nombre pair peut être partagé en deux également et non pas un impair. Trois et six sont nombres triangulaires, quatre et neuf sont carrés, huit est cube, etc., et cela a lieu dans les nombres encore plus que dans les figures, car deux figures inégales peuvent être parfaitement semblables l'une à l'autre, mais jamais deux nombres. Mais je ne m'étonne pas qu'on se trompe souvent là-dessus, parce que communément on n'a pas d'idée distincte de ce qui est semblable ou dissemblable. Vous voyez donc, Monsieur, que votre idée ou votre explication des modifications simples ou mixtes a grand besoin d'être redressée.

§ 6. Ph. Vous avez raison de remarquer qu'il est bon de donner aux nombres des noms propres à être retenus. Ainsi je crois qu'il serait convenable qu'en comptant, au lieu de million de millions, on dise billion pour abréger, et qu'au lieu de million de millions de millions, ou millions de billions, on dise trillion, et ainsi de suite jusqu'aux nonillions, car on n'a guère besoin d'aller plus loin dans l'usage des nombres.

Th. Ces dénominations sont assez bonnes. Soit X égal à 10. Cela posé, un million sera X^6, un billion X^{12}, un trillion X^{18}, etc., et un nonillion X^{54}.

CHAP. XVII. — De l'infinité.

§ 4. Ph. Une notion des plus importantes est celle du fini et de l'infini, qui sont regardés comme des modes de la quantité.

Th. A proprement parler, il est vrai qu'il y a une infinité de choses, c'est-à-dire qu'il y en a toujours plus qu'on n'en puisse assigner. Mais il n'y a point de nombre infini ni de ligne ou autre quantité infinie, si on les prend pour des véritables touts, comme il est aisé de démontrer. Les écoles ont voulu ou dû dire cela en admettant un infini syncatégorématique, comme elles parlent, et non pas l'infini catégorématique. Le vrai infini, à la rigueur, n'est que dans l'absolu, qui est antérieur à toute composition et n'est point formé par l'addition des parties.

Ph. Lorsque nous appliquons notre idée de l'infini au premier Être, nous le faisons originairement par rapport à sa durée et à son ubiquité, et plus figurément à l'égard de sa puissance, de sa sagesse, de sa bonté et de ses autres attributs.

Th. Non pas plus figurément, mais moins immédiatement, parce que les autres attributs font connaître leur grandeur par le rapport à ceux où entre la considération des parties.

§ 2. Ph. Je pensais qu'il était établi que l'esprit regarde le fini et l'infini comme des modifications de l'étendue et de la durée.

Th. Je ne trouve pas qu'on ait établi cela ; la considération du fini et de l'infini a lieu partout où il y a de la grandeur et de la multitude. Et l'infini véritable n'est pas une modification, c'est l'absolu ; au contraire, dès qu'on modifie, on se borne, on forme un fini.

§ 1. Ph. Nous avons cru que la puissance qu'a l'esprit d'étendre sans fin son idée de l'espace par de nouvelles additions, étant toujours la même, c'est de là qu'il tire l'idée d'un espace infini.

TH. Il est bon d'ajouter que c'est parce qu'on voit que la même raison subsiste toujours. Prenons une ligne droite et prolongeons-la, en sorte qu'elle soit double de la première. Or il est clair que la seconde, étant parfaitement semblable à la première, peut être doublée de même pour avoir la troisième qui est encore semblable aux précédentes ; et la même raison ayant toujours lieu, il n'est jamais possible qu'on soit arrêté ; ainsi la ligne peut être prolongée à l'infini ; de sorte que la considération de l'infini vient de celle de la similitude ou de la même raison, et son origine est la même avec celle des vérités universelles et nécessaires. Cela fait voir comment ce qui donne de l'accomplissement à la conception de cette idée, se trouve en nous-mêmes et ne saurait venir des expériences des sens ; tout comme les vérités nécessaires ne sauraient être prouvées par l'induction ni par les sens. L'idée de l'absolu est en nous intérieurement comme celle de l'Être. Ces absolus ne sont autre chose que les attributs de Dieu, et on peut dire qu'ils ne sont pas moins la source des idées, que Dieu est lui-même le principe des êtres. L'idée de l'absolu par rapport à l'espace n'est autre que celle de l'immensité de Dieu et ainsi des autres. Mais on se trompe en voulant s'imaginer un espace absolu, qui soit un tout infini, composé de parties. Il n'y a rien de tel. C'est une notion qui implique contradiction, et ces touts infinis et leurs opposés, infiniment petits, ne sont de mise que dans le calcul des géomètres, tout comme les racines imaginaires de l'algèbre.

§ 6. PH. On conçoit encore une grandeur sans y entendre des parties hors des parties. Si à la plus parfaite idée, que j'ai du blanc le plus éclatant, j'en ajoute une autre d'un blanc égal ou moins vif (car je ne saurais y joindre l'idée d'un plus blanc que celui dont j'ai l'idée, que je suppose le plus éclatant que je conçoive actuellement), cela n'augmente ni étend mon idée en aucune manière ; c'est pourquoi on nomme degrés les différentes idées de blancheur.

TH. Je n'entends pas bien la force de ce raisonnement, car rien n'empêche qu'on ne puisse recevoir la perception d'une blancheur plus éclatante que celle qu'on conçoit actuellement. La vraie raison pourquoi on a sujet de croire que la blancheur ne saurait être augmentée à l'infini, c'est parce que ce n'est pas une qualité originale ; les sens n'en donnent qu'une connaissance confuse, et, quand on en aura une distincte, on verra qu'elle vient de la structure et se borne sur celle de l'organe de la vue. Mais à l'égard des qualités originales ou connaissables distinctement, on voit qu'il y a quelquefois moyen d'aller à l'infini non seulement là où il y a extension ou si vous voulez diffusion, ou ce que l'école appelle *partes extra partes*, comme dans le temps et dans le lieu, mais encore où il y a intension ou degrés par exemple à l'égard de la vitesse.

§ 8. Ph. Nous n'avons pas l'idée d'un espace infini, et rien n'est plus sensible que l'absurdité d'une idée actuelle d'un nombre infini.

Th. Je suis du même avis. Mais ce n'est pas parce qu'on ne saurait avoir l'idée de l'infini, mais parce qu'un infini ne saurait être un vrai tout.

§ 16. Ph. Par la même raison, nous n'avons donc point d'idée positive d'une durée infinie ou de l'éternité, non plus que de l'immensité.

Th. Je crois que nous avons l'idée positive de l'une et de l'autre, et cette idée sera vraie pourvu qu'on n'y conçoive point comme un tout infini, mais comme un absolu ou attribut sans bornes, qui se trouve à l'égard de l'éternité dans la nécessité de l'existence de Dieu, sans y dépendre des parties et sans qu'on en forme la notion par une addition de temps. On voit encore par là que l'origine de la notion de l'infini vient de la même source que celle des vérités nécessaires.

CHAP. XVIII. — DE QUELQUES AUTRES MODES SIMPLES.

Ph. Il y a encore beaucoup de modes simples, qui sont formés des idées simples. Tels sont (§ 2) les modes du mouvement, comme glisser, rouler ; ceux des sons (§ 3) qui sont modifiés par les notes et les airs, comme les couleurs par les degrés ; sans parler des saveurs et odeurs (§ 6), il n'y a pas toujours des mesures ni des noms distincts non plus que dans les modes complexes (§ 7) parce qu'on se règle selon l'usage, et nous en parlerons plus amplement quand nous viendrons aux mots.

Th. La plupart des modes ne sont pas assez simples et pourraient être comptés parmi les complexes ; par exemple, pour expliquer ce que c'est que glisser ou rouler, outre le mouvement il faut considérer la résistance de la surface.

CHAP. XIX. — Des modes qui regardent la pensée.

§ 1. Ph. Des modes qui viennent des sens, passons à ceux que la réflexion nous donne. La sensation est pour ainsi dire l'entrée actuelle des idées dans l'entendement par le moyen des sens. Lorsque la même idée revient dans l'esprit, sans que l'objet extérieur qui l'a d'abord fait naître agisse sur nos sens, cet acte de l'esprit se nomme réminiscence ; si l'esprit tâche de la rappeler et qu'enfin après quelques efforts il la trouve et se la rend présente, c'est recueillement. Si l'esprit l'envisage longtemps avec attention, c'est contemplation. Lorsque l'idée que nous avons dans l'esprit y flotte pour ainsi dire sans que l'entendement y fasse aucune attention, c'est ce qu'on appelle rêverie. Lorsqu'on réfléchit sur les idées qui se présentent d'elles-mêmes, et qu'on les enregistre pour ainsi dire dans sa mémoire, c'est attention ; et lorsque l'esprit se fixe sur une idée avec beaucoup d'application, qu'il la considère de tous côtés et ne veut point s'en détourner, malgré d'autres idées qui viennent à la traverser, c'est ce qu'on nomme étude ou contention d'esprit. Le sommeil qui n'est accompagné d'aucun songe est une cessation de toutes ces choses ; et songer, c'est avoir ces idées dans l'esprit pendant que les sens extérieurs sont fermés, en sorte qu'ils ne reçoivent point l'impression des objets extérieurs avec cette vivacité qui leur est ordinaire. C'est, dis-je, avoir des idées sans qu'elles nous soient suggérées par aucun objet du dehors, ou par aucune occasion connue et sans être choisies ni déterminées en aucune manière par l'entendement. Quant à ce que nous nommons extase, je laisse à juger à d'autres si ce n'est pas songer les yeux ouverts.

Th. Il est bon de débrouiller ces notions et je tâcherai d'y aider. Je dirai donc que c'est sensation lorsqu'on s'aperçoit d'un objet externe, que la réminiscence en est la répétition sans que l'objet revienne ; mais, quand on sait de l'avoir eue, c'est souvenir. On prend communément le recueillement dans un autre sens que le vôtre, savoir pour un état où l'on se détache des affaires afin de vaquer à quelque méditation. Mais, puisqu'il n'y a point de mot que je sache qui convienne à votre notion, Monsieur, on pourrait y appliquer celui que vous employez. Nous avons de l'attention aux objets que nous distinguons et préférons aux autres. L'attention continuant dans l'esprit, soit que l'objet externe continue ou non, et même soit qu'il s'y trouve ou non, c'est considération ; laquelle tendant à la connaissance sans rapport à l'action sera la contemplation. L'attention, dont le but est d'apprendre (c'est-à-dire d'acquérir des connaissances pour les garder), c'est étude. Considérer pour former quelque plan, c'est méditer ; mais rêver paraît n'être autre chose que suivre certaines pensées par le plaisir qu'on y prend sans y avoir d'autre but, c'est pourquoi la rêverie peut mener à la folie : on s'oublie, on oublie le *dic cur hic*, on approche des songes et des chimères, on bâtit des châteaux en Espagne. Nous ne saurions distinguer les songes des sensations que parce qu'ils ne sont pas liés avec elles, c'est comme un monde à part. Le sommeil est une cessation des sensations, et de cette manière l'extase est un fort profond sommeil, dont on a de la peine à être éveillé, qui vient d'une cause interne passagère, ce qui s'ajoute pour exclure ce sommeil profond, qui vient d'un narcotique ou de quelque lésion durable des fonctions, comme dans la léthargie. Les extases sont accompagnées de visions quelquefois ; mais il y en a aussi sans extases, et la vision, ce semble, n'est autre chose qu'un songe qui passe pour une sensation, comme s'il nous apprenait la vérité des objets. Et, lorsque ces visions sont divines, il y a de la vérité en effet, ce qui peut se connaître par exemple quand elles contiennent des prophéties particularisées que l'événement justifie.

§ 4. Ph. Des différents degrés de contention ou de relâchement d'esprit, il s'ensuit que la pensée est l'action et non l'essence de l'âme.

Th. Sans doute, la pensée est une action et ne saurait être l'essence ; mais c'est une action essentielle, et toutes les substances en ont de telles. J'ai montré ci-dessus que nous avons toujours une infinité de petites perceptions sans nous en apercevoir. Nous ne sommes jamais sans perceptions, mais il est nécessaire que nous soyons souvent sans aperceptions, savoir lorsqu'il n'y a point de perceptions distinguées. C'est faute d'avoir considéré ce point important qu'une philosophie relâchée, et aussi peu noble que peu solide, a prévalu auprès de tant de bons esprits, et que nous avons ignoré presque jusqu'ici ce qu'il y a de plus beau dans les âmes. Ce qui a fait aussi qu'on a trouvé tant d'apparence dans cette erreur qui enseigne que les âmes sont d'une nature périssable.

CHAP. XX. — Des modes du plaisir et de la douleur.

§ 1. Ph. Comme les sensations du corps, de même que les pensées de l'esprit sont ou indifférentes ou suivies de plaisir ou de douleur, on ne peut décrire ces idées non plus que toutes les autres idées simples, ni donner aucune définition des mots dont on se sert pour les désigner.

Th. Je crois qu'il n'y a point de perceptions qui nous soient tout à fait indifférentes, mais c'est assez que leur effet ne soit point notable pour qu'on les puisse appeler ainsi, car le plaisir ou la douleur paraît consister dans une aide ou dans un empêchement notable. J'avoue que cette définition n'est point nominale, et qu'on n'en peut point donner.

§ 2. Ph. Le bien est ce qui est propre à produire et à augmenter le plaisir en nous, ou à diminuer et à abréger quelque douleur. Le mal est propre à produire ou augmenter la douleur en nous, ou à diminuer quelque plaisir.

Th. Je suis aussi de cette opinion. On divise le bien en honnête, agréable et utile ; mais dans le fond, je crois qu'il faut qu'il soit ou agréable lui-même, ou servant à quelque autre, qui nous puisse donner un sentiment agréable, c'est-à-dire le bien est agréable ou utile, et l'honnête lui-même consiste dans un plaisir d'esprit.

§§ 4, 5. Ph. Du plaisir et de la douleur viennent les passions. On a de l'amour pour ce qui peut produire du plaisir, et la pensée de la tristesse ou de la douleur, qu'une cause présente ou absente peut produire, est la haine. Mais la haine ou l'amour, qui se rapportent à des êtres capables de bonheur ou de malheur, est souvent un déplaisir ou un contentement, que nous sentons être produit en nous par la considération de leur existence ou du bonheur dont ils jouissent.

Th. J'ai donné aussi à peu près cette définition de l'amour lorsque j'ai expliqué les principes de la justice dans la préface de mon *Codex juris gentium diplomaticus*, savoir qu'aimer est être porté à prendre du plaisir dans la perfection, bien ou bonheur de l'objet aimé. Et pour cela on ne considère et ne demande point d'autre plaisir propre que celui-là même qu'on trouve dans le bien ou plaisir de celui qu'on aime ; mais dans ce sens, nous n'aimons point proprement ce qui est incapable de plaisir ou de bonheur, et nous jouissons des choses de cette nature sans les aimer pour cela, si ce n'est par une prosopopée, et comme si nous nous imaginions qu'elles jouissent elles-mêmes de leur perfection. Ce n'est donc pas proprement de l'amour lorsqu'on dit qu'on aime un beau tableau par le plaisir qu'on prend à en sentir les perfections. Mais il est permis d'étendre le sens des termes, et l'usage y varie. Les philosophes et théologiens mêmes distinguent deux espèces d'amour, savoir l'amour qu'ils appellent de concupiscence (1), qui n'est autre que le désir ou le sentiment qu'on a pour ce qui nous donne du plaisir, sans que nous nous intéressions s'il en reçoit ; et l'amour de bienveillance, qui est le sentiment qu'on a pour celui qui par son plaisir ou bonheur nous en donne. Le premier nous fait avoir en vue notre plaisir et le second celui d'autrui, mais comme faisant ou plutôt constituant le nôtre ; car, s'il ne jaillissait pas sur nous en quelque façon, nous ne pourrions pas nous y intéresser, puisqu'il est impossible, quoi qu'on dise, d'être détaché du bien propre. Et voilà comment il faut entendre l'amour désintéressé ou non mercenaire, pour en bien concevoir la noblesse, et pour ne point tomber cependant dans le chimérique.

§ 6. Ph. L'inquiétude (*Uneasiness* en anglais) qu'un homme ressent en lui-même par l'absence d'une chose, qui lui donnerait du plaisir si elle était présente, c'est ce qu'on nomme désir. L'inquiétude est le principal, pour ne pas dire le seul aiguillon, qui excite l'industrie et l'activité des hommes ; car, quelque bien qu'on propose à l'homme, si l'absence de ce bien n'est suivie d'aucun déplaisir ni d'aucune douleur et que celui qui en est privé puisse être content et à son aise sans le posséder, il ne s'avise pas de le désirer et moins encore de faire des efforts pour en jouir. Il ne sent pour cette espèce de bien qu'une pure velléité, terme qu'on a employé pour signifier le plus bas degré du désir qui approche le plus de cet état où se trouve l'âme à l'égard d'une chose qui lui est tout à fait indifférente, lorsque le déplaisir que cause l'absence d'une chose est si peu considérable qu'il ne porte qu'à des faibles souhaits sans engager de se servir des moyens de l'obtenir. Le désir est encore éteint ou ralenti par l'opinion où l'on est que le bien souhaité ne peut être obtenu, à proportion que l'inquiétude de l'âme est guérie ou diminuée par

---

(1) Gerhard : *conquiscence*.

cette considération. Au reste, j'ai trouvé ce que je vous dis de l'inquiétude dans ce célèbre auteur anglais dont je vous rapporte souvent les sentiments. J'ai été un peu en peine de la signification du mot anglais *uneasiness*. Mais l'interprète français, dont l'habileté à s'acquitter de cet emploi ne saurait être révoquée en doute, remarque au bas de la page (chap. xx, § 6) que par ce mot anglais l'auteur entend l'état d'un homme qui n'est pas à son aise, le manque d'aise et de tranquillité dans l'âme, qui, à cet égard, est purement passive et qu'il a fallu rendre ce mot par celui d'inquiétude, qui n'exprime pas précisément la même idée, mais qui en approche le plus près. Cet avis (ajoute-t-il) est surtout nécessaire par rapport au chapitre suivant de la puissance où l'auteur raisonne beaucoup sur cette espèce d'inquiétude, car si l'on n'attachait pas à ce mot l'idée qui vient d'être marquée, il ne serait pas possible de comprendre exactement les matières qu'on traite dans ce chapitre et qui sont des plus importantes et des plus délicates de tout l'ouvrage.

TH. L'interprète a raison, et la lecture de son excellent auteur m'a fait voir que cette considération de l'inquiétude est un point capital où cet auteur montre particulièrement son esprit pénétrant et profond. C'est pourquoi je me suis donné quelque attention, et, après avoir bien considéré la chose, il me paraît quasi que le mot d'inquiétude, s'il n'exprime pas assez le sens de l'auteur, convient pourtant assez, à mon avis, à la nature de la chose et celui d'*uneasiness*, s'il marquait un déplaisir, un chagrin, une incommodité, et, en un mot, quelque douleur effective, n'y conviendrait pas; car j'aimerais mieux dire que dans le désir en lui-même, il y a plutôt une disposition et préparation à la douleur que de la douleur même. Il est vrai que cette perception quelquefois ne diffère de celle qu'il y a dans la douleur que du moins au plus, mais c'est que le degré est de l'essence de la douleur, car c'est une perception notable. On voit aussi cela par la différence qu'il y a entre l'appétit et la faim ; car quand l'irritation de l'estomac devient trop forte, elle incommode, de sorte qu'il faut encore appliquer ici notre doctrine des perceptions trop petites pour être aperceptibles, car si ce qui se passe en nous, lorsque nous avons de l'appétit et du désir, était assez grossi, il nous causerait de la douleur. C'est pourquoi l'auteur infiniment sage de notre être l'a fait pour notre bien, quand il fait en sorte que nous soyons souvent dans l'ignorance et dans des perceptions confuses ; c'est pour agir plus promptement par instinct et que nous ne soyons pas incommodés par des sensations trop distinctes de quantité d'objets qui ne nous reviennent pas tout à fait et dont la nature n'a pu se passer pour obtenir ses fins. Combien d'insectes n'avalons-nous pas sans nous en apercevoir, combien voyons-nous de personnes qui, ayant l'odorat trop subtil, en sont incommodées, et combien verrions-nous d'objets dégoûtants si notre vue était assez perçante ? C'est aussi par cette adresse que la nature nous a donné des aiguillons du désir comme des rudiments ou éléments de la douleur, ou pour ainsi dire des demi-douleurs, ou (si vous voulez parler abusivement pour vous exprimer plus fortement) des petites douleurs inaperceptibles, afin que nous jouissions de l'avantage du mal sans en recevoir l'incommodité ; car autrement, si cette perception était trop distincte, on serait toujours misérable en attendant le bien, au lieu que cette continuelle victoire sur ces demi-douleurs qu'on sent en suivant son désir et satisfaisant en quelque façon à cet appétit ou à cette démangeaison, nous donne quantité de demi-plaisirs, dont la continuation et l'amas (comme dans la continuation de l'impulsion d'un corps pesant, qui descend et qui acquiert de l'impétuosité) devient enfin un plaisir entier et véritable. Et dans le fond, sans ces demi-douleurs, il n'y aurait point de plaisir, et il n'y aurait pas moyen de s'apercevoir que quelque chose nous aide et nous soulage, en ôtant quelques obstacles qui nous empêchent de nous mettre à notre aise. C'est encore en cela qu'on reconnaît l'affinité du plaisir et de la douleur que Socrate remarque dans le *Phédon* de Platon lorsque les pieds lui démangent. Cette considération des petites aides ou petites délivrances et dégagements imperceptibles de la tendance arrêtée, dont résulte enfin un plaisir notable, sert aussi à donner quelque connaissance plus distincte de l'idée confuse, que nous avons et devons avoir du plaisir et de la douleur tout comme le sentiment de la chaleur et de la lumière résulte de quantité de petits mouvements qui expriment ceux des objets, suivant ce que j'ai dit ci-dessus (chap. IX, § 13) et n'en diffèrent qu'en apparence et parce que nous ne nous apercevons pas de cette analyse, au lieu que plusieurs croient aujourd'hui que nos idées des qualités sensibles diffèrent *toto genere* des mouvements et de ce qui se passe dans les objets et sont quelque chose de primitif et d'inexplicable, et même d'arbitraire, comme si Dieu faisait sentir à l'âme ce que bon lui semble, au lieu de ce qui se passe dans le corps, ce qui est bien éloigné de l'analyse véritable de nos idées. Mais pour revenir à l'inquiétude, c'est-à-dire aux petites sollicitations imperceptibles, qui nous tiennent toujours en haleine, ce sont des déterminations confuses, en sorte que souvent nous ne savons pas ce qui nous manque, au lieu que dans les inclinations et les passions, nous savons au moins ce que nous demandons, quoique les perceptions confuses entrent aussi dans leur manière d'agir et que les mêmes passions causent aussi cette inquiétude ou démangeaison. Ces impulsions sont comme autant de petits ressorts qui tâchent de se débander et qui font agir notre machine. Et j'ai déjà remarqué ci-dessus que c'est par là que nous ne sommes jamais indifférents, lorsque nous paraissons l'être le plus, par exemple de nous tourner à la droite plutôt qu'à la gauche au bout d'une allée; car le parti que nous prenons vient de ces déterminations insensibles, mêlées des actions des objets et de l'intérieur du corps qui nous fait trouver plus à notre aise dans l'une que dans l'autre manière de nous remuer. On appelle *unruhe* en allemand, c'est-à-dire inquiétude, le balancier (1) d'une horloge. On peut dire qu'il en est de même dans notre corps qui ne saurait jamais être parfaitement à son aise, parce que, quand il le serait, une nouvelle impression des objets, un petit changement dans les organes, dans les vases et dans les viscères, changera d'abord la balance et les fera faire quelque petit effort pour se remettre dans le meilleur état qu'il se peut; ce qui produit un combat perpétuel, qui fait, pour ainsi dire, l'inquiétude de notre horloge, de sorte que cette appellation est assez à mon gré.

§ 6. PH. La joie est un plaisir que l'âme ressent, lorsqu'elle considère la possession d'un bien présent ou futur comme assurée; et nous sommes en possession d'un bien lorsqu'il est de telle sorte en notre pouvoir que nous en pouvons jouir quand nous voulons.

TH. On manque dans les langues de paroles assez propres pour distinguer des notions voisines. Peut-être que le latin *gaudium* approche davantage de cette définition de la joie que *laetitia*, qu'on traduit aussi par le mot de joie; mais alors elle me paraît signifier un état où le plaisir prédomine en nous, car pendant la plus profonde tristesse et au milieu des plus cuisants chagrins on peut prendre quelque plaisir comme de boire ou d'entendre la musique, mais le déplaisir prédomine; et de même au milieu des plus aiguës douleurs l'esprit peut être dans la joie, ce qui arrivait aux martyrs.

---

(1) GEHRARDT : *le balancer.*

§ 8. Ph. La tristesse est une inquiétude de l'âme, lorsqu'elle pense à un bien perdu, dont elle aurait pu jouir plus longtemps, ou quand elle est tourmentée d'un mal actuellement présent.

Th. Non seulement la présence actuelle, mais encore la crainte d'un mal à venir peut rendre triste, de sorte que je crois que les définitions de la joie et de la tristesse, que je viens de donner, conviennent mieux à l'usage. Quant à l'inquiétude, il y a dans la douleur et par conséquent dans la tristesse quelque chose de plus : et l'inquiétude est même dans la joie, car elle rend l'homme éveillé, actif, plein d'espérance pour aller plus loin. La joie a été capable de faire mourir par trop d'émotion, et alors il y avait en cela encore plus que de l'inquiétude.

§ 9. Ph. L'espérance est le contentement de l'âme, qui pense à la jouissance qu'elle doit probablement avoir d'une chose propre à lui donner du plaisir (§ 10), et la crainte est une inquiétude de l'âme, lorsqu'elle pense à un mal futur, qui peut arriver.

Th. Si l'inquiétude signifie un déplaisir, j'avoue qu'elle accompagne toujours la crainte; mais la prenant pour cet aiguillon insensible qui nous pousse, on peut l'appliquer encore à l'espérance. Les stoïciens prenaient les passions pour des opinions. Ainsi l'espérance leur était l'opinion d'un bien futur, et la crainte l'opinion d'un mal futur. Mais j'aime mieux de dire que les passions ne sont ni des contentements ou des déplaisirs, ni des opinions, mais des tendances, ou plutôt des modifications de la tendance qui viennent de l'opinion ou du sentiment et qui sont accompagnées de plaisir ou de déplaisir.

§ 11. Ph. Le désespoir est la pensée qu'on a un bien qui ne peut être obtenu, ce qui peut causer de l'affliction (1) et quelquefois le repos.

Th. Le désespoir, pris pour la passion, sera une manière de tendance forte, qui se trouve tout à fait arrêtée, ce qui cause un combat violent et beaucoup de déplaisir. Mais, lorsque le désespoir est accompagné de repos et d'indolence, ce sera une opinion plutôt qu'une passion.

§ 12. Ph. La colère est cette inquiétude ou ce désordre que nous ressentons après avoir reçu quelque injure, et qui est accompagné d'un désir présent de nous venger.

Th. Il semble que la colère est quelque chose de plus simple et de plus général, puisque les bêtes en sont susceptibles, auxquelles on

---

(1) Gerhardt : *affection*.

ne fait point d'injure. Il y a dans la colère un effort violent qui tend à se défaire du mal. Le désir de la vengeance peut demeurer quand on est de sang-froid, et quand on a plutôt de la haine que de la colère.

§ 13. Ph. L'envie est l'inquiétude (le déplaisir) de l'âme, qui vient de la considération d'un bien que nous désirons, mais qu'un autre possède, qui à notre avis n'aurait pas dû l'avoir préférablement à nous.

Th. Suivant cette notion, l'envie serait toujours une passion louable et toujours fondée sur la justice, au moins suivant notre opinion. Mais je ne sais si on ne porte pas souvent envie au mérite reconnu, qu'on ne se soucierait pas de maltraiter, si l'on en était le maître. On porte même envie aux gens d'un bien qu'on ne se soucierait point d'avoir. On serait content de les en voir priver sans penser à profiter de leurs dépouilles et même sans pouvoir l'espérer. Car quelques biens sont comme des tableaux peints *in fresco* qu'on peut détruire, mais qu'on ne peut point ôter.

§ 17. Ph. La plupart des passions font en plusieurs personnes des impressions sur le corps, et y causent divers changements ; mais ces changements ne sont pas toujours sensibles. Par exemple, la honte, qui est une inquiétude de l'âme, qu'on ressent quand on vient à considérer qu'on a fait quelque chose d'indécent ou qui peut diminuer l'estime que d'autres font de nous, n'est pas toujours accompagnée de rougeur.

Th. Si les hommes s'étudiaient davantage à observer les mouvements extérieurs qui accompagnent les passions, il serait difficile de les dissimuler. Quant à la honte, il est digne de considération, que des personnes modestes quelquefois ressentent des mouvements semblables à ceux de la honte, lorsqu'elles sont témoins seulement d'une action indécente.

CHAP. XXI. — DE LA PUISSANCE ET DE LA LIBERTÉ.

§ 1. Ph. L'esprit observant comment une chose cesse d'être et comment une autre, qui n'était pas auparavant, vient à exister, et concluant qu'il y en aura à l'avenir des pareilles, produites par de pareils agents, il vient à considérer dans une chose la possibilité qu'il y a qu'une de ses idées simples soit changée, et dans une autre la possibilité de produire ce changement; et par là se forme l'idée de la puissance.

Th. Si la puissance répond au latin *potentia*, elle est opposée à l'acte, et le passage de la puissance à l'acte est le changement. C'est ce qu'Aristote entend par le mot de mouvement, quand il dit que c'est l'acte, ou peut-être l'actuation de ce qui est en puissance (1). On peut donc dire que la puissance en général est la possibilité du changement. Or le changement ou l'acte de cette possibilité, étant action dans un sujet et passion dans un autre, il y aura aussi deux puissances, passive et active. L'active pourra être appelée faculté, et peut-être que la passive pourrait être appelée capacité ou réceptivité. Il est vrai que la puissance active est prise quelquefois dans un sens plus parfait, lorsque, outre la simple faculté, il y a de la tendance ; et c'est ainsi que je la prends dans mes considérations dynamiques. On pourrait lui affecter particulièrement le mot de force : et la force serait ou entéléchie ou effort ; car l'entéléchie (quoique Aristote la prenne si généralement qu'elle comprenne encore toute action et tout effort) me paraît plutôt convenir aux forces agissantes primitives, et celui d'effort aux dérivatives. Il y a même encore une espèce de puissance passive plus particulière et plus chargée de réalité ; c'est celle qui est dans la matière, où il n'y a pas seulement la mobilité, qui est la capacité ou réceptivité du mouvement, mais encore la résistance, qui comprend l'impénétrabilité et l'inertie. Les entéléchies, c'est-à-dire les tendances primitives ou substantielles, lorsqu'elles sont accompagnées de perception, sont les âmes.

§ 3. Ph. L'idée de la puissance exprime quelque chose de relatif. Mais quelle idée avons-nous, de quelque sorte qu'elle soit, qui n'enferme quelque relation? Nos idées de l'étendue, de la durée, du nombre, ne contiennent-elles pas toutes en elles-mêmes un secret rapport de parties? La même chose se remarque d'une manière encore plus visible dans la figure et le mouvement. Les qualités sensibles, que sont-elles, que des puissances de différents corps par rapport à notre perception, et ne dépendent-elles pas en elles-mêmes de la grosseur, de la figure, de la contexture et du mouvement des parties ? Ce qui met une espèce de rapport entre elles. Ainsi notre idée de la puissance peut fort bien être placée à mon avis parmi les autres idées simples.

---

(1) Aristote, *Métaphys.*, l, XI, 9, ἡ τοῦ δυνατοῦ ᾗ δυνατὸν ἐντελέχεια κίνησίς ἐστιν.

Th. Dans le fond, les idées dont on vient de faire le dénombrement, sont composées. Celles des qualités sensibles ne tiennent leur rang parmi les idées simples, qu'à cause de notre ignorance, et les autres, qu'on connaît distinctement, n'y gardent leur place que par une indulgence qu'il vaudrait mieux ne point avoir. C'est à peu près comme à l'égard des axiomes vulgaires, qui pourraient être et qui mériteraient d'être démontrés parmi les théorèmes et qu'on laisse cependant passer pour axiomes, comme si c'étaient des vérités primitives. Cette indulgence nuit plus qu'on ne pense. Il est vrai qu'on n'est pas toujours en état de s'en passer.

§ 4. Ph. Si nous y prenons bien garde, les corps ne nous fournissent pas par le moyen des sens une idée aussi claire et aussi distincte de la puissance active, que celle que nous en avons par les réflexions que nous faisons sur les opérations de notre esprit. Il n'y a, je crois, que deux sortes d'actions, dont nous ayons l'idée, savoir penser et mouvoir. Pour ce qui est de la pensée, le corps ne nous en donne aucune idée, et ce n'est que par le moyen de la réflexion que nous l'avons. Nous n'avons non plus par le moyen du corps aucune idée du commencement du mouvement.

Th. Ces considérations sont fort bonnes, et quoiqu'on prenne ici la pensée d'une manière si générale, qu'elle comprend toute perception, je ne veux point contester l'usage des mots.

Ph. Quand le corps lui-même est en mouvement, ce mouvement est dans le corps une action plutôt qu'une passion. Mais, lorsqu'une boule de billard cède au choc du bâton, ce n'est point une action de la boule, mais une simple passion.

Th. Il y a quelque chose à dire là-dessus, car les corps ne recevraient point le mouvement dans le choc, suivant les lois qu'on y remarque, s'ils n'avaient déjà du mouvement en eux. Mais passons maintenant cet article.

Ph. De même, lorsqu'elle vient à pousser une autre boule qui se trouve sur son chemin et la met en mouvement, elle ne fait que lui communiquer le mouvement qu'elle avait reçu et en perd tout autant.

Th. Je vois que cette opinion erronée, que les cartésiens ont mise en vogue, comme si les corps perdaient autant de mouvement qu'ils en donnent, qui est détruite aujourd'hui par les expériences et par les raisons, et abandonnée même par l'auteur illustre de la *Recherche de la vérité*, qui a fait imprimer un petit discours tout exprès pour la rétracter, ne laisse pas de donner encore occasion aux habiles gens de se méprendre en bâtissant des raisonnements sur un fondement si ruineux.

Ph. Le transport du mouvement ne donne qu'une idée fort obscure d'une puissance active de mouvoir, qui est dans le corps, tandis que nous ne voyons autre chose, sinon que le corps transfère le mouvement sans le produire en aucune manière

Th. Je ne sais, si l'on prétend ici que le mouvement passe de sujet en sujet et que le même mouvement (*idem numero*) se transfère. Je sais que quelques-uns sont allés là, entre autre le père Casati, jésuite (1), malgré toute l'école. Mais je doute que ce soit votre sentiment ou celui de vos habiles amis, bien éloignés ordinairement de telles imaginations. Cependant si le même mouvement n'est point transporté, il faut qu'on admette qu'il se produit un mouvement nouveau dans le corps qui le reçoit ; ainsi, celui qui donne, agirait véritablement quoiqu'il pâtirait en même temps en perdant de sa force. Car, quoiqu'il ne soit point vrai que le corps perde autant de mouvement qu'il en donne, il est toujours vrai qu'il en perd et qu'il perd autant de force qu'il en donne, comme je l'ai expliqué ailleurs, de sorte qu'il faut toujours admettre en lui de la force ou de la puissance active. J'entends la puissance dans le sens le plus noble, que j'ai expliqué un peu auparavant, où la tendance est jointe à la faculté. Cependant je suis toujours d'accord avec vous, que la plus claire idée de la puissance active nous vient de l'esprit. Aussi n'est-elle que dans les choses qui ont de l'analogie avec l'esprit, c'est-à-dire dans les entéléchies, car la matière ne marque proprement que la puissance passive.

§ 5. Ph. Nous trouvons en nous-mêmes la puissance de commencer, de continuer ou de terminer plusieurs actions de notre âme et plusieurs mouvements de notre corps, et cela simplement par une pensée ou un choix de notre esprit, qui détermine, pour ainsi dire, qu'une telle action particulière soit faite ou ne soit pas faite. Cette puissance est ce que nous appelons volonté. L'usage actuel de cette puissance se nomme volition ; la cessation ou la production de l'action, qui suit d'un tel commandement de l'âme, s'appelle volontaire, et toute action qui est faite sans une telle direction de l'âme se nomme involontaire.

---

(1) Casari, jésuite, né à Plaisance en 1617, mort à Parme en 1707, auteur de *Vacuum proscriptum ; De terrâ machinis motâ* (Rome, 1668, in-4°) ; *Mechanicorum libri octo.*

Tн. Je trouve tout cela fort bon et juste. Cependant, pour parler plus rondement et pour aller peut-être un peu plus avant, je dirai que la volition est l'effort ou la tendance (*conatus*) d'aller vers ce qu'on trouve bon et contre ce qu'on trouve mauvais, en sorte que cette tendance résulte immédiatement de l'aperception qu'on en a; et le corollaire de cette définition est cet axiome célèbre : que du vouloir et du pouvoir, joints ensemble, suit l'action, puisque de toute tendance suit l'action lorsqu'elle n'est point empêchée. Ainsi non seulement les actions intérieures volontaires de notre esprit suivent de ce *conatus*, mais encore les extérieures, c'est-à-dire les mouvements volontaires de notre corps, en vertu de l'opinion de l'âme et du corps, dont j'ai donné ailleurs la raison. Il y a encore des efforts qui résultent des perceptions insensibles dont on ne s'aperçoit pas, que j'aime mieux appeler appétitions que volitions (quoiqu'il y ait aussi des appétitions aperceptibles), car on n'appelle actions volontaires que celles dont on peut s'apercevoir et sur lesquelles notre réflexion peut tomber lorsqu'elles suivent la considération du bien ou du mal.

Pн. La puissance d'apercevoir est ce que nous appelons entendement : il y a la perception des idées, la perception de la signification des signes, et enfin la perception de la convenance ou de la disconvenance, qu'il y a entre quelques-unes de nos idées.

Tн. Nous nous apercevons de bien des choses en nous et hors de nous, que nous n'entendons pas, et nous les entendons, quand nous en avons des idées distinctes, avec le pouvoir de réfléchir et d'en tirer des vérités nécessaires. C'est pourquoi les bêtes n'ont point d'entendement, au moins dans ce sens, quoiqu'elles aient la faculté de s'apercevoir des impressions plus remarquables et plus distinguées, comme le sanglier s'aperçoit d'une personne qui lui crie, et va droit à cette personne, dont il n'avait eu déjà auparavant qu'une perception nue mais confuse comme de tous les autres objets, qui tombaient sous ses yeux et dont les rayons frappaient son cristallin. Ainsi, dans mon sens, l'entendement répond à ce qui, chez les Latins, est appelé *intellectus*, et l'exercice de cette faculté s'appelle intellection, qui est une perception distincte jointe à la faculté de réfléchir, qui n'est pas dans les bêtes. Toute perception jointe à cette faculté est une pensée que je n'accorde pas aux bêtes non plus que l'entendement, de sorte que l'on peut dire que l'intellection a lieu lorsque la pensée est distincte. Au reste, la perception de la signification des signes ne mérite pas d'être distinguée ici de la perception des idées signifiées.

§ 6. Ph. L'on dit communément que l'entendement et la volonté sont deux facultés de l'âme, terme assez commode si l'on s'en servait comme l'on devrait s'en servir de tous les mots, en prenant garde qu'ils ne fissent naître aucune confusion dans les pensées des hommes, comme je soupçonne qu'il est arrivé ici dans l'âme. Et, lorsqu'on nous dit que la volonté est cette faculté supérieure de l'âme, qui règle et ordonne toutes choses, qu'elle est ou n'est pas libre, qu'elle détermine les facultés inférieures, qu'elle suit le dictamen de l'entendement (quoique ces expressions puissent être entendues dans un sens clair et distinct), je crains pourtant qu'elles n'aient fait venir à plusieurs personnes l'idée confuse d'autant d'agents qui agissent distinctement en nous.

Th. C'est une question qui a exercé les écoles depuis longtemps, savoir s'il y a une distinction réelle entre l'âme et ses facultés, et si une faculté est distincte réellement de l'autre. Les réaux ont dit que oui et les nominaux que non. Et la même question a été agitée sur la réalité de plusieurs autres êtres abstraits qui doivent suivre la même destinée. Mais je ne pense pas qu'on ait besoin ici de décider cette question et de s'enfoncer dans ces épines, quoique je me souvienne qu'Épiscopius (1) l'a trouvée de telle importance qu'il a cru qu'on ne pourrait point soutenir la liberté de l'homme si les facultés de l'âme étaient des êtres réels. Cependant, quand elles seraient des êtres réels et distincts, elles ne sauraient passer pour des agents réels, qu'en parlant abusivement. Ce ne sont pas les qualités ou facultés qui agissent, mais les substances par les facultés.

§ 8. Ph. Tant qu'un homme a la puissance de penser ou de ne pas penser, de mouvoir ou de ne pas mouvoir conformément à la préférence ou au choix de son propre esprit, jusque-là il est libre.

Th. Le terme de liberté est fort ambigu. Il y a liberté de droit et de fait. Suivant celle de droit, un esclave n'est point libre et un sujet n'est pas entièrement libre, mais un pauvre est aussi libre qu'un riche. La liberté de fait consiste ou dans la puissance de faire ce qu'on veut

---

(1) Épiscopius, théologien hollandais, né à Amsterdam en 1583 et mort dans cette ville en 1643. Ses œuvres ont été publiées en deux volumes in-folio à Amsterdam en 1650 et 1655. Elles sont toutes théologiques et traitent principalement du libre arbitre. On cite de lui un traité intitulé : *An philosophiæ studium necessarium sit theologo*.

ou dans la puissance de vouloir comme il faut. C'est de la liberté de faire que vous parlez, et elle a ses degrés et variétés. Généralement, celui qui a plus de moyens est plus libre de faire ce qu'il veut; mais on entend la liberté particulièrement de l'usage des choses qui ont coutume d'être en notre pouvoir et surtout de l'usage libre de notre corps. Ainsi, la prison et les maladies qui nous empêchent de donner à notre corps et à nos membres le mouvement que nous voulons et que nous pouvons leur donner ordinairement, dérogent à notre liberté; c'est ainsi qu'un prisonnier n'est point libre et qu'un paralytique n'a pas l'usage libre de ses membres. La liberté de vouloir est encore prise en deux sens différents. L'un est quand on l'oppose à l'imperfection ou à l'usage de l'esprit, qui est une coaction ou contrainte, mais interne, comme celle qui vient des passions. L'autre sens a lieu quand on oppose la liberté à la nécessité. Dans le premier sens, les stoïciens disaient que le sage seul est libre; et en effet on n'a point l'esprit libre quand il est occupé d'une grande passion, car on ne peut point vouloir alors comme il faut, c'est-à-dire avec la délibération qui est requise. C'est ainsi que Dieu seul est parfaitement libre et que les esprits créés ne le sont qu'à mesure qu'ils sont au-dessus des passions; cette liberté regarde proprement notre entendement. Mais la liberté de l'esprit, opposée à la nécessité, regarde la volonté nue et en tant qu'elle est distinguée de l'entendement. C'est ce qu'on appelle le franc-arbitre et consiste en ce qu'on veut que les plus fortes raisons ou impressions que l'entendement présente à la volonté, n'empêchent point l'acte de la volonté d'être contingent et ne lui donnent point une nécessité absolue et pour ainsi dire métaphysique. Et c'est dans ce sens que j'ai coutume de dire que l'entendement peut déterminer la volonté, suivant la prévalence des perceptions et raisons d'une manière qui, lors même qu'elle est certaine et infaillible, incline sans nécessiter.

§ 9. Ph. Il est bon aussi de considérer que personne ne s'est encore avisé de prendre pour un agent libre une balle, soit qu'elle soit en mouvement après avoir été poussée par une raquette ou qu'elle soit en repos. C'est parce que nous ne pensons pas qu'une balle pense, ni qu'elle ait aucune volition qui lui fasse préférer le mouvement au repos.

Th. Si libre était ce qui agit sans empêchements, la balle étant une fois en mouvement dans un horizon uni serait un agent libre. Mais

Aristote a déjà remarqué que pour appeler les actions libres, il faut non seulement qu'elles soient spontanées, mais encore qu'elles soient délibérées (1).

Ph. C'est pourquoi nous regardons le mouvement ou le repos des balles, sous l'idée d'une chose nécessaire.

Th. L'appellation de nécessaire demande autant de circonspection que celle de libre. Cette vérité conditionnelle, savoir : « Supposé que la balle soit en mouvement dans un horizon uni sans empêchement, elle continuera le même mouvement » peut passer pour nécessaire en quelque manière, quoique dans le fond cette conséquence ne soit pas entièrement géométrique, n'étant que présomptive pour ainsi dire et fondée sur la sagesse de Dieu, qui ne change pas son influence sans quelque raison qu'on présume ne se point trouver présentement. Mais cette proposition absolue : « La balle que voici est maintenant en mouvement dans ce plan » n'est qu'une vérité contingente, et en ce sens, la balle est un agent contingent non libre.

§ 10. Ph. Supposons qu'on porte un homme pendant qu'il est dans un profond sommeil dans une chambre où il y ait une personne qu'il lui tarde de voir et d'entrevoir et que l'on ferme à clef la porte sur lui ; cet homme s'éveille et est charmé de se trouver avec cette personne et demeure ainsi dans la chambre avec plaisir. Je ne pense pas qu'on s'avise de douter qu'il ne reste volontairement dans ce lieu-là. Cependant, il n'est pas en liberté d'en sortir s'il veut. Ainsi la liberté n'est pas une idée qui appartienne à la volition.

Th. Je trouve cet exemple fort bien choisi pour marquer qu'en un sens une action ou un état peut être volontaire sans être libre. Cependant, quand les philosophes et les théologiens disputent sur le libre arbitre, ils ont tout un autre sens en vue.

§ 11. Ph. La liberté manque, lorsque la paralysie empêche que les jambes n'obéissent à la détermination de l'esprit, quoique, dans le paralytique même, ce puisse être une chose volontaire de demeurer assis, tandis qu'il préfère d'être assis à changer de place. Volontaire n'est donc pas opposé à nécessaire, mais à involontaire.

Th. Cette justesse d'expression me reviendrait assez, mais l'usage

(1) Voy. *Éthique à Nicomaque*, l. III, ch. III.

s'en éloigne, et ceux qui opposent la liberté à la nécessité entendent parler non pas des actions extérieures, mais de l'acte même de vouloir.

§ 12. Ph. Un homme éveillé n'est pas non plus libre de penser ou ne pas penser qu'il est en liberté d'empêcher ou de ne pas empêcher que son corps touche aucun autre corps. Mais de transporter ses pensées d'une idée à l'autre, c'est ce qui est souvent en sa disposition. Et en ce cas-là, il est autant en liberté par rapport aux corps sur lesquels il s'appuie, pouvant se transporter de l'un sur l'autre, comme il lui vient en fantaisie. Il y a pourtant des idées qui, comme certains mouvements, sont tellement fixées dans l'esprit, que dans certaines circonstances, on ne peut les éloigner, quelque effort qu'on fasse. Un homme à la torture n'est pas en liberté de n'avoir pas l'idée de la douleur et quelquefois une violente passion agit sur notre esprit, comme le vent le plus furieux agit sur nos corps.

Th. Il y a de l'ordre et de la liaison dans les pensées, comme il y en a dans les mouvements, car l'un répond parfaitement à l'autre, quoique la détermination dans les mouvements soit brute et libre ou avec choix dans l'être qui pense, que les biens et les maux ne font qu'incliner, sans le forcer. Car l'âme en représentant les corps garde ses perfections et quoiqu'elle dépende du corps (à le bien prendre) dans les actions involontaires, elle est indépendante et fait dépendre le corps d'elle dans les autres. Mais cette dépendance n'est que métaphysique et consiste dans les égards que Dieu a pour l'un en réglant l'autre, ou plus pour l'un que pour l'autre, à mesure des perfections originales d'un chacun, au lieu que la dépendance physique consisterait dans une influence immédiate que l'un recevrait de l'autre dont il dépend. Au reste, il nous vient des pensées involontaires, en partie de dehors par les objets qui frappent nos sens, et en partie au dedans, à cause des impressions (souvent insensibles) qui restent des perceptions précédentes qui continuent leur action et qui se mêlent avec ce qui vient de nouveau. Nous sommes passifs à cet égard et même quand on veille, des images (sous lesquelles je comprends non seulement les représentations des figures, mais encore celles des sons et d'autres qualités sensibles) nous viennent comme dans les songes, sans être appelées. La langue allemande les nomme *fliegende Gedanken*, comme qui dirait des pensées volantes qui ne sont pas en notre pouvoir, et où il y a quelquefois bien des absurdités qui donnent des scrupules aux gens de bien et de l'exercice aux casuistes et directeurs des consciences. C'est comme dans une lanterne magique, qui fait paraître des figures sur la muraille, à mesure qu'on tourne quelque chose au dedans. Mais notre esprit s'apercevant de quelque image qui lui revient peut dire : halte-là, et l'arrêter pour ainsi dire. De plus, l'esprit entre, comme bon lui semble, dans certaines progressions de pensées qui le mènent à d'autres. Mais cela s'entend quand les impressions internes ou externes ne prévalent point. Il est vrai qu'en cela les hommes diffèrent fort, tant suivant leur tempérament que suivant l'exercice qu'ils ont fait de leur empire, de sorte que l'un peut surmonter des impressions où l'autre se laisse aller.

§ 13. Ph. La nécessité a lieu partout où la pensée n'a aucune part. Et, lorsque cette nécessité se trouve dans un agent capable de volition et que le commencement ou la continuation de quelque action est contraire à la préférence de son esprit, je la nomme contrainte; et, lorsque l'empêchement ou la cessation d'une action est contraire à la volition de cet agent, qu'on me permette de l'appeler cohibition. Quant aux agents qui n'ont absolument ni pensée ni volition, ce sont des agents nécessaires à tous égards.

Th. Il me semble qu'à proprement parler, quoique les volitions soient contingentes, la nécessité ne doit pas être opposée à la volition, mais à la contingence, comme j'ai déjà remarqué au § 9, et que la nécessité ne doit pas être confondue avec la détermination, car il n'y a pas moins de connexion ou de détermination dans les pensées, que dans les mouvements (être déterminé étant tout autre chose qu'être poussé ou forcé avec contrainte). Et, si nous ne remarquons pas toujours la raison qui nous détermine ou plutôt par laquelle nous nous déterminons, c'est que nous sommes aussi peu capables de nous apercevoir de tout le jeu de notre esprit et de ses pensées, le plus souvent imperceptibles et confuses, que nous sommes de démêler toutes les machines que la nature fait jouer dans le corps. Ainsi, si par la nécessité on entendait la détermination certaine de l'homme, qu'une parfaite connaissance de toutes les circonstances de ce qui se passe en dedans et au dehors de l'homme, pourrait faire prévoir à un esprit parfait, il est sûr que les pensées étant aussi déterminées que les mouvements qu'elles représentent, tout acte libre serait nécessaire. Mais il faut distinguer le nécessaire du contingent quoique déterminé ; et non seulement les vérités contingentes ne sont point nécessaires, mais encore leurs liaisons ne sont pas toujours d'une nécessité absolue, car il faut avouer qu'il y a de la différence dans la manière de déterminer entre les conséquences qui ont lieu en matière nécessaire et celles qui ont lieu en matière contingente. Les conséquences géométriques et métaphysiques nécessitent, mais les conséquences physiques et morales inclinent sans nécessiter ; le physique même ayant quelque chose de moral et de volontaire par rapport à Dieu, puisque les lois du mouvement n'ont point d'autre nécessité, que celle du meilleur. Or Dieu choisit librement quoiqu'il soit déterminé à choisir le mieux ; et comme les corps mêmes ne choisissent point (Dieu ayant choisi pour eux), l'usage a voulu qu'on les appelle des agents nécessaires, à quoi je ne m'oppose pas pourvu qu'on ne confonde point le nécessaire et le déterminé, et que l'on n'aille pas s'imaginer que les êtres libres agissent d'une manière indéterminée, erreur qui a prévalu dans certains esprits et qui détruit les plus importantes vérités, même cet axiome fondamental : que rien n'arrive sans raison, sans lequel ni l'existence de Dieu ni d'autres vérités ne sauraient être bien démontrées. Quant à la contrainte, il est bon d'en distinguer deux espèces. L'une physique, comme lorsqu'on porte un homme malgré lui en prison, ou qu'on le jette dans un précipice ; l'autre morale, comme par exemple la contrainte d'un plus grand mal, car l'action, quoique forcée en quelque façon, ne laisse pas d'être volontaire. On peut être forcé aussi par la considération d'un plus grand bien, comme lorsqu'on tente un homme en lui proposant un trop grand avantage, quoiqu'on n'ait pas coutume d'appeler cela contrainte.

§ 14. Ph. Voyons maintenant si l'on ne pourrait point terminer la question agitée depuis longtemps, mais qui est à mon avis fort déraisonnable, puisqu'elle est inintelligible : Si la volonté de l'homme est libre ou non.

Th. On a grande raison, de se récrier sur la manière étrange des hommes, qui se tourmentent en agitant des questions mal conçues. Ils cherchent ce qu'ils savent, et ne savent pas ce qu'ils cherchent.

Ph. La liberté, qui n'est qu'une puissance, appartient uniquement à des agents et ne saurait être un attribut ou une modification de la volonté, qui n'est elle-même rien autre chose qu'une puissance.

Th. Vous avez raison, Monsieur, suivant la propriété des mots. Cependant on peut excuser en quelque façon l'usage reçu. C'est ainsi qu'on a coutume d'attribuer la puissance à la chaleur ou à d'autres qualités, c'est-à-dire au corps, en tant qu'il a cette qualité :

et de même ici l'intention est de demander si l'homme est libre en voulant.

§ 15. Ph. La liberté est la puissance qu'un homme a de faire ou de ne pas faire quelque action conformément à ce qu'il veut.

Th. Si les hommes n'entendaient que cela par la liberté, lorsqu'ils demandent si la volonté ou l'arbitre est libre, leur question serait véritablement absurde. Mais on verra tantôt ce qu'ils demandent, et même je l'ai déjà touché. Il est vrai, mais par un autre principe, qu'ils ne laissent pas de demander ici (au moins plusieurs) l'absurde et l'impossible, en voulant une liberté d'équilibre absolument imaginaire et impraticable, et qui même ne leur servirait pas, s'il était possible qu'ils la puissent avoir, c'est-à-dire qu'ils aient la liberté de vouloir contre toutes les impressions, qui peuvent venir de l'entendement, ce qui détruirait la véritable liberté avec la raison et nous abaisserait au-dessous des bêtes.

§ 17. Ph. Qui dirait que la puissance de parler dirige la puissance de chanter, et que la puissance de chanter (1) obéit ou désobéit à la puissance de parler, s'exprimerait d'une manière aussi propre et aussi intelligible que celui qui dit, comme on a coutume de dire, que la volonté dirige l'entendement, et que l'entendement obéit ou n'obéit pas à la volonté (§ 18). Cependant cette façon de parler a prévalu et a causé, si je ne me trompe, bien du désordre, quoique la puissance de penser n'opère non plus sur la puissance de choisir que la puissance de chanter sur celle de danser (§ 19). Je conviens qu'une telle ou telle pensée peut fournir à l'homme l'occasion d'exercer la puissance qu'il a de choisir, et que le choix de l'esprit peut être cause qu'il pense actuellement à telle ou telle chose, de même que chanter actuellement un certain air peut être l'occasion de danser une telle danse.

Th. Il y a un peu plus que de fournir des occasions, puisqu'il y a quelque dépendance ; car on ne saurait vouloir que ce qu'on trouve bon, et selon que la faculté d'entendre est avancée, le choix de la volonté est meilleur, comme de l'autre côté, selon que l'homme a de la vigueur en voulant, il détermine les pensées suivant son choix, au lieu d'être déterminé et entraîné par des perceptions involontaires.

Ph. Les puissances sont des relations et non des agents.

---

(1) Gehrardt : *de parler*.

Th. Si les facultés essentielles ne sont que des relations, et n'ajoutent rien de plus à l'essence, les qualités et les facultés accidentelles ou sujettes au changement sont autre chose, et on peut dire de ces dernières que les unes dépendent souvent des autres dans l'exercice de leurs fonctions.

§ 21. Ph. La question ne doit pas être, à mon avis, si la volonté est libre, c'est parler d'une manière fort impropre, mais si l'homme est libre. Cela posé, je dis que, tandis que quelqu'un peut, par la direction ou le choix de son esprit, préférer l'existence d'une action à la non-existence de cette action et au contraire, c'est-à-dire qu'il peut faire qu'elle existe ou qu'elle n'existe pas selon qu'il veut, jusque-là il est libre. Et à peine pourrions-nous dire comment il serait possible de concevoir un être plus libre, qu'en tant qu'il est capable de faire ce qu'il veut; de sorte que l'homme semble être aussi libre par rapport aux actions qui dépendent de ce pouvoir qu'il trouve en lui-même qu'il est possible à la liberté de le rendre libre, si j'ose m'exprimer ainsi.

Th. Quand on raisonne sur la liberté de la volonté ou sur le franc arbitre, on ne demande pas si l'homme peut faire ce qu'il veut, mais s'il a assez d'indépendance dans sa volonté même. On ne demande pas s'il a les jambes libres ou les coudées franches, mais s'il a l'esprit libre et en quoi cela consiste. A cet égard, une intelgence pourra être plus libre que l'autre, et la suprême intelligence sera dans une parfaite liberté dont les hommes ne sont point capables.

§ 23. Ph. Les hommes naturellement curieux et qui aiment à éloigner autant qu'ils peuvent de leur esprit la pensée d'être coupables, quoique ce soit en se réduisant en un état pire que celui d'une fatale nécessité, ne sont pourtant point satisfaits de cela. A moins que la liberté ne s'étende encore plus loin, elle n'est pas à leur gré, et c'est à leur avis une fort bonne preuve que l'homme n'est point du tout libre, s'il n'a aussi bien la liberté de vouloir que celle de faire ce qu'il veut (§ 23). Sur quoi, je crois que l'homme ne saurait être libre par rapport à cet acte particulier de vouloir une action qui est en sa puissance, lorsque cette action a été une fois proposée à son esprit. La raison en est toute visible, car l'action dépendant de sa volonté, il faut de toute nécessité qu'elle existe ou qu'elle n'existe pas, et son existence ou sa non-existence ne pouvant manquer de suivre exactement la détermination et le choix de sa volonté, il ne peut éviter de vouloir l'existence ou la non-existence de cette action.

Th. Je croirais qu'on peut suspendre son choix et que cela se fait bien souvent, surtout lorsque d'autres pensées interrompent la délibération ; ainsi, quoiqu'il faille que l'action sur laquelle on délibère existe ou n'existe pas, il n'en suit point qu'on en doive résoudre nécessairement l'existence ou la non-existence ; car la non-existence peut arriver encore, faute de résolution. C'est comme les aéropagistes absolvaient en effet cet homme dont ils avaient trouvé le procès trop difficile à juger, le renvoyant à un terme bien éloigné et prenant cent ans pour y penser.

Ph. En faisant l'homme libre de cette sorte, je veux dire en faisant que l'action de vouloir dépende de sa volonté, il faut qu'il y ait une autre volonté ou faculté de vouloir antérieure pour déterminer les actes de cette volonté et une autre pour déterminer celle-là, et ainsi à l'infini ; car où que l'on s'arrête, les actions de la dernière volonté ne sauraient être libres.

Th. Il est vrai qu'on parle peu juste lorsqu'on parle comme si nous voulions vouloir. Nous ne voulons point vouloir, mais nous voulons faire, et si nous voulions vouloir, nous voudrions vouloir vouloir, et cela irait à l'infini ; cependant, il ne faut point dissimuler que par des actions volontaires, nous contribuons souvent indirectement à d'autres actions volontaires, et, quoiqu'on ne puisse point vouloir ce qu'on veut, comme on ne peut pas même juger ce qu'on veut, on peut pourtant faire en sorte par avance qu'on juge ou veuille avec le temps ce qu'on souhaiterait de pouvoir vouloir ou juger aujourd'hui. On s'attache aux personnes, aux lectures et aux considérations favorables à un certain parti, on ne donne point attention à ce qui vient du parti contraire, et par ces adresses et mille autres qu'on emploie le plus souvent sans dessein formé et sans y penser, on réussit à se tromper ou du moins à se changer et à se convertir ou pervertir selon qu'on a rencontré.

§ 25. Ph. Puis donc qu'il est évident que l'homme n'est pas en liberté de vouloir vouloir ou non, la première chose qu'on demande après cela, c'est si l'homme est en liberté de vouloir lequel des deux il lui plaît, le mouvement par exemple ou le repos ? Mais cette question est si visiblement absurde en elle-même, qu'elle peut suffire à convaincre quiconque y fera réflexion, que la liberté ne concerne dans aucun cas la volonté; car demander si un homme est en liberté de vouloir lequel il lui plaît, du mouvement ou du repos, de parler ou de se taire, c'est demander si un homme peut vouloir ce qu'il veut, ou se plaire à ce à quoi il se plaît, question qui, à mon avis, n'a point besoin de réponse.

Th. Il est vrai, avec tout cela, que les hommes se font une difficulté ici qui mérite d'être résolue. Ils disent qu'après avoir tout connu et tout considéré, il est encore dans leur pouvoir de vouloir, non pas seulement ce qui plaît le plus, mais encore tout le contraire, seulement pour montrer leur liberté. Mais il faut considérer qu'encore ce caprice ou entêtement ou du moins cette raison, qui les empêche de suivre les autres raisons, entre dans la balance, et leur fait plaire ce qui ne leur plairait point sans cela, de sorte que le choix est toujours déterminé par la perception. On ne veut donc pas ce qu'on voudrait, mais ce qui plaît, quoique la volonté puisse contribuer indirectement et comme de loin à faire que quelque chose plaise ou non, comme j'ai déjà remarqué. Et les hommes ne démêlant guère toutes ces considérations distinctes, il n'est point étonnant qu'on s'embrouille tant l'esprit sur cette matière, qui a beaucoup de replis cachés.

§ 29. Ph. Lorsqu'on demande qui est-ce qui détermine la volonté, la véritable réponse consiste à dire que c'est l'esprit qui détermine la volonté. Si cette réponse ne satisfait pas, il est visible que le sens de cette question se réduit à ceci : qui est-ce qui pousse l'esprit dans chaque occasion particulière à déterminer à tel mouvement ou à tel repos particulier la puissance générale qu'il a de diriger ses facultés vers le mouvement et vers le repos? A quoi je réponds que ce qui nous porte à demeurer dans le même état ou à continuer la même action, c'est uniquement la satisfaction présente qu'on y trouve. Au contraire, le motif qui incite à changer est toujours quelque inquiétude.

Th. Cette inquiétude, comme je l'ai montré dans le chapitre précédent, n'est pas toujours un déplaisir, comme l'aise où l'on se trouve n'est pas toujours une satisfaction ou un plaisir. C'est souvent une perception insensible, qu'on ne saurait distinguer ni démêler, qui nous fait pencher plutôt d'un côté que de l'autre, sans qu'on en puisse rendre raison.

§ 30. Ph. La volonté et le désir ne doivent pas être confondus; un homme désire d'être délivré de la goutte, mais comprenant que l'éloignement de cette douleur peut causer le transport d'une dangereuse humeur dans quelque partie plus vitale, sa volonté ne saurait être déterminée à aucune action qui puisse servir à dissiper cette douleur.

Th. Ce désir est une manière de velléité par rapport à une volonté complète ; on voudrait par exemple, s'il n'y avait pas un plus grand mal à craindre, si l'on obtenait ce qu'on veut, ou peut-être un plus grand bien à espérer, si l'on s'en passait. Cependant on peut dire que l'homme veut être délivré de la goutte par un certain degré de la volonté, mais qui ne va pas toujours au dernier effort. Cette volonté s'appelle velléité quand elle enferme quelque imperfection ou impuissance.

§ 31. Ph. Il est bon de considérer cependant que ce qui détermine la volonté à agir n'est pas le plus grand bien, comme on le suppose ordinairement, mais plutôt quelque inquiétude actuelle, et pour l'ordinaire celle qui est la plus pressante. On lui peut donner le nom de désir, qui est effectivement une inquiétude de l'esprit, causée par la privation de quelque bien absent, outre le désir d'être délivré de la douleur. Tout bien absent ne produit pas une douleur, proportionnée au degré d'excellence qui est en lui, ou que nous y reconnaissons, au lieu que toute douleur cause un désir égal à elle-même : parce que l'absence du bien n'est pas toujours un mal comme est la présence de la douleur. C'est pourquoi l'on peut considérer et envisager un bien absent sans douleur ; mais à proportion qu'il y a du désir quelque part autant y a-t-il d'inquiétude (§ 32). Qui est-ce qui n'a point senti dans le désir ce que le sage dit de l'espérance (*Proverb.*, xiii, 12), qu'étant différée, elle fait languir le cœur? Rachel crie (*Genes.*, xxx, 1) : Donnez-moi des enfants, ou je vais mourir (§ 34). Lorsque l'homme est parfaitement satisfait de l'état où il est, ou lorsqu'il est absolument libre de toute inquiétude, quelle volonté lui peut-il rester que de continuer dans cet état ? Ainsi le sage auteur de notre être a mis dans les hommes l'incommodité de la faim et de la soif, et des autres désirs naturels, afin d'exciter et de déterminer leur volonté à leur propre conservation et à la continuation de leur espèce. Il vaut mieux, dit saint Paul (I. *Cor.*, vii, 9) se marier que brûler. Tant il est vrai que le sentiment présent d'une petite brûlure a plus de pouvoir pour nous que les attraits des plus grands plaisirs considérés en éloignement, § 35. Il est vrai que c'est une maxime si fort établie que c'est le bien et le plus grand bien qui détermine la volonté, que je ne suis nullement surpris d'avoir autrefois supposé cela comme indubitable. Cependant, après une exacte recherche, je me sens forcé de conclure que le bien et le plus grand bien, quoique jugé et reconnu tel, ne détermine point la volonté; à moins que, venant à le désirer d'une manière proportionnée à son excellence, ce désir nous rende inquiets de ce que nous en sommes privés. Posons qu'un homme soit convaincu de l'utilité de la vertu jusqu'à voir qu'elle est nécessaire à qui se propose quelque chose de grand dans ce monde, on espère d'être heureux dans l'autre; cependant, jusqu'à ce que cet homme se sente affamé et altéré de la justice, sa volonté ne sera jamais déterminée à aucune action qui le porte à la recherche de cet excellent bien, et quelque autre inquiétude venant à la traverse entraînera sa volonté à d'autres choses. D'autre part, posons qu'un homme adonné au vin considère que menant la vie qu'il mène il ruine sa santé et dissipe son bien, qu'il va se déshonorer dans le monde, s'attirer des maladies, et tomber dans l'indigence jusqu'à n'avoir plus de quoi satisfaire cette passion de boire qui le possède si fort; cependant, les retours d'inquiétude qu'il sent à être absent de ses compagnons de débauche l'entraînent au cabaret, aux heures qu'il a accoutumé d'y aller, quoiqu'il ait alors devant ses yeux la perte de sa santé et de ses biens, et peut-être même celle du bonheur de l'autre vie, bonheur qu'il ne peut regarder comme un bien peu considérable en lui-même, puisqu'il avoue qu'il est plus excellent que le plaisir de boire ou que le vain babil d'une troupe de débauchés. Ce n'est donc pas faute de jeter les yeux sur le souverain bien qu'il persiste dans ce dérèglement, car il l'envisage et en reconnaît l'excellence, jusque-là que durant tout le temps qui s'écoule entre les heures qu'il emploie à boire, il résout de s'appliquer à rechercher ce souverain bien ; mais, quand l'inquiétude d'être privé du plaisir auquel il est accoutumé vient le tourmenter, ce bien qu'il reconnaît plus excellent que celui de boire, n'a plus de force sur son esprit, et c'est cette inquiétude actuelle qui détermine sa volonté à l'action à laquelle il est accoutumé, et qui, par là, faisant de plus fortes impressions, prévaut encore à la première occasion, quoique, en même temps, il s'engage pour ainsi dire lui-même, par de secrètes promesses, à ne plus faire la même chose, et qu'il se figure que ce sera la dernière fois qu'il agira contre son plus grand intérêt. Ainsi, il se trouve de temps en temps réduit à dire :

> Video meliora proboque,
> Deteriora sequor.

Je vois le meilleur parti, je l'approuve, et je prends le pire. Cette sentence, qu'on reconnaît véritable, et qui n'est que trop confirmée par une constante expérience, est aisée à comprendre par cette voie-là et ne l'est peut-être pas de quelque autre sens qu'on le prenne.

TH. Il y a quelque chose de beau et de solide dans ces considérations. Cependant je ne voudrais pas qu'on crût pour cela qu'il faille abandonner ces anciens axiomes que la volonté suit le plus grand bien ou qu'elle fuit le plus grand mal qu'elle sent. La source du peu d'application aux vrais biens vient en bonne partie de ce que dans les matières et dans les occasions où les sens n'agissent guère, la plupart de nos pensées sont sourdes pour ainsi dire (je les appelle *cogitationes cœcas* en latin), c'est-à-dire vides de perception et de sentiment, et consistant dans l'emploi tout nu des caractères, comme il arrive à ceux qui calculent en algèbre sans envisager que de temps en temps les figures géométriques dont il s'agit, et les mots font ordinairement le même effet en cela que les caractères d'arithmétique ou d'algèbre. On raisonne souvent en paroles, sans avoir presque l'objet même dans l'esprit. Or cette connaissance ne saurait toucher, il faut quelque chose de vif pour qu'on soit ému. Cependant, c'est ainsi que les hommes le plus souvent pensent à Dieu, à la vertu, à la félicité ; ils parlent et raisonnent sans idées expresses. Ce n'est pas qu'ils n'en puissent avoir, puisqu'elles sont dans leur esprit, mais ils ne se donnent point la peine de pousser l'analyse. Quelquefois, ils ont des idées d'un bien ou d'un mal absent, mais très faibles. Ce n'est donc pas merveille si elles ne touchent guère. Ainsi, si nous préférons le pire, c'est que nous sentons le bien qu'il renferme, sans sentir ni le mal qu'il y a, ni le bien qui est dans la part contraire. Nous supposons et croyons, ou plutôt nous récitons seulement sur la foi d'autrui ou tout au plus sur celle de la mémoire de nos raisonnements passés que le plus grand bien est dans le meilleur parti ou le plus grand mal dans l'autre. Mais, quand nous ne les envisageons point, nos pensées et nos raisonnements, contraires au sentiment, sont une espèce de psittacisme, qui ne fournit rien pour le présent à l'esprit; et, si nous ne prenons point de mesures pour y remédier, autant en emporte le vent, comme j'ai déjà remarqué ci-dessus (chap. 2, § 11) et les plus beaux préceptes de morale avec les meilleures règles de la prudence, ne portent coup que dans une âme qui y est sensible (ou directement, ou, parce que cela ne se peut pas toujours, au moins indirectement, comme je montrerai tantôt) et qui n'est pas plus sensible à ce qui y est contraire. Cicéron dit bien quelque part que, si nos yeux pouvaient voir la beauté de la vertu, nous l'aimerions avec ardeur (1) ; mais cela n'arrivant point ni rien d'équivalent, il ne faut point s'étonner si dans le combat entre la chair et l'esprit, l'esprit succombe tant de fois, puisqu'il ne se sert pas bien de ses avantages. Ce combat n'est autre chose que l'opposition des différentes tendances qui naissent des pensées confuses et des distinctes. Les pensées confuses souvent se font sentir clairement, mais nos pensées distinctes ne sont claires ordinairement qu'en puissance; elles pourraient l'être, si nous voulions nous donner l'application de pénétrer le sens des mots ou des caractères, mais ne le faisant point, ou par négligence ou à cause de la brièveté du temps, on oppose des paroles nues ou du moins des images trop faibles à des sentiments vifs. J'ai connu un homme, considérable dans l'Église et dans l'État, que ses infirmités avaient fait se résoudre à la diète; mais il avoua qu'il n'avait pu résister à l'odeur des viandes qu'on portait aux autres en passant devant son appartement. C'est sans doute une honteuse faiblesse, mais voilà comme les hommes sont faits. Cependant, si l'esprit usait bien de ses avantages, il triompherait hautement. Il faudrait commencer par l'éducation qui doit être réglée en sorte qu'on rend les vrais biens et les vrais maux autant sensibles qu'il se peut, en revêtissant les notions qu'on se forme des circonstances plus propres à ce dessein; et un homme fait, à qui manque cette excellente éducation, doit commencer plutôt tard que jamais à chercher des plaisirs lumineux et raisonnables, pour les opposer à ceux des sens qui sont confus mais touchants. Et en effet, la grâce divine même est un plaisir qui donne de la lumière. Ainsi, lorsqu'un homme est dans de bons mouvements, il doit se faire des lois et des règlements pour l'avenir et les exécuter avec rigueur, s'arracher aux occasions capables de corrompre, ou brusquement ou peu à peu, selon la nature de la chose. Un voyage entrepris tout exprès guérira un amant, une retraite nous tirera des compagnies qui entretiennent dans quelque mauvaise inclination. François de Borgia, général des jésuites, qui a été enfin canonisé, étant accoutumé à boire largement lorsqu'il était homme de grand monde, se réduisit peu à peu au petit pied, lorsqu'il pensa à

---

(1) GERHARDT : *avec l'ardeur.*

la retraite, en faisant tomber chaque jour une goutte de cire dans le bocal (1) qu'il avait coutume de vider. A des sensibilités dangereuses, on opposera quelque autre sensibilité innocente comme l'agricuture, le jardinage ; on fuira l'oisiveté ; on ramassera des curiosités de la nature et de l'art; on fera des expériences et des recherches; on s'engagera dans quelque occupation indispensable, ou, si l'on n'en a pas, dans quelque conservation ou lecture utile et agréable. En un mot, il faut profiter des bons mouvements comme de la voix de Dieu qui nous appelle pour prendre des résolutions efficaces. Et, comme on ne peut pas faire toujours l'analyse des notions des vrais biens et des vrais maux jusques à la perception du plaisir et de la douleur qu'ils renferment, pour en être touché, il faut se faire une fois pour toutes cette loi d'attendre et de suivre désormais les conclusions de la raison, comprises une bonne fois, quoique non aperçues (2) dans la suite et ordinairement que par des pensées sourdes seulement et destituées d'attraits sensibles, et cela pour se mettre enfin dans la possession de l'empire sur les passions aussi bien que sur les inclinations insensibles ou inquiétudes, en acquérant cette accoutumance d'agir suivant la raison qui rendra la vertu agréable et comme naturelle. Mais il ne s'agit pas ici de donner et d'enseigner des préceptes de morale ou des directions et adresses spirituelles pour l'exercice de la véritable piété; c'est assez qu'en considérant le procédé de notre âme, on voie la source de nos faiblesses dont la connaissance donne en même temps celle des remèdes.

§ 36. Ph. L'inquiétude présente, qui nous presse, opère seule sur la volonté et la détermine naturellement en vue de ce bonheur auquel nous tendons tous dans toutes nos actions, parce que chacun regarde la douleur et l'*uneasiness* (c'est-à-dire l'inquiétude ou plutôt l'incommodité, qui fait que nous ne sommes pas à notre aise) comme des choses incompatibles avec la félicité. Une petite douleur suffit pour corrompre tous les plaisirs dont nous jouissons. Par conséquent, ce qui détermine incessamment le choix de notre volonté à l'action suivante sera toujours l'éloignement de la douleur, tandis que nous en sentons quelque atteinte, cet éloignement étant le premier degré vers le bonheur.

Th. Si vous prenez votre *uneasiness* ou inquiétude pour un véritable déplaisir, en ce sens je n'accorde point qu'il soit le seul aiguil-

---

(1) Gehrardt : *le pocal*.
(2) Gehrardt : *n'aperçues*.

lon. Ce sont le plus souvent des petites perceptions insensibles, qu'on pourrait appeler des douleurs inaperceptibles, si la notion de la douleur ne renfermait l'aperception. Ces petites impulsions consistent à se délivrer continuellement des petits empêchements, à quoi notre nature travaille sans qu'on y pense. C'est en quoi consiste véritablement cette inquiétude, qu'on sent sans la connaître, qui nous fait agir dans les passions aussi bien que lorsque nous paraissons le plus tranquilles, car nous ne sommes jamais sans quelque action et mouvement, qui ne vient que de ce que la nature travaille toujours à se mettre mieux à son aise. Et c'est ce qui nous détermine aussi avant toute consultation dans les cas qui nous paraissent les plus indifférents, parce que nous ne sommes jamais parfaitement en balance et ne saurions être mi-partis exactement entre deux cas. Or, si ces éléments de la douleur (qui dégénèrent en douleur ou déplaisir véritable quelquefois, lorsqu'ils croissent trop) étaient des vraies douleurs, nous serions toujours misérables, en poursuivant le bien que nous cherchons avec inquiétude et ardeur. Mais c'est le contraire, et comme j'ai dit déjà ci-dessus (§ 6, du chapitre précédent), l'amas de ces petits succès continuels de la nature, qui se met de plus en plus à son aise, en tendant au bien et jouissant de son image, ou diminuant le sentiment de la douleur, est déjà un plaisir considérable et vaut souvent mieux que la jouissance même du bien ; et bien loin qu'on doive regarder cette inquiétude comme une chose incompatible avec la félicité, je trouve que l'inquiétude est essentielle à la félicité des créatures, laquelle ne consiste jamais dans une parfaite possession, qui les rendrait insensibles et comme stupides, mais dans un progrès continuel et non interrompu à des plus grands biens, qui ne peut manquer (1) [d'être accompagné d'un désir ou du moins d'une inquiétude continuelle, mais telle que je viens d'expliquer, qui ne va pas jusqu'à incommoder, mais qui se borne à ces éléments ou rudiments de la douleur, inappréciables à part, lesquels ne laissent pas d'être suffisants pour servir d'aiguillon et pour exciter la volonté ; comme fait l'appétit dans un homme qui se porte bien, lorsqu'il ne va pas jusqu'à cette incommodité, qui nous rend impatients et nous tourmente par un trop grand attachement à l'idée de ce qui nous manque. Ces appétitions petites ou grandes sont ce qui s'appelle dans les écoles *motus primo primi*, et ce sont véritablement les premiers pas que la nature nous

---

(1) GERHARDT : *marquer*.

fait faire, non pas tant vers le bonheur que vers la joie, car on n'y regarde que le présent : mais l'expérience et la raison apprennent à régler ces appétitions et à les modérer pour qu'elles puissent conduire au bonheur. J'en ai déjà dit quelque chose (Liv. I, chap. II, § 3), les appétitions sont comme la tendance de la pierre, qui va le plus droit mais non pas toujours le meilleur chemin vers le centre de la terre, ne pouvant pas prévoir qu'elle rencontrera des rochers où elle se brisera, au lieu qu'elle se serait approchée davantage de son but, si elle avait eu l'esprit et le moyen de s'en détourner. C'est ainsi qu'allant droit vers le présent plaisir, nous tombons quelquefois dans le précipice de la misère. C'est pourquoi la raison y oppose les images des plus grands biens ou maux à venir et une ferme résolution et habitude de penser avant de faire, et puis de suivre ce qui aura été reconnu le meilleur, lors même que les raisons sensibles de nos conclusions ne nous seront plus présentes dans l'esprit et ne consisteront presque plus qu'en images faibles ou même dans les pensées sourdes, que donnent les mots ou signes destitués d'une explication actuelle, de sorte que tout consiste dans le *pensez-y bien* et dans le *memento;* le premier pour se faire des lois, et le second pour les suivre, lors même qu'on ne pense pas à la raison qui les a fait naître. Il est pourtant bon d'y penser le plus qu'il se peut, pour avoir l'âme remplie d'une joie raisonnable et d'un plaisir accompagné de lumière.

§ 37. Ph. Ces précautions sans doute sont d'autant plus nécessaires, que l'idée d'un bien absent ne saurait contrebalancer le sentiment de quelque inquiétude ou de quelque déplaisir, dont nous sommes actuellement tourmentés, jusqu'à ce que ce bien excite quelque désir en nous. Combien y a-t-il de gens à qui l'on représente les joies indicibles du paradis par de vives peintures qu'ils reconnaissent possibles et probables, qui cependant se contenteraient volontiers de la félicité, dont ils jouissent dans ce monde. C'est que les inquiétudes de leurs désirs présents, venant à prendre le dessus et à se porter rapidement vers les plaisirs de cette vie, déterminent leurs volontés à les rechercher ; et durant ce temps-là ils sont entièrement insensibles aux biens de l'autre vie.

Th. Cela tient en partie de ce que les hommes bien souvent ne sont guère persuadés ; et, quoiqu'ils le disent, une incrédulité occulte règne dans le fond de leur âme ; car ils n'ont jamais compris les bonnes raisons qui vérifient cette immortalité des âmes, digne de la justice de Dieu, qui est le fondement de la vraie religion, ou bien ils ne se souviennent plus de les avoir comprises, dont il faut pourtant l'un ou l'autre pour être persuadé. Peu de gens conçoivent même que la vie future, telle que la vraie religion et même la vraie raison l'enseignent, est possible, bien loin d'en concevoir la probabilité, pour ne pas dire la certitude. Tout ce qu'ils en pensent n'est que *psittacisme* ou des images grossières et vaines à la mahométane, où eux-mêmes voient peu d'apparence : car il s'en faut beaucoup qu'ils en soient touchés, comme l'étaient (à ce qu'on dit) les soldats du prince des assassins, seigneur de la Montagne, qu'on transportait quand ils étaient endormis profondément dans un lieu plein de délices, où se croyant dans le paradis de Mahomet, ils étaient imbus par des anges ou saints contrefaits d'opinions telles que leur souhaitait ce prince, et d'où, après avoir été assoupis de nouveau, ils étaient rapportés au lieu où on les avait pris ; ce qui les enhardissait après à tout entreprendre, jusque sur les vies des princes ennemis de leur seigneur. Je ne sais pas si l'on n'a pas fait tort à ce seigneur de la Montagne; car on ne marque pas beaucoup de grands princes qu'il ait fait assassiner, quoiqu'on voie dans les historiens anglais la lettre qu'on lui attribue, pour disculper le roi Richard Ier de l'assassinat d'un comte ou prince de la Palestine, que ce seigneur de la Montagne avoue d'avoir fait tuer, pour en avoir été offensé. Quoi qu'il en soit, c'était peut-être par un grand zèle pour sa religion que ce prince des assassins voulait donner aux gens une idée avantageuse du paradis, qui en accompagnât toujours la pensée et les empêchât d'être sourds; sans prétendre pour cela qu'ils dussent croire qu'ils avaient été dans le paradis même. Mais supposé qu'il l'eût prétendu, il ne faudrait point s'étonner que ces fraudes pieuses eussent fait plus d'effet que la vérité mal ménagée. Cependant rien ne serait plus fort que la vérité, si on s'attachait à la bien connaître et à la faire valoir ; et il y aurait moyen sans doute d'y porter fortement les hommes. Quand je considère combien peut l'ambition et l'avarice dans tous ceux qui se mettent une fois dans ce train de vie, presque destitué d'attraits sensibles et présents, je ne désespère de rien, et je tiens que la vertu ferait infiniment plus d'effet accompagnée comme elle est de tant de solides biens, si quelque heureuse révolution du genre humain la mettait un jour en vogue et comme à la mode. Il est très assuré qu'on pourrait accoutumer les jeunes gens à faire leur plus grand plaisir de l'exercice de la vertu. Et même les hommes faits pourraient se faire des lois et une habitude de les suivre qui les y porterait aussi fortement et avec autant d'inquiétude s'ils en étaient détournés, qu'un ivrogne en pourrait sentir, lorsqu'il est empêché d'aller au cabaret. Je suis bien aise d'ajouter ces considérations sur la possibilité et même sur la facilité des remèdes à nos maux, pour ne pas contribuer à décourager les hommes de la poursuite des vrais biens par la seule exposition de nos faiblesses.

§ 39. Ph. Tout consiste presque à faire constamment désirer les vrais biens. Et il arrive rarement qu'aucune action volontaire soit produite en nous, sans que quelque désir l'accompagne ; c'est pourquoi la volonté et le désir sont si souvent confondus ensemble. Cependant il ne faut pas regarder l'inquiétude, qui fait partie ou qui est du moins une suite de la plupart des autres passions, comme entièrement exclue de cet article ; car la haine, la crainte, la colère, l'envie, la honte, ont chacune leurs inquiétudes, et par là opèrent sur la volonté. Je doute qu'aucune de ces passions existe toute seule, je crois même qu'on aurait de la peine à trouver quelque passion qui ne soit accompagnée de désir. Du reste, je suis assuré que partout où il y a de l'inquiétude il y a du désir. Et, comme notre éternité ne dépend pas du moment présent, nous portons notre vue au delà, quels que soient les plaisirs dont nous jouissons actuellement et le désir, accompagnant ces désirs anticipés sur l'avenir, entraîne toujours la volonté à la suite : de sorte qu'au milieu même de la joie, ce qui soutient l'action, d'où dépend le plaisir présent, c'est le désir de continuer ce plaisir et la crainte d'en être privé, et toutes les fois qu'une plus grande inquiétude que celle-là vient à s'emparer de l'esprit, elle détermine aussitôt l'esprit à une nouvelle action et le plaisir présent est négligé.

Th. Plusieurs perceptions et inclinations concourent à la volition parfaite, qui est le résultat de leur conflit. Il y en a d'imperceptibles à part, dont l'amas fait une inquiétude, qui nous pousse sans qu'on en voie le sujet ; il y en a plusieurs jointes ensemble, qui portent à quelque objet, ou qui en éloignent, et alors c'est désir ou crainte, accompagné aussi d'une inquiétude, mais qui ne va pas toujours jusqu'au plaisir ou déplaisir. Enfin il y a des impulsions accompagnées effectivement de plaisir et de douleur, et toutes ces perceptions sont ou des sensations nouvelles, ou des imaginations restées de quelque sensation passée (accompagnées ou non accompagnées du souvenir) qui renouvelant les attraits que ces mêmes images avaient dans ces sensations précédentes, renouvellent aussi les impulsions anciennes à proportion de la vivacité de l'imagination. Et de toutes ces impulsions résulte enfin l'effort prévalant, qui fait la volonté pleine. Cependant les désirs et les tendances, dont on s'aperçoit, sont souvent aussi appelés des volitions quoique moins entières, soit qu'elles prévalent et entraînent ou non. Ainsi il est aisé de juger, que la volition ne saura guère subsister sans désir et sans fuite; car c'est ainsi que je crois qu'on pourrait appeler l'opposé du désir. L'inquiétude n'est pas seulement dans les passions incommodes, comme dans la haine, la crainte, la colère, l'envie, la honte, mais encore dans les opposées, comme l'amour, l'espérance, l'apaisement, la faveur et la gloire. On peut dire que partout où il y a désir, il y aura inquiétude; mais le contraire n'est pas toujours vrai, parce que souvent on est en inquiétude sans savoir ce qu'on demande, et alors il n'y a point de désir formé.

§ 40. Ph. Ordinairement la plus pressante des inquiétudes dont on croit être alors en état de pouvoir se délivrer, détermine la volonté à l'action.

Th. Comme le résultat de la balance fait la détermination finale, je croirais qu'il peut arriver que la plus pressante des inquiétudes ne prévale point; car, quoiqu'elle prévaudrait à chacune des tendances opposées, prises à part, il se peut que les autres, jointes ensemble, la surmontent. L'esprit peut même user de l'adresse des *dichotomies* pour faire prévaloir tantôt les unes, tantôt les autres, comme dans une assemblée on peut faire prévaloir quelque parti par la pluralité des voix, selon qu'on forme l'ordre des demandes. Il est vrai que l'esprit doit y pourvoir de loin ; car dans le moment du combat, il n'est plus temps d'user de ces artifices. Tout ce qui frappe alors pèse sur la balance, et contribue à former une direction composée presque comme dans la mécanique, et sans quelque prompte diversion on ne saurait l'arrêter.

Fertur equis auriga nec audit currus habenas.

§ 41. Ph. Si on demande outre cela ce que c'est qui excite le désir, nous répondons que c'est le bonheur et rien autre chose. Le bonheur et la misère sont des noms de deux extrémités dont les dernières bornes sont inconnues. C'est ce que l'œil de l'homme n'a point vu, que l'oreille n'a point entendu et que le cœur de l'homme n'a jamais compris. Mais il se fait en nous de vives impresions de l'un et de l'autre par différentes espèces de satisfaction et de joie, de tourment et de chagrin, que je comprends, pour abréger sous les noms de plaisir et de douleur, qui conviennent l'un et l'autre à l'esprit aussi bien qu'au corps, ou qui, pour parler plus exactement, n'appartiennent qu'à l'esprit, quoique tantôt ils prennent leur origine dans l'esprit à l'occasion de certaines pensées, et tantôt dans le corps à l'occasion de certaines modifications du mouvement (§ 42). Ainsi, le bonheur, pris dans toute son étendue, est le plus grand plaisir dont nous soyons capables, comme la misère, prise de même, est la plus grande douleur que nous puissions sentir. Et le plus bas degré de ce que l'on peut appeler bonheur, c'est cet état où, délivré de toute douleur, on jouit d'une telle mesure de plaisir présent, qu'on ne saurait être content avec moins. Nous appelons bien ce qui est propre à produire en nous du plaisir, et nous appelons mal ce qui est propre à produire en nous de la douleur. Cependant, il arrive souvent que nous ne le nommons pas ainsi, lorsque l'un ou l'autre de ces biens ou de ces maux se trouvent en concurrence avec un plus grand bien ou un plus grand mal.

Th. Je ne sais si le plus grand plaisir est possible. Je croirais plutôt qu'il peut croître à l'infini, car nous ne savons pas jusqu'où nos connaissances et nos organes peuvent être portés dans toute cette éternité qui nous attend. Je croirais donc que le bonheur est un plaisir durable, ce qui ne saurait avoir lieu sans une progression continuelle à de nouveaux plaisirs. Ainsi de deux, dont l'un ira incomparablement plus vite et par de plus grands plaisirs que l'autre, chacun sera heureux en soi-même, quoique leur bonheur soit fort inégal. Le bonheur est donc pour ainsi dire un chemin par des plaisirs ; et le plaisir n'est qu'un pas et un avancement vers le bonheur, le plus court qui se peut faire suivant les présentes impressions, mais non pas toujours le meilleur, comme je l'ai dit vers la fin du § 36. On peut manquer le vrai chemin, en voulant suivre le plus court, comme la pierre allant droit peut rencontrer trop tôt des obstacles qui l'empêchent d'avancer assez vers le centre de la terre. Ce qui fait connaître que c'est la raison et la volonté qui nous mènent vers le bonheur, mais que le sentiment et l'appétit ne nous portent que vers le plaisir. Or, quoique le plaisir ne puisse point recevoir une définition nominale, non plus que la lumière ou la couleur, il en peut pourtant recevoir une causale comme elles, et je crois que dans le fond le plaisir est un sentiment de perfection, et la douleur un sentiment d'imperfection, pourvu qu'il soit assez notable pour qu'on puisse s'en apercevoir; car les petites perceptions insensibles de quelque perfection ou imperfection, qui sont comme les éléments du plaisir ou de la douleur, et dont j'ai parlé tant de fois, forment des inclinations et des penchants, mais non pas encore des passions mêmes. Ainsi il y a des inclinations insensibles et dont on ne s'aperçoit pas; il y en a de sensibles, dont on connaît l'existence et l'objet, mais dont on ne sent pas la formation, et ce sont des inclinations confuses, que nous attribuons au corps, quoiqu'il y ait toujours quelque chose qui y réponde dans l'esprit ; enfin il y a des inclinations distinctes, que la raison nous donne, dont nous sentons et la force et la formation ; et les plaisirs de cette nature qui se trouvent dans la connaissance et la production de l'ordre et de l'harmonie sont les plus estimables. On a raison de dire que généralement toutes ces inclinations, ces passions, ces plaisirs et ces douleurs n'appartiennent qu'à l'esprit ou à l'âme ; j'ajouterai même que leur origine est dans l'âme même en prenant les choses dans une certaine rigueur métaphysique, mais que néanmoins on a raison de dire que les pensées confuses viennent du corps, parce que là-dessus la considération du corps et non pas celle de l'âme fournit quelque chose de distinct et d'explicable. Le bien est ce qui sert ou contribue au plaisir, comme le mal ce qui contribue à la douleur. Mais dans la collision avec un plus grand bien, le bien qui nous en priverait pourrait devenir véritablement un mal, en tant qu'il contribuerait à la douleur qui en devrait naître.

§ 47. Ph. L'âme a le pouvoir de suspendre l'accomplissement de quelques-uns de ses désirs, et est, par conséquent en liberté de les considérer l'un après l'autre et de les comparer. C'est en cela que consiste la liberté de l'homme et ce que nous appelons, quoique improprement à mon avis, libre arbitre; et c'est du mauvais usage qu'il en fait que procède toute cette diversité d'égarements, d'erreurs ou de fautes où nous nous précipitons lorsque nous déterminons notre volonté trop promptement ou trop tard.

Th. L'exécution de notre désir est suspendue ou arrêtée lorsque ce désir n'est pas assez fort pour nous émouvoir et pour surmonter la peine ou l'incommodité qu'il y a de le satisfaire, et cette peine ne consiste quelquefois que dans une paresse ou lassitude insensible, qui rebute sans qu'on y garde, et qui est plus grande en des personnes élevées dans la mollesse ou dont le tempérament est flegmatique et en celles qui sont rebutées par l'âge ou par les mauvais succès. Mais, lorsque le désir est assez fort en lui-même pour émouvoir, si rien ne l'empêche, il peut être arrêté par des inclinations contraires, soit qu'elles consistent dans un simple penchant qui est comme l'élément ou le commencement du désir, soit qu'elles aillent jusqu'au désir même. Cependant comme ces inclinations, ces penchants et ces désirs contraires se doivent trouver déjà dans l'âme, elle ne les a pas en son pouvoir, et par conséquent, elle ne pourrait pas résister d'une manière libre et volontaire, où la raison puisse avoir part, si elle n'avait encore un autre moyen qui est celui de détourner l'esprit ailleurs. Mais comment s'aviser de le faire au besoin ; car c'est là le point, surtout quand on est occupé d'une forte passion. Il faut donc que l'esprit soit préparé d'avance et se trouve déjà en train d'aller de pensée en pensée pour ne se pas trop arrêter dans un pas glissant et dangereux. Il est bon pour cela de s'accoutumer de ne penser que comme en passant à certaines choses, pour se mieux conserver les apartés d'esprit. Mais le meilleur est de s'accoutumer à procéder méthodiquement et à s'attacher à un train de pensées dont la raison, et non le hasard (c'est-à-dire les impressions insensibles et casuelles) fassent la liaison. Et pour cela, il est bon de s'accoutumer à se recueillir de temps en temps et à s'élever au-dessus du tumulte présent des impressions, à sortir pour ainsi dire de la place où l'on est, à se dire : *dic cur hic ? respice finem ;* où en sommes-nous ? Oui, venons au propos, venons au fait. Les hommes auraient bien souvent besoin de quelqu'un, établi en titre d'office (comme en avait Philippe, le père d'Alexandre le Grand), qui les interrompît et les rappelât à leur devoir. Mais au défaut d'un tel officier, il est bon que nous soyons stylés à nous rendre cet office nous-mêmes. Or, étant une fois en état d'arrêter l'effet de nos désirs et de nos passions, c'est-à-dire de suspendre l'action, nous pouvons trouver les moyens de les combattre, soit par des désirs ou des inclinations contraires, soit par diversion, c'est-à-dire par des occupations d'une autre nature. C'est par ces méthodes et par ces artifices que nous devenons comme maîtres de nous-mêmes, et que nous pourrons nous faire penser et faire avec le temps ce que nous voudrions vouloir et ce que la raison ordonne. Cependant, c'est toujours par des voies déterminées et jamais sans sujet ou par le principe imaginaire d'une indifférence parfaite ou d'équilibre, dans laquelle quelques-uns voudraient faire consister l'essence de la liberté, comme si on pouvait se déterminer sans sujet et même contre tout sujet et aller directement contre toute la prévalence des impressions et des penchants. Sans sujet, dis-je, c'est-à-dire sans l'opposition d'autres inclinations, ou sans qu'on soit par avance en train de détourner l'esprit, ou sans quelque autre moyen pareil explicable; autrement, c'est recourir au chimérique, comme dans les facultés nues ou qualités occultes scolastiques, où il n'y a ni rime ni raison.

§ 48. Ph. Je suis aussi pour cette détermination intelligible de la volonté par ce qui est dans la perception et dans l'entendement. Vouloir et agir conformément au dernier résultat d'un sincère examen, c'est plutôt une perfection qu'un défaut de notre nature. Et tant s'en faut que ce soit là ce qui étouffe ou abrège la liberté que c'est ce qu'elle (1) a de plus parfait et de plus avantageux. Et plus nous sommes éloignés de nous déterminer de cette manière, plus nous sommes près de la misère et de l'esclavage. En effet, si vous supposez dans l'esprit une parfaite et absolue indifférence, qui ne puisse être déterminée par le dernier jugement qu'il fait du bien et du mal, vous le mettrez dans un état très imparfait.

Th. Tout cela est fort à mon gré et fait voir que l'esprit n'a pas un pouvoir entier et direct d'arrêter toujours ses désirs, autrement il ne serait jamais déterminé quelque examen qu'il pourrait faire et quelques bonnes raisons ou sentiments efficaces qu'il pourrait avoir, et il demeurerait toujours irrésolu et flotterait éternellement entre la crainte et l'espérance. Il faut donc qu'il soit enfin déterminé et qu'ainsi, il ne puisse s'opposer qu'indirectement à ses désirs en se préparant par avance des armes qui les combattent au besoin comme je viens de l'expliquer.

Ph. Cependant un homme est en liberté de porter sa main sur sa tête ou de la laisser en repos. Il est parfaitement indifférent à l'égard de l'une et de l'autre de ces choses, et ce serait une imperfection en lui si ce pouvoir lui manquait.

Th. A parler exactement, on n'est jamais indifférent à l'égard de deux partis quels qu'on puisse proposer, par exemple de tourner à droite ou à gauche, de mettre le pied droit devant (comme il fallait, chez Trimalcion) ou le gauche, car nous faisons l'un ou l'autre sans

---

(1) Gerhardt : *qu'est-ce qu'elle a.*

y penser, et c'est une marque qu'un concours de dispositions intérieures et d'impressions extérieures (quoique insensibles toutes deux) nous détermine au parti que nous prenons. Cependant la prévalence est bien petite, et c'est au besoin comme si nous étions indifférents à cet égard, puisque le moindre sujet sensible qui se présente à nous est capable de nous déterminer sans difficulté à l'un plutôt qu'à l'autre, et quoiqu'il y ait un peu de peine à lever le bras pour porter sa main sur sa tête, elle est si petite que nous la surmontons sans difficulté ; autrement, j'avoue que ce serait une grande imperfection si l'homme y était moins indifférent, et s'il lui manquait le pouvoir de se déterminer facilement à lever ou à ne pas lever le bras.

Ph. Mais ce ne serait pas moins une grande imperfection, s'il avait la même indifférence en toutes les rencontres, comme lorsqu'il voudrait défendre sa tête ou ses yeux d'un coup dont il se verrait prêt d'être frappé, c'est-à-dire s'il lui était aussi aisé d'arrêter ce mouvement que les autres dont nous venons de parler et où il est presque indifférent ; car cela ferait qu'il n'y serait pas porté assez fortement ni assez promptement dans le besoin. Ainsi la détermination nous est utile et nécessaire bien souvent, et si nous étions peu déterminés en toute sorte de rencontres et comme insensibles aux idées tirées de la perception du bien et du mal, nous serions sans choix effectif. Et, si nous étions déterminés par autre chose que par le dernier résultat que nous avons formé dans notre propre esprit, selon que nous avons jugé du bien et du mal d'une certaine action, nous ne serions point libres.

Th. Il n'y a rien de si vrai, et ceux qui cherchent une autre liberté ne savent point ce qu'ils demandent.

§ 49. Ph. Les êtres supérieurs, qui jouissent d'une parfaite félicité, sont déterminés au choix du bien plus fortement que nous ne le sommes, et cependant nous n'avons pas raison de nous figurer qu'ils soient moins libres que nous.

Th. Les théologiens disent pour cela que ces substances bienheureuses sont confirmées dans le bien et exemptes de tout danger de chute.

Ph. Je crois même que, s'il convenait à de pauvres créatures finies comme nous sommes de juger de ce que pourrait faire une sagesse et bonté infinie, nous pourrions dire que Dieu lui-même ne saurait choisir ce qui n'est pas bon et que la liberté de cet Être tout-puissant ne l'empêche pas d'être déterminé par ce qui est le meilleur

Th. Je suis tellement persuadé de cette vérité que je crois que nous la pouvons assurer hardiment, toutes pauvres et finies créatures que nous sommes, et que même nous aurions grand tort d'en douter ; car nous dérogerions par cela même à sa sagesse, à sa bonté et à ses autres perfections infinies. Cependant le choix, quelque déterminée que la volonté y soit, ne doit pas être appelé nécessaire absolument et à la rigueur ; la prévalence des biens aperçus incline sans nécessiter, quoique tout considéré, cette inclination soit déterminante et ne manque jamais de faire son effet.

§ 50. Ph. Être déterminé par la raison au meilleur, c'est être le plus libre. Quelqu'un voudrait-il être imbécile par cette raison qu'un imbécile est moins déterminé par de sages réflexions qu'un homme de bon sens ? Si la liberté consiste à secouer le joug de la raison, les fous et les insensés seront les seuls libres ; mais je ne crois pas que, pour l'amour d'une telle liberté, personne voulût être fou, hormis celui qui l'est déjà.

Th. Il y a des gens aujourd'hui qui croient qu'il est du bel esprit de déclamer contre la raison et de la traiter de pédante incommode. Je vois de petits livrets de discours de rien, qui s'en font fête, et même je vois quelquefois des vers trop beaux pour être employés à de si fausses pensées. En effet, si ceux qui se moquent de la raison parlaient tout de bon, ce serait une extravagance de nouvelle espèce inconnue aux siècles passés. Parler contre la raison, c'est parler contre la vérité, car la raison est un enchaînement de vérités. C'est parler contre soi-même, contre son bien, puisque le point principal de la raison consiste à la connaître et à la suivre.

§ 51. Ph. Comme donc la plus haute perfection d'un être intelligent consiste à s'appliquer soigneusement et constamment à la recherche du véritable bonheur, de même le soin que nous devons avoir de ne pas prendre pour une félicité réelle celle qui n'est qu'imaginaire est le fondement de notre liberté. Plus nous sommes liés à la recherche invariable du bonheur en général, qui ne cesse jamais d'être l'objet de nos désirs, plus notre volonté se trouve dégagée de la nécessité d'être déterminée par le désir qui nous porte vers quelque bien particulier, jusqu'à ce que nous ayons examiné s'il se rapporte ou s'oppose à notre véritable bonheur.

Th. Le vrai bonheur devrait toujours être l'objet de nos désirs, mais il y a lieu de douter qu'il le soit, car souvent on n'y pense guère, et j'ai remarqué ici plus d'une fois qu'à moins que l'appétit ne soit guidé par la raison, il tend au plaisir présent et non pas au bonheur, c'est-à-dire au plaisir durable, quoiqu'il tende à le faire durer ; voyez § 36 et § 41.

§ 53. Ph. Si quelque trouble excessif vient à s'emparer entièrement de notre âme, comme serait la douleur d'une cruelle torture, nous ne sommes pas assez maîtres de notre esprit. Cependant, pour modérer nos passions autant qu'il se peut, nous devons faire prendre à notre esprit le goût du bien et du mal réel et effectif, et ne pas permettre qu'un bien excellent et considérable nous échappe de l'esprit sans y laisser quelque goût, jusqu'à ce que nous ayons excité en nous des désirs proportionnés à son excellence, de sorte que son absence nous rende inquiets, aussi bien que la crainte de le perdre lorsque nous en jouissons.

Th. Cela convient assez avec les remarques que je viens de faire aux §§ 31 et 35 et avec ce que j'ai dit plus d'une fois des plaisirs lumineux, où l'on comprend comment ils nous perfectionnent sans nous mettre en danger de quelque imperfection plus grande ; comme font les plaisirs confus des sens, dont il faut se garder, surtout lorsqu'on n'a pas reconnu par l'expérience qu'on pourra s'en servir sûrement.

Ph. Et que personne ne dise ici qu'il ne saurait maîtriser ses passions ni empêcher qu'elles ne se déchaînent et l'empêchent d'agir ; car ce qu'il peut faire devant un prince ou quelque grand homme, il peut le faire, s'il veut, lorsqu'il est seul ou en la présence de Dieu.

Th. Cette remarque est très bonne et digne qu'on y réfléchisse souvent.

§ 54. Ph. Les différents choix cependant que les hommes font dans ce monde prouvent que la même chose n'est pas également bonne pour chacun d'eux. Et si les intérêts de l'homme ne s'étendaient point au delà de cette vie, la raison de cette diversité, qui fait, par exemple, que ceux-ci se plongent dans le luxe et dans la débauche et que ceux-là préfèrent la tempérance à la volupté, viendrait seulement de ce qu'ils placeraient leur bonheur dans des choses différentes.

Th. Elle en vient encore maintenant, quoiqu'ils aient tous ou doivent avoir devant les yeux cet objet commun de la vie future. Il est vrai que la considération du vrai bonheur, même de cette vie, suffirait à faire préférer la vertu aux voluptés, qui en éloignent, quoique l'obligation ne serait pas si forte alors ni si décisive. Il est vrai aussi que les goûts des hommes sont différents, et l'on dit qu'il ne faut point disputer des goûts. Mais comme ce ne sont que des perceptions confuses, il ne faut s'y attacher que dans les objets examinés pour indifférents et incapables de nuire ; autrement si quelqu'un trouvait du goût dans les poisons qui le tueraient ou le rendraient misérable, il serait ridicule de dire qu'on ne doit point lui contester ce qui est de son goût.

§ 55. PH. S'il n'y a rien à espérer au delà du tombeau, la conséquence est sans doute fort juste : mangeons et buvons, jouissons de tout ce qui nous fait plaisir, car demain nous mourrons.

TH. Il y a quelque chose à dire, à mon avis, à cette conséquence. Aristote et les Stoïciens et plusieurs autres anciens philosophes étaient d'un autre sentiment, et en effet je crois qu'ils avaient raison. Quand il n'y aurait rien au delà de cette vie, la tranquillité de l'âme et la santé du corps ne laisseraient pas d'être préférables aux plaisirs qui seraient contraires. Et ce n'est pas là une raison de négliger un bien, parce qu'il ne durera pas toujours. Mais j'avoue qu'il y a des cas où il n'y aurait pas moyen de démontrer que le plus honnête serait aussi le plus utile. C'est donc la seule considération de Dieu et de l'immortalité qui rend les obligations de la vertu et de justice absolument indispensables.

PH. Il me semble que le jugement présent, que nous faisons du bien et du mal, est toujours droit. Et pour ce qui est de la félicité ou de la misère présente, lorsque la réflexion ne va pas plus loin, et que toutes conséquences sont entièrement mises à quartier, l'homme ne choisit jamais mal.

TH. C'est-à-dire si tout était borné à ce moment présent, il n'y aurait point de raison de se refuser le plaisir qui se présente. En effet, j'ai remarqué ci-dessus que tout plaisir est un sentiment de perfection. Mais il y a certaines perfections qui entraînent avec elles des imperfections plus grandes. Comme si quelqu'un s'attachait pendant toute sa vie à jeter des pois contre des épingles pour apprendre à ne point manquer de les faire enferrer, à l'exemple de celui à qui Alexandre le Grand fit donner pour récompense un boisseau de pois, cet homme parviendrait à une certaine perfection, mais fort mince et indigne d'entrer en comparaison avec tant d'autres perfections très nécessaires qu'il aurait négligées. C'est ainsi que la perfection qui se trouve dans certains plaisirs présents doit céder surtout au soin des perfections qui sont nécessaires pour qu'on ne soit plongé dans la misère, qui est l'état où l'on va d'imperfection en imperfection, ou de douleur en douleur. Mais s'il n'y avait que le présent, il faudrait se contenter de la perfection qui s'y présente, c'est-à-dire du plaisir présent.

§ 62. Ph. Personne ne rendrait volontairement sa condition malheureuse s'il n'y était porté par de faux jugements. Je ne parle pas des méprises, qui sont des suites d'une erreur invincible et qui méritent à peine le nom de faux jugements, mais de ce faux jugement qui est tel par la propre confession que chaque homme en doit faire en soi-même. § 63. Premièrement donc l'âme se méprend lorsque nous comparons le plaisir ou la douleur présente avec un plaisir et une douleur à venir, que nous mesurons par la différente distance où elles se trouvent à notre égard ; semblables à un héritier prodigue, qui, pour la possession présente de peu de chose, renoncerait à un grand héritage qui ne lui pourrait manquer. Chacun doit reconnaître ce faux jugement, car l'avenir deviendra présent et aura alors le même avantage de la proximité. Si, dans le moment que l'homme prend le verre en main, le plaisir de boire était accompagné des douleurs de tête et des maux d'estomac qui lui arriveront en peu d'heures, il ne voudrait pas goûter du vin du bout des lèvres. Si une petite différence de temps fait tant d'illusion, à bien plus forte raison une plus grande distance fera le même effet.

Th. Il y a quelque convenance ici entre la distance des lieux et celle des temps. Mais il y a cette différence aussi, que les objets visibles diminuent leur action sur la vue à peu près à proportion de la distance, et il n'en est pas de même à l'égard des objets à venir, qui agissent sur l'imagination et l'esprit. Les rayons visibles sont des lignes droites qui s'éloignent proportionnellement, mais il y a des lignes courbes qui après quelque distance paraissent tomber dans la droite et ne s'en éloignent plus sensiblement ; c'est ainsi que font les asymptotes, dont l'intervalle apparent de la ligne droite disparait, quoique, dans la vérité des choses, elles en demeurent séparées éternellement. Nous trouvons même qu'enfin l'apparence des objets ne diminue point à proportion de l'accroissement de la distance, car l'apparence disparaît entièrement bientôt, quoique l'éloignement ne soit point infini. C'est ainsi qu'une petite distance des temps nous dérobe entièrement l'avenir, tout comme si l'objet était disparu. Il n'en reste souvent que le nom dans l'esprit, et cette espèce de pensées, dont j'ai déjà parlé, qui sont sourdes et incapables de toucher, si on n'y a pourvu par méthode et par habitude.

Ph. Je ne parle point ici de cette espèce de faux jugement, par lequel ce qui est absent n'est pas seulement diminué, mais tout à fait anéanti dans l'esprit des hommes, quand ils jouissent de tout ce qu'ils peuvent obtenir pour le présent et en concluent qu'il ne leur arrivera aucun mal.

Th. C'est une autre espèce de faux jugement lorsque l'attente du bien ou du mal à venir est anéantie, parce qu'on nie ou qu'on met en doute la conséquence qui se tire du présent; mais hors de cela l'erreur, qui anéantit le sentiment de l'avenir, est la même chose avec ce faux jugement, déjà mentionné, qui vient d'une trop faible représentation de l'avenir qu'on ne considère que peu ou point du tout. Au reste on pourrait peut-être distinguer ici entre mauvais goût et faux jugement, car souvent on ne met pas même en question si le bien à venir doit être préféré, et on n'agit que par impression, sans s'aviser de venir à l'examen. Mais, lorsqu'on y pense, il arrive l'un des deux, ou qu'on ne continue pas assez d'y penser et qu'on passe outre, sans pousser la question qu'on a entamée; ou qu'on poursuit l'examen et qu'on forme une conclusion. Et quelquefois, dans l'un et dans l'autre cas, il demeure un remords plus ou moins grand : quelquefois aussi il n'y a point du tout de *formido oppositi* ou de scrupuleux, soit que l'esprit se détourne tout à fait, ou qu'il soit abusé par des préjugés.

§ 29. Ph. L'étroite capacité de notre esprit est la cause des faux jugements que nous faisons en comparant les biens ou les maux. Nous ne saurions bien jouir de deux plaisirs à la fois, et moins encore pouvons-nous jouir d'aucun plaisir dans le temps que nous sommes obsédés par la douleur. Un peu d'amertume, mêlée dans la coupe, nous empêche d'en goûter la douceur. Le mal qu'on sent actuellement est toujours le plus rude de tous ; on s'écrie : Ah ! toute autre douleur plutôt que celle-ci !

Th. Il y a bien de la variété en tout cela selon le tempérament des hommes, selon la force de ce qu'on sent et selon les habitudes qu'on a prises. Un homme qui a la goutte pourra être dans la joie parce qu'il lui arrive une grande fortune, et un homme qui nage dans les délices et qui pourrait vivre à son aise sur ses terres est plongé dans la tristesse à cause d'une disgrâce à la cour. C'est que la joie et la tristesse viennent du résultat ou de la prévalence des plaisirs ou des douleurs, quand il y a du mélange. Léandre méprisait l'incommodité et le danger de passer la mer à la nage la nuit, poussé par les attraits de la belle Héro. Il y a des gens qui ne sauraient boire ni manger ou qui ne sauraient satisfaire d'autres appétits sans beaucoup de douleur, à cause de quelque infirmité ou incommodité ; et cependant ils satisfont ces appétits au delà même du nécessaire et des justes bornes. D'autres ont tant de mollesse ou sont si délicats qu'ils rebutent les plaisirs avec lesquels quelque douleur, dégoût, ou quelque incommodité se mêle. Il y a des personnes qui se mettent fort au-dessus des douleurs ou des plaisirs présents et médiocres et qui n'agissent presque que par crainte et par espérance. D'autres sont si efféminés, qu'ils se plaignent de la moindre incommodité ou courent après le moindre plaisir sensible et présent, semblables presque à des enfants. Ce sont ces gens à qui la douleur ou la volupté présente paraît toujours la plus grande ; il sont comme des prédicateurs et panégyristes peu judicieux, chez qui, selon le proverbe, le saint qu'ils louent est toujours le plus grand saint du paradis. Cependant, quelque variété qui se trouve parmi les hommes, il est toujours vrai qu'ils n'agissent que suivant les perceptions présentes ; et, lorsque l'avenir les touche, c'est ou par l'image qu'ils en ont, ou par la résolution et l'habitude qu'ils ont prise d'en suivre jusqu'au simple nom ou autre caractère arbitraire, sans en avoir aucune image ni signe naturel, parce que ce ne serait pas sans inquiétude et quelquefois sans quelque sentiment de chagrin qu'ils s'opposeraient à une forte résolution déjà prise et surtout à une habitude.

§ 65. Ph. Les hommes ont assez de penchant à diminuer le plaisir à venir et à conclure en eux-mêmes que, quand on viendrait à l'épreuve, il ne répondrait peut-être pas à l'espérance qu'on en donne, ni à l'opinion qu'on en a généralement ; ayant souvent trouvé par leur propre expérience que, non seulement les plaisirs que d'autres ont exaltés leur ont paru fort insipides, mais que ce qui leur a causé à eux-mêmes beaucoup de plaisir dans un temps les a choqués et leur a déplu dans un autre.

Th. Ce sont les raisonnements des voluptueux principalement, mais on trouve ordinairement que les ambitieux et les avares jugent tout autrement à l'égard des honneurs et des richesses, quoiqu'ils ne jouissent que médiocrement et souvent même bien peu de ces mêmes biens quand ils les possèdent, étant toujours occupés à aller plus loin. Je trouve que c'est une belle invention de la nature architecte, d'avoir rendu les hommes si sensibles à ce qui touche si peu les sens, et s'ils ne pouvaient point devenir ambitieux ou avares, il serait difficile, dans l'état présent de la nature humaine, qu'ils pussent devenir assez vertueux et raisonnables pour travailler à leur perfection malgré les plaisirs présents, qui en détournent.

§ 66. PH. Pour ce qui est des choses bonnes ou mauvaises dans leurs conséquences et par l'aptitude qu'elles ont à nous procurer du bien ou du mal, nous en jugeons en différentes manières, ou lorsque nous jugeons qu'elles ne sont pas capables de nous faire réellement autant de mal qu'elles font effectivement, ou lorsque nous jugeons que, bien que la conséquence soit importante, il n'est pas si assuré que la chose ne puisse être autrement, ou du moins qu'on ne puisse l'éviter par quelques moyens comme par l'industrie, par l'adresse, par un changement de conduite, par la repentance.

TH. Il me semble que si par l'importance de la conséquence on entend celle du conséquent, c'est-à-dire la grandeur du bien ou du mal qui peut suivre, on doit tomber dans l'espèce précédente de faux jugement, où le bien ou mal à venir est mal représenté. Ainsi il ne reste que la seconde espèce de faux jugement dont il s'agit présentement, savoir celle où la conséquence est mise en doute.

PH. Il serait aisé de montrer en détail que les échappatoires que je viens de toucher sont tout autant de jugements déraisonnables ; mais je me contenterai de remarquer, en général, que c'est agir directement contre la raison que de hasarder un plus grand bien pour un plus petit (ou de s'exposer à la misère pour acquérir un petit bien et pour éviter un petit mal), et cela sur des conjonctures incertaines et avant d'être entré dans un juste examen.

TH. Comme ce sont deux considérations hétérogènes (ou qu'on ne saurait comparer ensemble) que celle de la grandeur de la conséquence et celle de la grandeur du conséquent (1), les moralistes, en les voulant comparer, se sont assez embrouillés, comme il paraît par ceux qui ont traité de la probabilité. La vérité est qu'ici comme en d'autres estimes disparates et hétérogènes et pour ainsi dire de plus d'une dimension, la grandeur de ce dont il s'agit est en raison composée de l'une et l'autre estimation, et comme un rectangle où il y a deux considérations, savoir celle de la longueur et celle de la

---

(1) *La grandeur de la conséquence*, c'est-à-dire le plus ou moins de probabilités que le bien ou le mal prévus arriveront : *la grandeur du conséquent*, c'est-à-dire le plus ou moins de bien ou de mal que l'événement doit amener. P. J.

largeur ; et, quant à la grandeur de la conséquence et les degrés de probabilité, nous manquons encore de cette partie de la Logique qui les doit faire estimer ; et la plupart des casuites qui ont écrit sur la probabilité n'en ont pas même compris la nature, la fondant sur l'autorité avec Aristote, au lieu de la fonder sur la vraisemblance comme ils devraient, l'autorité n'étant qu'une partie des raisons qui font la vraisemblance.

§ 67. Ph. Voici quelques-unes des causes ordinaires de ce faux jugement. La première est l'ignorance, la seconde est l'inadvertance, quand un homme ne fait aucune réflexion sur cela même dont il est instruit. C'est une ignorance affectée et présente qui séduit le jugement aussi bien que la volonté.

Ph. Elle est toujours présente, mais elle n'est pas toujours affectée, car on ne s'avise pas toujours de penser quand il faut à ce qu'on sait et dont on devrait se rappeler la mémoire, si on en était le maître. L'ignorance affectée est toujours mêlée de quelque advertance dans le temps qu'on l'affecte ; il est vrai que dans la suite il peut y avoir de l'inadvertance ordinairement. L'art de s'aviser au besoin de ce qu'on sait serait un des plus importants, s'il était inventé ; mais je ne vois pas que les hommes aient encore pensé jusqu'ici à en former les éléments, car l'art de la mémoire, dont tant d'auteurs ont écrit, est tout autre chose.

Ph. Si donc on assemble confusément et à la hâte les raisons de l'un des côtés, et qu'on laisse échapper par négligence plusieurs sommes qui doivent faire partie du compte, cette précipitation ne ne produit pas moins de faux jugements que si c'était une parfaite ignorance.

Th. En effet il faut bien des choses pour se prendre comme il faut, lorsqu'il s'agit de la balance des raisons ; et c'est à peu près comme dans les livres de compte des marchands. Car il n'y faut négliger aucune somme, il faut bien estimer chaque somme à part, il faut les bien arranger, et il faut enfin en faire une collection exacte. Mais on y néglige plusieurs chefs, soit en ne s'avisant pas d'y penser, soit en passant légèrement là-dessus ; et on ne donne point à chacun sa juste valeur, semblable à ce teneur de livres de compte qui avait soin de bien calculer les colonnes de chaque page, mais qui calculait très mal les sommes particulières de chaque ligne ou poste avant que de les mettre dans la colonne, ce qu'il faisait pour tromper les réviseurs, qui regardent principalement à ce qui est dans les colonnes. Enfin après avoir tout bien marqué, on peut se tromper dans la collection des sommes des colonnes et même dans la collection finale où il y a la somme des sommes. Ainsi il nous faudrait encore l'art de s'aviser et celui d'estimer les probabilités et de plus la connaissance de la valeur des biens et des maux, pour bien employer l'art des conséquences : et il nous faudrait encore de l'attention et de la patience après tout cela, pour pousser jusqu'à la conclusion. Enfin il faut une ferme et constante résolution pour exécuter ce qui a été conclu ; et des adresses, des méthodes, des lois particulières et des habitudes toutes formées pour la maintenir dans la suite, lorsque les considérations qui l'ont fait prendre ne sont plus présentes à l'esprit. Il est vrai, que, grâce à Dieu, dans ce qui importe le plus et qui regarde *summam rerum*, le bonheur et la misère, on n'a pas besoin de tant de connaissances, d'aides et d'adresses, qu'il en faudrait avoir pour bien juger dans un conseil d'État ou de guerre, dans un tribunal de justice, dans une consultation de médecine, dans quelque controverse de théologie ou d'histoire, ou dans quelque point de mathématique et de mécanique; mais en récompense, il faut plus de fermeté et d'habitude dans ce qui regarde ce grand point de la félicité et de la vertu, pour prendre toujours de bonnes résolutions et pour les suivre. En un mot, pour le vrai bonheur moins de connaissances suffit avec plus de bonne volonté ; de sorte que le plus grand idiot y peut parvenir aussi aisément que le plus docte et le plus habile.

Ph. L'on voit donc que l'entendement sans liberté ne serait d'aucun usage et que la liberté sans entendement ne signifierait rien. Si un homme pouvait voir ce qui peut lui faire du bien ou du mal, sans qu'il soit capable de faire un pas pour s'avancer vers l'un ou pour s'éloigner de l'autre, en serait-il mieux pour avoir l'usage de la vue? Il en serait même plus misérable, car il languirait inutilement après le bien et craindrait le mal, qu'il verrait inévitable; et celui qui est en liberté de courir çà et là au milieu d'une parfaite obscurité, en quoi est-il mieux que s'il était ballotté au gré du vent?

Th. Son caprice serait un peu plus satisfait, cependant il n'en serait pas mieux en état de rencontrer le bien et d'éviter le mal.

§ 68. Ph. Autre source de faux jugement. Contents du premier plaisir qui nous vient sous la main ou que la coutume a rendu agréable, nous ne regardons pas plus loin. C'est donc encore là une occasion aux hommes de mal juger lorsqu'ils ne regardent pas comme nécessaire à leur bonheur ce qui l'est effectivement.

Th. Il me semble que ce faux jugement est compris sous l'espèce précédente lorsqu'on se trompe à l'égard des conséquences.

§ 69. Ph. Reste à examiner s'il est au pouvoir d'un homme de changer l'agrément ou le désagrément qui accompagne quelque action particulière. Il le peut en plusieurs rencontres. Les hommes peuvent et doivent corriger leur palais et lui faire prendre du goût. On peut changer aussi le goût de l'âme. Un juste examen, la pratique, l'application, la coutume, feront cet effet. C'est ainsi qu'on s'accoutume au tabac que l'usage ou la coutume fait enfin trouver agréable. Il en est de même à l'égard de la vertu. Les habitudes ont de grands charmes, et on ne peut s'en départir sans inquiétude. On regardera peut-être comme un paradoxe que les hommes puissent faire que des choses ou des actions leur soient plus ou moins agréables, tant on néglige ce devoir.

Th. C'est ce que j'ai remarqué ci-dessus § 37, vers la fin, et § 47, aussi vers la fin. On peut se faire vouloir quelque chose et se former le goût.

§ 70. Ph. La morale, établie sur de véritables fondements, ne peut que déterminer à la vertu; il suffit qu'un bonheur et un malheur infinis après cette vie soient possibles. Il faut avouer qu'une bonne vie, jointe à l'attente d'une éternelle félicité possible, est préférable à une mauvaise vie, accompagnée de la crainte d'une affreuse misère ou pour le moins de l'épouvantable et incertaine espérance d'être anéanti. Tout cela est de la dernière évidence, quand même des gens de bien n'auraient que des maux à essuyer dans ce monde et que les méchants y goûteraient une perpétuelle félicité, ce qui, pour l'ordinaire, est tout autrement; car, à bien considérer toutes choses, ils ont, je crois, la plus mauvaise part, même dans cette vie.

Th. Ainsi quand il n'y aurait rien au delà du tombeau, une vie épicurienne ne serait point la plus raisonnable. Et je suis bien aise, Monsieur, que vous rectifiez ce que vous aviez dit du contraire ci-dessus (§ 55).

Ph. Qui pourrait être assez fou, pour se résoudre en soi-même (s'il y pense bien) de s'exposer à un danger possible, d'être infiniment malheureux, en sorte qu'il n'y ait rien à gagner pour lui que le pur néant ; au lieu de se mettre dans l'état de l'homme de bien qui n'a à craindre que le néant et qui a une éternelle félicité à espérer. J'ai évité de parler de la certitude ou de la probabilité de l'état à venir, parce que je n'ai d'autre dessein en cet endroit que de montrer le faux jugement dont chacun se doit reconnaître coupable selon ses propres principes.

Th. Les méchants sont fort portés à croire que l'autre vie est impossible. Mais ils n'en ont point de raison que celle qu'il faut se borner à ce qu'on apprend par les sens et que personne de leur connaissance n'est revenu de l'autre monde. Il y avait un temps que sur le même principe on pouvait rejeter les Antipodes, lorsqu'on ne voulait point joindre les mathématiques aux notions populaires, et on le pouvait avec autant de raison qu'on en peut avoir maintenant pour rejeter l'autre vie, lorsqu'on ne veut point joindre la vraie métaphysique aux notions de l'imagination. Car il y a trois degrés des notions ou idées, savoir : notions populaires, mathématiques et métaphysiques. Les premières ne suffisaient pas pour faire croire les antipodes ; les premières et les secondes ne suffisent point encore pour faire croire l'autre monde. Il est vrai qu'elles fournissent déjà des conjectures favorables, mais si les secondes établissaient certainement les antipodes avant l'expérience qu'on en a maintenant (je ne parle pas des habitants, mais de la place au moins que la connaissance de la rondeur de la terre leur donnait chez les géographes et les astronomes), les dernières ne donnent pas moins de certitude sur une autre vie, dès à présent et avant qu'on y soit allé voir.

§ 72. Ph. Maintenant revenons à la puissance, qui est proprement le sujet général de ce chapitre, la liberté n'en étant qu'une espèce, mais des plus considérales. Pour avoir des idées plus distinctes de la puissance, il ne sera ni hors de propos ni inutile de prendre une plus exacte connaissance de ce qu'on nomme action. J'ai dit, au commencement de notre discours sur la puissance, qu'il n'y a que deux sortes d'actions dont nous avons quelque idée, savoir le mouvement et la pensée.

Th. Je croirais qu'on pourrait se servir d'un mot plus général que de celui de pensée, savoir de celui de perception, en n'attribuant la pensée qu'aux esprits, au lieu que la perception appartient à toutes les entéléchies (1). Mais je ne veux pourtant contester à per-

(1) Les entéléchies, pour Leibniz sont les substances actives ou *monades;* ce n'est pas tout à fait le sens d'Aristote. P. J.

sonne la liberté de prendre le terme de pensée dans la même généralité. Et moi-même je l'aurai peut-être fait quelquefois sans y prendre garde.

Ph. Or, quoiqu'on donne à ces deux choses le nom d'action, on trouvera pourtant qu'il ne leur convient pas toujours parfaitement et qu'il y a des exemples qu'on reconnaîtra plutôt pour des passions. Car, dans ces exemples, la substance en qui se trouve le mouvement ou la pensée reçoit purement de dehors l'impression par laquelle l'action lui est communiquée et elle n'agit que par la seule capacité qu'elle a de recevoir cette impression, ce qui n'est qu'une puissance passive. Quelquefois la substance ou l'agent se met en action par sa propre puissance, et c'est là proprement une puissance active.

Th. J'ai dit déjà que, dans la rigueur métaphysique, prenant l'action pour ce qui arrive à la substance spontanément et de son propre fond, tout ce qui est proprement une substance ne fait qu'agir, car tout lui vient d'elle-même après Dieu ; n'étant point possible qu'une substance créée ait de l'influence sur une autre. Mais, prenant l'action pour un exercice de la perfection et la passion pour le contraire, il n'y a de l'action dans les véritables substances que lorsque leur perception (car j'en donne à toutes) se développe et devient plus distincte, comme il n'y a de passion que lorsqu'elle devient plus confuse ; en sorte que, dans les substances capables de plaisir et de douleur, toute action est un acheminement au plaisir et toute passion un acheminement à la douleur. Quant au mouvement, ce n'est qu'un phénomène réel parce que la matière et la masse à laquelle appartient le mouvement n'est pas à proprement parler une substance. Cependant il y a une image de l'action dans le mouvement, comme il y a une image de la substance dans la masse ; et, à cet égard, on peut dire que le corps agit, quand il y a de la spontanéité dans son changement et qu'il pâtit quand il est poussé ou empêché par un autre ; comme dans la véritable action ou passion d'une véritable substance, on peut prendre pour son action, qu'on lui attribuera à elle-même, le changement par où elle tend à sa perfection. Et de même on peut prendre pour passion et attribuer à une cause étrangère le changement par où il lui arrive le contraire ; quoique cette cause ne soit point immédiate, parce que, dans le premier cas, la substance même et dans le second les choses étrangères servent à expliquer ce changement d'une manière intelligible. Je ne donne aux corps qu'une image de la substance et de l'action, parce que ce qui est composé de parties ne saurait passer, à parler exactement, pour une substance non plus qu'un troupeau ; cependant, on peut dire qu'il y a quelque chose de substantiel, dont l'unité, qui en fait comme un être, vient de la pensée.

Ph. J'avais cru que la puissance de recevoir des idées ou des pensées par l'opération de quelque substance étrangère s'appelle puissance de penser, quoique dans le fond ce ne soit qu'une puissance passive ou une simple capacité faisant abstraction des réflexions et des changements internes qui accompagnent toujours l'image reçue ; car l'expression, qui est dans l'âme, est comme serait celle d'un miroir vivant; mais le pouvoir que nous avons de rappeler des idées absentes à notre choix et de comparer ensemble celles que nous jugeons à propos, est véritablement un pouvoir actif.

Th. Cela s'accorde aussi avec les notions que je viens de donner, car il y a en cela un passage à un état plus parfait. Cependant je croirais qu'il y a aussi de l'action dans les sensations, en tant qu'elles nous donnent des perceptions plus distinguées et l'occasion par conséquent de faire des remarques et pour ainsi dire de nous développer.

§ 73. Ph. Maintenant je crois qu'il paraît qu'on pourra réduire les idées primitives et originales à ce petit nombre : l'étendue, la solidité, la mobilité (c'est-à-dire puissance passive, ou bien capacité d'être mû) qui nous viennent dans l'esprit par la voie de réflexion, et enfin l'existence, la durée et le nombre, qui nous viennent par les deux voies de sensation et de réflexion ; car par ces idées-là nous pourrions expliquer, si je ne me trompe, la nature des couleurs, des sons, des goûts, des odeurs et de toutes les autres idées que nous avons, si nos facultés étaient assez subtiles pour apercevoir les différents mouvements des petits corps qui produisent ces sensations.

Th. A dire la vérité, je crois que ces idées, qu'on appelle ici originales et primitives, ne le sont pas entièrement pour la plupart, étant susceptibles à mon avis d'une résolution ultérieure : cependant je ne vous blâme point, Monsieur, de vous y être borné et de n'avoir point poussé l'analyse plus loin. D'ailleurs, je crois que, si c'est vrai que le nombre en pourrait être diminué par ce moyen, il pourrait être augmenté en y ajoutant d'autres idées plus originales ou autant. Pour ce qui est de leur arrangement, je croirais, suivant l'ordre de l'analyse, l'existence antérieure aux autres, le nombre à l'étendue, la durée à la motivité ou mobilité ; quoique cet ordre analytique ne soit pas ordinairement celui des occasions, qui nous y font penser. Les sens nous fournissent la matière aux réflexions, et nous ne penserions pas même à la pensée, si nous ne pensions à quelque autre chose, c'est-à-dire aux particularités que les sens fournissent. Et je suis persuadé que les âmes et les esprits créés ne sont jamais sans organes et jamais sans sensations, comme ils ne sauraient raisonner sans caractères. Ceux qui ont voulu soutenir une entière séparation et des manières de penser dans l'âme séparée, inexplicables par tout ce que nous connaissons, et éloignées non seulement de nos présentes expériences, mais, ce qui est bien plus, de l'ordre général des choses, ont donné trop de prise aux prétendus esprits forts et ont rendu suspectes à bien des gens les plus belles et les plus grandes vérités, s'étant même privés par là de quelques bons moyens de les prouver que cet ordre nous fournit.

CHAP. XXII. — Des modes mixtes.

§. Ph. Passons aux modes mixtes. Je les distingue des modes plus simples, qui ne sont composés que d'idées simples de la même espèce. D'ailleurs les modes mixtes sont certaines combinaisons d'idées simples qu'on ne regarde pas comme des marques caractéristiques d'aucun être réel qui ait une existence fixe, mais comme des idées détachées et indépendantes que l'esprit joint ensemble ; et elles sont par là distinguées des idées complexes des substances.

Th. Pour bien entendre ceci, il faut rappeler vos divisions précédentes. Les idées vous sont simples ou complexes. Les complexes sont substances, modes, relations. Les modes sont ou simples (composés d'idées simples de la même espèce), ou mixtes. Ainsi, selon vous, il y a idées simples, idées des modes, tant simples que mixtes, idées des substances et idées des relations. On pourrait peut-être diviser les termes ou les objets des idées en abstraits et concrets ; les abstraits en absolus et en ceux qui expriment les relations ; les absolus en attributs et en modifications ; les uns et les autres en simples et composés ; les concrets en substances et en choses substantielles, composées ou résultantes des substances vraies et simples.

§ 2. Ph. L'esprit est purement passif à l'égard de ses idées simples, qu'il reçoit selon que la sensation et la réflexion les lui présente. Mais il agit souvent par lui-même à l'égard des modes mixtes, car il peut combiner les idées simples en faisant des idées complexes sans considérer si elles existent ainsi réunies dans la nature. C'est pourquoi on donne à ces sortes d'idées le nom de notion.

Th. Mais la réflexion, qui fait penser aux idées simples, est souvent volontaire aussi, et de plus les combinaisons, que la nature n'a point faites, se peuvent faire en nous, comme d'elles-mêmes dans les songes et les rêveries, par la seule mémoire, sans que l'esprit y agisse plus que dans les idées simples. Pour ce qui est du mot notion, plusieurs l'appliquent à toutes sortes d'idées ou conceptions, aux originales aussi bien qu'aux dérivées.

§ 4. Ph. La marque de plusieurs idées dans une seule combinée est le nom.

Th. Cela s'entend, si elles peuvent être combinées, en quoi on manque souvent.

Ph. Le crime de tuer un vieillard n'ayant point de nom comme le parricide, on ne regarde pas le premier comme une idée comlexe.

Th. La raison qui fait que le meurtre d'un vieillard n'a point de nom est que les lois n'y ayant point attaché une punition particulière, ce nom serait peu utile. Cependant les idées ne dépendent point des noms. Un auteur moraliste qui en inventerait un pour le crime et en traiterait dans un chapitre exprès de la Gérontophonie, montrant ce qu'on doit aux vieillards, et combien c'est une action barbare de ne les point épargner, ne nous donnerait point une nouvelle idée pour cela.

§ 6. Ph. Il est toujours vrai que les mœurs et les usages d'une nation, faisant des combinaisons qui lui sont famillières, cela fait que chaque langue a des termes particuliers, et qu'on ne saurait toujours faire des traductions mot à mot. Ainsi l'ostracisme parmi les Grecs et la proscription parmi les Romains étaient des mots que les autres langues ne peuvent exprimer par des mots équivalents. C'est pourquoi le changement des coutumes fait aussi des nouveaux mots.

Th. Le hasard y a aussi sa part, car les Français se servent des chevaux autant que d'autres peuples voisins : cependant, ayant abandonné leur vieux mot, qui répondait au *cavalcar* des Italiens, ils sont réduits à dire par périphrase : aller à cheval.

§ 9. Ph. Nous acquérons les idées des modes mixtes par l'observation, comme lorsqu'on voit lutter deux hommes; nous les acquérons aussi par invention (ou assemblage volontaire d'idées simples) : ainsi celui qui inventa l'imprimerie en avait l'idée avant que cet art existât. Nous les acquérons enfin par l'explication des termes affectés aux actions qu'on n'a jamais vues.

Th. On peut encore les acquérir en songeant ou rêvant sans que la combinaison soit volontaire, par exemple quand on voit en songe des palais d'or, sans y avoir pensé auparavant.

§ 10. Ph. Les idées simples qui ont été le plus modifiées sont celles de la pensée, du mouvement et de la puissance, d'où l'on conçoit que les actions découlent; car la grande affaire du genre humain consiste dans l'action. Toutes les actions sont pensées ou mouvements. La puissance ou l'aptitude qui se trouve dans un homme de faire une chose constitue l'idée que nous nommons habitude, lorsqu'on a acquis cette puissance en faisant souvent la même chose; et, quand on peut la réduire en acte à chaque occasion qui se présente, nous l'appelons disposition. Ainsi la tendresse est une disposition à l'amitié ou à l'amour.

Th. Par tendresse vous entendez, je crois, ici le cœur tendre; mais ailleurs il me semble qu'on considère la tendresse comme une qualité qu'on a en aimant, qui rend l'amant fort sensible aux biens et maux de l'objet aimé; c'est à quoi me paraît aller la carte du Tendre dans l'excellent roman de *la Clélie*. Et, comme les personnes charitables aiment leur prochain avec quelque degré de tendresse, elles sont sensibles aux biens et aux maux d'autrui; et généralement ceux qui ont le cœur tendre ont quelque disposition à aimer avec tendresse.

Ph. La hardiesse est la puissance de faire ou de dire devant les autres ce qu'on veut sans se décontenancer; confiance qui, par rapport à cette dernière partie qui regarde le discours, avait un nom particulier parmi les Grecs.

Th. On ferait bien d'affecter un mot à cette notion, qu'on attribue ici à celui de hardiesse, mais qu'on emploie souvent tout autrement, comme lorsqu'on disait Charles le Hardi. N'être point décontenancé, c'est une force d'esprit, mais dont les méchants abusent quand ils sont venus jusqu'à l'impudence; comme la honte est une faiblesse, mais qui est excusable et même louable dans certaines circonstances. Quant à la *parrhésie*, que vous entendez peut-être par le mot grec, on l'attribue encore aux écrivains qui disent la vérité sans crainte, quoique alors, ne parlant pas devant les gens, ils n'aient point sujet d'être décontenancés.

§ 11. Ph. Comme la puissance est la source d'où procèdent toutes les actions, on donne le nom de cause aux substances où ces puissances résident, lorsqu'elles réduisent leur puissance en acte ; et on nomme effets les substances produites par ce moyen, ou plutôt les idées simples (c'est-à-dire les objets des idées simples) qui, par l'exercice de la puissance, sont introduites dans un sujet. Ainsi l'efficace, par laquelle une nouvelle substance ou idée (qualité) est produite, est nommée action dans le sujet qui exerce ce pouvoir, et on la nomme passion dans le sujet où quelque idée (qualité) simple est altérée ou produite.

Th. Si la puissance est prise pour la source de l'action, elle dit quelque chose de plus qu'une aptitude ou facilité, par laquelle on a expliqué la puissance dans le chapitre précédent ; car elle renferme encore la tendance, comme j'ai déjà remarqué plus d'une fois. C'est pourquoi, dans ce sens, j'ai coutume de lui affecter le terme d'*entéléchie*, qui est ou primitive et répond à l'âme prise pour quelque chose d'abstrait, ou dérivative, telle qu'on conçoit dans le *conatus* et dans la vigueur et impétuosité. Le terme de cause n'est entendu ici que de la cause efficiente ; mais on l'entend encore de la finale ou du motif, pour ne point parler ici de la matière et de la forme, qu'on appelle encore causes dans les écoles. Je ne sais si l'on peut dire que le même être est appelé action dans l'agent et passion dans le patient, et se trouve ainsi en deux sujets à la fois comme le rapport, et s'il ne vaut mieux de dire que ce sont deux êtres, l'un dans l'agent, l'autre dans le patient.

Ph. Plusieurs mots, qui semblent exprimer quelque action, ne signifient que la cause et l'effet ; comme la création et l'annihilation ne renferment aucune idée de l'action ou de la manière, mais simplement de la cause et de la chose qui est produite.

Th. J'avoue qu'en pensant à la création on ne conçoit point une manière d'agir, capable de quelque détail, qui ne saurait même y avoir lieu ; mais, puisqu'on exprime quelque chose de plus que Dieu et le monde (car on pense que Dieu est la cause et le monde l'effet, ou bien que Dieu a produit le monde), il est manifeste qu'on pense encore à l'action.

CHAP. XXIII. — DE NOS IDÉES COMPLEXES DES SUBSTANCES.

§ 1. Ph. L'esprit remarque qu'un certain nombre d'idées simples vont constamment ensemble, qui, étant regardées comme appartenant à une seule chose, sont désignées par un seul nom lorsqu'elles sont ainsi réunies dans un seul sujet. De là vient que, quoique ce soit véritablement un amas de plusieurs idées jointes ensemble, dans la suite nous sommes portés par inadvertance à en parler comme d'une seule idée simple.

Th. Je ne vois rien, dans les expressions reçues, qui mérite d'être taxé d'inadvertance ; et, quoiqu'on reconnaisse un seul sujet et une seule idée, on ne reconnaît pas une seule idée simple.

Ph. Ne pouvant imaginer comment ces idées simples peuvent subsister par elles-mêmes, nous nous accoutumons à supposer quelque chose qui les soutienne (*substratum*) où elles subsistent et d'où elles résultent, à qui pour cet effet on donne le nom de substance.

Th. Je crois qu'on a raison de penser ainsi, et nous n'avons que faire de nous y accoutumer ou de le supposer, puisque d'abord nous concevons plusieurs prédicats d'un même sujet, et ces mots métaphoriques de soutien ou de *substratum* ne signifient que cela ; de sorte que je ne vois point pourquoi on s'y fasse de la difficulté. Au contraire, c'est plutôt le *concretum* comme savant, chaud, luisant, qui nous vient dans l'esprit, que les abstractions ou qualités (car ce sont elles qui sont dans l'objet substantiel et non pas les idées), comme, savoir, chaleur, lumière, etc., qui sont bien plus difficiles à comprendre. On peut même douter si ces accidents sont des êtres véritables, comme, en effet, ce ne sont bien souvent que des rapports. L'on sait aussi que ce sont les abstractions qui font naître le plus de difficultés, quand on les veut éplucher, comme savent ceux qui sont informés des subtilités des scolastiques, dont ce qu'il y a de plus épineux tombe tout d'un coup si l'on veut bannir les êtres abstraits, et se résout à ne parler ordinairement que par concrets et de n'admettre d'autres termes dans les démonstrations des sciences que ceux qui représentent des sujets substantiels. Ainsi c'est *nodum quærere in scirpo*, si je l'ose dire, et renverser les choses que de prendre les qualités ou autres termes abstraits pour ce qu'il y a de plus aisé, et les concrets pour quelque chose de fort difficile.

§ 2. Ph. On n'a point d'autre notion de la pure substance en général que de je ne sais quel sujet qui lui est tout à fait inconnu et qu'on suppose être le soutien des qualités. Nous parlons comme des enfants à qui l'on n'a pas plutôt demandé ce que c'est qu'une telle chose qui leur est inconnue, qu'ils font cette réponse fort satisfaisante à leur gré : que c'est quelque chose, mais qui, employée de cette manière, signifie qu'ils ne savent ce que c'est.

Th. En distinguant deux choses dans la substance, les attributs ou prédicats et le sujet commun de ces prédicats, ce n'est pas merveille qu'on ne peut rien concevoir de particulier dans ce sujet. Il le faut bien, puisqu'on a déjà séparé tous les attributs où l'on pourrait concevoir quelque détail. Ainsi, demander quelque chose de plus dans ce pur sujet en général, que ce qu'il faut pour concevoir que c'est la même chose (p. e. qui entend et qui veut, qui imagine et qui raisonne), c'est demander l'impossible et contrevenir à sa propre supposition, qu'on a faite en faisant abstraction, et concevant séparément le sujet et ses qualités ou accidents. On pourrait appliquer la même prétendue difficulté à la notion de l'être et à tout ce qu'il y a de plus clair et de plus primitif ; car on pourra demander aux philosophes ce qu'ils conçoivent en concevant le pur être en général ; car tout détail étant exclu par là, on aura aussi peu à dire que lorsqu'on demande ce que c'est que la pure substance en général. Ainsi, je crois que les philosophes ne méritent pas d'être raillés, comme on fait ici, en les comparant avec un philosophe indien, qu'on interrogea sur ce qui soutenait la terre, à quoi il répondit que c'était un grand éléphant ; et puis, quand on demanda ce qui soutenait l'éléphant, il dit que c'était une grande tortue, et enfin, quand on le pressa de dire sur quoi la tortue s'appuyait, il fut réduit à dire que c'était quelque chose, un je ne sais quoi. Cependant cette considération de la substance, toute mince qu'elle paraît, n'est pas si vide et si stérile qu'on pense. Il en naît plusieurs conséquences des plus importantes de la philosophie, et qui sont capables de lui donner une nouvelle face.

§ 4. Ph. Nous n'avons aucune idée claire de la substance en général, et (§ 5) nous avons une idée aussi claire de l'esprit que du corps ; car l'idée d'une substance corporelle, dans la matière, est aussi éloignée de nos conceptions que celle de la substance spirituelle. C'est à peu près comme disait le promoteur à ce jeune docteur en droit, qui lui criait dans la solennité de dire *utriusque* : « Vous avez raison, Monsieur, car vous en avez autant dans l'un que dans l'autre. »

Th. Pour moi, je crois que cette opinion de notre ignorance vient de ce qu'on demande une manière de connaissance que l'objet ne souffre point. La vraie marque d'une notion claire et distincte d'un objet est le moyen qu'on a d'en connaître beaucoup de vérités par des preuves à priori, comme j'ai montré dans un discours sur les vérités et les idées, mis dans les Actes de Leipzig l'an 1684.

§ 12. Ph. Si nos sens étaient assez pénétrants, les qualités sensibles, par exemple la couleur jaune de l'or, disparaîtraient, et au lieu de cela, nous verrions une certaine admirable contexture des parties. C'est ce qui paraît évidemment par les microscopes. Cette présente connaissance convient à l'état où nous nous trouvons. Une connaissance parfaite des choses qui nous environnent est peut-être au-dessus de la portée de tout être fini. Nos facultés suffisent pour nous faire connaître le Créateur et pour nous instruire de nos devoirs. Si nos sens devenaient beaucoup plus vifs, un tel changement serait incompatible avec notre nature.

Th. Tout cela est vrai, et j'en ai dit quelque chose ci-dessus. Cependant la couleur jaune ne laisse pas d'être une réalité comme l'arc-en-ciel, et nous sommes destinés apparemment à un état bien au-dessus de l'état présent, et pourrons même aller à l'infini, car il n'y a pas d'éléments dans la nature corporelle. S'il y avait des atomes, comme l'auteur le paraissait croire dans un autre endroit, la conaissance parfaite des corps ne pourrait être au-dessus de tout être fini. Au reste, si quelques couleurs ou qualités disparaissaient à nos yeux mieux armés ou devenus plus pénétrants, il en naîtrait apparemment d'autres, et il faudrait un accroissement nouveau de notre perspicacité pour les faire disparaître aussi, ce qui pourrait aller à l'infini, comme la division actuelle de la matière y va effectivement.

§ 13. Ph. Je ne sais si l'un des grands avantages que quelques esprits ont sur nous ne consiste point en ce qu'ils peuvent se former à eux-mêmes des organes de sensation, qui conviennent justement à leur présent dessein.

Th. Nous le faisons aussi en nous formant des microscopes;

mais d'autres créatures pourront aller plus avant. Et, si nous pouvions transformer nos yeux mêmes, ce que nous faisons effectivement en quelque façon selon que nous voulons voir de près ou de loin, il faudrait que nous eussions quelque chose de plus propre à nous qu'eux, pour les former par son moyen, car il faut au moins que tout se fasse mécaniquement, parce que l'esprit ne saurait opérer immédiatement sur les corps. Au reste, je suis aussi d'avis que les génies aperçoivent les choses d'une manière qui ait quelque rapport à la nôtre, quand même ils auraient le plaisant avantage, que l'imaginatif Cyrano (1) attribue à quelques natures animées dans le soleil, composées d'une infinité de petits volatiles qui, en se transformant selon le commandement de l'âme dominante, forment toutes sortes de corps. Il n'y a rien de si merveilleux que le mécanisme de la nature ne soit capable de produire ; et je crois que les savants Pères de l'Église ont eu raison d'attribuer des corps aux anges.

§ 51. Ph. Les idées de penser et de mouvoir le corps, que nous trouvons dans celle de l'esprit, peuvent être conçues aussi nettement et aussi distinctement que celles d'étendue, de solidité et de mobilité que nous trouvons dans la matière.

Th. Pour ce qui est de l'idée de la pensée, j'y consens ; mais je ne suis pas de cet avis à l'égard de l'idée de mouvoir des corps, car, suivant mon système de l'harmonie préétablie, les corps sont faits en sorte qu'étant mis une fois en mouvement, ils continuent d'eux-mêmes selon que l'exigent les actions de l'esprit. Cette hypothèse est intelligible, l'autre ne l'est point.

Ph. Chaque acte de sensation nous fait également envisager les choses corporelles et spirituelles ; car, dans le temps que la vue et l'ouïe me font connaître qu'il y a quelque être corporel hors de moi, je sais d'une manière encore plus certaine qu'il y a au dedans de moi quelque être spirituel qui voit et qui entend.

Th. C'est très bien dit, et il est très vrai que l'existence de l'esprit est plus certaine que celle des objets sensibles.

§ 19. Ph. Les esprits non plus que les corps ne sauraient opérer qu'où ils sont en divers temps et différents lieux ; ainsi je ne puis qu'attribuer le changement de place à tous les esprits finis.

---

(1) *Cyrano* de Bergerac, écrivain et poëte du xvie siècle, né en 1620 dans le Périgord, mort en 1655. Son *Voyage dans la Lune* et son *Histoire comique des États et Empires du Soleil*, contiennent, au milieu de beaucoup d'extravagances, quelques idées philosophiques, et, en particulier, une connaissance assez exacte de la philosophie de Descartes. P. J.

Tн. Je crois que c'est avec raison, le lieu n'étant qu'un ordre des coexistants.

Pн. Il ne faut que réfléchir sur la séparation de l'âme et du corps par la mort, pour être convaincu du mouvement de l'âme.

Tн. L'âme pourrait cesser d'opérer dans ce corps visible ; et si elle pouvait cesser de penser tout à fait, comme l'auteur l'a soutenu ci-dessus, elle pourrait être séparée du corps pour être unie à un autre ; ainsi sa séparation serait sans mouvement. Mais, pour moi, je crois qu'elle pense et sent toujours, qu'elle est toujours unie à quelque corps, et même qu'elle ne quitte jamais entièrement et tout d'un coup le corps où elle est unie.

§ 21. Pн. Que si quelqu'un dit que les esprits ne sont pas *in loco sed in aliquo ubi*, je ne crois pas que maintenant on fasse beaucoup de fond sur cette façon de parler. Mais, si quelqu'un s'imagine qu'elle peut recevoir un sens raisonnable, je le prie de l'exprimer en langage commun intelligible, et d'en tirer après une raison qui montre que les esprits ne sont pas capables de mouvement.

Tн. Les écoles sont trois sortes d'*ubiété* ou de manières d'exister quelque part. La première s'appelle *circonscriptive*, qu'on attribue aux corps qui sont dans l'espace, qui y sont *punctatim*, en sorte qu'ils sont mesurés selon qu'on peut assigner des points de la chose située, répondant aux points de l'espace. La seconde est la *définitive* où l'on peut définir, c'est-à-dire déterminer que la chose située est dans tel ou tel espace, sans pouvoir assigner des points précis ou des lieux propres exclusivement à ce qui y est : c'est ainsi que l'on a jugé que l'âme est dans le corps, ne croyant point qu'il soit possible d'assigner un point précis où soit l'âme ou quelque chose de l'âme, sans qu'elle soit aussi dans quelque autre point. Encore beaucoup d'habiles gens en jugent ainsi. Il est vrai que M. Descartes a voulu donner des bornes plus étroites à l'âme en la logeant proprement dans la glande pinéale (1). Néanmoins il n'a point osé dire qu'elle est privativement dans un certain point de cette glande ; ce qui n'étant point, il ne gagne rien, et c'est la même chose à cet

(1) *Traité des passions*, 1ʳᵉ partie, § 31. « Il me semble avoir évidemment reconnu que la partie du corps en laquelle l'âme exerce immédiatement ses fonctions, n'est nullement le cœur, ni aussi le cerveau, mais seulement la plus intérieure de ses parties, qui est une certaine glande fort petite, située dans le milieu de sa substance, et tellement suspendue au-dessus du conduit par lequel les esprits de ses cavités antérieures ont communication avec ceux de la postérieure, que les moindres mouvements qui sont en elle peuvent beaucoup pour changer le cours de ces esprits et réciproquement. »

égard que quand on lui donnait tout le corps pour prison ou lieu. Je crois que ce qui se dit des âmes se doit dire à peu près des anges, que le grand docteur natif d'Aquino (1) a cru n'être en lieu que par opération, laquelle, selon moi, n'est pas immédiate et se réduit à l'harmonie préétablie. La troisième ubiété est la *réplétive*, qu'on attribue à Dieu, qui remplit tout l'univers encore plus éminemment que les esprits ne sont dans les corps, car il opère immédiatement sur toutes les créatures en les produisant continuellement, au lieu que les esprits finis n'y sauraient exercer aucune influence ou opération immédiate. Je ne sais si cette doctrine des écoles mérite d'être tournée en ridicule, comme il semble qu'on s'efforce de faire. Cependant on pourra toujours attribuer une manière de mouvement aux âmes, au moins par rapport aux corps auxquels elles sont unies ou par rapport à leur manière de perception.

§ 23. Ph. Si quelqu'un dit qu'il ne sait point comment il pense, je répliquerai qu'il ne sait pas non plus comment les parties solides du corps sont attachées ensemble pour faire un tout étendu.

Th. Il y a assez de difficulté dans l'explication de la cohésion, mais cette cohésion des parties ne paraît point nécessaire pour faire un tout étendu, puisqu'on peut dire que la matière parfaitement subtile et fluide compose un étendu, sans que les parties soient attachées les unes aux autres. Mais, pour dire la vérité, je crois que la fluidité parfaite ne convient qu'à la matière première, c'est-à-dire en abstraction et comme une qualité originale, de même que le repos ; mais non pas à la matière seconde telle qu'elle se trouve effectivement revêtue de ses qualités dérivatives, car je crois qu'il n'y a point de masse qui soit de la dernière subtilité, et qu'il y a plus ou moins de liaison partout, laquelle vient des mouvements en tant qu'ils sont conspirants et doivent être troublés par la séparation, ce qui ne se peut faire sans quelque violence et résistance. Au reste, la nature de la perception et ensuite de la pensée fournit une notion des plus originales. Cependant je crois que la doctrine des unités substantielles ou monades l'éclaircira beaucoup.

Ph. Pour ce qui est de la cohésion, plusieurs l'expliquent par les surfaces par lesquelles deux corps se touchent, qu'un ambiant (p. e.

---

(1) *Saint Thomas*, né à Aquino (royaume de Naples), en 1227, mort en 1274. Ses principaux ouvrages sont : la *Somme théologique*, la *Somme contre les Gentils* ; le *Commentaire sur les Sentences* ; des gloses continues sur tous les ouvrages d'Aristote ; et enfin quelques traités spéciaux, tels que le *Principe d'individuation*, *l'Intellect et l'intelligible*, etc. **P. J.**

l'air) presse l'une contre l'autre. Il est bien vrai que la pression (§ 24) d'un ambiant peut empêcher qu'on éloigne deux surfaces polies l'une de l'autre par une ligne qui leur soit perpendiculaire ; mais elle ne saurait empêcher qu'on ne les sépare par un mouvement parallèle à ces surfaces. C'est pourquoi, s'il n'y avait pas d'autre cause de la cohésion des corps, il serait aisé d'en séparer toutes les parties en les faisant ainsi glisser de côté, en prenant tel plan qu'on voudra, qui coupât quelque masse de matière.

Th. Oui, sans doute, si toutes les parties plates, appliquées l'une à l'autre, étaient dans un même plan ou dans des plans parallèles ; mais, cela n'étant point et ne pouvant être, il est manifeste qu'en tâchant de faire glisser les unes, on agira tout autrement sur une infinité d'autres dont le plan fera angle au premier ; car il faut savoir qu'il y a de la peine à séparer les deux surfaces congruentes, non seulement quand la direction du mouvement de séparation est perpendiculaire, mais encore quand il est oblique aux surfaces. C'est ainsi qu'on peut juger qu'il y a des feuilles, appliquées les unes aux autres en tout sens, dans les corps polyèdres que la nature forme dans les minières et ailleurs. Cependant j'avoue que la pression de l'ambiant sur des surfaces plates, appliquées les unes aux autres, ne suffit pas pour expliquer le fond de toute la cohésion, car on y suppose tacitement que ces tables appliquées l'une contre l'autre ont déjà de la cohésion.

§ 27. Ph. J'avais cru que l'étendue du corps n'était autre chose que la cohésion des parties solides.

Th. Cela ne me paraît point convenir avec vos propres explications précédentes. Il me semble qu'un corps dans lequel il y a des mouvements internes, ou dont les parties sont en action de se détacher les unes des autres (comme je crois que cela se fait toujours), ne laisse pas d'être étendu. Ainsi la notion de l'étendue me paraît toute différente de celle de la cohésion.

§ 28. Ph. Une autre idée que nous avons du corps, c'est la puissance de communiquer le mouvement par impulsion ; et une autre, que nous avons de l'âme, c'est la puissance de produire du mouvement par la pensée. L'expérience nous fournit chaque jour ces deux idées d'une manière évidente ; mais, si nous voulons rechercher plus avant comment cela se fait, nous nous trouvons également dans les ténèbres ; car à l'égard de la communication du mouvement par où un corps perd autant de mouvement qu'un autre en reçoit, qui est le cas le plus ordinaire, nous ne concevons pas là rien autre chose qu'un mouvement qui passe d'un corps dans un autre corps ; ce qui est, je crois, aussi obscur et aussi inconcevable que la manière dont notre esprit met en mouvement ou arrête notre corps par la pensée. Il est encore plus malaisé d'expliquer l'augmentation du mouvement par voie d'impulsion, qu'on observe ou qu'on croit arriver en certaines rencontres.

Th. Je ne m'étonne point si l'on trouve des difficultés insurmontables là où l'on semble supposer une chose aussi inconcevable que le passage d'un accident d'un sujet à l'autre : mais je ne vois rien qui nous oblige à une supposition qui n'est guère moins étrange que celle des accidents sans sujet des scolastiques, qu'ils ont pourtant soin de n'attribuer qu'à l'action miraculeuse de la toute-puissance divine, au lieu qu'ici ce passage serait ordinaire. J'en ai déjà dit quelque chose ci-dessus (chap. XXI, § 4), où j'ai remarqué aussi qu'il n'est point vrai que le corps perde autant de mouvement qu'il en donne à un autre ; ce qu'on semble concevoir comme si le mouvement était quelque chose de substantiel, et ressemblait à du sel dissous dans de l'eau, ce qui est en effet la comparaison dont M. Rohaut (1), si je ne me trompe, s'est servi. J'ajoute ici que ce n'est pas même le cas le plus ordinaire, car j'ai démontré ailleurs que la même quantité de mouvement se conserve seulement lorsque les deux corps, qui se choquent, vont d'un même côté avant le choc, et vont encore d'un même côté après le choc. Il est vrai que les véritables lois du mouvement sont dérivées d'une cause supérieure à la matière. Quant à la puissance de produire le mouvement par la pensée, je ne crois pas que nous en ayons aucune idée comme nous n'en avons aucune expérience. Les Cartésiens avouent eux-mêmes que les âmes ne sauraient donner une force nouvelle à la matière, mais ils prétendent qu'elles lui donnent une nouvelle détermination ou direction de la force qu'elle a déjà. Pour moi, je soutiens que les âmes ne changent rien dans la force ni dans la direction des corps ; que l'un serait aussi inconcevable et aussi déraisonnable que l'autre, et qu'il se faut servir de l'harmonie préétablie pour expliquer l'union de l'âme et du corps.

Ph. Ce n'est pas une chose indigne de notre recherche de voir si

(1) Rohaut, célèbre physicien de l'école de Descartes, né à Amiens, en 1620, mort à Paris, en 1675. Ses principaux ouvrages sont un *Traité de physique* (1671, in-4°, et 1682, 2 vol. in-12), et ses *Entretiens sur la Philosophie* (1671). P. J.

la puissance active est l'attribut propre des esprits, et la puissance passive celui des corps ? D'où l'on pourrait conjecturer que les esprits créés, étant actifs et passifs, ne sont pas totalement séparés de la matière, car l'esprit pur, c'est-à-dire Dieu, étant seulement actif, et la pure matière simplement passive, on peut croire que ces autres êtres, qui sont actifs et passifs tout ensemble, participent de l'un et de l'autre.

Th. Ces pensées me reviennent extrêmement et donnent tout à fait dans mon sens, pourvu qu'on explique le mot d'esprit si généralement qu'il comprenne toutes les âmes, ou plutôt (pour parler encore plus généralement) toutes les entéléchies ou unités substantielles qui ont de l'analogie avec les esprits.

§ 31. Ph. Je voudrais bien qu'on me montrât dans la notion que nous avons de l'esprit, quelque chose de plus embrouillé ou qui approche plus de la contradiction que ce que renferme la notion même du corps, je veux parler de la divisibilité à l'infini.

Th. Ce que vous dites encore ici pour faire voir que nous entendons la nature de l'esprit autant ou mieux que celle du corps, est très vrai, et Fromondus (1) qui a fait un livre exprès *de compositione continui* a eu raison de l'intituler *Labyrinthe*. Mais cela vient d'une fausse idée qu'on a de la nature corporelle aussi bien que de l'espace.

§ 33. Ph. L'idée de Dieu même nous vient comme les autres, l'idée complexe que nous devons à Dieu étant composée des idées simples que nous recevons de la réflexion et que nous étendons par celle que nous avons de l'infini.

Th. Je me rapporte là-dessus à ce que j'ai dit en plusieurs endroits pour faire voir que toutes ces idées, et particulièrement celle de Dieu, sont en nous originairement et que nous ne faisons qu'y prendre garde, et que celle de l'infini surtout ne se forme point par une extension des idées finies.

§ 37. Ph. La plupart des idées simples qui composent nos idées complexes des substances, ne sont à les bien considérer que des puissances, quelque penchant que nous ayons à les prendre pour des qualités positives.

---

(1) Fromondus ou Froidmont, théologien liégeois, né à Haccourt, en 1587, mort à Louvain en 1653. On ne cite guère de lui que ses ouvrages théologiques. Cependant nous avons vu de lui un traité *de Animá* en 3 livres. Le *Labyrinthus, sive de compositione continui* a paru à Anvers (1631).   P. J.

Th. Je pense que les puissances qui ne sont point essentielles à la substance et qui renferment non pas une aptitude seulement, mais encore une certaine tendance, sont justement ce qu'on entend ou doit entendre par les qualités réelles.

CHAP. XXIV. — Des idées collectives des substances

§ 1. Ph. Après les substances simples, venons aux agrégés. N'est-il point vrai que l'idée de cet amas d'hommes qui composent une armée est aussi bien une seule idée que celle d'un homme ?

Th. On a raison de dire que cet agrégé (*ens per agregationem*, pour parler école) fait une seule idée, quoique, à proprement parler, cet amas de substances ne forme pas une substance véritablement. C'est un résultat, à qui l'âme par sa perception et pensée, donne son dernier accomplissement d'unité. On peut pourtant dire en quelque façon que c'est quelque chose de substantiel, c'est-à-dire comprenant des substances.

CHAP. XXV. — De la relation.

§ 1. Ph. Il reste à énumérer les idées des relations qui sont les plus minces en réalité. Lorsque l'esprit envisage une chose auprès d'une autre, c'est une relation ou un rapport ; et les dénominations ou termes relatifs qu'on en fait sont comme autant de marques qui servent à porter nos pensées au delà du sujet vers quelque chose qui en soit distinct, et ces deux sont appelées sujets de la relation (*relata*).

Th. Les relations et les ordres ont quelque chose de l'être de raison, quoiqu'ils aient leur fondement dans les choses ; car on peut dire que leur réalité, comme celle des vérités éternelles et des possibilités, vient de la suprême raison.

§ 5. Ph. Il peut y avoir pourtant un changement de relation, sans qu'il arrive aucun changement dans le sujet. Titius, que je considère aujourd'hui comme père, cesse de l'être demain, sans qu'il se fasse aucun changement en lui, par cela seul que son fils vient à mourir.

Th. Cela se peut fort bien dire suivant les choses dont on s'aperçoit ; quoique dans la rigueur métaphysique, il soit vrai qu'il n'y a point de dénomination entièrement extérieure (*denominatio pure extrinseca*), à cause de la connexion réelle de toutes choses.

§ 6. Ph. Je pense que la relation n'est qu'entre deux choses.

Th. Il y a pourtant des exemples d'une relation entre plusieurs choses à la fois, comme celle de l'ordre ou celle d'un arbre généalogique qui expriment le rang et la connexion de tous les termes ou suppôts, et même une figure comme celle d'un polygone renferme la relation de tous les côtés.

§ 8. Ph. Il est bon aussi de considérer que les idées des relations sont souvent plus claires que celles des choses qui sont les sujets de la relation. Ainsi la relation du père est plus claire que celle de l'homme.

Th. C'est parce que cette relation est si générale qu'elle peut convenir aussi à d'autres substances. D'ailleurs, comme un sujet peut avoir du clair et de l'obscur, la relation pourra être fondée dans le clair. Mais, si le formel même de la relation enveloppait la connaissance de ce qu'il y a d'obscur dans le sujet, elle participerait de cette obscurité.

§ 10. Ph. Les termes qui conduisent nécessairement l'esprit à d'autres idées qu'à celles qu'on suppose exister réellement dans la chose à laquelle le terme ou mot est appliqué, sont relatifs et les autres sont absolus.

Th. On a bien ajouté ce *nécessairement*, et on pourrait ajouter *expressément* ou *d'abord*, car on peut penser au noir, par exemple, sans penser à sa cause; mais c'est en demeurant dans les bornes d'une connaissance qui se présente d'abord et qui est confuse ou bien distincte, mais incomplète ; l'un, quand il n'y a point de résolution de l'idée et l'autre quand on la borne. Autrement, il n'y a point de terme si absolu et si détaché qu'il n'enferme des relations et dont la parfaite analyse ne mène à d'autres choses et même à toutes les autres ; de sorte qu'on peut dire que les termes relatifs marquent expressément le rapport qu'ils contiennent. J'oppose ici l'absolu au relatif, et c'est dans un autre sens que je l'ai opposé ci-dessus au borné.

CHAP. XXVI. — DE LA CAUSE ET DE L'EFFET ET DE QUELQUES AUTRES RELATIONS.

§ 1-2. PH. Cause est ce qui produit quelque idée simple ou incomplexe, et effet est ce qui est produit.

TH. Je vois, Monsieur, que vous entendez souvent par idée la réalité objective de l'idée ou la qualité qu'elle représente. Vous ne définissez que la cause efficiente, comme j'ai déjà remarqué ci-dessus. Il faut avouer qu'en disant que cause efficiente est ce qui produit, et effet ce qui est produit, on ne se sert que de synonymes. Il est vrai que je vous ai entendu dire un peu plus distinctement que cause est ce qui fait qu'une autre chose commence à exister, quoique ce mot « fait » laisse aussi la principale difficulté en son entier. Mais cela s'expliquera mieux ailleurs.

PH. Pour toucher encore quelques autres relations, je remarque qu'il y a des termes qu'on emploie pour désigner le temps, qu'on regarde ordinairement comme ne signifiant que des idées positives, qui cependant sont relatifs comme jeune, vieux, etc.; car ils renferment un rapport à la durée ordinaire de la substance, à qui on les attribue. Ainsi, un homme est appelé jeune à l'âge de vingt ans et fort jeune à l'âge de sept ans. Cependant, nous appelons vieux un cheval qui a vingt ans et un chien qui en a sept. Mais nous ne disons pas que le soleil et les étoiles, un rubis ou un diamant soient vieux ou jeunes, parce que nous ne connaissons pas les périodes ordinaires de leur durée (§ 5). A l'égard du lieu ou de l'étendue, c'est la même chose, comme lorsqu'on dit qu'une chose est haute ou basse, grande ou petite. Ainsi, un cheval qui sera grand, selon l'idée d'un Gallois, paraît fort petit à un Flamand : chacun pense aux chevaux qu'on nourrit dans son pays.

TH. Ces (1) remarques sont très bonnes. Il est vrai que nous nous éloignons un peu quelquefois de ce sens, comme lorsque nous disons qu'une chose est vieille en la comparant, non pas avec celle de son espèce, mais avec d'autres espèces. Par exemple, nous disons que le monde ou le soleil est bien vieux. Quelqu'un demanda à Galilei (2)

---

(1) GERHARDT : Les.
(2) GALILEI, physicien célèbre, dont tout le monde connaît l'histoire (voir les *Fondateurs de l'Astronomie*, par Jos. Bertrand, de l'Institut), né à Pise, en 1564; mort à Arcetri en 1642. Parmi ses nombreux ouvrages, celui qui intéresse le

s'il croyait que le soleil fût éternel. Il répondit : *eterno no, ma ben antico.*

CHAP. XXVII. — CE QUE C'EST QU'IDENTITÉ OU DIVERSITÉ.

§ 1. PH. Une idée relative des plus importantes est celle de l'identité ou de la diversité. Nous ne trouvons jamais et ne pouvons concevoir qu'il soit possible que deux choses de la même espèce existent en même temps, dans le même lieu. C'est pourquoi, lorsque nous demandons si une chose est la même ou non, cela se rapporte toujours à une chose qui, dans un tel temps, existe dans un tel lieu; d'où il s'ensuit qu'une chose ne peut avoir deux commencements d'existence, ni deux choses un seul commencement par rapport au temps et au lieu.

TH. Il faut toujours qu'outre la différence du temps et du lieu il y ait un principe interne de distinction, et, quoiqu'il y ait plusieurs choses de même espèce, il est pourtant vrai qu'il n'y en a jamais de parfaitement semblables : ainsi, quoique le temps et le lieu (c'est-à-dire le rapport au dehors) nous servent à distinguer les choses que nous ne distinguons pas bien par elles-mêmes, les choses ne laissent pas d'êtres distinguables en soi. Le précis de l'identité et de la diversité ne consiste donc pas dans le temps et dans le lieu, quoiqu'il soit vrai que la diversité des choses est accompagnée de celle du temps et du lieu, parce qu'ils amènent avec eux des impressions différentes sur la chose : pour ne point dire que c'est plutôt par les choses qu'il faut discerner un lieu ou un temps de l'autre, car d'eux-mêmes ils sont parfaitement semblables, mais aussi ce ne sont pas des substances ou des réalités complètes. La manière de distinguer que vous semblez proposer ici, comme unique dans les choses de même espèce, est fondée sur cette supposition que la pénétration n'est point conforme à la nature. Cette supposition est raisonnable, mais l'expérience même fait voir qu'on n'y est point attaché ici, quand il s'agit de distinction. Nous voyons par exemple deux ombres ou deux rayons de lumière qui se pénètrent, et nous pourrions nous

---

plus la philosophie est son *Dialogo sopra i due massimi sistemi del mondo* (Florence, 1632, in-4°). Traduit en latin par Bernegger, sous le titre de *Systema Cosmicum* (Strasbourg, 1635, in-4°). P. J.

forger un monde imaginaire, où les corps en usassent de même. Cependant nous laissons pas de distinguer un rayon de l'autre par le train même de leur passage, lors même qu'ils se croisent.

Ph. Ce qu'on nomme principe d'individuation dans les écoles où l'on se tourmente si fort pour savoir ce que c'est, consiste dans l'existence même qui fixe chaque être à un temps particulier et à un lieu incommunicable à deux êtres de la même espèce.

Th. Le principe d'individuation revient dans les individus au principe de distinction dont je viens de parler. Si deux individus étaient parfaitement semblables et égaux, et (en un mot) indistinguables par eux-mêmes, il n'y aurait point de principe d'individuation ; et même j'ose dire qu'il n'y aurait point de distinction individuelle ou de différents individus à cette condition. C'est pourquoi la notion des atomes est chimérique et ne vient que des conceptions incomplètes des hommes. Car, s'il y avait des atomes, c'est-à-dire des corps parfaitement durs et parfaitement inaltérables ou incapables de changement interne et ne pouvant différer entre eux que de grandeur et de figure, il est manifeste qu'étant possible qu'ils soient de même figure et grandeur, il y en aurait alors d'indistinguables en soi, et qui ne pourraient être discernés que par des dénominations extérieures sans fondement interne, ce qui est contre les plus grands principes de la raison. Mais la vérité est que tout corps est altérable et même altéré toujours actuellement, en sorte qu'il diffère en lui-même de tout autre. Je me souviens qu'une grande princesse, qui est d'un esprit sublime, dit un jour, en se promenant dans son jardin, qu'elle ne croyait pas qu'il y ait deux feuilles parfaitement semblables. Un gentilhomme d'esprit, qui était de la promenade, crut qu'il serait facile d'en trouver ; mais, quoiqu'il en cherchât beaucoup, il fut convaincu par ses yeux qu'on pouvait toujours y remarquer de la différence. On voit par ces considérations, négligées jusqu'ici, combien dans la philosophie on s'est éloigné des notions les plus naturelles, et combien on a été éloigné des grands principes de la vraie métaphysique.

§ 4. Ph. Ce qui constitue l'unité (identité) d'une même plante, est d'avoir une telle organisation de parties dans un seul corps, qui participe à une commune vie ; ce qui dure pendant que la plante subsiste quoiqu'elle change de parties.

Th. L'organisation ou transfiguration sans un principe de vie subsistant, que j'appelle monade, ne suffirait pas pour faire demeurer *idem numero* ou le même individu ; car la configuration peut demeurer spécifiquement sans demeurer individuellement. Lorsqu'un fer à cheval se change en cuivre dans une eau minérale de la Hongrie, la même figure en espèce demeure, mais non pas le même en individu; car le fer se dissout, et le cuivre, dont l'eau est imprégnée, se précipite et se met insensiblement à la place. Or, la figure est un accident, qui ne passe pas d'un sujet à l'autre (*de subjecto in subjectum*). Ainsi, il faut dire que les corps organisés aussi bien que d'autres ne demeurent les mêmes qu'en apparence, et non pas en parlant à la rigueur. C'est à peu près comme un fleuve qui change toujours d'eau, ou comme le navire de Thésée, que les Athéniens répareraient toujours. Mais, quant aux substances, qui ont en elles-mêmes une véritable et réelle unité substantielle, à qui puissent appartenir les actions vitales proprement dites, et quant aux êtres substantiels, *quæ uno spiritu continentur*, comme parle un ancien jurisconsulte, c'est-à-dire qu'un certain esprit indivisible anime, on a raison de dire qu'elles demeurent parfaitement le même individu par cette âme ou cet esprit, qui fait le moi dans celles qui pensent.

§ 4. Ph. Le cas n'est pas fort différent dans les brutes et dans les plantes.

Th. Si les végétables et les brutes n'ont point d'âme, leur identité n'est qu'apparente ; mais s'ils en ont, l'identité individuelle y est véritable à la rigueur, quoique leurs corps organisés n'en gardent point.

§ 6. Ph. Cela montre encore en quoi consiste l'identité du même homme, savoir en cela seul qu'il jouit de la même vie, continue par des particules de matière qui sont dans un flux perpétuel, mais qui dans cette succession sont vitalement unies au même corps organisé.

Th. Cela se peut entendre dans mon sens. En effet, le corps organisé n'est pas le (1) même au delà d'un moment ; il n'est qu'équivalent. Et, si on ne se rapporte point à l'âme, il n'y aura point la même vie ni union vitale non plus. Ainsi cette identité ne serait qu'apparente.

Ph. Quiconque attachera l'identité de l'homme à quelque autre chose qu'à un corps bien organisé dans un certain instant, et qui dès lors continue dans cette organisation vitale par une succession de diverses particules de matières qui lui sont unies, aura de la peine à faire qu'un embryon et un homme âgé, un fou et un sage soient le même

---

(1) GEHRARDT : *de.*

homme, sans qu'il s'ensuive de cette supposition qu'il est possible que Seth, Ismaël, Socrate, Pilate, saint Augustin sont un seul et même homme... ce qui s'accorderait encore plus mal avec les notions de ces philosophes, qui reconnaissaient la transmigration et croyaient que les âmes des hommes peuvent être envoyées pour punition de leurs déreglements dans des corps de bêtes ; car je ne crois pas qu'une personne, qui serait assurée que l'âme d'Héliogabale existait dans un pourceau, voulût dire que ce pourceau était un homme, et le même homme qu'Héliogabale.

Th. Il y a ici question de nom et question de chose. Quant à la chose, l'identité d'une même substance individuelle ne peut être maintenue que par la conservation de la même âme, car le corps est dans un flux continuel, et l'âme n'habite pas dans certains atomes affectés à elle, ni dans un petit os indomptable, tel que le *luz* des rabbins. Cependant il n'y a point de transmigration par laquelle l'âme quitte entièrement son corps et passe dans un autre. Elle garde toujours, même dans la mort, un corps organisé, partie du précédent, quoique ce qu'elle garde soit toujours sujet à se dissiper insensiblement et à se réparer, et même à souffrir en certain temps un grand changement. Ainsi, au lieu d'une transmigration de l'âme, il y a transformation, enveloppement ou développement, et enfin fluxion du corps de cette âme. M. Van Helmont, le fils, croyait que les âmes passent de corps en corps, mais toujours dans leur espèce, en sorte qu'il y aura toujours le même nombre d'âmes d'une même espèce, et par conséquent le même nombre d'hommes et de loups, et que les loups, s'ils ont été diminués et extirpés en Angleterre, devaient s'augmenter d'autant ailleurs. Certaines méditations publiées en France semblaient y aller aussi. Si la transmigration n'est point prise à la rigueur, c'est-à-dire si quelqu'un croyait que les âmes demeurant dans le même corps subtil changent seulement de corps grossier, elle serait possible, même jusqu'au passage de la même âme dans un corps de différentes espèce, à la façon des bramines et des pythagoriciens. Mais tout ce qui est possible n'est point conforme pour cela à l'ordre des choses. Cependant la question si, en cas qu'une telle transmigration fût véritable, Caïn, Cham et Ismaël, supposé qu'ils eussent la même âme suivant les rabbins, méritassent d'être appelés le même homme, n'est que de nom ; et j'ai vu que le célèbre auteur, dont vous avez soutenu les opinions, le reconnaît et l'explique fort bien (dans le dernier paragraphe de ce chapitre). L'identité de substance y serait, mais en cas qu'il n'y eût point de connexion de souvenance entre les différents personnages que la même âme ferait, il n'y aurait pas assez d'identité morale pour dire que ce serait une même personne. Et, si Dieu voulait que l'âme humaine allât dans un corps de pourceau, oubliant l'homme et n'y exerçant point d'actes raisonnables, elle ne constituerait point un homme. Mais, si dans le corps de la bête elle avait les pensées d'un homme, et même de l'homme qu'elle animait avant le changement, comme l'âne d'or d'Apulée, quelqu'un ne ferait peut-être point de difficulté de dire que le même Lucius, venu en Thessalie pour voir ses amis, demeura sous la peau de l'âne, où Photis l'avait mis malgré elle, et se promena de maître à maître, jusqu'à ce que les roses mangées le rendirent à sa forme naturelle.

§ 9. Ph. Je crois de pouvoir avancer hardiment que qui de nous verrait une créature faite et formée comme soi-même, quoiqu'elle n'eût jamais fait paraître plus de raison qu'un chat ou un perroquet, ne laisserait pas de l'appeler homme ; ou que, s'il entendait un perroquet discourir raisonnablement et en philosophe, il ne l'appellerait ou ne le croirait que perroquet, et qu'il dirait du premier de ces animaux que c'est un homme grossier, lourd et destitué de raison, et du dernier que c'est un perroquet plein d'esprit et de bon sens.

Th. Je serais plus du même avis sur le second point que sur le premier, quoiqu'il y ait encore là quelque chose à dire. Peu de théologiens seraient assez hardis pour conclure d'abord et absolument au baptême d'un animal de figure humaine, mais sans apparence de raison, si on le prenait petit dans le bois, et quelque prêtre de l'Église romaine dirait peut-être conditionnellement : si tu es un homme, je te baptise ; car on ne saurait point s'il est de race humaine et si une âme raisonnable y loge, et ce pourrait être un orang-outang, singe fort approchant de l'extérieur de l'homme, tel que celui dont parle Tulpius (1) pour l'avoir vu, et tel que celui dont un savant médecin a publié l'anatomie. Il est sûr, je l'avoue, que l'homme peut devenir aussi stupide qu'un orang-outang, mais l'intérieur de l'âme raisonnable y demeurerait malgré la suspension de l'exercice de la raison, comme je l'ai expliqué ci-dessus : ainsi c'est là le point dont on ne saurait juger par les apparences. Quant au

---

(1) Tulpius, médecin né à Amsterdam, en 1593, mort en 1674. On a de lui des *Observationes medicæ,* en quatre livres.   P. J.

second cas, rien n'empêche qu'il y ait des animaux raisonnables d'une espèce différente de la nôtre, comme ces habitants du royaume poétique des oiseaux dans le soleil, où un perroquet venu de ce monde après sa mort, sauva la vie au voyageur qui lui avait fait du bien ici-bas. Cependant s'il arrivait comme il arrive dans le pays des fées ou de la mère l'oie, qu'un perroquet fût quelque fille de roi transformée, et se fît connaître pour telle en parlant, sans doute le père et la mère le caresserait comme leur fille qu'ils croiraient avoir quoique cachée sous cette forme étrangère. Je ne m'opposerais pourtant point à celui qui dirait que dans l'âne d'or il est demeuré tant le soi ou l'individu, à cause du même esprit immatériel, que Lucius ou la personne, à cause de l'aperception de ce moi, mais que ce n'est plus un homme ; comme, en effet, il semble qu'il faut ajouter quelque chose de la figure et constitution du corps à la définition de l'homme, lorsqu'on dit qu'il est un animal raisonnable ; autrement les génies, selon moi, seraient aussi des hommes.

§ 9. Ph. Le mot de personne emporte un être pensant et intelligent, capable de raison et de réflexion, qui se peut considérer soi-même comme le même, comme une même chose qui pense en différents temps et en différents lieux ; ce qu'il fait uniquement par le sentiment qu'il a de ses propres actions. Et cette connaissance accompagne toujours nos sensations et nos perceptions présentes quand elles sont assez distinguées, comme j'ai remarqué plus d'une fois ci-dessus, et c'est par là que chacun est à lui-même ce qu'il appelle soi-même. On ne considère pas dans cette rencontre si le même soi est continué dans la même substance ou dans diverses substances ; car, puisque la conscience (*consciousness* ou *consciosité*) accompagne toujours la pensée, et que c'est là ce qui fait que chacun est ce qu'il nomme soi-même et par où il se distingue de toute autre chose pensante ; c'est aussi en cela seul que consiste l'identité personnelle, ou ce qui fait qu'un être raisonnable est toujours le même ; et aussi loin que cette conscience peut s'étendre sur les actions ou sur les pensées déjà passées, aussi loin s'étend l'identité de cette personne, et le soi est présentement le même qu'il était alors.

Th. Je suis aussi de cette opinion que la consciosité ou le sentiment du moi prouve une identité morale ou personnelle. Et c'est en cela que je distingue l'incessabilité de l'âme d'une bête de l'immortalité de l'âme de l'homme : l'une et l'autre gardent l'identité physique et réelle, mais, quant à l'homme, il est conforme aux règles de la divine providence que l'âme garde encore l'identité morale, et apparente à nous-mêmes pour constituer la même personne, capable par conséquent de sentir les châtiments et les récompenses. Il semble que vous tenez, Monsieur, que cette identité apparente se pourrait conserver, quand il n'y en aurait point de réelle. Je croirais que cela se pourrait peut-être par la puissance absolue de Dieu, mais suivant l'ordre des choses, l'identité apparente à la personne même, qui se sent la même, suppose l'identité réelle à chaque passage prochain accompagné de reflexion ou de sentiment du moi, une perception intime et immédiate ne pouvant tromper naturellement. Si l'homme pouvait n'être que machine et avoir avec cela de la consciosité, il faudrait être de votre avis, Monsieur; mais je tiens que ce cas n'est point possible au moins naturellement. Je ne voudrais point dire non plus que l'identité personnelle et même le soi ne demeurent point en nous, et que je ne suis point ce moi qui ai été dans le berceau sous prétexte que je ne me souviens plus de rien de tout ce que j'ai fait alors. Il suffit pour trouver l'identité morale par soi-même qu'il y ait une moyenne liaison de consciosité d'un état voisin ou même un peu éloigné à l'autre, quand quelque saut ou intervalle oublié y serait mêlé. Ainsi, si une maladie avait fait une interruption de la continuité de la liaison de consciosité, en sorte que je ne susse point comment je serais devenu dans l'état présent, quoique je me souviendrais des choses plus éloignées, le témoignage des autres pourrait remplir le vide de ma réminiscence. On me pourrait même punir sur ce témoignage, si je venais à faire quelque mal de propos délibéré dans un intervalle que j'eusse oublié un peu après par cette maladie. Et si je venais à oublier toutes les choses passées, et serais obligé de me laisser enseigner de nouveau jusqu'à mon nom et jusqu'à lire et écrire, je pourrais toujours apprendre des autres ma vie passée dans mon précédent état, comme j'ai gardé mes droits sans qu'il soit nécessaire de me partager en deux personnes, et de me faire héritier de moi-même. Et tout cela suffit pour maintenir l'identité morale qui fait la même personne. Il est vrai que si les autres conspiraient à me tromper (comme je pourrais même être trompé par moi-même, par quelque vision, songe ou maladie, croyant que ce que j'ai songé me soit arrivé), l'apparence serait fausse; mais il y a des cas où l'on peut être moralement certain de la vérité sur le rapport d'autrui : et auprès de Dieu dont la liaison de société avec nous fait le point principal de la moralité, l'erreur ne saurait avoir lieu. Pour ce qui est du soi, il sera bon de le distinguer de l'apparence du soi et de la consciosité. Le soi fait l'identité réelle et physique, et l'apparence du soi, accompagnée de la vérité, y joint l'identité personnelle. Ainsi ne voulant point dire que l'identité personnelle ne s'étend pas plus loin que le souvenir, je dirais encore moins que le soi ou l'identité physique en dépend. L'identité réelle et personnelle se prouve le plus certainement qu'il se peut en matière de fait, par la réflexion présente et immédiate; elle se prouve suffisamment pour l'ordinaire par notre souvenir d'intervalle ou par le témoignage conspirant des autres. Mais, si Dieu changeait extraordinairement l'identité réelle, il demeurerait la personnelle, pourvu que l'homme conservât les apparences d'identité, tant les internes (c'est-à-dire de la conscience) que les externes, comme celles qui consistent dans ce qui paraît aux autres. Ainsi la conscience n'est pas le seul moyen de constituer l'identité personnelle, et le rapport d'autrui ou même d'autres marques y peuvent suppléer. Mais il y a de la difficulté s'il se trouve contradiction entre ces diverses apparences. La conscience se peut taire comme dans l'oubli; mais, si elle disait bien clairement ce qui fût contraire aux autres apparences, on serait embarrassé dans la décision et comme suspendu quelquefois entre deux possibilités : celle de l'erreur de notre souvenir et celle de quelque déception dans les apparences externes.

§ 11. Ph. On dira que les membres du corps de chaque homme sont une partie de lui-même, et qu'ainsi le corps étant dans un flux perpétuel, l'homme ne saurait demeurer le même.

Th. J'aimerais mieux de dire que le *moi* et le *lui* est sans parties, parce qu'on dit, et avec raison, qu'il se conserve réellement la même substance ou le même moi physique; mais on ne peut point dire, à parler selon l'exacte vérité des choses, que le même tout se conserve lorsqu'une partie se perd. Or, ce qui a des parties corporelles ne peut point manquer d'en perdre à tout moment.

§ 13. Ph. La conscience qu'on a de ses actions passées ne pourrait point être transférée d'une substance pensante à l'autre, et il serait certain que la même substance demeure, parce que nous nous sentons les mêmes, si cette conscience était une seule et même action individuelle, c'est-à-dire si l'action de réfléchir était la même que l'action sur laquelle on réfléchit en s'en apercevant. Mais comme ce n'est qu'une représentation actuelle d'une action passée, il reste à prouver comment il n'est pas possible que ce qui n'a jamais été réellement puisse être représenté à l'esprit comme ayant été véritablement.

Th. Un souvenir de quelque intervalle peut tromper; on l'expérimente souvent, et il y a moyen de concevoir une cause naturelle de cette erreur. Mais le souvenir présent ou immédiat, ou le souvenir de ce qui se passait immédiatement auparavant, c'est-à-dire la conscience ou la réflexion, qui accompagne l'action interne, ne saurait tromper naturellement; autrement, on ne serait pas même certain qu'on pense à telle ou à telle chose, car ce n'est aussi que de l'action passée qu'on le dit en soi, et non pas de l'action même qui le dit. Or, si les expériences internes immédiates ne sont point certaines, il n'y aura point de vérité de fait dont on puisse être assuré. Et j'ai déjà dit qu'il peut y avoir de la raison intelligible de l'erreur qui se commet dans les perceptions médiates et externes, mais dans les immédiates internes on n'en saurait trouver, à moins de recourir à la toute-puissance de Dieu.

§ 14. Ph. Quant à la question si, la même substance immatérielle restant, il peut y avoir deux personnes distinctes, voici sur quoi elle est fondée. C'est, si le même être immatériel peut être dépouillé de tout sentiment de son existence passée et le perdre entièrement, sans pouvoir jamais le recouvrer, de sorte que, commençant pour ainsi dire un nouveau compte depuis une nouvelle période, il ait une conscience qui ne puisse s'étendre au delà de ce nouvel état. Tous ceux qui croient la préexistence des âmes sont visiblement dans cette pensée. J'ai vu un homme qui était persuadé que son âme avait été l'âme de Socrate; et je puis assurer que dans le poste qu'il a rempli et qui n'était pas de petite importance, il a passé pour un homme fort raisonnable, et il a paru, par ses ouvrages qui ont vu le jour, qu'il ne manquait ni d'esprit ni de savoir. Or, les âmes étant indifférentes à l'égard de quelque portion de matière que ce soit, autant que nous le pouvons connaître par leur nature, cette supposition (d'une même âme passant en différents corps) ne renferme aucune absurdité apparente. Cependant celui qui, à présent, n'a aucun sentiment de quoi que ce soit que Nestor ou Socrate ait jamais fait ou pensé, conçoit-il ou peut-il concevoir qu'il soit la même personne que Nestor ou Socrate? Peut-il prendre part aux actions de ces deux anciens Grecs? peut-il se les attribuer ou penser qu'elles soient plutôt ses propres actions que celles de quelque autre homme qui ait déjà existé ? Il n'est pas plus la même personne avec un d'eux, que si l'âme qui est présentement en lui avait été créée lorsqu'elle commença d'animer le corps qu'elle a présentement. Cela ne contribuerait pas davantage à le faire la même personne que Nestor, que si quelques-unes des particules de matière qui une fois ont fait partie de Nestor étaient à présent une partie de cet homme-là. Car la même substance immatérielle sans la même conscience ne fait non plus la même personne pour être unie à tel ou tel corps que les mêmes particules de matière, unies à quelque corps sans une conscience commune, peuvent faire la même personne.

Th. Un être immatériel ou un esprit ne peut être dépouillé de toute perception de son existence passée. Il lui reste des impressions de tout ce qui lui est jamais arrivé et il a même des pressentiments de tout ce qui lui arrivera; mais ces sentiments sont le plus souvent trop petits pour être distinguables et pour qu'on s'en aperçoive, quoiqu'ils pourraient peut-être se développer un jour. Cette continuation et liaison de perceptions fait le même individu réellement; mais les aperceptions (c'est-à-dire lorsqu'on s'aperçoit des sentiments passés) prouvent encore une identité morale et font paraître l'identité réelle. La préexistence des âmes ne nous paraît pas par nos perceptions, mais, si elle était véritable, elle pourrait se faire connaître un jour. Ainsi il n'est point raisonnable que la restitution du souvenir devienne à jamais impossible, les perceptions insensibles (dont j'ai fait voir l'usage en tant d'autres occasions importantes) servant encore ici à en garder les semences. Feu M. Henri Morus, théologien de l'Église anglicane, était persuadé de la préexistence et a écrit pour la soutenir. Feu M. Van Helmont le fils allait plus avant, comme je viens de le dire, et croyait la transmigration des âmes, mais toujours dans des corps d'une même espèce, de sorte que, selon lui, l'âme humaine animait toujours un homme. Il croyait avec quelques rabbins le passage de l'âme d'Adam dans le Messie comme dans le nouvel Adam. Et je ne sais s'il ne croyait pas avoir été lui-même quelque ancien, tout habile homme qu'il était d'ailleurs. Or, si ce passage des âmes était véritable, au moins de la manière possible que j'ai expliquée ci-dessus (mais qui ne paraît point vraisemblable), c'est-à-dire que les âmes gardant des corps subtils, passassent tout d'un coup dans d'autres corps grossiers, le même individu subsisterait toujours dans Nestor, dans Socrate et dans quelque moderne, et il pourrait même faire connaître son identité à celui qui pénétrerait assez dans sa nature, à cause des impressions ou caractères qui y resteraient de tout ce que Nestor ou Socrate ont fait et que quelque génie assez pénétrant y pourrait lire. Cependant, si l'homme moderne n'avait point de moyen interne ou externe de connaître ce qu'il a été, ce serait, quant à la morale, comme s'il ne l'avait point été. Mais l'apparence est que rien ne se néglige dans le monde, par rapport même à la morale, parce que Dieu en est le monarque, dont le gouvernement est parfait. Les âmes, selon mes hypothèses, ne sont point indifférentes à l'égard de quelque portion de matière que ce soit, comme il vous semble ; au contraire, elles expriment originairement celles à qui elles sont et doivent être unies par ordre. Ainsi, si elles passaient dans un nouveau corps grossier ou sensible, elles garderaient toujours l'expression de tout ce dont elles ont eu perception dans les vieux, et même il faudrait que le nouveau corps s'en ressentît, de sorte que la continuation individuelle aura toujours ses marques réelles. Mais, quel qu'ait été notre état passé, l'effet qu'il laisse ne saurait nous être toujours apercevable. L'habile auteur de *l'Essai sur l'Entendement*, dont vous aviez épousé les sentiments, avait remarqué (liv. II, chap. *de l'Identité*, § 27) qu'une partie de ces suppositions ou fictions du passage des âmes, prises pour possibles, est fondée sur ce qu'on regarde communément l'esprit non seulement comme indépendant de la matière, mais aussi comme indifférent à toute sorte de matière (1). Mais j'espère que ce que je vous ai dit, Monsieur, sur ce sujet, par-ci par-là, servira à éclaircir ce doute et à faire mieux connaître ce qui se peut naturellement. On voit par là comment les actions d'un ancien appartiendraient à un moderne qui aurait la même âme, quoiqu'il ne s'en aperçût pas. Mais, si l'on venait à la connaître, il s'ensuivrait encore de plus une identité personnelle. Au reste, une portion de matière qui passe d'un corps dans un autre ne fait point le même individu humain, ni ce qu'on appelle moi, mais c'est l'âme qui le fait.

§ 16. Ph. Il est cependant vrai que je suis autant intéressé et aussi justement responsable pour une action faite il y a mille ans, qui m'est présentement adjugée par cette conscience (*self con-*

---

(1) Aristote croyait aussi que l'âme n'est pas indifférente à toute espèce de matière, et il s'en servait pour combattre la doctrine de la métempsycose. Voyez *Traité de l'âme*, l. I, chap. v. P. J.

sciousness) que j'en ai, comme ayant été faite par moi-même, que je le suis pour ce que je viens de faire dans le moment précédent.

Th. Cette opinion d'avoir fait quelque chose peut tromper dans les actions éloignées. Des gens ont pris pour véritable ce qu'ils avaient songé ou ce qu'ils avaient inventé à force de le répéter ; cette fausse opinion peut embarrasser, mais elle ne peut point faire qu'on soit punissable si d'autres n'en conviennent point. De l'autre côté, on peut être responsable de ce qu'on a fait, quand on l'aurait oublié, pourvu que l'action soit vérifiée d'ailleurs.

§ 17. Ph. Chacun éprouve tous les jours que tandis que son petit doigt est compris sous cette conscience, il fait autant partie de soi-même (de lui) que ce qui y a le plus de part.

Th. J'ai dit (§ 11) pourquoi je ne voudrais point avancer que mon doigt est une partie de moi ; mais il est vrai qu'il m'appartient, et qu'il fait partie de mon corps.

Ph. Ceux qui sont d'un autre sentiment diront que ce petit doigt venant à être séparé du reste du corps, si cette conscience accompagnait le petit doigt et abandonnait le reste du corps, il est évident que le petit doigt serait la personne, la même personne, et qu'alors le soi n'aurait rien à démêler avec le reste du corps.

Th. La nature n'admet point ces fictions, qui sont détruites par système de l'harmonie ou de la parfaite correspondance de l'âme et du corps.

§ 18. Ph. Il semble pourtant que, si le corps continuait de vivre et d'avoir sa conscience particulière, à laquelle le petit doigt n'eût aucune part, et que cependant l'âme fût dans le doigt, le doigt ne pourrait avouer aucune des actions du reste du corps, et l'on ne pourrait non plus les lui imputer.

Th. Aussi l'âme qui serait dans le doigt n'appartiendrait-elle point à ce corps. J'avoue que, si Dieu faisait que les consciosités fussent transférées sur d'autres âmes, il faudrait les traiter, selon les notions morales, comme si c'étaient les mêmes ; mais ce serait troubler l'ordre des choses sans sujet et faire un divorce entre l'aperceptible et la vérité, qui se conserve par les perceptions insensibles, lequel ne serait point raisonnable, parce que les perceptions insensibles pour le présent peuvent se développer un jour, car il n'y a rien d'inutile, et l'éternité donne un grand champ aux changements.

§ 20. Ph. Les lois humaines ne punissent pas l'homme fou pour les actions que fait l'homme de sens rassis, ni l'homme de sens rassis pour ce qu'a fait l'homme fou : par où elles en font deux personnes. C'est ainsi qu'on dit : il est hors de lui-même.

Th. Les lois menacent de châtier et promettent de récompenser, pour empêcher les mauvaises actions et avancer les bonnes. Or un fou peut être tel que les menaces et les promesses n'opèrent point assez sur lui, la raison n'étant plus la maîtresse ; ainsi, à mesure de la faiblesse, la rigueur de la peine doit cesser. De l'autre côté on veut que le criminel sente l'effet du mal qu'il a fait, afin qu'on craigne davantage de commettre des crimes ; mais le fou n'y étant pas assez sensible, on est bien aise d'attendre un bon intervalle pour exécuter la sentence qui le fait punir de ce qu'il a fait de sens rassis. Ainsi ce que font les lois ou les juges dans ces rencontres ne vient point de ce qu'on y conçoit deux personnes.

§ 22. Ph. En effet, dans le parti dont je vous présente les sentiments, [on se fait cette objection] (1) que si un homme, qui est ivre et qui ensuite n'est plus ivre, n'est pas la même personne, on ne le doit point punir pour ce qu'il a fait étant ivre, puisqu'il n'en a plus aucun sentiment. Mais on répond à cela qu'il est tout autant la même personne qu'un homme qui pendant son sommeil marche et fait plusieurs autres choses, et qui est responsable de tout le mal qu'il vient à faire dans cet état.

Th. Il y a bien de la différence entre les actions d'un ivre et celles d'un vrai et reconnu noctambule. On punit les ivrognes parce qu'ils peuvent éviter l'ivresse et peuvent même avoir quelque souvenir de la peine pendant l'ivresse. Mais il n'est pas tant dans le pouvoir des noctambules de s'abstenir de leur promenade nocturne et de ce qu'ils font. Cependant, s'il était vrai qu'en leur donnant bien le fouet sur le fait, on pouvait les faire rester au lit, on aurait droit de le faire, et on n'y manquerait pas aussi, quoique ce fût plutôt un remède qu'un châtiment. En effet, on raconte que ce remède a servi.

Ph. Les lois humaines punissent l'un et l'autre par une justice conforme à la manière dont les hommes connaissent les choses, parce que dans ces sortes de cas ils ne sauraient distinguer certainement ce qui est réel de ce qui est contrefait ; ainsi l'ignorance

---

(1) Dans le texte donné par Gerhadt, ces mots intercalés ici manquent ; mais mais la phrase n'a pas de construction.   P. J.

n'est pas reçue pour excuse de ce qu'on a fait étant ivre ou endormi. Le fait est prouvé contre celui qui l'a fait, et l'on ne saurait prouver pour lui le défaut de conscience.

Th. Il ne s'agit pas tant de cela, que de ce qu'il faudra faire, quand il a été bien vérifié, que l'ivre ou le noctambule ont été hors d'eux, comme cela se peut. En ce cas le noctambule ne saurait être considéré que comme un maniaque : mais, comme l'ivresse est volontaire et que la maladie ne l'est pas, on punit l'un plutôt que l'autre.

Ph. Mais au grand et redoutable jour du jugement, où les secrets de tous les cœurs seront découverts, on a droit de croire que personne n'aura à répondre pour ce qui lui est entièrement inconnu, et que chacun recevra ce qui lui est dû, étant accusé ou excusé par sa propre conscience.

Ph. Je ne sais s'il faudra que la mémoire de l'homme soit exaltée au jour du jugement pour qu'il se souvienne de tout ce qu'il avait oublié, et si la connaissance des autres et surtout du juste juge, qui ne saurait se tromper, ne suffira pas. On pourrait former une fiction, peu convenable à la vérité, mais possible au moins, qui serait qu'un homme au jour du jugement crût avoir été méchant et que le même parût vrai à tous les autres esprits créés, qui seraient à portée pour en juger, sans que la vérité y fût : pourra-t-on dire que le suprême et juste juge, qui saurait seul le contraire, pourrait damner cette personne et juger contre ce qu'il sait ? Cependant il semble que cela suivrait de la notion que vous donniez de la personnalité morale. On dira peut-être que, si Dieu juge contre les apparences, il ne sera pas assez glorifié et fera de la peine aux autres ; mais on pourra répondre qu'il est lui-même son unique et suprême loi, et que les autres doivent juger en ce cas qu'ils se sont trompés.

§ 23. Ph. Si nous pouvions supposer deux consciences distinctes et incommunicables qui agissent tour à tour dans le même corps, l'une constamment pendant le jour et l'autre durant la nuit, et d'autre côté la même conscience agissant par intervalles dans deux corps différents ; je demande si dans le premier cas l'homme de jour et l'homme de nuit, si j'ose m'exprimer de la sorte, ne seraient pas deux personnes aussi distinctes que Socrate et Platon, et si dans le second cas ce ne serait pas une seule personne dans deux corps distincts ? Et il n'importe en rien de dire que cette même conscience qui affecte deux différents corps, et ces consciences qui affectent le même corps en différents temps, appartiennent l'une à la même substance immatérielle et les deux autres à deux distinctes substances immatérielles, qui introduisent ces diverses consciences dans ces corps-là, puisque l'identité personnelle serait également déterminée par la conscience, soit que cette conscience fût attachée à quelque substance individuelle, immatérielle ou non. De plus, une chose immatérielle qui pense doit quelquefois perdre de vue sa conscience passée et la rappeler de nouveau. Or supposez que ces intervalles de mémoire et d'oubli reviennent partout le jour et la nuit, dès là vous avez deux personnes avec le même esprit immatériel D'où il s'ensuit que le soi n'est point déterminé par l'identité ou la diversité de substance, dont on ne peut être assuré, mais seulement par l'identité de la conscience.

Th. J'avoue que, si toutes les apparences étaient changées et transférées d'un esprit sur un autre, ou si Dieu faisait un échange entre deux esprits, donnant le corps visible et les apparences et consciences de l'un à l'autre, l'identité personnelle, au lieu d'être attachée à celle de la substance suivrait les apparences constantes, que la morale humaine doit avoir en vue : mais ces apparences ne consisteront pas dans les seules consciences, et il faudra que Dieu fasse l'échange non seulement des aperceptions ou consciences des individus en question, mais aussi des apparences qui se présentent aux autres à l'égard de ces personnes, autrement il y aurait contradiction entre les consciences des uns et le témoignage des autres, ce qui troublerait l'ordre des choses morales. Cependant il faut qu'on m'avoue aussi que le divorce entre le monde insensible et sensible, c'est-à-dire entre les perceptions insensibles qui demeureront aux mêmes substances et les aperceptions qui seraient échangées, serait un miracle, comme lorsqu'on suppose que Dieu fait du vide ; car j'ai dit ci-dessus pourquoi cela n'est pas conforme à l'ordre naturel. Voici une autre supposition bien plus convenable. Il se peut que dans un autre lieu de l'univers ou dans un autre temps il se trouve un globe qui ne diffère point sensiblement de ce globe de la terre où nous habitons, et que chacun des hommes qui l'habite ne diffère point sensiblement de chacun de nous qui lui répond. Ainsi il y aura à la fois plus de cent millions de paires de personnes semblables, c'est-à-dire des personnes avec les mêmes apparences et consciences ; et Dieu pourrait transférer les esprits seuls ou avec leur corps d'un globe dans l'autre sans qu'ils s'en aperçussent ; mais, soit qu'on les transfère ou qu'on les laisse, que dira-t-on de leur personne ou de leur *soi* suivant vos auteurs ? Sont-ils deux personnes ou la même, puisque la conscience et les apparences internes et externes des hommes de ces globes ne sauraient faire de distinction ? Il est vrai que Dieu et les esprits capables d'envisager les intervalles et rapports externes des temps et des lieux et même les constitutions internes, insensibles aux hommes des deux globes, pourraient les discerner ; mais, selon vos hypothèses, la seule consciosité discernant les personnes sans qu'il faille se mettre en peine de l'identité ou diversité réelle de la subtance ou même de ce qui paraîtrait aux autres, comment s'empêcher de dire que ces deux personnes qui sont en même temps dans ces deux globes ressemblants, mais éloignés l'un de l'autre d'une distance inexprimable, ne sont qu'une seule et même personne ; ce qui est pourtant une absurdité manifeste ? Au reste, parlant de ce qui se peut naturellement, les deux globes semblables et les deux âmes semblables des deux globes ne le demeureraient que pour un peu de temps. Car, puisqu'il y a une diversité individuelle, il faut que cette différence consiste au moins dans les constitutions insensibles, qui se doivent développer dans la suite des temps.

§ 26. Ph. Supposons un homme puni présentement pour ce qu'il a fait dans une autre vie et dont on ne puisse lui faire avoir absolument aucune conscience ; quelle différence y a-t-il entre un tel traitement et celui qu'on lui ferait en le créant misérable ?

Th. Les platoniciens, les origénistes, quelques Hébreux (1) et autres défenseurs de la préexistence des âmes ont cru que les âmes de ce monde étaient mises dans des corps imparfaits, afin de souffrir pour les crimes commis dans un monde précédent. Mais il est vrai que, si on n'en sait point ni n'en apprendra jamais la vérité, ni par le rappel de sa mémoire, ni par quelques traces, ni par la connaissance d'autrui, on ne pourra point l'appeler un châtiment selon les notions ordinaires. Il y a pourtant quelque lieu de douter, en par-

---

(1) Les Hébreux dont parle ici Leibniz, et auxquels il a déjà fait allusion plus haut, sont les *cabbalistes*. Au reste, l'idée de la préexistence était déjà répandue en Judée au temps de Jésus-Christ, comme le prouve ce passage de l'Évangile : « En passant, Jésus vit un homme qui était aveugle de naissance, et ses disciples lui demandèrent : Pour quel péché cet homme est-il né aveugle ? Est-ce pour les siens ou pour ceux de ses parents ? » P. J.

lant des châtiments en général, s'il est absolument nécessaire que ceux qui souffrent en apprennent eux-mêmes un jour la raison, et s'il ne suffirait pas bien souvent que d'autres esprits plus informés y trouvassent matière de glorifier la justice divine. Cependant il est plus vraisemblable que les souffrants en sauront le pourquoi, au moins en général.

§ 29. Ph. Peut-être qu'au bout du compte vous pourriez vous accorder avec mon auteur, qui conclut son chapitre de l'identité, en disant que la question, si le même homme demeure, est une question de nom, selon qu'on entend par l'homme ou le seul esprit raisonnable, ou le seul corps de cette forme qui s'appelle humaine, ou enfin l'esprit uni à un tel corps. Au premier cas, l'esprit séparé (au moins du corps grossier) sera encore l'homme; au second un orang-outang, parfaitement semblable à nous, la raison exceptée, serait un homme; et, si l'homme était privé de son âme raisonnable et recevait une âme de bête, il demeurerait le même homme. Au troisième cas, il faut que l'un et l'autre demeurent avec l'union, le même esprit et le corps aussi même en partie, ou du moins l'équivalent, quant à la forme corporelle sensible. Ainsi on pourrait demeurer le même être physiquement ou moralement, c'est-à-dire la même personne sans demeurer homme, en cas qu'on considère cette figure comme essentielle à l'homme suivant ce dernier sens.

Th. J'avoue qu'en cela il y a question de nom; et dans le troisième sens, c'est comme le même animal est tantôt chenille ou ver à soie, et tantôt papillon, et comme quelques-uns se sont imaginés que les anges de ce monde ont été hommes dans un monde passé. Mais nous nous sommes attachés, dans cette conférence, à des discussions plus importantes que celles de la signification des mots. Je vous ai montré la source de la vraie identité physique; j'ai fait voir que la morale n'y contredit pas, non plus que le souvenir; qu'elles ne sauraient toujours marquer l'identité physique à la personne même dont il s'agit, ni à celles qui sont en commerce avec elle; mais que cependant elles ne contredisent jamais à l'identité physique, et ne font jamais un divorce entier avec elle; qu'il y a toujours des esprits créés qui connaissent ou peuvent connaître ce qui en est : mais qu'il y a lieu de juger que ce qu'il y a d'indifférent à l'égard des personnes mêmes ne peut l'être que pour un temps.

CHAP. XXVIII. — DE QUELQUES AUTRES RELATIONS, ET SURTOUT DES RELATIONS MORALES.

§ 1. Ph. Outre les relations fondées sur le temps, le lieu et la causalité dont nous venons de nous entretenir, il y en a une infinité d'autres dont je vais proposer quelques-unes. Toute idée simple, capable de parties et de degrés, fournit une occasion de comparer les sujets, où elle se trouve, par exemple, l'idée du plus (ou moins ou également) blanc. Cette relation peut être appelée proportionnelle.

Th. Il y a pourtant un excès sans proportion; et c'est à l'égard d'une grandeur, que j'appelle imparfaite, comme lorsqu'on dit que l'angle que le rayon fait à l'arc de son cercle, est moindre que le droit ; car il n'est point possible qu'il y ait une proportion entre ces deux angles, ou entre l'un d'eux et leur différence, qui est l'angle de contingence.

§ 2. Ph. Une autre occasion de comparer est fournie par les circonstances de l'origine, qui fondent des relations de père et enfant, frères, cousins, compatriotes. Chez nous on ne s'avise guère de dire : Ce taureau est le grand-père d'un tel veau, ou : Ces deux pigeons sont cousins germains; car les langues sont proportionnées à l'usage. Mais il y a des pays où les hommes, moins curieux de leur propre généalogie que de celle de leurs chevaux, n'ont pas seulement des noms pour chaque cheval en particulier, mais aussi pour leurs différents degrés de parentage.

Th. On peut joindre encore l'idée et les noms de famille à ceux du parentage. Il est vrai qu'on ne remarque point que sous l'empire de Charlemagne, et assez longtemps avant ou après, il y ait eu des noms de famille en Allemagne, en France et en Lombardie. Il n'y a pas encore longtemps qu'il y a eu des familles (même nobles), dans le Septentrion, qui n'avaient point de nom, et où l'on ne reconnaissait un homme dans son lieu natal qu'en nommant son nom et celui de son père, et ailleurs (quand il se transplantait) en joignant au sien le nom du lieu d'où il venait. Les Arabes et les Turcomans en usent encore de même (je crois), n'ayant guère de noms de famille particuliers, et se contentant de nommer le père et grand-père, etc., de quelqu'un, et ils font le même honneur à leurs chevaux de prix, qu'ils nomment par nom propre et nom de père, et même au delà. C'est ainsi qu'on parlait des chevaux que le grand-seigneur des Turcs avait envoyés à l'empereur après la paix de Carlowitz ; et le feu comte d'Oldenburg, dernier de sa branche, dont les haras étaient fameux, et qui a vécu fort longtemps, avait des arbres généalogiques de ses chevaux, de sorte qu'ils pouvaient faire preuve de noblesse, et allaient jusqu'à avoir des portraits de leurs ancêtres (*imagines majorum*), ce qui était tant recherché chez les Romains. Mais, pour revenir aux hommes, il y a chez les Arabes et les Tartares des noms de tribus, qui sont comme de grandes familles qui se sont fort amplifiées par la succession des temps. Et ces noms sont pris ou du progéniteur, comme du temps de Moïse, ou du lieu d'habitation, ou de quelque autre circonstance. M. Worsley, voyageur observatif, qui s'est informé de l'état présent de l'Arabie Déserte, où il a été quelque temps, assure que dans tout le pays entre l'Égypte et la Palestine, et où Moïse a passé, il n'y a aujourd'hui que trois tribus, qui peuvent aller ensemble à 5,000 hommes, et qu'une de ces tribus s'appelle Sali, du progéniteur (comme je crois), dont la postérité honore le tombeau, comme celui d'un saint, en y prenant de la poussière que les Arabes mettent sur leur tête et sur celle de leurs chameaux. Au reste, consanguinité est quand il y a une origine commune de ceux dont on considère la relation ; mais on pourrait dire qu'il y a alliance ou affinité entre deux personnes, quand ils peuvent avoir consanguinité avec une même personne, sans qu'il y en ait pour cela entre eux, ce qui se fait par l'intervention des mariages. Mais, comme on n'a point coutume de dire qu'il y a affinité entre mari et femme, quoique leur mariage soit cause de l'affinité par rapport à d'autres personnes, il vaudrait peut-être mieux de dire qu'affinité est entre ceux qui auraient consanguinité entre eux, si mari et femme étaient pris pour une même personne.

§ 3. Ph. Le fondement d'un rapport est quelquefois un droit moral, comme le rapport d'un général d'armée ou d'un citoyen. Ces relations, dépendant des accords que les hommes ont faits entre eux, sont volontaires ou d'institution, que l'on peut distinguer des naturelles. Quelquefois les deux corrélatifs ont chacun son nom, comme patron et client, général et soldat. Mais on n'en a pas toujours : comme, par exemple, on n'en a point pour ceux qui ont rapport au chancelier.

Th. Il y a quelquefois des relations naturelles que les hommes ont revêtues et enrichies de quelques relations morales, comme, par exemple, les enfants ont droit de prétendre la portion légitime de la succession de leurs pères ou mères ; les personnes jeunes ont certaines sujétions, et les âgées ont certaines immunités. Cependant il arrive aussi qu'on prend pour des relations naturelles celles qui ne le sont pas ; comme, lorsque les lois disent que le père est celui qui a fait des noces avec la mère dans le temps qui fait que l'enfant lui peut être attribué ; et cette substitution de l'institutif à la place du naturel n'est que présomption quelquefois, c'est-à-dire jugement qui fait passer pour vrai ce qui peut-être ne l'est pas, tant qu'on n'en prouve point la fausseté. Et c'est ainsi que la maxime : *Pater est quem nuptiæ demonstrant* est prise dans le droit romain et chez la plupart des peuples où elle est reçue. Mais on m'a dit qu'en Angleterre il ne sert de rien de prouver son alibi, pourvu qu'on ait été dans un des trois royaumes, de sorte que la présomption alors se change en fiction ou en ce que quelques docteurs appellent *præsumptionem juris et de jure*.

§ 4. Ph. Relation morale est la convenance ou disconvenance qui se trouve entre les actions volontaires des hommes et une règle qui fait qu'on juge si elles sont moralement bonnes ou mauvaises, § 5 ; et le bien moral ou le mal moral est la conformité ou l'opposition qui se trouve entre les actions volontaires et une certaine loi, ce qui nous attire du bien ou du mal (physique) par la volonté et puissance du législateur (ou de celui qui veut maintenir la loi), et c'est ce que nous appelons récompense et punition.

Th. Il est permis à des auteurs aussi habiles que celui dont vous représentez les sentiments, Monsieur, d'accommoder les termes comme ils le jugent à propos. Mais il est vrai aussi que, suivant cette notion, une même action serait moralement bonne et moralement mauvaise en même temps, sous de différents législateurs, tout comme notre habile auteur prenait la vertu ci-dessus pour ce qui est loué et par conséquent une même action serait vertueuse ou non, selon les opinions des hommes. Or, cela n'étant pas le sens ordinaire qu'on donne aux actions moralement bonnes et vertueuses, j'aimerais mieux pour moi prendre pour la mesure du bien moral et de la vertu la règle invariable de la raison, que Dieu s'est chargé de maintenir. Aussi peut-on être assuré que par son moyen tout bien moral devient physique, ou, comme parlaient les anciens, tout honnête est utile ; au lieu que, pour exprimer la notion de l'auteur, il faudrait dire que le bien ou le mal moral est un bien ou un mal d'imposition ou institutif, que celui qui a le pouvoir en main tâche de faire suivre ou éviter par les peines ou récompenses. Le bon est que ce qui est de l'institution générale de Dieu est conforme à la nature ou à la raison.

§ 7. Ph. Il y a trois sortes de lois : la loi divine, la loi civile et la loi d'opinion ou de réputation. La première est la règle des péchés ou des devoirs; la seconde, des actions criminelles ou innocentes; la troisième, des vertus ou des vices.

Th. Selon le sens ordinaire des termes, les vertus et les vices ne diffèrent des devoirs et des péchés que comme les habitudes diffèrent des actions, et on ne prend point la vertu et le vice pour quelque chose qui dépende de l'opinion. Un grand péché est appelé un crime, et on n'oppose point l'innocent au criminel, mais au coupable. La loi divine est de deux sortes, naturelle et positive. La loi civile est positive. La loi de réputation ne mérite le nom de loi qu'improprement, ou est comprise sous la loi naturelle, comme si je disais la loi de la santé, la loi du ménage, lorsque les actions attirent naturellement quelque bien ou quelque mal, comme l'approbation d'autrui, la santé, le gain.

§ 10. Ph. On prétend en effet par tout le monde que les mots de vertu et de vice signifient des actions bonnes ou mauvaises de leur nature, et, tant qu'ils sont réellement appliqués en ce sens, la vertu convient parfaitement avec la loi divine (naturelle). Mais, quelles que soient les prétentions des hommes, il est visible que ces noms, considérés dans les applications particulières, sont constamment et uniquement attribués à telles ou telles actions, qui dans chaque pays ou dans chaque société sont réputées honorables ou honteuses; autrement les hommes se (1) condamneraient eux-mêmes. Ainsi la mesure de ce qu'on appelle vertu et vice est cette approbation ou ce mépris, cette estime ou ce blâme, qui se forme par un secret ou tacite consentement. Car, quoique les hommes réunis en sociétés politiques aient résigné entre les mains du public la disposition de toutes leurs forces, en sorte qu'ils ne peuvent point les employer contre leurs concitoyens au delà de ce qui est permis par la loi, ils retiennent pourtant toujours la puissance de penser bien ou mal, d'approuver ou de désapprouver.

---

(1) Gehrardt: *ce*.

Th. Si l'habile auteur, qui s'explique ainsi avec vous, Monsieur, déclarait qu'il lui a plu d'assigner cette présente définition arbitraire nominale aux noms de vertu et de vice, on pourrait dire seulement que cela lui est permis en théorie pour la commodité de s'exprimer, faute peut-être d'autres termes; mais on sera obligé d'ajouter que cette signification n'est point conforme à l'usage, ni même utile à l'édification, et qu'elle sonnerait mal dans les oreilles de bien des gens, si quelqu'un la voulait introduire dans la pratique de la vie et de la conversation, comme cet auteur semble reconnaître lui-même dans la préface. Mais c'est aller plus avant ici, et quoique vous avouiez que les hommes prétendent parler de ce qui est naturellement vertueux ou vicieux selon des lois immuables, vous prétendez qu'en effet ils n'entendent parler que de ce qui dépend de l'opinion. Mais il me semble que par la même raison on pourrait soutenir qu'encore la vérité et la raison et tout ce qu'on pourra nommer de plus réel, dépend de l'opinion, parce que les hommes se trompent, lorsqu'ils en jugent. Ne vaut-il donc pas mieux à tous égards de dire que les hommes entendent par la vertu comme par la vérité ce qui est conforme à la nature, mais qu'ils se trompent souvent dans l'application ; outre qu'ils se trompent moins qu'on ne pense; car ce qu'ils louent le mérite ordinairement à certains égards. La vertu de boire, c'est-à-dire de bien porter le vin, est un avantage, qui servait à Bonosus à se concilier les barbares et à tirer d'eux leurs secrets. Les forces nocturnes d'Hercule, en quoi le même Bonosus prétendait lui ressembler, n'étaient pas moins une perfection. La subtilité des larrons était louée chez les Lacédémoniens, et ce n'est pas l'adresse, mais l'usage qu'on en fait mal à propos, qui est blâmable ; et ceux qu'on roue en pleine paix pourraient servir quelquefois d'excellents partisans en temps de guerre. Ainsi tout cela dépend de l'application et du bon ou mauvais usage des avantages qu'on possède. Il est vrai aussi très souvent et ne doit pas être pris pour une chose fort étrange, que les hommes se condamnent eux-mêmes, comme lorsqu'ils font ce qu'ils blâment dans les autres, et il y a souvent une contradiction entre les actions et les paroles, qui scandalise le public, lorsque ce que fait et que défend un magistrat, un prédicateur, saute aux yeux de tout le monde.

§ 12. Ph. En tout lieu ce qui passe pour vertu est cela même qu'on juge digne de louange. La vertu et la louange sont souvent désignées par le même nom. *Sunt hic etiam sua præmia laudi*, dit

Virgile (lib. I *Æneid.*, vers. 464), et Cicéron : *Nihil habet natura præstantius quam honestatem, quam laudem, quam dignitatem, quam decus.* (*Quæst. Tuscul.* lib. II, c. 20), et il ajoute un peu après : *Hisce ego pluribus nominibus unam rem declarari volo.*

TH. Il est vrai que les anciens ont désigné la vertu par le nom de l'honnête, comme lorsqu'ils ont loué *incoctum generoso pectus honesto*. Et il est vrai aussi que l'honnête a son nom de l'honneur ou de la louange. Mais cela veut dire non pas que la vertu est ce qu'on loue, mais qu'elle est ce qui est digne de louange, et c'est ce qui dépend de la vérité et non pas de l'opinion.

PH. Plusieurs ne pensent pas sérieusement à la loi de Dieu ou espèrent qu'ils se réconcilieront un jour avec celui qui en est l'auteur, et à l'égard de la loi de l'État, ils se flattent de l'impunité. Mais on ne pense point que celui qui fait quelque chose de contraire aux opinions de ceux qu'il fréquente, et à qui il veut se rendre recommandable, puisse éviter la peine de leur censure et de leur dédain. Personne à qui il peut rester quelque sentiment de sa propre nature, ne peut vivre en société constamment méprisé ; et c'est la force de la loi de la réputation.

TH. J'ai déjà dit que ce n'est pas tant la peine d'une loi qu'une peine naturelle que l'action s'attire d'elle-même. Il est vrai cependant que bien des gens ne s'en soucient guère, parce qu'ordinairement, s'ils sont méprisés des uns à cause de quelque action blâmée, ils trouvent des complices, ou au moins des partisans, qui ne les méprisent point s'ils sont tant soit peu recommandables par quelque autre côté. On oublie même les actions les plus infâmes, et souvent il suffit d'être hardi et effronté comme ce Phormion de Térence pour que tout passe. Si l'excommunication faisait naître un véritable mépris constant et général, elle aurait la force de cette loi, dont parle notre auteur ; et elle avait en effet cette force chez les premiers chrétiens et leur tenait lieu de juridiction, dont ils manquaient pour punir les coupables ; à peu près comme les artisans maintiennent certaines coutumes entre eux malgré les lois par le mépris qu'ils témoignent pour ceux qui ne les observent point. Et c'est ce qui a maintenu aussi les duels contre les ordonnances. Il serait à souhaiter que le public s'accordât avec soi-même et avec la raison dans les louanges et dans les blâmes ; et que les grands surtout ne protégeassent point les méchants en riant des mauvaises actions, où il semble le plus souvent que ce n'est pas celui qui les a faites, mais celui qui en a souffert, qui est puni par le mépris et tourné en ridicule. On verra aussi généralement que les hommes méprisent non pas tant le vice que la faiblesse et le malheur. Ainsi la loi de la réputation aurait besoin d'être bien réformée, et aussi d'être mieux observée.

§ 19. Ph. Avant de quitter la considération des rapports, je remarquerai que nous avons généralement une notion aussi claire ou plus claire de la relation que de son fondement. Si je croyais que Sempronia a pris Titus de dessous un chou, comme on a accoutumé de dire aux petits enfants, et qu'ensuite elle a eu Caius de la même manière, j'aurais une notion aussi claire de la relation de frère entre Titus et Caius, que si j'avais tout le savoir des sages-femmes.

Th. Cependant comme on disait un jour à un enfant que son petit frère, qui venait de naitre, avait été tiré d'un puits (réponse dont on se sert en Allemagne pour satisfaire la curiosité des enfants sur cet article), l'enfant répliqua qu'il s'étonnait qu'on ne le rejetait pas dans le même puits quand il criait tant et incommodait la mère. C'est que cette explication ne lui faisait point connaître aucune raison de l'amour que la mère témoignait pour l'enfant. On peut donc dire que ceux qui ne savent point le fondement des relations n'en ont que ce que j'appelle des pensées sourdes en partie et insuffisantes, quoique ces pensées puissent suffire à certains égards et en certaines occasions.

CHAP. XXIX. — Des idées claires et obscures, distinctes et confuses.

§ 2. Ph. Venons maintenant à quelques différences des idées. Nos idées simples sont claires, lorsqu'elles sont telles que les objets mêmes, d'où on les reçoit, les représentent ou peuvent les représenter avec toutes les circonstances requises à une sensation ou perception bien ordonnée. Lorsque la mémoire les conserve de cette manière, ce sont en ce cas-là des idées claires, et autant qu'il leur manque de cette exactitude originale ou qu'elles ont perdu pour ainsi dire de leur première fraîcheur, et qu'elles sont comme ternies et flétries par le temps, autant sont-elles obscures. Les idées complexes sont claires quand les simples qui les composent sont claires, et que le nombre et l'ordre de ces idées simples est fixé.

Th. Dans un petit discours sur les idées, vraies ou fausses, claires ou obscures, distinctes ou confuses, inséré dans les actes de Leipsick l'an 1684 j'ai donné une définition des idées claires, commune aux simples et aux composées, et qui rend raison de ce qu'on en dit ici. Je dis donc qu'une idée est claire lorsqu'elle suffit pour reconnaître la chose et pour la distinguer : comme lorsque j'ai une idée bien claire d'une couleur, je ne prendrai pas une autre pour celle que je demande, et si j'ai une idée claire d'une plante, je la discernerai parmi d'autres voisines ; sans cela l'idée est obscure. Je crois que nous n'en avons guère de parfaitement claires sur les choses sensibles. Il y a des couleurs qui s'approchent de telle sorte, qu'on ne saurait les discerner par mémoire, et cependant on les discernera quelquefois, l'une étant mise près de l'autre. Et lorsque nous croyons avoir bien décrit une plante, on en pourra apporter une des Indes, qui aura tout ce que nous aurons mis dans notre description, et qui ne laissera pas de se faire connaître d'espèce différente : ainsi nous ne pourrons jamais déterminer parfaitement *species infimas* ou les dernières espèces.

§ 4. Ph. Comme une idée claire est celle dont l'esprit a une pleine et évidente perception telle qu'elle est, quand il la reçoit d'un objet extérieur, qui opère dûment sur un organe bien disposé ; de même une idée distincte est celle où l'esprit aperçoit une différence, qui la distingue de toute autre idée ; et une idée confuse est celle qu'on ne peut pas suffisamment distinguer d'avec une autre, de qui elle doit être différente.

Th. Suivant cette notion que vous donnez de l'idée distincte, je ne vois point le moyen de la distinguer de l'idée claire. C'est pourquoi j'ai coutume de suivre ici le langage de M. Descartes, chez qui une idée pourra être claire et confuse en même temps ; et telles sont les idées des qualités sensibles, affectées aux organes, comme celle de la couleur ou de la chaleur. Elles sont claires, car on les reconnaît et on les discerne aisément les unes des autres, mais elles ne sont point distinctes, parce qu'on ne distingue pas ce qu'elles renferment. Ainsi on n'en saurait donner la définition. On ne les fait connaître que par des exemples, et au reste il faut dire que c'est un je ne sais quoi, jusqu'à ce qu'on en déchiffre la contexture. Ainsi quoique, selon nous, les idées distinctes distinguent l'objet d'un autre, néanmoins, comme les claires, mais confuses en elles-mêmes, le font aussi, nous nommons distinctes non pas toutes celles qui sont bien distinguantes ou qui distinguent les objets, mais celles qui sont bien distinguées, c'est-à-dire qui sont distinctes en elles-mêmes et distinguent dans l'objet les marques qui le font connaître, ce qui en donne l'analyse ou définition; autrement nous les appelons confuses. Et dans ce sens la confusion qui règne dans les idées pourra être exempte de blâme, étant une imperfection de notre nature; car nous ne saurions discerner les causes, par exemple, des odeurs et des saveurs, ni ce que renferment ces qualités. Cette confusion pourtant pourra être blâmable, lorsqu'il est important et en mon pouvoir d'avoir des idées distinctes, comme par exemple si je prenais de l'or sophistique pour du véritable, faute de faire les essais nécessaires, qui contiennent les marques du bon or.

§ 5. PH. Mais l'on dira qu'il n'y a point d'idée confuse (ou plutôt obscure suivant votre sens), car elle ne peut être que telle qu'elle est aperçue par l'esprit, et cela la distingue suffisamment de tous les autres, § 6. Et pour lever cette difficulté, il faut savoir que le défaut des idées se rapporte aux noms, et ce qui la rend fautive, c'est lorsqu'elle peut aussi bien être désignée par un autre nom que par celui dont on s'est servi pour l'exprimer.

TH. Il me semble qu'on ne doit point faire dépendre cela des noms. Alexandre le Grand avait vu, dit-on, une plante en songe comme bonne pour guérir Lysimachus, qui fut depuis appelée *Lysimachia*, parce qu'elle guérit effectivement cet ami du roi. Lorsque Alexandre se fit apporter quantité de plantes, parmi lesquelles il reconnut celle qu'il avait vue en songe, si par malheur il n'avait point eu d'idée suffisante pour la reconnaître et qu'il eût eu besoin d'un Daniel comme Nabuchodonosor pour se faire retracer son songe même, il est manifeste que celle qu'il en aurait eue aurait été obscure et imparfaite (car c'est ainsi que j'aimerais mieux l'appeler que confuse), non pas faute d'application juste à quelque nom, car il n'y en avait point, mais faute d'application à la chose, c'est-à-dire à la plante qui devait guérir. En ce cas, Alexandre se serait souvenu de certaines circonstances, mais il aurait été en doute sur d'autres; et le nom nous servant pour désigner quelque chose, cela fait que, lorsqu'on manque dans l'application aux noms, on manque ordinairement à l'égard de la chose qu'on se promet de ce nom.

§ 7. PH. Comme les idées composées sont les plus sujettes à cette imperfection, elle peut venir de ce que l'idée est composée d'un trop petit nombre d'idées simples, comme est par exemple l'idée d'une bête qui a la peau tachetée, qui est trop générale, et qui ne suffit point à distinguer le lynx, le léopard où la panthère, qu'on distingue pourtant par des noms particuliers.

TH. Quand nous serions dans l'état où fut Adam avant d'avoir donné des noms aux animaux, ce défaut ne laisserait pas d'avoir lieu. Car, supposé qu'on sût que parmi les bêtes tachetées il y en a une qui a la vue extrêmement pénétrante, mais qu'on ne sût point si c'est un tigre ou un lynx ou une autre espèce ; c'est une imperfection de ne pouvoir point la distinguer. Ainsi il ne s'agit pas tant du nom que de ce qui y peut donner sujet, et qui rend l'animal digne d'une dénomination particulière. Il paraît aussi par là que l'idée d'une bête tachetée est bonne en elle-même, et sans confusion et obscurité, lorsqu'elle ne doit servir que de genre ; mais lorsque, jointe à quelque autre idée dont on ne se souvient pas assez, elle doit désigner l'espèce, l'idée qui en est composée, est obscure et imparfaite.

§ 8. PH. Il y a un défaut opposé lorsque les idées simples, qui forment l'idée composée, sont en nombre suffisant, mais trop confondues et embrouillées, comme il y a des tableaux qui paraissent aussi confus que s'ils ne devaient être que la représentation du ciel couvert de nuages, auquel cas aussi on ne dirait point qu'il y a de la confusion, non plus que si c'était un autre tableau fait pour imiter celui-là ; mais, lorsqu'on dit que ce tableau doit faire voir un portrait, on aura raison de dire qu'il est confus parce qu'on ne saurait dire si c'est celui d'un homme, ou d'un singe (1) ou d'un poisson, cependant il se peut que lorsqu'on le regarde dans un miroir cylindrique, la confusion disparaisse, et que l'on voie que c'est Jules César. Ainsi aucune des peintures mentales (si j'ose m'exprimer ainsi) ne peut être appelée confuse de quelque manière que ses parties soient jointes ensemble ; car quelles que soient ces peintures, elles peuvent être distinguées évidemment de toute autre, jusqu'à ce qu'elles soient rangées sous quelque nom ordinaire, auquel on ne saurait voir qu'elles appartiennent plutôt qu'à quelque autre nom d'une signification différente.

TH. Ce tableau, dont on voit distinctement les parties, sans en remarquer le résultat, qu'en les regardant d'une certaine manière, ressemble à l'idée d'un tas de pierres, qui est véritablement confuse,

---

(1) GEHRARDT : *Signe*.

non seulement dans votre sens, mais aussi dans le mien, jusqu'à ce qu'on en ait distinctement conçu le nombre et d'autres propriétés. S'il y en avait trente-six (par exemple), on ne connaîtra pas, à les voir entassées ensemble sans être arrangées, qu'elles peuvent donner un triangle ou bien un carré, comme elles le peuvent en effet, parce que trente-six est un nombre carré et aussi un nombre triangulaire. C'est ainsi qu'en regardant une figure de mille côtés, on n'en aura qu'une idée confuse jusqu'à ce qu'on sache le nombre des côtés, qui est le cube de dix. Il ne s'agit donc point des noms, mais des propriétés distinctes, qui se doivent trouver dans l'idée lorsqu'on en aura démêlé la confusion. Et il est difficile quelquefois d'en trouver la clef, ou la manière de regarder d'un certain point ou par l'entremise d'un certain miroir ou verre pour voir le but de celui qui a fait la chose.

§ 9. Ph. On ne saurait point pourtant nier qu'il n'y ait encore un troisième défaut dans les idées, qui dépend véritablement du mauvais usage des noms, c'est quand nos idées sont incertaines ou indéterminées. Ainsi l'on peut voir tous les jours des gens qui, ne faisant pas difficulté de se servir des mots usités dans leur langue maternelle, avant d'en avoir appris la signification précise, changent l'idée qu'ils y attachent presque aussi souvent qu'ils les font entrer dans leur discours. § 10. Ainsi l'on voit combien les noms contribuent à cette dénomination d'idées distinctes et confuses et sans la considération des noms distincts, pris pour des signes des choses distinctes, il sera bien mal aisé de dire ce que c'est qu'une idée confuse.

Th. Je viens pourtant de l'expliquer sans considérer les noms, soit dans le cas où la confusion est prise avec vous pour ce que j'appelle obscurité, soit dans celui où elle est prise dans mon sens pour le défaut de l'analyse de la notion qu'on a. Et j'ai montré aussi que toute idée obscure est en effet indéterminée ou incertaine, comme dans l'exemple de la bête tachetée qu'on a vue, où l'on sait qu'il faut joindre encore quelque chose à cette notion générale, sans s'en souvenir clairement; de sorte que le premier et le troisième défaut que vous avez spécifiés, reviennent à la même chose. Il est cependant très vrai que l'abus des mots est une grande source d'erreurs, car il en arrive une manière d'erreur de calcul, comme si en calculant on ne marquait pas bien la place du jeton, ou si l'on écrivait si mal les notes numérales, qu'on ne pût point discerner un 2 d'un 7, ou si on les omettait ou échangeait par mégarde. Cet abus de mots consiste, ou à n'y point attacher des idées du tout, ou à en attacher une imparfaite dont une partie est vide et demeure pour ainsi dire en blanc ; et en ces deux cas il y a quelque chose de vide et de sourd dans la pensée, qui n'est rempli que par le nom ; ou enfin le défaut est d'attacher au mot des idées différentes, soit qu'on soit incertain lequel doit être choisi, ce qui fait l'idée obscure aussi bien que lorsqu'une partie en est sourde ; soit qu'on les choisisse tour à tour et qu'on se serve tantôt de l'une, tantôt de l'autre, pour le sens du même mot dans un même raisonnement, d'une manière capable de causer de l'erreur, sans considérer que ces idées ne s'accordent point. Ainsi la pensée incertaine est ou vide ou sans idée, ou flottante entre plus d'une idée. Ce qui nuit, soit qu'on veuille désigner quelque chose déterminée, soit qu'on veuille donner au mot un certain sens, répondant ou à celui dont nous nous sommes déjà servi, ou à celui dont se servent les autres, surtout dans le langage ordinaire, commun à tous ou commun aux gens du métier. Et de là naissent une infinité de disputes vagues et vaines dans la conversation, dans les auditoires et dans les livres qu'on veut vider quelquefois par les distinctions, mais qui le plus souvent ne servent qu'à embrouiller davantage, en mettant à la place d'un terme vague et obscur d'autres termes encore plus vagues et plus obscurs, comme sont souvent ceux que les philosophes emploient dans leurs distinctions, sans en avoir de bonnes définitions.

§ 12. Ph. S'il y a quelque autre confusion dans les idées que celle qui a un secret rapport aux noms, celle-là du moins jette le désordre plus qu'aucune autre dans les pensées et dans les discours des hommes.

Th. J'en demeure d'accord, mais il se mêle le plus souvent quelque notion de la chose et du but qu'on a en se servant du nom ; comme par exemple lorsqu'on parle de l'Église, plusieurs ont en vue un gouvernement, pendant que d'autres pensent à la vérité de la doctrine.

Ph. Le moyen de prévenir cette confusion, c'est d'appliquer constamment le même nom à un certain amas d'idées simples, unies en nombre fixe et dans un ordre déterminé. Mais comme cela n'accommode ni la paresse ni la vanité des hommes, et qu'il ne peut servir qu'à la découverte et à la défense de la vérité, qui n'est pas toujours le but qu'ils se proposent, une telle exactitude est une de ces choses qu'on doit plutôt souhaiter qu'espérer. L'application vague des noms à des idées indéterminées, variables et qui sont presque de purs néants (dans les pensées sourdes) sert d'un côté à couvrir notre ignorance et de l'autre à confondre et embarrasser les autres, ce qui passe pour véritable savoir et pour marque de supériorité en fait de connaissance.

Th. L'affectation de l'élégance et des bons mots a encore contribué beaucoup à cet embarras du langage ; car pour exprimer les pensées d'une manière belle et agréable, on ne fait point difficulté de donner aux mots par une manière de trope quelque sens un peu différent de l'ordinaire, qui soit tantôt plus général ou plus borné, ce qui s'appelle synecdoque, tantôt transféré suivant la relation des choses dont on change les noms, qui est ou de concours dans les métonymies, ou de comparaison dans les métaphores, sans parler de l'ironie, qui se sert d'un opposé à la place de l'autre. C'est ainsi qu'on appelle ces changements, lorsqu'on les reconnaît ; mais on ne les reconnaît que rarement. Et dans cette indétermination du langage, où l'on manque d'une espèce de lois qui règlent la signification des mots, comme il y en a quelque chose dans le titre des digestes du droit Romain *de verborum significationibus*, les personnes les plus judicieuses, lorsqu'elles écrivent pour des lecteurs ordinaires, se priveraient de ce qui donne de l'agrément et de la force à leurs expressions si elles voulaient s'attacher rigoureusement à des significations fixes des termes. Il faut seulement qu'elles prennent garde que leur variation ne fasse naître aucune erreur ni raisonnement fautif. La distinction des anciens entre la manière d'écrire exotérique, c'est-à-dire populaire, et l'acroamatique, qui est pour ceux qui s'occupent à découvrir la vérité, a lieu ici. Et, si quelqu'un voulait écrire en mathématicien dans la métaphysique ou dans la morale, rien ne l'empêcherait de le faire avec rigueur. Quelques-uns en ont fait profession et nous ont promis des démonstrations mathématiques hors des mathématiques ; mais il est fort rare qu'on y ait réussi. C'est, je crois, qu'on s'est dégoûté de la peine qu'il fallait prendre pour un petit nombre des lecteurs, où l'on pouvait demander comme chez Perse, *quis leget hæc*, et répondre : *vel duo vel nemo*. Je crois pourtant que, si on l'entreprenait comme il faut, on n'aurait point sujet de s'en repentir. Et j'ai été tenté de l'essayer.

§ 13. Ph. Vous m'accorderez cependant que les idées composées peuvent être fort claires et forts distinctes d'un côté, et fort obscures et fort confuses de l'autre.

Tн. Il n'y a pas lieu d'en douter ; par exemple nous avons des idées fort distinctes d'une bonne partie des parties solides visibles du corps humain, mais nous n'en avons guère des liqueurs qui y entrent.

Pн. Si un homme parle d'une figure de mille côtés, l'idée de cette figure peut être fort obscure dans son esprit, quoique celle du nombre y soit fort distincte.

Tн. Cet exemple ne convient point ici ; un polygone régulier de mille côtés est connu aussi distinctement que le nombre millénaire parce qu'on peut y découvrir et démontrer toute sorte de vérités.

Pн. Mais on n'a point d'idée précise d'une figure de mille côtés, de sorte qu'on la puisse distinguer d'avec une autre, qui n'a que neuf cent nonante-neuf.

Tн. Cet exemple fait voir qu'on confond ici l'idée avec l'image. Si quelqu'un me propose un polygone régulier, la vue et l'imagination ne me sauraient point faire comprendre le millénaire qui y est ; je n'ai qu'une idée confuse et de la figure et de son nombre, jusqu'à ce que je distingue le nombre en comptant. Mais, l'ayant trouvé, je connais très bien la nature et les propriétés du polygone proposé, en tant qu'elles sont celles du chiliogone, et par conséquent j'en ai cette idée ; mais je ne saurais avoir l'image d'un chiliogone, et il faudrait qu'on eût les sens et l'imagination plus exquis et plus exercés pour le distinguer par là d'un polygone qui eût un côté de moins. Mais les connaissances des figures non plus que celles des nombres ne dépendent pas de l'imagination, quoiqu'elle y serve ; et un mathématicien peut connaître exactement la nature d'un ennéagone et d'un décagone parce qu'il a le moyen de les fabriquer et de les examiner, quoiqu'il ne puisse point les discerner à la vue. Il est vrai qu'un ouvrier et un ingénieur, qui n'en connaîtra peut-être point assez la nature, pourra avoir cet avantage au-dessus d'un grand géomètre, qu'il les pourra discerner en les voyant seulement sans les mesurer, comme il y a des faquins ou colporteurs qui diront le poids de ce qu'ils doivent porter sans se tromper d'une livre, en quoi il surpasseront le plus habile staticien du monde. Il est vrai que cette connaissance empirique, acquise par un long exercice, peut avoir des grands usages pour agir promptement, comme un ingénieur a besoin de faire bien souvent, à cause du danger où il s'expose en s'arrêtant. Cependant cette image claire, ou ce sentiment qu'on peut avoir d'un décagone régulier ou d'un poids de 99 livres, ne consiste que dans une idée confuse, puisqu'elle ne sert point à découvrir la nature et les propriétés de ce poids ou du décagone régulier, ce qui demande une idée distincte. Et cet exemple sert à mieux entendre la différence des idées ou plutôt celle de l'idée et de l'image.

§ 25. Ph. Autre exemple : nous sommes portés à croire que nous avons une idée positive et complète de l'éternité, ce qui est autant que si nous disions qu'il n'y a aucune partie de cette durée qui ne soit clairement connue dans notre idée : mais, quelque grande que soit la durée qu'on se représente, comme il s'agit d'une étendue sans bornes, il reste toujours une partie de l'idée au delà de ce qu'on représente qui demeure obscure et indéterminée ; et de là vient que, dans les disputes et raisonnements qui regardent l'éternité ou quelque autre infini, nous sommes sujets à nous embrouiller dans de manifestes absurdités.

Th. Cet exemple ne me paraît point quadrer non plus à votre dessein, mais il est fort propre au mien, qui est de vous désabuser de vos notions sur ce point. Car il y règne la même confusion de l'image avec l'idée. Nous avons une idée complète ou juste de l'éternité, puisque nous en avons la définition, quoique nous n'en ayons aucune image ; mais on ne forme point l'idée des infinis par la composition des parties, et les erreurs qu'on commet en raisonnant sur l'infini ne viennent point du défaut de l'image.

§ 18. Ph. Mais n'est-il pas vrai que, lorsque nous parlons de la divisibilité de la matière à l'infini, quoique nous ayons des idées claires de la division, nous n'en avons que de fort obscures et fort confuses des particules ? Car je demande, si un homme prend le plus petit atome de poussière qu'il ait jamais vu, aura-t-il quelque idée distincte entre la $100{,}000^{me}$ et la $1{,}000{,}000^{me}$ particule de cet atome ?

Th. C'est le même *qui pro quo* de l'image pour l'idée, que je m'étonne de voir si confondues : il ne s'agit nullement d'avoir une image d'une si grande petitesse. Elle est impossible suivant la présente constitution de notre corps, et, si nous la pouvions avoir, elle serait à peu près comme celle des choses qui nous paraissent maintenant aperceptibles ; mais en récompense ce qui est maintenant l'objet de notre imagination nous échapperait et deviendrait trop grand pour être imaginé. La grandeur n'a point d'images en elle-même, et celles qu'on en a ne dépendent que de la comparaison aux organes et aux autres objets, et il est inutile ici d'employer l'imagination. Ainsi il paraît, par tout ce que vous m'avez dit encore ici, Monsieur, qu'on est ingénieux à se faire des difficultés sans sujet, en demandant plus qu'il ne faut.

CHAP. XXX. — DES IDÉES RÉELLES ET CHIMÉRIQUES.

§ 1. PH. Les idées par rapport aux choses sont réelles ou chimériques, complètes ou incomplètes, vraies ou fausses. Par idées réelles, j'entends celles qui ont du fondement dans la nature et qui sont conformes à un être réel, à l'existence des choses ou aux archétypes; autrement elles sont fantastiques ou chimériques.

TH. Il y a un peu d'obscurité dans cette explication. L'idée peut avoir un fondement dans la nature, sans être conforme à ce fondement, comme lorsqu'on prétend que les sentiments que nous avons de la couleur et de la chaleur ne ressemblent à aucun original ou archétype. Une idée aussi sera réelle quand elle est possible quoique aucun être existant n'y réponde ; autrement, si tous les ndividus d'une espèce se perdaient, l'idée de l'espèce deviendrait chimérique.

§ 2. PH. Les idées simples sont toutes réelles, car, quoique, selon plusieurs, la blancheur et la froideur ne soient non plus dans la neige que la douleur, cependant leurs idées sont en nous des effets des puissances attachées aux choses extérieures, et ces effets constants nous servent autant à distinguer les choses que si c'étaient des images exactes de ce qui existe dans les choses mêmes.

TH. J'ai examiné ce point ci-dessus : mais il paraît par là qu'on ne demande point toujours une conformité avec un archétype, et, suivant l'opinion (que je n'approuve pourtant pas) de ceux qui conçoivent que Dieu nous a assigné arbitrairement des idées, destinées à marquer les qualités des objets, sans qu'il y ait de la ressemblance ni même de rapport naturel, il y aurait aussi peu de conformité en cela de nos idées avec les archétypes qu'il y en a des mots dont on se sert par institution dans les langues avec les idées ou avec les choses mêmes.

§ 3. PH. L'esprit est passif, à l'égard de ses idées simples, mais les combinaisons qu'il en fait pour former des idées composées, où plusieurs simples sont comprises sous un même nom, ont quelque chose de volontaire; car l'un admet dans l'idée complexe qu'il a de l'or ou de la justice, des idées simples que l'autre n'y admet point.

Th. L'esprit est encore actif à l'égard des idées simples quand il les détache les unes des autres pour les considérer séparément, ce qui est volontaire aussi bien que la combinaison de plusieurs idées, soit qu'il la fasse pour donner attention à une idée composée qui en résulte, soit qu'il ait dessein de les comprendre sous le nom donné à la combinaison. Et l'esprit ne saurait s'y tromper, pourvu qu'il ne joigne point des idées incompatibles et pourvu que ce nom soit encore vierge, pour ainsi dire, c'est-à-dire que déjà on n'y ait point attaché quelque notion qui pourrait causer un mélange avec celle qu'on y attache de nouveau et faire naître ou des notions impossibles, en joignant ce qui ne peut avoir lieu ensemble, ou des notions superflues et qui contiennent quelque obreption, en joignant des idées dont l'une peut et doit être dérivée de l'autre par démonstration.

§ 4. Ph. Les modes mixtes et les relations n'ayant point d'autre réalité que celle qu'ils ont dans l'esprit des hommes, tout ce qui est requis pour faire que ces sortes d'idées soient réelles est la possibilité d'exister ou de compatir ensemble.

Th. Les relations ont une réalité dépendante de l'esprit comme les vérités, mais non pas de l'esprit des hommes, puisqu'il y a une suprême intelligence qui les détermine toutes en tout temps. Les modes mixtes qui sont distincts des relations peuvent être les accidents réels. Mais, soit qu'ils dépendent ou ne dépendent point de l'esprit, il suffit pour la réalité de leurs idées que ces modes soient possibles ou, ce qui est la même chose, intelligibles distinctement. Et pour cet effet, il faut que les ingrédients soient compossibles, c'est-à-dire qu'ils puissent consister ensemble.

§ 5. Ph. Mais les idées composées des substances, comme elles sont toutes formées par rapport aux choses qui sont hors de nous, et pour représenter les substances telles qu'elles existent réellement, ne sont réelles qu'en tant que ce sont des combinaisons d'idées simples, réellement et unies et coexistantes dans les choses qui coexistent hors de nous. Au contraire celles-là sont chimériques, qui sont composées de telles collections d'idées simples, qui n'ont jamais été réellement unies et qu'on n'a jamais trouvées ensemble dans aucune substance ; comme sont celles qui forment un centaure, un corps ressemblant à l'or, excepté le poids, et plus léger que l'eau;

un corps similaire par rapport aux sens, mais doué de perception et de motion volontaire, etc.

Th. De cette manière, prenant le terme de réel et de chimérique autrement par rapport aux idées des modes que par rapport à celles qui forment une chose substantielle, je ne vois point qu'elle notion commune à l'un et à l'autre cas vous donnez aux idées réelles ou chimériques ; car les modes vous sont réels quand ils sont possibles, et les choses substantielles n'ont des idées réelles chez vous que lorsqu'elles sont existantes. Mais en voulant se rapporter à l'existence, on ne saurait guère déterminer si une idée est chimérique ou non, parce que ce qui est possible, quoiqu'il ne se trouve pas dans le lieu ou dans le temps où nous sommes, peut avoir existé autrefois ou existera peut-être un jour, ou pourra même se trouver déjà présentement dans un autre monde, ou même dans le nôtre, sans qu'on le sache, comme l'idée que Démocrite avait de la voie lactée que les télescopes ont vérifiée ; de sorte qu'il semble que le meilleur est de dire que les idées possibles deviennent seulement chimériques, lorsqu'on y attache sans fondement l'idée de l'existence effective, comme font ceux qui se promettent la pierre philosophale, ou comme feraient ceux qui croiraient qu'il y a une nation de centaures. Autrement, en ne se réglant que sur l'existence on s'écartera sans nécessité du langage reçu, qui ne permet point qu'on dise que celui qui parle en hiver de roses ou d'œillets, parle d'une chimère, à moins qu'il ne s'imagine de les pouvoir trouver dans son jardin, comme on le raconte d'Albert le Grand (1) ou de quelque autre magicien prétendu.

CHAP. XXXI. — DES IDÉES COMPLÈTES ET INCOMPLÈTES.

§ 1. Ph. Les idées réelles sont complètes lorsqu'elles représentent parfaitement les originaux d'où l'esprit suppose qu'elles sont tirées, qu'elles représentent et auxquelles il les rapporte. Les idées incomplètes n'en représentent qu'une partie. § 2. Toutes nos idées simples

---

(1) ALBERT LE GRAND, célèbre philosophe du moyen âge, né en 1193 ou 1205, à Lavingen en Souabe, enseigna avec un immense succès dans beaucoup de villes, entre autres à Strasbourg, Cologne et Paris, mort en 1280. Ses œuvres complètes ont été publiées en 21 volumes, à Cologne, en 1621. Ses principaux ouvrages sont : *Commentaires sur Aristote*, *Commentaires sur les livres saints*,

sont complètes. L'idée de la blancheur ou de la douceur, qu'on remarque dans le sucre, est complète, parce qu'il suffit pour cela qu'elle réponde entièrement aux puissances, que Dieu a mises dans ce corps pour produire ces sensations.

TH. Je vois, Monsieur, que vous appelez idées complètes ou incomplètes celles que votre auteur favori appelle *ideas adæquatas aut inadæquatas;* on pourrait les appeler accomplies ou inaccomplies. J'ai défini autrefois *ideam adæquatam* (une idée accomplie) celle qui est si distincte que tous les ingrédients sont distincts, et telle est à peu près l'idée d'un nombre. Lorsqu'une idée est distincte et contient la définition ou les marques réciproques de l'objet, elle pourra être *inadæquata* ou inaccomplie, savoir lorsque ces marques ou ces ingrédients ne sont pas aussi toutes distinctement connues ; par exemple, l'or est un métal qui résiste à la coupelle et à l'eau-forte, c'est une idée distincte, car elle donne des marques ou la définition de l'or; mais elle n'est pas accomplie, car la nature de la coupellation et de l'opération de l'eau-forte ne nous est pas assez connue. D'où vient que, lorsqu'il n'y a qu'une idée inaccomplie, le même sujet est susceptible de plusieurs définitions indépendantes les unes des autres, en sorte qu'on ne saurait toujours tirer l'une de l'autre, ni prévoir qu'elles doivent appartenir à un même sujet; et alors la seule expérience nous enseigne qu'elles lui appartiennent tout à la fois. Ainsi l'or pourra être encore défini le plus pesant de nos corps, ou le plus malléable, sans parler d'autres définitions qu'on pourrait fabriquer. Mais ce ne sera que lorsque les hommes auront pénétré plus avant dans la nature des choses, qu'on pourra voir pourquoi il appartient au plus pesant des métaux de résister à ces deux épreuves des essayeurs ; au lieu que dans la géométrie, où nous avons des idées accomplies, c'est autre chose, car nous pouvons prouver que les sections terminées du cône et du cylindre, faites par un plan, sont les mêmes, savoir des ellipses, et cela ne peut nous être inconnu si nous y prenons garde, parce que les notions que nous en avons sont accomplies. Chez moi la division des idées en accomplies ou inaccomplies, n'est qu'une sous-division des idées distinctes, et il ne me paraît point que les idées confuses, comme celle que nous avons

---

Commentaires sur saint Denys l'Aréopagite, Abrégé de théologie, Explication du Livre des Sentences, Somme de Théologie, Livre des Créatures, Traité sur la Vierge. Albert le Grand n'était pas moins un savant qu'un philosophe. De là sa réputation de magicien.   P. J.

de la douceur, dont vous parlez, monsieur, méritent ce nom ; car, quoiqu'elles expriment la puissance qui produit la sensation, elles ne l'expriment pas entièrement, ou du moins nous ne pouvons point le savoir, car, si nous comprenions ce qu'il y a dans cette idée de la douceur que nous avons, nous pourrions juger si elle est suffisante pour rendre raison de tout ce que l'expérience y fait remarquer.

§ 3. PH. Des idées simples venons aux complexes ; elles sont ou des modes ou des substances. Celles des modes sont des assemblages volontaires d'idées simples, que l'esprit joint ensemble, sans avoir égard à certains archétypes ou modèles réels et actuellement existants ; elles sont complètes et ne peuvent être autrement, parce que, n'étant pas des copies mais des archétypes que l'esprit forme pour s'en servir à ranger les choses sous certaines dénominations, rien ne saurait leur manquer parce que chacune renferme telle combinaison d'idées que l'esprit a voulu former et par conséquent telle perfection qu'il a eu dessein de lui donner, et on ne conçoit point que l'entendement de qui que ce soit puisse avoir une idée plus complète ou parfaite du triangle que celle de trois côtés et de trois angles. Celui qui assembla les idées du danger de l'exécution, du trouble que produit la peur, d'une considération tranquille de ce qu'il serait raisonnable de faire, et d'une application actuelle à l'exécuter sans s'épouvanter par le péril, forma l'idée du courage et eut ce qu'il voulut, c'est-à-dire une idée complète conforme à son bon plaisir. Il en est autrement des idées des substances, où nous proposons ce qui existe réellement.

TH. L'idée du triangle ou du courage a ses archétypes dans la possibilité des choses aussi bien que l'idée de l'or. Et il est indifférent quant à la nature de l'idée, si on l'a inventée avant l'expérience, ou si on l'a retenue après la perception d'une combinaison que la nature avait faite. La combinaison aussi que fait les modes n'est pas tout à fait volontaire ou arbitraire, car on pourrait joindre ensemble ce qui est incompatible, comme font ceux qui inventent des machines du mouvement perpétuel ; au lieu que d'autres en peuvent inventer de bonnes et exécutables qui n'ont point d'autres archétypes chez nous que l'idée de l'inventeur, laquelle a elle-même pour archétype la possibilité des choses, ou l'idée divine. Or ces machines sont quelque chose de substantiel. On peut aussi forger des modes impossibles, comme lorsqu'on se propose le parallélisme des paraboles, en s'imaginant qu'on peut trouver deux paraboles parallèles l'une à l'autre, comme deux droites ou deux cercles. Une idée donc, soit qu'elle soit celle d'un mode, ou celle d'une chose substantielle, pourra être complète ou incomplète selon qu'on entend bien ou mal les idées partielles, qui forment l'idée totale : et c'est une marque d'une idée accomplie lorsqu'elle fait connaître parfaitement la possibilité de l'objet.

CHAP. XXXII. — DE VRAIES ET DES FAUSSES IDÉES.

§ 1. Ph. Comme la vérité ou la fausseté n'appartient qu'aux propositions, il s'ensuit que, quand les idées sont nommées vraies ou fausses, il y a quelque proposition ou affirmation tacite, § 3. C'est qu'il y a une supposition tacite de leur conformité avec quelque chose, § 5, surtout avec ce que d'autres désignent par ce nom (comme lorsqu'ils parlent de la justice), *item* à ce qui existe réellement (comme est l'homme et non pas le centaure), *item* à l'essence, dont dépendent les propriétés de la chose ; et en ce sens nos idées ordinaires de substances sont fausses quand nous nous imaginons certaines formes substantielles. Au reste les idées mériteraient plutôt d'être appelées justes ou fautives que vraies ou fausses.

Th. Je crois qu'on pourrait entendre ainsi les vraies ou les fausses idées, mais comme ces différents sens ne conviennent point entre eux et ne sauraient être rangés commodément sous une notion commune, j'aime mieux appeler les idées vraies ou fausses par rapport à une autre affirmation tacite, qu'elles renferment toutes, qui est celle de la possibilité. Ainsi les idées possibles sont vraies, et les idées impossibles sont fausses.

CHAP. XXXIII. — DE L'ASSOCIATION DES IDÉES.

§ 1. Ph. On remarque souvent dans les raisonnements des gens quelque chose de bizarre, et tout le monde y est sujet. § 2. Ce n'est point seulement entêtement ou amour-propre ; car souvent des gens, qui ont le cœur bien fait, sont coupables de ce défaut. Il ne suffit pas même toujours de l'attribuer à l'éducation et aux préjugés. § 4. C'est plutôt une manière de folie, et on serait fou si on agissait toujours ainsi. § 5. Ce défaut vient d'une liaison non naturelle des idées, qui a son origine du hasard ou de la coutume. § 6. Les inclinations et les intérêts y entrent. Certaines traces du cours fréquent des esprits animaux deviennent des chemins battus ; quand on suit un certain air, on le trouve dès qu'on l'a commencé. § 7. De cela viennent les sympathies et les antipathies, qui ne sont point nées avec nous. Un enfant a mangé trop de miel et en a été incommodé, et puis, étant devenu homme fait, il ne saurait entendre le nom de miel sans un soulèvement de cœur. § 8. Les enfants sont fort susceptibles de ces impressions, et il est bon d'y prendre garde. § 9. Cette association irrégulière des idées a une grande influence dans toutes nos actions et passions naturelles et morales. § 10. Les ténèbres réveillent l'idée des spectres aux enfants, à cause des contes qu'on leur en a faits. § 11. On ne pense pas à un homme qu'on hait, sans penser au mal qu'il nous a fait ou peut faire. § 12. On évite la chambre où on a vu mourir un ami. § 13. Une mère qui a perdu un enfant bien cher perd quelquefois avec lui toute sa joie, jusqu'à ce que le temps efface l'impression de cette idée, ce qui quelquefois n'arrive pas. § 14. Un homme guéri parfaitement de la rage par une opération extrêmement sensible se reconnut obligé toute sa vie à celui qui avait fait cette opération ; mais il lui fut impossible d'en supporter la vue. § 15. Quelques-uns haïssent les livres toute leur vie à cause des mauvais traitements qu'ils ont reçus dans les écoles. Quelqu'un ayant une fois pris un ascendant sur un autre dans quelque occasion le garde toujours. § 16. Il s'est trouvé un homme qui avait bien appris à danser, mais qui ne pouvait l'exécuter, quand il n'y avait point dans la chambre un coffre pareil à celui qui avait été dans celle où il avait appris. § 17. La même liaison non naturelle se trouve dans les habitudes intellectuelles. On lie la matière avec l'être comme s'il n'y avait rien d'immatériel. § 18. On attache à ses opinions le parti de secte dans la philosophie, dans la religion et dans l'État.

TH. Cette remarque est importante et entièrement à mon gré, et on la pourrait fortifier par une infinité d'exemples. M. Descartes, ayant eu dans sa jeunesse quelque affection pour une personne louche, ne put s'empêcher d'avoir toute sa vie quelque penchant pour celles qui avaient ce défaut. M. Hobbes (1), autre grand phi-

---

(1) HOBBES, philosophe anglais, né en 1588 à Malmesbury (comté de Withe), mort en 1679. Il a donné lui-même à Amsterdam une édition complète de ses œuvres (2 vol. in-4º). Elles contiennent : 1º *Problemata physica;* 2º *Dialogos*

losophe, ne put, dit-on, demeurer seul dans un lieu obscur sans qu'il eût l'esprit effrayé par les images des spectres quoiqu'il n'en crût point, cette impression lui étant restée des contes qu'on fait aux enfants. Plusieurs personnes savantes et de très bon sens, et qui sont fort au-dessus des superstitions, ne sauraient se résoudre d'être treize à un repas, sans en être extrêmement déconcertées, ayant été frappées autrefois de l'imagination qu'il en doit mourir un dans l'année. Il y avait un gentilhomme qui, ayant été blessé peut-être dans son enfance par une épingle mal attachée, ne pouvait plus en voir dans cet état sans être prêt à tomber en défaillance. Un premier ministre, qui portait dans la cour de son maître le nom de Président se trouva offensé par le titre du livre d'Octavio Pisani (1), nommé *Lycurgue*, et fit écrire contre ce livre, parce que l'auteur, en parlant des officiers de justice qu'il croyait superflus, avait nommé aussi les présidents, et quoique ce terme dans la personne de ce ministre signifiât tout autre chose, il avait tellement attaché le mot à sa personne, qu'il était blessé dans ce mot. Et c'est un cas des plus ordinaires des associations non naturelles, capables de tromper, que celles des mots aux choses, lors même qu'il y a de l'équivoque. Pour mieux entendre la source de la liaison non naturelle des idées, il faut considérer ce que j'ai remarqué déjà ci-dessus (chap. XI, § 1), en parlant du raisonnement des bêtes, que l'homme aussi bien que la bête est sujet à joindre par sa mémoire et par son imagination ce qu'il a remarqué joint dans ses perceptions et ses expériences. C'est en quoi consiste tout le raisonnement des bêtes, s'il est permis de l'appeler ainsi, et souvent celui des hommes, en tant qu'ils sont empiriques et ne se gouvernent que par les sens et les exemples, sans examiner si la même raison a encore lieu. Et comme souvent les raisons nous sont inconnues, il faut avoir égard aux exemples à mesure qu'ils sont fréquents ; car alors l'attente ou la réminiscence d'une autre perception, qui y est ordinairement liée, est raisonnable, surtout quand il s'agit de se précautionner. Mais, comme la véhémence d'une impression très forte fait souvent autant d'effet tout d'un coup que la fréquence et la répétition de plusieurs impressions médiocres en aurait pu faire à la longue, il

sex de emendatione geometriæ; 3° *Libros tres de corpore ;* 4° *Liber unus de homine ;* 5° *Libros tres de Cive;* 6° *De natura aeris;* 7° *De principiis et ratiocinatione geometrarum;* 8° *Leviathan*. P. J.

(1) PISANI (*Octavio*), jurisconsulte italien, a publié dans cette langue son *Lycurgus, seu Leges promptam justitiam promoventes*. P. J.

arrive que cette véhémence grave dans la fantaisie une image aussi profonde et vive que la longue expérience. De là vient que quelque impression fortuite mais violente, joint dans notre imagination et mémoire deux idées qui y étaient ensemble alors tout aussi fortement et durablement et nous donne le même penchant de les lier, et de les attendre l'une à la suite de l'autre que si un long usage en avait vérifié la connexion ; ainsi le même effet de l'association s'y trouve, quoique la même raison n'y soit pas. L'autorité, le parti, la coutume font aussi le même effet que l'expérience et la raison, et il n'est pas aisé de se délivrer de ces penchants. Mais il ne serait pas fort difficile de se garder d'en être trompé dans ses jugements, si les hommes s'attachaient assez sérieusement à la recherche de la vérité, ou procédaient avec méthode, lorsqu'ils reconnaissent qu'il leur est important de la trouver.

LIVRE TROISIÈME

DES MOTS

CHAP. I. — Des mots ou du langage en général.

§ 1. Ph. Dieu, ayant fait l'homme pour être une créature sociable, lui a non seulement inspiré le désir et l'a mis dans la nécessité de vivre avec ceux de son espèce, mais lui a donné aussi la faculté de parler, qui devait être le grand instrument et le lien commun de cette société. C'est de cela que viennent les mots qui servent à représenter, et même à expliquer les idées.

Th. Je suis réjoui de vous voir éloigné du sentiment de M. Hobbes, qui n'accordait pas que l'homme était fait pour la société, concevant qu'on y a été seulement forcé par la nécessité et par la méchanceté de ceux de son espèce. Mais il ne considérait point que les meilleurs hommes, exempts de toute méchanceté, s'uniraient pour mieux obtenir leur but, comme les oiseaux s'attroupent pour mieux voyager en compagnie, et comme les castors se joignent par centaines pour faire de grandes digues, où un petit nombre de ces animaux ne pourraient réussir; et ces digues leur sont nécessaires, pour faire par ce moyen des réservoirs d'eau ou de petits lacs, dans lesquels ils bâtissent leurs cabanes et pêchent des poissons, dont ils se nourrissent. C'est là le fondement de la société des animaux qui y sont propres, et nullement la crainte de leurs semblables, qui ne se trouve guère chez les bêtes.

Ph. Fort bien, et c'est pour mieux cultiver cette société que l'homme a naturellement ses organes façonnés en sorte qu'ils sont propres à former des sons articulés, que nous appelons mots.

Th. Pour ce qui est des organes, les singes les ont en apparence aussi propres que nous à former la parole, cependant il ne s'y trouve point le moindre acheminement. Ainsi il faut qu'il leur manque quelque chose d'invisible. Il faut considérer aussi qu'on pourrait parler, c'est-à-dire se faire entendre par les sons de la bouche sans former des sons articulés, si on se servait des tons de musique pour cet effet ; mais il faudrait plus d'art pour inventer un langage des tons, au lieu que celui des mots a pu être formé et perfectionné peu à peu par des personnes qui se trouvent dans la simplicité naturelle. Il y a cependant des peuples, comme les Chinois, qui par le moyen de tons et accents varient leurs mots, dont ils n'ont qu'un petit nombre. Aussi était-ce la pensée de Golius (1), célèbre mathématicien et grand connaisseur des langues, que leur langue est artificielle, c'est-à-dire qu'elle a été inventée tout à la fois par quelque habile homme pour établir un commerce de paroles entre quantités de nations différentes; qui habitaient ce grand pays que nous appelons la Chine, quoique cette langue pourrait se trouver altérée maintenant par le long usage.

§ 2. Ph. Comme les Ourangs-Outangs et autres singes ont les organes sans former des mots, on peut dire que les perroquets et quelques autres oiseaux ont les mots sans avoir de langage, car on peut dresser ces oiseaux et plusieurs autres à former des sons assez distincts ; cependant ils ne sont nullement capables de langue. Il n'y a que l'homme qui soit en état de se servir de ces sons comme des signes des conceptions intérieures, afin que par là elles puissent être manifestées aux autres.

Th. Je crois qu'en effet sans le désir de nous faire entendre nous n'aurions jamais formé de langage ; mais étant formé il est encore à l'homme à raisonner à part soi, tant par le moyen que les mots lui donnent de se souvenir des pensées abstraites, que par l'utilité qu'on trouve en raisonnant à se servir des caractères et de pensées sourdes; car il faudrait trop de temps, s'il fallait tout expliquer et toujours substituer les définitions à la place des termes.

§ 3. Ph. Mais, comme la multiplication des mots en aurait confondu l'usage, s'il eût fallu un nom distinct pour désigner chaque chose

---

(1) Goll ou Golius (1596-1667), naturaliste et mathématicien, célèbre professeur à l'Université de Leyd.

particulière, le langage a été encore perfectionné par l'usage des termes généraux, lorsqu'ils signifient des idées générales.

Th. Les termes généraux ne servent pas seulement à la perfection des langues, mais même ils sont nécessaires pour leur constitution essentielle. Car, si par les choses particulières on entend les individuelles, il serait impossible de parler s'il n'y avait que des noms propres et point d'appellatifs, c'est-à-dire, s'il n'y avait des mots que pour les individus, puisqu'à tout moment il en revient de nouveaux lorsqu'il s'agit des individus, des accidents et particulièrement des actions, qui sont ce qu'on désigne le plus ; mais, si par les choses particulières on entend les plus basses espèces (*species infimas*), outre qu'il est difficile bien souvent de les déterminer, il est manifeste que ce sont déjà des universaux, fondés sur la similitude. Donc, comme il ne s'agit que de similitude plus ou moins étendue, selon qu'on parle des genres ou des espèces, il est naturel de marquer toute sorte de similitudes ou convenances et par conséquent d'employer des termes généraux de tous degrés ; et même les plus généraux, étant moins chargés par rapport aux idées ou essences qu'ils renferment, quoiqu'ils soient plus compréhensifs par rapport aux individus à qui ils conviennent, ils étaient bien souvent les plus aisés à former, et sont les plus utiles. Aussi voyez-vous que les enfants et ceux qui ne savent que peu la langue qu'ils veulent parler, ou la matière dont ils parlent, se servent des termes généraux comme chose, plante, animal, au lieu d'employer les termes propres qui leur manquent. Et il est sûr que tous les noms propres ou individuels ont été originairement appellatifs ou généraux

§ 4. Ph. Il y a même des mots que les hommes emploient non pour signifier quelque idée, mais le manque ou l'absence d'une certaine idée, comme rien, ignorance, stérilité.

Th. Je ne vois point pourquoi on ne pourrait dire qu'il y a des idées privatives, comme il y a des vérités négatives, car l'acte de nier est positif. J'en avais touché déjà quelque chose.

§ 5. Ph. Sans disputer là-dessus, il sera plus utile pour approcher un peu plus de l'origine de toutes nos notions et connaissances, d'observer comment les mots qu'on emploie pour former des actions et des notions tout à fait éloignées des sens, tirent leur origine des idées sensibles, d'où ils sont transférés à des significations plus abstruses.

Th. C'est que nos besoins nous ont obligés de quitter l'ordre naturel des idées, car cet ordre serait commun aux anges et aux hommes et à toutes les intelligences en général et devrait être suivi de nous, si nous n'avions point égard à nos intérêts : il a donc fallu s'attacher à celui que les occasions et les accidents où notre espèce est sujette, nous ont fourni ; et cet ordre ne donne pas l'origine des notions, mais pour ainsi dire l'histoire de nos découvertes.

Ph. Fort bien, et c'est l'analyse des mots, qui nous peut apprendre par les noms mêmes cet enchaînement que celle des notions ne saurait donner par la raison que vous avez apportée. Ainsi les mots suivants : imaginer, comprendre, s'attacher, concevoir, instiller, dégoûter, trouble, tranquillité, etc., sont tous empruntés des opérations des choses sensibles et appliqués à certains modes de penser. Le mot esprit dans sa première signification est le souffle, et celui d'Ange signifie messager. D'où nous pouvons conjecturer quelle sorte de notions avaient ceux qui parlaient les premiers ces langues-là, et comment la nature suggéra inopinément aux hommes l'origine et le principe de toutes leurs connaissances par les noms mêmes.

Th. Je vous avais déjà fait remarquer que dans le *credo* des Hottentots, on a nommé le Saint-Esprit par un mot, qui signifie chez eux un souffle de vent bénin et doux. Il en est même à l'égard de la plupart des autres mots, et même on ne le reconnaît pas toujours, parce que le plus souvent les vraies étymologies sont perdues. Un certain Hollandais, peu affectionné à la religion, avait abusé de cette vérité (que les termes de théologie, de morale et métaphysique sont pris originairement de choses grossières) pour tourner en ridicule la théologie et la foi chrétienne dans un petit dictionnaire flamand, où il donnait aux termes des définitions ou explications non pas telles que l'usage demande, mais telles que semblait porter la force originaire des mots, et les tournait malignement ; et comme d'ailleurs il avait donné des marques d'impiété, on dit qu'il en fut puni dans le Raspel-huyss. Il sera bon cependant de considérer cette analogie des choses sensibles et insensibles, qui a servi de fondememt aux tropes : c'est ce qu'on entendra mieux en considérant un exemple fort étendu tel qu'est celui que fournit l'usage des prépositions, comme : *à, avec, de, devant, en, hors, par, pour, sur, vers*, qui sont toutes prises du lieu, de la distance, et du mouvement, et transférées depuis à toute sorte de changements, ordres, suites, différences, convenances. A signifie approcher, comme en disant : je vais *à* Rome ; mais comme pour attacher une chose on l'approche de celle où nous la voulons joindre, nous disons qu'une chose est attachée *à* une autre. Et de plus, comme il y a un attachement immatériel pour ainsi dire, lorsqu'une chose suit l'autre par ses raisons morales, nous disons que ce qui suit les mouvements et volontés de quelqu'un, appartient *à* cette personne ou y tient, comme s'il visait *à* cette personne pour aller auprès d'elle ou avec elle. Un corps est *avec* un autre lorsqu'ils sont dans un même lieu ; mais on dit encore qu'une chose est avec celle qui se trouve dans le même temps, dans un même ordre, ou partie d'ordre, ou qui concourt à une même action. Quand on vient de quelque lieu, le lieu a été notre objet par les choses sensibles qu'il nous a fournies, et l'est encore de notre mémoire, qui en est toute remplie : et de là vient que l'objet est signifié par la préposition *de*, comme en disant, il s'agit *de* cela, on parle *de* cela, c'est-à-dire, comme si on venait. Et, comme ce qui est enfermé en quelque lieu ou dans quelque tout s'y appuie et est ôté avec lui, les accidents sont considérés de même comme dans le sujet, *sunt in subjecto, inhærent subjecto*. La particule *sur* aussi est appliquée à l'objet ; on dit qu'on est *sur* cette matière, à peu près comme un ouvrier est *sur* le bois ou sur la pierre qu'il coupe et qu'il forme ; et, comme ces analogies sont extrêmement variables et ne dépendent point de quelques notions déterminées, de là vient que les langues varient beaucoup dans l'usage de ces particules et cas que les prépositions gouvernent, ou bien dans lesquels elles se trouvent sous-entendues et renfermées virtuellement.

CHAP. II. — DE LA SIGNIFICATION DES MOTS.

§ 1. Ph. Maintenant, les mots étant employés par les hommes pour êtres signes de leurs idées, on peut demander d'abord comment ces mots y ont été déterminés ; et l'on convient que c'est non par aucune connexion naturelle qu'il y ait entre certains sons articulés et certaines idées (car en ce cas il n'y aurait qu'une langue parmi les hommes), mais par une institution arbitraire en vertu de laquelle un tel mot a été volontairement le signe d'une telle idée.

Th. Je sais qu'on a coutume de dire dans les écoles et partout ailleurs que les significations des mots sont arbitraires (*ex instituto*) et il est vrai qu'elles ne sont point déterminées par une nécessité naturelle, mais elles ne laissent pas de l'être par des raisons tantôt naturelles, où le hasard a quelque part, tantôt morales, où il entre du choix. Il y a peut-être quelques langues artificielles qui sont toutes de choix et entièrement arbitraires, comme l'on croit que l'a été celle de la Chine, ou comme le sont celles de Georgius Dalgarnus et de feu M. Wilkins, évêque de Chester (1). Mais celles qu'on sait avoir été forgées des langues déjà connues sont de choix mêlé avec ce qu'il y a de la nature et du hasard dans les langues qu'elles supposent. Il en est ainsi de celles que les voleurs ont forgées pour n'être entendus que de ceux de leur bande, ce que les Allemands appellent *Rothwelsch*, les Italiens *Lingua zerga*, les Français le *Narquois*, mais qu'ils forment ordinairement sur les langues ordinaires qui leur sont connues, soit en changeant la signification reçue des mots par des métaphores, soit en faisant de nouveaux mots par une composition ou dérivation à leur mode. Il se forme aussi des langues par le commerce des différents peuples, soit en mêlant indifféremment des langues voisines, soit, comme il arrive le plus souvent, en prenant l'une pour base, qu'on estropie et qu'on altère, qu'on mêle et qu'on corrompt en négligeant et changeant ce qu'elle observe, et même en y entant d'autres mots. La *Lingua Franca*, qui sert dans le commerce de la Méditerranée, est faite de l'italienne, et on n'y a point d'égard aux règles de la grammaire. Un dominicain arménien, à qui je parlai à Paris, s'était fait ou peut-être avait appris de ses semblables une espèce de *Lingua Franca*, faite du latin, que je trouvai assez intelligible, quoiqu'il n'y eut ni cas ni temps ni autres flexions, et il la parlait avec facilité, y étant accoutumé. Le père Labbé (2), jésuite français, fort savant, connu par bien d'autres ou-

---

(1) DALGARNO (Georges), né à Aberdeen. Son ouvrage, publié en 1661, sous ce titre : *Ars signorum vulgo Character universalis et lingua philosophiæ* est extrêmement rare. — *Wilkins*, évêque de Chester, né en 1614, près de Daventry, mort à Londres chez le docteur Tillotson, en 1672, est un des esprits curieux et originaux du XVIIe siècle. Son livre sur la *Découverte d'un Nouveau Monde*, contient déjà l'hypothèse des astres habités, qui a été plus tard reprise par Fontenelle dans la Pluralité des mondes. Il fut un des souscripteurs du livre de Dalgarno, puis plus tard lui emprunta son idée et la développa, sans le citer, dans son *Essai sur la langue philosophique avec un Dictionnaire conforme à cet essai*. — Londres, 1668, in-f°, ouvrage qui est lui-même très rare. On en trouve un extrait dans les *Transactions philosophiques*, n° 35, vu.

(2) Labbé (le Père), jésuite français, né à Bourges en 1607, mort à Paris en 1667. Son érudition et sa fécondité sont prodigieuses. Dans la liste considérable de ses ouvrages donnée par Moreri, nous ne trouvons pas celui auquel

vrages, a fait une langue dont le latin est la base, qui est plus aisée et a moins de sujétion que notre latin, mais qui est plus régulière que la *Lingua Franca*. Il en a fait un livre exprès. Pour ce qui est des langues qui se trouvent faites depuis longtemps, il n'y en a guère qui ne soient extrêmement altérées aujourd'hui. Cela est manifeste en les comparant avec les anciens livres et monuments qui en restent. Le vieux français approchait davantage du provençal et de l'italien, et on voit le théotisque avec le français ou romain plutôt (appelé autrefois *Lingua Romana rustica*) tels qu'ils étaient au neuvième siècle après Jésus-Christ dans les formules des serments des fils de l'empereur Louis le Débonnaire, que Nithard, leur parent, nous a conservés. On ne trouve guères ailleurs de si vieux français, italien ou espagnol. Mais pour du théotisque ou allemand ancien, il y a l'Évangile d'Otfried, moine de Weissembourg de ce même temps, que Flacius a publié et que M. Schilter (1) voulait donner de nouveau. Et les Saxons passés dans la Grande-Bretagne nous ont laissé des livres encore plus anciens. On a quelque version ou paraphrase du commencement de la Genèse et de quelques autres parties de l'Histoire sainte, faite par un Caedmon, dont Beda fait déjà mention. Mais le plus ancien livre non seulement des langues germaniques, mais de toutes les langues de l'Europe, excepté la grecque et la latine, est celui de l'Évangile des Goths du Pont-Euxin, connu sous le nom de *Codex argenteus*, écrit en caractères tout particuliers, qui s'est trouvé dans l'ancien monastère des Bénédictins de Werden, en Westphalie, et a été transporté en Suède, où on le conserve comme de raison avec autant de soin que l'original des Pandectes à Florence, quoique cette version ait été faite pour les Goths orientaux et dans un dialecte bien éloigné du germanique scandinavien : mais c'est parce qu'on croit avec quelque probabilité que les Goths du Pont-Euxin sont venus originairement de Scandinavie, ou du moins de la mer Baltique. Or la langue ou le dialecte de ces anciens Goths est très différent du germanique moderne, quoiqu'il y ait le même fond de langue. L'ancien gaulois en était encore plus différent, à en juger par la langue plus approchante de la vraie gauloise, qui est celle du

---

Leibniz fait allusion. Parmi ses ouvrages, le seul qui ait rapport à la philosophie est intitulé : *Aristotelis et Platonis Græcorum interpretum brevis conspectus*, Paris, 1657, in-4°. C'était le préambule d'un grand ouvrage qu'il méditait sous ce titre : *Athenæum philosophicum*. P. J.

(1) SCHILTER (John), juriconsulte et archéologue allemand, professeur de droit à Strasbourg, auteur du *Thesaurus antiquitatum Teutonicarum*. P. J.

pays de Gales, de Cornuaille, et le bas breton ; mais le hibernois en diffère encore davantage et nous fait voir les traces d'un langage britannique, gaulois et germanique, encore plus antique. Cependant ces langues viennent toutes d'une source et peuvent être prises pour des altérations d'une même langue, qu'on pourrait appeler la celtique. Aussi les anciens appelaient-ils Celtes tant les Germains que les Gaulois ; et, en remontant davantage pour y comprendre les origines tant du celtique et du latin que du grec, qui ont beaucoup de racines communes avec les langues germaniques ou celtiques, on peut conjecturer que cela vient de l'origine commune de tous ces peuples descendus des Scythes, venus de la mer Noire, qui ont passé le Danube et la Vistule, dont une partie pourrait être allée en Grèce, et l'autre aura rempli la Germaine et les Gaules ; ce qui est une suite de l'hypothèse qui fait venir les Européens d'Asie (1). Le Sarmatique (supposé que c'est l'esclavon) a sa moitié pour le moins d'une origine ou germanique ou commune avec le germanique. Il en paraît quelque chose de semblable même dans le langage finnois, qui est celui des plus anciens Scandinaviens, avant que les peuples germaniques, c'est-à-dire les Danois, Suédois et Norvégiens y aient occupé ce qui est le meilleur et le plus voisin de la mer, et le langage des Finnoniens ou du nord-ouest de notre continent, qui est encore celui des Lapons, s'étend depuis l'océan germanique ou norvégien plutôt, jusque vers la mer Caspienne (quoique interrompu par les peuples esclavons qui se sont fourrés entre deux) et a du rapport au hongrois, venu des pays qui sont maintenant en partie sous les Moscowites. Mais la langue tartaresque, qui a rempli le nord-est de l'Asie, avec ses variations, paraît avoir été celle des Huns et Cumans, comme elle l'est des Usbecs ou Turcs, des Calmucs, et des Mugalles. Or toutes ces langues de la Scythie ont beaucoup de racines communes entre elles et avec les nôtres, et il se trouve que même l'arabique (sous laquelle l'hébraïque, l'ancienne punique, la chaldéenne, la syriaque, et l'éthiopique des Abyssins doivent être comprises) en a d'un si grand nombre et d'une convenance si manifeste avec les nôtres, qu'on ne le saurait attribuer au seul hasard, ni même au seul commerce, mais plutôt aux migrations des peuples (2). De

---

(1) Cette hypothèse a été vérifiée par la philologie comparée. P. J.
(2) D'après la philologie moderne, les langues dont parle ici Leibniz, et que l'on appelle *sémitiques*, n'ont qu'un très petit nombre de racines communes avec les langues *indo-européennes*, et forment deux familles irréductibles. P. J.

sorte qu'il n'y a rien en cela qui combatte et qui ne favorise plutôt le sentiment de l'origine commune de toutes les nations et d'une langue radicale et primitive. Si l'hébraïque ou l'arabesque y approche le plus, elle doit être au moins bien altérée, et il semble que le teuton a plus gardé du naturel, et (pour parler le langage de Jacques Bœhm) (1) de l'adamique (2) : car, si nous avions la langue primitive dans sa pureté, ou assez conservée pour être reconnaissable, il faudrait qu'il y parût les raisons, des connexions soit physiques, soit d'une institution arbitraire, sage et digne du premier auteur. Mais, suposé que nos langues soient dérivatives, quant au fond elles ont néanmoins quelque chose de primitif en elles-mêmes, qui leur est survenu par rapport à des mots radicaux nouveaux, formés depuis chez elles par hasard, mais sur des raisons physiques. Ceux qui signifient les sons des animaux ou en sont venus en donnent des exemples. Tel est par exemple le latin *coaxare*, attribué aux grenouilles, qui a du rapport au *couaquen* ou *quaken* en allemand. Or il semble que le bruit de ces animaux est la racine primordiale d'autres mots de la langue germanique. Car, comme ces animaux font bien du bruit, on l'attribue aujourd'hui aux discours de rien et babillards, qu'on appelle *quakeler* en diminutif ; mais apparemment ce même mot *quaken* était autrefois pris en bonne part et signifiait toute sorte de sons qu'on fait avec la bouche et sans en excepter la parole même. Et, comme ces sons ou bruits des animaux sont un témoignage de la vie, et qu'on connaît par là avant de voir qu'il y a quelque chose de vivant, de là est venu que *quek*, en vieux allemand, signifiait vie ou vivant, comme on le peut remarquer dans les plus anciens livres, et il y en a aussi des vestiges dans la langue moderne, car *quecksilber* est vif-argent, et *erquicken* est conforter et comme revivifier ou recréer après quelque défaillance ou quelque grand travail. On appelle aussi *quaken* en bas allemand certaines mauvaises herbes, vives pour ainsi dire et courantes, comme on parle en allemand, qui s'étendent et se propagent aisément dans

---

(1) Bœhm (Jacob), célèbre mystique allemand, cordonnier à Gorliz, né près de cette ville dans la haute Lusace, en 1575, mort en 1624. Ses principaux ouvrages sont : L'*Aurora* ou *Aube naissante* (1612) ; la *Description des trois principes de l'essence divine* (1619) ; *Mysterium magnum* ; *Signatura rerum*, etc. Il en a paru plusieurs éditions complètes à Amsterdam (1665, 1682, 1730). Saint-Martin a traduit plusieurs de ces ouvrages en français : l'*Aurore naissante* (Paris, 2 vol. in-8°, an VII); les *Trois Principes de l'essence divine* (2 vol. in-8°, Paris, an X), le *Chemin pour aller au Christ* (1 vol. in-12, Paris, 1822). P. J.

(2) Le langage d'Adam.

les champs au préjudice des grains, et dans l'anglais *quickly* qui veut dire promptement et d'une manière vive. Ainsi on peut juger qu'à l'égard de ces mots la langue germanique peut passer pour primitive, les anciens n'ayant pas besoin d'emprunter d'ailleurs un son, qui est l'imitation de celui des grenouilles. Et il y en a beaucoup d'autres où il en paraît autant. Car il semble que, par un instinct naturel, les anciens Germains, Celtes et autres peuples apparentés avec eux, ont employé la lettre R pour signifier un mouvement violent et un bruit tel que celui de cette lettre. Cela paraît dans ῥέω, *couler* (*fluo*), *rinnen*, *rüren* (*fluere*), *rutir*, (*fluxion*), le *Rhin*, *Rhône*, *Roer* (*Rhenus*, *Rhodanus*, *Eridanus*, *Rura*), *rauben* (*rapere*, *ravir*), *Radt* (*rota*), *radere* (*raser*), *rauschen* (mot difficile à traduire en français : il signifie un bruit tel que celui des feuilles ou arbres que le vent ou un animal passant y excite, qu'on fait avec une robe traînante), *rekken* (étendre avec violence) d'où vient que *reichen* est atteindre, que *der rick* signifie un long bâton ou perche servant à suspendre quelque chose, dans cette espèce de *plat-dütsch* ou bas saxon, qui est près de Brunswick ; que *rige*, *reihe*, *regula*, *regere* se rapporte à une longueur ou course droite, et que *reck* a signifié une chose ou personne fort étendue et longue, et particulièrement un géant, et puis un homme puissant et riche, comme il paraît dans le *reich* des Allemands et dans le riche ou *ricco* des demi-latins. En espagnol, *ricos hombres* signifie les nobles ou principaux ; ce qui fait comprendre en même temps comment les métaphores, les synecdoques et les métonymies ont fait passer les mots d'une signification à l'autre, sans qu'on en puisse toujours suivre la piste. On remarque ainsi ce bruit et mouvement violent dans *riss* (rupture), avec quoi le latin *rumpo*, le grec ῥήγνυμι, le français *arracher*, l'italien *stroccio* ont de la connexion. Or, comme la lettre R signifie naturellement un mouvement violent, la lettre L en désigne un plus doux. Aussi voyons-nous que les enfants et autres, à qui le R est trop dur et trop difficile à prononcer, y mettent la lettre L à la place, comme disant par exemple : mon *lévélent pèle*. Ce mouvement doux paraît dans *leben* (vivre), *laben* (conforter, faire vivre), *lind* (*lenis*) *lentus* (lent), *lieben* (aimer), *lauffen* (glisser promptement comme l'eau qui coule), *labi* (glisser, *labitur uncta vadis abies*), *legen* (mettre doucement), d'où vient *liegen*, coucher, *lage* ou *laye* (un lit, comme un lit de pierres), *lay-stein*, pierre à couches, ardoise, *lego, ich lese*, je ramasse ce qu'on a mis (c'est le contraire du mettre) et puis je lis, et enfin chez les Grecs, je parle, *laub* (feuille, chose aisée à remuer, où se rapportent aussi *lap*, *lid*, *lenken*), *luo*, λύω (*solvo*), *leien* (en bas-saxon), se dissoudre, se fondre comme la neige), d'où la Leine, rivière d'Hanovre, a son nom, qui, venant des pays montagneux, grossit fort par les neiges fondues. Sans parler d'une infinité d'autres semblables appellations, qui prouvent qu'il y a quelque chose de naturel dans l'origine des mots, qui marque un rapport entre les choses et les sons et mouvements des organes de la voix ; et c'est encore pour cela que la lettre L jointe à d'autres noms, en fait le diminutif chez les Latins, les demi-Latins et les Allemands supérieurs. Cependant il ne faut point prétendre que cette raison se puisse remarquer partout, car le lion, le lynx, le loup, ne sont rien moins que doux. Mais on se peut être attaché à un autre accident, qui est la vitesse (*lauf*), qui les fait craindre ou qui oblige à la course ; comme si celui qui voit venir un tel animal criait aux autres *lauf* (fuyez !), outre que, par plusieurs accidents et changements, la plupart des mots sont extrêmement altérés et éloignés de leur prononciation et de leur signification originale.

Ph. Encore un exemple le ferait mieux entendre.

Th. En voici un assez manifeste et qui comprend plusieurs autres. Le mot d'*œil* et son parentage y peut servir. Pour le faire voir je commencerai d'un peu haut. A (première lettre) suivie d'une petite aspiration fait *ah*, et, comme c'est une émission de l'air, qui fait un son assez clair au commencement et puis évanouissant, ce son signifie naturellement un petit souffle, *spiritum lenem*, lorsque A et H ne sont guère forts. C'est de quoi ἄω, *aer*, *aura*, *haugh*, *halare*, *haleine*, ἀτμός, *athem*, *odem* (allemand) ont eu leur origine. Mais, comme l'eau est un fluide aussi, et fait du bruit, il en est venu (ce semble) qu'*ah*, rendu plus grossier par le redoublement, c'est-à-dire *aha* ou *ahha*, a été pris pour l'eau. Les Teutons et autres Celtes, pour mieux marquer le mouvement, y ont proposé leur W à l'un et à l'autre ; c'est pourquoi *wehen*, *wind*, vent, marquent le mouvement de l'air, et *waten*, *vadum*, *water* le mouvement de l'eau ou dans l'eau. Mais, pour revenir à *aha*, il paraît être (comme j'ai dit) une manière de racine, qui signifie l'eau. Les Islandais, qui gardent quelque chose de l'ancien teutonisme scandinavien, en ont diminué l'aspiration en disant *aa*, d'autres qui disent *aken* (entendant *Aix*, *Aquas grani*) l'ont augmentée, comme font aussi les Latins dans leur *aqua*, et les Allemands en certains endroits, qui disent *ach* dans les compositions pour marquer l'eau, comme lorsque *Schwartzach* signifie eau noire, *Biberach* eau des Castors. Et au lieu de *Wiser* ou *Weser* on disait *Wiseraha* dans les vieux titres, et *Wisurach* chez les anciens habitants, dont les Latins ont fait Visurgis, comme d'*Iler, Ilerach*, ils ont fait *Ilargus*. D'*aqua*, aigues, auue, les Français ont enfin fait eau, qu'ils prononcent ôo, où il ne reste plus rien de l'origine. *Auwe, Auge* chez les Germains est aujourd'hui un lieu que l'eau inonde souvent, propre aux pâturages, *locus irriguus, pascuus*; mais plus particulièrement il signifie une île comme dans le nom du monastère de Reichenau (*Augia dives*) et bien d'autres. Et cela doit avoir eu lieu chez beaucoup de peuples teutoniques et celtiques, car de là est venu que tout ce qui est isolé dans une espèce de plaine a été nommé *auge* ou *Ooge, oculus*. C'est ainsi qu'on appelle des taches d'huile sur de l'eau chez les Allemands ; et chez les Espagnols *Ojo* est un trou. Mais *auge, ooge, oculus, occhio*, etc., a été appliqué plus particulièrement à l'œil comme par excellence, qui fait ce trou isolé éclatant dans le visage ; et sans doute le français œil en vient aussi, mais l'origine n'en est point reconnaissable du tout, à moins qu'on n'aille par l'enchaînement que je viens de donner ; et il paraît que l'ὄμμα et ὄψις des Grecs vient de la même source. *Oe* ou *Oeland* est une île chez les Septentrionaux, et il y en a quelque trace dans l'hébreu, où אִי, Ai est une île. M. Bochart (1) a cru que les Phéniciens en avaient tiré le nom, qu'il croit qu'ils avaient donné à la mer Egée, pleine d'îles. *Augere*, augmentation, vient encore d'*auue* ou *auge*, c'est-à-dire de l'effusion des eaux ; comme aussi *ooken, auken* en vieux saxon, estait augmenter, et l'*Augustus* en parlant de l'Empereur estait traduit par *ooker*. La rivière de Bronsvic, qui vient des montagnes de Hartz, et par conséquent est fort sujette à des accroissements subits, s'appelle Ocker, et Ouacra autrefois. Et je dis en passant que les noms des rivières étant ordinairement venus de la plus grande antiquité connue, marquent le mieux le vieux langage et les anciens habitants, c'est pourquoi ils mériteraient une recherche particulière. Et les langues en général, étant les plus anciens monuments des peuples, avant l'écriture et les arts, en marquent le mieux l'origine, les cognations et migrations. C'est pourquoi les étymologies bien entendues seraient curieuses et de conséquence, mais il faut joindre

---

(1) BOCHART, célèbre érudit protestant, né à Rennes en 1579, mort à Caen en 1666.   P. J.

des langues de plusieurs peuples, et ne point faire trop de sauts d'une nation à une autre fort éloignée sans en avoir de bonnes vérifications, où il sert surtout d'avoir les peuples entre eux pour garants. Et en général l'on ne doit donner aucune créance aux étymologies, que lorsqu'il y a quantité d'indices concourants : autrement c'est *goropiser*.

Ph. Goropiser ? Que veut dire cela ?

Th. C'est que les étymologies étranges et souvent ridicules de Goropius Becanus (1), savant médecin du xvi° siècle, ont passé en proverbe, bien qu'autrement il n'ait pas eu trop de tort de prétendre que la langue germanique, qu'il appelle cimbrique, a autant et plus de marques de quelque chose de primitif que l'hébraïque même. Je me souviens que feu M. Claubergius (2), philosophe excellent, a donné un petit essai sur les origines de la langue germanique, qui fait regretter la perte de ce qu'il avait promis sur ce sujet. J'y ai donné moi-même quelques pensées, outre que j'avais porté feu M. Gerardus Meierus (3), théologien de Brème, à y travailler, comme il a fait, mais la mort l'a interrompu. J'espère pourtant que le public en profitera encore un jour, aussi bien que des travaux semblables de M. Schilter, jurisconsulte célèbre à Strasbourg, mais qui vient de mourir aussi. Il est sûr au moins que la langue et les antiquités teutoniques entrent dans la plupart des recherches des origines, coutumes et antiquités européennes. Et je souhaiterais que des savants hommes en fissent autant dans les langues wallienne, biscayenne, slavonique, finnoise, turque, persanne, arménienne, géorgienne et autres, pour en mieux découvrir l'harmonie, qui servirait particulièrement, comme je viens de dire, à éclaircir l'origine des nations.

---

(1) Becamus Goropius, ou Jean Bécan (Van Gorp), né en 1518 dans le Brabant, mort en 1572, médecin, mais plus connu par son goût pour les belles-lettres et les langues. Il prétendait que la langue d'Adam était le flamand. P. J.

(2) Clauberg, célèbre cartésien, né à Sollingen (duché de Berg) en 1622, mort en 1665. Ses principaux ouvrages sont : *De conjunctione animæ et corporis humani scriptum. Exercitationes de cognitione Dei et Nostri. Logica vetus et nova* (In-8°, Duisbourg, 1656); *Ontosophia* (même vol.) ; *Initiatio philosophi seu Dubitatio Cartesiana* (In-12, Mulberg, 1687). Ses œuvres complètes ont été publiées à Amsterdam en 1611. P. J.

(3) Meier (Gérard), né à Brème en 1646, mort dans cette ville en 1608. Ses principaux ouvrages philosophiques sont : *Compendium logicæ divinæ. — Aranearum telas divinæ existentiæ testes. — De dubitatione scepticâ et Cartesianâ.* Il a laissé en manuscrit un *Glossarium linguæ Saxonicæ* : C'est l'ouvrage dont parle Leibniz. P. J.

§ 2. Ph. Ce dessein est de conséquence, mais à présent il est temps de quitter le matériel des mots et de revenir au formel, c'est-à-dire à la signification, qui est commune aux différentes langues. Or, vous m'accorderez premièrement, Monsieur, que, lorsqu'un homme parle à un autre, c'est de ses propres idées qu'il veut donner des signes, les mots ne pouvant être appliqués par lui à des choses qu'il ne connaît point. Et, jusqu'à ce qu'un homme ait des idées de son propre fonds, il ne saurait supposer qu'elles sont conformes aux qualités des choses ou aux conceptions d'un autre.

Th. Il est vrai pourtant qu'on prétend de désigner bien souvent plutôt ce que d'autres pensent que ce qu'on pense de son chef comme il n'arrive que trop aux laïques, dont la foi est implicite. Cependant j'accorde qu'on entend toujours quelque chose de général, quelque sourde et vide d'intelligence que soit la pensée ; et on prend garde du moins de ranger les mots selon la coutume des autres, se contentant de croire qu'on pourrait en apprendre le sens au besoin. Ainsi on n'est quelquefois que le trucheman des pensées, ou le porteur de la parole d'autrui, tout comme serait une lettre ; et même on l'est plus souvent qu'on ne pense.

§ 4. Ph. Vous avez raison d'ajouter qu'on entend toujours quelque chose de général, quelque idiot qu'on soit. Un enfant, n'ayant remarqué dans ce qu'il entend nommer or qu'une brillante couleur jaune, donne le nom d'or à cette même couleur qu'il voit dans la queue d'un paon ; d'autres ajouteront la grande pesanteur, la fusibilité, la malléabilité.

Th. Je l'avoue, mais souvent l'idée qu'on a de l'objet dont on parle est encore plus générale que celle de cet enfant, et je ne doute point qu'un aveugle ne puisse parler pertinemment des couleurs et faire une harangue à la louange de la lumière qu'il ne connaît pas, parce qu'il en a appris les effets et les circonstances.

§ 4. Ph. Ce que vous remarquez est très vrai. Il arrive souvent que les hommes appliquent davantage leurs pensées aux mots qu'aux choses, et parce qu'on a appris la plupart de ces mots avant de connaître les idées qu'ils signifient, il y a non seulement des enfants, mais des hommes faits qui parlent souvent comme des perroquets. Cependant les hommes prétendent ordinairement de marquer leurs pensées et de plus ils attribuent aux mots un secret rapport aux idées d'autrui et aux choses mêmes. Car, si les sons étaient attribués à une autre idée par celui avec qui nous nous entretenons, ce serait parler deux langues. Il est vrai qu'on ne s'arrête pas trop à examiner quelles sont les idées des autres, et l'on suppose que notre idée est celle que les communes et les habiles gens du pays attachent au même mot. § 6. Ce qui a lieu particulièrement à l'égard des idées simples et des modes; mais, quant aux substances, on y croit plus particulièrement que les mots signifient aussi la réalité des choses.

Th. Les substances et les modes sont également représentés par les idées; et les choses, aussi bien que les idées, dans l'un et l'autre cas sont marquées par les mots; ainsi je n'y vois guère de différence, sinon que les idées des choses substantielles et des qualités sensibles sont plus fixes. Au reste, il arrive quelquefois que nos idées et pensées sont la matière de nos discours et font la chose même qu'on veut signifier, et les notions réflexives entrent plus qu'on ne croit dans celle des choses. On parle même quelquefois des mots matériellement, sans que, dans cet endroit-là précisément, on puisse substituer à la place du mot la signification, ou le rapport aux idées ou aux choses; ce qui arrive non seulement lorsqu'on parle en grammairien, mais encore quand on parle en dictionnariste, en donnant l'explication du nom.

CHAP. III. — DES TERMES GÉNÉRAUX.

§ 1. Ph. Quoiqu'il n'existe que des choses particulières, la plus grande partie des mots ne laisse point d'être des termes généraux, parce qu'il est impossible, § 2. que chaque chose particulière puisse avoir un nom particulier et distinct, outre qu'il faudrait une mémoire prodigieuse pour cela, au prix de laquelle celle de certains généraux qui pouvaient nommer tous leurs soldats par leur nom ne serait rien. La chose irait même à l'infini, si chaque bête, chaque plante et même chaque feuille de plante, chaque graine, enfin chaque grain de sable qu'on pourrait avoir besoin de nommer devait avoir son nom. Et comment nommer les parties des choses sensiblement uniformes, comme de l'eau, du fer? § 3. Outre que ces noms particuliers seraient inutiles, la fin principale du langage étant d'exciter dans l'esprit de celui qui m'écoute une idée semblable à la mienne. Ainsi la similitude suffit, qui est marquée par les termes généraux, § 4. et les mots particuliers seuls ne serviraient point à étendre nos connaissances, ni à faire juger de l'avenir par le passé, ou d'un individu par un autre. § 5. Cependant, comme l'on a souvent besoin de faire mention de certains individus, particulièrement de notre espèce, l'on se sert de noms propres, qu'on donne aussi aux pays, villes, montagnes et autres distinctions de lieu. Et les maquignons donnent des noms propres jusqu'à leurs chevaux, aussi bien qu'Alexandre à son Bucéphale, afin de pouvoir distinguer tel ou tel cheval particulier, lorsqu'il est éloigné de leur vue.

Th. Ces remarques sont bonnes, et il y en a qui conviennent avec celles que je viens de faire. Mais j'ajouterai, suivant ce que j'ai observé déjà, que les noms propres ont été originairement appellatifs, c'est-à-dire généraux dans leur origine, comme Brutus, César, Auguste, Capito, Lentulus, Piso, Cicero, Elbe, Rhin, Rhur, Leine, Ocker, Bucéphale, Alpes, Brenner ou Pyrénées, car l'on sait que le premier Brutus eut ce nom de son apparente stupidité, que César était le nom d'un enfant tiré par incision du ventre de sa mère, qu'Auguste était un nom de vénération, que Capiton est grosse tête, comme Bucéphale aussi, que Lentulus, Pison et Cicéron ont été des noms donnés au commencement à ceux qui cultivaient particulièrement certaines sortes de légumes. J'ai déjà dit ce que signifient les noms de ces rivières, Rhin, Rhur, Leine, Ocker. Et l'on sait que toutes les rivières s'appellent encore Elbes en Scandinavie. Enfin Alpes sont montagnes couvertes de neige (à quoi convient *album*, *blanc*) et Brenner ou Pyrénées signifient une grande hauteur, car *bren* était haut, ou chef (comme Brennus), en celtique, comme encore *brinck* chez les Bas-Saxons, est hauteur, et il y a un Brenner entre l'Allemagne et l'Italie, comme les Pyrénées sont entre les Gaules et l'Espagne. Ainsi j'oserais dire que presque tous les mots sont originairement des termes généraux, parce qu'il arrivera fort rarement qu'on inventera un nom exprès sans raison pour marquer un tel individu. On peut donc dire que les noms des individus étaient des noms d'espèce, qu'on donnait par excellence ou autrement à quelque individu, comme le nom grosse tête à celui de toute la ville qui l'avait la plus grande ou qui était le plus considéré des grosses têtes qu'on connaissait. C'est ainsi même qu'on donne les noms des genres aux espèces, c'est-à-dire qu'on se contentera d'un terme plus général ou plus vague pour désigner des espèces plus particulières, lorsqu'on ne se soucie point des différences. Comme, par exemple, on se contente du nom général d'absinthe, quoiqu'il y en ait tant d'espèces qu'un des Bauhin (1) en a rempli un livre exprès.

§ 6. Th. Vos réflexions sur l'origine des noms propres sont fort justes ; mais, pour venir à celle des noms appellatifs ou des termes généraux, vous conviendrez sans doute, Monsieur, que les mots deviennent généraux lorsqu'ils sont signes d'idées générales, et les idées deviennent générales lorsque par abstraction on en sépare le temps, le lieu, ou telle autre circonstance, qui peut les déterminer à telle ou telle existence particulière.

Th. Je ne disconviens point de cet usage des abstractions, mais c'est plutôt en montant des espèces aux genres que des individus aux espèces. Car (quelque paradoxe que cela paraisse) il est impossible à nous d'avoir la connaissance des individus et de trouver le moyen de déterminer exactement l'individualité d'aucune chose, à moins que de la garder elle-même ; car toutes les circonstances peuvent revenir ; les plus petites différences nous sont insensibles ; le lieu ou le temps, bien loin de déterminer d'eux-mêmes, ont besoin eux-mêmes d'être déterminés par les choses qu'ils contiennent. Ce qu'il y a de plus considérable en cela est que l'individualité enveloppe l'infini, et il n'y a que celui qui est capable de le comprendre qui puisse avoir la connaissance du principe d'individuation d'une telle ou telle chose ; ce qui vient de l'influence (à l'entendre sainement) de toutes les choses de l'univers les unes sur les autres. Il est vrai qu'il n'en serait point ainsi, s'il y avait des atomes de Démocrite ; mais aussi il n'y aurait point alors de différence entre deux individus différents de la même figure et de la même grandeur.

§ 7. Ph. Il est pourtant tout visible que les idées que les enfants se font des personnes avec qui ils conversent (pour nous arrêter à cet exemple) sont semblables aux personnes mêmes et ne sont que particulières. Les idées qu'ils ont de leur nourrice et de leur mère sont sont fort bien tracées dans leur esprit, et les noms de *nourrice* ou de *maman* dont se servent les enfants, se rapportent uniquement à ces personnes. Quant après cela le temps leur a fait observer qu'il y a plusieurs autres êtres, qui ressemblent à leur père ou à leur mère, ils forment une idée à laquelle ils trouvent que tous ces êtres particu-

---

(1) Jean Bauhin, célèbre naturaliste suisse, s'est livré surtout à l'étude de la botanique. L'ouvrage auquel Leibniz fait allusion est intitulé : *De plantis absinthea nomen habentibus*. Il y a un autre Bauhin, frère du précédent, également naturaliste.

liers participent également, et ils lui donnent comme les autres le nom d'homme. § 8. Ils acquièrent par la même voie des noms et des notions plus générales ; par exemple, la nouvelle idée de l'animal ne se fait point par aucune addition, mais seulement en ôtant la figure ou les propriétés particulières de l'homme et en retenant un corps accompagné de vie, de sentiment et de motion spontanée.

TH. Fort bien ; mais cela ne fait voir que ce que je viens de dire ; car, comme l'enfant va par abstraction de l'observation de l'idée de l'homme à celle de l'idée de l'animal, il est venu de cette idée plus spécifique qu'il observait dans sa mère ou dans son père et dans tant d'autres personnes à celle de la nature humaine. Car, pour juger qu'il n'avait point de précise idée de l'individu, il suffit de considérer qu'une ressemblance médiocre le tromperait aisément et le ferait prendre pour sa mère une autre femme qui ne l'est point. Vous savez l'histoire du faux Martin Guerre, qui trompa la femme même du véritable et les proches parents par la ressemblance jointe à l'adresse et embarrassa longtemps les juges, lors même que le véritable fut arrivé.

§ 9. PH. Ainsi tout ce mystère du genre et des espèces, dont on fait tant de bruit dans les écoles, mais qui hors de là est avec raison si peu considéré, tout ce mystère, dis-je, se réduit uniquement à la formation d'idées abstraites plus ou moins étendues, auxquelles on donne certains noms.

TH. L'art de ranger les choses en genres et en espèces n'est pas de petite importance et sert beaucoup tant au jugement qu'à la mémoire. Vous savez de quelle conséquence cela est dans la botanique, sans parler des animaux et autres substances, et sans parler aussi des êtres moraux et notionaux comme quelques-uns les appellent. Une bonne partie de l'ordre en dépend, et plusieurs bons auteurs écrivent en sorte que tout leur discours peut être réduit en divisions ou sous-divisions, suivant une méthode qui a du rapport aux genres et aux espèces, et sert non seulement à retenir les choses, mais même à les trouver. Et ceux qui ont disposé toutes sortes de notions sous certains titres ou prédicaments sous-divisés, ont fait quelque chose de fort utile.

§ 10. PH. En définissant les mots, nous nous servons du genre ou du terme général le plus prochain ; et c'est pour s'épargner la peine de compter les différentes idées simples que ce genre signifie, ou quelquefois peut-être pour s'épargner la honte de ne pouvoir faire cette énumération. Mais quoique la voie la plus courte de définir soit par le moyen du genre et de la différence, comme parlent les logiciens, on peut douter, à mon avis, qu'elle soit la meilleure : du moins elle n'est pas l'unique. Dans la définition qui dit que l'homme est un animal raisonnable (définition qui peut-être n'est pas la plus exacte, mais qui sert assez bien au présent dessein), au lieu du mot animal on pourrait mettre sa définition. Ce qui fait voir le peu de nécessité de la règle, qui veut qu'une définition doit être composée de genre et de différence et le peu d'avantage qu'il y a à l'observer exactement. Aussi les langues ne sont pas toujours formées selon les règles de la logique, en sorte que la signification de chaque terme puisse être exactement et clairement exprimée par deux autres termes. Et ceux qui ont fait cette règle ont eu tort de nous donner si peu de définitions qui y soient conformes.

Th. Je conviens de vos remarques; il serait pourtant avantageux pour bien des raisons que les définitions puissent être de deux termes : cela sans doute abrégerait beaucoup, et toutes les divisions pourraient être réduites à des dichotomies, qui en sont la meilleure espèce, et servent beaucoup pour l'invention, le jugement et la mémoire. Cependant je ne crois pas que les logiciens exigent toujours que le genre ou la différence soit exprimée en un seul mot; par exemple le terme polygone régulier peut passer pour le genre du carré, et dans la figure du cercle le genre pourra être une figure plane curviligne, et la différence serait celle dont les points de la ligne ambiante soient également distants d'un certain point comme centre. Au reste, il est encore bon de remarquer que bien souvent le genre pourra être changé en différence, et la différence en genre. Par exemple, le carré est un régulier quadrilatéral, ou bien un quadrilatère régulier, de sorte qu'il semble que le genre ou la différence ne diffèrent que comme le substantif et l'adjectif; comme si au lieu de dire que l'homme est un animal raisonnable, la langue permettait de dire que l'homme est un rational animable, c'est-à-dire une substance raisonnable douée d'une nature animale, au lieu que les génies sont des substances raisonnables, dont la nature n'est point animale, ou commune avec les bêtes. Et cet échange des genres et des différences dépend de la variation de l'ordre des sous-divisions.

§ 11. Ph. Il s'ensuit de ce que je venais de dire, que ce qu'on appelle général et universel n'appartient point à l'existence des choses, mais que c'est un ouvrage de l'entendement, § 12, et les essences de chaque espèce ne sont que les idées abstraites.

Th. Je ne vois pas assez cette conséquence. Car la généralité consiste dans la ressemblance des choses singulières entre elles, et cette ressemblance est une réalité.

§ 13. Ph. J'allais vous dire moi-même que ces espèces sont fondées sur les ressemblances.

Th. Pourquoi donc n'y point chercher aussi l'essence des genres et des espèces?

§ 14. Ph. On sera moins surpris de m'entendre dire que ces essences sont l'ouvrage de l'entendemnnt, si l'on considère qu'il y a du moins des idées complexes, qui dans l'esprit de différentes personnes ont souvent différentes collections d'idées simples, et ainsi ce qui est avarice dans l'esprit d'un homme ne l'est pas dans l'esprit d'un autre.

Th. J'avoue, Monsieur, qu'il y a peu d'endroits où j'aie moins entendu la force de vos conséquences qu'ici, et cela me fait de la peine. Si les hommes diffèrent dans le nom, cela change-t-il les choses ou leurs ressemblances? Si l'un applique le nom d'avarice à une ressemblance, et l'autre à une autre, ce seront deux différentes espèces désignées par le même nom.

Ph. Dans l'espèce des substances qui nous est plus familière et que nous connaissons de la manière la plus intime, on a douté plusieurs fois si le fruit qu'une femme a mis au monde était homme, jusqu'à disputer si l'on devait le nourrir et baptiser; ce qui ne pourrait être si l'idée abstraite ou l'essence à laquelle appartient le nom d'homme était l'ouvrage de la nature et non une diverse incertaine collection d'idées simples que l'entendement joint ensemble et à laquelle il attache un nom après l'avoir rendue générale par voie d'abstraction. De sorte que dans le fond chaque idée distincte, formée par abstraction, est une essence distincte.

Th. Pardonnez-moi que je vous dise, Monsieur, que votre langage m'embarrasse, car je n'y vois point de liaison. Si nous ne pouvons pas toujours juger par le dehors des ressemblances de l'intérieur, est-ce qu'elles en sont moins dans la nature? Lorsqu'on doute si un monstre est homme, c'est qu'on doute s'il a de la raison, Quand on saura qu'il en a, les théologiens ordonneront de le faire baptiser et les juriconsultes de la faire nourrir. Il est vrai qu'on peut disputer des plus basses espèces logiquement prises, qui se varient par des accidents dans une même espèce physique ou tribu de génération ; mais on n'a point besoin de les déterminer ; on peut même les varier à l'infini, comme il se voit dans la grande variété des oranges, limons et citrons, que les experts savent nommer et distinguer. On le voyait de même dans les tulipes et œillets, lorsque ces fleurs étaient à la mode. Au reste, que les hommes joignent telles ou telles idées ou non, et même que la nature les joigne actuellement ou non, cela ne fait rien pour les essences, genres ou espèces, puisqu'il ne s'y agit que des possibilités, qui sont indépendantes de notre pensée.

§ 15. PH. On suppose ordinairement une constitution réelle de l'espèce de chaque chose, et il est hors de doute qu'il y en doit avoir, d'où chaque amas d'idées simples ou qualités coexistantes dans cette chose doit dépendre. Mais comme il est évident que les choses ne sont rangées en sortes ou espèces sous certains noms, qu'en tant qu'elles conviennent avec certaines idées abstraites, auxquelles nous avons attaché ce nom-là, l'essence de chaque genre ou espèce vient ainsi à n'être autre chose que l'idée abstraite signifiée par le nom général ou spécifique ; et nous trouverons que c'est là ce qu'emporte le mot d'essence selon l'usage le plus ordinaire qu'on en fait. Il ne serait pas mal, à mon avis, de désigner ces deux sortes d'essences par deux noms différents et d'appeler la première essence réelle et l'autre essence nominale.

TH. Il me semble que votre(1) langage innove extrêmement dans les manières de s'exprimer. On a bien parlé jusqu'ici de définitions nominales et causales ou réelles, mais non pas que je sache d'essences autres que réelles, à moins que par essences nominales on n'ait entendu des essences fausses et impossibles, qui paraissent être des essences, mais n'en sont point ; comme serait par exemple celle d'un décaèdre régulier, c'est-à-dire d'un corps régulier, compris sous dix plans ou hèdres. L'essence dans le fond n'est autre chose que la possibilité de ce qu'on propose. Ce qu'on suppose possible est exprimé par la définition ; mais cette définition n'est que nominale, quand elle n'exprime point en même temps la possibilité, car alors on peut douter si cette définition exprime quelque chose de réel, c'est-à-dire de possible, jusqu'à ce que l'expérience vienne à notre secours pour nous faire connaître cette réalité à posteriori, lorsque la chose se trouve effec-

---

(1) GEHRARDT : *notre*.

tivement dans le monde ; ce qui suffit au défaut de la raison, qui ferait connaître la réalité à priori en exposant la cause ou la génération possible de la chose définie. Il ne dépend donc pas de nous de joindre les idées comme bon nous semble, à moins que cette combinaison ne soit justifiée ou par la raison qui la montre possible, ou par l'expérience qui la montre actuelle, et par conséquent possible aussi. Pour mieux distinguer aussi l'essence et la définition, il faut considérer qu'il n'y a qu'une essence de la chose, mais qu'il y a plusieurs définitions qui expriment une même essence, comme la même structure ou la même ville peut être représentée par différentes scénographies, suivant les différents côtés dont on la regarde.

§ 18. PH. Vous m'accorderez, je pense, que le réel et le nominal est toujours le même dans les idées simples et dans les idées des modes ; mais dans les idées des substances, ils sont toujours entièrement différents. Une figure, qui termine un espace par trois lignes, c'est l'essence du triangle, tant réelle que nominale ; car c'est non seulement l'idée abstraite à laquelle le nom général est attaché, mais l'essence ou l'être propre de la chose, ou le fondement d'où procèdent ses propriétés, et auquel elles sont attachées. Mais c'est tout autrement à l'égard de l'or. La constitution réelle de ses parties de laquelle dépendent la couleur, la pesanteur, la fusibilité, la fixité, etc., nous est inconnue, et, n'en ayant point l'idée, nous n'avons point de nom qui en soit le signe. Cependant ce sont ces qualités, qui font que cette matière est appelée de l'or, et sont son essence nominale, c'est-à-dire qui donne droit au nom.

TH. J'aimerais mieux de dire, suivant l'usage reçu, que l'essence de l'or est ce qui le constitue et qui lui donne ces qualités sensibles qui le font reconnaître et qui font sa définition nominale, au lieu que nous aurions la définition réelle et causale, si nous pouvions expliquer cette contexture ou constitution intérieure. Cependant la définition nominale se trouve ici réelle aussi, non par elle-même (car elle ne fait point connaître à priori la possibilité ou la génération du corps), mais par l'expérience, parce que nous expérimentons qu'il y a un corps, où ces qualités se trouvent ensemble : mais sans quoi on pourrait douter, si tant de pesanteur serait compatible avec tant de malléabilité, comme l'on peut douter jusqu'à présent si un verre malléable à froid est possible à la nature. Je ne suis pas au reste de votre avis, Monsieur, qu'il y a ici de la différence entre les idées des substances et les idées des prédicats comme si les définitions des prédicats (c'est-à-dire des modes et des objets des idées simples) étaient toujours réelles et nominales en même temps, et que celles des substances n'étaient que nominales. Je demeure bien d'accord qu'il est plus difficile d'avoir des définitions réelles des corps, qui sont des êtres substantiels, parce que leur contexture est moins sensible. Mais il n'en est pas de même de toutes les substances ; car nous avons une connaissance des vraies substances ou des unités (comme Dieu et de l'âme), aussi intime que nous en avons de la plupart des modes. D'ailleurs, il y a des prédicats aussi peu connus que la contexture des corps : car le jaune ou l'amer, par exemple, sont les objets des idées ou fantaisies simples, et néanmoins on n'en a qu'une connaissance confuse, même dans les mathématiques, où un même mode peut avoir une définition nominale aussi bien qu'une réelle. Peu du gens ont bien expliqué en quoi consiste la différence de ces deux définitions, qui doit discerner aussi l'essence et la propriété. A mon avis, cette différence est que la réelle fait voir la possibilité du défini et la nominale ne le fait point : la définition des deux droites parallèles, qui dit qu'elles sont dans un même plan et ne se rencontrent point quoiqu'on les continue à l'infini, n'est que nominale, car on pourrait douter d'abord si cela est possible. Mais, lorsqu'on a compris qu'on peut mener une droite parallèle dans un plan à une droite donnée, pourvu qu'on prenne garde que la pointe du style, qui décrit la parallèle, demeure toujours également distante de la donnée, on voit en même temps que la chose est possible et pourquoi elles ont cette propriété de ne se rencontrer jamais, qui en fait la définition nominale, mais qui n'est la marque du parallélisme que lorsque les deux lignes sont droites, au lieu que si l'une au moins était courbe, elles pourraient être de nature à ne se pouvoir jamais rencontrer, et cependant elles ne seraient point parallèles pour cela (1).

§ 19. Ph. Si l'essence était autre chose que l'idée abstraite, elle ne serait point ingénérable et incorruptible. Une licorne, une sirène, un cercle exact ne sont peut être point dans le monde.

Th. Je vous ai déjà dit, Monsieur, que les essences sont perpétuelles, parce qu'il ne s'y agit que du possible.

(1) C'est ce qu'on appelle les *asymptotes*.

CHAP. IV. — Des noms des idées simples.

§ 2. Ph. Je vous avoue que j'ai toujours cru qu'il était arbitraire de former les modes ; mais, quant aux idées simples et celles des substances, j'ai été persuadé qu'outre la possibilité, ces idées devaient signifier une existence réelle.

Th. Je n'y vois aucune nécessité. Dieu en a les idées avant que de créer les objets de ces idées, et rien n'empêche qu'il ne puisse encore communiquer de telles idées aux créatures intelligentes : il n'y a pas même de démonstration exacte, qui prouve que les objets de nos sens et des idées simples que les sens nous présentent, sont hors de nous. Ce qui a surtout lieu à l'égard de ceux qui croient avec les cartésiens et avec notre célèbre auteur, que nos idées simples des qualités sensibles n'ont point de ressemblance avec ce qui est hors de nous dans les objets : il n'y aurait donc rien qui oblige ces idées d'être fondées dans quelque existence réelle.

§ 4, 5, 6, 7. Ph. Vous m'accorderez au moins cette autre différence entre les idées simples et les composées, que les noms des idées simples ne peuvent être définis, au lieu que ceux des idées composées le peuvent être. Car les définitions doivent contenir plus d'un terme, dont chacun signifie une idée. Ainsi l'on voit ce qui peut ou ne peut pas être défini, et pourquoi les définitions ne peuvent aller à l'infini ; ce que jusqu'ici personne, que je sache, n'a remarqué.

Th. J'ai aussi remarqué dans le petit essai sur les idées, inséré dans les actes de Leipsick il y a environ 20 ans, que les termes simples ne sauraient avoir de définitions nominales : mais j'y ai ajouté, en même temps, que les termes, lorsqu'ils ne sont simples qu'à notre égard (parce que nous n'avons pas le moyen d'en faire l'analyse pour venir aux perceptions élémentaires, dont ils sont composés), comme chaud, froid, jaune, vert, peuvent recevoir une définition réelle, qui en expliquerait la cause. C'est ainsi que la définition réelle du vert est d'être composée de bleu et de jaune bien mêlés, quoique le vert ne soit pas plus susceptible de définition nominale, qui le fasse reconnaître, que le bleu et le jaune. Au lieu que les termes, qui sont simples en eux-mêmes, c'est-à-dire dont la conception est claire et distincte, ne sauraient recevoir aucune définition, soit nominale, soit réelle. Vous trouverez dans ce petit essai, mis dans les actes de Leipsick, les fondements d'une bonne partie de la doctrine, qui regarde l'entendement, expliquée en abrégé.

§ 7, 8. Ph. Il était bon d'expliquer ce point et de marquer ce qui pourrait être défini ou non. Et je suis tenté de croire qu'il s'élève souvent de grandes disputes et qu'il s'introduit bien du galimatias dans le discours des hommes pour ne pas songer à cela. Ces célèbres vétilles dont on fait tant de bruit dans les écoles, sont venues de ce qu'on n'a pas pris garde à cette différence qui se trouve dans les idées. Les plus grands maîtres dans l'art ont été contraints de laisser la plus grande partie des idées simples sans les définir, et quand ils ont entrepris de le faire, ils n'y ont pas réussi. Le moyen, par exemple, que l'esprit de l'homme pût inventer un plus fin galimatias que celui qui est renfermé dans cette définition d'Aristote : le mouvement est l'acte d'un être en puissance, en tant qu'il est en puissance. §. 9. Et les modernes qui définissent le mouvement, que c'est le passage d'un lieu dans un autre, ne font que mettre un mot synonyme à la place de l'autre.

Th. J'ai déjà remarqué dans une de nos conférences passées que chez vous on fait passer bien des idées pour simples, qui ne le sont point. Le mouvement est de ce nombre que je crois être définissable; et la définition qui dit que c'est un changement de lieu, n'est pas à mépriser. La définition d'Aristote n'est pas si absurde qu'on pense, faute d'entendre que le grec κίνησις chez lui ne signifiait pas ce que nous appelons *mouvement*, mais ce que nous exprimerions par le mot de *changement*, d'où vient qu'il lui donne une définition si abstraite et si métaphysique, au lieu que ce que nous appelons mouvement est appelé chez lui φορά, *latio*, et se trouve entre les espèces du changement (τῆς κινήσεως).

§ 10. Ph. Mais vous n'excuserez pas au moins la définition de la lumière du même auteur, que c'est l'acte du transparent.

Th. Je la trouve avec vous fort inutile, et il se sert trop de son acte, qui ne nous dit pas grand'chose. Diaphane lui est un milieu au travers duquel on pourrait voir, et la lumière est selon lui ce qui consiste dans le trajet actuel. A la bonne heure.

§ 11. Ph. Nous convenons donc que nos idées simples ne sauraient avoir des définitions nominales, comme nous ne saurions connaître le goût de l'ananas par la relation des voyageurs, à moins de pouvoir goûter les choses par les oreilles comme Sancho Pança avait la faculté de voir Dulcinée par ouï-dire, ou comme cet aveugle qui ayant fort ouï parler de l'éclat d'écarlate, crut qu'elle devait ressembler au son de la trompette.

Th. Vous avez raison, et tous les voyageurs du monde ne nous auraient pu donner par leurs relations ce que nous devons à un gentilhomme de ce pays, qui cultive avec succès des ananas à trois lieues d'Hanovre presque sur le bord du Weser, et a trouvé le moyen de les multiplier, en sorte que nous le pourrons avoir peut-être un jour de notre cru aussi copieusement que les oranges de Portugal, quoiqu'il y aurait apparemment quelque déchet dans le goût.

§ 12, 13. Ph. Il en est tout autrement des idées complexes. Un aveugle peut entendre ce que c'est que la statue ; et un homme qui n'aurait jamais vu l'arc-en-ciel, pourrait comprendre ce que c'est, pourvu qu'il ait vu les couleurs qui le composent. § 15. Cependant, quoique les idées simples soient inexplicables, elles ne laissent pas d'être les moins douteuses. Car l'expérience fait plus que la définition.

Th. Il y a pourtant quelque difficulté sur les idées qui ne sont simples qu'à notre égard. Par exemple, il serait difficile de marquer précisément les bornes du bleu et du vert, et en général de discerner les couleurs fort approchantes, au lieu que nous pouvons avoir des notions précises des termes dont on se sert en arithmétique et en géométrie.

§ 16. Ph. Les idées simples ont encore cela de particulier, qu'elles ont très peu de subordination dans ce que les logiciens appellent ligne prédicamentale, depuis la dernière espèce jusqu'au genre suprême. C'est que, la dernière espèce n'étant qu'une seule idée simple, on n'en peut rien retrancher ; par exemple, on ne peut rien retrancher des idées du blanc et du rouge pour retenir la commune apparence, où elles conviennent ; c'est pour cela qu'on les comprend avec le jaune et autres sous le genre ou le nom de couleur. Et, quand on veut former un terme encore plus général, qui comprenne aussi les sons, les goûts et les qualités tactiles, on se sert du terme général de qualité, dans le sens qu'on lui donne ordinairement, pour distinguer ces qualités de l'étendue, du nombre, du mouvement, du plaisir et de la douleur, qui agissent sur l'esprit et y introduisent leurs idées par plus d'un sens.

Th. J'ai encore quelque chose à dire sur cette remarque. J'espère qu'ici et ailleurs vous me ferez justice, Monsieur, de croire que ce n'est point par un esprit de contradiction, et que la matière le semble demander. Ce n'est pas un avantage que les idées des qualités sensibles ont si peu de subordination et sont capables de si peu de sous-divisions ; car cela ne vient que de ce que nous les connaissons peu. Cependant cela même, que toutes les couleurs ont commun d'être vues par les yeux, de passer toutes par des corps par où passe l'apparence de quelques-unes entre elles, et d'être renvoyées des surfaces polies des corps qui ne les laissent point passer, fait (1) connaître qu'on peut retrancher quelque chose des idées que nous en avons. On peut même diviser les couleurs avec grande raison en extrêmes (dont l'une est positive, savoir le blanc, et l'autre privative, savoir le noir) et en moyens, qu'on appelle encore couleurs dans un sens particulier, et qui naissent de la lumière par la réfraction ; qu'on peut encore sous-diviser en celles du côté convexe, et celles du côté concave du rayon rompu. Et ces divisions et sous-divisions des couleurs ne sont pas de petite conséquence.

Ph. Mais comment peut-on trouver des genres dans ces idées simples ?

Th. Comme elles ne sont simples qu'en apparence, elles sont accompagnées de circonstances qui ont de la liaison avec elles, quoique cette liaison ne soit point entendue de nous, et ces circonstances fournissent quelque chose d'explicable et de susceptible d'analyse qui donne aussi quelque espérance qu'on pourra trouver un jour les raisons de ces phénomènes. Ainsi il arrive qu'il y a une manière de pléonasme dans les perceptions que nous avons des qualités sensibles aussi bien que des masses sensibles ; et ce pléonasme est que nous avons plus d'une notion du même sujet. L'or peut être défini nominalement de plusieurs façons ; on peut dire que c'est le plus pesant de nos corps, que c'est le plus malléable, que c'est un corps fusible, qui résiste à la coupelle et à l'eau-forte, etc. Chacune de ces marques est bonne et suffit à reconnaître l'or, au moins provisionnellement et dans l'état présent de nos corps, jusqu'à ce qu'il se trouve un corps plus pesant, comme quelques chimistes le prétendent de leur pierre philosophale, ou jusqu'à ce que l'on fasse voir cette lune fixe, qui est un métal qu'on dit avoir la couleur de l'argent, et presque toutes les autres qualités de l'or, et que M. le chevalier Boyle semble dire d'avoir fait. Aussi peut-on dire que dans les matières que nous ne connaissons qu'en empiriques, toutes nos défini-

---

(1) GEHRARDT : *font*.

tions ne sont que provisionnelles, comme je crois avoir déjà remarqué ci-dessus. Il est donc vrai que nous ne savons pas démonstrativement s'il ne se peut qu'une couleur puisse être engendrée par la seule réflexion sans réfraction, et que les couleurs que nous avons remarquées jusqu'ici dans la concavité de l'angle de réfraction ordinaire se trouvent dans la convexité d'une manière de réfraction inconnue jusqu'ici, et vice versa. Ainsi l'idée simple du bleu serait dépouillée du genre que nous lui avons assigné sur nos expériences. Mais il est bon de s'arrêter au bleu que nous avons et aux circonstance qui l'accompagnent. Et c'est quelque chose qu'elles nous fournissent de quoi faire des genres et des espèces.

§ 17. Ph. Mais que dites-vous de la remarque qu'on a faite que les idées simples étant prises de l'existence des choses ne sont nullement arbitraires ; au lieu que celles des modes mixtes le sont tout à fait et celles des substances en quelque façon ?

Th. Je crois que l'arbitraire se trouve seulement dans les mots et nullement dans les idées. Car elles n'expriment que des possibilités ; ainsi, quand il n'y aurait jamais eu de parricide et quand tous les législateurs se fussent aussi peu avisés que Solon d'en parler, le parricide serait un crime possible, et son idée serait réelle. Car les idées sont en Dieu de toute éternité, et même elles sont en nous avant que nous y pensions actuellement, comme j'ai montré dans nos premières conversations. Si quelqu'un les veut prendre pour des pensées actuelles des hommes, cela lui est permis ; mais il s'opposera sans sujet au langage reçu.

CHAP. V. — DES NOMS DES MODES MIXTES ET DES RELATIONS.

§§ 2, 3 *sqq*. Ph. Mais l'esprit ne forme-t-il pas les idées mixtes en assemblant les idées simples comme il le juge à propos, sans avoir besoin de modèle réel ; au lieu que les idées simples lui viennent sans choix par l'existence réelle des choses ? Ne voit-il pas souvent l'idée mixte avant que la chose existe ?

Th. Si vous prenez les idées pour les pensées actuelles, vous avez raison. Mais je ne vois point qu'il soit besoin d'appliquer votre distinction à ce qui regarde la forme même ou la possibilité de ces pensées, et c'est pourtant de quoi il s'agit dans le monde idéal qu'on distingue du monde existant. L'existence réelle des êtres qui ne sont point nécessaires est un point de fait ou d'histoire : mais la connaissance des possibilités et des nécessités (car nécessaire est, dont l'opposé n'est point possible) fait les sciences démonstratives.

Ph. Mais y a-t-il plus de liaison entre les idées de tuer et de l'homme qu'entre les idées de tuer et de la brebis ? Le parricide est-il composé de notions plus liées que l'infanticide ? et ce que les Anglais appellent *stabbing*, c'est-à-dire un meurtre par estocade, ou en frappant de la pointe, qui est plus grief chez eux que lorsqu'on tue en frappant du tranchant de l'épée, est-il plus naturel pour avoir mérité un nom et une idée qu'on n'a point accordée, par exemple, à l'acte de tuer une brebis ou de tuer un homme en taillant ?

Th. S'il ne s'agit que des possibilités, toutes ces idées sont également naturelles. Ceux qui ont vu tuer des brebis ont eu une idée de cet acte dans la pensée, quoiqu'ils ne lui aient point donné de nom, et ne l'aient point daigné honorer (1) de leur attention. Pourquoi donc se borner aux noms, quand il s'agit des idées mêmes, et pourquoi s'attacher à la dignité des idées des modes mixtes, quand il s'agit de ces idées en général ?

§ 9. Ph. Les hommes formant arbitrairement diverses espèces de modes mixtes, cela fait qu'on trouve des mots dans une langue auxquels il n'y a aucun dans une autre langue qui leur réponde. Il n'y a point de mots dans d'autres langues qui répondent au mot *versura* usité parmi les Romains, ni à celui de *corban* dont se servaient les Juifs. On rend hardiment, dans les mots latins *hora*, *pes*, et *libra*, par ceux d'heure, de pied et de livre ; mais les idées du Romain étaient fort différentes des nôtres.

Th. Je vois que bien des choses que nous avons discutées quand il s'agissait des idées mêmes et de leurs espèces, reviennent maintenant à la faveur des noms de ces idées. La remarque est bonne quant aux noms et quant aux coutumes des hommes, mais elle ne change rien dans les sciences et dans la nature des choses ; il est vrai que celui qui écrirait une grammaire universelle ferait bien de passer de l'essence des langues à leur existence, et de comparer les grammaires de plusieurs langues : de même qu'un auteur qui voudrait écrire une jurisprudence universelle tirée de la raison, ferait bien d'y joindre

---

(1) Gehrardt : *quoiqu'ils ne lui aient point daigné de leur attention.*

des parallèles des lois et coutumes des peuples, ce qui servirait non seulement dans la pratique, mais encore dans la contemplation, et donnerait occasion à l'auteur même de s'aviser de plusieurs considérations qui sans cela lui seraient échappées. Cependant dans la science même, séparée de son histoire ou existence, il n'importe point si les peuples se sont conformés ou non à ce que la raison ordonne.

§ 9. Ph. La signification douteuse du mot espèce fait que certaines gens sont choqués d'entendre dire que les espèces des mots mixtes sont formés par l'entendement. Mais je laisse à penser qui c'est qui fixe les limites de chaque sorte ou espèce, car ces deux mots me sont tout à fait synonymes.

Th. C'est la nature des choses, qui fixe ordinairement ces limites des espèces; par exemple de l'homme et de la bête; de l'estoc et de la taille. J'avoue cependant qu'il y a des notions où il y a véritablement de l'arbitraire; par exemple lorsqu'il s'agit de déterminer un pied, car, la ligne droite étant uniforme et indéfinie, la nature n'y marque point de limites. Il y a aussi des essences vagues et imparfaites où l'opinion entre, comme lorsqu'on demande combien il faut laisser pour le moins de poils à un homme pour qu'il ne soit point chauve : c'était un des sophismes des anciens quand on pousse son adversaire,

> Dum cadat elusus ratione ruentis acervi.

Mais la véritable réponse est que la nature n'a point déterminé cette notion et que l'opinion y a sa part, qu'il y a des personnes dont on peut douter s'ils sont chauves ou non, et qu'il y en a d'ambiguës qui passeront pour chauves auprès des uns et non auprès des autres, comme vous aviez remarqué qu'un cheval qui sera estimé petit en Hollande, passera pour grand dans le pays de Galles. Il y a même quelque chose de cette nature dans les idées simples ; car je viens d'observer que les dernières bornes des couleurs sont douteuses ; il y a aussi des essences véritablement nominales à demi, où le nom entre dans la définition de la chose ; par exemple, le degré ou la qualité de docteur, de chevalier, d'ambassadeur, de roi, se connaît lorsqu'une personne a acquis le droit reconnu de ce nom. Et un Ministre étranger, quelque plein pouvoir et quelque grand train qu'il ait, ne passera point pour Ambassadeur si sa lettre de créance ne lui en donne le nom. Mais ces essences et idées sont vagues, douteuses, arbitraires, nominales dans un sens un peu différent de ceux dont vous aviez fait mention.

§ 10. PH. Mais il semble que le nom conserve souvent les essences des modes mixtes, que vous croyez n'être point arbitraires ; par exemple, sans le nom *triomphe* nous n'aurions guère d'idée de ce qui se passait chez les Romains dans cette occasion.

TH. J'accorde que le nom sert à donner de l'attention aux choses, et à en conserver la mémoire et la connaissance actuelle ; mais cela ne fait rien au point dont il s'agit et ne rend point les essences nominales, et je ne comprends pas à quel sujet vos Messieurs veulent à toute force que les essences mêmes dépendent du choix des noms. Il aurait été à souhaiter que votre célèbre auteur, au lieu d'insister là-dessus, eût mieux aimé d'entrer dans un plus grand détail des idées et des modes, et d'en ranger et développer les variétés. Je l'aurais suivi dans ce chemin avec plaisir et avec fruit. Car il nous aurait sans doute donné bien des lumières.

§ 12. PH. Quand nous parlons d'un cheval ou du fer, nous les considérons comme des choses qui nous fournissent les patrons originaux de nos idées : mais, quand nous parlons des modes mixtes ou du moins des plus considérables de ces modes, qui sont les êtres de morale, par exemple de la justice, de la reconnaissance, nous en considérons les modèles originaux comme existant dans l'esprit. C'est pourquoi nous disons la notion de la justice, de la tempérance, mais on ne dit pas la notion d'un cheval, d'une pierre.

TH. Les patrons des idées des uns sont aussi réels que ceux des idées des autres. Les qualités de l'esprit ne sont pas moins réelles que celles du corps. Il est vrai qu'on ne voit pas la justice comme un cheval, mais on ne l'entend pas moins, ou plutôt on l'entend mieux ; elle n'est pas moins dans les actions que la droiture et l'obliquité est dans les mouvements, soit qu'on la considère ou non. Et, pour vous faire voir que les hommes sont de mon avis, et même les plus capables et les plus expérimentés dans les affaires humaines, je n'ai qu'à me servir de l'autorité des jurisconsultes romains, suivis par tous les autres, qui appellent ces modes mixtes ou ces êtres de morale des choses et particulièrement des choses incorporelles. Car les servitudes par exemple (comme celle du passage par le fonds de son voisin) sont chez eux *res incorporales*, dont il y a propriété, qu'on peut acquérir par un long usage, qu'on peut posséder et vindiquer. Pour ce qui est du mot notion, de fort habiles gens ont pris ce mot pour aussi ample que celui d'idée ; l'usage latin ne s'y oppose pas, et je ne sais si celui des Anglais ou des Français y est contraire.

§ 15. Ph. Il est encore à remarquer que les hommes apprennent les noms avant les idées des modes mixtes, le nom faisait connaître que cette idée mérite d'être observée.

Th. Cette remarque est bonne, quoiqu'il soit vrai qu'aujourd'hui les enfants à l'aide des nomenclateurs apprennent ordinairement les noms non seulement des modes, mais encore des substances, avant les choses, et même plutôt les noms des substances que des modes ; car c'est un défaut dans ces mêmes nomenclateurs qu'on y met seulement les noms, et non pas les verbes ; sans considérer que les verbes, quoiqu'ils signifient des modes, sont plus nécessaires dans la conversation que la plupart des noms qui marquent des substances particulières.

CHAP. VI. — DES NOMS DES SUBSTANCES.

§ 1. Ph. Les *genres* et les *espèces* des substances, comme des autres êtres, ne sont que des *sortes*. Par exemple les soleils sont une sorte d'étoiles, c'est-à-dire ils sont des étoiles fixes, car ce n'est pas sans raison qu'on croit que chaque étoile fixe se ferait connaître pour un soleil à une personne qui serait placée à une juste distance. § 2. Or ce qui forme chaque sorte est une essence. Elle est connue ou par l'intérieur de la structure ou par des marques externes qui nous la font connaître, et nommer d'un certain nom ; et c'est ainsi qu'on peut connaître l'horloge de Strasbourg ou comme l'horloger qui l'a faite, ou comme un spectateur qui en voit les effets.

Th. Si vous vous exprimez ainsi, je n'ai rien à opposer.

Ph. Je m'exprime d'une manière propre à ne point renouveler nos contestations. Maintenant j'ajoute que l'essence ne se rapporte qu'aux sortes, et que rien n'est essentiel aux individus. Un accident ou une maladie peut changer mon teint ou ma taille ; une fièvre ou une chute peut m'ôter la raison ou la mémoire, une apoplexie peut me réduire à n'avoir ni sentiment, ni entendement, ni vie. Si l'on me demande s'il est essentiel à moi d'avoir de la raison, je répondrai que non.

Th. Je crois qu'il y a quelque chose d'essentiel aux individus et plus qu'on ne pense. Il est essentiel aux substances d'agir, aux substances créées de pâtir, aux esprits de penser, aux corps d'avoir de l'étendue et du mouvement. C'est-à-dire qu'il y a des sortes ou espèces dont un individu ne saurait (naturellement au moins), cesser d'être, quand il en a été une fois, quelques révolutions qui puissent arriver dans la nature. Mais il y a des sortes ou espèces, accidenelles (je l'avoue) aux individus qui en sont (1), et ils peuvent cesser d'être de cette sorte. Ainsi on peut cesser d'être sain, beau, savant, et même d'être visible et palpable, mais on ne cesse pas d'avoir de la vie, et des organes, et de la perception. J'ai dit assez ci-dessus pourquoi il paraît aux hommes que la vie et la pensée cessent quelquefois, quoiqu'elles ne laissent pas de durer et d'avoir des effets.

§ 8. Ph. Quantité d'individus, rangés sous un nom commun, considérés comme d'une seule espèce, ont pourtant des qualités fort différentes, dépendantes de leurs constitutions réelles (particulières). C'est ce qu'observent sans peine tous ceux qui examinent les corps naturels ; et souvent les chimistes en sont convaincus par de fâcheuses expériences, cherchant en vain dans un morceau d'antimoine, de soufre et de vitriol les qualités qu'ils ont trouvées en d'autres parties de ces minéraux.

Th. Il n'est rien de si vrai, et j'en pourrais dire moi-même des nouvelles. Aussi a-t-on fait des livres exprès *de infido experimentorum chimicorum successu.* Mais c'est qu'on se trompe en prenant ces corps pour similaires ou uniformes, au lieu qu'ils sont mêlés plus qu'on ne pense ; car dans les corps dissimilaires on n'est pas surpris de remarquer des différences entre les individus, et les médecins ne savent que trop combien les tempéraments et les naturels des corps humains sont différents. En un mot, on ne trouvera jamais les dernières espèces logiques, comme j'ai déjà remarqué ci-dessus, et jamais deux individus réels ou complets d'une même espèce ne sont parfaitement semblables.

Ph. Nous ne remarquons point toutes ces différences, parce que nous ne connaissons point les petites parties, ni par conséquent la structure intérieure des choses. Aussi ne nous en servons-nous pas pour déterminer les sortes ou espèces de choses, et, si nous le voulions faire par ces essences, ou par ce que les écoles appellent

---

(1) Gehrardt : *qu'en sont.*

formes substantielles (1), nous serions comme un aveugle qui voudrait ranger les corps selon les couleurs. § 11. Nous ne connaissons pas même les essences des esprits, nous ne saurions former des différentes idées spécifiques des anges, quoique nous sachions bien qu'il faut qu'il y ait plusieurs espèces des esprits. Aussi semble-t-il que dans nos idées nous ne mettons aucune différence entre Dieu et les esprits par aucun nombre d'idées simples, excepté que nous attribuons à Dieu l'infinité.

Th. Il y a encore une autre différence dans mon système entre Dieu et les esprits créés, c'est qu'il faut à mon avis que tous les esprits créés aient des corps, tout comme notre âme en a un.

§ 12. Ph. Au moins je crois qu'il y a cette analogie entre les corps et les esprits que, de même qu'il n'y a point de vide dans les variétés du monde corporel, il n'y aura pas moins de variété dans les créatures intelligentes. En commençant depuis nous et allant jusqu'aux choses les plus basses, c'est une descente qui se fait par de fort petits degrés et par une suite continue de choses, qui dans chaque éloignement diffèrent fort peu l'une de l'autre. Il y a des poissons qui ont des ailes, et à qui l'air n'est pas étranger, et il y a des oiseaux qui habitent dans l'eau qui ont le sang froid comme les poissons, et dont la chair leur ressemble si fort par le goût, qu'on permet aux scrupuleux d'en manger durant les jours maigres. Il y a des animaux qui approchent si fort de l'espèce des oiseaux et de celle des bêtes, qu'ils tiennent le milieu entre eux. Les amphibies tiennent également des bêtes terrestres et aquatiques. Les veaux marins vivent sur la terre et dans la mer ; et les marsouins (dont le nom signifie pourceau de mer) ont le sang chaud et les entrailles d'un cochon. Pour ne pas parler de ce qu'on rapporte des hommes marins, il y a des bêtes qui semblent avoir autant de connaissance et de raison que quelques animaux qu'on appelle hommes ; et il y a une si grande proximité entre les animaux et les végétaux, que, si vous prenez le plus imparfait de l'un et le plus parfait de l'autre, à peine remarquerez-vous aucune différence considérable entre eux.

---

(1) Forme substantielle, *forma substantialis* ou *essentialis*, appelée aussi par les scholastiques *quidditas*, *quid erat esse* (τὸ τί ἦν εἶναι), est ce principe qui constitue, selon Aristote, la forme ou l'essence des choses : c'est le principe constitutif de l'espèce et l'objet de la définition. Voir le *Synopsis analytica doctrinæ peripateticæ* de Duval dans son édition d'Aristote, 4 vol. in-8, Paris, 1639, t. IV, pp. 23-31, et *Dictionnaire des sciences philosophiques* (Paris, 1845), t. II.   P. J.

Ainsi jusqu'à ce que nous arrivions aux plus basses et moins organisées parties de la matière, nous trouverons partout que les espèces sont liées ensemble et ne diffèrent que par des degrés presque insensibles. Et, lorsque nous considérons la sagesse et la puissance infinie de l'auteur de toutes choses, nous avons sujet de penser que c'est une chose conforme à la somptueuse harmonie de l'univers et au grand dessein aussi bien qu'à la bonté infinie de ce souverain architecte, que les différentes espèces des créatures s'élèvent aussi peu à peu depuis nous vers son infinie perfection. Ainsi nous avons raison de nous persuader qu'il y a beaucoup plus d'espèces de créatures au-dessus de nous, qu'il n'y en a au-dessous, parce que nous sommes beaucoup plus éloignés en degrés de perfection de l'être infini de Dieu que de ce qui approche le plus près du néant. Cependant nous n'avons nulle idée claire et distincte de toutes ces différentes espèces.

Th. J'avais dessein, dans un autre lieu, de dire quelque chose d'approchant de ce que vous venez d'exposer, Monsieur; mais je suis aise d'être prévenu lorsque je vois qu'on dit les choses mieux que je n'aurais espéré le faire. Des habiles philosophes ont traité cette question *utrum detur vacuum formarum*, c'est-à-dire, s'il y a des espèces possibles, qui pourtant n'existent point, et qu'il pourrait sembler que la nature ait oubliées. J'ai des raisons pour croire que toutes les espèces possibles ne sont point compossibles dans l'univers tout grand qu'il est, et cela non seulement par rapport aux choses qui sont ensemble en même temps, mais même par rapport à toute la suite des choses. C'est-à-dire je crois qu'il y a nécessairement des espèces qui n'ont jamais été et qui ne seront jamais, n'étant pas compatibles avec cette suite des créatures que Dieu a choisie. Mais je crois que toutes les choses que la parfaite harmonie de l'univers pouvait recevoir y sont. Qu'il y ait des créatures mitoyennes entre celles qui sont éloignées, c'est quelque chose de conforme à cette même harmonie, quoique ce ne soit pas toujours dans un même globe ou système, et ce qui est au milieu de deux espèces l'est quelquefois par rapport à certaines circonstances et non par rapport à d'autres. Les oiseaux, si différents de l'homme en autres choses, s'approchent de lui par la parole; mais, si les singes savaient parler comme les perroquets, ils iraient plus loin. La loi de la continuité porte que la nature ne laisse point de vide dans l'ordre qu'elle suit; mais toute forme ou espèce n'est pas de tout ordre. Quant aux esprits ou génies, comme je tiens que toutes les intelligences créées ont des corps organisés, dont la perfection répond à celle de l'intelligence ou de l'esprit qui est dans ce corps en vertu de l'harmonie préétablie, je tiens que pour concevoir quelque chose des perfections des esprits au-dessus de nous, il servira beaucoup de se figurer des perfections encore dans les organes du corps qui passent celles du nôtre. C'est où l'imagination la plus vive et la plus riche, et pour me servir d'un terme italien que je ne saurais bien exprimer autrement, l'*invenzione la piu vaga* sera le plus de saison pour nous élever au-dessus de nous. Et ce que j'ai dit pour justifier mon système de l'harmonie qui exalte les perfections divines au delà de ce qu'on s'était avisé de penser, servira aussi à avoir des idées des créatures incomparablement plus grandes qu'on n'en a eu jusqu'ici.

§ 14. Ph. Pour revenir au peu de réalité des espèces même dans les substances, je vous demande si l'eau et la glace sont de différente espèce ?

Th. Je vous demande à mon tour si l'or fondu dans le creuset et l'or refroidi en lingot sont d'une même espèce ?

Ph. Celui-là ne répond pas à la question qui en propose une autre,

> Qui litem lite resolvit.

Cependant vous reconnaîtrez par là que la réduction des choses en espèces se rapporte uniquement aux idées que nous en avons, ce qui suffit pour les distinguer par des noms ; mais, si nous supposons que cette distinction est fondée sur leur constitution réelle et intérieure et que la nature distingue les choses qui existent en autant d'espèces par leurs essences réelles de la même manière que nous les distinguons nous-mêmes en espèces par telles ou telles dénominations, nous serons sujets à de grands mécomptes.

Th. Il y a quelque ambiguïté dans le terme d'*espèce* ou d'*être de différente espèce*, qui cause tous ces embarras, et, quand nous l'aurons levée, il n'y aura plus de contestation que peut-être sur le nom. On peut prendre l'espèce mathématiquement et physiquement. Dans la rigueur mathématique, la moindre différence qui fait que deux choses ne sont point semblables en tout, fait qu'elles diffèrent d'espèce. C'est ainsi qu'en géométrie tous les cercles sont d'une même espèce, car ils sont tous semblables parfaitement, et par la même raison toutes les paraboles aussi sont d'une même espèce ; mais il n'en est pas de même des ellipses et des hyperboles, car il y en a une infinité de sortes ou d'espèces, quoiqu'il y en ait aussi une infinité de chaque espèce. Toutes les ellipses innombrables, dans lesquelles la distance des foyers a la même raison à la distance des sommets, sont d'une même espèce ; mais comme les raisons de ces distances ne varient qu'en grandeur, il s'ensuit que toutes ces espèces infinies des ellipses ne font qu'un seul genre et qu'il n'y a plus de sous-divisions ; au lieu qu'une ovale à trois foyers aurait même une infinité de tels genres, et aurait un nombre d'espèces infiniment infini, chaque genre en ayant un nombre simplement infini. De cette façon deux individus physiques ne seront jamais parfaitement semblables ; et, qui plus est, le même individu passera d'espèce en espèce, car il n'est jamais semblable en tout à soi-même au delà d'un moment. Mais les hommes établissant des espèces physiques ne s'attachent point à cette rigueur, et il dépend d'eux de dire qu'une masse qu'ils peuvent faire retourner eux-mêmes sous la première forme demeure d'une même espèce à leur égard. Ainsi nous disons que l'eau, l'or, le vif-argent, le sel commun le demeurent et ne sont que déguisés dans les changements ordinaires ; mais, dans les corps organiques ou dans les espèces des plantes et des animaux nous définissons l'espèce par la génération (1), de sorte que ce semblable qui vient ou pourrait être venu d'une même origine ou semence, serait d'une même espèce. Dans l'homme, outre la génération humaine, on s'attache à la qualité d'animal raisonnable ; et, quoiqu'il y ait des hommes qui demeurent semblables aux bêtes toute leur vie, on présume que ce n'est pas faute de la faculté ou du principe, mais que c'est par des empêchements qui tiennent cette faculté. Mais on ne s'est pas encore déterminé à l'égard de toutes les conditions externes qu'on veut prendre pour suffisantes à donner cette présomption. Cependant quelques règlements que les hommes fassent pour leurs dénominations et pour les droits attachés aux noms, pourvu que leur règlement soit suivi ou lié et intelligible, il sera fondé en réalité, et ils ne sauront se figurer des espèces que la nature, qui comprend jusqu'aux possibilités, n'ait faites ou distinguées avant eux. Quant à l'intérieur,

---

(1) Cette définition de *l'espèce* est aujourd'hui la plus généralement reçue parmi les naturalistes. Quant aux espèces minérales, on consultera avec fruit les travaux de M. Chevreul sur ce sujet. P. J.

quoiqu'il n'y ait point d'apparence externe qui ne soit fondée dans la constitution interne, il est vrai néanmoins qu'une même apparence pourrait résulter quelquefois de deux différentes constitutions : cependant il y aura quelque chose de commun, et c'est ce que nos philosophes appellent la cause prochaine formelle. Mais, quand cela ne serait point, comme si, selon M. Mariotte, le bleu de l'arc-en-ciel avait tout une autre origine que le bleu d'une turquoise, sans qu'il y eût une cause formelle commune (en quoi je ne suis pas de son sentiment), et quand on accorderait que certaines natures apparentes, qui nous font donner des noms, n'ont rien d'intérieur commun, nos définitions ne laisseraient pas d'être fondées dans les espèces réelles ; car les phénomènes mêmes sont des réalités. Nous pouvons donc dire que tout ce que nous distinguons ou comparons avec vérité, la nature le distingue ou le fait convenir aussi, quoiqu'elle ait des distinctions et des comparaisons que nous ne savons point et qui peuvent être meilleures que les nôtres. Aussi faudra-t-il encore beaucoup de soin et d'expérience, pour assigner les genres et les espèces d'une manière assez approchante de la nature. Les botanistes modernes croient que les distinctions prises des formes des fleurs approchent le plus de l'ordre naturel. Mais ils y trouvent pourtant encore bien de la difficulté, et il serait à propos de faire des comparaisons et arrangements non seulement suivant un seul fondement, comme serait celui que je viens de dire, qui est pris des fleurs, et qui peut-être est le plus propre jusqu'ici pour un système tolérable et commode à ceux qui apprennent, mais encore suivant les autres fondements pris des autres parties et circonstances des plantes (1); chaque fondement de comparaison méritant des tables à part ; sans quoi on laissera échapper bien des genres subalternes, et bien des comparaisons, distinctions et observations utiles. Mais, plus on approfondira la génération des espèces, et plus on suivra dans les arrangements les conditions qui y sont requises, plus on approchera de l'ordre naturel. C'est pourquoi, si la conjecture de quelques personnes entendues se trouvait véritable, qu'il y a dans la plante, outre la graine ou la semence connue qui répond à l'œuf de l'animal, une autre semence qui mériterait le nom de masculine, c'est-à-dire une poudre (*pollen*) visible bien souvent,

---

(1) Voilà le principe de la subordination des caractères, qui, appliqué pour la première fois par de Jusssieu, est devenu le fondement des classifications naturelles.   P. J.

quoique peut-être invisible quelquefois (comme la graine même l'est en certaines plantes) que le vent ou d'autres accidents ordinaires répandent pour la joindre à la graine, qui vient quelquefois d'une même plante et quelquefois encore (comme dans le chanvre, d'une autre voisine de la même espèce, laquelle plante par conséquent aura de l'analogie avec le mâle, quoique peut-être la femelle ne soit jamais dépourvue entièrement de ce même pollen ; si cela (dis-je) se trouvait vrai, et si la manière de la génération des plantes devenait plus connue, je ne doute point que les variétés qu'on y remarquerait ne fournissent un fondement à des divisions fort naturelles. Et, si nous avions la pénétration de quelques génies supérieurs et connaissions assez les choses, peut-être y trouverions-nous des attributs fixes pour chaque espèce, communs à tous ses individus et toujours subsistant dans le même vivant organique, quelques altérations ou transformations qui lui puissent arriver ; comme dans la plus connue des espèces physiques, qui est l'humaine, la raison est un tel attribut fixe, qui convient à chacun des individus et toujours inadmissiblement, quoiqu'on ne s'en puisse pas toujours apercevoir. Mais au défaut de ces connaissances nous nous servons des attributs qui nous paraissent les plus commodes à distinguer et à comparer les choses, et en un mot à en reconnaître les espèces ou sortes : et ces attributs ont toujours leurs fondements réels.

§ 14. Ph. Pour distinguer les êtres substantiels selon la supposition ordinaire qui veut qu'il y ait certaines essences ou formes précises des choses, par où tous les individus existants sont distingués naturellement en espèces, il faudrait être assuré premièrement, § 15, que la nature se propose toujours dans la production des choses, de les faire participer à certaines essences réglées et établies, comme à des modèles : et secondement, § 16, que la nature arrive toujours à ce but. Mais les monstres nous donnent sujet de douter de l'un et de l'autre. § 17. Il faudrait déterminer, en troisième lieu, si ces monstres ne sont réellement une espèce distincte et nouvelle, car nous trouvons que quelques-uns de ces monstres n'ont que peu ou point de ces qualités qu'on suppose résulter de l'essence de cette espèce d'où ils tirent leur origine, et à laquelle il semble qu'ils appartiennent en vertu de leur naissance.

Th. Quand il s'agit de déterminer si les monstres sont d'une certaine espèce, on est souvent réduit à des conjectures. Ce qui fait voir qu'alors on ne se borne pas à l'extérieur, puisqu'on voudrait deviner si la nature intérieure (comme, par exemple, la raison dans l'homme), commune aux individus d'une telle espèce, convient encore (comme la naissance le fait présumer) à ces individus, où manque une partie des marques extérieures qui se trouvent ordinairement dans cette espèce. Mais notre incertitude ne fait rien à la nature des choses, et s'il y a une telle nature commune intérieure, elle se trouvera ou ne se trouvera pas dans le monstre, soit que nous le sachions ou non. Et, si la nature intérieure d'aucune espèce ne s'y trouve, le monstre pourra être de sa propre espèce. Mais, s'il n'y avait point de telle nature intérieure dans les espèces dont il s'agit, et si on ne s'arrêtait pas non plus à la naissance, alors les marques extérieures seules détermineraient l'espèce, et les monstres ne seraient pas de celle dont ils s'écartent, à moins de la prendre d'une manière un peu vague et avec quelque latitude : et en ce cas aussi notre peine de vouloir deviner l'espèce serait vaine. C'est peut-être ce que vous voulez dire par tout ce que vous objectez aux espèces prises des essences réelles internes. Vous devriez donc prouver, Monsieur, qu'il n'y a point d'intérieur spécifique commun, quand l'extérieur entier ne l'est plus. Mais le contraire se trouve dans l'espèce humaine où quelquefois des enfants qui ont quelque chose de monstrueux parviennent à un âge où ils font voir de la raison. Pourquoi donc ne pourrait-il point y avoir quelque chose de semblable en d'autres espèces? Il est vrai que faute de les connaître nous ne pouvons pas nous en servir pour les définir, mais l'extérieur en tient lieu, quoique nous reconnaissions qu'il ne suffit pas pour avoir une définition exacte, et que les définitions nominales mêmes dans ces rencontres ne sont que conjecturales : et j'ai dit déjà ci-dessus comment quelquefois elles sont provisionnelles seulement. Par exemple, on pourrait trouver le moyen de contrefaire l'or, en sorte qu'il satisferait à toutes les épreuves qu'on en a jusqu'ici ; mais on pourrait aussi découvrir alors une nouvelle manière d'essai, qui donnerait le moyen de distinguer l'or naturel de cet or fait par artifice. De vieux papiers attribuent l'un et l'autre à Auguste, électeur de Saxe ; mais je ne suis pas homme à garantir ce fait. Cependant s'il était vrai, nous pourrions avoir une définition plus parfaite de l'or que nous n'en avons présentement, et si l'or artificiel se pouvait faire en quantité et à bon marché, comme les alchimistes le prétendent, cette nouvelle épreuve serait de conséquence ; car par son moyen on conserverait au genre humain l'avantage que l'or naturel nous donne dans le commerce par sa rareté, en nous fournissant une matière qui est durable et uniforme, aisée à partager et à reconnaître et précieuse en petit volume. Je me veux servir de cette occasion pour lever une difficulté (voyez le § 50 du chap. des Noms des Substances chez l'auteur de l'*Essai sur l'Entendement*). On objecte qu'en disant : tout or est fixe, si l'on entend par l'idée de l'or l'amas de quelques qualités où la fixité est comprise, on ne fait qu'une proposition identique et vaine, comme si l'on disait : le fixe est le fixe ; mais, si l'on entend un être substantiel, doué d'une certaine essence interne, dont la fixité est une suite, on ne parlera pas intelligiblement, car cette essence réelle est tout à fait inconnue. Je réponds que le corps doué de cette constitution interne est désigné par d'autres marques externes où la fixité n'est point comprise ; comme si quelqu'un disait : le plus pesant de tous les corps est encore un des plus fixes. Mais tout cela n'est que provisionnel, car on pourrait trouver quelque jour un corps volatile, comme pourrait être un mercure nouveau, qui fût plus pesant que l'or, et sur lequel l'or nageât, comme le plomb nage sur notre mercure.

§ 19. Ph. Il est vrai que de cette manière nous ne pouvons jamais connaître précisément le nombre des propriétés qui dépendent de l'essence réelle de l'or, à moins que nous ne connaissions l'essence de l'or lui-même. § 21. Cependant si nous nous bornons précisément à certaines propriétés, cela nous suffira pour avoir des définitions nominales exactes qui nous serviront présentement, sauf à nous à changer la signification des noms, si quelque nouvelle distinction utile se découvrait. Mais il faut au moins que cette définition réponde à l'usage du nom, et puisse être mise à la place. Ce qui sert à réfuter ceux qui prétendent que l'étendue fait l'essence du corps, car lorsqu'on dit qu'un corps donne de l'impulsion à un autre, l'absurdité serait manifeste, si, substituant l'étendue, l'on disait qu'une étendue met en mouvement une autre étendue par voie d'impulsion, car il faut encore la solidité. De même on ne dira pas que la raison, ou ce qui rend l'homme raisonnable, fait conversation ; car la raison ne constitue pas non plus toute l'essence de l'homme, ce sont les animaux raisonnables qui font conversation entre eux.

Th. Je crois que vous avez raison : car les objets des idées abstraites et incomplètes ne suffisent point pour donner des sujets de toutes les actions des choses. Cependant je crois que la conversation convient à tous les esprits, qui se peuvent entre-communiquer leurs pensées. Les scolastiques sont fort en peine comment les anges le peuvent faire : mais, s'ils leur accordaient des corps subtils, comme je fais après les anciens, il ne resterait plus de difficulté là-dessus.

§ 22. Ph. Il y a des créatures qui ont une forme pareille à la nôtre mais qui sont velues et n'ont point l'usage de la parole et de la raison. Il y a parmi nous des imbéciles, qui ont parfaitement la même forme que nous, mais qui sont destitués de raison, et quelques-uns d'entre eux n'ont point l'usage de la parole. Il y a des créatures, à ce qu'on dit, qui avec l'usage de la parole et de la raison, et une forme semblable en toute autre chose à la nôtre, ont des queues velues ; au moins il n'y a point d'impossibilité qu'il y ait de telles créatures. Il y en a d'autres dont les mâles n'ont point de barbe, et d'autres dont les femelles en ont. Quand on demande si toutes ces créatures sont hommes ou non, si elles sont d'espèce humaine, il est visible que la question se rapporte uniquement à la définition nominale où à l'idée complexe que nous nous faisons pour la marquer par ce nom, car l'essence intérieure nous est absolument inconnue, quoique nous ayons lieu de penser que là où les facultés ou bien la figure extérieure sont si différentes, la constitution intérieure n'est pas la même.

Th. Je crois que dans le cas de l'homme nous avons une définition qui est réelle et nominale en même temps. Car rien ne saurait être plus interne à l'homme que la raison, et ordinairement elle se fait bien connaître. C'est pourquoi la barbe et la queue ne seront point considérées auprès d'elle. Un homme sylvestre bien que velu se fera reconnaître ; et le poil d'un magot n'est pas ce qui le fait exclure. Les imbéciles manquent de l'usage de la raison ; mais comme nous savons par expérience qu'elle est souvent liée et ne peut point paraître, et que cela arrive à des hommes qui en ont montré et en montreront, nous faisons vraisemblablement le même jugement de ces imbéciles sur d'autres indices, c'est-à-dire sur la figure corporelle. Ce n'est que par ces indices, joints à la naissance, que l'on présume que les enfants sont des hommes, et qu'ils montreront de la raison : et on ne s'y trompe guère. Mais, s'il y avait des animaux raisonnables, d'une forme extérieure un peu différente de la nôtre, nous serions embarrassés. Ce qui fait voir que nos définitions, quand elles dépendent de l'extérieur des corps, sont imparfaites et provisionnelles. Si quelqu'un se disait ange, et savait ou savait faire des choses bien au-dessus de nous, il pourrait se faire croire. Si quelque autre venait de la lune par le moyen de quelque machine extraordinaire comme Gonzalès (1) et nous racontait des choses croyables de son pays natal, il passerait pour lunaire, et cependant on pourrait lui accorder l'indigénat et les droits de bourgeoisie avec le titre d'homme, tout étranger qu'il serait à notre globe; mais, s'il demandait le baptême et voulait être reçu prosélyte de notre loi, je crois qu'on verrait de grandes disputes s'élever parmi les théologiens. Et, si le commerce avec ces hommes planétaires, assez approchants des nôtres, selon M. Hugens, était ouvert, la question mériterait un concile universel, pour savoir si nous devrions étendre le soin de la propagation de la foi jusqu'au dehors de notre globe. Plusieurs y soutiendraient sans doute que les animaux raisonnables de ce pays n'étant pas de la race d'Adam n'ont point de part à la rédemption de Jésus-Christ : mais d'autres diraient peut-être que nous ne savons pas assez ni où Adam a toujours été, ni ce qui a été fait de toute sa postérité, puisqu'il y a eu même des théologiens qui ont cru que la lune a été le lieu du paradis; et peut-être que par la pluralité on conclurait pour le plus sûr, qui serait de baptiser ces hommes douteux sous condition s'ils en sont susceptibles; mais je doute qu'on voulût jamais les faire prêtres dans l'Église romaine, parce que leurs consécrations seraient toujours douteuses, et on exposerait les gens au danger d'une idolâtrie matérielle dans l'hypothèse de cette Église. Par bonheur, la nature des choses nous exempte de tous ces embarras; cependant ces fictions bizarres ont leur usage dans la spéculation, pour bien connaître la nature de nos idées.

§ 23. Ph. Non seulement dans les questions théologiques, mais encore en d'autres occasions quelques-uns voudraient peut-être se régler sur la race, et dire que dans les animaux la propagation par l'accouplement du mâle et de la femelle, et dans les plantes par le moyen des semences, conserve les espèces supposées réelles distinctes et en leur entier. Mais cela ne servirait qu'à fixer les espèces des animaux et des végétaux. Que faire du reste ? et il ne suffit pas même à l'égard de ceux-là, car, s'il faut en croire l'histoire, des

---

(1) Voir *l'Homme dans la lune, et le voyage chimérique fait au monde de la lune, actuellement découvert par Dominique Gonzalès, aventurier espagnol, autrement dit le Courrier volant*, écrit en notre langue par J. B. P. (JEAN BAUDOIN). — Paris, 1648.

femmes ont été engrossées par des magots. Et voilà une nouvelle question de quelle espèce doit être une telle production. On voit souvent des mulets et des jumarts (Voyez le *Dictionnaire étymologique* de M. Ménage [1]), les premiers engendrés d'un âne et d'une cavale, et les derniers d'un taureau et d'une jument. J'ai vu un animal engendré d'un chat et d'un rat, qui avait des marques visibles de ces deux bêtes. Qui ajoutera à cela les productions monstrueuses, trouvera qu'il est bien malaisé de déterminer l'espèce par la génération ; et, si on ne le pouvait faire que par là, dois-je aller aux Indes pour voir le père et la mère d'un tigre, et la semence de la plante du thé, et ne pourrais-je point juger autrement si les individus qui nous en viennent sont de ces espèces ?

TH. La génération ou race donne au moins une forte présomption (c'est-à-dire une preuve provisionnelle), et j'ai déjà dit que bien souvent nos marques ne sont que conjecturales. La race est démentie quelquefois par la figure, lorsque l'enfant est dissemblable aux père et mère, et le mélange des figures n'est pas toujours la marque du mélange des races ; car il peut arriver qu'une femelle mette au monde un animal qui semble tenir d'une autre espèce, et que la seule imagination de la mère ait causé ce dérèglement : pour ne rien dire de ce qu'on appelle *mola* (2). Mais, comme l'on juge cependant par provision de l'espèce par la race, on juge aussi de la race par l'espèce. Car lorsqu'on présenta à Jean Casimir, roi de Pologne, un enfant sylvestre, pris parmi les ours, qui avait beaucoup de leurs manières, mais qui se fit enfin connaître pour animal raisonnable, on n'a point fait scrupule de le croire de la race d'Adam, et de le baptiser sous le nom de Joseph, quoique peut-être sous la condition, *si baptizatus non es*, suivant l'usage de l'Église romaine ; parce qu'il pouvait avoir été enlevé par un ours après le baptême. On n'a pas encore assez de connaissance des effets des mélanges des animaux : et on détruit souvent les monstres, au lieu de les élever, outre qu'ils ne sont guère de longue vie. On croit que les animaux mêlés ne multiplient point ; cependant Strabon attribue la propaga-

---

(1) MÉNAGE, illustre savant du XVIIe siècle, né à Angers en 1613, mort à Paris en 1692. Son *Dictionnaire étymologique* parut à Paris en 1650, in-4º ; une seconde édition fut publiée in-fol. en 1694, par SIMON DE VALGBERT sur les matériaux laissés par Ménage. Parmi ses nombreux ouvrages, le seul qui intéresse la philosophie est sa savante édition de *Diogène Laërce* (Londres, 1660, in-fol. et Amsterdam, 1692, in-1º). P. J.

(2) *Mola*, masse informe dans l'utérus.

tion aux mulets de Cappadoce, et on m'écrit de la Chine qu'il y a dans la Tartarie voisine des mulets de race : aussi voyons-nous que les mélanges des plantes sont capables de conserver leur nouvelle espèce. Toujours on ne sait pas bien dans les animaux si c'est le mâle ou la femelle, ou l'un et l'autre, ou ni l'un ni l'autre qui détermine le plus l'espèce. La doctrine des œufs des femmes, que feu M. Kerkring (1) avait rendue fameuse, semblait réduire les mâles à la condition de l'air pluvieux par rapport aux plantes, qui donne moyen aux semences de pousser et de s'élever de la terre, suivant les vers que les priscillianistes répétaient (2) de Virgile :

> Cum pater omnipotens fœcundis imbribus æther
> Conjugis in lætæ gremium descendit et omnes
> Magnus alit magno commissus corpore fœtus.

En un mot, suivant cette hypothèse, le mâle ne ferait guère plus que la pluie. Mais M. Leuwenhoeck (3) a réhabilité le genre masculin, et l'autre sexe est dégradé à son tour, comme s'il ne faisait que la fonction de la terre à l'égard des semences, en leur fournissant le lieu et la nourriture; ce qui pourrait avoir lieu quand même on maintiendrait encore les œufs. Mais cela n'empêche point que l'imagination de la femme n'ait un grand pouvoir sur la forme du fœtus, quand on supposerait que l'animal est déjà venu du mâle. Car c'est un état destiné à un grand changement ordinaire et d'autant plus susceptible aussi de changements extraordinaires. On assure que l'imagination d'une dame de condition, blessée par la vue d'un estropié, ayant coupé la main du fœtus fort voisin de son terme, cette main s'est trouvée depuis dans l'arrière-faix, ce qui mérite pourtant confirmation. Peut-être que quelqu'un viendra qui prétendra, quoique l'âme ne puisse venir que d'un sexe, que l'un et l'autre sexe fournit quelque chose d'organisé, et que de deux corps il s'en fait un, de même que nous voyons que le ver à soie est comme un

---

(1) KERKRING (Théodore), 1640-1693, anatomiste célèbre, né à Amsterdam, mort à Hambourg, condisciple de Spinoza auprès de Francis Van Ende, leur maître commun (*Opera omnia anatomica*; La Haye, 1717).

(2) Les *Priscillianistes*, hérésie chrétienne mélangée de gnosticisme et de manichéisme.

(3) LEUWENHOECK, naturaliste célèbre, né à Delft en 1633, mort en 1723, fit de nombreuses et importantes observations microscopiques. Ses mémoires très nombreux et publiés séparément, ont été réunis et traduits en latin sous ce titre: *Arcana naturæ detecta*, 4 vol. in-4°; Delft, 1605-1609.

double animal, et renferme un insecte volant sous la forme de la chenille : tant nous sommes encore dans l'obscurité sur un si important article. L'analogie des plantes nous donnera peut-être des lumières un jour, mais à présent nous ne sommes guère informés de la génération des plantes mêmes ; le soupçon de la poussière qui se fait remarquer, comme qui pourrait répondre à la semence masculine, n'est pas encore bien éclairci. D'ailleurs un brin de la plante est bien souvent capable de donner une plante nouvelle et entière, à quoi l'on ne voit pas encore de l'analogie dans les animaux ; aussi ne peut-on point dire que le pied de l'animal est un animal, comme il semble que chaque branche de l'arbre est une plante capable de fructifier à part. Encore les mélanges des espèces, et même les changements dans une même espèce réussissent souvent avec beaucoup de succès dans les plantes. Peut-être que dans quelque temps ou dans quelque lieu de l'univers, les espèces des animaux sont ou étaient ou seront plus sujettes à changer qu'elles ne sont présentement parmi nous, et plusieurs animaux qui ont quelque chose du chat, comme le lion, le tigre et le lynx, pourraient avoir été d'une même race et pourraient être maintenant comme des sous-divisions nouvelles de l'ancienne espèce du chat. Ainsi je reviens toujours à ce que j'ai dit plus d'une fois, que nos déterminations des espèces physiques sont provisionnelles et proportionnelles à nos connaissances.

§ 24. PH. Au moins les hommes, en faisant leurs divisions des espèces, n'ont jamais pensé aux formes substantielles, excepté ceux qui, dans ce seul endroit du monde où nous sommes, ont appris le langage de nos écoles.

TH. Il semble que depuis peu le nom des formes substantielles est devenu infâme auprès de certaines gens, et qu'on a honte d'en parler. Cependant il y a encore peut-être en cela plus de mode que de raison. Les Scolastiques employaient mal à propos une notion générale, quand il s'agissait d'expliquer des phénomènes particuliers ; mais cet abus ne détruit point la chose. L'âme de l'homme déconcerte un peu la confiance de quelques-uns de nos modernes. Il y en a qui avouent qu'elle est la forme de l'homme ; mais aussi ils veulent qu'elle est la seule forme substantielle de la nature connue. M. Descartes en parle ainsi, et il donna une correction à M. Regius (1) sur

---

(1) REGIUS, nom latinisé de Leroy, l'un des premiers disciples de Descartes en Hollande. Après avoir adopté avec enthousiasme les idées de Descartes, il

ce qu'il contestait cette qualité de forme substantielle à l'âme et niait que l'homme fût *unum per se*, un être doué d'une véritable unité. Quelques-uns croient que cet excellent homme l'a fait par politique. J'en doute un peu, parce que je crois qu'il avait raison en cela. Mais on n'en a point de donner ce privilège à l'homme seul, comme si la nature était faite à bâtons rompus. Il y a lieu de juger qu'il y a une infinité d'âmes ou, pour parler plus généralement, d'entéléchies primitives, qui ont quelque chose d'analogique avec la perception et l'appétit, et qu'elles sont toutes et demeurent toujours des formes substantielles des corps. Il est vrai qu'il y a apparemment des espèces qui ne sont pas véritablement *unum per se* (c'est-à-dire des corps doués d'une véritable unité, ou d'un être indivisible qui en fasse le principe actif total), non plus qu'un moulin ou une montre le pourraient être. Les sels, les minéraux et les métaux pourraient être de cette nature, c'est-à-dire de simples contextures ou masses où il y a quelque régularité. Mais les corps des uns et des autres, c'est-à-dire les corps animés aussi bien que les contextures sans vie, seront spécifiés par la structure intérieure, puisque dans ceux-là mêmes qui sont animés, l'âme et la machine, chacune à part, suffisent à la détermination ; car elles s'accordent parfaitement, et, quoiqu'elles n'aient point d'influence immédiate l'une sur l'autre, elles s'expriment mutuellement, l'une ayant concentré dans une parfaite unité tout ce que l'autre a dispersé dans la multitude. Ainsi, quand il s'agit de l'arrangement des espèces, il est inutile de disputer des formes substantielles, quoiqu'il soit bon pour d'autres raisons de connaître s'il y en a et comment ; car sans cela on sera étranger dans le monde intellectuel. Au reste, les Grecs et les Arabes ont parlé de ces formes aussi bien que les Européens, et, si le vulgaire n'en parle point, il ne parle pas non plus ni d'algèbre ni d'incommensurables.

§ 25. Ph. Les langues ont été formées avant les sciences, et le peuple ignorant et sans lettres a réduit les choses à certaines espèces.

Th. Il est vrai, mais les personnes qui étudient les matières rectifient les notions populaires. Les essayeurs ont trouvé des moyens exacts de discerner et séparer les métaux ; les botanistes ont enrichi

---

se brouilla avec lui à l'occasion d'une thèse où il avait soutenu que *l'homme est un être par accident*, c'est-à-dire que l'âme et le corps ne formaient point une unité substantielle. C'est à cette thèse que Leibniz fait allusion dans le passage ci-dessus.

merveilleusement la doctrine des plantes, et les expériences qu'on a faites sur les insectes nous ont donné quelque entrée nouvelle dans la connaissance des animaux. Cependant nous sommes encore bien éloignés de la moitié de notre course.

§ 26. Ph. Si les espèces étaient un ouvrage de la nature, elles ne pourraient pas être conçues si différemment en différentes personnes : l'homme paraît à l'un un animal sans plumes à deux pieds avec de larges ongles ; et l'autre après un plus profond examen y ajoute la raison. Cependant bien des gens déterminent plutôt les espèces des animaux par leur forme extérieure que par la naissance, puisqu'on a mis en question plus d'une fois si certains fœtus humains doivent être admis au baptême ou non, par la seule raison que leur configuration extérieure différait de la forme ordinaire des enfants, sans qu'on sût s'ils n'étaient point aussi capables de raison que des enfants jetés dans un autre moule, dont il s'en trouve quelques-uns qui, quoique d'une forme approuvée, ne sont jamais capables de faire voir durant toute leur vie autant de raison qu'il en paraît dans un singe ou un éléphant, et qui ne donnent jamais aucune marque d'être conduits par une âme raisonnable : d'où il paraît évidemment que la forme extérieure qu'on a seulement trouvée à dire, et non la faculté de raisonner dont personne ne peut savoir si elle devait manquer dans son temps, a été rendue essentielle à l'espèce humaine. Et dans ces occasions les théologiens et les jurisconsultes les plus habiles sont obligés de renoncer à leur sacrée définition d'animal raisonnable, et de mettre à la place quelque autre essence de l'espèce humaine. « M. Ménage (*Menagiana*, t. I, p. 278 de « l'édit. de Holl. 1649) nous fournit l'exemple d'un certain abbé de « Saint-Martin, qui mérite d'être rapporté. Quand cet abbé de Saint-« Martin, dit-il, vint au monde, il avait si peu la figure d'un homme, « qu'il ressemblait plutôt à un monstre. On fut quelque temps à « délibérer si on le baptiserait. Cependant il fut baptisé et on le dé-« clara homme par provision, c'est-à-dire jusqu'à ce que le temps « eût fait connaître ce qu'il était. Il était si disgracié de la nature « qu'on l'a appelé toute sa vie l'abbé Malotru. Il était de Caen. » Voilà un enfant qui fut fort près d'être exclu de l'espèce humaine simplement à cause de la forme. Il échappa à toute peine tel qu'il était, et il est certain qu'une figure un peu plus contrefaite l'aurait fait périr comme un être qui ne devait point passer pour un homme. Cependant on ne saurait donner aucune raison pourquoi une âme raisonnable n'aurait pu loger en lui, si les traits de son visage eussent été un peu plus altérés ; pourquoi un visage un peu plus long, ou un nez plus plat, ou une bouche plus fendue n'auraient pu subsister aussi bien que le reste de la figure, irrégulière avec une âme et des qualités qui le rendaient capable, tout contrefait qu'il était, d'avoir une dignité dans l'Église.

Th. Jusqu'ici on n'a point trouvé d'animal raisonnable d'une figure extérieure fort différente de la nôtre ; c'est pourquoi, quand il s'agissait de baptiser un enfant, la race et la figure n'ont jamais été considérées que comme des indices pour juger si c'était un animal raisonnable ou non. Ainsi les théologiens et jurisconsultes n'ont point eu besoin de renoncer pour cela à leur définition consacrée.

§ 27. Ph. Mais si ce monstre dont parle Licetus (1) (l. I, chap. III), qui avait la tête d'un homme et le corps d'un pourceau, ou d'autres monstres qui, sur des corps d'hommes, avaient des têtes de chiens et de chevaux, eussent été conservés en vie, et eussent pu parler, la difficulté serait plus grande.

Th. Je l'avoue, et si cela arrivait et si quelqu'un était fait comme un certain écrivain, moine du vieux temps, nommé Hans Kalb (Jean le veau), qui se peignit avec une tête de veau, la plume à la main, dans un livre qu'il avait écrit, ce qui fit croire ridiculement à quelques-uns que cet écrivain avait eu véritablement une tête de veau, si, dis-je, cela arrivait, on serait dorénavant plus retenu à se défaire des monstres. Car il y a de l'apparence que la raison l'emporterait chez les théologiens et chez les jurisconsultes malgré la figure et même malgré les différences que l'anatomie pourrait y fournir aux médecins qui nuiraient aussi peu à la qualité d'homme que ce renversement de viscères dans cet homme dont des personnes de ma connaissance ont vu l'anatomie à Paris, qui a fait du bruit, où la nature

« Peu sage et sans doute en débauche
« Plaça le foie au côté gauche
« Et de même vice versa
« Le cœur à la droite plaça. »

si je me souviens bien de quelques-uns des vers que feu M. Alliot le

---

(1) Licetus, médecin italien du XVIe siècle, né à Ricco, mort à Gênes en 1599. Il a écrit en un livre italien sur *la Noblesse des parties maîtresses du corps humain, c'est-à-dire des organes de la génération*, publié à Bologne en 1599.

père (médecin fameux parce qu'il passait pour habile à traiter des cancers) me montra de sa façon sur ce prodige. Cela s'entend pourvu que la variété de conformation n'aille pas trop loin dans les animaux raisonnables, et qu'on ne retourne point aux temps où les bêtes parlaient, car alors nous perdrions notre privilège de la raison en préciput, et on serait désormais plus attentif à la naissance et à l'extérieur, afin de pouvoir discerner ceux de la race d'Adam de ceux qui pourraient descendre d'un roi ou patriarche de quelque canton des singes (1) de l'Afrique ; et notre habile auteur a eu raison de remarquer (§ 29) que, si l'ânesse de Balaam eût discouru toute sa vie aussi raisonnablement qu'elle fit une fois avec son maître (supposé que ce n'ait pas été une vision prophétique), elle aurait toujours eu de la peine à obtenir rang et séance parmi les femmes.

Ph. Vous riez à ce que je vois et peut-être l'auteur riait aussi ; mais, pour parler sérieusement, vous voyez qu'on ne saurait toujours assigner des bornes fixes des espèces.

Th. Je vous l'ai déjà accordé ; car, quand il s'agit des fictions et de la possibilité des choses, les passages d'espèce en espèce peuvent être insensibles, et pour les discerner ce serait quelquefois à peu près comme on ne saurait décider combien il faut laisser de poils à un homme pour qu'il ne soit point chauve. Cette indétermination serait vraie quand même nous connaîtrions parfaitement l'intérieur des créatures dont il s'agit. Mais je ne vois point qu'elle puisse empêcher les choses d'avoir des essences réelles indépendamment de l'entendement, et nous de les connaître : il est vrai que les noms et les bornes des espèces seraient quelquefois comme les noms des mesures et des poids, où il faut choisir pour avoir des bornes fixes. Cependant pour l'ordinaire il n'y a rien de tel à craindre, les espèces trop approchantes ne se trouvent guère ensemble.

§ 28. Ph. Il semble que nous convenons ici dans le fond, quoique nous ayons un peu varié les termes. Je vous avoue aussi qu'il y a moins d'arbitraire dans la dénomination des substances que dans les noms des modes composés. Car on ne s'avise guère d'allier le bêlement d'une brebis à une figure de cheval, ni la couleur du plomb à la pesanteur et à la fixité de l'or, et on aime mieux de tirer des copies d'après nature.

Th. C'est non pas tant parce qu'on a seulement égard dans les

---

(1) Gehrardt : *signus*.

substances à ce qui existe effectivement que parce qu'on n'est pas sûr dans les idées physiques (qu'on n'entend guère à fond) si leur alliage est possible et utile, lorsqu'on n'a point l'existence actuelle pour garant. Mais cela a lieu encore dans les modes, non seulement quand leur obscurité nous est impénétrable, comme il arrive quelquefois dans la physique, mais encore quand il n'est pas aisé de la pénétrer, comme il y en a assez d'exemples en géométrie. Car dans l'une et dans l'autre de ces sciences, il n'est pas en notre pouvoir de faire des combinaisons à notre fantaisie, autrement on aurait droit de parler de décaèdres réguliers; et on chercherait dans le demi-cercle un centre de grandeur, comme il y en a un de gravité. Car il est surprenant en effet que le premier y est, et que l'autre n'y saurait être. Or, comme dans les modes les combinaisons ne sont pas toujours arbitraires, il se trouve par opposition qu'elles le sont quelquefois dans les substances : et il dépend souvent de nous de faire des combinaisons des qualités pour définir encore des êtres substantiels avant l'expérience, lorsqu'on entend assez ces qualités pour juger de la possibilité de la combinaison. C'est ainsi que des jardiniers experts dans l'orangerie pourront avec raison et succès, se proposer de produire quelque nouvelle espèce et lui donner un nom par avance.

§ 29. Ph. Vous m'avouerez toujours que, lorsqu'il s'agit de définir les espèces, le nombre des idées qu'on combine dépend de la différente application, industrie ou fantaisie de celui qui forme cette combinaison; comme c'est sur la figure qu'on se règle le plus souvent pour déterminer l'espèce des végétaux et des animaux, de même à l'égard de la plupart des corps naturels, qui ne sont pas produits par semence, c'est à la couleur qu'on s'attache le plus. § 30. A la vérité ce ne sont bien souvent que des conceptions confuses, grossières et inexactes, et il s'en faut bien que les hommes conviennent du nombre précis des idées simples ou des qualités, qui appartiennent à une telle espèce ou à un tel nom, car il faut de la peine, de l'adresse et du temps pour trouver les idées simples, qui sont constamment unies. Cependant peu de qualités qui composent ces définitions inexactes, suffisent ordinairement dans la conversation : mais, malgré le bruit des genres et des espèces, les formes dont on a tant parlé dans les écoles ne sont que des chimères qui ne servent de rien à nous faire entrer dans la connaissance des natures spécifiques.

Th. Quiconque fait une combinaison possible ne se trompe point en cela, ni en lui donnant un nom ; mais il se trompe quand il croit que ce qu'il conçoit est tout ce que d'autres plus experts conçoivent sous le même nom, ou dans le même corps. Il conçoit peut-être un genre trop commun au lieu d'un autre plus spécifique. Il n'y a rien en tout ceci qui soit opposé aux écoles, et je ne vois point pourquoi vous revenez à la charge ici contre les genres, les espèces et les formes, puisqu'il faut que vous reconnaissiez vous-même des genres, des espèces, et même des essences internes ou formes, qu'on ne prétend point employer pour connaître la nature spécifique de la chose, quand on avoue de les ignorer encore.

§ 30. Ph. Il est du moins visible que les limites que nous assignons aux espèces, ne sont pas exactement conformes à celles qui ont été établies par la nature. Car dans le besoin que nous avons des noms généraux pour l'usage présent, nous ne nous mettons point en peine de découvrir leurs qualités qui nous feraient mieux connaître leurs différences et conformités les plus essentielles : et nous les distinguons nous-mêmes en espèces, en vertu de certaines apparences qui frappent les yeux de tout le monde, afin de pouvoir plus aisément communiquer avec les autres.

Th. Si nous combinons des idées compatibles, les limites que nous assignons aux espèces sont toujours exactement conformes à la nature ; et, si nous prenons garde à combiner les idées qui se trouvent actuellement ensemble, nos notions sont encore conformes à l'expérience ; et, si nous les considérons comme provisionnelles seulement pour des corps effectifs, sauf à l'expérience faite ou à faire d'y découvrir davantage, et si nous recourons aux experts, lorsqu'il s'agit de quelque chose de précis à l'égard de ce qu'on entend publiquement par le nom ; nous ne nous y tromperons pas. Ainsi la nature peut fournir des idées plus parfaites et plus commodes, mais elle ne donnera point un démenti à celles que nous avons, qui sont bonnes et naturelles, quoique ce ne soient peut-être pas les meilleures et les plus naturelles.

§ 32. Ph. Nos idées génériques des substances, comme celle du métal par exemple, ne suivent pas exactement les modèles qui leur sont proposés par la nature, puisqu'on ne saurait trouver aucun corps qui renferme simplement la malléabilité et la fusibilité sans d'autres qualités.

Th. On ne demande pas de tels modèles, et on n'aurait pas raison de les demander, ils ne se trouvent pas aussi dans les notions les plus distinctes. On ne trouve jamais un nombre où il n'y ait rien à remarquer que la multitude en général ; un étendu où il n'y ait qu'étendue, un corps où il n'y ait que solidité, et point d'autres qualités : et lorsque les différences spécifiques sont positives et opposées, il faut bien que le genre prenne parti parmi elles.

Ph. Si donc quelqu'un s'imagine qu'un homme, un cheval, un animal, une plante, etc., sont distingués par des essences réelles, formées par la nature, il doit se figurer la nature bien libérale de ces essences réelles, si elle en produit une pour le corps, une autre pour l'animal, et encore une autre pour le cheval, et qu'elle communique libéralement toutes ces essences à Bucéphale ; au lieu que les genres et les espèces ne sont que des signes plus ou moins entendus.

Th. Si vous prenez les essences réelles pour ces modèles substantiels, qui seraient un corps et rien de plus, un animal et rien de plus spécifique, un cheval sans qualités individuelles, vous avez raison de les traiter de chimères. Et personne n'a prétendu, je pense, pas même les plus grands réalistes d'autrefois, qu'il y ait autant de substances qui se bornassent au générique, qu'il y a de genres. Mais il ne s'ensuit pas que si les essences générales ne sont pas cela, elles sont purement des signes ; car je vous ai fait remarquer plusieurs fois que ce sont des possibilités dans les ressemblances. C'est comme de ce que les couleurs ne sont pas toujours des substances ou des teintures extrahibles, il ne s'ensuit pas qu'elles sont imaginaires. Au reste, on ne saurait se figurer la nature trop libérale ; elle l'est au-delà de tout ce que nous pouvons inventer, et toutes les possibilités compatibles en prévalence se trouvent réalisées sur le grand théâtre de ses représentations. Il y avait autrefois deux axiomes chez les philosophes ; celui des réalistes semblait faire la nature prodigue, et celui des nominaux la semblait déclarer chiche. L'un dit que la nature ne souffre point de vide, et l'autre qu'elle ne fait rien en vain. Ces deux axiomes sont bons, pourvu qu'on les entende ; car la nature est comme un bon ménager, qui épargne là où il le faut, pour être magnifique en temps et en lieu. Elle est magnifique dans les effets, et ménagère dans les causes qu'elle emploie.

§ 34. Ph. Sans nous amuser davantage à cette contestation sur les essences réelles, c'est assez que nous obtenions le but du langage et l'usage des mots, qui est d'indiquer nos pensées en abrégé. Si je veux parler à quelqu'un d'une espèce d'oiseaux de trois ou quatre pieds de haut, dont la peau est couverte de quelque chose qui tient le milieu entre la plume et le poil, d'un brun obscur, sans ailes, mais qui, au lieu d'ailes, a deux ou trois petites branches, semblables à des branches de genêts, qui lui descendent au bas du corps avec de longues et grosses jambes, des pieds armés seulement de trois griffes et sans queue, je suis obligé de faire cette description par où je puis me faire entendre aux autres. Mais, quand on m'a dit que *cassiowaris* est le nom de cet animal, je puis alors me servir de ce nom pour désigner dans le discours toute cette idée composée.

Th. Peut-être qu'une idée bien exacte de la couverture de la peau, ou de quelque autre partie, suffirait toute seule à discerner cet animal de tout autre connu, comme Hercule se faisait connaître par le pas qu'il avait fait, et comme le lion se reconnaît à l'ongle, suivant le proverbe latin. Mais plus on amasse de circonstances, moins la définition est provisionnelle.

§ 35. Ph. Nous pouvons retrancher de l'idée dans ce cas sans préjudice de la chose : mais, quand la nature en retranche, c'est une question si l'espèce demeure. Par exemple : s'il y avait un corps qui eût toutes les qualités de l'or excepté la malléabilité, serait-il de l'or ? Il dépend des hommes de le décider. Ce sont donc eux qui déterminent les espèces des choses.

Th. Point du tout, ils ne détermineraient que le nom. Mais cette expérience nous apprendrait que la malléabilité n'a pas de connexion nécessaire avec les autres qualités de l'or prises ensemble. Elle nous apprendrait donc une nouvelle possibilité et par conséquent une nouvelle espèce. Pour ce qui est de l'or aigre ou cassant, cela ne vient que des additions et n'est point consistant avec les autres épreuves de l'or ; car la coupelle et l'antimoine lui ôtent cette aigreur.

§ 36. Ph. Il s'ensuit quelque chose de notre doctrine qui paraîtra fort étrange. C'est que chaque idée abstraite, qui a un certain nom, forme une espèce distincte. Mais que faire à cela, si la nature le veut ainsi ? Je voudrais bien savoir pourquoi un bichon et un lévrier ne sont pas des espèces aussi distinctes qu'un épagneul et un éléphant.

Th. J'ai distingué ci-dessus les différentes acceptions du mot espèce. Le prenant logiquement et mathématiquement plutôt, la moindre dissimilitude peut suffire. Ainsi chaque idée différente peut donner une autre espèce, et il n'importe point si elle a un nom ou non. Mais, physiquement parlant, on ne s'arrête pas à toutes les variétés, et l'on parle, ou nettement quand il ne s'agit que des apparences, ou conjecturalement quand il s'agit de la vérité intérieure des choses, en y présumant quelque nature essentielle et immuable, comme la raison l'est dans l'homme. On présume donc que ce qui ne diffère que par des changements accidentels, comme l'eau et la glace, le vif-argent dans sa forme courante et dans le sublimé, est d'une même espèce : et dans les corps organiques on met ordinairement la marque provisionnelle de la même espèce dans la génération ou race, comme dans les plus similaires on la met dans la reproduction. Il est vrai qu'on n'en saurait juger précisément faute de connaître l'intérieur des choses. Mais, comme j'ai dit plus d'une fois, l'on juge provisionnellement et souvent conjecturalement. Cependant, lorsqu'on ne veut parler que de l'extérieur, de peur de ne rien dire que de sûr, il y a de la latitude : et disputer alors si une différence est spécifique ou non, c'est disputer du nom ; et, dans ce sens, il y a une si grande différence entre les chiens, qu'on peut fort bien dire que les dogues d'Angleterre et les chiens de Boulogne sont de différentes espèces. Cependant il n'est pas impossible qu'ils soient d'une même ou semblable race éloignée qu'on trouverait si on pouvait remonter bien haut et que leurs ancêtres aient été semblables ou les mêmes, mais qu'après de grands changements quelques-uns de la postérité soient devenus fort grands et d'autres fort petits (1). On peut même croire aussi sans choquer la raison qu'ils aient en commun une nature intérieure, constante, spécifique, qui ne soit plus sous-divisée ainsi, ou qui ne se trouve point ici en plusieurs autres telles natures et par conséquent ne soit plus variée que par des accidents ; quoiqu'il n'y ait rien aussi qui nous fasse juger que cela doit être nécessairement ainsi dans tout ce que nous appelons la plus basse espèce (*speciem infimam*). Mais il n'y a point d'apparence qu'un épagneul et un éléphant soient de même race, et qu'ils aient une telle nature spécifique commune (2). Ainsi, dans les différentes sortes de chiens, en parlant des apparences, on peut distinguer les espèces, et parlant de l'essence intérieure, on peut balancer : mais, comparant le chien et l'éléphant, il n'y a pas lieu de leur attribuer extérieurement ce

---

(1) Voici encore le principe de la variabilité des espèces : l'application qu'en fait Leibniz à l'espèce *chien* paraît être acceptée aujourd'hui par les naturalistes.   P. J.

(2) On voit que, tout en posant le principe, Leibniz en restreint l'application : il est pour ce qu'on appelle aujourd'hui la variabilité limitée.   P. J.

qui (1) les ferait croire d'une même espèce. Ainsi il n'y a aucun sujet d'être en balance contre la présomption. Dans l'homme on pourrait aussi distinguer les espèces logiquement parlant, et, si on s'arrêtait à l'extérieur, on trouverait encore, en parlant physiquement, des différences qui pourraient passer pour spécifiques. Aussi se trouva-t-il un voyageur qui crut que les Nègres, les Chinois, et enfin les Américains, n'étaient pas d'une même race entre eux ni avec les peuples qui nous ressemblent. Mais, comme on connait l'intérieur essentiel de l'homme, c'est-à-dire la raison, qui demeure dans le même homme et se trouve dans tous les hommes, et qu'on ne remarque rien de fixe et d'interne parmi nous, qui forme une sous-division, nous n'avons aucun sujet de juger qu'il y ait parmi les hommes, selon la vérité de l'intérieur, une différence spécifique essentielle, au lieu qu'il s'en trouve entre l'homme et la bête, supposé que les bêtes ne soient qu'empiriques, suivant ce que j'ai expliqué ci-dessus, comme en effet l'expérience ne nous donne point lieu d'en faire un autre jugement.

§ 39. PH. Prenons exemple d'une chose artificielle dont la structure intérieure nous est connue. Une montre qui ne marque que les heures et une montre sonnante ne sont que d'une seule espèce, à l'égard de ceux qui n'ont qu'un nom pour les désigner ; mais, à l'égard de celui qui a le nom de montre pour désigner la première et celui d'horloge pour signifier la dernière, ce sont par rapport à lui des espèces différentes. C'est le nom et non pas la disposition intérieure, qui fait une nouvelle espèce, autrement il y aurait trop d'espèces. Il y a des montres à quatre roues, et d'autres à cinq ; quelques-unes ont des cordes et des fusées, et d'autres n'en ont point : quelques-unes ont le balancier libre, et d'autres conduit par un ressort fait en large spirale, et d'autres par des soies de pourceau : quelqu'une de ces choses suffit-elle pour faire une différence spécifique ? je dis que non, tandis que ces montres conviennent dans le nom.

TH. Et moi, je dirais que oui, car sans m'arrêter aux noms, je voudrais considérer les variétés de l'artifice et surtout la différence des balanciers ; car, depuis qu'on lui a appliqué un ressort qui en gouverne les vibrations selon les siennes et les rend par conséquent plus égales, les montres de poche ont changé de face, et sont devenues

---

(1) GEHRART : *ce que*.

incomparablement plus justes. J'ai même remarqué autrefois un autre principe d'égalité qu'on pourrait appliquer aux montres.

Ph. Si quelqu'un veut faire des divisions fondées sur les différences qu'il connaît dans la configuration intérieure, il peut le faire : cependant ce ne seraient point des espèces distinctes par rapport à des gens qui ignorent cette construction.

Th. Je ne sais pourquoi on veut toujours chez vous faire dépendre de notre opinion ou connaissance les vertus, les vérités et les espèces. Elles sont dans la nature, soit que nous le sachions et approuvions, ou non. En parler autrement, c'est changer les noms des choses et le langage reçu sans aucun sujet. Les hommes jusqu'ici auront cru qu'il y a plusieurs espèces d'horloges ou montres, sans s'informer en quoi elles consistent ou comment on pourrait les appeler.

Ph. Vous avez pourtant reconnu il n'y a pas longtemps que, lorsqu'on veut distinguer les espèces physiques par les apparences, on se borne d'une manière arbitraire où on le trouve à propos, c'est-à-dire selon qu'on trouve la différence plus ou moins considérable et suivant le but qu'on a. Et vous vous êtes servi vous-même de la comparaison des poids et des mesures qu'on règle selon le bon plaisir des hommes et leur donne des noms.

Th. C'est depuis le temps que j'ai commencé à vous entendre. Entre les différences spécifiques purement logiques, où la moindre variation de définition assignable suffit, quelque accidentelle qu'elle soit, et entre les différences spécifiques qui sont purement physiques, fondées sur l'essentiel ou immuable, on peut mettre un milieu, mais qu'on ne saurait déterminer précisément ; on s'y règle sur les apparences les plus considérables, qui ne sont pas tout à fait immuables, mais qui ne changent pas facilement, l'une approchant plus de l'essentiel que l'autre ; et, comme un connaisseur aussi peut aller plus loin que l'autre, la chose paraît arbitraire et a du rapport aux hommes, et il paraît commode de régler aussi les noms selon ces différences principales. On pourrait donc dire ainsi que ce sont des différences spécifiques civiles et des espèces nominales, qu'il ne faut point confondre avec ce que j'ai appelé définitions nominales ci-dessus et qui ont lieu dans les différences spécifiques logiques aussi bien que physiques. Au reste, outre l'usage vulgaire, les lois mêmes peuvent autoriser les significations des mots, et alors les espèces deviendraient légales, comme dans les contrats qui sont appelés *nominati*, c'est-à-dire désignés par un nom particulier. Et c'est-à-dire comme la loi romaine fait commencer l'âge de puberté à 14 ans accomplis. Toute cette considération n'est point à mépriser ; cependant je ne vois pas qu'elle soit d'un fort grand usage ici, car outre que vous m'avez paru l'appliquer quelquefois où elle n'en avait aucun, on aura à peu près le même effet, si l'on considère qu'il dépend des hommes de procéder dans les sous-divisions aussi loin qu'ils trouvent à propos, et de faire abstraction des différences ultérieures, sans qu'il soit besoin de les nier : et qu'il dépend ainsi d'eux de choisir le certain pour l'incertain, afin de fixer quelques notions et mesures en leur donnant des noms.

Ph. Je suis bien aise que nous ne sommes plus si éloignés ici, que nous le paraissions, § 41. Vous m'accorderez encore, Monsieur, à ce que je vois, que les choses artificielles ont des espèces aussi bien que les naturelles contre le sentiment de quelques philosophes. § 42. Mais, avant que de quitter les noms des substances, j'ajouterai que de toutes les diverses idées que nous avons, ce sont les seules idées des substances qui ont des noms propres ou individuels ; car il arrive rarement que les hommes aient besoin de faire une mention fréquente d'aucune qualité individuelle ou de quelque autre individu d'accident : outre que les actions individuelles périssent d'abord, et que la combinaison des circonstances qui s'y fait ne subsiste point comme dans les substances.

Th. Il y a pourtant des cas où on a eu besoin de se souvenir d'un accident individuel et qu'on lui a donné un nom ; ainsi votre règle est bonne pour l'ordinaire, mais elle reçoit des exceptions. La religion nous en fournit ; comme nous célébrons anniversairement la mémoire de la naissance de Jésus-Christ, les Grecs appelaient cet événement *Théogénie*, et celui de l'adoration des mages *Epiphanie* ; et les Hébreux appelèrent *Passah* par excellence le passage de l'ange qui fit mourir les aînés des Égyptiens sans toucher à ceux des Hébreux ; et c'est de quoi ils devaient solenniser la mémoire tous les ans. Pour ce qui est des espèces des choses artificielles, les philosophes scolastiques ont fait difficulté de les laisser entrer dans leurs prédicaments : mais leur délicatesse y était peu nécessaire, ces ces tables prédicamentales devant servir à faire une revue générale de nos idées. Il est bon cependant de reconnaître la différence qu'il y a entre les substances parfaites et entre les assemblages des substances (*aggregata*) qui sont des êtres substantiels composés ou par la nature ou par l'artifice des hommes. Car la nature a aussi de telles aggrégations, comme sont les corps dont la mixtion est imparfaite, pour parler le langage de nos philosophes (*imperfecte mixta*) qui ne sont (1) point *unum per se* et n'ont point en eux une parfaite unité. Je crois cependant que les quatre corps, qu'ils appellent éléments, qu'ils croient simples, et les sels, les métaux et autres corps, qu'ils croient être mêlés parfaitement, et à qui ils accordent leurs tempéraments, ne sont pas *unum per se* non plus, d'autant plus qu'on doit juger qu'ils ne sont uniformes et similaires qu'en apparence, et même un corps similaire ne laisserait pas d'être un amas. En un mot l'unité parfaite doit être réservée aux corps animés, ou doués d'entéléchies primitives ; car ces entéléchies ont de l'analogie avec les âmes, et sont aussi indivisibles et impérissables qu'elles : et j'ai fait juger ailleurs que leurs corps organiques sont des machines en effet, mais qui surpassent autant les artificielles qui sont de notre invention, que l'inventeur des naturelles nous surpasse. Car ces machines de la nature sont aussi impérissables que les âmes mêmes, et l'animal avec l'âme subsiste toujours ; c'est (pour me mieux expliquer par quelque chose de revenant, tout ridicule qu'il est) comme Arlequin qu'on voulait dépouiller sur le théâtre, mais on n'en put venir à bout, parce qu'il avait je ne sais combien d'habits les uns sur les autres : quoique ces réplications des corps organiques à l'infini, qui sont dans un animal, ne soient pas si semblables ni si appliquées les unes sur les autres, comme des habits ; l'artifice de la nature étant d'une tout autre subtilité. Tout cela fait voir que les philosophes n'ont pas eu tout le tort du monde de mettre tant de distance entre les choses artificielles et entre les corps naturels doués d'une véritable unité. Mais il n'appartenait qu'à notre temps de développer ce mystère et d'en faire comprendre l'importance et les suites pour bien établir la théologie naturelle et ce qu'on appelle la pneumatique (2) d'une manière qui soit véritablement naturelle et conforme à ce que nous pouvons expérimenter et entendre ; qui ne nous fasse rien perdre des importantes considérations qu'elles doivent fournir, ou plutôt qui les rehausse, comme fait le système de l'harmonie préétablie. Et je crois que nous ne pouvons mieux finir que par là cette longue discussion des noms des substances.

---

(1) Gehrardt : *font*.
(2) La *Pneumatique* (de πνεῦμα), science des esprits.

CHAP. VII. — Des particules.

§ 1. Ph. Outre les mots qui servent à nommer les idées, on a besoin de ceux qui signifient la connexion des idées ou des propositions. Cela est, cela n'est pas, sont les signes généraux de l'affirmation ou de la négation. Mais l'esprit, outre les parties des propositions, lie encore des sentences ou propositions entières, § 2, se servant des mots qui expriment cette liaison des différentes affirmations et négations et qui sont ce qu'on appelle particules : et dans leur bon usage consiste principalement l'art de bien parler. C'est afin que les raisonnements soient suivis et méthodiques qu'il faut des termes qui montrent la connexion, la restriction, la distinction, l'opposition, l'emphase, etc. Et, quand on s'y méprend, on embarrasse celui qui écoute.

Th. J'avoue que les particules sont d'un grand usage ; mais je ne sais si l'art de bien parler y consiste principalement. Si quelqu'un ne donnait que des aphorismes, ou que des thèses détachées, comme on l'a fait souvent dans les universités ou comme dans ce qu'on appelle *libelle articulé* chez les jurisconsultes, ou comme dans les *articles* qu'on propose aux témoins, alors pourvu qu'on range bien ces propositions, on fera à peu près le même effet pour se faire entendre que si on y avait mis de la liaison et des particules ; car le lecteur y supplée. Mais j'avoue qu'il serait troublé, si on mettait mal les particules, et bien plus que si on les omettait. Il me semble aussi que les particules lient non seulement les parties du discours composé de propositions, et les parties de la proposition composées d'idées ; mais aussi les parties de l'idée composée de plusieurs façons par la combinaison d'autres idées. Et c'est cette dernière liaison qui est marquée par les prépositions, au lieu que les adverbes ont de l'influence sur l'affirmation ou la négation qui est dans le verbe ; et les conjonctions en ont sur la liaison de différentes affirmations ou négations. Mais je ne doute point que vous n'ayez remarqué tout cela vous-même, quoique vos paroles semblent dire autre chose.

§ 3. Ph. La partie de la Grammaire qui traite des particules a été moins cultivée que celle qui représente par ordre les cas, les genres, les modes, les temps, les gérondifs et les supins. Il est vrai que dans quelques langues on a aussi rangé les particules sous des titres par des subdivisions distinctes avec une grande apparence d'exactitude. Mais il ne suffit pas de parcourir ces catalogues. Il faut réfléchir sur ses propres pensées pour observer les formes que l'esprit prend en discourant, car les particules sont tout autant de marques de l'action de l'esprit.

Th. Il est très vrai que la doctrine des particules est importante, et je voudrais qu'on entrât dans un plus grand détail là-dessus. Car rien ne serait plus propre à faire connaître les diverses formes de l'entendement. Les genres ne font rien dans la grammaire philosophique, mais les cas répondent aux prépositions ; et souvent la préposition y est enveloppée dans le nom et comme absorbée, et d'autres particules sont cachées dans les flexions des verbes.

§ 4. Ph. Pour bien expliquer les particules, il ne suffit pas de les rendre (comme on fait ordinairement dans un dictionnaire) par les mots d'une autre langue qui en approchent le plus, parce qu'il est aussi malaisé d'en comprendre le sens précis dans une langue que dans l'autre ; outre que les significations des mots voisins des deux langues ne sont pas toujours exactement les mêmes et varient aussi dans une même langue. Je me souviens que dans la langue hébraïque il y a une particule d'une seule lettre, dont on compte plus de cinquante significations.

Th. De savants hommes se sont attachés à faire des traités exprès sur les particules du latin, du grec et de l'hébreu ; et Strauchius (1), jurisconsulte célèbre, a fait un livre sur l'usage des particules dans la jurisprudence, où la signification n'est pas de petite conséquence. On trouve cependant qu'ordinairement c'est plutôt par des exemples et par des synonymes qu'on prétend les expliquer que par des notions distinctes. Aussi ne peut-on pas toujours en trouver une signification générale ou formelle, comme feu M. Bohlius (2) l'appelait, qui puisse satisfaire à tous les exemples ; mais cela nonobstant, on pourrait toujours réduire tous les usages d'un mot à un

---

(1) Strauchius (Jon) ou Jean Strauch. On compte trois Strauchius jurisconsultes. Celui dont parle Leibniz est né à Golditz en 1612 ; fut professeur de droit à Iéna à Giessen où il mourut en 1680, il était l'oncle maternel de Leibniz. On cite de lui, en effet, un *Lexicon particularum juris* et un très grand nombre de traités juridiques.   P. J.

(2) Bohle (Samuel) ou Bohlius, philologue, et théologien du xviie siècle, né à Greffenberg en Poméranie en 1611. Parmi ses ouvrages, il y a un intitulé : *De formali significationis eruendo* qui est celui auquel Leibniz fait allusion.   P. J.

nombre déterminé de significations. Et c'est ce qu'on devrait faire.

§ 5. Ph. En effet le nombre des significations excède de beaucoup celui des particules. En anglais la particule *but* a des significations fort différentes ; quand je dis *but to say no more*, c'est « mais pour ne rien dire de plus » ; comme si cette particule marquait que l'esprit s'arrête dans sa course avant d'en avoir fourni la carrière. Mais disant : *I saw but two planets ;* c'est-à-dire, « je vis seulement deux planètes, » l'esprit borne le sens de ce qu'il veut dire à ce qu'il a exprimé avec exclusion de tout autre. Et lorsque je dis : « You pray, but it is not that God would bring you to the true reli- « gion, but that he would confirm you in your own, » c'est-à-dire : « Vous priez Dieu, mais ce n'est pas qu'il veuille vous amener à la connaissance de la vraie religion, mais qu'il vous confirme dans la vôtre » ; le premier de ces *but* ou *mais* désigne une supposition dans l'esprit qui est autrement qu'elle ne devrait être, et le second fait voir que l'esprit met une opposition directe entre ce qui suit et ce qui précède. « All animals have sense, but a dog is an animal ; » c'est-à-dire : « tous les animaux ont du sentiment, mais le chien est un « animal ». Ici la particule signifie la connexion de la seconde proposition avec la première.

Th. Le français *mais* a pu être substitué dans tous ces endroits, excepté dans le second ; mais l'allemand *allein*, pris pour particule, qui signifie quelque chose de mêlé de *mais* et de *seulement*, peut sans doute être substitué au lieu de *but* dans tous ces exemples, excepté le dernier, où l'on pourrait douter un peu. *Mais* se rend aussi en allemand tantôt par *aber* tantôt par *sondern*, qui marque une séparation ou ségrégation et approche de la particule *allein*. Pour bien expliquer les particules, il ne suffit pas d'en faire une explication abstraite comme nous venons de faire ici ; mais il faut venir à une périphrase, qui puisse être substituée à sa place, comme la définition peut être mise à la place du défini. Quand on s'attachera à chercher et à déterminer ces périphrases substituables dans toutes les particules autant qu'elles en sont susceptibles, c'est alors qu'on aura réglé les significations. Tâchons d'y approcher dans nos quatre exemples. Dans le premier on veut dire : jusqu'ici *seulement* soit parlé de cela, et *non pas davantage (non più)* ; dans le second : je vis *seulement* deux planètes et *non pas davantage* ; dans le troisième : vous priez Dieu, c'est cela *seulement*, savoir pour être confirmé dans votre religion, et *non pas davantage*, etc. ; dans le quatrième c'est comme si l'on disait : tous les animaux ont du sentiment, il suffit de considérer cela *seulement* et il n'en faut pas *davantage*. Le chien est un animal, donc il a du sentiment. Ainsi tous ces exemples marquent des bornes, et un *non plus ultra*, soit dans les choses, soit dans le discours. Aussi *but* est une fin, un terme de la carrière ; comme si l'on se disait : arrêtons-nous, nous y voilà, nous sommes arrivés à notre but. *But, bute*, est un vieux mot teutonique, qui signifie quelque chose de fixe, une demeure. *Beuten* (mot suranné qui se trouve encore dans quelques chansons d'église) est demeurer. Le *mais* a son origine du *magis*, comme si quelqu'un voulait dire : quant au surplus, il faut le laisser; ce qui est autant que de dire : il n'en faut pas davantage, c'est assez, venons à autre chose, ou, c'est autre chose. Mais, comme l'usage des langues varie d'une étrange manière, il faudrait entrer bien avant dans le détail des exemples pour régler assez les significations des particules. En français on évite le double *mais* par un *cependant ;* et on dirait : vous priez, cependant ce n'est pas pour obtenir la vérité, mais pour être confirmé dans votre opinion. Le *sed* des Latins était souvent exprimé autrefois par *ains*, qui est est l'*anzi* des Italiens, et les Français l'ayant réformé ont privé leur langue d'une expression avantageuse. Par exemple : « Il n'y avait rien de sûr, cependant on était persuadé « de ce que je vous ai mandé, parce qu'on aime à croire ce qu'on « souhaite ; mais il s'est trouvé que ce n'était pas cela ; *ains* plu- « tôt, etc. »

§ 6. Ph. Mon dessein a été de ne toucher cette matière que fort légèrement. J'ajouterai que souvent des particules renferment ou constamment ou dans une certaine construction le sens d'une proposition entière.

Th. Mais, quand c'est un sens complet, je crois que c'est par une manière d'ellipse ; autrement ce sont les seules interjections, à mon avis, qui peuvent subsister par elles-mêmes et disent tout dans un mot, comme *ah ! oimé !* Car quand on dit *mais*, sans ajouter autre chose, c'est une ellipse comme pour dire : mais attendons le boiteux et ne nous flattons pas mal à propos. Il y a quelque chose d'approchant pour cela dans le *nisi* des Latins, *si nisi non esset*, s'il n'y avait point de *mais*. Au reste je n'aurai point été fâché, Monsieur, que vous fussiez entré un peu plus avant dans le détail des tours de l'esprit qui paraissent à merveille dans l'usage des particules. Mais, puisque nous avons sujet de nous hâter pour achever cette recherche des mots et pour retourner aux choses, je ne veux point vous y arrêter davantage, quoique je croie véritablement que les langues sont le meilleur miroir de l'esprit humain, et qu'une analyse exacte de la signification des mots ferait mieux connaître que tout autre chose les opérations de l'entendement.

CHAP. VIII. — DES TERMES ABSTRAITS EN CONCRETS.

§ 1. PH. Il est encore à remarquer que les termes sont abstraits ou concrets. Chaque idée abstraite est distincte, en sorte que de deux l'une ne peut jamais être l'autre. L'esprit doit apercevoir par sa connaissance intuitive la différence qu'il y a entre elles, et par conséquent deux de ces idées ne peuvent jamais être affirmées l'une de l'autre. Chacun voit ici d'abord la fausseté de ces propositions : « l'humanité est l'animalité ou raisonnabilité ; » cela est d'une aussi grande évidence qu'aucune des maximes le plus généralement reçues.

TH. Il y a pourtant quelque chose à dire. On convient que la justice est une vertu, une habitude (*habitus*), une qualité, un accident, etc. Ainsi deux termes abstraits peuvent être énoncés l'un de l'autre. J'ai encore coutume de distinguer deux sortes d'abstraits. Il y a des termes abstraits logiques, et il y a aussi des termes abstraits réels. Les abstraits réels, ou conçus du moins comme réels, sont ou essences et parties de l'essence, ou accidents, c'est-à-dire Êtres ajoutés à la substance. Les termes abstraits logiques sont les prédications, réduites en termes, comme si je disais : être homme, être animal ; et en ce sens on les peut énoncer l'un de l'autre en disant : être homme, c'est être animal. Mais dans les réalités, cela n'a point de lien. Car on ne peut point dire que l'humanité ou l'hommeïté (si vous voulez), qui est l'essence de l'homme entière, est l'animalité, qui n'est qu'une partie de cette essence ; cependant ces êtres abstraits et incomplets signifiés par des termes abstraits réels, ont aussi leurs genres et espèces, qui ne sont pas moins exprimés par des termes abstraits réels : ainsi il y a prédication entre eux, comme je l'ai montré par l'exemple de la justice, de la vertu.

§ 22. PH. On peut toujours dire que les substances n'ont que peu de noms abstraits ; à peine a-t-on parlé dans les écoles d'humanité, animalité, corporalité. Mais cela n'a point été autorisé dans le monde.

Th. C'est qu'on n'a eu besoin que de peu de ces termes, pour servir d'exemples et pour en éclaircir la notion générale qu'il était à propos de ne pas négliger entièrement. Si les anciens ne se servaient pas du mot d'humanité dans le sens des écoles, ils disaient la nature humaine, ce qui est la même chose. Il est sûr aussi qu'ils disaient divinité, ou bien nature divine; et les théologiens ayant eu besoin de parler de ces deux natures et des accidents réels, on s'est attaché à ces entités abstraites dans les écoles philosophiques et théologiques, et peut-être plus qu'il n'était convenable.

CHAP. IX. — De l'imperfection des mots.

§ 1. Ph. Nous avons parlé déjà du double usage des mots. L'un est d'enregistrer nos propres pensées pour aider notre mémoire qui nous fait parler à nous-mêmes; l'autre est de communiquer nos pensées aux autres par le moyen des paroles. Ces deux usages nous font connaître la perfection ou l'imperfection des mots. § 2. Quand nous ne parlons qu'à nous-mêmes, il est indifférent quels mots on emploie, pourvu qu'on se souvienne de leur sens, et ne le change point. Mais § 3, l'usage de la communication est encore de deux sortes, civil et philosophique. Le civil consiste dans la conversation et usage de la vie civile. L'usage philosophique est celui qu'on doit faire des mots, pour donner des notions précises et pour exprimer des vérités certaines en propositions générales.

Th. Fort bien : les paroles ne sont pas moins des marques (*notæ*) pour nous (comme pourraient être les caractères des nombres ou de l'algèbre) que des signes pour les autres : et l'usage des paroles comme des signes a lieu tant lorsqu'il s'agit d'appliquer les préceptes généraux à l'usage de la vie, ou aux individus, que lorsqu'il s'agit de trouver ou vérifier ces préceptes; le premier usage des signes est civil, et le second est philosophique.

§ 5. Ph. Or il est difficile, dans les cas suivants principalement, d'apprendre et de retenir l'idée que chaque mot signifie : 1° lorsque ces idées sont fort composées ; 2° lorsque ces idées qui en composent une nouvelle n'ont point de liaison naturelle avec elle, de sorte qu'il n'y a dans la nature aucune mesure fixe ni aucun modèle pour les rectifier et pour les régler ; 3° lorsque le modèle n'est pas aisé à connaître ; 4° lorsque la signification du mot et l'essence réelle ne sont pas exactement les mêmes. Les dénominations des modes sont plus sujettes à être douteuses et imparfaites pour les deux premières raisons, et celles des substances pour les deux secondes. § 6. Lorsque l'idée des modes est fort complexe, comme celle de la plupart des termes de morale, elles ont rarement la même signification précise dans les esprits de deux différentes personnes. § 7. Le défaut aussi des modèles rend ces mots équivoques. Celui qui a inventé le premier le mot de *brusquer* y a entendu ce qu'il a trouvé à propos, sans que ceux qui s'en sont servi comme lui se soient informés de ce qu'il voulait dire précisément, et sans qu'il leur en ait montré quelque modèle constant. § 8. L'usage commun règle assez bien le sens des mots pour la conversation ordinaire, mais il n'y a rien de précis, et l'on dispute tous les jours de la signification la plus conforme à la propriété du langage. Plusieurs parlent de la gloire, et il y en a peu qui l'entendent l'un comme l'autre. § 9. Ce ne sont que de simples sons dans la bouche de plusieurs, ou du moins les significations sont fort indéterminées. Et dans un discours ou entretien où l'on parle d'*honneur*, de *foi*, de *grâce*, de *religion*, d'*église*, et surtout dans la controverse, on remarquera d'abord que les hommes ont des différentes notions qu'ils appliquent aux mêmes termes.

Th. Ces remarques sont bonnes ; mais, quant aux anciens livres, comme nous avons besoin d'entendre la sainte Écriture surtout et que les lois romaines encore sont de grand usage dans une bonne partie de l'Europe, cela même nous engage à consulter quantité d'autres anciens livres, les rabbins, les Pères de l'Église, même les historiens profanes. D'ailleurs, les anciens médecins méritent aussi d'être entendus. La pratique de la médecine des Grecs est venue des Arabes jusqu'à nous : l'eau de la source a été troublée dans les ruisseaux des Arabes et rectifiée en bien des choses, lorsqu'on a commencé à recourir aux originaux grecs. Cependant ces Arabes ne laissent pas d'être utiles, et l'on assure par exemple qu'Ebenbitar (1), qui dans les livres des simples a copié Dioscoride, sert souvent à l'éclaircir. Je trouve aussi qu'après la religion et l'histoire, c'est principalement dans la médecine, en tant qu'elle est empirique

---

(1) Ibn-al-Baltar, 1197-1248, botaniste arabe. Voir Pouchet, *Histoire des sciences naturelles au moyen âge;* Paris, 1853.

que la tradition des anciens conservée par l'écriture, et généralement les observations d'autrui peuvent servir. C'est pourquoi j'ai toujours fort estimé des médecins versés encore dans la connaissance de l'antiquité; et j'ai été bien fâché que Reinesius (1), excellent dans l'un et l'autre genre, s'était tourné plutôt à éclaircir les rites et histoires des anciens, qu'à rétablir une partie de la connaissance qu'ils avaient de la nature, où il a fait voir qu'il aurait encore pu réussir à merveille. Quand les Latins, les Grecs, les Hébreux et les Arabes seront épuisés un jour, les Chinois, pourvus encore d'anciens livres, se mettront sur les rangs et fourniront de la matière à la curiosité de nos critiques. Sans parler de quelques vieux livres des Persans, des Arméniens, des Coptes et des Bramines, qu'on déterrera avec le temps, pour ne négliger aucune lumière que l'antiquité pourrait donner par la tradition des doctrines et par l'histoire des faits. Et, quand il n'y aurait plus de livre ancien à examiner, les langues tiendront lieu de livres, et ce sont les plus anciens monuments du genre humain. On enregistrera avec le temps et mettra en dictionnaires et en grammaires toutes les langues de l'univers, et on les comparera entre elles (2); ce qui aura des usages très grands tant pour la connaissance des choses, puisque les noms souvent répondent à leurs propriétés (comme l'on voit par la dénomination des plantes chez de différents peuples) que pour la connaissance de notre esprit et de la merveilleuse variété de ses opérations. Sans parler de l'origine des peuples (3), qu'on connaîtra par le moyen des étymologies solides que la comparaison des langues fournira le mieux. Mais c'est de quoi j'ai déjà parlé. Et tout cela fait voir l'utilité et l'étendue de la *critique*, peu considérée par quelques philosophes très habiles d'ailleurs qui s'émancipent de parler avec mépris du *rabbinage* et généralement de la *philologie*. L'on voit aussi que les critiques trouveront encore longtemps matière de s'exercer avec fruit, et qu'ils feraient bien de ne se pas trop amuser aux minuties, puisqu'ils ont tant d'objets plus revenants à traiter; quoique je sache bien qu'encore les minuties sont nécessaires bien souvent chez les

---

(1) REINESIUS THOMAS, médecin célèbre, né à Gotha, 1547, mort à Leipzig 1647. Son principal ouvrage est intitulé *Chimiâtrie*, ce qui nous apprend qu'il appartient à l'école chimiâtrique de Sylvius. Il a laissé beaucoup d'ouvrages d'érudition.
(2) Voilà exprimé avec une admirable précision le principe de la philologie comparée.
(3) Nouvelle vue vérifiée par les faits.

critiques pour découvrir des connaissances plus importantes. Et comme la critique roule en grande partie sur la signification des mots et sur l'interprétation des auteurs, anciens surtout, cette discussion des mots, jointe à la mention que vous avez faite des anciens, m'a fait toucher ce point qui est de conséquence. Mais pour revenir à vos quatre défauts de la nomination, je vous dirai, Monsieur, qu'on peut remédier à tous, surtout depuis que l'écriture est inventée, et qu'ils ne subsistent que par notre négligence. Car il dépend de nous de fixer les significations, au moins dans quelque langue savante, et d'en convenir pour détruire cette tour de Babel. Mais il y a deux défauts, où il est plus difficile de remédier, qui consistent, l'un dans le doute où l'on est si des idées sont compatibles lorsque l'expérience ne nous les fournit pas toutes combinées dans un même sujet; l'autre dans la nécessité qu'il y a de faire des définitions provisionnelles des choses sensibles, lorsqu'on n'en a pas assez d'expérience pour en avoir des définitions plus complètes ; mais j'ai parlé plus d'une fois de l'un et de l'autre de ces défauts.

Ph. Je m'en vais vous dire des choses qui serviront encore à éclaircir en quelque façon les défauts que vous venez de marquer ; et le troisième de ceux que j'ai indiqués fait, ce semble, que ces définitions sont provisionnelles : c'est lorsque nous ne connaissons pas assez nos modèles sensibles, c'est-à-dire les êtres substantiels de nature corporelle. Ce défaut fait aussi que nous ne savons pas s'il est permis de combiner les qualités sensibles que la nature n'a point combinées, parce qu'on ne les entend pas à fond. Or, si la signification des mots qui servent pour les modes composés, est douteuse, faute de modèles qui fassent voir la même composition, celle des noms des êtres substantiels l'est par une raison tout opposée, parce qu'ils doivent signifier ce qui est supposé conforme à la réalité des choses, et se rapporte à des modèles formés par la nature.

Th. J'ai remarqué déjà plus d'une fois dans nos conversations précédentes, que cela n'est point essentiel aux idées des substances, mais j'avoue que les idées faites d'après nature sont les plus sûres et les plus utiles.

§ 12. Ph. Lors donc qu'on suit les modèles tout faits par la nature, sans que l'imagination ait besoin que d'en retenir les représentations, les noms des êtres substantiels ont dans l'usage ordinaire un double rapport, comme j'ai déjà montré. Le premier est qu'ils signifient la constitution interne et réelle des choses ; mais ce modèle ne saurait être connu, ni servir par conséquent à régler les significations.

Th. Il ne s'agit pas de cela ici, puisque nous parlons des idées dont nous avons des modèles ; l'essence intérieure est dans la chose ; mais l'on convient qu'elle ne saurait servir de patron.

Ph. Le second rapport est donc celui que les noms des êtres substantiels ont immédiatement aux idées simples qui existent à la fois dans la substance. Mais, comme le nombre de ces idées unies dans un même sujet est grand, les hommes parlant de ce même sujet s'en forment des idées fort différentes, tant par la différente combinaison des idées simples qu'ils font, que parce que la plupart des qualités des corps sont les puissances qu'ils ont de produire des changements dans les autres corps et d'en recevoir ; témoin les changements que l'un des plus bas métaux est capable de souffrir par l'opération du feu, et il en reçoit bien plus encore entre les mains d'un chimiste, par l'application des autres corps. D'ailleurs l'un se contente du poids et de la couleur pour connaître l'or, l'autre y fait encore entrer la ductilité, la fixité ; et le troisième veut faire considérer qu'on le peut dissoudre dans l'eau régale. § 14. Comme les choses aussi ont souvent de la ressemblance entre elles, il est difficile quelquefois de désigner les différences précises.

Th. Effectivement comme les corps sont sujets à être altérés, déguisés, falsifiés, contrefaits, c'est un grand point de les pouvoir distinguer et reconnaître. L'or est déguisé dans la solution, mais on peut l'en retirer soit en le précipitant, soit en distillant l'eau ; et l'or contrefait ou sophistiqué est reconnu ou purifié par l'art des essayeurs, qui n'étant pas connu à tout le monde, il n'est pas étrange que les hommes n'aient pas tous la même idée de l'or. Et ordinairement ce ne sont que les experts qui ont des idées assez justes des matières.

§ 15. Ph. Cette variété ne cause pas cependant tant de désordre dans le commerce civil que dans les recherches philosophiques.

Th. Il serait plus supportable s'il n'avait point de l'influence dans la pratique, où il importe souvent de ne pas recevoir un quiproquo, et par conséquent de connaître les marques des choses ou d'avoir à la main des gens qui les connaissent. Et cela surtout est important à l'égard des drogues et matériaux qui sont de prix, et dont on peut avoir besoin dans des rencontres importantes. Le désordre philosophique se remarquera plutôt dans l'usage des termes plus généraux.

§ 18. Ph. Les noms des idées simples sont moins sujets à équivoque, et on se méprend rarement sur les termes de blanc, amer, etc.

Th. Il est vrai pourtant que ces termes ne sont pas entièrement exempts d'incertitude ; et j'ai déjà remarqué l'exemple des couleurs limitrophes qui sont dans les confins de deux genres et dont le genre est douteux.

§ 19. Ph. Après les noms des idées simples, ceux des modes simples sont les moins douteux, comme par exemple ceux des figures et des nombres. Mais § 20, les modes composés et les substances causent tout l'embarras. § 21. On dira qu'au lieu d'imputer ces imperfections aux mots, il faut plutôt les mettre sur le compte de notre entendement : mais je réponds que les mots s'interposent tellement entre notre esprit et la vérité des choses, qu'on peut comparer les mots avec le milieu au travers duquel passent les rayons des objets visibles, qui répand souvent des nuages sur nos yeux ; et je suis tenté de croire que, si l'on examinait plus à fond les imperfections du langage, la plus grande partie des disputes tomberait d'elle-même, et que le chemin de la connaissance et peut-être de la paix serait plus ouvert aux hommes.

Th. Je crois qu'on en pourrait venir à bout dès à présent dans les discussions par écrit, si les hommes voulaient convenir de certains règlements et les exécuter avec soin. Mais, pour procéder exactement de vive voix et sur-le-champ, il faudrait du changement dans le langage. Je suis entré ailleurs dans cet examen.

§ 22. Ph. En attendant la réforme qui ne sera pas prête sitôt, cette incertitude des mots nous devrait apprendre à être modérés, surtout quand il s'agit d'imposer aux autres le sens que nous attribuons aux anciens auteurs : puisqu'il se trouve dans les auteurs grecs que presque chacun d'eux parle un langage différent.

Th. J'ai été plutôt surpris de voir que des auteurs grecs si éloignés les uns des autres à l'égard des temps et des lieux, comme Homère, Hérodote, Strabon, Plutarque, Lucien, Eusèbe, Procope, Photius s'approchent tant ; au lieu que les Latins ont tant changé, et les Allemands, Anglais et Français bien davantage. Mais c'est que les Grecs ont eu dès le temps d'Homère, et plus encore lorsque la ville d'Athènes était dans un état florissant, de bons auteurs que la postérité a pris pour modèles au moins en écrivant. Car sans doute la langue vulgaire des Grecs devait être bien changée déjà sous la domination des Romains, et cette même raison fait que l'italien n'a pas tant changé que le français, parce que les Italiens ayant eu plutôt des écrivains d'une réputation durable, ont imité et estiment encore Dante, Pétrarque, Boccace et autres auteurs d'un temps d'où ceux des Français ne sont plus de mise.

CHAP. X. — DE L'ABUS DES MOTS.

§ 1. PH. Outre les imperfections naturelles du langage, il y en a de volontaires et qui viennent de négligence, et c'est abuser des mots que de s'en servir si mal. Le premier et le plus visible abus, est § 2, qu'on n'y attache point d'idée claire. Quant à ces mots, il y en a de deux classes; les uns n'ont jamais eu d'idée déterminée, ni dans leur origine, ni dans leur usage ordinaire. La plupart des sectes de philosophie et de religion en ont introduit pour soutenir quelque opinion étrange, ou cacher quelque endroit faible de leur système. Cependant ce sont des caractères distinctifs dans la bouche des gens de parti, § 3. Il y a d'autres mots qui dans leur usage premier et commun ont quelque idée claire, mais qu'on a appropriés depuis à des matières fort importantes sans leur attacher aucune idée certaine. C'est ainsi que les mots de *sagesse*, de *gloire*, de *grâce*, sont souvent dans la bouche des hommes.

TH. Je crois qu'il n'y a pas tant de mots insignifiants qu'on pense, et qu'avec un peu de soin et de bonne volonté on pourrait y remplir le vide, ou fixer l'indétermination. La sagesse ne paraît être autre chose que la science de la félicité. La grâce est un bien qu'on fait à ceux qui ne l'ont point mérité, et qui se trouvent dans un état où ils en ont besoin. Et la gloire est la renommée de l'excellence de quelqu'un.

§ 4. PH. Je ne veux point examiner maintenant s'il y a quelque chose à dire à ces définitions, pour remarquer plutôt les causes des abus des mots. Premièrement, on apprend les mots avant d'apprendre les idées qui leur appartiennent, et les enfants accoutumés à cela dès le berceau en usent de même pendant toute leur vie; d'autant plus qu'ils ne laissent pas de se faire entendre dans la conversation, sans avoir jamais fixé leur idée, en se servant de différentes expressions pour faire concevoir aux autres ce qu'ils veulent dire. Cependant cela remplit souvent leur discours de quantité de vains sons, surtout en matière de morale. Les hommes prennent les mots qu'ils trouvent en usage chez leurs voisins, pour ne pas paraître ignorer ce qu'ils signifient, et ils les emploient avec confiance sans leur donner un sens certain : et, comme dans ces sortes de discours il leur arrive rarement d'avoir raison, ils sont aussi rarement convaincus d'avoir tort ; et les vouloir tirer d'erreur, c'est vouloir déposséder un vagabond.

Th. En effet on prend si rarement la peine qu'il faudrait se donner, pour avoir l'intelligence des termes ou mots, que je me suis étonné plus d'une fois que les enfants peuvent apprendre si tôt les langues, et que les hommes parlent encore si juste ; vu qu'on s'attache si peu à instruire les enfants dans leur langue maternelle, et que les autres pensent si peu à acquérir des définitions nettes : d'autant que celle qu'on apprend dans les écoles ne regardent pas ordinairement les mots qui sont dans l'usage public. Au reste, j'avoue qu'il arrive assez aux hommes d'avoir tort lors même qu'ils disputent sérieusement, et parlent suivant leur sentiment ; cependant j'ai remarqué aussi assez souvent que dans leurs disputes de spéculation sur des matières qui sont du ressort de leur esprit, ils ont tous raison des deux côtés, excepté dans les oppositions, qu'ils font les uns aux autres, où ils prennent mal le sentiment d'autrui : ce qui vient du mauvais usage des termes et quelquefois aussi d'un esprit de contradiction et d'une affectation de supériorité.

§ 5. Ph. En second lieu, l'usage des mots est quelquefois inconstant : cela ne se pratique que trop parmi les savants. Cependant c'est une tromperie manifeste, et, si elle est volontaire, c'est folie ou malice. Si quelqu'un en usait ainsi dans ses comptes (comme de prendre un X pour un V), qui, je vous prie, voudrait avoir à faire avec lui ?

Th. Cet abus étant si commun non seulement parmi les savants mais encore dans le grand monde, je crois que c'est plutôt mauvaise coutume et inadvertance que malice qui le fait commettre. Ordinairement les significations diverses du même ont quelque affinité ; cela fait passer l'une pour l'autre, et on ne se donne pas le temps de considérer ce qu'on dit avec toute l'exactitude qui serait à souhaiter. On est accoutumé aux tropes et aux figures, et quelque élégance ou faux brillant nous impose aisément. Car le plus souvent on cherche le plaisir, l'amusement et les apparences plus que la vérité, outre que la vanité s'en mêle.

§ 6. Ph. Le troisième abus est une obscurité affectée, soit en donnant à des termes d'usage des significations inusitées ; soit en introduisant des termes nouveaux, sans les expliquer. Les anciens sophistes, que Lucien tourne si raisonnablement en ridicule, prétendant parler de tout, couvraient leur ignorance sous le voile de l'obscurité des paroles. Parmi les sectes des philosophes, la péripatéticienne s'est rendue remarquable par ce défaut ; mais les autres sectes, même parmi les modernes, n'en sont pas tout à fait exemptes. Il y a par exemple des gens qui abusent du terme d'étendue et trouvent nécessaire de le confondre avec celui de corps. § 4. La logique ou l'art de disputer, qu'on a tant estimé, a servi à entretenir l'obscurité. § 8. Ceux qui s'y sont adonnés ont été inutiles à la république ou plutôt dommageables. § 9. Au lieu que les hommes mécaniques, si méprisés des doctes, ont été utiles à la vie humaine. Cependant ces docteurs obscurs ont été admirés des ignorants ; et on les a crus invincibles parce qu'ils étaient munis de ronces et d'épines, où il n'y avait point de plaisir de se fourrer : la seule obscurité pouvant servir de défense à l'absurdité. § 12. Le mal est que cet art d'obscurcir les mots a embrouillé les deux grandes règles des actions de l'homme, la religion et la justice.

Th. Vos plaintes sont justes en bonne partie : il est vrai cependant qu'il y a, mais rarement, des obscurités pardonnables, et même louables : comme lorsqu'on fait profession d'être énigmatique, et que l'énigme est de saison. Pythagore en usait ainsi, et c'est assez la manière des Orientaux. Les alchimistes, qui se nomment adeptes, déclarent ne vouloir être entendus que des fils de l'art. Mais cela serait bon si ces fils de l'art prétendus avaient la clef du chiffre. Une certaine obscurité pourrait être permise : cependant il faut qu'elle cache quelque chose, qui mérite d'être deviné et que l'énigme soit déchiffrable. Mais la religion et la justice demandent des idées claires. Il semble que le peu d'ordre qu'on y a apporté en les enseignant, en a rendu la doctrine embrouillée ; et l'indétermination des termes y est peut-être plus nuisible que l'obscurité. Or, comme la logique est l'art qui enseigne l'ordre et la liaison des pensées, je ne vois point de sujet de la blâmer. Au contraire, c'est faute de logique que les hommes se trompent.

§ 14. Ph. Le quatrième abus est qu'on prend les mots pour des choses, c'est-à-dire qu'on croit que les termes répondent à l'essence réelle des substances. Qui est-ce qui, ayant été élevé dans la philosophie péripatéticienne, ne se figure que les dix noms qui signifient les *prédicaments* sont exactement conformes à la nature des choses ? que les *formes substantielles*, les *âmes végétatives*, l'*horreur du vide*, les *espèces intentionnelles*, sont quelque chose de réel ? Les Platoniciens ont leur *âme du monde*, et les Épicuriens la *tendance de* leurs atomes *vers le mouvement* dans le temps qu'ils sont en repos. Si les *véhicules aériens* ou *éthériens* du docteur More (1) eussent prévalu dans quelque endroit du monde, on ne les aurait pas moins crus réels.

Th. Ce n'est pas proprement prendre les mots pour les choses, mais c'est croire vrai ce qui ne l'est point. Erreur trop commune à tous les hommes, mais qui ne dépend pas du seul abus des mots, et consiste en tout autre chose. Le dessein des prédicaments est fort utile, et on doit penser à les rectifier plutôt qu'à les rejeter. Les substances, quantités, qualités, actions ou passions et relations, c'est-à-dire cinq titres généraux des êtres pouvaient suffire avec ceux qui se forment de leur composition, et vous-mêmes, en rangeant les idées, n'avez-vous pas voulu les donner comme des prédicaments ? J'ai parlé ci-dessus des formes substantielles. Et je ne sais si on est assez fondé de rejeter les âmes végétatives, puisque des personnes fort expérimentées et judicieuses reconnaissent une grande analogie entre les plantes et les animaux, et que vous avez paru, Monsieur, admettre l'âme des bêtes. L'horreur du vide se peut entendre sainement, c'est-à-dire, supposé que la nature ait une fois rempli les espaces, et que les corps soient impénétrables et incondensables, elle ne saurait admettre du vide : et je tiens ces trois suppositions bien fondées. Mais les espèces intentionnelles qui doivent faire le commerce de l'âme et du corps ne le sont pas, quoiqu'on puisse excuser peut-être les espèces sensibles qui vont de l'objet à l'organe éloigné, en y sous-entendant la propagation des mouvements. J'avoue qu'il n'y a point d'âme du monde de Platon, car Dieu est au-dessus du monde, *extra mundana intelligentia*, ou plutôt, *supramundana*. Je ne sais si par la tendance au mouvement des atomes des épicuriens vous entendez la pesanteur qu'ils leur attribuaient, et qui sans doute était sans fondement, puisqu'ils prétendaient que les corps vont tous d'un même côté d'eux-mêmes. Feu M. Henri Morus, théologien de l'Église anglicane, tout habile homme qu'il était, se montrait un

---

(1) Henri Morus.

peu trop facile à forger des hypothèses, qui n'étaient point intelligibles ni apparentes ; témoin son *principe hylarchique* de la matière, cause de la pesanteur, du ressort et des autres merveilles qui s'y rencontrent. Je n'ai rien à vous dire de ses véhicules éthériens, dont je n'ai point examiné la nature.

§ 15. Ph. Un exemple sur le mot de matière vous fera mieux entrer dans ma pensée. On prend la matière pour un être réellement existant dans la nature, distinct du corps : ce qui est en effet de la dernière évidence ; autrement ces deux idées pourraient être mises indifféremment l'une à la place de l'autre. Car on peut dire qu'une seule matière compose tous les corps, et non pas qu'un seul corps compose toutes les matières. On ne dira pas aussi, je pense, qu'une matière est plus grande que l'autre. La matière exprime la substance et la solidité du corps ; ainsi nous ne concevons pas plus les différentes matières que les différentes solidités. Cependant, dès qu'on a pris la matière pour un nom de quelque chose, qui existe sous cette précision, cette pensée a produit des discours intelligibles et des disputes embrouillées sur la matière première.

Th. Il me paraît que cet exemple sert plutôt à excuser qu'à blâmer la philosophie paripatéticienne. Si tout l'argent était figuré, ou plutôt parce que tout l'argent est figuré par la nature ou par l'art, en sera-t-il moins permis de dire que l'argent est un être réellement existant dans la nature, distinct (en le prenant dans sa précision) de la vaisselle ou de la monnaie ? On ne dira pas pour cela que l'argent n'est autre chose que quelques qualités de la monnaie. Aussi n'est-il pas si inutile qu'on pense de raisonner dans la physique générale de la matière première (1) et d'en déterminer la nature, pour savoir si elle est uniforme toujours, si elle a quelque autre propriété que l'impénétrabilité (comme en effet j'ai montré après Kepler qu'elle a encore ce qu'on peut appeler inertie), etc., quoiqu'elle ne se trouve jamais toute nue : comme il serait permis de raisonner de l'argent pur, quand il n'y en aurait point chez nous, et quand nous n'aurions pas le moyen de le purifier. Je ne désapprouve donc point qu'Aristote ait parlé de la matière première ; mais on ne saurait s'empêcher de blâmer ceux qui s'y sont trop arrêtés, et qui ont

---

(1) La *matière première* (ὕλη πρώτη), *materia nuda,* est la substance dont toutes choses sont composées, abstraction faite de toute détermination particulière ; on la distingue de la matière *seconde,* ou *materia vestita,* qui est déjà déterminée et qui est ce que nous appelons *matière,* opposée à *esprit.*

forgé des chimères sur des mots mal entendus de ce philosophe, qui peut-être aussi a donné trop l'occasion quelquefois à ces méprises et au galimatias. Mais on ne doit pas tant exagérer les défauts de cet auteur célèbre, parce qu'on sait que plusieurs de ces ouvrages n'ont pas été achevés, ni publiés par lui-même.

§ 17. Ph. Le cinquième abus est de mettre les mots à la place des choses qu'ils ne signifient, ni ne peuvent signifier en aucune manière. C'est lorsque par les noms des substances nous voudrions dire quelque chose de plus que ceci : ce que j'appelle or est malléable (quoique dans le fond l'or alors ne signifie autre chose que ce qui est malléable), prétendant faire entendre que la malléabilité dépend de l'essence réelle de l'or. Ainsi nous disons que c'est bien définir l'homme avec Aristote par l'animal raisonnable ; et que c'est le mal définir avec Platon par un animal à deux pieds sans plumes et avec de larges ongles. § 18. A peine se trouve-t-il une personne qui ne suppose que ces mots signifient une chose qui a l'essence réelle dont dépendent ces propriétés ; cependant c'est un abus visible, cela n'étant point renfermé dans l'idée complexe signifiée par ce mot.

Th. Et moi je croirais plutôt qu'il est visible qu'on a tort de blâmer cet usage commun, puisqu'il est très vrai que dans l'idée complexe de l'or est renfermé que c'est une chose qui a une essence réelle dont la constitution ne nous est pas autrement connue au détail que de ce qu'en dépendent des qualités telles que la malléabilité. Mais, pour en énoncer la malléabilité sans identité et sans le défaut de *coccysme* ou de répétition (voyez chap. VII, § 18), on doit reconnaître cette chose par d'autres qualités, comme si l'on disait qu'un certain corps fusible, jaune et très pesant, qu'on appelle or, a une nature qui lui donne encore la qualité d'être fort doux au marteau et de pouvoir être rendu extrêmement mince. Pour ce qui est de la définition de l'homme qu'on attribue à Platon, qu'il ne paraît avoir fabriquée que par exercice, et que vous-même ne voudriez, je crois, comparer sérieusement à celle qui est reçue, il est manifeste qu'elle est un peu trop externe et trop provisionnelle ; car, si ce cassiovaris, dont vous parliez dernièrement, Monsieur (chap. VI, § 34), s'était trouvé avoir de larges ongles, le voilà qui serait homme ; car on n'aurait point besoin de lui arracher les plumes comme à ce coq que Diogène, à ce qu'on dit, voulait faire devenir homme platonique.

§ 19. Ph. Dans les modes composés, dès qu'une idée, qui y entre, est changée, on reconnaît aussitôt que c'est autre chose, comme il paraît visiblement par ces mots, *murther*, qui signifie en anglais, comme *mord* en allemand, homicide de dessein prémédité ; *manslaughter*, mot répondant dans son origine à celui d'homicide qui en signifie un volontaire, mais non prémédité ; *chancemedly*, mêlée arrivée par hasard, suivant la force du mot ; homicide commis sans dessein ; car ce qu'on exprime par les noms, et ce que je crois être dans la chose (ce que j'appelais auparavant essence nominale et essence réelle) est le même. Mais il n'est pas ainsi dans les noms des substances, car, si l'un met dans l'idée de l'or ce que l'autre y omet, par exemple la fixité et la capacité d'être dissous dans l'eau régale, les hommes ne croient pas pour cela qu'on ait changé l'espèce, mais seulement que l'un en ait une idée plus parfaite que l'autre de ce qui fait l'essence réelle cachée, à laquelle ils rapportent le nom de l'or, quoique ce secret rapport soit inutile et ne serve qu'à nous embarrasser.

TH. Je crois de l'avoir déjà dit ; mais je vais encore vous montrer clairement ici que ce que vous venez de dire, Monsieur, se trouve dans les modes, comme dans les êtres substantiels, et qu'on n'a point sujet de blâmer ce rapport à l'essence interne. En voici un exemple: On peut définir une parabole, au sens des géomètres, que c'est une figure dans laquelle tous les rayons parallèles à une certaine droite sont réunis par la réflexion dans un certain point ou foyer. Mais c'est plutôt l'extérieur et l'effet qui est exprimé par cette idée ou définition, que l'essence interne de cette figure, ou ce qui en puisse faire d'abord connaître l'origine. On peut même douter au commencement si une telle figure, qu'on souhaite et qui doit faire cet effet, est quelque chose de possible ; et c'est ce qui chez moi fait connaître si une définition est seulement nominale et prise des propriétés, ou si elle est encore réelle. Cependant celui qui nomme la parabole et ne la connaît que par la définition que je viens de dire, ne laisse pas, lorsqu'il en parle, d'entendre une figure qui a une certaine construction ou constitution qu'il ne sait pas, mais qu'il souhaite d'apprendre pour la pouvoir tracer. Un autre qui l'aura plus approfondie y ajoutera quelque autre propriété, et il y découvrira par exemple que dans la figure qu'on demande, la portion de l'axe interceptée entre l'ordonnée et la perpendiculaire, tirées au même point de la courbe, est toujours constante, et qu'elle est égale à la distance du sommet et du foyer. Ainsi il aura une idée plus parfaite que le premier et arrivera plus aisément à tracer la figure, quoiqu'il n'y soit pas encore. Et cependant on conviendra que c'est la même figure, mais dont la constitution est encore cachée. Vous voyez donc, Monsieur, que tout ce que vous trouvez et blâmez en partie dans l'usage des mots qui signifient des choses substantielles, se trouve encore et se trouve justifié manifestement dans l'usage des mots qui signifient des modes composés. Mais ce qui vous a fait croire qu'il y avait de la différence entre les substances et les modes, c'est que vous n'avez point consulté ici les modes intelligibles de difficile discussion qu'on trouve ressembler en tout ceci aux corps, qui sont encore plus difficiles à connaître.

§ 20. Ph. Ainsi je crains que je ne doive rengaîner ce que je voulais vous dire, Monsieur, de la cause de ce que j'avais cru un abus. Comme si c'était parce que nous croyons faussement que la nature agit toujours régulièrement, et fixe des bornes à chacune des espèces par cette essence spécifique ou constitution intérieure que nous y sous-entendons et qui suit toujours le même nom spécifique.

Th. Vous voyez donc bien, Monsieur, par l'exemple des modes géométriques, qu'on n'a pas trop de tort de se rapporter aux essences internes et spécifiques, quoiqu'il y ait bien de la différence entre les choses sensibles, soit substances, soit modes, dont nous n'avons que des définitions nominales provisionnelles, et dont nous n'espérons pas facilement de réelles, et entre les modes intelligibles de difficile discussion, puisque nous pouvons enfin parvenir à la constitution intérieure des figures géométriques.

§ 21. Ph. Je vois enfin que j'aurais eu tort de blâmer ce rapport aux essences et constitutions internes, sous prétexte que ce serait rendre nos paroles signes d'un rien ou d'un inconnu. Car ce qui est inconnu à certains égards se peut faire connaître d'une autre manière, et l'intérieur se fait connaître en partie par les phénomènes qui en naissent. Et pour ce qui est de la demande : si un fœtus monstrueux est homme ou non, je vois que, si on ne peut pas le décider d'abord, cela n'empêche point que l'espèce ne soit bien fixée en elle-même, notre ignorance ne changeant rien dans la nature des choses.

Th. En effet, il est arrivé à des géomètres très habiles de n'avoir point assez su quelles étaient les figures dont ils connaissaient plusieurs propriétés qui semblaient épuiser le sujet. Par exemple, il y avait des lignes qu'on appelle des perles, dont on donna même les quadratures et la mesure de leurs surfaces et des solides faits par leur révolution, avant qu'on sût que ce n'était qu'un composé de certaines paraboloïdes cubiques. Ainsi en considérant auparavant ces perles comme une espèce particulière, on n'en avait que des connaissances provisionnelles. Si cela peut arriver en géométrie, s'étonnera-t-on qu'il est difficile de déterminer les espèces de la nature corporelle, qui sont incomparablement plus composées ?

§ 22. Ph. Passons au sixième abus pour continuer le dénombrement commencé, quoique je voie bien qu'il en faudrait retrancher quelques-uns. Cet abus général mais peu remarqué, c'est que les hommes ayant attaché certaines idées à certains mots par un long usage, s'imaginent que cette connexion est manifeste et que tout le monde en convient. D'où vient qu'ils trouvent fort étrange, quand on leur demande la signification des mots qu'ils emploient, lors même que cela est absolument nécessaire ? Il y a peu de gens qui ne le prissent pour un affront, si on leur demandait ce qu'ils entendent en parlant de la vie. Cependant l'idée vague qu'ils en peuvent avoir ne suffit pas lorsqu'il s'agit de savoir si une plante qui est déjà formée dans la semence, a vie, ou un poulet qui est dans un œuf qui n'a pas encore été couvé, ou bien un homme en défaillance, sans sentiment ni mouvement. Et, quoique les hommes ne veulent pas paraître si peu intelligents ou si importuns que d'avoir besoin de demander l'explication des termes dont on se sert, ni critiques si incommodes pour reprendre sans cesse les autres de l'usage qu'ils font des mots, cependant, lorsqu'il s'agit d'une recherche exacte, il faut venir à l'explication. Souvent les savants de différents partis, dans les raisonnements qu'ils étalent les uns contre les autres, ne font que parler différents langages, et pensent la même chose, quoique peut-être leurs intérêts soient différents.

Th. Je crois m'être expliqué assez sur la notion de la vie qui doit toujours être accompagnée de perception dans l'âme ; autrement ce ne sera qu'une apparence, comme la vie que les sauvages de l'Amérique attribuaient aux montres ou horloges, ou qu'attribuaient aux marionnettes ces magistrats qui les crurent animées par des démons, lorsqu'ils voulurent punir comme sorcier celui qui avait donné ce spectacle le premier dans leur ville.

§ 23. Ph. Pour conclure, les mots servent : 1° pour faire entendre nos pensées ; 2° pour le faire facilement ; et 3° pour donner entrée dans la connaissance des choses. On manque au premier point, lorsqu'on n'a point l'idée déterminée et constante des mots, ni reçue ou entendue par les autres. § 23. On manque à la facilité, quand on a des idées fort complexes, sans avoir des noms distincts ; c'est souvent la faute des langues mêmes qui n'ont point des noms, souvent aussi c'est celle de l'homme qui ne les sait pas ; alors on a besoin de grandes périphrases. § 24. Mais, lorsque les idées signifiées par les mots ne s'accordent pas avec ce qui est réel, on manque au troisième point. § 26. 1° Celui qui a les termes sans idées est comme celui qui n'aurait qu'un catalogue de livres. § 27. 2° Celui qui a des idées fort complexes serait comme un homme qui aurait quantité de livres en feuilles détachées sans titres, et ne saurait donner le livre sans en donner les feuilles l'une après l'autre. § 28. 3° Celui qui n'est point constant dans l'usage des signes serait comme un marchand qui vendrait différentes choses sous le même nom. § 29. 4° Celui qui attache des idées particulières aux mots reçus ne saurait éclairer les autres par les lumières qu'il peut avoir. § 30. 5° Celui qui a en tête des idées des substances qui n'ont jamais été, ne saurait avancer dans les connaissances réelles. § 33. Le premier parlera vainement de la tarentule ou de la charité. Le second verra des animaux nouveaux sans les pouvoir faire aisément connaître aux autres. Le troisième prendra le corps tantôt pour le solide, et tantôt pour ce qui n'est qu'étendu ; et par la frugalité il désignera tantôt la vertu, tantôt le vice voisin. Le quatrième appellera une mule du nom de cheval, et celui que tout le monde appelle prodigue lui sera généreux ; et le cinquième cherchera dans la Tartarie, sur l'autorité d'Hérodote, une nation composée d'hommes qui n'ont qu'un œil. Je remarque que les quatre premiers défauts sont communs aux noms des substances et des modes, mais que le dernier est propre aux substances.

Th. Vos remarques sont fort instructives. J'ajouterai seulement qu'il me semble qu'il y a du chimérique encore dans les idées qu'on a des accidents ou façons d'être ; et qu'ainsi le cinquième défaut est encore commun aux substances et aux accidents. Le berger extravagant ne l'était pas seulement parce qu'il croyait qu'il y avait des nymphes cachées dans les arbres, mais encore parce qu'il s'attendait toujours à des aventures romanesques.

§ 34. Ph. J'avais pensé de conclure ; mais je me souviens du septième et dernier abus, qui est celui des termes figurés ou des allusions. Cependant on aura de la peine à le croire abus, parce que ce qu'on appelle esprit et imagination est mieux reçu que la vérité toute sèche. Cela va bien dans les discours, où on ne cherche qu'à plaire ; mais dans le fond, excepté l'ordre et la netteté, tout l'art de la rhétorique toutes ces applications artificielles et figurées des mots ne servent qu'à insinuer de fausses idées, émouvoir les passions et séduire le jugement, de sorte que ce ne sont que de pures supercheries. Cependant c'est à cet art fallacieux qu'on donne le premier rang et les récompenses. C'est que les hommes ne se soucient guère de la vérité, et aiment beaucoup à tromper et être trompés. Cela est si vrai, que je ne doute pas que ce que je viens de dire contre cet art ne soit regardé comme l'effet d'une extrême audace. Car l'éloquence, semblable au beau sexe, a des charmes trop puissants pour qu'on puisse être admis à s'y opposer.

Th. Bien loin de blâmer votre zèle pour la vérité, je le trouve juste. Et il serait à souhaiter qu'il pût toucher. Je n'en désespère pas entièrement parce qu'il semble, Monsieur, que vous combattez l'éloquence par ses propres armes, et que vous en avez même une d'une autre espèce, supérieure à cette trompeuse, comme il y avait une Vénus Uranie, mère du divin amour, devant laquelle cette autre Vénus bâtarde, mère d'un amour aveugle, n'osait paraître avec son enfant aux yeux bandés (1). Mais cela prouve que votre thèse a besoin de quelque modération, et que certains ornements de l'éloquence sont comme les vases des Égyptiens dont on se pouvait servir au culte du vrai Dieu. Il en est comme de la peinture et de la musique dont on abuse, et dont l'une représente souvent des imaginations grotesques et même nuisibles, et l'autre amollit le cœur : et toutes deux amusent vainement, mais elles peuvent être employées utilement, l'une pour rendre la vérité claire, l'autre pour la rendre touchante, et ce dernier effet doit être aussi celui de la poésie qui tient de la rhétorique et de la musique.

CHAP. XI. — DES REMÈDES QU'ON PEUT APPORTER AUX IMPERFECTIONS ET AUX ABUS DONT ON VIENT DE PARLER.

§ 1. Ph. Ce n'est pas le lieu ici de s'enfoncer dans cette discussion de l'usage d'une vraie éloquence, et encore moins de répondre à votre compliment obligeant, puisque nous devons penser à finir cette matière des mots, en cherchant les remèdes aux imperfections que

---

(1) Voir le *Banquet* de Platon.

nous y avons remarquées. Il serait ridicule de tenter la réforme des langues, et de vouloir obliger les hommes à ne parler qu'à mesure qu'ils ont de la connaissance. § 3. Mais ce n'est pas trop de prétendre que les philosophes parlent exactement, lorsqu'il s'agit d'une sérieuse recherche de la vérité : sans cela tout sera plein d'erreurs, d'opiniâtretés et de disputes vaines. § 8. Le premier remède est de ne se servir d'aucun mot sans y attacher une idée, au lieu qu'on emploie souvent des mots comme instinct, sympathie, antipathie, sans y attacher aucun sens.

Th. La règle est bonne ; mais je ne sais si les exemples sont convenables. Il semble que tout le monde entend par l'instinct, une inclination d'un animal à ce qui lui est convenable, sans qu'il en conçoive pour cela la raison ; et les hommes mêmes devraient moins négliger ces instincts qui se découvrent encore en eux, quoique leur manière de vivre artificielle les ait presque effacés dans la plupart. Le médecin de soi-même l'a bien remarqué. La sympathie ou antipathie signifie ce qui, dans les corps destitués de sentiment, répond à l'instinct de s'unir ou de séparer qui se trouve dans les animaux. Et, quoiqu'on n'ait point l'intelligence de la cause de ces inclinations ou tendances, qui serait à souhaiter, on en a pourtant une notion suffisante, pour en discourir intelligiblement.

§ 6. Ph. Le second remède est que les idées des noms des modes soient au moins déterminées et, § 10, que les idées des noms des substances soient de plus conformes à ce qui existe. Si quelqu'un dit que la justice est une conduite conforme à la loi à l'égard du bien d'autrui, cette idée n'est pas assez déterminée, quand on n'a aucune idée distincte de ce qu'on appelle loi.

Th. On pourrait dire ici que la loi est un précepte de la sagesse, ou de la science de la félicité.

§ 11. Ph. Le troisième remède est d'employer des termes conformément à l'usage reçu, autant qu'il est possible. § 12. Le quatrième est de déclarer en quel sens on prend les mots, soit qu'on en fasse de nouveaux, ou qu'on emploie les vieux dans un nouveau sens ; soit que l'on trouve que l'usage n'ait pas assez fixé la signification. § 13. Mais il y a de la différence. § 14. Les mots des idées simples qui ne sauraient être définies sont expliqués par des mots synonymes, quand ils sont plus connus, ou en montrant la chose. C'est par ces moyens qu'on peut faire comprendre à un paysan ce que c'est que la couleur feuille morte, en lui disant que c'est celle des feuilles sèches qui tombent en automne. § 15. Les noms des modes composés doivent être expliqués par la définition, car cela se peut. § 16. C'est par là que la morale est susceptible de démonstration. On y prendra l'homme pour un être corporel et raisonnable, sans se mettre en peine de la figure externe ; § 17. car c'est par le moyen des définitions, que les matières de morale peuvent être traitées clairement. On aura plutôt fait de définir la justice suivant l'idée qu'on a dans l'esprit, que d'en chercher un modèle hors de nous, comme Aristide, et de la former là-dessus. § 18. Et, comme la plupart des modes composés n'existent nulle part ensemble, on ne les peut fixer qu'en les définissant par l'énumération de ce qui est dispersé. § 19. Dans les substances, il y a ordinairement quelques qualités directrices ou caractéristiques que nous considérons comme l'idée la plus distinctive de l'espèce, auxquelles nous supposons que les autres idées qui forment l'idée complexe de l'espèce, sont attachées. C'est la figure dans les végétaux et animaux, et la couleur dans les corps inanimés, et dans quelques-uns c'est la couleur ou la figure ensemble. C'est pourquoi, § 20, la définition de l'homme donnée par Platon, est plus caractéristique que celle d'Aristote ; ou bien on ne devrait point faire mourir les productions monstrueuses. § 21. Et souvent la vue sert autant qu'un autre examen ; car des personnes accoutumées à examiner l'or, distinguent souvent à la vue le véritable or d'avec le faux, le pur d'avec celui qui est falsifié.

Th. Tout revient sans doute aux définitions qui peuvent aller jusqu'aux idées primitives. Un même sujet peut avoir plusieurs définitions, mais pour savoir qu'elles conviennent au même, il faut l'apprendre par la raison, en démontrant une définition par l'autre, ou par l'expérience en éprouvant qu'elles vont constamment ensemble. Pour ce qui est de la morale, une partie en est toute fondée en raison ; mais il y en a une autre qui dépend des expériences et se rapporte aux tempéraments. Pour connaître les substances, la figure et la couleur, c'est-à-dire le visible, nous donnent les premières idées, parce que c'est par là qu'on connaît les choses de loin ; mais elles sont ordinairement trop provisionnelles, et dans les choses qui nous importent, on tâche de connaître la substance de plus près. Je m'étonne au reste que vous reveniez encore à la définition de l'homme, attribuée à Platon, depuis que vous venez de dire vous-même § 16, qu'en morale on doit prendre l'homme pour un être corporel et raisonnable sans se mettre en peine de la figure externe.

Au reste, il est vrai qu'une grande pratique fait beaucoup pour discerner à la vue ce qu'un autre peut savoir à peine par des essais difficiles. Et des médecins d'une grande expérience, qui ont la vue et la mémoire fort bonnes, connaissent souvent au premier aspect du malade ce qu'un autre lui arrachera à peine à force d'interroger et de tâter le pouls. Mais il est bon de joindre ensemble tous les indices qu'on peut avoir.

§ 22. Ph. J'avoue que celui à qui un bon essayeur fera connaître toutes les qualités de l'or en aura une meilleure connaissance que la vue ne saurait donner. Mais, si nous pouvions en apprendre la constitution intérieure, la signification du mot *or* serait aussi aisément déterminée que celle du triangle.

Th. Elle serait tout aussi déterminée et il n'y aurait plus rien de provisionnel ; mais elle ne serait pas si aisément déterminée. Car je crois qu'il faudrait une distinction un peu prolixe pour expliquer la contexture de l'or, comme il y a même en géométrie des figures dont la définition est longue.

§ 23. Ph. Les esprits séparés des corps ont sans doute des connaissances plus parfaites que nous, quoique nous n'ayons aucune notion de la manière dont ils les peuvent acquérir. Cependant ils pourront avoir des idées aussi claires de la constitution radicale des corps que celle que nous avons d'un triangle.

Th. Je vous ai déjà marqué, Monsieur, que j'ai des raisons pour juger qu'il n'y a point d'esprits créés, entièrement séparés des corps ; cependant il y en a sans doute dont les organes et l'entendement sont incomparablement plus parfaits que les nôtres et qui nous passent en toute sorte de conceptions autant et plus que M. Frenicle (1), ou ce garçon suédois dont je vous ai parlé, passent le commun des hommes dans le calcul des nombres fait par imagination.

§ 24. Ph. Nous avons déjà remarqué que les définitions des substances qui peuvent servir à expliquer les noms sont imparfaites par rapport à la connaissance des choses. Car ordinairement nous mettons le nom à la place de la chose ; donc le nom dit plus que les définitions ; ainsi pour bien définir les substances, il faut étudier l'histoire naturelle.

---

(1) Frenicle, arithméticien célèbre du xviie siècle, qui, sans le secours de l'algèbre, résolvait les plus grandes difficultés ; reçu à l'Académie des Sciences en 1666 et mort en 1675. Sa méthode, qui a été découverte après sa mort dans ses papiers, n'est plus aujourd'hui qu'un objet de curiosité.   P. J.

Th. Vous voyez donc, Monsieur, que le nom de l'or, par exemple, signifie non pas seulement ce que celui qui le prononce en connaît (par exemple, un jaune très pesant); mais encore ce qu'il ne connaît pas, qu'un autre en peut connaître, c'est-à-dire un corps doué d'une constitution interne, dont découle la couleur et la pesanteur et naissent encore d'autres propriétés qu'il avoue être mieux connues des experts.

§ 25. Ph. Il serait maintenant à souhaiter que ceux qui sont exercés dans les recherches physiques voulussent proposer les idées simples dans lesquelles ils observent que les individus de chaque espèce conviennent constamment. Mais, pour composer un dictionnaire de cette espèce qui contînt pour ainsi dire l'histoire naturelle, il faudrait trop de personnes, trop de temps, trop de peine et trop de sagacité pour qu'on puisse jamais espérer un tel ouvrage. Il serait bon cependant d'accompagner les mots de petites tailles-douces à l'égard des choses qu'on connaît par leur figure extérieure. Un tel dictionnaire servirait beaucoup à la postérité et épargnerait bien de la peine aux critiques futurs. De petites figures comme de l'ache (*apium*), d'un bouquetin (*ibex*, espèce de bouc sauvage), vaudraient mieux que de longues descriptions de cette plante ou de cet animal. Et pour connaître ce que les Latins appelaient *strigiles et sistrum, tunica et pallium*, des figures à la marge vaudraient incomparablement mieux que les prétendus synonymes, étrille, cymbale, robe, veste, manteau, qui ne les font guère connaître. Au reste je ne m'arrêterai pas sur le septième remède des abus des mots, qui est d'employer constamment le même terme dans le même sens, ou d'avertir quand on le change. Car nous en avons assez parlé.

Th. Le R. P. Grimaldi (1), président du tribunal des mathématiques à Pékin, m'a dit que les Chinois ont des dictionnaires accompagnés de figures. Il y a un petit nomenclateur, imprimé à Nuremberg, où il y a de telles figures à chaque mot, qui sont assez bonnes. Un tel dictionnaire universel figuré serait à souhaiter et ne serait pas fort difficile à faire. Quant à la description des espèces, c'est justement l'histoire naturelle ; et on y travaille peu à peu. Sans les guerres (qui ont troublé l'Europe depuis les premières fondations des sociétés ou académies royales), on serait allé loin et

---

(1) Grimaldi (Claudius, Philippe), jésuite distingué avec lequel Leibniz avait fait connaissance à Rouen.

on serait déjà en état de profiter de nos travaux ; mais les grands pour la plupart n'en connaissent pas l'importance, ni de quels biens ils se privent en négligeant l'avancement des connaissances solides; outre qu'ils sont ordinairement trop dérangés par les plaisirs de la paix ou les soins de la guerre pour peser les choses qui ne les frappent point d'abord.

LIVRE QUATRIÈME

DE LA CONNAISSANCE

CHAP. I. — De la connaissance en général.

§ 1. Ph. Jusqu'ici nous avons parlé des idées et des mots qui les représentent. Venons maintenant aux connaissances que les idées fournissent, car elles ne roulent que sur nos idées. § 2. Et la connaissance n'est autre chose que la perception de la liaison et convenance ou de l'opposition et disconvenance qui se trouve entre deux de nos idées. Soit qu'on imagine, conjecture ou croie, c'est toujours cela. Nous nous apercevons, par exemple, par ce moyen, que le blanc n'est pas le noir et que les angles d'un triangle et leur égalité avec deux angles droits ont une liaison nécessaire.

Th. La connaissance se prend encore plus généralement, en sorte qu'elle se trouve aussi dans les idées ou termes avant qu'on vienne aux propositions ou vérités. Et l'on peut dire que celui qui aura vu attentivement plus de portraits de plantes et d'animaux, plus de figures de machines, plus de descriptions ou représentations de maisons ou de forteresses, qui aura lu plus de romans ingénieux, entendu plus de narrations curieuses, celui-là, dis-je, aura plus de connaissance qu'un autre, quand il n'y aurait pas un mot de vérité en tout ce qu'on lui a dépeint ou raconté ; car l'usage qu'il a de se représenter dans l'esprit beaucoup de conceptions ou idées expresses et actuelles le rend plus propre à concevoir ce qu'on lui propose, et il est sûr qu'il sera plus instruit et plus capable qu'un autre qui n'a rien vu, ni lu, ni entendu, pourvu que, dans ces histoires et représentations, il ne prenne point pour vrai ce qui n'est point, et que ces impressions ne l'empêchent point d'ailleurs de discerner le réel de l'imaginaire, ou l'existant du possible. C'est pourquoi certains logiciens du siècle de la réformation qui tenaient quelque chose du parti des Ramistes (1), n'avaient point de tort de dire que les topiques ou les lieux d'invention (*Argumenta*, comme ils les appellent) servent tant à l'explication ou description bien circonstanciée d'un thème incomplexe, c'est-à-dire d'une chose ou idée, qu'à la preuve d'un thème complexe, c'est-à-dire d'une thèse, proposition ou vérité. Et même une thèse peut être expliquée, pour en bien faire connaître le sens et la force, sans qu'il s'agisse de sa vérité ou preuve, comme l'on voit dans les sermons ou homélies, qui expliquent certains passages de la sainte Écriture, ou dans les répétitions ou lectures sur quelques textes du droit civil ou canonique, dont la vérité est présupposée. On peut même dire qu'il y a des thèmes qui sont moyens entre une idée et une proposition. Ce sont les questions, dont il y en a qui demandent seulement le oui et non : et ce sont les plus proches des propositions. Mais il y en a aussi qui demandent le comment et les circonstances, etc., où il y a plus à suppléer, pour en faire des propositions. Il est vrai qu'on peut dire que, dans les descriptions (même des choses purement idéales), il y a une affirmation tacite de la possibilité. Mais il est vrai aussi que, de même qu'on peut entreprendre l'explication et la preuve d'une fausseté, ce qui sert quelquefois à la mieux réfuter, l'art des descriptions peut tomber sur l'impossible. Il en est comme de ce qui se trouve dans les fictions du comté de Scandiano, suivi par l'Arioste, et dans l'Amadis des Gaules ou autres vieux romans, dans les contes des fées, qui étaient redevenus à la mode il y a quelques années, dans les véritables histoires de Lucien (2) et dans les voyages de Cyrano

---

(1) Les *Ramistes*, disciples de Ramus ou Pierre de La Ramée, célèbre réformateur de la logique au xvi⁰ siècle et grand adversaire d'Aristote, né à Cuth (Vermandois) en 1515, mort à Paris en 1572 dans le massacre de la Saint-Barthélémy. Ses principaux ouvrages sont ses *Dialecticæ partitiones* (1543); *Aristotelicæ animadversiones* (même année); *Schola dialecticæ*, etc. La liste complète en est donnée par M. Ch. Vaddington dans son livre sur *la Vie et les Écrits de Ramus*.

(2) Lucien, sophiste et polygraphe célèbre de l'antiquité, né à Samosate, dans le ii⁰ siècle de l'ère chrétienne. Parmi les nombreux écrits de Lucien, on connaît surtout ses *Dialogues des dieux et des morts*, son *Traité sur l'art d'écrire l'histoire*, l'*Assemblée des Dieux*, *Ménippe*. — Édition d'Hermsterhuys (4 vol., Amsterdam, 1743); — Traduction française de Talbot, 2 vol. in-12, Paris, 1860).

de Bergerac, pour ne rien dire des grotesques des peintres. Aussi sait-on que, chez les rhétoriciens, les fables sont du nombre des *progymnasmata* aux exercitations préliminaires. Mais, prenant la connaissance dans un sens plus étroit, c'est-à-dire pour la connaissance de la vérité, comme vous faites ici, Monsieur, je dis qu'il est bien vrai que la vérité est toujours fondée dans la convenance ou disconvenance des idées; mais il n'est point vrai généralement que notre connaissance de la vérité soit une perception de cette convenance ou disconvenance. Car, lorsque nous ne savons la vérité qu'empiriquement pour l'avoir expérimentée, sans savoir la connexion des choses et la raison qu'il y a dans ce que nous avons expérimenté, nous n'avons point de perception de cette convenance ou disconvenance, si ce n'est qu'on l'entende que nous la sentons confusément sans nous en apercevoir. Mais vos exemples marquent, ce semble, que vous demandez toujours une connaissance où l'on s'aperçoit de la connexion ou de l'opposition, et c'est ce qu'on ne peut point vous accorder. De plus, on peut traiter un thème complexe non seulement en cherchant les preuves de la vérité, mais encore en l'expliquant et l'éclaircissant autrement, selon les lieux topiques, comme je l'ai déjà observé. Enfin j'ai encore une remarque à faire sur votre définition ; c'est qu'elle paraît seulement accommodée aux vérités catégoriques, où il y a deux idées, le sujet et le prédicat ; mais il y a encore une connaissance des vérités hypothétiques ou qui s'y peuvent réduire (comme les disjonctives et autres), où il y a de la liaison entre la proposition antécédente et la proposition conséquente ; ainsi il peut y entrer plus de deux idées.

§ 3. Ph. Bornons-nous ici à la connaissance de la vérité, et appliquons encore à la liaison des propositions ce qui sera dit de la liaison des idées, pour y comprendre les catégoriques et les hypothétiques tout ensemble. Or je crois qu'on peut réduire cette convenance ou disconvenance à quatre espèces, qui sont : 1° Identité ou diversité ; 2° relation ; 3° coexistence ou connexion nécessaire ; 4° existence réelle. § 4. Car l'esprit s'aperçoit immédiatement qu'une idée n'est pas l'autre, que le blanc n'est pas le noir, § 5. Puisqu'il s'aperçoit de leur rapport en les comparant ensemble ; par exemple que deux triangles dont les bases sont égales et qui se trouvent entre deux parallèles, sont égaux. § 6. Après cela il y a coexistence (ou plutôt connexion), comme la fixité accompagne toujours les autres idées de l'or. § 7. Enfin il y a existence réelle hors de l'esprit, comme lorsqu'on dit : Dieu est.

Tн. Je crois qu'on peut dire que la liaison n'est autre chose que le rapport ou la relation, prise généralement. Et j'ai fait remarquer ci-dessus que tout rapport est ou de comparaison ou de concours. Celui de comparaison donne la diversité et l'identité, ou en tout, ou en quelque chose; ce qui fait le même ou le divers, le semblable ou dissemblable. Le concours contient ce que vous appelez coexistence, c'est-à-dire connexion d'existence. Mais, lorsqu'on dit qu'une chose existe ou qu'elle a l'existence réelle, cette existence même est le prédicat, c'est-à-dire, elle a une notion liée avec l'idée dont il s'agit, et il y a connexion entre ces deux notions. On peut aussi concevoir l'existence de l'objet d'une idée, comme le concours de cet objet avec moi. Ainsi je crois qu'on peut dire qu'il n'y a que comparaison ou concours; mais que la comparaison, qui marque l'identité ou diversité, et le concours de la chose avec moi, sont les rapports qui méritent d'être distingués parmi les autres. On pourrait faire peut-être des recherches plus exactes et plus profondes; mais je me contente ici de faire des remarques.

§ 8. Pн. Il y a une connaissance actuelle qui est la perception présente du rapport des idées, et il y en a une habituelle, lorsque l'esprit s'est aperçu si évidemment de la convenance ou disconvenance des idées, et l'a placée de telle manière dans sa mémoire, que toutes les fois qu'il vient à réfléchir sur la proposition, il est assuré d'abord de la vérité qu'elle contient, sans douter le moins du monde. Car, n'étant capable de penser clairement et distinctement qu'à une seule chose à la fois, si les hommes ne connaissaient que l'objet actuel de leurs pensées, ils seraient tous fort ignorants; et celui qui connaîtrait le plus ne connaîtrait qu'une seule vérité.

Tн. Il est vrai que notre science, même la plus démonstrative, se devant acquérir fort souvent par une longue chaîne de conséquences, doit envelopper le souvenir d'une démonstration passée qu'on envisage plus distinctement quand la conclusion est faite; autrement ce serait répéter toujours cette démonstration. Et même, pendant qu'elle dure, on ne la saurait comprendre tout entière à la fois; car toutes ses parties ne sauraient être en même temps présentes à l'esprit; ainsi se remettant toujours devant les yeux la partie qui précède, on n'avancerait jamais jusqu'à la dernière qui achève la conclusion. Ce qui fait aussi que sans l'écriture, il serait difficile de bien établir les sciences, la mémoire n'étant pas assez sûre. Mais, ayant mis par écrit une longue démonstration, comme sont par exemple celles d'Apollonius et ayant repassé par toutes ses parties, comme si l'on examinait une chaîne anneau par anneau, les hommes se peuvent assurer de leurs raisonnements : à quoi servent encore les épreuves, et le succès enfin justifie le tout. Cependant on voit par là que toute croyance, consistant dans la mémoire de la vue (1) passée des preuves ou raisons, il n'est pas en notre pouvoir ni en notre franc arbitre de croire ou de ne croire pas, puisque la mémoire n'est pas une chose qui dépende de notre volonté.

§ 9. PH. Il est vrai que notre connaissance habituelle est de deux sortes ou degrés. Quelquefois les vérités mises comme en réserve dans la mémoire ne se présentent pas plutôt à l'esprit, qu'il voit le rapport qui est entre les idées qui y entrent ; mais quelquefois l'esprit se contente de se souvenir de la conviction, sans en retenir les preuves, et même souvent sans pouvoir se les remettre quand il voudrait. On pourrait s'imaginer que c'est plutôt croire sa mémoire que de connaître réellement la vérité en question : et il m'a paru autrefois que c'est un milieu entre l'opinion et la connaissance, et que c'est une assurance qui surpasse la simple croyance fondée sur le témoignage d'autrui. Cependant je trouve, après y avoir bien pensé, que cette connaissance renferme une parfaite certitude. Je me souviens, c'est-à-dire je connais (le souvenir n'étant que le renouvellement d'une chose passée) que j'ai été une fois assuré de la vérité de cette proposition, que les trois angles d'un triangle sont égaux à deux droits. Or l'immutabilité des mêmes rapports entre les mêmes choses immuables est présentement l'idée médiate qui me fait voir, que s'ils y ont été une fois égaux ils le seront encore. C'est sur ce fondement que dans les mathématiques les démonstrations particulières fournissent des connaissances générales ; autrement la connaissance d'un géomètre ne s'étendrait pas au delà de cette figure particulière qu'il s'était tracée en démontrant.

TH. L'idée médiate dont vous parlez, Monsieur, suppose la fidélité de notre souvenir ; mais il arrive quelquefois que notre souvenir nous trompe, et que nous n'avons point fait toutes les diligences nécessaires, quoique nous le croyions maintenant. Cela se voit clairement dans les revisions des comptes. Il y a quelquefois des reviseurs en titre d'office, comme auprès de nos mines du Harz, et pour

---

(1) GERARDT : *la vie*.

rendre les receveurs des mines particulières plus attentifs, on a mis une taxe d'amende pécuniaire sur chaque erreur de calcul, et néanmoins il s'en trouve, malgré qu'on en ait. Cependant plus on y apporte de soin, plus on se peut fier aux raisonnements passés. J'ai projeté une manière d'écrire les comptes, en sorte que celui qui ramasse les sommes des colonnes laisse sur le papier les traces des progrès de son raisonnement, de telle manière qu'il ne fait point de pas inutilement. Il le peut toujours revoir, et corriger les dernières fautes, sans qu'elles influent sur les premières : la revision aussi qu'un autre en veut faire ne coûte presque point de peine de cette manière, parce qu'il peut examiner les mêmes traces à vue d'œil : outre les moyens de vérifier encore les comptes de chaque article, par une sorte de preuve très commode, sans que ces observations augmentent considérablement le travail du compte. Et tout cela fait bien comprendre que les hommes peuvent avoir des démonstrations rigoureuses sur le papier, et en ont sans doute une infinité. Mais, sans se souvenir d'avoir usé d'une parfaite rigueur, on ne saurait avoir cette certitude dans l'esprit. Et cette rigueur consiste dans un règlement dont l'observation sur chaque partie soit une assurance à l'égard du tout ; comme dans l'examen de la chaîne par anneau, où visitant chacun pour voir s'il est ferme, et prenant des mesures avec la main, pour n'en sauter aucun, on est assuré de la bonté de la chaîne. Et par ce moyen on a toute la certitude dont les choses humaines sont capables. Mais je ne demeure point d'accord qu'en mathématiques les démonstrations particulières sur la figure qu'on trace, fournissent cette certitude générale, comme vous semblez le prendre. Car il faut savoir que ce ne sont pas les figures qui donnent la preuve chez les géomètres, quoique le style esthétique le fasse croire. La force de la démonstration est indépendante de la figure tracée, qui n'est que pour faciliter l'intelligence de ce qu'on veut dire et fixer l'attention ; ce sont les propositions universelles, c'est-à-dire, les définitions, les axiomes, et les théorèmes déjà démontrés qui font le raisonnement et le soutiendraient quand la figure n'y serait pas. C'est pourquoi un savant géomètre, comme Scheubelius (1), a donné les figures d'Euclide sans leurs lettres qui les puissent lier avec la démonstration qu'il y joint ; et un autre,

---

(1) SCHEUBELIUS, géomètre du xvi° siècle, a publié *Euclidis sex libros priores de geometricis principiis*, Græce et Latine.

comme Herlinus (1), a réduit les mêmes démonstrations en syllogismes et prosyllogismes.

CHAP. II. — DES DEGRÉS DE NOTRE CONNAISSANCE.

§ 1. PH. La connaissance est donc intuitive lorsque l'esprit aperçoit la convenance de deux idées immédiatement par elles-mêmes sans l'intervention d'aucune autre. En ce cas, l'esprit ne prend aucune peine pour prouver ou examiner la vérité. C'est comme l'œil voit la lumière ; que l'esprit voit que le blanc n'est pas le noir, qu'un cercle n'est pas un triangle, que trois est deux et un. Cette connaissance est la plus claire et la plus certaine dont la faiblesse humaine soit capable ; elle agit d'une manière irrésistible sans permettre à l'esprit d'hésiter. C'est connaître que l'idée est dans l'esprit telle qu'on l'aperçoit. Quiconque demande une plus grande certitude ne sait pas ce qu'il demande.

TH. Les vérités primitives qu'on sait par intuition sont de deux sortes comme les dérivatives. Elles sont du nombre des vérités de raison, ou des vérités de fait. Les vérités de raison sont nécessaires, et celles de fait sont contingentes. Les vérités primitives de raison sont celles que j'appelle d'un nom général *identiques*, parce qu'il me semble qu'elles ne font que répéter la même chose, sans nous rien apprendre Elles sont affirmatives ou négatives ; les affirmatives sont comme les suivantes : Chaque chose est ce qu'elle est, Et dans autant d'exemples qu'on voudra A est A, B est B. Je serai ce que je serai. J'ai écrit ce que j'ai écrit. Et rien en vers comme en prose, c'est être rien ou peu de chose. Le rectangle équilatéral est un rectangle. L'animal raisonnable est toujours un animal. Et dans les hypothétiques : si la figure régulière de quatre côtés est un rectangle équilatéral, cette figure est un rectangle. Les copulatives, les disjonctives et autres propositions, sont encore susceptibles de cet identicisme, et je compte même parmi les affirmatives : non A est non A. Et cette hypothétique : si A est non B, il s'ensuit que A est non B. Item, si non A est BC, il s'ensuit que non A est BC. Si une figure qui n'a point

---

(1) HERLINUS, éditeur d'Euclide, avec Dalgprédius, professeur de mathématique à l'Université de Strasbourg : *Analysis geometricæ sex librorum Euclidis*, 1566.

d'angle obtus peut être un triangle régulier, une figure qui n'a pas d'angle obtus peut être régulière. Je viens maintenant aux identiques négatives qui sont ou du principe de contradiction ou des disparates. Le principe de contradiction est en général : une proposition est ou vraie ou fausse ; ce qui renferme deux énonciations vraies ; l'une que le vrai et le faux ne sont point compatibles dans une même proposition, ou qu'une proposition ne saurait être vraie et fausse à la fois ; l'autre que l'opposé, ou la négation du vrai et du faux ne sont pas compatibles, ou qu'il n'y a point de milieu entre le vrai et le faux, ou bien il ne se peut pas qu'une proposition ne soit ni vraie ni fausse. Or tout cela est encore vrai dans toutes les propositions imaginables en particulier comme : ce qui est A ne saurait être non A. Item A B ne saurait être non A. Un rectangle équilatéral ne saurait être non rectangle. Item, il est vrai que tout homme est un animal ; donc il est faux que quelque homme se trouve qui ne soit pas un animal. On peut varier ces énonciations de bien des façons, et les appliquer aux copulatives, disjonctives ou autres. Quant aux disparates, ce sont ces propositions qui disent que l'objet d'une idée n'est pas l'objet d'une autre idée, comme que la chaleur n'est pas la même chose que la couleur, item que l'homme et l'animal n'est pas le même, quoique tout homme soit animal. Tout cela se peut assurer indépendamment de toute preuve ou de la réduction à l'opposition, ou au principe de contradiction, lorsque ces idées sont assez entendues pour n'avoir point besoin ici d'analyse ; autrement on est sujet à se méprendre, car disant : le triangle et le trilatère n'est le même, on se tromperait, puisqu'en le bien considérant, on trouve que les trois côtés et les trois angles vont toujours ensemble. En disant, le rectangle quadrilatère et le rectangle n'est pas le même, on se tromperait encore. Car il se trouve que la seule figure à quatre côtés peut avoir tous les angles droits. Cependant on peut toujours dire dans l'abstrait, que le triangle n'est pas le trilatère, ou que les raisons formelles du triangle et du trilatère ne sont pas les mêmes, comme parlent les philosophes. Ce sont de différents rapports d'une même chose.

Quelqu'un, après avoir entendu avec patience ce que nous venons de dire jusqu'ici, la perdra enfin et dira que nous nous amusons à des énonciations frivoles, et que toutes vérités identiques ne servent de rien. Mais on fera ce jugement, faute d'avoir assez médité sur ces matières. Les conséquences de logique (par exemple) se démontrent par les principes identiques; et les géomètres ont besoin du principe de contradiction dans leurs démonstrations qui réduisent à l'impossible. Contentons-nous ici de faire voir l'usage des identiques dans les démonstrations des conséquences du raisonnement. Je dis donc que le seul principe de contradiction suffit pour démontrer la seconde et la troisième figure des syllogismes par la première. Par exemple on peut conclure dans la première figure, en *Barbara* :

Tout B est C,
Tout A est B,

Donc tout A est C.

Supposons que la conclusion soit fausse (ou qu'il soit vrai que quelque A n'est point C), donc l'une ou l'autre des prémisses sera fausse aussi. Supposons que la seconde est véritable, il faudra que la première soit fausse, qui prétend que tout B est C. Donc sa contradictoire sera vraie, c'est-à-dire, quelque B ne sera point C. Et ce sera la conclusion d'un argument nouveau, tiré de la fausseté de la conclusion et de la vérité de l'une des prémisses du précédent. Voici cet argument nouveau :

Quelque A n'est point C,

Ce qui est opposé à la conclusion précédente, supposée fausse.

Tout A est B.

C'est la prémisse précédente, supposée vraie.

Donc quelque B n'est point C,

C'est la conclusion présente vraie, opposée à la prémisse précédente fausse.

Cet argument est dans le mode *disamis* de la troisième figure, qui se démontre ainsi manifestement et d'un coup d'œil du mode *barbara* de la première figure, sans employer que le principe de contradiction. Et j'ai remarqué dans ma jeunesse, lorsque j'épluchais ces choses, que tous les modes de la seconde et de la troisième figure se peuvent tirer de la première par cette seule méthode, supposant que le mode de la première est bon, et par conséquent que la conclusion étant fausse, ou sa contradictoire étant prise pour vraie, et une des prémisses étant prise pour vraie aussi, il faut que la contradictoire de l'autre prémisse soit vraie. Il est vrai que dans les écoles logiques on aime mieux se servir des conversions pour tirer les figures moins principales de la première, qui est la principale ; parce que cela paraît plus commode pour les écoliers. Mais pour ceux qui cherchent les raisons démonstratives, où il faut employer le moins de suppositions qu'on peut, on ne démontrera pas par la supposition de la conversion ce qui se peut démontrer par le seul principe primitif, qui est celui de la contradiction et qui ne suppose rien. J'ai même fait cette observation qui paraît remarquable : c'est que les seules figures moins principales qu'on appelle directes, savoir la seconde et la troisième, se peuvent démontrer par le principe de contradiction tout seul ; mais la figure moins principale indirecte, qui est la quatrième, et dont les Arabes attribuent l'invention à Galien (1), quoique nous n'en trouvions rien dans les ouvrages qui nous restent de lui, ni dans les autres auteurs grecs, la quatrième, dis-je, a ce désavantage qu'elle ne saurait être tirée de la première ou principale par cette méthode seule, et qu'il faut encore employer une autre supposition, savoir les conversions (2) ; de sorte qu'elle est plus éloignée d'un degré que la seconde et la troisième, qui sont de niveau, et également éloignées de la première ; au lieu que la quatrième a besoin encore de la seconde et de la troisième pour être démontrée. Car il se trouve fort à propos que les conversions mêmes dont elle a besoin, se démontrent par la figure seconde ou troisième, démontrables indépendamment des conversions ; comme je viens de faire voir. C'est Pierre de la Ramée qui fit déjà cette remarque de la démonstrabilité de la conversion par ces figures ; et (si je ne me trompe) il objecta le cercle aux logiciens qui se servent de la conversion pour démontrer ces figures, quoique ce n'était pas tant le cercle qu'il leur fallait objecter (car il ne se servaient point de ces figures à leur tour pour justifier les conversions) que l'*hysteron proteron* (3) ou le rebours, parce que les conver-

---

(1) GALIEN (Galenus), célèbre médecin de l'antiquité, né en 131 à Pergame. On ne sait ni le lieu ni l'époque de sa mort. Parmi ses nombreux ouvrages, celui qui intéresse le plus la philosophie est son célèbre *De Usu partium*, de l'Usage des parties qui est une apologie et une application continuelle du principe des causes finales. La plus belle et la plus complète édition de Galien est la traduction grecque-latine de Kühn. Leipzig, 20 vol. in-8°, 1821-1833. M. Daremberg a commencé une traduction française dont 2 vol. sont parus (Paris, 1854-1856).

(2) La *conversion* des propositions à changer l'attribut en sujet, et réciproquement.

(3) Ὕστερον πρότερον, mettre avant ce qui est après.

sions méritaient plutôt d'être démontrées par ces figures, que ces figures par les conversions. Mais comme cette démonstration des conversions fait encore voir l'usage des identiques affirmatives que plusieurs prennent pour frivoles tout à fait, il sera d'autant plus à propos de la mettre ici. Je ne veux parler que des conversions sans contraposition, qui me suffisent ici, et qui sont simples ou par accident comme on les appelle. Les conversions simples sont de deux sortes, celle de l'universelle négative, comme : nul carré n'est obtusangle, donc nul obtusangle n'est carré; et celle de la particulière affirmative, comme : quelque triangle est obtusangle, donc quelque obtusangle est un triangle. Mais la conversion par accident, comme on l'appelle, regarde l'universelle affirmative, comme : tout carré est rectangle, donc quelque rectangle est carré. On entend toujours ici par rectangle une figure dont tous les angles sont droits, et par le carré un quadrilatère régulier. Maintenant il s'agit de démontrer ces trois sortes de conversions qui sont :

1° Nul A est B ; donc nul B n'est A.
2° Quelque A est B ; donc quelque B est A.
3° Tout A est B ; donc quelque B est A.

Démonstration de première conversion en *Cesare*, qui est de la seconde figure.

Nul A est B,
Tout B est B.

Donc nul B est A.

Tout A est A,
Tout A est B.

Donc quelque B est A.

Démonstration de la seconde conversion en *Datiti* qui est de la troisième figure.

Tout A est A,
Quelque A est B.

Donc quelque B est A.

Démonstration de la troisième conversion en *Darapti* qui est de la troisième figure.

Tout est A est A,
Tout A est B.

Donc quelque B est A.

Ce qui fait voir que les propositions identiques les plus pures et qui paraissent les plus inutiles sont d'un usage considérable dans l'abstrait et général ; et cela nous peut apprendre qu'on ne doit mépriser aucune vérité. Pour ce qui est de cette proposition, que trois est autant que deux et un, que vous alléguez encore, Monsieur, comme un exemple des connaissances intuitives, je vous dirai que ce n'est que la définition du terme trois, car les définitions les plus simples des nombres se forment de cette façon ; deux est un et un, trois est deux et un, quatre est trois et un, et ainsi de suite. Il est vrai qu'il y a là dedans une énonciation cachée que j'ai déjà remarquée, savoir que ces idées sont possibles ; et cela se connaît ici intuitivement ; de sorte qu'on peut dire qu'une connaissance intuitive est comprise dans les définitions lorsque leur possibilité paraît d'abord. Et de cette manière toutes les définitions adéquates contiennent des vérités primitives de raison et par conséquent des connaissances intuitives. Enfin on peut dire en général que toutes les vérités primitives de raison sont immédiates d'une immédiation d'idées.

Pour ce qui est des vérités primitives de fait, ce sont les expériences immédiates internes d'une immédiation de sentiment. Et c'est ici où a lieu la première vérité des cartésiens ou de saint Augustin : Je pense, donc je suis ; c'est-à-dire je suis une chose qui pense. Mais il faut savoir que, de même que les identiques sont générales ou particulières, et que les unes sont aussi claires que les autres (puisqu'il est aussi clair de dire que A est A, que de dire qu'une chose est ce qu'elle est), il en est encore ainsi des premières vérités de fait. Car non seulement il m'est clair immédiatement que je pense, mais il m'est tout aussi clair que j'ai des pensées différentes ; que tantôt je pense à A, et que tantôt je pense à B, etc. Ainsi le principe cartésien est bon, mais il n'est pas le seul de son espèce. On voit par là que toutes les vérités primitives de raison ou de fait ont cela de commun qu'on ne saurait les prouver par quelque chose de plus certain.

§ 2. Ph. Je suis bien aise, Monsieur, que vous poussez plus loin ce que je n'avais fait que toucher sur les connaissances intuitives. Or la connaissance démonstrative n'est qu'un enchaînement des connaissances intuitives dans toutes les connexions des idées médiates. Car souvent l'esprit ne peut joindre, comparer ou appliquer immédiatement les idées l'une à l'autre, ce qui l'oblige de se servir d'autres idées moyennes (une ou plusieurs) pour découvrir la convenance ou disconvenance qu'on cherche ; et c'est ce qu'on appelle raisonner. Comme en démontrant que les trois angles d'un triangle sont égaux à deux droits, on trouve quelques autres angles qu'on voit égaux tant aux trois angles qu'à deux droits. § 3. Ces idées qu'on fait intervenir se nomment preuves, et la disposition de l'esprit à les trouver, c'est la sagacité. § 4. Et même, quand elles sont trouvées, ce n'est pas sans peine et sans attention, ni par une seule vue passagère, qu'on peut acquérir cette connaissance; car il se faut engager dans une progression d'idées faites peu à peu et par degrés. § 5. Et il y a du doute avant la démonstration. § 6. Elle est moins claire que l'intuitive, comme l'image réfléchie par plusieurs miroirs de l'un à l'autre s'affaiblit de plus en plus à chaque réflexion, et n'est plus d'abord si reconnaissable surtout à des yeux faibles. Il en est de même d'une connaissance produite par une longue suite de preuves. § 7. Et, quoique chaque pas que la raison fait en démontrant soit une connaissance intuitive ou de simple vue, néanmoins comme dans cette longue suite de preuves la mémoire ne conserve pas si exactement cette liaison d'idées, les hommes prennent souvent des faussetés pour des démonstrations.

TH. Outre la sagacité naturelle, ou acquise par l'exercice, il y a un art de trouver les idées moyennes (le *medium*), et cet art est l'analyse. Or il est bon de considérer ici qu'il s'agit tantôt de trouver la vérité ou la fausseté d'une proposition donnée, ce qui n'est autre chose que de répondre à la question *An ?* c'est-à-dire si cela est ou n'est pas ? Tantôt il s'agit de répondre à une question plus difficile (*cœteris paribus*), où l'on demande par exemple par qui, et comment ? et où il y a plus à suppléer. Et ce sont seulement ces questions qui laissent une partie de la proposition en blanc que les mathématiciens appellent problèmes. Comme lorsqu'on demande de trouver un miroir qui ramasse tous les rayons du soleil en un point, c'est-à-dire on en demande la figure ou comment il est fait. Quant aux premières questions, où il s'agit seulement du vrai et du faux et où il n'y a rien à suppléer dans le sujet ou prédicat, il y a moins d'invention, cependant il y en a ; et le seul jugement n'y suffit pas. Il est vrai qu'un homme de jugement, c'est-à-dire qui est capable d'attention et de réserve, et qui a le loisir, la patience et la liberté d'esprit nécessaire, peut entendre la plus difficile démonstration si elle est proposée comme il faut. Mais l'homme le plus judicieux de la terre, sans autre aide, ne sera pas toujours capable de trouver cette démonstration. Ainsi il y a de l'invention encore en cela : et chez les géomètres, il y en avait plus autrefois qu'il n'y en a maintenant. Car, lorsque l'analyse était moins cultivée, il fallait plus de sagacité pour y arriver, et c'est pour cela qu'encore quelques géomètres de la vieille roche, ou d'autres qui n'ont pas assez d'ouverture dans les nouvelles méthodes, croient d'avoir fait merveille quand ils trouvent la démonstration de quelque théorème que d'autres ont inventé. Mais ceux qui sont versés dans l'art d'inventer savent quand cela est estimable ou non ; par exemple, si quelqu'un publie la quadrature d'un espace compris d'une ligne courbe et d'une droite, qui réussit dans tous ses segments et que j'appelle générale, il est toujours en notre pouvoir. suivant nos méthodes, d'en trouver la démonstration pourvu qu'on en veuille prendre la peine. Mais il y a des quadratures particulières de certaines portions, où la chose pourra être si enveloppée, qu'il ne sera pas toujours *in potestate* jusqu'ici de la développer. Il arrive aussi que l'induction nous présente des vérités dans les nombres et dans les figures dont on n'a pas encore découvert la raison générale. Car il s'en faut beaucoup qu'on soit parvenu à la perfection de l'analyse en géométrie et en nombres, comme plusieurs se sont imaginés sur les gasconnades de quelques hommes excellents d'ailleurs, mais un peu trop prompts ou trop ambitieux. Mais il est bien plus difficile de trouver des vérités importantes, et encore plus de trouver les moyens de faire ce qu'on cherche lors justement qu'on le cherche, que de trouver la démonstration des vérités qu'un autre a découvertes. On arrive souvent à de belles vérités, par la synthèse, en allant du simple au composé ; mais, lorsqu'il s'agit de trouver justement le moyen de faire ce qui se propose, la synthèse ne suffit pas ordinairement, et souvent ce serait la mer à boire que de vouloir faire toutes les combinaisons requises quoiqu'on puisse souvent s'y aider par la méthode des exclusions, qui retranche une bonne partie des combinaisons inutiles, et souvent la nature n'admet point d'autre méthode. Mais on n'a pas toujours les moyens de bien suivre celle-ci. C'est donc à l'analyse de nous donner un fil dans ce labyrinthe lorsque cela se peut, car il y a des cas où la nature même de la question exige qu'on puisse tâtonner partout, les abrégés n'étant pas toujours possibles.

§ 8. Ph. Or, comme en démontrant l'on suppose toujours les connaissances intuitives, cela, je pense, a donné occasion à cet axiome : « que tout raisonnement vient des choses déjà connues et déjà accordées » (*ex præcognitis et præconcessis*). Mais nous aurons occasion de parler du faux qu'il y a dans cet axiome, lorsque nous parlerons des maximes qu'on prend mal à propos pour les fondements de nos raisonnements.

Th. Je serais curieux d'apprendre quel faux vous pourrez trouver dans un axiome qui paraît si raisonnable. S'il fallait toujours tout réduire aux connaissances intuitives, les démonstrations seraient souvent d'une prolixité insupportable. C'est pourquoi les mathématiciens ont eu l'adresse de partager les difficultés, et de démontrer à part des propositions intervenantes. Et il y a de l'art encore en cela ; car, comme les vérités moyennes (qu'on appelle des Lemmes, lorsqu'elles paraissent être hors d'œuvre) se peuvent assigner de plusieurs façons, il est bon, pour aider la compréhension et la mémoire, d'en choisir qui abrégent beaucoup, et qui paraissent mémorables et dignes par elles-mêmes d'être démontrées. Mais il y a un autre empêchement, c'est qu'il n'est pas aisé de démontrer tous les axiomes, et de réduire entièrement les démonstrations aux connaissances intuitives. Et, si on avait voulu attendre cela, peut-être que nous n'aurions pas encore la science de la géométrie. Mais c'est de quoi nous avons déjà parlé dans nos premières conversations et nous aurons occasion d'en dire davantage.

§ 9. Ph. Nous y viendrons tantôt : maintenant je remarquerai encore ce que j'ai déjà touché plus d'une fois, que c'est une commune opinion, qu'il n'y a que les sciences mathématiques, qui soient capables d'une certitude démonstrative ; mais comme la convenance et la disconvenance qui se peut connaître intuitivement n'est pas un privilège attaché seulement aux idées des nombres et des figures, c'est peut-être faute d'application de notre part que les mathématiques seules sont parvenues à des démonstrations. § 10. Plusieurs raisons y ont concouru. Les sciences mathématiques sont d'une utilité fort générale ; la moindre différence y est fort aisée à reconnaître. § 17. Ces autres idées simples qui sont des apparences ou situations produites en nous, n'ont aucune mesure exacte de leurs différents degrés. § 17. Mais, lorsque la différence de ces qualités visibles, par exemple, est assez grande pour exciter dans l'esprit des idées clairement distinguées, comme celles du bleu et du rouge, elles sont aussi capables de démonstrations que celles du nombre et de l'étendue.

Th. Il y a des exemples assez considérables de démonstrations hors des mathématiques, et on peut dire qu'Aristote, en a donné déjà dans ses *Analytiques*. En effet la logique est aussi susceptible de démonstrations que la géométrie, et l'on peut dire que la logique des géomètres, ou les manières d'argumenter qu'Euclide a expliquées et établies en parlant des propositions, sont une extension ou promotion particulière de la logique générale. Archimède (1) est le premier, dont nous avons des ouvrages, qui ait exercé l'art de démontrer dans une occasion où il entre du physique, comme il a fait dans son livre de l'équilibre. De plus, on peut dire que les jurisconsultes ont plusieurs bonnes démonstrations, surtout les anciens jurisconsultes romains dont les fragments nous ont été conservés dans les *Pandectes*.

Je suis tout à fait de l'avis de Laurent Valle (2), qui ne peut assez admirer ces auteurs, entre autres parce qu'ils parlent tous d'une manière si juste et si nette, et qu'ils raisonnent en effet d'une façon qui approche fort de la démonstrative, et souvent est démonstrative tout à fait. Aussi ne sais-je aucune science hors de celle du droit et celle des armes où les Romains aient ajouté quelque chose de considérable à ce qu'ils avaient reçu des Grecs.

« Tu regere imperio populos Romane memento :
« Hæ tibi erunt artes pacique imponere morem,
« Parcere subjectis, et debellare superbos. »

Cette manière précise de s'expliquer a fait que tous ces jurisconsultes des *Pandectes*, quoique assez éloignés quelquefois les uns du temps des autres, semblent être tous un seul auteur, et qu'on aurait bien de la peine à les discerner, si les noms des écrivains n'étaient pas à la tête des extraits ; comme on aurait de la peine à distinguer Euclide, Archimède et Apollonius en lisant leurs démonstrations sur des matières que l'un aussi bien que l'autre a touchées. Il faut avouer que les Grecs ont raisonné avec toute la justesse possible dans les mathématiques, et qu'ils ont laissé au genre humain les modèles de

---

(1) ARCHIMÈDE, le plus grand géomètre de l'antiquité, né à Syracuse en 287, mort au siège de cette ville en 212. On connaît son fameux principe qui est la base de l'hydrostatique. L'édition la plus complète d'Archimède et celle d'Oxford, par Stanhope, in-f°, 1793. Traduction française de Peyrard, 1 vol. in-4°, 1807, et 2 vol. in-8°, 1800.

(2) VALLA (Laurent), célèbre philologue du XVᵉ siècle né à Rouen en 1406, mort à Naples en 1457. Ses principaux ouvrages concernant la philosophie sont: *de Dialectica*, *Contra Aristotelicos* (in-f°, Venise, 1499), *de Libertate arbitrii* (Bâle, in-1°, 1518) ; *de Voluptate et vero bono* (in-4°, id., 1519).

l'art de démontrer : car, si les Babyloniens et les Egyptiens ont eu une géométrie un peu plus qu'empirique, au moins n'en reste-t-il rien ; mais il est étonnant que les mêmes Grecs en sont tant déchus d'abord, aussitôt qu'ils se sont éloignés tant soit peu des nombres et des figures, pour venir à la philosophie. Car il est étrange qu'on ne voit point d'ombre de démonstration dans Platon et dans Aristote (excepté ses Analytiques premiers) et dans tous les autres philosophes anciens. Proclus (1) était un bon géomètre, mais il semble que c'est un autre homme quand il parle de philosophie. Ce qui a fait qu'il a été plus aisé de raisonner démonstrativement en mathématiques, c'est en bonne partie parce que l'expérience y peut garantir le raisonnement à tout moment, comme il arrive aussi dans les figures des syllogismes. Mais, dans la métaphysique et dans la morale, ce parallélisme des raisons et des expériences ne se trouve plus ; et dans la physique, les expériences demandent de la peine et de la dépense. Or les hommes se sont d'abord relâchés de leur attention, et égarés par conséquent, lorsqu'ils ont été destitués de ce guide fidèle de l'expérience qui les aidait et soutenait dans leur démarche, comme fait cette petite machine roulante, qui empêche les enfants de tomber en marchant. Il y avait quelque *succedaneum* (1), mais c'est de quoi on ne s'était pas et ne s'est pas encore avisé assez. Et j'en parlerai en son lieu. Au reste, le bleu et le rouge ne sont guères capables de fournir matière à ces démonstrations par les idées que nous en avons, parce que ces idées sont confuses. Et ces couleurs ne fournissent de la matière au raisonnement qu'autant, que par l'expérience on les trouve accompagnées de quelques idées distinctes, mais où la connexion avec leurs propres idées ne paraît point.

§ 14. Ph. Outre l'intuition et la démonstration, qui sont les deux degrés de notre connaissance, tout le reste est foi ou opinion et non pas connaissance, du moins à l'égard de toutes les vérités générales. Mais l'esprit a encore une autre perception qui regarde l'existence particulière des êtres finis hors de nous, et c'est la connaissance sensitive.

Th. L'opinion fondée dans le vraisemblable mérite peut-être aussi le nom de connaissance ; autrement presque toute connaissance historique et beaucoup d'autres tomberont. Mais, sans disputer des

---

(1) On appelle *succédanés* en médecine les remèdes qui peuvent en remplacer d'autres.

noms, je tiens que la recherche des degrés de probabilité serait très importante et nous manque encore, et c'est un grand défaut de nos logiques. Car, lorsqu'on ne peut point décider absolument la question, on pourrait toujours déterminer le degré de vraisemblance *ex datis*, et par conséquent on peut juger raisonnablement quel parti est le plus apparent. Et, lorsque nos moralistes (j'entends les plus sages, tels que le général moderne des jésuites) joignent le plus sûr avec le plus probable, et préfèrent même le sûr au probable (1), ils ne s'éloignent point du plus probable en effet ; car la question de la sûreté est ici celle du peu de probabilité d'un mal à craindre. Le défaut des moralistes relâchés (2) sur cet article a été, en bonne partie, d'avoir eu une notion trop limitée et trop insuffisante du probable, qu'ils ont confondue avec l'*eudoxe* ou *opinable* d'Aristote ; car Aristote, dans ses *Topiques*, n'y a voulu que s'accommoder aux opinions des autres, comme faisaient les orateurs et les sophistes. *Eudoxe*, lui est ce qui est reçu du plus grand nombre ou des plus autorisés ; il a tort d'avoir restreint ses *Topiques* à cela, et cette vue a fait qu'il ne s'y est attaché qu'à des maximes reçues, la plupart vagues, comme si on ne voulait raisonner que par quolibets ou proverbes. Mais le probable ou le vraisemblable est plus étendu : il faut le tirer de la nature des choses ; et l'opinion des personnes dont l'autorité est de poids, est une des choses qui peuvent contribuer à rendre une opinion vraisemblable, mais ce n'est pas ce qui achève toute la vérisimilitude. Et, lorsque Copernic était presque seul de son opinion, elle était toujours incomparablement plus vraisemblable que celle de tout le reste du genre humain. Or je ne sais si l'établissement de l'art d'estimer les vérisimilitudes ne serait plus utile qu'une bonne partie de nos sciences démonstratives, et j'y ai pensé plus d'une fois.

PH. La connaissance sensitive, ou qui établit l'existence des êtres particuliers hors de nous, va au delà de la simple probabilité ; mais elle n'a pas toute la certitude des deux degrés de connaissance dont on vient de parler. Que l'idée que nous recevons d'un objet exté-

---

(1) On distingue dans la théologie morale plusieurs opinions : 1° Le *probabilisme* qui autorise à agir suivant une opinion probable, lors même qu'elle le serait moins qu'une autre ; 2° le probabiliorisme qui conseille de n'agir que suivant l'opinion la plus probable ; 3° le *tutiorisme* qui conseille de choisir le parti le plus sûr, c'est-à-dire où on risque le moins ; par exemple, il est toujours plus sûr de prendre le parti le plus sévère. Voir une dissertation de Nicole extraite de la traduction latine des *Provinciales*.

(2) Ce sont les casuistes réfutés par Pascal.

rieur soit dans notre esprit, rien n'est plus certain, et c'est une connaissance intuitive : mais de savoir si de là nous pouvons inférer certainement l'existence d'aucune chose hors de nous qui corresponde à cette idée, c'est ce que certaines gens croient qu'on peut mettre en question, parce que les hommes peuvent avoir de telles idées dans l'esprit, lorsque rien de tel n'existe actuellement. Pour moi, je crois pourtant qu'il y a un degré d'évidence qui nous élève au-dessus du doute. On est invinciblement convaincu qu'il y a une grande différence entre les perceptions qu'on a, lorsque le jour on vient à regarder le soleil, et lorsque la nuit on pense à cet astre ; et l'idée qui est renouvelée par le secours de la mémoire est bien différente de celle qui nous vient actuellement par le moyen des sens. Quelqu'un dira qu'un songe peut faire le même effet ; je réponds premièrement qu'il n'importe pas beaucoup que je lève ce doute, parce que si tout n'est que songe, les raisonnements sont inutiles, la vérité et la connaissance n'étant rien du tout. En second lieu, il reconnaîtra à mon avis la différence qu'il y a entre songer d'être dans un feu et y être actuellement. Et, s'il persiste à paraître sceptique, je lui dirai que c'est assez que nous trouvons certainement que le plaisir ou la douleur suivent l'application de certains objets sur nous, vrais ou songés, et que cette certitude est aussi grande que notre bonheur ou notre misère ; deux choses au delà desquelles nous n'avons aucun intérêt. Ainsi je crois que nous pouvons compter trois sortes de connaissances : l'intuitive, la démonstrative, et la sensitive

Th. Je crois que vous avez raison, Monsieur, et je pense même qu'à ces espèces de la certitude, ou à la connaissance certaine, vous pourriez ajouter la connaissance du vraisemblable ; ainsi il y aura deux sortes de connaissances comme il y a deux sortes de preuves, dont les unes produisent la certitude, et les autres ne se terminent qu'à la probabilité. Mais venons à cette querelle que les sceptiques font aux dogmatiques sur l'existence des choses hors de nous. Nous y avons déjà touché, mais il faut y revenir ici. J'ai fort disputé autrefois là-dessus de vive voix et par écrit, avec feu M. l'abbé Foucher (1), chanoine de Dijon, savant homme et subtil, mais un peu

---

(1) FOUCHER (l'abbé), né à Dijon en 1644, mort à Paris en 1696. Il soutenait la philosophie académique, c'est-à-dire le doute, à la manière de Cicéron. Ses principaux ouvrages sont *Dissertation sur la recherche de la vérité*, ou sur la *Philosophie des Académiciens*, Paris, in-12 ; *Critique de la recherche de la vérité* (du P. Malebranche), in-12, Paris, 1675 ; *de la Sagesse des Anciens*, in-12, Paris, 1682.

trop entêté de ses académiciens, dont il aurait été bien aise de ressusciter la secte, comme M. Gassendi avait fait remonter sur le théâtre celle d'Epicure. Sa *Critique de la recherche de la vérité*, et les autres petits traités qu'il a fait imprimer ensuite, ont fait connaître leur auteur assez avantageusement. Il a mis aussi dans le *Journal des savants* des objections contre mon système de l'harmonie préétablie, lorsque j'en fis part au public après l'avoir digéré plusieurs années ; mais la mort l'empêcha de répliquer à ma réponse. Il prêchait toujours qu'il fallait se garder des préjugés et apporter une grande exactitude ; mais, outre que lui-même ne se mettait pas en devoir d'exécuter ce qu'il conseillait, en quoi il était assez excusable, il me semblait qu'il ne prenait pas garde si un autre le faisait, prévenu sans doute que personne ne le ferait jamais. Or je lui fis connaître que la vérité des choses sensibles ne consistait que dans la liaison des phénomènes qui devait avoir sa raison, et que c'est ce qui les distingue des songes : mais que la vérité de notre existence et de la cause des phénomènes est d'une autre nature, parce qu'elle établit des substances, et que les sceptiques gâtaient ce qu'ils disent de bon, en le portant trop loin, et en voulant même étendre leurs doutes jusqu'aux expériences immédiates, et jusqu'aux vérités géométriques (ce que M. Foucher pourtant ne faisait pas) et aux autres vérités de raison, ce qu'il faisait un peu trop. Mais, pour revenir à vous, Monsieur, vous avez raison de dire qu'il y a de la différence pour l'ordinaire entre les sentiments et les imaginations ; mais les sceptiques diront que le plus et le moins ne varie point l'espèce. D'ailleurs, quoique les sentiments aient coutume d'être plus vifs que les imaginations, l'on sait pourtant qu'il y a des cas où des personnes imaginatives sont frappées par leurs imaginations autant ou peut-être plus qu'un autre ne l'est par la vérité des choses ; de sorte que je crois que le vrai *criterion*, en matière des objets des sens, est la liaison des phénomènes, c'est-à-dire la connexion de ce qui se passe en différents lieux et temps, et dans l'expérience de différents hommes, qui sont eux-mêmes les uns aux autres des phénomènes très importants sur cet article. Et la liaison des phénomènes qui garantit les vérités de fait à l'égard des choses sensibles hors de nous, se vérifie par le moyen des vérités de raison ; comme les apparences de l'optique s'éclaircissent par la géométrie. Cependant il faut avouer que toute cette certitude n'est pas du suprême degré, comme vous l'avez bien reconnu. Car il n'est point impossible, métaphysiquement parlant, qu'il y ait un songe suivi et durable comme la vie d'un homme; mais c'est une chose aussi contraire à la raison que pourrait être la fiction d'un livre qui se formerait par le hasard en jetant pêle-mêle des caractères d'imprimerie. Au reste il est vrai aussi que, pourvu que les phénomènes soient liés, il n'importe qu'on les appelle songes ou non, puisque l'expérience montre qu'on ne se trompe point dans les mesures qu'on prend sur les phénomènes, lorsqu'elles sont prises selon les vérités de raison.

§ 15. Ph. Au reste, la connaissance n'est pas toujours claire, quoique les idées le soient. Un homme qui a des idées aussi claires des angles d'un triangle et de l'égalité à deux droits qu'aucun mathématicien qu'il y ait au monde, peut pourtant avoir une perception fort obscure de leur convenance.

Th. Ordinairement, lorsque les idées sont entendues à fond, leurs convenances et disconvenances paraissent. Cependant j'avoue qu'il y en a quelquefois de si composées, qu'il faut beaucoup de soin pour développer ce qui y est caché; et à cet égard certaines convenances ou disconvenances peuvent rester encore obscures. Quant à votre exemple, je remarque que pour avoir dans l'imagination les angles d'un triangle, on en a pas des idées claires pour cela. L'imagination ne nous saurait fournir une image commune aux triangles acutangles et obtusangles, et cependant l'idée du triangle leur est commune : ainsi cette idée ne consiste pas dans les images, et il n'est pas aussi aisé qu'on pourrait penser d'entendre à fond les angles d'un triangle.

CHAP. III. — DE L'ÉTENDUE DE LA CONNAISSANCE HUMAINE.

§ 1. Ph. Notre connaissance ne va pas au delà de nos idées, § 2. ni au delà de la perception de leur convenance ou disconvenance. § 3. Elle ne saurait toujours être intuitive, parce qu'on ne peut pas toujours comparer les choses immédiatement, par exemple, les grandeurs de deux triangles sur une même base, égaux mais fort différents. § 4. Notre connaissance aussi ne saurait toujours être démonstrative, car on ne saurait toujours trouver les idées moyennes. § 5. Enfin notre connaissance sensitive ne regarde que l'existence des choses qui frappent actuellement nos sens. § 6. Ainsi non seulement nos idées sont fort bornées, mais encore notre connaissance est plus bornée que nos idées. Je ne doute pourtant pas que la connaissance humaine ne puisse être portée beaucoup plus loin, si les hommes voulaient s'attacher sincèrement à trouver les moyens de perfectionner la vérité avec une entière liberté d'esprit et avec toute l'application et toute l'industrie qu'ils emploient à colorer et soutenir la fausseté, à défendre un système pour lequel ils se sont déclarés, ou bien certain parti et certains intérêts où ils se trouvent engagés. Mais, après tout, notre connaissance ne saurait jamais embrasser tout ce que nous pouvons désirer de connaître touchant les idées que nous avons. Par exemple, nous ne serons peut-être jamais capables de trouver un cercle égal à un carré, et de savoir certainement s'il y en a ?

Th. Il y a des idées confuses où nous ne nous pouvons point promettre une entière connaissance, comme sont celles de quelques qualités sensibles. Mais, quand elles sont distinctes, il y a lieu de tout espérer. Pour ce qui est du carré égal au cercle, Archimède a déjà montré qu'il y en a. Car c'est celui dont le côté est la moyenne proportionnelle entre le demi-diamètre et la demi-circonférence. Et il a même déterminé une droite égale à la circonférence du cercle par le moyen d'une droite tangente de la spirale, comme d'autres par la tangente de la quadratrice ; manière de quadrature dont Clavius (1) était tout à fait content ; sans parler d'un fil appliqué à la circonférence, et puis étendu, ou de la circonférence qui roule pour décrire la cycloïde, et se change en droite. Quelques-uns demandent que la construction se fasse en n'employant que la règle et le compas ; mais la plupart des problèmes de géométrie ne sauraient être construits par ce moyen. Il s'agit donc plutôt de trouver la proportion entre le carré et le cercle. Mais, cette proportion ne pouvant être exprimée en nombres rationnels finis, il a fallu pour n'employer que des nombres rationnels, exprimer cette même proportion par une série infinie de ces nombres que j'ai assignée d'une manière assez simple. Maintenant on voudrait savoir s'il n'y a pas quelque quantité finie, quand elle ne serait que sourde, ou plus que sourde (2), qui puisse exprimer cette série infinie ; c'est-à-dire si l'on peut trouver justement un abrégé pour cela. Mais les expressions finies, irrationnelles

---

(1) Clavius (Christophe), 1537-1612, jésuite, mathématicien distingué, surnommé l'Euclide du xvi° siècle.
(2) Sur le *sourd*, voir plus haut, l. II, ch. xvi. P. J.

surtout, si l'on va aux plus que sourdes, peuvent varier de trop de manières, pour qu'on en puisse faire un dénombrement et déterminer aisément tout ce qui se peut. Il y aurait peut-être moyen de le faire, si cette surdité doit être explicable par une équation ordinaire, ou même extraordinaire encore, qui fasse entrer l'irrationnel ou même l'inconnu dans l'exposant, quoiqu'il faudrait un grand calcul pour achever encore cela et où l'on ne se résoudra pas facilement, si ce n'est qu'on trouve un jour un abrégé pour en sortir. Mais d'exclure toutes les expressions finies, cela ne se peut, car moi-même j'en sais ; et d'en déterminer justement la meilleure, c'est une grande affaire. Et tout cela fait voir que l'esprit humain se propose des questions si étranges, surtout lorsque l'infini y entre, qu'on ne doit point s'étonner s'il a de la peine à en venir à bout ; d'autant que tout dépend souvent d'un abrégé dans ces matières géométriques, qu'on ne peut pas toujours se promettre, tout comme on ne peut pas toujours réduire les fractions à des moindres termes, ou trouver les diviseurs d'un nombre. Il est vrai qu'on peut toujours avoir ses diviseurs s'il se peut, parce que leur dénombrement est fini ; mais, quand ce qu'on doit examiner est variable à l'infini et monte de degré en degré, on n'en est pas le maître quand on le veut, et il est trop pénible de faire tout ce qu'il faut pour tenter par méthode de venir à l'abrégé ou à la règle de progression, qui exempte de la nécessité d'aller plus avant ; et, comme l'utilité ne répond pas à la peine, on en abandonne le succès à la postérité, qui en pourra jouir quand cette peine ou prolixité sera diminuée par des préparations et ouvertures nouvelles que le temps peut fournir. Ce n'est pas que si les personnes qui se mettent de temps en temps à ces études, voulaient faire justement ce qu'il faut pour passer plus avant, on ne puisse espérer d'avancer beaucoup en temps ; et on ne doit point s'imaginer que tout est fait, puisque, même dans la géométrie ordinaire, on n'a pas encore de méthode pour déterminer les meilleures constructions, quand les problèmes sont un peu composés. Une certaine progression de synthèse devrait être mêlée avec notre analyse pour y mieux réussir. Et je me souviens d'avoir ouï dire que monsieur le pensionnaire de Witt (1) avait quelques méditations sur ce sujet.

(1) DE WITT (Jean), bien plus célèbre comme homme d'État que comme géomètre, est né à Dordrecht en 1625, et mort avec son frère Corneille, en 1672, massacré dans une révolution qui mit Guillaume d'Orange à la tête des Pro-

Ph. C'est bien une autre difficulté de savoir si un être purement matériel pense ou non ; et peut-être ne serons-nous jamais capables de le connaître, quoique nous ayons les idées de la matière et de la pensée, par la raison qu'il nous est impossible de découvrir par la contemplation de nos propres idées, sans la révélation, si Dieu n'a point donné à quelques amas de matière, disposés comme il le trouve à propos, la puissance d'apercevoir et de penser, ou s'il n'a pas uni et joint à la matière, ainsi disposée, une substance immatérielle qui pense. Car, par rapport à nos notions, il ne nous est pas plus malaisé de concevoir que Dieu peut, s'il lui plaît, ajouter à notre idée de la matière la faculté de penser, que de comprendre qu'il y joigne une autre substance avec la faculté de penser, puisque nous ignorons en quoi consiste la pensée, et à quelle espèce de substance cet être tout-puissant a trouvé à propos d'accorder cette puissance, qui ne saurait être dans aucun être créé qu'en vertu du bon plaisir et de la bonté du Créateur.

Th. Cette question sans doute est incomparablement plus importante que la précédente ; mais j'ose vous dire, Monsieur, que je souhaiterais qu'il fût aussi aisé de toucher les âmes pour les porter à leur bien, et de guérir les corps de leurs maladies, que je crois qu'il est en notre pouvoir de la déterminer. J'espère que vous l'avouerez au moins, que je le puis avancer sans choquer la modestie et sans prononcer en maître au défaut de bonnes raisons ; car, outre que je ne parle que suivant le sentiment reçu et commun, je pense d'y avoir apporté une attention non commune. Premièrement je vous avoue, Monsieur, que, lorsqu'on n'a que des idées confuses de la pensée et de la matière, comme l'on en a ordinairement, il ne faut pas s'étonner si l'on ne voit pas le moyen de résoudre de telles questions. C'est comme j'ai remarqué un peu auparavant, qu'une personne qui n'a des idées des angles d'un triangle que de la manière qu'on les a communément, ne s'avisera jamais de trouver qu'ils sont toujours égaux à deux angles droits. Il faut considérer que la matière, prise pour un être complet (c'est-à-dire la matière seconde opposée à la première qui est quelque chose de purement passif, et par conséquent incomplet), n'est qu'un amas, ou ce qui en résulte, et que tout amas réel suppose des substances simples ou des unités réelles ; et, quand on considère encore ce qui est de la nature de

---

vinces-Unies. Jean de Witt a laissé des *Elementa linearum curvarum*, Leyde, 1650. P. J.

ces unités réelles, c'est-à-dire la perception et ses suites, on est transféré, pour ainsi dire, dans un autre monde, c'est-à-dire dans le monde intelligible des substances, au lieu qu'auparavant on n'a été que parmi les idées des sens. Et cette connaissance de l'intérieur de la matière fait assez voir de quoi elle est capable naturellement, et que toutes les fois que Dieu lui donnera des organes propres à exprimer le raisonnement, la substance immatérielle qui raisonne ne manquera pas de lui être aussi donnée, en vertu de cette harmonie, qui est encore une suite naturelle des substances. La matière ne saurait subsister sans substances immatérielles, c'est-à-dire sans les unités ; après quoi on ne doit plus demander s'il est libre à Dieu de lui en donner ou non. Et, si ces substances n'avaient pas en elles la correspondance ou l'harmonie dont je viens de parler, Dieu n'agirait pas suivant l'ordre naturel. Quand on parle tout simplement de donner ou d'accorder des puissances, c'est retourner aux facultés nues des écoles, et se figurer des petits êtres subsistants qui peuvent entrer et sortir comme les pigeons d'un colombier. C'est en faire des substances sans y penser. Les puissances primitives constituent les substances mêmes ; et les puissances dérivatives, ou si vous voulez, les facultés ne sont que des façons d'être qu'il faut dériver des substances, et on ne les dérive pas de la matière en tant qu'elle n'est que machine, c'est-à-dire en tant qu'on ne considère par abstraction que l'être incomplet de la matière première, ou le passif tout pur. C'est de quoi je pense que vous demeurerez d'accord, Monsieur, qu'il n'est pas dans le pouvoir d'une machine toute nue de faire naître la perception, sensation, raison. Il faut donc qu'elles naissent de quelque autre chose substantielle. Vouloir que Dieu en agisse autrement et donne aux choses des accidents qui ne sont pas des façons d'être ou modifications dérivées des substances, c'est recourir aux miracles, et à ce que les écoles appelaient la *puissance obédientiale*, par une manière d'exaltation surnaturelle, comme lorsque certains théologiens prétendent que le feu de l'enfer brûle les âmes séparées ; en quel cas l'on peut même douter si ce serait le feu qui agirait, et si Dieu ne ferait pas lui-même l'effet, en agissant au lieu du feu.

Ph. Vous me surprenez un peu par vos éclaircissements et vous allez au-devant de bien des choses que j'allais vous dire sur les bornes de nos connaissances. Je vous aurais dit que nous ne sommes pas dans un état de vision, comme parlent les théologiens ; que la foi et la probabilité nous doivent suffire sur plusieurs choses, et particulièrement à l'égard de l'immatérialité de l'âme ; que toutes les grandes fins de la morale et de la religion sont établies sur d'assez bons fondements sans le secours des preuves de cette immatérialité tirées de la philosophie ; et qu'il est évident que celui qui a commencé à nous faire subsister ici comme des êtres sensibles et intelligents, et qui nous a conservés plusieurs années dans cet état, peut et veut nous faire jouir encore d'un pareil état de sensibilité dans l'autre vie et nous y rendre capables de recevoir la rétribution qu'il a destinée aux hommes selon qu'ils se seront conduits dans cette vie ; enfin qu'on peut juger par là que la nécessité de se déterminer pour et contre l'immatérialité de l'âme, n'est pas si grande que des gens trop passionnés pour leurs propres sentiments ont voulu le persuader. J'allais vous dire tout cela, et encore davantage dans ce sens, mais je vois maintenant combien il est différent de dire que nous sommes sensibles, pensants et immortels naturellement, et que nous ne le sommes que par miracle. C'est un miracle en effet que je reconnais qu'il faudra admettre si l'âme n'est point immatérielle ; mais cette opinion du miracle, outre qu'elle est sans fondement, ne fera pas un assez bon effet dans l'esprit de bien des gens. Je vois bien aussi que de la manière que vous prenez la chose, on peut se déterminer raisonnablement sur la question présente, sans avoir besoin d'aller jouir de l'état de la vision et de se trouver dans la compagnie de ces génies supérieurs, qui pénètrent bien avant dans la constitution intérieure des choses, et dont la vue vive et perçante et le vaste champ de connaissance nous peut faire imaginer par conjecture de quel bonheur ils doivent jouir. J'avais cru qu'il était tout à fait au-dessus de notre connaissance « d'allier la sensation « avec une matière étendue, et l'existence avec une chose qui n'ait « absolument point d'étendue ». C'est pourquoi je m'étais persuadé que ceux qui prenaient parti ici suivaient la méthode déraisonnable de certaines personnes qui, voyant que des choses, considérées d'un certain côté, sont incompréhensibles, se jettent tête baissée dans le parti opposé, quoi qu'il ne soit pas moins inintelligible ; ce qui venait à mon avis de ce que les uns ayant l'esprit trop enfoncé pour ainsi dire dans la matière ne sauraient accorder aucune existence à ce qui n'est pas matériel ; et les autres ne trouvant point que la pensée soit renfermée dans les facultés naturelles de la matière, en concluaient que Dieu même ne pouvait donner la vie et la perception à une substance solide sans y mettre quelque substance immatérielle, au lieu que je vois maintenant que, s'il le faisait, ce serait par un miracle, et que cette incompréhensibilité de l'union de l'âme et du corps ou de l'alliance de la sensation avec la matière semble cesser par votre hypothèse de l'accord préétabli entre des substances différentes.

Th. En effet, il n'y a rien d'inintelligible dans cette hypothèse nouvelle, puisqu'elle n'attribue à l'âme et aux corps que des modifications que nous expérimentons en nous et en eux, et qu'elle les établit seulement plus réglées et plus liées qu'on n'a cru jusqu'ici. La difficulté qui reste n'est que par rapport à ceux qui veulent imaginer ce qui n'est qu'intelligible, comme s'ils voulaient voir les sons ou écouter les couleurs ; et ce sont ces gens-là qui refusent l'existence à tout ce qui n'est point étendu, ce qui les obligera de la refuser à Dieu lui-même, c'est-à-dire de renoncer aux causes et aux raisons des changements et de tels changements : ces raisons ne pouvant venir de l'étendue et des natures purement passives et pas même entièrement des natures actives particulières et inférieures sans l'acte pur et universel de la suprême substance.

Ph. Il me reste une objection au sujet des choses dont la matière est susceptible naturellement. Le corps, autant que nous pouvons le concevoir, n'est capable que de frapper et d'affecter un corps, et le mouvement ne peut produire autre chose que du mouvement : de sorte que, lorsque nous convenons que le corps produit le plaisir ou la douleur, ou bien l'idée d'une couleur ou d'un son, il semble que nous sommes obligés d'abandonner notre raison et d'aller au-devant de nos propres idées et d'attribuer cette production au seul bon plaisir de notre créateur. Quelle raison aurons-nous donc de conclure qu'il n'en soit de même de la perception dans la matière ? Je vois à peu près ce qu'on y peut répondre, et, quoique vous en ayez déjà dit quelque chose plus d'une fois, je vous entends mieux à présent, Monsieur, que je n'avais fait. Cependant je serai bien aise d'entendre encore ce que vous y répondrez dans cette occasion importante.

Th. Vous jugez bien, Monsieur, que je dirai que la matière ne saurait produire du plaisir, de la douleur, ou du sentiment en nous. C'est l'âme qui se les produit elle-même, conformément à ce qui se passe dans la matière. Et quelques habiles gens parmi les modernes commencent à se déclarer qu'ils n'entendent les causes occasionnelles que comme moi. Or, cela étant posé, il n'arrive rien d'inintelligible, excepté que nous ne saurions démêler tout ce qui entre dans nos perceptions confuses qui tiennent même de l'infini, et qui sont des expressions du détail de ce qui arrive dans les corps; et, quant au bon plaisir du créateur, il faut dire qu'il est réglé selon les natures des choses, en sorte qu'il n'y produit et conserve que ce qui leur convient et qui se peut expliquer par leurs natures au moins en général; car le détail nous passe souvent, autant que le soin et le pouvoir de ranger les grains d'une montagne de sable selon l'ordre des figures, quoiqu'il n'y ait rien là de difficile à entendre que la multitude. Autrement, si cette connaissance nous passait en elle-même, et si nous ne pouvons pas même concevoir la raison des rapports de l'âme et du corps en général, enfin si Dieu donnait aux choses des puissances accidentelles détachées de leurs natures, et par conséquent éloignées de la raison en général, ce serait une porte de derrière pour rappeler les qualités trop occultes qu'aucun esprit ne peut entendre, et ces petits lutins de facultés incapables de raison,

Et quicquid schola finxit otiosa :

lutins secourables, qui viennent paraître comme les dieux de théâtre, ou comme les fées de l'Amadis, et qui feront au besoin tout ce que voudra un philosophe, sans façon et sans outils. Mais d'en attribuer l'origine au bon plaisir de Dieu, c'est ce qui ne paraît pas trop convenable à celui qui est la suprême raison, chez qui tout est réglé, tout est lié. Ce bon plaisir ne serait pas même bon, ni plaisir, s'il n'y avait un parallélisme perpétuel entre la puissance et la sagesse de Dieu.

§ 8. PH. Notre connaissance de l'identité et de la diversité va aussi loin que nos idées ; mais celle de la liaison de nos idées (§ 9, 10) par rapport à leur coexistence dans un même sujet est très imparfaite et presque nulle (§ 11), surtout à l'égard des qualités secondes comme couleurs, sons et goûts (§ 12), parce que nous ne savons pas leur connexion avec les qualités premières, c'est-à-dire (§ 13) comment elles dépendent de la grandeur, de la figure ou du mouvement (§ 15). Nous savons un peu davantage de l'incompatibilité de ces qualités secondes, car un sujet ne peut avoir deux couleurs par exemple en même temps ; et lorsqu'il semble qu'on les voit dans une opale, ou dans une infusion du *lignum nephriticum*, c'est dans les différentes parties de l'objet (§ 16). Il en est de même des puissance actives et passives des corps. Nos recherches en cette occasion doivent dépendre de l'expérience.

Th. Les idées des qualités sensibles sont confuses, et les puissances qui les doivent produire ne fournissent aussi par conséquent que les idées où il entre du confus : ainsi on ne saurait connaître les liaisons de ces idées, autrement que par l'expérience, qu'autant qu'on les réduit à des idées distinctes qui les accompagnent, comme on a fait, par exemple, à l'égard des couleurs de l'arc-en-ciel et des prismes. Et cette méthode donne quelque commencement d'analyse, qui est de grand usage dans la physique; et, en la poursuivant, je ne doute point que la médecine ne se trouve plus avancée considérablement avec le temps, surtout si le public s'y intéresse un peu mieux que jusqu'ici.

§ 18. Ph. pour ce qui est de la connaissance des rapports, c'est le plus vaste champ de nos connaissances, et il est difficile de déterminer jusqu'où il peut s'étendre. Les progrès dépendent de la sagacité à trouver des idées moyennes. Ceux qui ignorent l'algèbre ne sauraient se figurer les choses étonnantes qu'on peut faire en ce genre par le moyen de cette science. Et je ne vois pas qu'il soit facile de déterminer quels nouveaux moyens de perfectionner les autres parties de nos connaissances peuvent être encore inventés par un esprit pénétrant. Au moins les idées qui regardent la quantité ne sont pas les seules capables de démonstration; il y en a d'autres qui sont peut-être la plus importante partie de nos contemplations, dont on pouvait déduire des connaissances certaines, si les vices, les passions et les intérêts dominants ne s'opposaient directement à l'exécution d'une telle entreprise.

Th. Il n'y a rien de si vrai que ce que vous dites ici, Monsieur. Qu'y a-t-il de plus important, supposé qu'il soit vrai, que ce que je crois que nous avons déterminé sur la nature des substances, sur les unités et les multitudes, sur l'identité et la diversité, sur la constitution des individus, sur l'impossibilité du vide et des atomes, sur l'origine de la cohésion, sur la loi de continuité, et sur les autres lois de la nature; mais principalement sur l'harmonie des choses, l'immatérialité des âmes, l'union de l'âme et du corps, la conservation des âmes, et même de l'animal au delà de la mort? Et il n'y a rien, en tout cela, que je ne croie démontré ou démontrable.

Ph. Il est vrai que votre hypothèse paraît extrêmement liée et d'une grande simplicité : un habile homme qui l'a voulu réfuter en France avoue publiquement d'en avoir été frappé. Et c'est une simplicité extrêmement féconde, à ce que je vois. Il sera bon de mettre cette doctrine de plus en plus dans son jour. Mais, en parlant des choses qui nous importent le plus, j'ai pensé à la morale, dont j'avoue que votre métaphysique donne des fondements merveilleux : mais, sans creuser si avant, elle en a d'assez fermes, quoiqu'ils ne s'étendent peut-être pas si loin (comme je me souviens que vous l'avez remarqué), lorsqu'une théologie naturelle, telle que la vôtre, n'en est pas la base. Cependant la considération des biens de cette vie sert déjà à établir des conséquences importantes pour régler les sociétés humaines. On peut juger du juste et de l'injuste aussi incontestablement que dans les mathématiques ; par exemple cette proposition : *il ne saurait y avoir de l'injustice où il n'y a point de propriété* est aussi certaine qu'aucune démonstration qui soit dans Euclide : la propriété étant le droit à une certaine chose, et l'injustice la violation d'un droit. Il en est de même de cette proposition : *Nul gouvernement n'accorde une absolue liberté*. Car le gouvernement est un établissement de certaines lois, dont il exige l'exécution. Et la liberté absolue est la puissance que chacun a de faire tout ce qui lui plaît.

Th. On se sert du mot de propriété un peu autrement pour l'ordinaire, car on entend un droit de l'un sur la chose, avec l'exclusion du droit d'un autre. Ainsi, s'il n'y avait point de propriété, comme si tout était commun, il pourrait y avoir de l'injustice néanmoins. Il faut aussi que dans la définition de la propriété, par chose vous entendiez encore action, car autrement ce serait toujours une injustice d'empêcher les hommes d'agir où ils en ont besoin. Mais, suivant cette explication, il est impossible qu'il n'y ait point de propriété. Pour ce qui est de la proposition de l'incompatibilité du gouvernement avec la liberté absolue, elle est du nombre des corollaires, c'est-à-dire des propositions qu'il suffit de faire remarquer. Il y en a en jurisprudence, qui sont plus composées, comme par exemple, touchant ce qu'on appelle *jus accrescendi*, touchant les conditions, et plusieurs autres matières ; et je l'ai fait voir en publiant dans ma jeunesse des thèses sur les conditions, où j'en démontrai quelques-unes. Et, si j'en avais le loisir, j'y retoucherais.

Ph. Ce serait faire plaisir aux curieux et servirait à prévenir quelqu'un qui pourrait les faire réimprimer sans être retouchées.

Th. C'est ce qui est arrivé à mon *Art des combinaisons* (1), comme je m'en suis déjà plaint. C'était un fruit de ma première adolescence, et cependant on le réimprima longtemps après sans me consulter et sans marquer même que c'était une seconde édition, ce qui fit croire à quelques-uns, à mon préjudice, que j'étais capable de publier une telle pièce dans un âge avancé ; car, quoiqu'il y ait des pensées de quelque conséquence que j'approuve encore, il y en avait pourtant aussi qui ne pouvaient convenir qu'à un jeune étudiant.

§ 19. Ph. Je trouve que les figures sont un grand remède à l'incertitude des mots, et c'est ce qui ne peut point avoir lieu dans les idées morales. De plus, les idées de morale sont plus composées que les figures qu'on considère ordinairement dans les mathématiques ; ainsi l'esprit a de la peine à retenir les combinaisons précises de ce qui entre dans les idées morales d'une manière aussi parfaite qu'il serait nécessaire lorsqu'il faut de longues déductions. Et, si dans l'arithmétique on ne désignait les différents postes par des marques dont la signification précise soit connue, et qui restent et demeurent en vue, il serait presque impossible de faire de grands comptes (§ 20). Les définitions donnent quelque remède, pourvu qu'on les emploie constamment dans la morale. Et du reste il n'est pas aisé de prévoir quelles méthodes peuvent être suggérées par l'algèbre ou par quelque autre moyen de cette nature, pour écarter les autres difficultés.

Th. Feu M. Erhard Weigel (2), mathématicien de Iéna en Thuringe, inventa ingénieusement des figures qui représentaient des choses morales. Et, lorsque feu M. Samuel de Puffendorff (3), qui était son disciple, publia ses *Éléments de la jurisprudence universelle* assez conformes aux pensées de M. Weigélius, on y ajouta dans l'édition de Iéna la *Sphère morale* de ce mathématicien. Mais ces figures sont une manière d'allégorie à peu près comme la table de Cebes (4), quoique moins populaire, et servent plutôt à la mémoire, pour retenir et ranger les idées, qu'au jugement pour acquérir des

---

(1) *De Arte combinatoria.*
(2) Weigel (Erhard), 1625-1699, célèbre mathématicien allemand, professeur à Iéna ; a écrit une *Arithmétique de la morale.*   P. J.
(3) Puffendorf, l'un des fondateurs du Droit naturel, né à Dippoldswald en 1632, mort à Berlin en 1694. Son principal ouvrage est son *De Jure naturæ et gentium libri octo* (Leipzig, 1744, 1 vol. in-4°), traduit par Barbeyrac en français avec notes (Amsterdam, 2 vol. in-4°, 1712) ; *Elementa jurisprudentiæ, de officio hominis libri duo.*   P. J.
(4) Cebes, disciple de Socrate. Voir le *Phédon* de Platon.

connaissances démonstratives. Elles ne laissent pas d'avoir leur usage pour éveiller l'esprit. Les figures géométriques paraissent plus simples que les choses morales; mais elles ne le sont pas, parce que le continu enveloppe l'infini, d'où il faut choisir. Par exemple, pour couper un triangle en quatre parties égales par deux droites perpendiculaires entre elles, c'est une question qui paraît simple et qui est assez difficile. Il n'en est pas de même dans les questions de morale, lorsqu'elles sont déterminables par la seule raison. Au reste, ce n'est pas le lieu ici de parler *de proferendis scientiæ demonstrandi pomœriis*, et de proposer les vrais moyens d'étendre l'art de démontrer au delà de ses anciennes limites, qui ont été presque les mêmes jusqu'ici que ceux du pays mathématique. J'espère, si Dieu me donne le temps qu'il faut pour cela, d'en faire voir quelque essai un jour, en mettant ces moyens en usage effectivement sans me borner aux préceptes.

Ph. Si vous exécutez ce dessein, Monsieur, et comme il faut, vous obligerez infiniment les Philalèthes comme moi, c'est-à-dire ceux qui désirent sincèrement de connaître la vérité. Et elle est agréable naturellement aux esprits, et il n'y a rien de si difforme et de si incompatible avec l'entendement que le mensonge. Cependant il ne faut pas espérer qu'on s'applique beaucoup à ces découvertes, tandis que le désir et l'estime des richesses ou de la puissance portera les hommes à épouser les opinions autorisées par la mode, et à chercher ensuite des arguments, ou pour les faire passer pour bonnes, ou pour les farder et couvrir leur difformité. Et, pendant que les différents partis font recevoir leurs opinions à tous ceux qu'ils peuvent avoir en leur puissance, sans examiner si elles sont fausses ou véritables, qu'elle nouvelle lumière peut-on espérer dans les sciences qui appartiennent à la morale? Cette partie du genre humain qui est sous le joug, devrait attendre, au lieu de cela, dans la plupart des lieux du monde, des ténèbres aussi épaisses que celles d'Égypte, si la lumière du Seigneur ne se trouvait pas elle-même présente à l'esprit des hommes, lumière sacrée que tout le pouvoir humain ne saurait éteindre entièrement.

Th. Je ne désespère point que dans un temps ou dans un pays plus tranquille les hommes ne se mettent plus à la raison qu'ils n'ont fait. Car en effet il ne faut désespérer de rien; et je crois que de grands changements en mal et en bien sont réservés au genre humain, mais plus en bien enfin qu'en mal. Supposons qu'on voie un jour quelque grand prince qui, comme les anciens rois d'Assyrie ou d'Égypte ou comme un autre Salomon, règne longtemps dans une paix profonde, et que ce prince, aimant la vertu et la vérité et doué d'un esprit grand et solide, se mette en tête de rendre les hommes plus heureux et plus accommodants entre eux et plus puissants sur la nature, quelles merveilles ne fera-t-il pas en peu d'années? Car il est sûr qu'en ce cas on ferait plus en dix ans qu'on ne ferait en cent ou peut-être en mille, en laissant aller les choses leur train ordinaire. Mais sans cela, si le chemin était ouvert une bonne fois, bien des gens y entreraient comme chez les géomètres, quand ce ne serait que pour leur plaisir, et pour acquérir de la gloire. Le public mieux policé se tournera un jour plus qu'il n'a fait jusqu'ici à l'avancement de la médecine; on donnera par tous les pays des histoires naturelles comme des almanachs ou comme des Mercures galants (1); on ne laissera aucune bonne observation sans être enregistrée; on aidera ceux qui s'y appliqueront; on perfectionnera l'art de faire de telles observations, et encore celui de les employer pour établir des aphorismes. Il y aura un temps où, le nombre des bons médecins étant devenu plus grand et le nombre des gens de certaines professions, dont on aura moins besoin alors, étant diminué à proportion, le public sera en état de donner plus d'encouragement à la recherche de la nature, et surtout à l'avancement de la médecine; et alors cette science importante sera bientôt portée fort au delà de son présent état et croîtra à vue d'œil. Je crois en effet que cette partie de la police devrait être l'objet des plus grands soins de ceux qui gouvernent, après celui de la vertu, et qu'un des plus grands fruits de la bonne morale ou politique sera de nous amener une meilleure médecine, quand les hommes commenceront à être plus sages qu'ils ne sont, et quand les grands auront appris de mieux employer leurs richesses et leur puissance pour leur propre bonheur.

§ 21. Ph. Pour ce qui est de la connaissance de l'existence réelle (qui est la 4e sorte des connaissances), il faut dire que nous avons une connaissance intuitive de notre existence, une démonstration de celle de Dieu, et une sensitive des autres choses. Et nous en parlerons amplement dans la suite.

Th. On ne saurait rien dire de plus juste.

(1) Journal fondé par de Visé en 1672.

§ 22. Ph. Maintenant, ayant parlé de la connaissance, il paraît à propos que, pour mieux découvrir l'état présent de notre esprit, nous en considérions un peu le côté obscur, et prenions connaissance de notre ignorance ; car elle est infiniment plus grande que notre connaissance. Voici les causes de cette ignorance. C'est 1° que nous manquons d'idées ; 2° que nous ne saurions découvrir la connexion entre les idées que nous avons ; 3° que nous négligeons de les suivre et de les examiner exactement. § 23. Quant au défaut des idées, nous n'avons d'idées simples que celles qui nous viennent des sens internes ou externes. Ainsi à l'égard d'une infinité de créatures de l'univers et de leurs qualités, nous sommes comme les aveugles par rapport aux couleurs, n'ayant pas même les facultés qu'il faudrait pour les connaître ; et, selon toutes les apparences, l'homme tient le dernier rang parmi tous les êtres intellectuels.

Th. Je ne sais s'il n'y en a pas aussi au-dessous de nous. Pourquoi voudrions-nous nous dégrader sans nécessité ? Peut-être tenons-nous un rang assez honorable parmi les animaux raisonnables ; car des génies supérieurs pourraient avoir des corps d'une autre façon, de sorte que le nom d'animal pourrait ne leur point convenir. On ne saurait dire si notre Soleil, parmi le grand nombre d'autres, en a plus au-dessus qu'au-dessous de lui, et nous sommes bien placés dans son système ; car la terre tient le milieu entre les planètes, et sa distance paraît bien choisie pour un animal contemplatif, qui la devait habiter. D'ailleurs nous avons incomparablement plus de sujet de nous louer que de nous plaindre de notre sort, la plupart de nos maux devant être imputés à notre faute. Et surtout nous aurions grand tort de nous plaindre des défauts de notre connaissance, puisque nous nous servons si peu de celles que la nature charitable nous présente.

§ 24. Ph. Il est vrai cependant que l'extrême distance de presque toutes les parties du monde qui sont exposées à notre vue les dérobe à notre connaissance, et apparemment le monde visible n'est qu'une partie de cet immense univers. Nous sommes renfermés dans un petit coin de l'espace, c'est-à-dire dans le système de notre Soleil, et cependant nous ne savons pas même ce qui se passe dans les autres planètes qui tournent à l'entour de lui aussi bien que notre boule. § 25. Ces connaissances nous échappent à cause de la grandeur et de l'éloignement, mais d'autres corps nous sont cachés à cause de leur petitesse, et ce sont ceux qu'il nous importerait le plus de connaître ; car de leur contexture nous pourrions inférer les usages et opérations de ceux qui sont visibles, et savoir pourquoi la rhubarbe purge, la ciguë tue, et l'opium fait dormir. Ainsi § 26, quelque loin que l'industrie humaine puisse porter la philosophie expérimentale sur les choses physiques, je suis tenté de croire que nous ne pourrons jamais parvenir sur ces matières à une connaissance scientifique.

Th. Je crois bien que nous n'irons jamais aussi loin qu'il serait à souhaiter ; cependant il me semble qu'on fera quelques progrès considérables avec le temps dans l'explication de quelques phénomènes, parce que le grand nombre des expériences que nous sommes à portée de faire nous peut fournir des *data* plus que suffisants, de sorte qu'il manque seulement l'art de les employer, dont je ne désespère point qu'on poussera les petits commencements depuis que l'analyse infinitésimale nous a donné le moyen d'allier la géométrie avec la physique, et que la dynamique nous a fourni les lois générales de la nature.

§ 27. Ph. Les esprits sont encore plus éloignés de notre connaissance ; nous ne saurions nous former aucune idée de leurs différents ordres, et cependant le monde intellectuel est certainement plus grand et plus beau que le monde matériel.

Th. Ces mondes sont toujours parfaitement parallèles quant aux causes efficientes, mais non pas quant aux finales. Car, à mesure que les esprits dominent dans la matière, ils y produisent des ordonnances merveilleuses. Cela paraît par les changements que les hommes ont faits pour embellir la surface de la terre, comme des petits dieux qui imitent le grand architecte de l'univers, quoique ce ne soit que par l'emploi des corps et de leurs lois. Que ne peut-on pas conjecturer de cette immense multitude des esprits qui nous passent ? Et, comme les esprits forment tous ensemble une espèce d'État sous Dieu, dont le gouvernement est parfait, nous sommes bien éloignés de comprendre le système de ce monde intelligible, et de concevoir les peines et les récompenses qui y sont préparées à ceux qui les méritent suivant la plus exacte raison, et de nous figurer ce qu'aucun œil n'a vu, ni aucune oreille n'a entendu, et qui n'est jamais entré dans le cœur de l'homme. Cependant tout cela fait connaître que nous avons toutes les idées distinctes qu'il faut pour connaître les corps et les esprits, mais non pas le détail suffisant des faits, ni des sens assez pénétrants pour démêler les idées confuses, ou assez étendus pour les apercevoir toutes.

§ 28. Ph. Quant à la connexion dont la connaissance nous manque dans les idées que nous avons, j'allais vous dire que les affections mécaniques des corps n'ont aucune liaison avec les idées des couleurs, des sons, des odeurs et des goûts, de plaisir et de douleur, et que leur connexion ne dépend que du bon plaisir et de la volonté arbitraire de Dieu. Mais je me souviens que vous jugez qu'il y a une parfaite correspondance, quoique ce ne soit pas toujours une ressemblance entière. Cependant vous reconnaissez que le trop grand détail des petites choses qui y entrent nous empêche de démêler ce qui est caché, quoique vous espériez encore que nous y approcherons beaucoup; et qu'ainsi vous ne voudriez pas qu'on dise avec mon illustre auteur, § 29, que c'est perdre sa peine que de s'engager dans une telle recherche, de peur que cette croyance ne fasse du tort à l'accroissement de la science. Je vous aurais parlé aussi de la difficulté qu'on a eue jusqu'ici d'expliquer la connexion qu'il y a entre l'âme et le corps, puisqu'on ne saurait concevoir qu'une pensée produise un mouvement dans le corps, ni qu'un mouvement produise une pensée dans l'esprit. Mais, depuis que je conçois votre hypothèse de l'harmonie préétablie, cette difficulté dont on désespérait me paraît levée tout d'un coup, et comme par enchantement. § 30. Reste donc la troisième cause de notre ignorance, c'est que nous ne suivons pas les idées que nous avons ou que nous pouvons avoir, et ne nous appliquons pas à trouver les idées moyennes : c'est ainsi qu'on ignore les vérités mathématiques, quoiqu'il n'y ait aucune imperfection dans nos facultés, ni aucune incertitude dans les choses mêmes. Le mauvais usage des mots a le plus contribué à nous empêcher de trouver la convenance et disconvenance des idées; et les mathématiciens qui forment leur pensée indépendamment des noms et s'accoutument à se présenter à leur esprit les idées mêmes au lieu des sons, ont évité par là une grande partie de l'embarras. Si les hommes avaient agi dans leurs découvertes du monde matériel, comme ils en ont usé à l'égard de celles qui regardent le monde intellectuel, et s'ils avaient tout confondu dans un chaos de termes d'une signification incertaine, ils auraient disputé sans fin sur les zones, les marées, le bâtiment des vaisseaux, et les routes; on ne serait jamais allé au delà de la ligne, et les antipodes seraient encore aussi inconnus qu'ils étaient lorsqu'on avait déclaré que c'était une hérésie de les soutenir.

Th. Cette troisième cause de notre ignorance est la seule blâmable.

Et vous voyez, Monsieur, que le désespoir d'aller plus loin y est compris. Ce découragement nuit beaucoup, et des personnes habiles et considérables ont empêché les progrès de la médecine par la fausse persuasion que c'est peine perdue que d'y travailler. Quand vous verrez les philosophes aristotéliciens du temps passé parler des météores, comme de l'arc-en-ciel par exemple, vous trouverez qu'ils croyaient qu'on ne devait pas seulement penser à expliquer distinctement ce phénomène ; et les entreprises de Maurolycus (1) et puis de Marc-Antoine de Dominis (2), leur paraissaient comme un vol d'Icare. Cependant la suite en a désabusé le monde. Il est vrai que le mauvais usage des termes a causé une bonne partie du désordre qui se trouve dans nos connaissances, non seulement dans la morale et la métaphysique, ou dans ce que vous appelez le monde intellectuel, mais encore dans la médecine, où cet abus des termes augmente de plus en plus. Nous ne nous pouvons pas toujours aider par les figures comme dans la géométrie : mais l'algèbre fait voir qu'on peut faire de grandes découvertes sans recourir toujours aux idées mêmes des choses. Au sujet de l'hérésie prétendue des antipodes, je dirai en passant qu'il est vrai que Boniface (3), archevêque de Mayence, a accusé Virgile (4) de Salzbourg, dans une lettre qu'il a écrite au pape contre lui sur ce sujet, et que le pape y répond d'une manière qui fait paraître qu'il donnait assez dans le sens de Boniface ; mais on ne trouve point que cette accusation ait eu des suites. Virgile s'est toujours maintenu. Les deux antagonistes passent pour saints, et les savants de Bavière qui regardent Virgile comme un apôtre de la Carinthie et des pays voisins, en ont justifié la mémoire.

CHAP. IV. — DE LA RÉALITÉ DE NOTRE CONNAISSANCE.

§ 2. PH. Quelqu'un qui n'aura pas compris l'importance qu'il y a d'avoir de bonnes idées et d'en entendre la convenance et la discon-

---

(1) MAUROLYCO (Francisco), 1494-1579, célèbre mathématicien grec, originaire de Constantinople, enseigna les mathématiques à Palerme. Le livre auquel Leibniz fait allusion est le suivant : *Problemata ad perspectivam et iridem pertinentia.*
(2) M.-A. de DOMINIS, 1566-1624, né en Dalmatie, professeur à l'Université de Padoue, passe pour avoir jeté les fondements de la théorie de l'arc-en-ciel.
(3) BONIFACE (Windfrid), 680-756, archevêque de Mayence. Ses ouvrages, *Opera omnia quæ restant*, ont été publiés à Londres en 1844, 2 vol. in-8.
(4) VIRGIL ou FERGIL, moine irlandais, devenu évêque de Salzbourg, mort en 789. Il a été canonisé.

venance, croira qu'en raisonnant là-dessus avec tant de soin nous bâtissons des châteaux en l'air, et qu'il n'y aura dans tout notre système que de l'idéal et de l'imaginaire. Un extravagant, dont l'imagination est échauffée, aura l'avantage d'avoir des idées plus vives et en plus grand nombre ; ainsi il aurait aussi plus de connaissance. Il y aura autant de certitude dans les visions d'un enthousiaste que dans les raisonnements d'un homme de bon sens, pourvu que cet enthousiaste parle conséquemment ; et il sera aussi vrai de dire qu'une harpie n'est pas un centaure, que de dire qu'un carré n'est pas un cercle. § 2. Je réponds que nos idées s'accordent avec les choses. § 3. Mais on ne demandera le criterion. § 4. Je réponds encore premièrement que cet accord est manifeste à l'égard des idées simples de notre esprit, car ne pouvant pas se les former lui-même, il faut qu'elles soient produites par les choses qui agissent sur l'esprit ; et secondement, § 5, que toutes nos idées complexes (excepté celles des substances), étant des archétypes que l'esprit a formés lui-même, qu'il n'a pas destinés à être des copies de quoi que ce soit, ni rapportés à l'existence d'aucune chose comme à leurs originaux, elles ne peuvent manquer d'avoir toute la conformité avec les choses nécessaire à une connaissance réelle.

Th. Notre certitude serait petite ou plutôt nulle, si elle n'avait point d'autre fondement des idées simples que celui qui vient des sens. Avez-vous oublié, Monsieur, comment j'ai montré que les idées sont originairement dans notre esprit et que même nos pensées nous viennent de notre propre fond, sans que les autres créatures puissent avoir une influence immédiate sur l'âme. D'ailleurs, le fondement de notre certitude à l'égard des vérités universelles et éternelles est dans les idées mêmes, indépendamment des sens ; comme aussi les idées pures et intelligibles ne dépendent point des sens, par exemple celle de l'être, de l'un, du même, etc. Mais les idées des qualités sensibles, comme de la couleur, de la saveur, etc. (qui en effet ne sont que des fantômes) nous viennent des sens, c'est-à-dire de nos perceptions confuses. Et le fondement de la vérité des choses contingentes et singulières est dans le succès qui fait que les phénomènes des sens sont liés justement comme les vérités intelligibles le demandent. Voilà la différence qu'on y doit faire, au lieu que celle que vous faites ici entre les idées simples et composées, et idées composées appartenantes aux substances et aux accidents, ne me paraît point fondée puisque toutes les idées intelligibles ont leurs archétypes dans la possibilité éternelle des choses.

§ 5. Ph. Il est vrai que nos idées composées n'ont besoin d'archétypes hors de l'esprit que lorsqu'il s'agit d'une substance existante qui doit unir effectivement hors de nous les idées simples dont elles sont composées. La connaissance des vérités mathématiques est réelle, quoiqu'elle ne roule que sur nos idées et qu'on ne trouve nulle part des cercles exacts. Cependant on est assuré que les choses existantes conviendront avec nos archétypes, à mesure que ce qu'on y suppose se trouve existant. § 7. Ce qui sert encore à justifier la réalité des choses morales. § 8. Et les Offices de Cicéron n'en sont pas moins conformés à la vérité parce qu'il n'y a personne dans le monde qui règle sa vie exactement sur le modèle d'un homme de bien tel que Cicéron nous l'a dépeint. § 9. Mais, dira-t-on, si les idées morales sont de notre invention, quelle étrange notion aurons-nous de la justice et de la tempérance ? §10. Je réponds que l'incertitude ne sera que dans le langage, parce qu'on n'entend pas toujours ce qu'on dit, ou on ne l'entend pas toujours de même.

Th. Vous pouviez répondre encore, Monsieur, et bien mieux à mon avis, que les idées de la justice et de la tempérance ne sont pas de notre invention, non plus que celles du cercle et du carré. Je crois l'avoir assez montré.

§ 11. Ph. Pour ce qui est des idées de substances qui existent hors de nous, notre connaissance est réelle autant qu'elle est conforme à ces archétypes : et à cet égard l'esprit ne doit point combiner les idées arbitrairement, d'autant plus qu'il y a fort peu d'idées simples dont nous puissions assurer qu'elles peuvent ou ne peuvent pas exister ensemble dans la nature au delà de ce qui paraît par des observations sensibles.

Th. C'est, comme j'ai dit plus d'une fois, parce que ces idées, quand la raison ne saurait juger de leur compatibilité ou connexion, sont confuses, comme sont celles des qualités particulières des sens.

§ 13. Ph. Il est bon encore à l'égard des substances existantes de ne se point borner aux noms ou aux espèces qu'on suppose établies par les noms. Cela me fait revenir à ce que nous avons discuté assez souvent à l'égard de la définition de l'homme. Car, parlant d'un innocent qui a vécu quarante ans sans donner le moindre signe de raison, ne pourrait-on point dire qu'il tient le milieu entre l'homme et la bête ? cela passerait peut-être pour un paradoxe bien hardi, ou même pour une fausseté de très dangereuse conséquence. Cependant il me semblait autrefois, et il semble encore à quelques-uns de mes amis, que je ne saurais encore désabuser, que ce n'est qu'en vertu d'un préjugé fondé sur cette fausse supposition que ces deux noms *homme* et *bête* signifient des espèces distinctes, si bien marquées par des essences réelles dans la nature que nulle autre espèce ne peut intervenir entre elles, comme si toutes les choses étaient jetées au moule suivant le nombre précis de ces essences. § 14. Quand on demande à ces amis, quelle espèce d'animaux sont ces innocents, s'ils ne sont ni hommes ni bêtes, ils répondent que ce sont des innocents et que cela suffit. Quand on demande encore ce qu'ils deviendront dans l'autre monde, nos amis répondent qu'il ne leur importe pas de le savoir ni de le rechercher. *Qu'ils tombent ou qu'ils se soutiennent, cela regarde leur maître*, Rom. xiv, 4, qui est bon et fidèle et ne dispose point de ses créatures suivant les bornes étroites de nos pensées ou de nos opinions particulières, et ne les distingue pas conformément aux noms et espèces qu'il nous plaît d'imaginer; qu'il nous suffit que ceux qui sont capables d'instruction seront appelés à rendre compte de leur conduite et qu'ils recevront leur salaire *selon ce qu'ils auront fait dans leur corps*. II. Corinth. v. 10, § 15. Je vous représenterai encore le reste de leurs raisonnements. La question, disent-ils, s'il faut priver les imbéciles d'un état à venir, roule sur deux suppositions également fausses; la première que tout être qui a la forme et apparence extérieure d'homme est destiné à un état d'immortalité après cette vie; et la seconde, que tout ce qui a une naissance humaine doit jouir de ce privilège. Otez ces imaginations, et vous verrez que ces sortes de questions sont ridicules et sans fondement. Et en effet je crois qu'on désavouera la première supposition, et qu'on n'aura pas l'esprit assez enfoncé dans la matière pour croire que la vie éternelle est due à aucune figure d'une masse matérielle, en sorte que la masse doive avoir éternellement du sentiment, parce qu'elle a été moulée sur une telle figure. §. 16. Mais la seconde supposition vient au secours. On dira que cet innocent vient de parents raisonnables et que par conséquent il faut qu'il ait une âme raisonnable. Je ne sais par quelle règle de logique on peut établir une telle conséquence et comment après cela on oserait détruire des productions mal formées et contrefaites. Oh! dira-t-on, ce sont des monstres! Eh bien, soit. Mais que sera cet innocent toujours intraitable? Un défaut dans le corps fera-t-il un monstre, et non un défaut dans l'esprit? C'est retourner à la première supposition déjà réfutée, que l'extérieur suffit. Un innocent bien formé est un homme, à ce qu'on croit; il a une âme raisonnable, quoiqu'elle ne paraisse pas. Mais faites les oreilles un peu plus longues et plus pointues et le nez un peu plus plat qu'à l'ordinaire, alors vous commencez à hésiter. Faites le visage plus étroit, plus plat et plus long; vous voilà tout à fait déterminé. Et, si la tête est parfaitement celle de quelque animal, c'est un monstre sans doute, et ce vous est une démonstration qu'il n'a point d'âme raisonnable et qu'il doit être détruit. Je vous demande maintenant où trouver la juste mesure et les dernières bornes qui emportent avec elles une âme raisonnable. Il y a des fœtus humains, moitié bête, moitié homme, d'autres dont les trois parties participent de l'un, et l'autre partie de l'autre. Comment déterminer au juste les linéaments qui marquent la raison? De plus, ce monstre, ne sera-ce pas une espèce moyenne entre l'homme et la bête? Et tel est l'innocent dont il s'agit.

TH. Je m'étonne que vous retourniez à cette question que nous avons assez examinée, et cela plus d'une fois, et que vous n'ayez pas mieux catéchisé vos amis. Si nous distinguons l'homme de la bête par la faculté de raisonner, il n'y a point de milieu : il faut que l'animal dont il s'agit l'ait ou ne l'ait pas : mais, comme cette faculté ne parait pas quelquefois, on en juge par des indices, qui ne sont pas démonstratifs à la vérité, jusqu'à ce que cette raison se montre; car l'on sait par l'expérience de ceux qui l'ont perdue ou qui enfin en ont obtenu l'exercice, que sa fonction peut être suspendue. La naissance et la figure donnent des présomptions de ce qui est caché. Mais la présomption de la naissance est effacée (*eliditur*) par une figure extrêmement différente de l'humaine, telle qu'était celle de l'animal né d'une femme de Zéelande chez Levinus Lemnius (1) (livre I, ch. VIII) qui avait un bec crochu, un col long et rond, des yeux étincelants, une queue pointue, une grande agilité à courir d'abord par la chambre. Mais on dira qu'il y a des monstres ou des frères des Lombards (comme les médecins les appelaient autrefois, à cause qu'on disait que les femmes de Lombardie étaient sujettes à ces sortes d'enfantements) qui approchent davantage de la figure humaine. Eh bien, soit. Comment donc, direz-vous, peut-on détermi-

---

(1) LIVIN LEMNENS (en latin Levinus Lemnius), 1505-1568, a écrit ; *De Miraculis occultis naturæ* (Francfort, 1628).

ner les justes limites de la figure qui doit passer pour humaine ? Je réponds que, dans une matière conjecturale, on n'a rien de précis. Et voilà l'affaire finie. On objecte que l'innocent ne montre point de raison, et cependant il passe pour homme ; mais, s'il avait une figure monstrueuse il ne le serait point, et qu'ainsi on a plus d'égards à la figure qu'à la raison ? Mais ce monstre montre-t-il de la raison ? Non, sans doute. Vous voyez donc qu'il lui manque plus qu'à l'innocent. Le défaut de l'exercice de la raison est souvent temporel, mais il ne cesse pas dans ceux où il est accompagné d'une tête de chien. Au reste, si cet animal de figure humaine n'est pas un homme, il n'y a pas grand mal à le garder pendant l'incertitude de son sort. Et, soit qu'il ait une âme raisonnable ou qu'il en ait une qui ne le soit pas, Dieu ne l'aura point faite pour rien, et l'on dira de celles des hommes qui demeurent dans un état toujours semblable à celui de la première enfance, que leur sort pourra être le même que celui des âmes de ces enfants qui meurent dans leur berceau.

CHAP. V. — De la vérité en général.

§ 1. Ph. Il y a plusieurs siècles qu'on a demandé ce que c'est que la vérité. § 2. Nos amis croient que c'est la conjonction ou la séparation des signes suivant que les choses mêmes conviennent ou disconviennent entre elles. Par la conjonction ou la séparation des signes, il faut entendre ce qu'on appelle autrement proposition.

Th. Mais une épithète ne fait pas une proposition : par exemple, *l'homme sage*. Cependant il y a une conjonction de deux termes. Négation aussi est autre chose que séparation ; car disant l'homme, et après quelque intervalle prononçant sage, ce n'est pas nier. La convenance aussi ou la disconvenance n'est pas proprement ce qu'on exprime par la proposition. Deux œufs ont de la convenance, et deux ennemis ont de la disconvenance. Il s'agit ici d'une manière de convenir ou de disconvenir toute particulière. Ainsi je crois que cette définition n'explique point le point dont il s'agit. Mais ce que je trouve le moins à mon gré dans votre définition de la vérité, c'est qu'on y cherche la vérité dans les mots. Ainsi, le même sens étant exprimé en latin, allemand, anglais, français, ne sera pas la même vérité, et il faudra dire avec M. Hobbes, que la vérité dépend du bon plaisir des hommes, ce qui est parler d'une manière bien étrange. On attribue même la vérité à Dieu, que vous m'avouerez, je crois, de n'avoir point besoin de signes. Enfin je me suis déjà étonné plus d'une fois de l'humeur de vos amis, qui se plaisent à rendre les essences, espèces, vérités nominales.

Ph. N'allez point trop vite. Sous les signes ils comprennent les idées. Ainsi les vérités seront ou mentales ou nominales, selon les espèces des signes.

Th. Nous aurons donc encore des vérités littérales, qu'on pourra distinguer en vérités de papier ou de parchemin, de noir d'encre ordinaire ou d'encre d'imprimerie, s'il faut distinguer les vérités par les signes. Il vaut donc mieux placer les vérités dans le rapport entre les objets des idées, qui fait que l'une est comprise ou non comprise dans l'autre. Cela ne dépend point des langues, et nous est commun avec Dieu et les anges ; et, lorsque Dieu nous manifeste une vérité, nous acquérons celle qui est dans son entendement, car quoiqu'il y ait une différence infinie entre ses idées et les nôtres, quant à la perfection et à l'étendue, il est toujours vrai qu'on convient dans le même rapport. C'est donc dans ce rapport qu'on doit placer la vérité, et nous pouvons distinguer entre les vérités qui sont indépendantes de notre bon plaisir, et entre les expressions que nous inventons comme bon nous semble.

§ 3. Ph. Il n'est que trop vrai que les hommes, même dans leur esprit, mettent les mots à la place des choses, surtout quand les idées sont complexes et indéterminées. Mais il est vrai aussi, comme vous l'avez observé, qu'alors l'esprit se contente de marquer seulement la vérité sans l'entendre pour le présent, dans la persuasion où il est qu'il dépend de lui de l'entendre quand il voudra. Au reste, l'action qu'on exerce en affirmant ou en niant est plus facile à concevoir en réfléchissant sur ce qui se passe en nous, qu'il n'est aisé de l'expliquer par paroles. C'est pourquoi ne trouvez point mauvais qu'au défaut de mieux on a parlé de joindre ensemble ou de séparer.
§ 8. Vous accorderez aussi que les propositions au moins peuvent être appelées verbales, et que lorsqu'elles sont vraies, elles sont et verbales et encore réelles, car § 9, la fausseté consiste à joindre les noms autrement que leurs idées ne conviennent ou disconviennent. Au moins § 10, les mots sont de grands véhicules de la vérité.
§ 11. Il y a aussi une vérité morale, qui consiste à parler des choses selon la persuasion de notre esprit ; il y a enfin une vérité métaphy-

sique qui est l'existence réelle des choses, conforme aux idées que nous en avons.

Th. La vérité morale est appelée véracité par quelques-uns, et la vérité métaphysique est prise vulgairement par les métaphysiciens pour un attribut de l'Être, mais c'est un attribut bien inutile et presque vide de sens. Contentons-nous de chercher la vérité dans la correspondance des propositions qui sont dans l'esprit avec les choses dont il s'agit. Il est vrai que j'ai attribué aussi la vérité aux idées en disant que les idées sont vraies ou fausses; mais alors je l'entends en effet de la vérité des propositions qui affirment la possibilité de l'objet de l'idée. Et dans ce même sens on peut dire encore qu'un être est vrai, c'est-à-dire la proposition qui affirme son existence actuelle ou du moins possible.

CHAP. VI. — Des propositions universelles,
de leur vérité et de leur certitude.

§ 2. Ph. Toute notre connaissance est des vérités générales ou particulières. Nous ne saurions jamais faire bien entendre les premières qui sont les plus considérables, ni les comprendre que fort rarement nous-mêmes, qu'autant qu'elles sont conçues et exprimées par des paroles.

Th. Je crois qu'encore d'autres marques pourraient faire cet effet; on le voit par les caractères des Chinois. Et on pourrait introduire un caractère universel fort populaire et meilleur que le leur, si on employait de petites figures à la place des mots, qui représentassent les choses visibles par leurs traits, et les invisibles par des visibles qui les accompagnent, y joignant de certaines marques additionnelles, convenables pour faire entendre les flexions et les particules. Cela servirait d'abord pour communiquer aisément avec les nations éloignées; mais, si on l'introduisait aussi parmi nous sans renoncer pourtant à l'écriture ordinaire, l'usage de cette manière d'écrire serait d'une grande utilité pour enrichir l'imagination, et pour donner des pensées moins sourdes et moins verbales qu'on n'a maintenant. Il est vrai que l'art de dessiner n'étant point connu de tous, il s'ensuit qu'excepté les livres imprimés de cette façon (que tout le monde apprendrait bientôt à lire), tout le monde ne pourrait point s'en servir autrement que par une manière d'imprimerie, c'est-à-dire ayant des figures gravées toutes prêtes pour les imprimer sur du papier, et y ajoutant par après avec la plume les marques des flexions ou des particules. Mais avec le temps tout le monde apprendrait le dessin dès la jeunesse, pour n'être point privé de la commodité de ce caractère figuré qui parlerait véritablement aux yeux, et qui serait fort au gré du peuple, comme en effet les paysans ont déjà certains almanachs qui leur disent sans paroles une bonne partie de ce qu'ils demandent : et je me souviens d'avoir vu des imprimés satiriques en taille-douce, qui tenaient un peu de l'énigme, où il y avait des figures significantes par elles-mêmes, mêlées avec des paroles, au lieu que nos lettres et les caractères chinois ne sont significatifs que par la volonté des hommes (*ex instituto*).

§ 3. PH. Je crois que votre pensée s'exécutera un jour, tant cette écriture me paraît agréable et naturelle : et il semble qu'elle ne serait pas de petite conséquence pour augmenter la perfection de notre esprit et pour rendre nos conceptions plus réelles. Mais pour revenir aux connaissances générales et à leur certitude, il sera à propos de remarquer qu'il y a certitude de vérité et qu'il y a aussi certitude de connaissance. Lorsque les mots sont joints de telle manière dans des propositions qu'ils expriment exactement la convenance ou la disconvenance telle qu'elle est réellement, c'est une certitude de vérité ; et la certitude de connaissance consiste à apercevoir la convenance ou la disconvenance des idées, en tant qu'elle est exprimée dans des propositions. C'est ce que nous appelons ordinairement être certain d'une proposition.

TH. En effet cette dernière sorte de certitude suffira encore sans l'usage des mots, et n'est autre chose qu'une parfaite connaissance de la vérité ; au lieu que la première espèce de certitude ne paraît être autre chose que la vérité même.

§ 4. PH. Or, comme nous ne saurions être assurés de la vérité d'aucune proposition générale, à moins que nous ne connaissions les bornes précises de la signification des termes dont elle est composée, il serait nécessaire que nous connussions l'essence de chaque espèce, ce qui n'est pas malaisé à l'égard des idées simples et des modes. Mais dans les substances, où une essence réelle, distincte de la nominale, est supposée déterminer les espèces, l'étendue du terme général est fort incertaine, parce que nous ne connaissons pas cette essence réelle ; et par conséquent dans ce sens nous ne saurions être assurés d'aucune proposition générale faite sur le sujet de ces substances. Mais, lorsqu'on suppose que les espèces des substances ne sont autre chose que la réduction des individus substantiels en certaines sortes rangées sous divers noms généraux, selon qu'elles conviennent aux différentes idées abstraites que nous désignons par ces noms-là, on ne saurait douter si une proposition bien connue comme il faut est véritable ou non.

Th. Je ne sais, Monsieur, pourquoi vous revenez encore à un point assez contesté entre nous, et que je croyais vidé. Mais enfin j'en suis bien aise, parce que vous me donnez une occasion fort propre, ce me semble, à vous désabuser de nouveau. Je vous dirai donc que nous pouvons être assurés par exemple de mille vérités qui regardent l'or ou ce corps dont l'essence interne se fait connaître par la plus grande pesanteur connue ici-bas, ou par la plus grande ductilité, ou par d'autres marques. Car nous pouvons dire que le corps de la plus grande ductilité connue est aussi le plus pesant de tous les corps connus. Il est vrai qu'il ne serait point impossible que tout ce qu'on a remarqué jusqu'ici dans l'or se trouve un jour en deux corps discernables par d'autres qualités nouvelles et qu'ainsi ce ne fût plus la plus basse espèce, comme on le prend jusqu'ici par provision. Il se pourrait aussi qu'une sorte demeurant rare et l'autre étant commune, on jugeât à propos de réserver le nom de vrai or à la seule espèce rare, pour la retenir dans l'usage de la monnaie par le moyen de nouveaux essais qui lui seraient propres. Après quoi l'on ne doutera point aussi que l'essence interne de ces deux espèces ne soit différente; et, quand même la définition d'une substance actuellement existante ne serait pas bien déterminée à tous égards (comme en effet celle de l'homme ne l'est pas à l'égard de la figure externe), on ne laisserait pas d'avoir une infinité de propositions générales sur son sujet, qui suivraient de la raison et des autres qualités que l'on reconnaît en lui. Tout ce que l'on peut dire sur ces propositions générales, c'est qu'en cas qu'on prenne l'homme pour la plus basse espèce (1) et le restreigne à la race d'Adam, on n'aura point de propriétés de l'homme de celles qu'on appelle *in quarto modo*, ou qu'on puisse énoncer de lui par une proposition réciproque ou simplement convertible, si ce n'est par provision; comme en disant, l'homme est le seul animal raisonnable. Et, prenant

---

(1) La plus basse des espèces (*species infima*) est celle qui ne peut plus être sous-divisée, et qui ne peut pas être considérée comme genre.   P. J.

l'homme pour ceux de notre race, le provisionnel consiste à sousentendre qu'il est le seul animal raisonnable de ceux qui nous sont connus ; car il se pourrait qu'il eût un jour d'autres animaux à qui fût commun avec la postérité des hommes d'à présent tout ce que nous y remarquons jusqu'ici, mais qui fussent d'une autre origine. C'est comme si les Australiens imaginaires venaient inonder nos contrées, il y a de l'apparence qu'alors on trouverait quelque moyen de les distinguer de nous. Mais, en cas que non, et supposé que Dieu eût défendu le mélange de ces races et que Jésus-Christ n'eût racheté que la nôtre, il faudrait tâcher de faire des marques artificielles pour les distinguer entre elles. Il y aurait sans doute une différence interne ; mais, comme elle ne se rendrait point reconnaissable, on serait réduit à la seule dénomination extrinsèque de la naissance, qu'on tâcherait d'accompagner d'une marque artificielle durable, laquelle donnerait une dénomination intrinsèque et un moyen constant de discerner notre race des autres. Ce sont des fictions que tout cela, car nous n'avons point besoin de recourir à ces distinctions, étant les seuls animaux raisonnables de ce globe. Cependant ces fictions servent à connaître la nature des idées des substances et des vérités générales à leur égard. Mais, si l'homme n'était point pris pour la plus basse espèce ni pour celle des animaux raisonnables de la race d'Adam, et si au lieu de cela il signifiait un genre commun à plusieurs espèces, qui appartient maintenant à une seule race connue, mais qui pourrait encore appartenir à d'autres distinguables, ou par la naissance, ou même par d'autres marques naturelles, comme par exemple aux feints Australiens ; alors, dis-je, ce genre aurait des propositions réciproques, et la définition présente de l'homme ne serait point provisionnelle. Il en est de même de l'or ; car, supposé qu'on eût un jour deux sortes discernables, l'une rare et connue jusqu'ici, et l'autre commune et peut-être artificielle, trouvée dans la suite des temps ; alors, supposé que le nom de l'or doive demeurer à l'espèce présente, c'est-à-dire à l'or naturel et rare, pour conserver par son moyen la commodité de la monnaie d'or, fondée sur la rareté de cette matière, sa définition connue jusqu'ici par des dénominations intrinsèques n'aurait été que provisionnelle, et devra être augmentée par les nouvelles marques qu'on découvrira pour distinguer l'or rare ou de l'espèce ancienne, de l'or nouveau artificiel. Mais, si le nom de l'or devait demeurer alors commun aux deux espèces, c'est-à-dire, si par l'or on entend un genre, dont jusqu'ici nous ne connaissons point de sous-division et que nous prenons maintenant pour la plus basse espèce (mais seulement par provision, jusqu'à ce que la subdivision soit connue), et si l'on en trouvait quelque jour une nouvelle espèce, c'est-à-dire un or artificiel aisé à faire et qui pourrait devenir commun ; je dis que dans ce sens la définition de ce genre ne doit point être jugée provisionnelle, mais perpétuelle. Et même sans me mettre en peine des noms de l'homme ou de l'or, quelque nom qu'on donne aux genres ou à la plus basse espèce connue, et quand même on ne leur en donnerait aucun, ce qu'on vient de dire serait toujours vrai des idées des genres ou des espèces, et les espèces ne seront définies que provisionnellement quelquefois par les définitions des genres. Cependant, il sera toujours permis et raisonnable d'entendre qu'il y a une essence réelle interne appartenant par une proposition réciproque, soit au genre, soit aux espèces, laquelle se fait connaître ordinairement par les marques externes. J'ai supposé jusqu'ici que la race ne dégénère ou ne change point : mais, si la même race passait dans une autre espèce, on serait d'autant plus obligé de recourir à d'autres marques et dénominations intrinsèques ou extrinsèques, sans s'attacher à la race.

§ 7. Ph. Les idées complexes, que les noms que nous donnons aux espèces des substances justifient, sont des collections des idées de certaines qualités que nous avons remarquées coexister dans un soutien inconnu que nous appelons substance. Mais nous ne saurions connaître certainement quelles autres qualités coexistent nécessairement avec de telles combinaisons, à moins que nous ne puissions découvrir leur dépendance à l'égard de leurs premières qualités.

Th. J'ai déjà remarqué autrefois que le même se trouve dans les idées des accidents dont la nature est un peu abstruse, comme sont par exemple les figures de géométrie ; car, lorsqu'il s'agit par exemple de la figure d'un miroir qui ramasse tous les rayons parallèles dans un point comme foyer, on peut trouver plusieurs propriétés de ce miroir avant d'en connaître la construction ; mais on sera en incertitude sur beaucoup d'autres affections qu'il peut avoir, jusqu'à ce qu'on trouve en lui ce qui répond à la constitution interne des substances, c'est-à-dire la construction de cette figure du miroir, qui sera comme la clef de la connaissance ultérieure.

Ph. Mais, quand nous aurions connu la constitution intérieure de ce corps, nous n'y trouverions que la dépendance que les qualités premières, ou que vous appelez manifestes, en peuvent avoir, c'est-à-dire on connaîtrait quelles grandeurs, figures et forces mouvantes en dépendent ; mais on ne connaîtrait jamais la connexion qu'elles peuvent avoir avec les qualités secondes ou confuses, c'est-à-dire avec les qualités sensibles comme les couleurs, les goûts, etc.

Th. C'est que vous supposez encore que ces qualités sensibles ou plutôt les idées que nous en avons ne dépendent point des figures et mouvements naturellement, mais seulement du bon plaisir de Dieu qui nous donne ces idées. Vous paraissez donc avoir oublié, Monsieur, ce que je vous ai remontré plus d'une fois contre cette opinion, pour vous faire juger plutôt que ces idées sensitives dépendent du détail des figures et mouvements et les expriment exactement, quoique nous ne puissions pas y démêler ce détail dans la confusion d'une trop grande multitude et petitesse des actions mécaniques qui frappent nos sens. Cependant si nous étions parvenus à la constitution interne de quelques corps, nous verrions aussi quand ils devraient avoir ces qualités qui seraient réduites elles-mêmes à leurs raisons intelligibles ; quand même il ne serait jamais dans notre pouvoir de les reconnaître sensiblement dans ces idées sensitives qui sont un résultat confus des actions des corps sur nous, comme maintenant que nous avons la parfaite analyse du vert en bleu et jaune, et n'avons presque plus rien à demander à son égard que par rapport à ces ingrédients, nous ne sommes pourtant point capables de démêler les idées du bleu et du jaune dans notre idée sensitive du vert, pour cela même que c'est une idée confuse. C'est à peu près comme on ne saurait démêler l'idée des dents de la roue, c'est-à-dire de la cause, dans la perception d'un transparent artificiel que j'ai remarqué chez les horlogers, fait par la prompte rotation d'une roue dentelée, ce qui en fait disparaître les dents et paraître à leur place un transparent continuel imaginaire, composé des apparences successives des dents et de leurs intervalles, mais où la succession est si prompte, que notre fantaisie ne le saurait distinguer. On trouve donc bien ces dents dans la notion distincte de cette transparence, mais non pas dans cette perception sensitive confuse dont la nature est d'être et de demeurer confuse ; autrement, si la confusion cessait (comme si le mouvement était si lent, qu'on en pourrait observer les parties et leur succession), ce ne serait plus elle, c'est-à-dire ce ne serait plus ce fantôme de transparence. Et, comme on n'a point besoin de se figurer que Dieu par son bon plaisir nous donne ce fantôme et qu'il est indépendant du mouvement des dents de la roue et de leurs intervalles, et comme au contraire on conçoit que ce n'est qu'une expression confuse de ce qui se passe dans ce mouvement, expression, dis-je, qui consiste en ce que des choses successives sont confondues dans une simultanéité apparente : ainsi il est aisé de juger qu'il en sera de même à l'égard des autres fantômes sensitifs, dont nous n'avons pas encore une si parfaite analyse, comme des couleurs, des goûts, etc. ; car, pour dire la vérité, ils méritent ce nom de fantômes plutôt que celui de qualités, ou même d'idées. Et il nous suffirait à tous égards de les entendre aussi bien que cette transparence artificielle, sans qu'il soit raisonnable ni possible de prétendre d'en savoir davantage ; car de vouloir que ces fantômes confus demeurent et que cependant on y démêle les ingrédients par la fantaisie même, c'est se contredire, c'est vouloir avoir le plaisir d'être trompé par une agréable perspective et vouloir qu'en même temps, l'œil voie la tromperie, ce qui serait la gâter. C'est un cas enfin, où

Nihil plus agas
Quam si des operam, ut cum ratione insanias

Mais il arrive souvent aux hommes de chercher *nodum in scirpo* et de se faire des difficultés où il n'y en a point, en demandant ce qui ne se peut et se plaignant après de leur impuissance et des bornes de leurs lumières.

§ 8. PH. « Tout or est fixe, » c'est une proposition dont nous ne pourrons pas connaître certainement la vérité. Car, si l'or signifie une espèce de choses, distinguée par une essence réelle que la nature lui a donnée, on ignore quelles substances particulières sont de cette espèce ; ainsi on ne saurait l'affirmer avec cette certitude, quoique ce soit de l'or. Et, si l'on prend l'or pour un corps, doué d'une certaine couleur jaune, malléable, fusible, et plus pesant qu'un autre corps connu, il n'est pas difficile de connaître ce qui est, ou n'est pas or ; mais avec tout cela, nulle autre qualité ne peut être affirmée ou niée avec certitude de l'or que ce qui a avec cette idée une connexion ou une incompatibilité qu'on peut découvrir (1). Or la fixité n'ayant aucune connexion connue avec la couleur, la pesanteur et les autres idées simples que j'ai supposées faire l'idée

---

(1) Le texte de Gehrardt est inintelligible : « Et tout ce qui a une connexion avec cette idée à une connexion ou à une incompatibilité qu'on peut découvrir. »

complexe que nous avons de l'or, il est impossible que nous puissions connaître certainement la vérité de cette proposition, que tout or est fixe.

Th. Nous savons presque aussi certainement que le plus pesant de tous les corps connus ici-bas est fixe, que nous savons certainement qu'il fera jour demain. C'est parce qu'on l'a expérimenté cent mille fois, c'est une certitude expérimentale et de fait, quoique nous ne connaissions point la liaison de la fixité avec les autres qualités de ce corps. Au reste, il ne faut point opposer deux choses qui s'accordent et qui reviennent au même. Quand je pense à un corps qui est en même temps jaune, fusible et résistant à la coupelle, je pense à un corps dont l'essence spécifique, quoique inconnue dans son intérieur, fait émaner ces qualités de son fond et se fait connaître confusément au moins par elles. Je ne vois rien de mauvais en cela, ni qui mérite qu'on revienne si souvent à la charge pour l'attaquer.

§ 10. Ph. C'est assez pour moi maintenant que cette connaissance de la fixité du plus pesant des corps ne nous est point connue par la convenance ou disconvenance des idées. Et je crois pour moi que parmi les secondes qualités des corps et les puissances qui s'y rapportent, on n'en saurait nommer deux dont la coexistence nécessaire ou l'incompatibilité puisse être connue certainement, hormis les qualités qui appartiennent au même sens et s'excluent nécessairement l'une l'autre, comme lorsqu'on peut dire que ce qui est blanc n'est pas noir.

Th. Je crois pourtant qu'on en trouverait peut-être : par exemple, tout corps palpable (ou qu'on peut sentir par l'attouchement) est visible. Tout corps dur fait du bruit, quand on le frappe dans l'air. Les tons des cordes ou des fils sont en raison sous-doublée des poids qui causent leur tension. Il est vrai que ce que vous demandez ne réussit qu'autant qu'on conçoit des idées distinctes, jointes aux idées sensitives confuses.

§ 11. Ph. Toujours ne faut-il point s'imaginer que les corps ont leurs qualités par eux-mêmes, indépendamment d'autre chose. Une pièce d'or, séparée de l'impression et de l'influence de tout autre corps, perdrait aussitôt sa couleur jaune et sa pesanteur et peut-être aussi deviendrait-elle friable et perdrait sa malléabilité. L'on sait combien les végétaux et les animaux dépendent de la terre, de l'air, et du soleil ; que sait-on si les étoiles fixes fort éloignées n'ont pas encore de l'influence sur nous ?

Th. Cette remarque est très bonne, et quand la contexture de certains corps nous serait connue, nous ne saurions assez juger de leurs effets sans connaître l'intérieur de ceux qui les touchent et les traversent.

§ 13. Ph. Cependant notre jugement peut aller plus loin que notre connaissance. Car des gens appliqués à faire des observations peuvent pénétrer plus avant, et par le moyen de quelques probabilités d'une observation exacte, et de quelques apparences réunies à propos, faire souvent de justes conjectures sur ce que l'expérience ne leur a pas encore découvert : mais ce n'est toujours que conjecturer.

Th. Mais, si l'expérience justifie ces conséquences d'une manière constante, ne trouvez-vous pas qu'on puisse acquérir des propositions certaines par ce moyen ? Certaines, dis-je, au moins autant que celles qui assurent, par exemple, que le plus pesant de nos corps est fixe, et que celui qui est le plus pesant après lui, est volatile ; car il me semble que la certitude (morale, s'entend, ou physique), mais non pas la nécessité (ou certitude métaphysique) de ces propositions, qu'on a apprises par l'expérience seule et non pas par l'analyse et la liaison des idées, est établie parmi nous et avec raison.

CHAP. VII. — DES PROPOSITIONS QU'ON NOMME MAXIMES OU AXIOMES.

§ I. Ph. Il y a une espèce de propositions qui, sous le nom de maximes ou d'axiomes, passent pour les principes des sciences, et parce qu'elles sont évidentes par elles-mêmes, on s'est contenté de les appeler innées, sans que personne ait jamais tâché, que je sache, de faire voir la raison et le fondement de leur extrême clarté, qui nous force pour ainsi dire à leur donner notre consentement. Il n'est pourtant pas inutile d'entrer dans cette recherche et de voir si cette grande évidence est particulière à ces seules propositions, comme aussi d'examiner jusqu'où elles contribuent à nos autres connaissances.

Th. Cette recherche est fort utile et même importante. Mais il ne faut point vous figurer, Monsieur, qu'elle ait été entièrement négligée. Vous trouverez en cent lieux que les philosophes de l'École ont dit que ces propositions sont évidentes *ex terminis*, aussitôt qu'on en entend les termes ; de sorte qu'ils étaient persuadés que la force de la conviction était fondée dans l'intelligence des termes, c'est-à-dire dans la liaison de leurs idées. Mais les géomètres ont bien fait davantage ; c'est qu'ils ont entrepris de les démontrer bien souvent. Proclus attribue déjà à Thalès de Millet (1), un des plus anciens géomètres connus, d'avoir voulu démontrer des propositions qu'Euclide a supposées depuis comme évidentes. On rapporte qu'Apollonius a démontré d'autres axiomes, et Proclus le fait aussi. Feu M. Roberval, déjà octogénaire ou environ, avait dessein de publier de nouveaux *Éléments de géométrie*, dont je crois vous avoir déjà parlé. Peut-être que les nouveaux *Éléments* de M. Arnauld (2), qui faisaient du bruit alors, y avaient contribué. Il en montra quelque chose dans l'Académie royale des sciences, et quelques-uns trouvèrent à redire que, supposant cet axiome que « si à des égaux on ajoute des grandeurs égales il en provient des égaux, » il démontrait cet autre qu'on juge de pareille évidence que, « si des égaux on ôte des grandeurs égales, il en reste des égaux ». On disait qu'il devait les supposer tous deux, ou les démontrer tous deux. Mais je n'étais pas de cet avis, et je croyais que c'était toujours autant de gagné que d'avoir diminué le nombre des axiomes. Et l'addition sans doute est antérieure à la soustraction et plus simple, parce que les deux termes sont employés dans l'addition l'un comme l'autre, ce qui n'est pas dans la soustraction. M. Arnauld faisait le contraire de M. Roberval. Il supposait encore plus qu'Euclide. Pour ce qui est des maximes, on les prend quelquefois pour des propositions établies, soit qu'elles soient évidentes ou non. Cela pourra être bon pour les commençants que la scrupulosité arrête ; mais, quand il s'agit de l'établissement de la science, c'est autre chose. C'est ainsi qu'on les prend souvent dans la morale et même chez les logiciens dans leurs topiques, où il y en a une bonne provision, mais dont une partie en contient d'assez

---

(1) THALÈS, fondateur de la philosophie grecque, né à Milet vers l'an 640 avant J.-C., mort à un âge très avancé, n'a pas laissé d'ouvrages, et peut-être n'a-t-il pas écrit. Il passe pour avoir le premier prédit une éclipse de soleil (*Hérodote*, I, 74). — Voy. *Diog. Laert*, l. I, c. XXIV. P. J.

(2) ARNAULD (Antoine), appelé aussi le grand Arnauld, célèbre janséniste, né à Paris en 1612, mort à Liège en 1694, après une vie très agitée. Ses principaux ouvrages philosophiques sont : *La Logique*, appelée Logique de Port-Royal, et à laquelle Nicole a collaboré ; *le Traité des Vraies et des fausses idées*, dirigé contre Mallebranche ; les *Objections* contre Descartes. Il a fait aussi des *Éléments de géométrie* auxquels Leibniz fait ici allusion. P. J.

vagues et obscures. Au reste, il y a longtemps que j'ai dit publiquement et en particulier qu'il serait important de démontrer tous nos axiomes secondaires dont on se sert ordinairement, en les réduisant aux axiomes primitifs ou immédiats et indémontrables, qui sont ce que j'appelais dernièrement et ailleurs les identiques.

§ 2. Ph. La connaissance est évidente par elle-même lorsque la convenance ou disconvenance des idées est aperçue immédiatement. § 3. Mais il y a des vérités qu'on ne reconnaît point pour axiomes qui ne sont pas moins évidentes par elles-mêmes. Voyons si les quatre espèces de convenance dont nous avons parlé il n'y a pas longtemps (chap. i, § 3, et chap. iii, p. 7), savoir : l'identité, la connexion, la relation et l'existence réelle, nous en fournissent. § 4. Quant à l'identité ou la diversité, nous avons autant de propositions évidentes que nous avons d'idées distinctes, car nous pouvons nier l'une de l'autre, comme en disant que l'homme n'est pas un cheval, que le rouge n'est pas bleu. De plus, il est aussi évident de dire : ce qui est, est, que de dire : un homme est un homme.

Th. Il est vrai et j'ai déjà remarqué qu'il est aussi évident de dire ecthétiquement en particulier : A est A, que de dire en général, on est ce qu'on est. Mais il n'est pas toujours sûr, comme j'ai déjà remarqué aussi, de nier les sujets des idées différentes l'une de l'autre ; comme si quelqu'un voulait dire : le trilatère (ou ce qui a trois côtés) n'est pas triangle, parce qu'en effet la trilatérité n'est pas triangularité ; *item*, si quelqu'un avait dit : que les perles de M. Slusius (dont je vous ai parlé il n'y a pas longtemps) ne sont pas des lignes de la parabole cubique, il se serait trompé, et cependant cela aurait paru évident à bien des gens. Feu M. Hardy (1), conseiller au Châtelet de Paris, excellent géomètre et orientaliste, et bien versé dans les anciens géomètres, qui a publié le commentaire de Marinus (2) sur les *Data* d'Euclide était tellement prévenu que la section oblique du cône qu'on appelle *ellipse* est différente de la section oblique du cylindre que la démonstration de Serenus (3) lui paraissait paralogistique, et je ne pus rien gagner sur lui par mes

---

(1) Hardy, orientaliste, mathématicien et jurisconsulte, mort à Paris en 1678 à un âge très avancé, a donné une traduction latine des *Data* d'Euclide, avec le Commentaire de Marinus.　　P. J.

(2) Marinus, philosophe grec du vᵉ siècle, disciple de Proclus, dont il nous a laissé la vie.　　R. J.

(3) Serenus, d'Antisso, géomètre grec, a écrit des livres sur les *Sections coniques*.　　P. J.

remontrances : aussi était-il à peu près de l'âge de M. Roberval, quand je le voyais, et moi j'étais fort jeune homme, différence qui ne pouvait pas me rendre fort persuasif à son égard, quoique d'ailleurs je fusse fort bien avec lui. Cet exemple peut faire voir en passant ce que peut la prévention encore sur des habiles gens, car il l'était véritablement, et il est parlé de M. Hardy avec estime dans les lettres de M. Descartes. Mais je l'ai allégué seulement pour montrer combien, on se peut tromper en niant une idée de l'autre, quand on ne les a pas assez approfondies où il en est besoin.

§ 5. Ph. Par rapport à la connexion ou coexistence, nous avons fort peu de propositions évidentes par elles-mêmes; il y en a pourtant, et il paraît que c'est une proposition évidente par elle-même que deux corps ne sauraient être dans le même lieu.

Th. Beaucoup de chrétiens vous le disputent, comme j'ai déjà marqué, et même Aristote et ceux qui après lui admettent des condensations réelles et exactes, qui réduisent un même corps entier dans un plus petit lieu que celui qu'il remplissait auparavant, et qui, comme feu M. Comenius (1) dans un petit livre exprès, prétendent renverser (2) la philosophie moderne par l'expérience de l'arquebuse à vent, n'en doivent point convenir. Si vous prenez le corps pour une masse impénétrable, votre énonciation sera vraie, parce qu'elle sera identique ou à peu près ; mais on vous niera que le corps réel soit tel. Au moins dira-t-on que Dieu le pourrait faire autrement, de sorte qu'on admettra seulement cette impénétrabilité comme conforme à l'ordre naturel des choses que Dieu a établi et dont l'expérience nous a assurés, quoique d'ailleurs il faille avouer qu'elle est aussi très conforme à la raison.

§ 6. Ph. Quant aux relations des modes, les mathématiciens ont formé plusieurs axiomes sur la seule relation d'égalité, comme celui dont vous venez de parler « que si des choses égales on ôte des choses égales, le reste est égal. » Mais il n'est pas moins évident, je pense, qu'un et un sont égaux à deux, et que, si de cinq doigts d'une main vous en ôtez deux et encore deux autres de cinq de l'autre main, le nombre des doigts qui restera sera égal.

---

(1) COMENIUS, savant célèbre du XVIIe siècle, né à Comna, près de Brunnen Moravie) en 1592, mort à Amsterdam en 1671, a surtout publié des ouvrages de pédagogie qu'il a réunis sous ce titre : *Opera didactica*. Le plus important est son *Spicilegium didacticum*.
(2) GEHRARDT : *réserver*.

Th. Qu'un et un font deux, ce n'est pas une vérité proprement, mais c'est la définition de deux, quoiqu'il y ait cela de vrai et d'évident que c'est la définition d'une chose possible. Pour ce qui est de l'axiome d'Euclide appliqué aux doigts de la main, je veux accorder qu'il est aussi aisé de concevoir ce que vous dites des doigts, que de le voir d'A et B ; mais pour ne pas faire souvent la même chose, on le marque généralement, et après cela, il suffit de faire des subsomptions. Autrement, c'est comme si l'on préférait le calcul en nombres particuliers aux règles universelles ; ce qui serait moins obtenir qu'on ne peut. Car il vaut mieux de résoudre ce problème général, « trouver deux nombres dont la somme fasse un nombre « donné, et dont la différence fasse aussi un nombre donné, » que de chercher seulement deux nombres, dont la somme fasse 10, et dont la différence fasse 6. Car si je procède dans ce second problème à la mode de l'algèbre numérique, mêlé de la spécieuse, le calcul sera tel : soit $a+b=10$, et $a-b=6$; dont, en ajoutant ensemble le côté droit au droit et le côté gauche au gauche, je fais qu'il en vient $a+b+a-b=10+6$, c'est-à-dire (puisque $+b$ et $-b$ se détruisent) $2a=16$, ou $a=8$. Et en soustrayant le côté droit du droit et le gauche du gauche (puisque ôter $a-b$, et ajouter $-a+b$) je fais qu'il en vient $a+b-a+b=10-6$, c'est-à-dire $2b=4$, ou $b=2$. Ainsi j'aurai à la vérité les a et b que je demande, qui sont 8 et 2 qui satisfont à la question, c'est-à-dire dont la somme fait 10 et dont la différence fait 6 ; mais je n'ai pas par là la méthode générale pour quelques autres nombres qu'on voudra ou qu'on pourra mettre au lieu de 10 ou 6 ; méthode que je pouvais pourtant trouver avec la même facilité que ces deux nombres 8 et 2, en y mettant x et v au lieu des nombres 10 et 6. Car en procédant de même qu'auparavant, il y aura $a+b+a-b=x+v$, c'est-à-dire $2a=x+v$, ou $a=\frac{1}{2}, x+v$, et il y aura encore $a+b-a+b=x-v$, c'est-à-dire $2b=x-v$ ou $b=\frac{1}{2}, x-v$. Et ce calcul donne ce théorème ou *canon* général, que « lorsqu'on demande deux nombres, dont la somme et la différence sont données, on n'a qu'à prendre pour le plus grand des nombres demandés la moitié de la somme faite de la somme et la différence données, et pour le moindre des nombres demandés la moitié de la différence entre la somme et la différence données. » On voit aussi que j'aurais pu me passer des lettres, si j'avais traité les nombres comme lettres, c'est-à-dire si au lieu de mettre $2a=16$, et $2b=4$ j'avais écrit $2a=10+6$ et $2b=10-6$, ce qui m'aurait donné $a = \frac{1}{2}, 10 + 6$ et $b = \frac{1}{2}, 10 - 6$. Ainsi, dans le calcul particulier même j'aurais eu le calcul général, prenant ces notes 10 et 6 pour des nombres généraux, comme si c'étaient des lettres x et v; afin d'avoir une vérité ou méthode plus générale, et prenant ces mêmes caractères 10 et 6 encore pour les nombres qu'ils signifient ordinairement, j'aurais un exemple sensible et qui peut servir même d'épreuve. Et comme Viète (1) a substitué les lettres aux nombres pour avoir plus de généralité, j'ai voulu réintroduire les caractères des nombres, puisqu'ils sont plus propres que les lettres dans la spécieuse même. J'ai trouvé cela de beaucoup d'usage dans les grands calculs, pour éviter les erreurs, et même pour y appliquer des épreuves, telles que l'abjection du novénaire au milieu du compte, sans en attendre le résultat, quand il n'y a que des nombres au lieu des lettres; ce qui se peut souvent, lorsqu'on se sert d'adresse dans les positions, en sorte que les suppositions se trouvent vraies dans le particulier, outre l'usage qu'il y a de voir des liaisons et ordres que les seules lettres ne sauraient toujours faire si bien démêler à l'esprit, comme j'ai montré ailleurs, ayant trouvé que la bonne caractéristique est une des plus grandes aides de l'esprit humain.

§ 7. Ph. Quant à l'existence réelle, que j'avais comptée pour la quatrième espèce de convenance qu'on peut remarquer dans les idées, elle ne saurait fournir aucun axiome, car nous n'avons pas même une connaissance démonstrative des êtres hors de nous, Dieu seul excepté.

Th. On peut toujours dire que cette proposition, j'existe, est de la dernière évidence, étant une proposition qui ne saurait être prouvée par aucune autre, ou bien une vérité immédiate. Et de dire : je pense, donc je suis, ce n'est pas prouver proprement l'existence par la pensée, puisque penser et être pensant, est la même chose; et dire, je suis pensant, est déjà dire, je suis. Cependant vous pouvez exclure cette proposition du nombre des axiomes avec quelque raison, car c'est une proposition de fait fondée sur une expérience immédiate, et ce n'est pas une proposition nécessaire, dont on voit la nécessité dans la convenance immédiate des idées. Au contraire, il n'y a que Dieu qui voie comment ces deux termes, moi et l'exis-

---

(1) Viète (François) (1540-1603), grand géomètre français. — Ses *Opera mathematica* ont été recueillis et publiés en 1643 par Von Schooten, professeur à Leyde. P. J.

tence, sont liés, c'est-à-dire pourquoi j'existe. Mais, si l'axiome se prend plus généralement pour une vérité immédiate ou non prouvable, on peut dire que cette proposition : je suis, est un axiome, et en tout cas on peut assurer que c'est une vérité primitive ou bien *unum ex primis cognitis inter terminos complexos*, c'est-à-dire que c'est une des énonciations premières connues, ce qui s'entend dans l'ordre naturel de nos connaissances, car il se peut qu'un homme n'ait jamais pensé à former expressément cette proposition, qui lui est pourtant innée.

§ 8. Ph. J'avais toujours cru que les axiomes ont peu d'influence sur les autres parties de notre connaissance. Mais vous m'avez désabusé, puisque vous avez même montré un usage important des identiques. Souffrez pourtant, Monsieur, que je vous représente encore ce que j'avais dans l'esprit sur cet article, car vos éclaircissements pourront servir encore à faire revenir d'autres de leur erreur. § 8. C'est une règle célèbre dans les écoles, que tout raisonnement vient des choses déjà connues et accordées, *ex præcognitis et præconcessis*. Cette règle semble faire regarder ces maximes comme des vérités connues à l'esprit avant les autres, et les autres parties de notre connaissance comme des vérités dépendantes des axiomes. § 9. Je croyais avoir montré (liv. I, chap. I) que ces axiomes ne sont pas les premiers connus, l'enfant connaissant bien plus tôt que la verge que je lui montre n'est pas le sucre qu'il a goûté, que tout axiome qu'il vous plaira. Mais vous avez distingué entre les connaissances singulières ou expériences des faits et entre les principes d'une connaissance universelle et nécessaire (et où je reconnais qu'il faut recourir aux axiomes) comme aussi entre l'ordre accidentel et naturel.

Th. J'avais encore ajouté que dans l'ordre naturel il est antérieur de dire qu'une chose est ce qu'elle est, que de dire qu'elle n'est pas une autre ; car il ne s'agit pas ici de l'histoire de nos découvertes, qui est différente en différents hommes, mais de la liaison et de l'ordre naturel des vérités, qui est toujours le même. Mais votre remarque savoir que ce que l'enfant voit n'est qu'un fait, mérite encore plus de réflexion ; car les expériences des sens ne donnent point de vérités absolument certaines (comme vous l'aviez observé vous-même, Monsieur, il n'y a pas longtemps), ni qui soient exemptes de tout danger d'illusion. Car, s'il est permis de faire des fictions métaphysiquement possibles, le sucre se pourrait changer en verge d'une manière imperceptible pour punir l'enfant s'il a été méchant, comme l'eau se change en vin chez nous la veille de Noël, s'il a été bien morigéné. Mais toujours la douleur, direz-vous, que la verge imprime, ne sera jamais le plaisir que donne le sucre. Je réponds que l'enfant s'avisera aussi tard d'en faire une proposition expresse que de remarquer cet axiome « qu'on ne saurait dire véritablement que ce qui est n'est pas en même temps, » quoi qu'il puisse fort bien s'apercevoir de la différence du plaisir et de la douleur, aussi bien que la différence entre apercevoir et ne pas apercevoir.

§ 10. TH. Voici cependant quantité d'autres vérités qui sont autant évidentes par elles-mêmes que ces maximes. Par exemple, « qu'un et deux sont égaux à trois, » c'est une proposition aussi évidente que cet axiome qui dit que « le tout est égal à toutes ses parties prises ensemble ».

TH. Vous paraissez avoir oublié, Monsieur, comment je vous ai fait voir plus d'une fois que de dire « un et deux est trois », n'est que la définition du terme de trois ; de sorte que de dire « qu'un et deux est égal à trois », est autant que dire « qu'une chose est égale à elle-même ». Pour ce que est de cet axiome, « que le tout est égal à toutes ses parties prises ensemble », Euclide ne s'en sert point expressément. Aussi cet axiome a-t-il besoin de limitation, car il faut ajouter que ces parties ne doivent pas avoir elles-mêmes de partie commune : car 7 et 8 sont parties de 12, mais elles composent plus que 12. Le buste et le tronc pris ensemble sont plus que l'homme, en ce que le thorax est commun à tous les deux. Mais Euclide dit que le tout est plus grand que sa partie, ce qui n'est point sujet à caution. Et dire que le corps est plus grand que le tronc ne diffère de l'axiome d'Euclide qu'en ce que cet axiome se borne à ce qu'il faut précisément : mais, en l'exemplifiant et revêtissant de corps, on fait que l'intelligible devient encore sensible, car dire : un tel tout est plus grand que sa partie telle, c'est en effet la proposition qu'un tout est plus grand que sa partie, mais dont les traits sont chargés de quelque enluminure ou addition ; c'est comme qui dit AB dit A. Ainsi il ne faut point opposer ici l'axiome et l'exemple comme de différentes vérités à cet égard, mais considérer l'axiome comme incorporé dans l'exemple et rendant l'exemple véritable. Autre chose est quand l'évidence ne se remarque pas dans l'exemple même, et que l'affirmation de l'exemple est une conséquence et non seulement une subsomption de la proposition universelle, comme il peut arriver encore à l'égard des axiomes.

Ph. Notre habile auteur dit ici : Je voudrais bien demander à ces messieurs, qui prétendent que toute autre connaissance (qui n'est pas de fait) dépend des principes généraux innés et évidents par eux-mêmes, de quel principe ils ont besoin pour prouver que deux et deux est quatre ? car on connaît (selon lui) la vérité de ces sortes de propositions sans le secours d'aucune preuve. Qu'en dites-vous, Monsieur ?

Th. Je dis que je vous attendais là bien préparé. Ce n'est pas une vérité tout à fait immédiate que deux et deux sont quatre ; supposé que quatre signifie trois et un. On peut donc la démontrer et voici comment :

Définitions :   1) Deux est un et un.
       2) Trois est deux et un.
       3) Quatre est trois et un.
Axiome : Mettant des choses égales à la place, l'égalité demeure.
Démonstrat. : 2 et 2 est 2 et 1 et 1 (par la déf. 1) $\quad|\ 2\ +\ 2$
     2 et 1 et 1 est 3 et 1 (par la déf. 2) $\ 2 + 1 + 1$
     3 et 1 est 4 (par la déf. 3). . . . . $\quad\ \ 3 + 1$
     Donc (par l'axiome) $\quad\quad\quad\quad\quad\quad\quad\ \ 4$

2 et 2 est 4. Ce qu'il fallait démontrer. Je pouvais, au lieu de dire que 2 et 2 est 2 et 1 et 1, mettre que 2 et 2 est égal à 2 et 1 et 1, e^t ainsi des autres. Mais on le peut sous-entendre partout, pour avoir plus tôt fait ; et cela, en vertu d'un autre axiome, qui porte qu'une chose est égale à elle-même, ou que ce qui est le même est égal.

Ph. Cette démonstration, quelque peu nécessaire qu'elle soit par rapport à sa conclusion trop connue, sert à montrer comment les vérités ont de la dépendance des définitions et des axiomes. Ainsi je prévois ce que vous répondrez à plusieurs objections qu'on fait contre l'usage des axiomes. On objecte qu'il y aura une multitude innombrable de principes ; mais c'est quand on compte entre les principes les corollaires qui suivent des définitions avec l'aide de quelque axiome. Et, puisque les définitions ou idées sont innombrables, les principes le seront aussi dans ce sens, et supposant même avec vous que les principes indémontrables sont les axiomes identiques. Ils deviennent innombrables aussi par l'exemplification, mais dans le fond on peut compter A est A, et B est B pour un même principe revêtu diversement.

Th. De plus, cette différence des degrés qu'il y a dans l'évidence fait que je n'accorde point à votre célèbre auteur que toutes ces vérités qu'on appelle principes et qui passent pour évidentes par elles-mêmes, parce qu'elles sont si voisines des premiers axiomes indémontrables, sont entièrement indépendantes et incapables de recevoir les unes des autres aucune lumière ni preuve. Car on les peut toujours réduire ou aux axiomes mêmes, ou à d'autres vérités plus voisines des axiomes, comme cette vérité que deux et deux font quatre vous l'a fait voir. Et je viens de vous raconter comment M. Roberval diminuait le nombre des axiomes d'Euclide, en réduisant quelquefois l'un à l'autre.

§ 11. Ph. Cet écrivain judicieux qui a fourni occasion à nos conférences accorde que les maximes ont leur usage, mais il croit que c'est plutôt celui de fermer la bouche aux obstinés que d'établir les sciences. Je serais fort aise, dit-il, qu'on me montrât quelqu'une de ces sciences bâties sur ces axiomes généraux, dont on ne puisse faire voir qu'elle se soutient aussi bien sans axiomes.

Th. La géométrie est sans doute une de ces sciences. Euclide emploie expressément les axiomes dans les démonstrations ; et cet axiome « Que deux grandeurs homogènes sont égales, lorsque « l'une n'est ni plus grande ni plus petite que l'autre, » est le fondement des démonstrations d'Euclide et d'Archimède sur la grandeur des curvilignes. Archimède a employé des axiomes dont Euclide n'avait point besoin ; par exemple, que de deux lignes, dont chacune a sa concavité toujours du même côté, celle qui enferme l'autre est la plus grande. On ne saurait aussi se passer des axiomes identiques en géométrie, comme par exemple du principe de contradiction ou des démonstrations qui mènent à l'impossible. Et quant aux autres axiomes qui en sont démontrables, on pourrait s'en passer absolument parlant et tirer les conclusions immédiatement des identiques et des définitions ; mais la prolixité des démonstrations et les répétitions sans fin où l'on tomberait alors, causeraient une confusion horrible, s'il fallait toujours recommencer *ab ovo :* au lieu que, supposant les propositions moyennes déjà démontrées, on passe aisément plus loin. Et cette supposition des vérités déjà connues est utile surtout à l'égard des axiomes, car ils reviennent si souvent que les géomètres sont obligés de s'en servir à tout moment sans les citer ; de sorte qu'on se tromperait de croire qu'ils n'y sont pas, parce qu'on ne les voit peut-être pas toujours allégués à la marge.

Ph. Mais il objecte l'exemple de la théologie. C'est de la révélation, dit notre auteur, que nous est venue la connaissance de cette sainte religion, et, sans ce secours, les maximes n'auraient jamais été capables de nous la faire connaître. La lumière nous vient donc des choses mêmes, ou immédiatement de l'infaillible véracité de Dieu.

Th. C'est comme si je disais : la médecine est fondée sur l'expérience, donc la raison n'y sert de rien. La théologie chrétienne, qui est la vraie médecine des âmes, est fondée sur la révélation, qui répond à l'expérience; mais, pour en faire un corps accompli, il y faut joindre la théologie naturelle, qui est tirée des axiomes de la raison éternelle. Ce principe même que la véracité est un attribut de Dieu, sur lequel vous reconnaissez que la certitude de la révélation est fondée, n'est-il pas une maxime prise de la théologie naturelle ?

Ph. Notre auteur veut qu'on distingue entre le moyen d'acquérir la connaissance et celui de l'enseigner, ou bien entre enseigner et communiquer. Après qu'on eut érigé les écoles et établi des professeurs pour enseigner les sciences que d'autres avaient inventées, ces professeurs se sont servis de ces maximes pour imprimer les sciences dans l'esprit de leurs écoliers et pour les convaincre par le moyen des axiomes de quelques vérités particulières ; au lieu que les vérités particulières ont servi aux premiers inventeurs à trouver la vérité sans les maximes générales.

Th. Je voudrais qu'on nous eût justifié cette procédure prétendue par des exemples de quelques vérités particulières. Mais à bien considérer les choses, on ne la trouvera point pratiquée dans l'établissement des sciences. Et, si l'inventeur ne trouve qu'une vérité particulière, il n'est inventeur qu'à demi. Si Pythagore avait seulement observé que le triangle, dont les côtés sont 3, 4, 5, a la propriété de l'égalité du carré de l'hypoténuse avec ceux des côtés (c'est-à-dire que $9 + 16$ fait 25) aurait-il été inventeur pour cela de cette grande vérité qui comprend tous les triangles rectangles, et qui est passée en maxime chez les géomètres ? Il est vrai que souvent un exemple, envisagé par hasard, sert d'occasion à un homme ingénieux pour s'aviser de chercher la vérité générale, mais c'est encore une affaire bien souvent que de la trouver ; outre que cette voie d'invention n'est pas la meilleure ni la plus employée chez ceux qui procèdent par ordre et par méthode, et ils ne s'en servent que dans les occasions où de meilleures méthodes se trouvent courtes. C'est comme quelques-uns ont cru qu'Archimède a trouvé le quadrature de la parabole, en pesant un morceau de bois taillé paraboliquement, et que cette expérience particulière lui a fait trouver la vérité générale ; mais ceux qui connaissent la pénétration de ce grand homme, voient bien qu'il n'avait pas besoin d'un tel secours. Cependant, quand cette voie empirique des vérités particulières aurait été l'occasion de toutes les découvertes, elle n'aurait pas été suffisante pour les donner ; et les inventeurs mêmes ont été ravis de remarquer les maximes et les vérités générales quand ils ont pu les atteindre ; autrement leurs inventions auraient été fort imparfaites. Tout ce qu'on peut donc attribuer aux écoles et aux professeurs, c'est d'avoir recueilli et rangé les maximes et les autres vérités générales : et plût à Dieu qu'on l'eût fait encore davantage et avec plus de soin et de choix, les sciences ne se trouveraient pas si dissipées et si embrouillées. Au reste, j'avoue qu'il y a souvent de la différence entre la méthode dont on se sert pour enseigner les sciences et celle qui les a fait trouver : mais ce n'est pas le point dont il s'agit. Quelquefois, comme j'ai déjà observé, le hasard a donné occasion aux inventions. Si l'on avait remarqué ces occasions et en avait conservé la mémoire à la postérité (ce qui aurait été fort utile), ce détail aurait été une partie très considérable de l'histoire des arts, mais il n'aurait pas été propre à en faire les systèmes. Quelquefois aussi les inventeurs ont procédé raisonnablement à la vérité, mais par de grands circuits. Je trouve qu'en des rencontres d'importance les auteurs auraient rendu service au public s'ils avaient voulu marquer sincèrement dans leurs écrits les traces de leurs essais ; mais, si le système de la science devait être fabriqué sur ce pied-là, ce serait comme si dans une maison achevée l'on voulait garder tout l'appareil dont l'architecte a eu besoin pour l'élever. Les bonnes méthodes d'enseigner sont toutes telles que la science aurait pu être trouvée certainement par leur chemin ; et alors, si elles ne sont pas empiriques, c'est-à-dire si les vérités sont enseignées par des raisons ou par des preuves tirées des idées, ce sera toujours par axiomes, théorèmes, canons et autres telles propositions générales. Autre chose est, quand les vérités sont des aphorismes, comme ceux d'Hippocrate (1), c'est-à-dire des vérités de fait ou générales, ou du moins vraies le plus souvent, apprises par l'observation ou fondées en expériences, et dont on n'a pas des raisons tout à fait convaincantes.

---

(1) HIPPOCRATE (460-375), nommé le *Père de la Médecine*, Ses œuvres complètes avec traduction française ont été publiées par Littré (Paris, 1839-1861), 10 vol. in-8°). P.-J.

Mais ce n'est pas de quoi il s'agit ici, car ces vérités ne sont point connues par la liaison des idées.

PH. Voici la manière par laquelle notre ingénieux auteur conçoit que le besoin des maximes a été introduit. Les écoles ayant établi la dispute comme pierre de touche de l'habileté des gens, elles adjugeaient la victoire à celui à qui le champ de bataille demeurait, et qui parlait le dernier. Mais, pour donner le moyen de convaincre les opiniâtres, il fallait établir les maximes.

TH. Les écoles de philosophie auraient mieux fait sans doute de joindre la pratique à la théorie, comme font les écoles de médecine, de chimie et de mathématiques, et de donner le prix à celui qui aurait le mieux fait, surtout en morale, plutôt qu'à celui qui aurait le mieux parlé. Cependant, comme il y a des matières où le discours même est un effet et quelquefois le seul effet et chef-d'œuvre qui peut faire connaître l'habileté d'un homme, comme dans les matières métaphysiques, on a eu raison en quelques rencontres de juger de l'habileté des gens par le succès qu'ils ont eu dans les conférences. L'on sait même qu'au commencement de la réformation les protestants ont provoqué leurs adversaires à venir à des colloques et disputes ; et quelquefois, sur le succès de ces disputes, le public a conclu pour la réforme. L'on sait aussi combien l'art de parler et de donner du jour et de la force aux raisons, et si l'on le peut appeler ainsi, l'art de disputer, peut dans un conseil d'État et de guerre, dans une cour de justice, dans une consultation de médecine, et même dans une conversation. Et l'on est obligé de recourir à ce moyen, et de se contenter des paroles au lieu des faits dans ces rencontres, par cette raison même qu'il s'agit alors d'un événement ou d'un fait futur, où il serait trop tard d'apprendre la vérité par l'effet. Ainsi l'art de disputer ou de combattre par raisons, où je comprends ici l'allégation des autorités et des exemples, est très grand et très important ; mais, par malheur, il est fort mal réglé, et c'est aussi pour cela que souvent on ne conclut rien ou qu'on conclut mal. C'est pourquoi j'ai eu plus d'une fois le dessein de faire des remarques sur les colloques des théologiens, dont nous avons des relations, pour montrer les défauts qui s'y peuvent remarquer, et les remèdes qu'on y pourrait employer. Dans des consultations sur les affaires, si ceux qui ont le plus de pouvoir n'ont pas l'esprit fort solide, l'autorité ou l'éloquence l'emportent ordinairement quand elles sont bandées contre la vérité. En un mot, l'art de conférer et de disputer aurait besoin d'être tout refondu. Pour ce qui est de l'avantage de celui qui parle le dernier, il n'a presque lieu que dans les conversations libres, car, dans les conseils, les suffrages ou votes sont par ordre, soit qu'on commence ou qu'on finisse par le dernier en rang. Il est vrai que c'est ordinairement au président de commencer et de finir, c'est-à-dire de proposer et de conclure ; mais il conclut selon la pluralité des voix. Et dans les disputes académiques, c'est le répondant ou le soutenant qui parle le dernier, et le champ de bataille lui demeure presque toujours par une coutume établie. Il s'agit de le tenter, et non pas de le confondre ; autrement ce serait agir en ennemi. Et, pour dire le vrai, il n'est presque point question de la vérité dans ces rencontres ; aussi soutient-on en différents temps des thèses opposées dans la même chaire. On montra à Causabon (1) la salle de la Sorbonne, et on lui dit : Voici un lieu où l'on a disputé durant tant de siècles. Il répondit : Qu'y a-t-on conclu ?

Ph. On a pourtant voulu empêcher que la dispute n'allât à l'infini, et faire qu'il y eût moyen de décider entre deux combattants également experts, afin qu'elle n'engageât dans une suite infinie de syllogismes. Et ce moyen a été d'introduire certaines propositions générales, la plupart évidentes par elles-mêmes, et qui, étant de nature à être reçues de tous les hommes avec un entier consentement, devaient être considérées comme des mesures générales de la vérité et tenir lieu de principes (lorsque les disputants n'en avaient posé d'autres) au delà desquels on ne pouvait point aller et auxquels on serait obligé de tenir de part et d'autre. Ainsi ces maximes ayant reçu le nom de principes qu'on ne pouvait point nier dans la dispute et qui terminaient la question, on les prit par erreur (selon mon auteur) pour la source des connaissances et pour les fondements des sciences.

Th. Plût à Dieu qu'on en usât de la sorte dans les disputes, il n'y aurait rien à redire ; car on déciderait quelque chose. Et que pourrait-on faire de meilleur que de réduire la controverse, c'est-à-dire les vérités contestées, à des vérités évidentes et incontestables ? ne serait-ce pas les établir d'une manière démonstrative ? Et qui peut douter que ces principes qui finiraient les disputes en établissant la vérité ne seraient en même temps les sources des connaissances ?

---

(1) Casaubon (Isaac), illustre érudit du XVIe siècle, né à Bourdeaux, dans le Dauphiné, en 1595, mort à Londres en 1614. On a de lui des lettres. *Casauboni Epistolæ*, dont l'édition la plus complète est de Rotterdam, 1703.

Car, pourvu que le raisonnement soit bon, il n'importe qu'on le fasse tacitement dans son cabinet, ou qu'on l'établisse publiquement en chaire. Et, quand même ces principes seraient plutôt des demandes que des axiomes, prenant les demandes, non pas comme Euclide, mais comme Aristote, c'est-à-dire comme des suppositions qu'on veut accorder, en attendant qu'il y ait lieu de les prouver, ces principes auraient toujours cet usage, que par ce moyen toutes les autres questions seraient réduites à un petit nombre de propositions. Ainsi je suis le plus surpris du monde de voir blâmer une chose louable par je ne sais quelle prévention, dont on voit bien, par l'exemple de votre auteur, que les plus habiles hommes sont susceptibles faute d'attention. Par malheur on fait tout autre chose dans les disputes académiques. Au lieu d'établir des axiomes généraux, on fait tout ce qu'on peut pour les affaiblir par les distinctions vaines et peu entendues, et l'on se plaît à employer certaines règles philosophiques dont il y a de grands livres tout pleins, mais qui sont peu sûres et peu déterminées, et qu'on a le plaisir d'éluder en les distinguant. Ce n'est pas le moyen de terminer les disputes, mais de les rendre infinies et de lasser enfin l'adversaire. Et c'est comme si on le menait dans un lieu obscur où l'on frappe à tort et à travers et où personne ne peut juger des coups. Cette invention est admirable pour les soutenants (*respondentes*) qui se sont engagés à soutenir certaines thèses. C'est un bouclier de Vulcain qui les rend invulnérables, c'est *Orci galea*, le heaume de Pluton, qui les rend invisibles. Il faut qu'ils soient bien mal habiles ou bien malheureux si avec cela on les peut attraper. Il est vrai qu'il y a des règles qui ont des exceptions, surtout dans les questions où il entre beaucoup de circonstances, comme dans la jurisprudence. Mais pour en rendre l'usage sûr, il faut que ces exceptions soient déterminées en nombre et en sens, autant qu'il est possible : et alors il peut arriver que l'exception ait elle-même ses sous-exceptions, c'est-à-dire ses réplications, et que la réplication ait des duplications, etc., mais, au bout du compte, il faut que toutes ces exceptions et sous-exceptions bien déterminées, jointes avec la règle, achèvent l'universalité. C'est de quoi la jurisprudence fournit des exemples très remarquables. Mais, si ces sortes de règles, chargées d'exceptions et sous-exceptions, devaient entrer dans les disputes académiques, il faudrait toujours disputer la plume à la main, en tenant comme un protocole de ce qui se dit de part et d'autre. Et cela serait encore nécessaire d'ailleurs en disputant constamment en forme par plusieurs syllogismes mêlés de temps en temps de distinctions, où la meilleure mémoire du monde se doit confondre. Mais on n'a garde de se donner cette peine, de pousser assez les syllogismes en forme et de les enregistrer pour découvrir la vérité quand elle est sans récompense ; et l'on n'en viendrait pas même à bout quand on voudrait, à moins que les distinctions ne soient exclues ou mieux réglées.

Ph. Il est pourtant vrai, comme notre auteur l'observe, que la méthode de l'école ayant été introduite encore dans les conversations hors des écoles, pour fermer ainsi la bouche aux chicaneurs, y a fait un méchant effet. Car, pourvu qu'on ait les idées moyennes, on peut voir la liaison sans le secours des maximes et avant qu'elles aient été produites, et cela suffirait pour des gens sincères et traitables. Mais la méthode des écoles ayant autorisé et encouragé les hommes à s'opposer et à résister à des vérités évidentes jusqu'à ce qu'ils soient réduits à se contredire ou à combattre des principes établis, il ne faut point s'étonner que dans la conversation ordinaire ils n'aient pas honte de faire ce qui est un sujet de gloire et passe pour vertu dans les écoles. L'auteur ajoute que des gens raisonnables répandus dans le reste du monde, qui n'ont pas été corrompus par l'éducation, auront bien de la peine à croire qu'une telle méthode ait jamais été suivie par des personnes qui font profession d'aimer la vérité, et qui passent leur vie à étudier la religion ou la nature. Je n'examinerai point ici, dit-il, combien cette manière d'instruire est propre à détourner l'esprit des jeunes gens de l'amour et d'une recherche sincère de la vérité, ou plutôt à les faire douter s'il y a effectivement quelque vérité dans le monde ou du moins qui mérite qu'on s'y attache. Mais ce que je crois fortement, ajoute-t-il, c'est qu'excepté les lieux qui ont admis la philosophie péripatéticienne dans leurs écoles où elle a régné plusieurs siècles sans enseigner autre chose au monde que l'art de disputer, on n'a regardé nulle part ces maximes comme les fondements des sciences et comme des secours importants pour avancer dans la connaissance des choses.

Th. Votre habile auteur veut que les écoles seules sont portées à former des maximes ; et cependant c'est l'instinct général et très raisonnable du genre humain. Vous le pouvez juger par les proverbes, qui sont en usage chez toutes nations et qui ne sont ordinairement que des maximes dont le public est convenu. Cependant, quand des personnes de jugement prononcent quelque chose qui nous paraît contraire à la vérité, il faut leur rendre la justice de soupçonner qu'il y a plus de défaut dans leurs expressions que dans leurs sentiments : c'est ce qui se confirme ici dans notre auteur, dont je commence à entrevoir le motif qui l'anime contre les maximes ; et c'est qu'effectivement dans les discours ordinaires, où il ne s'agit point de s'exercer comme dans les écoles, c'est chicaner que de vouloir être convaincu pour se rendre; d'ailleurs, le plus souvent on y a meilleure grâce de supprimer les majeures qui s'entendent et de se contenter des enthymèmes ; et même, sans former des prémisses, il suffit souvent de mettre le simple *medius terminus* ou l'idée moyenne, l'esprit en comprenant assez la liaison, sans qu'on l'exprime. Et cela va bien, quand cette liaison est incontestable : mais vous m'avouerez aussi, Monsieur, qu'il arrive souvent qu'on va trop vite à la supposer, et qu'il en naît des paralogismes, de sorte qu'il vaudrait mieux bien souvent d'avoir égard à la sûreté, en s'exprimant, que de lui préférer la brièveté et l'élégance. Cependant la prévention de votre auteur contre les maximes lui a fait rejeter tout à fait leur utilité pour l'établissement de la vérité, et va jusqu'à les rendre complices des désordres de la conversation. Il est vrai que les jeunes gens qui se sont accoutumés aux exercices académiques, où l'on s'occupe un peu trop à s'exercer et pas assez à tirer de l'exercice le plus grand fruit qu'il doit avoir, qui est la connaissance, ont de la peine à s'en défaire dans le monde. Et une de leurs chicanes est de ne vouloir point se rendre à la vérité, que lorsqu'on la leur a rendue tout à fait palpable, quoique la sincérité et même la civilité les dût obliger de ne pas attendre des extrémités qui les font devenir incommodes et en donnent mauvaise opinion. Et il faut avouer que c'est un vice dont les gens de lettres se trouvent souvent infectés. Cependant la faute n'est pas de vouloir réduire les vérités aux maximes, mais de le vouloir faire à contre-temps et sans besoin; car l'esprit humain envisage beaucoup tout d'un coup, et c'est le gêner que de le vouloir obliger à s'arrêter à chaque pas qu'il fait et à exprimer tout ce qu'il pense. C'est justement comme si, en faisant son compte avec un marchand ou avec un hôte, on le voulait obliger de tout compter avec les doigts pour en être plus sûr. Et, pour demander cela, il faudrait être stupide ou capricieux. En effet, quelquefois on trouve que Pétrone a eu raison de dire *adolescentes in scholis stultissimos fieri* (1), que les jeunes gens devien-

---

(1) *Satyricon*, ch. I.

nent stupides et même écervelés quelquefois dans les lieux qui devraient être les écoles de la sagesse ; *corruptio optimi pessima*. Mais encore plus souvent ils deviennent vains, brouillons et brouillés, capricieux, incommodes, et cela dépend souvent de l'humeur des maîtres qu'ils ont. Au reste, je trouve qu'il y a des fautes bien plus grandes dans la conversation que celle de demander trop de clarté. Car ordinairement on tombe dans le vice opposé, et l'on n'en donne ou n'en demande pas assez. Si l'un est incommode, l'autre est dommageable et dangereux.

§ 12. Ph. L'usage des maximes l'est aussi quelquefois, quand on les attache à des notions fausses, vagues, et incertaines ; car alors les maximes servent à nous confirmer dans nos erreurs, et même à prouver des contradictions. Par exemple, celui qui avec Descartes se forme une idée de ce qu'il appelle corps, comme d'une chose qui n'est qu'étendue, peut démontrer aisément par cette maxime, « ce qui est, est », qu'il n'y a point de vide, c'est-à-dire d'espace sans corps. Car il connaît sa propre idée, il connaît qu'elle est ce qu'elle est et non une autre idée ; ainsi étendue, corps et espace étant chez lui trois mots qui signifient une même chose, il lui est aussi véritable de dire que l'espace est corps, que de dire que le corps est corps. § 13. Mais un autre, à qui corps signifie une étendue solide, conclura de la même façon, que de dire : que l'espace n'est pas corps, est aussi sûr qu'aucune proposition qu'on puisse prouver par cette maxime : il est impossible qu'une chose soit et ne soit pas en même temps.

Th. Le mauvais usage des maximes ne doit pas faire blâmer leur usage en général ; toutes les vérités sont sujettes à cet inconvénient qu'en les joignant à des faussetés, on peut conclure faux, ou même des contradictoires. Et dans cet exemple, on n'a guère besoin de ces axiomes identiques à qui l'on impute la cause de l'erreur et de la contradiction. Cela se verrait, si l'argument de ceux qui concluent de leurs définitions que l'espace est corps, ou que l'espace n'est point corps, était réduit en forme. Il y a même quelque chose de trop dans cette conséquence : le corps est étendu et solide, donc l'extension, c'est-à-dire l'étendue n'est point corps, et l'étendue n'est point chose corporelle ; car j'ai déjà remarqué qu'il y a des expressions superflues des idées, ou qui ne multiplient point les choses, comme si quelqu'un disait : par *triquetrum* j'entends un triangle trilatéral, et concluait de là que tout trilatéral n'est pas triangle. Ainsi un cartésien pourra dire que l'idée de l'étendue solide est de cette même nature, c'est-à-dire qu'il y a du superflu ; comme en effet, prenant l'étendue pour quelque chose de substantiel, toute étendue sera solide, ou bien toute étendue sera corporelle. Pour ce qui est du vide, un cartésien aura droit de conclure de son idée ou façon d'idée, qu'il n'y en a point, supposé que son idée soit bonne ; mais un autre n'aura point raison de conclure d'abord de la sienne qu'il y en peut avoir ; comme en effet, quoique je ne sois pas pour l'opinion cartésienne, je crois pourtant qu'il n'y a point de vide, et je trouve qu'on fait dans cet exemple un plus mauvais usage des idées que des maximes.

§ 15. Ph. Au moins il semble que, tel usage qu'on voudra faire des maximes dans les propositions verbales, elles ne nous sauraient donner la moindre connaissance sur les substances qui existent hors de nous.

Th. Je suis tout d'un autre sentiment. Par exemple, cette maxime, que la nature agit par les plus courtes voies, ou du moins par les plus déterminées, suffit seule pour rendre raison presque de toute l'optique, catoptrique et dioptrique, c'est-à-dire de ce qui se passe hors de nous dans les actions de la lumière, comme je l'ai montré autrefois, et M. Molineux l'a fort approuvé dans sa *dioptrique*, qui est un très bon livre.

Ph. On prétend pourtant que, lorsqu'on se sert des principes identiques pour prouver des propositions où il y a des mots qui signifient des idées composées, comme homme, ou vertu, leur usage est extrêmement dangereux et engage les hommes à regarder ou à recevoir la fausseté comme une vérité manifeste. Et que c'est parce que les hommes croient que, lorsqu'on retient les mêmes termes, les propositions roulent sur les mêmes choses, quoique les idées que ces termes signifient soient différentes ; de sorte que les hommes, prenant les mots pour les choses, comme ils le font ordinairement, des maximes servent communément à prouver des propositions contradictoires.

Th. Quelle injustice de blâmer les pauvres maximes de ce qui doit être imputé au mauvais usage des termes et à leurs équivocations. Par la même raison, on blâmera les syllogismes, parce qu'on conclut mal, lorsque les termes sont équivoques. Mais le syllogisme en est innocent, parce qu'en effet il y a quatre termes alors, contre les règles des syllogismes. Par la même raison, on blâmerait aussi le calcul des arithméticiens ou des algébristes, parce qu'en mettant

X pour V, ou en prenant *a* pour *b* par mégarde, l'on en tire des conclusions fausses et contradictoires.

§ 19. Ph. Je croirais pour le moins que les maximes sont peu utiles, quand on a des idées claires et distinctes ; et d'autres veulent même qu'alors elles ne sont absolument de nul usage et prétendent que quiconque, dans ces rencontres, ne peut pas discerner la vérité et la fausseté sans ces sortes de maximes, ne pourra le faire par leur entremise ; et notre auteur (§ 16, 17) fait même voir qu'elles ne servent point à décider si un tel est homme ou non.

Th. Si les vérités sont fort simples et évidentes, et fort proches des identiques et des définitions, on n'a guère besoin d'employer expressément des maximes pour en tirer ces vérités, car, l'esprit les emploie virtuellement et fait sa conclusion tout d'un coup sans entrepôts. Mais, sans les axiomes et les théorèmes déjà connus, les mathématiciens auraient bien de la peine à avancer ; car dans les longues conséquences, il est bon de s'arrêter de temps en temps et de se faire comme des colonnes militaires au milieu du chemin, qui serviront encore aux autres à le marquer. Sans cela, ces longs chemins seront trop incommodes et paraîtront même confus et obscurs, sans qu'on y puisse rien discerner et relever que l'endroit où l'on est ; c'est aller sur mer sans compas dans une nuit obscure sans voir fond, ni rive, ni étoiles ; c'est marcher dans de vastes landes, où il n'y a ni arbres, ni collines, ni ruisseaux ; c'est aussi comme une chaîne à anneaux, destinée à mesurer des longueurs, où il y aurait quelques centaines d'anneaux semblables entre eux tout de suite, sans une distinction de chapelet, ou de plus gros grains, ou de plus grands anneaux, ou d'autres divisions, qui pourraient marquer les pieds, les toises, les perches, etc. L'esprit qui aime l'unité dans la multitude, joint donc ensemble quelques-unes des conséquences pour en former des conclusions moyennes, et c'est l'usage des maximes et des théorèmes. Par ce moyen, il y a plus de plaisir, plus de lumière, plus de souvenir, plus d'application et moins de répétition. Si quelque analyste ne voulait point supposer en calculant ces deux maximes géométriques, que le carré de l'hypoténuse est égal aux deux carrés des côtés de l'angle droit, et que les côtés correspondants des triangles semblables sont proportionnels, s'imaginant que, parce qu'on a la démonstration de ces deux théorèmes par la liaison des idées qu'ils enferment, il pourrait s'en passer aisément en mettant les idées mêmes à leur place, il se trouvera fort éloigné de son compte. Mais, afin que vous ne pensiez pas, Monsieur, que le bon usage de ces maximes est resserré dans les bornes des seules sciences mathématiques, vous trouverez qu'il n'est pas moindre dans la jurisprudence ; et un des principaux moyens de la rendre plus facile et d'en envisager le vaste océan comme dans une carte de géographie, c'est de réduire quantité de décisions particulières à des principes plus généraux. Par exemple, on trouvera que quantité de lois des Digestes, d'actions ou d'exceptions, de celles qu'on appelle *in factum*, dépendent de cette maxime, *ne quis alterius damno fiat locupletior*, qu'il ne faut pas que l'un profite du dommage qui en arriverait à l'autre, ce qu'il faudrait pourtant exprimer un peu plus précisément. Il est vrai qu'il y a une grande distinction à faire entre les règles de droit. Je parle des bonnes et non de certains brocards (*brocardica*) introduits par les docteurs, qui sont vagues et obscurs ; quoique ces règles encore pourraient devenir souvent bonnes et utiles, si on les réformait, au lieu qu'avec leurs distinctions infinies (*cum suis fallentiis*) elles ne servent qu'à embrouiller. Or, les bonnes règles sont ou des aphorismes ou des maximes, et sous les maximes je comprends tant axiomes que théorèmes. Si ce sont des aphorismes qui se forment par induction et observation et non par raison à priori, et que les habiles gens ont fabriqués après une revue du droit établi, ce texte du jurisconsulte (1), dans le titre des Digestes, qui parle des règles de droit, a lieu : *non ex regula jus sumi, sed ex jure quod est regulam fieri*, c'est-à-dire qu'on tire des règles d'un droit déjà connu, pour s'en mieux souvenir, mais qu'on n'établit pas le droit sur ces règles. Mais il y a des maximes fondamentales qui constituent le droit même et forment les actions, exceptions, réplications, etc., qui, lorsqu'elles sont enseignées par la pure raison et ne viennent pas du pouvoir arbitraire de l'État, constituent le droit naturel ; et telle est la règle dont je viens de parler, qui défend le profit dommageable. Il y a aussi des règles dont les exceptions sont rares et par conséquent qui passent pour universelles. Telle est la règle des Institutions de l'empereur Justinien dans le § 2 du titre des Actions, qui porte que, lorsqu'il s'agit des choses corporelles, l'acteur ne possède point, excepté dans un seul cas, que l'empereur dit être marqué dans les Digestes. Mais on est encore après pour le chercher. Il est vrai que quelques-uns au lieu de *sane*

---

(1) Lacune dans le manuscrit.

uno casu, lisent *sane non uno*, et d'un cas on peut faire plusieurs quelquefois. Chez les médecins, feu M. Barner (1), qui nous avait fait espérer un *Nouveau Sennertus* ou système de médecine, accommodé aux nouvelles découvertes ou opinions, en nous donnant son *Prodromus*, avance que la manière que les médecins observent ordinairement dans leurs systèmes de pratique est d'expliquer l'art de guérir, en traitant d'une maladie après l'autre, suivant l'ordre des parties du corps humain ou autrement, sans avoir donné des préceptes de pratique universels, communs à plusieurs maladies et symptômes, et que cela les engage à une infinité de répétitions; en sorte qu'on pourrait retrancher, selon lui, les trois quarts de Sennertus et abréger la science infiniment par des propositions générales et surtout par celles à qui convient le καθόλου πρῶτον d'Aristote c'est-à-dire qui sont réciproques, ou y approchent. Je crois qu'il a raison de conseiller cette méthode, surtout à l'égard des préceptes, où la médecine est ratiocinative. Mais à proportion qu'elle est empirique, il n'est pas si aisé ni si sûr de former des propositions universelles. Et de plus, il y a ordinairement des complications dans les maladies particulières, qui forment comme une imitation des substances; tellement qu'une maladie est comme une plante ou un animal, qui demande une histoire à part; c'est-à-dire ce sont des modes ou façons d'être, à qui convient ce que nous avons dit des corps ou choses substantielles, une fièvre quarte étant aussi difficile à approfondir que l'or ou le vif-argent. Ainsi il est bon, nonobstant les préceptes universels, de chercher dans les espèces des maladies des méthodes de guérir et des remèdes qui satisfont à plusieurs indications et concours de causes ensemble et surtout de recueillir ceux que l'expérience a autorisés; ce que Sennertus (2) n'a pas assez fait, car des habiles gens ont remarqué que les compositions des recettes qu'il propose sont souvent plus formées *ex ingenio* par estime qu'autorisées par l'expérience, comme il le faudrait pour être plus sûr de son fait. Je crois donc que le meilleur sera de joindre les

---

(1) BARNER (Jacques), médecin, florissait dans la deuxième moitié du xviie siècle, a donné un *Prodromus Sennerti novi* et est surtout connu par sa *Chimia philosophica*. P. J.

(2) SENNERT (Daniel), illustre médecin, né à Breslau en 1572, mort à Vittemberg en 1637, a publié de nombreux ouvrages, dont les plus importants, au point de vue philosophique, sont ses : *Hypommemata physica de rerum principiis*, etc., et le *De origine animarum in brutis*. Ses œuvres complètes ont eu plusieurs éditions, dont la meilleure est celle de Lyon, 1650 ou 1666. P. J.

deux voies et de pas se plaindre des répétitions dans une matière si délicate et si importante comme est la médecine, où je trouve qu'il nous manque ce que nous avons de trop à mon avis dans la jurisprudence, c'est-à-dire des livres, des cas particuliers et des répertoires de ce qui a déjà été observé ; car je crois que la millième partie des livres des juriconsultes nous suffirait, mais que nous n'aurions rien de trop en matière de médecine, si nous avions mille fois plus d'observations bien circonstanciées. C'est que la jurisprudence est toute fondée en raison à l'égard de ce qui n'est pas expressément marqué par les lois ou par les coutumes. Car on le peut toujours tirer ou de la loi ou du droit naturel au défaut de la loi par le moyen de la raison. Et les lois de chaque pays sont finies et déterminées, ou peuvent le devenir; au lieu qu'en médecine les principes d'expérience, c'est-à-dire les observations, ne sauraient être trop multipliées pour donner plus d'occasion à la raison de déchiffrer ce que la nature ne nous donne à connaître qu'à demi. Au reste, je ne sache personne qui emploie les axiomes de la manière que l'auteur habile dont vous parlez le fait faire (§ 16, 17) comme si quelqu'un, pour démontrer à un enfant qu'un nègre est un homme se servait du principe : ce qui est, est; en disant : Un nègre a l'âme raisonnable; or l'âme raisonnable et l'homme est la même chose, et par conséquent si, ayant l'âme raisonnable, il n'était pas homme, il serait faux que ce qui est est, ou bien une même chose serait et ne serait pas en même temps. Car, sans employer ces maximes, qui ne sont point de saison ici et n'entrent pas directement dans le raisonnement, comme aussi elles n'y avancent rien, tout le monde se contentera de raisonner ainsi : un nègre a l'âme raisonnable; quiconque a l'âme raisonnable est un homme, donc le nègre est un homme. Et, si quelqu'un prévenu qu'il n'y a point d'âme raisonnable quand elle ne nous paraît point, concluait que les enfants qui viennent de naître et les imbéciles ne sont point de l'espèce humaine (comme en effet l'auteur rapporte d'avoir discouru avec des personnes fort raisonnables qui le niaient), je ne crois point que le mauvais usage de la maxime, qu'il est impossible qu'une chose soit et ne soit pas, les séduirait, ni qu'ils y pensent même en faisant ce raisonnement. La source de leur erreur serait une extension du principe de notre auteur, qui nie qu'il y a quelque chose dans l'âme dont elle ne s'aperçoit pas, au lieu que ces messieurs iraient jusqu'à nier l'âme même, lorsque d'autres ne l'aperçoivent point.

CHAP. VIII. — Des propositions frivoles

Ph. Je crois bien que les personnes raisonnables n'ont garde d'employer les axiomes identiques de la manière dont nous venons de parler. § 2. Aussi semble-t-il que ces maximes purement identiques ne sont que des propositions frivoles ou *nugatoriæ*, comme les écoles mêmes les appellent. Et je ne me contenterais pas de dire que cela semble ainsi, si votre surprenant exemple de la démonstration de la conversion par l'entremise des identiques ne me faisait aller bride en main dorénavant, lorsqu'il s'agit de mépriser quelque chose. Cependant je vous rapporterai ce qu'on allègue pour les déclarer frivoles entièrement. C'est, § 3, qu'on reconnaît à la première vue qu'elles ne renferment aucune instruction, si ce n'est pour faire voir quelquefois à un homme l'absurdité où il s'est engagé.

Th. Comptez-vous cela pour rien, Monsieur, et ne reconnaissez-vous pas que réduire une proposition à l'absurdité, c'est démontrer sa contradictoire? Je crois bien qu'on n'instruira pas un homme en lui disant qu'il ne doit pas nier et affirmer le même en même temps; mais on l'instruit en lui montrant, par la force des conséquences, qu'il le fait sans y penser. Il est difficile, à mon avis, de se passer toujours de ces démonstrations apagogiques, c'est-à-dire qui réduisent à l'absurdité, et de tout prouver par les ostensives, comme on les appelle; et les géomètres, qui sont fort curieux là-dessus, l'expérimentent assez. Proclus le remarque de temps en temps, lorsqu'il voit que certains géomètres anciens, venus après Euclide, ont trouvé une démonstration plus directe (comme on le croit) que la sienne. Mais le silence de cet ancien commentateur fait assez voir qu'on ne l'a point fait toujours.

§ 3. Ph. Au moins avouerez-vous, Monsieur, qu'on peut former un million de propositions à peu de frais, mais aussi fort peu utiles; car n'est-il pas frivole de remarquer, par exemple, que l'huître est l'huître, et qu'il est faux de le nier ou de dire que l'huître n'est point l'huître? Sur quoi notre auteur dit agréablement qu'un homme qui ferait de cette huître, tantôt le sujet, tantôt l'attribut, ou le *predicatum*, serait justement comme un singe qui s'amuserait à jeter une huître d'une main à l'autre, ce qui pourrait tout aussi bien satisfaire la faim du singe, que ces propositions sont capables de satisfaire l'entendement de l'homme.

TH. Je trouve que cet auteur, aussi plein d'esprit que doué de jugement, a toutes les raisons du monde de parler contre ceux qui en useraient ainsi. Mais vous voyez bien comment il faut employer les identiques pour les rendre utiles ; c'est en montrant, à force de conséquences et de définitions, que d'autres vérités qu'on veut établir s'y réduisent.

§ 4. PH. Je le reconnais, et je vois bien qu'on le peut appliquer à plus forte raison aux propositions qui paraissent frivoles, et le sont en bien des occasions, où une partie de l'idée complexe est affirmée de l'objet de cette idée, comme en disant : le plomb est un métal, dans l'esprit d'un homme qui connaît la signification de ces termes, et qui sait que le plomb signifie un corps fort pesant, fusible et malléable ; il y a ce seul usage, qu'en disant métal, on lui désigne tout d'un coup plusieurs des idées simples, au lieu de les lui compter une par une, § 5. Il en est de même lorsqu'une partie de la définition est affirmée du terme défini, comme en disant : tout or est fusible supposé qu'on a défini l'or. que c'est un corps jaune, fusible et malléable. Item de dire que le triangle a trois côtés, que l'homme est un animal, qu'un palefroi (vieux mot français) est un animal qui hennit, cela sert pour définir les mots, et non pas pour apprendre quelque chose outre la définition. Mais on nous apprend quelque chose, en disant que l'homme a une notion de Dieu, et que l'opium le plonge dans le sommeil.

TH. Outre ce que j'ai dit des identiques qui le sont entièrement, on trouvera que ces identiques à demi ont encore une utilité particulière. Par exemple : un homme sage est toujours un homme ; cela donne à connaître qu'il n'est pas infaillible, qu'il est mortel, etc. Quelqu'un a besoin, dans le danger, d'une balle de pistolet ; il manque de plomb pour en fondre dans la forme qu'il a ; un ami lu dit : Souvenez-vous que l'argent, que vous avez dans votre bourse, est fusible ; cet ami ne lui apprendra point une qualité de l'argent ; mais il le fera penser à un usage qu'il en peut faire, pour avoir des balles à pistolet dans ce pressant besoin. Une bonne partie des vérités morales et des plus belles sentences des auteurs est de cette nature. Elles n'apprennent rien bien souvent, mais elles font penser à propos à ce que l'on sait. Cet iambe sénaire de la tragédie latine :

Cuivis potest accidere, quod cuiquam potest,

(qu'on pourrait exprimer ainsi, quoique moins joliment : ce qui peut arriver à l'un, peut arriver à chacun), ne fait que nous faire souvenir de la condition humaine : *Quod nihil humani à nobis alienum putare debemus.* Cette règle des jurisconsultes *qui jure suo utitur, nemini facit injuriam* (celui qui use de son droit ne fait tort à personne), paraît frivole. Cependant elle a un usage fort bon en certaines rencontres et fait penser justement à ce qu'il faut. Comme si quelqu'un haussait sa maison, autant qu'il est permis par les statuts et usances, et qu'ainsi il ôtait quelque vue à son voisin, on payerait ce voisin d'abord de cette même règle de droit, s'il s'avisait de se plaindre. Au reste, les propositions de fait, ou les expériences, comme celle qui dit que l'opium est narcotique, nous mènent plus loin que les vérités de la pure raison, qui ne nous peuvent jamais faire aller au delà de ce qui est dans nos idées distinctes. Pour ce qui est de cette proposition, que tout homme a une notion de Dieu, elle est de la raison, quand notion signifie idée. Car l'idée de Dieu, selon moi, est innée dans tous les hommes ; mais, si cette notion signifie une idée où l'on pense actuellement, c'est une proposition de fait qui dépend de l'histoire du genre humain. § 7. Enfin dire qu'un triangle a trois côtés cela n'est pas si identique qu'il semble, car il faut un peu d'attention pour voir qu'un polygone doit avoir autant d'angles que de côtés ; aussi y aurait-il un côté de plus, si le polygone n'était point supposé fermé.

§ 5. Ph. Il semble que les propositions générales qu'on forme sur les substances sont pour la plupart frivoles, si elles sont certaines. Et qui sait les significations des mots, substance, homme, animal, forme, âme végétative, sensitive, raisonnable, en formera plusieurs propositions indubitables, mais inutiles, particulièrement sur l'âme, dont on parle souvent sans savoir ce qu'elle est réellement. Chacun peut voir une infinité de propositions, de raisonnements et de conclusions de cette nature dans les livres de métaphysique, de théologie scolastique, et d'une certaine espèce de physique, dont la lecture ne lui apprendra rien de plus de Dieu, des esprits et des corps, que ce qu'il en savait avant d'avoir parcouru ces livres.

Th. Il est vrai que les abrégés de métaphysique et tels autres livres de cette trempe, qui se voient communément, n'apprennent que des mots. De dire, par exemple, que la métaphysique est la science de l'Être en général, qui en explique les principes et les affections qui en émanent ; que les principes de l'Être sont l'essence et l'existence ; et que les affections sont ou primitives, savoir, l'un, le vrai, le bon ; ou dérivatives, savoir le même et le divers, le simple et le composé, etc., et en parlant de chacun de ces termes, ne donner que des notions vagues et des distinctions de mots, c'est bien abuser du nom de science. Cependant, il faut rendre cette justice aux scolastiques plus profonds, comme Suarez (1) (dont Grotius [2] faisait si grand cas), de reconnaître qu'il y a quelquefois chez eux des discussions considérables, comme sur le continuum, sur l'infini, sur la contingence, sur la réalité des abstraits, sur le principe de l'individuation, sur l'origine et le vide des formes, sur l'âme et sur ses facultés, sur le concours de Dieu avec ses créatures, etc., et même en morale, sur la nature de la volonté et sur les principes de la justice ; en un mot, il faut avouer qu'il y a encore de l'or dans ces scories, mais il n'y a que des personnes éclairées qui en puissent profiter ; et de charger la jeunesse d'un fatras d'inutilités, parce qu'il y a quelque chose de bon par-ci par-là, ce serait mal ménager la plus précieuse de toutes les choses, qui est le temps. Au reste, nous ne sommes pas tout à fait dépourvus de propositions générales sur les substances, qui soient certaines et qui méritent d'être sues. Il y a de grandes et belles vérités sur Dieu et sur l'âme, que notre habile auteur a enseignées ou de son chef, ou en partie après d'autres. Nous y avons peut-être ajouté quelque chose aussi. Et quant aux connaissances générales touchant les corps, on en ajoute d'assez considérables à celles qu'Aristote avait laissées, et l'on doit dire que la physique, même la générale, est devenue bien plus réelle qu'elle n'était auparavant. Et quant à la métaphysique réelle, nous commençons quasi à l'établir, et nous trouvons des vérités importantes fondées en raison et confirmées par l'expérience, qui appartiennent aux substances en général. J'espère aussi d'avoir avancé un peu la connaissance générale de l'âme et des esprits. Une telle métaphysique est ce qu'Aristote demandait, c'est la science qui s'appelle chez lui

---

(1) SUAREZ (F.), jésuite, théologien célèbre, né à Grenade en 1548, mort en 1617. C'est, on peut le dire, le dernier des scholastiques. On a de lui des *Métaphysicarum disputationum libri duo* (in-f°, Paris, 1619), et un *Tractatus de legibus et Deo legislatore* (in-f°, Londres, 1679).   P. J.

(2) GROTIUS (Hugo de Groop), illustre jurisconsulte, né à Delft en Hollande, le 10 avril 1583, mort à Ractock en 1645. Son principal écrit est son *De Jure pacis et belli*, traduit en français par Barbeyrac.   P. J.

ζητουμένη, la désirée ou qu'il cherchait, qui doit être, à l'égard des autres sciences théoriques, ce que la science de la félicité est aux arts dont elle a besoin, et ce que l'architecte est aux ouvriers. C'est pourquoi Aristote disait que les autres sciences dépendent de la métaphysique comme de la plus générale, et en devaient emprunter leurs principes, démontrés chez elle. Aussi faut-il savoir que la vraie morale est à la métaphysique ce que la pratique est à la théorie, parce que de la doctrine des substances en commun dépend la connaissance des esprits et particulièrement de Dieu et de l'âme, qui donne une juste étendue à la justice et à la vertu. Car, comme j'ai remarqué ailleurs, s'il n'y avait ni Providence ni vie future, le sage serait plus borné dans la pratique de la vertu ; car il ne rapporterait tout qu'à son contentement présent, et même ce contentement, qui paraît déjà chez Socrate, chez l'empereur Marc Antonin, chez Epictète (1) et autres anciens, ne serait pas si bien fondé toujours sans ces belles et grandes vues que l'ordre et l'harmonie de l'univers nous ouvrent jusque dans un avenir sans bornes ; autrement la tranquillité de l'âme ne sera que ce qu'on appelle patience par force, de sorte qu'on peut dire que la théologie naturelle, comprenant deux parties, la théorique et la pratique, contient tout à la fois la métaphysique réelle et la morale la plus parfaite.

§ 12. Ph. Voilà des connaissances, sans doute, qui sont bien éloignés d'être frivoles, ou purement verbales. Mais il semble que ces dernières sont celles où deux abstraits sont affirmés l'un de l'autre ; par exemple, que l'épargne est frugalité, que la gratitude est justice ; et quelque spécieuses que ces propositions et autres paraissent quelquefois du premier coup d'œil, cependant si nous en pressons la force, nous trouvons que tout cela n'emporte autre chose que la signification des termes.

Th. Mais les significations des termes, c'est-à-dire les définitions, jointes aux axiomes identiques, expriment les principes de toutes

---

(1) Antonin, Épictète, stoïciens romains du temps de l'empire. Épictète, né à Hieropolis en Phrygie, dans le premier siècle de notre ère, mort dans le milieu du second siècle ; il fut d'abord esclave, puis affranchi. Les deux ouvrages qui résument sa doctrine sont *le Manuel* et *les Entretiens*. La plus célèbre édition d'Épictète est celle de Schweighauser, grecque-latine, 15 vol. in-8° ; Leipzig, 1799-1801.

M. Antonin ou Marc Aurèle, empereur, né à Rome l'an 221 avant J.-C., mort en 180 ; son seul ouvrage est le livre des *Pensées*. Schulz en a donné une édition in-8° à Sleswig, 1802. On a une trad. franç. de Dacier, 2 vol. in-12, Paris, 1691 ; de Joly, in-12 et in-8°, 1770 et 1813 ; de Pierron, gr. in-18, Paris, 1843 ; et de Barthélemy-Saint-Hilaire, 1876.   P. J.

les démonstrations ; et, comme ces définitions peuvent faire connaître en même temps les idées et leur possibilité, il est visible que ce qui en dépend n'est pas toujours purement verbal. Pour ce qui est de l'exemple, que la gratitude est justice, ou plutôt une partie de la justice, il n'est pas à mépriser, car il fait connaître que ce qui s'appelle *actio ingrati*, ou la plainte qu'on peut faire contre les ingrats, devrait être moins négligée dans les tribunaux. Les Romains recevaient cette action contre les libertés ou affranchis, et encore aujourd'hui elle doit avoir lieu à l'égard de la révocation des dons. Au reste, j'ai déjà dit ailleurs qu'encore des idées abstraites peuvent être attribuées l'une à l'autre, le genre à l'espèce ; comme en disant : la durée est une continuité, la vertu est une habitude ; mais la justice universelle est non seulement une vertu, mais même c'est la vertu morale entière.

CHAP. IX. — DE LA CONNAISSANCE QUE NOUS AVONS DE NOTRE EXISTENCE.

§ 1. PH. Nous n'avons considéré jusqu'ici que les essences des choses et, comme notre esprit ne les connaît que par abstraction, en les détachant de toute existence particulière, autre que celle qui est dans notre entendement, elles ne nous donnent absolument point de connaissance d'aucune existence réelle. Et les propositions universelles, dont nous pouvons avoir une connaissance certaine, ne se rapportent point à l'existence. Et d'ailleurs, toutes les fois qu'on attribue quelque chose à un individu d'un genre ou d'une espèce par une proposition qui ne serait point certaine, si le même était attribué au genre ou à l'espèce en général, la proposition n'appartient qu'à l'existence et ne fait connaître qu'une liaison accidentelle dans ces choses existantes en particulier, comme lorsqu'on dit qu'un tel homme est docte.

TH. Fort bien, et c'est dans ce sens que les philosophes aussi, distinguant si souvent entre ce qui est de l'essence et ce qui est de l'existence, rapportent à l'existence tout ce qui est accidentel ou contingent. Bien souvent on ne sait pas même si les propositions universelles, que nous ne savons que par expérience, ne sont pas peut-être accidentelles aussi, parce que notre expérience est bornée, comme dans les pays où l'eau n'est point glacée, cette proposition qu'on y formera, que l'eau est toujours dans un état fluide, n'est pas essentielle, et on le connaît en venant dans des pays plus froids. Cependant, on peut prendre l'accidentel d'une manière plus rétrécie, en sorte qu'il y a comme un milieu entre lui et l'essentiel ; et ce milieu est le naturel, c'est-à-dire ce qui n'appartient pas à la chose nécessairement, mais qui cependant lui convient de soi si rien ne l'empêche. Ainsi quelqu'un pourrait soutenir qu'à la vérité il n'est pas essentiel à l'eau mais qu'il lui est naturel au moins d'être fluide. On le pourrait soutenir, dis-je, mais ce n'est pourtant pas une chose démontrée, et peut-être que les habitants de la Lune, s'il y en avait, auraient sujet de ne se pas croire moins fondés de dire qu'il est naturel à l'eau d'être glacée. Cependant, il y a d'autres cas où le naturel est moins douteux. Par exemple, un rayon de lumière va toujours droit dans le même milieu, à moins que par accident il ne rencontre quelque surface qui le réfléchit. Au reste, Aristote a coutume de rapporter à la matière la source des choses accidentelles ; mais alors il y faut entendre la matière seconde, c'est-à-dire le tas ou la masse des corps.

§ 2. Ph. J'ai remarqué déjà, suivant l'excellent auteur anglais qui a écrit l'Essai concernant l'entendement, que nous connaissions notre existence par l'intuition, celle de Dieu par démonstration, et celle des autres par sensation. § 3. Or cette intuition qui fait connaître notre existence à nous-mêmes, fait que nous la connaissons avec une évidence entière qui n'est point capable d'être prouvée et n'en a point besoin ; tellement que, lors même que j'entreprends de douter de toutes choses, ce doute même ne me permet pas de douter de mon existence. Enfin nous avons là-dessus le plus haut degré de certitude qu'on puisse imaginer.

Th. Je suis entièrement d'accord de tout ceci. Et j'ajoute que l'aperception immédiate de notre existence et de nos pensées nous fournit les premières vérités à posteriori ou de fait, c'est-à-dire les premières expériences; comme les propositions identiques contiennent les premières vérités à priori ou de raison, c'est-à-dire les premières lumières. Les unes et les autres sont incapables d'être prouvées et peuvent être appelées immédiates ; celles-là, parce qu'il y a immédiation entre l'entendement et son objet, celles-ci, parce qu'il y a immédiation entre le sujet et le prédicat.

CHAP. X. — De la connaissance que nous avons de l'existence de Dieu.

§ 1. Ph. Dieu ayant donné à notre âme les facultés dont elle est ornée, il ne s'est point laissé sans témoignage; car les sens, l'intelligence et la raison nous fournissent des preuves manifestes de son existence.

Th. Dieu n'a pas seulement donné à l'âme des facultés propres à le connaître, mais il lui a aussi imprimé des caractères qui le marquent, quoiqu'elle ait besoin des facultés pour s'apercevoir de ces caractères. Mais je ne veux point répéter ce qui a été discuté entre nous sur les idées et les vérités innées, parmi lesquelles je compte l'idée de Dieu et la vérité de son existence. Venons plutôt au fait.

Ph. Or, encore que l'existence de Dieu soit la vérité la plus aisée à prouver par la raison, et que son évidence égale, si je ne me trompe, celle des démonstrations mathématiques, elle demande pourtant de l'attention. Il n'est besoin d'abord que de faire réflexion sur nous-mêmes et sur notre propre existence indubitable. Ainsi je suppose que chacun connaît qu'il est quelque chose qui existe actuellement, et qu'ainsi il y a un Être réel. S'il y a quelqu'un qui puisse douter de sa propre existence, je déclare que ce n'est pas à lui que je parle. § 3. Nous savons encore, par une connaissance de simple vue, que le pur néant ne peut point produire un Être réel. D'où il s'ensuit d'une évidence mathématique que quelque chose a existé de toute éternité, puisque tout ce qui a un commencement doit avoir été produit par quelque autre chose. § 4. Or tout être qui tire son existence d'un autre tire aussi de lui tout ce qu'il a et toutes ses facultés. Donc la source éternelle de tous les êtres est aussi le principe de toutes leurs puissances, de sorte que cet Être éternel doit être aussi tout-puissant. § 5. De plus, l'homme trouve en lui-même la connaissance. Donc il y a un être intelligent. Or il est impossible qu'une chose absolument destituée de connaissance et de perception produise un être intelligent, et il est contraire à l'idée de la matière, privée de sentiment, de s'en produire à elle-même. Donc la source des choses est intelligente, et il y a eu un Être intelligent de tout éternité. § 6. Un Être éternel, très puissant et très intelligent, est ce qu'on appelle Dieu. Que s'il se trouvait quelqu'un assez déraisonnable pour supposer que l'homme est le seul être qui ait de la connaissance et de la sagesse, mais que néanmoins il a été formé par le pur hasard, et que c'est ce même principe aveugle et sans connaissance qui conduit tout le reste de l'univers, je l'avertirai d'examiner à loisir la censure tout à fait solide et pleine d'emphase de Cicéron (*De legibus*, lib. II). Certainement, dit-il, personne ne devrait être si sottement orgueilleux que de s'imaginer qu'il y a au dedans de lui un entendement et de la raison, et que cependant il n'y a aucune intelligence qui gouverne tout ce vaste univers. De ce que je viens de dire, il s'ensuit clairement que nous avons une connaissance plus certaine de Dieu, que de quelque autre chose que ce soit hors de nous.

Th. Je vous assure, Monsieur, avec une parfaite sincérité, que je suis extrêmement fâché d'être obligé de dire quelque chose contre cette démonstration ; mais je le fais seulement afin de vous donner occasion de remplir le vide. C'est principalement à l'endroit où vous concluez (§ 3) que quelque chose a existé de toute éternité. J'y trouve de l'ambiguïté, si cela veut dire qu'il n'y ait jamais eu aucun temps où rien n'existait. J'en demeure d'accord, et cela suit véritablement les précédentes propositions, par une conséquence toute mathématique. Car, si jamais il y avait eu rien, il y aurait toujours eu rien, le rien ne pouvant point produire un être ; donc nous-mêmes ne serions pas, ce qui est contre la première vérité d'expérience. Mais la suite fait voir d'abord que, disant que quelque chose a existé de toute éternité, vous entendez une chose éternelle. Cependant il ne s'ensuit point, en vertu de ce que vous avez avancé jusqu'ici, que s'il y a toujours eu quelque chose, il y a toujours eu une certaine chose, c'est-à-dire qu'il y a un Être éternel. Car quelques adversaires diront que moi, j'ai été produit par d'autres choses, et ces choses encore par d'autres. De plus, si quelques-uns admettent des êtres éternels (comme les épicuriens leurs atomes), ils ne se croiront pas être obligés pour cela d'accorder un Être éternel qui soit seul la source de tous les autres. Car, quand ils reconnaîtraient que ce qui donne l'existence donne aussi les autres qualités et puissances de la chose, ils nieront qu'une seule chose donne l'existence aux autres, et ils diront même qu'à chaque chose plusieurs autres doivent concourir. Ainsi nous n'arriverons pas par cela seul à une source de toutes les puissances. Cependant il est très raisonnable de juger qu'il y en a une, et même que l'univers est gouverné avec sagesse.

Mais, quand on croit la matière susceptible de sentiment, on pourra être disposé à croire qu'il n'est point impossible qu'elle le puisse produire. Au moins il sera difficile d'en apporter une preuve, qui ne fasse voir en même temps qu'elle en est incapable tout à fait; et supposé que notre pensée vienne d'un être pensant, peut-on prendre pour accordé, sans préjudice de la démonstration, que ce doit être Dieu?

§ 7. Ph. Je ne doute point que l'excellent homme dont j'ai emprunté cette démonstration, ne soit capable de la perfectionner; et je tâcherai de l'y porter, puisqu'il ne saurait guère rendre un plus grand service au public. Vous-même le souhaitez. Cela me fait croire que vous ne croyez point que, pour fermer la bouche aux athées on doit faire rouler tout sur l'existence de l'idée de Dieu en nous, comme font quelques-uns, qui s'attachent trop fortement à cette découverte favorite, jusqu'à rejeter toutes les autres démonstrations de l'existence de Dieu, ou du moins à tâcher de les affaiblir et à défendre de les employer, comme si elles étaient faibles ou fausses: quoique dans le fond ce soient des preuves qui nous font voir si clairement et d'une manière convaincante l'existence de ce souverain Être par la considération de notre propre existence et des parties sensibles de l'Univers, que je ne pense qu'un homme sage y doive résister.

Th. Quoique je sois pour les idées innées et particulièrement pour celle de Dieu, je ne crois point que les démonstrations des Cartésiens, tirées de l'idée de Dieu, soient parfaites. J'ai montré amplement ailleurs (dans les Actes de Leipsick et dans les mémoires de Trévoux) que celle de M. Descartes a empruntée d'Anselme (1), archevêque de Cantorbéry, est très belle et très ingénieuse à la vérité, mais qu'il y a un vide à remplir. Ce célèbre archevêque, qui a sans doute été un des plus capables hommes de son temps, se félicite, non sans raison, d'avoir trouvé un moyen de prouver l'existence de Dieu à priori, par sa propre notion, sans recourir à ses effets. Et voici à peu près la force de son argument : Dieu est le plus grand, ou (comme parle Descartes) le plus parfait des êtres, ou bien c'est un être d'une grandeur et d'une perfection suprême, qui en enveloppe tous les degrés. C'est là la notion de Dieu. Voici maintenant comment l'existence suit de cette notion. C'est quelque chose de plus d'exister que de ne pas exister, ou bien l'existence ajoute un degré à la grandeur ou à la perfection, et comme l'énonce M. Descartes, l'existence est elle-même une perfection. Donc ce degré de grandeur et de perfection, ou bien cette perfection, qui consiste dans l'existence, est dans cet Être suprême, tout grand, tout parfait : car autrement quelque degré lui manquerait, contre sa définition. Et par conséquent cet Être suprême existe. Les scolastiques, sans excepter même leur Docteur angélique ont méprisé cet argument et l'ont fait passer pour un paralogisme; en quoi ils ont eu grand tort, et M. Descartes, qui avait étudié assez longtemps la philosophie scolastique au collège des Jésuites de la Flèche, a eu grande raison de le rétablir. Ce n'est pas un paralogisme, mais c'est une démonstration imparfaite, qui suppose quelque chose qu'il fallait encore prouver, pour le rendre d'une évidence mathématique, c'est qu'on suppose tacitement que cette idée de l'Être tout grand ou tout parfait est possible et n'implique point de contradiction. Et c'est déjà quelque chose que par cette remarque on prouve que supposé que Dieu soit possible, il existe, ce qui est le privilège de la seule divinité. On a droit de présumer la possibilité de tout être et surtout celle de Dieu jusqu'à ce que quelqu'un prouve le contraire. De sorte que cet argument métaphysique donne déjà une conclusion morale démonstrative, qui porte que suivant l'état présent de nos connaissances, il faut juger que Dieu existe, et agir comformément à cela. Mais il serait pourtant à souhaiter que des habiles gens achevassent la démonstration dans la rigueur d'une évidence mathématique, et je crois d'avoir dit quelque chose ailleurs qui y pourra servir. L'autre argument de M. Descartes, qui entreprend de prouver l'existence de Dieu, parce que son idée est en notre âme, et qu'il faut qu'elle soit venue de l'original, est encore moins concluant. Car premièrement cet argument a ce défaut commun avec le précédent, qu'il suppose qu'il y a en nous une telle idée, c'est-à-dire que Dieu est possible. Car ce qu'allègue M. Descartes qu'en parlant de Dieu nous savons ce que nous disons, et que par conséquent nous en avons l'idée, est un indice trompeur, puisqu'en parlant du mouvement perpétuel mécanique, par exemple, nous savons ce que nous disons, et cependant ce mouvement est une chose impossible, dont par conséquent on ne saurait avoir idée qu'en apparence. Et secondement, ce même argument ne prouve pas assez que l'idée de Dieu, si nous l'avons, doit venir de l'original. Mais je ne veux point m'y arrêter présentement. Vous me direz, Monsieur, que, reconnaissant en nous l'idée innée de Dieu, je ne dois point dire qu'on peut révoquer en doute s'il y en a une ? Mais je ne permets ce doute que par rapport à une démonstration rigoureuse fondée sur l'idée toute seule. Car on est assez assuré, d'ailleurs, de l'idée et de l'existence de Dieu. Et vous vous souviendrez que j'ai montré comment les idées sont en nous non pas toujours en sorte qu'on s'en aperçoive, mais toujours en sorte qu'on les peut tirer de son propre fond et rendre apercevables. Et c'est aussi ce que je crois de l'idée de Dieu, dont je tiens la possibilité et l'existence démontrées de plus d'une façon. Et l'harmonie préétablie même nous fournit un autre moyen incontestable. Je crois d'ailleurs que tous les moyens qu'on a employés pour prouver l'existence de Dieu sont bons et pourraient servir, si on les perfectionnait, et je ne suis nullement d'avis qu'on doive négliger celui qui se tire de l'ordre des choses.

§ 9. Ph. Il sera peut-être à propos d'insister un peu sur cette question, si un être pensant peut venir d'un être non pensant et privé de tout sentiment et connaissance, tel que pourrait être la matière. § 10. Il est même assez manifeste qu'une partie de la matière est incapable de rien produire par elle-même et de se donner du mouvement. Il faut donc, ou que son mouvement soit éternel, ou qu'il lui soit imprimé par un être plus puissant. Quand ce mouvement serait éternel, il serait toujours incapable de produire de la connaissance. Divisez-la en autant de petites parties qu'il vous plaira, comme pour la spiritualiser, donnez-lui toutes les figures et tous les mouvements que vous voudrez, faites-en un globe, un cube, un prisme, un cylindre, etc., dont les diamètres ne soient que la 100000e partie d'un gry, qui est $1/10$ d'une ligne qui est $1/10$ d'un pouce, qui est $1/10$ d'un pied philosophique, qui est $1/3$ d'un pendule, dont chaque vibration dans la latitude de 45 degrés est égale à une seconde de temps. Cette particule de matière, quelque petite qu'elle soit, n'agira pas autrement sur d'autres corps, d'une grosseur qui lui soit proportionnée, que les corps qui ont un pouce ou un pied de diamètre agissent entre eux. Et l'on peut (1) espérer avec autant de raison de produire du sentiment, des pensées et de la connaissance, en joignant ensemble des grosses parties de la matière de certaine figure et de certain mouvement, que par le moyen des plus petites parties de matière qu'il y ait au monde. Ces dernières se heurtent, se poussent, et résistent l'une à l'autre juste-

---

(1) Gehrardt : *l'on pense.*

ment comme les grosses, et c'est ce qu'elles peuvent faire. Mais, si la matière pouvait tirer de son sein le sentiment, la perception et la connaissance, immédiatement et sans machine, ou sans le secours des figures et des mouvements, en ce cas-là ce devrait être une propriété inséparable de la matière et de toutes ses parties, d'en avoir. A quoi l'on pourrait ajouter qu'encore que l'idée générale et spécifique, que nous avons de la matière, nous porte à en parler comme si c'était une chose unique en nombre, cependant toute la matière n'est pas proprement une chose individuelle qui existe comme un être matériel, ou un corps singulier que nous connaissons, ou que nous pouvons concevoir. De sorte que, si la matière était le premier être éternel pensant, il n'y aurait pas un être unique éternel, infini et pensant, mais un nombre infini d'êtres éternels, infinis, pensants, qui seraient indépendants les uns des autres, dont les forces seraient bornées et les pensées distinctes, et qui, par conséquent, ne pourraient jamais produire cet ordre, cette harmonie et cette beauté qu'on remarque dans la nature. D'où il s'ensuit nécessairement que le premier être éternel ne peut être la matière. J'espère que vous serez plus content, Monsieur, de ce raisonnement pris de l'auteur célèbre de la démonstration précédente, que vous n'avez paru l'être de sa démonstration.

Th. Je trouve le présent raisonnement le plus solide du monde, et non seulement exact, mais encore profond et digne de son auteur. Je suis parfaitement de son avis qu'il n'y a point de combinaison et de modification des parties de la matière, quelque petites qu'elles soient, qui puisse produire de la perception ; d'autant que les parties grosses n'en sauraient donner (comme on reconnaît manifestement), et que tout est proportionnel dans les petites parties, à ce qui peut se passer dans les grandes. C'est encore une importante remarque sur la matière, que celle que l'auteur fait ici, qu'on ne la doit point prendre pour une chose unique en nombre ou (comme j'ai coutume de parler) pour une vraie monade ou unité, puisqu'elle n'est qu'un amas d'un nombre infini d'êtres. Il ne fallait ici qu'un pas de cet excellent auteur pour parvenir à mon système. Car, en effet, je donne de la perception à tous ces êtres infinis, dont chacun est comme un animal doué d'âme (ou de quelque principe actif analogique, qui en fait la vraie unité) avec ce qu'il faut à cet être pour être passif et doué d'un corps organique. Or ces êtres ont reçu leur nature tant active que passive (c'est-à-dire ce qu'ils ont d'immatériel et de matériel) d'une cause générale et suprême, parce qu'autrement, comme l'auteur le remarque très bien, étant indépendants les uns des autres, ils ne pourraient jamais produire cet ordre, cette harmonie, cette beauté qu'on remarque dans la nature. Mais cet argument, qui ne paraît être que d'une certitude morale, est poussé à une nécessité tout à fait métaphysique par la nouvelle espèce d'harmonie que j'ai introduite, qui est l'harmonie préétablie. Car chacune de ces âmes exprimant à sa manière ce qui se passe au dehors et ne pouvant avoir aucune influence sur les autres êtres particuliers, ou plutôt, devant tirer cette expression du propre fond de sa nature, il faut nécessairement que chacun ait reçu cette nature (ou cette raison interne des expressions de ce qui est au dehors) d'une cause universelle, dont ces êtres dépendent tous, et qui fasse que l'un soit parfaitement d'accord et correspondant avec l'autre ; ce qui ne se peut sans une connaissance et puissance infinies, et par un artifice grand par rapport surtout au consentement spontané de la machine avec les actions de l'âme raisonnable, qu'un illustre auteur, qui fit des objections à l'encontre dans son merveilleux dictionnaire (1), douta quasi s'il ne passait pas toute la sagesse possible, en disant que celle de Dieu ne lui paraissait point trop grande pour un tel effet, et reconnut au moins qu'on n'avait jamais donné un si grand relief aux faibles conceptions que nous pouvons avoir de la perfection divine.

§ 12. Ph. Que vous me réjouissez par cet accord de vos pensées avec celles de mon auteur ! J'espère que vous ne serez point fâché, Monsieur, que je vous rapporte encore le reste de son raisonnement sur cet article. Premièrement, il examine si l'être pensant, dont tous les autres êtres intelligents dépendent (et par plus forte raison tous les autres êtres) est matériel ou non ? § 13. Il s'objecte qu'un être pensant pourrait être matériel. Mais il répond que, quand cela serait, c'est assez que ce soit un être éternel, qui ait une science et une puissance infinie. De plus, si la pensée et la matière peuvent être séparées, l'existence éternelle de la matière ne sera pas une suite de l'existence éternelle d'un être pensant. § 14. On demandera encore à ceux qui font Dieu matériel, s'ils croient que chaque partie de la matière pense. En ce cas, il s'ensuivra qu'il y aurait autant de dieux que de particules de la matière. Mais, si chaque partie de la matière ne pense point, voilà encore un être pensant composé de

---

(1) Bayle, art. *Rorarius*.

parties non pensantes, qu'on a déjà réfuté. § 15. Que si quelque atome de matière pense seulement et que les autres parties, quoique également éternelles, ne pensent point, c'est dire gratis qu'une partie de la matière est infiniment au-dessus de l'autre et produit les êtres pensants non éternels. § 16. Que si l'on veut que l'être pensant éternel et matériel est un certain amas particulier de matière, dont les parties sont non pensantes, nous retombons dans ce qui a été réfuté : car les parties de matière ont beau être jointes, elles n'en peuvent acquérir qu'une nouvelle relation locale, qui ne saurait leur communiquer la connaissance. § 17. Il n'importe si cet amas est en repos ou en mouvement. S'il est en repos, ce n'est qu'une masse sans action, qui n'a point de privilège sur un atome ; s'il est en mouvement, ce mouvement, qui le distingue d'autres parties, devant produire la pensée, toutes ces pensées seront accidentelles et limitées, chaque partie à part étant sans pensées et n'ayant rien qui règle ses mouvements. Ainsi il n'y aura ni liberté, ni choix, ni sagesse, non plus que dans la simple matière brute. § 18. Quelques-uns croiront que la matière est au moins coéternelle avec Dieu. Mais ils ne disent point pourquoi : la production d'un être pensant, qu'ils admettent, est bien plus difficile que celle de la matière qui est moins parfaite. Et peut-être (dit l'auteur), si nous voulions nous éloigner un peu des idées communes, donner l'essor à notre esprit et nous engager dans l'examen le plus profond que nous pourrions faire de la nature des choses, « nous pourrions en venir jusqu'à « concevoir, quoique d'une manière imparfaite, comment la ma-« tière peut d'abord avoir été faite, et comment elle a commencé « d'exister par le pouvoir de ce premier être éternel. » Mais on verrait en même temps que de donner l'être à un esprit, c'est un effet de cette puissance éternelle et infinie, beaucoup plus malaisé à comprendre. Mais parce que cela m'écarterait peut-être trop (ajoute-t-il) « des notions, sur lesquelles la philosophie est présentement « fondée dans le monde », je ne serais pas excusable de m'en éloigner si fort, ou de rechercher, autant que la grammaire le pourrait permettre, si dans le fond l'opinion communément établie est contraire à ce sentiment particulier ; j'aurais tort, dis-je, de m'engager dans cette discussion, surtout dans cet endroit de la terre, où la doctrine reçue est assez bonne pour mon dessein, puisqu'elle pose comme une chose indubitable que, si l'on admet une fois la création ou le commencement de quelque substance que ce soit, tirée du néant, on peut supposer avec la même facilité la création de toute autre substance, excepté le créateur lui-même.

TH. Vous m'avez fait un vrai plaisir, Monsieur, de me rapporter quelque chose d'une pensée profonde de votre habile auteur, que sa prudence trop scrupuleuse a empêché de produire tout entière. Ce serait grand dommage s'il la supprimait et nous laissait là, après nous avoir fait venir l'eau à la bouche. Je vous assure, Monsieur, que je crois qu'il y a quelque chose de beau et d'important caché sous cette manière d'énigme (1). La substance en grosses lettres pourrait faire soupçonner qu'il conçoit la production de la matière comme celle des accidents, qu'on ne fait point de difficulté de tirer du néant : et distinguant sa pensée singulière « de la phi-« losophie, qui est présentement fondée dans le monde, ou dans « cet endroit de la terre », je ne sais s'il n'a pas eu en vue les platoniciens, qui prenaient la matière pour quelque chose de fuyant et de passager, à la manière des accidents, et avaient toute une autre idée des esprits et des âmes.

§ 19. PH. Enfin, si quelques-uns nient la création, par laquelle les choses sont faites de rien, parce qu'ils ne la sauraient concevoir, notre auteur, écrivant avant qu'il ait su votre découverte sur la raison de l'union de l'âme et du corps, leur objecte qu'ils ne comprennent pas comment les mouvements volontaires sont produits dans les corps par la volonté de l'âme et ne laissent pas de le croire, convaincus par l'expérience ; et il réplique avec raison à ceux qui répondent que l'âme ne pouvait produire un nouveau mouvement, produit seulement une nouvelle détermination des esprits animaux, il leur réplique, dis-je, que l'un est aussi inconcevable que l'autre. Et rien ne peut être mieux dit que ce qu'il ajoute à cette occasion, que vouloir borner ce que Dieu peut faire, à ce que nous pouvons comprendre, c'est donner une étendue infinie à notre compréhension, ou faire Dieu lui-même fini.

TH. Quoique maintenant la difficulté sur l'union de l'âme et du corps soit levée, à mon avis, il en reste ailleurs. J'ai montré à posteriori par l'harmonie préétablie que toutes les monades ont reçu leur origine de Dieu et en dépendent. Cependant on n'en saurait

---

(1) M. Coste l'a expliqué, d'après le chevalier Newton, dans la remarque II au § 18 de ce chapitre. Édition de Locke d'Amsterdam de 1755, p. 523. (*Note de Raspe, dans son édition des Nouveaux Essais de* 1764.)

comprendre le comment en détail ; et dans le fond leur conservation n'est autre chose qu'une création continuelle, comme les scolastiques l'ont fort bien reconnu.

CHAP. XI. — DE LA CONNAISSANCE QUE NOUS AVONS DE L'EXISTNCE DES AUTRES CHOSES

§ 1. PH. Comme donc la seule existence de Dieu a une liaison nécessaire avec la nôtre, nos idées que nous pouvons avoir de quelque chose ne prouvent pas plus l'existence de cette chose que le portrait d'un homme ne prouve son existence dans le monde. § 2. La certitude cependant que j'ai du blanc et du noir sur ce papier par la voie de la sensation, est aussi grande que celle du mouvement de mes mains, qui ne cède qu'à la connaissance de notre existence et à celle de Dieu. Cette certitude mérite le nom de connaissance. Car je ne crois pas que personne puisse être sérieusement si sceptique que d'être incertain de l'existence des choses qu'il voit et qu'il sent. Du moins, celui qui peut porter ses doutes si avant n'aura jamais aucun différend avec moi, puisqu'il ne pourra jamais être assuré que je dise quoi que ce soit contre son sentiment. Les perceptions des choses sensibles, § 4, sont produites par des causes extérieures qui affectent nos sens, car nous n'acquérons point ces perceptions sans les organes ; et, si les organes suffisaient, ils les produiraient toujours. § 5. De plus, j'éprouve quelquefois que je ne saurais empêcher qu'elles ne soient produites dans mon esprit, comme, par exemple, la lumière, quand j'ai les yeux ouverts dans un lieu où le jour peut entrer ; au lieu que je puis quitter les idées qui sont dans ma mémoire. Il faut donc qu'il y ait quelque cause extérieure de cette impression vive, dont je ne puis surmonter l'efficace. § 6. Quelques-unes de ces perceptions sont produites en nous avec douleur, quoique ensuite nous nous en souvenions sans ressentir la moindre incommodité. Bien qu'aussi les démonstrations mathématiques ne dépendent point des sens, cependant l'examen qu'on en fait le moyen des figures, sert beaucoup à prouver l'évidence de notre vue et semble lui donner une certitude qui approche de celle de la démonstration même. § 7. Nos sens aussi en plusieurs cas se rendent témoignage l'un à l'autre. Celui qui voit le feu, peut le sentir s'il en doute. Et en écrivant ceci, je vois que je puis changer les apparences du papier et dire par avance quelle nouvelle idée il va présenter à l'esprit : mais, quand ces caractères sont tracés, je ne puis éviter de les voir, tels qu'ils sont, outre que la vue de ces caractères fera prononcer à un autre homme les mêmes sons. § 8. Si quelqu'un croit que tout cela n'est qu'un long songe, il pourra songer, s'il lui plaît, que je lui fais cette réponse, que notre certitude fondée sur le témoignage des sens est aussi parfaite que notre nature le permet et que notre condition le demande. Qui voit brûler une chandelle et éprouve la chaleur de la flamme qui lui fait du mal s'il ne retire le doigt, ne demandera pas une plus grande certitude pour régler son action, et si ce songeur ne le faisait, il se trouverait éveillé. Une telle assurance nous suffit donc, qui est aussi certaine que le plaisir ou la douleur, deux choses au delà desquelles nous n'avons aucun intérêt dans la connaissance ou existence des choses. § 9. Mais, au delà de notre sensation actuelle, il n'y a point de connaissance; et ce n'est que vraisemblance, comme lorsque je crois qu'il y a des hommes dans le monde; en quoi il y a une extrême probabilité, quoique maintenant, seul dans mon cabinet, je n'en voie aucun. § 10. Aussi serait-ce une folie d'attendre une démonstration sur chaque chose et de ne point agir suivant les vérités claires et évidentes, quand elles ne sont point démontrables. Et un homme qui voudrait en user ainsi ne pourrait s'assurer d'autre chose que de périr en fort peu de temps.

TH. J'ai déjà remarqué dans nos conférences précédentes que la vérité des choses sensibles se justifie par leur liaison, qui dépend des vérités intellectuelles, fondées en raison, et des observations constantes dans les choses sensibles mêmes, lors même que les raisons ne paraissent pas. Et, comme ces raisons et observations nous donnent moyen de juger l'avenir par rapport à notre intérêt et que le succès répond à notre jugement raisonnable, on ne saurait demander ni avoir même une plus grande certitude sur ces objets. Aussi peut-on rendre raison des songes mêmes et de leur peu de liaison avec d'autres phénomènes. Cependant je crois qu'on pourrait étendre l'appellation de la connaissance et de la certitude au delà des sensations actuelles, puisque la clarté et l'évidence vont au delà, que je considère comme une espèce de la certitude : et ce serait sans doute une folie de douter sérieusement s'il y a des hommes au monde, lorsque nous n'en voyons point. Douter sérieusement est douter par rapport à la pratique, et l'on pourrait prendre la certitude pour une connaissance de la vérité avec laquelle on n'en peut point douter par rapport à la pratique sans folie ; et quelquefois on la prend encore plus généralement et on l'applique aux cas où l'on ne saurait douter sans mériter d'être fort blâmé. Mais l'évidence serait une certitude lumineuse, c'est-à-dire où l'on ne doute point à cause de la liaison qu'on voit entre les idées. Suivant cette définition de la certitude, nous sommes certains que Constantinople est dans le monde, que Constantin et Alexandre le Grand et que Jules César ont vécu. Il est vrai que quelque paysan des Ardennes en pourrait douter avec justice, faute d'information ; mais un homme de lettres et du monde ne le pourrait faire sans un grand déréglement d'esprit.

§ 11. Ph. Nous sommes assurés véritablement par notre mémoire de beaucoup de choses qui sont passées, mais nous ne pourrons pas bien juger si elles subsistent encore. Je vis hier de l'eau et un certain nombre de belles couleurs sur des bouteilles, qui se formèrent sur cette eau. Maintenant je suis certain que ces bouteilles ont existé aussi bien que cette eau, mais je ne connais pas plus certainement l'existence présente de l'eau que celle des bouteilles, quoique la première soit infiniment plus probable, parce qu'on a observé que l'eau est durable et que les bouteilles disparaissent. § 12. Enfin hors de nous et de Dieu nous ne connaissons d'autres esprits que par la révélation et n'en avons que la certitude de la foi.

Th. Il a été remarqué déjà que notre mémoire nous trompe quelquefois. Et nous y ajoutons foi ou non, selon qu'elle est plus ou moins vive, et plus ou moins liée avec les choses que nous savons. Et quand même nous sommes assurés du principal, nous pouvons souvent douter des circonstances. Je me souviens d'avoir connu un certain homme, car je sens que son image ne m'est point nouvelle, non plus que sa voix ; et ce double indice m'est un meilleur garant que l'un des deux, mais je ne saurais me souvenir où je l'ai vu. Cependant il arrive, quoique rarement, qu'on voit une personne en songe, avant de la voir en chair et en os. Et on m'a assuré qu'une demoiselle d'une cour connue vit en songeant et dépeignit à ses amies celui qu'elle épousa depuis, et la salle où les fiançailles se célébrèrent ; ce qu'elle fit avant d'avoir vu et connu ni l'homme ni le lieu. On l'attribuait à je ne sais quel pressentiment secret ; mais le hasard peut produire cet effet, puisqu'il est assez rare que cela arrive ; outre que, les images des songes étant un peu obscures, on a plus de liberté de les rapporter par après quelques autres.

§ 13. Ph. Concluons qu'il y a deux sortes de propositions, les unes particulières et sur l'existence, comme par exemple qu'un éléphant existe ; les autres générales sur la dépendance des idées, comme par exemple, que les hommes doivent obéir à Dieu. § 14. La plupart de ces propositions générales et certaines portent le nom de vérités éternelles, et en effet elles le sont toutes. Ce n'est pas que ce soient des propositions, formées actuellement quelque part de toute éternité, ou qu'elles soient gravées dans l'esprit d'après quelque modèle qui existât toujours, mais c'est parce que nous sommes assurés que lorsqu'une créature, enrichie de facultés et de moyens pour cela, appliquera ses pensées à la considération de ses idées, elle trouvera la vérité de ces propositions.

Th. Votre division paraît revenir à la mienne des propositions de fait, et des propositions de raison. Les propositions de fait aussi peuvent devenir générales en quelque façon, mais c'est par l'induction ou observation ; de sorte que ce n'est qu'une multitude de faits semblables, comme lorsqu'on observe que tout vif-argent s'évapore par la force du feu, et ce n'est pas une généralité parfaite, parce qu'on n'en voit point la nécessité. Les propositions générales de raison sont nécessaires, quoique la raison en fournisse aussi, qui ne sont pas absolument générales, et ne sont que vraisemblables, comme, par exemple, lorsque nous présumons qu'une idée est possible, jusqu'à ce que le contraire se découvre par une plus exacte recherche. Il y a enfin des propositions mixtes, qui sont tirées de prémisses, dont quelques-unes viennent des faits et des observations, et d'autres sont des propositions nécessaires : et telles sont quantité de conclusions géographiques et astronomiques sur le globe de la terre, et sur le cours des astres qui naissent par la combinaison des observations des voyageurs et des astronomes avec les théorèmes de géométrie et d'arithmétique. Mais comme, selon l'usage des logiciens, la conclusion suit la plus faible des prémisses, et ne saurait avoir plus de certitude qu'elle, ces propositions mixtes n'ont que la certitude et la généralité qui appartient à des observations. Pour ce qui est des vérités éternelles, il faut observer, que dans le fond elles sont toutes conditionnelles et disent en effet : telle chose posée, telle autre chose est. Par exemple, disant : toute figure qui a trois côtés, aura aussi trois angles, je ne dis autre chose sinon que, supposé qu'il y ait une figure à trois côtés, cette même figure aura trois angles. Je dis cette même, et c'est en quoi les propositions catégoriques, qui peuvent être énoncées sans condition, quoiqu'elles soient conditionnelles dans le fond, diffèrent de celles qu'on appelle hypothétiques, comme serait cette proposition : si une figure a trois côtés, ses angles sont égaux à deux droits, où l'on voit que la proposition antécédente (savoir, la figure de trois côtés) et la conséquente (savoir, les angles de la figure de trois côtés sont égaux à deux droits), n'ont pas le même sujet, comme elles l'avaient dans le cas précédent, où l'antécédent était, cette figure est de trois côtés, et le conséquent, ladite figure est de trois angles ; quoique encore l'hypothétique souvent puisse être transformée en catégorique, mais en changeant un peu les termes, comme si au lieu de l'hypothétique précédente, je disais : les angles de toute figure à trois côtés sont égaux à deux droits. Les scolastiques ont fort disputé *de constantia subjecti*, comme ils l'appelaient, c'est-à-dire comment la proposition faite sur un sujet peut avoir une vérité réelle, si ce sujet n'existe point. C'est que la vérité n'est que conditionnelle et dit qu'en cas que le sujet existe jamais, on le trouvera tel. Mais on demandera encore : en quoi est fondée cette connexion, puisqu'il y a de la réalité là-dedans qui ne trompe pas? La réponse sera qu'elle est dans la liaison des idées. Mais on demandera en répliquant : où seraient ces idées, si aucun esprit n'existait, et que deviendrait alors le fondement réel de cette certitude des vérités éternelles? Cela nous mène enfin au dernier fondement des vérités, savoir à cet esprit suprême et universel, qui ne peut manquer d'exister, dont l'entendement, à dire vrai, est la région des vérités éternelles, comme saint Augustin (1) l'a reconnu, et l'exprime d'une manière assez vive. Et, afin qu'on ne pense pas qu'il n'est point nécessaire d'y recourir, il faut considérer que ces vérités nécessaires contiennent la raison déterminante et le principe régulatif des existences mêmes et, en un mot, les lois de l'univers. Ainsi ces vérités nécessaires étant antérieures aux existences des êtres contingents, il faut bien qu'elles soient fondées dans l'existence d'une

---

(1) SAINT AUGUSTIN, illustre père de l'Église latine, né à Tagaste en Afrique en 354. Tout le monde connaît l'histoire de sa conversion, racontée par lui dans ses *Confessions*; évêque d'Hippone en 395. Il combattit énergiquement les Manichéens, les Donatistes et les Pélagiens. Son nom est resté attaché à la doctrine de la grâce. Ses œuvres complètes ont été publiées par les Bénédictins en 1677-1700.

substance nécessaire. C'est là où je trouve l'original des idées et des vérités qui sont gravées dans nos âmes, non pas en forme de propositions, mais comme des sources dont l'application et les occasions feront naître des énonciations actuelles.

CHAP. XII. — Des moyens d'augmenter nos connaissances.

§ 1. PH. Nous avons parlé des espèces de connaissance que nous avons. Maintenant venons aux moyens d'augmenter la connaissance ou de trouver la vérité. C'est une opinion reçue parmi les savants, que les maximes sont les fondements de toute connaissance, et que chaque science en particulier est fondée sur certaines choses déjà connues (*præcognita*). § 2. J'avoue que les mathématiques semblent favoriser cette méthode par leur bon succès, et vous avez assez appuyé là-dessus. Mais on doute encore si ce ne sont pas plutôt les idées qui y ont servi par leur liaison, bien plus que deux ou trois maximes générales qu'on a posées au commencement. Un jeune garçon connaît que son corps est plus grand que son petit doigt, mais non pas en vertu de cet axiome, que le tout est plus grand que sa partie. La connaissance a commencé par les propositions particulières ; mais depuis on a voulu décharger la mémoire, par le moyen des notions générales, d'un tas embarrassant d'idées particulières. Si le langage était si imparfait qu'il n'y eût point les termes relatifs, tout et partie, ne pourrait-on point connaître que le corps est plus grand que le doigt ? Au moins je vous présente les raisons de mon auteur, quoique je croie entrevoir ce que vous y pourrez dire en conformité de ce que vous avez déjà dit.

TH. Je ne sais pourquoi l'on en veut tant aux maximes pour les attaquer encore de nouveau ; si elles servent à décharger la mémoire de quantités d'idées particulières, comme on le reconnaît, elles doivent être fort utiles, quand elles n'auraient point d'autre usage. Mais j'ajoute qu'elles n'en naissent point, car on ne les trouve point par l'induction des exemples. Celui qui connaît que dix est plus que neuf, que le corps est plus grand que le doigt, et que la maison est trop grande pour pouvoir s'enfuir par la porte, connaît chacune de ces propositions particulières, par une même raison générale, qui y est comme incorporée et enluminée, tout comme l'on voit des traits chargés de couleurs, où la proposition et la configuration consistent proprement dans les traits, quelle que soit la couleur. Or cette raison commune est l'axiome même, qui est connu pour ainsi dire implicitement, quoiqu'il ne le soit pas d'abord d'une manière abstraite et séparée. Les exemples tirent leur vérité de l'axiome incorporé, et l'axiome n'a pas le fondement dans les exemples. Et comme cette raison commune de ces vérités particulières est dans l'esprit de tous les hommes, vous voyez bien qu'elle n'a point besoin que les mots « tout et partie » se trouvent dans le langage de celui qui en est pénétré.

§ 4. PH. Mais n'est-t-il pas dangereux d'autoriser les suppositions, sous prétexte d'axiomes? L'un supposera avec quelques anciens, que tout est matière, l'autre avec Polémon (1) que le monde est Dieu ; un troisième, mettra en fait que le soleil est la principale divinité. Jugez quelle religion nous aurions, si cela était permis. Tant il est vrai qu'il est dangereux de recevoir des principes sans les mettre en question, surtout s'ils intéressent la morale ; car quelqu'un attendra une autre vie semblable plutôt à celle d'Aristippe (2) qui mettait la béatitude dans les plaisirs du corps qu'à celle d'Antisthène (3) qui soutenait que la vertu suffit pour rendre heureux. Et Archélaus (4) qui posera pour principe que le juste et l'injuste, l'honnête et le déshonnête sont uniquement déterminés par les lois et non par la nature, aura sans doute d'autres mesures du bien et du mal moral que ceux qui reconnaissent des obligations antérieures aux constitutions humaines. § 5. Il faut donc que les principes soient certains. § 6. Mais cette certitude ne vient que de la comparaison des idées ; ainsi nous n'avons point besoin d'autres principes, et suivant cette seule règle nous irons plus loin qu'en soumettant notre esprit à la discrétion d'autrui.

TH. Je m'étonne, Monsieur, que vous tourniez contre les maximes, c'est-à-dire contre les principes évidents, ce qu'on peut et doit dire

---

(1) POLÉMON, successeur de Xénocrate, dans la direction de l'Académie (394-314). — Son opinion que le monde est Dieu est fondée sur le témoignage de Stobée (*Eclogue physiol.*, liv. I, ch. II.) P. J.
(2) ARISTIPPE, né à Cyrène, florissait vers l'an 380 avant J.-C. Il fut disciple de Socrate. P. J.
(3) ANTISTHÈNE, fondateur de l'école cynique, né à Athènes vers 422 avant J.-C., mort vers 365. Il avait écrit un grand nombre d'ouvrages, dont D. Laerce nous donne les titres, et dont il ne nous reste que des fragments. P. J.
(4) ARCHÉLAUS. philosophe ionien, maître de Socrate (D. Laert, II, 16.) P. J.

contre les principes supposés *gratis*. Quand on demande des *præcognita* dans les sciences, ou des connaissances antérieures, qui servent à fonder la science, on demande des principes connus, et non pas des positions arbitraires dont la vérité n'est point connue ; et même Aristote l'entend ainsi, que les sciences inférieures et subalternes empruntent leurs principes d'autres sciences supérieures où ils ont été démontrés, excepté la première des sciences que nous appelons la métaphysique, qui selon lui ne demande rien aux autres et leur fournit les principes dont elles ont besoin ; et quand il dit : δεῖ πιστεύειν τὸν μανθάνοντα, l'apprenti doit croire son maître, son sentiment est qu'il ne le doit faire qu'en attendant, lorsqu'il n'est pas encore instruit dans les sciences supérieures, de sorte que ce n'est que par provision. Ainsi l'on est bien éloigné de recevoir des principes gratuits. A quoi il faut ajouter que même des principes dont la certitude n'est pas entière peuvent avoir leur usage, si l'on ne bâtit là-dessus que par démonstration, car, quoique toutes les conclusions en ce cas ne soient que conditionnelles et vaillent seulement en supposant que ce principe est vrai, néanmoins cette liaison même et ces énonciations conditionnelles seraient au moins démontrées ; de sorte qu'il serait fort à souhaiter que nous eussions beaucoup de livres écrits de cette manière, où il n'y aurait aucun danger d'erreur, le lecteur ou disciple étant averti de la condition. Et on ne réglera point la pratique sur ces conclusions, qu'à mesure que la supposition se trouvera vérifiée ailleurs. Cette méthode sert encore elle-même bien souvent à vérifier les suppositions ou hypothèses, quand il en naît beaucoup de conclusions, dont la vérité est connue d'ailleurs, et quelquefois cela donne un parfait retour suffisant à démontrer la vérité de l'hypothèse. M. Conring (1), médecin de profession, mais habile homme en toute sorte d'érudition, excepté peut-être les mathématiques, avait écrit une lettre à un ami, occupé à faire réimprimer à Helmstædt le livre de Viottus (2), philosophe péripatéticien estimé, qui tâche d'expliquer la démonstration et les analytiques postérieures d'Aristote. Cette lettre fut jointe au livre, et M. Conring y reprenait Pappus (3), lorsqu'il dit : que l'analyse propose de trouver l'in-

---

(1) CONRING, médecin, publiciste et polygraphe célèbre du xviie siècle, né à Norden en Frise (1606), mort à Helmstadt en Suède en 1681. Il a publié un nombre considérable d'ouvrages de médecine et de politique.   P. J.

(2) VIOTTI (Bartholomeo), philosophe et physicien, professeur à l'Université de Turin, mort en 1568.   P J.

(3) PAPPUS, philosophe et mathématicien d'Alexandrie, vivait sous le règne de

connu en le supposant, et en parvenant de là par conséquence à des vérités connues ; ce qui est contre la logique (disait-il), qui enseigne que des faussetés on ne veut conclure des vérités. Mais je lui fis connaître par après que l'analyse se sert des définitions et autres propositions réciproques, qui donnent moyen de faire le retour et de trouver des démonstrations synthétiques. Et même lorsque ce retour n'est point démonstratif, comme dans la physique, il ne laisse pas quelquefois d'être d'une grande vraisemblance, lorsque l'hypothèse explique facilement beaucoup de phénomènes, difficiles sans cela et fort indépendants les uns des autres. Je tiens à la vérité, Monsieur, que le principe des principes est en quelque façon le bon usage des idées et des expériences ; mais en l'approfondissant on trouvera qu'à l'égard des idées, ce n'est autre chose que de lier les définitions par le moyen des axiomes identiques. Cependant ce n'est pas toujours une chose aisée de venir à cette dernière analyse, et quelque envie que les géomètres, au moins les anciens, aient témoignée d'en venir à bout, ils ne l'ont pas encore pu faire. Le célèbre auteur de l'Essai concernant l'entendement humain leur ferait bien du plaisir s'il achevait cette recherche, un peu plus difficile qu'on ne pense. Euclide, par exemple, a mis parmi les axiomes ce qui revient à dire : que deux lignes droites ne se peuvent rencontrer qu'une seule fois. L'imagination, prise de l'expérience des sens, ne nous permet pas de nous figurer plus d'une rencontre de deux droites ; mais ce n'est pas sur quoi la science doit être fondée. Et, si quelqu'un croit que cette imagination donne la liaison des idées distinctes, il n'est pas assez instruit de la source des vérités, et quantité de propositions, démontrables par d'autres antérieures, passeraient chez lui pour immédiates. C'est ce que bien des gens qui ont repris Euclide n'ont pas assez considéré. Ces sortes d'images ne sont qu'idées confuses, et celui qui ne connaît la ligne droite que par ce moyen, ne sera pas capable d'en rien démontrer. C'est pourquoi Euclide, faute d'une idée distinctement exprimée, c'est-à-dire d'une définition de la ligne droite (car celle qu'il donne en attendant est obscure, et ne lui sert point dans les démonstrations), a été obligé de revenir à deux axiomes, qui lui ont tenu lieu de définition et qu'il emploie dans ses démonstrations : l'un que deux droites n'ont

---

Théodose le Grand, vers 380. On a de lui des *Collectiones mathematicæ*, en huit livres (moins les deux premiers) (Pesaro, 1508, in-fol.), et plusieurs ouvrages de mathématiques. P. J.

point de partie commune, l'autre, qu'elles ne comprennent point d'espace. Archimède a donné une manière de définition de la droite en disant que c'est la plus courte ligne entre deux points. Mais il suppose tacitement en employant dans ses définitions des éléments tels que ceux d'Euclide, fondés sur les deux axiomes dont je viens de faire mention, que les affections, dont parlent ces axiomes, conviennent à la ligne qu'il définit. Ainsi, si vous croyez avec vos amis, sous prétexte de la convenance et disconvenance des idées, qu'il était permis et l'est encore de recevoir en Géométrie ce que les images nous disent, sans chercher cette rigueur de démonstration par les définitions et les axiomes que les anciens ont exigée dans cette science (comme je crois, bien des gens jugeront faute d'information), je vous avouerai, Monsieur, qu'on peut s'en contenter pour ceux qui ne se mettent en peine que de la géométrie pratique telle quelle, mais non pas pour ceux qui veulent avoir la science qui elle-même a perfectionné la pratique. Et, si les anciens avaient été de cet avis et s'étaient relâchés sur ce point, je crois qu'ils ne seraient allés guère avant et ne nous auraient laissé qu'une géométrie empirique telle qu'était apparemment celle des Égyptiens, et telle qu'il semble que celle des Chinois est encore : ce qui nous aurait privés des plus belles connaissances physiques et mécaniques que la géométrie nous a fait trouver et qui sont inconnues partout où l'est notre géométrie. Il y a aussi de l'apparence qu'en suivant les sens et leurs images, on serait tombé dans des erreurs ; à peu près comme l'on voit que tous ceux qui ne sont point instruits dans la géométrie exacte reçoivent pour une vérité indubitable, sur la foi de leur imagination, que deux lignes qui s'approchent continuellement doivent se rencontrer enfin, au lieu que les géomètres donnent des instances contraires dans certaines lignes, qu'ils appellent asymptotes. Mais, outre cela, nous serions privés de ce que j'estime le plus dans la géométrie par rapport à la contemplation, qui est de laisser entrevoir la vraie source des vérités éternelles et du moyen de nous en faire comprendre la nécessité, que les idées confuses des sens ne sauraient faire voir distinctement. Vous me direz qu'Euclide a été obligé pourtant de se borner à certains axiomes, dont on ne voit l'évidence que confusément par le moyen des images. Je vous avoue qu'il s'est borné à ces axiomes, mais il valait mieux se borner à un petit nombre de vérités de cette nature qui lui paraissaient les plus simples, et en déduire les autres, qu'un autre moins exact aurait prises aussi pour certaines sans démonstration, que d'en laisser beaucoup d'indémontrées, et qui pis est, de laisser la liberté aux gens d'étendre leur relâchement suivant leur humeur. Vous voyez donc, Monsieur, que ce que vous avez dit avec vos amis sur la liaison des idées comme la vraie source des vérités a besoin d'explication. Si vous voulez vous contenter de voir confusément cette liaison, vous affaiblissez l'exactitude des démonstrations, et Euclide a mieux fait sans comparaison de tout réduire aux définitions et à un petit nombre d'axiomes. Que si vous voulez que cette liaison des idées se voie et s'exprime distinctement, vous serez obligé de recourir aux définitions et aux axiomes identiques, comme je le demande ; et quelquefois vous serez obligé de vous contenter de quelques axiomes moins primitifs, comme Euclide et Archimède ont fait, lorsque vous aurez de la peine à parvenir à une parfaite analyse; et vous ferez mieux en cela que de négliger ou différer quelques belles découvertes, que vous pouvez déjà trouver par leur moyen : comme, en effet, je vous ai déjà dit une autre fois, Monsieur, que je crois que nous n'aurions point de géométrie (j'entends une science démonstrative) si les anciens n'avaient point voulu avancer, avant que d'avoir démontré les axiomes qu'ils ont été obligés d'employer.

§ 7. Ph. Je commence à entendre ce que c'est qu'une liaison des idées distinctement connue, et je vois bien qu'en cette façon les axiomes sont nécessaires. Je vois bien aussi comment il faut que la méthode que nous suivons dans nos recherches quand il s'agit d'examiner les idées soit réglée sur l'exemple des mathématiciens, qui depuis certains commencements fort clairs et fort faciles (qui ne sont autre chose que les axiomes et les définitions) montent, par de petits degrés et par une enchaînure continuelle de raisonnements, à la découverte et à la démonstration des vérités qui paraissent d'abord au-dessus de la capacité humaine. L'art de trouver des preuves et ces méthodes admirables qu'ils ont inventées pour démêler et mettre en ordre les idées moyennes est ce qui a produit des découvertes si étonnantes et si inespérées. Mais de savoir si avec le temps on ne pourra point inventer quelque semblable méthode qui serve aux autres idées, aussi bien qu'à celles qui appartiennent à la grandeur, c'est ce que je ne veux point déterminer. Du moins, si d'autres idées étaient examinées selon la méthode ordinaire aux mathématiciens, elles conduiraient nos pensées plus loin que nous ne sommes peut-être portés à nous le figurer, § 8, et cela se pourrait faire particulièrement dans la morale, comme j'ai dit plus d'une fois.

Th. Je crois que vous avez raison, Monsieur, et je suis disposé depuis longtemps à me mettre en devoir d'accomplir vos prédictions.

§ 9. Ph. A l'égard de la connaissance des corps, il faut prendre une route directement contraire ; car, n'ayant aucunes idées de leurs essences réelles, nous sommes obligés de recourir à l'expérience. § 10. Cependant je ne nie pas qu'un homme accoutumé à faire des expériences raisonnables et régulières ne soit capable de former des conjectures plus justes qu'un autre sur leurs propriétés encore inconnues. Mais c'est jugement et opinion et non connaissance et certitude. Cela me fait croire que la physique n'est pas capable de devenir science entre nos mains. Cependant les expériences et les observations historiques peuvent nous servir par rapport à la santé de nos corps et aux commodités de la vie.

Th. Je demeure d'accord que la physique entière ne sera jamais une science parfaite parmi nous, mais nous ne laisserons pas de pouvoir avoir quelque science physique et même nous en avons déjà des échantillons. Par exemple, la magnétologie peut passer pour une telle science, car, faisant peu de suppositions fondées dans l'expérience, nous en pouvons démontrer par une conséquence certaine quantité de phénomènes, qui arrivent effectivement comme nous voyons que la raison le porte. Nous ne devons pas espérer de rendre raison de toutes les expériences, comme même les géomètres n'ont pas encore prouvé tous leurs axiomes ; mais de même qu'ils se sont contentés de déduire un grand nombre de théorèmes d'un petit nombre de principes de la raison, c'est assez aussi que les physiciens par le moyen de quelques principes d'expérience rendent raison de quantité de phénomènes et peuvent même les prévoir dans la pratique.

§ 11. Ph. Puis donc que nos facultés ne sont pas disposées à nous faire discerner la fabrique intérieure des corps, nous devons juger que c'est assez qu'elles nous découvrent l'existence de Dieu et une assez grande connaissance de nous-mêmes pour nous instruire de nos devoirs et de nos plus grands intérêts par rapport surtout à l'éternité. Et je crois être en droit d'inférer de là que « la morale est « la propre science et la grande affaire des hommes en général, « comme d'autre part les différents arts, qui regardent différentes « parties de la nature, sont le partage des particuliers ». On peut dire, par exemple, que l'ignorance de l'usage du fer est cause que dans les pays de l'Amérique, où la nature a répandu abondamment toutes sortes de biens, il manque la plus grande partie des commodités de la vie. Ainsi, bien loin de mépriser la science de la nature, § 12, je tiens que si cette étude est dirigée comme il faut, elle peut être d'une plus grande utilité au genre humain que tout ce qu'on a fait jusqu'ici ; et celui qui inventa l'imprimerie, qui découvrit l'usage de la boussole et qui fit connaître la vertu du quinquina, a plus contribué à la propagation de la connaissance et à l'avancement des commodités utiles à la vie, et a sauvé plus de gens du tombeau que les fondateurs des collèges et des hôpitaux et d'autres monuments de la plus insigne charité, qui ont été élevés à grands frais.

Th. Vous ne pouviez rien dire, Monsieur, qui fût plus à mon gré. La vraie morale ou piété nous doit pousser à cultiver les arts, bien loin de favoriser la paresse de quelques quiétistes fainéants. Et comme je l'ai dit il n'y a pas longtemps, une meilleure police serait capable de nous amener un jour une médecine beaucoup meilleure que celle d'à présent. C'est ce qu'on ne saurait assez prêcher, après le soin de la vertu.

§ 13. Ph. Quoique je recommande l'expérience, je ne méprise point les hypothèses probables. Elles peuvent mener à de nouvelles découvertes et sont du moins d'un grand secours à la mémoire. Mais notre esprit est fort porté à aller trop vite et à se payer de quelques apparences légères, faute de prendre la peine et le temps qu'il faut pour les appliquer à quantité de phénomènes.

Th. L'art de découvrir les causes des phénomènes, ou les hypothèses véritables, est comme l'art de déchiffrer, où souvent une conjecture ingénieuse abrège beaucoup de chemin. Le lord Bacon (1) a commencé à mettre l'art d'expérimenter en préceptes, et le chevalier Boyle a eu un grand talent pour le pratiquer. Mais si l'on n'y joint point l'art d'employer les expériences et d'en tirer des consé-

---

(1) Bacon (François), célèbre philosophe anglais, né à Londres en 1560, mort dans la même ville en 1626. Il fut chancelier d'Angleterre, et accusé de péculat. Ses principaux ouvrages sont : l'*Instauratio magna*, dont la première partie est le *De Dignitate scientiarum*, 1623, et la seconde le *Novum Organum*, inachevé, 1620. — *Les Essais de morale et de politique*, en anglais. Ses œuvres complètes ont été publiées plusieurs fois, Londres, 1730, 4 vol. in-fol. ; 1765, 5 vol. in-4° ; 1825-1836, 12 vol. in-8° ; la plus complète de toutes. En France, M. Bouillet a donné une édition en 3 vol. in-8° des œuvres philosophiques de Bacon. Ant. Lassalle a publié de 1800 à 1803 les œuvres de Bacon traduites en français, 15 vol. in-8°.   P. J.

quences, on n'arrivera pas avec des dépenses royales à ce qu'un homme d'une grande pénétration pouvait découvrir d'abord. M. Descartes (1), qui l'était assurément, a fait une remarque semblable dans une de ses lettres à l'occasion de la méthode du chancelier d'Angleterre ; et Spinosa (2) (que je ne fais point de difficulté de citer, quand il dit de bonnes choses), dans une de ses lettres à feu M. Oldenbourg (3), secrétaire de la Société royale d'Angleterre, imprimées parmi les œuvres posthumes de ce juif subtil, fait une réflexion approchante sur un ouvrage de M. Boyle, qui s'arrête un peu trop, pour dire la vérité, à ne tirer d'une infinité de belles expériences d'autre conclusion que celle qu'il pouvait prendre pour principe, savoir que tout se fait mécaniquement dans la nature, principe qu'on peut rendre certain par la seule raison et jamais par les expériences, quelque nombre qu'on en fasse.

§ 14. Ph. Après avoir établi des idées claires et distinctes avec des noms fixes, le grand moyen d'étendre nos connaissances est l'art de trouver des idées moyennes, qui nous puissent faire voir la connexion ou l'incompatibilité des idées extrêmes. Les maximes au moins ne servent pas à les donner. Supposé qu'un homme n'ait point d'idée exacte d'un angle droit, il se tourmentera en vain à démontrer quelque chose du triangle rectangle, et quelques maximes qu'on emploie on aura de la peine à arriver par leurs secours à prouver que les

---

(1) Descartes. Nous avons négligé jusqu'ici de résumer la vie et les travaux de cet illustre philosophe, né à la Haye en Touraine en 1596, mort à Stockholm en 1650. Il passa en Hollande la plus grande partie de sa vie. Ses principaux ouvrages sont : *Le Discours de la Méthode*, Leyde, 1637 ; *Meditationes de primâ philosophiâ*, in-4°, Amsterdam, 1644, trad. en franç. par le duc de Luynes, Paris, 1647 ; *les Passions de l'âme*, in-8°, Amsterdam, 1649 ; *Principia philosophiæ*, in-4°, Amsterdam, 1644, trad. par Picot, Paris, 1647. — Il y a plusieurs éditions de ses œuvres complètes dont la plus ancienne est celle d'Amsterdam, 8 vol. in-4°, 1670-1683, et la plus complète celle de M. Cousin, 11 vol. in-8°, Paris, 1824-1826. Il se publie en ce moment (1897) une nouvelle édition des œuvres complètes de Descartes, par les soins de MM. Charles Adam et Paul Tanaary. P. J.

(2) Spinosa, illustre philosophe, né à Amsterdam en 1632, d'une famille de juifs portugais, mort en 1677. — Ses principaux ouvrages sont : *Renati Descartes principia*, Amsterd., 1663 ; *Tractatus theologico-politicus*, *Opera posthuma*, l'*Ethica*, le *Tractatus politicus*, le *De Emendatione intellectus*. On a trois éditions complètes de Spinosa : celle de Paulus, 2 grav. in-8°, Iéna, 1803, et celle de Gfrœrer (*Corpus philosophorum*), t. III, Stuttgart, 1830, et enfin celle de Vau Vloten et Land, La Haye, 1882. Il a paru récemment à Amsterdam (1862) un volume d'œuvres inédites, sous ce titre : *Ad opera Ben. de Spinosa supplementum*. Une traduction française de Spinosa a été donnée par Emm. Saisset. Paris, 3 vol. in-18, 1842. P. J.

(3) Oldenbourg, secrétaire de la Société royale de Londres, publia *Philosophical Transactions* de 1664 à 1677, mort en 1678, a traduit en anglais le *Prodromus de solidis* de Nic. Stenon. P. J.

carrés de ses côtés qui comprennent l'angle droit sont égaux au carré de l'hypoténuse. Un homme pourrait ruminer longtemps ces axiomes, sans voir jamais plus clair dans les mathématiques.

Th. Il ne sert de rien de ruminer les axiomes, sans avoir de quoi les appliquer. Les axiomes servent souvent à lier les idées, comme par exemple cette maxime, que les étendues semblables de la seconde et de la troisième dimension sont en raison doublée et triplée des étendues correspondantes de la dimension première, est d'un grandissime usage ; et la quadrature, par exemple, de la lunule d'Hippocrate en naît d'abord dans le cas des cercles, en y joignant l'application de ces deux figures l'une à l'autre, quand leur position donnée y fournit la commodité, comme leur comparaison connue en promet des lumières.

CHAP. XIII. — Autres considérations sur notre connaissance.

§ 1. Ph. Il sera peut-être encore à propos d'ajouter que notre connaissance a beaucoup de rapport avec la vue en ceci, aussi bien qu'en autres choses, qu'elle n'est ni entièrement nécessaire, ni entièrement volontaire. On ne peut manquer de voir quand on a les yeux ouverts à la lumière, mais on peut la tourner vers certains objets, § 2, et les considérer avec plus ou moins d'application. Ainsi, quand la faculté est une fois appliquée, il ne dépend pas de la volonté de déterminer la connaissance ; non plus qu'un homme ne peut s'empêcher de voir ce qu'il voit. Mais il faut employer ses facultés comme il faut pour s'instruire.

Th. Nous avons parlé autrefois de ce point et établi qu'il ne dépend pas de l'homme d'avoir un tel ou un tel sentiment dans l'état présent, mais il dépend de lui de se préparer pour l'avoir et pour ne le point avoir dans la suite, et qu'ainsi les opinions ne sont volontaires que d'une manière indirecte.

CHAP. XIV. — Du jugement.

§ 1. Ph. L'homme se trouverait indéterminé dans la plupart des actions de sa vie s'il n'avait rien à se conduire dès qu'une connaissance certaine lui manque. § 2. Il faut souvent se contenter d'un simple crépuscule de probabilité. § 3. Et la faculté de s'en servir est le jugement. On s'en contente souvent par nécessité, mais souvent c'est faute de diligence, de patience et d'adresse. § 4. On l'appelle assentiment ou dissentiment, et il a lieu lorsqu'on présume quelque chose, c'est-à-dire quand on la prend pour vraie avant la preuve. Quand cela se fait conformément à la réalité des choses, c'est un jugement droit.

Th. D'autres appellent juger l'action qu'on fait toutes les fois qu'on prononce après quelque connaissance de cause ; et il y en aura même qui distingueront le jugement de l'opinion, comme ne devant pas être si incertain. Mais je ne veux point faire le procès à personne sur l'usage des mots, et il vous est permis, Monsieur, de prendre le jugement pour un sentiment probable. Quant à la *présomption*, qui est un terme des jurisconsultes, le bon usage chez eux le distingue de la conjecture. C'est quelque chose de plus et qui doit passer pour vérité provisionnellement, jusqu'à ce qu'il y ait preuve du contraire, au lieu qu'un indice ou une conjecture doit être pesée souvent contre une autre conjecture. C'est ainsi que celui qui avoue avoir emprunté l'argent d'un autre est présumé de le devoir payer, à moins qu'il ne fasse voir qu'il l'a fait déjà, ou que la dette cesse par quelque autre principe. Présumer n'est donc pas, dans ce sens, prendre avant la preuve, ce qui n'est point permis, mais prendre par avance, mais avec fondement, en attendant une preuve contraire.

CHAP. XV. — De la probabilité.

§ 1. Ph. Si la démonstration fait voir la liaison des idées, la probabilité n'est autre chose que l'apparence de cette liaison, fondée sur des preuves où l'on ne voit point de connexion immuable. § 2. Il y a plusieurs degrés d'assentiment, depuis l'assurance jusqu'à la conjecture, au doute, à la défiance. § 3. Lorsqu'on a certitude, il y a intuition dans toutes les parties du raisonnement qui en marquent la liaison ; mais ce qui me fait croire est quelque chose d'étranger. § 4. Or la probabilité est fondée en des conformités avec ce que nous savons, ou dans le témoignage de ceux qui le savent.

Th. J'aimerais mieux soutenir qu'elle est toujours fondée dans la vraisemblance ou dans la conformité avec la vérité : et le témoignage d'autrui est encore une chose que le vrai a coutume d'avoir pour lui à l'égard des faits qui sont à portée. On peut donc dire que la similitude du probable avec le vrai est prise ou de la chose même, ou de quelque chose étrangère. Les rhétoriciens mettent deux sortes d'arguments : les artificiels, qui sont tirés des choses par le raisonnement, et les inartificiels, qui ne se fondent que dans le témoignage exprès, ou de l'homme, ou peut-être encore de la chose même. Mais il y en a de mêlés encore, car le témoignage peut fournir lui-même un fait, qui tend à former un argument artificiel.

§ 5. Ph. C'est faute de similitude avec le vrai que nous ne croyons pas facilement ce qui n'a rien d'approchant à ce que nous savons. Ainsi lorsqu'un ambassadeur dit au roi de Siam que l'eau s'endurcissait tellement en hiver chez nous qu'un éléphant pourrait marcher dessus sans enfoncer, le roi lui dit : « Jusqu'ici, je vous ai cru homme de bonne foi, maintenant je vois que vous mentez. » § 6. Mais si le témoignage des autres peut rendre un fait probable, l'opinion des autres ne doit pas passer par elle-même pour un vrai fondement de probabilité. Car il y a plus d'erreur que de connaissance parmi les hommes ; et si la créance de ceux que nous connaissons et estimons est un fondement légitime d'assentiment, les hommes auront raison d'être païens au Japon, mahométans en Turquie, papistes en Espagne, calvinistes en Hollande et luthériens en Suède.

Th. Le témoignage des hommes est sans doute de plus de poids que leur opinion, et on y fait aussi plus de réflexion en justice. Cependant l'on sait que le juge fait quelquefois prêter serment de crédulité comme on l'appelle ; et dans les interrogatoires on demande souvent aux témoins, non seulement ce qu'ils ont vu, mais aussi ce qu'ils jugent, en leur demandant en même temps les raisons de leur jugement, et on y fait telle réflexion qu'il appartient. Les juges aussi défèrent beaucoup aux sentiments et opinions des experts en chaque profession ; les particuliers ne sont pas moins obligés de le faire, à mesure qu'il ne leur convient pas de venir au propre examen. Ainsi, un enfant ou un autre homme dont l'état ne vaut guère mieux à cet égard, est obligé, même lorsqu'il se trouve dans une certaine situation, de suivre la religion du pays, tant qu'il n'y voit aucun mal, et tant qu'il n'est pas en état de chercher s'il y en a une meilleure. Et un gouverneur des pages, de quel que parti qu'il soit les obligera d'aller chacun dans l'église où vont ceux de la créance que ce jeune homme professe. On peut consulter les disputes entre M. Nicole (1) et autres sur l'argument du grand nombre en matière de foi, où quelquefois l'un lui défère trop et l'autre ne le considère pas assez. Il y a d'autres préjugés semblables, par lesquels les hommes seraient bien aises de s'exempter de la discussion. C'est ce que Tertullien (2), dans un traité exprès, appelle prescriptions, se servant d'un terme que les anciens jurisconsultes, dont le langage ne lui était point inconnu, entendaient de plusieurs sortes d'exceptions ou allégations étrangères et prévenantes, mais qu'aujourd'hui on n'entend guère que de la prescription temporelle, lorsqu'on prétend rebuter la demande d'autrui parce qu'elle n'a point été faite dans le temps fixé par les lois. C'est ainsi qu'on a eu de quoi publier des préjugés légitimes tant du côté de l'Église romaine que de celui des protestants. On a trouvé qu'il y a moyen d'opposer la nouveauté, par exemple, tant aux uns qu'aux autres à certains égards, comme, par exemple, lorsque les protestants pour la plupart ont quitté la forme des anciennes ordinations des ecclésiastiques, et que les romanistes ont changé l'ancien canon des livres de la sainte Écriture du Vieux Testament, comme j'ai montré assez clairement dans une dispute que j'ai eue par écrit et à reprises avec Mgr l'évêque de Meaux (3), qu'on vient de perdre suivant les nouvelles qui en sont venues depuis quelques jours. Ainsi ces reproches étant réciproques, la nouveauté, quoiqu'elle donne quelque soupçon d'erreur en ces matières, n'en est pas une preuve certaine.

CHAP. XVI. — Des degrés d'assentiment.

§ 1. Ph. Pour ce qui est des degrés d'assentiment, il faut prendre

---

(1) Nicole (Pierre), philosophe et théologien de l'école de Port-Royal, né à Chartres en 1625, mort en 1695. Son principal ouvrage est : *Essais de morale et instructions théologiques*, 25 vol. in-12, 1671-1714, dont 6 vol. de *Traités de morale*. — La *Logique ou l'Art de penser* a été composé en commun avec Arnauld.   P. J.

(2) Tertullien, l'un des Pères de l'Église latine, né à Carthage en 160, mort en 245. Il finit par tomber dans l'hérésie de Montan. Ses principaux ouvrages sont : l'*Apologie*; — *Contre les spectacles*; — *Sur l'idolâtrie*; — *Sur le voile des vierges*; — *De Anima*; — *Præscriptiones*, etc.   P. J.

(3) Bossuet (Jacques-Bénigne), évêque de Meaux, né à Dijon en 1627, mort à Paris en 1704. Ses principaux ouvrages philosophiques sont : *La Connaissance de Dieu et de soi-même*; *Discours sur l'Histoire universelle*; *La Logique*; *Traité du libre arbitre*.   P. J.

garde que les fondements de probabilité que nous avons n'opèrent point en cela au delà du degré de l'apparence qu'on y trouve, ou qu'on y a trouvé lorsqu'on l'a examinée. Car il faut avouer que l'assentiment ne saurait être toujours fondé sur une vue actuelle des raisons, qui ont prévalu dans l'esprit et il serait très difficile, même à ceux qui ont une mémoire admirable, de toujours retenir toutes les preuves qui les ont engagés dans un certain sentiment et qui pourraient quelquefois remplir un volume sur une seule question. Il suffit qu'une fois ils aient épluché la matière sincèrement et avec soin et qu'ils aient, pour ainsi dire, arrêté le compte. § 2. Sans cela il faudrait que les hommes fussent fort sceptiques, ou changeassent d'opinion à tout moment, pour se rendre à tout homme qui, ayant examiné la question depuis peu, leur propose des arguments auxquels ils ne sauraient satisfaire entièrement sur-le-champ, faute de mémoire ou d'application à loisir. § 3. Il faut avouer que cela rend souvent les hommes obstinés dans l'erreur : mais la faute est non pas de ce qu'ils se reposent sur leur mémoire, mais de ce qu'ils ont mal jugé auparavant. Car souvent il tient lieu d'examen et de raison aux hommes, de remarquer qu'ils n'ont jamais pensé autrement. Mais ordinairement ceux qui ont le moins examiné leurs opinions y sont les plus attachés. Cependant l'attachement à ce qu'on a vu est louable, mais non pas toujours à ce qu'on a cru, parce qu'on peut avoir laissé quelque considération en arrière capable de tout renverser. Et il n'y a peut-être personne au monde qui ait le loisir, la patience et les moyens d'assembler toutes les preuves de part et d'autre sur les questions, où il a ses opinions, pour comparer ces preuves et pour conclure sûrement qu'il ne lui reste plus rien à savoir pour une plus ample instruction. Cependant le soin de notre vie et de nos plus grands intérêts ne saurait souffrir de délai, et il est absolument nécessaire que notre jugement se détermine sur des articles où nous ne sommes pas capables d'arriver à une connaissance certaine.

Th. Il n'y a rien que de bon et de solide dans ce que vous venez de dire, Monsieur. Il serait à souhaiter cependant que les hommes eussent en quelques rencontres des abrégés par écrit (en forme de mémoires) des raisons qui les ont portés à quelque sentiment de conséquence qu'ils sont obligés de justifier souvent dans la suite à eux-mêmes ou aux autres. D'ailleurs, quoiqu'en matière de justice il ne soit pas ordinairement permis de rétracter les jugements qui ont passé, et de revoir des comptes arrêtés (autrement il faudrait être perpétuellement en inquiétude, ce qui serait d'autant plus intolérable, qu'on ne saurait toujours garder les notices des choses passées) ; néanmoins on est reçu quelquefois, sur de nouvelles lumières, à se pourvoir en justice et à obtenir même ce qu'on appelle restitution *in integrum* contre ce qui a été réglé ; de même dans nos propres affaires, surtout dans les matières fort importantes où il est encore permis de s'embarquer ou de reculer, et où il n'est point préjudiciable de suspendre l'exécution et d'aller bride en main, les arrêts de notre esprit, fondés sur des probabilités, ne doivent jamais tellement passer *in rem judicatam*, comme les jurisconsultes l'appellent, c'est-à-dire pour établis, qu'on ne soit disposé à la revision du raisonnement lorsque de nouvelles raisons considérables se présentent à l'encontre. Mais quand il n'est plus temps de délibérer, il faut suivre le jugement qu'on fait avec autant de fermeté que s'il était infaillible, mais non pas toujours avec autant de rigueur (1).

§ 4. Ph. Puis donc que les hommes ne sauraient éviter de s'exposer à l'erreur en jugeant et d'avoir de divers sentiments, lorsqu'ils ne sauraient regarder les choses par les mêmes côtés, ils doivent conserver la paix entre eux et les devoirs d'humanité, parmi cette diversité d'opinions, sans prétendre qu'un autre doive changer promptement sur nos objections une opinion enracinée, surtout s'il y a lieu de se figurer que son adversaire agit par intérêt ou ambition, ou par quelque autre motif particulier. Et le plus souvent ceux qui voudraient imposer aux autres la nécessité de se rendre à leurs sentiments n'ont guère bien examiné les choses. Car ceux qui sont entrés assez avant dans la discussion pour sortir du doute sont en si petit nombre et trouvent si peu de sujet de condamner les autres, qu'on ne doit s'attendre à rien de violent de leur part.

Th. Effectivement ce qu'on a le plus droit de blâmer dans les hommes, ce n'est pas leur opinion, mais leur jugement téméraire à blâmer celle des autres, comme s'il fallait être stupide ou méchant pour juger autrement qu'eux ; ce qui, dans les auteurs de ces passions et haines qui les répandent parmi le public, est l'effet d'un esprit hautain et peu équitable qui aime à dominer et ne peut point souffrir

---

(1) « Ma seconde maxime était d'être le plus ferme et le plus résolu en mes actions que je pourrais, et de ne suivre pas moins constamment les opinions les plus douteuses lorsque je m'y serais une fois déterminé que si elles eussent été très assurées. » Descartes, (*Discours de la Méthode*, 3º partie). P. J.

de contradiction. Ce n'est pas qu'il n'y ait véritablement du sujet bien souvent de censurer les opinions des autres, mais il faut le faire avec un esprit d'équité et compatir à la faiblesse humaine. Il est vrai qu'on a droit de prendre des précautions contre de mauvaises doctrines, qui ont de l'influence dans les mœurs et dans la pratique de la piété : mais on ne doit pas les attribuer aux gens, à leur préjudice, sans en avoir de bonnes preuves. Si l'équité veut qu'on épargne les personnes, la piété ordonne de représenter où il appartient le mauvais effet de leurs dogmes, quand ils sont nuisibles, comme sont ceux qui vont contre la providence d'un Dieu parfaitement sage, bon et juste, et contre cette immortalité des âmes qui les rend susceptibles des effets de sa justice, sans parler d'autres opinions dangereuses par rapport à la morale et à la police. Je sais que d'excellents hommes et bien intentionnés soutiennent que ces opinions théoriques ont moins d'influence dans la pratique qu'on ne pense, et je sais aussi qu'il y a des personnes d'un excellent naturel, à qui les opinions ne feront jamais rien faire d'indigne d'elles : comme d'ailleurs ceux qui sont venus à ces erreurs par la spéculation ont coutume d'être naturellement plus éloignés des vices dont le commun des hommes est susceptible, outre qu'ils ont soin de la dignité de la secte où ils sont comme des chefs ; et l'on peut dire qu'Épicure et Spinoza, par exemple, ont mené une vie tout à fait exemplaire. Mais ces raisons cessent le plus souvent dans leurs disciples ou imitateurs, qui, se croyant déchargés de l'importune crainte d'une providence surveillante et d'un avenir menaçant, lâchent la bride à leurs passions brutales et tournent leur esprit à séduire et à corrompre les autres ; et s'ils sont ambitieux et d'un naturel un peu dur, ils seront capables, pour leur plaisir ou avancement, de mettre le feu aux quatre coins de la terre, comme j'en ai connu de cette trempe que la mort a enlevés. Je trouve même que des opinions approchantes s'insinuant peu à peu dans l'esprit des hommes du grand monde, qui règlent les autres, et dont dépendent les affaires, et se glissant dans les livres à la mode, disposent toutes choses à la révolution générale dont l'Europe est menacée et achèvent de détruire ce qui reste encore dans le monde des sentiments généreux des anciens Grecs et Romains, qui préféraient l'amour de la patrie et du bien public et le soin de la postérité à la fortune et même à la vie. Ces « publiks spirits », comme des Anglais les appellent, diminuent extrêmement et ne sont plus à la mode ; et ils cesseront davantage quand ils cesseront d'être soutenus par la bonne morale et par la vraie religion, que la raison naturelle même nous enseigne. Les meilleurs du caractère opposé, qui commence de régner, n'ont plus d'autre principe que celui qu'ils appellent de l'honneur. Mais la marque de l'honnête homme et de l'homme d'honneur chez eux est seulement de ne faire aucune bassesse comme ils la prennent. Et si, pour la grandeur ou par caprice, quelqu'un versait un déluge de sang, s'il renversait tout sens dessus dessous, on compterait cela pour rien, et un Érostrate des anciens ou bien un Don Juan dans le *Festin de Pierre* passerait pour un héros. On se moque hautement de l'amour de la patrie, on tourne en ridicule ceux qui ont soin du public, et, quand quelque homme bien intentionné parle de ce que deviendra la postérité, on répond : alors comme alors. Mais il pourra arriver à ces personnes d'éprouver eux-mêmes les maux qu'ils croient réservés à d'autres. Si l'on se corrige encore de cette maladie d'esprit épidémique, dont les mauvais effets commencent à être visibles, ces maux peut-être seront prévenus ; mais si elle va croissant, la Providence corrigera les hommes par la révolution même qui en doit naître : car, quoi qu'il puisse arriver, tout tournera toujours pour le mieux en général au bout du compte, quoique cela ne doive et ne puisse arriver sans le châtiment de ceux qui ont contribué même au bien par leurs actions mauvaises. Mais je reviens d'une digression où la considération des opinions nuisibles et du droit de les blâmer m'a mené. Or, comme en théologie les censures vont encore plus loin qu'ailleurs, et que ceux qui font valoir leur orthodoxie condamnent souvent les adversaires, à quoi s'opposent dans le parti même ceux qui sont appelés syncrétistes par leurs adversaires, cette opinion a fait naître des guerres civiles entre les rigides et les condescendants dans un même parti. Cependant, comme refuser le salut éternel à ceux qui sont d'une autre opinion est entreprendre sur les droits de Dieu, les plus sages des condamnants ne l'entendent que du péril où ils croient voir les âmes errantes, et ils abandonnent à la miséricorde singulière de Dieu ceux dont la méchanceté ne les rend pas incapables d'en profiter, et de leur côté ils se croient obligés à faire tous les efforts imaginables pour les retirer d'un état si dangereux. Si ces personnes, qui jugent ainsi du péril des autres, sont parvenues à cette opinion après un examen convenable et s'il n'y a pas moyen de les en désabuser, on ne saurait blâmer leur conduite, tant qu'ils n'usent que des voies de douceur. Mais aussitôt qu'ils vont plus loin, c'est violer les lois de l'équité. Car ils doivent penser que d'autres, aussi persuadés qu'eux, ont autant de droit de maintenir leurs sentiments et même de les répandre, s'ils les croient importants. On doit excepter les opinions qui enseignent des crimes, qu'on ne doit point souffrir et qu'on a droit d'étouffer par les voies de la rigueur, quand il serait vrai même que celui qui les soutient ne peut point s'en défaire ; comme on a droit de détruire même une bête venimeuse, tout innocente qu'elle est. Mais je parle d'étouffer la secte et non les hommes, puisqu'on peut les empêcher de nuire et de dogmatiser.

§ 5. PH. Pour revenir au fondement et aux degrés de l'assentiment, il est à propos de remarquer que les propositions sont de deux sortes : les unes sont de fait, qui dépendant de l'observation peuvent être fondées sur un témoignage humain ; les autres sont de spéculation, qui regardant les choses que nos sens ne sauraient nous découvrir, ne sont pas capables d'un semblable témoignage. § 6. Quand un fait particulier est conforme à nos observations constantes et aux rapports uniformes des autres, nous nous y appuyons aussi fermement que si c'était une connaissance certaine, et quand il est conforme au témoignage de tous les hommes, dans tous les siècles, autant qu'il peut être connu, c'est le premier et le plus haut degré de probabilité ; par exemple, que le feu échauffe, que le fer coule au fond de l'eau. Notre créance bâtie sur de tels fondements s'élève jusqu'à l'assurance. § 7. En second lieu, tous les historiens rapportent qu'un tel a préféré l'intérêt particulier au public, et comme on a toujours observé que c'est la coutume de la plupart des hommes, l'assentiment que je donne à ces histoires est une *confiance*. § 8. En troisième lieu, quand la nature des choses n'a rien qui soit ni pour ni contre, un fait, attesté par le témoignage de gens non suspects, par exemple, que Jules César a vécu, est reçu avec une ferme créance. § 9. Mais lorsque les témoignages se trouvent contraires au cours ordinaire de la nature, ou entre eux, les degrés de probabilité peuvent se diversifier à l'infini, d'où viennent ces degrés, que nous appelons croyance, conjecture, doute, incertitude, défiance ; et c'est là où il faut de l'exactitude pour former un jugement droit et proportionner notre assentiment aux degrés de probabilité.

TH. Les jurisconsultes, en traitant des preuves, présomptions, conjectures et indices, ont dit quantité de bonnes choses sur ce sujet et sont allés à quelque détail considérable. Ils commencent par la notoriété, où l'on n'a point besoin de preuve. Par après ils viennent à des preuves entières, ou qui passent pour telles, sur lesquelles on prononce au moins en matière civile, mais où en quelques lieux on est plus réservé en matière criminelle ; et on n'a pas tort de demander des preuves plus que pleines et surtout ce qu'on appelle *corpus delicti*, selon la nature du fait. Il y a donc preuves plus que pleines, et il y a aussi des preuves pleines ordinaires. Puis il y a présomptions, qui passent pour preuves entières provisionnellement, c'est-à-dire tandis que le contraire n'est point prouvé. Il y a preuves plus que demi-pleines (à proprement parler) où l'on permet à celui qui s'y fonde de jurer pour y suppléer ; c'est *juramentum suppletorium*. Il y en a d'autres moins que demi-pleines, où tout au contraire on défère le serment à celui qui nie le fait pour se purger ; c'est *juramentum progationis*. Hors de cela, il y a quantité de degrés des conjectures et des indices. Et particulièrement en matière criminelle il y a indices (*ad torturam*) pour aller à la question (laquelle a elle-même ses degrés marqués par les formules de l'arrêt) ; il y a indices (*ad terrendum*) suffisants à faire montrer les instruments de la torture et préparer les choses comme si l'on y voulait venir. Il y en a (*ad capturam*) pour s'assurer d'un homme suspect ; et (*ad inquirendum*) pour s'informer sous main et sans bruit. Et ces différences peuvent encore servir en d'autres occasions proportionnelles ; et toute la forme des procédures en justice n'est autre chose en effet qu'une espèce de logique, appliquée aux questions de droit. Les médecins encore ont quantité de degrés et de différences de leurs signes et indications, qu'on peut voir chez eux. Les mathématiciens de notre temps ont commencé à estimer les hasards à l'occasion des jeux. Le chevalier de Méré (1), dont les *Agréments* et autres ouvrages ont été imprimés, homme d'un esprit pénétrant et qui était joueur et philosophe, y donna occasion en formant des questions sur les partis, pour savoir combien vaudrait le jeu, s'il était interrompu dans un tel ou tel état. Par là il engagea M. Pascal (2), son ami, à examiner un peu ces choses. La question

---

(1) Méré (chevalier de), célèbre au xviie siècle, par l'agrément de son esprit ami de Pascal et de Balzac. Ses œuvres ont été publiées à Amsterdam en 1692, 2 vol. petit in-8°. P. J.

(2) Pascal, illustre écrivain et philosophe français, né à Clermont en 1623, mort à Paris en 1662. Ses deux principaux ouvrages sont les *Provinciales* et les *Pensées*. M. Cousin, dans son célèbre Rapport à l'Académie française, a démontré que le texte de ce dernier ouvrage avait été gravement altéré par les premiers éditeurs de P.-Royal. Nous en avons aujourd'hui deux éditions fidèles : 1° celle de M. Faugère, 2 vol. in-8° ; 2° celle de M. Havet, un vol. in-8°. P. J.

éclata et donna occasion à M. Hugens de faire son traité de *Aleâ*. D'autres savants hommes y entrèrent. On établit quelques principes dont se servit aussi M. le pensionnaire de Wit, dans un petit discours imprimé en hollandais sur les rentes à vie. Le fondement, sur lequel on a bâti, revient à la *prostapherèse*, c'est-à-dire à prendre un moyen arithmétique entre plusieurs suppositions également recevables, et nos paysans s'en sont servis il y a longtemps suivant leur mathématique naturelle. Par exemple, quand quelque héritage ou terre doit être vendue, ils forment trois bandes d'estimateurs ; ces bandes sont appelées *Schurzen* en bas saxon, et chaque bande fait une estime du bien en question. Supposé donc que l'une l'estime être de la valeur de 1000 écus, l'autre de 1400, la troisième de 1500, on prend la somme de ces trois estimes qui est 3900, et parce qu'il y a eu trois bandes, on en prend le tiers, qui est 1300 pour la valeur moyenne demandée ; ou bien, ce qui est la même chose, on prend la somme des troisièmes parties de chaque estimation. C'est l'axiome, *æqualibus æqualia*, pour des suppositions égales il faut avoir des considérations égales. Mais quand les suppositions sont inégales, on les compare entre elles. Soit supposé, par exemple, qu'avec deux dés l'un doit gagner s'il fait 7 points, l'autre s'il en fait 9 ; on demande quelle proportion se trouve entre leurs apparences de gagner ? Je dis que l'apparence pour le dernier ne vaut que deux tiers de l'apparence pour le premier, car le premier peut faire 7 de trois façons avec deux dés, savoir par 1 et 6, ou 2 et 5, ou 3 et 4 ; et l'autre ne peut faire 9 que de deux façons, en jetant 3 et 6 ou 4 et 5. Et toutes ces manières sont également possibles. Donc les apparences, qui sont comme les nombres des possibilités égales, seront comme 3 à 2 ou comme 1 à $\frac{2}{3}$. J'ai dit plus d'une fois qu'il faudrait une nouvelle espèce de logique, qui traiterait des degrés de probabilité, puisque Aristote dans ses *Topiques* n'a rien moins fait que cela, et s'est contenté de mettre en quelque ordre certaines règles populaires, distribuées selon les lieux communs, qui peuvent servir dans quelque occasion où il s'agit d'amplifier le discours et de lui donner apparence, sans se mettre en peine de nous donner une balance nécessaire pour peser les apparences et pour former là-dessus un jugement solide. Il serait bon que celui qui voudrait traiter cette matière poursuivît l'examen des jeux de hasard ; et généralement je souhaiterais qu'un habile mathématicien voulût faire un ample ouvrage bien circonstancié et bien raisonné sur toutes sortes de jeux, ce qui serait de grand usage pour perfectionner l'art d'inventer, l'esprit humain paraissant mieux dans les jeux que dans les matières plus sérieuses.

§ 10. PH. La loi d'Angleterre observe cette règle, que la copie d'un acte reconnue authentique par des témoins est une bonne preuve; mais la copie d'une copie, quelque attestée qu'elle soit et par les témoins les plus accrédités, n'est jamais admise pour preuve en jugement. Je n'ai encore ouï blâmer à personne cette sage précaution. On en peut tirer au moins cette observation, qu'un témoignage a moins de force à mesure qu'il est plus éloigné de la vérité originale, qui est dans la chose même; au lieu que chez certaines gens on en use d'une manière directement contraire. Les opinions acquièrent des forces en vieillissant, et ce qui n'aurait pas paru probable à un homme raisonnable, contemporain de celui qui l'a certifié le premier, passe présentement pour certain parce que plusieurs l'ont rapporté sur son témoignage.

TH. Les critiques en matière d'histoire ont grand égard aux témoins contemporains des choses : cependant un contemporain même ne mérite d'être cru que principalement sur les événements publics; mais quand il parle des motifs, des secrets, des ressorts cachés, et des choses disputables, comme par exemple des empoisonnements, des assassinats, on apprend au moins ce que plusieurs ont cru. Procope est fort croyable quand il parle de la guerre de Bélisaire contre les Vandales et les Goths; mais quand il débite des médisances horribles contre l'impératrice Théodore dans ses *Anecdotes*, les croie qui voudra. Généralement on doit être réservé à croire les satires : nous en voyons qu'on a publiées de notre temps, contraires à toute apparence, qui ont pourtant été gobées avidement par les ignorants. Et on dira peut-être un jour : Est-il possible qu'on aurait osé publier ces choses en ce temps-là, s'il n'y avait quelque fondement apparent? Mais si on le dit un jour, on jugera fort mal. Le monde cependant est incliné à donner dans le satirique; et pour n'en alléguer qu'un exemple, feu M. du Maurier le fils (1) ayant publié, par je ne sais quel travers, dans ses mémoires imprimés il y a quelques années, certaines choses tout à fait mal fondées, contre l'incomparable Hugo Grotius, ambassadeur de la

---

(1) Louis AUBERY DU MAURIER, historien mort en 1687, fils de Benjamin du Maurier, ambassadeur en Hollande, publia des *Mémoires pour servir à l'histoire de la Hollande*.

Suède en France, piqué apparemment par je ne sais quoi contre la mémoire de cet illustre ami de son père, j'ai vu que quantité d'auteurs les ont répétées à l'envi, quoique les négociations et lettres de ce grand homme fassent assez connaître le contraire. On s'émancipe même d'écrire des romans dans l'histoire, et celui qui a fait la dernière Vie de Cromwell a cru que pour égayer la matière il lui était permis en parlant de la vie encore privée de cet habile navigateur, de le faire voyager en France, où il le suit dans les auberges de Paris, comme s'il avait été son gouverneur. Cependant il paraît, par l'histoire de Cromwell, faite par Carrington, homme informé, et dédiée à Richard, son fils, quand il faisait encore le protecteur, que Cromwell n'est jamais sorti des îles Britanniques. Le détail surtout est peu sûr. On n'a presque point de bonnes relations des batailles. La plupart de celles de Tite-Live paraissent imaginaires, autant que celles de Quinte-Curce. Il faudrait avoir de part et d'autre les rapports de gens exacts et capables qui en dressassent même des plans, semblables à ceux que le comte de Dahlberg, qui avait déjà servi avec distinction sous le roi de Suède Charles-Gustave, et qui étant gouverneur général de la Livonie a défendu Riga dernièrement, a fait graver touchant les actions et batailles de ce prince. Cependant il ne faut point d'abord décrier un bon historien sur un mot de quelque prince ou ministre, qui se récrie contre lui en quelque occasion, ou sur quelque sujet qui n'est pas à son gré et où véritablement il y a peut-être quelque faute. On rapporte que Charles-Quint, voulant se faire lire quelque chose de Sleidan disait : « Apportez-moi mon menteur, » et que Carlowiz, gentilhomme saxon fort employé dans ce temps-là, disait que l'histoire de Sleidan détruisait dans son esprit toute la bonne opinion qu'il avait eue des anciennes histoires. Cela, dis-je, ne sera d'aucune force dans l'esprit des personnes informées pour renverser l'autorité de l'histoire de Sleidan, dont la meilleure partie est un tissu d'actes publics des diètes et assemblées et des écrits autorisés par les princes. Et quand resterait le moindre scrupule là-dessus, il vient d'être levé par l'excellente histoire de mon illustre ami, feu M. Seckendorf [1] (dans lequel je ne puis m'empêcher pourtant de désapprouver le nom du luthéra-

---

[1] SECKENDORF (de), célèbre historien allemand, né à Herzagen-Anspach en Franconie en 1626, mort en 1692. Son ouvrage le plus important (auquel Leibniz fait ici allusion) est son *Commentarius historicus et apologeticus de lutheranismo*, en réponse à l'*Histoire du luthéranisme*, du P. Maimbourg.

nisme sur le titre, qu'une mauvaise coutume a autorisé en Saxe), où la plupart des choses sont justifiées par les extraits d'une infinité de pièces, tirées des archives saxonnes, qu'il avait à sa disposition, quoique M. de Meaux, qui y est attaqué et à qui je l'envoyai, me répondit seulement que ce livre est d'une horrible prolixité ; mais je souhaiterais qu'il fût deux fois plus grand sur le même pied. Plus il est ample, plus il devait donner de prise, puisqu'on n'avait qu'à choisir les endroits ; outre qu'il y a des ouvrages historiques estimés, qui sont bien plus grands. Au reste on ne méprise pas toujours les auteurs postérieurs au temps dont ils parlent, quand ce qu'ils rapportent est apparent d'ailleurs. Et il arrive quelquefois qu'ils conservent des morceaux des plus anciens. Par exemple, on a douté de quelle famille est Suibert, évêque de Bamberg, depuis pape sous le nom de Clément II. Un auteur anonyme de l'histoire de Brunswick, qui a vécu dans le xive siècle, avait nommé sa famille, et des personnes savantes dans notre histoire n'y avaient point voulu avoir égard : mais j'ai eu une chronique beaucoup plus ancienne non encore imprimée, où la même chose est dite avec plus de circonstances, d'où il paraît qu'il était de la famille des anciens seigneurs allodiaux de Hornbourg (guère loin de Wolfenbuttel) dont le pays fut donné par le dernier possesseur à l'église cathédrale de Halberstadt.

§ 11. Ph. Je ne veux pas aussi qu'on croie que j'ai voulu diminuer l'autorité de l'usage de l'histoire par ma remarque. C'est de cette source que nous recevons avec une évidence convaincante une grande partie de nos vérités utiles. Je ne vois rien de plus estimable que les mémoires qui nous restent de l'antiquité, et je voudrais que nous en eussions un plus grand nombre et de moins corrompus. Mais il est toujours vrai que nulle copie ne s'élève au-dessus de la certitude de son premier original.

Th. Il est sûr que, lorsqu'on a un seul auteur de l'antiquité pour garant d'un fait, tous ceux qui l'ont copié n'y ajoutent aucun poids, ou plutôt doivent être comptés pour rien. Et ce doit être tout autant que si ce qu'ils disent était du nombre τῶν ἅπαξ λεγομένων, des choses qui n'ont été dites qu'une seule fois, dont M. Ménage voulait faire un livre. Et encore aujourd'hui, quand cent mille petits écrivains répéteraient les médisances de Bolsec (1) (par exemple), un homme

---

(1) Bolsec (Jérôme), né à Paris, carmélite devenu protestant, a écrit l'histoire de la vie, mœurs, actes, doctrine et mort de Jean Calvin, Paris, 1577.

de jugement n'en ferait pas plus de cas que du bruit des oisons. Des jurisconsultes ont écrit *de fide historica*; mais la matière mériterait une plus exacte recherche, et quelques-uns de ces messieurs ont été trop indulgents. Pour ce qui est de la grande antiquité, quelques-uns des faits les plus éclatants sont douteux. Des habiles gens ont douté avec sujet si Romulus a été le premier fondateur de la ville de Rome. On dispute sur la mort de Cyrus, et d'ailleurs l'opposition entre Hérodote et Ctésias a répondu des doutes sur l'histoire des Assyriens, Babyloniens et Persans. Celle de Nabuchodonosor, de Judith et même de l'Assuérus d'Esther souffre de grandes difficultés. Les Romains en parlant de l'or de Toulouse contredisent à ce qu'ils racontent de la défaite des Gaulois par Camille. Surtout l'histoire propre et privée des peuples est sans crédit, quand elle n'est point prise des originaux fort anciens, ni assez conforme à l'histoire publique. C'est pourquoi ce qu'on nous raconte des anciens Rois germains, gaulois, britanniques, écossais, polonais, et autres, passe avec raison pour fabuleux et fait à plaisir. Ce Trébéta, fils de Ninus, fondateur de Trèves; ce Brutus, auteur des Britons ou Brittains, sont aussi véritables que les Amadis. Les contes pris de quelques fabulateurs, que Trithémius (1), Aventin (2), et même Albinus (3), Sifrid Petri (4) ont pris la liberté de débiter des anciens princes Francs, Boïens, Frisons; et ce que Saxon le Grammairien et l'Edda nous racontent des antiquités reculées du Septentrion, ne saurait avoir plus d'autorité que ce que dit Kadlubko (5), premier historien polonais d'un de leurs rois, gendre de Jules César. Mais quand les histoires des différents peuples se rencontrent dans les cas où il n'y a pas d'apparence que l'un ait copié l'autre, c'est un grand indice de la vérité. Tel est l'accord d'Hérodote avec l'histoire du Vieux Testament en bien des choses; par exemple lorsqu'il parle de la bataille de Mégiddo entre le roi d'Égypte et les Syriens de la Palestine, c'est-à-dire les Juifs, où, suivant le rapport de l'histoire sainte, que nous avons des Hébreux, le roi Josias fut blessé mortellement. Le consentement encore des historiens arabes, persans et turcs avec les grecs, romains et autres occidentaux, fait plaisir à ceux qui

---

(1) TRITHÉMIUS (Johann), 1452-1516. — Son principal ouvrage est le *Compendium, sive Breviarium de origine rerum et gestis Francorum*, 1515.
(2) AVENTINUS (Johann), 1466-1534, auteur des *Annales Boiorum*.
(3) ALCUIN (Albinus), 735-804, *Alcuini Opera*, Ratisbonne, 1777.
(4) PETRI (Sigfried), 1527-1597, *De Frisorum Origine*; Cologne, 1590.
(5) KADLUBKO, 1161-1223, *Historia polonica*, 1612.

recherchent les faits ; comme aussi les témoignages que les médailles et suscriptions, restées de l'antiquité, rendent aux livres venus des Anciens jusqu'à nous, et qui sont à la vérité copies de copies. Il faut attendre ce que nous apprendra encore l'histoire de la Chine, quand nous serons plus en état d'en juger et jusqu'où elle portera sa crédibilité avec soi. L'usage de l'histoire consiste principalement dans le plaisir qu'il y a de connaître les origines, dans la justice qu'on rend aux hommes qui ont bien mérité des autres hommes, dans l'établissement de la critique historique, et surtout de l'histoire sacrée, qui soutient les fondements de la révélation, et (mettant encore à part les généalogies et droits des princes et puissances) dans les enseignements utiles que les exemples nous fournissent. Je ne méprise point qu'on épluche les antiquités jusqu'aux moindres bagatelles ; car quelquefois la connaissance que les critiques en tirent peut servir aux choses plus importantes. Je consens, par exemple, qu'on écrive même toute l'histoire des vêtements et de l'art des tailleurs depuis les habits des pontifes des Hébreux, ou si l'on veut depuis les pelleteries, que Dieu donna aux premiers mariés au sortir du Paradis, jusqu'aux fontanges et falbalas (Faltblâts) de notre temps, et qu'on y joigne tout ce qu'on peut tirer des anciennes sculptures et des peintures encore faites depuis quelques siècles. J'y fournirai même, si quelqu'un le désire, les mémoires d'un homme d'Augsbourg du siècle passé, qui s'est peint avec tous les habits qu'il a portés depuis son enfance jusqu'à l'âge de 63 ans. Et je ne sais qui m'a dit que feu M. le duc d'Aumont (1), grand connaisseur des belles antiquités, a eu une curiosité approchante. Cela pourra peut-être servir à discerner les monuments légitimes de ceux qui ne le sont pas, sans parler de quelques autres usages. Et puisqu'il est permis aux hommes de jouer, il leur sera encore plus permis de se divertir à ces sortes de travaux, si les devoirs essentiels n'en souffrent point. Mais je désirerais qu'il y eût des personnes qui s'appliquassent préférablement à tirer de l'histoire ce qu'il y a de plus utile, comme seraient des exemples extraordinaires de vertu, des remarques sur les commodités de la vie, des stratagèmes de politique et de guerre. Et je voudrais qu'on fît exprès une espèce d'histoire universelle, qui ne marquât que de telles choses et quelque peu d'autres de plus de conséquence; car quelquefois on lira un grand livre d'histoire.

---

(1) LE DUC D'AUMONT, savant du xviie siècle, membre de l'Académie des Inscriptions et Belles-Lettres, né en 1632, mort en 1704. P. J.

savant, bien écrit, propre même au but de l'auteur, et excellent en son genre, mais qui ne contiendra guère d'enseignements utiles, par lesquels je n'entends pas ici de simples moralités, dont le *Theatrum vitæ humanæ* et tels autres florilèges sont remplis, mais des adresses et connaissances dont tout le monde ne s'aviserait pas au besoin. Je voudrais encore qu'on tirât des livres des voyages une infinité de choses de cette nature, dont on pourrait profiter, et qu'on les rangeât selon l'ordre des matières. Mais il est étonnant que, tant de choses utiles restant à faire, les hommes s'amusent presque toujours à ce qui est déjà fait, ou à des inutilités pures, ou du moins à ce qui est le moins important; et je n'y vois guère de remède jusqu'à ce que le public s'en mêle davantage dans des temps plus tranquilles.

§ 12. Ph. Vos digressions donnent du plaisir et du profit. Mais des probabilités des faits venons à celles des opinions touchant les choses qui ne tombent pas sous les sens. Elles ne sont capables d'aucun témoignage, comme sur l'existence et la nature des esprits, anges, démons, etc., sur les substances corporelles, qui sont dans les planètes et dans d'autres demeures de ce vaste univers, enfin sur la manière d'opérer de la plupart des ouvrages de la nature, et de toutes ces choses nous ne pouvons avoir que des conjectures, où l'analogie est la grande règle de la probabilité. Car, ne pouvant point être attestées, elles ne peuvent paraître probables qu'en tant qu'elles conviennent plus ou moins avec les vérités établies. Un frottement violent de deux corps produisant de la chaleur et même du feu, les réfractions des corps transparents faisant paraître des couleurs, nous jugeons que le feu consiste dans une agitation violente des parties imperceptibles, et qu'encore les couleurs, dont nous ne voyons pas l'origine, viennent d'une semblable réfraction ; et trouvant qu'il y a une connexion graduelle dans toutes les parties de la création, qui peuvent être sujettes à l'observation humaine sans aucun vide considérable entre deux, nous avons tout sujet de penser que les choses s'élèvent aussi vers la perfection peu à peu et par des degrés insensibles. Il est malaisé de dire où le sensible et le raisonnable commence et quel est le plus bas degré des choses vivantes ; c'est comme la quantité augmente ou diminue dans un cône régulier. Il y a une différence excessive entre certains hommes et certains animaux brutes; mais si nous voulons comparer l'entendement et la capacité de certains hommes et de certaines bêtes, nous y trouverons si peu de différence, qu'il sera bien malaisé d'assurer que l'entendement de ces hommes soit plus net ou plus étendu que celui de ces bêtes. Lors donc que nous observons une telle gradation insensible entre les parties de la création depuis l'homme jusqu'aux parties les plus basses, qui sont au-dessous de lui, la règle de l'analogie nous fait regarder comme probable qu'il y a une pareille gradation dans les choses qui sont au-dessus de nous et non de la sphère de nos observations, et cette espèce de probabilité est le grand fondement des hypothèses raisonnables.

Th. C'est sur cette analogie que M. Huyghens juge dans son *Cosmotheoros* (1) que l'état des autres planètes principales est assez approchant du nôtre ; excepté ce que la différente distance du soleil doit causer de différence : et M. de Fontenelle (2), qui avait donné déjà auparavant ses entretiens pleins d'esprit et de savoir sur la pluralité des mondes, a dit de jolies choses là-dessus, et a trouvé l'art d'égayer une matière difficile. On dirait quasi que c'est dans l'empire de la lune d'Harlequin tout comme ici. Il est vrai qu'on juge tout autrement des lunes (qui sont des satellites seulement) que des planètes principales. Képler (3) a laissé un petit livre, qui contient une fiction ingénieuse sur l'état de la lune ; et un Anglais (4), homme d'esprit, a donné la plaisante description d'un Espagnol de son invention, que des oiseaux de passage transportèrent dans la lune, sans parler de Cyrano, qui alla depuis trouver cet Espagnol. Quelques hommes d'esprit, voulant donner un beau tableau de l'autre vie, promènent les âmes bien heureuses de monde en monde ; et notre imagination y trouve une partie des belles occupations

---

(1) Le *Cosmotheoros* de Huyghens (1698), traduit en français en 1702 sous le titre de la *Pluralité des mondes*, postérieurement à l'ouvrage de Fontenelle et à peu près sur le même sujet.   P. J.

(2) Fontenelle, né à Rouen en 1657, mort à Paris en 1757 à l'âge de cent ans. Sans être précisément un philosophe, il appartient à l'histoire de la philosophie par l'esprit d'examen et de critique qui anime ses ouvrages. Les principaux sont : *Dialogues des morts* (1683) ; *Entretiens sur la pluralité des mondes* (1686) ; l'*Histoire des oracles* (1687) ; *Doutes sur le système des causes occasionnelles*, et enfin ses *Éloges*, qui sont son chef-d'œuvre.   P. J.

(3) Képler, né à Weill dans le Wurtemberg en 1571, mort à Ratisbonne en 1630, illustre géomètre et astronome, qui a découvert les lois des mouvements planétaires. Ses principaux ouvrages sont : *Harmonices mundi libri quinque*, les cinq livres de l'Harmonie du monde, et son *Astronomie nouvelle*, ou *Physique céleste fondée sur l'étude du mouvement de Mars*. Le livre auquel Leibniz fait allusion est le *Somnium Kepleri*. Francfort, in-4°.   P. J.

(4) Godwin de Landaff, évêque anglais, dans son livre *The man in the moon*, London, 1638, trad. fr. Paris, 1648.   P. J.

qu'on peut donner aux génies. Mais, quelque effort qu'elle se donne, je doute qu'elle puisse les rencontrer, à cause du grand intervalle entre nous et ces génies et de la grande variété qui s'y trouve. Et jusqu'à ce que nous trouvions des lunettes, telles que M. Descartes nous faisait espérer pour discerner des parties du globe de la lune pas plus grandes que nos maisons, nous ne saurions déterminer ce qu'il y a dans un globe différent du nôtre. Nos conjectures seront plus utiles et plus véritables sur les parties intérieures de nos corps. J'espère qu'on ira bien au delà de la conjecture en bien des occasions et je crois déjà maintenant qu'au moins la violente agitation des parties du feu, dont vous venez de parler, ne doit pas être comptée parmi les choses qui ne sont que paraboles. C'est dommage que l'hypothèse de M. Descartes sur la contexture des parties de l'univers visible ait été si peu confirmée par les recherches et découvertes faites depuis, ou que M. Descartes n'ait pas vécu 50 ans plus tard pour nous donner une hypothèse sur les connaissances présentes, aussi ingénieuse que celle qu'il donna sur celles de son temps. Pour ce qui est de la connexion graduelle des espèces, nous en avons dit quelque chose dans une conférence précédente, où je remarquai que déjà des philosophes avaient raisonné sur le vide dans les formes ou espèces. Tout va par degrés dans la nature et rien par saut, et cette règle à l'égard des changements est une partie de ma loi de la continuité. Mais la beauté de la nature, qui veut des perceptions distinguées, demande des apparences de sauts et pour ainsi dire des chutes de musique dans les phénomènes, et prend plaisir de mêler les espèces. Ainsi, quoiqu'il puisse y avoir dans quelque autre monde des espèces moyennes entre l'homme et la bête (selon qu'on prend le sens de ces mots) et qu'il y ait apparemment quelque part des animaux raisonnables qui nous passent, la nature a trouvé bon de les éloigner de nous, pour nous donner sans contredit la supériorité que nous avons dans notre globe. Je parle des espèces moyennes et je ne voudrais pas me régler ici sur les individus humains qui approchent de brutes, parce qu'apparemment ce n'est pas un défaut de la faculté, mais un empêchement de l'exercice; de sorte que je crois que le plus stupide des hommes (qui n'est pas dans un état contraire à la nature par quelque maladie ou par un autre défaut permanent tenant lieu de maladie) est incomparablement plus raisonnable et plus docile que la plus spirituelle de toutes les bêtes, quoiqu'on dise quelquefois le contraire par un jeu d'esprit. Au reste, j'approuve fort la recherche des analogies : les plantes, les insectes et l'anatomie comparative des animaux les fourniront de plus en plus, surtout quand on continuera à se servir du microscope encore plus qu'on ne fait. Et dans les matières plus générales on trouvera que mes sentiments sur les monades, répandues partout, sur leur durée interminable, sur la conservation de l'animal avec l'âme, sur les perceptions peu distinguées dans un certain état, tel que la mort des simples animaux, sur les corps qu'il est raisonnable d'attribuer aux génies, sur l'harmonie des âmes et des corps, qui fait que chacun suit parfaitement ses propres lois sans être troublé par l'autre et sans que le volontaire ou l'involontaire y doivent être distingués : on trouvera, dis-je, que tous ces sentiments sont tout à fait conformes à l'analogie des choses que nous remarquons et que j'étends seulement au delà de nos observations, sans les borner à certaines portions de la matière ou à certaines espèces d'actions, et qu'il n'y a de la différence que du grand au petit, du sensible à l'insensible.

§ 13. Ph. Néanmoins il y a un cas où nous déférons moins à l'analogie des choses naturelles que l'expérience nous fait connaître, qu'au témoignage contraire d'un fait étrange qui s'en éloigne. Car, lorsque des événements surnaturels sont conformes aux fins de celui qui a le pouvoir de changer le cours de la nature, nous n'avons point de sujet de refuser de les croire quand ils sont bien attestés, et c'est le cas des miracles qui ne trouvent pas seulement créance pour eux-mêmes, mais la communiquent encore à d'autres vérités qui ont besoin d'une telle confirmation. § 14. Enfin il y a un témoignage qui l'emporte sur tout autre assentiment, c'est la révélation, c'est-à-dire le témoignage de Dieu, qui ne peut ni tromper ni être trompé ; et l'assentiment que nous lui donnons s'appelle foi, qui exclut tout doute aussi parfaitement que la connaissance la plus certaine. Mais le point est d'être assuré que la révélation est divine, et de savoir que nous en comprenons le véritable sens ; autrement on s'expose au fanatisme et à des erreurs d'une fausse interprétation : et lorsque l'existence et le sens de la révélation n'est que probable, l'assentiment ne saurait avoir une probabilité plus grande que celle qui se trouve dans les preuves. Mais nous en parlerons encore davantage.

Th. Les théologiens distinguent entre les motifs de crédibilité (comme ils les appellent) avec l'assentiment naturel qui en doit naître et ne peut avoir plus de probabilité que ces motifs, et entre l'assentiment surnaturel, qui est un effet de la grâce divine. On a fait des livres exprès sur l'analyse de la foi, qui ne s'accordent pas tout à fait entre eux ; mais puisque nous en parlerons dans la suite, je ne veux point anticiper ici sur ce que nous aurons à dire en son lieu.

CHAP. XVII. — DE LA RAISON.

§ 1. PH. Avant que de parler distinctement de la foi, nous traiterons de la raison. Elle signifie quelquefois des principes clairs et véritables, quelquefois des conclusions déduites de ces principes et quelquefois la cause, et particulièrement la cause finale. Ici on la considère comme une faculté, par où l'on suppose que l'homme est distingué de la bête et en quoi il est évident qu'il la surpasse de beaucoup. § 2. Nous en avons besoin, tant pour étendre notre connaissance que pour régler notre opinion, et elle constitue, à le bien prendre, deux facultés qui sont la sagacité pour trouver les idées moyennes, et la faculté de tirer des conclusions ou d'inférer. § 3. Et nous pouvons considérer dans la raison ces quatre degrés : 1° Découvrir des preuves ; 2° les ranger dans un ordre, qui en fasse voir la connexion ; 3° s'apercevoir de la connexion dans chaque partie de la déduction ; 4° en tirer la conclusion. Et on peut observer ces degrés dans les démonstrations mathématiques.

TH. La raison est la vérité connue dont la liaison avec une autre moins connue fait donner notre assentiment à la dernière. Mais particulièrement et par excellence on l'appelle raison, si c'est la cause non seulement de notre jugement, mais encore de la vérité même, ce qu'on appelle aussi raison à priori, et la cause dans les choses répond à la raison dans les vérités. C'est pourquoi la cause même est souvent appelée raison, et particulièrement la cause finale. Enfin la faculté qui s'aperçoit de cette liaison des vérités ou la faculté de raisonner est aussi appelée raison, et c'est le sens que vous employez ici. Or cette faculté est véritablement affectée à l'homme seul ici-bas, et ne paraît pas dans les autres animaux ici-bas : car j'ai déjà fait voir ci-dessus que l'ombre de la raison qui se fait voir dans les bêtes n'est que l'attente d'un événement semblable dans un cas qui paraît semblable au passé, sans connaître si la même raison a lieu. Les hommes mêmes n'agissent pas autrement dans le cas où ils sont empiriques seulement. Mais ils s'élèvent au-dessus des bêtes, en tant qu'ils voient les liaisons des vérités ; les liaisons, dis-je, qui constituent encore en elles-mêmes des vérités nécessaires et universelles. Ces liaisons sont même nécessaires quand elles ne produisent qu'une opinion, lorsqu'après une exacte recherche la prévalence de la probabilité, autant qu'on en peut juger, peut être démontrée ; de sorte qu'il y a démonstration alors, non pas de la vérité de la chose, mais du parti que la prudence veut qu'on prenne. En partageant cette faculté de la raison, je crois qu'on ne fait pas mal d'en reconnaître deux parties, suivant un sentiment assez reçu qui distingue l'invention et le jugement. Quant à vos quatre degrés que vous remarquez dans les démonstrations des mathémathiques, je trouve qu'ordinairement le premier, qui est de découvrir les preuves, n'y paraît pas comme il serait à souhaiter. Ce sont des synthèses qui ont été trouvées quelquefois sans analyse, et quelquefois l'analyse a été supprimée. Les géomètres, dans leurs démonstrations, mettent premièrement la proposition qui doit être prouvée, et pour venir à la démonstration ils exposent par quelque figure ce qui est donné. C'est qu'on appelle *ecthèse*. Après quoi ils viennent à la préparation et tracent de nouvelles lignes dont ils ont besoin pour le raisonnement ; et souvent le plus grand art consiste à trouver cette préparation. Cela fait, ils font le raisonnement même, en tirant des conséquences de ce qui était donné dans l'ecthèse et de ce qui y a été ajouté par la préparation ; et employant pour cet effet les vérités déjà connues ou démontrées, ils viennent à la conclusion. Mais il y a des cas où l'on se passe de l'ecthèse et de la préparation.

§ 4. Ph. On croit généralement que le syllogisme est le grand instrument de la raison et le meilleur moyen de mettre cette faculté en usage. Pour moi j'en doute, car il ne sert qu'à voir la connexion des preuves dans un seul exemple et non au delà : mais l'esprit la voit aussi facilement et peut-être mieux sans cela. Et ceux qui savent se servir des figures et des modes, en supposent le plus souvent l'usage par une foi implicite pour leurs maîtres, sans en entendre la raison. Si le syllogisme est nécessaire, personne ne connaissait quoi que ce soit par raison avant son invention, et il faudra dire que Dieu ayant fait de l'homme une créature à deux jambes, a laissé à Aristote le soin d'en faire un animal raisonnable ; je veux dire, de ce petit nombre d'hommes qu'il pourrait engager à examiner les fondements des syllogismes, où entrent plus de 60 manières de former les trois propositions, il n'y en a qu'environ 14 de sûres. Mais Dieu a eu beaucoup plus de bonté pour les hommes ; il leur a donné un esprit capable de raisonner. Je ne dis point ceci pour rabaisser Aristote, que je regarde comme un des plus grands hommes de l'antiquité, que peu ont égalé en étendue, en subtilité, en pénétration d'esprit et par la force du jugement, et qui, en cela même qu'il a inventé ce petit système des formes de l'argumentation, a rendu un grand service aux savants contre ceux qui n'ont pas honte de nier tout. Mais cependant ces formes ne sont pas le seul ni le meilleur moyen de raisonner ; et Aristote ne les trouva pas par le moyen des formes mêmes, mais par la voie originale de la convenance manifeste des idées ; et la connaissance qu'on en acquiert par l'ordre naturel dans les démonstrations mathématiques paraît mieux sans le secours d'aucun syllogisme. Inférer est tirer une proposition comme véritable d'une autre déjà avancée pour véritable, en supposant une certaine connexion d'idées moyennes ; par exemple, de ce que les hommes seront punis en l'autre monde, on inféra qu'ils se peuvent déterminer ici eux-mêmes. En voici la liaison : « Les hommes seront punis et Dieu est celui qui punit ; donc la punition est juste ; donc le puni est coupable ; donc il aurait pu faire autrement ; donc il a la liberté en lui ; donc enfin il a la puissance de se déterminer. » La liaison se voit mieux ici que s'il y avait cinq ou six syllogismes embrouillés, où les idées seraient transposées, répétées et enchâssées dans les formes artificielles. Il s'agit de savoir quelle connexion a une idée moyenne avec les extrêmes dans le syllogisme : mais c'est ce que nul syllogisme ne peut montrer. C'est l'esprit qui peut apercevoir ces idées placées ainsi par une espèce de juxtaposition, et cela par sa propre vue. A quoi sert donc le syllogisme? Il est d'usage dans les écoles, où l'on n'a pas la honte de nier la convenance des idées, qui conviennent visiblement. D'où vient que les hommes ne font jamais de syllogismes en eux-mêmes lorsqu'ils cherchent la vérité ou qu'ils l'enseignent à ceux qui désirent sincèrement de la connaître. Il est assez visible aussi que cet ordre est plus naturel

Homme. — Animal — vivant,

c'est-à-dire l'homme est un animal, et l'animal est vivant, donc l'homme est vivant, que celui du syllogisme

Animal — vivant. Homme — animal. Homme — vivant,

c'est-à-dire l'animal est vivant, l'homme est un animal, donc l'homme est vivant. Il est vrai que les syllogismes peuvent servir à découvrir une fausseté cachée sous l'éclat brillant d'un ornement emprunté de la rhétorique, et j'avais cru autrefois que le syllogisme était nécessaire, au moins pour se garder des sophismes déguisés sous des discours fleuris ; mais, après un plus sévère examen, j'ai trouvé qu'on n'a qu'à démêler les idées dont dépend la conséquence de celles qui sont superflues, et les ranger dans un ordre naturel pour en montrer l'incohérence. J'ai connu un homme, à qui les règles du syllogisme étaient entièrement inconnues, qui apercevait d'abord la faiblesse et les faux raisonnements d'un long discours artificieux et plausible, auquel d'autres gens exercés à toute la finesse de la logique se sont laissé attraper ; et je crois qu'il y aura peu de mes lecteurs, qui ne connaissent de telles personnes. Et si cela n'était ainsi, les princes, dans les matières qui intéressent leur couronne et leur dignité, ne manqueraient pas de faire entrer les syllogismes dans les discussions les plus importantes, où cependant tout le monde croit que ce serait une chose ridicule de s'en servir. En Asie, en Afrique et en Amérique, parmi les peuples indépendants des Européens, personne n'en a presque jamais ouï parler. Enfin il se trouve au bout du compte que ces formes scolastiques ne sont pas moins sujettes à tromper ; les gens aussi sont rarement réduits au silence par cette méthode scolastique et encore plus rarement convaincus et gagnés. Ils reconnaîtront tout au plus que leur adversaire est plus adroit, mais ils ne laissent pas d'être persuadés de la justice de leur cause. Et si l'on peut envelopper des raisonnements fallacieux dans le syllogisme, il faut que la fallace puisse être découverte par quelque autre moyen que celui du syllogisme. Cependant je ne suis point d'avis qu'on rejette les syllogismes, ni qu'on se prive d'aucun moyen capable d'aider l'entendement. Il y a des yeux qui ont besoin de lunettes ; mais ceux qui s'en servent ne doivent pas dire que personne ne peut voir sans lunettes. Ce serait trop rabaisser la nature en faveur d'un art, auquel ils sont peut-être redevables. Si ce n'est qu'il leur soit arrivé tout au contraire ce qui a été éprouvé par des personnes qui se sont servies des lunettes trop ou trop tôt, qu'ils ont si fort offusqué la vue par leur moyen qu'ils n'ont plus pu voir sans leur secours.

Th. Votre raisonnement sur le peu d'usage des syllogismes est plein de quantité de remarques solides et belles. Et il faut avouer que la forme scolastique des syllogismes est peu employée dans le monde, et qu'elle serait trop longue et embrouillerait si on la voulait employer sérieusement. Et cependant, le croiriez-vous ? je tiens que l'invention de la forme des syllogismes est une des plus belles de l'esprit humain, et même des plus considérables. C'est une espèce de mathématique universelle, dont l'importance n'est pas assez connue ; et l'on peut dire qu'un art d'infaillibilité y est contenu, pourvu qu'on sache et qu'on puisse s'en bien servir, ce qui n'est pas toujours permis. Or il faut savoir que, par les arguments en forme, je n'entends pas seulement cette manière scolastique d'argumenter dont on se sert dans les collèges, mais tout raisonnement qui conclut par la force de la forme, et où l'on n'a besoin de suppléer aucun article ; de sorte qu'un sorite, un autre tissu de syllogismes, qui évite la répétition, même un compte bien dressé, un calcul d'algèbre, une analyse des infinitésimales me seront à peu près des arguments en forme, puisque leur forme de raisonner a été prédémontrée, en sorte qu'on est sûr de ne s'y point tromper. Et peu s'en faut que les démonstrations d'Euclide ne soient des arguments en forme le plus souvent ; car, quand il fait des enthymèmes en apparence, la proposition supprimée et qui semble manquer est suppléée par la citation à la marge, où l'on donne le moyen de la trouver déjà démontrée ; ce qui donne un grand abrégé sans rien déroger à la force. Ces inversions, compositions et divisions des raisons, dont il se sert, ne sont que des espèces de formes d'argumenter particulières et propres aux mathématiciens et à la matière qu'ils traitent, et ils démontrent ces formes avec l'aide des formes universelles de la logique. De plus, il faut savoir qu'il y a des conséquences asyllogistiques bonnes et qu'on ne saurait démontrer à la rigueur par aucun syllogisme sans en changer un peu les termes ; et ce changement même des termes fait la conséquence asyllogistique. Il y en a plusieurs, comme entre autres *a recto ad obliquum*. Par exemple : Jésus-Christ est Dieu ; donc la mère de Jésus-Christ est la mère de Dieu ; *item*, celle que des habiles logiciens ont appelée inversion de relation, comme, par exemple, cette conséquence : si David est père de Salomon, sans doute Salomon est fils de David. Et ces conséquences ne laissent pas d'être démontrables par des vérités dont les syllogismes vulgaires mêmes dépendent. Les syllogismes aussi ne sont pas seulement catégoriques, mais encore hypothétiques, où les disjonctifs sont compris. Et l'on peut dire que les catégoriques sont simples ou composés.

Les catégoriques simples sont ceux qu'on compte ordinairement, c'est-à-dire selon les modes des figures : et j'ai trouvé que les quatre figures ont chacune six modes, de sorte qu'il y a 24 modes en tout. Les quatre modes vulgaires de la première figure ne sont que l'effet de la signification des signes : Tout, Nul, Quelqu'un. Et les deux que j'y ajoute, pour ne rien omettre, ne sont que les subalternations des propositions universelles. Car de ces deux modes ordinaires, tout B est C, et tout A est B, donc tout A est C ; *item* nul B est C, tout A est B, donc nul A est C, on peut faire ces deux modes additionnels, tout B est C, tout A est B, donc quelque A est C ; *item* nul B est C, tout A est B, donc quelque A n'est point C. Car il n'est point nécessaire de démontrer la subalternation et de prouver ses conséquences : tout A est C, donc quelque A est C ; *item* nul A est C, donc quelque A n'est point C, quoiqu'on la puisse pourtant démontrer par les identiques, joints aux modes déjà reçus de la première figure, en cette façon : tout A est C ; quelque A est A, donc quelque A est C. *Item* nul A est C, quelque A est A, donc quelque A n'est point C. De sorte que les deux modes additionnels de la première figure se démontrent par les deux premiers modes ordinaires de ladite figure avec l'intervention de la subalternation, démontrable elle-même par les deux autres modes de la même figure. Et de la même façon, la seconde figure en reçoit aussi deux nouveaux. Ainsi la première et la seconde en ont six ; la troisième en a eu six de tout temps ; on en donnait cinq à la quatrième, mais il se trouve qu'elle en a six aussi par le même principe d'addition. Mais il faut savoir que la forme logique ne nous oblige pas à cet ordre des propositions, dont on se sert communément, et je suis de votre opinion, Monsieur, que cet autre arrangement vaut mieux : tout A est B, tout B est C, donc tout A est C, ce qui serait particulièrement par les sorites, qui sont un tissu de tels syllogismes. Car s'il y en avait encore un : tout A est C, tout C est D, donc tout A est D, on peut faire un tissu de ces deux syllogismes, qui évite la répétition en disant : tout A est B, tout B est C, tout C est D, donc tout A est D, où l'on voit que la proposition inutile, tout A est C, est négligée, et la répétition inutile de cette même proposition que les deux syllogismes demandaient, est évitée ; car cette proposition, est inutile désormais, et le tissu est un argument parfait et bon en forme sans cette même proposition quand la force du tissu a été démontrée une fois pour toutes par le moyen de ces deux syllogismes. Il y a une infinité d'autres tissus plus composés, non seulement parce qu'un plus grand nombre de syllogismes simples y entre mais encore parce que les syllogismes ingrédients sont plus différents entre eux, car on y peut faire entrer non seulement des catégoriques simples, mais encore des copulatifs, et non seulement des catégoriques, mais encore des hypothétiques ; et non seulement des syllogismes pleins, mais encore des enthymèmes où les propositions, qu'on croit évidentes, sont supprimées. Et tout cela joint avec des conséquences asyllogistiques, et avec des transpositions des propositions, et avec quantité de tours et pensées qui cachent ces propositions par l'inclination naturelle de l'esprit à abréger, et par les propriétés du langage, qui paraissent en partie dans l'emploi des particules, fera un tissu de raisonnement, qui représentera toute argumentation même d'un orateur, mais décharnée et dépouillée de ses ornements et réduite à la forme logique, non pas scolastiquement, mais toujours suffisamment pour connaître la force, suivant les lois de la logique, qui ne sont autres que celles du bon sens, mises en ordre et par écrit et qui n'en diffèrent pas davantage que la coutume d'une province diffère de ce qu'elle avait été, quand de non écrite qu'elle était elle est devenue écrite. Si ce n'est qu'étant mise par écrit et se pouvant mieux envisager tout d'un coup elle fournit plus de lumière pour pouvoir être poussée et appliquée ; car le bon sens naturel sans l'aide de l'art, faisant l'analyse de quelque raisonnement, sera un peu en peine quelquefois sur la force des conséquences, en en trouvant par exemple qui enveloppent quelque mode, bon à la vérité mais moins usité ordinairement. Mais un logicien qui voudrait qu'on ne se servît point de tels tissus, ou ne voudrait point s'en servir lui-même prétendant qu'on doit toujours réduire tous les arguments composés aux syllogismes simples, dont ils dépendent en effet, serait, suivant ce que je vous ai déjà dit, comme un homme qui voudrait obliger les marchands, dont il achète quelque chose, à lui compter les nombres un à un, comme on compte aux doigts, ou comme l'on compte les heures de l'horloge de la ville ; ce qui marquerait sa stupidité, s'il ne pouvait compter autrement, et s'il ne pouvait trouver qu'au bout des doigts que 5 et 3 font 8 ; ou bien cela marquerait un caprice s'il savait ces abrégés et ne voulait point s'en servir, ou permettre qu'on s'en servît. Il serait aussi comme un homme qui ne voudrait point qu'on employât les axiomes et les théorèmes déjà démontrés, prétendant qu'on doit toujours réduire tout raisonnement aux premiers principes, où se voit la liaison immédiate des idées dont, en effet, ces théorèmes moyens dépendent. Après avoir expliqué l'usage des formes logiques de la manière que je crois qu'on le doit prendre, je viens à vos considérations. Et je ne vois point comment vous voulez, Monsieur, que le syllogisme ne serve qu'à voir la connexion des preuves dans un seul exemple. De dire que l'esprit voit toujours facilement les conséquences, c'est ce qui ne se trouvera pas, car on en voit quelquefois (au moins dans les raisonnements d'autrui) où l'on a lieu de douter d'abord, tant qu'on n'en voit pas la démonstration. Ordinairement on se sert des exemples pour justifier les conséquences, mais cela n'est pas toujours assez sûr, quoiqu'il y ait un art de choisir des exemples qui ne se trouveraient point vrais si la conséquence n'était bonne. Je ne crois pas qu'il fût permis dans les écoles bien gouvernées de nier sans aucune honte les convenances manifestes des idées, et il ne me paraît pas qu'on emploie le syllogisme à les montrer. Au moins ce n'est pas son unique et principal usage. On trouvera plus souvent qu'on ne pense (en examinant les paralogismes des auteurs) qu'ils ont péché contre les règles de la logique et j'ai moi-même expérimenté quelquefois, en disputant même par écrit avec des personnes de bonne foi, qu'on n'a commencé à s'entendre que lorsqu'on a argumenté en forme pour débrouiller un chaos de raisonnements. Il serait ridicule sans doute de vouloir argumenter à la scolastique dans des délibérations importantes, à cause des prolixités importunes et embarrassantes de cette forme de raisonnement et parce que c'est comme compter aux doigts. Mais cependant il n'est que trop vrai que, dans les plus importantes délibérations qui regardent la vie, l'État, le salut, les hommes se laissent éblouir souvent par le poids de l'autorité, par la lueur de l'éloquence, par des exemples mal appliqués, par des enthymèmes qui supposent faussement l'évidence de ce qu'ils suppriment, et même par des conséquences fautives, de sorte qu'une logique sévère, mais d'un autre tour que celle de l'École, ne leur serait que trop nécessaire, entre autres pour déterminer de quel côté est la plus grande apparence. Au reste, de ce que le vulgaire des hommes ignore la logique artificielle, et qu'on ne laisse pas d'y bien raisonner et mieux quelquefois que des gens exercés en logique, cela ne prouve pas l'inutilité, non plus qu'on prouverait celle de l'arithmétique artificielle, parce qu'on voit quelques personnes bien compter dans les rencontres ordinaires sans avoir appris à lire ou à écrire, et sans savoir manier la plume ni les jetons, jusqu'à redresser même des fautes d'un autre qui a appris à calculer, mais qui se peut négliger ou embrouiller dans les caractères ou marques. Il est vrai qu'encore les syllogismes peuvent devenir sophistiques, mais leurs propres lois servent à les reconnaître : et les syllogismes ne convertissent et même ne convainquent pas toujours ; mais c'est parce que l'abus des distinctions et des termes mal entendus en rend l'usage prolixe jusqu'à devenir insupportable s'il fallait le pousser à bout. Il ne me reste ici qu'à considérer et à suppléer votre argument, apporté pour servir d'exemple d'un raisonnement clair sans la forme des logiciens. Dieu punit l'homme (c'est un fait supposé), Dieu punit justement celui qu'il punit (c'est une vérité de raison qu'on peut prendre pour démontrée) ; donc Dieu punit l'homme justement (c'est une conséquence syllogistique étendue asyllogistiquement *a recto ad obliquum*) ; donc l'homme est puni justement (c'est une inversion de relation, mais qu'on supprime à cause de son évidence) ; donc l'homme est coupable (c'est un enthymème, où l'on supprime cette proposition, qui en effet n'est qu'une définition : celui qu'on punit justement est coupable) ; donc l'homme aurait pu faire autrement (on supprime cette proposition : celui qui est coupable a pu faire autrement) ; donc l'homme a été libre (on supprime encore : qui a pu faire autrement a été libre) ; donc (par la définition du libre) il a eu la puissance de se déterminer. Ce qu'il fallait prouver. Où je remarque encore que ce *donc* même enferme en effet et la proposition sous-entendue (que celui qui est libre a la puissance de se déterminer) et sert à éviter la répétition des termes. Et dans ce sens, il n'y aurait rien d'omis, et l'argument à cet égard pourrait passer pour entier.

On voit que ce raisonnement est un tissu de syllogismes entièrement conformes à la logique ; car je ne veux point maintenant considérer la matière de ce raisonnement, où il y aurait peut-être des remarques à faire ou des éclaircissements à demander. Par exemple, quand un homme ne peut point faire autrement, il y a des cas où il pourrait être coupable devant Dieu, comme s'il était bien aise de ne point pouvoir secourir son prochain pour avoir une excuse. Pour conclure, j'avoue que la forme d'argumenter scolastique est ordinairement incommode, insuffisante, mal ménagée, mais je dis en même temps que rien ne saurait être plus important que l'art d'argumenter en forme selon la vraie logique, c'est-à-dire pleinement quant à la matière, et clairement quant à l'ordre et à la forme des conséquences, soit évidentes par elles-mêmes, soit prédémontrées.

§ 5. PH. Je croyais que le syllogisme serait encore moins utile, ou plutôt absolument d'aucun usage dans les probabilités parce qu'il ne pousse qu'un seul argument topique. Mais je vois maintenant qu'il faut toujours prouver solidement ce qu'il y a de sûr dans l'argument topique même, c'est-à-dire l'apparence qui s'y trouve, et que la force de la conséquence consiste dans la forme. § 6. Cependant si les syllogismes servent à juger, je doute qu'ils puissent servir à inventer, c'est-à-dire à trouver des preuves et à faire de nouvelles découvertes. Par exemple, je ne crois pas que la découverte de la 47e proposition du premier livre d'Euclide soit due aux règles de la logique ordinaire, car on connaît premièrement, et puis on est capable de prouver en forme syllogistique.

TH. Comprenant sous les syllogismes encore les tissus des syllogismes et tout ce que j'ai appelé argumentation en forme, on peut dire que la connaissance, qui n'est pas évidente par elle-même, s'acquiert par des conséquences, lesquelles ne sont bonnes que lorsqu'elles ont leur forme due. Dans la démonstration de ladite proposition, qui fait le carré de l'hypoténuse égal aux deux carrés des côtés, on coupe le grand carré en pièces et les deux petits aussi, et il se trouve que les pièces des deux petits carrés se peuvent toutes trouver dans le grand et ni plus ni moins. C'est prouver l'égalité en forme, et les égalités des pièces se prouvent aussi par des arguments en bonne forme. L'analyse des anciens était, suivant Pappus, de prendre ce qu'on demande, et d'en tirer les conséquences, jusqu'à ce qu'on vienne à quelque chose de donné ou de connu. J'ai remarqué que pour cet effet il faut que les propositions soient réciproques, afin que la démonstration synthétique puisse repasser à rebours par les traces de l'analyse, mais c'est toujours tirer des conséquences. Il est bon cependant de remarquer ici que dans les hypothèses astronomiques ou physiques le retour n'a point lieu : mais aussi le succès ne démontre pas la vérité de l'hypothèse. Il est vrai qu'il la rend probable, mais comme cette probabilité paraît pécher contre la règle de logique, qui enseigne que le vrai peut être tiré du faux, on dira que les règles logiques n'auront point lieu entièrement dans les questions probables. Je réponds qu'il est possible que le vrai soit conclu du faux, mais il n'est pas toujours probable, surtout lorsqu'une simple hypothèse rend raison de beaucoup de vérités; ce qui est rare et se rencontre difficilement. On pourrait dire avec Cardan que la logique des probables a d'autres conséquences que la logique des vérités nécessaires. Mais la probabilité même de ces conséquences doit être démontrée par les conséquences de la logique des nécessaires.

§ 7. Ph. Vous paraissez faire l'apologie de la logique vulgaire, mais je vois bien que ce que vous apportez appartient à une logique plus sublime, à qui la vulgaire n'est que ce que les rudiments abécédaires sont à l'érudition : ce qui me fait souvenir d'un passage du judicieux Hooker (1), qui dans son livre intitulé *la Police ecclésiastique*, liv. I, § 6, croit que, si l'on pouvait fournir les vrais secours du savoir et de l'art de raisonner, que dans ce siècle qui passe pour éclairé on ne connaît pas beaucoup et dont on ne se met pas fort en peine, il y aurait autant de différence par rapport à la solidité du jugement entre les hommes qui s'en serviraient et ce que les hommes sont à présent, qu'entre les hommes d'à présent et les imbéciles. Je souhaite que notre conférence puisse donner occasion à faire trouver à quelques-uns ces vrais secours de l'art dont parle ce grand homme, qui avait l'esprit si pénétrant. Ce ne seront pas les imitateurs qui comme le bétail suivent le chemin battu (*imitatorum servum pecus*). Cependant, j'ose dire qu'il y a dans ce siècle des personnes d'une telle force de jugement, et d'une si grande étendue d'esprit, qu'ils pourraient trouver pour l'avancement de la connaissance des chemins nouveaux, s'ils voulaient prendre la peine de tourner leurs pensées de ce côté-là.

Th. Vous avez bien remarqué, Monsieur, avec feu M. Hooker, que le monde ne s'en met guère en peine ; autrement je crois qu'il y a et qu'il y a eu des personnes capables d'y réussir. Il faut avouer cependant que nous avons maintenant de grands secours, tant du côté des mathématiques que de la philosophie, où les Essais concernant l'entendement humain de votre excellent ami ne sont pas le moindre. Nous verrons s'il y a moyen d'en profiter.

§ 8. Ph. Il faut que je vous dise encore, Monsieur, que j'ai cru qu'il y avait une méprise visible dans les règles du syllogisme ; mais depuis que nous conférons ensemble, vous m'avez fait hésiter. Je vous représenterai pourtant ma difficulté. On dit « que nul raison-
« nement syllogistique ne peut être concluant s'il ne contient au
« moins une proposition universelle ». Mais il semble qu'il n'y ait

---

(1) Hooker, théologien anglais, né à Heavitrée près d'Exeter, en 1554, mort en 1600. Son principal ouvrage est *The laws of ecclesiastical polity*.

que les choses particulières qui soient l'objet immédiat de nos raisonnements et de nos connaissances ; elles ne roulent que sur la convenance des idées, dont chacune n'a qu'une existence particulière et ne représente qu'une chose singulière.

Th. Autant que vous concevez la similitude de choses, vous concevez quelque chose de plus, et l'universalité ne consiste qu'en cela. Toujours vous ne proposerez jamais aucun de nos arguments, sans y employer des vérités universelles. Il est bon pourtant de remarquer qu'on comprend (quant à la forme) les propositions singulières sous les universelles. Car, quoiqu'il soit vrai qu'il n'y a qu'un seul saint Pierre apôtre, on peut pourtant dire que quiconque a été saint Pierre l'apôtre a renié son Maître. Ainsi ce syllogisme : saint Pierre a renié son Maître (quoiqu'il n'ait que des propositions singulières) est jugé de les avoir universelles affirmatives, et le mode sera *darapti* de la troisième figure.

Ph. Je voulais encore vous dire qu'il me paraissait mieux de transposer les prémisses des syllogismes et de dire : tout A est B, tout B est C, donc tout A est C ; que de dire : tout B est C, tout A est B, donc tout est C. Mais il semble, par ce que vous avez dit, qu'on ne s'en éloigne pas et qu'on compte l'un et l'autre pour un même mode. Il est toujours vrai, comme vous avez remarqué que la disposition différente de la vulgaire est plus propre à faire un tissu de plusieurs syllogismes.

Th. Je suis tout à fait de votre sentiment. Il semble cependant qu'on a cru qu'il était plus didactique de commencer par des propositions universelles, telles que sont les majeures dans la première et dans la seconde figure ; et il y a encore des orateurs qui ont cette coutume. Mais la liaison paraît mieux comme vous le proposez. J'ai remarqué autrefois qu'Aristote peut avoir eu une raison particulière pour la disposition vulgaire. Car, au lieu de dire A est B, il a coutume de dire B est en A. Et de cette façon d'énoncer, la liaison même que vous demandez lui viendra dans la disposition reçue. Car au lieu de dire B est C, A est B, donc A est C ; il l'énoncera ainsi : C est en B, B est en A, donc C est en A. Par exemple, au lieu de dire : « le rectangle est isogone (ou à angles égaux), le carré est rectangle, donc le carré est isogone, » Aristote, sans transposer les propositions, conservera la place du milieu au terme moyen par cette manière d'énoncer les propositions qui en renverse les termes, et il dira : l'isogone est dans le rectangle, le rectangle est dans le carré, donc l'isogone est dans le carré. Et cette manière d'énoncer n'est pas à mépriser, car en effet le prédicat est dans le sujet, ou bien l'idée du prédicat est enveloppée dans l'idée du sujet. Par exemple, l'isogone est dans le rectangle, car le rectangle est la figure dont tous les angles droits sont égaux entre eux, donc dans l'idée du rectangle est l'idée d'une figure dont tous les angles sont égaux, ce qui est l'idée de l'isogone. La manière d'énoncer vulgaire regarde plutôt les individus, mais celle d'Aristote a plus d'égard aux idées ou universaux. Car disant « tout homme est animal », je veux dire que tous les hommes sont compris dans tous les animaux ; mais j'entends en même temps que l'idée de l'animal est comprise dans l'idée de l'homme. L'animal comprend plus d'individus que l'homme, mais l'homme comprend plus d'idées ou plus de formalités ; l'un a plus d'exemples, l'autre plus de degrés de réalité ; l'un a plus d'extension, l'autre plus d'intension. Aussi peut-on dire véritablement que toute la doctrine syllogistique pourrait être démontrée par celle de *continente* et *contento*, du comprenant et du compris, qui est différente de celle du tout et de la partie ; car le tout excède toujours la partie, mais le comprenant et le compris sont quelquefois égaux comme il arrive dans les propositions réciproques.

§ 9. Ph. Je commence à me former une tout autre idée de la logique que je n'en avais autrefois. Je la prenais pour un jeu d'écolier, et je vois maintenant qu'il y a comme une mathématique universelle de la manière que vous l'entendez. Plût à Dieu qu'on la poussât à quelque chose de plus qu'elle n'est encore, afin que nous y pussions trouver ces vrais secours de la raison dont nous parlait Hooker, qui élèveraient les hommes bien au-dessus de leur présent état. Et la raison est une faculté qui en a d'autant plus besoin que son étendue est assez limitée et qu'elle nous manque en bien des rencontres. C'est 1° parce que souvent les idées mêmes nous manquent.

§ 10. Et puis 2° elles sont souvent obscures et imparfaites : au lieu que là où elles sont claires et distinctes comme dans les nombres, nous ne trouvons point de difficultés insurmontables et ne tombons dans aucune contradiction. § 11. 3° Souvent aussi la difficulté vient de ce que les idées moyennes nous manquent. L'on sait qu'avant que l'algèbre, ce grand instrument et cette preuve insigne de la sagacité de l'homme, eût été découverte, les hommes regardaient avec étonnement plusieurs démonstrations des anciens mathématiciens. § 12. Il arrive aussi 4° qu'on bâtit sur de faux principes, ce qui peut engager dans des difficultés, où la raison embrouille davantage, bien loin d'éclairer. § 13. Enfin 5° les termes dont la signification est incertaine embarrassent la raison.

Tн. Je ne sais s'il nous manque tant d'idées qu'on croit, c'est-à-dire de distinctes. Quant aux idées confuses ou images plutôt, ou si vous voulez impressions, comme couleurs, goûts, etc., qui sont un résultat de plusieurs petites idées distinctes en elles-mêmes, mais dont on ne s'aperçoit pas distinctement, il nous en manque une infinité, qui sont convenables à d'autres créatures plus qu'à nous. Mais ces impressions aussi servent plutôt à donner des instincts et à fonder des observations d'expérience qu'à fournir de la matière à la raison, si ce n'est en tant qu'elles sont accompagnées de perceptions distinctes. C'est donc principalement le défaut de la connaissance que nous avons de ces idées distinctes, cachées dans les confuses, qui nous arrête, et lors même que tout est distinctement exposé à nos sens, ou à notre esprit, la multitude des choses qu'il faut considérer nous embrouille quelquefois. Par exemple, lorsqu'il y a un tas de 1000 boulets devant nos yeux, il est visible que, pour bien concevoir le nombre et les propriétés de cette multitude, il sert beaucoup de les ranger en figures comme l'on fait dans les magasins, afin d'en avoir des idées distinctes et les fixer même en sorte qu'on puisse s'épargner la peine de les compter plus d'une fois. C'est la multitude des considérations aussi qui fait que dans la science des nombres même il y a des difficultés très grandes, car on y cherche des abrégés, et on ne sait pas quelquefois si la nature en a dans ses replis pour le cas dont il s'agit. Par exemple, qu'y a-t-il de plus simple en apparence que la notion du nombre primitif, c'est-à-dire du nombre entier indivisible par tout autre excepté par l'unité et par lui-même? Cependant on cherche encore une marque positive et facile pour les reconnaître certainement sans essayer tous les diviseurs primitifs, moindres que la racine carrée du primitif donné. Il y a quantité de marques qui font connaître sans beaucoup de calcul que tel nombre n'est point primitif, mais on en demande une qui soit facile et qui fasse connaître certainement qu'il est primitif quand il l'est. C'est ce qui fait aussi que l'algèbre est encore si imparfaite, quoiqu'il n'y ait rien de plus connu que les idées dont elle se sert, puisqu'elles ne signifient que des nombres en général ; car le public n'a pas encore le moyen de tirer les racines irrationnelles d'aucune équation au delà du 4° degré (excepté dans un cas fort borné) ; et les méthodes dont Diophante (1), Scipion du Fer (2) et Louis de Ferrare (3) se sont servis respectivement pour le second, 3° et 4° degré, afin de les réduire au premier, ou afin de réduire une équation affectée à une pure, sont toutes différentes entre elles, c'est-à-dire celle qui sert pour un degré diffère un degré de celle qui sert pour l'autre. Car le second degré, ou de l'équation carrée, se réduit au premier, en ôtant seulement le second terme. Le troisième degré, ou de l'équation cubique, a été résolu parce qu'en coupant l'inconnue en parties il en provient heureusement une équation du second degré. Et dans le 4° degré, ou des biquadrates, on ajoute quelque chose des deux côtés de l'équation pour la rendre extrayable de part et d'autre ; et il se trouve encore heureusement que, pour obtenir cela, on n'a besoin que d'une équation cubique seulement. Mais tout cela n'est qu'un mélange de bonheur ou de hasard avec l'art ou méthode. Et en le tentant dans ces deux derniers degrés, on ne savait pas si l'on réussirait. Aussi faut-il encore quelque autre artifice pour réussir dans le 5° ou 6° degré, qui sont des sursolides et des bicubes ; et quoique M. Descartes ait cru que la méthode dont il s'est servi dans le 4° en concevant l'équation comme produite par deux autres équations carrées (mais qui dans le fond ne saurait donner plus que celle de Louis de Ferrare) réussirait aussi dans le 6°, cela ne s'est point trouvé. Cette difficulté fait voir qu'encore les idées les plus claires et les plus distinctes ne nous donnent pas toujours tout ce qu'on demande et tout ce qui s'en peut tirer. Et cela fait encore juger qu'il s'en faut beaucoup que l'algèbre soit l'art d'inventer, puisqu'elle-même a besoin d'un art plus général, c'est-à-dire l'art des caractères est un secours merveilleux parce qu'elle décharge l'imagination. L'on ne doutera point, voyant l'arithmétique de Diophante et les livres géométriques d'Apollonius et de Pappus, que les Anciens n'en aient eu quelque chose. Viète y a donné plus d'étendue en exprimant non seulement ce qui est demandé, mais encore les nombres donnés par des carac-

---

(1) DIOPHANTE, d'Alexandrie, a vécu du temps de l'empereur Julien vers 360 ; il est auteur du plus ancien *Traité d'algèbre* que nous ayons. On en a plusieurs éditions : la plus importante est celle de Toulouse (1760, in-fol.), avec les observations de Fermat.   P. J.

(2) SCIPION, jésuite de Bohême, né à Pilsen en 1567, s'est occupé de philosophie, de mathématiques et de théologie.   P. J.

(3) LOUIS DE FERRARE (1522-1562), mathématicien italien, élève de Cardan, *Opera omnia* (Lyon, 1663, 10 vol.).

tères généraux, faisant en calculant ce qu'Euclide faisait déjà en raisonnant ; et Descartes a étendu l'application de ce calcul à la géométrie, en marquant les lignes par les équations. Cependant encore, après la découverte de notre algèbre moderne, M. Bouillaud (1) (Ismael Bullialdus), excellent géomètre sans doute, que j'ai encore connu à Paris, ne regardait qu'avec étonnement les démonstrations d'Archimède sur la spirale et ne pouvait point comprendre comment ce grand homme s'était avisé d'employer la tangente de cette ligne pour la dimension du cercle. Le père Grégoire de Saint-Vincent (2) le paraît avoir deviné, jugeant qu'il y est venu par le parallélisme de la spirale avec la parabole. Mais cette voie n'est que particulière, au lieu que le nouveau calcul des infinitésimales, qui procède par la voie des différences, dont je me suis avisé et dont j'ai fait part au public avec succès, en donne une générale, où cette découverte par la spirale n'est qu'un jeu et qu'un essai des plus faciles, comme presque tout ce qu'on avait trouvé auparavant en matière de dimensions des courbes. La raison de l'avantage de ce nouveau calcul est encore qu'il décharge l'imagination dans les problèmes que M. Descartes avait exclus de sa géométrie sous prétexte qu'ils menaient au mécanique le plus souvent, mais dans le fond parce qu'ils ne convenaient pas à son calcul. Pour ce qui est des erreurs qui viennent des termes ambigus, il dépend de nous de les éviter.

Ph. Il y a aussi un cas où la raison ne peut pas être appliquée, mais où aussi on n'en a point besoin et où la vue vaut mieux que la raison. C'est dans la connaissance intuitive, où la liaison des idées et des vérités se voit immédiatement. Telle est la connaissance des maximes indubitables ; et je suis tenté de croire que c'est le degré d'évidence que les anges ont présentement et que les esprits des hommes justes, parvenus à la perfection, auront dans un état à venir sur mille choses qui échappent à présent à notre entendement. § 15. Mais la démonstration fondée sur des idées moyennes donne une connaissance raisonnée. C'est parce que la liaison de l'idée moyenne avec les extrêmes est nécessaire et se voit par une juxtaposition d'évidence semblable à celle d'une aune qu'on applique tantôt à un

---

(1) Bouillau (et non Bouillaud), mathématicien né à Londres en 1605, mort à Paris en 1694. Dans son *Astronomica philolaïca*, il a attaqué les lois de Képler.
P. J.

(2) Grégoire (de Saint-Vincent), célèbre géomètre, né à Bruges en 1584, mort à Gand en 1667. Son principal ouvrage est son *Opus geometricum quadraturæ circuli et sectionum coni*.
P. J.

drap et tantôt à un autre pour faire voir qu'ils sont égaux. § 16. Mais si la liaison n'est que probable, le jugement ne donne qu'une opinion.

Th. Dieu seul a l'avantage de n'avoir que des connaissances intuitives. Mais les âmes bienheureuses, quelque détachées qu'elles soient de ces corps grossiers, et les génies mêmes, quelque sublimes qu'ils soient, quoiqu'ils aient une connaissance plus intuitive que nous sans comparaison et qu'ils voient souvent d'un coup d'œil ce que nous ne trouvons qu'à force de conséquences, après avoir employé du temps et de la peine, doivent trouver aussi des difficultés en leur chemin, sans quoi ils n'auraient point de plaisir de faire des découvertes, qui est un des plus grands. Et il faut toujours reconnaître qu'il y aura une infinité de vérités qui leur sont cachées, ou tout à fait ou pour un temps, où il faut qu'ils arrivent à force de conséquences et par la démonstration ou même souvent par conjecture.

Ph. Donc ces génies ne sont que des animaux plus parfaits que nous, c'est comme si vous disiez avec l'Empereur de la lune que c'est tout comme ici.

Th. Je le dirai, non pas tout à fait, mais quant au fond des choses, car la manière et les degrés de perfection varient à l'infini. Cependant le fond est partout le même, ce qui est une maxime fondamentale chez moi et qui règne dans toute ma philosophie. Et je ne conçois les choses inconnues ou confusément connues que de la manière de celles qui nous sont distinctement connues; ce qui rend la philosophie bien aisée et je crois même qu'il en faut user ainsi : mais si cette philosophie est la plus simple dans le fond, elle est aussi la plus riche dans les manières, parce que la nature les peut varier à l'infini, comme elle le fait aussi avec autant d'abondance, d'ordre et d'ornements qu'il est possible de se figurer. C'est pourquoi je crois qu'il n'y a point de génie, quelque sublime qu'il soit, qui n'en ait une infinité au-dessus de lui. Cependant, quoique nous soyons fort inférieurs à tant d'êtres intelligents, nous avons l'avantage de n'être point contrôlés visiblement dans ce globe, où nous tenons sans contredit le premier rang ; et avec toute l'ignorance où nous sommes plongés, nous avons toujours le plaisir de ne rien voir qui nous surpasse. Et si nous étions vains, nous pourrions juger comme César, qui aimait mieux être le premier dans une bourgade que le second à Rome. Au reste, je ne parle ici que des connaissances naturelles de ces esprits et non pas de la vision béatifique, ni des lumières surnaturelles que Dieu veut bien leur accorder.

§ 19. Ph. Comme chacun se sert de la raison ou à part soi, ou envers un autre, il ne sera pas inutile de faire quelques réflexions sur quatre sortes d'arguments dont les hommes sont accoutumés de se servir pour entraîner les autres dans leurs sentiments, ou du moins pour les tenir dans une espèce de respect, qui les empêche de contredire. Le premier argument se peut appeler 1° *argumentum ad verecundiam*, quand on cite l'opinion de ceux qui ont acquis de l'autorité par leur savoir, rang, puissance ou autrement; car, lorsqu'un autre ne s'y rend pas promptement, on est porté à le censurer comme plein de vanité et même à le taxer d'insolence. § 20. Il y a 2° *argumentum ad ignorantiam*, c'est d'exiger que l'adversaire admette la preuve ou qu'il en assigne une meilleure. § 21. Il y a 3° *argumentum ad hominem*, quand on presse un homme par ce qu'il a dit lui-même. § 22. Enfin il y a 4° *argumentum ad judicium*, qui consiste à employer des preuves tirées de quelqu'une des sources de la connaissance ou de la probabilité ; et c'est le seul de tous qui nous avance et instruit; car, si par respect je n'ose point contredire ou si je n'ai rien de meilleur à dire, ou si je me contredis, il ne s'ensuit point que vous avez raison. Je puis être modeste, ignorant, trompé, et vous pouvez vous être trompé aussi.

Th. Il faut sans doute faire différence entre ce qui est bon à dire et ce qui est vrai à croire. Cependant, comme la plupart des vérités peuvent être soutenues hardiment, il y a quelque préjugé contre une opinion qu'il faut cacher. L'argument *ad ignorantiam* est bon dans les cas à présomption, où il est raisonnable de se tenir à une opinion jusqu'à ce que le contraire se prouve. L'argument *ad hominem* a cet effet, qu'il montre que l'une ou l'autre assertion est fausse et que l'adversaire s'est trompé de quelque manière qu'on le prenne. On pourrait encore apporter d'autres arguments, dont on se sert, par exemple celui qu'on pourrait appeler *ad vertiginem*, lorsqu'on raisonne ainsi : si cette preuve n'est point reçue, nous n'avons aucun moyen de parvenir à la certitude sur le point dont il s'agit, ce qu'on prend pour une absurdité. Cet argument est bon en certains cas, comme si quelqu'un voulait nier les vérités primitives et immédiates, par exemple que rien ne peut être et n'être pas en même temps, car s'il avait raison, il n'y aurait aucun moyen de connaître quoi que ce soit. Mais quand on s'est fait certains principes et quand on les veut soutenir parce qu'autrement tout le système de quelque doctrine reçue tomberait, l'argument n'est point décisif ; car il faut distinguer entre ce qui est nécessaire pour soutenir nos connaissances et entre ce qui sert de fondement à nos doctrines reçues ou à nos pratiques. On s'est servi quelquefois chez les jurisconsultes d'un raisonnement approchant pour justifier la condamnation ou la torture des prétendus sorciers sur la déposition d'autres accusés du même crime, car on disait : si cet argument tombe, comment les convaincrons-nous ? Et quelquefois, en matière criminelle, certains auteurs prétendent que, dans les faits où la conviction est plus difficile, des preuves plus légères peuvent passer pour suffisantes. Mais ce n'est pas une raison. Cela prouve seulement qu'il faut employer plus de soin et non pas qu'on doit croire plus légèrement, excepté dans les crimes extrêmement dangereux, comme par exemple en matière de haute trahison où cette considération est de poids, non pas pour condamner un homme, mais pour l'empêcher de nuire ; de sorte qu'il peut y avoir un milieu, non pas entre coupable et non coupable, mais entre la condamnation et le renvoi, dans les jugements où la loi et la coutume l'admettent. On s'est servi d'un semblable argument en Allemagne depuis quelque temps, pour colorer les fabriques de la mauvaise monnaie ; car, disait-on, s'il faut se tenir aux règles prescrites, on n'en pourra point battre sans y perdre. Il doit donc être permis d'en détériorer l'alliage. Mais outre qu'on devait diminuer le poids seulement et non pas l'alliage ou le titre, pour mieux obvier aux fraudes, on suppose qu'une pratique est nécessaire, qui ne l'est point ; car il n'y a point d'ordre du ciel ni de loi humaine qui oblige à battre monnaie ceux qui n'ont point de mine ni d'occasion d'avoir de l'argent en barres ; et de faire monnaie de monnaie, c'est une mauvaise pratique, qui porte naturellement la détérioration avec elle. Mais comment exercerons-nous, disent-ils, notre régale d'en battre ? La réponse est aisée. Contentez-vous de faire battre quelque peu de bon argent, même avec une petite perte, si vous croyez qu'il vous importe d'être mis sous le marteau, sans que vous ayez besoin ni droit d'inonder le monde de méchant billon.

§ 23. Ph. Après avoir dit un mot du rapport de notre raison aux autres hommes, ajoutons quelque chose de son rapport à Dieu, qui fait que nous distinguons entre ce qui est contraire à la raison et ce qui est au-dessus de la raison. De la première sorte est tout ce qui est incompatible avec nos idées claires et distinctes ; de la seconde est tout sentiment, dont nous ne voyons pas que la vérité ou la probabilité puisse être déduite de la sensation ou de la réflexion par le secours de la raison. Ainsi l'existence de plus d'un Dieu est contraire à la raison, et la résurrection des morts est au-dessus de la raison.

TH. Je trouve quelque chose à remarquer sur votre définition de ce qui est au-dessus de la raison, au moins si vous le rapportez à l'usage reçu de cette phrase; car il me semble que, de la manière que cette définition est couchée, elle va trop loin d'un côté et pas assez loin de l'autre; et si nous la suivons, tout ce que nous ignorons et que nous ne sommes pas en pouvoir de connaître dans notre présent état serait au-dessus de la raison, par exemple, qu'une telle étoile fixe est plus ou moins grande que le soleil, *item* que le Vésuve jettera du feu dans une telle année, ce sont des faits dont la connaissance nous surpasse, non pas parce qu'ils sont au-dessus de la raison, mais parce qu'ils sont au-dessus des sens; car nous pourrions fort bien juger de cela si nous avions des organes plus parfaits et plus d'information des circonstances. Il y a aussi des difficultés qui sont au-dessus de notre présente faculté, mais non pas au-dessus de toute la raison; par exemple, il n'y a point d'astronome ici-bas qui puisse calculer le détail d'une éclipse dans l'espace d'un *paer*, et sans mettre la plume à la main; cependant il y a peut-être des génies à qui cela ne serait qu'un jeu. Ainsi toutes ces choses pourraient être rendues connues ou praticables par le secours de la raison, en supposant plus d'information des faits, des organes plus parfaits et l'esprit plus élevé.

PH. Cette objection cesse si j'entends ma définition, non seulement de notre sensation ou réflexion, mais aussi de celle de tout autre esprit créé possible.

TH. Si vous le prenez ainsi, vous avez raison. Mais il restera l'autre difficulté, c'est qu'il n'y aura rien au-dessus de la raison suivant votre définition, parce que Dieu pourra toujours donner des moyens d'apprendre par la sensation et la réflexion quelque vérité que ce soit; comme en effet les plus grands mystères nous deviennent connus par le témoignage de Dieu, qu'on reconnaît par les motifs de crédibilité, sur lesquels notre religion est fondée. Et ces motifs dépendent sans doute de la sensation et de la réflexion. Il semble donc que la question est, non pas si l'existence d'un fait ou la vérité d'une proposition peut être déduite des principes dont se sert la raison, c'est-à-dire de la sensation et de la réflexion ou bien des sens externes et internes, mais si un esprit créé est capable de connaître le comment de ce fait, ou la raison à priori de cette vérité ; de sorte qu'on peut dire que ce qui est au-dessus de la raison peut bien être appris, mais il ne peut pas être compris par les voies et les forces de la raison créée, quelque grande et relevée qu'elle soit. Il est réservé à Dieu seul de l'entendre, comme il appartient à lui seul de le mettre en fait.

Ph. Cette considération me paraît bonne, et c'est ainsi que je veux qu'on prenne ma définition. Et cette même considération me confirme aussi dans l'opinion où je suis, que la manière de parler qui oppose la raison à la foi, quoiqu'elle soit fort autorisée, est impropre ; car c'est par la raison que nous vérifions ce que nous devons croire. La foi est un ferme assentiment, et l'assentiment réglé comme il faut ne peut être donné que sur des bonnes raisons. Ainsi celui qui croit sans avoir aucune raison de croire peut être amoureux de ses fantaisies, mais il n'est pas vrai qu'il cherche la vérité, ni qu'il rende une obéissance légitime à son divin Maître, qui voudrait qu'il fît usage des facultés dont il l'a enrichi pour le préserver de l'erreur. Autrement, s'il est dans le bon chemin, c'est par hasard ; et s'il est dans le mauvais, c'est par sa faute dont il est comptable à Dieu.

Th. Je vous applaudis fort, Monsieur, lorsque vous voulez que la foi soit fondée en raison : sans cela pourquoi préférerions-nous la Bible à l'Alcoran ou aux anciens livres des Bramines ? Aussi nos théologiens et autres savants hommes l'ont bien reconnu, et c'est ce qui nous a fait avoir de si beaux ouvrages de la vérité de la religion chrétienne, et tant de belles preuves qu'on a mises en avant contre les païens et autres mécréants anciens et modernes. Aussi les personnes sages ont toujours tenu pour suspects ceux qui ont prétendu qu'il ne fallait point se mettre en peine des raisons et preuves quand il s'agit de croire ; chose impossible en effet, à moins que croire ne signifie réciter, ou répéter et laisser passer sans s'en mettre en peine, comme font bien des gens et comme c'est le caractère de quelques nations plus que d'autres. C'est pourquoi quelques philosophes aristotéliciens des xve et xvie siècles, dont des restes ont subsisté encore longtemps depuis (comme l'on peut juger par les lettres de feu M. Naudé (1), et les Naudeana), ayant voulu soutenir

---

(1) Naudé (Gabriel), savant célèbre du xviie siècle, né à Paris en 1600, mort à Abbeville en 1653. Il fut bibliothécaire du cardinal Mazarin. Ses principaux ou-

deux vérités opposées, l'une philosophique et l'autre théologique, le dernier concile de Latran, sous Léon X, eut raison de s'y opposer comme je crois avoir déjà remarqué. Et une dispute toute semblable s'éleva à Helmstadt autrefois entre Daniel Hofmann (1), théologien, et Corneille Martin, philosophe, mais avec cette différence que le philosophe conciliait la philosophie, avec la révélation et que le théologien en voulait rejeter l'usage. Mais le duc Jules, fondateur de l'Université, prononça pour le philosophe. Il est vrai que de notre temps une personne de la plus grande élévation disait qu'en matière de foi il fallait se crever les yeux pour voir clair, et Tertullien dit quelque part : « Ceci est vrai, car il est impossible; il faut le croire, car c'est une absurdité. » Mais si l'intention de ceux qui s'expliquent de cette manière est bonne, toujours les expressions sont outrées et peuvent faire du tort. Saint Paul parle plus juste lorsqu'il dit que la sagesse de Dieu est folie devant les hommes; c'est parce que les hommes ne jugent des choses que suivant leur expérience, qui est extrêmement bornée, et tout ce qui n'y est point conforme leur paraît une absurdité. Mais ce jugement est fort téméraire, car il y a même une infinité de choses naturelles, qui nous passeraient pour absurdes, si on nous les racontait, comme la glace qu'on disait couvrir nos rivières le parut au roi de Siam. Mais l'ordre de la nature même, n'étant d'aucune nécessité métaphysique, n'est fondé que dans le bon plaisir de Dieu, de sorte qu'il s'en peut éloigner par des raisons supérieures de la grâce, quoiqu'il n'y faille point aller que sur des bonnes preuves, qui ne peuvent venir que du témoignage de Dieu lui-même, où l'on doit déférer absolument lorsqu'il est dûment vérifié.

CHAP. XVIII. — DE LA FOI ET DE LA RAISON
ET DE LEURS BORNES DISTINCTES.

§ 1. PH. Accommodons-nous cependant de la manière de parler reçue, et souffrons que dans un certain sens on distingue la foi de la raison. Mais il est juste qu'on explique bien nettement ce sens et

---

vrages sont : *Apologie pour les grands hommes soupçonnés de magie*, Paris. 1625, in-8°; et *Considérations politiques sur les coups d'État*, Rome, 1639, in-4°.
(1) HOFMANN, théologien à Helmstadt, vivait vers 1677.   P. J.

qu'on établisse les bornes qui sont entre ces deux choses ; car l'incertitude de ces bornes a certainement produit dans le monde de grandes disputes et peut-être causé même de grands désordres. Il est au moins manifeste que, jusqu'à ce qu'on les ait déterminées, c'est en vain qu'on dispute, puisqu'il faut employer la raison en disputant de la foi. § 2. Je trouve que chaque secte se sert avec plaisir de la raison, autant qu'elle en croit pouvoir tirer quelque secours : cependant, dès que la raison vient à manquer, on s'écrie que c'est un article de foi qui est au-dessus de la raison. Mais l'antagoniste aurait pu se servir de la même défaite, lorsqu'on se mêlait de raisonner contre lui, à moins qu'on ne marque pourquoi cela ne lui était pas permis dans un cas qui semble pareil. Je suppose que la raison est ici la découverte de la certitude ou de la probabilité des propositions tirées des connaissances que nous avons acquises par l'usage de nos facultés naturelles, c'est-à-dire par sensation et par réflexion, et que la foi est l'assentiment qu'on donne à une proposition fondée sur la révélation, c'est-à-dire sur une communication extraordinaire de Dieu, qui l'a fait connaître aux hommes. § 3. Mais un homme inspiré de Dieu ne peut point communiquer aux autres aucune nouvelle idée simple, parce qu'il ne se sert que des paroles ou d'autres signes qui réveillent en nous des idées simples que la coutume y a attachées, ou de leur combinaison : et quelques idées nouvelles que saint Paul eût reçues lorsqu'il fut ravi au troisième ciel, tout ce qu'il en a pu dire fut « que « ce sont des choses que l'œil n'a point vues, que l'oreille n'a point « ouïes, et qui ne sont jamais entrées dans le cœur de l'homme ». Supposé qu'il y eût des créatures dans le globe de Jupiter, pourvues de six sens, et que Dieu donnât surnaturellement à un homme d'entre nous les idées de ce sixième sens, il ne pourra point les faire naître par des paroles dans l'esprit des autres hommes. Il faut donc distinguer entre révélation originelle et traditionnelle. La première est une impression que Dieu fait immédiatement sur l'esprit, à laquelle nous ne pouvons fixer aucunes bornes, l'autre ne vient que par les voies ordinaires de la communication et ne saurait donner de nouvelles idées simples. § 4. Il est vrai qu'encore les vérités qu'on peut découvrir par la raison nous peuvent être communiquées par une révélation traditionnelle, comme si Dieu avait voulu communiquer aux hommes des théorèmes géométriques, mais ce ne serait pas avec autant de certitude que si nous en avions la démonstration tirée de la liaison des idées. C'est aussi comme Noé avait une connaissance plus certaine du déluge que celle que nous en acquérons par le livre de Moyse ; et comme l'assurance de celui qui a vu que Moyse l'écrivait actuellement et qu'il faisait les miracles qui justifient son inspiration était plus grande que la nôtre. § 5. C'est ce qui fait que la révélation ne peut aller contre une claire évidence de raison, parce que, lors même que la révélation est immédiate et originelle, il faut savoir avec évidence que nous ne nous trompons point en l'attribuant à Dieu et que nous en comprenons le sens ; et cette évidence ne peut jamais être plus grande que celle de notre connaissance intuitive ; et, par conséquent, nulle proposition ne saurait être reçue pour révélation divine lorsqu'elle est opposée contradictoirement à cette connaissance immédiate. Autrement, il ne resterait plus de différence dans le monde entre la vérité et la fausseté, nulle mesure du croyable et de l'incroyable. Et il n'est point convenable qu'une chose vienne de Dieu, ce bienfaisant auteur de notre être, laquelle étant reçue pour véritable doit renverser les fondements de nos connaissances et rendre toutes nos facultés inutiles. § 6. Et ceux qui n'ont la révélation que médiatement ou par tradition de bouche en bouche, ou par écrit, ont encore plus besoin de la raison pour s'en assurer. § 7. Cependant, il est toujours vrai que les choses qui sont au delà de ce que nos facultés naturelles peuvent découvrir sont les propres matières de la foi comme la chute des anges rebelles, la ressuscitation des morts. § 9. C'est là où il faut écouter uniquement la révélation. Et même à l'égard des propositions probables, une révélation évidente nous déterminera contre la probabilité.

Th. Si vous ne prenez la foi que pour ce qui est fondé dans des motifs de crédibilité (comme on les appelle), et la détachez de la grâce interne qui y détermine l'esprit immédiatement, tout ce que vous dites, Monsieur, est incontestable. Il faut avouer qu'il y a bien des jugements plus évidents que ceux qui dépendent de ces motifs. Les uns y sont plus avancés que les autres, et même il y a quantité de personnes qui ne les ont jamais connus et encore moins pesés, et qui par conséquent n'ont pas même ce qui pourrait passer pour un motif de probabilité. Mais la grâce interne du Saint-Esprit y supplée immédiatement d'une manière surnaturelle, et c'est ce qui fait ce que les théologiens appellent proprement une foi divine. Il est vrai que Dieu ne la donne jamais que lorsque ce qu'il fait croire est fondé en raison ; autrement il détruirait les moyens de connaître la vérité, et ouvrirait la porte à l'enthousiasme : mais il n'est point nécessaire que tous ceux qui ont cette foi divine connaissent ces raisons et encore moins qu'ils les aient toujours devant les yeux. Autrement les simples et idiots, au moins aujourd'hui, n'auraient jamais la vraie foi, et les plus éclairés ne l'auraient pas quand ils pourraient en avoir le plus de besoin, car ils ne peuvent pas se souvenir toujours des raisons de croire. La question de l'usage de la raison en théologie a été des plus agitées, tant entre les sociniens et ceux qu'on peut appeler catholiques dans un sens général, qu'entre les réformés et les évangéliques comme on nomme préférablement en Allemagne ceux que plusieurs appellent luthériens, mal à propos. Je me souviens d'avoir lu un jour une métaphysique d'un Stegmannus (1) socinien (différent de Josué Stegmann qui a écrit lui-même contre eux), qui n'a pas encore été imprimée que je sache ; de l'autre côté un Keslerus (2), théologien de Saxe, a écrit une logique et quelques autres sciences philosophiques opposées exprès aux sociniens. On peut dire généralement que les sociniens vont trop vite à rejeter tout ce qui n'est pas conforme à l'ordre de la nature, lors même qu'ils n'en sauraient prouver absolument l'impossibilité. Mais aussi leurs adversaires quelquefois vont trop loin et poussent le mystère jusqu'aux bords de la contradiction ; en quoi ils font du tort à la vérité qu'ils tâchent de défendre, et je fus surpris de voir un jour dans la Somme de théologie du P. Honoré Fabry (3), qui d'ailleurs a été un des plus habiles de son ordre, qu'il niait dans les choses divines (comme font encore quelques autres théologiens) ce grand principe qui dit : « que les choses qui sont les mêmes avec une troisième sont les mêmes entre elles. » C'est donner cause gagnée aux adversaires sans y penser et ôter toute certitude à tout raisonnement. Il faut dire plutôt que ce principe y est mal appliqué. Le même auteur rejette dans sa Philosophie les distinctions virtuelles,

---

(1) Stegmannus (Joachim), socinien, né dans le Brandebourg, mort en 1632. On a de lui des ouvrages de mathématiques et de théologie. Il eut du reste deux frères, également sociniens, dont le plus jeune, Christophe, a publié une *Dyade philosophique*. Serait-ce le traité de métaphysique dont parle Leibniz ?   P. J.

(2) Kessler (Andréas), 1595-1643. Il a écrit contre les sociniens ou photiniens : *Photinianæ Physica Examen*, Wittimberg, 1856 ; *Metaphysicæ Photinianæ Examen*, 1648 ; *Logicæ Photinianæ Examen*, 1642.

(3) Fabry (Honoré). 1607-1688, jésuite philosophe et mathématicien français ; *Synopsis geometrica*, Lyon, 1669 ; *Physica*, Lyon, 1669 ; *Summula Theologiæ*, Lyon, 1669.

que les scotistes mettent dans les choses créées, parce qu'elles renverseraient, dit-il, le principe de contradiction : et quand on lui objecte qu'il faut admettre ces distinctions en Dieu, il répond que la foi l'ordonne. Mais comment la foi peut-elle ordonner quoi que ce soit, qui renverse un principe sans lequel toute créance, affirmation ou négation serait vaine ? Il faut donc nécessairement que deux propositions vraies en même temps ne soient point tout à fait contradictoires ; et si A et C ne sont point la même chose, il faut bien que B, qui est le même avec A, soit pris autrement que B, qui est le même avec C. Nicolaus Vedelius (1), professeur de Genève, et depuis de Deventer, a publié autrefois un livre intitulé *Rationale theologicum*, à qui Jean Musaeus (2), professeur d'Iéna (qui est une université évangélique en Thuringe), opposa un autre livre sur le même sujet, c'est-à-dire sur l'*usage de la raison en théologie*. Je me souviens de les avoir considérés autrefois, et d'avoir remarqué que la controverse principale était embrouillée par des questions incidentes, comme lorsqu'on demande ce que c'est qu'une conclusion théologique, et s'il en faut juger par les termes qui la composent ou par le moyen qui la prouve, et par conséquent si Ockam (3) a eu raison ou non, de dire que la science d'une même conclusion est la même quel moyen qu'on emploie à la prouver. Et on s'arrête sur quantités d'autres minuties encore moins considérables qui ne regardent que les termes. Cependant Musaeus convenait lui-même que les principes nécessaires d'une nécessité logique, c'est-à-dire dont l'opposé implique contradiction, doivent et peuvent être employés sûrement en théologie ; mais il avait sujet de nier que ce qui est seulement nécessaire d'une nécessité physique (c'est-à-dire fondée sur l'induction de ce qui se pratique dans la nature ou sur les lois naturelles, qui sont pour ainsi dire d'institution divine) suffit pour réfuter la créance d'un mystère ou d'un miracle ; puisqu'il dépend de Dieu de changer le cours ordinaire des choses. C'est ainsi que selon l'ordre de la nature on peut assurer qu'une même personne ne saurait être en même temps mère et vierge, ou qu'un

---

(1) VEDELIUS (Nicolas), du Palatinat, mort vers 1612.
(2) MUSAEUS (Jean), né en 1613 dans le comté de Schawrzbourg, mort en 1674. Il a fait un grand nombre d'ouvrages de polémique.   P. J.
(3) OCKAM (Guillaume d'), né à Ockam (comté de Larvey), franciscain, adversaire du pape Jean XXII, grand défenseur du nominalisme, vivait dans la première moitié du XIV° siècle. Il fut disciple de Duns Scot. Ses écrits sont : *Super libros Sententiarum subtilissimæ quæstiones*, in-fol., Lyon, 1495 — *Quodlibeta septem*, in-fol., Paris, 1747. — *Summa logicæ*, in-4°, Venise, 1591.   P. J.

corps humain ne saurait manquer de tomber sous les sens, quoique le contraire de l'un et de l'autre soit possible à Dieu. Vedelius aussi paraît convenir de cette distinction. Mais on dispute quelquefois sur certains principes s'ils sont nécessaires logiquement, ou s'ils ne le sont que physiquement. Telle est la dispute avec les sociniens, si la substance peut être multipliée lorsque l'essence singulière ne l'est pas ; et la dispute avec les Zwingliens (1) si un corps ne peut être que dans un lieu. Or il faut avouer que toutes les fois que la nécessité logique n'est point démontrée, on ne peut présumer dans une proposition qu'une nécessité physique. Mais il me semble qu'il reste une question que les auteurs dont je viens de parler n'ont pas assez examinée, que voici : supposé que d'un côté se trouve le sens littéral d'un texte de la sainte Écriture, et que de l'autre côté se trouve une grande apparence d'une impossibilité logique, ou du moins une impossibilité physique reconnue, s'il est plus raisonnable de renoncer au sens littéral ou de renoncer au principe philosophique? Il est sûr qu'il y a des endroits, où l'on ne fait point difficulté de quitter la lettre, comme lorsque l'Ecriture donne des mains à Dieu et lui attribue la colère, la pénitence, et autres affections humaines ; autrement il faudrait se ranger du côté des anthropomorphites, ou de certains fanatiques d'Angleterre, qui crurent qu'Hérode avait été métamorphosé effectivement en renard, lorsque Jésus-Christ l'appela de ce nom. C'est ici que les règles d'interprétation ont lieu, et si elles ne fournissent rien qui combatte le sens littéral pour favoriser la maxime philosophique, et si d'ailleurs le sens littéral n'a rien qui attribue à Dieu quelque imperfection, ou entraîne quelque danger dans la pratique de la piété, il est plus sûr et même plus raisonnable de le suivre. Ces deux auteurs que je viens de nommer disputent encore sur l'entreprise de Kekermann qui voulait démontrer la Trinité par la raison, comme Raymond Lulle (2) avait aussi tâché de faire autrefois. Mais Musaeus reconnaît avec assez d'équité que, si la démonstra-

---

(1) Les Zwingliens, sectateurs de Zwingle, réformateur suisse, né en Suisse, à Wildhaus, dans le comté de Tockenbourg, en 1484. Il introduisit la réforme en Suisse, en même temps que Luther en Allemagne. Il mourut en 1531, dans le combat de Cappel. Ses œuvres complètes ont été publiées à Zurich, en 4 vol. in-fol., 1544-45.
P. J.

(2) LULLE (Raymond), né à Palma, dans l'île de Majorque, en 1235, mort à Bougie en 1315, martyr des musulmans, après une vie très romanesque et très agitée, célèbre par l'invention du *Grand Art*, système qui réduisait tous les raisonnements à un mécanisme. Ses œuvres complètes ont été publiées à Mayence en 10 vol. in-fol., 1721.
P. J.

tion de l'auteur réformé avait été bonne et juste, il n'y aurait rien eu à dire ; qu'il aurait eu raison de soutenir par rapport à cet article que la lumière du Saint-Esprit pourrait être allumée par la philosophie. Ils ont agité aussi la question fameuse : si ceux qui, sans avoir connaissance de la révélation du Vieux ou Nouveau Testament, sont morts dans des sentiments d'une piété naturelle ont pu être sauvés par ce moyen et obtenir rémission de leurs péchés ? L'on sait que Clément d'Alexandrie (1), Justin martyr (2) et saint Chrysostome (3) en quelque façon y ont incliné, et même je fis voir autrefois à M. Pélisson (4) que quantité d'excellents docteurs de l'Église romaine, bien loin de condamner les protestants non opiniâtres, ont même voulu sauver des païens et soutenir que les personnes dont je viens de parler avaient pu être sauvées par un acte de contrition, c'est-à-dire de pénitence fondée sur l'amour de bienveillance, en vertu duquel on aime Dieu sur toutes choses, parce que ses perfections le rendent souverainement aimable. Ce qui fait qu'ensuite on est porté de tout son cœur à se conformer avec sa volonté et à imiter ses perfections pour nous mieux joindre avec lui, puisqu'il paraît juste que Dieu ne refuse point sa grâce à ceux qui sont dans de tels sentiments. Et sans parler d'Érasme (5) et de Ludovicus

---

(1) CLÉMENT D'ALEXANDRIE, né dans cette ville, selon les uns, à Athènes selon les autres, vers le milieu du second siècle. Il mourut vers 220. — Son principal ouvrage, les *Stromates*, sont une mine pour l'histoire de la philosophie. — Il y a plusieurs éditions de ses œuvres complètes. La plus estimée est celle d'Oxford, in-fol., 1715; la plus récente celle de Leipzig, 4 vol. in-12, 1831-1834.   P. J.

(2) SAINT JUSTIN, né à Sichem en Palestine, l'an 89 de Jésus-Christ, mort martyr à Rome en 167. Ses principaux ouvrages sont : 1° le *Traité de la monarchie* ou de *l'Unité de Dieu* ; 2° le *Discours aux Grecs* ; 3° les deux *Apologies* ; 4° *Dialogue avec le juif Tryphon*. Une des meilleures éditions de ses œuvres complètes est celle de Paris, in-fol., 1636. On en a donné une récente en Allemagne, en 2 vol in-8°.   P. J.

(3) CHRYSOSTOME (saint Jean), l'un des plus illustres Pères de l'Église, né à Antioche en 341, évêque de Constantinople en 398, mort dans cette ville en 407. Ses œuvres complètes ont été publiées en grec et latin par le P. Montfaucon, 1718, 13 vol. in-fol., et à Eton en 1612 par le chevalier Henri Saville, 9 vol. in-fol. On y remarquera *trois livres de la Providence* écrits vers 380 ; cinq *Homélies sur la nature incompréhensible de Dieu*, et un grand nombre d'*Homélies sur la morale*.   P. J.

(4) PÉLISSON, de l'Académie française, né à Béziers en 1624, mort en 1692, célèbre par sa défense de Fouquet et par son *Histoire de l'Académie française*, Paris, 1853, in-8°.   P. J.

(5) ÉRASME, célèbre humaniste du XVIe siècle, né à Rotterdam en 1467, voyagea en Italie, en Angleterre, et dans d'autres pays jusqu'en 1521 où il se fixa à Bâle ; il y mourut en 1536. Ses œuvres complètes furent publiées à Bâle (9 vol. in-fol.), et réimprimées à Leyde en 1703, 10 tomes in-fol. Parmi ces

Vivès (1), je produisis le sentiment de Jacques Payva Andradius (2), docteur portugais fort célèbre de son temps, qui avait été un des théologiens du concile de Trente et qui avait dit même que ceux qui n'en convenaient pas faisaient Dieu cruel au suprême degré (*neque enim, inquit, immanitas deterior ulla esse potest*). M. Pélisson eut de la peine à trouver ce livre dans Paris, marque que des auteurs estimés dans leur temps sont souvent négligés ensuite. C'est ce qui a fait juger à M. Bayle (3) que plusieurs ne citent Andradius que sur la foi de Chemnitius (4) son antagoniste. Ce qui peut bien être ; mais pour moi je l'avais lu avant que de l'alléguer. Et sa dispute avec Chemnitius l'a rendu célèbre en Allemagne, car il avait écrit pour les jésuites contre cet auteur, et on trouve dans son livre quelques particularités touchant l'origine de cette fameuse compagnie. J'ai remarqué que quelques protestants nommaient Andradiens ceux qui étaient de son avis sur la matière dont je viens de parler. Il y a eu des auteurs qui ont écrit exprès du salut d'Aristote sur ces mêmes principes avec approbation des censeurs. Les livres aussi de Collins (5) en latin et de Mgr La Mothe Le Vayer (6) en français sur le salut des païens sont fort connus. Mais un certain Franciscus

---

ouvrages, on connaît surtout ses *Colloques*, les *Adages*, l'*Éloge de la Folie* (*Encomium moriæ*). Venise, 1515, in-8°. P. J.

(1) Vivès (Louis), célèbre érudit du xvi° siècle, né à Valence en 1492, mort à Bruges en 1540. Ses nombreux ouvrages sont consacrés à l'érudition; on y remarquera cependant son traité *De initiis, sectis et laudibus philosophiæ* : c'est un des premiers essais d'histoire de la philosophie. P. J.

(2) Andrada (Payva d'), né à Coïmbre en 1528, mort en 1575. On a de lui : *Orthodoxarum quæstionum libri X contra Chemnitzii petulantem audaciam*, Venise, 1564, in-4°, et *Defensio Trid. fidei libri XI adversùs hæreticorum calumnias*. Lisbonne, 1578, in-4°. P. J.

(3) Bayle (Pierre), célèbre critique, philosophe, controversiste du xvii° siècle, né au Carlat (comté de Foix) en 1647, professeur de philosophie à Sedan en 1675 et à Rotterdam en 1681, mort en 1706. Ses principaux ouvrages sont : *Pensées diverses sur la comète*, 1682 ; *Critique générale de l'histoire du calvinisme de Maimbourg* ; *Nouvelles de la République des lettres*, publication périodique, et enfin son célèbre *Dictionnaire historique et critique*, 1696. On a publié à La Haye en 1727-31 et 1737 en 4 vol. in-fol. les *OEuvres diverses* de P. Bayle. P. J.

(4) Chemnitz (Martin), théologien protestant, disciple de Mélanchton, né à Bretzen, dans le Brandebourg, en 1522, mort en 1586, célèbre par son *Examen Concilii Tridentini*. Francfort, 1585, 4 vol. in-fol. P. J.

(5) Collins (Antoine), philosophe anglais, né à Heston en 1676, mort en 1729. On a de lui un *Essai sur l'usage de la raison*, 1707, et une *Recherche philosophique sur la liberté de l'homme*, Londres, 1717. P. J.

(6) La Mothe Le Vayer, savant et philosophe du xvii° siècle, né à Paris en 1588, mort en 1672. Il professait la philosophie sceptique. Son principal ouvrage est : *Cinq Dialogues faits à l'imitation des Anciens par Horatius Tubéron* (1671). Ses œuvres complètes ont été publiées à Dresde, 15 vol. in-8° (1766).
P. J.

Puccius (1) allait trop loin. Saint Augustin, tout habile et pénétrant qu'il a été, s'est jeté dans une autre extrémité, jusqu'à condamner les enfants morts sans baptême, et les scolastiques paraissent avoir eu raison de l'abandonner ; quoique des personnes habiles d'ailleurs, et quelques-unes d'un grand mérite, mais d'une humeur un peu misanthrope à cet égard, aient voulu ressusciter cette doctrine de ce Père et l'aient peut-être outrée. Et cet esprit peut avoir eu quelque influence dans la dispute entre plusieurs docteurs trop animés ; et les jésuites missionnaires de la Chine, ayant insinué que les anciens Chinois avaient eu la vraie religion de leur temps et des vrais saints et que la doctrine de Confucius n'avait rien d'idolâtre ni athée, il semble qu'on a eu plus de raison à Rome de ne pas vouloir condamner une des plus grandes nations sans l'entendre. Bien nous en prend que Dieu est plus philanthrope que les hommes. Je connais des personnes qui, croyant marquer leur zèle par des sentiments durs, s'imaginent qu'on ne saurait croire le péché originel sans être de leur opinion, mais c'est en quoi ils se trompent. Et il ne s'ensuit point que ceux qui sauvent les païens ou autres, qui manquent des secours ordinaires, le doivent attribuer aux seules forces de la nature (quoique peut-être quelques Pères aient été de cet avis), puisqu'on peut soutenir que Dieu, en leur donnant la grâce d'exciter un acte de contrition, leur donne aussi, soit explicitement, soit virtuellement, mais toujours surnaturellement, avant que de mourir, quand ce ne serait qu'aux derniers moments, toute la lumière de la foi et toute l'ardeur de la charité qui leur est nécessaire pour le salut. Et c'est ainsi que des réformés expliquent chez Vedelius le sentiment de Zwinglius, qui avait été aussi exprès sur ce point du salut des hommes vertueux du paganisme, que les docteurs de l'Église romaine l'ont pu être. Aussi cette doctrine n'a-t-elle rien de commun pour cela avec la doctrine particulière des pélagiens ou des demi-pélagiens dont on sait que Zwingle était fort éloigné. Et puisqu'on enseigne contre les pélagiens une grâce surnaturelle en tous ceux qui ont la foi (en quoi conviennent les trois religions reçues, excepté peut-être les disciples de M. Pajon (2), et qu'on accorde même

---

(1) Pucci (François), théologien du xvie siècle, inclinant au socinianisme, né à Florence, mort en 1600 après s'être rétracté. On a de lui un traité *De Immortalitate naturali primi hominis ante peccatum* et *De Christi salvatoris efficacitate*, etc. Gouda, 1592, in-8°.   P. J.

(2) Pajon (Claude), théologien protestant, né à Romorantin en 1626, mort près d'Orléans en 1684. Ses opinions se rapprochaient de celles d'Arminius.

ou la foi ou des mouvements approchants aux enfants qui reçoivent le baptême, il n'est pas extraordinaire d'en accorder autant, au moins à l'article de la mort, aux personnes de bonne volonté qui n'ont pas eu le bonheur d'être instruits à l'ordinaire par le christianisme. Mais le parti le plus sage est de ne rien déterminer sur des points si peu connus, et de se contenter de juger en général que Dieu ne saurait rien faire qui ne soit plein de bonté et de justice: *melius est dubitare de occultis quam litigare de incertis.* (Augustin, Lib. VIII, Genes, ad litt. c. v.)

CHAP. XIX. — DE L'ENTHOUSIASME.

§ 1. PH. Plût à Dieu que tous les théologiens et saint Augustin lui-même eussent toujours pratiqué la maxime exprimée dans ce passage! Mais les hommes croient que l'esprit dogmatisant est une marque de leur zèle pour la vérité, et c'est tout le contraire. On ne l'aime véritablement qu'à proportion qu'on aime à examiner les preuves qui la font connaître pour ce qu'elle est. Et quand on précipite son jugement, on est toujours poussé par des motifs moins sincères. § 2. L'esprit de dominer n'est pas un des moins ordinaires, et une certaine complaisance qu'on a pour ses propres rêveries en est un autre qui fait naître l'enthousiasme. § 3. C'est le nom qu'on donne au défaut de ceux qui s'imaginent une révélation immédiate, lorsqu'elle n'est point fondée en raison. § 4. Et comme l'on peut dire que la raison est une révélation naturelle, dont Dieu est l'auteur de même qu'il l'est de la nature, l'on peut dire aussi que la révélation est une raison surnaturelle, c'est-à-dire une raison étendue par un nouveau fonds de découvertes, émanées immédiatement de Dieu. Mais ces découvertes supposent que nous avons le moyen de les discerner, qui est la raison même; et la vouloir proscrire pour faire place à la révélation, ce serait s'arracher les yeux pour mieux voir les satellites de Jupiter à travers un télescope. § 5. La source de l'enthousiasme est qu'une révélation immédiate est plus commode et plus courte qu'un raisonnement long et pénible, et qui n'est pas toujours suivi d'un heureux succès. On a vu dans tous les siècles des hommes, dont la mélancolie mêlée avec la dévotion,

Son principal ouvrage est son *Examen des préjugés légitimes contre les Calvinistes.* La Haye, 2 vol. in-12. P. J.

jointe à la bonne opinion qu'ils ont eue d'eux-mêmes, leur a fait accroire qu'ils avaient une tout autre familiarité avec Dieu que les autres hommes. Ils supposent qu'il l'a promise aux siens, et ils croient être son peuple préférablement aux autres. § 6. Leur fantaisie devient une illumination et une autorité divine, et leurs desseins sont une direction infaillible du ciel, qu'ils sont obligés de suivre. § 7. Cette opinion a fait de grands effets et causé de grands maux, car un homme agit plus vigoureusement lorsqu'il suit ses propres impulsions, et que l'opinion d'une autorité divine est soutenue par notre inclination. § 8. Il est difficile de le tirer de là, parce que cette prétendue certitude sans preuve flatte la vanité et l'amour qu'on a pour ce qui est extraordinaire. Les fanatiques comparent leur opinion à la vue et au sentiment. Ils voient la lumière divine comme nous voyons celle du soleil en plein midi, sans avoir besoin que le crépuscule de la raison la leur montre. § 9. Ils sont assurés parce qu'ils sont assurés et leur persuasion est droite parce qu'elle est forte, car c'est à quoi se réduit leur langage figuré. § 10. Mais comme il y a deux perceptions, celle de la proposition et celle de la révélation, on peut leur demander où est la clarté. Si c'est dans la vue de la proposition, à quoi bon la révélation ? Il faut donc que ce soit dans le sentiment de la révélation. Mais comment peuvent-ils voir que c'est Dieu qui révèle et que ce n'est pas un feu follet qui les promène autour de ce cercle : c'est une révélation parce que je le crois fortement, et je le crois parce que c'est une révélation ? § 11. Y a-t-il quelque chose plus propre à se précipiter dans l'erreur que de prendre l'imagination pour guide ? § 12. Saint Paul avait un grand zèle quand il persécutait les chrétiens et ne laissait pas de se tromper. § 13. L'on sait que le diable a eu des martyrs, et s'il suffit bien d'être persuadé, on ne saura distinguer les illusions de Satan des inspirations du Saint-Esprit. § 14. C'est donc la raison qui fait connaître la vérité de la révélation. § 15. Et si notre créance la prouvait, ce serait le cercle dont je viens de parler. Les saints hommes qui recevaient des révélations de Dieu avaient des signes extérieurs qui les persuadaient de la vérité de la lumière interne. Moyse vit un buisson qui brûlait sans se consumer et entendit une voix du milieu du buisson, et Dieu pour l'assurer davantage de sa mission, lorsqu'il l'envoya en Égypte pour délivrer ses frères, y employa le miracle de la verge changée en serpent. Gédéon fut envoyé par un ange pour délivrer le peuple d'Israël du joug des Madianites. Cependant il demanda un signe pour être

convaincu que cette commission lui était donnée de la part de Dieu.
§ 16. Je ne nie cependant pas que Dieu n'illumine quelquefois l'esprit des hommes pour leur faire comprendre certaines vérités importantes ou pour les porter à de bonnes actions, par l'influence et l'assistance immédiate du Saint-Esprit, sans aucuns signes extraordinaires qui accompagnent cette influence. Mais aussi dans ces cas nous avons la raison et l'Écriture, deux règles infaillibles pour juger de ces illuminations, car, si elles s'accordent avec ces règles, nous ne courrons du moins aucun risque en les regardant comme inspirées de Dieu, encore que ce ne soit peut-être pas une révélation immédiate.

TH. L'enthousiasme était au commencement un bon nom. Et comme le sophisme marque proprement un exercice de la sagesse, l'enthousiasme signifie qu'il y a une divinité en nous. *Est Deus in nobis*. Et Socrate (1) prétendait qu'un Dieu ou démon lui donnait des avertissements intérieurs, de sorte qu'enthousiasme serait un instinct divin. Mais les hommes ayant consacré leurs passions, leurs fantaisies, leurs songes et jusqu'à leur fureur pour quelque chose de divin, l'enthousiasme commença à signifier un dérèglement d'esprit attribué à la force de quelque divinité, qu'on supposait dans ceux qui en étaient frappés, car les devins et les devineresses faisaient paraître une aliénation d'esprit, lorsque leur dieu s'emparait d'eux, comme la Sibylle de Cumes chez Virgile. Depuis on l'attribue à ceux qui croient sans fondement que leurs mouvements viennent de Dieu. Nisus chez le même poète se sentant poussé par je ne sais quelle impulsion à une entreprise dangereuse, où il périt avec son ami, la lui propose en ces termes pleins d'un doute raisonnable :

« Di ne hunc ardorem mentibus addunt,
« Euryale, an sua cuique Deus fit dira cupido ? »

Il ne laissa pas de suivre cet instinct, qu'il ne savait pas s'il venait de Dieu ou d'une malheureuse envie de se signaler. Mais s'il avait réussi, il n'aurait point manqué de s'en autoriser dans un autre cas et de se croire poussé par quelque puissance divine. Les enthousiastes d'aujourd'hui croient recevoir encore de Dieu des dogmes

---

(1) SOCRATE, célèbre philosophe grec, né à Athènes 470 av. J.-C., mort en 399, condamné à boire la ciguë. Socrate n'a rien écrit ; nous connaissons ses opinions par les *Mémorables* de Xénophon et par les *Dialogues* de Platon. Voir le *Dictionnaire des sciences philosophiques*.   P. J.

qui les éclairent. Les trembleurs sont dans cette persuasion, et Barclay, leur premier auteur méthodique, prétend qu'ils trouvent en eux une certaine lumière qui se fait connaître par elle-même. Mais pourquoi appeler lumière ce qui ne fait rien voir? Je sais qu'il y a des personnes de cette disposition d'esprit, qui voient des étincelles et même quelque chose de plus lumineux, mais cette image de lumière corporelle excitée quand leurs esprits sont échauffés ne donne point de lumière à l'esprit. Quelques personnes idiotes, ayant l'imagination agitée, se forment des conceptions qu'ils n'avaient point auparavant ; ils sont en état de dire de belles choses à leur sens, ou du moins de fort animées ; ils admirent eux-mêmes et font admirer aux autres cette fertilité qui passe pour inspiration. Cet avantage leur vient en bonne partie d'une forte imagination que la passion anime et d'une mémoire heureuse, qui a bien retenu les manières de parler des livres prophétiques que la lecture ou les discours des autres leur ont rendus familiers. Antoinette de Bourignon (1) se servait de la facilité qu'elle avait de parler et d'écrire comme d'une preuve de sa mission divine. Et je connais un visionnaire qui fonde la sienne sur le talent qu'il a de parler et prier tout haut presque une journée entière sans se lasser et sans demeurer à sec. Il y a des personnes qui, après avoir pratiqué des austérités ou après un état de tristesse, goûtent une paix et consolation dans l'âme qui les ravit, et ils y trouvent tant de douceur qu'ils croient que c'est un effet du Saint-Esprit. Il est bien vrai que le contentement qu'on trouve dans la considération de la grandeur et de la bonté de Dieu, dans l'accomplissement de sa volonté, dans la pratique des vertus, est une grâce de Dieu, et des plus grandes ; mais ce n'est pas toujours une grâce qui ait besoin d'un secours surnaturel nouveau, comme beaucoup de ces bonnes gens le prétendent. On a vu, il n'y a pas longtemps, une demoiselle fort sage en toute autre chose, qui croyait dès sa jeunesse de parler à Jésus-Christ et d'être son épouse d'une manière toute particulière. Sa mère, à ce qu'on racontait, avait un peu donné dans l'enthousiasme, mais la fille ayant commencé de bonne heure, était allée bien plus avant. Sa satisfaction et sa joie était indicible, sa sagesse paraissait dans

---

(1) BOURIGNON (Antoinette), célèbre illuminée du XVIII° siècle, née à Lille en 1616, morte à Franeker en 1680. On a d'elle un *Traité de l'aveuglement des hommes* ; le *Nouveau Ciel*, etc. Poiret, autre mystique, a développé et systématisé les idées de Mlle Bourignon, dans son *Économie de la nature* ; Amsterdam, 1686, 21 vol. in-8°. P. J.

sa conduite et son esprit dans ses discours. La chose alla cependant si loin, qu'elle recevait des lettres qu'on adressait à Notre-Seigneur, et elle les renvoyait cachetées comme elle les avait reçues avec la réponse, qui paraissait quelquefois faite à propos et toujours raisonnable. Mais enfin elle cessa d'en recevoir, de peur de faire trop de bruit. En Espagne, elle aurait été une autre sainte Thérèse. Mais toutes les personnes qui ont de pareilles visions n'ont pas la même conduite. Il y en a qui cherchent à faire secte et même à faire naître des troubles, et l'Angleterre en a fait une étrange épreuve. Quand ces personnes agissent de bonne foi, il est difficile de les ramener : quelquefois le renversement de tous leurs desseins les corrige, mais souvent c'est trop tard. Il y avait un visionnaire mort depuis peu qui se croyait immortel, parce qu'il était fort âgé et se portait bien, et, sans avoir lu le livre d'un Anglais publié depuis peu (qui voulait faire croire que Jésus-Christ était venu encore pour exempter de la mort corporelle les vrais croyants), il était à peu près dans les mêmes sentiments depuis longues années; mais quand il se sentit mourir, il alla jusqu'à douter de toute la religion parce qu'elle ne répondait pas à sa chimère. Quirin Kuhlmann, Silésien (1), homme de savoir et d'esprit, mais qui avait donné depuis dans deux sortes de visions également dangereuses, l'une des enthousiastes, l'autre des alchimistes, et qui a fait du bruit en Angleterre, en Hollande et jusqu'à Constantinople, s'étant enfin avisé d'aller en Moscovie et de s'y mêler dans certaines intrigues contre le ministère, dans le temps que la princesse Sophie y gouvernait, fut condamné au feu et ne mourut pas en homme persuadé de ce qu'il avait prêché. Les dissensions de ces gens entre eux les devraient encore convaincre que leur prétendu témoignage interne n'est point divin, et qu'il faut d'autres marques pour le justifier. Les Labbadistes (2), par exemple, ne s'accordent pas avec M¹¹ᵉ Antoinette, et quoique William Pen paraisse avoir eu dessein dans son voyage d'Allemagne, dont on a publié une relation, d'établir une espèce d'intelligence entre ceux qui se fondent sur ce témoignage, il ne paraît pas qu'il ait réussi. Il serait à souhaiter, à la vérité, que les gens de bien fussent

---

(1) KUHLMANN (1691-1669), illuminé, voulut épouser Antoinette Bourignon, qui le refusa.
(2) Les Labbadistes, secte communiste, fondée par de Labadie, qui, de catholique romain, se fit protestant. Sa doctrine avait de l'analogie avec celle des Anabaptistes.

d'intelligence (1) et agissent de concert : rien ne serait plus capable de rendre le genre humain meilleur et plus heureux ; mais il faudrait qu'ils fussent eux-mêmes véritablement du nombre des gens de bien, c'est-à-dire bienfaisants, et, de plus, dociles et raisonnables, au lieu qu'on n'accuse que trop ceux qu'on appelle dévots aujourd'hui d'être durs, impérieux, entêtés. Leurs dissensions font paraître au moins que leur témoignage interne a besoin d'une vérification externe pour être cru, et il leur faudrait des miracles pour avoir droit de passer pour prophètes et inspirés. Il y aurait pourtant un cas, où ces inspirations porteraient leurs preuves avec elles. Ce serait si elles éclairaient véritablement l'esprit par des découvertes importantes de quelque connaissance extraordinaire, qui seraient au-dessus des forces de la personne, qui les aurait acquises sans aucun secours externe. Si Jacob Bœhme, fameux cordonnier de la Lusace, dont les écrits ont été traduits de l'allemand en d'autres langues sous le nom de Philosophe Teutonique, et ont, en effet, quelque chose de grand et de beau pour un homme de cette condition, avait su faire de l'or, comme quelques-uns se le persuadent, ou comme fit saint Jean l'Évangéliste si nous en croyons ce que dit un hymne fait à son honneur :

« Inexhaustum fert thesaurum
« Qui de virgis fecit aurum,
« Gemmas de lapidibus, »

on aurait eu quelque lieu de donner plus de créance à ce cordonnier extraordinaire. Et si Mlle Antoinette Bourignon avait fourni à Bertrand La Coste (2), ingénieur français à Hambourg, la lumière dans les sciences qu'il crut avoir reçue d'elle, comme il le marque en lui dédiant son livre de la quadrature du cercle (où, faisant allusion à Antoinette et Bertrand, il l'appelait l'A en théologie, comme il se disait être lui-même B en mathématiques), on n'aurait su que dire. Mais on ne voit pas d'exemples d'un succès considérable de cette nature, non plus que des prédictions très circonstanciées qui aient réussi à de telles gens. Les prophéties de Poniatovia (3), de Drabitius et d'autres, que le bonhomme Comenius (4) publia dans son *Lux in tenebris* et qui con-

---

(1) GEHRARDT, *De l'Intelligence*.
(2) LA COSTE (Bertrand), ingénieur français du XVIIe siècle. A laissé deux ouvrages : *Schola inventa quadratura circuli*, 1663, et *Démonstration de la quadrature du cercle*, 1666.
(3) PONIATOVIA (Christine), 1610-44, célèbre enthousiaste polonaise.
(4) COMENIUS (Jean-Amos), né en 1592 en Moravie, appartenant à la secte des

tribuèrent à des remuements dans les terres héréditaires de l'Empereur, se trouvèrent fausses, et ceux qui y donnèrent créance furent malheureux. Rogozky, prince de Transylvanie, fut poussé par Drabitius (1) à l'entreprise de Pologne, où il perdit son armée, ce qui lui fit enfin perdre ses États avec la vie : et le pauvre Drabitius longtemps après, à l'âge de 80 ans, eut enfin la tête tranchée par ordre de l'Empereur. Cependant, je ne doute point qu'il n'y ait des gens maintenant qui fassent revivre ces prédictions mal à propos, dans la conjecture présente des désordres de la Hongrie, ne considérant point que ces prétendus prophètes parlaient des événements de leur temps ; en quoi ils feraient à peu près comme celui qui après le bombardement de Bruxelles publia une feuille volante, où il y avait un passage pris d'un livre de Mlle Antoinette, qui ne voulut point venir dans cette ville parce que (si je m'en souviens bien) elle avait songé de la voir en feu, mais ce bombardement arriva longtemps après sa mort. J'ai connu un homme qui alla en France durant la guerre, qui fut terminée par la paix de Nimègue, importuner M. de Montausier et M. de Pomponne sur le fondement des prophéties publiées par Comenius : et il se serait cru inspiré lui-même (je pense) s'il lui fût arrivé de faire ses propositions dans un temps pareil au nôtre. Ce qui fait voir non seulement le peu de fondement, mais aussi le (2) danger de ces entêtements. Les histoires sont pleines du mauvais effet des prophéties fausses ou mal entendues, comme l'on peut voir dans une savante et judicieuse dissertation, *De officio viri boni circa futura contingentia* que feu M. Jacobus Thomasius (3), professeur célèbre à Leipzig, donna autrefois au public. Il est vrai cependant que ces persuasions font quelquefois un bon effet et servent à de grandes choses : car Dieu se peut servir de l'erreur pour établir ou maintenir la vérité. Mais je ne crois point qu'il soit permis facilement à nous de se servir des fraudes pieuses pour une bonne fin. Et quant aux dogmes de religion, nous n'avons point besoin de nouvelles révélations ; c'est assez qu'on nous propose des règles salutaires pour que nous soyons obligés de les suivre, quoique celui qui les propose ne

---

frères moraves, mort à Amsterdam en 1671. — On a de lui les ouvrages suivants : *Synopsis physices*, Leipzig, in-8°, 1633 ; *Theatrum divinum*, in-4°, Prague, 1616 ; *Labyrinthe du monde*, in-4°, 1631 ; *Panegesis*, in-4°, Halle, 1702.

(1) DRABITIUS (1587-1671), illuminé de Bohême.
(2) GERHARDT.
(3) THOMASIUS (Jacques), professeur de philosophie à Leipzig (qu'il ne faut pas confondre avec le jurisconsulte Christian Thomasius, bien plus célèbre), né en 1655, mort en 1728, s'est beaucoup occupé d'histoire de la philosophie. P. J.

fasse aucun miracle ; et quoique Jésus-Christ en fût muni, il ne laisse pas de refuser quelquefois d'en faire pour complaire à cette race perverse, qui demandait des signes, lorsqu'il ne prêchait que la vertu et ce qui avait déjà été enseigné par la raison naturelle et les prophètes.

CHAP. XX. — DE L'ERREUR.

§ 1. PH. Après avoir assez parlé de tous les moyens qui nous font connaître ou deviner la vérité, disons encore quelque chose de nos erreurs et mauvais jugements. Il faut que les hommes se trompent souvent puisqu'il y a tant de dissensions entre eux. Les raisons de cela se peuvent réduire à ces quatre. 1° Le manque de preuves. 2° Le peu d'habileté à s'en servir. 3° Le manque de volonté d'en faire usage. 4° Les fausses règles des probabilités. § 2. Quand je parle du défaut des preuves, je comprends encore celles qu'on pourrait trouver si on en avait les moyens et la commodité : mais c'est de quoi on manque le plus souvent. Tel est l'état des hommes, dont la vie se passe à chercher de quoi subsister : ils sont aussi peu instruits de ce qui se passe dans le monde, qu'un cheval de somme, qui va toujours par le même chemin, peut devenir habile dans la carte du pays. Il leur faudrait les langues, la lecture, la conversation, les observations de la nature et les expériences de l'art. § 3. Or tout cela ne convenant point à leur état, dirons-nous donc que le gros des hommes n'est conduit au bonheur et à la misère que par un hasard aveugle ? Faut-il qu'ils s'abandonnent aux opinions courantes et aux guides autorisés dans le pays, même par rapport au bonheur ou malheur éternel ? Ou sera-t-on malheureux éternellement pour être né plutôt dans un pays que dans un autre? Il faut pourtant avouer que personne n'est si fort occupé du soin de pourvoir à sa subsistance qu'il n'ait aucun temps de reste pour penser à son âme et pour s'instruire de ce qui regarde la religion, s'il y était aussi appliqué qu'il l'est à des choses moins importantes.

TH. Supposons que les hommes ne soient pas toujours en état de s'instruire eux-mêmes, et que, ne pouvant pas abandonner avec prudence le soin de la subsistance de leur famille pour chercher des vérités difficiles, ils soient obligés de suivre les sentiments autorisés chez eux, il faudra toujours juger que dans ceux qui ont la vraie religion sans en avoir des preuves la grâce intérieure suppléera au défaut des motifs de la crédibilité ; et la charité nous fait juger encore, comme je vous ai déjà marqué, que Dieu fait pour les personnes de bonne volonté, élevées parmi les épaisses ténèbres des erreurs les plus dangereuses, tout ce que sa bonté et sa justice demandent, quoique peut-être d'une manière qui nous est inconnue. On a des histoires applaudies dans l'Église romaine de personnes qui ont été ressuscitées exprès pour ne point manquer des secours salutaires. Mais Dieu peut secourir les âmes par l'opération interne du Saint-Esprit, sans avoir besoin d'un si grand miracle ; et ce qu'il y a de bon et de consolant pour le genre humain, c'est que, pour se mettre dans l'état de la grâce de Dieu, il ne faut que la bonne volonté, mais sincère et sérieuse. Je reconnais qu'on n'a pas même cette bonne volonté sans la grâce de Dieu ; d'autant que tout bien naturel ou surnaturel vient de lui ; mais c'est toujours assez qu'il ne faut qu'avoir la volonté et qu'il est impossible que Dieu puisse demander une condition plus facile et plus raisonnable.

§ 4. Ph. Il y en a qui sont assez à leur aise pour avoir toutes les commodités propres à éclaircir leurs doutes ; mais ils sont détournés de cela par des obstacles pleins d'artifices, qu'il est assez facile d'apercevoir, sans qu'il soit nécessaire de les étaler en cet endroit.

§ 5. J'aime mieux parler de ceux qui manquent d'habileté pour faire valoir les preuves qu'ils ont pour ainsi dire sous la main, et qui ne sauraient retenir une longue suite de conséquences ni peser toutes les circonstances. Il y a des gens d'un seul syllogisme, et il y en a de deux seulement. Ce n'est pas le lieu ici de déterminer si cette imperfection vient d'une différence naturelle des âmes mêmes ou des organes, ou si elle dépend du défaut de l'exercice qui polit les facultés naturelles. Il nous suffit ici qu'elle est visible, et qu'on n'a qu'à aller du Palais ou de la Bourse aux hôpitaux et aux petites-maisons pour s'en apercevoir.

Th. Ce ne sont pas les pauvres seuls qui sont nécessiteux ; il manque plus à certains riches qu'à eux, parce que ces riches demandent trop et se mettent volontairement dans une espèce d'indigence qui les empêche de vaquer aux considérations importantes. L'exemple y fait beaucoup. On s'attache à suivre celui de ses pareils qu'on est obligé de pratiquer sans faire paraître un esprit de contrariété, et cela fait aisément qu'on leur devient semblable. Il est bien difficile de contenter en même temps la raison et la coutume. Quant à ceux qui manquent de capacité, il y en a peut-être moins qu'on ne pense ; je crois que le bon sens avec l'application peuvent suffire à tout ce qui ne demande pas de la promptitude. Je présuppose le bon sens, parce que je ne crois pas que vous vouliez exiger la recherche de la vérité des habitants des petites-maisons. Il est vrai qu'il n'y en a pas beaucoup qui n'en pourraient revenir, si nous en connaissions les moyens, et, quelque différence originale qu'il y ait entre nos âmes (comme je crois en effet qu'il y en a), il est toujours sûr que l'une pourrait aller aussi loin que l'autre (mais non pas peut-être si vite) si elle était menée comme il faut.

§ 6. Ph. Il y a une autre sorte de gens qui ne manquent que de volonté. Un violent attachement au plaisir, une constante application à ce qui regarde leur fortune, une paresse ou négligence générale, une aversion particulière pour l'étude et la méditation, les empêchent de penser sérieusement à la vérité. Il y en a même qui craignent qu'une recherche, exempte de toute partialité, ne fût point favorable aux opinions qui s'accommodent le mieux à leurs préjugés et à leurs desseins. On connaît des personnes qui ne veulent pas lire une lettre qu'on suppose porter de méchantes nouvelles, et bien des gens évitent d'arrêter leurs comptes ou de s'informer de l'état de leur bien, de peur d'apprendre ce qu'ils voudraient ignorer. Il y en a qui ont de grands revenus et les emploient tous à des provisions pour le corps, sans songer aux moyens de perfectionner l'entendement. Ils prennent un grand soin de paraître toujours dans un équipage propre et brillant, et ils souffrent sans peine que leur âme soit couverte des méchants haillons de la prévention et de l'erreur et que la nudité, c'est-à-dire l'ignorance, paraisse à travers. Sans parler des intérêts qu'ils doivent prendre à un état à venir, ils ne négligent pas moins ce qu'ils sont intéressés à connaître dans la vie qu'ils mènent dans ce monde. Et c'est quelque chose d'étrange que bien souvent ceux qui regardent le pouvoir et l'autorité comme un apanage de leur naissance ou de leur fortune l'abandonnent négligemment à des gens d'une condition inférieure à la leur, mais qui les surpassent en connaissance ; car il faut bien que les aveugles soient conduits par ceux qui voient, ou qu'ils tombent dans la fosse, et il n'y a point de pire esclavage que celui de l'entendement.

Th. Il n'y a point de preuve plus évidente de la négligence des hommes par rapport à leurs vrais intérêts, que le peu de soin qu'on a de connaître et de pratiquer ce qui convient à la santé, qui est un de nos plus grands biens ; et quoique les grands se ressentent autant et plus que les autres des mauvais effets de cette négligence, ils n'en reviennent point. Pour ce qui se rapporte à la foi, plusieurs regardent la pensée qui les pourrait porter à la discussion comme une tentation du démon, qu'ils ne croient pouvoir mieux surmonter qu'en tournant l'esprit à toute autre chose. Les hommes qui n'aiment que les plaisirs ou qui s'attachent à quelque occupation ont coutume de négliger les autres affaires. Un joueur, un chasseur, un buveur, un débauché, et même un curieux de bagatelles perdra sa fortune et son bien, faute de se donner la peine de solliciter un procès ou de parler à des gens en poste. Il y en a comme l'empereur Honorius, qui, lorsqu'on lui porta la perte de Rome, crut que c'était sa poule qui portait ce nom, ce qui le fâcha plus que la vérité. Il serait à souhaiter que les hommes qui ont du pouvoir eussent de la connaissance à proportion ; mais quand le détail des sciences, des arts, de l'histoire des langues n'y serait pas, un jugement solide et exercé et une connaissance des choses également grandes et générales, en un mot *summa rerum* pourrait suffire. Et comme l'empereur Auguste avait un abrégé des forces et besoins de l'État qu'il appelait *breviarium imperii*, on pourrait avoir un abrégé des intérêts de l'homme, qui mériterait d'être appelé *enchiridion sapientiæ*, si les hommes voulaient avoir soin de ce qui leur importe le plus.

§ 7. Ph. Enfin la plupart de nos erreurs viennent des fausses mesures de probabilité qu'on prend, soit en suspendant son jugement malgré des raisons manifestes, soit en le donnant malgré des probabilités contraires. Ces fausses mesures consistent : 1° dans des propositions douteuses, prises pour principes ; 2° dans les hypothèses reçues ; 3° dans l'autorité. § 8. Nous jugeons ordinairement de la vérité par la conformité avec ce que nous regardons comme principes incontestables, et cela nous fait mépriser le témoignage des autres et même celui de nos sens quand ils y sont ou paraissent contraires : mais, avant que de s'y fier avec tant d'assurance, il faudrait les examiner avec la dernière exactitude. § 9. Les enfants reçoivent des propositions qui leur sont inculquées par leur père et mère, nourrices, précepteurs et autres qui sont autour d'eux, et ces propositions, ayant pris racine, passent pour sacrées comme un Urim et Thumim, que Dieu aurait mis lui-même dans l'âme. § 10. On a de la peine à souffrir ce qui choque ces oracles internes pendant qu'on digère les plus grandes absurdités qui s'y accordent. Cela paraît par l'extrême obstination qu'on remarque dans différents hommes à croire fortement des opinions directement opposées comme des articles de foi, quoiqu'elles soient fort souvent également absurdes. Prenez un homme de bon sens, mais persuadé de cette maxime qu'on doit croire ce qu'on croit dans sa communion, telle qu'on l'enseigne à Wittemberg ou en Suède, quelle disposition n'a-t-il pas à recevoir sans peine la doctrine de la consubstantiation et à croire qu'une même chose est chair et pain à la fois.

Th. Il paraît bien, Monsieur, que vous n'êtes pas assez instruit des sentiments des Évangéliques, qui admettent la présence réelle du corps de Notre-Seigneur dans l'Eucharistie. Ils se sont expliqués mille fois qu'ils ne veulent point de consubstantiation du pain et du vin avec la chair et le sang de Jésus-Christ, et encore moins qu'une même chose est chair et pain ensemble. Ils enseignent seulement qu'en recevant les symboles visibles on reçoit d'une manière invisible et surnaturelle le corps du Sauveur, sans qu'il soit enfermé dans le pain. Et la présence qu'ils entendent n'est point locale, ou spatiale pour ainsi dire, c'est-à-dire déterminée par les dimensions du corps présent : de sorte que tout ce que les sens y peuvent opposer ne les regarde point. Et, pour faire voir que les inconvénients qu'on pourrait tirer de la raison ne les touchent point non plus, ils déclarent que ce qu'ils entendent par la substance du corps ne consiste point dans l'étendue ou dimension ; et ils ne font point difficulté d'admettre que le corps glorieux de Jésus-Christ garde une certaine présence ordinaire et locale, mais convenable à son état dans le lieu sublime où il se trouve, toute différente de cette présence sacramentale, dont il s'agit ici, ou de sa présence miraculeuse, avec laquelle il gouverne l'Église qui fait qu'il est non pas partout comme Dieu, mais là où il veut bien être : ce qui est le sentiment des plus modérés, de sorte que, pour montrer l'absurdité de leur doctrine, il faudrait démontrer que toute l'essence du corps ne consiste que dans l'étendue et de ce qui est uniquement mesuré par là, ce que personne n'a encore fait que je sache. Aussi toute cette difficulté ne regarde pas moins les réformés, qui suivent les confessions gallicane et belgique, la déclaration de l'assemblée de Sendomir, composée de gens des deux confessions, augustane et helvétique, conforme à la confession saxonne, destinée pour le concile de Trente; la profession de foi des réformés venus au colloque de Thorn, convoqué sous l'autorité d'Uladislas, roi de Pologne, et la doctrine constante de Calvin (1) et de Bèze (2), qui ont déclaré le plus distinctement et le plus fortement du monde que les symboles fournissent effectivement ce qu'ils représentent et que nous devenons participants de la substance même du corps et du sang de Jésus-Christ. Et Calvin, après avoir réfuté ceux qui se contentent d'une participation métaphorique de pensée ou de sceau et d'une union de foi, ajoute qu'on ne pourra rien dire d'assez fort pour établir la réalité, qu'il ne soit prêt à signer, pourvu qu'on évite tout ce qui regarde la circonscription des lieux ou la diffusion des dimensions ; de sorte qu'il paraît que dans le fond sa doctrine était celle de Mélanchton (3) et même de Luther (4) (comme Calvin le présume lui-même dans une de ses lettres), excepté qu'outre la condition de la perception des symboles dont Luther se contente il demande encore la condition de la foi, pour exclure la participation des indignes. Et j'ai trouvé Calvin si positif sur cette communion réelle en cent lieux de ses ouvrages, et même dans les lettres familières, où il n'en avait point besoin, que je ne vois point de lieu de soupçonner d'artifice.

§ 11. Ph. Je vous demande pardon si j'ai parlé de ces Messieurs selon l'opinion vulgaire. Et je me souviens maintenant d'avoir remarqué que de fort habiles théologiens de l'Église anglicane ont été pour cette participation réelle. Mais des principes établis passons aux hypothèses reçues. Ceux qui reconnaissent que ce ne sont qu'hypothèses ne laissent pas souvent de les maintenir avec chaleur, à peu près comme des principes assurés, et de mépriser les probabilités contraires. Il serait insupportable à un savant professeur de voir son autorité renversée en un instant par un nouveau venu qui rejetterait

---

(1) CALVIN (Jean), illustre réformateur, né à Noyon en 1509, mort en 1564, à Genève, où il avait introduit la Réforme et où il exerça toute sa vie une véritable dictature. Son plus grand ouvrage est son *Institution chrétienne*, 1559, beaucoup plus théologique que philosophique. P. J.

(2) DE BÈZE (Théod.), ami et disciple de Calvin, né à Vézelai en 1519, mort en 1601. P. J.

(3) MÉLANCHTON (Philippe), ami et disciple de Luther, né à Bretten dans le Bas-Palatinat en 1497, mort en 1567. Il a réconcilié la Réforme avec la philosophie d'Aristote. Ses principaux ouvrages sont: *Dialectica*, in-8°, Wittemberg, 1530; *Commentarius de anima*, ib., in-8°, 1540; *Initia doctrinæ physicæ*, in-8°, 1517; *Epitome philosophiæ moralis*, in-8°, 1550. P. J.

(4) LUTHER (Martin), illustre réformateur dont il est inutile de rappeler l'histoire, né à Eisleben en Saxe en 1484, mort dans cette ville en 1546. On a de lui des *Œuvres latines* (Iéna, 4 vol. in-fol.), et des *Œuvres allemandes* (Wittemberg, 1539-1559, 12 vol. in-fol.; ses *Propos de table* (Tischreden), publiés en allemand à Eisleben, 1565 (in-8°), ont été traduits en latin, Francfort, 1571, en français sous le titre de *Mémoires de Luther*, par M. Michelet (Paris, 1837, 2 vol. in-8°).
P. J.

ses hypothèses ; son autorité, dis-je, qui est en vogue depuis 30 ou 40 ans, acquise par bien des veilles, soutenue par quantité de grec et de latin, confirmée par une tradition générale et par une barbe vénérable. Tous les arguments qu'on peut employer pour le convaincre de la fausseté de son hypothèse seront aussi peu capables de prévaloir sur son esprit que les efforts que fit Borée pour obliger le voyageur à quitter son manteau qu'il tint d'autant plus ferme que ce vent soufflait avec plus de violence.

Th. En effet, les coperniciens ont éprouvé dans leurs adversaires que les hypothèses, reconnues pour telles, ne laissent pas d'être soutenues avec un zèle ardent. Et les cartésiens ne sont pas moins positifs pour leurs particules cannelées (1) et petites boules du second élément (2) que si c'étaient des théorèmes d'Euclide ; et il semble que le zèle pour nos hypothèses n'est qu'un effet de la passion que nous avons de nous faire respecter nous-mêmes. Il est vrai que ceux qui ont condamné Galilée ont cru que le repos de la terre était plus qu'une hypothèse, car ils le jugeaient conforme à l'Écriture et à la raison. Mais depuis on s'est aperçu que la raison au moins ne la soutenait plus ; et quant à l'Écriture, le Père Fabry, pénitencier de Saint-Pierre, excellent théologien et philosophe, publiant dans Rome même une *Apologie des Observations d'Eustachio Divini* (3), fameux opticien (4), ne feignit point de déclarer que ce n'était que provisionnellement qu'on entendait dans le texte sacré un vrai mouvement du soleil, et que, si le sentiment de Copernic se trouvait vérifié, on ne ferait point difficulté de l'expliquer comme ce passage de Virgile :

« Terræque urbesque recedunt. »

Cependant on ne laisse pas de continuer en Italie et en Espagne et même dans les pays héréditaires de l'empereur de supprimer la doctrine de Copernic, au grand préjudice de ces nations, dont les esprits pourraient s'élever à des plus belles découvertes, s'ils jouissaient d'une liberté raisonnable et philosophique.

§ 12. Ph. Les passions dominantes paraissent être, en effet, comme vous dites, la source de l'amour qu'on a pour les hypothèses ; mais elles s'étendent encore bien plus loin. La plus grande probabilité du

---

(1) Voir Descartes, *Principes de la Philosophie*, l. III, 90.   P. J.
(2) *Ibid.*, 52.
(3) Nous n'avons pas trouvé la date de cet ouvrage qui doit être curieux.
(4) Eustachio Divini, célèbre opticien et musicien italien, 1620-1666.

monde ne servira de rien à faire voir son injustice à un avare et à un ambitieux ; et un amant aura toute la facilité du monde à se laisser duper par sa maîtresse, tant il est vrai que nous croyons facilement ce que nous voulons, et selon la remarque de Virgile

« Qui amant ipsi sibi somnia fingunt. »

C'est ce qui fait qu'on se sert de deux moyens d'échapper aux probabilités les plus apparentes, quand elles attaquent nos passions et nos préjugés. § 13. Le premier est de penser qu'il y peut avoir quelque sophistiquerie cachée dans l'argument qu'on nous objecte. § 14. Et le second de supposer que nous pourrions mettre en avant de tout aussi bons, ou même de meilleurs arguments pour battre l'adversaire si nous avions la commodité, ou l'habileté, ou l'assistance qu'il nous faudrait pour les trouver. § 15. Ces moyens de se défendre de la conviction sont bons quelquefois, mais aussi ce sont des sophismes lorsque la matière est assez éclaircie, et qu'on a tout mis en ligne de compte ; car après cela il y a moyen de connaître sur le tout de quel côté se trouve la probabilité. C'est ainsi qu'il n'y a point lieu de douter que les animaux ont été formés plutôt par des mouvements qu'un agent intelligent a conduits, que par un concours fortuit des atomes ; comme il n'y a personne qui doute le moins du monde si les caractères d'imprimerie, qui forment un discours intelligible, ont été assemblés par un homme attentif, ou par un mélange confus. Je croirais donc qu'il ne dépend point de nous de suspendre notre assentiment dans ces rencontres : mais nous le pouvons faire quand la probabilité est moins évidente, et nous pouvons nous contenter même des preuves plus faibles qui conviennent le mieux avec notre inclination. § 16. Il me paraît impraticable à la vérité qu'un homme penche du côté où il voit le moins de probabilité : la perception, la connaissance et l'assentiment ne sont point arbitraires : comme il ne dépend point de moi de voir ou de ne point voir la convenance de deux idées, quand mon esprit y est tourné. Nous pouvons pourtant arrêter volontairement le progrès de nos recherches ; sans quoi l'ignorance ou l'erreur ne pourrait être un péché en aucun cas. C'est en cela que nous exerçons notre liberté. Il est vrai que, dans les rencontres où l'on n'a aucun intérêt, on embrasse l'opinion commune, ou le sentiment du premier venu ; mais, dans les points où notre bonheur ou malheur est intéressé, l'esprit s'applique plus sérieusement à peser les probabilités, et je pense qu'en ce cas, c'est-à-dire lorsque nous avons de l'attention, nous n'avons pas le choix de nous déterminer pour le côté que nous voulons, s'il y a entre les deux partis des différences tout à fait visibles, et que ce sera la plus grande probabilité qui déterminera notre assentiment.

TH. Je suis de votre avis dans le fond, et nous nous sommes assez expliqués là-dessus dans nos conférences précédentes quand nous avons parlé de la liberté. J'ai montré alors que nous ne croyons jamais ce que nous voulons, mais bien ce que nous voyons le plus apparent : et que néanmoins nous pouvons nous faire croire indirectement ce que nous voulons, en détournant l'attention d'un objet désagréable pour nous appliquer à un autre, qui nous plaît ; ce qui fait qu'en envisageant davantage les raisons d'un parti favori nous le croyons enfin le plus vraisemblable. Quant aux opinions, où nous ne prenons guère d'intérêt, et que nous recevons sur des raisons légères, cela se fait parce que, ne remarquant presque rien qui s'y oppose, nous trouvons que l'opinion qu'on nous fait envisager favorablement surpasse autant et plus le sentiment opposé, qui n'a rien pour lui dans notre perception, que s'il y avait eu beaucoup de raisons de part et d'autre, car la différence entre 0 et 1, ou entre 2 et 3, est aussi grande qu'entre 9 et 10, et nous nous apercevons de cet avantage, sans penser à l'examen qui serait encore nécessaire pour juger, mais où rien ne nous convie.

§ 17. PH. La dernière fausse mesure de probabilité, que j'ai dessein de remarquer, est l'autorité mal entendue, qui retient plus de gens dans l'ignorance et dans l'erreur que toutes les autres ensemble. Combien voit-on de gens qui n'ont point d'autre fondement de leur sentiment que les opinions reçues parmi nos amis ou parmi les gens de notre profession ou dans notre parti, ou dans notre pays ? Une telle doctrine a été approuvée par la vénérable antiquité ; elle vient à moi sous le passeport des siècles précédents ; d'autres hommes s'y rendent ; c'est pourquoi je suis à l'abri de l'erreur en la recevant. On serait aussi bien fondé à jeter à croix ou à pile pour prendre ses opinions, qu'à les choisir sur de telles règles. Et, outre que tous les hommes sont sujets à l'erreur, je crois que si nous pouvions voir les secrets motifs qui font agir les savants et les chefs de parti, nous trouverions souvent tout autre chose que le pur amour de la vérité. Il est sûr au moins qu'il n'y a point d'opinion si absurde, qu'elle ne puisse être embrassée sur ce fondement, puisqu'il n'y a guère d'erreur qui n'ait eu ses partisans.

Th. Il faut avouer pourtant qu'on ne saurait éviter en bien des rencontres de se rendre à l'autorité. Saint Augustin a fait un livre assez joli, *De Utilitate credendi*, qui mérite d'être lu sur ce sujet, et quant aux opinions reçues, elles ont pour elles quelque chose d'approchant à ce qui donne ce qu'on appelle *présomption* chez les jurisconsultes : et quoiqu'on ne soit point obligé de les suivre toujours sans preuves, on n'est pas autorisé non plus à les détruire dans l'esprit d'autrui sans avoir des preuves contraires. C'est qu'il n'est point permis de rien changer sans raison. On a fort disputé sur l'argument tiré du grand nombre des approbateurs d'un sentiment depuis que feu M. Nicole publia son livre sur l'Église : mais tout ce qu'on peut tirer de cet argument, lorsqu'il s'agit d'approuver une raison et non pas d'attester un fait, ne peut être réduit qu'à ce que je viens de dire. Et comme cent chevaux ne courent pas plus vite qu'un cheval quoiqu'ils puissent tirer davantage, il en est de même de cent hommes comparés à un seul ; ils ne sauraient aller plus droit, mais ils travailleront plus efficacement ; ils ne sauraient mieux juger, mais ils seront capables de fournir plus de matière où le jugement puisse être exercé. C'est ce que porte le proverbe : *plus vident oculi quam oculus*. On le remarque dans les Assemblées, où véritablement quantité de considérations sont mises sur le tapis, qui seraient peut-être échappées à un ou deux, mais on court risque souvent de ne point prendre le meilleur parti en concluant sur toutes ces considérations, lorsqu'il n'y a point des personnes habiles chargées de les digérer et de les peser. C'est pourquoi quelques théologiens judicieux du parti de Rome, voyant que l'autorité de l'Église, c'est-à-dire celle des plus élevés en dignité et des plus appuyés par la multitude, ne pouvait être sûre en matière de raisonnement, l'ont réduite à la seule attestation des faits sous le nom de tradition. Ce fut l'opinion de Henri Holden (1), Anglais, docteur de Sorbonne, auteur d'un livre intitulé *Analyse de la foi*, où, suivant les principes du *Commonitorium* de Vincent de Lérins (2), il soutient qu'on ne saurait faire des décisions nouvelles dans l'Église, et que tout ce que

---

(1) HOLDEN (Henri), docteur de la Faculté de théologie de Paris, né en 1576 dans la province de Lancastre en Angleterre, mort à Paris en 1665. On a de lui : *Divinæ fidei analysis*, Paris, 1632, in-8°; *Tractatus de schismate; Tractatus de usurâ; Divers Traités de controverse*. P. J.

(2) VINCENT DE LÉRINS (saint), né à Toul, à ce que l'on suppose, vécut au v⁰ siècle de l'ère chrétienne, mort vers 430. Ses œuvres complètes ont été publiées par Balard en 1663. P. J.

les Évêques assemblés en concile peuvent faire, c'est d'attester le fait de la doctrine reçue dans leurs diocèses. Le principe est spécieux tant qu'on demeure dans les généralités ; mais quand on vient au fait, il se trouve que des différents pays ont reçu des opinions différentes depuis longtemps ; et dans les mêmes pays encore on est allé du blanc au noir, malgré les arguments de M. Arnaud contre les changements insensibles ; outre que souvent, sans se borner à attester, on s'est mêlé de juger. C'est aussi dans le fond l'opinion de Gretser(1), savant jésuite de Bavière, auteur d'une autre Analyse de la foi, approuvée des théologiens de son ordre, que l'Église peut juger des controverses en faisant de nouveaux articles de foi, l'assistance du Saint-Esprit lui étant promise, quoiqu'on tâche le plus souvent de déguiser ce sentiment surtout en France, comme si l'Église ne faisait qu'éclaircir des doctrines déjà établies. Mais l'éclaircissement est une énonciation déjà reçue ou c'en est une nouvelle qu'on croit tirer de la doctrine reçue. La pratique s'oppose le plus souvent au premier sens, et dans le second l'énonciation nouvelle, qu'on établit, que peut-elle être qu'un article nouveau ? Cependant je ne suis point d'avis qu'on méprise l'antiquité en matière de religion ; et je crois même qu'on peut dire que Dieu a préservé les Conciles véritablement œcuméniques jusqu'ici de toute erreur contraire à la doctrine salutaire. Au reste, c'est une chose étrange que la prévention de parti : j'ai vu des gens embrasser avec ardeur une opinion, par la seule raison qu'elle est reçue dans leur ordre, ou même seulement parce qu'elle est contraire à celle d'un homme d'une religion ou d'une nation qu'ils n'aimaient point, quoique la question n'eût presque point de connexion avec la religion ou avec les intérêts des peuples. Ils ne savaient point peut-être que c'était là véritablement la source de leur zèle ; mais je reconnaissais que sur la première nouvelle qu'un tel avait écrit telle ou telle chose ; ils fouillaient dans les bibliothèques et alambiquaient leurs esprits animaux pour trouver de quoi le réfuter. C'est ce qui se pratique aussi souvent par ceux qui soutiennent des thèses dans les universités et qui cherchent à se signaler contre les adversaires. Mais que dirons-nous des doctrines prescrites dans les livres symboliques du parti même parmi les protestants, qu'on est souvent obligé d'embrasser avec serment ?

---

(1) GRETSER (Jacques), jésuite, né à Marckdorf en Souabe en 1561, mort à Ingolstadt en 1625. Ses œuvres complètes ont été publiées à Ratisbonne en 1734 et suiv. en 17 vol. in-fol.　　　　　　　　　　　　　　　P. J.

que quelques-uns ne croient signifier chez nous que l'obligation de professer ce que ces livres ou formulaires ont de la sainte Écriture ; en quoi ils sont contredits par d'autres. Et dans les ordres religieux du parti de Rome, sans se contenter des doctrines établies dans leur Église, on prescrit des bornes plus étroites à ceux qui enseignent ; témoin les propositions que le général des Jésuites, Claude Aquaviva (1) (si je ne me trompe), défendit d'enseigner dans leurs écoles. Il serait bon (pour le dire en passant) de faire un recueil systématique des propositions décidées et censurées par des conciles Papes, Évêques, Supérieurs, Facultés, qui servirait à l'histoire ecclésiastique. On peut distinguer entre enseigner et embrasser un sentiment. Il n'y a point de serment au monde ni de défense, qui puisse forcer un homme à demeurer dans la même opinion, car les sentiments sont involontaires en eux-mêmes : mais il se peut et doit abstenir d'enseigner une doctrine qui passe pour dangereuse, à moins qu'il ne s'y trouve obligé en conscience. Et, en ce cas, il faut se déclarer sincèrement et sortir de son poste, quand on a été chargé d'enseigner ; supposé pourtant qu'on le puisse faire sans s'exposer à un danger extrême qui pourrait forcer de quitter sans bruit. Et on ne voit guère d'autre moyen d'accorder les droits du public et du particulier : l'un devant empêcher ce qu'il juge mauvais, et l'autre ne pouvant point se dispenser des devoirs exigés par sa conscience.

§ 18. Ph. Cette opposition entre le public et le particulier et même entre les opinions publiques de différents partis est un mal inévitable. Mais souvent les mêmes oppositions ne sont qu'apparentes, et ne consistent que dans les formules. Je suis obligé aussi de dire, pour rendre justice au genre humain, qu'il n'y a pas tant de gens engagés dans l'erreur qu'on le suppose ordinairement ; non que je crois qu'ils embrassent la vérité, mais parce qu'en effet sur les doctrines, dont on fait tant de bruit, ils n'ont absolument point d'opinion positive, et que, sans rien examiner et sans avoir dans l'esprit les idées les plus superficielles sur l'affaire en question, ils sont résolus de se tenir attachés à leur parti, comme des soldats qui n'examinent point la cause qu'ils défendent : et si la vie d'un homme

---

(1) AQUAVIVA (Claude), général des Jésuites, né dans le royaume de Naples en 1543, mort en 1615. — On connaît surtout son ordonnance intitulée *Ratio studiorum* (Rome, 1566, in-8º), ouvrage que les Jésuites ont fait supprimer par l'Inquisition. Il fut réimprimé avec changement en 1591. P. J.

fait voir qu'il n'a aucun égard sincère pour la religion, il lui suffit d'avoir la main et la langue prêtes à soutenir l'opinion commune, pour se rendre recommandable à ceux qui lui peuvent procurer de l'appui.

Th. Cette justice, que vous rendez au genre humain, ne tourne point à sa louange ; et les hommes seraient plus excusables de suivre sincèrement leurs opinions que de les contrefaire par intérêt. Peut-être pourtant qu'il y a plus de sincérité dans leur fait, que vous ne semblez donner à entendre ; car, sans aucune connaissance de cause, ils peuvent être parvenus à une foi implicite en se soumettant généralement et quelquefois aveuglément, mais souvent de bonne foi, au jugement des autres, dont ils ont une fois reconnu l'autorité. Il est vrai que l'intérêt qu'ils y trouvent contribue à cette soumission, mais cela n'empêche point qu'enfin l'opinion ne se forme. On se contente dans l'Église romaine de cette foi implicite à peu près, n'y ayant peut-être point d'article, dû à la révélation, qui y soit jugé absolument fondamental et qui y passe pour nécessaire, *necessitate medii*, c'est-à-dire dont la créance soit une condition absolument nécessaire au salut. Et ils le sont tous *necessitate præcepti*, par la nécessité qu'on y enseigne d'obéir à l'Église, comme on l'appelle, et de donner toute l'attention due à ce qui est proposé, le tout sous peine de péché mortel. Mais cette nécessité n'exige qu'une docilité raisonnable et n'oblige point absolument à l'assentiment, suivant les plus savants docteurs de cette Église. Le cardinal Bellarmin même crut cependant que rien n'était meilleur que cette foi d'enfant, qui se soumet à une autorité établie, et il raconte avec approbation l'adresse d'un moribond, qui éluda le diable par ce cercle, qu'on lui entend répéter souvent :

« Je crois tout ce que croit l'Église,
« L'Église croit ce que je crois. »

CHAP. XXI. — De la division des sciences.

§ 1. Ph. Nous voilà au bout de notre course et toutes les opérations de l'entendement sont éclaircies. Notre dessein n'est pas d'entrer dans le détail même de nos connaissances. Cependant ici il sera peut-être à propos, avant que de finir, d'en faire une revue générale en considérant la division des sciences. Tout ce qui peut entrer dans la sphère de l'entendement humain est ou la nature des choses en elles-mêmes, ou en second lieu l'homme en qualité d'agent, tendant à sa fin et particulièrement à sa félicité ; ou en troisième lieu, les moyens d'acquérir et de communiquer la connaissance. Et voilà la science divisée en trois espèces. § 2. La première est la physique ou la philosophie naturelle, qui comprend non seulement les corps et leurs affections comme nombre, figure, mais encore les esprits, Dieu même et les anges. § 3. La seconde est la philosophie pratique ou la morale, qui enseigne le moyen d'obtenir des choses bonnes et utiles, et se propose non seulement la connaissance de la vérité, mais encore la pratique de ce qui est juste. § 4. Enfin la troisième est la logique ou la connaissance des signes, car λόγος signifie parole. Et nous avons besoin des signes de nos idées pour pouvoir nous entrecommuniquer nos pensées, aussi bien que pour les enregistrer pour notre propre usage. Et peut-être que, si l'on considérait distinctement et avec tout le soin possible que, cette dernière espèce de science roule sur les idées et les mots, nous aurions une logique et une critique différente de celle qu'on a vue jusqu'ici. Et ces trois espèces, la physique, la morale et la logique, sont comme trois grandes provinces dans le monde intellectuel, entièrement séparées et distinctes l'une de l'autre.

Th. Cette division a déjà été célèbre chez les Anciens ; car sous la logique ils comprenaient encore, comme vous faites, tout ce qu'on rapporte aux paroles et à l'explication de nos pensées, *artes dicendi*. Cependant il y a de la difficulté là dedans ; car la science de raisonner, de juger, d'inventer paraît bien différente de la connaissance des étymologies des mots et de l'usage des langues, qui est quelque chose d'indéfini et d'arbitraire. De plus, en expliquant les mots on est obligé de faire une course dans les sciences mêmes comme il paraît dans les dictionnaires ; et de l'autre côté on ne saurait traiter la science sans donner en même temps les définitions des termes. Mais la principale difficulté, qui se trouve dans cette division des sciences, est que chaque parti paraît engloutir le tout ; premièrement la morale et la logique tomberont dans la physique, prise aussi généralement qu'on vient de dire ; car en parlant des esprits, c'est-à-dire des substances qui ont de l'entendement et de la volonté, et en expliquant cet entendement à fond, vous y ferez entrer toute la logique : et en expliquant dans la doctrine des esprits ce qui appartient à la volonté, il faudrait parler du bien et du mal, de la félicité et de la misère, et il ne tiendra qu'à vous de pousser assez cette doctrine pour y faire entrer toute la philosophie pratique. En échange, tout pourrait entrer dans la philosophie pratique comme servant à notre félicité. Vous savez qu'on considère la théologie avec raison comme une science pratique, et la jurisprudence aussi bien que la médecine ne le sont pas moins ; de sorte que la doctrine de la félicité humaine ou de notre bien et mal absorbera toutes ces connaissances, lorsqu'on voudra expliquer suffisamment tous les moyens, qui servent à la fin que la raison se propose. C'est ainsi que Zwingerus (1) a tout compris dans son Théâtre méthodique de la vie humaine, que Beyerling (2) a détraqué en le mettant en ordre alphabétique. Et en traitant toutes les matières par dictionnaires suivant l'ordre de l'alphabet, la doctrine des langues (que vous mettez dans la logique avec les Anciens), c'est-à-dire dans la discursive, s'emparera à son tour du territoire des deux autres. Voilà donc vos trois grandes provinces de l'Encyclopédie en guerre continuelle, puisque l'une entreprend toujours sur les droits des autres. Les nominaux ont cru qu'il y avait autant de sciences particulières que de vérités, lesquelles composaient après des touts, selon qu'on les arrangeait ; et d'autres comparent le corps entier de nos connaissances à un océan qui est tout d'une pièce et qui n'est divisé en calédonien, atlantique, éthiopique, indien, que par des lignes arbitraires. Il se trouve ordinairement qu'une même vérité peut être placée en différents endroits, selon les termes qu'elle contient, et même selon les termes moyens ou causes dont elle dépend, et selon les suites et les effets qu'elle peut avoir. Une proposition catégorique simple n'a que deux termes ; mais une proposition hypothétique en peut avoir quatre, sans parler des énonciations composées. Une histoire mémorable peut être placée dans les annales de l'histoire universelle et dans l'histoire du pays où elle est arrivée, et dans l'histoire

---

(1) ZWINGER (H.). Il y a trois Zwinger : le premier, dit l'ancien ou chef de la famille, médecin, né à Bâle, 1533, mort en 1588, auteur du *Theatrum vitæ humanæ* (Bâle, 1565 ; c'est le livre cité par Leibniz). — Le second, fils du précédent, né à Bâle, 1569, également médecin. — Le troisième, fils du précédent, médecin et théologien, né à Bâle en 1597, mort en 1654, auteur du *Theatrum sapientiæ cœlestis*. Bâle, 1652, in-4°.   P. J.

(2) BEYERLING (Laurent), né à Anvers en 1578, mort en cette ville en 1627. Il publia, avec additions et corrections, le *Theatrum* de Zwinger (Cologne, 1631, 8 vol. in-fol.), qui déjà avait eu trois éditions : « C'est, nous dit-on, un fatras de théologie, d'histoire, de politique et de philosophie. » (*Biog. univ.*)
                                                                                    P. J.

de la vie d'un homme qui y était intéressé. Et supposé qu'il s'y agisse de quelque beau précepte de morale, de quelque stratagème de guerre, de quelque invention utile pour les arts, qui servent à la commodité de la vie ou à la santé des hommes, cette même histoire sera rapportée utilement à la science ou art qu'elle regarde, et même on en pourra faire mention en deux endroits de cette science, savoir dans l'histoire de la discipline pour raconter son accroissement effectif, et aussi dans les préceptes, pour les confirmer ou éclaircir par les exemples. Par exemple, ce qu'on raconte bien à propos dans la vie du cardinal Ximénès, qu'une femme moresque le guérit par des frictions seulement d'une hectique presque désespérée, mérite encore lieu dans un système de médecine tant au chapitre de la fièvre hectique, que lorsqu'il s'agit d'une diète médicinale en y comprenant les exercices ; et cette observation servira encore à mieux découvrir les causes de cette maladie. Mais on en pourrait parler encore dans la logique médicinale, où il s'agit de l'art de trouver les remèdes, et dans l'histoire de la médecine, pour faire voir comment les remèdes sont venus à la connaissance des hommes, et que c'est bien souvent par le secours de simples empiriques et même des charlatans. Beverovicius (1), dans un joli livre de la médecine ancienne, tiré tout entier des auteurs non médecins, aurait rendu son ouvrage encore plus beau, s'il fût passé jusqu'aux auteurs modernes. On voit par là qu'une même vérité peut avoir beaucoup de places selon les différents rapports qu'elle peut avoir. Et ceux qui rangent une bibliothèque ne savent bien souvent où placer quelques livres, étant suspendus entre deux ou trois endroits également convenables. Mais ne parlons maintenant que des doctrines générales, et mettons à part les faits singuliers, l'histoire et les langues. Je trouve deux dispositions principales de toutes les vérités doctrinales, dont chacune aurait son mérite, et qu'il serait bon de joindre. L'une serait synthétique et théorique, rangeant les vérités selon l'ordre des preuves, comme font les mathématiciens, de sorte que chaque proposition viendrait après celles dont elle dépend. L'autre disposition serait analytique et pratique, commençant par le but des hommes, c'est-à-dire par les biens, dont le

---

(1) BEVEROVICIUS ou BEVERWICK (Jean Van), médecin, né à Dordrecht en 1594, mort en 1647. On cite de lui une réfutation des objections de Montaigne contre la médecine, sous ce titre : *Montanus elenchomenos* (Dordrecht, 1639, in-12) ; un autre (*De Excellentiâ feminei sexûs*, ibid., 1636, in-12). Ses œuvres complètes en flamand ont été publiées à Amsterdam en 1656.   P. J.

comble est la félicité, et cherchant par ordre les moyens qui servent à acquérir ces biens ou à éviter les maux contraires. Et ces deux méthodes ont lieu dans l'Encyclopédie en général comme encore quelques-uns les ont pratiquées dans les sciences particulières ; car la géométrie même, traitée synthétiquement par Euclide comme une science, a été traitée par quelques autres comme un art et pourrait néanmoins être traitée démonstrativement sous cette forme qui en montrerait même l'invention ; comme si quelqu'un se proposait de mesurer toutes sortes de figures plates, et commençant par les rectilignes s'avisait qu'on les peut partager en triangles et que chaque triangle est la moitié d'un parallélogramme, et que les parallélogrammes peuvent être réduits aux rectangles, dont la mesure est aisée. Mais en écrivant l'Encyclopédie suivant toutes ces deux dispositions ensemble, on pourrait prendre des mesures de renvoi, pour éviter les répétitions. A ces deux dispositions il faudrait joindre la troisième suivant les termes, qui, en effet, ne serait qu'une espèce de répertoire, soit systématique, rangeant les termes selon certains prédicaments, qui seraient communs à toutes les notions ; soit alphabétique selon la langue reçue parmi les savants. Or ce répertoire serait nécessaire pour trouver ensemble toutes les propositions, où le terme entre d'une manière assez remarquable ; car suivant les deux voies précédentes, où les vérités sont rangées selon leur origine ou selon leur usage, les vérités qui regardent un même terme ne sauraient se trouver ensemble. Par exemple, il n'a point été permis à Euclide, lorsqu'il enseignait de trouver la moitié d'un angle, d'y ajouter le moyen d'en trouver le tiers, parce qu'il aurait fallu parler des sections coniques dont on ne pouvait pas encore prendre connaissance en cet endroit. Mais le répertoire peut et doit indiquer les endroits où se trouvent les propositions importantes, qui regardent un même sujet. Et nous manquons encore d'un tel répertoire en géométrie, qui serait d'un grand usage pour faciliter même l'invention et pousser la science, car il soulagerait la mémoire et nous épargnerait souvent la peine de chercher de nouveau ce qui est déjà tout trouvé. Et ces répertoires encore serviraient à plus forte raison dans les autres sciences, où l'art de raisonner a moins de pouvoir, et serait surtout d'une extrême nécessité dans la médecine. Mais l'art de faire de tels répertoires ne serait pas des moindres. Or, considérant ces trois dispositions, je trouve cela de curieux qu'elles répondent à l'ancienne division, que vous avez renouvelée, qui partage la science ou la philosophie en théorique, pratique et discursive, ou bien en physique, morale et logique. Car la disposition synthétique répond à la théorique, l'analytique à la pratique, et celle du répertoire selon les termes à la logique : de sorte que cette ancienne division va fort bien, pourvu qu'on l'entende comme je viens d'expliquer ces dispositions, c'est-à-dire, non pas comme des sciences distinctes, mais comme des arrangements divers des mêmes vérités, autant qu'on juge à propos de les répéter. Il y a encore une division civile des sciences selon les facultés et les professions. On s'en sert dans les universités et dans les arrangements des bibliothèques ; et Draudius (1) avec son continuateur Lipenius (2), qui nous ont laissé le plus ample mais non pas le meilleur catalogue de livres, au lieu de suivre la méthode des pandectes de Gesner (3), qui est toute systématique, se sont contentés de se servir de la grande division des matières (à peu près comme les libraires) suivant les quatre facultés (comme on les appelle) de théologie, de jurisprudence, de médecine et de philosophie, et ont rangé par après les titres de chaque faculté selon l'ordre alphabétique des termes principaux, qui entrent dans l'inscription des livres : ce qui soulageait ces auteurs parce qu'ils n'avaient pas besoin de voir le livre ni d'entendre la matière que le livre traite, mais il ne sert pas assez aux autres, à moins qu'on ne fasse des renvois des titres à d'autres de pareille signification ; car, sans parler de quantité de fautes, qu'ils ont faites, l'on voit que souvent une même chose est appelée de différents noms, comme, par exemple, *observationes juris*, *miscellanea*, *conjectanea*, *electa*, *semestria*, *probabilia*, *benedicta*, et quantité d'autres inscriptions semblables ; de tels livres de jurisconsultes ne signifient que des mélanges du droit romain. C'est pourquoi la disposition systématique des matières

---

(1) Draud (Georges), grand catalogueur, né à Davernheim, dans la Hesse, en 1572, mort en 1635 à Butzbach. On a de lui une *Bibliotheca classica ;* — *Bibliotheca exotica*, etc. P. J.

(2) Lipenius (Mart.), philologue, né à Goritz en 1630, mort à Hubeck en 1682. On a de lui : *Bibliotheca realis theologica ; juridica ; medica ; philosophica*, et un grand nombre de traités d'érudition. P. J.

(3) Gesner (Jean-Matthias), érudit illustre du xviiie siècle, né en 1691, mort à Gottinger en 1761. Il avait fait un *Catalogue raisonné* de la bibliothèque ducale de Weimar. C'est le travail sans doute auquel Leibniz fait allusion. Il publia de nombreuses éditions classiques. On connaît aussi de lui une curieuse dissertation, au moins par le titre, qui touche la philosophie : *Socrates sanctus pederasta* (Mém. de l'Académie de Gottingue), réimprimée à Utrecht en 1768.
P. J.

est sans doute la meilleure, et on y peut joindre des indices alphabétiques bien amples selon les termes et les auteurs. La division civile et reçue, selon les quatre facultés, n'est point à mépriser. La théologie traite de la félicité éternelle et de tout ce qui s'y rapporte, autant que cela dépend de l'âme et de la conscience. C'est comme une jurisprudence, qui regarde ce qu'on dit être *de foro interno* et emploie des substances et intelligences invisibles. La jurisprudence a pour objet le gouvernement et les lois, dont le but est la félicité des hommes autant qu'on y peut contribuer par l'extérieur et le sensible; mais elle ne regarde principalement que ce qui dépend de la nature de l'esprit, et n'entre point fort avant dans le détail des choses corporelles, dont elle suppose la nature pour les employer comme des moyens. Ainsi elle se décharge d'abord d'un grand point, qui regarde la santé, la vigueur et la perfection du corps humain, dont le soin est départi à la faculté de médecine. Quelques-uns ont cru, avec quelque raison, qu'on pourrait ajouter aux autres la faculté économique, qui contiendrait les arts mathématiques et mécaniques, et tout ce qui regarde le détail de la subsistance des hommes et les commodités de la vie, où l'agriculture et l'architecture seraient comprises. Mais on abandonne à la faculté de la philosophie tout ce qui n'est pas compris dans les trois facultés qu'on appelle supérieures; on l'a fait assez mal, car c'est sans donner moyen à ceux qui sont de cette quatrième faculté de se perfectionner par la pratique comme peuvent faire ceux qui enseignent les autres facultés. Ainsi, excepté peut-être les mathématiques, on ne considère la faculté de philosophie que comme une introduction aux autres. C'est pourquoi l'on veut que la jeunesse y apprenne l'histoire et les arts de parler et quelques rudiments de la théologie et de la jurisprudence naturelle, indépendantes des lois divines et humaines, sous le titre de métaphysique ou pneumatique, de morale et de politique, avec quelque peu de physique encore, pour servir aux jeunes médecins. C'est là la division civile des sciences suivant les corps et professions des savants qui les enseignent, sans parler des professions de ceux qui travaillent pour le public autrement que par leurs discours et qui devraient être dirigés par les vrais savants, si les mesures du savoir étaient bien prises. Et même dans les arts manuels plus nobles, le savoir a été fort bien allié avec l'opération, et pourrait l'être davantage. Comme en effet on les allie ensemble dans la médecine non seulement autrefois chez les Anciens (où les médecins étaient encore chirurgiens et apothicaires), mais encore aujourd'hui surtout chez les chimistes. Cette alliance aussi de la pratique et de la théorie se voit à la guerre, et chez ceux qui enseignent ce qu'on appelle les exercices, comme aussi chez les peintres ou sculpteurs et musiciens et chez quelques autres espèces de *Virtuosi*. Et si les principes de toutes ces professions et arts, et même des métiers, étaient enseignés pratiquement chez les philosophes, ou dans quelque autre faculté de savants que ce pourrait être, ces savants seraient véritablement les précepteurs du genre humain. Mais il faudrait changer en bien des choses l'état présent de la littérature et de l'éducation de la jeunesse et par conséquent de la police. Et quand je considère combien les hommes sont avancés en connaissance depuis un siècle ou deux, et combien il leur serait aisé d'aller incomparablement plus loin pour se rendre plus heureux, je ne désespère point qu'on ne vienne à quelque amendement considérable dans un temps plus tranquille, sous quelque grand prince que Dieu pourra susciter pour le bien du genre humain.

CORRESPONDANCE
DE LEIBNIZ ET D'ARNAULD

1686-1690

Leibniz au prince Ernest landgrave de Hesse.

Extrait de ma lettre à Mgr le landgrave Ernest.

$\frac{1}{11}$ février 1686.

J'ai fait dernièrement, étant à un endroit où quelques jours durant je n'avais rien à faire, un petit discours de métaphysique, dont je serais bien aise d'avoir le sentiment de M. Arnaud (1), car les questions de la grâce, du concours de Dieu avec les créatures, de la nature des miracles, de la cause du péché et de l'origine du mal, de l'immortalité de l'âme, des idées, etc., sont touchées d'une manière qui semble donner de nouvelles ouvertures propres à éclairer des difficultés très grandes. J'ai joint ici le sommaire des articles qu'il contient, car je ne l'ai pas encore pu faire mettre au net. Je supplie donc V. A. S. de lui faire envoyer ce sommaire et de le faire prier de le considérer un peu et de dire son sentiment ; car, comme il excelle également dans la théologie et dans la philosophie, dans la lecture et dans la méditation, je ne trouve personne qui soit plus propre que lui d'en juger. Et je souhaiterais fort d'avoir un censeur aussi exact, aussi éclairé et aussi raisonnable que l'est M. Arnaud, étant moi-même l'homme du monde le plus disposé de céder à la raison. Peut-être que M. Arnaud trouvera ce peu de choses pas tout à fait indignes de sa considération, surtout puisqu'il a été assez occupé à

---

(1) Leibniz écrit toujours *Arnaud* de cette manière.

examiner ces matières. S'il trouve quelque obscurité, je m'expliquerai sincèrement et ouvertement, et enfin, s'il me trouve digne de son instruction, je ferai en sorte qu'il ait sujet de n'en être point mal satisfait. Je supplie V. A. S. de joindre ceci au sommaire que je lui envoie, et d'envoyer l'un et l'autre à M. Arnaud.

BEILAGE

1. De la perfection divine, et que Dieu fait tout de la manière la plus souhaitable.

2. Contre ceux qui soutiennent qu'il n'y a point de bonté dans les ouvrages de Dieu ; ou bien que les règles de la bonté et de la beauté sont arbitraires.

3. Contre ceux qui croient que Dieu aurait pu mieux faire.

4. Que l'amour de Dieu demande une entière satisfaction et acquiescence touchant ce qu'il fait.

5. En quoi consistent les règles de perfection de la divine conduite, et que la simplicité des voies est en balance avec la richesse des effets.

6. Que Dieu ne fait rien hors de l'ordre et qu'il n'est pas même possible de feindre des événements qui ne soient point réguliers.

7. Que les miracles sont conformes à l'ordre général, quoiqu'ils soient contre les maximes subalternes. De ce que Dieu veut ou qu'il permet, et de la volonté générale ou particulière.

8. Pour distinguer les actions de Dieu et des créatures, on explique en quoi consiste la notion d'une substance individuelle.

9. Que chaque substance singulière exprime tout l'univers à sa manière, et que dans sa notion tous ses événements sont compris avec toutes leurs circonstances et toute la suite des choses extérieures.

10. Que l'opinion des formes substantielles a quelque chose de solide, mais que ces formes ne changent rien dans les phénomènes, et ne doivent point être employées pour expliquer les effets particuliers.

11. Que les méditations des théologiens et des philosophes qu'on appelle scholastiques ne sont pas à mépriser entièrement.

12. Que les notions qui consistent dans l'étendue enferment quelque chose d'imaginaire et ne sauraient constituer la substance du corps.

13. Comme la notion individuelle de chaque personne enferme une fois pour toutes ce qui lui arrivera à jamais, on y voit les preuves à priori ou raisons de la vérité de chaque événement, ou pourquoi

l'un est arrivé plutôt que l'autre. Mais ces vérités quoique assurées ne laissent pas d'être contingentes, étant fondées sur le libre arbitre de Dieu et des créatures. Il est vrai que leur choix a toujours ses raisons, mais elles inclinent sans nécessiter.

14. Dieu produit diverses substances selon les différentes vues qu'il a de l'univers, et par l'intervention de Dieu la nature propre de chaque substance porte que ce qui arrive à l'une répond à ce qui arrive à toutes les autres, sans qu'elles agissent immédiatement l'une sur l'autre.

15. L'action d'une substance finie sur l'autre ne consiste que dans l'accroissement du degré de son expression jointe à la diminution de celle de l'autre, en tant que Dieu les a formées par avance en sorte qu'elles s'accommodent ensemble.

16. Le concours extraordinaire de Dieu est compris dans ce que notre essence exprime, car cette expression s'étend à tout, mais il surpasse les forces de notre nature ou de notre expression distincte, qui est finie et suit certaines maximes subalternes.

17. Exemple d'une maxime subalterne d'une (1) loi de nature où il est montré que Dieu conserve toujours régulièrement la même force, mais non pas la même quantité de mouvement, contre les cartésiens et plusieurs autres.

18. La distinction de la force et de la quantité de mouvement est importante entre autres pour juger qu'il faut recourir à des considérations métaphysiques séparées de l'étendue afin d'expliquer les phénomènes des corps.

19. Utilité des causes finales dans la physique.

20. Passage mémorable de Socrate dans le *Phédon* de Platon contre les philosophes trop matériels.

21. Si les règles mécaniques dépendaient de la seule géométrie sans la métaphysique, les phénomènes seraient tout autres.

22. Conciliation des deux voies dont l'une va par les causes finales et l'autre par les causes efficientes pour satisfaire tant à ceux qui expliquent la nature mécaniquement, qu'à ceux qui ont recours aux natures incorporelles.

23. Pour revenir aux substances immatérielles, on explique comment Dieu agit sur l'entendement des esprits et si on a toujours l'idée de ce qu'on pense.

---

(1) GROTEFEND et GEHRARDT : *Du* loi.

24. Ce que c'est qu'une connaissance claire ou obscure, distincte ou confuse, adéquate ou inadéquate, intuitive ou suppositive; définition nominale, réelle, causale, essentielle.

25. En quel cas notre connaissance est jointe à la contemplation de l'idée.

26. Nous avons en nous toutes les idées, et de la réminiscence de Platon.

27. Comment notre âme peut être comparée à des tablettes vides et comment nos notions viennent des sens.

28. Dieu seul est l'objet immédiat de nos perceptions qui existe hors de nous, et lui seul est notre lumière.

29. Cependant nous pensons immédiatement par nos propres idées et non par celles de Dieu.

30. Comment Dieu incline notre âme sans la nécessiter; qu'on n'a point de droit de se plaindre; qu'il ne faut pas demander pourquoi Judas pèche, puisque cette action libre est comprise dans sa notion, mais seulement pourquoi Judas le pécheur est admis à l'existence préférablement à quelques autres personnes possibles. De l'imperfection ou limitation originale avant le péché, et des degrés de la grâce.

31. Des motifs de l'élection, de la foi prévue, de la science moyenne, du décret absolu, et que tout se réduit à la raison pourquoi Dieu a choisi et résolu d'admettre à l'existence une telle personne possible, dont la notion enferme une telle suite de grâces et d'actions libres. Ce qui fait cesser tout d'un coup les difficultés.

32. Utilité de ces principes en matière de piété et de religion.

33. Explication du commerce de l'âme et du corps qui a passé pour inexplicable ou pour miraculeux, et de l'origine des perceptions confuses.

34. De la différence des esprits et des autres substances, âmes ou formes substantielles. Et que l'immortalité qu'on demande emporte le souvenir.

35. Excellence des esprits; que Dieu les considère préférablement aux autres créatures; que les esprits expriment plutôt Dieu que le monde, et que les autres substances simples expriment plutôt le monde que Dieu.

36. Dieu est le monarque de la plus parfaite république composée de tous les esprits, et la félicité de cette cité de Dieu est son principal dessein.

37. Jésus-Christ a découvert aux hommes le mystère et les lois admirables du royaume des cieux, et la grandeur de la suprême félicité que Dieu prépare à ceux qui l'aiment.

A. Arnauld au landgrave.

Extrait d'une lettre de M. A. A. du 13 mars 1686

13 mars 1686.

J'ai reçu, Monseigneur, ce que V. A. m'a envoyé des pensées métaphysiques de M. Leibniz comme un témoignage de son affection et de son estime dont je lui suis bien obligé; mais je me suis trouvé si occupé depuis ce temps-là, que je n'ai pu lire son écrit que depuis trois jours. Et je suis présentement si enrhumé, que tout ce que je puis faire est de dire en deux mots à V. A. que je trouve dans ces pensées tant de choses qui m'effrayent, et que presque tous les hommes, si je ne me trompe, trouveront si choquantes, que je ne vois pas de quelle utilité pourrait être un écrit qui apparemment sera rejeté de tout le monde. Je n'en donnerai par exemple que ce qu'il en dit en l'article 13. « Que la notion individuelle de chaque personne enferme une fois pour toutes ce qui lui arrivera à jamais, » etc. Si cela est, Dieu a été libre de créer (ou de ne pas créer Adam : mais supposant qu'il l'ait voulu créer), tout ce qui est depuis arrivé au genre humain, et qui lui arrivera à jamais, a dû et doit arriver par une nécessité plus que fatale. Car la notion individuelle d'Adam a enfermé qu'il aurait tant d'enfants, et la notion individuelle de chacun de ces enfants tout ce qu'ils feraient et tous les enfants qu'ils auraient : et ainsi de suite. Il n'y a donc pas plus de liberté en Dieu à l'égard de tout cela, supposé qu'il ait voulu créer Adam, que de prétendre qu'il a été libre à Dieu, en supposant qu'il m'a voulu créer, de ne point créer de nature capable de penser. Je ne suis point en état d'étendre cela davantage ; mais M. Leibniz m'entendra bien, et peut-être qu'il ne trouve pas, d'inconvénient à la conséquence que je tire. Mais s'il n'en trouve pas, il a sujet de craindre qu'il ne soit seul de son sentiment. Et si je me trompais en cela, je le plaindrais encore davantage. Mais je ne puis m'empêcher de témoigner à V. A. ma douleur, de ce qu'il semble que c'est l'attache qu'il a à ces opinions-là, qu'il a bien cru qu'on aurait peine à souffrir dans l'Église catholique, qui l'empêche d'y entrer, quoique, si je m'en souviens bien, V. A. l'eût obligé de reconnaître, qu'on ne peut douter raisonnablement que ce ne soit la véritable Église (1). Ne vaudrait-il pas mieux qu'il laissât là ces spéculations métaphysiques qui ne peuvent être d'aucune utilité ni à lui ni aux autres, pour s'appliquer sérieusement à la plus grande affaire qu'il puisse jamais avoir, qui est d'assurer son salut en rentrant dans l'Église, dont les nouvelles sectes n'ont pu sortir qu'en se rendant schismatiques? Je lus hier par rencontre une lettre de saint Augustin, où il résout diverses questions qu'avait proposées un payen qui témoignait se vouloir faire chrétien, mais qui différait toujours de le faire. Et il dit à la fin, ce qu'on pourrait appliquer à notre ami : « Sunt innumerabiles quæstiones, quæ non sunt finiendæ ante fidem, ne finiatur vita sine fide. »

Leibniz au Landgrave.

12 avril 1686.

Je ne sais que dire de la lettre de M. A., et je n'aurais jamais cru qu'une personne dont la réputation est si grande et si véritable, et dont nous avons de si belles réflexions de morale et de logique, irait si vite dans ses jugements. Après cela je ne m'étonne plus si quelques-uns se sont emportés contre lui. Cependant je tiens qu'il faut souffrir quelquefois la mauvaise humeur d'une personne dont le mérite est extraordinaire, pourvu que son procédé ne tire point à conséquence, et qu'un retour d'équité dissipe les fantasmes d'une prévention mal fondée. J'attends cette justice de M. Arnaud. Et cependant, quelque sujet que j'aie de me plaindre, je veux supprimer toutes les réflexions qui ne sont pas essentielles à la matière et qui pourraient aigrir, mais j'espère qu'il en usera de même, s'il a la bonté de m'instruire. Je le puis assurer seulement que certaines conjectures qu'il fait sont fort différentes de ce qui est en effet, que quelques personnes de bon sens ont fait un autre jugement, et que nonobstant leur applaudissement je ne me presse pas trop à publier quelque chose sur des matières abstraites, qui sont au goût de peu de gens, puisque le public n'a presque rien encore appris depuis plusieurs années de quelques découvertes plus plausibles que j'ai. Je n'avais mis ces méditations par écrit que pour profiter en mon particulier des jugements de quelques personnes habiles et pour me confirmer ou corriger dans la recherche ou connaissance des plus

---

(1) Leibniz a mis en marge : « Je n'ai jamais approuvé ce sentiment. »

importantes vérités. Il est vrai que quelques personnes d'esprit ont goûté mes opinions, mais je serais le premier à les désabuser, si je puis juger qu'il y a le moindre inconvénient dans ces principes(1). Cette déclaration est sincère, et ce ne serait pas la première fois que j'ai profité des instructions des personnes éclairées ; c'est pourquoi, si je mérite que M. Arnaud exerce à mon égard cette charité, qu'il y aurait de me tirer des erreurs qu'il croit dangereuses et dont je déclare de bonne foi de ne pouvoir encore comprendre le mal, je lui aurai assurément une très grande obligation. Mais j'espère qu'il en usera avec modération, et qu'il me rendra justice, puisqu'on la doit au moindre des hommes, quand on lui a fait tort par un jugement précipité.

Il choisit une de mes thèses pour montrer qu'elle est dangereuse. Mais ou je suis incapable de comprendre la difficulté, ou je n'en vois aucune. Ce qui m'a repris de ma surprise, et m'a faire croire que ce que dit M. Arnaud ne vient que de prévention. Je tâcherai donc de lui ôter cette opinion étrange, qu'il a conçue un peu trop promptement. J'avais dit dans le 13e article de mon sommaire que la notion individuelle de chaque personne enferme une fois pour toutes ce qui lui arrivera à jamais ; il en tire cette conséquence que tout ce qui arrive à une personne, et même à tout le genre humain, doit arriver par une nécessité plus que fatale. Comme si les notions ou prévisions rendaient les choses nécessaires, et comme si une action libre ne pouvait être comprise dans la notion ou vue parfaite que Dieu a de la personne à qui elle appartiendra. Et il ajoute que peut-être je ne trouverai pas d'inconvénient à la conséquence qu'il tire. Cependant j'avais protesté expressément dans le même article de ne pas admettre une telle conséquence. Il faut donc ou qu'il doute de ma sincérité, dont je ne lui ai donné aucun sujet, ou qu'il n'ait pas assez examiné ce qu'il refusait (2). Ce que je ne blâmerai pourtant pas, comme il semble que j'aurais droit de faire, parce que je considère qu'il écrivait dans un temps où quelque incommodité ne lui laissait pas la liberté d'esprit entière, comme le témoigne sa lettre même. Et je désire de faire connaître combien j'ai de déférence pour lui.

Je viens à la preuve de sa conséquence, et pour y mieux satisfaire je rapporterai les propres paroles de M. Arnaud.

---

(1) GEHRARDT supprime : *Dans ces principes*.
(2) GROTEFEND : *Réfutait*.

Si cela est (savoir que la notion individuelle de chaque personne enferme une fois pour toutes ce qui lui arrivera à jamais), « Dieu n'a pas été (1) libre de créer tout ce qui est depuis arrivé au genre humain, et ce qui lui arrivera à jamais a dû et doit arriver par une nécessité plus que fatale » (il y avait quelque faute dans la copie, mais je crois de la pouvoir restituer comme je viens de faire). « Car la notion individuelle d'Adam a enfermé qu'il aurait tant d'enfants (je l'accorde), et la notion individuelle de chacun de ces enfants tout ce qu'ils feraient et tous les enfants qu'ils auraient, et ainsi de suite » (je l'accorde encore, car ce n'est que ma thèse appliquée à quelques cas particuliers). « Il n'y a donc pas plus de liberté en Dieu à l'égard de tout cela, supposé qu'il ait voulu créer Adam, que de prétendre qu'il a été libre à Dieu, en supposant qu'il m'a voulu créer, de ne point créer de nature capable de penser. » Ces dernières paroles doivent contenir proprement la preuve de la conséquence ; mais il est très manifeste qu'elles confondent *necessitatem ex hypothesi* avec la nécessité absolue. On a toujours distingué entre ce que Dieu est libre de faire absolument et entre ce qu'il s'oblige de faire en vertu de certaines résolutions déjà prises, et il n'en prend guère qui n'aient déjà égard à tout. Il est peu digne de Dieu de le concevoir (sous prétexte de maintenir sa liberté) à la façon de quelques Sociniens et comme un homme qui prend des résolutions selon les occurrences et qui maintenant ne serait plus libre de créer ce qu'il trouve bon, si ses premières résolutions à l'égard d'Adam ou autres enferment déjà un rapport qui touche leur postérité, au lieu que tout le monde demeure d'accord que Dieu a réglé de toute éternité toute la suite de l'univers, sans que cela diminue sa liberté en aucune manière. Il est visible aussi que cette objection détache les volontés de Dieu les unes des autres, qui pourtant ont du rapport ensemble. Car il ne faut pas considérer la volonté de Dieu de créer un tel Adam détachée de toutes les autres volontés qu'il a à l'égard des enfants d'Adam et de tout le genre humain, comme si Dieu premièrement faisait le décret de créer Adam sans aucun rapport à sa postérité, et par là néanmoins selon moi s'ôtait la liberté de créer la postérité d'Adam comme bon lui semble ; ce qui est raisonner fort étrangement. Mais il faut plutôt considérer que Dieu choisissant non pas un Adam vague, mais un tel Adam dont une parfaite

---

(1) GROTEFEND : *Dieu a estre.*

représentation se trouve parmi les êtres possibles dans les idées de Dieu, accompagné de telles circonstances individuelles et qui entre autres prédicats a aussi celui d'avoir avec le temps une telle postérité ; Dieu, dis-je, le choisissant a déjà égard à sa postérité, et choisit en même temps l'un et l'autre. En quoi je ne saurais comprendre qu'il y ait du mal. Et s'il agissait autrement, il n'agirait point en Dieu. Je me servirai d'une comparaison. Un prince sage qui choisit un général dont il sait les liaisons, choisit en effet en même temps quelques colonels et capitaines qu'il sait bien que ce général recommandera et qu'il ne voudra pas lui refuser pour certaines raisons de prudence, qui ne détruisent pourtant point son pouvoir absolu ni sa liberté. Tout cela a lieu en Dieu par plus forte raison. Donc, pour procéder exactement, il faut considérer en Dieu une certaine volonté plus générale, plus compréhensive, qu'il a à l'égard de tout l'ordre de l'univers, puisque l'univers est comme un tout que Dieu pénètre d'une seule vue, car cette volonté comprend virtuellement les autres volontés touchant ce qui entre dans cet univers, et parmi les autres aussi celle de créer un tel Adam, lequel se rapporte à la suite de sa postérité, laquelle Dieu a aussi choisie telle ; et même on peut dire que ces volontés du particulier ne diffèrent de la volonté du général que par un simple rapport, et à peu près comme la situation d'une ville considérée d'un certain point de vue diffère de son plan géométral ; car elles expriment toutes tout l'univers, comme chaque situation exprime la ville. En effet, plus on est sage, moins on a de volontés détachées, et plus les vues et les volontés qu'on a sont compréhensives et liées. Et chaque volonté particulière enferme un rapport à toutes les autres, afin qu'elles soient les mieux concertées qu'il est possible. Bien loin de trouver là dedans quelque chose qui choque, je croirais que le contraire détruit la perfection de Dieu. Et à mon avis il faut être bien difficile ou bien prévenu pour trouver dans des sentiments si innocents, ou plutôt si raisonnables, de quoi faire des exagérations si étranges que celles qu'on a envoyées à V. A. Pour peu qu'on pense aussi à ce que je dis, on trouvera qu'il est manifeste *ex terminis*. Car par la notion individuelle d'Adam j'entends certes une parfaite représentation d'un tel Adam qui a de telles conditions individuelles et qui est distingué par là d'une infinité d'autres personnes possibles fort semblables, mais pourtant différentes de lui (comme toute ellipse diffère du cercle, quelque approchante qu'elle soit), auxquelles Dieu l'a préféré, parce qu'il lui a plu de choisir justement un tel ordre de l'univers, et tout ce qui s'ensuit de sa résolution n'est nécessaire que par une nécessité hypothétique, et ne détruit nullement la liberté de Dieu ni celle des esprits créés. Il y a un Adam possible dont la postérité est telle, et une infinité d'autres dont elle serait autre, n'est-il pas vrai, que ces Adams possibles (si on les peut appeler ainsi) sont différents entre eux, et que Dieu n'en a choisi qu'un, qui est justement le nôtre? Il y a tant de raisons qui prouvent l'impossibilité, pour ne pas dire l'absurdité et même impiété du contraire, que je crois que dans le fond tous les hommes sont du même sentiment, quand ils pensent un peu à ce qu'ils disent. Peut-être aussi que si M. Arnaud n'avait pas eu de moi le préjugé qu'il s'est fait d'abord, il n'aurait pas trouvé mes propositions si étranges, et n'en aurait pas tiré de telles conséquences.

Je crois en conscience d'avoir satisfait à l'objection de M. Arnaud, et je suis bien aise de voir que l'endroit qu'il a choisi comme un des plus choquants l'est si peu à mon avis. Mais je ne sais si je pourrai avoir le bonheur de faire en sorte que M. Arnaud le reconnaisse aussi. Le grand mérite parmi mille avantages a ce petit défaut que les personnes qui en ont, ayant raison de se fier à leur sentiment, ne sont pas aisément désabusées. Pour moi qui ne suis pas de ce caractère, je ferais gloire d'avouer que j'ai été mieux instruit, et même j'y trouverais du plaisir, pourvu que je le puisse dire sincèrement et sans flatterie.

Au reste, je désire aussi que M. Arnaud sache que je ne prétends nullement à la gloire d'être novateur, comme il semble qu'il a pris mes sentiments. Au contraire, je trouve ordinairement que les opinions les plus anciennes et les plus reçues sont les meilleures. Et je ne crois pas qu'on puisse être accusé de l'être (d'être novateur), quand on produit seulement quelques nouvelles vérités, sans renverser les sentiments établis (reçus). Car c'est ce que font les géomètres et tous ceux qui passent plus avant. Et je ne sais s'il sera facile de remarquer des opinions autorisées à qui les miennes soient opposées. C'est pourquoi ce que M. Arnaud dit de l'Église n'a rien de commun avec ces méditations, et je n'espère pas qu'il veuille ni qu'il puisse assurer qu'il y a quoi que ce soit là-dedans qui passerait pour hérétique en quelque Église que ce soit. Cependant, si celle où il est était si prompte à censurer, un tel procédé devrait servir d'avertissement pour s'en donner de garde. Et dès qu'on voudrait produire quelque méditation qui aurait le moindre rapport à la religion, et qui irait un peu au delà de ce qui s'enseigne aux enfants, on serait en danger de se faire une affaire, à moins que d'avoir quelque père de l'Église pour garant, qui dise la même chose *in terminis*; quoique encore cela peut-être ne suffirait-il pas pour une entière assurance, surtout quand on n'a pas de quoi se faire ménager.

Si V. A. S. n'était pas un prince dont les lumières sont aussi grandes que la modération, je n'aurais eu garde de l'entretenir de ces choses ; maintenant à qui mieux s'en rapporter qu'à elle, et puisqu'elle a eu la bonté de lier ce commerce, pourrait-on sans imprudence aller choisir un autre arbitre ? D'autant qu'il ne s'agit pas tant de la vérité de quelques propositions, que de leur conséquence et tolérabilité, je ne crois pas qu'elle approuve que les gens soient foudroyés pour si peu de chose. Mais peut-être aussi que M. Arnaud n'a parlé en ces termes durs qu'en croyant que j'admettrais la conséquence qu'il a raison de trouver effrayante, et qu'il changera de langage après mon éclaircissement (1), à quoi sa propre équité pourra contribuer autant que l'autorité de V. A. Je suis avec dévotion, etc.

Leibniz au Landgrave.

12 avril 1686.

Monseigneur,

J'ai reçu le jugement de M. Arnaud, et je trouve à propos de le désabuser, si je puis, par le papier ci-joint en forme de lettre à V. A. S.; mais j'avoue que j'ai eu beaucoup de peine de supprimer l'envie que j'avais, tantôt de rire, tantôt de témoigner de la compassion, voyant que ce bon homme paraît en effet avoir perdu une partie de ses lumières et ne peut s'empêcher d'outrer toutes choses, comme font les mélancoliques, à qui tout ce qu'ils voient ou songent paraît noir. J'ai gardé beaucoup de modération à son égard, mais je n'ai pas laissé de lui faire connaître doucement qu'il a tort. S'il a la bonté de me retirer des erreurs qu'il m'attribue et qu'il croit voir dans mon écrit, je souhaiterais qu'il supprimât les réflexions personnelles et les expressions dures que j'ai dissimulées par le respect que j'ai pour V. A. S. et par la considération que j'ai eue pour le mérite du bon homme. Cependant j'admire la différence qu'il y a entre nos santons prétendus, et entre les personnes du monde qui n'en affectent point l'opinion et en possèdent bien

---

(1) Grotefend : *Et désaveu.*

davantage l'effet. V. A. S. est un prince souverain, et cependant elle a montré à mon égard une modération que j'ai admirée. Et M. Arnaud est un théologien fameux, que les méditations des choses divines devraient avoir rendu doux et charitable; cependant ce qui vient de lui paraît souvent fier et farouche et plein de dureté. Je ne m'étonne pas maintenant s'il s'est brouillé si aisément avec le P. Malebranche et autres qui étaient fort de ses amis. Le Père Malebranche avait publié des écrits que M. Arnaud a traité d'extravagants, à peu près comme il fait à mon égard, mais le monde n'a pas toujours été de son sentiment. Il faut cependant que l'on se garde bien d'irriter son humeur bilieuse. Cela nous ôterait tout le plaisir et toute la satisfaction que j'avais attendue d'une collation douce et raisonnable. Je crois qu'il a reçu mon papier quand il était en mauvaise humeur, et que, se trouvant importuné par là, il s'en a voulu venger par une réponse rebutante. Je sais que, si V. A. S. avait le loisir de considérer l'objection qu'il me fait, elle ne pourrait s'empêcher de rire, en voyant le peu de sujet qu'il y a de faire des exclamations si tragiques; à peu près comme on rirait en écoutant un orateur qui dirait à tout moment : *O cœlum, o terra, o maria Neptuni!* Je suis heureux s'il n'y a rien de plus choquant ou de plus difficile dans mes pensées que ce qu'il objecte. Car, selon lui, si ce que je dis est vrai (savoir que la notion ou considération individuelle d'Adam enferme tout ce qui lui arrivera et à sa postérité), il s'ensuit, selon M. Arnaud, que Dieu n'aura plus de liberté maintenant à l'égard du genre humain. Il s'imagine donc Dieu comme un homme qui prend des résolutions selon les occurrences; au lieu que Dieu, prévoyant et réglant toutes choses de toute éternité, a choisi de prime abord toute la suite et connexion de l'univers, et par conséquent non pas un Adam tout simple, mais un tel Adam, dont il prévoyait qu'il ferait de telles choses et qu'il aurait de tels enfants, sans que cette providence de Dieu réglée de tout temps soit contraire à sa liberté. De quoi tous les théologiens (à la réserve de quelques Sociniens qui conçoivent Dieu d'une manière humaine) demeurent d'accord. Et je m'étonne que l'envie de trouver je ne sais quoi de choquant dans mes pensées, dont la prévention avait fait naître en son esprit une idée confuse et mal digérée, a porté ce savant homme à parler contre ses propres lumières et sentiments. Car je ne suis pas assez peu équitable pour l'imiter et pour lui imputer le dogme dangereux de ces Sociniens, qui détruit la souveraine perfection de Dieu, quoiqu'il semble presque d'y incliner dans la chaleur de la dispute. Tout homme qui agit sagement considère toutes les circonstances et liaisons de la résolution qu'il prend, et cela suivant la mesure de sa capacité. Et Dieu, qui voit tout parfaitement et d'une seule vue, peut-il manquer d'avoir pris des résolutions conformément à tout ce qu'il voit; et peut-il avoir choisi un tel Adam sans considérer et résoudre aussi tout ce qui a de la connexion avec lui. Et par conséquent il est ridicule de dire que cette résolution libre de Dieu lui ôte sa liberté. Autrement, pour être toujours libre il faudrait être toujours irrésolu. Voilà ces pensées choquantes dans l'imagination de M. Arnaud. Nous verrons si à force de conséquences il en pourra ôter quelque chose de plus mauvais.

Cependant la plus importante réflexion que je fais là-dessus, c'est que lui-même autrefois a écrit expressément à V. A. S. que pour des opinions de philosophie on ne ferait point de guerre à un homme qui serait dans leur Église ou qui en voudrait être, et le voilà lui-même maintenant qui, oubliant sa modération, se déchaîne sur un rien. Il est donc dangereux de se commettre avec ces gens-là, et V. A. S. voit combien on doit prendre des mesures. Aussi est-ce une des raisons que j'ai eue de faire communiquer ces choses à M. Arnaud, savoir pour le sonder un peu et pour voir comment il se comporterait; mais *tange montes et fumigabunt*. Aussitôt qu'on s'écarte tantôt peu du sentiment de quelques docteurs, ils éclatent en foudres et en tonnerres. Je crois bien que le monde ne serait pas de son sentiment, mais il est toujours bon d'être sur ses gardes. V. A. cependant aura occasion peut-être de lui représenter que c'est rebuter les gens sans nécessité que d'agir de cette manière, afin qu'il en use dorénavant avec un peu plus de modération. Il me semble que V. A. a échangé des lettres avec lui touchant les voies de contrainte, dont je souhaiterais d'apprendre le résultat.

Au reste S. A. S. mon maître est allé maintenant à Rome, et il ne reviendra pas apparemment en Allemagne si tôt qu'on avait cru. J'irai un de ces jours à Wolfenbutel, et ferai mon possible pour ravoir le livre de V. A. On dit qu'il y a une histoire des hérésies modernes de M. Varillas. La lettre de Mastrich, que V. A. m'a communiquée, touchant les conversions de Sedan, paraît fort raisonnable. M. Mainbourg, dit-on, rapporte que saint Grégoire le Grand approuvait aussi ce principe qu'il ne faut pas se mettre en peine;

les conversions des hérétiques sont feintes, pourvu qu'on gagne par là véritablement leur postérité, mais il n'est pas permis de tuer des âmes pour en gagner d'autres (1).

Leibniz au Landgrave.

15 mars 1686.

Monseigneur,

V. A. S. aura reçu la lettre que j'ai envoyée par la poste précédente avec ce que j'y ai joint en forme de lettre à V. A., dont la copie pourrait être communiquée à M. A. Depuis j'ai songé qu'il faudrait mieux en ôter ces paroles vers la fin : « Cependant si celle, où il est, était si prompte à censurer, un tel procédé devrait servir d'avertissement, etc., » jusqu'à ces mots : « Surtout quand on n'a pas de quoi se faire ménager, » de peur que M. A. n'en prenne occasion d'entrer dans les disputes de controverses, comme si on avait attaqué l'Église, qui n'est nullement ce dont il s'agit. On pourrait dans la copie mettre à leur place ces mots : « Et le moins du monde dans la communion de M. A. où le concile de Trente aussi bien que les papes se sont contentés fort sagement de censurer les opinions où il y a manifestement des choses qui paraissent contraires à la foi et aux mœurs sans éplucher les conséquences philosophiques, lesquelles s'il fallait écouter, en matière de censures, les Thomistes passeraient pour Calvinistes selon les Jésuites, les Jésuites passeraient pour Semipélagiens selon les Thomistes, et les uns et les autres détruiraient la liberté selon Durandus et P. Louys de Dole; et en général toute absurdité passerait pour un athéisme, parce qu'on peut faire voir qu'elle détruirait la nature de Dieu. »

A. Arnauld à Leibniz.

Ce 13 mai 1686,

Monsieur,

J'ai cru que je devais m'adresser à vous-même pour vous demander pardon du sujet que je vous ai donné d'être fâché contre moi

---

(1) Ici s'arrête la lettre publiée par Grotefend. M. Gehrardt y a ajouté les lignes suivantes, extraites de la *Correspondance de Leibniz et du Landgrave de Hesse*, publiée par Rommel en 2 vol. en 1847 (Francfort-sur-le-Mein) : « ... quoique Charlemagne en ait usé de même à peu près contre les Saxons, en les forçant à la religion l'épée à la gorge. » Maintenant, nous avons ici M. Loti, qui nous apporte son *Histoire de Genève* en cinq volumes, dédiée à la maison de Brunswick. Je ne sais quel rapport il y a trouvé. Il dit d'assez jolies choses quelquefois et est un homme de bon entretien.

en me servant de termes trop durs pour marquer ce que je pensais d'un de vos sentiments. Mais je vous proteste devant Dieu que la faute que j'ai pu faire en cela n'a point été par aucune prévention contre vous, n'ayant jamais eu sujet d'avoir de vous qu'une opinion très avantageuse hors la religion, dans laquelle vous vous êtes trouvé engagé par votre naissance ; ni que, je me sois trouvé de mauvaise humeur quand j'ai écrit la lettre qui vous a blessé, rien n'étant plus éloigné de mon caractère que le chagrin qu'il plaît à quelques personnes de m'attribuer ; ni que, par un trop grand attachement à mes propres pensées, j'ai été choqué de voir que vous en aviez de contraires, vous pouvant assurer que j'ai si peu médité sur ces sortes de matières, que je puis dire que je n'ai point sur cela de sentiment arrêté. Je vous supplie, Monsieur, de ne croire rien de moi de tout cela; mais d'être persuadé que ce qui a pu être cause de mon indiscrétion est uniquement, qu'étant accoutumé à écrire sans façon à Son Altesse, parce qu'elle est si bonne qu'elle excuse aisément toutes mes fautes, je m'étais imaginé que je lui pouvais dire franchement ce que je n'avais pu approuver dans quelqu'une de vos pensées, parce que j'étais bien assuré que cela ne courrait pas le monde, et que si j'avais mal pris votre sens, vous pourriez me détromper sans que cela allât plus loin. Mais j'espère, Monsieur, que le même prince voudra bien s'employer pour faire ma paix, me pouvant servir pour l'y engager de ce que dit autrefois saint Augustin en pareille rencontre. Il avait écrit fort durement contre ceux qui croient qu'on peut voir Dieu des yeux du corps, ce qui était le sentiment d'un évêque d'Afrique, qui ayant vu cette lettre qui ne lui était point adressée s'en trouva fort offensé. Cela obligea ce saint d'employer un ami commun pour apaiser ce prélat, et je vous supplie de regarder, comme si je disais au prince, pour vous être dit, ce que saint Augustin écrit à cet ami pour être dit à cet évêque : « Dum essem in admonendo sollicitus, in corripiendo nimius atque improvidus fui. Hoc non defendo, sed reprehendo : hoc non excuso, sed accuso. Ignoscatur, peto : recordetur nostram dilectionem pristinam, et obliviscatur offensionem novam. Faciat certè, quod me non fecisse succensuit : habeat lenitatem in danda venia, quam non habui in illa epistola conscribenda. »

J'ai douté si je n'en devais point demeurer là sans entrer de nouveau dans l'examen de la question qui a été l'occasion de notre brouillerie, de peur qu'il ne m'échappât encore quelque mot qui pût vous blesser. Mais j'appréhende d'une autre part que ce fût n'avoir pas assez bonne opinion de votre équité. Je vous dirai donc simplement les difficultés que j'ai encore sur cette proposition : « La notion individuelle de chaque personne enferme une fois pour toutes ce qui lui arrivera à jamais. »

Il m'a semblé qu'il s'ensuivait de là que la notion individuelle d'Adam a enfermé qu'il aurait tant d'enfants, et la notion individuelle de chacun de ses enfants tout ce qu'ils feraient, et tous les enfants qu'ils auraient, et ainsi de suite : d'où j'ai cru que l'on pourrait inférer que Dieu a été libre de créer ou de ne pas créer Adam ; mais que, supposant qu'il l'ait voulu créer, tout ce qui est arrivé depuis au genre humain a dû et doit arriver par une nécessité fatale ; ou au moins qu'il n'y a pas plus de liberté à Dieu à l'égard de tout cela, supposé qu'il ait voulu créer Adam, que de ne pas créer une nature capable de penser, supposé qu'il ait voulu me créer.

Il ne me paraît pas, Monsieur, qu'en parlant ainsi j'aie confondu *necessitatem ex hypothesi* avec la nécessité absolue. Car je n'y parle jamais, au contraire, que de la nécessité *ex hypothesi*. Mais je trouve seulement étrange que tous les événements humains soient aussi nécessaires *necessitate ex hypothesi* de cette seule supposition que Dieu a voulu créer Adam, qu'il est nécessaire *necessitate ex hypothesi* qu'il y a eu dans le monde une nature capable de penser de cela seul qu'il m'a voulu créer.

Vous dites sur cela diverses choses de Dieu, qui ne me paraissent pas suffire pour résoudre ma difficulté.

1. « Qu'on a toujours distingué entre ce que Dieu est libre de faire absolument, et entre ce qu'il s'est obligé de faire en vertu de certaines résolutions déjà prises. » Cela est certain.

2. « Qu'il est peu digne de Dieu de le concevoir (sous prétexte de maintenir sa liberté) à la façon des Sociniens, et comme un homme qui prend des résolutions selon les occurrences. » Cette pensée est très folle : j'en demeure d'accord.

3. « Qu'il ne faut pas détacher les volontés de Dieu qui pourtant ont du rapport ensemble. Et qu'ainsi il ne faut pas considérer la volonté de Dieu de créer un tel Adam, détachée de tous les autres qu'il a à l'égard des enfants d'Adam et de tout le genre humain. » C'est aussi de quoi je conviens. Mais je ne vois pas encore que cela puisse servir à résoudre ma difficulté.

Car : 1. j'avoue de bonne foi que je n'ai pas compris que par la notion individuelle de chaque personne (par exemple d'Adam), que vous dites renfermer une fois pour toutes tout ce qui lui doit arriver à jamais, vous eussiez entendu cette personne en tant qu'elle est dans l'entendement divin, mais en tant qu'elle est en elle-même. Car il me semble qu'on n'a pas accoutumé de considérer la notion spécifique d'une sphère par rapport à ce qu'elle est représentée dans l'entendement divin, mais par rapport à ce qu'elle est en elle-même : et j'ai cru qu'il en était ainsi de la notion individuelle de chaque personne ou de chaque chose.

2. Il me suffit néanmoins que je sache que c'est là votre pensée pour m'y conformer, en recherchant si cela lève toute la difficulté que j'ai là-dessus, et c'est ce que je ne vois pas encore.

Car je demeure d'accord que la connaissance que Dieu a eue d'Adam, lorsqu'il a résolu de le créer, a enfermé celle de tout ce qui lui est arrivé, et de tout ce qui est arrivé et doit arriver à sa postérité : et ainsi, prenant en ce sens la notion individuelle d'Adam, ce que vous en dites est très certain.

J'avoue de même que la volonté qu'il a eue de créer Adam n'a point été détachée de celle qu'il a eue à l'égard de ce qui lui est arrivé, et à l'égard de toute sa postérité.

Mais il me semble qu'après cela il reste à demander (et c'est ce qui fait ma difficulté) si la liaison entre ces objets (j'entends Adam d'une part, et tout ce qui devait arriver tant à lui qu'à sa postérité de l'autre) est telle d'elle-même, indépendamment de tous les décrets libres de Dieu, ou si elle en a été dépendante : c'est-à-dire si ce n'est qu'en suite des décrets libres par lesquels Dieu a ordonné tout ce qui arriverait à Adam et à sa postérité; ou s'il y a (indépendamment de ces décrets) entre Adam d'une part, et ce qui est arrivé et arrivera à lui et à sa postérité de l'autre, une connexion intrinsèque et nécessaire. Sans ce dernier je ne vois pas que ce que vous dites pût être vrai, que *la notion individuelle de chaque personne enferme une fois pour toutes tout ce qui lui arrivera jamais :* en prenant même cette notion par rapport à Dieu.

Il semble aussi que c'est à ce dernier que vous vous arrêtez; car je crois que vous supposez que, selon notre manière de concevoir, les choses possibles sont possibles avant tous les décrets libres de Dieu : d'où il s'ensuit que ce qui est enfermé dans la notion des choses possibles, y est enfermé indépendamment de tous les décrets libres de Dieu. Or vous voulez *que Dieu ait trouvé parmi les choses possibles* un *Adam possible accompagné de telles circonstances individuelles, et qui entre autres prédicats a aussi celui d'avoir avec le temps une telle postérité.* Il y a donc, selon vous, une liaison intrinsèque pour parler ainsi, et indépendante de tous les décrets libres de Dieu entre cet Adam possible et toutes les personnes individuelles de toute sa postérité, et non seulement les personnes, mais généralement tout ce qui leur devait arriver. Or c'est, Monsieur, je ne vous dissimule point, ce qui m'est incompréhensible. Car il me semble que vous voulez que l'Adam possible (que Dieu a choisi préférablement à d'autres Adams possibles) a eu liaison avec toute la même postérité que l'Adam créé : n'étant selon vous, autant que j'en puis juger, que le même Adam considéré tantôt comme possible et tantôt comme créé. Or, cela supposé, voici ma difficulté :

Combien y a-t-il d'hommes qui ne sont venus au monde que par des décrets très libres de Dieu, comme Isaac, Samson Samuel et tant d'autres? Lors donc que Dieu les a connus conjointement avec Adam, ce n'a pas été parce qu'ils étaient enfermés dans la notion individuelle de l'Adam possible indépendamment des décrets de Dieu. Il n'est donc pas vrai que toutes les personnes individuelles de la postérité d'Adam aient été enfermées dans la notion individuelle d'Adam possible, puisqu'il aurait fallu qu'elles y eussent été enfermées indépendamment des décrets divins.

On peut dire la même chose d'une infinité d'événements humains qui sont arrivés par des ordres très particuliers de Dieu, comme entre autres la religion judaïque et chrétienne, et surtout l'incarnation du Verbe divin. Je ne sais comment on pourrait dire que tout cela était enfermé dans la notion individuelle de l'Adam possible? Ce qui est considéré comme possible, devant avoir tout ce que l'on conçoit qu'il a sous cette notion indépendamment des décrets divins.

De plus, Monsieur, je ne sais comment en prenant Adam pour l'exemple d'une nature singulière on peut concevoir plusieurs Adams possibles. C'est comme si je concevais plusieurs moi possibles, ce qui assurément est inconcevable. Car je ne puis penser à moi sans que je ne me considère comme une nature singulière, tellement distinguée de toute autre existante ou possible, que je puis aussi peu concevoir divers moi que concevoir un rond qui n'ait pas tous les diamètres égaux. La raison est que ces divers moi seraient différents les uns des autres, autrement ce ne seraient pas plusieurs moi. Il faudrait donc qu'il y eût quelqu'un de ces moi qui ne fût pas moi : ce qui est une contradiction visible.

Souffrez maintenant, Monsieur, que je transfère à ce moi ce que vous dites d'Adam, et jugez vous-même si cela serait soutenable. Entre les êtres possibles, Dieu a trouvé dans ses idées plusieurs moi dont l'un a pour ses prédicats d'avoir plusieurs enfants et d'être médecin, et un autre de vivre dans le célibat et d'être théologien. Et s'étant résolu de créer le dernier, le moi qui est maintenant enferme dans sa notion individuelle de vivre dans le célibat et d'être théologien, au lieu que le premier aurait enfermé dans sa notion individuelle d'être marié et d'être médecin. N'est-il pas clair qu'il n'y aurait point de sens dans ce discours: parce que mon moi étant nécessairement une telle nature individuelle, ce qui est la même chose que d'avoir une telle notion individuelle, il est aussi impossible de concevoir des prédicats contradictoires dans la notion individuelle de moi que de concevoir un moi différent de moi. D'où il faut conclure, ce me semble, qu'étant impossible que je ne fusse pas toujours demeuré moi, soit que je me fusse marié, ou que j'eusse vécu dans le célibat, la notion individuelle de mon moi n'a enfermé ni l'un ni l'autre de ces deux états ; comme c'est bien conclure : ce carré de marbre est le même, soit qu'il soit en repos, soit qu'on le remue ; donc ni le repos ni le mouvement n'est enfermé dans sa notion individuelle. C'est pourquoi, Monsieur, il me semble que je ne dois regarder comme enfermé dans la notion individuelle de moi que ce qui est tel que je ne serais plus moi, s'il n'était en moi : et que tout ce qui est tel au contraire, qu'il pourrait être en moi ou n'être pas en moi, sans que je ne cessasse d'être moi, ne peut être considéré comme étant enfermé dans ma notion individuelle ; quoique par l'ordre de la providence de Dieu, qui ne change point la nature des choses, il ne puisse arriver que cela ne soit en moi. C'est ma pensée que je crois conforme à tout ce qui a toujours été cru par tous les philosophes du monde.

Ce qui m'y confirme, c'est que j'ai de la peine à croire que ce soit bien philosopher, que de chercher dans la manière dont Dieu connaît les choses ce que nous devons penser, ou de leurs notions spécifiques ou de leurs notions individuelles. L'entendement divin est la règle de la vérité des choses *quoad se;* mais il ne me paraît pas que, tant que nous sommes en cette vie, il en puisse être la règle *quoad nos.* Car que savons-nous présentement de la science de Dieu ? Nous savons qu'il connaît toutes choses, et qu'il les connaît toutes par un acte unique et très simple qui est son essence. Quand je dis que nous le savons, j'entends par là que nous sommes assurés que cela doit être ainsi. Mais le comprenons-nous ? et ne devons-nous pas reconnaître que, quelque assurés que nous soyons que cela est, il nous est impossible de concevoir comment cela peut être ? Pouvons-nous de même concevoir que la science de Dieu étant son essence, même entièrement nécessaire et immuable, il a néanmoins la science d'une infinité de choses qu'il aurait pu ne pas avoir, parce que ces choses auraient pu ne pas être ? Il en est de même de sa volonté, qui est aussi son essence même, où il n'y a rien que de nécessaire, et néanmoins il veut et a voulu de toute éternité des choses qu'il aurait pu ne pas vouloir. Je trouve aussi beaucoup d'incertitudes dans la manière dont nous nous représentons d'ordinaire, que Dieu agit. Nous nous imaginons qu'avant de vouloir créer le monde il a envisagé une infinité de choses possibles, dont il a choisi les unes et rebuté les autres ; plusieurs Adams possibles, chacun avec une grande suite de personnes et d'événements avec qui il a une liaison intrinsèque ; et nous supposons que la liaison de toutes ces autres choses avec l'un de ces Adams possibles est toute semblable à celle que nous savons qu'a eue l'Adam créé avec toute sa postérité ; ce qui nous fait penser que c'est celui-là de tous les Adams possibles que Dieu a choisi, et qu'il n'a point voulu de tous les autres. Mais sans m'arrêter à ce que j'ai déjà dit, que prenant Adam pour exemple d'une nature singulière, il est aussi peu possible de concevoir plusieurs Adams que de concevoir plusieurs moi, j'avoue de bonne foi que je n'ai aucune idée de ces substances purement possibles, c'est-à-dire que Dieu ne créera jamais. Et je suis fort porté à croire que ce sont des chimères que nous nous formons, et que tout ce que nous appelons substances possibles, purement possibles, ne peut être autre chose que la toute-puissance de Dieu, qui, étant un pur acte, ne souffre point qu'il y ait en lui aucune possibilité ; mais on en peut concevoir dans les natures qu'il a créées, parce que, n'étant pas l'être même par essence, elles sont nécessairement composées de puissance et d'acte ; ce qui fait que je les puis concevoir comme possibles : ce que je puis aussi faire d'une infinité de modifications qui sont dans la puissance de ces natures créées, telles que sont les pensées des natures intelligentes et les figures de la substance étendue. Mais je suis fort trompé s'il y a personne qui ose dire qu'il a l'idée d'une substance possible, purement possible. Car pour moi je suis convaincu que, quoiqu'on parle tant de ces substances purement possibles, on n'en conçoit néanmoins jamais aucune que sous l'idée de quelqu'une de celles que Dieu a créées. Il me semble donc que l'on pourrait dire que, hors les choses que Dieu a créées ou qu'il doit créer, il n'y a nulle possibilité passive, mais seulement une puissance active et infinie.

Quoi qu'il en soit, tout ce que je veux conclure de cette obscurité, et de la difficulté de savoir de quelle manière les choses sont dans la connaissance de Dieu, et de quelle nature est la liaison qu'elles y ont entre elles, et si c'est une liaison intrinsèque ou extrinsèque, pour parler ainsi; tout ce que j'en veux, dis-je, conclure est que ce n'est point en Dieu, qui habite à notre égard une lumière inaccessible, que nous devons aller chercher les vraies notions ou spécifiques ou individuelles des choses que nous connaissons; mais que c'est dans les idées que nous en trouvons en nous. Or je trouve en moi la notion d'une nature individuelle, puisque j'y trouve la notion de moi. Je n'ai donc qu'à la consulter, pour savoir ce qui est enfermé dans cette notion individuelle, comme je n'ai qu'à consulter la notion spécifique d'une sphère, pour savoir ce qui y est enfermé. Or je n'ai point d'autre règle pour cela, sinon de considérer ce qui est tel qu'une sphère ne serait plus sphère si elle ne l'avait, comme est d'avoir tous les points de sa circonférence également distants du centre, ou qui ne ferait pas qu'elle ne serait point sphère, comme de n'avoir qu'un pied de diamètre au lieu qu'une autre sphère en aurait dix, en aurait cent. Je juge par là que le premier est enfermé dans la notion spécifique d'une sphère, et que pour le dernier, qui est d'avoir un plus grand ou un plus petit diamètre, cela n'y est point enfermé. J'applique la même règle à la notion individuelle de moi. Je suis assuré que tant que je pense je suis moi. Car je ne puis penser que je ne sois, ni être, que je ne sois moi. Mais je puis penser que je ferai un tel voyage, ou que je ne le ferai pas, en demeurant très assuré que ni l'un ni l'autre n'empêchera que je ne sois moi. Je me tiens donc très assuré que ni l'un ni l'autre n'est enfermé dans la notion individuelle de moi. Mais Dieu a prévu, dira-t-on, que vous ferez ce voyage. Soit. Il est donc indubitable que vous le ferez? Soit encore. Cela change-t-il rien dans la certitude que j'ai, que, soit que je le fasse, ou que je ne le fasse pas, je serai toujours moi. Je dois donc conclure que ni l'un ni l'autre n'entre dans mon moi, c'est-à-dire dans ma notion individuelle. C'est à quoi il me semble qu'on en doit demeurer, sans avoir recours à la connaissance de Dieu pour savoir ce qu'enferme la notion individuelle de chaque chose.

Voilà, Monsieur, ce qui m'est venu dans l'esprit sur la proposition qui m'avait fait de la peine, et sur l'éclaircissement que vous y avez donné. Je ne sais si j'ai bien pris votre pensée, ç'a été au moins mon intention. Cette matière est si abstraite qu'on s'y peut aisément tromper; mais je serais bien fâché que vous eussiez de moi une aussi méchante opinion que ceux qui me représentent comme un écrivain emporté qui ne réfuterait personne qu'en le calomniant, et prenant à dessein ses sentiments de travers. Ce n'est point là assurément mon caractère. Je puis quelquefois dire trop franchement mes pensées. Je puis aussi quelquefois ne pas bien prendre celles des autres (car certainement je ne me crois pas infaillible, et il faudrait l'être pour ne s'y tromper jamais), mais, quand ce ne serait que par amour-propre, ce ne serait jamais à dessein que je les prendrais mal, ne trouvant rien de si bas que d'user de chicaneries et d'artifices dans les différends que l'on peut avoir sur des matières de doctrine; quoique ce fût avec des gens que nous n'aurions point d'ailleurs sujet d'aimer, et à plus forte raison quand c'est avec des amis. Je crois, Monsieur, que vous voulez bien que je vous mette de ce nombre. Je ne puis douter que vous ne me fassiez l'honneur de m'aimer, vous m'en avez donné trop de marques. Et, pour moi, je vous proteste que la faute même que je vous supplie encore une fois de me pardonner n'est que l'effet de l'affection que Dieu m'a donnée pour vous, et d'un zèle pour votre salut qui a pu ne pas être assez modéré.

Je suis, Monsieur,

Votre très humble et très obéissant serviteur.

A. ARNAULD.

A. Arnauld au Landgrave.

13 mai 1686.

Je suis bien fâché, Monseigneur, d'avoir donné occasion à M. Leibniz de s'emporter si fort contre moi. Si je l'avais prévu, je me serais bien gardé de dire si franchement ce que je pensais d'une de ses propositions métaphysiques; mais je le devais prévoir, et j'ai eu tort de me servir de termes si durs, non contre sa personne, mais contre son sentiment. Ainsi, j'ai cru que j'étais obligé de lui en demander pardon, et je l'ai fait très sincèrement par la lettre que je lui écris et que j'envoie ouverte à V. A. C'est aussi tout de bon que je la prie de faire ma paix, et de me réconcilier avec un ancien ami, dont je serais très fâché d'avoir fait un ennemi par mon imprudence ; mais je serai bien aise que cela en demeure là et que je ne sois plus obligé de lui dire ce que je pense de ses sentiments, car je suis si accablé de tant d'autres occupations, que j'aurais de la peine à le satisfaire ; ces matières abstraites demandent beaucoup d'application et ne se pouvant pas faire que cela ne me prît beaucoup de temps.

Je ne sais si je n'ai oublié de vous envoyer une addition à l'apologie pour les catholiques ; j'en ai peur, à cause que V. A. ne m'en parle point : c'est pourquoi je lui en envoie aujourd'hui avec deux factums. L'évêque de Namur, que l'internonce a nommé pour juge, a de la peine à se résoudre à accepter cette commission, tant les Jésuites se font craindre ; mais si leur puissance est si grande qu'on ne puisse obtenir contre eux de justice en ce monde, ils ont sujet d'appréhender que Dieu ne les punisse en l'autre avec d'autant plus de rigueur. C'est une terrible histoire et bien considérable que celle de ce chanoine, dont les débauches apparemment seraient impunies, s'il ne s'était rendu odieux par ses fourberies et par ses cabales. Ce ministre luthérien dont V. A. parle doit avoir des bonnes qualités ; mais c'est une chose incompréhensible, et qui marque une prévention bien aveugle, qu'il puisse regarder Luther comme un homme destiné de Dieu pour la réformation de la religion chrétienne. Il faut qu'il ait une idée bien basse de la véritable piété, pour en trouver dans un homme fait comme celui-là, impudent dans ses discours et si goinfre dans sa vie. Je ne suis pas surpris de ce que ce ministre vous a dit contre ceux qu'on appelle Jansénistes, Luther ayant d'abord avancé des propositions outrées contre la coopération de la grâce et contre le libre arbitre, jusques à donner pour titre à un de ses livres : *De servo arbitrio*. Mélanchton, quelque temps après, les mitige beaucoup, et les Luthériens depuis sont passés dans l'extrémité opposée, de sorte que les Arminiens n'avaient rien de plus fort à opposer aux Gomaristes que les sentiments de l'Église luthérienne. Il n'y a donc pas lieu de s'étonner que les Luthériens d'aujourd'hui, qui sont dans les mêmes sentiments que les Arminiens, soient opposés aux disciples de saint Augustin. Car les Arminiens sont plus sincères que les Jésuites. Ils avouent que saint Augustin est contre eux dans les opinions qui leur sont communes avec les Jésuites, mais ils ne se croient pas obligés de le suivre. Ce que mande le Père Jobert des nouveaux convertis donne lieu d'espérer que ceux qui ne le sont que de nom pourront revenir peu à peu, pourvu qu'on s'applique à les instruire, qu'on les édifie par de bons exemples et qu'on remplisse les curés de bons sujets; mais ce serait tout gâter que de leur ôter les traductions en langue vulgaire de tout ce qui se dit à la messe. Il n'y a que cela qui les puisse guérir de l'aversion qu'on leur en a donnée. Cependant on ne nous a point encore mandé ce qu'est devenue la tempête qui s'est excitée contre l'*Année chrétienne*, dont j'ai écrit à V. A. il y a déjà assez longtemps. Un gentilhomme nommé M. Cicati, qui tient l'Académie à Bruxelles, qui se dit fort connu de V. A., parce qu'il a eu l'honneur d'apprendre à monter à cheval aux princes ses fils, connaît un Allemand, fort honnête homme qui sait fort bien le français et est bon jurisconsulte, ayant même eu une charge de conseiller, et qui a été déjà employé à conduire de jeunes seigneurs. Il croit qu'il serait très propre auprès des princes ses petits-fils, lors surtout qu'ils iront voyager en France, et que même, en attendant, il pourrait rendre d'autres services à V. A. Il ajoute qu'il n'est point intéressé et qu'il ne se mettra point à si haut prix que cela puisse incommoder V. A. J'ai cru qu'il ne pouvait nuire de lui donner cet avis, cela ne l'oblige à rien et lui peut servir, si elle se croit obligée de mettre auprès de ces jeunes princes une personne qui ne les quitte ni jour ni nuit. Ne sachant pas les qualités de M. Leibniz, je supplie V. A. de faire mettre le dessus à la lettre que je lui écris (1).

Remarques sur la lettre de M. Arnaud touchant ma proposition : que la notion individuelle de chaque personne enferme une fois pour toutes ce qui lui arrivera à jamais (2).

« J'ai cru, *dit M. Arnaud*, qu'on en pourrait inférer que Dieu a été libre de créer ou de ne pas créer Adam, mais que, supposant qu'il

---

(1) Gehrardt donne ici dans son édition une lettre du Landgrave de Hesse à Leibniz qui n'a aucun rapport avec les controverses philosophiques d'Arnauld; nous la supprimons, ainsi que l'a fait M. Grotefend.
(2) Leibniz a mis à la marge : « J'ai changé ces remarques avant que de les envoyer. » Il les a reproduites dans la lettre suivante.

l'ait voulu créer, tout ce qui est arrivé au genre humain a dû ou doit arriver par une nécessité fatale, ou, au moins qu'il n'y a pas plus de liberté à Dieu à l'égard de tout cela, supposé qu'il ait voulu créer Adam, que de ne pas créer une nature capable de penser, supposé qu'il ait voulu me créer. » J'avais répondu premièrement, qu'il faut distinguer entre la nécessité absolue et hypothétique. A quoi M. Arnaud réplique ici qu'il ne parle que *de necessitate ex hypothesi*. Après cette déclaration, la dispute change de face. Le terme de la nécessité fatale dont il s'était servi et qu'on ne prend ordinairement que d'une nécessité absolue m'avait obligé à cette distinction, qui cesse maintenant d'autant que M. Arnaud n'insiste point sur la *necessitate fatali*, puisqu'il parle alternativement : « par une *necessitate fatali* ou au moins, etc. » Aussi, serait-il inutile de disputer du mot. Mais, quant à la chose, M. Arnaud trouve encore étrange ce qu'il semble que je soutiens, savoir « que tous les événements humains arrivent *necessitate ex hypothesi* de cette seule supposition que Dieu a voulu créer Adam »; à quoi j'ai deux réponses à donner, l'une que ma supposition n'est pas simplement que Dieu a voulu créer un Adam, dont la notion soit vague et incomplète, mais que Dieu a voulu créer un tel Adam assez déterminé à un individu. Et cette notion individuelle complète, selon moi, enveloppe des rapports à toute la suite des choses, ce qui doit paraître d'autant plus raisonnable que M. Arnaud m'accorde ici la liaison qu'il y a entre les résolutions de Dieu, savoir que Dieu, prenant la résolution de créer un tel Adam, a égard à toutes les résolutions qu'il prend touchant toute la suite de l'univers, à peu près comme une personne sage qui prend une résolution à l'égard d'une partie de son dessein, l'a tout entier en vue, et se résoudra d'autant mieux, si elle pourra se résoudre sur toutes les parties à la fois.

L'autre réponse est que la conséquence en vertu de laquelle les événements suivent de l'hypothèse est bien toujours certaine, mais qu'elle n'est pas toujours nécessaire *necessitate metaphysica*, comme est celle qui se trouve dans l'exemple de M. Arnaud (que Dieu en résolvant de me créer ne saurait manquer de créer une nature capable de penser), mais que souvent la conséquence n'est que physique, et suppose quelques décrets libres de Dieu, comme font les conséquences qui dépendent des lois du mouvement, ou qui dépendent de ce principe de morale, que tout esprit se portera à ce qui lui paraît le meilleur. Il est vrai que, lorsque la supposition des décrets qui font la conséquence est ajoutée à la première supposition de la résolution de Dieu de créer Adam, qui faisait l'antécédent (pour faire un seul antécédent de toutes ces suppositions ou résolutions) ; il est vrai, dis-je, qu'alors la conséquence s'achève.

Comme j'avais déjà touché en quelque façon ces deux réponses dans ma lettre envoyée à Mgr le Landgrave, M. Arnaud fait ici des répliques qu'il faut considérer. Il avoue de bonne foi d'avoir pris mon opinion, comme si tous les événements d'un individu se déduisaient, selon moi, de sa notion individuelle, de la même manière et avec la même nécessité qu'on déduit les propriétés de la sphère de la notion spécifique ou définition ; et comme si j'avais considéré sa notion de l'individu en lui-même, sans avoir égard à la manière de laquelle il est dans l'entendement ou volonté de Dieu. « Car, dit-il, il me semble qu'on n'a pas accoutumé de considérer la notion spécifique d'une sphère par rapport à ce qu'elle est représentée dans l'entendement divin, mais par rapport à ce qu'elle est en elle-même, et j'ai cru qu'il en était ainsi de la notion individuelle de chaque personne ; » mais il ajoute que maintenant qu'il sait que c'est là ma pensée, cela lui suffit pour s'y conformer en recherchant si elle lève toute la difficulté, dont il doute encore. Je vois que M. Arnaud ne s'est pas souvenu ou du moins ne s'est pas soucié du sentiment des cartésiens, qui soutiennent que Dieu établit par sa volonté les vérités éternelles, comme sont celles qui touchent les propriétés de la sphère ; mais, comme je ne suis pas de leur sentiment, non plus que M. Arnaud, je dirai seulement pourquoi je crois qu'il faut philosopher autrement de la notion d'une substance individuelle que de la notion spécifique de la sphère. C'est que la notion d'une espèce n'enferme que des vérités éternelles ou nécessaires ; mais la notion d'un individu enferme *sub ratione possibilitatis* ce qui est de fait ou ce qui se rapporte à l'existence des choses et au temps, et par conséquent elle dépend de quelques décrets libres de Dieu considérés comme possibles, car les vérités de fait ou d'existence dépendent des décrets de Dieu. Aussi la notion de la sphère en général est incomplète ou abstraite, c'est-à-dire on n'y considère que l'essence de la sphère en général ou en théorie sans avoir égard aux circonstances singulières, et par conséquent elle n'enferme nullement ce qui est requis à l'existence d'une certaine sphère ; mais la notion de la sphère qu'Archimède a fait mettre sur son tombeau est accomplie et doit enfermer tout ce qui appartient au sujet de cette forme. C'est pourquoi dans les considérations individuelles ou de pratique, *quæ versantur circa singularia*, outre la forme de la sphère, il y entre la matière dont elle est faite, le lieu, le temps et les autres circonstances qui, par un enchaînement continuel, envelopperaient enfin toute la suite de l'univers, si l'on pouvait poursuivre tout ce que ces notions enferment. Car la notion de cette particelle de matière dont cette sphère est faite enveloppe tous les changements qu'elle a subis et subira un jour. Et selon moi chaque substance individuelle contient toujours des traces de ce qui lui est jamais arrivé et des marques de ce qui lui arrivera à tout jamais. Mais ce que je viens de dire peut suffire pour rendre raison de mon procédé.

Or, M. Arnaud déclare qu'en prenant la notion individuelle d'une personne par rapport à la connaissance que Dieu en a eue, lorsqu'il a résolu de la créer, ce que je dis de cette notion est très certain ; et il avoue de même que la volonté de créer Adam n'a point été détachée de celle qu'il a eue à l'égard de ce qui est arrivé à lui et à sa postérité. Mais il demande maintenant si la liaison entre Adam et les événements de sa postérité est dépendante ou indépendante des décrets libres de Dieu, « c'est-à-dire, comme il s'explique, si ce n'est qu'en suite des décrets libres, par lesquels Dieu a ordonné tout ce qui arriverait à Adam et à sa postérité, que Dieu a connu ce qui leur arriverait ; ou s'il y a, indépendamment de ces décrets, entre Adam et les événements susdits une connexion intrinsèque et nécessaire ». Il ne doute point que je ne choisisse le second parti, et, en effet, je ne saurais choisir le premier, de la manière qu'il vient d'être expliqué ; mais il me semble qu'il y a quelque milieu. Il prouve, cependant, que je dois choisir le dernier, parce que je considère la notion individuelle d'Adam comme possible en soutenant que parmi une infinité de notions possibles Dieu a choisi celle d'un tel Adam ; or, les notions possibles en elles-mêmes ne dépendent point des décrets libres de Dieu.

Mais c'est ici qu'il faut que je m'explique un peu mieux ; je dis donc que la liaison entre Adam et les événements humains n'est pas indépendante de tous les décrets libres de Dieu ; mais aussi elle n'en dépend pas entièrement de telle sorte, comme si chaque événement n'arrivait ou n'était prévu qu'en vertu d'un décret particulier primitif fait à son égard. Je crois donc qu'il n'y a que peu de décrets libres primitifs qu'on peut appeler lois de l'univers, qui règlent les suites des choses, lesquels, étant joints au décret libre de créer Adam, achèvent la conséquence, à peu près comme il ne faut que peu d'hypothèses pour expliquer les phénomènes ; ce que j'expliquerai encore plus distinctement dans la suite. Et quant à l'objection que les possibles sont indépendants des décrets de Dieu, je l'accorde des décrets actuels (quoique les cartésiens n'en conviennent point) ; mais je soutiens que les notions individuelles possibles enferment quelques décrets libres possibles. Par exemple, si ce monde n'était que possible, la notion individuelle de quelque corps de ce monde, qui enferme certains mouvements comme possibles, enfermerait aussi nos lois du mouvement (qui sont des décrets libres de Dieu), mais aussi comme possibles seulement. Car, comme il y a une infinité de mondes possibles, il y a aussi une infinité de lois, les unes propres à l'un, les autres à l'autre, et chaque individu possible de quelque monde enferme dans sa notion les lois de son monde.

On peut dire la même chose des miracles ou opérations extraordinaires de Dieu, qui ne laissent pas d'être dans l'ordre général, de se trouver conformes aux principaux desseins de Dieu, et par conséquent d'être enfermés dans la notion de cet univers, lequel est un résultat de ces desseins ; comme l'idée d'un bâtiment résulte des fins ou desseins de celui qui l'entreprend, et l'idée ou notion de ce monde est un résultat de ces desseins de Dieu considérés comme possibles. Car tout doit être expliqué par sa cause, et celle de l'univers, ce sont les fins de Dieu. Or chaque substance individuelle, selon moi, exprime tout l'univers suivant une certaine vue, et par conséquent elle exprime aussi lesdits miracles. Tout cela se doit entendre de l'ordre général, des desseins de Dieu, de la suite de cet univers, de la substance individuelle et des miracles ; soit qu'on les prenne dans l'état actuel, ou qu'on les considère *sub ratione possibilitatis*. Car un autre monde possible aura aussi tout cela à sa manière, quoique les desseins du nôtre aient été préférés.

On peut juger aussi par ce que je viens de dire des desseins de Dieu et des lois primitives, que cet univers a une certaine notion principale ou primitive, de laquelle les événements particuliers ne sont que des suites, sauf pourtant la liberté et la contingence, à laquelle la certitude ne nuit point, puisque la certitude des événements est fondée en partie sur des actes libres. Or chaque substance individuelle de cet univers exprime dans sa notion l'univers, dans lequel il entre. Et non seulement la supposition que Dieu ait résolu de créer cet Adam, mais encore celle de quelque autre substance individuelle que ce soit enferme des résolutions pour tout le reste parce que c'est la nature d'une substance individuelle d'avoir une telle notion complète, d'où se peut déduire tout ce que l'on lui peut attribuer et même tout l'univers à cause de la connexion des choses. Néanmoins pour procéder exactement il faut dire que ce n'est pas tant à cause que Dieu a résolu de créer cet Adam, qu'il a résolu tout le reste, mais que tant la résolution qu'il prend à l'égard d'Adam, que celle qu'il prend à l'égard d'autres choses particulières, est une suite de la résolution qu'il prend à l'égard de tout l'univers et des principaux desseins qui en déterminent la notion primitive, et en établissant cet ordre général et inviolable auquel tout est conforme, sans qu'il en faille excepter les miracles, qui sont sans doute conformes aux principaux desseins de Dieu, quoique les maximes particulières qu'on appelle lois de nature n'y soient pas toujours observées.

J'avais dit que la supposition de laquelle tous les événements humains se peuvent déduire n'est pas simplement de créer un Adam, vague, mais celle de créer un tel Adam déterminé à toutes ces circonstances choisi parmi une infinité d'Adams possibles. Cela a donné occasion à M. Arnaud d'objecter, non sans raison, qu'il est aussi peu possible de concevoir plusieurs Adams, prenant Adam pour une nature singulière, que de concevoir plusieurs moi. J'en demeure d'accord, mais aussi en parlant de plusieurs Adams je ne prenais pas Adam pour un individu déterminé. Il faut donc que je m'explique. Et voici comme je l'entendais. Quand on considère en Adam une partie de ses prédicats : par exemple, qu'il est le premier homme, mis dans un jardin de plaisir, de la côte duquel Dieu tira une femme, et choses semblables conçues *sub ratione generalitatis* (c'est-à-dire sans nommer Ève, le paradis et autres circonstances qui achèvent l'individualité), et qu'on appelle Adam la personne à qui ces prédicats sont attribués, tout cela ne suffit point à déterminer l'individu, car il y peut avoir une infinité d'Adams, c'est-à-dire de personnes possibles à qui cela convient, différentes entre elles. Et bien loin que je disconvienne de ce que M. Arnaud dit contre cette pluralité d'un même individu, je m'en étais servi moi-même pour faire mieux entendre que la nature d'un individu doit être complète et déterminée. Je suis même très persuadé de ce que saint Thomas avait déjà enseigné à l'égard des intelligences, et que je tiens être général, savoir qu'il n'est pas possible qu'il y ait deux individus entièrement semblables, ou différents *solo numero*. Il ne faut donc pas recevoir un Adam vague, c'est-à-dire une personne à qui certains attributs d'Adam appartiennent, quand il s'agit de déterminer si tous les événements humains suivent de sa supposition ; mais il lui faut attribuer une notion si complète, que tout ce qui lui peut être attribué en puisse être déduit ; or il n'y a pas lieu de douter que Dieu ne puisse former une telle notion de lui, ou plutôt qu'il ne la trouve toute formée dans le pays des possibles, c'est-à-dire dans son entendement.

Il s'ensuit aussi que ce n'aurait pas été notre Adam, mais un autre, s'il avait eu d'autres événements, car rien ne nous empêche de dire que ce serait un autre. C'est donc un autre. Il nous paraît bien que ce carré de marbre apporté de Gênes aurait été tout à fait le même quand on l'y aurait laissé, parce que nos sens ne nous font juger que superficiellement, mais dans le fond à cause de la connexion des choses tout l'univers avec toutes ses parties serait tout autre, et aurait été un autre dès le commencement, si la moindre chose y allait autrement qu'elle ne va. Ce n'est pas pour cela que les événements soient nécessaires, mais c'est qu'ils sont certains après le choix que Dieu a fait de cet univers possible, dont la notion contient cette suite de choses. J'espère que ce que je vais dire en pourra faire convenir M. Arnaud même. Soit une ligne droite ABC représentant un certain temps. Et soit une substance individuelle, par exemple moi, qui demeure ou subsiste pendant ce temps-là. Prenons donc premièrement moi qui subsiste durant le temps AB. et qui suis alors à Paris, et que c'est encore moi qui subsiste durant le temps BC. Puisque donc on suppose que c'est la même substance individuelle qui dure, ou bien que c'est moi qui subsiste dans le temps BC, et qui suis alors en Allemagne ; il faut nécessairement qu'il y ait une raison qui fasse dire véritablement que nous durons, c'est-à-dire que moi, qui ai été à Paris, suis maintenant en Allemagne. Car s'il n'y en a point, on aurait autant de droit de dire que c'est un autre. Il est vrai que mon expérience intérieure m'a convaincu à posteriori de cette identité, mais il faut qu'il y en ait une aussi à priori. Or il n'est pas possible de trouver une autre, sinon que tant mes attributs du temps et état précédant, que mes attributs et état suivant sont des prédicats d'un même sujet, *insunt eidem subjecto*. Or qu'est-ce que de dire que le prédicat est dans le même sujet, sinon que la notion du prédicat se trouve en quelque façon enfermée dans la notion du sujet? Et puisque, dès que j'ai commencé d'être, on pouvait dire de moi véritablement que ceci ou cela m'arriverait, il faut avouer que ces prédicats étaient des lois enfermées dans le sujet ou dans ma notion complète, qui fait ce qu'on appelle moi, qui est le fondement de la connexion de tous mes états différents et que Dieu connaissait parfaitement de toute éternité. Après cela, je crois que tous les doutes doivent disparaître ; car, disant que la notion individuelle d'Adam enferme tout ce qui lui arrivera à jamais, je ne veux dire autre chose, sinon ce que tous les philosophes entendent en disant *prædicatum inesse subjecto veræ propositionis*. Il est vrai que les suites d'un dogme si manifeste sont paradoxes, mais c'est la faute des philosophes qui ne poursuivent pas assez les notions les plus claires.

Maintenant je crois que M. Arnaud, étant aussi pénétrant et équitable qu'il l'est, ne trouvera plus ma proposition si étrange, quand même il ne pourrait pas encore l'approuver entièrement, quoique je me flatte presque de son approbation. Je demeure d'accord de ce qu'il ajoute judicieusement touchant la circonspection dont il faut user en consultant la science divine, pour savoir ce que nous devons juger des notions des choses. Mais, à le bien prendre, ce que je viens de dire doit avoir lieu quand on ne parlerait point de Dieu qu'autant qu'il est nécessaire. Car, quand on ne dirait pas que Dieu, considérant l'Adam qu'il prend la résolution de créer, y voit tous ses événements, c'est assez qu'on peut toujours prouver qu'il faut qu'il y ait une notion complète de cet Adam qui les contienne. Car tous les prédicats d'Adam dépendent d'autres prédicats du même Adam, ou n'en dépendent point. Mettant donc à part ceux qui dépendent d'autres, on n'a qu'à prendre ensemble tous les prédicats primitifs pour former la notion complète d'Adam suffisante à en déduire tout ce qui lui doit jamais arriver, autant qu'il faut pour en pouvoir rendre raison. Il est manifeste que Dieu peut inventer et même conçoit effectivement une telle notion suffisante pour rendre raison de tous les phénomènes appartenant à Adam ; mais il n'est pas moins manifeste qu'elle est possible en elle-même. Il est vrai qu'il ne faut pas s'enfoncer sans nécessité dans la recherche de la science et volonté divine, à cause des grandes difficultés qu'il y a ; néanmoins on peut expliquer ce que nous en avons tiré pour notre question, sans entrer dans ces difficultés dont M. Arnaud fait mention, comme est celle qu'il y a de comprendre comment la simplicité de Dieu est conciliable avec ce que nous sommes obligés d'y distinguer. Il est aussi fort difficile d'expliquer parfaitement comment Dieu a une science qu'il aurait pu ne pas avoir, qui est la science de la vision ; car, si les futurs contingents n'existaient point, Dieu n'en aurait point de vision. Il est vrai qu'il ne laisserait pas d'en avoir la science simple, laquelle est devenue vision en y joignant sa volonté ; de sorte que cette difficulté se réduit peut-être à ce qu'il y a de difficile dans sa volonté, savoir comment Dieu est libre de vouloir. Ce qui nous passe sans doute, mais il n'est pas aussi nécessaire de l'entendre pour résoudre notre question.

Pour ce qui est de la manière, selon laquelle nous concevons que Dieu agit en choisissant le meilleur parmi plusieurs possibles, M. Arnaud a raison d'y trouver de l'obscurité. Il semble néanmoins reconnaître que nous sommes portés à concevoir qu'il y a une infinité de premiers hommes possibles, chacun avec une grande suite de personnes et d'événements, et que Dieu en choisit celui qui lui plaît avec sa suite ; cela n'est donc pas si étrange qu'il lui avait paru d'abord. Il est vrai que M. Arnaud témoigne qu'il est fort porté à croire que ces substances purement possibles ne sont que des chimères. C'est de quoi je ne veux pas disputer, mais j'espère que nonobstant cela il m'accordera ce dont j'ai besoin. Je demeure d'accord qu'il n'y a point d'autre réalité dans les purs possibles que celle qu'ils ont dans l'entendement divin, et on verra par là que M. Arnaud sera obligé lui-même de recourir à la science divine pour les expliquer au lieu qu'il semblait vouloir ci-dessus qu'on les devait cherchait en eux-mêmes. Quand j'accorderais aussi ce de quoi M. Arnaud se tient convaincu, et que je ne nie pas, que nous ne concevons rien de possible que par les idées qui se trouvent effectivement dans les choses que Dieu a créées, cela ne me nuirait point. Car, en parlant des possibilités, je me contente qu'on puisse former des propositions véritables. Par exemple, s'il n'y avait point de carré parfait au monde, nous ne laisserions pas de voir qu'il n'implique point de contradiction. Et si on voulait rejeter absolument les purs possibles, on détruirait la contingence ; car, si rien n'est possible que ce que Dieu a créé effectivement, ce que Dieu a créé serait nécessaire en cas que Dieu ait résolu de créer quelque chose.

Enfin, je demeure d'accord que, pour juger de la notion d'une substance individuelle, il est bon de consulter celle que j'ai de moi-même, comme il faut consulter la notion spécifique de la sphère pour juger de ses propriétés. Quoiqu'il y ait bien de la différence car la notion de moi et de toute autre substance individuelle est infiniment plus étendue et plus difficile à comprendre qu'une notion spécifique comme est celle de la sphère, qui n'est qu'incomplète. Ce n'est pas assez que je me sente une substance qui pense, il faudrait concevoir distinctement ce qui me distingue de tous les autres esprits, mais je n'en ai qu'une expérience confuse. Cela fait que, quoiqu'il soit aisé de juger que le nombre des pieds du diamètre n'est pas enfermé dans la notion de la sphère en général, il n'est pas si aisé de juger si le voyage que j'ai dessein de faire est enfermé dans ma notion, autrement il nous serait aussi aisé d'être prophètes que d'être géomètres. Je suis incertain si je ferai le voyage, mais je ne suis pas incertain que, soit que je le fasse ou non, je serai toujours moi. C'est une prévention qu'il ne faut pas confondre avec une notion ou connaissance distincte. Ces choses ne nous paraissent indéterminées que parce que les avances ou marques qui s'en trouvent dans notre substance ne sont pas reconnaissables à nous. A peu près comme ceux qui ne consultent que les sens traiteront de ridicule celui qui leur dira que le moindre mouvement se communique aussi loin que s'étend la matière, parce que l'expérience seule ne le saurait montrer ; mais quand on considère la nature du mouvement et de la matière, on en est convaincu. Il en est de même ici : quand on consulte l'expérience confuse qu'on a de sa notion individuelle en particulier, on n'a garde de s'apercevoir de cette liaison des événements ; mais quand on considère les notions générales et distinctes qui y entrent, on la trouve. En effet, en consultant la notion que j'ai de toute proposition véritable, je trouve que tout prédicat nécessaire ou contingent, passé, présent ou futur, est compris dans la notion du sujet, et je n'en demande pas davantage.

Je crois même que cela nous ouvrira une voie de conciliation, car je m'imagine que M. Arnaud n'a eu de la répugnance à accorder cette proposition que parce qu'il a pris la liaison que je soutiens pour intrinsèque et nécessaire en même temps, et moi je la tiens intrinsèque, mais nullement nécessaire ; car je me suis assez expliqué maintenant qu'elle est fondée sur des décrets et actes libres. Je n'entends point d'autre connexion du sujet avec le prédicat que celle qu'il y a dans les vérités les plus contingentes, c'est-à-dire qu'il y a toujours quelque chose à concevoir dans le sujet, qui sert à rendre raison pourquoi ce prédicat ou événement lui appartient, ou pourquoi cela est arrivé plutôt que non. Mais ces raisons des vérités contingentes inclinent sans nécessiter. Il est donc vrai que je pourrais ne pas faire ce voyage, mais il est certain que je le ferai. Ce prédicat ou événement n'est pas lié certainement avec mes autres prédicats conçus incomplètement ou *sub ratione generalitatis*; mais il est lié certainement avec une notion individuelle complète, puisque je suppose que cette notion est fabriquée exprès, en sorte qu'on en puisse déduire tout ce qui m'arrive ; laquelle se trouve sans doute *a parte rei*, et c'est proprement la notion de moi qui me trouve sous de différents états, puisque c'est cette notion seule qui les peut tous comprendre.

J'ai tant de déférence pour M. Arnaud et tant de bonne opinion de son jugement, que je me défie aisément de mes sentiments ou au moins de mes expressions dès que je vois qu'il y trouve à redire. C'est pourquoi j'ai suivi exactement les difficultés qu'il a proposées, et, ayant tâché d'y satisfaire de bonne foi, il me semble que je ne me trouve pas trop éloigné de ses sentiments.

La proposition dont il s'agit est de très grande importance, et mérite d'être bien établie, car il s'ensuit que toute âme est comme un monde à part, indépendant de toute autre chose hors de Dieu : qu'elle n'est pas seulement immortelle et pour ainsi dire impassible, mais qu'elle garde dans sa substance des traces de tout ce qui lui arrive. Il s'ensuit aussi, en quoi consiste le commerce des substances, et particulièrement l'union de l'âme et du corps. Ce commerce ne se fait pas suivant l'hypothèse ordinaire de l'influence physique de l'une sur l'autre, car tout état présent d'une substance lui arrive spontanément, et n'est qu'une suite de son état précédent. Il ne se fait pas aussi suivant l'hypothèse des causes occasionnelles, comme si Dieu s'en mêlait autrement pour l'ordinaire, qu'en conservant chaque substance dans son train, et comme si Dieu à l'occasion de ce qui se passe dans le corps excitait des pensées dans l'âme, qui changeassent le cours qu'elle aurait prise d'elle-même sans cela ; mais il se fait suivant l'hypothèse de la concomitance, qui me paraît démonstrative. C'est-à-dire chaque substance exprime toute la suite de l'univers selon la vue ou rapport qui lui est propre, d'où il arrive qu'elles s'accordent parfaitement ; et lorsqu'on dit que l'une agit sur l'autre, c'est que l'expression distincte de celle qui pâlit se diminue, et s'augmente dans celle qui agit, conformément à la suite des pensées que sa notion enveloppe. Car, quoique toute substance exprime tout, on a raison de ne lui attribuer dans l'usage que les expressions plus distinguées suivant son rapport.

Enfin, je crois qu'après cela les propositions contenues dans l'abrégé envoyé à M. Arnaud paraîtront, non seulement plus intelligibles, mais peut-être encore plus solides et plus importantes qu'on n'avait pu juger d'abord.

Leibniz à Arnauld.

Hanovre, ce 14 juillet 1686.

Monsieur,

Comme je défère beaucoup à votre jugement, j'ai été réjoui de voir que vous avez modéré votre censure, après avoir vu (1) mon explication sur cette proposition que je crois importante et qui vous avait paru étrange : « Que la notion individuelle de chaque personne enferme une fois pour toutes ce qui lui arrivera à jamais. » Vous en aviez tiré d'abord cette conséquence, que de cette supposition, que Dieu ait résolu de créer Adam, tout le reste des événements humains arrivés à Adam et à sa postérité s'en serait suivi (2) par une nécessité fatale, sans que Dieu eût plus la liberté d'en disposer, non plus qu'il ne peut pas ne pas créer une créature capable de penser, après avoir pris la résolution de me créer.

A quoi j'avais répondu que, les desseins de Dieu touchant tout cet univers étant liés entre eux conformément à sa souveraine sagesse, il n'a pris aucune résolution à l'égard d'Adam, sans en prendre à l'égard de tout ce qui a quelque liaison avec lui. Ce n'est donc pas à cause de la résolution prise à l'égard d'Adam, mais à cause de la résolution prise en même temps à l'égard de tout le reste (à quoi celle qui est prise à l'égard d'Adam enveloppe un parfait rapport), que Dieu s'est déterminé sur tous les événements humains. En quoi il me semblait qu'il n'y avait point de nécessité fatale, ni rien de contraire à la liberté de Dieu, non plus que dans cette nécessité hypothétique généralement approuvée, qu'il y a à l'égard de Dieu même, d'exécuter (3) ce qu'il a résolu.

(1) Leibniz a mis en marge : *entendu*.
(2) Leibniz a corrigé ainsi : *en seraient coulés*.
(3) *Qui le porte à exécuter*.

Vous demeurez d'accord, Monsieur, dans votre réplique (1) de cette liaison des résolutions divines, que j'avais mise en avant, et vous avez même la sincérité d'avouer que vous aviez pris d'abord ma proposition tout autrement (2), « parce qu'on n'a pas accoutumé par exemple (ce sont vos paroles) de considérer la notion spécifique d'une sphère par rapport à ce qu'elle est représentée dans l'entendement divin, mais par rapport à ce qu'elle est en elle-même » ; et que vous aviez cru, « ce que j'avoue n'avait pas été sans raison, qu'il en était encore ainsi à l'égard de la notion individuelle de chaque personne ».

Pour moi, j'avais cru que les notions pleines et compréhensives sont représentées dans l'entendement divin, comme elles sont en elles-mêmes (3). Mais maintenant que vous savez que c'est là ma pensée, cela vous suffit pour vous y conformer et pour examiner si elle lève la difficulté. Il semble donc que vous reconnaissez, Monsieur, que mon sentiment expliqué de cette manière, des notions pleines et compréhensives, telles qu'elles sont dans l'entendement divin, n'est pas seulement innocent, mais même qu'il est certain ; car voici vos paroles : « Je demeure d'accord que la connaissance que Dieu a eue d'Adam lorsqu'il a résolu de le créer, a enfermé celle de tout ce qui lui est arrivé, et de tout ce qui est arrivé et doit arriver à sa postérité, et ainsi, prenant en ce sens la notion individuelle d'Adam, ce que vous en dites est très certain. » Nous allons voir tantôt en quoi consiste la difficulté que vous y trouvez encore. Cependant je dirai un mot de la raison de la différence qu'il y a en ceci entre les notions des espèces et celles des substances individuelles, plutôt par rapport à la volonté divine que par rapport au simple entendement. C'est que les notions spécifiques les plus abstraites ne comprennent que des vérités nécessaires ou éternelles, qui ne dépendent point des décrets de Dieu (quoi qu'en disent les Cartésiens, dont il semble que vous-même ne vous êtes pas soucié en ce point) ; mais les notions des substances individuelles, qui sont complètes et capables de distinguer entièrement leur sujet, et qui enveloppent par conséquent les vérités contingentes ou de fait, et les circonstances individuelles du temps, du lieu, et autres, doivent aussi envelopper dans leur notion, prise comme possible, les décrets libres de Dieu, pris aussi

---

(1) Cette réplique s'est égarée.
(2) *Dans un tout autre sens.*
(3) Note à la marge du manuscrit : « Notio plana comprehendit omnia attributa rei v. g. caloris; completa omnia predicata subjecti v. g. hujus calidi in substantivis individualibus coincidunt. »

comme possibles, parce que ces décrets libres sont les principales sources des existences ou faits; au lieu que les essences sont dans l'entendement divin avant la considération de la volonté.

Cela nous servira mieux pour entendre tout le reste et pour satisfaire aux difficultés qui semblent encore rester dans mon explication ; car c'est ainsi que vous continuez, Monsieur : « Mais il me semble qu'après cela il reste à demander, et c'est ce qui fait ma difficulté, si la liaison entre ces objets (j'entends Adam et ses événements humains) est telle, d'elle-même, indépendante de tous les décrets libres de Dieu, ou si elle en est dépendante; c'est-à-dire, si ce n'est qu'ensuite des décrets libres, par lesquels Dieu a ordonné tout ce qui leur arriverait que Dieu a connu tout ce qui leur arriverait ; ou s'il y a, indépendamment de ces décrets, entre Adam d'une part et ce qui est arrivé et arrivera à lui et à sa postérité de l'autre, une connexion intrinsèque et nécessaire. Il vous paraît que je choisirai le dernier parti, parce que j'ai dit : « que Dieu a trouvé parmi les possibles un Adam accompagné de telles circonstances individuelles et qui, entre autres prédicats, a aussi celui d'avoir avec le temps une telle postérité. Or vous supposez que j'accorderai que les possibles sont possibles avant tous les décrets libres de Dieu. Supposant donc cette explication de mon sentiment suivant le dernier parti, vous jugez qu'elle a des difficultés insurmontables; car il y a, comme vous dites avec grande raison, « une infinité d'événements humains, arrivés par des ordres très particuliers de Dieu; comme entre autres la religion judaïque et chrétienne et surtout l'incarnation du Verbe divin. Et je ne sais comment on pourrait dire que tout cela (qui est arrivé par des décrets très libres de Dieu) était enfermé dans la notion individuelle de l'Adam possible : ce qui est considéré comme possible devant avoir tout ce que l'on conçoit qu'il a sous cette notion, indépendamment des décrets divins. »

J'ai voulu rapporter exactement votre difficulté, Monsieur, et voici comment j'espère y satisfaire entièrement à votre gré même. Car il faut bien qu'elle se puisse résoudre, puisqu'on ne saurait nier qu'il n'y ait véritablement une telle notion pleine de l'Adam accompagné de tous ses prédicats et conçu comme possible, laquelle Dieu connaît avant que de résoudre de le créer, comme vous venez d'accorder. Je crois donc que le dilemme de la double explication que vous proposez reçoit quelque milieu ; et que la liaison que je conçois entre

Adam et les événements humains est intrinsèque, mais elle n'est pas nécessaire indépendamment des décrets libres de Dieu, parce que les décrets libres de Dieu, pris comme possibles, entrent dans la notion de l'Adam possible, ces mêmes décrets devenus actuels étant cause d'Adam actuel. Je demeure d'accord avec vous, contre les Cartésiens, que les possibles sont possibles avant tous les décrets de Dieu actuels, mais non sans supposer quelquefois les mêmes décrets pris comme possibles. Car les possibilités des individuels ou des vérités contingentes enferment dans leur notion la possibilité de leurs causes, savoir des décrets libres de Dieu, en quoi elles sont différentes des possibilités des espèces ou vérités éternelles, qui dépendent du seul entendement de Dieu, sans en supposer la volonté, comme je l'ai déjà expliqué ci-dessus.

Cela pourrait suffire, mais, afin de me faire mieux entendre, j'ajouterai que je conçois qu'il y avait une infinité de manières possibles de créer le monde selon les différents desseins que Dieu pouvait former, et que chaque monde possible dépend de quelques desseins principaux ou fins de Dieu, qui lui sont propres, c'est-à-dire de quelques décrets libres primitifs (conçus *sub ratione possibilitatis*) ou lois de l'ordre général de cet univers possible, auquel elles conviennent, et dont elles déterminent la notion, aussi bien que les notions de toutes les substances individuelles qui doivent entrer dans ce même univers. Tout étant dans l'ordre jusqu'aux miracles, quoique ceux-ci soient contraires à quelques maximes subalternes ou lois de la nature. Ainsi tous les événements humains ne pouvaient manquer d'arriver comme ils sont arrivés effectivement, supposé le choix d'Adam fait; mais non pas tant à cause de la notion individuelle d'Adam, quoique cette notion les enferme, mais à cause des desseins de Dieu, qui entrent aussi dans cette notion individuelle d'Adam, et qui déterminent celle de tout cet univers, et ensuite tant celle d'Adam que celles de toutes les autres substances individuelles de cet univers, chaque substance individuelle exprimant tout l'univers, dont elle est partie selon un certain rapport, par la connexion qu'il y a de toutes choses à cause de la liaison des résolutions ou desseins de Dieu.

Je trouve que vous faites encore une autre objection, Monsieur, qui n'est pas prise des conséquences contraires en apparence à la liberté, comme l'objection que je viens de résoudre, mais qui est prise de la chose même et de l'idée que nous avons d'une substance individuelle. Car, puisque j'ai l'idée d'une substance individuelle, c'est-à-dire celle de moi, c'est là qu'il vous paraît qu'on doit chercher ce qu'on doit dire d'une notion individuelle, et non pas dans la manière dont Dieu conçoit les individus. Et comme je n'ai qu'à consulter la notion spécifique d'une sphère pour juger que le nombre des pieds du diamètre n'est pas déterminé par cette notion, de même (dites-vous) je trouve clairement dans la notion individuelle que j'ai de moi, que je serai moi, soit que je fasse ou que je ne fasse pas le voyage que j'ai projeté.

Pour y répondre distinctement je demeure d'accord que la connexion des événements, quoiqu'elle soit certaine, n'est pas nécessaire, et qu'il m'est libre de faire ou de ne pas faire ce voyage, car quoiqu'il soit enfermé dans ma notion que je le ferai, il y est enfermé aussi que je le ferai librement. Et il n'y a rien en moi de tout ce qui se peut concevoir *sub ratione generalitatis seu essentiæ, seu notionis specificæ sive incompletæ*, dont on puisse tirer que je le ferai nécessairement, au lieu que de ce que je suis homme on peut conclure que je suis capable de penser ; et par conséquent, si je ne fais pas ce voyage, cela ne combattra aucune vérité éternelle ou nécessaire. Cependant, puisqu'il est certain que je le ferai, il faut bien qu'il y ait quelque connexion entre moi, qui suis le sujet, et l'exécution du voyage, qui est le prédicat, *semper enim notio prædicati inest subjecto in propositione vera*. Il y aurait donc une fausseté, si je ne le faisais pas, qui détruirait ma notion individuelle ou complète, ou ce que Dieu conçoit ou concevait de moi avant même que de résoudre de me créer : car cette notion enveloppe *sub ratione possibilitatis* les existences ou vérités de fait ou décrets de Dieu, dont les faits dépendent.

Je demeure d'accord aussi que, pour juger de la notion d'une substance individuelle, il est bon de consulter celle que j'ai de moi-même, comme il faut consulter la notion spécifique de la sphère pour juger de ses propriétés ; quoiqu'il y ait bien de la différence. Car la notion de moi en particulier et de toute autre substance individuelle est infiniment plus étendue et plus difficile à comprendre qu'une notion spécifique comme est celle de la sphère, qui n'est qu'incomplète et n'enferme pas toutes les circonstances nécessaires en pratique pour venir à une certaine sphère. Ce n'est pas assez pour entendre ce que c'est que moi, que je me sente une substance qui pense, il faudrait concevoir distinctement ce qui me discerne de tous les autres esprits possibles ; mais je n'en ai qu'une expérience confuse. Cela fait que, quoiqu'il soit aisé de juger que le nombre des pieds du diamètre n'èst pas enfermé dans la notion de la sphère en général, il n'est pas si aisé de juger certainement (quoiqu'on le puisse juger assez probablement) si le voyage que j'ai dessein de faire est enfermé dans ma notion, autrement il serait aussi aisé d'être prophète que d'être géomètre. Cependant, comme l'expérience ne me saurait faire connaître une infinité de choses insensibles dans les corps, dont la considération générale de la nature du corps et du mouvement me peut convaincre ; de même, quoique l'expérience ne me fasse pas sentir tout ce qui est enfermé dans ma notion, je puis connaître en général que tout ce qui m'appartient y est enfermé par la considération générale de la notion individuelle.

Certes, puisque Dieu peut former et forme effectivement cette notion complète, qui enferme ce qui suffit pour rendre raison de tous les phénomènes qui m'arrivent, elle est donc possible, et c'est la véritable notion complète de ce que j'appelle moi, en vertu de laquelle tous mes prédicats m'appartiennent comme à leur sujet. On pourrait donc le prouver tout de même sans faire mention de Dieu, qu'autant qu'il faut pour marquer ma dépendance ; mais on exprime plus fortement cette vérité en tirant la notion dont il s'agit de la connaissance divine comme de sa source. J'avoue qu'il y a bien des choses dans la science divine que nous ne saurions comprendre, mais il me semble qu'on n'a pas besoin de s'y enfoncer pour résoudre notre question. D'ailleurs, si dans la vie de quelque personne et même dans tout cet univers quelque chose allait autrement qu'elle ne va, rien ne nous empêcherait de dire que ce serait une autre personne ou un autre univers possible que Dieu aurait choisi. Ce serait donc véritablement un autre individu, il faut aussi qu'il y ait une raison à priori (indépendante en mon expérience), qui fasse qu'on dit véritablement que c'est moi qui ai été à Paris et que c'est encore moi, et non un autre, qui suis maintenant en Allemagne, et par conséquent il faut que la notion de moi lie ou comprenne ces différents états. Autrement, on pourrait dire que ce n'est pas le même individu, quoiqu'il paraisse de l'être. Et, en effet, quelques philosophes qui n'ont pas assez connu la nature de la substance et des êtres individuels ou êtres *per se* ont cru que rien ne demeurait véritablement le même. Et c'est pour cela, entre autres, que je juge que les corps ne seraient pas des substances s'il n'y avait en eux que de l'étendue.

Je crois, Monsieur, d'avoir maintenant satisfait aux difficultés qui touchent la proposition principale, mais, comme vous faites encore quelques remarques de conséquence sur quelques expressions incidentes dont je m'étais servi, je tâcherai de m'expliquer encore là-dessus. J'avais dit que la supposition de laquelle tous les événements humains se peuvent déduire n'est pas celle de créer un Adam vague, mais celle de créer un tel Adam déterminé à toutes ces circonstances, choisi parmi une infinité d'Adams possibles. Sur quoi vous faites deux remarques considérables, l'une contre la pluralité des Adams, et l'autre contre la réalité des substances simplement possibles. Quant au premier point, vous dites avec grande raison qu'il est aussi peu possible de concevoir plusieurs Adams possibles, prenant Adam pour une nature singulière, que de concevoir plusieurs moi. J'en demeure d'accord, mais aussi, en parlant de plusieurs Adams, je ne prenais pas Adam pour un individu déterminé, mais pour quelque personne conçue *sub ratione generalitatis* sous des circonstances qui nous paraissent déterminer Adam à un individu, mais qui véritablement ne le déterminent pas assez, comme lorsqu'on entend par Adam le premier homme que Dieu met dans un jardin de plaisir dont il sort par le péché, et de la côte de qui Dieu tire une femme. Mais tout cela ne détermine pas assez, et il y aurait ainsi plusieurs Adams disjonctivement possibles ou plusieurs individus à qui tout cela conviendrait. Cela est vrai, quelque nombre fini de prédicats incapables de déterminer tout le reste qu'on prenne, mais ce qui doit déterminer un certain Adam doit enfermer absolument tous ses prédicats, et c'est cette notion complète qui détermine *rationem generalitatis ad individuum.* Au reste, je suis si éloigné de la pluralité d'un même individu, que je suis même très persuadé de ce que saint Thomas avait déjà enseigné à l'égard des intelligences et que je tiens être général, savoir, qu'il n'est pas possible qu'il y ait deux individus entièrement semblables ou différents *solo numero*.

Quant à la réalité des substances purement possibles, c'est-à-dire que Dieu ne créera jamais, vous dites, Monsieur, d'être fort porté à croire que ce sont des chimères, à quoi je ne m'oppose pas, si vous l'entendez, comme je crois, qu'ils n'ont point d'autre réalité que celle qu'ils ont dans l'entendement divin et dans la puissance active de Dieu. Cependant, vous voyez par là, Monsieur, qu'on est obligé de recourir à la science et puissance divine pour les bien expliquer. Je trouve aussi fort solide ce que vous dites ensuite : « qu'on ne conçoit jamais aucune substance purement possible que sous l'idée de quelqu'une (ou par les idées comprises dans quelqu'une) de celles que Dieu a créées. » Vous dites aussi : « Nous nous imaginons qu'avant de créer le monde, Dieu a envisagé une infinité de choses possibles, dont il a choisi les unes et rebuté les autres : plusieurs Adams (premiers hommes) possibles, chacun avec une grande suite de personnes avec qui il a une liaison intrinsèque ; et nous supposons que la liaison de toutes ces autres choses avec un de ces Adams (premiers hommes) possibles est toute semblable à celle qu'a eue l'Adam créé avec toute sa postérité ; ce qui nous fait penser que c'est celui-là de tous les Adams possibles que Dieu a choisi, et qu'il n'a point voulu de tous les autres. » En quoi vous semblez reconnaître, Monsieur, que ces pensées, que j'avoue pour miennes (pourvu qu'on entende la pluralité des Adams et leur possibilité selon l'explication que j'ai donnée, et qu'on prenne tout cela selon notre manière de concevoir quelque ordre dans les pensées ou opérations que nous attribuons à Dieu), entrent assez naturellement dans l'esprit, quand on pense un peu à cette matière, et même ne sauraient être évitées, et peut-être ne vous ont déplu que parce que vous avez supposé qu'on ne pourrait pas concilier la liaison intrinsèque qu'il y a avec les décrets libres de Dieu. Tout ce qui est actuel peut être conçu comme possible, et si l'Adam actuel aura avec le temps une telle postérité, on ne saurait nier ce même prédicat à cet Adam conçu comme possible, d'autant plus que vous accordez que Dieu envisage en lui tous ces prédicats, lorsqu'il détermine de le créer. Ils lui appartiennent donc, et je ne vois pas que ce que vous dites de la réalité des possibles y soit contraire. Pour appeler quelque chose possible, ce m'est assez qu'on en puisse former une notion, quand elle ne serait que dans l'entendement divin, qui est pour ainsi dire le pays des réalités possibles. Ainsi, en parlant des possibles, je me contente qu'on en puisse former des propositions véritables, comme l'on peut juger, par exemple, qu'un carré parfait n'implique point de contradiction, quand même il n'y aurait point de carré parfait au monde. Et si on voulait rejeter absolument les purs possibles, on détruirait la contingence et la liberté ; car, s'il n'y avait rien de possible que ce que Dieu a créé effectivement, ce que Dieu a créé serait nécessaire, et Dieu, voulant créer quelque chose, ne pourrait créer que cela seul, sans avoir la liberté du choix.

Tout cela me fait espérer (après les explications que j'ai données et dont j'ai toujours apporté des raisons, afin de vous faire juger que ce ne sont pas des faux fuyants, controuvés pour éluder vos objections) qu'au bout du compte vos pensées ne se trouveront pas si éloignées des miennes, qu'elles ont paru d'abord de l'être. Vous approuvez, Monsieur, la liaison des résolutions de Dieu; vous reconnaissez ma proposition principale pour certaine, dans le sens que je lui avais donné dans ma réponse; vous avez douté seulement si je faisais la liaison indépendante des décrets libres de Dieu, et cela vous avait fait de la peine avec grande raison ; mais j'ai fait voir qu'elle dépend de ces décrets, selon moi, et qu'elle n'est pas nécessaire, quoiqu'elle soit intrinsèque. Vous avez insisté sur l'inconvénient qu'il y aurait de dire que, si je ne fais pas le voyage que je dois faire, je ne serai pas moi, et j'ai expliqué comment on le peut dire ou non. Enfin j'ai donné une raison décisive qui, à mon avis, tient lieu de démonstration ; c'est que toujours, dans toute proposition affirmative, véritable, nécessaire ou contingente, universelle ou singulière, la notion du prédicat est comprise en quelque façon dans celle du sujet; *prædicatum inest subjecto ;* ou bien je ne sais ce que c'est que la vérité.

Or, je ne demande pas davantage de liaison ici que celle qui se trouve *a parte rei* entre les termes d'une proposition véritable, et ce n'est que dans ce sens que je dis que la notion de la substance individuelle enferme tous ses événements et toutes ses dénominations, même celles qu'on appelle vulgairement extrinsèques (c'est-à-dire qui ne lui appartiennent qu'en vertu de la connexion générale des choses et de ce qu'elle exprime tout l'univers à sa manière), « puisqu'il faut toujours qu'il y ait quelque fondement de la connexion des termes d'une proposition, qui se doit trouver dans leurs notions ». C'est là mon grand principe, dont je crois que tous les philosophes doivent demeurer d'accord, et dont un des corollaires est cet axiome vulgaire que rien n'arrive sans raison, qu'on peut toujours rendre pourquoi la chose est plutôt allée ainsi qu'autrement, bien que cette raison incline souvent sans nécessiter, une parfaite indifférence étant une supposition chimérique ou incomplète. On voit que du principe susdit je tire des conséquences qui surprennent, mais ce n'est que parce qu'on n'a pas accoutumé de poursuivre assez les connaissances les plus claires.

Au reste, la proposition qui a été l'occasion de toute cette discussion est très importante et mérite d'être bien établie, car il s'ensuit que toute substance individuelle exprime l'univers tout entier à sa manière et sous un certain rapport, ou pour ainsi dire suivant le point de vue dont elle le regarde ; et que son état suivant est une suite (quoique libre ou bien contingente) de son état précédent, comme s'il n'y avait que Dieu et elle au monde ; ainsi, chaque substance individuelle ou être complet est comme un monde à part, indépendant de toute autre chose que de Dieu. Il n'y a rien de si fort pour démontrer non seulement l'indestructibilité de notre âme, mais même qu'elle garde toujours en sa nature les traces de tous ses états précédents avec un souvenir virtuel qui peut toujours être excité, puisqu'elle a de la conscience ou connaît en elle-même ce que chacun appelle moi. Ce qui la rend susceptible des qualités morales et de châtiment de récompense, même après cette vie. Car l'immortalité sans le souvenir n'y servirait de rien. Mais cette indépendance n'empêche pas le commerce des substances entre elles ; car comme toutes les substances créées sont une production continuelle du même souverain être selon les mêmes desseins, et expriment le même univers ou les mêmes phénomènes, elles s'entr'accordent exactement, et cela nous fait dire que l'une agit sur l'autre, parce que l'une exprime plus distinctement que l'autre la cause ou raison des changements, à peu près comme nous attribuons le mouvement plutôt au vaisseau qu'à toute la mer, et cela avec raison, bien que parlant abstraitement on pourrait soutenir une autre hypothèse du mouvement, le mouvement en lui-même, et faisant abstraction de la cause, étant toujours quelque chose de relatif. C'est ainsi qu'il faut entendre, à mon avis, le commerce des substances créées entre elles, et non pas d'une influence ou dépendance réelle physique, qu'on ne saurait jamais concevoir distinctement. C'est pourquoi, quand il s'agit de l'union de l'âme et du corps et de l'action ou passion d'un esprit à l'égard d'une autre créature, plusieurs ont été obligés de demeurer d'accord que leur commerce immédiat est inconcevable. Cependant l'hypothèse des causes occasionnelles ne satisfait pas, ce me semble, à un philosophe. Car elle introduit une manière de miracle continuel, comme si Dieu à tout moment changeait les lois des corps à l'occasion des pensées des esprits, ou changeait le cours régulier des pensées de l'âme en y excitant d'autres pensées à l'occasion des mouvements du corps; et généralement comme si Dieu s'en mêlait autrement pour l'ordinaire qu'en conservant chaque substance dans son train et dans les lois établies pour elle. Il n'y a donc que l'hypothèse de la concomitance ou de l'accord des substances entre elles, qui explique tout d'une manière convenable et digne de Dieu, et qui même est démonstrative et inévitable, à mon avis, selon la proposition que nous venons d'établir. Il me semble aussi qu'elle s'accorde bien davantage avec la liberté des créatures raisonnables que l'hypothèse des impressions ou celle des causes occasionnelles. Dieu a créé d'abord l'âme de telle sorte que pour l'ordinaire il n'a besoin de ces changements ; et ce qui arrive à l'âme qui naît de son propre fond, sans qu'elle se doive accommoder au corps dans la suite, non plus que le corps à l'âme. Chacun suivant ses lois, et l'un agissant librement, l'autre sans choix, se rencontre avec l'autre dans les mêmes phénomènes. L'âme cependant ne laisse pas d'être la forme de son corps, parce qu'elle exprime les phénomènes de tous les autres corps suivant le rapport au sien.

On sera peut-être plus surpris que je nie l'action d'une substance corporelle sur l'autre qui semble pourtant si claire. Mais, outre que d'autres l'ont déjà fait, il faut considérer que c'est plutôt un jeu de l'imagination qu'une conception distincte. Si le corps est une substance et non pas un simple phénomène comme l'arc-en-ciel, ni un être uni par accident ou par aggrégation comme un tas de pierres, il ne saurait consister dans l'étendue, et il y faut nécessairement concevoir quelque chose qu'on appelle forme substantielle et qui répond en quelque façon à l'âme. J'en ai été enfin convaincu comme malgré moi, après en avoir été assez éloigné autrefois. Cependant, quelque approbateur des scholastiques que je sois dans cette explication générale et pour ainsi dire métaphysique des principes des corps, je suis aussi corpusculaire qu'on le saurait être dans l'explication des phénomènes particuliers, et ce n'est rien dire que d'y alléguer les formes ou les qualités. Il faut toujours expliquer la nature mathématiquement et mécaniquement, pourvu qu'on sache que les principes mêmes ou les lois de mécanique ou de la force ne dépendent pas de la seule étendue mathématique, mais de quelques raisons métaphysiques.

Après tout cela, je crois que maintenant les propositions contenues dans l'abrégé qui vous a été envoyé, Monsieur, paraîtront non seulement plus intelligibles, mais peut-être encore plus solides et plus importantes qu'on n'avait pu juger d'abord.

Leibniz à Arnauld.

Monsieur,

J'ai toujours eu tant de vénération pour votre mérite élevé (1), que, lors même que je me croyais maltraité par votre censure, j'avais pris une ferme résolution de ne rien dire qui ne témoignât une estime très grande et beaucoup de déférence à votre égard. Que sera-ce donc maintenant que vous avez la générosité de me faire une restitution avec usure, ou plutôt avec libéralité, d'un bien que je chéris infiniment, qui est la satisfaction de croire que je suis bien dans votre esprit (2) ? Si j'ai été obligé de parler fortement, pour me défendre des sentiments que je vous avais paru soutenir, c'est que je les désapprouve extrêmement, et que, faisant grand cas de votre approbation, j'étais d'autant plus sensible de voir que vous me les imputiez. Je souhaiterais de me pouvoir aussi bien justifier sur la vérité de mes opinions que sur leur innocence (3) ; mais, comme cela n'est pas absolument nécessaire, et que l'erreur en elle-même ne blesse ni la piété ni l'amitié, je ne m'en défends pas avec la même force ; et si dans le papier ci-joint je réplique à votre obligeante lettre, où vous avez marqué fort distinctement et d'une manière instructive, en quoi ma réponse ne vous a pas encore satisfait, ce n'est pas que je prétende que vous vous donniez le temps d'examiner de nouveau mes raisons ; car il est aisé de juger que vous avez des affaires plus importantes, et ces questions abstraites demandent du loisir. Mais c'est afin que vous le puissiez au moins faire, en cas (4) qu'à cause des conséquences surprenantes qui se peuvent tirer de ces notions abstraites, vous vous y voulussiez divertir un jour : ce que je souhaiterais pour mon profit (5) et pour l'éclaircissement de quelques importantes vérités contenues dans mon abrégé, dont l'approbation ou au moins l'innocence reconnue par votre jugement me serait de conséquence. Je le souhaiterais donc, dis-je, si je n'avais pas appris, il y a longtemps, de préférer

---

(1) Leibniz a corrigé par le mot : *éminent*.
(2) Au lieu de : *ou plutôt...* — *votre esprit*, — Leibniz a corrigé ainsi : *En me rendant votre estime qui est un bien que je chéris infiniment.*
(3) « *Je souhaiterais de pouvoir faire voir la vérité de mes opinions aussi sûrement que leur innocence.* »
(4) « *En cas que l'envie vous prît un jour de vous en divertir.* »
(5) « *Et même pour celui du public.* »

l'utilité publique (qui s'intéresse tout autrement dans l'emploi de votre temps) à mon avantage particulier, qui sans doute n'y serait pas petit (1). J'en ai déjà fait l'essai sur votre lettre, et je sais assez qu'il n'y a guère de personne au monde qui puisse mieux pénétrer dans l'intérieur des matières, et qui puisse répandre plus de lumières sur un sujet ténébreux.

Je ne parle qu'avec peine de la manière dont vous m'avez voulu faire justice, Monsieur, lorsque je demandais seulement que vous me fissiez grâce; elle me comble de confusion, et j'en dis seulement ces mots, pour vous témoigner combien je suis sensible à cette générosité, qui m'a fort édifié, d'autant plus qu'elle est rare, et plus que rare dans un esprit du premier ordre, que sa réputation met ordinairement à couvert, non seulement du jugement d'autrui, mais même du sien propre. C'est à moi plutôt de vous demander pardon; et, comme il semble que vous me l'avez accordé par avance, je tâcherai de tout mon pouvoir de reconnaître cette bonté, d'en mériter l'effet et de me conserver toujours l'honneur de votre amitié, qu'on doit estimer d'autant plus précieuse qu'elle vous fait agir suivant des sentiments si chrétiens et si relevés.

Je ne saurais laisser passer cette occasion sans vous entretenir, Monsieur, de quelques méditations que j'ai eues depuis que je n'ai pas eu l'honneur de vous voir. Entre autres j'ai fait quantité de réflexions de jurisprudence, et il me semble qu'on y pourrait établir quelque chose de solide et d'utile, tant pour avoir un droit certain, ce qui nous manque fort en Allemagne et peut-être encore en France, que pour établir une forme de procès courte et bonne. Or il ne suffit pas d'être rigoureux en termes ou jours préfixes et autres conditions, comme font ceux qui ont compilé le Code Louis; car de faire souvent perdre une bonne cause pour des formalités, c'est un remède en justice, semblable à celui d'un chirurgien qui couperait souvent bras et jambes. On dit que le roi fait travailler de nouveau à la réforme de la chicane, et je crois qu'on fera quelque chose d'importance.

J'ai aussi été curieux en matière de mines, à l'occasion de celles de notre pays, où je suis allé souvent par ordre du prince; et je crois d'avoir fait quelques découvertes sur la génération, non pas tant des métaux, que de cette forme où ils se trouvent, et de quel-

---

(1) Leibniz a rayé toute cette phrase, depuis *contenues dans mon abrégé* jusqu'à *pas petit*.

ques corps où ils sont engagés ; par exemple, je puis démontrer la manière de la génération de l'ardoise.

Outre cela, j'ai amassé sous main des mémoires et des titres concernant l'histoire de Brunsvick, et dernièrement je lus un diplôme *De finibus dioceseos Hildensemensis Henrici II, imperatoris, cognomento Sancti*, où j'ai été surpris de remarquer ces paroles : *pro conjugis prolisque regalis incolumitate ;* ce qui me paraît assez contraire à l'opinion vulgaire, qui nous fait accroire qu'il a gardé la virginité avec sa femme, sainte Cunégonde.

Au reste je me suis diverti souvent à des pensées abstraites de métaphysique ou de géométrie. J'ai découvert une nouvelle méthode des tangentes, que j'ai fait imprimer dans le journal de Leipzig. Vous savez, Monsieur, que MM. Hulde et depuis Slusius ont porté la chose assez loin. Mais il manquait deux choses : l'une que, lorsque l'inconnue ou l'indéterminée est embarrassée dans des fractions et irrationnelles, il faut l'en tirer pour user de leurs méthodes, ce qui fait monter le calcul à une hauteur ou prolixité tout à fait incommode et souvent intractable ; au lieu que ma méthode ne se met point en peine des fractions, ni irrationnelles. C'est pourquoi les Anglais en ont fait grand cas. L'autre défaut de la méthode des tangentes est qu'elle ne va pas aux lignes que M. Descartes appelle mécaniques, et que j'appelle transcendantes ; au lieu que ma méthode y procède tout de même, et je puis donner par le calcul la tangente de la cycloïde ou telle autre ligne. Je prétends aussi généralement de donner le moyen de réduire ces lignes au calcul, et je tiens qu'il faut les recevoir dans la géométrie, quoi qu'en dise M. Descartes. Ma raison est qu'il y a des questions analytiques, qui ne sont d'aucun degré, ou bien dont le degré même est demandé ; par exemple, de couper l'angle en raison incommensurable de droite à droite. Ce problème n'est ni plan, ni solide, ni sursolide. C'est pourtant un problème, et je l'appelle transcendant pour cela. Tel est aussi ce problème : résoudre une telle équation : $X^x + X = 30$, où l'inconnue même X entre dans l'exposant, et le degré même de l'équation est demandé. Il est aisé de trouver ici que cet X signifie 3. Car $3^3 + 3$ ou $27 + 3$ fait 30. Mais il n'est pas toujours si aisé de le résoudre, surtout quand l'exposant n'est pas un nombre rationnel ; et il faut recourir à des lignes ou lieux propres à cela, qu'il faut par conséquence recevoir nécessairement dans la géométrie. Or je fais voir que les lignes que Descartes veut exclure de la géométrie dépendent de telles équations, qui passent en effet tous les degrés algébriques, mais non pas l'analyse ni la géométrie. J'appelle donc les lignes reçues par M. Descartes *algebraicas*, parce qu'elles sont d'un certain degré d'une équation algébraïque ; et les autres *transcendantes* que je réduis au calcul, et dont je fais voir aussi la construction, soit par points ou par le mouvement ; et si j'ose le dire, je prétends d'avancer par là l'analyse *ultra Herculis columnas*.

Et quant à la métaphysique, je prétends d'y donner des démonstrations géométriques, ne supposant presque que deux vérités primitives, savoir en premier lieu le principe de contradiction, car autrement, si deux contradictoires peuvent être vraies en même temps, tout raisonnement devient inutile ; et en deuxième lieu, que rien n'est sans raison, ou que toute vérité a sa preuve à priori, tirée de la notion des termes, quoiqu'il ne soit pas toujours en notre pouvoir de parvenir à cette analyse. Je réduis toute la mécanique à une seule proposition de métaphysique, et j'ai plusieurs propositions considérables et géométriformes touchant les causes et effets, item touchant la similitude dont je donne une définition par laquelle je démontre aisément plusieurs vérités qu'Euclide donne par des détours.

Au reste je n'approuve pas fort la manière de ceux qui appellent toujours à leurs idées, quand ils sont au bout de leurs preuves, et qui abusent de ce principe, que toute conception claire et distincte est bonne, car je tiens qu'il faut venir à des marques d'une connaissance distincte, et comme nous pensons souvent sans idées en employant des caractères à la place des idées en question, dont nous supposons faussement de savoir la signification, et que nous nous formons des chimères impossibles, je tiens que la marque d'une idée véritable est qu'on en puisse prouver la possibilité, soit à priori en concevant sa cause ou raison, soit à posteriori, lorsque l'expérience fait connaître qu'elle se trouve effectivement dans la nature. C'est pourquoi les définitions chez moi sont réelles, quand on connaît que le défini est possible ; autrement elles ne sont que nominales, auxquelles on ne se doit point fier ; car si par hasard le défini impliquait contradiction, on pourrait tirer deux contradictoires d'une même définition. C'est pourquoi vous avez eu grande raison de faire connaître au Père Malebranche et autres qu'il faut distinguer entre les idées vraies et fausses et ne pas donner trop à son imagination sous prétexte d'une intellection claire et distincte. Et comme je ne connais presque personne qui puisse mieux examiner que vous toute sorte de pensées, particulièrement celles dont les conséquences s'étendent jusqu'à la théologie, peu de gens ayant la pénétration nécessaire et les lumières aussi universelles qu'il est besoin pour cet effet, et bien peu de gens ayant cette équité que vous avez maintenant fait paraître à mon égard, je prie Dieu de vous conserver longtemps, et de ne nous pas priver trop tôt d'un secours qu'on ne retrouvera pas si aisément.

Je suis avec une passion sincère,

Monsieur, etc.

A. Arnauld à Leibniz.

Ce 28 sept. 1686.

J'ai cru, Monsieur, me pouvoir servir de la liberté que vous m'avez donnée de ne me pas presser de répondre à vos civilités. Et ainsi j'ai différé jusqu'à ce que j'eusse achevé quelque ouvrage que j'avais commencé. J'ai bien gagné à vous rendre justice, n'y ayant rien de plus honnête et de plus obligeant que la manière dont vous avez reçu mes excuses. Il ne m'en fallait pas tant pour me faire résoudre à vous avouer de bonne foi que je suis satisfait de la manière dont vous expliquez ce qui m'avait choqué d'abord, touchant la notion de la nature individuelle. Car jamais un homme d'honneur ne doit avoir de la peine de se rendre à la vérité, aussitôt qu'on la lui a fait connaître. J'ai surtout été frappé de cette raison que, dans toute proposition affirmative véritable, nécessaire ou contingente, universelle ou singulière, la notion de l'attribut est comprise en quelque façon dans celle du sujet : *prædicatum inest subjecto*.

Il ne me reste de difficulté que sur la possibilité des choses, et sur cette manière de concevoir Dieu comme ayant choisi l'univers qu'il a créé entre une infinité d'autres univers possibles qu'il a vus en même temps et qu'il n'a pas voulu créer. Mais, comme cela ne fait rien proprement à la notion de la nature individuelle, et qu'il faudrait que je rêvasse trop pour bien faire entendre ce que je pense sur cela, ou plutôt ce que je trouve à redire dans les pensées des autres, parce qu'elles ne me paraissent pas dignes de Dieu, vous trouverez bon, Monsieur, que je ne vous en dise rien.

J'aime mieux vous supplier de m'éclaircir deux choses que je trouve dans votre dernière lettre, qui me semblent considérables, mais que je ne comprends pas bien.

La première est ce que vous entendez par « l'hypothèse de la concomitance et de l'accord des substances entre elles », par laquelle vous prétendez qu'on doit expliquer ce qui se passe dans l'union de l'âme et du corps, et l'action ou passion d'un esprit à l'égard d'une autre créature. Car je ne conçois pas ce que vous dites pour expliquer cette pensée qui ne s'accorde, selon vous, ni avec ceux qui croient que l'âme agit physiquement sur le corps et le corps sur l'âme, ni avec ceux qui croient que Dieu seul est la cause physique de ces effets, et que l'âme et le corps n'en sont que les causes occasionnelles. « Dieu, dites-vous, a créé l'âme de telle sorte que pour l'ordinaire il n'a pas besoin de ces changements, et ce qui arrive à l'âme lui naît de son propre fond, sans qu'elle se doive accorder au corps dans la suite, non plus que le corps à l'âme : chacun suivant ses lois, et l'un agissant librement, et l'autre sans choix, se rencontrent l'un avec l'autre dans les mêmes phénomènes. »

Des exemples vous donneront moyen de mieux faire entendre votre pensée. On me fait une plaie dans le bras. Ce n'est à l'égard de mon corps qu'un mouvement corporel, mais mon âme a aussitôt un sentiment de douleur, qu'elle n'aurait pas sans ce qui est arrivé à mon bras. On demande quelle est la cause de cette douleur. Vous ne voulez pas que mon corps ait agi sur mon âme, ni que ce soit Dieu qui, à l'occasion de ce qui est arrivé à mon bras, ait formé immédiatement dans mon âme ce sentiment de douleur. Il faut donc que vous croyiez que ce soit l'âme qui l'a formé elle-même, et que c'est ce que vous entendez, quand vous dites que « ce qui arrive dans l'âme à l'occasion du corps lui naît de son propre fond ». Saint Augustin était de ce sentiment, parce qu'il croyait que la douleur corporelle n'était autre chose que la tristesse qu'avait l'âme de ce que son corps était mal disposé. Mais que peut-on répondre à ceux qui objectent : qu'il faudrait donc que l'âme sût que son corps est mal disposé avant que d'en être triste : au lieu qu'il semble que c'est la douleur qui l'avertit que son corps est mal disposé.

Considérons un autre exemple, où le corps a quelque mouvement à l'occasion de mon âme. Si je veux ôter mon chapeau, je lève mon bras en haut. Ce mouvement de mon bras de bas en haut n'est point selon les règles ordinaires des mouvements. Quelle en est donc la cause ? C'est que les esprits étant entrés en de certains nerfs les ont enflés. Mais ces esprits ne se sont pas d'eux-mêmes déterminés à entrer dans ces nerfs : ou ils ne se sont pas donné à eux-mêmes le mouvement qui les a fait entrer dans ces nerfs. Qui est-ce donc qui le leur a donné? Est-ce Dieu à l'occasion de ce que j'ai voulu lever le bras? C'est ce que veulent les partisans des causes occasionnelles, dont il semble que vous n'approuviez pas le sentiment. Il semble donc qu'il faille que ce soit notre âme. Et c'est néanmoins ce qu'il semble que vous ne vouliez pas encore. Car ce serait agir physiquement sur le corps. Et il me paraît que vous croyez qu'une substance n'agit point physiquement sur une autre.

La deuxième chose sur quoi je désirerais d'être éclairci est ce que vous dites : « Qu'afin que le corps ou la matière ne soit pas un simple phénomène comme l'arc-en-ciel, ni un être uni par accident ou par agrégation comme un tas de pierre, il ne saurait consister dans l'étendue, et il y faut nécessairement quelque chose qu'on appelle forme substantielle, et qui réponde en quelque façon à ce qu'on appelle l'âme. » Il y a bien des choses à demander sur cela.

1. Notre corps et notre âme sont deux substances réellement distinctes. Or, en mettant dans le corps une forme substantielle outre l'étendue, on ne peut pas s'imaginer que ce soient deux substances distinctes. On ne voit donc pas que cette forme substantielle n'eût aucun rapport à ce que nous appelons notre âme.

2. Cette forme substantielle du corps devrait être ou étendue et divisible, ou non étendue et indivisible. Si on dit le dernier (1), il semble qu'elle serait indestructible aussi bien que notre âme. Et si on dit le premier, il semble qu'on ne gagne rien par là pour faire que les corps soient *unum per se*, plutôt que s'ils ne consistaient qu'en l'étendue. Car c'est la divisibilité de l'étendue en une infinité de parties qui fait qu'on a de la peine à en concevoir l'unité. Or, cette forme substantielle ne remédiera point à cela, si elle est aussi divisible que l'étendue même.

3. Est-ce la forme substantielle d'un carreau de marbre qui fait qu'il est un? Si cela est, que devient cette forme substantielle, quand il cesse d'être un, parce qu'on l'a cassé en deux? Est-elle anéantie, ou est-elle devenue deux? Le premier est inconcevable, si cette forme substantielle n'est pas une manière d'être, mais une substance.

---

(1) *Dernier, premier.* — Grotefend et Gehrardt intervertissent l'ordre de ces deux termes, mais il nous semble que l'ordre que nous donnons est le seul qui soit conforme au sens.

Et on ne peut dire que c'est une manière d'être ou modalité, puisqu'il faudrait que la substance dont cette forme serait la modalité fût l'étendue. Ce qui n'est pas apparemment votre pensée. Et si cette forme substantielle d'une qu'elle était devient deux, pourquoi n'en dira-t-on pas autant de l'étendue seule sans cette forme substantielle ?

4. Donnez-vous à l'étendue une forme substantielle générale, telle que l'ont admise quelques scholastiques qui l'ont appelée *formam corporeitatis :* ou si vous voulez qu'il y ait autant de formes substantielles différentes qu'il y a de corps différents : et différentes d'espèce, quand ce sont des corps différents d'espèces.

5. En quoi mettez-vous l'unité qu'on donne à la terre, au soleil, à la lune, quand on dit qu'il n'y a qu'une terre que nous habitons, qu'un soleil qui nous éclaire, qu'une lune qui tourne en tant de jours à l'entour de la terre ? Croyez-vous qu'il soit nécessaire pour cela que la terre par exemple, composée de tant de parties hétérogènes, ait une forme substantielle qui lui soit propre et qui lui donne cette unité ? Il n'y a pas d'apparence que vous le croyiez. J'en dirai de même d'un arbre, d'un cheval. Et de là je passerai à tous les mixtes. Par exemple, le lait est composé de sérum, de la crème et de ce qui se caille. A-t-il trois formes substantielles, ou s'il n'en a qu'une ?

6. Enfin on dira qu'il n'est pas digne d'un philosophe d'admettre des entités dont on n'a aucune idée claire et distincte ; et qu'on n'en a point de ces formes substantielles ; et que de plus, selon vous, on ne les peut prouver par leurs effets, puisque vous avouez que c'est par la philosophie corpusculaire qu'on doit expliquer tous les phénomènes particuliers de la nature, et que ce n'est rien dire d'alléguer ces formes.

7. Il y a des cartésiens qui, pour trouver l'unité dans les corps, ont nié que la matière fût divisible à l'infini, et qu'on devait admettre des atomes indivisibles. Mais je ne pense pas que vous soyez de leur sentiment.

J'ai considéré votre petit imprimé et je l'ai trouvé fort subtil. Mais prenez garde si les cartésiens ne vous pourront point répondre, qu'il ne fait rien contre eux, parce qu'il semble que vous supposiez une chose qu'ils croient fausse, qui est qu'une pierre en descendant se donne à elle-même cette plus grande vélocité qu'elle acquiert plus elle descend. Ils diront que cela vient des corpuscules, qui en montant font descendre tout ce qu'ils trouvent en leur chemin, et leur transportent une partie de ce qu'ils ont de mouvement : et qu'ainsi il ne faut pas s'étonner si le corps B quadruple d'A a plus de mouvement étant descendu un pied que le corps A étant descendu quatre pieds ; parce que les corpuscules qui ont poussé B lui ont communiqué du mouvement proportionné à sa masse, et ceux qui ont poussé A proportionnément à la sienne. Je ne vous assure pas que cette réponse soit bonne, mais je crois au moins que vous devez vous appliquer à voir si cela n'y fait rien. Et je serais bien aise de savoir ce que les cartésiens ont dit sur votre écrit.

Je ne sais si vous avez examiné ce que dit M. Descartes dans ses lettres sur son principe général des mécaniques. Il me semble qu'en voulant montrer pourquoi la même force peut lever par le moyen d'une machine le double ou le quadruple de ce qu'elle lèverait sans machine il déclare qu'il n'a point d'égard à la vélocité. Mais je n'en ai qu'une mémoire confuse. Car je ne me suis jamais appliqué à ces choses-là que par occasion et à des heures perdues, et il y a plus de vingt ans que je n'ai vu aucun de ces livres-là.

Je ne désire point, Monsieur, que vous vous détourniez d'aucune de vos occupations tant soit peu importante pour résoudre les deux doutes que je vous propose. Vous en ferez ce qu'il vous plaira, et à votre loisir.

Je voudrais bien savoir si vous n'avez point donné la dernière perfection à deux machines que vous aviez trouvées étant à Paris. L'une d'arithmétique qui paraissait bien plus parfaite que celle de M. Pascal, et l'autre une montre tout à fait juste. Je suis tout à vous.

Projet d'une lettre à M. Arnauld (1).

Monsieur,

L'hypothèse de la concomitance est une suite de la notion que j'ai de la substance. Car, selon moi, la notion individuelle d'une substance enveloppe tout ce qui lui doit jamais arriver, et c'est en quoi les êtres accomplis diffèrent de ceux qui ne le sont pas. Or, l'âme étant une substance individuelle, il faut que sa notion, idée, essence ou nature enveloppe tout ce qui lui doit arriver ; et Dieu, qui la voit parfaitement, y voit ce qu'elle agira ou souffrira à tout

---

(1) Cette lettre est une première ébauche de la lettre suivante.

jamais, et toutes les pensées qu'elle aura. Donc, puisque nos pensées ne sont que des suites de la nature de notre âme et lui naissent en vertu de sa notion, il est inutile d'y demander l'influence d'une autre substance particulière, outre que cette influence est absolument inexplicable. Il est vrai qu'il nous arrive certaines pensées, quand il y a certains mouvements corporels, et qu'il arrive certains mouvements corporels, quand nous avons certaines pensées; mais c'est parce que chaque substance exprime l'univers tout entier à sa manière, et cette expression de l'univers, qui fait un mouvement dans le corps, est peut-être une douleur à l'égard de l'âme. Mais on attribue l'action à cette substance dont l'expression est plus distincte, et on l'appelle cause. Comme lorsqu'un corps nage dans l'eau, il y a une infinité de mouvements des parties de l'eau, tels qu'il faut afin que la place que ce corps quitte soit toujours remplie par la voie la plus courte. C'est pourquoi nous disons que ce corps en est cause, parce que, par son moyen, nous pouvons expliquer distinctement ce qui arrive; mais si on examine ce qu'il y a de physique et de réel dans le mouvement, on peut aussi bien supposer que ce corps est en repos, et que tout le reste se meut conformément à cette hypothèse, puisque tout le mouvement en lui-même n'est qu'une chose respective, savoir : un changement de situation qu'on ne sait à qui attribuer dans la précision mathématique; mais on l'attribue à un corps par le moyen duquel tout s'explique distinctement. Et en effet, à prendre tous les phénomènes petits et grands, il n'y a qu'une seule hypothèse qui serve à expliquer le tout distinctement. Et on peut même [dire] que, quoique ce corps ne soit pas une cause efficiente physique de ces effets, son idée au moins en est pour ainsi dire la cause finale, ou, si vous voulez, exemplaire dans l'entendement de Dieu. Car, si on veut chercher s'il y a quelque chose de réel dans le mouvement, qu'on s'imagine que Dieu veuille exprès produire tous les changements de situation dans l'univers, tout de même comme si ce vaisseau les produirait en voguant dans l'eau ; n'est-il pas vrai qu'en effet il arriverait justement cela même ? car il n'est pas possible d'assigner aucune différence réelle. Ainsi, dans la précision métaphysique, on n'a pas plus de raison de dire que le vaisseau pousse l'eau à faire cette grande quantité de cercles servant à remplir la place du vaisseau, que de dire que l'eau est poussée à faire tous ces cercles, et qu'elle pousse le vaisseau à se remuer conformément; mais à moins de dire que Dieu a voulu exprès produire une si grande quantité de mouvements d'une manière si conspirante, on n'en peut pas rendre raison, et comme il n'est pas raisonnable de recourir à Dieu dans le détail, on a recours au vaisseau, quoique en effet, dans la dernière analyse, le consentement de tous les phénomènes des différentes substances ne vienne que de ce qu'elles sont toutes des productions d'une même cause, savoir de Dieu ; qui fait que chaque substance individuelle exprime la résolution que Dieu a prise à l'égard de tout l'univers. C'est donc par la même raison qu'on attribue les douleurs aux mouvements des corps, parce qu'on peut par là venir à quelque chose de distinct. Et cela sert à nous procurer des phénomènes ou à les empêcher. Cependant, à ne rien avancer sans nécessité, nous ne faisons que penser, et aussi nous ne nous procurons que des pensées, et les phénomènes ne sont que des pensées. Mais comme toutes nos pensées ne sont pas efficaces, et ne servent pas à nous en procurer d'autres d'une certaine nature, et qu'il nous est impossible de déchiffrer le mystère de la connexion universelle des phénomènes, il faut prendre garde, par le moyen de l'expérience, à celles qui nous en procurent autres fois, et c'est en quoi consiste l'usage des sens et ce qu'on appelle l'action hors de nous.

L'hypothèse de la concomitance ou de l'accord des substances entre elles suit de ce que j'ai dit que chaque substance individuelle enveloppe pour toujours tous les accidents qui lui arriveront, et exprime tout l'univers à sa manière ; ainsi ce qui est exprimé dans le corps par un mouvement ou changement de situation est peut-être exprimé dans l'âme par une douleur. Puisque les douleurs ne sont que des pensées, il ne faut pas s'étonner si elles sont des suites d'une substance dont la nature est de penser. Et, s'il arrive constamment que certaines pensées sont jointes à certains mouvements, c'est parce que Dieu a créé d'abord toutes les substances, en sorte que dans la suite tous leurs phénomènes s'entre-répondent, sans qu'il leur faille pour cela une influence physique mutuelle, qui ne paraît pas même explicable ; peut-être que M. Descartes était plutôt pour cette concomitance que pour l'hypothèse des causes occasionnelles, car il ne s'est point expliqué là-dessus que je sache.

J'admire ce que vous remarquez, Monsieur, que saint Augustin a déjà eu de telles vues, en soutenant que la douleur n'est autre chose qu'une tristesse de l'âme qu'elle a de ce que son corps est mal disposé. Ce grand homme a assurément pénétré bien avant dans les choses. Cependant l'âme sent que son corps est mal disposé, non pas par une influence du corps sur l'âme, ni par une opération particulière de Dieu qui l'en avertisse, mais parce que c'est la nature de l'âme d'exprimer ce qui se passe dans les corps, étant créée d'abord, en sorte que la suite de ses pensées s'accorde avec la suite des mouvements. On peut dire la même chose du mouvement de mon bras de bas en haut. On demande ce qui détermine les esprits à entrer dans les nerfs d'une certaine matière, je réponds que c'est tant l'impression des objets que la disposition des esprits et nerfs mêmes, en vertu des lois ordinaires du mouvement. Mais, par la concordance générale des choses, toute cette disposition n'arrive jamais que lorsqu'il y a en même temps dans l'âme cette volonté à laquelle nous avons coutume d'attribuer l'opération. Ainsi les âmes ne changent rien dans l'ordre des corps, ni les corps dans celui des âmes. (Et c'est pour cela que les formes ne doivent point être employées à expliquer les phénomènes de la nature.) Et une âme ne change rien dans le cours des pensées d'une autre âme. Et, en général, une substance particulière n'a point d'influence physique sur l'autre; aussi serait-elle inutile, puisque chaque substance est un être accompli, qui se suffit lui-même à déterminer en vertu de sa propre nature tout ce qui lui doit arriver. Cependant on a beaucoup de raison de dire que ma volonté est la cause de ce mouvement du bras, et qu'une *solutio continui* dans la matière de mon corps est cause de la douleur; car l'un exprime distinctement ce que l'autre exprime plus confusément, et on doit attribuer l'action à la substance dont l'expression est plus distincte. D'autant que cela suffit (1) à la pratique pour se procurer des phénomènes. Si elle n'est pas cause physique, on peut dire qu'elle est cause finale, ou pour mieux dire exemplaire, c'est-à-dire que son idée dans l'entendement de Dieu a contribué à la résolution de Dieu à l'égard de cette particularité, lorsqu'il s'agissait de résoudre la suite universelle des choses.

L'autre difficulté est sans comparaison plus grande, touchant les formes substantielles et les âmes des corps ; et j'avoue que je ne m'y satisfais point. Premièrement, il faudrait être assuré que les corps sont des substances et non pas seulement des phénomènes véritables comme l'arc-en-ciel. Mais, cela posé, je crois qu'on peut inférer que la substance corporelle ne consiste pas dans l'étendue

(1) Grotefend et Gehrardt donnent: *soit*, ce qui n'a aucun sens.

ou dans la divisibilité ; car on m'avouera que deux corps éloignés l'un de l'autre, par exemple deux triangles, ne sont pas réellement une substance ; supposons maintenant qu'ils s'approchent pour composer un carré, le seul attouchement les fera-t-il devenir une substance ? Je ne le pense pas. Or, chaque masse étendue peut être considérée comme composée de deux ou mille autres ; il n'y a que l'étendue par un attouchement. Ainsi on ne trouvera jamais un corps dont on puisse dire que c'est véritablement une substance. Ce sera toujours un agrégé de plusieurs. Ou plutôt, ce ne sera pas un être réel, puisque les parties qui le composent sont sujettes à la même difficulté, et qu'on ne vient jamais à aucun être réel, les êtres par agrégation n'ayant qu'autant de réalité qu'il y en a dans leurs ingrédients. D'où il s'ensuit que la substance d'un corps, s'ils en ont une, doit être indivisible ; qu'on l'appelle âme ou forme, cela m'est indifférent. Mais aussi la notion générale de la substance individuelle, que vous semblez assez goûter, Monsieur, prouve la même chose. L'étendue est un attribut qui ne saurait constituer un être accompli, on n'en saurait tirer aucune action ni changement, elle exprime seulement un état présent, mais nullement le futur et le passé, comme doit faire la notion d'une substance. Quand deux triangles se trouvent joints, on n'en saurait conclure comment cette jonction s'est faite. Car cela peut être arrivé de plusieurs façons, mais tout ce qui peut avoir plusieurs causes n'est jamais un être accompli. Cependant j'avoue qu'il est bien difficile de résoudre plusieurs questions dont vous faites mention. Je crois qu'il faut dire que, si les corps ont des formes substantielles, par exemple, si les bêtes ont des âmes, que ces âmes sont indivisibles. C'est aussi le sentiment de saint Thomas. Ces âmes sont donc indestructibles ? Je l'avoue, et comme il se peut que selon les sentiments de M. Leeuwenhoeck toute génération d'un animal ne soit qu'une transformation d'un animal déjà vivant, il y a lieu de croire aussi que la mort n'est qu'une autre transformation. Mais l'âme de l'homme est quelque chose de plus divin, elle n'est pas seulement indestructible, mais elle se connaît toujours et demeure *conscia sui*. Et quant à son origine, on peut dire que Dieu ne l'a produite que lorsque ce corps animé qui est dans la semence se détermine à prendre la forme humaine. Cette âme brute, qui animait auparavant ce corps avant la transformation, est annihilée, lorsque l'âme raisonnable prend sa place, ou si Dieu change l'une dans l'autre, en donnant à la première une nouvelle perfection par une influence extraordinaire, c'est une particularité sur laquelle je n'ai pas assez de lumières.

Je ne sais pas si le corps, quand l'âme ou la forme substantielle est mise à part, peut être appelé une substance. Ce pourra bien être une machine, un agrégé de plusieurs substances, de sorte que, si on me demande ce que je dois dire *de forma cadaveris* ou d'un carreau de marbre, je dirai qu'ils sont peut-être unis *per aggregationem* comme un tas de pierres, et ne sont pas des substances. On pourra dire autant du soleil, de la terre, des machines, et excepté l'homme il n'y a point de corps dont je puisse assurer que c'est une substance plutôt qu'un agrégé de plusieurs ou peut-être un phénomène. Cependant il me semble assuré que, s'il y a des substances corporelles, l'homme ne l'est point seul, et il paraît probable que les bêtes ont des âmes quoiqu'elles manquent de conscience.

Enfin, quoique je demeure d'accord que la considération des formes ou âmes est inutile dans la physique particulière, elle ne laisse pas d'être importante dans la métaphysique. A peu près comme les géomètres ne se soucient pas de *compositione continui*, et les physiciens ne se mettent point en peine si une boule pousse l'autre, ou si c'est Dieu.

Il serait indigne d'un philosophe d'admettre ces âmes ou formes sans raison, mais sans cela il n'est pas intelligible que les corps sont des substances.

Leibniz à Arnauld.

Hanovre, $\frac{28 \text{ nov.}}{6 \text{ déc.}}$ 1686.

Monsieur,

Comme j'ai trouvé quelque chose d'extraordinaire dans la franchise et dans la sincérité avec laquelle vous vous êtes rendu à quelques raisons dont je m'étais servi, je ne saurais me dispenser de le reconnaître et de l'admirer. Je me doutais bien que l'argument pris de la nature générale des propositions ferait quelque impression sur votre esprit; mais j'avoue aussi qu'il y a peu de gens capables de goûter des vérités si abstraites, et que peut-être tout autre que vous ne se serait pas aperçu si aisément de sa force.

Je souhaiterais d'être instruit de vos méditations touchant la possibilité des choses, qui ne sauraient être que profondes et importantes; d'autant qu'il s'agit de parler de ces possibilités d'une manière qui soit digne de Dieu. Mais ce sera selon votre commodité. Pour ce qui est des deux difficultés que vous trouvez dans ma lettre, l'une touchant l'hypothèse de la concomitance ou de l'accord des substances entre elles, l'autre touchant la nature des formes des substances corporelles, j'avoue qu'elles sont considérables, et si j'y pouvais satisfaire entièrement, je croirais pouvoir déchiffrer les plus grands secrets de la nature universelle. Mais *est aliquid prodire tenus*. Et quant au premier, je trouve que vous expliquez assez vous-même ce que vous aviez trouvé d'obscur dans ma pensée touchant l'hypothèse de la concomitance ; car, lorsque l'âme a un sentiment de douleur en même temps que le bras est blessé, je crois en effet, comme vous dites, Monsieur, que l'âme se forme elle-même cette douleur, qui est une suite naturelle de son état ou de sa notion, et j'admire que saint Augustin, comme vous avez remarqué, semble avoir reconnu la même chose, en disant que la douleur que l'âme a dans ses rencontres n'est autre chose qu'une tristesse qui accompagne la mauvaise disposition du corps. En effet, ce grand homme avait des pensées très solides et très profondes. Mais, dira-t-on, comment sait-elle cette mauvaise disposition du corps ? Je réponds que ce n'est pas par aucune impression ou action des corps sur l'âme, mais parce que la nature de toute substance porte une expression générale de tout l'univers, et que la nature de l'âme porte plus particulièrement une expression plus distincte de ce qui arrive maintenant à l'égard de son corps. C'est pourquoi il lui est naturel de marquer et de connaître les accidents de son corps par les siens. Il en est de même à l'égard du corps, lorsqu'il s'accommode aux pensées de l'âme ; et lorsque je veux lever le bras, c'est justement dans le moment que tout est disposé dans le corps pour cet effet ; de sorte que le corps se meut en vertu de ses propres lois ; quoiqu'il arrive, par l'accord admirable mais immanquable des choses entre elles, que ces lois y conspirent justement dans le moment que la volonté s'y porte ; Dieu y ayant eu égard par avance, lorsqu'il a pris sa résolution sur cette suite de toutes les choses de l'univers. Tout cela ne sont que des conséquences de la notion d'une substance individuelle qui enveloppe tous ses phénomènes, en sorte que rien ne saurait arriver à une substance qui ne lui naisse de son propre fond, mais conformément à ce qui arrive à une autre, quoique l'une agisse librement et l'autre sans choix. Et cet accord est une des plus belles preuves qu'on puisse donner de la nécessité d'une substance souveraine cause de toutes choses.

Je souhaiterais de me pouvoir expliquer si nettement et décisivement touchant l'autre question qui regarde les formes substantielles. La première difficulté que vous indiquez, Monsieur, est que notre âme et notre corps sont deux substances réellement distinctes; dont il semble que l'un n'est pas la forme substantielle de l'autre. Je réponds qu'à mon avis notre corps en lui-même, l'âme mise à part, ou le *cadaver* ne peut être appelé une substance que par abus, comme une machine ou comme un tas de pierres, qui ne sont que des êtres par agrégation; car l'arrangement régulier ou irrégulier ne fait rien à l'unité substantielle. D'ailleurs, le dernier concile de Latran déclare que l'âme est véritablement la forme substantielle de notre corps.

Quant à la seconde difficulté, j'accorde que la forme substantielle du corps est indivisible, et il me semble que c'est aussi le sentiment de saint Thomas; et j'accorde encore que toute forme substantielle ou bien toute substance est indestructible et même ingénérable, ce qui était aussi le sentiment d'Albert le Grand, et parmi les anciens celui de l'auteur du livre *De diæta* qu'on attribue à Hippocrate. Elles ne sauraient donc naître que par une création. Et j'ai beaucoup de penchant à croire que toutes les générations des animaux dépourvus de raison, qui ne méritent pas une nouvelle création, ne sont que des transformations d'un autre animal déjà vivant, mais quelquefois imperceptible; à l'exemple des changements qui arrivent à un ver à soie et autres semblables, la nature ayant accoutumé de découvrir ses secrets dans quelques exemples, qu'elle cache en d'autres rencontres. Ainsi les âmes brutes auraient toutes été créées dès le commencement du monde, suivant cette fécondité des semences mentionnées dans la Genèse; mais l'âme raisonnable n'est créée que dans le temps de la formation de son corps, étant entièrement différente des autres âmes que nous connaissons, parce qu'elle est capable de réflexion, et imite en petit la nature divine.

Troisièmement je crois qu'un carreau de marbre n'est peut-être que comme un tas de pierres, et ainsi ne saurait passer pour une seule substance, mais pour un assemblage de plusieurs. Car supposons qu'il y ait deux pierres, par exemple le diamant du Grand-Duc et celui du Grand-Mogol : on pourra mettre un même nom collectif en ligne de compte pour tous deux, et on pourra dire que c'est une paire de diamants, quoiqu'ils se trouvent bien éloignés l'un de l'autre; mais on ne dira pas que ces deux diamants composent une substance. Or le plus et le moins ne fait rien ici. Qu'on les approche donc davantage l'un de l'autre, et qu'on les fasse toucher même, ils n'en seront pas plus substantiellement unis ; et quand après l'attouchement on y joindrait quelque autre corps propre à empêcher leur séparation, par exemple si on les enchâssait dans un seul anneau, tout cela n'en fera que ce qu'on appelle *unum per accidens*. Car c'est comme par accident qu'ils sont obligés à un même mouvement. Je tiens donc qu'un carreau de marbre n'est pas une seule substance accomplie, non plus que le serait l'eau d'un étang avec tous les poissons y compris, quand même toute l'eau avec tous ces poissons se trouverait glacée ; ou bien un troupeau de moutons, quand même ces moutons séraient tellement liés qu'ils ne pussent marcher que d'un pas égal et que l'un ne pût être touché sans que tous les autres criassent. Il y a autant de différence entre une substance et entre un tel être qu'il y en a entre un homme et une communauté, comme peuple, armée, société ou collège, qui sont des êtres moraux, où il y a quelque chose d'imaginaire et de dépendant de la fiction de notre esprit. L'unité substantielle demande un être accompli indivisible, et naturellement indestructible, puisque sa notion enveloppe tout ce qui lui doit arriver, ce qu'on ne saurait trouver ni dans la figure ni dans le mouvement, qui enveloppent même toutes deux quelque chose d'imaginaire, comme je pourrais démontrer, mais bien dans une âme ou forme substantielle à l'exemple de ce qu'on appelle moi. Ce sont là les seuls êtres accomplis véritables, comme les Anciens avaient reconnu, et surtout Platon, qui a fort clairement montré que la seule matière ne suffit pas pour former une substance. Or le moi susdit, ou ce qui lui répond dans chaque substance individuelle, ne saurait être fait ni défait par l'appropinquation ou éloignement des parties, qui est une chose purement extérieure à ce qui fait la substance. Je ne saurais dire précisément s'il y a d'autres substances corporelles véritables que celles qui sont animées, mais au moins les âmes servent à nous donner quelque connaissance des autres par analogie.

Tout cela peut contribuer à éclaircir la quatrième difficulté, car, sans me mettre en peine de ce que les scholastiques ont appelé *formam corporeitatis*, je donne des formes substantielles à toutes les substances corporelles plus que machinalement unies. Mais cinquièmement, si on me demande en particulier ce que je dis du soleil, du globe de la terre, de la lune, des arbres et de semblables corps, et même des bêtes, je ne saurais assurer absolument s'ils sont animés, ou au moins s'ils sont des substances, ou bien s'ils sont simplement des machines ou agrégés de plusieurs substances. Mais au moins je puis dire que, s'il n'y a aucunes substances corporelles, telles que je veux, il s'ensuit que les corps ne seront que des phénomènes véritables, comme l'arc-en-ciel ; car le continu n'est pas seulement divisible à l'infini, mais toute partie de la matière est actuellement divisée en d'autres parties aussi différentes entre elles que les deux diamants susdits ; et cela allant toujours ainsi, on ne viendra jamais à quelque chose dont on puisse dire : voilà réellement un être, que lorsqu'on trouve des machines animées dont l'âme ou forme substantielle fait l'unité substantielle indépendante de l'union extérieure de l'attouchement. Et s'il n'y en a point, il s'ensuit que hormis l'homme il n'y aurait rien de substantiel dans le monde visible.

Sixièmement, comme la notion de la substance individuelle en général, que j'ai donnée, est aussi claire que celle de la vérité, celle de la substance corporelle le sera aussi ; et par conséquent celle de la forme substantielle. Mais quand elle ne le serait pas, nous sommes obligés d'admettre bien des choses dont la connaissance n'est pas assez claire et distincte. Je tiens que celle de l'étendue l'est encore bien moins, témoin les étranges difficultés de la composition du continu ; et on peut même dire qu'il n'y a point de figure arrêtée et précise dans les corps, à cause de la subdivision actuelle des parties. De sorte que les corps seraient sans doute quelque chose d'imaginaire et d'apparent seulement, s'il n'y avait que de la matière et ses modifications. Cependant il est inutile de faire mention de l'unité, notion ou forme substantielle des corps, quand il s'agit d'expliquer les phénomènes particuliers de la nature, comme il est inutile aux géomètres d'examiner les difficultés *de compositione continui*, quand ils travaillent à résoudre quelque problème. Ces choses ne laissent pas d'être importantes et considérables en leur lieu. Tous les phénomènes des corps peuvent être expliqués machinalement ou par la philosophie corpusculaire, suivant certains principes de mécanique posés sans qu'on se mette en peine s'il y a des âmes ou non ; mais dans la dernière analyse des principes de la physique et de la mécanique même il se trouve qu'on ne saurait expliquer ces principes par les seules modifications de l'étendue, et la nature de la force demande déjà quelque autre chose.

Enfin, en septième lieu, je me souviens que M. Cordemoy, dans son traité du discernement de l'âme et du corps, pour sauver l'unité substantielle dans les corps, s'est cru obligé d'admettre des atomes ou des corps étendus indivisibles afin de trouver quelque chose de fixe pour faire un être simple, mais vous avez bien jugé, Monsieur, que je ne serais pas de ce sentiment. Il paraît que M. Cordemoy avait reconnu quelque chose de la vérité, mais il n'avait pas encore vu en quoi consiste la véritable notion d'une substance, aussi c'est là la clef des plus importantes connaissances. L'atome qui ne contient qu'une masse figurée d'une dureté infinie (que je ne tiens pas conforme à la sagesse divine non plus que le vide) ne saurait envelopper en lui tous ses états passés et futurs, et encore moins ceux de tout l'univers.

Je viens à vos considérations sur mon objection contre le principe cartésien touchant la quantité de mouvement, et je demeure d'accord, Monsieur, que l'accroissement de la vélocité d'un corps pesant vient de l'impulsion de quelque fluide invisible, et qu'il en est comme d'un vaisseau que le vent fait aller premièrement très peu, puis davantage. Mais ma démonstration est indépendante de toute hypothèse. Sans me mettre en peine à présent comment le corps a acquis la vitesse qu'il a, je la prends telle qu'elle est, et je dis qu'un corps d'une livre qui a une vitesse de 2 degrés a deux fois plus de force qu'un corps de deux livres qui a une vitesse d'un degré, parce qu'il peut élever une même pesanteur deux fois plus haut. Et je tiens qu'en dispensant le mouvement entre les corps qui se choquent il faut avoir égard non pas à la quantité de mouvement comme fait M. Descartes dans ses règles, mais à la quantité de la force ; autrement on pourrait obtenir le mouvement perpétuel mécanique. Par exemple, supposons que dans un carré LM un corps A aille par la diagonale 1A 2A, choquer en même temps deux corps à lui égaux B et C, en sorte que dans le moment du choc les trois centres de ces trois sphères se trouvent dans un triangle rectangle isocèle, le tout dans un plan horizontal ; supposons maintenant que le corps A demeure en repos après le choc dans le lieu 2A, et donne toute sa force aux corps B et C ; en ce cas B ira de 1B en 2B avec la vélocité et direction 1B 2B, et C de 1C en 2C avec la vélocité et direction 1C 2C. C'est-à-dire, si A avait mis une seconde du temps à venir uniformément de 1A à 2A avant le choc, ce sera aussi dans une seconde après le choc que B viendra à 2B et C à 2C. On demande quelle sera la longueur de 1B 2B ou 1C 2C, qui représente la vitesse. Je dis qu'elle doit être égale à AL ou AM, côtés du carré LM. Car, les corps étant supposés égaux, les forces ne sont que comme les hauteurs dont les corps devraient descendre pour acquérir ces vitesses, c'est-à-dire comme les carrés des vitesses; or les carrés 1B 2B et 1C 2C pris ensemble sont égaux au carré 1A 2A. Donc il y a autant de force après qu'avant le choc, mais on voit que la quantité de mouvement est augmentée; car, les corps étant égaux, elle se peut estimer par leurs vitesses; or, avant le choc, était la vitesse 1B 2B plus

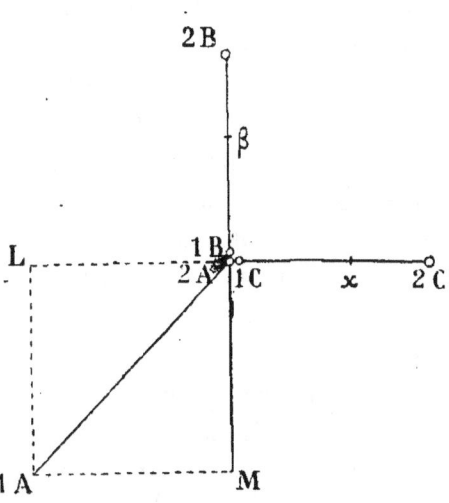

la vitesse 1A 2A, mais après le choc c'est la vitesse 1B 2B plus la vitesse 1C 2C; or 1B 2B $+$ 1C 2C est plus que 1A 2A, il faudrait donc que, selon M. Descartes, pour garder la même quantité de mouvement, le corps B n'aille de 1B que jusqu'en β ou de 1C que jusqu'en x, en sorte que 1B.β ou 1C. x soient chacune égale à la moitié de 1A 2A. Mais de cette manière autant que les deux carrés de 1B.β et de 1C.x ensemble sont moindres que le carré 1A 2A, autant y aura-t-il de force perdue. Et en échange je montrerai que d'une autre manière on pourra gagner de la force par le choc. Car puisque, selon M. Descartes, le corps A avec la vitesse et direction 1A 2A donne *ex hypothesi* aux corps reposants B et C les vitesses et directions 1B.β et 1C.x pour reposer lui-même à leur place, il faut réciproquement que ces corps retournants ou allants sur le corps A qui repose en 2A avec les vitesses et directions β 1B et x 1C se reposant après le choc, le fassent aller avec la vitesse et direction 2A 1A. Mais par là le mouvement perpétuel pourrait arriver infailliblement, car supposé que le corps B d'une livre ayant la vitesse β 1B puisse monter à la hauteur d'un pied, et C de même, il y avait avant le choc une force capable d'élever deux livres à un pied, ou une livre à deux pieds. Mais après le choc de 1B et 1C sur

2A le corps A d'une livre ayant une double vitesse (savoir la vitesse 2A 1A double de la vitesse β 1B ou x 1C) pourra enlever une livre à 4 pieds, car les hauteurs où les corps peuvent monter en vertu de leurs vitesses sont comme les carrés desdites vitesses. Or, si on peut ainsi gagner le double de la force, le mouvement perpétuel est tout trouvé, ou plutôt il est impossible que la force se puisse gagner ou perdre de rien, et ces règles sont mal concertées, dont on peut tirer telles conséquences.

J'ai trouvé dans les lettres de M. Descartes ce que vous m'aviez indiqué, savoir, qu'il y dit d'avoir tâché exprès de retrancher la considération de la vélocité en considérant les raisons de forces mouvantes vulgaires et d'avoir eu seulement égard à la hauteur. S'il s'était souvenu de cela, lorsqu'il écrivait ses principes de physique, peut-être qu'il aurait évité les erreurs où il est tombé à l'égard des lois de la nature. Mais il lui est arrivé d'avoir retranché la considération de la vélocité là où il la pouvait retenir, et de l'avoir retenue dans le cas où elle faisait naître des erreurs. Car, à l'égard des puissances que j'appelle mortes (comme lorsqu'un corps fait son premier effort pour descendre sans avoir encore acquis aucune impétuosité par la continuation du mouvement), idem, lorsque deux corps sont comme en balance (car alors les premiers efforts que l'un fait sur l'autre sont toujours morts), il se rencontre que les vélocités sont comme les espaces, mais quand on considère la force absolue des corps qui ont quelque impétuosité (ce qu'il est nécessaire de faire pour établir les lois du mouvement), l'estimation doit être faite par la cause ou l'effet, c'est-à-dire par la hauteur où il peut monter en vertu de cette vitesse ou par la hauteur d'où il devrait descendre pour acquérir cette vitesse. Et si on y voulait employer la vélocité, on perdrait ou gagnerait beaucoup de force sans aucune raison. Au lieu de la hauteur on se pourrait servir de la supposition d'un ressort ou de quelque autre cause ou autre effet, ce qui reviendra toujours à la même chose, c'est-à-dire aux carrés des vitesses.

J'ai trouvé dans les nouvelles de la république des lettres du mois de septembre de cette année qu'un nommé M. l'abbé D. C., de Paris, que je ne connais pas, a répondu à mon objection. Le mal est qu'il semble n'avoir pas assez médité sur la difficulté. En faisant grand bruit pour me contredire, il m'accorde plus que je ne veux, et il limite le principe cartésien au seul cas des puissances isochrones, comme il les appelle, comme dans les cinq machines vulgaires, ce qui est entièrement contre l'intention de M. Descartes ; outre cela, il croit que la raison, pourquoi dans le cas que j'avais proposé l'un des deux corps est aussi fort que l'autre quoiqu'il ait une moindre quantité de mouvement, vient de ce que ce corps est descendu en plus de temps puisqu'il est venu d'une plus grande hauteur. Si cela faisait quelque chose, le principe des cartésiens qu'il veut défendre serait assez ruiné par cela même ; mais cette raison n'est pas valable, car ces deux corps peuvent descendre de ces différentes hauteurs en même temps, selon les inclinations qu'on donne aux plans dans lesquels ils doivent descendre, et cependant l'objection ne laissera pas de subsister en son entier. Je souhaiterais donc que mon objection fût examinée par un cartésien qui soit géomètre et versé dans ces matières.

Enfin, Monsieur, comme je vous honore infiniment, et prends beaucoup de part à ce qui vous touche, je serai ravi d'apprendre quelquefois l'état de votre santé et les ouvrages que vous avez en mains, dont je fais gloire de connaître le prix. Je suis avec un zèle passionné, etc.

Leibniz au Landgrave.
Tiré de ma lettre Novembre 1686.

. . . .
Je prends la liberté, Monseigneur, de supplier encore votre V. A. S. qu'il lui plaise d'ordonner qu'on fasse tenir à M. Arnaud les ci-jointes ; et comme il y est traité de matières éloignées des sens extérieurs et dépendantes de l'intellection pure, qui ne sont pas agréables et le plus souvent sont méprisées par les personnes les plus vives et les plus excellentes dans les affaires du monde ; je dirai ici quelque chose en faveur de ces méditations, non pas que je sois assez ridicule pour souhaiter que V. A. S. s'y amuse (ce qui serait aussi peu raisonnable que de vouloir qu'un général d'armée s'applique à l'algèbre, quoique cette science soit très utile à tout ce qui a connexion avec les mathématiques) ; mais afin que V. A. S. puisse mieux juger du but et de l'usage de telles pensées, qui pourraient paraître peu dignes d'occuper, tant soit peu, un homme à qui tous les moments doivent être précieux. En effet, de la manière que ces choses sont traitées communément par les scolastiques, ce ne sont que disputes, que distinctions, que jeux de paroles ; mais il y a des veines d'or dans ces rochers stériles. Je mets en fait que la pensée est la fonc-

tion principale et perpétuelle de notre âme. Nous penserons toujours, mais nous ne vivrons pas toujours ici. C'est pourquoi ce qui nous rend plus capables de penser aux plus parfaits objets et d'une manière plus parfaite, c'est ce qui nous perfectionne naturellement. Cependant l'état présent de notre vie nous oblige à quantité de pensées confuses qui ne nous rendent pas plus parfaits. Telle est la connaissance des coutumes, des généalogies, des langues, et même toute connaissance historique des faits tant civils que naturels, qui nous est utile pour éviter les dangers et pour manier les corps et les hommes qui nous environnent, mais qui n'éclaire pas l'esprit. La connaissance des routes est utile à un voyageur pendant qu'il voyage ; mais ce qui a plus de rapport aux fonctions où il sera destiné *in patria* lui est plus important. Or nous sommes destinés à vivre un jour une vie spirituelle, où les substances séparées de la matière nous occuperont bien plus que les corps. Mais pour mieux distinguer entre ce qui éclaire l'esprit, de ce qui le conduit seulement en aveugle, voici des exemples tirés des arts : si quelque ouvrier sait par expérience ou par tradition que, le diamètre étant de 7 pieds, la circonférence du cercle est un peu moins que de 22 pieds ; ou si un canonnier sait par ouï-dire ou pour l'avoir mesuré souvent, que les corps sont jetés le plus loin par un angle de 45 degrés, c'est le savoir confusément et en artisan, qui s'en servira fort bien pour gagner sa vie et pour rendre service aux autres ; mais les connaissances qui éclairent notre esprit, ce sont celles qui sont distinctes, c'est-à-dire qui soutiennent les causes ou raisons, comme lorsque Archimède a donné la démonstration de la première règle et Galilée de la seconde ; et en un mot, c'est la seule connaissance des raisons en elles-mêmes ou des vérités nécessaires et éternelles, surtout de celles qui sont le plus compréhensives et qui ont le plus de rapport au souverain être qui nous peuvent perfectionner. Cette connaissance seule est bonne par elle-même ; tout le reste est mercenaire, et ne doit être appris que par nécessité, à... (1) des besoins de cette vie et pour être d'autant mieux en état de vaquer par après à la perfection de l'esprit, quand on a mis ordre à sa subsistance. Cependant le dérèglement des hommes et ce qu'on appelle le soin *de pane lucrando*, et aussi la vanité fait qu'on oublie le seigneur pour le valet et la fin pour les moyens. C'est justement selon le poète : *propter vitam*

---

(1) Mot illisible. Gehrardt donne : à *cause*.

vivendi perdere causas. A peu près comme un avare préfère l'or à sa santé, au lieu que l'or n'est que pour servir aux commodités de la vie. Or, puisque ce qui perfectionne notre esprit (la lumière de la grâce mise à part) est la connaissance démonstrative des plus grandes vérités par leurs causes ou raisons, il faut avouer que la métaphysique ou la théologie naturelle, qui traite des substances immatérielles, et particulièrement de Dieu et de l'âme, est la plus importante de toutes. Et on n'y saurait assez avancer sans connaître la véritable notion de la substance, que j'ai expliquée d'une telle manière dans ma précédente lettre à M. Arnaud, que lui-même, qui est si exact, et qui en avait été choqué au commencement, s'y est rendu. Enfin, ces méditations nous fournissent des conséquences surprenantes, mais d'une merveilleuse utilité pour se délivrer des plus grands scrupules touchant le concours de Dieu avec les créatures, sa prescience et préordination, l'union de l'âme et du corps, l'origine du mal, et autres choses de cette nature. Je ne dis rien ici des grands usages que ces principes ont dans les sciences humaines ; mais au moins je puis dire que rien n'élève davantage notre esprit à la connaissance et à l'amour de Dieu, autant que la nature nous y aide. J'avoue que tout cela ne sert de rien sans la grâce, et que Dieu donne la grâce à des gens qui n'ont jamais songé à ces méditations ; mais Dieu veut aussi que nous n'omettions rien du nôtre, et que nous employions selon les occasions, chacun selon sa vocation, les perfections qu'il a données à la nature humaine ; et comme il ne nous a faits que pour le connaître et pour l'aimer, on n'y saurait assez travailler, ni faire un meilleur usage de notre temps et de nos forces, si ce n'est que nous soyons occupés ailleurs pour le public et pour le salut des autres.

A. Arnauld à Leibniz.

Ce 4 mars 1687.

Il y a longtemps, Monsieur, que j'ai reçu votre lettre, mais j'ai eu tant d'occupations depuis ce temps-là, que je n'ai pu y répondre plus tôt.

Je ne comprends pas bien, Monsieur, ce que vous entendez par cette « expression plus distincte que notre âme porte de ce qui arrive maintenant à l'égard de son corps, » et comment cela puisse faire que, quand on me pique le doigt, mon âme connaisse cette piqûre avant qu'elle en ait le sentiment de la douleur. Cette même *expression plus distincte*, etc., lui devait donc faire connaître une infinité d'autres choses qui se passent dans mon corps, qu'elle ne connaît pas néanmoins, comme tout ce qui se fait dans la digestion et la nutrition.

Quant à ce que vous dites : que quoique mon bras se lève lorsque je le veux lever, ce n'est pas que mon âme cause ce mouvement dans mon bras ; mais c'est que, « quand je le veux lever, c'est justement dans le moment que tout est disposé dans le corps pour cet effet ; de sorte que le corps se meut en vertu de ses propres lois, quoiqu'il arrive par l'accord admirable, immanquable des choses entre elles, que ces lois y conspirent justement dans le moment que la volonté s'y porte, Dieu y ayant eu égard par avance, lorsqu'il a pris sa résolution sur cette suite de toutes les choses de l'univers ». Il me semble que c'est dire la même chose en d'autres termes, que disent ceux qui prétendent, que ma volonté est occasionnelle du mouvement de mon bras, et que Dieu en est la cause réelle. Car ils ne prétendent pas que Dieu fasse cela dans le temps par une nouvelle volonté, qu'il ait chaque fois que je veux lever le bras : mais par cet acte unique de la volonté éternelle, par laquelle il a voulu faire tout ce qu'il a prévu qu'il serait nécessaire qu'il fît, afin que l'univers fût tel qu'il a jugé qu'il devait être. Or, n'est-ce pas à quoi revient ce que vous dites, que la cause du mouvement de mon bras, lorsque je le veux lever, est « l'accord admirable mais immanquable des choses entre elles, qui vient de ce que Dieu y a eu égard par avance lorsqu'il a pris sa résolution sur cette suite de toutes les choses de l'univers ». Car cet *égard de Dieu* n'a pu faire qu'une chose soit arrivée sans une cause réelle : il faut donc trouver la cause réelle de ce mouvement de mon bras. Vous ne voulez pas que ce soit ma volonté. Je ne crois pas aussi que vous croyiez qu'un corps puisse se mouvoir soi-même ou un autre corps comme cause réelle et efficiente. Reste donc que ce soit cet *égard de Dieu*, qui soit la cause réelle et efficiente du mouvement de mon bras. Or vous appelez vous-même cet égard de Dieu *sa résolution*, et résolution et volonté sont la même chose : donc selon vous toutes les fois que je veux lever le bras, c'est la volonté de Dieu qui est la cause réelle et efficiente de ce mouvement.

Pour la deuxième difficulté je connais présentement votre opinion tout autrement que je ne faisais. Car je supposais que vous raisonniez ainsi : les corps doivent être de vraies substances. Or ils ne peuvent être de vraies substances qu'ils n'aient une vraie unité, ni avoir une vraie unité qu'ils n'aient une forme substantielle : donc l'essence du corps ne peut pas être l'étendue, mais tout corps, outre l'étendue, doit avoir une forme substantielle. A quoi j'avais opposé qu'une forme substantielle divisible, comme elles le sont presque toutes au jugement des partisans des formes substantielles, ne saurait donner à un corps l'unité qu'il n'aurait pas sans cette forme substantielle.

Vous en demeurez d'accord, mais vous prétendez que toute forme substantielle est indivisible, indestructible et ingénérable, ne pouvant être produite que par une vraie création.

D'où il s'ensuit : 1° que tout corps qui peut être divisé, chaque partie demeurant de même nature que le tout, comme les métaux, les pierres, le bois, l'air, l'eau, et les autres corps liquides, n'ont point de forme substantielle.

2° Que les plantes n'en ont point aussi, puisque la partie d'un arbre, ou étant mise en terre, ou greffée sur un autre, demeure arbre de même espèce qu'il était auparavant.

3° Qu'il n'y aura donc que les animaux qui auront des formes substantielles. Il n'y aura donc selon vous que les animaux qui seront de vraies substances.

4° Et encore vous n'en êtes pas si assuré que vous ne disiez, que si les brutes n'ont point d'âme ou de forme substantielle, il s'ensuit que, hormis l'homme, il n'aurait rien de substantiel dans le monde visible, parce que vous prétendez que l'unité substantielle demande un être accompli indivisible, et naturellement indestructible, ce qu'on ne saurait trouver que dans une âme ou forme substantielle à l'exemple de ce qu'on appelle moi.

Tout cela aboutit à dire que tous les corps dont les parties ne sont que machinalement unies ne sont point des substances, mais seulement des machines ou agrégés de plusieurs substances.

Je commencerai par ce dernier, et je vous dirai franchement qu'il n'y a en cela qu'une dispute de mots. Car saint Augustin ne fait pas de difficulté de reconnaître que les corps n'ont point de vraie unité, parce que l'unité doit être indivisible, et que nul corps n'est indivisible, qu'il n'y a donc de vraie unité que dans les esprits, non plus que de vrai moi. Mais que concluez-vous de là ? « Qu'il n'y a rien de substantiel dans les corps, qui n'ont point d'âme ou de forme substantielle. » Afin que cette conclusion fût bonne, il faudrait avoir auparavant défini *substance* et *substantiel* en ces termes : « J'appelle substance et substantiel ce qui a une vraie unité. » Mais comme cette définition n'a pas encore été reçue, et qu'il n'y a point de philosophe qui n'ait autant de droit de dire : « J'appelle substance ce qui n'est point modalité ou manière d'être, » et qui ensuite ne puisse soutenir que c'est un paradoxe de dire qu'il n'y a rien de substantiel dans un bloc de marbre, puisque ce bloc de marbre n'est point la manière d'être d'une autre substance ; et que tout ce que l'on pourrait dire est que ce n'est pas une seule substance, mais plusieurs substances jointes ensemble machinalement. Or c'est, ce me semble, un paradoxe, dira ce philosophe, qu'il n'y ait rien de substantiel dans ce qui est plusieurs substances. Il pourra ajouter qu'il comprend encore moins ce que vous dites, « que les corps seraient sans doute quelque chose d'imaginable et d'apparent seulement, s'il n'y avait que de la matière et ses modifications ». Car vous ne mettez que de la matière et ses modifications dans tout ce qui n'a point d'âme ou de forme substantielle, indivisible, indestructible et ingénérable, et ce n'est que dans les animaux que vous admettez de ces sortes de formes. Vous seriez donc obligé de dire que tout le reste de la nature est quelque chose d'imaginaire et d'apparent seulement ; et à plus forte raison, vous devriez dire la même chose de tous les ouvrages des hommes.

Je ne saurais demeurer d'accord de ces dernières propositions. Mais je ne vois aucun inconvénient de croire que dans toute la nature corporelle il n'y a que des machines et des agrégés (1) des substances, parce qu'il n'y a aucune de ces parties dont on puisse dire en parlant exactement que c'est une seule substance. Cela fait voir seulement ce qu'il est très bon de remarquer comme a fait saint Augustin, que la substance qui pense ou spirituelle est en cela beaucoup plus excellente que la substance étendue ou corporelle, qu'il n'y a que la spirituelle qui ait une vraie unité, et un vrai moi, ce que n'a point la corporelle. D'où il s'ensuit qu'on ne peut alléguer cela pour prouver que l'étendue n'est point l'essence du corps, parce qu'il n'aurait point de vraie unité, s'il avait l'étendue pour son essence, puisqu'il peut être de l'essence du corps de n'avoir

---

(1) Leibniz a mis en note ici : « S'il y a des agrégés de substances, il faut qu'il y ait aussi de véritables substances dont tous les agrégés soient faits. »

point de vraie unité, comme vous l'avouez de tous ceux qui ne sont point joints à une âme ou à une forme substantielle.

Mais je ne sais, Monsieur, ce qui vous porte à croire qu'il y a dans les brutes de ces âmes ou formes substantielles, qui doivent être selon vous indivisibles, indestructibles et ingénérables. Ce n'est pas que vous jugiez cela nécessaire pour expliquer ce qu'elles font. Car vous dites expressément « que tous les phénomènes des corps peuvent être expliqués machinalement ou par la philosophie corpusculaire suivant certains principes de mécanique posés, sans qu'on se mette en peine s'il y a des âmes ou non ». Ce n'est pas aussi par la nécessité qu'il y a que les corps des brutes aient une vraie unité, et que ce ne soient pas seulement des machines ou des agrégés des substances. Car toutes les plantes pouvant n'être que cela, quelle nécessité pourrait-il y avoir que les brutes fussent autre chose? On ne voit pas de plus que cette opinion se puisse facilement soutenir en mettant ces âmes indivisibles et indestructibles. Car que répondre aux vers qui, étant partagés en deux, chaque partie se meut comme auparavant? Si le feu prenait à une des maisons où on nourrit des cent mille vers à soie, que deviendraient ces cent mille âmes indestructibles? Subsisteraient-elles séparées de toute matière comme nos âmes? Que devinrent de même les âmes de ces millions de grenouilles que Moïse fit mourir, quand il fit cesser cette plaie, et de ce nombre innombrable de cailles que tuèrent les Israélites dans le désert, et de tous les animaux qui périrent par le déluge? Il y a encore d'autres embarras sur la manière dont ces âmes se trouvent dans chaque brute à mesure qu'elles sont conçues. Est-ce qu'elles étaient *in seminibus?* Y étaient-elles indivisibles et indestructibles? *Quid ergo fit, cum irrita cadunt sine ullis conceptibus semina? Quid cum bruta mascula ad fœminas non accedunt toto vitæ suæ tempore?* Il suffit d'avoir fait entrevoir ces difficultés.

Il ne reste plus qu'à parler de l'unité que donne l'âme raisonnable. On demeure d'accord qu'elle a une vraie et parfaite unité et un vrai moi, et qu'elle communique en quelque sorte cette unité et ce moi à ce tout composé de l'âme et du corps qui s'appelle l'homme. Car, quoique ce tout ne soit pas indestructible, puisqu'il périt quand l'âme est séparée du corps ; il est indivisible en ce sens qu'on ne saurait concevoir la moitié d'un homme. Mais en considérant le corps séparément, comme notre âme ne lui communique pas son indestructibilité, on ne voit pas aussi qu'à proprement parler elle lui communique ni sa vraie unité, ni son indivisibilité. Car, pour être uni à notre âme, il n'en est pas moins vrai que ses parties ne sont unies entre elles que machinalement, et qu'ainsi ce n'est pas une seule substance corporelle, mais un agrégé de plusieurs substances corporelles. Il n'en est pas moins vrai qu'il est aussi divisible que tous les autres corps de la nature. Or, la divisibilité est contraire à la vraie unité. Il n'a donc point de vraie unité. Mais il en a, dites-vous, par notre âme. C'est-à-dire qu'il appartient à une âme qui est vraiment une, ce qui n'est point une unité intrinsèque au corps, mais semblable à celle de diverses provinces qui, n'étant gouvernées que par un seul roi, ne font qu'un royaume.

Cependant, quoiqu'il soit vrai qu'il n'y ait de vraie unité que dans les natures intelligentes dont chacune peut dire moi, il y a néanmoins divers degrés dans cette unité impropre qui convient au corps. Car, quoiqu'il n'y ait point de corps pris à part qui ne soit plusieurs substances, il y a néanmoins raison d'attribuer plus d'unité à ceux dont les parties conspirent à un même dessein, comme est une maison ou une montre, qu'à ceux dont les parties sont seulement proches les unes des autres, comme un tas de pierres, un sac de pistoles, et ce n'est proprement que de ces derniers qu'on doit appeler des agrégés par accident. Presque tous les corps de la nature que nous appelons un, comme un morceau d'or, une étoile, une planète, sont du premier genre; mais il n'y en a point en qui cela paraisse davantage que les corps organisés, c'est-à-dire les animaux et les plantes, sans avoir besoin pour cela de leur donner des âmes. (Et il me paraît même que vous n'en donnez pas aux plantes.) Car pourquoi un cheval ou un oranger ne pourront-ils pas être considérés chacun comme un ouvrage complet et accompli, aussi bien qu'une église ou une montre? Qu'importe pour être appelé un (de cette unité qui, pour convenir au corps, a dû être différente de celle qui convient à la nature spirituelle), de ce que leurs parties ne sont unies entre elles que machinalement, et qu'ainsi ce sont des machines? N'est-ce pas la plus grande perfection qu'ils puissent avoir d'être des machines si admirables qu'il n'y a qu'un Dieu tout-puissant qui les puisse avoir faites? Notre corps, considéré seul, est donc un en cette manière. Et le rapport qu'il a [avec] une nature intelligente qui lui est unie et qui le gouverne, lui peut encore ajouter quelque unité, mais qui n'est point de la nature de celle qui convient aux natures spirituelles.

Je vous assure, Monsieur, que je n'ai pas d'idées assez nettes et assez claires touchant les règles du mouvement, pour bien juger de la difficulté que vous avez proposée aux cartésiens. Celui qui vous a répondu est M. l'abbé de Catelan, qui a beaucoup d'esprit et qui est fort bon géomètre. Depuis que je suis hors de Paris, je n'ai point entretenu de commerce avec les philosophes de ce pays-là. Mais, puisque vous êtes résolu de répondre à cet abbé, et qu'il voudra peut-être défendre son sentiment, il y a lieu d'espérer que ces différents écrits éclairciront tellement cette difficulté que l'on saura à quoi s'en tenir.

Je vous suis trop obligé, Monsieur, du désir que vous témoignez avoir de savoir comme je me porte. Fort bien, grâces à Dieu, pour mon âge. J'ai seulement eu un assez grand rhume au commencement de cet hiver. Je suis bien aise que vous pensez à faire exécuter votre machine d'arithmétique. Ç'aurait été dommage qu'une si belle invention se fût perdue. Mais j'aurais un grand désir, que la pensée dont vous aviez écrit un mot au prince qui a tant d'affection pour vous ne demeurât pas sans effet. Car il n'y a rien à quoi un homme sage doive travailler avec plus de soin et moins de retardement qu'à ce qui regarde son salut. Je suis,

Monsieur,
Votre très humble et très obéissant serviteur.
A. ARNAULD.

Leibniz à Arnauld.

30 avril 1687.

Monsieur,

Vos lettres étant à mon égard des bienfaits considérables et des effets de votre pure libéralité, je n'ai aucun droit de les demander, et par conséquent vous ne répondez jamais trop tard. Quelque agréables et utiles qu'elles me soient, je considère ce que vous devez au bien public, et cela fait taire mes désirs. Vos considérations instruisent toujours, et je prendrai la liberté de les parcourir par ordre.

Je ne crois pas qu'il y ait de la difficulté dans ce que j'ai dit que « l'âme exprime plus distinctement (*cœteris paribus*) ce qui appartient à son corps », puisqu'elle exprime tout l'univers d'un certain sens et particulièrement suivant le rapport des autres corps au sien, car elle ne saurait exprimer également toutes choses ; autrement il n'y aurait point de distinction entre les âmes ; mais il ne s'ensuit pas pour cela qu'elle se doive apercevoir parfaitement de ce qui se passe dans les parties de son corps, puisqu'il y a des degrés de rapport entre ces parties mêmes qui ne sont pas toutes exprimées également, non plus que les choses extérieures. L'éloignement des uns est récompensé par la petitesse ou autre empêchement des autres, et Thalès voit les astres, qui ne voit pas le fossé qui est devant ses pieds.

Les nerfs et les membranes sont des parties plus sensibles pour nous que les autres, et ce n'est peut-être que par elles que nous nous apercevons des autres ; ce qui arrive apparemment, parce que les mouvements des nerfs ou des liqueurs y appartenantes imitent mieux les impressions et les confondent moins ; or les expressions plus distinctes de l'âme répondent aux impressions plus distinctes du corps. Ce n'est pas que les nerfs agissent sur l'âme, à parler métaphysiquement, mais c'est que l'un représente l'état de l'autre *spontanea relatione*. Il faut encore considérer qu'il se passe trop de choses dans notre corps, pour pouvoir être séparément aperçues toutes, mais on en sent un certain résultat auquel on est accoutumé, et on ne saurait discerner ce qui y entre à cause de la multitude, comme, lorsqu'on entend de loin le bruit de la mer, on ne discerne pas ce que fait chaque vague, quoique chaque vague fasse son effet sur nos oreilles ; mais quand il arrive un changement insigne dans notre corps, nous le remarquons bientôt, et mieux que les changements de dehors qui ne sont pas accompagnés d'un changement notable de nos organes.

Je ne dis pas que l'âme connaisse la piqûre avant qu'elle ait le sentiment de douleur, si ce n'est comme elle connaît ou exprime confusément toutes choses suivant les principes déjà établis ; mais cette expression, bien qu'obscure et confuse, que l'âme a de l'avenir par avance, est la cause véritable de ce qui lui arrivera et de la perception plus claire qu'elle aura par après, quand l'obscurité sera développée, l'état futur étant une suite du précédent.

J'avais dit que Dieu a créé l'univers en sorte que l'âme et le corps, agissant chacun suivant ses lois, s'accordent dans les phénomènes. Vous jugez, Monsieur, que cela convient avec l'hypothèse des causes occasionnelles. Si cela était, je n'en serais point fâché, et je suis toujours bien aise de trouver des approbateurs, mais j'entrevois votre raison, c'est que vous supposez que je ne dirai pas qu'un corps se puisse mouvoir soi-même ; ainsi, l'âme n'étant pas la cause réelle du mouvement du bras, et le corps non plus, ce sera donc Dieu. Mais je suis dans une autre opinion, je tiens que ce qu'il y a de réel dans l'état qu'on appelle le mouvement procède aussi bien de la substance corporelle, que la pensée et la volonté procèdent de l'esprit. Tout arrive dans chaque substance en conséquence du premier état que Dieu lui a donné en la créant, et le concours extraordinaire mis à part, son concours ordinaire ne consiste que dans la conservation de la substance même, conformément à son état précédent et aux changements qu'il porte. Cependant on dit fort bien qu'un corps pousse un autre, c'est-à-dire qu'il se trouve qu'un corps ne commence jamais d'avoir une certaine tendance, que lorsqu'un autre qui le touche en perd à proportion suivant les lois constantes que nous observons dans les phénomènes. Et en effet, les mouvements étant des phénomènes réels plutôt que des êtres, un mouvement comme phénomène est dans mon esprit la suite immédiate ou effet d'un autre phénomène et de même dans l'esprit des autres, mais l'état d'une substance n'est pas la suite immédiate de l'état d'une substance particulière.

Je n'ose pas assurer que les plantes n'ont point d'âme, ni vie, ni forme substantielle ; car, quoique une partie de l'arbre plantée ou greffée puisse produire un arbre de la même espèce, il se peut qu'il y soit une partie séminale qui contienne déjà un nouveau végétable, comme peut-être il y a déjà des animaux vivants quoique très petits dans la semence des animaux, qui pourront être transformés dans un animal semblable. — Je n'ose donc pas assurer que les animaux seuls sont vivants et doués d'une forme substantielle. Et peut-être qu'il y a une infinité de degrés dans les formes des substances corporelles.

Vous dites, Monsieur, que « ceux qui soutiennent l'hypothèse des causes occasionnelles, disant que ma volonté est la cause occasionnelle, et Dieu la cause réelle du mouvement de mon bras, ne prétendent pas que Dieu fasse cela dans le temps par une nouvelle volonté, qu'il ait chaque fois que je veux lever mon bras, mais par cet acte unique de la volonté éternelle, par laquelle il a voulu faire tout ce qu'il a prévu qu'il serait nécessaire qu'il fît. » A quoi je réponds qu'on pourra dire, par la même raison, que les miracles mêmes ne se font pas par une nouvelle volonté de Dieu, étant conformes à son dessein général, et j'ai déjà remarqué dans les précédentes que chaque volonté de Dieu enferme toutes les autres, mais avec quelque ordre de priorité. En effet, si j'entends bien le sentiment des auteurs des causes occasionnelles, ils introduisent un miracle qui ne l'est pas moins pour être continuel. Car il me semble que la notion du miracle ne consiste pas dans la rareté. On me dira que Dieu n'agit en cela que suivant une règle générale et par conséquent sans miracle, mais je n'accorde pas cette conséquence, et je crois que Dieu peut se faire des règles générales à l'égard des miracles mêmes; par exemple, si Dieu avait pris la résolution de donner sa grâce immédiatement ou de faire une autre action de cette nature toutes les fois qu'un certain cas arriverait, cette action ne laisserait pas d'être un miracle, quoique ordinaire. J'avoue que les auteurs des causes occasionnelles pourront donner une autre définition du terme, mais il semble que suivant l'usage le miracle diffère intérieurement et par la substance de l'acte d'une action commune, et non pas par un accident extérieur de la fréquente répétition; et qu'à proprement parler Dieu fait un miracle, lorsqu'il fait une chose qui surpasse les forces qu'il a données aux créatures et qu'il y conserve. Par exemple, si Dieu faisait qu'un corps étant mis en mouvement circulaire, par le moyen d'une fronde, continuât d'aller librement en ligne circulaire, quand il serait délivré de la fronde, sans être poussé ou retenu par quoi que ce soit, ce serait un miracle, car, selon les lois de la nature, il devrait continuer en ligne droite par la tangente; et si Dieu décernait que cela devrait toujours arriver, il ferait des miracles naturels, ce mouvement ne pouvant point être expliqué par quelque chose de plus simple. Ainsi de même il faut dire que, si la continuation du mouvement surpasse la force des corps, il faudra dire, suivant la notion reçue, que la continuation du mouvement est un vrai miracle, au lieu que je crois que la substance corporelle a la force de continuer ses changements suivant les lois que Dieu a mises dans sa nature et qu'il y conserve. Et afin de me mieux faire entendre, je crois que les actions des esprits ne changent rien du tout dans la nature des corps, ni les corps dans celle des esprits, et même que Dieu n'y change rien à leur occasion, que lorsqu'il fait un miracle; et les choses à mon avis sont tellement concertées que jamais esprit ne veut rien efficacement, que lorsque le corps est près de le faire en vertu de ses propres lois et forces; au lieu que selon les auteurs des causes occasionnelles Dieu change les lois des corps à l'occasion de l'âme et *vice versa*. C'est là la différence essentielle entre nos sentiments. Ainsi on ne doit pas être en peine, selon moi, comment l'âme peut donner quelque mouvement ou quelque nouvelle détermination aux esprits animaux, puisqu'en effet elle ne leur en donne jamais d'autant qu'il y a nulle proportion entre un esprit et un corps, et qu'il n'y a rien qui puisse déterminer quel degré de vitesse un esprit donnera à un corps, pas même quel degré de vitesse Dieu voudrait donner au corps à l'occasion de l'esprit suivant une loi certaine ; la même difficulté se trouvant à l'égard de l'hypothèse des causes occasionnelles, qu'il y a à l'égard de l'hypothèse d'une influence réelle de l'âme sur le corps et *vice versa*, en ce qu'on ne voit point de connexion ou fondement d'aucune règle. Et si l'on veut dire, comme il semble que M. Descartes l'entend, que l'âme, ou Dieu à son occasion, change seulement la direction ou détermination du mouvement, et non la force qui est dans les corps, ne lui paraissant pas probable que Dieu viole à tout moment à l'occasion de... (1) les volontés des esprits, cette loi générale de la nature, que la même force doit subsister ; je réponds qu'il sera encore assez difficile d'expliquer quelle connexion il peut y avoir entre les pensées de l'âme et les côtés ou angles de la direction des corps, et de plus qu'il y a encore dans la nature une autre loi générale, dont M. Descartes ne s'est point aperçu, qui n'est pas moins considérable, savoir, que la même détermination ou direction en somme doit toujours subsister ; car je trouve que, si on menait quelque ligne droite que ce soit, par exemple d'orient en occident par un point donné, et si on calculait toutes les directions de tous les corps du monde autant qu'ils avancent ou reculent dans les lignes parallèles à cette ligne, la différence entre les sommes des quantités de toutes les directions orientales et de toutes les directions occidentales se trouverait toujours la même, tant entre certains corps particuliers, si on suppose qu'ils ont seuls commerce entre eux maintenant, qu'à l'égard de tout l'univers, où la différence est toujours nulle, tout étant parfaitement balancé et les directions orientales et occidentales étant parfaitement égales dans l'univers ; et si Dieu fait quelque chose contre cette règle, c'est un miracle.

Il est donc infiniment plus raisonnable et plus digne de Dieu, de

---

(1) Illisible.

supposer qu'il a créé d'abord en telle façon la machine du monde, que sans violer à tout moment les deux grandes lois de la nature, savoir celle de la force et de la direction, et plutôt en les suivant parfaitement (excepté le cas des miracles), il arrive justement que les ressorts des corps soient prêts à jouer d'eux-mêmes, comme il faut, dans le moment que l'âme a une volonté ou pensée convenable qu'elle aussi bien n'a eues que conformément aux précédents états des corps, et qu'ainsi l'union de l'âme avec la machine du corps et les parties qui y entrent, et l'action de l'un sur l'autre ne consiste que dans cette concomitance qui marque la sagesse admirable du créateur bien plus que toute autre hypothèse; on ne saurait disconvenir que celle-ci ne soit au moins possible, et que Dieu ne soit assez grand artisan pour la pouvoir exécuter, après quoi on jugera aisément que cette hypothèse est la plus probable, étant la plus simple et la plus intelligible, et retranche tout d'un coup toutes les difficultés, pour ne rien dire des actions criminelles, ou il paraît plus raisonnable de ne faire concourir Dieu que par la seule conservation des forces créées.

Enfin, pour me servir d'une comparaison, je dirai qu'à l'égard de cette concomitance que je soutiens, c'est comme à l'égard de plusieurs différentes bandes de musiciens ou chœurs, jouant séparément leurs parties, et placés en sorte qu'ils ne se voient et même ne s'entendent point, qui peuvent néanmoins s'accorder parfaitement en suivant seulement leurs notes, chacun les siennes, de sorte que celui qui les écoute tous y trouve une harmonie merveilleuse et bien plus surprenante que s'il y avait de la connexion entre eux. Il se pourrait même faire que quelqu'un étant du côté de l'un de ces deux chœurs jugeât par l'un ce que fait l'autre, et en prît une telle habitude (particulièrement si on supposait qu'il pût entendre le sien sans le voir, et voir l'autre sans l'entendre), que son imagination y suppléant, il ne pensât plus au chœur où il est, mais à l'autre, ou ne prît le sien que pour un écho de l'autre, n'attribuant à celui où il est que certains intermèdes, dans lesquels quelques règles de symphonie par lesquelles il juge de l'autre ne paraissent point ; ou bien attribuant au sien certains mouvements qu'il fait faire de son côté suivant certains desseins qu'il croit être imités par les autres, à cause du rapport à cela qu'il trouve dans la sorte de la mélodie, ne sachant point que ceux qui sont de l'autre côté font encore en cela quelque chose de répondant suivant leurs propres desseins.

Cependant je ne désapprouve nullement qu'on dise les esprits causes occasionnelles et même réelles en quelque façon de quelques mouvements des corps, car, à l'égard des résolutions divines, ce que Dieu a prévu et préétabli à l'égard des esprits a été une occasion qui l'a fait régler ainsi les corps d'abord, afin qu'ils conspirassent entre eux suivant les lois et forces qu'il leur donnerait, et comme l'état de l'un est une suite immanquable, quoique souvent contingente et même libre ; de l'autre, on peut dire que Dieu fait qu'il y a une connexion réelle en vertu de cette notion générale des substances, qui porte qu'elles s'entr'expriment parfaitement toutes, mais cette connexion n'est pas immédiate, n'étant fondée que sur ce que Dieu a fait en les créant.

Si l'opinion que j'ai, que la substance demande une véritable unité, n'était fondée que sur une définition que j'aurais forgée contre l'usage commun, ce ne serait qu'une dispute des mots, mais outre que les philosophes ordinaires ont pris ce terme à peu près de la même façon *distinguendo unum per se et unum per accidens, formamque substantialem et accidentalem, mixta imperfecta et perfecta, naturalia et artificialia* ; je prends les choses de bien plus haut, et laissant là des termes : je crois que là, où il n'y a que des êtres par agrégation, il n'y aura pas même des êtres réels ; car tout être par agrégation suppose des êtres doués d'une véritable unité, parce qu'il ne tient sa réalité que de celle de ceux dont il est composé, de sorte qu'il n'en aura point du tout, si chaque être dont il est composé est encore un être par agrégation, ou il faut encore chercher un autre fondement de sa réalité, qui de cette manière s'il faut toujours continuer de chercher ne se peut trouver jamais. J'accorde, Monsieur, que dans toute la nature corporelle il n'y a que des machines (qui souvent sont animées), mais je n'accorde pas qu'il n'y ait que des agrégés de substances, et s'il y a des agrégés de substances, il faut bien qu'il y ait aussi des véritables substances dont tous les agrégés résultent. Il faut donc venir nécessairement ou aux points de mathématique dont quelques auteurs composent l'étendue, ou aux atomes d'Epicure et de M. Cordemoy (qui sont des choses que vous rejetez avec moi), ou bien il faut avouer qu'on ne trouve nulle réalité dans les corps, ou enfin il y faut reconnaître quelques substances qui aient une véritable unité. J'ai déjà dit dans une autre lettre que le composé des diamants du Grand-Duc et du Grand-Mogol se peut appeler une paire de diamants, mais ce n'est qu'un être de raison, et quand on les approchera l'un de l'autre, ce sera un être d'imagination ou perception, c'est-à-dire un phénomène ; car l'attouchement, le mouvement commun, le concours à un même dessein ne changent rien à l'unité substantielle. Il est vrai qu'il y a tantôt plus, tantôt moins de fondement de supposer comme si plusieurs choses faisaient une seule, selon que ces choses ont plus de connexion, mais cela ne sert qu'à abréger nos pensées et à représenter les phénomènes.

Il semble aussi que ce qui fait l'essence d'un être par aggrégation n'est qu'une manière d'être de ceux dont il est composé, par exemple ce qui fait l'essence d'une armée n'est qu'une manière d'être des hommes qui la composent. Cette manière d'être suppose donc une substance, dont l'essence ne soit pas une manière d'être d'une substance. Toute machine aussi suppose quelque substance dans les pièces dont elle est faite, et il n'y a point de multitude sans des véritables unités. Pour trancher court je tiens pour un axiome cette proposition identique qui n'est diversifiée que par l'accent, savoir que ce qui n'est pas véritablement *un* être n'est pas non plus véritablement un *être*. On a toujours cru que l'un et l'être sont des choses réciproques. Autre chose est l'être, autre chose est des êtres ; mais le pluriel suppose le singulier, et là où il n'y a pas un être, il y aura encore moins plusieurs êtres. Que peut-on dire de plus clair ? J'ai donc cru qu'il me serait permis de distinguer les êtres d'agrégation des substances; puisque ces êtres n'ont leur unité que dans notre esprit, qui se fonde sur les rapports ou modes des véritables substances. Si une machine est une substance, un cercle d'hommes qui se prennent par les mains le sera aussi, et puis une armée, et enfin toute une multitude de substances.

Je ne dis pas qu'il n'y a rien de substantiel ou rien que d'apparent dans les choses qui n'ont pas une véritable unité, car j'accorde qu'ils ont toujours autant de réalité ou de substantialité, qu'il y a de véritable unité dans ce qui entre dans leur composition.

Vous objectez, Monsieur, qu'il pourra être de l'essence du corps de n'avoir pas une vraie unité, mais il sera donc de l'essence du corps d'être un phénomène, dépourvu de toute réalité, comme serait un songe réglé, car les phénomènes mêmes comme l'arc-en-ciel ou comme un tas de pierres seraient tout à fait imaginaires s'ils n'étaient composés d'êtres qui ont une véritable unité.

Vous dites de ne pas voir ce qui me porte à admettre ces formes substantielles ou plutôt ces substances corporelles douées d'une véritable unité ; mais c'est parce que je ne conçois nulle réalité sans une véritable unité. Et chez moi la notion de la substance singulière enveloppe des suites incompatibles avec un être par agrégation ; je conçois des propriétés dans la substance qui ne sauraient être expliquées par l'étendue, la figure et le mouvement, outre qu'il n'y a aucune figure exacte et arrêtée dans les corps, à cause de la subdivision actuelle du continu à l'infini ; et que le mouvement, en tant qu'il n'est qu'une modification de l'étendue et changement de voisinage, enveloppe quelque chose d'imaginaire en sorte qu'on ne saurait déterminer à quel sujet il appartient parmi ceux qui changent, si on n'a recours à la force qui est cause du mouvement, et qui est dans la substance corporelle. J'avoue qu'on n'a pas besoin de faire mention de ces substances et qualités pour expliquer les phénomènes particuliers, mais on n'y a pas besoin non plus d'examiner le concours de Dieu, la composition du continu, le plein et mille autres choses. On peut expliquer machinalement, je l'avoue, les particularités de la nature, mais c'est après avoir reconnu ou supposé les principes de la mécanique même, qu'on ne saurait établir à priori que par des raisonnements de métaphysique, et même les difficultés *de compositione continui* ne se résoudront jamais, tant qu'on considérera l'étendue comme faisant la substance des corps, et nous nous embarrassons de nos propres chimères.

Je crois aussi que de vouloir renfermer dans l'homme presque seul la véritable unité ou substance, c'est être aussi borné en métaphysique que l'étaient en physique ceux qui enfermaient le monde dans une boule. Et les substances véritables étant autant d'expressions de tout l'univers pris dans un certain sens, et autant de réplications des œuvres divines, il est conforme à la grandeur et à la beauté des ouvrages de Dieu, puisque ces substances ne s'entr'empêchent pas, d'en faire dans cet univers autant qu'il se peut et autant que des raisons supérieures permettent. La supposition de l'étendue toute nue détruit toute cette merveilleuse variété ; la masse seule (s'il était possible de la concevoir) est autant au-dessous d'une substance qui est perceptive et représentation de tout l'univers suivant son point de vue et suivant les impressions (ou plutôt rapports) que son corps reçoit médiatement ou immédiatement de tous les autres, qu'un cadavre est au-dessous d'un animal, ou plutôt qu'une machine est au-dessous d'un homme. C'est même par là que les traits de l'avenir sont formés par avance et que les traces du passé se conservent pour toujours dans chaque chose et que la cause et l'effet s'entrepriment exactement jusqu'au détail de la moindre circonstance, quoique tout effet dépende d'une infinité de causes, et que toute cause ait une infinité d'effets ; ce qu'il ne serait pas possible d'obtenir, si l'essence du corps consistait dans une certaine figure, mouvement ou modification d'étendue, qui fût déterminée. Aussi dans la nature il n'y en a point ; tout est indéfini à la rigueur à l'égard de l'étendue, et ce que nous en attribuons aux corps ne sont que des phénomènes et des abstractions ; ce qui fait voir combien on se trompe en ces matières faute d'avoir fait ces réflexions si nécessaires pour reconnaître les véritables principes et pour avoir une juste idée de l'univers. Et il me semble qu'il y a autant de préjudice à ne pas entrer dans cette idée si raisonnable, qu'il y en a à ne pas reconnaître la grandeur du monde, la subdivision à l'infini et les explications machinales de la nature. On se trompe autant de concevoir l'étendue comme une notion primitive sans concevoir la véritable notion de la substance et de l'action, qu'on se trompait autrefois en se contentant de considérer les formes substantielles en gros sans entrer dans le détail des modifications de l'étendue.

La multitude des âmes (à qui je n'attribue pas pour cela toujours la volupté ou la douleur) ne doit pas nous faire de peine, non plus que celle des atomes des gassendistes, qui sont aussi indestructibles que ces âmes. Au contraire, c'est une perfection de la nature d'en avoir beaucoup, une âme ou bien une substance animée étant infiniment plus parfaite qu'un atome, qui est sans aucune variété ou subdivision, au lieu que chaque chose animée contient un monde de diversités dans une véritable unité. Or, l'expérience favorise cette multitude des choses animées. On trouve qu'il y a une quantité prodigieuse d'animaux dans une goutte d'eau imbue de poivre ; et on en peut faire mourir des millions tout d'un coup, et tant les grenouilles des Égyptiens que les cailles des Israélites dont vous parlez, Monsieur, n'y approchent point. Or, si ces animaux ont des âmes, il faudra dire de leurs âmes ce qu'on peut dire probablement des animaux mêmes, savoir, qu'ils ont déjà été vivants dès la création du monde, et le seront jusqu'à sa fin, et que, la génération n'étant apparemment qu'un changement consistant dans l'accroissement, la mort ne sera qu'un changement de diminution, qui fait rentrer cet animal dans l'enfoncement d'un monde et de petites créatures, où il a des perceptions plus bornées, jusqu'à ce que l'ordre l'appelle peut-être à retourner sur le théâtre. Les Anciens se sont trompés d'introduire les transmigrations des âmes au lieu des transformations d'un même animal qui garde toujours la même âme ; ils ont mis *metempsychoses pro metaschematismis*. Mais les esprits ne sont pas soumis à ces révolutions, ou bien il faut que ces révolutions des corps servent à l'économie divine par rapport aux esprits. Dieu les crée quand il est temps et les détache du corps (au moins du corps grossier), par la mort, puisqu'ils doivent toujours garder leurs qualités morales et leur réminiscence pour être citoyens perpétuels de cette république universelle toute parfaite, dont Dieu est le monarque, laquelle ne saurait perdre aucun de ses membres, et dont les lois sont supérieures à celles des corps. J'avoue que le corps à part, sans l'âme, n'a qu'une unité d'agrégation, mais la réalité qui lui reste provient des parties qui le composent et qui retiennent leur unité substantielle à cause des corps vivants qui y sont enveloppés sans nombre.

Cependant, quoiqu'il se puisse qu'une âme ait un corps composé de parties animées par des âmes à part, l'âme ou forme du tout n'est pas pour cela composée des âmes ou formes des parties. Pour ce qui est d'un insecte qu'on coupe, il n'est pas nécessaire que les deux parties demeurent animées, quoiqu'il leur reste quelque mouvement. Au moins l'âme de l'insecte entier ne demeurera que d'un seul côté, et comme dans la formation et dans l'accroissement de l'insecte l'âme y était dès le commencement dans une certaine partie déjà vivante, elle restera aussi, après la destruction de l'insecte, dans une certaine partie encore vivante, qui sera toujours aussi petite qu'il le faut, pour être à couvert de l'action de celui qui déchire ou dissipe le corps de cet insecte, sans qu'il soit besoin de s'imaginer avec les Juifs un petit os d'une dureté insurmontable, où l'âme se sauve.

Je demeure d'accord qu'il y a des degrés de l'unité accidentelle, qu'une société réglée a plus d'unité qu'une cohue confuse, et qu'un corps organisé ou bien une machine a plus d'unité qu'une société, c'est-à-dire il est plus à propos de les concevoir comme une seule chose, parce qu'il y a plus de rapports entre les ingrédients; mais, enfin, toutes ces unités ne reçoivent leur accomplissement que des pensées et apparences, comme les couleurs et les autres phénomènes qu'on ne laisse pas d'appeler réels. La tangibilité d'un tas de pierres ou bloc de marbre ne prouve pas mieux sa réalité substantielle que la visibilité d'un arc-en-ciel ne prouve la sienne, et comme rien n'est si solide qu'il n'ait un degré de fluidité, peut-être que ce bloc de marbre n'est qu'un tas d'une infinité de corps vivants ou comme un lac plein de poissons, quoique ces animaux ordinairement ne se distinguent à l'œil que dans les corps demi-pourris; on peut donc dire de ces composés et choses semblables ce que Démocrite en disait fort bien, savoir, *esse opinione, lege,* νόμῳ. Et Platon est dans le même sentiment à l'égard de tout ce qui est purement matériel. Notre esprit remarque ou conçoit quelques substances véritables qui ont certains modes, ces modes enveloppent des rapports à d'autres substances d'où l'esprit prend occasion de les joindre ensemble dans la pensée et de mettre un nom en ligne de compte pour toutes ces choses ensemble, ce qui sert à la commodité du raisonnement, mais il ne faut pas s'en laisser tromper pour en faire autant de substances ou êtres véritablement réels; cela n'appartient qu'à ceux qui s'arrêtent aux apparences, ou bien à ceux qui font des réalités de toutes les abstractions de l'esprit, et qui conçoivent le nombre, le temps, le lieu, le mouvement, la figure, les qualités sensibles comme autant d'êtres à part. Au lieu que je tiens qu'on ne saurait mieux rétablir la philosophie et la réduire à quelque chose de précis, que de reconnaître les seules substances ou êtres accomplis, doués d'une véritable unité avec leurs différents états qui s'entresuivent; tout le reste n'étant que des phénomènes, des abstractions ou des rapports.

On ne trouvera jamais rien de réglé pour faire une substance véritable de plusieurs êtres par agrégation; par exemple, si les parties qui conspirent à un même dessein sont plus propres à composer une véritable substance que celles qui se touchent, tous les officiers de la compagnie des Indes de Hollande feront une substance réelle, bien mieux qu'un tas de pierres; mais le dessein commun, qu'est-il autre chose qu'une ressemblance, ou bien un ordre d'actions et passions que notre esprit remarque dans des choses différentes? Que si l'on veut préférer l'unité d'attouchement, on trouvera d'autres difficultés. Les corps fermes n'ont peut-être leurs parties unies que par la pression des corps environnants, et d'eux-mêmes, et en leur substance, ils n'ont pas plus d'union qu'un monceau de sable, *arena sine calce*. Plusieurs anneaux entrelacés pour faire une chaîne, pourquoi composeront-ils plutôt une substance véritable, que s'ils avaient des ouvertures pour se pouvoir quitter l'un l'autre? Il se peut que pas une des parties de la chaîne ne touche l'autre et même ne l'enferme point et que néanmoins elles soient tellement entrelacées, qu'à moins de se prendre d'une certaine manière, on ne les saurait séparer, comme dans la figure ci-jointe ; dira-t-on, en ce cas, que la substance du composé de ces choses est comme en suspens et dépend de l'adresse future de celui qui les voudra déjoindre? Fictions de l'esprit partout, et tant qu'on ne discernera point ce qui est véritablement un être accompli, ou bien une substance, on n'aura rien à quoi on se puisse arrêter, et c'est là l'unique moyen d'établir des principes solides et réels. Pour conclusion, rien ne se doit assurer sans fondement; c'est donc à ceux qui font des êtres et des substances sans une véritable unité de prouver qu'il y a plus de réalité que ce que nous venons de dire, et j'attends la notion d'une substance ou d'un être qui puisse comprendre toutes ces choses, après quoi et les parties et peut-être encore les songes y pourront un jour prétendre, à moins qu'on ne donne des limites bien précises à ce droit de bourgeoisie qu'on veut accorder aux êtres formés par agrégation.

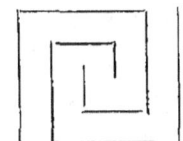

Je me suis étendu sur ces matières, afin que vous puissiez juger non seulement de mes sentiments, mais encore des raisons qui m'ont obligé de les suivre, que je soumets à votre jugement, dont je connais l'équité et l'exactitude. J'y soumets aussi ce que vous aurez trouvé dans les Nouvelles de la *République des lettres*, pour servir de réponse à M. l'abbé Catelan, que je crois habile homme, après ce que vous en dites ; mais ce qu'il a écrit contre M. Huygens et contre moi fait voir qu'il va un peu vite. Nous verrons comment il en usera maintenant.

Je suis ravi d'apprendre le bon état de votre santé, et en souhaite la continuation avec tout le zèle et de toute la passion qui fait que je suis,

 Monsieur,

              Votre, etc.

P. S. Je réserve, pour une autre fois, quelques autres matières que vous avez touchées dans votre lettre.

Leibniz au Landgrave.

30 avril 1687.

Monseigneur,

J'espère que V. A. S. aura le livre qui était demeuré en arrière si longtemps, et que j'ai été chercher moi-même à Wolfenbutel afin de le lui faire ravoir, puisqu'elle s'en prenait à moi.

J'avais pris la liberté d'y ajouter une lettre et quelques pièces pour M. Arnauld. Et j'ai quelque espérance que, lorsqu'il les aura lues, sa pénétration et sa sincérité lui feront peut-être approuver entièrement ce qui lui était paru étrange au commencement. Car, puisqu'il s'est radouci après avoir vu mon premier éclaircissement, il viendra peut-être jusqu'à l'approbation après avoir vu le dernier qui, à mon avis, lève nettement les difficultés qu'il témoignait lui faire encore de la peine. Quoi qu'il en soit, je serai content s'il juge au moins que ces sentiments, quand ils seraient même très faux, n'ont rien qui soit directement contraire aux définitions de l'Église et pas conséquent sont tolérables, même dans un catholique romain; car V. A. S. sait, mieux que je ne lui saurais dire, qu'il y a des erreurs tolérables, et même qu'il y a des erreurs dont on croit que les conséquences détruisent les articles de foi, et néanmoins on ne condamne pas ces erreurs, ni celui qui les tient, parce qu'il n'approuve par ces conséquences ; par exemple, les Thomistes tiennent que l'hypothèse des Molinistes détruit la perfection de Dieu, et, à l'encontre, les Molinistes s'imaginent que la prédétermination des premiers détruit la liberté humaine. Cependant l'Église n'ayant rien encore déterminé là-dessus, ni les uns ni les autres ne sauraient passer pour hérétiques, ni leur opinion pour des hérésies. Je crois qu'on peut dire la même chose de mes propositions, et je souhaiterais, pour bien des raisons, d'apprendre si M. Arnauld ne le reconnaît pas maintenant lui-même. Il est fort occupé, et son temps est trop précieux pour que je prétende qu'il le doive employer à la discussion de la matière même touchant la vérité ou fausseté de l'opinion. Mais il est aisé à lui de juger de la tolérabilité, puisqu'il ne s'agit que de savoir si elles sont contraires à quelques définitions de l'Église.

Leibniz à Arnauld.

J'ai appris avec beaucoup de joie que S. A. S. Mgr le Landgrave Ernest vous a vu jouir de bonne santé. Je souhaite de tout mon cœur d'avoir encore souvent de semblables nouvelles, et que le corps se ressente aussi peu de votre âge que l'esprit, dont les forces se font assez connaître. C'est de quoi je me suis bien aperçu, et j'avoue de ne connaître personne à présent dont je me promette un jugement sur mes méditations, plus solide et plus pénétrant, mais aussi plus sincère que le vôtre.

Je ne voudrais plus vous donner de la peine, mais la matière des dernières lettres étant une des plus importantes, après celles de la religion, et y ayant même grand rapport, j'avoue que je souhaiterais de pouvoir encore jouir de vos lumières, et d'apprendre au moins vos sentiments sur mes derniers éclaircissements. Car, si vous y trouvez de l'apparence, cela me confirmera ; mais si vous y trouvez encore à redire, cela me fera aller bride en main, et m'obligera d'examiner un jour la matière tout de nouveau.

Au lieu de M. de Catelan, c'est le R. P. Malebranche qui a répliqué depuis peu, dans les Nouvelles de la *République des lettres* à l'objection que j'avais faite. Il semble reconnaître que quelques-unes des lois de nature ou règles du mouvement qu'il avait avancées pourront difficilement être soutenues. Mais il croit que c'est parce qu'il les avait fondées sur la dureté infinie, qui n'est pas dans la nature ; au lieu que je crois que, quand elle y serait, ces règles ne seraient pas soutenables non plus. Et c'est un défaut des raisonnements de M. Descartes et des siens de n'avoir pas considéré que tout ce qu'on dit du mouvement, de l'inégalité et du ressort, se doit vérifier aussi, quand on suppose ces choses infiniment petites ou infinies. En quel cas le mouvement (infiniment petit) devient repos ; l'inégalité (infiniment petite) devient égalité ; et le ressort (infiniment prompt) n'est autre chose qu'une dureté extrême ; à peu près comme tout ce que les géomètres démontrent de l'ellipse se vérifie d'une parabole, quand on la conçoit comme une ellipse, dont l'autre foyer est infiniment éloigné. Et c'est une chose étrange de voir que presque toutes les règles du mouvement de M. Descartes choquent ce principe, que je tiens aussi infaillible en physique qu'il l'est en géométrie, parce que l'auteur des choses agit en parfait géomètre. Si je réplique au R. P. Malebranche, ce sera principalement pour faire connaître ledit principe, qui est d'une très grande utilité, et qui n'a guère encore été considéré en général, que je sache.

Mais je vous arrête trop, et cette matière n'est pas assez digne de votre attention. Je suis, etc.

Arnauld à Leibniz.

28 août 1687.

Je dois commencer par vous faire des excuses de ce que je réponds si tard à votre lettre du 3 avril. J'ai eu depuis ce temps-là diverses maladies et diverses occupations, et j'ai de plus un peu de peine à m'appliquer à des choses si abstraites. C'est pourquoi je vous prie de trouver bon que je vous dise en peu de mots ce que je pense de ce qu'il y a de nouveau dans votre dernière lettre.

1° Je n'ai point d'idée claire de ce que vous entendez par le mot d'exprimer, quand vous dites, que « notre âme exprime plus distinctement *cæteris paribus* ce qui appartient à son corps, puisqu'elle exprime même tout l'univers en certain sens ». Car si par cette expression vous entendez quelque pensée ou quelque connaissance, je ne puis demeurer d'accord que mon âme ait plus de pensée et de connaissance du mouvement de la lymphe dans les vaisseaux lymphatiques que du mouvement des satellites de Saturne. Que si ce que vous appelez expression n'est ni pensée ni connaissance, je ne sais ce que c'est. Et ainsi cela ne me peut de rien servir pour résoudre la difficulté que je vous avais proposée, comment mon âme peut se donner un sentiment de douleur quand on me pique, lorsque je dors, puisqu'il faudrait pour cela qu'elle connût qu'on me pique, au lieu qu'elle n'a cette connaissance que par la douleur quelle ressent.

2° Sur ce qu'on raisonne ainsi dans la philosophie des causes occasionnelles : « Ma main se remue sitôt que je le veux. Or ce n'est pas mon âme qui est la cause réelle de ce mouvement, ce n'est pas non plus le corps. Donc c'est Dieu ; » vous dites que c'est supposer qu'un corps ne se peut pas mouvoir soi-même, ce qui n'est pas votre pensée, et que vous tenez que ce qu'il y a de réel dans l'état qu'on appelle mouvement procède aussi bien de la substance corporelle que la pensée et la volonté procèdent de l'esprit.

Mais c'est ce qui me paraît bien difficile à comprendre, qu'un corps qui n'a point de mouvement s'en puisse donner. Et si on admet cela, on ruine une des preuves de Dieu, qui est la nécessité d'un premier moteur.

De plus, quand un corps se pourrait donner du mouvement à soi-même, cela ne ferait pas que ma main ne pût remuer toutes les fois que je le voudrais. Car, étant sans connaissance, comment pourrait-elle savoir quand je voudrais qu'elle se remuât?

3° J'ai plus de choses à dire sur ces formes substantielles indivisibles et indestructibles que vous croyez que l'on doit admettre dans tous les animaux et peut-être même dans les plantes, parce qu'autrement la matière (que vous supposez n'être point composée d'atomes ni de points mathématiques, mais être divisible (1) à l'infini) ne serait point *unum per se*, mais seulement *aggregatum per accidens*.

1° Je vous ai répondu qu'il est peut-être essentiel à la matière, qui est le plus imparfait de tous les êtres, de n'avoir point de vraie et propre unité, comme l'a cru saint Augustin, et d'être toujours *plura entia*, et non proprement *unum ens*; et que cela n'est pas plus incompréhensible que la divisibilité de la matière à l'infini, laquelle vous admettez.

Vous répliquez que cela ne peut être, parce qu'il ne peut y avoir *plura entia*, où il n'y a point *unum ens*.

Mais comment vous pouvez-vous servir de cette raison, que M. de Cordemoy aurait pu croire vraie, mais qui selon vous doit être nécessairement fausse, puisque, hors les corps animés qui n'en font pas la cent mille millième partie, il faut nécessairement que tous les autres qui n'ont point selon vous des formes substantielles soient *plura entia*, et non proprement *unum ens*. Il n'est donc pas impossible qu'il y ait *plura entia*, où il n'y a point proprement *unum ens*.

2° Je ne vois pas que vos formes substantielles puissent remédier à cette difficulté. Car l'attribut de l'*ens* qu'on appelle *unum*, pris comme vous le prenez dans une rigueur métaphysique, doit être essentiel et intrinsèque à ce qui s'appelle *unum ens*. Donc, si une parcelle de matière n'est point *unum ens*, mais *plura entia*, je ne conçois pas qu'une forme substantielle, qui en étant réellement distinguée ne saurait que lui donner une dénomination extrinsèque, puisse faire qu'elle cesse d'être *plura entia*, et qu'elle devienne *unum ens* par une dénomination intrinsèque. Je comprends bien que ce nous pourra être une raison de l'appeler *unum ens*, en ne prenant pas le mot d'*unum* dans cette rigueur métaphysique. Mais on n'a pas besoin de ces formes substantielles, pour donner le nom d'un à une infinité de corps inanimés. Car n'est-ce pas bien parler de dire que le soleil est un, que la terre que nous habitons est une? etc. On ne comprend donc pas qu'il y ait aucune nécessité d'admettre ces

---

(1) Gehrardt : *Indivisible :* contre-sens et même non-sens.

formes substantielles, pour donner une vraie unité aux corps, qui n'en auraient point sans cela.

3° Vous n'admettez ces formes substantielles que dans les corps animés. Or il n'y a point de corps animé qui ne soit organisé, ni de corps organisé qui ne soit *plura entia*. Donc, bien loin que vos formes substantielles fassent que les corps auxquels ils sont joints ne soient pas *plura entia*, qu'il faut qu'ils soient *plura entia* afin qu'ils y soient joints.

4° Je n'ai aucune idée claire de ces formes substantielles ou âmes des brutes. Il faut que vous les regardiez comme des substances, puisque vous les appelez substantielles, et que vous dites qu'il n'y a que les substances qui soient des êtres véritablement réels, entre lesquels vous mettez principalement ces formes substantielles. Or je ne connais que deux sortes de substances, les corps et les esprits ; et c'est à ceux qui prétendraient qu'il y en a d'autres à nous le montrer, selon la maxime par laquelle vous concluez votre lettre, « qu'on ne doit rien assurer sans fondement ». Supposant donc que ces formes substantielles sont des corps ou des esprits, si ce sont des corps, elles doivent être étendues, et par conséquent divisibles, et divisibles à l'infini ; d'où il s'ensuit qu'elles ne sont point *unum ens*, mais *plura entia*, aussi bien que les corps qu'elles animent, et qu'ainsi elles n'auront garde de leur pouvoir donner une vraie unité. Que si ce sont des esprits, leur essence sera de penser ; car c'est ce que je conçois par le mot d'esprit. Or j'ai peine à comprendre qu'une huître pense, qu'un ver pense. Et de plus, comme vous témoignez dans cette lettre que vous n'êtes pas assuré que les plantes n'ont point d'âme, ni vie, ni forme substantielle, il faudrait aussi que vous ne fussiez pas assuré si les plantes ne pensent point, puisque leur forme substantielle, si elles en avaient, n'étant point un corps parce qu'elle ne serait point étendue, devrait être un esprit, c'est-à-dire une substance qui pense.

5° L'indestructibilité de ces formes substantielles ou âmes des brutes me paraît encore plus insoutenable. Je vous avais demandé ce que devenaient ces âmes des brutes lorsqu'elles meurent ou qu'on les tue ; lors par exemple que l'on brûle des chenilles, ce que devenaient leurs âmes. Vous me répondez que « elle demeure dans une petite partie encore vivante du corps de chaque chenille, qui sera toujours autant petite qu'il le faut pour être à couvert de l'action du feu qui déchire ou qui dissipe les corps de ces chenilles ».

Et c'est ce qui vous fait dire que « les Anciens se sont trompés d'avoir introduit les transmigrations des âmes au lieu des transformations d'un même animal qui garde toujours la même âme ». On ne pouvait rien s'imaginer de plus subtil pour résoudre cette difficulté. Mais prenez garde, Monsieur, à ce que je m'en vais vous dire. Quand un papillon de ver à soie jette ses œufs, chacun de ces œufs selon vous a une âme de ver à soie, d'où il arrive que cinq ou six mois après il en sort de petits vers à soie. Or, si on avait brûlé cent vers à soie, il y aurait aussi selon vous cent âmes de vers à soie, dans autant de petites parcelles de ces cendres ; mais d'une part je ne sais pas à qui vous pourrez persuader que chaque ver à soie après avoir été brûlé, est demeuré le même animal qui a gardé la même âme jointe à une petite parcelle de cendre qui était auparavant une petite partie de son corps ; et de l'autre, si cela était, pourquoi ne naîtrait-il point de vers à soie de ces parcelles de cendre, comme il en naît des œufs.

6° Mais cette difficulté paraît plus grande dans les animaux que l'on sait plus certainement ne naître jamais que de l'alliance des deux sexes. Je demande, par exemple, ce qu'est devenue l'âme du bélier qu'Abraham immola au lieu d'Isaac et qu'il brûla ensuite. Vous ne direz pas qu'elle est passée dans le fœtus d'un autre bélier. Car ce serait la métempsycose des Anciens que vous condamnez. Mais vous me répondrez qu'elle est demeurée dans une parcelle du corps de bélier réduit en cendres, et qu'ainsi ce n'a été que la transformation du même animal qui a toujours été la même âme. Cela se pourrait dire avec quelque vraisemblance dans votre hypothèse des formes substantielles d'une chenille qui devient papillon, parce que le papillon est un corps organisé, aussi bien que la chenille, et qu'ainsi c'est un animal qui peut être pris pour le même que la chenille, parce qu'il conserve beaucoup de parties de la chenille sans aucun changement, et que les autres n'ont changé que de figure. Mais cette partie du bélier réduit en cendre dans laquelle l'âme du bélier se serait retirée, n'étant point organisée, ne peut être prise pour un animal, et ainsi l'âme du bélier y étant jointe ne compose point un animal, et encore moins un bélier comme devrait faire l'âme d'un bélier. Que fera donc l'âme de ce bélier dans cette cendre ? Car elle ne peut s'en séparer pour ailleurs : ce serait une transmigration d'âme que vous condamnez. Et il en est de même d'une infinité d'autres âmes qui ne composeraient point d'animaux étant jointes à des parties de matière non organisées, et qu'on ne voit pas, qui puissent l'être selon les lois établies dans la nature. Ce serait donc une infinité de choses monstrueuses que cette infinité d'âmes jointes à des corps qui ne seraient point animés.

Il n'y a pas longtemps que j'ai vu ce que M. l'abbé Catelan a répondu à votre réplique, dans les Nouvelles de la *République des lettres* du mois de juin. Ce qu'il y dit me paraît bien clair. Mais il n'a peut-être pas bien pris votre pensée. Et ainsi j'attends la réponse que vous lui ferez. Je suis,

Monsieur,
Votre très humble et très obéissant serviteur. A. A.

A. Arnauld au Landgrave.

Ce 31 août 1687.

Voilà, Monseigneur, la réponse à la dernière de M. Leibniz qui m'a été envoyée par V. A. S. dès le mois d'avril dernier, mais je n'ai pu m'appliquer plus tôt à y répondre. Je la supplie d'y faire mettre le dessus, parce que je ne sais pas ses qualités. Si elle la veut parcourir, elle verra qu'il a des opinions de physique bien étranges, et qui ne paraissent guère soutenables. Mais j'ai tâché de lui en dire ma pensée d'une manière qui ne le pût pas blesser. Il vaudrait bien mieux qu'il quittât, du moins pour quelque temps, ces sortes de spéculations, pour s'appliquer à la plus grande affaire qu'il puisse avoir, qui est le choix de la véritable religion, suivant ce qu'il en avait écrit à V. A. il y a quelques années. Il est bien à craindre que la mort ne le surprenne, à moins qu'il n'ait pris une résolution si importante pour son salut.

Le livre de M. Nicole contre le nouveau système de l'Église du sieur Jurieu est achevé d'imprimer. Nous en attendons de Paris dans cinq ou six jours. Nous en enverrons à V. A. par les chariots de Cologne, avec quelques autres livres qu'elle sera bien aise de voir.

Le Landgrave à Leibniz.

Mon cher monsieur Leibniz,

Il a bien raison de dire cela, car si même il y avait des milliers entre les protestants, qui ne savent ce qu'est droit ou gauche, et qui ne peuvent être réputés en comparaison de savants que pour des bêtes, et qui n'adhèrent que matériellement à l'hérésie ; certes que cela on ne peut dire de vous, qui avez tant de lumière et auquel, s'il n'y avait jamais eu autre que moi seul, on a fait tout ce qu'on a pu pour vous faire sortir du schisme et vous représenter ce qu'il y a enfin à représenter. Croyez-vous bien (pour de mille ne vous dire qu'un seul article) que Christ ait ainsi constitué son Église, que ce qu'un croit blanc l'autre le croit noir, et que pour le ministère ecclésiastique il l'ait d'une telle et si faite façon contradictoire constitué, comme nous et les protestants sont en cela en débat et comme nous croyons et vous croyez. Par exemple, nous tenons tous vos ministres pour laïques et usurpateurs du ministère, et je ne sais ce que vous pouvez croire des nôtres, aux vôtres ainsi en cet article si opposés. Oh! mon cher monsieur Leibniz, ne perdez pas ainsi le temps de grâce, « et hodie si vocem Domini audieritis, nolite obdurare corda vestra ». Christ et Belial ne conviennent ensemble non plus que les catholiques et les protestants, et je ne me saurais rien promettre de votre salut, si vous ne vous faites catholique.

Leibniz à Arnauld.

Monsieur,

Comme je ferai toujours grand cas de votre jugement, lorsque vous pouvez vous instruire de ce dont il s'agit, je veux faire ici un effort, pour tâcher d'obtenir que les positions que je tiens importantes et presque assurées vous paraissent, sinon certaines, au moins soutenables. Car il ne me semble pas difficile de répondre aux doutes qui vous restent, et qui, à mon avis, ne viennent que de ce qu'une personne prévenue et distraite d'ailleurs, quelque habile qu'elle soit, a bien de la peine à entrer d'abord dans une pensée nouvelle, sur une matière abstraite des sens, où ni figures, ni modèles, ni imaginations nous peuvent secourir.

J'avais dit que l'âme exprimant naturellement tout l'univers en certain sens, et selon le rapport que les autres corps ont au sien, et par conséquent exprimant plus immédiatement ce qui appartient aux parties de son corps, doit, en vertu des lois du rapport qui lui sont essentielles, exprimer particulièrement quelques mouvements extraordinaires des parties de son corps ; ce qui arrive lorsqu'elle en sent la douleur. A quoi vous répondez que vous n'avez point d'idée claire de ce que j'entends par le mot d'exprimer ; si j'entends par là une pensée, vous ne demeurez pas d'accord que l'âme a plus de pensée et de connaissance du mouvement de la lymphe dans les vaisseaux lymphatiques que des satellites de Saturne ; mais si j'entends quelque autre chose, vous ne savez (dites-vous) ce que c'est, et par conséquent (supposé que je ne puisse point l'expliquer distinctement) ce terme ne servira de rien pour faire connaître comment l'âme peut se donner le sentiment de la douleur, puisqu'il faudrait pour cela (à ce que vous voulez) qu'elle connût déjà qu'on me pique, au lieu qu'elle n'a cette connaissance que par la douleur qu'elle ressent. Pour répondre à cela, j'expliquerai ce terme que vous jugez obscur, et je l'appliquerai à la difficulté que vous avez faite. Une chose exprime une autre (dans mon langage) lorsqu'il y a un rapport constant et réglé entre ce qui se peut dire de l'une et de l'autre. C'est ainsi qu'une projection de perspective exprime son géométral. L'expression est commune à toutes les formes, et c'est un genre dont la perception naturelle, le sentiment animal et la connaissance intellectuelle sont des espèces. Dans la perception naturelle et dans le sentiment, il suffit que ce qui est divisible et matériel, et se trouve divisé en plusieurs êtres, soit exprimé ou représenté dans un seul être indivisible, ou dans la substance qui est douée d'une véritable unité. On ne peut point douter de la possibilité d'une telle représentation de plusieurs choses dans une seule, puisque notre âme nous en fournit un exemple. Mais cette représentation est accompagnée de conscience dans l'âme raisonnable, et c'est alors qu'on l'appelle pensée. Or, cette expression arrive partout, parce que toutes les substances sympathisent avec toutes les autres et reçoivent quelque changement proportionnel, répondant au moindre changement qui arrive dans tout l'univers, quoique ce changement soit plus ou moins notable, à mesure que les autres corps ou leurs actions ont plus ou moins de rapport au nôtre. C'est de quoi, je crois, que M. Descartes serait demeuré d'accord lui-même, car il accorderait sans doute qu'à cause de la continuité et divisibilité de toute la matière le moindre mouvement étend son effet sur les corps voisins, et par conséquent de voisin à voisin à l'infini, mais diminué à la proportion ; ainsi notre corps doit être affecté en quelque sorte par les changements de tous les autres. Or, à tous les mouvements de notre corps répondent certaines perceptions ou pensées plus ou moins confuses de notre âme, donc l'âme aussi aura quelque pensée de tous les mouvements de l'univers, et selon moi toute autre âme ou substance en aura quelque perception ou expression. Il est vrai que nous ne nous apercevons pas distinctement de tous les mouvements de notre corps, comme par exemple de celui de la lymphe, mais (pour me servir d'un exemple que j'ai déjà employé) c'est comme il faut bien que j'aie quelque perception du mouvement de chaque vague du rivage, afin de me pouvoir apercevoir de ce qui résulte de leur assemblage, savoir de ce grand bruit qu'on entend proche de la mer ; ainsi nous sentons aussi quelque résultat confus de tous les mouvements qui se passent en nous ; mais, étant accoutumés à ce mouvement interne, nous ne nous en apercevons distinctement et avec réflexion que lorsqu'il y a une altération considérable, comme dans les commencements des maladies. Et il serait à souhaiter que les médecins s'attachassent à distinguer plus exactement ces sortes de sentiments confus que nous avons dans notre corps. Or, puisque nous ne nous apercevons des autres corps que par le rapport qu'ils ont au nôtre, j'ai eu raison de dire que l'âme exprime mieux ce qui appartient à notre corps ; aussi ne connaît-on les satellites de Saturne ou de Jupiter que suivant un mouvement qui se fait dans nos yeux. Je crois qu'en tout ceci un cartésien sera de mon sentiment, excepté que je suppose qu'il y a à l'entour de nous d'autres âmes que la nôtre, à qui j'attribue une expression ou perception inférieure à la pensée, au lieu que les cartésiens refusent le sentiment aux bêtes et n'admettent point de forme substantielle hors de l'homme ; ce qui ne fait rien à la question que nous traitons ici de la cause de la douleur. Il s'agit donc maintenant de savoir comment l'âme s'aperçoit des mouvements de son corps, puisqu'on ne voit pas moyen d'expliquer par quels canaux l'action d'une masse étendue passe sur un être indivisible. Les cartésiens ordinaires avouent de ne pouvoir rendre raison de cette union ; les auteurs de l'hypothèse des causes occasionnelles croient que c'est *nodus vindice dignus, cui Deus ex machina intervenire debeat;* pour moi, je l'explique d'une manière naturelle. Par la notion de la substance ou de l'être accompli en général, qui porte que toujours son état présent est une suite naturelle de son état précédent, il s'ensuit que la nature de chaque substance singulière et par conséquent de toute âme est d'exprimer l'univers, elle a été d'abord créée de telle sorte qu'en vertu des propres lois de sa nature il lui doit arriver de s'accorder avec ce qui se passe dans les corps, et particulièrement dans le sien ; il ne faut donc pas s'étonner qu'il lui appartient de se représenter la piqûre, lorsqu'elle arrive à son corps. Et pour achever de m'expliquer sur cette matière, soient :

État des corps au moment A	État de l'âme au moment A
État des corps au moment suivant B [piqûre].	État de l'âme au moment B [douleur]

Comme donc l'état des corps au moment B suit de l'état des corps au moment A, de même B état de l'âme est une suite d'A, état précédent de la même âme, suivant la notion de la substance en général. Or, les états de l'âme sont naturellement et essentiellement des expressions des états répondants du monde, et particulièrement des corps qui leur sont alors propres ; donc, puisque la piqûre fait une partie de l'état du corps au moment B, la représentation ou expression de la piqûre, qui est la douleur, fera aussi une partie de l'âme au moment B ; car, comme un mouvement suit d'un autre mouvement, de même une représentation suit d'une autre représentation dans une substance dont la nature est d'être représentative. Ainsi il faut bien que l'âme s'aperçoive de la piqûre, lorsque les lois du rapport demandent qu'elle exprime plus distinctement un changement plus notable des parties de son corps. Il est vrai que l'âme ne s'aperçoit pas toujours distinctement des causes de la piqûre et de sa douleur future, lorsqu'elles sont encore cachées dans la représentation de l'état A, comme lorsqu'on dort ou qu'autrement on ne voit pas approcher l'épingle, mais c'est parce que les mouvements de l'épingle font trop peu d'impression alors, et quoique nous soyons déjà affectés en quelque sorte de tous ces mouvements et les représentations dans notre âme, et qu'ainsi nous ayons en nous la représentation ou expression des causes de la piqûre, et par conséquent la cause de la représentation de la même piqûre, c'est-à-dire la cause de la douleur ; nous ne les saurions démêler de tant d'autres pensées et mouvements que lorsqu'ils deviennent considérables. Notre âme ne fait réflexion que sur les phénomènes plus singuliers, qui se distinguent des autres ; ne pensant distinctement à aucuns, lorsqu'elle pense également à tous. Après cela, je ne saurais deviner en quoi on puisse trouver la moindre ombre de difficulté, à moins que de nier que Dieu puisse créer des substances qui soient d'abord faites en sorte qu'il leur arrive en vertu de leur propre nature de s'accorder dans la suite avec les phénomènes de tous les autres. Or, il n'y a point d'apparence de nier cette possibilité, et puisque nous voyons que des mathématiciens représentent les mouvements des cieux dans une machine (comme lorsque

Jura poli rerumque fidem legesque deorum
Cuncta Syracusius transtulit arte senex,

ce que nous pouvons bien mieux faire aujourd'hui qu'Archimède ne pouvait de son temps), pourquoi Dieu, qui les surpasse infiniment, ne pourrait-il pas d'abord créer des substances représentatives en sorte qu'elles expriment par leurs propres lois, suivant le changement naturel de leurs pensées ou représentations, tout ce qui doit arriver à tout corps, ce qui me paraît non seulement facile à concevoir, mais encore digne de Dieu et de la beauté de l'univers, et en quelque façon nécessaire, toutes les substances devant avoir une harmonie et liaison entre elles, et toutes devant exprimer en elles le même univers, et la cause universelle qui est la volonté de leur créateur, et les décrets ou lois qu'il a établies pour faire qu'elles s'accommodent entre elles le mieux qu'il se peut. Aussi cette correspondance mutuelle des différentes substances (qui ne sauraient agir l'une sur l'autre à parler dans la rigueur métaphysique, et s'accordent néanmoins comme si l'une agissait sur l'autre) est une des plus fortes preuves de l'existence de Dieu ou d'une cause commune que chaque effet doit toujours exprimer suivant son point de vue et sa capacité. Autrement, les phénomènes des esprits différents ne s'entr'accorderaient point, et il y aurait autant de systèmes que de substances; ou bien ce serait un pur hasard, s'ils s'accordaient quelquefois. Toute la notion que nous avons du temps et de l'espace est fondée sur cet accord; mais je n'aurais jamais fait, si je devais expliquer à fond tout ce qui est lié avec notre sujet. Cependant j'ai mieux aimé d'être prolixe que de ne me pas exprimer assez.

Pour passer à vos autres doutes, je crois maintenant que vous verrez, Monsieur, comment je l'entends, quand je dis qu'une substance corporelle se donne son mouvement elle-même, ou plutôt ce qu'il y a de réel dans le mouvement à chaque moment, c'est-à-dire la force dérivative, dont il est une suite; puisque tout état précédent d'une substance est une suite de son état précédent. Il est vrai qu'un corps qui n'a point de mouvement né s'en peut pas donner; mais je tiens qu'il n'y a point de tel corps. Vous me direz que Dieu peut réduire un corps à l'état d'un parfait repos, mais je réponds que Dieu le peut aussi réduire à rien, et que ce corps destitué d'action et de passion n'a garde de renfermer une substance, ou au moins il suffit que je déclare que si jamais Dieu réduit quelque corps à un parfait repos, ce qui ne se saurait faire que par miracle, il faudra un nouveau miracle pour lui rendre quelque mouvement. Vous voyez aussi que mon opinion confirme plutôt qu'elle ne détruit la preuve du premier moteur. Il faut toujours rendre raison du commencement du mouvement et de ses lois et de l'accord des mouvements entre eux ; ce qu'on ne saurait faire sans recourir à Dieu. Au reste, ma main se remue non pas à cause que je le veux, car j'ai beau vouloir qu'une montagne se remue, si je n'ai une foi miraculeuse, il ne s'en fera rien ; mais parce que je ne le pourrais vouloir avec succès, si ce n'était justement dans le moment que les ressorts de la main se vont débander comme il faut pour cet effet ; ce qui se fait d'autant plus que mes passions s'accordent avec les mouvements de mon corps. L'un accompagne toujours l'autre en vertu de la correspondance établie ci-dessus, mais chacun a sa cause immédiate chez soi.

Je viens à l'article des formes ou âmes que je tiens indivisibles et indestructibles. Je ne suis pas le premier de cette opinion. Parménide (dont Platon parle avec vénération), aussi bien que Melisse, a soutenu qu'il n'y avait point de génération ni corruption qu'en apparence ; Aristote le témoigne, livre III, du ciel, chap. II. Et l'auteur du Ier livre *De diæta*, qu'on attribue à Hippocrate, dit expressément qu'un animal ne saurait être engendré tout de nouveau, ni détruit tout à fait. Albert le Grand et Jean Bacon semblent avoir cru que les formes substantielles étaient déjà cachées dans la matière de tout temps ; Fernel les fait descendre du Ciel, pour ne rien dire de ceux qui les détachent de l'âme du monde. Ils ont tous vu une partie de la vérité, mais ils ne l'ont point développée ; plusieurs ont cru la transmigration, d'autres la traduction des âmes, au lieu de s'aviser de la transmigration et transformation d'un animal déjà formé. D'autres, ne pouvant expliquer autrement l'origine des formes, ont accordé qu'elles commencent par une véritable création, et au lieu que je n'admets cette création dans la suite des temps qu'à l'égard de l'âme raisonnable, et tiens que toutes les formes qui ne pensent point ont été créées avec le monde, ils croient que cette création arrive tous les jours quand le moindre ver est engendré. Philopon, ancien interprète d'Aristote, dans son livre contre Proclus, et Gabriel Biel semblent avoir été de cette opinion. Il me semble que saint

Thomas tient l'âme des bêtes pour indivisible. Et nos cartésiens vont bien plus loin, puisqu'ils soutiennent que toute âme et forme substantielle véritable doit être indestructible et ingénérable. C'est pour cela qu'ils la refusent aux bêtes, bien que M. Descartes, dans une lettre à M. Morus, témoigne de ne vouloir pas assurer qu'elles n'en ont point. Et puisqu'on ne se formalise point de ceux qui introduisent des atomes toujours subsistants, pourquoi trouvera-t-on étrange qu'on dise autant des âmes à qui l'indivisibilité convient par leur nature, d'autant qu'en joignant le sentiment des cartésiens touchant la substance et l'âme avec celui de toute la terre touchant l'âme des bêtes, cela s'ensuit nécessairement. Il sera difficile d'arracher au genre humain cette opinion reçue toujours et partout, et catholique s'il en fût jamais, que les bêtes ont du sentiment. Or, supposant qu'elle est véritable, ce que je tiens touchant ces âmes n'est pas seulement nécessaire suivant les cartésiens, mais encore important pour la morale et la religion, afin de détruire une opinion dangereuse, pour laquelle plusieurs personnes d'esprit ont du penchant et que les philosophes italiens, sectateurs d'Averroès, avaient répandue dans le monde, savoir que les âmes particulières retournent à l'âme du monde lorsqu'un animal meurt, ce qui répugne à mes démonstrations de la nature de la substance individuelle, et ne saurait être conçu distinctement ; toute substance individuelle devant toujours subsister à part, quand elle a une fois commencé d'être. C'est pourquoi les vérités que j'avance sont assez importantes, et tous ceux qui reconnaissent les âmes des bêtes les devant approuver, les autres au moins ne les doivent pas trouver étranges.

Mais pour venir à vos doutes sur cette indestructibilité.

1. J'avais soutenu qu'il faut admettre dans les corps quelque chose qui soit véritablement un seul être, la matière ou masse étendue en elle-même n'étant jamais que *plura entia*, comme saint Augustin a fort bien remarqué après Platon. Or, j'infère qu'il n'y a pas plusieurs êtres là où il n'y en a pas un, qui soit véritablement un être, et que toute multitude suppose l'unité. A quoi vous répliquez en plusieurs façons ; mais c'est sans toucher à l'argument en lui-même, qui est hors de prise, en vous servant seulement des objections *ad hominem* et des inconvénients, et en tâchant de faire voir que ce que je dis ne suffit pas à résoudre la difficulté. Et d'abord, vous vous étonnez, Monsieur, comment je puis me servir de cette raison, qui aurait été apparente chez M. Cordemoy qui compose

tout d'atomes, mais qui doit être nécessairement fausse selon moi (à ce que vous jugez), puisque, hors les corps animés qui ne font pas la cent mille millième partie des autres, il faut nécessairement que tous les autres soient *plura entia*, et qu'ainsi la difficulté revient. Mais c'est par là que je vois, Monsieur, que je ne me suis pas encore bien expliqué pour vous faire entrer dans mon hypothèse. Car, outre que je ne me souviens pas d'avoir dit qu'il n'y a point de forme substantielle hors les âmes ; je suis bien éloigné du sentiment, qui dit que les corps animés ne sont qu'une petite partie des autres. Car je crois plutôt que tout est plein de corps animés, et chez moi il y a sans comparaison plus d'âmes qu'il n'y a d'atomes chez M. Cordemoy, qui en fait le nombre fini, au lieu que je tiens que le nombre des âmes, ou au moins des formes, est tout à fait infini, et que la matière étant divisible sans fin, on n'y peut assigner aucune partie si petite où il n'y ait dedans des corps animés, ou au moins doués d'une entéléchie primitive, ou (si vous permettez qu'on se serve si généralement du nom de vie) d'un principe vital, c'est-à-dire des substances corporelles, dont on pourra dire en général de toutes qu'elles sont vivantes.

2. Quant à cette autre difficulté que vous faites, Monsieur, savoir que l'âme jointe à la matière n'en fait pas un être véritablement un, puisque la matière n'est pas véritablement une en elle-même, et que l'âme, à ce que vous jugez, ne lui donne qu'une dénomination extrinsèque, je réponds que c'est la substance animée à qui cette matière appartient, qui est véritablement un être, et la matière prise pour la masse en elle-même n'est qu'un pur phénomène ou apparence bien fondée, comme encore l'espace et le temps. Elle n'a pas même des qualités précises et arrêtées qui la puissent faire passer pour un être déterminé, comme j'ai déjà insinué dans ma précédente ; puisque la figure même, qui est de l'essence d'une masse étendue terminée, n'est jamais exacte et déterminée à la rigueur dans la nature, à cause de la division actuelle à l'infini des parties de la matière. Il n'y a jamais ni globe sans inégalités, ni droite sans courbures entremêlées, ni courbe d'une certaine nature finie, sans mélange de quelque autre, et cela dans les petites parties comme dans les grandes, ce qui fait que la figure, bien loin d'être constitutive des corps, n'est pas seulement une qualité entièrement réelle et déterminée hors de la pensée, et on ne pourra jamais assigner à quelque corps une certaine surface précise, comme on pourrait faire

s'il y avait des atomes. Et je puis dire la même chose de la grandeur et du mouvement, savoir, que ces qualités ou prédicats tiennent du phénomène comme les couleurs et les sons, et, quoiqu'ils enferment plus de connaissance distincte, ils ne peuvent pas soutenir non plus la dernière analyse, et par conséquent la masse étendue considérée sans les entéléchies, ne consistant qu'en ces qualités, n'est pas la substance corporelle, mais un phénomène tout pur comme l'arc-en-ciel; aussi les philosophes ont reconnu que c'est la forme qui donne l'être déterminé à la matière, et ceux qui ne prennent pas garde à cela ne sortiront jamais du labyrinthe de *compositione continui*, s'ils y entrent une fois. Il n'y a que les substances indivisibles et leurs différents états qui soient absolument réels. C'est ce que Parménide et Platon, et d'autres anciens, ont bien reconnu. Au reste, j'accorde qu'on peut donner le nom d'un à un assemblage de corps inanimés, quoique aucune forme substantielle ne les lie, comme je puis dire : *voilà un arc-en-ciel, voilà un troupeau;* mais c'est une unité de phénomène ou de pensée qui ne suffit pas pour ce qu'il y a de réel dans les phénomènes. Que si on prend pour matière de la substance corporelle, non pas la masse sans formes, mais une matière seconde, qui est la multitude des substances dont la masse est celle du corps entier, on peut dire que ces substances sont des parties de cette matière, comme celles qui entrent dans notre corps en font la partie; car, comme notre corps est la matière, et l'âme est la forme de notre substance, il en est de même des autres substances corporelles. Et je n'y trouve pas plus de difficulté qu'à l'égard de l'homme, où l'on demeure d'accord de tout cela. Les difficultés qu'on se fait en ces matières viennent entre autres qu'on n'a pas communément une notion assez distincte du tout et de la partie, qui dans le fond n'est autre chose qu'un réquisit immédiat du tout, et en quelque façon homogène. Ainsi des parties peuvent constituer un tout, soit qu'il ait ou qu'il n'ait point une unité véritable. Il est vrai que le tout qui a une véritable unité peut demeurer le même individu à la rigueur, bien qu'il perde ou gagne des parties, comme nous expérimentons en nous-mêmes ; ainsi les parties ne sont des réquisits immédiats que *pro tempore*. Mais si on entendait par le terme de matière quelque chose qui soit toujours essentiel à la même substance, on pourrait, au sens de quelques scholastiques, entendre par là la puissance passive primitive d'une substance, et en ce sens la matière ne serait point étendue ni divisible, bien qu'elle serait le principe de la divisibilité ou de ce qui en revient à la substance. Mais je ne veux pas disputer de l'usage des termes.

3. Vous objectez que je n'admets point de formes substantielles que dans le corps animé (ce que je ne me souviens pourtant pas d'avoir dit); or, tous les corps organisés étant *plura entia*, par conséquent les formes ou âmes, bien loin d'en faire un être, demandent plutôt plusieurs êtres afin que les corps puissent être animés. Je réponds que, supposant qu'il y a une âme ou entéléchie dans les bêtes ou autres substances corporelles, il en faut raisonner en ce point, comme nous raisonnons tous de l'homme, qui est un être doué d'une véritable unité que son âme lui donne, nonobstant que la masse de son corps est divisée en organes, vases, humeurs, esprits; et que les parties sont pleines sans doute d'une infinité d'autres substances corporelles douées de leurs propres entéléchies. Comme cette troisième objection convient en substance avec la précédente, cette solution y servira aussi.

4. Vous jugez que c'est sans fondement qu'on donne une âme aux bêtes, et vous croyez que, s'il y en avait, elle serait un esprit, c'est-à-dire une substance qui pense, puisque nous ne connaissons que les corps et les esprits, et n'avons aucune idée d'une autre substance. Or de dire qu'une huître pense, qu'un ver pense, c'est ce qu'on a peine à croire. Cette objection regarde également tous ceux qui ne sont pas cartésiens; mais, outre qu'il faut croire que ce n'est pas tout à fait sans raison que tout le genre humain a toujours donné dans l'opinion qu'il a du sentiment des bêtes, je crois d'avoir fait voir que toute substance est indivisible, et que par conséquent toute substance corporelle doit avoir une âme ou au moins une entéléchie qui ait de l'analogie avec l'âme, puisque autrement les corps ne seraient que des phénomènes.

D'assurer que toute substance qui n'est pas divisible (c'est-à-dire selon moi toute substance en général) est un esprit et doit penser, cela me paraît sans comparaison plus hardi et plus destitué de fondement que la conservation des formes. Nous ne connaissons que cinq sens et un certain nombre de métaux, en doit-on conclure qu'il n'y en a point d'autres dans le monde? Il y a bien plus d'apparence que la nature qui aime la variété a produit d'autres formes que celles qui pensent. Si je puis prouver qu'il n'y a pas d'autres figures du second degré que les sections coniques, c'est parce que j'ai une idée distincte de ces lignes, qui me donne moyen de venir à une exacte division ; mais comme nous n'avons point d'idée distincte de la pensée, et ne pouvons pas démontrer que la notion d'une substance indivisible est la même avec celle d'une substance qui pense, nous n'avons point de sujet de l'assurer. Je demeure d'accord que l'idée que nous avons de la pensée est claire, mais tout ce qui est clair n'est point distinct. Ce n'est que par le sentiment intérieur que nous connaissons la pensée (comme le P. Malebranche a déjà remarqué) ; mais on ne peut connaître par sentiment que les choses qu'on a expérimentées ; et comme nous n'avons pas expérimenté les fonctions des autres formes, il ne faut pas s'étonner que nous n'en avons pas d'idée claire ; car nous n'en devrions point avoir, quand même il serait accordé qu'il y a de ces formes. C'est un abus de vouloir employer les idées confuses, quelque claires qu'elles soient, à prouver que quelque chose ne peut être. Et quand je ne regarde que les idées distinctes, il me semble qu'on peut concevoir que les phénomènes divisibles ou de plusieurs êtres peuvent être exprimés ou représentés dans un seul être indivisible, et cela suffit pour concevoir une perception, sans qu'il soit nécessaire d'attacher la pensée ou la réflexion à cette représentation. Je souhaiterais de pouvoir expliquer les différences ou degrés des autres expressions immatérielles qui sont sans pensée, afin de distinguer les substances corporelles ou vivantes d'avec les animaux, autant qu'on les peut distinguer ; mais je n'ai pas assez médité là-dessus, ni assez examiné la nature pour pouvoir juger des formes par la comparaison de leurs organes et opérations. M. Malpighi, fondé sur des analogies fort considérables de l'anatomie, a beaucoup de penchant à croire que les plantes peuvent être comprises sous le même genre avec les animaux, et sont des animaux imparfaits.

5. Il ne reste maintenant que de satisfaire aux inconvénients que vous avez allégués, Monsieur, contre l'indestructibilité des formes substantielles ; et je m'étonne d'abord que vous la trouvez étrange et insoutenable, car, suivant vos propres sentiments, tous ceux qui donnent aux bêtes une âme et du sentiment doivent soutenir cette indestructibilité. Ces inconvénients prétendus ne sont que des préjugés d'imagination qui peuvent arrêter le vulgaire, mais qui ne peuvent rien sur des esprits capables de méditation. Aussi crois-je qu'il sera aisé de vous satisfaire là-dessus. Ceux qui conçoivent qu'il y a quasi une infinité de petits animaux dans la moindre goutte d'eau,

comme les expériences de M. Leewenhœck ont fait connaître, et qui ne trouvent pas étrange que la matière soit remplie partout de substances animées, ne trouveront pas étrange non plus qu'il y ait quelque chose d'animé dans les cendres mêmes et que le feu peut transformer un animal et le réduire en petit, au lieu de le détruire entièrement. Ce qu'on peut dire d'une chenille ou ver à soie se peut dire de cent ou de mille ; mais il ne s'ensuit pas que nous devrions voir renaître des vers à soie des cendres. Ce n'est peut-être pas l'ordre de la nature. Je sais que plusieurs assurent que les vertus séminales restent tellement dans les cendres, que les plantes en peuvent renaître, mais je ne veux pas me servir d'expériences douteuses. Si ces petits corps organisés enveloppés par une manière de contraction d'un plus grand qui vient d'être corrompu sont tout à fait (ce semble) hors de la ligne de la génération, ou s'ils peuvent revenir sur le théâtre en leur temps, c'est ce que je ne saurais déterminer. Ce sont là des secrets de la nature, où les hommes doivent reconnaître leur ignorance.

6. Ce n'est qu'en apparence et suivant l'imagination que la difficulté est plus grande à l'égard des animaux plus grands qu'on voit ne naître que de l'alliance de deux sexes, ce qui apparemment n'est pas moins véritable des moindres insectes. J'ai appris depuis quelque temps que M. Leewenhœck a des sentiments assez approchants des miens, en ce qu'il soutient que même les plus grands animaux naissent par une manière de transformation; je n'ose ni approuver ni rejeter le détail de son opinion, mais je la tiens très véritable en général, et M. Swammerdam, autre grand observateur et anatomiste, témoigne assez qu'il y avait aussi du penchant. Or les jugements de ces messieurs-là valent ceux de bien d'autres en ces matières. Il est vrai que je ne remarque pas qu'ils aient poussé leur opinion jusqu'à dire que la corruption et la mort elle-même est aussi une transformation à l'égard des vivants destitués d'âme raisonnable, comme je le tiens, mais je crois que, s'ils s'étaient avisés de ce sentiment, ils ne l'auraient pas trouvé absurde, et il n'est rien de si naturel que de croire que ce qui ne commence point ne périt pas non plus. Et quand on reconnaît que toutes les générations ne sont que des augmentations et développements d'un animal déjà formé, on se persuadera aisément que la corruption ou la mort n'est autre chose que la diminution et enveloppement d'un animal qui ne laisse pas de subsister, et demeurer vivant et organisé. Il est vrai qu'il

n'est pas si aisé de le rendre croyable par des expériences particulières comme à l'égard de la génération, mais on en voit la raison : c'est parce que la génération avance d'une manière naturelle et peu à peu, ce qui nous donne le loisir de l'observer, mais la mort mène trop en arrière, *per saltum*, et retourne d'abord à des parties trop petites pour nous, parce qu'elle se fait ordinairement d'une manière trop violente, ce qui nous empêche de nous apercevoir du détail de cette rétrogradation ; cependant le sommeil, qui est une image de la mort, les extases, l'ensevelissement d'un ver à soie dans sa coque, qui peut passer pour une mort, la ressuscitation des mouches noyées avancée par le moyen de quelque poudre sèche dont on les couvre (au lieu qu'elles demeureraient mortes tout de bon, si on les laissait sans secours), et celles des hirondelles qui prennent leurs quartiers d'hiver dans les roseaux et qu'on trouve sans apparence de vie ; les expériences des hommes morts de froid, noyés ou étranglés, qu'on a fait revenir, sur quoi un homme de jugement a fait il n'y a pas longtemps un traité en allemand, où après avoir rapporté des exemples, même de sa connaissance, il exhorte ceux qui se trouvent là où il y a de telles personnes, de faire plus d'efforts que de coutume pour les remettre, et en prescrit la méthode ; toutes ces choses peuvent confirmer mon sentiment que ces états différents ne diffèrent que du plus et du moins, et si on n'a pas le moyen de pratiquer des ressuscitations en d'autres genres de morts, c'est ou qu'on ne sait pas ce qu'il faudrait faire, ou que, quand on le saurait, nos mains, nos instruments et nos remèdes n'y peuvent arriver, surtout quand la dissolution va d'abord à des parties trop petites. Il ne faut donc pas s'arrêter aux notions que le vulgaire peut avoir de la mort ou de la vie, lorsqu'on a et des analogies et, qui plus est, des arguments solides, qui prouvent le contraire. Car je crois avoir assez fait voir qu'il y doit avoir des entéléchies s'il y a des substances corporelles ; et quand on accorde ces entéléchies ou ces âmes, on en doit reconnaître l'ingénérabilité et indestructibilité ; après quoi, il est sans comparaison plus raisonnable de concevoir les transformations des corps animés que de s'imaginer le passage des âmes d'un corps à l'autre, dont la persuasion très ancienne ne vient apparemment que de la transformation mal entendue. De dire que les âmes des bêtes demeurent sans corps, ou qu'elles demeurent cachées dans un corps qui n'est pas organisé, tout cela ne paraît pas si naturel. Si l'animal fait par la contraction du corps du bélier qu'Abraham immola au lieu d'Isaac doit être appelé un bélier, c'est une question de nom, à peu près comme serait la question, si un papillon peut être appelé un ver à soie. La difficulté que vous trouvez, Monsieur, à l'égard de ce bélier réduit en cendres, ne vient que de ce que je ne m'étais pas assez bien expliqué car vous supposez qu'il ne reste point de corps organisé dans ces cendres, ce qui vous donne droit de dire que ce serait une chose monstrueuse, que cette infinité d'âmes sans corps organisés, au lieu que je suppose que naturellement il n'y a point d'âme sans corps animé, et point de corps animé sans organes ; et ni cendres ni autres masses ne me paraissent incapables de contenir des corps organisés.

Pour ce qui est des esprits, c'est-à-dire des substances qui pensent, qui sont capables de connaître Dieu et de découvrir des vérités éternelles, je tiens que Dieu les gouverne suivant des lois différentes de celle dont il gouverne le reste des substances. Car, toutes les formes des substances exprimant tout l'univers, on peut dire que les substances brutes expriment plutôt le monde que Dieu, mais que les esprits expriment plutôt Dieu que le monde. Aussi Dieu gouverne les substances brutes suivant les lois matérielles de la force ou des communications du mouvement, mais les esprits suivant les lois spirituelles de la justice, dont les autres sont incapables. Et c'est pour cela que les substances brutes se peuvent appeler matérielles, parce que l'économie que Dieu observe à leur égard est celle d'un ouvrier ou machiniste ; mais, à l'égard des esprits, Dieu fait la fonction de prince ou de législateur qui est infiniment plus relevée. Et Dieu n'étant à l'égard de ces substances matérielles que ce qu'il est à l'égard de tout, savoir l'auteur général des êtres, il prend un autre personnage à l'égard des esprits qui le fait concevoir revêtu de volonté et de qualités morales, puisqu'il est lui-même un esprit, et comme un d'entre nous, jusqu'à entrer avec nous dans une liaison de société, dont il est le chef. Et c'est cette société ou république générale des esprits sous ce souverain monarque qui est la plus noble partie de l'univers, composée d'autant de petits dieux sous ce grand Dieu. Car on peut dire que les esprits créés ne diffèrent de Dieu que de plus à moins, du fini à l'infini. Et on peut assurer véritablement que tout l'univers n'a été fait que pour contribuer à l'ornement et au bonheur de cette cité de Dieu. C'est pourquoi tout est disposé en sorte que les lois de la force ou les lois purement matérielles conspirent dans tout l'univers à exécuter les lois de la justice ou de l'amour, que rien ne saurait nuire aux âmes qui sont dans la main de Dieu, et que tout doit réussir au plus grand bien de ceux qui l'aiment. C'est pourquoi, les esprits devant garder leurs personnages et leurs qualités morales, afin que la cité de Dieu ne perde aucune personne, il faut qu'ils conservent particulièrement une manière de réminiscence ou conscience, ou le pouvoir de savoir ce qu'ils sont, d'où dépend toute leur moralité, peines et châtiments, et par conséquent il faut qu'ils soient exempts de ces révolutions de l'univers qui les rendraient tout à fait méconnaissables à eux-mêmes, et en feraient, moralement parlant, une autre personne. Au lieu qu'il suffit que les substances brutes demeurent seulement le même individu dans la rigueur métaphysique, bien qu'ils soient assujettis à tous les changements imaginables, puisque aussi bien ils sont sans conscience ou réflexion. Quant au détail de l'état de l'âme humaine après la mort, et comment elle est exempte du bouleversement des choses, il n'y a que la révélation qui nous en puisse instruire particulièrement ; la juridiction de la raison ne s'étend pas si loin. On me fera peut-être une objection sur ce que je tiens que Dieu a donné des âmes à toutes les machines naturelles qui en étaient capables, parce que les âmes ne s'entr'empêchant point, et ne tenant point de place, il est possible de leur en donner d'autant qu'il y a plus de perfection d'en avoir et que Dieu fait tout de la manière la plus parfaite qui est possible ; *et non magis datur vacuum formarum quam corporum.* On pourrait donc dire par la même raison que Dieu devait aussi donner des âmes raisonnables ou capables de réflexion à toutes les substances animées. Mais je réponds que les lois supérieures à celles de la nature matérielle, savoir, les lois de la justice, s'y opposent ; puisque l'ordre de l'univers n'aurait pas permis que la justice eût pu être observée à l'égard de toutes, il fallait donc faire qu'au moins il ne leur pût arriver aucune injustice ; c'est pourquoi elles ont été faites incapables de réflexion ou de conscience, et par conséquent insusceptibles de bonheur et de malheur.

Enfin, pour ramasser mes pensées en peu de mots, je tiens que toute substance renferme dans son état présent tous ses états passés et à venir, et exprime même tout l'univers suivant son point de vue, rien n'étant si éloigné de l'autre qu'il n'ait commerce avec lui, et sera particulièrement selon le rapport aux parties de son corps, qu'elle exprime plus immédiatement ; et par conséquent rien ne lui arrive que de son fond, et en vertu de ses propres lois, pourvu qu'on y joigne le concours de Dieu. Mais elle s'aperçoit des autres choses, parce qu'elle les exprime naturellement, ayant été créée d'abord en sorte qu'elle le puisse faire dans la suite et s'y accommoder comme il faut, et c'est dans cette obligation imposée dès la commencement que consiste ce qu'on (appelle) l'action d'une substance sur l'autre. Quant aux substances corporelles, je tiens que la masse, lorsqu'on n'y considère que ce qui est divisible, est un pur phénomène, que toute substance a une véritable unité à la rigueur métaphysique, et qu'elle est indivisible, ingénérable et incorruptible, que toute la matière doit être pleine de substances animées ou du moins vivantes, que les générations et les corruptions ne sont que des transformations du petit au grand ou *vice versa*, et qu'il n'y a point de parcelle de la matière, dans laquelle ne se trouve un monde d'une infinité de créatures, tant organisées qu'amassées ; et surtout que les ouvrages de Dieu sont infiniment plus grands, plus beaux, plus nombreux et mieux ordonnés qu'on ne croit communément ; et que la machine ou l'organisation, c'est-à-dire l'ordre, leur est comme essentiel jusque dans les moindres parties. Et qu'ainsi il n'y a point d'hypothèse qui fasse mieux connaître la sagesse de Dieu que la nôtre, suivant laquelle il y a partout des substances qui marquent sa perfection, et sont autant de miroirs mais différents de la beauté de l'univers ; rien ne demeurant vide, stérile, inculte et sans perception. Il faut même tenir pour indubitable que les lois du mouvement et les révolutions des corps servent aux lois de justice et de police, qui s'observent sans doute le mieux qu'il est possible dans le gouvernement des esprits, c'est-à-dire des âmes intelligentes, qui entrent en société avec lui et composent avec lui une manière de cité parfaite, dont il est le monarque.

Maintenant je crois, Monsieur, de n'avoir rien laissé en arrière de toutes les difficultés que vous aviez expliquées, ou au moins indiquées, et encore de celles que j'ai cru que vous pouviez avoir encore. Il est vrai que cela a grossi cette lettre; mais il m'aurait été plus difficile de renfermer le même sens en moins de paroles, et peut-être que ce n'aurait été sans obscurité. Maintenant je crois que vous trouverez mes sentiments assez bien liés, tant entre eux qu'avec les opinions reçues. Je ne renverse point les sentiments établis ; mais je les explique et je les pousse plus avant. Si vous pouviez avoir le loisir de revoir un jour ce que nous avions enfin établi touchant la notion d'une substance individuelle, vous trouveriez peut-être qu'en me donnant ces commencements on est obligé dans la suite de m'accorder tout le reste. J'ai tâché cependant d'écrire cette lettre en sorte qu'elle s'explique et se défende elle-même. On pourra encore séparer les questions; car ceux qui ne voudront pas reconnaître qu'il y a des âmes dans les bêtes, et des formes substantielles ailleurs, pourront néanmoins approuver la manière dont j'explique l'union de l'esprit et du corps, et tout ce que je dis de la substance véritable ; sauf à eux de sauver, comme ils pourront, sans telles formes et sans rien qui ait une véritable unité, ou bien par des points ou par des atomes, si bon leur semble, la réalité de la matière et des substances corporelles, et même de laisser cela indécis ; car on peut borner les recherches là où on le trouve à propos. Mais il ne faut pas subsister en si beau chemin, lorsqu'on désire d'avoir des idées véritables de l'univers et de la perfection des ouvrages de Dieu, qui nous fournissent encore les plus solides arguments à l'égard de Dieu et de notre âme.

C'est une chose étrange que M. l'abbé Catelan s'est entièrement éloigné de mon sens, et vous vous en êtes bien douté, Monsieur. Il met en avant trois propositions, et dit que j'y trouve contradiction. Et moi je n'en trouve aucune, et me sers de ces mêmes propositions pour prouver l'absurdité du principe cartésien. Voilà ce que c'est que d'avoir affaire à des gens qui ne considèrent les choses que superficiellement. Si cela arrive dans une matière de mathématique, que ne devrait-on pas attendre en métaphysique et en morale ? C'est pourquoi je m'estime heureux d'avoir rencontré en vous un censeur également exact et équitable. Je vous souhaite encore beaucoup d'années, pour l'intérêt du public et pour le mien, et suis, etc. (1).

---

(1) Dans un autre projet de lettre, Leibniz avait rédigé le dernier paragraphe ci-dessus de la manière suivante :

« J'ai vu la remarque de M. Catelan dans les *Nouvelles de la République des Lettres* du mois de juin, et je trouve que vous aviez deviné ce qui en est en disant que peut-être il n'a pas pris mon sens. Il l'a si peu pris que c'est une pitié. I met en avant trois propositions, et disant que j'y trouve de la contradiction, il s'attache à les prouver et à les concilier, et, cependant, bien loin que j'y aie jamais trouvé la moindre difficulté ou contradiction, c'est par leur conjonction que je prétends d'avoir démontré la fausseté du principe cartésien. Voilà ce que c'est que d'avoir affaire à des gens qui traitent les choses à la légère. Le bon est qu'il a déclaré si nettement en quoi il se trompait ; autrement nous aurions peut-être encore battu bien du pays. Dieu nous garde d'un tel antagoniste en morale ou en métaphysique, mais surtout en théologie : il n'y aurait pas moyen de sortir d'affaire. »

Lettre à part à M. Arnauld, à laquelle le discours précédent a été joint.

Voici la réponse à vos dernières objections, qui est devenue un peu longue, parce que je me voulais m'expliquer exactement, et ne laisser rien en arrière de vos doutes ; j'ai inséré souvent vos propres paroles, ce qui a encore contribué à la grossir. Comme j'avais établi toutes ces choses, il y a longtemps, et prévenu, si je l'ose dire, la plupart des objections, elle ne m'a coûté presque point de méditation, et il ne me fallait que de me décharger des pensées sur le papier et les relire par après. C'est ce que je dis, Monsieur, afin que vous ne me croyiez pas enfoncé dans ces choses aux dépens d'autres soins nécessaires. Vous m'avez vous-même engagé à aller si loin en me faisant des objections et des demandes auxquelles j'ai voulu satisfaire, tant afin de profiter de vos lumières qu'afin de vous faire connaître ma sincérité à ne rien déguiser.

Je suis à présent fort occupé à l'histoire de la S^{me} maison de Brunswick. J'ai vu plusieurs archives cet été, et je vais faire un tour dans la haute Allemagne, pour chercher quelques monuments. Cela ne m'empêche pas que je ne souhaite d'apprendre votre sentiment sur mes éclaircissements ; lorsque votre commodité le permettra, aussi bien que sur ma réponse à l'abbé Catelan, que je vous envoie ici, d'autant qu'elle est courte et à mon avis démonstrative, pour peu qu'on se donnne tant soit peu d'attention. Si ce M. l'abbé Catelan ne s'y prend pas mieux que jusqu'ici, ce n'est pas de lui qu'il faut attendre l'éclaircissement de cette matière. Je souhaiterais que vous y puissiez donner un moment d'attention sérieuse, vous seriez peut-être surpris de voir qu'on a pris pour un principe incontestable ce qui est si aisé à renverser. Car il est démonstratif que les vitesses que les corps ont acquises en descendant sont comme les racines carrées des hauteurs dont ils sont tombés. Or, si on fait abstraction des circonstances extérieures, un corps peut précisément remonter à la hauteur dont il est descendu. Donc... (1).

Dans un autre passage, Leibniz continue ainsi : « Je vous communique ici ma réponse à M. l'abbé Catelan, qui sera peut-être insérée dans les *Nouvelles de la République des lettres*. Ainsi nous sommes encore à recommencer, et j'ai fait une faute en répliquant à la pre-

---

(1) Ici la lettre est interrompue.

mière réponse ; je devais simplement dire qu'elle ne touchait pas mon objection et lui marquer les endroits auxquels il faut répondre comme je fais maintenant. J'ai ajouté dans ma réponse un problème mécanique qui se peut réduire à la géométrie ; mais il faut user d'adresse, et je verrai si M. Catelan y osera mordre. Il me semble qu'il n'est pas des plus forts, et je m'étonne de voir que, parmi tant de cartésiens, il y en a si peu qui imitent M. Descartes, en tâchant d'aller plus avant.

Leibniz au Landgrave (1).

En matière de religion, puisque vous touchez cette corde, il y a des gens de ma connaissance, car je ne vous parle point de moi, qui ne sont pas éloignés des sentiments de l'Église catholique romaine, qui trouvent les définitions du concile de Trente assez raisonnables et conformes à la sainte Écriture et aux saints Pères, qui jugent que le système de la théologie Romaine est mieux lié que celui des protestants, et qui avouent que les dogmes ne les arrêteraient pas ; mais ils sont arrêtés premièrement par quelques abus de pratique très grands et trop communs qu'ils voient tolérés dans la communion catholique romaine, surtout en matière de culte ; ils craignent d'être engagés à les approuver ou au moins à ne pas oser les blâmer ; ils appréhendent de donner par là du scandale à ceux qui les prendraient pour des gens sans conscience, et que leur exemple, quoique mal entendu, porterait à l'impiété ; ils doutent même si on peut communier avec des gens qui pratiquent certaines choses peu tolérables ; et ils considèrent qu'en ces rencontres il est plus excusable de ne pas quitter une communion que d'y entrer. Secondement, quand cet obstacle ne serait pas, ils se trouvent arrêtés par les anathématismes du concile de Trente, ils ont de la peine à souscrire à des condamnations qui leur paraissent trop rigides et peu nécessaires, ils croient que cela est contraire à la charité et que c'est faire ou fomenter un schisme.

Cependant ces personnes se croient véritablement catholiques, comme le seraient ceux qu'on a excommuniés injustement, *clave errante*, car ils tiennent les dogmes de l'Église catholique, ils sou-

---

(1) Cette lettre, suivant Gehrardt, est adressée à Arnauld ; suivant Grotefend, au Landgrave de Hesse ; nous croyons que c'est celui-ci qui a raison.

haitent de plus la communion extérieure, à quoi d'autres mettent des obstacles, ou la leur refusent.

Un célèbre théologien, catholique romain, muni de l'approbation de plusieurs autres, avait proposé un expédient, et avait cru qu'un protestant qui ne serait arrêté que par les anathématismes et même par quelques définitions du concile de Trente, et qui douterait si ce concile a été véritablement œcuménique, mais qui serait prêt à se soumettre à un concile qui le serait véritablement, et qui par conséquent recevrait les premiers principes de l'Église catholique tellement que son erreur ne serait pas de droit, mais de fait seulement ; qu'un tel, dis-je, pourrait être reçu à la communion sans faire aucune mention du concile de Trente, puisque aussi bien ce concile n'a pas encore été reçu partout, et que la profession du pape Pie IV n'est faite que pour les ecclésiastiques ou pour ceux qui enseignent et que je ne crois pas que le concile de Trente soit entré dans la profession de tous ceux qu'on a reçus à la communion en France. Mais on doute que cet expédient soit approuvé.

Leibniz au Landgrave.

Je supplie V. A. de demander à M. Arnauld comme d'elle-même, s'il croit véritablement qu'il y a un si grand mal de dire que chaque chose, soit espèce, soit individu ou personne, a une certaine notion parfaite, qui comprend tout ce qu'on en peut énoncer véritablement, selon laquelle notion Dieu, qui conçoit tout en perfection, conçoit ladite chose. Et si M. A. croit de bonne foi qu'un homme qui serait dans ce sentiment ne pourrait être souffert dans l'Église catholique, quand même il désavouerait sincèrement la conséquence prétendue de la fatalité. Et V. A. pourra demander comment cela s'accorde avec ce que M. A. avait écrit autrefois, qu'on ne ferait point de peine à un homme dans l'Église pour ces sortes d'opinions, et si ce n'est pas rebuter les gens par une rigueur inutile et hors de saison que de condamner si aisément toute sorte de sentiments qui n'ont rien de commun avec la foi.

Peut-on nier que chaque chose, soit genre, espèce ou individu, a une notion accomplie, selon laquelle Dieu la conçoit, qui conçoit tout parfaitement, c'est-à-dire une notion qui enferme ou comprend tout ce qu'on peut dire de la chose ; et peut-on nier que Dieu peut former une telle notion individuelle d'Adam ou d'Alexandre, qui comprend tous les attributs, affections, accidents, et généralement tous les prédicats de ce sujet. Enfin, si saint Thomas a pu soutenir que toute intelligence séparée diffère spécifiquement de toute autre, quel mal y aura-t-il d'en dire autant de toute personne, et de concevoir les individus comme les dernières espèces, pourvu que l'espèce soit prise non pas physiquement, mais métaphysiquement ou mathématiquement. Car dans la physique, quand une chose engendre son semblable, on dit qu'ils sont d'une même espèce, mais dans la métaphysique ou dans la géométrie *specie differre dicere possumus quæcumque differentiam habent in notione in se explicabili consistentem, ut duæ ellipses, quarum una habet duos axes majorem et minorem in ratione dupla, altera in tripla. At vero duæ ellipses, quæ non ratione axium adeoque nullo discrimine in se explicabili, sed sola magnitudine seu comparatione differunt, specificam differentiam non habent. Sciendum est tamen entia completa sola magnitudine differre non posse.*

Leibniz à Arnauld.

A Monsieur Arnauld, Nuremberg, 14 janvier 1688.

Monsieur,

Vous aurez peut-être vu dans les *Nouvelles de la République des lettres* du mois de septembre ce que j'ai répliqué à M. l'abbé C. C'est une chose étrange de voir que bien des gens répondent non pas à ce qu'on leur dit, mais à ce qu'ils s'imaginent. Voilà ce que M. l'abbé a fait jusqu'ici. C'est pourquoi il a fallu briser court, et le ramener à la première objection. J'ai pris seulement occasion de cette dispute de proposer un problème géométrico-mécanique des plus curieux et que je venais de résoudre, qui est de trouver une ligne que j'appelle isochrone dans laquelle le corps pesant descend uniformément et approche également de l'horizon en temps égaux, nonobstant l'accélération qui lui est imprimée, que je récompense par le changement continuel de l'inclination. Ce que j'ai fait afin de faire dire quelque chose d'utile et de faire sentir à monsieur l'abbé que l'analyse ordinaire des cartésiens se trouve bien courte dans les problèmes difficiles. J'y ai réussi en partie. Car M. Hugens en a donné la solution dans les *Nouvelles* d'octobre. Je savais assez que M. Hugens le pouvait faire, c'est pourquoi je ne m'attendais pas qu'il en prendrait la peine, ou au moins qu'il publierait sa solution et dégagerait monsieur l'abbé. Mais, comme la solution de M. Hugens est énigmatique en partie, apparemment pour reconnaître si je l'ai eue aussi, je lui en envoie le supplément, et cependant nous verrons ce qu'en dira M. l'abbé. Il est vrai que, lorsqu'on sait une fois la nature de la ligne que M. Hugens a publiée, le reste s'achève par l'analyse ordinaire. Mais sans cela la chose est difficile. Car la converse des tangentes ou *data tangentium proprietate invenire lineam*, où se réduit ce problème proposé, est une question dont M. Descartes lui-même a avoué dans ses lettres n'être pas maître. Car le plus souvent elle monte aux transcendantes, comme je l'appelle, qui sont de nul degré, et quand elle s'abaisse aux courbes d'un certain degré, comme il arrive ici, un analyste ordinaire aura de la peine à le reconnaître.

Au reste, je souhaiterais de tout mon cœur que vous puissiez avoir le loisir de méditer une demi-heure sur mon objection contre les Cartésiens que monsieur l'abbé tâche de résoudre. Vos lumières et votre sincérité m'assurent que je vous ferais toucher le point, et que vous reconnaîtriez de bonne foi ce qui en est. La discussion n'est pas longue, et l'affaire est de conséquence, non seulement pour les mécaniques, mais encore en métaphysique, car le mouvement en lui-même séparé de la force est quelque chose de relatiseulement, et on ne saurait déterminer son sujet. Mais la force est quelque chose de réel et d'absolu, et son calcul étant différent de celui du mouvement, comme je démontre clairement, il ne faut pas s'étonner que la nature garde la même quantité de la force et non pas la même quantité du mouvement. Cependant il s'ensuit qu'il y a dans la nature quelque autre chose que l'étendue et le mouvement, à moins que de refuser aux choses toute la force ou puissance, ce qui serait les changer de substances, qu'ils sont, en modes; comme fait Spinosa, qui veut que Dieu seul est une substance, et que toutes les autres choses n'en sont que des modifications. Ce Spinosa est plein de rêveries bien embarrassées, et ses prétendues démonstrations *de Deo* n'en ont pas seulement le semblant. Cependant je tiens qu'une substance créée n'agit pas sur une autre dans la rigueur métaphysique, c'est-à-dire avec une influence réelle. Aussi ne saurait-on expliquer distinctement en quoi consiste cette influence, si ce n'est à l'égard de Dieu, dont l'opération est une création continuelle, et dont la source est la dépendance essentielle des créatures. Mais, afin de parler comme les autres hommes, qui ont raison de dire qu'une substance agit sur l'autre, il faut donner une autre notion à ce qu'on appelle action, ce qu'il serait trop long de déduire ici, et au reste je me rapporte à ma dernière lettre qui est assez prolixe.

Je ne sais si le R. P. Malebranche a répliqué à ma réponse donnée dans quelques mois d'été de l'année passée, où je mets en avant encore un autre principe général, servant en mécanique comme en géométrie, qui renverse manifestement tant les règles du mouvement de Descartes que celles de ce Père, avec ce qu'il a dit dans les Nouvelles pour les excuser.

Si je trouve un jour assez de loisir, je veux achever mes méditations sur la caractéristique générale ou manière de calcul universel, qui doit servir dans les autres sciences comme dans les mathématiques. J'en ai déjà de beaux essais, j'ai des définitions, axiomes, théorèmes et problèmes fort remarquables de la coïncidence, de la détermination (ou de *de unico*), de la similitude, de la relation en général, de la puissance ou cause, de la substance, et partout je procède par lettres d'une manière précise et rigoureuse, comme dans l'algèbre. J'en ai même quelques essais dans la jurisprudence, et on peut dire en vérité qu'il n'y a point d'auteurs, dont le style approche davantage de celui des géomètres, que le style des jurisconsultes dans les Digestes. Mais comment, me direz-vous, peut-on appliquer ce calcul aux matières conjecturales ? Je réponds que c'est comme MM. Pascal, Hugens et autres ont donné des démonstrations *de alea*. Car on peut toujours déterminer le plus probable et le plus sûr autant qu'il est possible de connaître *ex datis*.

Mais je ne dois pas vous arrêter davantage, et peut-être est-ce déjà trop. Je n'oserais pas le faire si souvent, si les matières, sur lesquelles j'ai souhaité d'apprendre votre jugement, n'étaient importantes. Je prie Dieu de vous conserver encore longtemps, afin que nous puissions profiter toujours de vos lumières, et je suis avec zèle,

Monsieur, etc.

Leibniz à Arnauld.

Monsieur,

Je suis maintenant sur le point de retourner chez moi, après un long voyage entrepris par ordre de mon prince, servant pour des recherches historiques, où j'ai trouvé des diplômes, titres et preuves indubitables, propres à justifier la commune origine des sérénissimes maisons de Brunswick et d'Este, que MM. Justel, du Cange et autres avaient grande raison de révoquer en doute, parce qu'il y avait des contradictions et faussetés dans les historiens d'Este à cet égard, avec une entière confusion des temps et des personnes. A présent, je pense à me remettre, et à reprendre le premier train ; et vous ayant écrit il y a deux ans, un peu avant mon départ, je prends cette même liberté, pour m'informer de votre santé, et pour vous faire connaître combien les idées de votre mérite éminent me sont toujours présentes dans l'esprit. Quand j'étais à Rome, je vis la dénonciation d'une nouvelle lettre, qu'on attribuait à vous ou à vos amis. Et depuis je vis la lettre du R. P. Mabillon à un de mes amis, où il y avait que l'apologie du R. P. Le Tellier pour les missionnaires contre la morale pratique des Jésuites avait donné à plusieurs des impressions favorables à ces Pères, mais qu'il avait entendu que vous y aviez répliqué, et qu'on disait que vous y aviez annihilé géométriquement les raisons de ce Père. Tout cela m'a fait juger que vous êtes encore en état de rendre service au public, et je prie Dieu que ce soit pour longtemps. Il est vrai qu'il y va de mon intérêt ; mais c'est un intérêt louable, qui peut me donner moyen d'apprendre, soit en commun avec tous les autres qui liront vos ouvrages, soit en particulier, lorsque vos jugements m'instruiront, si le peu de loisir que vous avez me permet d'espérer encore quelquefois cet avantage.

Comme ce voyage a servi en partie à me délasser l'esprit des occupations ordinaires, j'ai eu la satisfaction de converser avec plusieurs habiles gens en matières de sciences et d'érudition, et j'ai communiqué à quelques-uns mes pensées particulières, que vous savez, pour profiter de leurs doutes et difficultés ; et il y en a eu qui, n'étant pas satisfaits des doctrines communes, ont trouvé une satisfaction extraordinaire dans quelques-uns de mes sentiments : ce qui m'a porté à les coucher par écrit, afin qu'on les puisse communiquer plus aisément ; et peut-être en ferai-je imprimer un jour quelques exemplaires sans mon nom, pour en faire part à des amis seulement, afin d'en avoir leur jugement. Je voudrais que vous les puissiez examiner premièrement, et c'est pour cela que j'en ai fait l'abrégé que voici.

Le corps est un agrégé de substances, et ce n'est pas une substance à proprement parler. Il faut, par conséquent, que partout dans le corps il se trouve des substances indivisibles, ingénérables et incorruptibles, ayant quelque chose de répondant aux âmes. Que toutes ces substances ont toujours été et seront toujours unies à des corps organiques, diversement transformables. Que chacune de ces substances contient dans sa nature « legem continuationis seriei suarum operationum », et tout ce qui lui est arrivé et arrivera. Que toutes ses actions viennent de son propre fond, excepté la dépendance de Dieu. Que chaque substance exprime l'univers tout entier, mais l'une plus distinctement que l'autre, surtout chacune à l'égard de certaines choses et selon son point de vue. Que l'union de l'âme avec le corps, et même l'opération d'une substance sur l'autre, ne consiste que dans ce parfait accord mutuel, établi exprès par l'ordre de la première création en vertu duquel chaque substance, suivant ses propres lois, se rencontre dans ce que demandent les autres ; et les opérations de l'une suivent ou accompagnent ainsi l'opération ou le changement de l'autre. Que les intelligences ou âmes capables de réflexion et de la connaissance des vérités éternelles et de Dieu ont bien des privilèges qui les exemptent des révolutions des corps. Que pour elles il faut joindre les lois morales aux physiques. Que toutes les choses sont faites pour elles principalement. Qu'elles forment ensemble la république de l'univers, dont Dieu est le monarque. Qu'il y a une parfaite justice et police observée dans cette cité de Dieu, et qu'il n'y a point de mauvaise action sans châtiment, ni de bonne sans une récompense proportionnée. Que plus on connaîtra les choses, plus on les trouvera belles et conformes aux souhaits qu'un sage pourrait former. Qu'il faut toujours être content de l'ordre du passé, parce qu'il est conforme à la volonté de Dieu absolue, qu'on connaît par l'événement ; mais qu'il faut tâcher de rendre l'avenir, autant qu'il dépend de nous, conforme à la volonté de Dieu présomptive ou à ses commandements, orner notre Sparte et travailler à faire du bien, sans se chagriner pourtant lorsque le succès y manque, dans la ferme créance que Dieu saura trouver le temps le plus propre aux changements en mieux. Que ceux qui ne sont pas contents de l'ordre des choses ne sauraient se vanter d'aimer Dieu comme il faut. Que la justice n'est autre chose que la charité du sage. Que la charité est une bienveillance universelle, dont le sage dispense l'exécution, conformément aux mesures de la raison, afin d'obtenir le plus grand bien.

Et que la sagesse est la science de la félicité ou des moyens de parvenir au contentement durable, qui consiste dans un acheminement continuel à une plus grande perfection, ou au moins dans la variation d'un même degré de perfection.

A l'égard de la physique, il faut entendre la nature de la force, toute différente du mouvement, qui est quelque chose de plus relatif. Qu'il faut mesurer cette force par la quantité de l'effet. Qu'il y a une force absolue, une force directive et une force respective. Que chacune de ces forces se conserve dans le même degré dans l'univers ou dans chaque machine non communiquante avec les autres, et que les deux dernières forces, prises ensemble, composent la première ou l'absolue. Mais qu'il ne se conserve pas la même quantité de mouvement, puisque je montre qu'autrement le mouvement perpétuel serait tout trouvé, et que l'effet serait plus puissant que sa cause.

Il y a déjà quelque temps que j'ai publié dans les *Actes de Leipsig* un essai physique, pour trouver les causes physiques des mouvements des astres. Je pose pour fondement que tout mouvement d'un solide dans le fluide, qui se fait en ligne courbe, ou dont la vélocité est continuellement difforme, vient du mouvement du fluide même. D'où je tire cette conséquence que les astres ont des orbes déférents, mais fluides. J'ai démontré une proposition importante générale, que tout corps qui se meut d'une circulation harmonique (c'est-à-dire en sorte que les distances du centre étant en progression arithmétique, les vélocités soient en progression harmonique, ou réciproques aux distances), et qui a de plus un mouvement paracentrique, c'est-à-dire de gravité ou de lévité à l'égard du même centre (quelque loi que garde cette attraction ou répulsion), a les aires nécessairement comme les temps, de la manière que Képler l'a observée dans les planètes. Puis considérant, *ex observationibus*, que ce mouvement est elliptique, je trouve que la loi du mouvement paracentrique, lequel, joint à la circulation harmonique, décrit des ellipses, doit être telle que les gravitations soient réciproquement comme les carrés des distances, c'est-à-dire comme les illuminations *ex sole*.

Je ne vous dirai rien de mon calcul des incréments ou différences, par lequel je donne les touchantes sans lever les irrationnelles et fractions, lors même que l'inconnue y est enveloppée, et j'assujettis les quadratures et problèmes transcendants à l'analyse.

Et je ne parlerai pas non plus d'une analyse toute nouvelle, propre à la géométrie, et différente entièrement de l'algèbre ; et moins encore de quelques autres choses, dont je n'ai pas encore eu le temps de donner des essais, que je souhaiterais de pouvoir toutes expliquer en peu de mots, pour en avoir votre sentiment, qui me servirait infiniment, si vous aviez autant de loisir que j'ai de déférence pour votre jugement. Mais votre temps est trop précieux, et ma lettre est déjà assez prolixe ; c'est pourquoi je finis ici, et je suis avec passion,

Monsieur,

Votre très humble et très obéissant serviteur,

Autre rédaction des deux paragraphes précédents.

Il y a déjà quelque temps que j'ai publié dans les *Actes de Leipsig* un essai pour trouver les causes physiques du mouvement des astres. Je pose pour fondement que tout mouvement d'un solide dans un fluide, qui se fait en ligne courbe, ou dont la vélocité est essentiellement difforme, vient du mouvement du fluide même. D'où je tire cette conséquence que les astres ont des orbes déférents, mais fluides, qu'on peut appeler tourbillons avec les Anciens et M. Descartes. Je crois qu'il n'y a point de vide ni atome, que ce sont des choses éloignées de la perfection des ouvrages de Dieu, et que tous les mouvements se propagent d'un corps à tout autre corps, quoique plus faiblement aux distances plus grandes. Supposant que tous les grands globes du monde ont quelque chose d'analogue avec l'aimant, je considère qu'outre une certaine direction qui fait qu'ils gardent le parallélisme de l'axe, ils ont une espèce d'attraction d'où naît quelque chose de semblable à la gravité, qu'on peut concevoir en supposant des rayons d'une matière qui tâche de s'éloigner du centre, qui pousse par conséquent vers le centre les autres qui n'ont pas le même effort. Et comparant ces rayons d'attraction avec ceux de la lumière, comme les corps sont illuminés, de même seront-ils attirés en raison réciproque des carrés des distances. Or ces choses s'accordent merveilleusement avec les phénomènes, et, Képler ayant trouvé généralement que les aires des orbites des astres taillées par les rayons tirés du soleil à l'orbite sont comme les temps, j'ai démontré une proposition importante générale, que tout corps qui se meut d'une circulation harmonique (c'est-à-dire en sorte que, les distances du centre étant en progression arithmétique, les vélocités sont en harmoniques ou réciproques aux distances), et qui a de plus un mouvement paracentrique, c'est-à-dire de gravité ou de lévité à l'égard du même centre (quelque loi que garde cette attraction ou répulsion), a les aires nécessairement comme les temps, de la manière que Képler a observée. Dans les planètes je conclus que les orbes fluides déférents des planètes circulent harmoniquement, et j'en rends encore raison à priori ; puis, considérant *ex observationibus* que ce mouvement est elliptique, je trouve que la loi du mouvement paracentrique (lequel, joint à la circulation harmonique, décrit des ellipses) doit être tel que les gravitations soient réciproquement comme les carrés des distances, c'est-à-dire justement comme nous l'avons trouvé ci-dessus à priori par les lois de la radiation. J'en déduis depuis des particularités et toutes les choses sont ébauchées dans ce que j'ai publié dans les *Actes de Leipsig* il y a déjà quelque temps.

LEIBNIZ.

A Venise, ce 23 mars 1690.

MEDITATIONES
DE COGNITIONE, VERITATE ET IDEIS

1684

(Acta Eruditorum Lipsiensum, ann. 1684. Nov., p. 537. — *Leibn. Opp. ed. Dutens.*
T. II, P. 1, p. 14.)

Quoniam hodie inter viros egregios de veris, et falsis ideis controversiæ agitantur eaque res magni ad veritatem cognoscendam momenti est, in qua nec ipse *Cartesius* usquequaque satisfecit ; placet quid mihi de discriminibus atque criteriis idearum et cognitionum statuendum videatur, explicare paucis. Est ergo cognitio vel *obscura*, vel *clara* ; et clara rursus vel *confusa* vel *distincta* ; et distincta, vel *inadæquata*, vel *adæquata* ; item vel *symbolica*, vel *intuitiva* : et quidem si simul adæquata, et intuitiva sit, perfectissima est.

Obscura est notio, quæ non sufficit ad rem repræsentatam agnoscendam, veluti si utcunque meminerim alicujus floris, aut animalis olim visi, non tamen quantum satis est, aut oblatum recognoscere, et ab aliquo vicino discernere possim ; vel si considerem aliquem terminum in scholis parum explicatum, ut entelechiam *Aristotelis*, aut causam prout communis est materiæ, formæ, efficienti, et fini, aliaque ejusmodi, de quibus nullam certam definitionem habemus : unde propositio quoque obscura fit, quam notio talis ingreditur. *Clara* ergo cognitio est, cum habeo unde rem repræsentatam agnoscere possim, eaque rursum est vel confusa, vel distincta. *Confusa*, cum scilicet non possum notas ad rem ab aliis discernendam sufficientes separatim enumerare, licet res illa tales notas, atque requisita revera habeat, in quæ notio ejus resolvi possit : ita colores, odores, sapores, aliaque peculiaria sensuum objecta satis clare quidem agnoscimus, et a se invicem discernimus, sed simplici sensuum testimonio, non vero notis enuntiabilibus ; ideo nec cœco explicare possumus, quid sit rubrum, nec aliis declarare talia possumus, nisi eos in rem præsentem ducendo, utque ut idem videant, olfaciant, aut gustent efficiendo, aut saltem præteritæ alicujus perceptionis similis eos admonendo : licet certum sit, notiones harum qualitatum compositas esse, et resolvi posse quippe cum causas suas habeant. Similiter videmus pictores aliosque artifices probe cognoscere, quid recte, quid vitiose factum sit, at judicii sui rationem reddere sæpe non posse, et quærenti dicere, se in re, quæ displicet, desiderare *nescio quid*. At *distincta notio* est qualem de auro habent Docimastæ per notas scilicet et examina sufficientia ad rem ab aliis omnibus corporibus similibus discernendam : tales habere solemus circa notiones pluribus sensibus communes, ut numeri, magnitudinis, figuræ, item circa multos affectus animi, ut spem, metum, verbo, circa omnia, quorum habemus *definitionem nominalem*, quæ nihil aliud est, quam enumeratio notarum sufficientium. Datur tamen et cognitio distincta notionis indefinibilis, quando ea est *primitiva*, sive nota sui ipsius, hoc est, cum est irresolubilis, ac non nisi per se intelligitur, atque adeo caret requisitis. In notionibus autem compositis, quia rursus notæ singulæ componentes interdum clare quidem, sed tamen confuse cognitæ sunt, ut gravitas, color, aqua fortis, aliaque quæ auri notas ingrediuntur, hinc talis cognitio auri licet distincta sit, *inadæquata* est tamen. Cum vero id omne quod notitiam distinctam ingreditur, rursus distincte cognitum est, seu cum analysis ad finem usque producta habetur, cognitio est *adæquata*, cujus exemplum perfectum nescio an homines dare possint ; valde tamen ad eam accedit notitia numerorum. Plerumque autem, præsertim in analysi longiore, non totam simul naturam rei intuemur, sed rerum loco signis utimur, quorum explicationem in præsenti,aliqua cogitatione compendii causa solemus prætermittere, scientes, aut credentes nos eam habere in potestate : ita cum chiliogonum, seu polygonum mille æqualium laterum cogito, non semper naturam lateris, et æqualitatis, et millenarii (seu cubi a denario) considero, sed vocabulis istis (quorum sensus obscure saltem, atque imperfecte menti obversatur) in animo utor loco idearum, quas de iis habeo, quoniam memini me significationem istorum vocabulorum habere, explicationem autem nunc judicio necessariam non esse ; qualem cogitationem *cæcam*, vel etiam *symbolicam* appellare soleo, qua et in Algebra, et in Arithmetica utimur, imo fere ubique. Et certe cum notio valde composita est, non possumus omnes ingredientes eam notiones simul cogitare : ubi tamen hoc licet, vel saltem in quantum licet, cognitionem voco *intuitivam*. Notionis distinctæ primitivæ non alia datur cognitio, quam intuitiva, ut compositarum plerumque cogitatio non nisi symbolica est.

Ex his jam patet, nos eorum quoque, quæ distincte cognoscimus, ideas non percipere, nisi quatenus cogitatione intuitiva utimur. Et sane contingit, ut nos sæpe falso credamus habere in animo *ideas* rerum, cum falso supponimus aliquos terminos, quibus utimur, jam a nobis fuisse explicatos : nec verum, aut certe ambiguitati obnoxium est, quod aiunt aliqui, non posse nos de re aliqua dicere, intelligendo quod dicimus, quin ejus habeamus ideam. Sæpe enim vocabula ista singula utcunque intelligimus, aut nos antea intellexisse meminimus, quia tamen hac cogitatione cæca contenti sumus, et resolutionem notionum non satis prosequimur, fit ut lateat nos contradictio, quam forte notio composita involvit. Hæc ut considerarem distinctius, fecit olim argumentum, dudum inter scholasticos celebre, et a *Cartesio* renovatum, pro existentia Dei, quod ita habet : Quicquid ex alicujus rei idea, sive definitione sequitur, id de re potest prædicari. Existentia ex Dei (sive Entis perfectissimi, vel quo majus cogitari non potest) idea sequitur. (Ens enim perfectissimum involvit omnes perfectiones, in quarum numero est etiam existentia.) Ergo existentia de Deo potest prædicari. Verum sciendum est, inde hoc tantum confici, si Deus est possibilis, sequitur quod existat ; nam definitionibus non possumus tuto uti ad concludendum, antequam sciamus eas esse reales, aut nullam involvere contradictionem. Cujus ratio est, quia de notionibus contradictionem involventibus simul possent concludi opposita, quod absurdum est. Soleo autem ad hoc declarandum uti exemplo motus celerrimi, qui absurdum implicat ; ponamus enim rotam aliquam celerrimo motu rotari, quis non videt, productum aliquem rotæ radium extremo suo celerius motum iri, quam in rotæ circumferentia clavum ; hujus ergo motus non est celerrimus, contra hypothesim. Interim prima fronte videri possit nos ideam motus celerrimi habere ; intelligimus enim utique quid dicamus, et tamen nullam utique habemus ideam rerum impossibilium. Eodem igitur modo non sufficit nos cogitare de Ente perfectissimo ut asseramus nos ejus ideam habere, et in hac allata paulo ante demonstratione possibilitas Entis perfectissimi aut ostendenda, aut supponenda est, ut recte concludamus. Interim nihil verius est, quam et nos Dei habere ideam, et Ens perfectissimum esse possibile, imo necessarium ; argumentum tamen non satis concludit, et jam ab *Aquinate* rejectum est.

Atque ita habemus quoque discrimen inter *definitiones nominales*, quæ notas tantum rei ab aliis discernendæ continent, et *reales*, ex quibus constat rem esse possibilem, et hac ratione satisfit *Hobbio*, qui veritates volebat esse arbitrarias, quia ex definitionibus nominalibus penderent, non considerans realitatem definitionis in arbitrio non esse, nec quaslibet notiones inter se posse conjungi. Nec definitiones nominales sufficiunt, ad perfectam scientiam, nisi quando aliunde constat rem definitam esse possibilem. Patet etiam, quæ tandem sit *idea vera*, quæ *falsa*, vera scilicet cum notio est possibilis, falsa cum contradictionem involvit. *Possibilitatem* autem rei vel a priori cognoscimus, vel a posteriori. Et quidem a priori, cum notionem resolvimus in sua requisita, seu in alias notiones cognitæ possibilitatis, nihilque in illis incompatibile esse scimus ; idque fit inter alia, cum intelligimus modum, quo res possit produci, unde præ cæteris utiles sunt *Definitiones causales :* a posteriori vero, cum rem actu existere experimur ; quod enim actu extitit, id utique possibile est. Et quidem quandocunque habetur cognitio adæquata, habetur et cognitio possibilitatis a priori ; perducta enim analysi ad finem, si nulla apparet contradictio, utique notio possibilis est. An vero unquam ab hominibus perfecta institui possit analysis notionum, sive an ad *prima possibilia*, ac notiones irresolubiles, sive (quod eodem redit) ipsa absoluta attributa Dei, nempe causas primas, atque ultimam rerum rationem, cogitationes suas reducere possint, nunc quidem definire non ausim. Plerumque contenti sumus, notionum quarundam realitatem experientia didicisse, unde postea alias componimus ad exemplum naturæ.

Hinc ergo tandem puto intelligi posse, non semper tuto provocari ad ideas, et multos specioso illo titulo ad imaginationes quasdam suas stabiliendas abuti ; neque enim statim ideam habemus rei, de qua nos cogitare sumus conscii, quod exemplo maximæ velocitatis paulo ante ostendi. Nec minus *abuti* video nostri temporis homines jactato illo principio : *quicquid clare, et distincte de re aliqua percipio, id est verum, seu de ea enuntiabile.* Sæpe enim clara, et distincta videntur hominibus temere judicantibus, quæ obscura et confusa sunt. Inutile ergo axioma est, nisi clari et distincti *criteria* adhibeantur, quæ tradidimus, et nisi constet de veritate idearum. De cætero non contemnenda veritatis enuntiationum criteria sunt regulæ *commu-*

nis Logicæ, quibus et Geometræ utuntur, ut scilicet nihil admittatur pro certo, nisi accurata experientia, vel firma demonstratione probatum (1) ; firma autem demonstratio est, quæ præscriptam a Logica formam servat, non quasi semper ordinatis scholarum more syllogismis opus sit (quales *Christianus Herlinus, et Conradus Dasypodius* in sex priores *Euclidis* libros exhibuerunt) sed ita saltem ut argumentatio concludat vi formæ qualis *argumentationis in forma* debita conceptæ exemplum etiam calculum aliquem legitimum esse dixeris ; itaque nec prætermittenda est aliqua præmissa necessaria, et omnes præmissæ jam ante, vel demonstratæ esse debent, vel saltem instar hypotheseos assumtæ, quo casu et conclusio hypothetica est. Hæc qui observabunt diligenter, facile ab ideis deceptricibus sibi cavebunt. His autem satis congruenter ingeniosissimus *Pasca-*

---

(1) Leibniz a souvent loué dans les *Nouveaux Essais* ceux qui ont essayé de démontrer les axiomes. Voici encore un passage du même genre tiré de la correspondance avec Bernouilli, 7 août 1696. [v. Virr. cel. *G. G. Leib.* et *Jo. Bern.* Commerc. philos. et math. Lausannæ et Genevæ, 1745. T. I, p. 96.] :

« Quod dixi, omnis Axiomatis a me demonstrationem desiderari, non temere dictum est : idque animadvertis opinor, si quando vacabit inspicere meditationes quasdam meas de ideis, quæ extant in Lipsiensium Actis. Excipio tamen Axiomata illa, quæ sunt indemonstrabilia, ipsas scilicet identicas propositiones. Cætera omnia, quæ scilicet possunt demonstrari, etiam utile est demonstrari cum aliqua magnimomenti Theoremata in iis fundantur. Idque etiam veteres viderunt. Unde Apollonius (in scriptis deperditis) et Proclus et alii Axiomata ab Euclide assumta demonstrare sunt conati. Eamque rem fructu non carere facile opinor concedes, quem tamen non vident, qui scientiarum utilitatem vulgari modulo metiuntur. Interim vides, ea limitatione, quam addidi et quam addendam esse prævideri poterat, non esse cur progressum in infinitum verearis in demonstrando. Unum addo : multum apud me interesse inter hæc duo, in dubium vocare propositionem, et demonstrationem ejus expetere; quod dum a te hic pro eodem habetur, hinc jam video, cur quæ dixeram de Axiomatibus demonstrandis mira tibi sint visa. Si Cartesius hoc tantum voluisset, cum de omnibus dubitandum dixit, quod ego desidero, nullo jure reprehenderetur ; sed ille dupliciter peccavit nimis dubitando et nimis facile a dubitatione discedendo. Illud ipsum quod objicis Axioma : Totum esse majus parte, opportune a Te offertur. Id certe numquam in dubium vocavi et tamen aliquando demonstrationem ejus expetii, imo inveni uno syllogismo comprehensam, innixo definitioni minoris et majoris et Axiomati identico : *Minus* enim definio, quod alterius (*majoris*) parti æquale est. Axioma autem identicum quod adhibeo est : Unumquodque æquale esse sibi ipsi, seu $a = a$. Hoc enim tamquam indemonstrabile sumo Sic ergo argumentor in syllogismo primæ figuræ :

« Quidquid est æquale parti totius, id toto minus est (per Definitionem *Minoris*). »

« Pars totius est æqualis parti totius (nempe sibi ipsi per Axioma identicum) »

Ergo pars totius toto minor est. Quod erat demonstrandum. Ita vides quomodo omnium demonstrationum a priori duo sint principia ultima, definitiones et Propositiones identicæ, quod etiam alibi a me notatum est. Atque hæc paulo latius deducere operæ pretium putavi ut pro æquitate Tua facilius me absolvas in posterum, si qua forte dicam obiter, quæ primo aspectu insipidiora videbuntur, aut speciem subterfugii habebunt, cum nihil sint minus.

lius in præclara dissertatione de ingenio Geometrico (cujus fragmentum extat in egregio Libro celeberrimi Viri *Antonii Arnaldi* de arte bene cogitandi) Geometræ esse ait definire omnes terminos *parumper* obscuros, et comprobare omnes veritates *parumper* dubias. Sed vellem definisset limites, quos ultra aliqua notio aut enuntiatio non amplius parumper obscura, aut dubia est. Verumtamen quid conveniat ex attenta eorum, quæ hic diximus, consideratione erui potest, nunc enim brevitati studemus.

Quod ad controversiam attinet, utrum omnia videamus in Deo (quæ utique vetus est sententia, et si sano sensu intelligatur, non omnino spernenda) an vero proprias ideas habeamus, sciendum est, etsi omnia in Deo videremus, necesse tamen esse ut habeamus et ideas proprias, id est non quasi icunculas quasdam, sed affectiones sive modificationes mentis nostræ, respondentes ad id ipsum, quod in Deo perciperemus : utique enim aliis cogitationibus subeuntibus aliqua in mente nostra mutatio fit ; rerum vero actu a nobis non cogitatarum ideæ sunt in mente nostra, ut figura Herculis in rudi marmore. At in Deo non tantum necesse est actu esse ideam extensionis absolutæ, atque infinitæ, sed et cujusque figuræ, quæ nihil aliud est quam extensionis absolutæ modificatio. Cæterum cum colores, aut odores percipimus, utique nullam aliam habemus, quam figurarum et motuum perceptionem, sed tam multiplicium, et exiguorum, ut mens nostra singulis distincte considerandis in hoc præsenti suo statu non sufficiat, et proinde non animadvertat perceptionem suam ex solis figurarum, et motuum minutissimorum perceptionibus compositam esse ; quemadmodum confusis flavi et cærulei pulvisculis viridem colorem percipiendo, nil nisi flavum et cæruleum minutissime mixta sentimus, licet non animadvertentes, potius novum aliquod Ens nobis fingentes.

LETTRE SUR LA QUESTION
SI L'ESSENCE DU CORPS
CONSISTE DANS L'ÉTENDUE

Journal des Savants, 18 juin 1691, page 259.

Vous me demandez, Monsieur, les raisons que j'ai de croire que l'idée du corps ou de la matière est autre que celle de l'étendue. Il est vrai, comme vous dites, que bien d'habiles gens sont prévenus aujourd'hui de ce sentiment, que l'essence du corps consiste dans la longueur, la largeur et la profondeur. Cependant il y en a encore qu'on ne peut accuser de trop d'attachement à la scholastique, qui ne sont pas contents.

M. Nicole, dans un endroit de ses *Essais*, témoigne être de ce nombre, et il lui semble qu'il y a plus de prévention que de lumière dans ceux qui ne paraissent pas effrayés des difficultés qui s'y rencontrent.

Il faudrait un discours fort ample pour expliquer bien distinctement ce que je pense là-dessus. Cependant voici quelques considérations que je soumets à votre jugement, dont je vous supplie de me faire part.

Si l'essence du corps consistait dans l'étendue, cette étendue seule devrait suffire pour rendre raison de toutes les propriétés du corps. Mais cela n'est point. Nous remarquons dans la matière une qualité que quelques-uns ont appelée l'inertie naturelle, par laquelle le corps résiste en quelque façon au mouvement; en sorte qu'il faut employer quelque force pour l'y mettre (faisant même abstraction de la pesanteur), et qu'un grand corps est plus difficilement ébranlé qu'un petit corps. Par exemple :

Fig. 1. ○ □
     A B

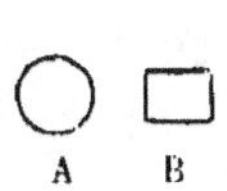

Si le corps A en mouvement rencontre le corps B en repos, il est clair que, si le corps B était indifférent au mouvement ou au repos, il se laisserait pousser par le corps A sans lui résister, et sans diminuer la vitesse, ou changer la direction du corps A ; et après le concours, A continuerait son chemin, et B irait avec lui de compagnie en le devançant. Mais il n'en est pas ainsi dans la nature. Plus le corps B est grand, plus il diminuera la vitesse avec laquelle vient le corps A, jusqu'à l'obliger même de réfléchir si B est beaucoup plus grand qu'A. Or, s'il n'y avait dans les corps que l'étendue, ou la situation, c'est-à-dire ce que les géomètres y connaissent, joint à la seule notion du changement, cette étendue serait entièrement indifférente à l'égard de ce changement ; et les résultats du concours des corps s'expliqueraient par la seule composition géométrique des mouvements ; c'est-à-dire le corps après le concours irait toujours d'un mouvement composé de l'impression qu'il avait avant le choc, et de celle qu'il recevrait du concourant, pour ne le pas empêcher, c'est-à-dire, en ce cas de rencontre, il irait avec la différence des deux vitesses, et du côté de la direction.

Comme la vélocité 2A 3A, ou 2B 3B, dans la figure 2, est la différence entre 1A 2A et 1B 2B ; et en ce cas d'atteinte, figure 3,

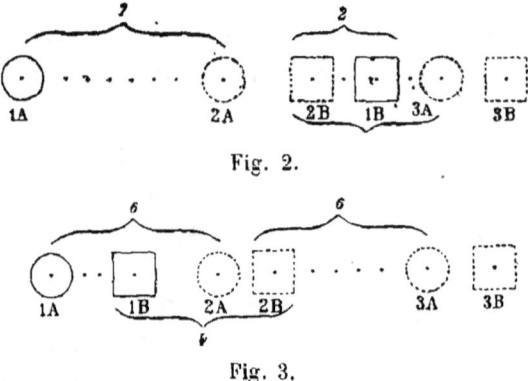

Fig. 2.

Fig. 3.

le plus prompt atteindrait un plus lent qui le devance, le plus lent recevrait la vitesse de l'autre, et généralement ils iraient toujours de compagnie après le concours ; et particulièrement, comme j'ai dit au commencement, celui qui est en mouvement emporterait avec lui celui qui est en repos, sans recevoir aucune diminution de sa vitesse, et sans qu'en tout ceci la grandeur, égalité ou inégalité des deux corps pût rien changer ; ce qui est entièrement inconciliable avec les expériences. Et quand on supposerait que la grandeur doit faire un changement au mouvement, on n'aurait point de principe pour déterminer le moyen de l'estimer en détail, et pour savoir la direction et la vitesse résultante. En tout cas, on pencherait à l'opinion de la conservation du mouvement ; au lieu que je crois avoir démontré que la même force se conserve (1), et que sa quantité est différente de la quantité du mouvement.

Tout cela fait connaître qu'il y a dans la matière quelque autre chose que ce qui est purement géométrique, c'est-à-dire que l'étendue et son changement, et son changement tout nu. Et, à le bien considérer, on s'aperçoit qu'il y faut joindre quelque notion supérieure ou métaphysique, savoir celle de la substance, action et force ; et ces notions portent que tout ce qui pâtit doit agir réciproquement, et que tout ce qui agit doit pâtir quelque réaction ; et par conséquent qu'un corps en repos ne doit pas être emporté par un autre en mouvement sans changer quelque chose de la direction et de la vitesse de l'agent.

Je demeure d'accord que naturellement tout corps est étendu, et qu'il n'y a point d'étendue sans corps. Il ne faut pas néanmoins confondre les notions du lieu, de l'espace, ou de l'étendue toute pure, avec la notion de la substance, qui outre l'étendue renferme la résistance, c'est-à-dire l'action et la passion.

Cette considération me paraît importante, non seulement pour connaître la nature de la substance étendue, mais aussi pour ne pas mépriser dans la physique les principes supérieurs et immatériels, au préjudice de la piété. Car, quoique je sois persuadé que tout se fait mécaniquement dans la nature corporelle, je ne laisse pas de croire aussi que les principes mêmes de la mécanique, c'est-à-dire les premières lois du mouvement, ont une origine plus sublime que celle que les pures mathématiques peuvent fournir. Et je m'imagine que, si cela était plus connu, ou mieux considéré, bien des personnes de piété n'auraient pas si mauvaise opinion de la philosophie corpusculaire, et les philosophes modernes joindraient mieux la connaissance de la nature à celle de son auteur.

Je ne m'étends pas sur d'autres raisons touchant la nature du corps ; car cela me mènerait trop loin.

(1) *Journal des Savants*, année 1686.

EXTRAIT D'UNE LETTRE

POUR SOUTENIR CE QU'IL Y A DE LUI DANS LE « JOURNAL
DES SAVANTS » DU 18 JUIN 1691

Journal des Savants, 5 janvier 1693.

Pour prouver que la nature du corps ne consiste pas dans l'étendue, je m'étais servi d'un argument expliqué dans le *Journal des Savants* du 18 juin 1691 dont le fondement est qu'on ne saurait rendre raison par la seule étendue de l'inertie naturelle des corps, c'est-à-dire de ce qui fait que la matière résiste au mouvement, ou bien de ce qui fait qu'un corps qui se meut déjà, ne saurait emporter avec soi un autre qui repose, sans en être retardé. Car l'étendue en elle-même étant indifférente au mouvement et au repos, rien ne devrait empêcher les deux corps d'aller de compagnie avec toute la vitesse du premier, qu'il tâche d'imprimer au second. A cela on répond dans le journal du 16 juillet de la même année (comme je n'ai appris que depuis peu) qu'effectivement le corps doit être indifférent au mouvement et au repos, supposé que son essence consiste à être seulement étendu ; mais que néanmoins un corps qui va pousser un autre corps en doit être retardé (non pas à cause de l'étendue, mais à cause de la force), parce que la même force qui était appliquée à un des corps est maintenant appliquée à tous les deux. Or la force qui meut un des corps avec une certaine vitesse doit mouvoir les deux ensemble avec moins de vitesse. C'est comme si l'on disait en autres termes que le corps, s'il consiste dans l'étendue, doit être indifférent au mouvement ; mais qu'effectivement n'y étant pas indifférent, puisqu'il résiste à ce qui lui en doit donner, il faut, outre la notion de l'étendue, employer celle de la force. Ainsi cette réponse m'accorde justement ce que je veux. Et en effet ceux qui sont pour le système des causes occasionnelles se sont déjà fort bien aperçus que la force et les lois du mouvement qui en dépendent ne peuvent être tirées de la seule étendue, et comme ils ont pris pour accordé qu'il n'y a que de l'étendue, ils ont été obligés de lui refuser la force et l'action, et d'avoir recours à la cause générale, qui est la pure volonté et action de Dieu. En quoi l'on peut dire qu'ils ont très bien raisonné *ex hypothesi*. Mais l'hypothèse n'a pas encore été démontrée ; et comme la conclusion paraît peu convenable en physique, il y a plus d'apparence de dire qu'il y a du défaut dans l'hypothèse (qui d'ailleurs souffre bien d'autres difficultés), et qu'on doit reconnaître dans la matière quelque chose de plus que ce qui consiste dans le seul rapport à l'étendue ; laquelle, tout comme l'espace, est incapable d'action et de résistance, qui n'appartient qu'aux substances. Ceux qui veulent que l'étendue même soit une substance renversent l'ordre des paroles aussi bien que des pensées. Outre l'étendue il faut avoir un sujet qui soit étendu, c'est-à-dire une substance à laquelle il appartienne d'être répétée ou continuée. Car l'étendue ne signifie qu'une répétition ou multiplicité continuée de ce qui est répandu ; une pluralité, continuité et coexistence des parties ; et par conséquent elle ne suffit point pour expliquer la nature même de la substance répandue ou répétée, dont la notion est antérieure à celle de sa répétition.

DE
PRIMÆ PHILOSOPHIÆ EMENDATIONE
ET DE NOTIONE SUBSTANTIÆ

.1694

(Acta Erudit. Lips., 1694, p. 110. — *Leibn.* Opp. ed. *Dutens.* T. II, P. 1, p. 18.)

Video plerosque, qui Mathematicis doctrinis delectantur, a Metaphysicis abhorrere, quod in illis lucem, in his tenebras animadvertant. Cujus rei potissimam causam esse arbitror, quod notiones generales, et quæ maxime omnibus notæ creduntur, humana negligentia atque inconstantia cogitandi ambiguæ atque obscuræ sunt factæ; et quæ vulgo afferuntur definitiones, ne nominales sunt quidem, adeo nihil explicant. Nec dubium est in cæteras disciplinas influxisse malum, quæ primæ illi atque architectonicæ subordinantur. Ita pro definitionibus lucidis natæ nobis sunt distinctiunculæ, pro axiomatibus vere universalibus regulæ topicæ, quæ sæpe pluribus franguntur instantiis, quam juvantur exemplis. Et tamen passim homines Metaphysicas voces necessitate quadam adhibent, et sibi blandientes, intelligere credunt, quæ loqui didicere. Nec vero substantiæ tantum, sed et causæ, et actionis, et relationis, et similitudinis, et plerorumque aliorum terminorum generalium notiones veras et fœcundas vulgo latere manifestum est. Unde nemo mirari debet, scientiam illam principem, quæ Primæ Philosophiæ nomine venit et *Aristoteli* dicta est desiderata seu quæsita (ζητουμένη) adhuc inter quærenda mansisse. Equidem *Plato* passim Dialogis vim notionum vestigat: idem facit *Aristoteles* in libris qui vulgo *Metaphysici* vocantur; multum tamen profecisse non apparet. Platonici posteriores ad loquendi portenta sunt lapsi; Aristotelicis, præsertim Scholasticis, movere magis quæstiones curæ fuit, quam finire. Nostris temporibus viri quidam insignes etiam ad Primam Philosophiam animum adjecere, non magno tamen hactenus successu. *Cartesium* attulisse aliqua egregia negari non potest, et recte inprimis *Platonis* studium revocasse abducendi mentem sensibus, et Academicas dubitationes utiliter subinde adhibuisse; sed mox inconstantia quadam vel affirmandi licentia scopo excidisse, nec certum ab incerto distinxisse, et proinde substantiæ corporeæ naturam in extensione præpostere collocasse, nec de unione animæ et corporis probas comprehensiones habuisse; quorum causa fuit, non intellecta substantiæ natura in universum. Nam saltu quodam ad gravissimas quæstiones solvendas processerat, notionibus ingredientibus non explicatis. Unde quantum absint a certitudine Meditationes ejus Metaphysicæ, non aliunde magis apparet, quam ex scripto ipsius, in quo, hortatu *Mersenni* et aliorum, Mathematico eas habitu vestire voluerat frustra. Video et alios viros acumine præstantes attigisse Metaphysica, et nonnulla profunde cogitasse ; sed ita involvisse tenebris, ut divinare magis appareat, quam demonstrare. Mihi vero in his magis quam in ipsis Mathematicis, luce et certitudine opus videtur, quia res Mathematicæ sua examina et comprobationes secum ferunt, quæ causa est potissima successus; sed in Metaphysicis hoc commodo caremus. Itaque peculiaris quædam proponendi ratio necessaria est, et velut filum in Labyrintho, cujus ope non minus quam Euclidea methodo ad calculi instar quæstiones resolvantur; servata nihilominus claritate, quæ nec popularibus sermonibus quicquam concedat.

Quanti autem ista sint momenti, inprimis apparebit ex *notione* substantiæ, quam ego assigno, quæ tam fœcunda est, ut inde veritates primariae, etiam circa Deum et mentes, et naturam corporum, eaeque partim cognitæ, sed parum demonstratæ, partim hactenus ignotæ, sed maximi per cæteras scientias usus futuræ, consequantur. Cujus rei ut aliquem gustum dem, dicam iterim, notionem *virium* seu virtutis (quam Germani vocant *Kraft*, Galli la *force*) cui ego explicandæ peculiarem *Dynamices* scientiam destinavi, plurimum lucis afferre ad veram *notionem* substantiæ intelligendam. Differt enim vis activa a potentia nuda vulgo scholis cognita, quod potentia activa Scholasticorum, seu facultas, nihil aliud est quam propinqua agendi possibilitas, quæ tamen aliena excitatione, et velut stimulo indiget ut in actum transferatur. Sed vis activa actum quemdam sive ἐντελέχειαν continet, atque inter facultatem agendi actionemque ipsam media est (1), et conatum involvit; atque ita per se ipsam in operationem fertur; nec auxiliis indiget, sed sola sublatione impedimenti. Quod exemplis gravis suspensi funem sustinentem intendentis, aut arcus tensi, illustrari potest. Etsi enim gravitas aut vis elastica mechanice explicari possint debeantque ex ætheris motu; ultima tamen ratio motus in materia, est vis in creatione impressa, quæ in unoquoque corpore inest, sed ipso conflictu corporum varie in natura limitatur et coercetur. Et hanc agendi virtutem omni substantiæ inesse ajo, semperque aliquam ex ea actionem nasci; adeoque nec ipsam substantiam corpoream (non magis quam spiritualem) ab agendo cessare unquam; quod illi non satis percepisse videntur; qui essentiam ejus in sola extentione, vel etiam impenetrabilitate collocaverunt, et corpus omnimode quiescens concipere sibi sunt visi. Apparebit etiam ex nostris meditationibus, substantiam creatam ab alia substantia creata non ipsam vim agendi, sed præexistentis jam nisus sui, sive virtutis agendi, limites tantummodo ac determinationem accipere; ut alia nunc taceam, ad solvendum illud problema difficile, de substantiarum operatione in se invicem, profutura.

(1) Conf. Système nouveau de la nature et de la communication des Substances, § 3.

SYSTÈME NOUVEAU DE LA NATURE

ET DE LA COMMUNICATION DES SUBSTANCES, AUSSI BIEN QUE DE L'UNION QU'IL Y A ENTRE L'AME ET LE CORPS

Journal des Savants, 27 juin 1695.

1. Il y a plusieurs années que j'ai conçu ce système, et que j'en ai communiqué avec de savants hommes, et surtout avec un des plus grands théologiens et philosophes de notre temps, qui, ayant appris quelques-uns de mes sentiments par une personne de la plus haute qualité, les avait trouvés fort paradoxes (1). Mais, ayant reçu mes éclaircissements, il se rétracta de la manière la plus généreuse et la plus édifiante du monde ; et ayant approuvé une partie de mes propositions, il fit cesser sa censure à l'égard des autres dont il ne demeurait pas encore d'accord. Depuis ce temps-là, j'ai continué mes méditations selon les occasions, pour ne donner au public que des opinions bien examinées, et j'ai tâché aussi de satisfaire aux objections faites contre mes essais de dynamique, qui ont de la liaison avec ceci. Enfin, des personnes considérables ayant désiré de voir mes sentiments plus éclaircis, j'ai hasardé ces méditations, quoiqu'elles ne soient nullement populaires, ni propres à être goûtées de toute sorte d'esprit. Je m'y suis porté principalement pour profiter des jugements de ceux qui sont éclairés en ces matières ; puisqu'il serait trop embarrassant de chercher et de sommer en particulier ceux qui seraient disposés à me donner des instructions, que je serai toujours bien aise de recevoir, pourvu que l'amour de la vérité y paraisse, plutôt que la passion pour les opinions dont on est prévenu.

2. Quoique je sois un de ceux qui ont fort travaillé sur les mathé-

---

(1) Allusion à la correspondance avec Ant. Arnauld.

matiques, je n'ai pas laissé de méditer sur la philosophie dès ma jeunesse; car il me paraissait toujours qu'il y avait moyen d'y établir quelque chose de solide par des démonstrations claires. J'avais pénétré bien avant dans le pays des scholastiques, lorsque les mathématiques et les auteurs modernes m'en firent sortir encore bien jeune. Leurs belles manières d'expliquer la nature mécaniquement me charmèrent, et je méprisais avec raison la méthode de ceux qui n'emploient que des formes ou des facultés, dont on n'apprend rien. Mais depuis, ayant tâché d'approfondir les principes mêmes de la mécanique, pour rendre raison des lois de la nature que l'expérience faisait connaître, je m'aperçus que la seule considération d'une masse étendue ne suffisait pas, et qu'il fallait employer encore la notion de la force, qui est très intelligible, quoiqu'elle soit du ressort de la métaphysique. Il me paraissait aussi que l'opinion de ceux qui transforment ou dégradent les bêtes en pures machines, quoiqu'elle semble possible, est hors d'apparence, et même contre l'ordre des choses.

3. Au commencement, lorsque je m'étais affranchi du joug d'Aristote, j'avais donné dans le vide et dans les atomes, car c'est ce qui remplit le mieux l'imagination; mais en étant revenu, après bien des méditations je m'aperçus qu'il est impossible de trouver les principes d'une véritable unité dans la matière seule, ou dans ce qui n'est que passif, puisque tout n'y est que collection ou amas de parties à l'infini. Or la multitude ne pouvant avoir sa réalité que des unités véritables, qui viennent d'ailleurs, et sont tout autre chose que les points dont il est constant que le continu ne saurait être composé; donc pour trouver ces unités réelles je fus contraint de recourir à un atome formel, puisqu'un être matériel ne saurait être en même temps matériel et parfaitement indivisible, ou doué d'une véritable unité. Il fallut donc rappeler et comme réhabiliter les formes substantielles, si décriées aujourd'hui; mais d'une manière qui les rendît intelligibles, et qui séparât l'usage qu'on en doit faire de l'abus qu'on en a fait. Je trouvai donc que leur nature consiste dans la force, et que de cela s'ensuit quelque chose d'analogique au sentiment et à l'appétit; et qu'ainsi il fallait les concevoir à l'imitation de la notion que nous avons des âmes. Mais, comme l'âme ne doit pas être employée pour rendre raison du détail de l'économie du corps de l'animal, je jugeai de même qu'il ne fallait pas employer ces formes pour expliquer les problèmes particuliers de la nature,

quoiqu'elles soient nécessaires pour établir de vrais principes généraux. Aristote les appelle entéléchies premières. Je les appelle, peut-être plus intelligiblement, forces primitives qui ne contiennent pas seulement l'acte ou le complément de la possibilité, mais encore une activité originale.

4. Je voyais que ces formes et ces Ames devaient être indivisibles, aussi bien que notre esprit, comme en effet je me souvenais que c'était le sentiment de saint Thomas à l'égard des âmes des bêtes. Mais cette nouveauté renouvelait les grandes difficultés de l'origine et de la durée des âmes et des formes. Car toute substance qui a une véritable unité, ne pouvant avoir son commencement ni sa fin que par miracle, il s'ensuit qu'elles ne sauraient commencer que par création, ni finir que par annihilation. Ainsi, excepté les âmes que Dieu veut encore créer exprès, j'étais obligé de reconnaître qu'il faut que les formes constitutives des substances aient été créées avec le monde, et qu'elles subsistent toujours. Aussi quelques scholastiques, comme Albert le Grand et Jean Bacon, avaient entrevu une partie de la vérité sur leur origine. Et la chose ne doit point paraître extraordinaire, puisqu'on ne donne aux formes que la durée, que les gassendistes accordent à leurs atomes.

5. Je jugeais pourtant qu'il n'y fallait point mêler indifféremment les esprits ni l'âme raisonnable, qui sont d'un ordre supérieur, et ont incomparablement plus de perfection que ces formes enfoncées dans la matière, étant comme de petits dieux au prix d'elles, faits à l'image de Dieu, et ayant en eux quelque rayon des lumières de la divinité. C'est pourquoi Dieu gouverne les esprits comme un prince gouverne ses sujets, et même comme un père a soin de ses enfants; au lieu qu'il dispose des autres substances comme un ingénieur manie ses machines. Ainsi les esprits ont des lois particulières qui les mettent au-dessus des révolutions de la matière; et on peut dire que tout le reste n'est fait que pour eux, ces révolutions mêmes étant accommodées à la félicité des bons et au châtiment des méchants.

6. Cependant, pour revenir aux formes ordinaires ou âmes matérielles, cette durée qu'il leur faut attribuer, à la place de celle qu'on avait attribuée aux atomes, pourrait faire douter si elles ne vont pas de corps en corps; ce qui serait la métempsycose, à peu près comme quelques philosophes ont cru la transmission du mouvement et celle des espèces. Mais cette imagination est bien éloignée de la nature des

choses. Il n'y a point de tel passage ; et c'est ici où les transformations de MM. Swammerdam, Malpighi et Leewenkoek, qui sont des plus excellents observateurs de notre temps, sont venues à mon secours et m'ont fait admettre plus aisément que l'animal, et toute autre substance organisée, ne commence point lorsque nous le croyons, et que sa génération apparente n'est qu'un développement et une espèce d'augmentation. Aussi ai-je remarqué que l'auteur de la *Recherche de la vérité*, M. Regis, M. Hartsoeker, et d'autres habiles hommes, n'ont pas été fort éloignés de ce sentiment.

7. Mais il restait encore la plus grande question, de ce que ces âmes ou ces formes deviennent par la mort de l'animal, ou par la destruction de l'individu de la substance organisée. Et c'est ce qui embarrasse le plus ; d'autant qu'il paraît peu raisonnable que les âmes restent inutilement dans un chaos de matière confuse. Cela m'a fait juger enfin qu'il n'y avait qu'un seul parti raisonnable à prendre ; et c'est celui de la conservation non seulement de l'âme, mais encore de l'animal même et de sa machine organique ; quoique la destruction des parties grossières l'ait réduit à une petitesse qui n'échappe pas moins à nos sens que celle où il était avant que de naître. Aussi n'y a-t-il personne qui puisse bien marquer le véritable temps de la mort, laquelle peut passer longtemps pour une simple suspension des actions notables, et dans le fond n'est jamais autre chose dans les simples animaux : témoin les ressuscitations des mouches noyées et puis ensevelies sous de la craie pulvérisée, et plusieurs exemples semblables qui font assez connaître qu'il y aurait bien d'autres ressuscitations, et de bien plus loin si les hommes étaient en état de remettre la machine. Et il y a de l'apparence que c'est de quelque chose d'approchant que le grand Démocrite a parlé, tout atomiste qu'il était, quoique Pline s'en moque. Il est donc naturel que l'animal ayant toujours été vivant et organisé (comme des personnes de grande pénétration commencent à le reconnaître), il le demeure aussi toujours. Et puisque ainsi il n'y a point de naissance ni de génération entièrement nouvelle de l'animal, il s'ensuit qu'il n'y en aura point d'extinction finale, ni de mort entière prise à la rigueur métaphysique ; et que, par conséquent, au lieu de la transmigration des âmes, il n'y a qu'une transformation d'un même animal, selon que les organes sont pliés différemment, et plus ou moins développés.

8. Cependant les âmes raisonnables suivent des lois bien plus

relevées, et sont exemptes de tout ce qui leur pourrait faire perdre la qualité de citoyens de la société des esprits ; Dieu y ayant si bien pourvu, que tous les changements de la matière ne leur sauraient faire perdre les qualités morales de leur personnalité. Et on peut dire que tout tend à la perfection, non seulement de l'univers en général, mais encore de ces créatures en particulier, qui sont destinées à tel degré de bonheur, que l'univers s'y trouve intéressé en vertu de la bonté divine qui se communique à un chacun autant que la souveraine sagesse le peut permettre.

9. Pour ce qui est du cours ordinaire des animaux et d'autres substances corporelles, dont on a cru jusqu'ici l'extinction entière et dont les changements dépendent plutôt des règles mécaniques que des lois morales, je remarquai avec plaisir que l'auteur du livre de la *Diète*, qu'on attribue à Hippocrate, avait entrevu quelque chose de la vérité, lorsqu'il a dit en termes exprès que les animaux ne naissent et ne meurent point, et que les choses qu'on croit commencer et périr ne font que paraître et disparaître. C'était aussi le sentiment de Parménide et de Melisse chez Aristote ; car ces anciens étaient plus solides qu'on ne croit.

10. Je suis le mieux disposé du monde à rendre justice aux modernes, cependant je trouve qu'ils ont porté la réforme trop loin ; entre autres en confondant les choses naturelles avec les artificielles, pour n'avoir pas eu d'assez grandes idées de la majesté de la nature. Ils conçoivent que la différence qu'il y a entre ses machines et les nôtres n'est que du grand au petit. Ce qui a fait dire depuis peu à un très habile homme, auteur des *Entretiens sur la pluralité des mondes*, qu'en regardant la nature de près on la trouve moins admirable qu'on n'avait cru, n'étant que comme la boutique d'un ouvrier. Je crois que ce n'est pas en donner une idée assez digne d'elle, et il n'y a que notre système qui fasse connaître enfin la véritable et immense distance qu'il y a entre les moindres productions et mécanisme de la sagesse divine, et entre les plus grands chefs-d'œuvre de l'art d'un esprit borné ; cette différence ne consistant pas seulement dans le degré, mais dans le genre même. Il faut donc savoir que les machines de la nature ont un nombre d'organes véritablement infini, et sont si bien munies et à l'épreuve de tous les accidents, qu'il n'est pas possible de les détruire. Une machine naturelle demeure encore machine dans ses moindres parties, et, qui plus est, elle demeure toujours cette même machine qu'elle a été,

n'étant que transformée par de différents plis qu'elle reçoit, et tantôt étendue et tantôt resserrée et comme concentrée, lorsqu'on croit qu'elle est perdue.

11. De plus, par le moyen de l'âme ou de la forme, il y a une véritable unité qui répond à ce qu'on appelle moi en nous ; ce qui ne saurait avoir lieu ni dans les machines de l'art, ni dans la simple masse de la matière, quelque organisée qu'elle puisse être, qu'on ne peut considérer que comme une armée ou un troupeau, ou comme un étang plein de poissons, ou comme une montre composée de ressorts et de roues. Cependant, s'il n'y avait pas de véritables unités substantielles, il n'y aurait rien de substantiel ni de réel dans la collection. C'était ce qui avait forcé M. Cordemoy à abandonner Descartes, en embrassant la doctrine des atomes de Démocrite, pour trouver une véritable unité. Mais les atomes de matière sont contraires à la raison, outre qu'ils sont encore composés de parties, puisque l'attachement invincible d'une partie à l'autre (quand on le pourrait concevoir ou supposer avec raison) ne détruirait point leur diversité. Il n'y a que les atomes de substance, c'est-à-dire les unités réelles et absolument destituées de parties, qui soient les sources des actions, et les premiers principes absolus de la composition des choses, et comme les derniers éléments de l'analyse des substances. On les pourrait appeler *points métaphysiques* : ils ont quelque chose de vital et une espèce de perception, et les points mathématiques sont leur point de vue, pour exprimer l'univers. Mais quand les substances corporelles sont resserrées, tous leurs organes ensemble ne font qu'un point physique à notre égard. Ainsi les points physiques ne sont indivisibles qu'en apparence : les points mathématiques sont exacts, mais ce ne sont que des modalités : il n'y a que les points métaphysiques ou de substance (constitués par les formes ou âmes) qui soient exacts et réels ; et sans eux il n'y aurait rien de réel, puisque, sans les véritables unités, il n'y aurait point de multitude.

12. Après avoir établi ces choses, je croyais entrer dans le port ; mais lorsque je me mis à méditer sur l'union de l'âme avec le corps, je fus comme rejeté en pleine mer. Car je ne trouvais aucun moyen d'expliquer comment le corps fait passer quelque chose dans l'âme, ou *vice versa* ; ni comment une substance peut communiquer avec une autre substance créée. M. Descartes avait quitté la partie là-dessus, autant qu'on le peut connaître par ses écrits ; mais ses disciples, voyant que l'opinion commune est inconcevable, jugèrent que

nous sentons les qualités des corps, parce que Dieu fait naître des pensées dans l'âme à l'occasion des mouvements de la matière ; et lorsque notre âme veut remuer le corps à son tour, ils jugèrent que c'est Dieu qui le remue pour elle. Et comme la communication des mouvements leur paraissait encore inconcevable, ils ont cru que Dieu donne du mouvement à un corps à l'occasion du mouvement d'un autre corps. C'est ce qu'ils appellent le Système des Causes occasionnelles, qui a été fort mis en vogue par les belles réflexions de l'auteur de la Recherche de la Vérité.

13. Il faut avouer qu'on a bien pénétré dans la difficulté, en disant ce qui ne se peut point ; mais il ne paraît pas qu'on l'ait levée en expliquant ce qui se fait effectivement. Il est bien vrai qu'il n'y a point d'influence réelle d'une substance créée sur l'autre, en parlant selon la rigueur métaphysique, et que toutes les choses, avec toutes leurs réalités, sont continuellement produites par la vertu de Dieu ; mais pour résoudre des problèmes, ce n'est pas assez d'employer la cause générale, et de faire venir ce qu'on appelle *Deum ex machina*. Car, lorsque cela se fait sans qu'il y ait autre explication qui se puisse tirer de l'ordre des causes secondes, c'est proprement recourir au miracle. En philosophie il faut tâcher de rendre raison, en faisant connaître de quelle façon les choses s'exécutent par la sagesse divine, conformément à la notion du sujet dont il s'agit.

14. Étant donc obligé d'accorder qu'il n'est pas possible que l'âme ou quelque autre véritable substance puisse recevoir quelque chose par dehors, si ce n'est par la toute-puissance divine, je fus conduit insensiblement à un sentiment qui me surprit, mais qui paraît inévitable, et qui en effet a des avantages très grands et des beautés très considérables. C'est qu'il faut donc dire que Dieu a créé d'abord l'âme, ou toute autre unité réelle, en sorte que tout lui naisse de son propre fonds, par une parfaite spontanéité à l'égard d'elle-même, et pourtant avec une parfaite conformité aux choses de dehors. Et qu'ainsi nos sentiments intérieurs, c'est-à-dire qui sont dans l'âme même, et non dans le cerveau, ni dans les parties subtiles du corps, n'étant que des phénomènes suivis sur les êtres externes, ou bien des apparences véritables et comme des songes bien réglés, il faut que ces perceptions internes dans l'âme même lui arrivent par sa propre constitution originale, c'est-à-dire par la nature représentative (capable d'exprimer les êtres hors d'elle par rapport à ses organes) qui lui a été donnée dès sa création, et qui

fait son caractère individuel. Et c'est ce qui fait que chacune de ces substances, représentant exactement tout l'univers à sa manière, et suivant un certain point de vue, et les perceptions des choses externes arrivant à l'âme à point nommé, en vertu de ses propres lois, comme dans le monde à part, et comme s'il n'existait rien que Dieu et elle (pour me servir de la manière de parler d'une certaine personne d'une grande élévation d'esprit, dont la sainteté est célébrée), il y aura un parfait accord entre toutes ces substances, qui fait le même effet qu'on remarquerait si elles communiquaient ensemble par une transmission des espèces, ou des qualités que le vulgaire des philosophes imagine. De plus, la masse organisée, dans laquelle est le point de vue de l'âme, étant exprimée plus prochainement, et se trouvant réciproquement prête à agir d'elle-même, suivant les lois de la machine corporelle, dans le moment que l'âme le veut, sans que l'un trouble les lois de l'autre, les esprits et le sang ayant justement alors les mouvements qu'il leur faut pour répondre aux passions et aux perceptions de l'âme ; c'est ce rapport mutuel réglé par avance dans chaque substance de l'univers, qui produit ce que nous appelons leur communication, et qui fait uniquement l'union de l'âme et du corps. Et l'on peut entendre par là comment l'âme a son siège dans le corps par une présence immédiate, qui ne saurait être plus grande, puisqu'elle y est comme l'unité est dans le résultat des unités qui est la multitude.

15. Cette hypothèse est très possible. Car pourquoi Dieu ne pourrait-il pas donner d'abord à la substance une nature ou force interne qui lui pût produire par ordre (comme dans un automate spirituel ou formel, mais libre en celle qui a la raison en partage) tout ce qui lui arrivera, c'est-à-dire toutes les apparences ou expressions qu'elle aura, et cela sans le secours d'aucune créature? D'autant plus que la nature de la substance demande nécessairement et enveloppe essentiellement un progrès ou un changement, sans lequel elle n'aurait point de force d'agir. Et cette nature de l'âme étant représentative de l'univers d'une manière très exacte, quoique plus ou moins distincte, la suite des représentations que l'âme se produit répondra naturellement à la suite des changements de l'univers même : comme en échange le corps a aussi été accommodé à l'âme, pour les rencontres où elle est conçue comme agissante au dehors ; ce qui est d'autant plus raisonnable, que les corps ne sont faits que pour les esprits seuls capables d'entrer en société avec Dieu, et de

célébrer sa gloire. Ainsi, dès qu'on voit la possibilité de cette hypothèse des accords, on voit aussi qu'elle est la plus raisonnable, et qu'elle donne une merveilleuse idée de l'harmonie de l'univers et de la perfection des ouvrages de Dieu.

16. Il s'y trouve aussi ce grand avantage, qu'au lieu de dire que nous ne sommes libres qu'en apparence et d'une manière suffisante à la pratique, comme plusieurs personnes d'esprit ont cru, il faut dire plutôt que nous ne sommes entraînés qu'en apparence, et que, dans la rigueur des expressions métaphysiques, nous sommes dans une parfaite indépendance à l'égard de l'influence de toutes les autres créatures. Ce qui met encore dans un jour merveilleux l'immortalité de notre âme, et la conservation toujours uniforme de notre individu, parfaitement bien réglée par sa propre nature, à l'abri de tous les accidents du dehors, quelque apparence qu'il y ait du contraire. Jamais système n'a mis notre élévation dans une plus grande évidence. Tout esprit étant comme un monde à part, suffisant à lui-même, indépendant de toute autre créature, enveloppant l'infini, exprimant l'univers, est aussi durable, aussi subsistant et aussi absolu que l'univers même des créatures. Ainsi on doit juger qu'il y doit toujours faire figure de la manière la plus propre à contribuer à la perfection de la société de tous les esprits, qui fait leur union morale dans la Cité de Dieu. On y trouve aussi une nouvelle preuve de l'existence de Dieu, qui est d'une clarté surprenante. Car ce parfait accord de tant de substances qui n'ont point de communication ensemble ne saurait venir que de la cause commune.

17. Outre tous ces avantages qui rendent cette hypothèse recommandable, on peut dire que c'est quelque chose de plus qu'une hypothèse, puisqu'il ne paraît guère possible d'expliquer les choses d'une autre manière intelligible, et que plusieurs grandes difficultés qui ont jusqu'ici exercé les esprits semblent disparaître d'elles-mêmes quand on l'a bien comprise. Les manières de parler ordinaires se sauvent encore très bien. Car on peut dire que la substance dont la disposition rend raison du changement d'une manière intelligible (en sorte qu'on peut juger que c'est à elle que les autres ont été accommodées en ce point dès le commencement, selon l'ordre des décrets de Dieu) est celle qu'on doit concevoir en cela, comme agissante ensuite sur les autres. Aussi l'action d'une substance sur l'autre n'est pas une émission ni une transplantation d'une entité, comme le vulgaire le conçoit, et ne saurait être prise raisonnable-

ment que de la manière que je viens de dire. Il est vrai qu'on conçoit fort bien dans la matière et des émissions et des réceptions des parties, par lesquelles on a raison d'expliquer mécaniquement tous les phénomènes de la physique ; mais, comme la masse matérielle n'est pas une substance, il est visible que l'action à l'égard de la substance même ne saurait être que ce que je viens de dire.

18. Ces considérations, quelque métaphysiques qu'elles paraissent, ont encore un merveilleux usage dans la physique pour établir les lois du mouvement, comme nos dynamiques le pourront faire connaître. Car on peut dire que dans le choc des corps chacun ne souffre que par son propre ressort, cause du mouvement qui est déjà en lui. Et quant au mouvement absolu, rien ne peut le déterminer mathématiquement, puisque tout termine en rapports : ce qui fait qu'il y a toujours une parfaite équivalence des hypothèses, comme dans l'astronomie ; en sorte que, quelque nombre des corps qu'on prenne, il est arbitraire d'assigner le repos ou un tel degré de vitesse à celui qu'on voudra choisir, sans que les phénomènes du mouvement droit, circulaire, ou composé, le puissent réfuter. Cependant il est raisonnable d'attribuer aux corps des véritables mouvements, suivant la supposition qui rend raison des phénomènes, de la manière la plus intelligible, cette dénomination étant conforme à la notion de l'action que nous venons d'établir.

RÉPONSE DE M. FOUCHER A M. LEIBNIZ

SUR SON NOUVEAU SYSTÈME

DE LA CONNAISSANCE DES SUBSTANCES

Journal des Savants, 12 septembre 1695.

Quoique votre système, Monsieur, ne soit pas nouveau pour moi, et que je vous aie déclaré en partie mon sentiment, en répondant à une lettre que vous m'aviez écrite sur ce sujet il y a plus de dix ans, je ne laisserai pas de vous dire encore ici ce que j'en pense, puisque vous m'y invitez de nouveau.

La première partie ne tend qu'à faire reconnaître dans toutes les substances des unités qui constituent leur réalité et, les distinguant des autres, forment, pour parler à la manière de l'école, leur individuation ; et c'est ce que vous remarquez premièrement au sujet de la matière, ou de l'étendue. Je demeure d'accord avec vous qu'on a raison de demander des unités qui fassent la composition et la réalité de l'étendue. Car sans cela, comme vous remarquez fort bien, une étendue toujours divisible n'est qu'un composé chimérique dont les principes n'existent point, puisque sans unités il n'y a point de multitude véritablement. Cependant je m'étonne que l'on s'endorme sur cette question : car les principes essentiels de l'étendue ne sauraient exister réellement. En effet, des points sans parties ne peuvent être dans l'univers, et deux points joints ensemble ne forment aucune extension : il est impossible qu'aucune longueur subsiste sans largeur, ni aucune superficie sans profondeur. Et il ne sert de rien d'apporter des points physiques, puisque ces points sont étendus et renferment toutes les difficultés qu'on voudrait éviter. Mais je ne m'arrêterai pas davantage sur ce sujet, sur lequel nous avons déjà disputé vous et moi dans les journaux du seizième mars 1693 et du troisième août de la même année.

Vous apportez d'autre part une autre sorte d'unités, qui sont, à proprement parler, des unités de composition, ou de relation, et qui regardent la perfection, ou l'achèvement d'un tout, lequel est destiné à quelques fonctions, étant organique : par exemple, une horloge est une, un animal est un ; et vous croyez donner le nom de formes substantielles aux unités naturelles des animaux et des plantes, en sorte que ces unités fassent leur individuation, en les distinguant de tout autre composé. Il me semble que vous avez raison de donner aux animaux un principe d'individuation, autre que celui qu'on a coutume de leur donner, qui n'est que par rapport à des accidents extérieurs. Effectivement il faut que ce principe soit interne, tant de la part de leur âme que de leur corps : mais, quelque disposition qu'il puisse y avoir dans les organes de l'animal, cela ne suffit pas pour le rendre sensible ; car enfin tout cela ne regarde que la composition organique et machinale ; et je ne vois pas que vous ayez raison par là de constituer un principe sensitif dans les bêtes, différent substantiellement de celui des hommes : et après tout ce n'est pas sans sujet que les cartésiens reconnaissent que, si on admet un principe sensitif, capable de distinguer le bien du mal dans les animaux, il est nécessaire aussi par conséquent d'y admettre de la raison, du discernement et du jugement. Ainsi permettez-moi de vous dire, Monsieur, que cela ne résout point non plus la difficulté.

Venons à notre concomitance, qui fait la principale et la seconde partie de votre système. On vous accordera que Dieu, ce grand artisan de l'univers, peut si bien ajuster toutes les parties organiques du corps d'un homme, qu'elles soient capables de produire tous les mouvements que l'âme jointe à ce corps voudra produire dans le cours de sa vie, sans qu'elle ait le pouvoir de changer ces mouvements ni de les modifier en aucune manière, et que réciproquement Dieu peut faire une construction dans l'âme (soit que ce soit une machine d'une nouvelle espèce, ou non) par le moyen de laquelle toutes les pensées et modifications, qui correspondent à ces mouvements, puissent naître successivement dans le même moment que le corps fera ses fonctions, et que cela n'est pas plus impossible que de faire que deux horloges s'accordent si bien, et agissent si uniformément, que dans le moment que l'horloge A sonnera midi, l'horloge B le sonne aussi, en sorte que l'on s'imagine que les deux horloges ne soient conduites que par un même poids ou un même ressort. Mais, après tout, à quoi peut servir tout ce grand artifice dans les substances, sinon pour faire croire que les unes agissent sur les autres, quoique cela ne soit pas? En vérité, il me semble que ce système n'est guère plus avantageux que celui des cartésiens; et si on a raison de rejeter le leur, parce qu'il suppose inutilement que Dieu considérant les mouvements qu'il produit lui-même dans le corps, produit aussi dans l'âme des pensées qui correspondent à ces mouvements; comme s'il n'était pas plus digne de lui produire tout d'un coup les pensées et modifications de l'âme, sans qu'il y ait des corps qui lui servent comme de règle et, pour ainsi dire, lui apprennent ce qu'il doit faire; n'aura-t-on pas sujet de vous demander pourquoi Dieu ne se contente point de produire toutes les pensées et modifications de l'âme; soit qu'il le fasse immédiatement ou par artifice, comme vous voudriez, sans qu'il y ait des corps inutiles que l'esprit ne saurait ni remuer ni connaître? jusque-là que quand il n'arriverait aucun mouvement dans ces corps, l'âme ne laisserait pas toujours de penser qu'il y en aurait; de même que ceux qui sont endormis croient remuer leurs membres et marcher lorsque néanmoins ces membres sont en repos, ne se meuvent point du tout. Ainsi pendant la veille des âmes demeureraient toujours persuadées que leurs corps se mouvraient suivant leurs volontés, quoique pourtant ces masses vaines et inutiles fussent dans l'inaction et demeurassent dans une continuelle léthargie. En vérité, Monsieur, ne voit-on pas que ces opinions sont faites exprès, et que ces systèmes venant après coup n'ont été fabriqués que pour sauver certains principes dont on est prévenu? En effet, les cartésiens, supposant qu'il n'y a rien de commun entre les substances spirituelles et les corporelles, ne peuvent expliquer comment les unes agissent sur les autres: et par conséquent ils en sont réduits à dire ce qu'ils disent. Mais vous, Monsieur, qui pourriez vous en démêler par d'autres voies, je m'étonne de ce que vous vous embarrassez de leurs difficultés. Car qui est-ce qui ne conçoit qu'une balance étant en équilibre et sans action, si on ajoute un poids nouveau à l'un des côtés, incontinent on voit du mouvement, et l'un des contrepoids fait monter l'autre, malgré l'effort qu'il fait pour descendre. Vous concevez que les êtres matériels sont capables d'efforts et de mouvement; et il s'ensuit fort naturellement que le plus grand effort doit surmonter le plus faible.

D'autre part, vous reconnaissez aussi que les êtres spirituels peuvent faire des efforts ; et comme il n'y a point d'effort qui ne suppose quelque résistance, il est nécessaire ou que cette résistance se trouve plus forte ou plus faible ; si plus forte, elle surmonte ; si plus faible, elle cède. Or il n'est pas impossible que l'esprit faisant effort pour mouvoir le corps, le trouve muni d'un effort contraire qui lui résiste tantôt plus, tantôt moins, et cela suffit pour faire qu'il en souffre. C'est ainsi que saint Augustin explique de dessein formé, dans ses livres de la musique, l'action des esprits sur le corps.

Je sais qu'il y a bien encore des questions à faire avant que d'avoir résolu toutes celles que l'on peut agiter, depuis les premiers principes ; tant il est vrai que l'on doit observer les lois des académiciens, dont la seconde défend de mettre en question les choses que l'on voit bien ne pouvoir décider, comme sont presque toutes celles dont nous venons de parler ; non pas que ces questions soient absolument irrésolubles, mais parce qu'elles ne le sont que dans un certain ordre qui demande que les philosophes commencent à s'accorder pour la marque infaillible de la vérité, et s'assujettissent aux démonstrations depuis les premiers principes : et en attendant, on peut toujours séparer ce que l'on conçoit clairement et suffisamment, des autres points ou sujets qui renferment quelque obscurité.

Voilà, Monsieur, ce que je puis dire présentement de votre système, sans parler des autres beaux sujets que vous y traitez par occasion et qui mériteraient une discussion particulière.

ÉCLAIRCISSEMENT DU NOUVEAU SYSTÈME

DE LA

COMMUNICATION DES SUBSTANCES

POUR SERVIR DE RÉPONSE AU MÉMOIRE DE M. FOUCHER
INSÉRÉ DANS LE « JOURNAL DES SAVANTS », 2 ET 9 AVRIL 1696

1696

Je me souviens, Monsieur, que je crus satisfaire à votre désir en vous communiquant mon hypothèse de philosophie, il y a plusieurs années, quoique ce fût en vous témoignant en même temps que je n'avais pas encore résolu de l'avouer. Je vous en demandai votre sentiment en échange ; mais je ne me souviens pas d'avoir reçu de vous des objections ; autrement, étant docile comme je suis, je ne vous aurais point donné sujet de me faire deux fois les mêmes. Cependant elles viennent encore à temps après la publication. Car je ne suis pas de ceux à qui l'engagement tient lieu de raison, comme vous l'éprouverez quand vous pourrez avoir apporté quelque raison précise et pressante contre mes opinions ; ce qui apparemment n'a pas été votre dessein en cette occasion. Vous avez voulu parler en académicien habile, et donner lieu par là d'approfondir les choses.

Je n'ai point voulu expliquer ici les principes de l'étendue, mais ceux de l'étendu effectif ou de la masse corporelle ; et ces principes, selon moi, sont les unités réelles, c'est-à-dire les substances douées d'une véritable unité. L'unité d'une horloge, dont vous faites mention, est tout autre chez moi que celle d'un animal : celui-ci pouvant être une substance douée d'une véritable unité comme ce qu'on appelle moi en nous ; au lieu qu'une horloge n'est autre chose qu'un assemblage. Ce n'est pas dans la disposition des organes que je mets le principe sensitif des animaux ; et je demeure d'accord qu'elle ne regarde que la masse corporelle. Aussi semble-t-il que vous ne me donnez point de tort lorsque je demande des unités véritables, et que cela me fait réhabiliter les formes substantielles. Mais lorsque vous semblez dire que l'âme des bêtes doit avoir de la raison ; si on lui donne du sentiment, vous vous servez d'une conséquence dont je ne vois point la force.

Vous reconnaissez avec une sincérité louable que mon hypothèse de l'harmonie ou de la concomitance est possible. Mais vous ne laissez pas d'y avoir quelque répugnance ; sans doute parce que vous l'avez crue purement arbitraire, pour n'avoir point été informé qu'elle suit de mon sentiment des unités ; car tout y est lié. Vous demandez donc, Monsieur, à quoi peut servir tout cet artifice, que j'attribue à l'Auteur de la Nature ? comme si on lui en pouvait trop attribuer, et comme si cette exacte correspondance que les substances ont entre elles par les lois propres, que chacune a reçues d'abord, n'était pas une chose admirablement belle en elle-même et digne de son auteur. Vous demandez aussi quel avantage j'y trouve ? Je pourrais me rapporter à ce que j'en ai déjà dit ; néanmoins je réponds, premièrement : que, lorsqu'une chose ne saurait manquer d'être, il n'est pas nécessaire, pour l'admettre, qu'on demande à quoi elle peut servir ? A quoi sert l'incommensurabilité du côté avec la diagonale ? Je réponds, en second lieu, que cette correspondance sert à expliquer la communication des substances, et l'union de l'âme avec le corps par les lois de la nature établies par avance, sans avoir recours ni à une transmission des espèces, qui est inconcevable, ni à un nouveau secours de Dieu, qui paraît peu convenable. Car il faut savoir que, comme il y a des lois de la nature dans la matière, il y en a aussi dans les âmes ou formes ; et ces lois portent ce que je viens de dire.

On me demandera encore d'où vient que Dieu ne se contente point de produire toutes les pensées et les modifications de l'âme, sans ces corps inutiles, que l'âme ne saurait, dit-on, ni remuer ni connaître ? La réponse est aisée. C'est que Dieu a voulu qu'il y eût plutôt plus que moins de substances, et qu'il a trouvé bon que ces modifications de l'âme répondissent à quelque chose de dehors. Il n'y a point de substance inutile ; elles concourent toutes au dessein de Dieu. Je n'ai garde aussi d'admettre que l'âme ne connaît point les corps, quoique cette connaissance se fasse sans influence de l'un sur l'autre. Je ne ferai pas même difficulté de dire que l'âme remue le corps ; et comme un copernicien parle véritablement du lever du soleil, un platonicien de la réalité de la matière, un cartésien de celle des qualités sensibles, pourvu qu'on l'entende sainement, je crois de même qu'il est très vrai de dire que les substances agissent les unes sur les autres, pourvu qu'on entende que l'une est cause des changements dans l'autre en conséquence des lois de l'harmonie. Ce qui est objecté touchant la léthargie des corps, qui seraient sans action pendant que l'âme les croirait en mouvement, ne saurait être à cause de cette même correspondance immanquable, que la sagesse divine a établie. Je ne connais point ces masses vaines, inutiles et dans l'inaction, dont on parle. Il y a de l'action partout, et je l'établis plus que la philosophie reçue ; parce que je crois qu'il n'y a point de corps sans mouvement, ni de substance sans effort.

Je n'entends pas en quoi consiste l'objection comprise dans ces paroles : « En vérité, Monsieur, ne voit-on pas que ces opinions sont faites exprès, et que ces systèmes venant après coup n'ont été fabriqués que pour sauver certains principes ? » Toutes les hypothèses sont faites exprès, et tous les systèmes viennent après coup, pour sauver les phénomènes ou les apparences ; mais je ne vois pas quels sont les principes dont on dit que je suis prévenu, et que je veux sauver. Si cela veut dire que je suis porté à mon hypothèse encore par des raisons à priori, ou par de certains principes, comme cela est ainsi en effet ; c'est plutôt une louange de l'hypothèse qu'une objection. Il suffit communément qu'une hypothèse se trouve à posteriori, parce qu'elle satisfait aux phénomènes ; mais, quand on en a encore des raisons d'ailleurs, et à priori, c'est tant mieux. Mais peut-être que cela veut dire que, m'étant forgé une opinion nouvelle, j'ai été bien aise de l'employer, plutôt pour me donner des airs de nouveauté, que pour que j'y aie reconnu de l'utilité. Je ne sais, Monsieur, si vous avez assez mauvaise opinion de moi, pour m'attribuer ces pensées. Car vous savez que j'aime la vérité, et que, si j'affectais tant les nouveautés, j'aurais plus d'empressement à les produire, même celles dont la solidité est reconnue. Mais, afin que ceux qui me connaissent moins ne donnent point à vos paroles un sens contraire à mes intentions, il suffira de dire, qu'à mon avis, il est impossible d'expliquer autrement l'action émanente conforme aux lois de la nature, et que j'ai cru que l'usage de mon hypothèse se reconnaîtrait par la difficulté que des plus habiles philosophes de notre temps ont trouvée dans la communication des esprits et des corps, et même des substances corporelles entre elles : et je ne sais si vous n'y en avez point trouvé vous-même. Il est vrai qu'il y a, selon moi, des efforts dans toutes les substances ; mais ces efforts ne sont proprement que dans la substance même; et ce qui s'ensuit dans les autres n'est qu'en vertu d'une harmonie préétablie (s'il m'est permis d'employer ce mot), et nullement par une influence réelle, ou par une transmission de quelque espèce ou qualité. Comme j'ai expliqué ce que c'est que l'action et la passion, on peut inférer aussi ce que c'est que l'effort et la résistance.

Vous savez, dites-vous, Monsieur, qu'il y a bien encore des questions à faire, avant qu'on puisse décider celles que nous venons d'agiter, mais peut-être trouverez-vous que je les ai déjà faites ; et je ne sais si vos académiciens ont pratiqué avec plus de rigueur et plus effectivement que moi ce qu'il y a de bon dans leur méthode. J'approuve fort qu'on cherche à démontrer les vérités depuis les premiers principes : cela est plus utile qu'on ne pense ; et j'ai mis ce précepte en pratique. Ainsi j'applaudis à ce que vous dites là-dessus, et je voudrais que votre exemple portât nos philosophes à y penser comme il faut. J'ajouterai encore une réflexion, qui me paraît considérable pour mieux faire comprendre la réalité et l'usage de mon système. Vous savez que M. Descartes a cru qu'il se conserve la même quantité de mouvement dans les corps. On a montré qu'il s'est trompé en cela ; mais j'ai fait voir qu'il est toujours vrai qu'il se conserve la même force mouvante, pour laquelle il avait pris la quantité du mouvement. Cependant les changements qui se font dans le corps en conséquence des modifications de l'âme l'embarrassèrent, parce qu'elles semblaient violer cette loi. Il crut donc avoir trouvé un expédient, qui est ingénieux en effet, en disant qu'il faut distinguer entre le mouvement et la direction ; et que l'âme ne saurait augmenter ni diminuer la force mouvante, mais qu'elle change la direction ou détermination du cours des esprits animaux, et que c'est par là qu'arrivent les mouvements volontaires. Il est vrai qu'il n'avait garde d'expliquer comment fait l'âme pour changer le cours des corps, cela paraissant aussi inconvenable que de dire qu'elle leur donne du mouvement, à moins qu'on n'ait recours avec moi à l'harmonie préétablie; mais il faut savoir qu'il y a une autre loi de la nature, que j'ai découverte et démontrée, et que M. Descartes ne savait pas : c'est qu'il se conserve non seulement la même quantité de la force mouvante, mais encore la même quantité de direction vers quelque côté qu'on la prenne dans le monde. C'est-à-dire : menant une ligne droite telle qu'il vous plaira, et prenant encore des corps tels et tant qu'il vous plaira ; vous trouverez, en considérant tous ces corps ensemble, sans omettre aucun de ceux qui agissent sur quelqu'un de ceux que vous avez pris, qu'il y aura toujours la même quantité de progrès du même côté dans toutes les parallèles à la droite que vous avez prise : prenant garde qu'il faut estimer la somme du progrès, en ôtant celui des corps qui vont en sens contraire de celui de ceux qui vont dans le sens qu'on a pris. Cette loi, étant aussi belle et aussi générale que l'autre, ne méritait pas non plus d'être violée : et c'est ce qui s'évite pour mon système, qui conserve la force et la direction, et en un mot toutes les lois naturelles des corps, nonobstant les changements qui s'y font en conséquence de ceux de l'âme.

SECOND ÉCLAIRCISSEMENT DU SYSTEME

DE LA

COMMUNICATION DES SUBSTANCES

Histoire des Ouvrages des Savants, février 1696.

Je vois bien, Monsieur, par vos réflexions, que ma pensée qu'un de mes amis a fait mettre dans le *Journal de Paris* a besoin d'éclaircissement.

Vous ne comprenez pas, dites-vous, comment je pourrais prouver ce que j'ai avancé touchant la communication, ou l'harmonie de deux substances aussi différentes que l'âme et le corps. Il est vrai que je crois en avoir trouvé le moyen : et voici comment je prétends vous satisfaire. Figurez-vous deux horloges ou montres qui s'accordent parfaitement. Or, cela se peut faire de trois manières. La première consiste dans une influence mutuelle; la deuxième est d'y attacher un ouvrier habile qui les redresse et les mette d'accord à tous moments; la troisième est de fabriquer ces deux pendules avec tant d'art et de justesse, qu'on se puisse assurer de leur accord dans la suite. Mettez maintenant l'âme et le corps à la place de ces deux pendules; leur accord peut arriver par l'une de ces trois manières. La voie d'influence est celle de la philosophie vulgaire; mais, comme l'on ne saurait concevoir des particules matérielles qui puissent passer d'une de ces substances dans l'autre, il faut abandonner ce sentiment. La voie de l'assistance continuelle du Créateur est celle du système des causes occasionnelles; mais je tiens que c'est faire intervenir *Deus ex machina*, dans une chose naturelle et ordinaire, où, selon la raison, il ne doit concourir que de la manière qu'il concourt à toutes les autres choses naturelles. Ainsi il ne reste que mon hypothèse, c'est-à-dire que la voie de l'harmonie. Dieu a fait dès le commencement chacune de ces deux substances de telle nature, qu'en ne suivant que ses propres lois, qu'elle a reçues avec son être, elle s'accorde pourtant avec l'autre, tout comme s'il y avait une influence mutuelle, ou comme si Dieu y mettait toujours la main au delà de son concours général. Après cela, je n'ai pas besoin de rien prouver, à moins qu'on ne veuille exiger que je prouve que Dieu est assez habile pour se servir de cet artifice prévenant, dont nous voyons même des échantillons parmi les hommes. Or, supposé qu'il le puisse, vous voyez bien que cette voie est la plus belle et la plus digne de lui. Vous avez soupçonné que mon explication serait opposée à l'idée si différente que nous avons de l'esprit et du corps; mais vous voyez bien présentement que personne n'a mieux établi leur indépendance. Car, tandis qu'on a été obligé d'expliquer leur communication par une manière de miracle, on a toujours donné lieu à bien des gens de craindre que la distinction entre le corps et l'âme ne fût pas aussi réelle qu'on le croit, puisque pour la soutenir il faut aller si loin. Je ne serai point fâché de sonder les personnes éclairées, sur les pensées que je viens de vous expliquer.

TROISIÈME ÉCLAIRCISSEMENT

EXTRAIT D'UNE LETTRE DE M. LEIBNIZ

SUR SON HYPOTHÈSE DE PHILOSOPHIE

ET SUR LE PROBLÈME CURIEUX QU'UN DE SES AMIS PROPOSE AUX MATHÉMATICIENS

Journal des Savants, 19 novembre 1696.

Quelques amis savants et pénétrants, ayant considéré ma nouvelle hypothèse sur la grande question de l'union de l'âme et du corps, et l'ayant trouvée de conséquence, m'ont prié de donner quelques éclaircissements sur les difficultés qu'on avait faites, et qui venaient de ce qu'on ne l'avait pas entendue. J'ai cru qu'on pourrait rendre la chose intelligible à toute sorte d'esprits par la comparaison suivante.

Figurez-vous deux horloges ou deux montres, qui s'accordent parfaitement. Or, cela se peut faire de trois façons. La première consiste dans l'influence mutuelle d'une horloge sur l'autre; la seconde, dans le soin d'un homme qui y prend garde; la troisième, dans leur propre exactitude. La première façon, qui est celle de l'influence, a été expérimentée par feu M. Huygens à son grand étonnement. Il avait deux grandes pendules attachées à une même pièce de bois; les battements continuels de ces pendules avaient communiqué des tremblements semblables aux particules du bois; mais ces tremblements divers ne pouvant pas bien subsister dans leur ordre, et sans s'entr'empêcher, à moins que les pendules ne s'accordassent, il arrivait, par une espèce de merveille, que lorsqu'on avait même troublé, leurs battements tout exprès, elles retournaient bientôt à battre ensemble, à peu près comme deux cordes qui sont à l'unisson.

La seconde manière de faire toujours accorder deux horloges, bien que mauvaises, pourra être d'y faire toujours prendre garde par un habile ouvrier qui les mette d'accord à tous moments, et c'est ce que j'appelle la voie d'assistance.

Enfin la troisième manière sera de faire d'abord ces deux pendules avec tant d'art et de justesse qu'on se puisse assurer de leur accord dans la suite ; et c'est la voie du consentement préétabli.

Mettez maintenant l'âme et le corps à la place de ces deux horloges. Leur accord ou sympathie arrivera aussi par une de ces trois façons. La voie de l'*influence* est celle de la philosophie vulgaire ; mais, comme on ne saurait concevoir des particules matérielles ni des espèces ou qualités immatérielles qui puissent passer de l'une de ces substances dans l'autre, on est obligé d'abandonner ce sentiment. La voie de l'*assistance* est celle du système des causes occasionnelles ; mais je tiens que c'est faire venir *Deum ex machina* dans une chose naturelle et ordinaire, où selon la raison il ne doit intervenir que de la manière dont il concourt à toutes les autres choses de la nature. Ainsi il ne reste que mon hypothèse, c'est-à-dire que la voie de l'*harmonie préétablie* par un artifice divin prévenant, lequel dès le commencement a formé chacune de ces substances d'une manière si parfaite, si réglée avec tant d'exactitude qu'en ne suivant que ses propres lois qu'elles a reçues avec son être elle s'accorde pourtant avec l'autre ; tout comme s'il y avait une influence mutuelle, ou comme si Dieu y mettait toujours la main au delà de son concours général.

Après cela, je ne crois pas que j'aie besoin de rien prouver, si ce n'est qu'on veuille que je prouve que Dieu a tout ce qu'il faut pour se servir de cet artifice prévenant dont nous voyons même des échantillons parmi les hommes, à mesure qu'ils sont habiles gens. Et, supposé qu'il le puisse, on voit bien que c'est la plus belle voie et la plus digne de lui. Il est vrai que j'en ai encore d'autres preuves mais elles sont plus profondes, et il n'est pas nécessaire de les alléguer ici (1).

Pour dire un mot sur la dispute entre deux personnes fort habiles, qui sont l'auteur des *Principes de physique* publiés depuis peu, et l'auteur des *Objections* (mises dans le journal du 13 d'août et ailleurs) parce que mon hypothèse sert à terminer ces controverses, je ne

(1) Nous supprimons ici deux alinéas qui n'ont aucun rapport avec le problème de la communication des substances, et qui portent sur des problèmes exclusivement mathématiques proposés par Bernouilli.

comprends pas comment la matière peut être conçue, étendue, et cependant sans parties actuelles ni mentales; et si cela est ainsi, je ne sais ce que c'est que d'être étendu. Je crois même que la matière est mentalement un agrégé et par conséquent qu'il y a toujours des parties actuelles. Ainsi, c'est par la raison, et non pas seulement par le sens, que nous jugeons qu'elle est divisée ou plutôt qu'elle n'est originairement qu'une multitude. Je crois qu'il est vrai que la matière (et même chaque partie de la matière) est divisée en un plus grand nombre de parties qu'il n'est possible d'imaginer. C'est ce qui me fait dire souvent que chaque corps, quelque petit qu'il soit, est un monde de créatures infinies en nombre. Ainsi je ne crois pas qu'il y ait des atomes, c'est-à-dire des parties de la matière parfaitement dures ou d'une fermeté invincible. Comme d'un autre côté je ne crois pas non plus qu'il y ait une matière parfaitement fluide, mon sentiment est que chaque corps est fluide en comparaison des plus fermes, et ferme en comparaison des plus fluides. Je m'étonne qu'on dit encore qu'il se conserve toujours une égale quantité de mouvement au sens cartésien, car j'ai démontré le contraire, et déjà d'excellents mathématiciens se sont rendus. Cependant, je ne considère pas la fermeté ou consistance des corps comme une qualité primitive, mais comme une suite du mouvement, et j'espère que mes dynamiques feront voir en quoi cela consiste, comme l'intelligence de mon hypothèse servira aussi à lever plusieurs difficultés qui exercent encore les philosophes. En effet, je crois pouvoir satisfaire intelligiblement à tous ces doutes dont M. Bernier a fait un livre exprès, et ceux qui voudront méditer ce que j'ai donné auparavant en trouveront peut-être déjà les moyens.

DE RERUM ORIGINATIONE RADICALI

1697

(Autographum Leibnitii nondum editum; e scriniis Bibliothecæ Regiæ Hanoveranæ.)

Præter *Mundum* seu *Aggregatum* rerum finitarum, datur Unum aliquod *dominans*, non tantum ut in me anima, vel potius ut in meo corpore ipsum ego, sed etiam ratione multo altiore. Unum enim dominans universi non tantum regit mundum sed et fabricat et facit et mundo est superius et, ut ita dicam, extramundanum, estque adeo ultima ratio rerum. Nam non tantum in nullo singulorum, sed nec in toto aggregato seriequo rerum inveniri potest sufficiens ratio existendi. Fingamus Elementorum geometricorum librum fuisse æternum, semper alium ex alio descriptum, patet, etsi ratio reddi possit præsentis libri ex præterito unde est descriptus, non tamen ex quotcunque libris retro assumtis unquam veniri ad rationem plenam; cum semper mirari liceat, cur ab omni tempore libri tales extiterint, cur libri scilicet et cur sic scripti? Quod de libris, idem de mundi diversis statibus verum est, sequens enim quodammodo ex præcedente (etsi certis mutandi legibus) est descriptus, itaque utcunque regressus fueris in status anteriores, nunquam in statibus rationem plenam reperies, cur scilicet aliquis sit potius mundus, et cur talis. Licet ergo mundum æternum fingeres, cum tamen nihil ponas nisi statuum successionem, nec in quolibet eorum rationem sufficientem reperias, imo nec quotcunque assumtis vel minimum proficias ad reddendam rationem, patet alibi rationem quærendam esse. In æternis enim, etsi nulla causa esset, tamen ratio intelligi debet, quæ in persistentibus est ipsa necessitas seu essentia, in serie vero mutabilium, si hæc æterna a priore fingeretur, foret ipsa prævalentia inclinationum ut mox intelligetur, ubi rationes scilicet non necessitant (absoluta seu metaphysica necessitate ut contrarium implicet), sed inclinant. Ex quibus patet nec supposita mundi æternitate ultimam rationem rerum extramundanam seu Deum effugi posse.

Rationes igitur mundi latent in aliquo extramundano, differente a catena statuum, seu serie rerum, quarum aggregatum mundum constituit. Atque ita veniendum est a physica necessitate seu hypothetica, quæ res mundi posteriores a prioribus determinat, ad aliquid quod sit necessitas absoluta, seu metaphysica, cujus ratio reddi non possit. Mundus enim præsens physice seu hypothetice non vero absolute seu metaphysice est necessarius. Nempe posito quod semel talis sit, consequens est, talia porro nasci. Quoniam igitur ultima radix debet esse in aliquo, quod sit metaphysicæ necessitatis, et ratio existentis non est nisi ab existente, hinc oportet aliquod existere ens unum metaphysicæ necessitatis, seu de cujus essentia sit existentia, atque adeo aliquod existere diversum ab entium pluralitate, seu mundo, quem metaphysicæ necessitatis non esse concessimus ostendimusque.

Ut autem paulo distinctius explicemus quomodo ex veritatibus æternis sive essentialibus vel metaphysicis oriantur veritates temporales, contingentes sive physicæ, primum agnoscere debemus eo ipso, quod aliquid potius existit quam nihil, aliquam in rebus possibilibus seu in ipsa possibilitate vel essentia, esse exigentiam existentiæ vel (ut sic dicam) prætensionem ad existendum et, ut verbo complectar, essentiam per se tendere ad existentiam. Unde porro sequitur, omnia possibilia, seu essentiam vel realitem possibilem exprimentia, pari jure ad essentiam tendere pro quantitate essentiæ seu realitatis, vel pro gradu perfectionis quem involvunt; est enim perfectio nihil aliud quam essentiæ quantitas.

Hinc vero manifestissime intelligitur ex infinitis possibilium combinationibus seriebusque possibilibus existere eam, per quam plurimum essentiæ seu possibilitatis perducitur ad existendum. Semper scilicet est in rebus principium determinationis quod a maximo minimove petendum est, ut nempe maximus præstetur effectus minimo ut sic dicam sumtu. Et hoc loco tempus, locus, aut ut verbo dicam, receptivitas vel capacitas mundi haberi potest pro sumtu sive terreno in quo quam commodissime est ædificandum, formarum autem varietates respondent commoditati ædificii multitudinique et elegantiæ camerarum. Et sese res habet ut in ludis quibusdam cum loca omnia in tabula sunt replenda secundum certas leges, ubi nisi artificio quodam utare, postremo spatiis exclusus iniquis, plura cogeris loca relinquere vacua, quam poteras vel volebas. Certa autem ratio est per quam repletio maxima facillime obtinetur. Uti ergo si ponamus decretum esse ut fiat triangulum nulla licet alia accidenti determinandi ratione, consequens est, æquilaterum prodire; et posito tendendum esse a puncto ad punctum, licet nihil ultra iter determinat, via eligetur maxime facilis seu brevissima, ita posito semel, ens prævalere non-enti, seu rationem esse cur aliquid potius exstiterit quam nihil, sive a possibilitate transeundum esse ad actum, hinc, etsi nihil ultra determinetur, consequens est, existere quantum plurimum potest pro temporis locique (seu ordinis possibilis existendi) capacitate, prorsus quemadmodum ita componuntur tessellæ ut in proposita area quam plurimæ capiantur. Ex his jam mirifice intelligitur, quomodo in ipsa originatione rerum Mathesis quædam Divina seu Mechanismus metaphysicus exerceatur, et maximi determinatio habet locum. Uti ex omnibus angulis determinatus est rectus in geometria, et utiliquores in heterogeneis positi sese in capacissimam figuram nempe sphæricam componunt, sed potissimum uti in ipsa mechanica communi pluribus corporibus gravibus inter se luctantibus talis demum oritur motus, per quem fit maximus descensus in summa. Sicut enim omnia possibilia pari jure ad existendum tendunt pro ratione realitatis, ita omnia pondera pari jure ad descendendum tendunt pro ratione gravitatis, et ut hic prodit motus, quo continetur quam maximus gravium descensus, ita illic prodit mundus per quem maxima fit possibilium productio.

Atque ita jam habemus physicam necessitatem ex metaphysica, etsi enim mundus non sit metaphysice necessarius, ita ut contrarium implicet contradictionem seu absurditatem logicam, est tamen necessarius physice vel determinatus ita ut contrarium implicet imperfectionem seu absurditatem moralem. Et ut possibilitas est principium essentiæ ita perfectio seu essentiæ gradus (per quem plurima sunt compossibilia) principium existentiæ. Unde simul patet quomodo libertas sit in autore mundi, licet omnia faciat determinate : quia agit ex principio sapientiæ seu perfectionis. Scilicet indifferentia ab ignorantia oritur et quanto quisque magis est sapiens tanto magis ad perfectissimum est determinatus.

At (inquies) comparatio hæc mechanismi cujusdam determinantis metaphysici cum physico gravium corporum, etsi elegans videatur in eo tamen deficit quod gravia nitentia vere existunt, at possibilitates seu essentiæ ante vel præter existentiam sunt imaginaria seu fictitia, nulla ergo in ipsis quæri potest ratio existendi. — Respondeo, neque essentias istas, neque æternas de ipsis veritates quas vocant, esse fictitias, sed existere in quadam ut sic dicam regione idearum, nempe in ipso Deo, essentiæ omnis existentiæque cæterorum fonte. Quod ne gratis dixisse videamur, ipsa indicat existentia seriei rerum actualis. Cum enim in ea ratio non inveniatur ut supra ostendimus, sed in metaphysicis necessitatibus, seu æternis veritatibus sit quærenda, existentia autem non possint esse nisi ab existentibus, ut jam supra monuimus, oportet æternas veritates existentiam habere in quodam subjecto absolute et metaphysice necessario, id est in Deo, per quem hæc, quæ alioqui imaginaria forent, ut barbare sed significanter dicamus, realisentur.

Et vero reapse in mundo deprehendimus omnia fieri secundum leges æternanum veritatum non tantum geometricas sed et metaphysicas, id est non tantum secundum necessitates materiales, sed et secundum necessitates formales; idque verum est non tantum generaliter, in eâ quam nunc explicavimus ratione mundi existentis, potius quam non existentis, et sic potius quam aliter existentis (quæ utique expossibilium tendentia ad existendum petenda est), sed etiam ad specialia descendendo videmus mirabili ratione in tota natura habere locum leges metaphysicas causæ, potentiæ, actionis, easque ipsis legibus pure geometricis materiæ prævalere, quemadmodum in reddendis legum motus rationibus magna admiratione mea deprehendi usque adeo, ut legem compositionis geometricæ conatuum, olim a juvene (cum materialis magis essem) defensam, denique deserere sim coactus, ut alibi a me fusius explicatum.

Ita ergo habemus ultimam rationem realitatis tam essentiarum quam existentiarum in uno, quod utique mundo ipso majus, superius anteriusque esse necesse est, cum per ipsum non tantum existentia, quæ mundus complectitur, sed et possibilia habeant realitatem. Id autem non nisi in uno fonte quæri potest ob horum omnium connexionem inter se. Patet autem ab hoc fonte res existentes continue promanare ac produci productasque esse cum non appareat cur unus status mundi magis quam alius, hesternus magis quam hodiernus ap ipso fluat. — Patet etiam quomodo Deus non tantum physice sed et libere agat, sitque in ipso rerum non tantum efficiens sed et finis, nec tantum ab ipso magnitudinis vel potentiæ in machina universi jam constituta, sed et bonitatis vel sapientiæ in constituenda ratio habeatur. Et ne quis putet perfectionem moralem seu bonitatem cum metaphysica perfectione seu magnitudine hic confundi; et hac concessa illam neget sciendum est sequi ex dictis non tantum quod mundus sit perfectissimus physice, vel si mavis metaphysice, seu quod ea rerum series prodierit, in qua quam plurimum realitatis actu præstatur, sed etiam quod sit perfectissimus moraliter quia revera moralis perfectio ipsis mentibus physica est. Unde mundus non tantum est machina maxime admirabilis, sed etiam quatenus constat ex mentibus est optima republica, per quam mentibus confertur quam plurimum felicitatis seu lactitiæ in quæ physica earum perfectio consistit.

At inquies, nos contraria in mundo experiri, optimis enim persæpe esse pessime, innocentes non bestias tantum sed et homines affligi occidique etiam cum cruciatu, denique mundum, præsertim si generis humani gubernatio spectetur, videri potius. Chaos quoddam confusum quam rem a suprema quadam sapientia ordinatam. Ita prima fronte videri fateor, sed re penitius inspecta contrarium esse statuendum a priori patet ex illis ipsis quæ sunt allata, quod scilicet omnium rerum atque adeo et mentium summa quæ fieri potest perfectio obtineatur.

Et vero incivile est, nisi tota lege inspecta judicare, ut ajunt jure consulti. Nos porrigendæ in immensum æternitatis exiguam partem novimus; quantulum enim est memoria aliquot millenorum annorum, quam nobis historia tradit! Et tamen ex tam parva experientia temere judicamus de immenso et æterno, quasi homines in carcere aut si mavis in subterraneis salinis Sarmatarum nati et educati non aliam in mundo putarent esse lucem, quam illam lampadum malignam ægre gressibus dirigendis sufficientem. Picturam pulcherrimam intueamur, hanc totam tegamus demta exigua particula, quid aliud in hac apparebit, etiamsi penitissime intueare, imo quanto magis intuebere de propinquo, quam confusa quædam congeries colorum sine delectu, sine arte, et tamen ubi remoto tegumento, totam tabulam eo quo convenit situ intuebere, intelliges, quod temere linteo illitum videbatur, summo artificio ab operis autore factum fuisse. Quod oculi in pictura, idem aures in musica deprehendunt. Egregii scilicet componendi artifices dissonantias sæpissime consonantiis miscent ut excitetur auditor et quasi pungatur, et veluti anxius de eventu, mox omnibus in ordinem restitutis, tanto magis lætetur, prorsus ut gaudeamus periculis exiguis vel malorum experimentis ipso vel podentiæ vel felicitatis nostræ sensu vel ostentamento; vel ut in funambulorum spectaculo vel saltatione inter gladios (sauts périlleux) ipsis terriculamentis delectamur, et ipsimet pueros ridendo quasi jam prope projecturi semidimittimus, qua etiam ratione simia Christiernum, Daniæ regem, adhuc infantem, fasciis que involutum tulit ad fastigium tecti, omnibusque anxiis ridenti similis salvum rettulit in cunas. Eodem ex principio insipidum est semper dulcibus vesci; acria, acida, imo amara sunt admiscenda, quibus gustus excitetur. Qui non gustavit amara, dulcia non meruit, imo nec æstimabit. Hæc ipsa est lætitiæ lex ut æquabili tenore voluptas non procedat, fastidium enim hæc parit et stupentes facit, non gaudentes.

Hac autem quod de parte diximus quæ turbata esse possit salva harmonia in toto, non ita accipienda est, ac si nulla partium ratio habeatur, aut quasi sufficeret, totum mundum suis numeris esse absolutum, etsi fieri possit ut genus humanum miserum sit, nullaque in universo justitiæ cura sit aut nostri ratio habeatur quemadmodum quidam, non satis recte de rerum summa judicantes, opinantur. Nam sciendum est, uti in optime constituta republica curatur, ut singulis quapote bonum sit, ita nec universum satis perfectum fore nisi quantum, licet salva harmonia universali, singulis consulatur. Cujus rei nulla constitui potuit mensura melior quam lex ipsa justitiæ dictans ut quisque de perfectione universi partem caperet et felicitate propria pro mensura virtutis propriæ et ejus qua affectus est erga commune bonum voluntatis, quo id ipsum absolvitur, quod caritatem amoremque Dei vocamus, in quo uno vis et potestas etiam christianæ religionis ex judicio sapientum etiam Theologorum consistit. Neque mirum videri debet, tantum mentibus deferri in universo, cum proxime referant imagine supremi autoris et ad eum non tam quam machinæ ad artificem (veluti cætera) sed etiam quam cives ad principem relationem habeant, et æque duratuæ sint ac ipsum universum, et totum quodammodo exprimant atque concentrent in se ipsis ut ita dici possit, mentes esse partes totales.

Quod autem afflictiones bonorum præsertim virorum attinet procerto tenendum est, cedere eas in majus eorum bonum, idque non tantum Theologice, sed etiam physice verum est. Uti granum in terram projectum patitur antequam fructus ferat. Et omnino dici potest afflictiones pro tempore malas, effectu bonas esse, cum sint viæ compendiariæ ad majorem perfectionem. Ut in physicis qui liquores lente fermentant, etiam tardius meliorantur, sed illi in quibus fortior perturbatio est, partibus majore vi extrorsum versis promtius emendantur.

Atque hoc est quod diceres retrocedi ut majore nisu saltum facias in anteriora (qu'on recule pour mieux sauter).

Ista ergo non grata tantum et consolatoria, sed et verissima esse est statuendum. Atque in universum sentio nihil esse felicitate verius, et felicius dulciusque veritate.

In cumulum etiam pulchritudinis perfectionisque universalis operum divinorum, progressus quidam perpetuus liberrimusque totius universi est agnoscendus ita ut ad majorem semper cultum procedat. Quemadmodum nunc magna pars terræ nostræ culturam recepit et recipiet magis magisque. Et licet verum sit, interdum quædam rursus silvescere aut rursus destrui deprimique, hoc tamen ita accipiendum est, ut paulo ante afflictionem interpretati sumus, nempe hanc ipsam destructionem depressionemque prodesse ad consequendum aliquid majus, ita ut ipso quodammodo damno lucremur.

Et quod objici posset : ita opportere ut mundus dudum factus fuerit Paradisus responsio præto est : etsi multæ jam substantiæ ad magnam perfectionem pervenerint, ob divisibilitatem tamen continui in infinitum, semper in abysso rerum superesse partes sopitas adhuc excitandas et ad majus meliusque et ut verbo dicam, ad meliorem cultum provehendas. Nec proinde unquam ad terminum progressus perveniri.

DE IPSA NATURA

SIVE DE VI INSITA ACTIONIBUSQUE CREATURARUM

1698

(Acta Erudit. Lips., ann. 1698, Sept., p. 432.)

1. Accepi nuper missu celeberrimi et de rebus mathematicis ac physicis præclare meriti Viri, *Johannis Christophori Sturmii*, quam Atorfii edidit apologiam pro sua de Idolo Natura dissertatione, impugnata a Medico Kiloniensium primario et χαριεσάτῳ, *Gunthero Christophoro Schelhamero*, in libro de natura. Cum igitur idem argumentum versassem et ego olim, nonnihilque etiam concertationis per litteras mihi cum præclaro autore dissertationis intercedat, cujus mentionem mihi perhonorificam ipse nuper fecit, publice memoratis nonnullis inter nos actis in Physicæ electivæ tomo primo, *lib.* 1, *sect.* 1, *cap.* 3, *Epilog.*, § 5, *pag.* 119, 120 : eo libentius animum attentionemque adhibui argumento per se egregio, necessarium judicans, ut mens mea pariter et tota res ex iis, quæ aliquoties jam indicavi, principiis distinctius paulo proponeretur. Cui instituto commodam occasionem præstare illa visa est apologetica dissertatio, quod judicare liceret, autorem ibi, quæ maxime ad rem facerent, paucis uno sub conspectu exhibuisse. De cætero litem ipsam inter præclaros viros non facio meam.

2. Duo potissimum quæri puto, primum, in quo consistat natura, quam rebus tribuere solemus, cujus attributa passim recepta aliquid Paganismi redolere, judicat celeberrimus *Sturmius;* deinde utrum aliqua sit in creaturis ἐνέργεια, quam videtur negare. Quod primum attinet, de ipsa natura, si dispiciamus, et quid sit, et quid non sit, assentior quidem, nullam dari animam Universi ; concedo etiam miranda illa, quæ occurrunt quotidie, de quibus merito solemus, opus

naturæ esse opus intelligentiæ, non esse adscribenda creatis quibusdam intelligentiis, sapientia et virtute proportionali ad rem tantam præditis; sed naturam universam esse ut sic dicam artificium Dei, et tantum quidem, ut quævis machina naturalis (quod verum, parumque observatum naturæ artisque discrimen est) organis constet prorsus infinitis, infinitamque adeo sapientiam potentiamque autoris rectorisque postulet. Itaque et calidum omniscium *Hippocratis*, et Cholcodeam animarum datricem *Avicennæ*, et illam sapientissimam *Scaligeri* aliorumque virtutem plasticam, et principium hylarchicum *Henrici Mori*, partim impossibilia, partim superflua puto; satisque habeo machinam rerum tanta sapientia esse conditam, ut ipso ejus progressu admiranda illa contingant, organicis præsertim (ut arbitror) ex prædelineatione quadam sese evolventibus. Itaque quod Vir cl. naturæ cujusdam creatæ, sapientis, corporum machinas formantis gubernantisque figmentum rejicit, probo. Sed nec consequi inde nec rationi consentaneum puto, ut omnem vim creatam actricem insitam rebus denegemus.

3. Diximus quod non sit; videamus jam etiam paulo propius, quid sit illa natura, quam *Aristoteles* non male principium motus et quietis appellavit; quamquam Philosophus ille mihi latius accepto vocabulo non solum motum localem, aut in loco quietem, sed generaliter mutationem, et σάσιν seu persistentiam intelligere videatur. Unde etiam, ut obiter dicam, definitio quam motui assignat, etsi obscurior justo, non tam inepta tamen est, quam iis videtur, qui perinde sumunt, ac si motum localem tantummodo definire voluisset: sed ad rem. *Robertus Boylius*, vir insignis et in naturæ observatione cum cura versatus, de ipsa natura libellum scripsit, cujus mens eo redit, si bene memini, ut naturam judicemus esse ipsum corporum mechanismum, quod quidem ὡς ἐν πλάτει probari potest; sed rem rimanti majore ἀκριβεία distinguenda erant in ipso mechanismo principia a derivatis: ut in explicando horologio non satis est, si mechanica ratione impelli dicas, nisi distinguas, pondere an clastro concitetur. Et a me aliquoties jam est proditum (quod profuturum puto, ne mechanicæ naturalium rerum explicationes ad abusum trahantur in præjudicium pietatis, tanquam per se materia stare possit, et mechanismus nulla intelligentia aut substantia spirituali indigeat) originem ipsius mechanismi non ex solo materiali principio mathematicisque rationibus, sed altiore quodam et, ut sic dicam, metaphysico fonte fluxisse.

4. Cujus inter alia indicium insigne praebet fundamentum naturae legum, non petendum ex eo, ut conservetur eadem motus quantitas, uti vulgo visum erat, sed potius ex eo, quod necesse est servari eamdem quantitatem potentiae actricis, imo (quod pulcherrima ratione evenire deprehendi) etiam eamdem quantitatem actionis motricis, cujus alia longe aestimatio est ab illa, quam Cartesiani concipiunt sub quantitate motus. Eaque de re cum duo Mathematici ingenio facile inter primos mecum partim per litteras partim publice contulissent, alter penitus in castra mea transiit, alter eo devenit, ut objectiones suas omnes post multam et accuratam ventilationem desererit et ad meam demonstrationem nondum sibi responsionem suppetere candide fateretur. Eoque magis miratus sum, virum praeclarum in Physicae suae electivae parte edita, explicantem leges motus, vulgarem de illis, sententiam (quam tamen nulla domonstratione, sed quadam tantum verisimilitudine niti ipse agnovit, repetiitque etiam hic novissima dissertatione *cap.* 3, § 2.) quasi nulla dubitatione libatam assumsisse; nisi forte scripsit antequam prodirent mea, et scripta deinde recensere vel non vacavit, vel in mentem non venit; praesertim cum leges motus arbitrarias esse crederet, quod mihi non usquequaque consentaneum videtur. Puto enim determinatis sapientiae atque ordinis rationibus, ad eas quae in natura observantur, ferendas leges venisse Deum : et vel hinc apparere, quod a me aliquando opticae legis occasione est admonitum et Cl *Molineuxio* in Dioptricis postea valde sese probavit, finalem causam non tantum prodesse ad virtutem et pietatem in Ethica et Theologia naturali, sed etiam in ipsa Physica ad inveniendum et detegendum abditas veritates. Itaque cum celeberrimus *Sturmius* in Physica sua eclectica, ubi de causa finali agit, sententiam meam retulisset inter Hypotheses, optarem et in epicrisi satis expendissit ; haud dubie enim inde occasionem fuisset sumturus, multa pro argumenti praestantia et ubertate dicendi praeclara, et ad pietatem quoque profutura.

5. Sed jam considerandum est quid ipse de naturae notione in hac sua apologetica dissertatione dicat, et quid dictis deesse adhuc videatur. Concedit *cap.* 4, § 2, 3, et alibi passim, motus qui nunc fiunt, consequi aeternae legis semel a Deo latae, quam legem mox vocat volitionem et jussum ; nec opus esse novo Dei jussu, nova volitione, nedum novo conatu, aut laborioso quodam negotio d. § 3 et a se repellit tanquam male imputatam ex adverso sententiam, quod Deus moveat res ut faber lignarius bipennem, et molitor dirigit molam

arcendò aquas, vel immittendo rotæ. Verum enimvero, ut midi quidem videtur, nondum sufficit hæc explicatio. Quæro enim, utrum volitio illa, vel jussio, aut si mavis lex divina olim lata extrinsceam tantum tribuerit rebus denominationem, an vero aliquam contulerit impressionem creatam in ipsis perdurantem vel, ut optime Dn. *Schelhammerus* judicii non minus quam experientiæ egregius vocat, legem insitam (itsi plerumque non intellectam creaturis, quibus inest) ex qua actiones passionesque consequantur. Prius autorum systematis causarum occasionalium, acutissimi imprimis *Malbranchii*, dogma videtur; posterius receptum est, ut ego arbitror, verissimum.

6. Nam jussio illa præterita cum nunc non existat, nihil nunc efficere potest nisi aliquem tunc post se reliquerit effectum subsistentem, qui nunc quoque duret et operetur : et qui secus sentit, omni, si quid judico, distinctæ rerum explicationi renunciat ; quidvis ex quovis consequi pari jure dicturus, si id quod loco temporeve est absens, sine interposito, hic et nunc operari potest. Itaque satis non est dici, Deum initio res creantem voluisse, ut certam quamdam legem in progressu observarent, si voluntas ejus fingatur ita fuisse inefficax, ut res ab ea non fuerint affectæ, nec durabilis in iis effectus sit productus. Et pugnat profecto cum notione divinæ potentiæ voluntatisque, puræ illius et absolutæ, velle Deum et tamen volendo producere aut immutare nihil; agereque semper, efficere nunquam, neque opus vel ἀποτέλεσμα relinquere ullum. Certe si nihil creaturis impressum est divino illo verbo : producat terra, multiplicemini animalia ; si res perinde post ipsum fuere affectæ, ac si nullum jussum intervenisset; consequens est (cum connexione aliqua inter causam et effectum opus sit, vel immediata, vel per aliquod intermedium) aut nihil fieri nunc consentaneum mandato, ant mandatum tantum valuisse in præsens, semper renovandum in futurum ; quod Cl. Autor merito a se amollitur. Sin vero lex a Deo lata reliquit aliquod sui expressum in rebus vestigium, si res ita fuere formatæ mandato, ut aptæ redderentur ad implendam jubentis voluntatem ; jam concedendum est quamdam inditam esse rebus efficaciam, formam, vel vim, qualis naturæ nomine a nobis accipi solet, ex qua series phænomenorum ad primi jussus præscriptum consequeretur.

7. Hæc autem vis insita distincte quidem intelligi potest, sed non explicari imaginabiliter ; nec sane ita explicari debet, non magis quam natura animæ ; est enim vis ex earum rerum numero, quæ non imaginatione, sed intellectu attinguntur. Itaque quod petit Vir

cl. c. *4*, § 6, dissertationis apologeticæ, imaginabiliter explicari modum, quo lex insita in corporibus legis ignaris operetur, sic accipio, ut desideret exponi intelligibiliter, ne scilicet credatur postulare ut soni pingantur, vel colores audiantur. Deinde si explicandi difficultas ad res rejiciendas sufficit, consequenter, quæ ipse sibi injuria imputari queritur, *cap*. 1, § 2, quod scilicet omnia non nisi divina virtute moveri statuere malit, quam aliquid admittere naturæ nomine cujus naturam ignoret. Certe pari jure niterentur etiam *Hobbes* et alii, qui omnes res volunt esse corporeas, quia nihil nisi corpus distincte et imaginabiliter explicari posse sibi persuadent. Sed illi ipsi ex eo ipso recte refutantur, quod vis agendi rebus inest, quæ ex imaginabilibus non derivatur; eamque in Dei mandatum, olim semel datum, res nullo modo afficiens, nec effectum post se relinquens simpliciter rejicere, tantum abest, ut foret reddere rem explicatiorem, ut potius deposita philosophi persona esset gladio gordium nodum secare. Ceterum distinctior et rectior vis activæ explicatio, quam hactenus habita est, ex dynamicis nostris, legumque naturæ et motus vera æstimatione in illis tradita, et rebus consentanea, derivatur.

8. Quod si quis defensor philosophiæ novæ, inertiam rerum et torporem introducentis, eo usque progrediatur, ut omnem jussis Dei effectum durabilem efficaciamque in futurum adimens, etiam novas semper molitiones ab ipso exigere nihil pensi habeat (quod Dn. *Sturmius* a se alienum esse prudenter profitetur) is quam digna Deo sentiat, ipse viderit; excusari autem non poterit, nisi rationem afferat, cur res quidem ipsæ aliquamdiu durare possint attributa autem rerum, quæ in ipsis naturæ nomine intelligimus, durabilia esse non possint: cur tamen consentaneum sit, quemadmodum verbum fiat aliquid post se reliquit nempe rem ipsam persistentem; ita verbum *benedictionis* non minus mirificum, aliquam post se in rebus reliquisse producendi actus suos, operandique fecunditatem nisumve, ex quo operatio, si nihil obstet consequatur. Quibus addi potest quod alibi a me explicatum est, et si nondum fortasse satis perspectum omnibus, ipsam rerum substantiam in agendi patiendique vi consistere: unde consequens est, ne res quidem durabiles produci posse, si nulla ipsis vis aliquamdiu permanens divina virtute imprimi potest. Ita sequeretur nullam substantiam creatam, nullam animam eamdem numero manere, nihilque adeo a Deo conservari, ac proinde res omnes esse tantum evanidas quasdam sive fluxas unius divinæ

substantiæ permanentis modificationes, et phasmata ut sic dicam; et quod eodem redit, ipsam naturam, vel substantiam rerum omnium Deum esse; qualem pessimæ notæ doctrinam nuper scriptor quidem subtilis, at profanus, orbi invexit vel renovavit. Sane si res corporales nil nisi materiale continerent, verissime dicerentur in fluxu consistere, neque habere substantiale quicquam quemadmodum et *Platonici* olim recte agnovere.

9. Altera quæstio est, utrum creaturæ proprie et vere agere sint dicendæ? Ea, si semel intelligamus, naturam insitam non differe a vi agendi et patiendi, recidit in priorem. Nam actio sine vi agendi esse non potest, et vicissim inanis potentia est quæ nunquam potest exerceri. Quia tamen nihilominus actio et potentia res sunt diversæ, illa successiva, hæc permanens, videamus et de actione; ubi fateor me non exiguam in explicanda celeberrimi *Sturmii* mente difficultatem reperire. Negat enim, res creatas per se et proprie agere; mox tamen ita concedit eas agere ut nolit quodammodo sibi tribui comparationem creaturarum cum bipenni a fabro lignario mota. Ex quibus nihil certi exsculpere possum, nec diserte satis explicatum video, quousque ipse a receptis sententiis recedat; aut quamnam distinctam animo conceperit actionis notionem, quæ quam non sit obvia et facilis, et metaphysicorum certaminibus constat. Quantum ego mihi notionem actionis perspexisse videor consequi ex illa et stabiliri arbitror receptissimum philosophiæ dogma, *actiones; esse suppositorum* idque adeo esse verum deprehendo, ut etiam sit reciprocatum; ita ut non tantum omne quod agit sit substantia singularis, sed etiam ut omnis singularis substantia agat sine intermissione; corpore ipso non excepto, in quo nulla unquam quies absoluta reperitur.

10. Sed nunc attentius paulo consideremus eorum sententiam, qui rebus creatis veram, et propriam actionem adimunt, quod olim etiam fecere Philosophiæ Mosaicæ autor *Robertus Fludus*, nunc vero Cartesiani quidam, qui putant non res agere, sed Deum ad rerum præsentiam, et secundum rerum aptitudinem; adeoque res occasiones esse, non causas, et recipere, non efficere aut elicere. Quam doctrinam *Cordemoius*, *Forgaeus*, et alii Cartesiani cum proposuissent, *Malebranchius* in primis, pro acumine suo, orationis quibusdam luminibus exornavit; rationes autem solidas (quantum intelligo) adduxit nemo. Certe si eousque producitur hæc doctrina, ut actiones etiam immanentes substantiarum tollantur (quod tamen

merito rejicit *Dn, Sturmius* Physicæ elect. *lib.* 1, *cap.* 4, *epilo.*, § 11, *p.* 176, et in eo circumspectionem suam luculenter ostendit) adeo a ratione apparet aliena, ut nihil supra. An enim mentem cogitare ac velle, et in nobis a nobis elici multas cogitationes ac voluntates, ac spontaneum penes nos esse, quisquam in debium revocabit? Quo facto non tantum negaretur libertas humana, et in Deum causa rejiceretur malorum, sed etiam intimæ nostræ experientiæ, conscientiæve testimonio reclamaretur, quo ipsimet nostra esse sentimus, quæ nulla rationis specie a dissentientibus in Deum transferrentur. Quod si vero menti nostræ vim insistam tribuimus, actiones immanentes producendi vel quod idem est, agendi immanenter; jam nihil prohibet, imo consentaneum est, aliis animalibus vel formis, aut si mavis, naturis substantiarum eamdem vim inesse; nisi quis solas in natura rerum nobis obvia mentes nostras activas esse, aut omnem vim agendi immanenter, atque adeo *vitaliter* ut sic dicam, cum intellectu esse conjunctam arbitretur, quales certe asseverationes neque ratione ultra confirmantur, nec nisi invita veritate propugnantur. Quid vero de *transentibus creaturarum actionibus* sit statuendum, alio loco melius exponetur, pro parte etiam jam tum a nobis alibi est explicatum: *commercium* scilicet *substantiarum* sive monadum oriri non per influxum, sed per consensum ortum a divina præformatione; unoquoque dum suæ naturæ vim insitam legesque sequitur, ad extranea accommodato, in quo etiam unio animæ corporisque consistit.

11. Quod autem corpora sint per se inertia, verum quidem est, si recte sumas; hactenus scilicet, ut quod semel quiescere aliqua ratione ponitur, se ipsum eatenus in motum concitare non possit, nec sine resistentia ab alio concitari patiatur; non magis quam sua sponte mutare sibi potest gradum velocitatis aut directionem, quam semel habet; aut pati facile ac sine resistentia, ut ab alio mutetur. Atque adeo fatendum est, extensionem, sive quod in corpore est geometricum, si nude sumatur, nihil in se habere; unde actio et motus proficiscatur: imo potius materiam resistere motui per quamdam suam inertiam naturalem a *Keplero* pulchre sic denominatam, ita ut non sit indifferens ad motum, et, quietem, uti vulgo rem æstimare solent, sed ad motum pro magnitudine sua vi tanto majore activa indigeat. Unde in hac ipsa vi passiva resistendi (et impenetrabilitatem, et aliquid amplius involvente) ipsam materiæ primæ, sive molis quæ in corpore ubique eadem magnitudinique ejus proportionalis est, notio-

nem colloco, et ostendo hinc alias longe, quam si sola in corpore ipsaque materia inesset cum extensione impenetrabilitas, motuum leges consequi; et uti in materia inertiam naturalem oppositam motii, ita in ipso corpore, imo in omni substantia inesse constantiam naturalem oppositam mutationi. Verum hæc doctrina non patrocinatur, sed potius adversatur illis, qui rebus actionem adimunt : nam quam certum est materiam per se motum non incipere, tam certum est (quod experimenta etiam ostendunt præclara de motu impresso a motore translato) corpus per se conceptum semel impetum retinere constansque in levitate sua esse, sive in illa ipsa mutationis suæ serie, quam semel est ingressum, perseverandi habere nisum. Quæ utique activitates atque etelechiæ, cum materiæ primæ sive molis, rei essentialiter passivæ, modificationes esse non possint, uti præclare (quemadmodum sequente paragrapho dicemus) ab ipso judiciosissimo *Sturmio* agnitum est; vel hinc judicari potest, debere in corporea substantia reperiri entelechiam primam, tandem πρῶτον δεκτικόν activitatis; vim scilicet motricem primitivam, quæ præter extensionem (seu id quod est mere geometricum) et præter molem (seu id quod est mere materiale) superaddita, semper quidem agit, sed tamen varie ex corporum concursibus per conatus impetusve modificatur. Atque hoc ipsum substantiale principium est, quod in viventibus anima, in aliis forma substantialis appellatur, et quatenus cum materia substantiam vere unam, sed unum per se constituit, id facit quod ego monadem appello; cum sublatis his vere et realibus unitatibus, non nisi entia per aggregationem, imo quod hinc sequitur nulla vera entia in corporibus sint superfutura. Etsi enim dentur atomi substantiæ, nostræ scilicet monades partibus carentes, nullæ tamen dantur atomi molis, seu minimæ extensionis, vel ultima elementa ; cum ex punctis continuum non componatur. Prorsus uti nullum datur ens mole maximum, vel extensione infinitum, etsi semper alia aliis majora dentur; sed datur tantum ens maximum intensione perfectionis, seu infinitum virtute.

12. Video tamen celeberrimum *Sturmium* in hac ipsa dissertatione apologetica, *cap.* 4, § 7 et seqq., insitam corporibus vim motricem argumentis quibusdam impugnare aggressum. Ex abundanti, inquit, hic ostendam ne capacem quidem esse substantiam corpoream potentiæ alicujus active motricis. Quanquam ego non capiam, quæ possit esse potentia non active motrix. Gemino autem se usurum ait argumento, uno a natura materiæ et corporis, altero ex natura motus.

Prius huc redit : materiam sua natura et essentialiter passivam esse substantiam ; itaque ipsi dari vim activam non magis esse possibile quam si Deus lapidem, dum lapis manet, velit esse vitalem et rationalem, id est non lapidem ; deinde que in corpore passantur, ea esse tantum materiæ modificationes ; modificationem autem (quod pulchre dictum agnosco) rei essentialiter passivæ non posse rem reddere activam. Sed responderi commode potest ex recepta non minus quam vera philosophia: materiam intelligi vel secundam, vel primam ; secundam esse quidem substantiam completam, sed non mere passivam, primam esse mere passivam, sed non esse completam substantiam ; accedereque adeo debere animam, vel formam animæ analogam, si ἐτενλέχειαν τὴν πρώτην, id est nisum quemdam, seu vim agendi primitivam, quæ ipsa est lex insita, decreto divino impressa. A qua sententia non puto abhorrere virum celebrem et ingeniosum, qui nuper defendit, corpus constare ex materia et spiritu; modo sumatur spiritus non pro re intelligente (ut alias solet), sed pro anima, vel formæ animæ analogo, nec pro simplici modificatione, sed pro constitutivo substantiali perseverante, quod Monadis nomine appellare soleo, in quo est velut perceptio, et appetitus. Hæc ergo recepta doctrina, et scholarum dogmati benigne explicato consentanea, refutanda est prius, ut argumentum viri clarissimi vim habere possit ; quemadmodum et hinc patet non posse concedi, quod assumsit, quicquid est in substantia corporea, esse materiæ modificationem. Notum est enim, animas inesse viventium corporibus secundum receptam philosophiam, quæ utique modificationes non sunt. Licet enim vir egregius contrarium statuere, omnemque veri nominis sensum animalibus brutis animamque proprie dictam adimere videatur ; sententiam tamen hanc pro fundamento demonstrationis assumere non potest, antequam ipsa demonstretur. Et contra potius arbitror, neque ordini, neque pulchritudini, rationive rerum esse consentaneum, ut vitale aliquid, seu immanenter agens sit in exigua tantum parte materiæ, cum ad majorem perfectionem pertineat ut sit in omni; neque quicquam obstet, quo minus ubique sint animæ aut analoga saltem animalibus; etsi dominantes animæ, atque adeo intelligentes, quales sunt humanæ, ubique esse non possint.

13. Posterius argumentum quod ex natura motus sumit vir cl. majorem, ut mihi quidem videtur, concluendi necessitatem non habet. Motum ait esse successivam tantum rei motæ in diversis locis existentiam. Concedamus hoc interim, et si non omnino satisfaciat, magis-

que id, quod ex motu resultat, quam ipsam (ut vocant) formalem ejus rationem exprimat; non ideo tamen excluditur vis motrix. Nam non tantum corpus præsenti sui motus momento inest in loco sibi commensurato, sed etiam conatum habet, seu nisum mutandi locum, ita ut status sequens ex præsenti per se naturæ vi consequatur; alioqui præsenti momento (atque adeo momento quovis) corpus A, quod movetur a corpore B, quiescente nihil differret; sequereturque ex clarissimi veri sententia, si nobis ea in re adversa esset, nullum plane discrimen in corporibus fore, quando quidem in pleno uniformis per se massæ discrimen, nisi ab eo quod motum respicit sumi non potest. Unde etiam amplius tandem efficietur, nihil prorsus variari in corporibus, omniaque semper eodem se habere modo. Nam si materiæ portio quævis ab alia æquali et congrua non differt (quod admittendum est a viro cl., viribus activis impetibusve, et quibuscumque aliis, præter existentiam in hoc loco successive futuram aliam vel aliam, qualitatibus modificationibusque sublatis) ac præterea si unius momenti status a statu alterius momenti non nisi transpositione æqualium et congruarum et per omnia convenientium materiæ portionum differt; manifestum est ob perpetuam substitutionem indistinguibilium, consequi, ut diversorum momentorum status in mundo corporeo discriminari nullo modo possint. Extrinseca enim tantum foret denominatio, qua distingueretur materiæ pars una ab alia, nempe a futuro, quod scilicet imposterum sit futura alio vel alio loco; impræsentiarum vero discrimen est nullum; imo ne a futuro quidem cum fundamento sumeretur, quia nunquam etiam imposterum ad verum aliquod præsens discrimen deveniretur; cum nec locus a loco, nec materia a materia ejusdem loci (ex hypothesi perfectæ illius uniformitatis in ipsa materia) distingui ulla nota queat. Frustra etiam ad figuram præter motum recurreretur. Nam in massa perfecte similari et indiscriminata et plena, nulla oritur figura seu terminatio partium diversarum ac discriminatio, nisi ab ipso motu. Quodsi ergo motus nullam distinguendi notam continet, nullam etiam figuræ largietur; et cum omnia, quæ prioribus substituuntur, perfecte æquipolleant, nullum vel minimum mutationis indicium a quocunque observatore, etiam omniscio, deprehendetur; ac proinde omnia perinde erunt, ac si mutatio discriminatioque nulla in corporibus contingeret: nec unquam inde reddi poterit ratio diversarum quas sentimus apparentiarum. Et perinde res foret, ac si fingeremus duas sphæras concentricas perfectas et perfecte tam inter se, quam in partibus suis similares, alteram alteri ita inclusam esse, ut nec minimus sit hiatus; tunc sive volvi inclusam, sive quiescere ponamus, ne angelus quidem, ne quid amplius dicam, ullum poterit notare discrimen inter diversi temporis status, aut indicium habere discernendi, utrum quiescat an volvatur inclusa sphæra, et qua motus lege. Imo ne limes quidem sphærarum definiri poterit, ob defectum simul hiatus et discriminis; uti motus vel ob solum discriminis defectum agnosci hic nequit. Unde pro certo habendum (etsi hoc minus adverterint, qui satis alte in hæc non penetravere) talia a rerum natura atque ordine esse aliena, nullamque uspiam dari (quod inter nova et majora axiomata mea est) perfectam similaritatem; cujus rei consequens etiam est, nec corpuscula extremæ duritiei, nec fluidum summæ tenuitatis, materiamve subtilem universaliter diffusam, aut ultima elementa, quæ primi secundive quibusdam nomine veniunt, in natura reperiri. Quorum cum nonnihil perspexisset (ut arbitror) *Aristoteles* profundior, mea sententia, quam multi putant, judicavit, præter mutationem localem opus esse alteratione, nec materiam ubique sibi esse similem, ne maneat invariabilis. Dissimilitudo autem illa, vel qualitatum diversitas, atque adeo ἀλλοίωσις vel alteratio, quam non satis esposuit *Aristoteles*, ipsis diversis nisuum gradibus directionibusque, monadumque adeo inexistentium modificationibus obtinetur. Ex quibus proinde intelligi puto, necessario aliud debere poni in corporibus, quam massam uniformem, ejusque nihil utique immaturam transportationem. Sane qui atomos et vacuum habent, non nihil saltem diversificant materiam, dum alibi faciunt partibilem, alibi impartibilem; et uno loco plenam, alio hiantem. Sed diu est, quod rejiciendos esse atomos cum vacuo (deposito juventutis præjudicio) deprehendi. Addit vir celeberrimus materiæ existentiam per diversa momenta tribuendam esse divinæ voluntati; quidni ergo (inquit) eidem tribuatur quod existit hic et nunc? Respondeo, id ipsum Deo haud dubie deberi, ut alia omnia quatenus perfectionem quandam involvunt; sed quemadmodum prima illa et universalis causa omnia conservans non tollit, sed facit potius rei existere incipientis subsistentiam naturalem, seu in existendo perseverationem semel concessam; ita eadem non tollet, sed potius confirmabit rei in motum concitatæ efficaciam naturalem, seu in agendo perseverationem semel impressam.

14. Multa quoque alia occurrunt in apologetica illa Dissertatione, quæ difficultatem habent, ut quod ait dict. *cap.* 4, § 11, motu de

globulo per plures intermedios in globulum translato, globulum ultimum eadem vi moveri qua motus est globulus primus : mihi vero videtur, æquivalente quidem moveri, sed non eadem; cum unusquisque (quod mirum videri possit) sua propria vi, nempe elastica (non jam de clasmatis hujus causa disputo, neque nego mechanice debere explicari motu fluidi inexistentis ac perlabentis) a proximo urgente repulsus in motum agatur. Sic etiam, quod § 12 dicit rem, quæ primordium motus dare sibi non potest, non posse per se continuare motum, mirum merito videbitur. Constat enim potius, quemadmodum vi opus est ad motum dandum, ita dato semel impetu, tantum abesse ut vi nova sit opus ad continuandum, ut potius ea opus sit ad sistendum. Nam conservatio illa causa universali rebus necessaria, hujus loci non est, quæ ut jam monuimus si tolleret rerum efficaciam, etiam tolleret subsistentiam.

15. Ex quibus rursus intelligitur, doctrinam a nonnullis propugnatam causarum occasionalium (nisi ita explicetur ut temperamenta adhiberi possint, quæ Cl *Sturmius* partim admisit partim admissurus videtur) periculosis consequentiis obnoxiam esse, doctissimis licet defensoribus haud dubie invitis. Tantum enim abest, ut Dei gloriam augeat, tollendo idolum naturæ; ut potius rebus creatis in nudas divinæ unius substantiæ modificationes evanescentibus, ex Deo factura cum *Spinosa* videatur, ipsam rerum naturam; cum id quod non agit, quod vi activa caret, quod discriminabilitate, quod denique omni subsistendi ratione ac fundamento spoliatur, substantiam esse nullo modo possit. Certissime persuasum mihi est, Cl. *Sturmium*, virum et pietate et doctrina insignem, ab his portentis esse alienissimum. Itaque dubium nullum est, aut ostensurum esse liquido qua ratione maneat aliqua in rebus substantia vel etiam variatio, salva doctrina sua, aut veritati manus esse daturum.

16. Certe quo magis suspicem, mentem ipsius non satis mihi esse perspectam, nec meam ipsi, multa faciunt. Alicubi fassus mihi est, posse, imo quodammodo etiam debere, quandam divinæ virtutis particulam (id est, ut opinor, expressionem, imitationem, effectum proximum, nam ipsa divina vis in partes utique secari non potest), velut rebus propriam, et attributam intelligi. Videatur quæ mihi transmissa repetiit in Physicæ electivæ loco supra citato sub initium hujus schediasmatis. Hoc si (ut ex verbis apparet), eo sensu accipitur, quo animam divinæ particulam auræ dicimus, jam sublata inter nos eatenus controversia erit. Sed quominus hanc mentem ipsius

affirmare audeam, facit, quod vix uspiam alibi video tale aliquid ab ipso tradi, aut quæ inde consequantur exponi ; contra vero animadverto, quæ passim habet, huic sententiæ parum cohærere, dissertationem autem apologeticam in alia omnia ire. Sane cum primum meæ in Actis Eruditorum Lipsiensibus mense Martio 1694. de vi insita prolatæ sententiæ (quam porro illustrat specimen meum dynamicum in iisdem actis, April 1695), quædam per litteras objecisset, mox accepta responsione mea, perbenigme judicavit nullum inter nos esse discrimen, nisi in loquendi modo; quod cum ego animadvertens monuissem adhuc nonnulla, ipse jam in contrarium versus, plura inter nos discrimina posuit, quæ ego agnosco : vixque his exemtis tandem novissime eo rediit, ut denuo scriberet, nisi verborum differentiam inter nos esse nullam, quod mihi futurum esset gratissimum. Volui ergo occasione novissima dissertationis apologeticæ, rem ita exponere, ut denique et de sententia cuiusque, et de sententia veritate constare facilius possit. Est enim alioqui magna Viri egregii et in perspiciendo solertia, et perspicuitas in exponendo ; ut sperem ejus studio non exiguam tantæ rei lucem afferri posse, atque adeo vel ideo non inutilem hanc operam meam fore quod occasionem ei fortasse præbitura est, ea qua solet industria et vi judicii expendendi atque illustrandi nonnulla alicujus in negotio præsente momenti prætermissa hactenus ab autoribus et a me, ni fallor, novis et altius repertitis et late fusis axiomatibus nonnihil suppleta, ex quibus restitutum emendatumque systema mediæ inter formalem et materiarum philosophiæ (conjuncta servataque rite utraque) nasci videtur aliquando posse.

DE LA

DÉMONSTRATION CARTÉSIENNE

DE L'EXISTENCE DE DIEU DU R. P. LAMI

Mémoires de Trévoux, 1701.

J'ai déjà dit ailleurs mon sentiment sur la démonstration de l'existence de Dieu de saint Anselme, renouvelée par Descartes ; dont la substance est que ce qui renferme dans son idée toutes les perfections, ou le plus grand de tous les êtres possibles, comprend aussi l'existence dans son essence puisque l'existence est du nombre des perfections, et qu'autrement quelque chose pourrait être ajouté à ce qui est parfait. Je tiens le milieu entre ceux qui prennent ce raisonnement pour un sophisme et entre l'opinion du R. P. Lami expliquée ici, qui le prend pour une démonstration achevée. J'accorde donc que c'est une démonstration mais imparfaite, qui demande ou suppose une vérité qui mérite d'être encore démontrée. Car on suppose tacitement que Dieu, ou bien l'Être parfait, est possible. Si ce point était encore démontré comme il faut, on pourrait dire que l'existence de Dieu serait démontrée géométriquement à priori. Et cela montre ce que j'ai déjà dit, qu'on ne peut raisonner parfaitement sur des idées, qu'en connaissant leur possibilité ; à quoi les géomètres ont pris garde, mais pas assez les Cartésiens. Cependant on peut dire que cette démonstration ne laisse pas d'être considérable, et pour ainsi dire présomptive. Car tout être doit être tenu possible jusqu'à ce qu'on prouve son impossibilité. Je doute cependant que le R. P. Lami ait eu sujet de dire qu'elle a été adoptée par l'École. Car l'auteur de la note marginale remarque fort bien ici que saint Thomas l'avait rejetée.

Quoi qu'il en soit, on pourrait former une démonstration encore plus simple, en ne parlant point des perfections, pour n'être point arrêté par ceux qui s'aviseraient de nier que toutes les perfections soient compatibles, et par conséquent que l'idée en question soit possible. Car, en disant seulement que Dieu est un être de soi ou primitif, *ens a se*, c'est-à-dire qui existe par son essence, il est aisé de conclure de cette définition qu'un tel être, s'il est possible, existe ; ou plutôt cette conclusion est un corollaire qui se tire immédiatement de la définition, et n'en diffère presque point. Car, l'essence de la chose n'étant que ce qui fait sa possibilité en particulier, il est bien manifeste qu'exister par son essence est exister par sa possibilité. Et si l'être de soi était défini en termes encore plus approchants, en disant que c'est l'être qui doit exister parce qu'il est possible, il est manifeste que tout ce qu'on pourrait dire contre l'existence d'un tel être serait de nier sa possibilité.

On pourrait encore faire à ce sujet une proposition modale, qui serait un des meilleurs fruits de toute la logique ; savoir que, si l'être nécessaire est possible, il existe. Car l'être nécessaire et l'être par son essence ne sont qu'une même chose. Ainsi le raisonnement pris de ce biais paraît avoir de la solidité ; et ceux qui veulent que des seules notions, idées, définitions ou essences possibles on ne puisse jamais inférer l'existence actuelle, retombent en effet dans ce que je viens de dire, c'est-à-dire qu'ils nient la possibilité de l'être de soi. Mais ce qui est bien à remarquer, ce biais même sert à faire connaître qu'ils ont tort, et remplit enfin le vide de la démonstration. Car si l'être de soi est impossible, tous les êtres par autrui le sont aussi ; puisqu'ils ne sont enfin que par l'être de soi ; ainsi rien ne saurait exister. Ce raisonnement nous conduit à une autre importante proposition modale, égale à la précédente, et qui, jointe avec elle, achève la démonstration. On la pourrait énoncer ainsi : Si l'être nécessaire n'est point, il n'y a point d'être possible. Il semble que cette démonstration n'avait pas été portée si loin jusqu'ici. Cependant j'ai travaillé aussi ailleurs à prouver que l'être parfait est possible.

Je n'avais dessein, Monsieur, que de vous écrire en peu de mots quelques petites réflexions sur les mémoires que vous m'aviez envoyés ; mais la variété des matières, la chaleur de la méditation, et le plaisir que j'ai pris au dessein généreux du prince qui est le protecteur de cet ouvrage, m'ont emporté. Je vous demande pardon d'avoir été si long, et je suis, etc.

CONSIDÉRATIONS

SUR LA DOCTRINE D'UN ESPRIT UNIVERSEL

1702

Plusieurs personnes ingénieuses ont cru et croient encore aujourd'hui qu'il n'y a qu'un seul esprit, qui est universel et qui anime tout l'univers et toutes ses parties, chacune suivant sa structure et suivant les organes qu'il trouve, comme un même souffle de vent fait sonner différemment divers tuyaux d'orgue. Et qu'ainsi lorsqu'un animal a ses organes bien disposés il y fait l'effet d'une âme particulière, mais lorsque les organes sont corrompus, cette âme particulière revient à rien ou retourne pour ainsi dire dans l'océan de l'esprit universel.

Aristote a paru à plusieurs d'une opinion approchante qui a été renouvelée par Averroës, célèbre philosophe arabe. Il croyait qu'il y avait en nous un *intellectus agens*, ou entendement actif, et aussi un *intellectus patiens* ou entendement passif; que le premier, venant du dehors, était éternel et universel pour tous, mais que l'entendement passif, particulier à chacun, s'éteignait dans la mort de l'homme. Cette doctrine a été celle de quelques péripatéticiens depuis deux ou trois siècles, comme de Pomponatius, Contarenus et autres; et on en reconnaît les traces dans feu M. Naudé, comme ses lettres et les *Naudeana* qu'on a imprimés depuis peu le font connaître. Ils l'enseignaient en secret à leurs plus intimes et plus habiles disciples, au lieu qu'en public ils avaient l'adresse de dire que cette doctrine était en effet vraie selon la philosophie, par laquelle ils entendaient celle d'Aristote par excellence, mais qu'elle était fausse selon la foi, d'où sont venues enfin les disputes sur la double vérité, qui a été condamnée dans le dernier concile de Latran.

On m'a dit que la reine Christine avait beaucoup de penchant pour cette opinion, et comme M. Naudé, qui a été son bibliothécaire, en était imbu, il y a de l'apparence qu'il lui a donné les informations qu'il avait de ces opinions secrètes des philosophes célèbres, qu'il avait pratiqués en Italie. Spinosa, qui n'admet qu'une seule substance, ne s'éloigne pas beaucoup de la doctrine de l'esprit universel unique, et même les nouveaux cartésiens, qui prétendent que Dieu seul agit, l'établissent quasi sans y penser. Il y a de l'apparence que Molinos et quelques autres nouveaux quiétistes, entre autres un certain auteur, qui se nomme Joannes Angelus Silesius, qui a écrit avant Molinos, et dont on a réimprimé quelques ouvrages depuis peu, et même Weigelius avant eux, ont donné dans cette opinion du Sabbat ou repos des âmes en Dieu. C'est pourquoi ils ont cru que la cessation des fonctions particulières était le plus haut état de la perfection.

Il est vrai que les philosophes péripatéticiens ne faisaient pas cet esprit tout à fait universel, car, outre les intelligences qui, selon eux, animaient les astres, ils avaient une intelligence pour ce bas monde, et cette intelligence faisait la fonction d'entendement actif dans les âmes des hommes. Ils étaient portés à cette doctrine de l'âme immortelle universelle pour tous les hommes par un faux raisonnement. Car ils supposaient que la multitude infinie actuelle est impossible, et qu'ainsi il n'était point possible qu'il y eût un nombre infini des âmes, mais qu'il faudrait qu'il y en eût pourtant, si les âmes particulières subsistaient. Car le monde étant éternel selon eux, et le genre humain aussi, et des nouvelles âmes naissant toujours, si elles subsistaient toutes, il y en aurait maintenant une infinité actuelle. Ce raisonnement passait chez eux pour une démonstration. Mais il était plein de fausses suppositions. Car on ne leur accorde pas ni l'impossibilité de l'infini actuel, ni que le genre humain ait duré éternellement, ni la génération des nouvelles âmes puisque les platoniciens enseignent la préexistence des âmes, et les pythagoriciens enseignent la métempsycose et prétendent qu'un certain nombre déterminé des âmes demeure toujours et fait ses révolutions.

La doctrine d'un esprit universel est bonne en elle-même, car tous ceux qui l'enseignent admettent en effet l'existence de la divinité, soit qu'ils croient que cet esprit universel est suprême, car alors ils tiennent que c'est Dieu même, soit qu'ils croient avec les cabbalistes que Dieu l'a créé, qui était aussi l'opinion de Henry More, Anglais, et de quelques autres nouveaux philosophes et particulièrement de certains chimistes, qui ont cru qu'il y a un archée universel ou bien une âme du monde et quelques-uns ont soutenu que c'est cet esprit du Seigneur qui se remuait sur les eaux, dont parle le commencement de la *Genèse*.

Mais lorsqu'on va jusqu'à dire que cet esprit universel est l'esprit unique, et qu'il n'y a point d'âmes ou esprits particuliers, ou du moins que ces âmes particulières cessent de subsister, je crois qu'on passe les bornes de la raison, et qu'on avance sans fondement une doctrine dont on n'a pas même de notion distincte. Examinons un peu les raisons apparentes sur lesquelles on peut appuyer cette doctrine, qui détruit l'immortalité des âmes et dégrade le genre humain, ou plutôt toutes les créatures vivantes, de ce rang qui leur appartenait et qui leur a été attribué communément. Car il me semble qu'une opinion de cette force doit être prouvée, et ce n'est pas assez d'en avoir une imagination, qui en effet n'est fondée que sur une comparaison fort clochante du souffle qui anime les organes de musique.

J'ai montré ci-dessus que la prétendue démonstration des péripatéticiens, qui soutenaient qu'il n'y avait qu'un esprit commun à tous les hommes, est de nulle force et n'est appuyée que sur des fausses suppositions. Spinoza a prétendu démontrer qu'il n'y a qu'une seule substance dans le monde, mais ces démonstrations sont pitoyables ou non intelligibles. Et les nouveaux cartésiens, qui ont cru que Dieu seul agit, n'en ont guère donné de preuve. Outre que le P. Malebranche paraît admettre au moins l'action interne des esprits particuliers.

Une des raisons plus apparentes, qu'on a alléguée contre les âmes particulières, c'est qu'on a été en peine de leur origine. Les philosophes de l'École ont fort disputé sur l'origine des formes, parmi lesquelles ils comprennent les âmes. Les opinions ont été fort partagées pour savoir s'il y avait une *éduction* de la puissance de la matière, comme la figure tirée du marbre, ou s'il y avait une *traduction* des âmes, en sorte qu'une âme nouvelle naissait d'une âme précédente, comme un feu s'allume d'un autre feu, ou si les âmes existaient déjà et ne faisaient que se faire connaître après la génération de l'animal, ou enfin si les âmes étaient créées de Dieu toutes les fois qu'il y a une nouvelle génération.

Ceux qui niaient les âmes particulières croyaient par là se tirer de toute la difficulté, mais c'est couper le nœud au lieu de le résoudre, et il n'y a point de force dans un argument qu'on ferait ainsi : on a varié dans l'explication d'une doctrine, donc toute la doctrine est fausse. C'est la manière de raisonner des sceptiques, et si elle était recevable, il n'y aurait rien qu'on ne pourrait rejeter. Les expériences de notre temps nous portent à croire que les âmes et même les animaux ont toujours existé, quoique en petit volume, et que la génération n'est qu'une espèce d'augmentation, et de cette manière toutes les difficultés de la génération des âmes et formes disparaissent. On ne refuse cependant pas à Dieu le droit de créer des âmes nouvelles, ou de donner un plus haut degré de perfection à celles qui sont déjà dans la nature, mais on parle de ce qui est ordinaire dans la nature, sans entrer dans l'économie particulière de Dieu à l'égard des âmes humaines, qui peuvent être privilégiées puisqu'elles sont infiniment au-dessus de celles des animaux.

Ce qui a contribué beaucoup aussi, à mon avis, à faire donner des personnes ingénieuses dans la doctrine de l'esprit universel unique, c'est que les philosophes vulgaires débitaient une doctrine touchant les âmes séparées et les fonctions de l'âme indépendantes du corps et des organes, qu'ils ne pouvaient pas assez justifier ; ils avaient grande raison de vouloir soutenir l'immortalité de l'âme comme conforme aux perfections divines et à la véritable morale, mais, voyant que par la mort les organes, qu'on remarque dans les animaux, se dérangeaient, et étaient corrompus enfin, ils se crurent obligés de recourir aux âmes séparées, c'est-à-dire de croire que l'âme subsistait sans aucun corps et ne laissait pas d'avoir alors ses pensées et fonctions. Et pour le mieux prouver ils tâchaient de faire voir que l'âme, déjà dans cette vie, a des pensées abstraites et indépendantes des idées matérielles. Or ceux qui rejetaient cet état séparé et cette indépendance comme contraire à l'expérience et à la raison, en étaient d'autant plus portés à croire l'extinction de l'âme particulière, et la conservation du seul esprit universel.

J'ai examiné cette matière avec soin, et j'ai montré que véritablement il y a dans l'âme quelques matériaux de pensée ou objets de l'entendement, que les sens extérieurs ne fournissent point, savoir l'âme même et ses fonctions (*nihil est in intellectu quod non fuerit in sensu, nisi ipse intellectus*), et ceux qui sont pour l'esprit universel l'accorderont aisément, puisqu'ils le distinguent de la matière, — mais je trouve pourtant qu'il n'y a jamais pensée abstraite qui ne soit accompagnée de quelques images ou traces matérielles, et j'ai établi un parallélisme parfait entre ce qui passe dans l'âme et entre ce qui arrive dans la matière, ayant montré que l'âme avec ses fonctions est quelque chose de distinct de la matière, mais que cependant elle est toujours accompagnée des organes qui lui doivent répondre et que cela est réciproque et le sera toujours.

Et quant à la séparation entière de l'âme et du corps, quoique je ne puisse rien dire des lois de la grâce, et de ce que Dieu a ordonné à l'égard des âmes humaines et particulières au delà de ce que dit la sainte Écriture, puisque ce sont des choses qu'on ne peut point savoir par la raison, et qui dépendent de la révélation et de Dieu même, néanmoins je ne vois aucune raison ni de la religion, ni de la philosophie, qui m'oblige de quitter la doctrine du parallélisme de l'âme et du corps, et d'admettre une parfaite séparation. Car pourquoi l'âme ne pourrait-elle pas toujours garder un corps subtil, organisé à sa manière, qui pourra même reprendre un jour ce qu'il faut de son corps visible dans la résurrection, puisqu'on accorde aux bienheureux un corps glorieux, et puisque les anciens pères ont accordé un corps subtil aux anges.

Et cette doctrine, d'ailleurs, est conforme à l'ordre de la nature, établi sur les expériences ; car comme les observations de fort habiles observateurs nous font juger que les animaux ne commencent point, quand le vulgaire le croit, et que les animaux séminaux, ou les semences animées ont subsisté déjà depuis le commencement des choses, et l'ordre et la raison veut que ce qui a existé depuis le commencement ne finisse pas non plus, et qu'ainsi comme la génération n'est qu'un accroissement d'un animal transformé et développé, la mort ne sera que la diminution d'un animal transformé et enveloppé, mais que l'animal demeurera toujours pendant les transformations, comme le ver à soie et le papillon est le même animal. Et il est bon ici de remarquer que la nature a cette adresse et bonté, de nous découvrir ses secrets dans quelques petits échantillons, pour nous faire juger du reste, tout étant correspondant et harmonique. C'est ce qu'elle montre dans la transformation des chenilles et autres insectes, car les mouches viennent aussi des vers, pour nous faire deviner qu'il y a des transformations partout. Et les expériences des insectes ont détruit l'opinion vulgaire que ces animaux s'engendraient par la pourriture sans propagation. C'est ainsi que la nature nous a montré aussi dans les oiseaux un échantillon de la génération de tous les animaux par le moyen des œufs, que les nouvelles découvertes ont fait admettre maintenant. Ce sont aussi les expériences des microscopes qui ont montré que le papillon n'est qu'un développement de la chenille, mais surtout que les semences contiennent déjà la plante ou l'animal formé, quoiqu'il ait besoin par après de transformation et de nutrition ou d'accroissement pour devenir un de ces animaux, qui sont remarquables à nos sens ordinaires. Et comme les moindres insectes s'engendrent aussi par la propagation de l'espèce, il en faut juger de même de ces petits animaux séminaux, savoir qu'ils viennent eux-mêmes d'autres animaux séminaux encore plus petits, et qu'ainsi ils n'ont jamais commencé qu'avec le monde. Ce qui s'accorde assez avec la sainte Écriture, qui insinue que les semences ont été d'abord.

La nature nous a montré dans le sommeil et dans les évanouissements un échantillon qui nous doit faire juger que la mort n'est pas une cessation de toutes les fonctions, mais seulement une suspension de certaines fonctions plus remarquables. Et j'ai expliqué ailleurs un point important, lequel, n'ayant pas été assez considéré, a fait donner plus aisément les hommes dans l'opinion de la mortalité des âmes, c'est qu'un grand nombre de petites perceptions égales et balancées entre elles, qui n'ont aucun relief, ni rien de distinguant, ne sont point remarquées, et on ne saurait s'en souvenir. Mais d'en vouloir conclure qu'alors l'âme est tout à fait sans fonctions, c'est comme le vulgaire croit qu'il y a un vide ou rien là où il n'y a point de matière notable, et que la terre est sans mouvement, parce que son mouvement n'a rien de remarquable, étant uniforme et sans secousses. Nous avons une infinité de petites perceptions et que nous ne saurions distinguer : un grand bruit étourdissant, comme par exemple le murmure de tout un peuple assemblé est composé de tous les petits murmures de personnes particulières, qu'on ne remarquerait pas à part, mais dont on a pourtant un sentiment, autrement on ne sentirait point le tout. Ainsi quand l'animal est privé des organes capables de lui donner des perceptions assez distinguées, il ne s'ensuit point qu'il ne lui reste point de perceptions plus petites et plus uniformes, ni qu'il soit privé de tous organes et de toutes les perceptions. Les organes ne sont qu'enveloppés et réduits en petit volume, mais l'ordre de la nature demande que tout se redéveloppe et retourne un jour à un état remarquable, et qu'il y ait dans ces vicissitudes un certain progrès bien réglé qui serve à faire mourir et perfectionner les choses. Il semble que Démocrite lui-même a vu cette ressuscitation des animaux, car Plotin lui attribue qu'il enseignait une résurrection.

Toutes ces considérations font voir comment, non seulement les âmes particulières, mais même les animaux subsistent, et qu'il n'y a aucune raison de croire une extinction entière des âmes, ou bien une destruction entière de l'animal, et, par conséquence, qu'on n'a point besoin de recourir à un esprit universel, et de priver la nature de ses perfections particulières et subsistantes : ce qui, en effet, serait aussi n'en pas assez considérer l'ordre et l'harmonie. Il y a aussi bien des choses dans la doctrine de l'esprit universel unique, qui ne se soutiennent point, et s'embarrassent dans les difficultés bien plus grandes que la doctrine ordinaire.

En voici quelques-unes : on voit d'abord que la comparaison du souffle qui fait sonner diversement de différents tuyaux, flatte l'imagination, mais qu'elle n'explique rien, ou plutôt qu'elle insinue tout le contraire. Car ce souffle universel des tuyaux n'est qu'un amas de quantité de souffles particuliers, puis chaque tuyau est rempli de son air, qui peut même passer d'un tuyau dans l'autre, de sorte que cette comparaison établirait plutôt des âmes particulières et favoriserait même la transmigration des âmes d'un corps dans l'autre, comme l'air peut changer de tuyau.

Et si on s'imagine que l'esprit universel est comme un océan composé d'une infinité de gouttes, qui en sont détachées quand elles animent quelque corps organique particulier, mais qu'elles se réunissent à leur océan après la destruction des organes, on se forme encore une idée matérielle et grossière, qui ne convient point à la chose et s'embarrasse dans les mêmes difficultés que celle du souffle. Car comme l'océan est un amas de gouttes, Dieu serait pour ainsi dire un assemblage de toutes les âmes, à peu près de la même manière qu'un essaim d'abeilles est un assemblage de ces petits animaux, mais comme cet essaim n'est pas lui-même une véritable substance, il est clair que de cette manière l'esprit universel ne serait point un être véritable lui-même, et au lieu de dire qu'il est le seul esprit, il faudrait dire qu'il n'est rien du tout en soi, et qu'il n'y a dans la nature que des âmes particulières, dont il serait l'amas. Outre que les gouttes réunies à l'océan de l'esprit universel après la destruction des organes seraient en effet des âmes, qui subsisteraient séparées de la matière, et qu'on retomberait ainsi dans ce qu'on a voulu éviter, surtout si ces gouttes gardent quelque reste de leur état précédent ou ont encore quelques fonctions et pourraient même acquérir des plus sublimes dans cet océan de la divinité ou de l'esprit universel. Que si l'on veut que ces âmes réunies à Dieu soient sans aucune fonction propre, on tombe dans une opinion contraire à la raison et à toute la bonne philosophie, comme si aucun être subsistant pouvait jamais parvenir à un état où il est sans aucune fonction ou impression. Car une chose jointe à une autre ne laisse pas d'avoir ses fonctions particulières, lesquelles jointes avec les fonctions des autres en font résulter les fonctions du tout, autrement le tout n'en aurait aucune si les parties n'en avaient point. Outre que j'ai montré ailleurs que chaque être garde parfaitement toutes les impressions qu'il a reçues, quoique ces impressions ne soient plus remarquables à part, parce qu'elles sont jointes avec tant d'autres. Ainsi l'âme, réunie à l'océan des âmes, demeurerait toujours l'âme particulière qu'elle a été, mais séparée.

Ce qui montre qu'il est plus raisonnable et plus conforme à l'usage de la nature de laisser subsister les âmes particulières dans les animaux mêmes et non pas au dehors en Dieu, et ainsi de conserver non seulement l'âme, mais encore l'animal, comme je l'ai expliqué, ci-dessus et ailleurs ; et de laisser ainsi les âmes particulières demeurer toujours en fonction, c'est-à-dire dans des fonctions particulières qui leur conviennent et qui contribuent à la beauté et à l'ordre de l'univers, au lieu de les réduire au sabbat des quiétistes en Dieu, c'est-à-dire à un état de fainéantise et d'inutilité. Car quant à la vision béatifique des âmes bienheureuses, elle est compatible avec les fonctions de leurs corps glorifiés, qui ne laisseront pas d'être organiques à leur manière.

Mais si quelqu'un veut soutenir qu'il n'y a point d'âmes particulières du tout, pas même maintenant, lorsque la fonction du sentiment et de la pensée se fait avec l'aide des organes, il sera réfuté par notre expérience, qui nous enseigne, ce me semble, que nous sommes quelque chose en notre particulier, qui pense, qui s'aperçoit, qui veut, et que nous sommes distingués d'un autre qui pense et qui veut autre chose.

Autrement on tombe dans le sentiment de Spinosa, ou de quelques auteurs semblables, qui veulent qu'il n'y ait qu'une seule substance, savoir Dieu, qui pense, croit et veut l'un en moi, mais qui pense, croit et veut tout le contraire dans un autre, opinion dont M. Bayle a bien fait sentir le ridicule en quelques endroits de son dictionnaire.

Ou bien, s'il n'y a rien dans la nature que l'esprit universel et la matière, il faudra dire que si ce n'est pas l'esprit universel lui-même, qui croit et veut des choses opposées en différentes personnes, que c'est la matière qui est différente et agit différemment; mais si la matière agit, à quoi bon cet esprit universel? Si la matière n'est qu'un premier passif, ou bien un passif tout pur, comment lui peut-on attribuer ces actions? Il est donc bien plus raisonnable de croire qu'outre Dieu, qui est l'actif suprême, il y a quantité d'actifs particuliers, puisqu'il y a quantité d'actions et passions particulières et opposées, qui ne sauraient être attribuées à un même sujet, et ces actifs ne sont autre chose que les âmes particulières.

On sait aussi qu'il y a des degrés en toutes choses. Il y a une infinité de degrés entre un mouvement tel qu'on voudra et le parfait repos, entre la dureté et la parfaite fluidité qui soit sans résistance aucune, entre Dieu et le néant. Ainsi il y a de même une infinité de degrés entre un actif tel qu'il puisse être et le passif tout pur. Et par conséquent il n'est pas raisonnable de n'admettre qu'un seul actif, c'est-à-dire l'esprit universel, avec un seul passif, c'est-à-dire la matière.

Il faut encore considérer que ma manière n'est pas une chose opposée à Dieu, mais qu'il la faut opposer plutôt à l'actif borné, c'est-à-dire à l'âme ou à la forme. Car Dieu est l'être suprême, opposé au néant, dont la matière résulte aussi bien que les formes, et le passif tout pur est quelque chose de plus que le néant, étant capable de quelque chose, au lieu que rien ne se peut attribuer au néant. Ainsi il faut faire figurer avec chaque portion particulière de la matière des formes particulières, c'est-à-dire des âmes et esprits, qui y conviennent.

Je ne veux point recourir ici à un argument démonstratif, que j'ai employé ailleurs, et tiré des unités ou choses simples, où les âmes particulières sont comprises, ce qui nous oblige indispensablement non seulement d'admettre les âmes particulières, mais d'avouer encore qu'elles sont immortelles par leur nature et aussi indestructibles que l'univers, et, qui plus est, que chaque âme est un miroir de l'univers à sa manière sans aucune interruption, et qui contient dans son fond un ordre répondant à celui de l'univers même, que les âmes varient et représentent d'une infinité de façons, toutes différentes et toutes véritables, et multiplient pour ainsi dire l'univers autant de fois qu'il est possible, de sorte que de cette façon elles approchent de la divinité autant qu'il se peut selon leurs différents degrés et donnent à l'univers toute la perfection dont il est capable.

Après cela, je ne vois point quelle raison ou apparence on puisse avoir de combattre la doctrine des âmes particulières. Ceux qui le font accordent que ce qui est en nous est un effet de l'esprit universel. Mais les effets de Dieu sont subsistants, pour ne pas dire que même en quelque façon les modifications et effets des créatures sont durables, et que leurs impressions se joignent seulement sans se détruire. Donc, si conformément à la raison et aux expériences, comme on a fait voir, l'animal avec ses perceptions plus ou moins distinctes et avec certains organes subsiste toujours, et si par conséquent cet effet de Dieu subsiste toujours dans ces organes, — pourquoi ne serait-il pas permis de l'appeler l'âme, et de dire que cet effet de Dieu est une âme immatérielle et immortelle, qui imite en quelque façon l'esprit universel, puisque cette doctrine, d'ailleurs, fait cesser toutes les difficultés, comme il paraît par ce que je viens de dire ici et en d'autres écrits que j'ai faits sur ces matières.

RÉPLIQUE AUX RÉFLEXIONS

CONTENUES DANS LA SECONDE ÉDITION DU DICTIONNAIRE CRITIQUE
DE M. BAYLE, ARTICLE RORARIUS SUR LE SYSTÈME
DE L'HARMONIE PRÉÉTABLIE

Histoire critique de la République des lettres, t. XI, p. 28, 1702.

J'avais fait insérer dans le *Journal des Savants* de Paris (juin et juillet 1695) quelques essais sur un système nouveau, qui me paraissaient propres à expliquer l'union de l'âme et du corps ; où, au lieu de la voie de l'influence des écoles et de la voie de l'assistance des cartésiens, j'avais employé la voie de l'harmonie préétablie. M. Bayle, qui sait donner aux méditations les plus abstraites l'agrément dont elles ont besoin pour attirer l'attention du lecteur, et qui les approfondit en même temps en les mettant dans leur jour, avait bien voulu se donner la peine d'enrichir ce système par ses réflexions insérées dans son dictionnaire, article *Rorarius;* mais, comme il y rapportait en même temps des difficultés qu'il jugeait avoir besoin d'être éclaircies, j'avais tâché d'y satisfaire dans l'*Histoire des ouvrages des savants* (juillet 1698). M. Bayle vient d'y répliquer dans la seconde édition de son dictionnaire, au même article de Rorarius. Il a l'honnêteté de dire que mes réponses ont mieux développé le sujet, et que si la possibilité de l'hypothèse de l'harmonie préétablie était bien avérée, il ne ferait point difficulté de la préférer à l'hypothèse cartésienne, parce que la première donne une haute idée de l'auteur des choses, et éloigne (dans le cours ordinaire de la nature) toute notion de conduite miraculeuse. Cependant il lui paraît difficile encore de concevoir que cette harmonie préétablie soit possible ; et pour le faire voir, il commence par quelque chose de plus facile que cela, à son avis, et qu'on trouve pourtant peu faisable, c'est qu'il compare cette hypothèse avec la supposition d'un vaisseau qui, sans être dirigé de personne, va se rendre de soi-même au port désiré. Il dit là-dessus qu'on conviendra que l'infinité de Dieu n'est pas trop grande pour communiquer à un vaisseau une telle faculté ; il ne prononce point absolument sur l'impossibilité de la chose, il juge pourtant que d'autres la croiront ; car vous direz même, ajoute-t-il, que la nature du vaisseau n'est pas capable de recevoir de Dieu cette faculté-là. Peut-être qu'il a jugé que, selon l'hypothèse en question, il faudrait supposer que Dieu a donné au vaisseau, pour cet effet, une faculté à la scholastique, comme celle qu'on donne dans les écoles aux corps pesants, pour les mener vers le centre. Si c'est ainsi qu'il l'entend, je suis le premier à rejeter la supposition ; mais s'il l'entend d'une faculté du vaisseau explicable par les règles de la mécanique, et par les ressorts internes, aussi bien que par les circonstances externes ; et s'il rejette néanmoins la supposition comme impossible, je voudrais qu'il eût donné quelque raison de ce jugement. Car bien que je n'aie point besoin de la possibilité de quelque chose qui ressemble à ce vaisseau, de la manière que M. Bayle le semble concevoir, comme je le ferai voir plus bas ; je crois pourtant qu'à bien considérer les choses, bien loin qu'il y ait de la difficulté là-dessus à l'égard de Dieu, il semble plutôt qu'un esprit fini pourrait être assez habile pour en venir à bout. Il n'y a point de doute qu'un homme pourrait faire une machine capable de se promener durant quelque temps par une ville, et de se tourner justement aux coins de certaines rues. Un esprit incomparablement plus parfait, quoique borné, pourrait aussi prévoir et éviter un nombre incomparablement plus grand d'obstacles. Ce qui est si vrai, que si ce monde, selon l'hypothèse de quelques-uns, n'était qu'un composé d'un nombre fini d'atomes, qui se remuassent suivant les lois de la mécanique, il est sûr qu'un esprit fini pourrait être assez relevé pour comprendre et prévoir démonstrativement tout ce qui y doit arriver dans un temps déterminé ; de sorte que cet esprit pourrait non seulement fabriquer un vaisseau capable d'aller tout seul à un port nommé, en lui donnant d'abord le tour, la direction et les ressorts qu'il faut ; mais il pourrait encore former un corps capable de contrefaire un homme. Car il n'y a que du plus et du moins qui ne changent rien dans le pays des possibilités : et quelque grande que soit la multitude des fonctions d'une machine, la puissance et l'artifice de l'ouvrier peuvent croître à proportion ; de sorte que n'en point voir la possibilité serait ne pas assez considérer les degrés des choses. Il est vrai que le monde n'est pas un composé d'un nombre fini d'atomes, mais une machine composée, dans chacune de ses parties, d'un nombre véritablement infini de ressorts ; mais il est vrai aussi que celui qui l'a faite, et qui la gouverne, est d'une perfection encore plus infinie, puisqu'elle va à une infinité de mondes possibles, dont il a choisi celui qui lui a plu. Cependant, pour revenir aux esprits bornés, on peut juger, par de petits échantillons qui se trouvent quelquefois parmi nous, où peuvent aller ceux que nous ne connaissons pas. Il y a, par exemple, des hommes capables de faire promptement des grands calculs d'arithmétique par la seule pensée. M. de Monconis fait mention d'un tel homme qui était de son temps en Italie, et il y en a un aujourd'hui en Suède, qui n'a pas même appris l'arithmétique ordinaire, et que je voudrais qu'on ne négligeât point de bien tâter sur sa manière de procéder. Car qu'est-ce que l'homme, quelque excellent qu'il puisse être, au prix de tant de créatures possibles et même existantes, telles que les anges ou génies, qui nous pourraient surpasser en toutes sortes de compréhensions et de raisonnements, incomparablement plus que ces merveilleux possesseurs d'une arithmétique naturelle ne nous surpassent en matière de nombres ? J'avoue que le vulgaire n'entre point dans ces considérations : on l'étourdit par des objections, où il faut penser à ce qui n'est pas ordinaire, ou même qui est sans exemple parmi nous ; mais quand on pense à la grandeur et à la variété de l'univers, on en juge tout autrement. M. Bayle surtout ne peut point manquer de voir la justesse de ces conséquences. Il est vrai que mon hypothèse n'en dépend point, comme je le montrerai tantôt ; mais quand elle en dépendrait, et quand on aurait droit de dire qu'elle est plus surprenante que celle des automates (dont je ferai voir pourtant plus bas qu'elle ne fait que pousser les bons endroits, et ce qu'il y a de solide), je ne m'en alarmerais pas, supposé qu'il n'y ait point d'autre moyen d'expliquer les choses conformément aux lois de la nature. Car il ne faut point se régler en ces matières sur les notions populaires, au préjudice des conséquences certaines. D'ailleurs, ce n'est pas dans le merveilleux de la supposition que consiste ce qu'un philosophe doit objecter aux automates, mais dans le défaut des principes, puisqu'il faut partout des entéléchies ; et c'est avoir une petite idée de l'auteur de la nature (qui multiplie autant qu'il se peut ses petits mondes ou ses miroirs actifs indivisibles) que de n'en donner qu'aux corps humains. Il est même impossible qu'il n'y en ait partout.

Jusqu'ici nous n'avons parlé que de ce que peut une substance bornée, mais à l'égard de Dieu c'est bien autre chose ; et bien loin que ce qui a paru impossible d'abord le soit en effet, il faut dire plutôt qu'il est impossible que Dieu en use autrement, étant comme il est, infiniment puissant et sage, et gardant en tout l'ordre et l'harmonie, autant qu'il est possible. Mais, qui plus est, ce qui paraît si étrange quand on le considère détaché est une conséquence certaine de la constitution des choses ; de sorte que le merveilleux universel fait cesser et absorbe, pour ainsi dire, le merveilleux particulier, puisqu'il en rend raison. Car tout est tellement réglé et lié, que ces machines de la nature, qui ne manquent point, qu'on compare à des vaisseaux, et qui iraient au port d'eux-mêmes, malgré tous les détours et toutes les tempêtes, ne sauraient être jugées plus étranges qu'une fusée qui coule le long d'une corde, ou qu'une liqueur qui court dans un canal. De plus, les corps n'étant pas des atomes, mais étant divisibles et divisés même à l'infini, et tout en étant plein, il s'ensuit que le moindre petit corps reçoit quelque impression du moindre changement de tous les autres, quelque éloignés et petits qu'ils soient, et doit être ainsi un miroir exact de l'univers ; ce qui fait qu'un esprit assez pénétrant pour cela pourrait, à mesure de sa pénétration, voir et prévoir dans chaque corpuscule ce qui se passe et se passera dans ce corpuscule et au dehors. Ainsi rien n'y arrive, pas même par le choc des corps environnants, qui ne suive de ce qui est déjà interne, et qui en puisse troubler l'ordre. Et cela est encore plus manifeste dans les substances simples, ou dans les principes actifs mêmes, que j'appelle des entéléchies primitives avec Aristote, et que, selon moi, rien ne saurait troubler. C'est pour répondre à une note marginale de M. Bayle où il m'objecte qu'un corps organique étant « composé de plusieurs substances, dont cha« cune a un principe d'action, réellement distinct du principe de « chacune des autres, et l'action de chaque principe étant spontanée, « cela doit varier à l'infini les effets ; et le choc des corps voisins « doit mêler quelque contrainte à la spontanéité naturelle de cha« cun ». Mais il faut considérer que c'est de tout temps que l'un s'est déjà accommodé à tout autre, et se porte à ce que l'autre exigera de lui. Ainsi il n'y a de la contrainte dans les substances qu'au dehors et dans les apparences, et cela est si vrai, que le mouvement de quelque point qu'on puisse prendre dans le monde se fait dans une ligne d'une nature déterminée, que ce point a pris une fois pour toutes, et que rien ne lui fera jamais quitter. Et c'est ce que je crois pouvoir dire de plus précis et de plus clair, pour des esprits géométriques, quoique ces sortes de lignes passent infiniment celles qu'un esprit fini peut comprendre. Il est vrai que cette ligne serait droite, si ce point pouvait être seul dans le monde ; et que maintenant elle est due, en vertu des lois de mécanique, au concours de tous les corps : aussi est-ce par ce concours même qu'elle est préétablie. Ainsi j'avoue que la spontanéité n'est pas proprement dans la masse (à moins que de prendre l'univers tout entier, à qui rien ne résiste) ; car si ce point pouvait commencer d'être seul, il continuerait, non pas dans la ligne préétablie, mais dans la droite tangente. C'est donc proprement dans l'entéléchie (dont ce point est le point de vue) que la spontanéité se trouve : et au lieu que le point ne peut avoir de soi que la tendance dans la droite touchante, parce qu'il n'a point de mémoire, pour ainsi dire, ni de pressentiment, l'entéléchie exprime la courbe préétablie même ; de sorte qu'en ce sens rien n'est violent à son égard. Ce qui fait voir enfin comment toutes les merveilles du vaisseau, qui se conduit lui-même au port, ou de la machine qui fait les fonctions de l'homme sans intelligence, et je ne sais combien d'autres fictions qu'on peut objecter encore, et qui font paraître nos suppositions incroyables lorsqu'on les considère comme détachées, cessent de faire difficulté ; et comment tout ce qu'on avait trouvé étrange se perd entièrement, lorsqu'on considère que les choses sont déterminées à ce qu'elles doivent faire. Tout ce que l'ambition ou autre passion fait faire à l'âme de César est aussi représenté dans son corps : et tous les mouvements de ces passions viennent des impressions des objets joints aux mouvements internes ; et le corps est fait en sorte que l'âme ne prend jamais de résolution que les mouvements du corps ne s'y accordent, les raisonnements même les plus abstraits y trouvant leur jeu, par le moyen des caractères, qui les représentent à l'imagination. En un mot, tout se fait dans le corps, à l'égard du détail des phénomènes, comme si la mauvaise doctrine de ceux qui croient que l'âme est matérielle, suivant Épicure et Hobbes, était véritable ; ou comme si l'homme même n'était que corps, ou qu'automate. Aussi ont-ils poussé jusqu'à l'homme, ce que les cartésiens accordent à l'égard de tous les autres animaux ; ayant fait voir en effet que rien ne se fait par l'homme avec toute sa raison, qui dans le corps ne soit un jeu d'images, de passions et de mouvements. On s'est prostitué en voulant prouver le contraire, et on a seulement préparé matière de triomphe à l'erreur, en le prenant de ce biais. Les cartésiens ont fort mal réussi, à peu près comme Épicure avec sa déclinaison des atomes, dont Cicéron se moque si bien, lorsqu'ils ont voulu que l'âme, ne pouvant point donner le mouvement au corps, en change pourtant la direction ; mais ni l'un ni l'autre ne se peut et ne se doit, et les matérialistes n'ont point besoin d'y recourir ; de sorte que rien de ce qui paraît au dehors de l'homme n'est capable de réfuter leur doctrine ; ce qui suffit pour établir une partie de mon hypothèse. Ceux qui montrent aux cartésiens que leur manière de prouver que les bêtes ne sont que des automates va jusqu'à justifier celui qui dirait que tous les autres hommes, hormis lui, sont de simples automates aussi, ont dit justement et précisément ce qu'il me faut pour cette moitié de mon hypothèse, qui regarde le corps. Mais outre les principes, qui établissent les monades, dont les composés ne sont que les résultats, l'expérience interne réfute la doctrine épicurienne ; c'est la conscience qui est en nous de ce moi qui s'aperçoit des choses qui se passent dans le corps ; et la perception ne pouvant être expliquée par les figures et les mouvements, établit l'autre moitié de mon hypothèse, et nous oblige d'admettre en nous une substance indivisible, qui doit être elle-même la source de ses phénomènes. De sorte que, suivant cette seconde moitié de mon hypothèse, tout se fait dans l'âme, comme s'il n'y avait point de corps ; de même que selon la première tout se fait dans le corps, comme s'il n'y avait point d'âme. Outre que j'ai montré souvent, que dans les corps mêmes, quoique le détail des phénomènes ait des raisons mécaniques, la dernière analyse des lois de mécanique, et la nature des substances, nous oblige enfin de recourir aux principes actifs indivisibles ; et que l'ordre admirable qui s'y trouve nous fait voir qu'il y a un principe universel, dont l'intelligence aussi bien que la puissance est suprême. Et comme il paraît par ce qu'il y a de bon et de solide dans la fausse et méchante doctrine d'Épicure, qu'on n'a point besoin de dire que l'âme change les tendances qui sont dans le corps ; il est aisé de juger aussi qu'il n'est point nécessaire non plus que la masse matérielle envoie des pensées à l'âme par l'influence de je ne sais quelles espèces chimériques, ni que Dieu soit toujours l'interprète du corps auprès de l'âme, tout aussi peu qu'il a besoin d'interpréter les volontés de l'âme au corps ; l'harmonie préétablie étant un bon truchement de part et d'autre. Ce qui fait voir que ce qu'il y a de bon dans les hypothèses d'Épicure et de Platon, des plus grands matérialistes et des plus grands idéalistes, se réunit ici ; et qu'il n'y a plus rien de surprenant, que la seule suréminente perfection du souverain principe, montrée maintenant dans son ouvrage au delà de tout ce qu'on en a cru jusqu'à présent. Quelle merveille donc que tout aille bien et avec justesse, puisque toutes choses conspirent et se conduisent par la main, depuis qu'on suppose que tout est parfaitement bien conçu ? Ce serait plutôt la plus grande de toutes les merveilles, ou la plus étrange des absurdités, si ce vaisseau destiné à bien aller, si cette machine à qui le chemin a été tracé de tout temps, pouvait manquer, malgré les mesures que Dieu a prises. « Il ne faut donc pas comparer notre hypothèse, à l'égard de la masse corporelle, avec un vaisseau qui se mène soi-même au port, » mais avec ces bateaux de trajet, attachés à une corde, qui traversent la rivière. C'est comme dans les machines de théâtre et dans les feux d'artifice, dont on ne trouve plus la justesse étrange, quand on sait comment tout est conduit ; il est vrai qu'on transporte l'admiration de l'ouvrage à l'inventeur, tout comme lorsqu'on voit maintenant que les planètes n'ont point besoin d'être menées par des intelligences.

Jusqu'ici nous n'avons presque parlé que des objections qui regardent le corps ou la matière, et il n'y a point non plus d'autre difficulté qu'on ait apportée, que celle du merveilleux (mais beau et réglé, et universel) qui se doit trouver dans les corps, afin qu'ils s'accordent entre eux et avec les âmes ; ce qui, à mon avis, doit être pris plutôt pour une preuve que pour une objection, auprès des personnes qui jugent comme il faut de la puissance et de l'intelligence de l'art divin, pour parler avec M. Bayle, qui avoue aussi qu'il ne se peut rien imaginer qui donne une si haute idée de l'intelligence et de la puissance de l'auteur de toutes choses. Maintenant il faut venir à l'âme, où M. Bayle trouve encore des difficultés, après ce que j'avais dit pour résoudre les premières. Il commence par la comparaison de cette âme toute seule, et prise à part, sans recevoir rien au dehors, avec un atome d'Épicure, environné de vide ; et, en effet, je considère les âmes, ou plutôt les monades, comme des atomes de substance, puisqu'à mon avis il n'y a point d'atomes de matière dans la nature, la moindre parcelle de la matière ayant encore des parties. Or l'atome tel qu'Epicure l'a imaginé, ayant de la force mouvante, qui lui donne une certaine direction, l'exécutera sans empêchement et uniformément, supposé qu'il ne rencontre aucun autre atome. L'âme de même, posée dans cet état, où rien de dehors ne la change, ayant reçu d'abord un sentiment de plaisir, il semble, selon M. Bayle, qu'elle se doit toujours tenir à ce sentiment. Car, lorsque la cause totale demeure, l'effet doit toujours demeurer. Que si j'objecte que l'âme doit être considérée comme dans un état de changement, et qu'ainsi la cause totale ne demeure point, M. Bayle répond que ce changement doit être semblable au changement d'un atome, qui se meut continuellement sur la même ligne droite et d'une vitesse uniforme. Et quand il accorderait, dit-il, la métamorphose des pensées, pour le moins faudrait-il que le passage que j'établis d'une pensée à l'autre renfermât quelque raison d'affinité. Je demeure d'accord des fondements de ces objections, et je les emploie moi-même, pour expliquer mon système. L'état de l'âme, comme de l'atome, est un état de changement, une tendance : l'atome tend à changer de lieu, l'âme à changer de pensée ; l'un et l'autre de soi change de la manière la plus simple et la plus uniforme, que son état permet. D'où vient-il donc, me dira-t-on, qu'il y a tant de simplicité dans le changement de l'atome, et tant de variété dans les changements de l'âme ? C'est que l'atome (tel qu'on le suppose, quoiqu'il n'y ait rien de tel dans la nature), bien qu'il ait des parties, n'a rien qui cause de la variété dans sa tendance, parce qu'on suppose que ces parties ne changent point leurs rapports ; au lieu que l'âme, tout indivisible qu'elle est, renferme une tendance composée, c'est-à-dire une multitude de pensées présentes, dont chacune tend à un changement particulier, suivant ce qu'elle renferme, et qui se trouvent en elle tout à la fois, en vertu de son rapport essentiel à toutes les autres choses du monde. Aussi est-ce le défaut de ce rapport qui bannit les atomes d'Épicure de la nature. Car il n'y a point de chose individuelle qui ne doive exprimer toutes les autres ; de sorte que l'âme, à l'égard de la variété de ses modifications, doit être comparée avec l'univers, qu'elle représente, selon son point de vue, et même en quelque façon avec Dieu, dont elle représente finiment l'infinité, à cause de sa perception confuse et imparfaite de l'infini, plutôt qu'avec un atome matériel. Et la raison du changement des pensées dans l'âme est la même que celle du changement des choses dans l'univers qu'elle représente. Car les raisons de mécanique, qui sont développées dans les corps, sont réunies, et pour ainsi dire concentrées dans les âmes ou entéléchies, et y trouvent même leur source. Il est vrai que toutes les entéléchies ne sont pas, comme notre âme, des images de Dieu, n'étant pas toutes faites pour être membres d'une société ou d'un état dont il soit le chef ; mais elles sont toujours des images de l'univers. Ce sont des mondes en raccourci, à leur mode : des simplicités fécondes ; des unités de substances, mais virtuellement infinies, par la multitude de leurs modifications ; des centres, qui expriment une circonférence infinie. Et il est nécessaire qu'elles le soient, comme je l'ai expliqué autrefois dans des lettres échangées avec M. Arnaud. Et leur durée ne doit embarrasser personne, non plus que celle des atomes des gassendistes. Au reste, comme Socrate a remarqué dans le *Phédon* de Platon, parlant d'un homme qui se gratte, souvent du plaisir à la douleur il n'y a qu'un pas, *extrema gaudii luctus occupat*. De sorte qu'il ne faut point s'étonner de ce passage ; il semble quelquefois que le plaisir n'est qu'un composé de petites perceptions, dont chacune serait une douleur, si elle était grande.

M. Bayle reconnaît déjà que j'ai tâché de répondre à une bonne partie de ses objections : il considère aussi que, dans le système des causes occasionnelles, il faut que Dieu soit l'exécuteur de ses propres lois, au lieu que dans le nôtre c'est l'âme ; mais il objecte que l'âme n'a point d'instruments pour une semblable exécution. Je réponds, et j'ai répondu, qu'elle en a : ce sont ses pensées présentes, dont naissent les suivantes ; et on peut dire qu'en elle, comme partout ailleurs, le présent est gros de l'avenir.

Je crois que M. Bayle demeurera d'accord, et tous les philosophes avec lui, que nos pensées ne sont jamais simples ; et qu'à l'égard de certaines pensées l'âme a le pouvoir de passer d'elle-même de l'une à l'autre : comme lorsqu'elle va des prémisses à la conclusion, ou de la fin aux moyens. Le R. P. Malebranche même demeure d'accord que l'âme a des actions internes volontaires. Or quelle raison y a-t-il, pour empêcher que cela n'ait lieu en toutes ses pensées ? C'est peut-être qu'on a cru que les pensées confuses diffèrent *toto genere* des distinctes, au lieu qu'elles sont seulement moins distinguées, et moins développées à cause de leur multiplicité. Cela a fait qu'on a tellement attribué au corps certains mouvements, qu'on a raison d'appeler involontaires, qu'on a cru qu'il n'y a rien dans l'âme qui y réponde ; et on a cru, réciproquement, que certaines pensées abstraites ne sont point représentées dans le corps.

Mais il y a erreur dans l'un et dans l'autre, comme il arrive ordinairement dans ces sortes de distinctions, parce qu'on n'a pris garde qu'à ce qui paraît le plus. Les plus abstraites pensées ont besoin de quelque imagination : et quand on considère ce que c'est que les pensées confuses, qui ne manquent jamais d'accompagner les plus distinctes que nous puissions avoir, on reconnaît qu'elles enveloppent toujours l'infini, et non seulement ce qui se passe en notre corps, mais encore par son moyen, ce qui arrive ailleurs ; et servent ainsi bien plus ici à notre but, que cette légion de substances dont parle M. Bayle, comme d'un instrument qui semblait nécessaire aux fonctions que je donne à l'âme. Il est vrai qu'elle a ces légions à son service, mais non pas au dedans d'elle-même. C'est donc des perceptions présentes avec la tendance réglée au changement, que se forme cette tablature de musique qui fait sa leçon. Mais, dit M. Bayle, ne faudrait-il pas qu'elle connût (distinctement) la suite des notes, et y pensât (ainsi) actuellement? Je réponds que non : il lui suffit de les avoir enveloppées dans ses pensées confuses ; autrement toute entéléchie serait Dieu. Car Dieu exprime tout distinctement et parfaitement à la fois, possible et existant, passé, présent et futur : il est la source universelle de tout, et les monades créées l'imitent autant qu'il est possible que les créatures le fassent ; il les a faites sources de leurs phénomènes, qui contiennent des rapports à tout, mais plus ou moins distincts, selon les degrés de perfection de chacune de ces substances. Où en est l'impossibilité? Je voudrais voir quelque argument positif, qui menât à quelque contradiction, ou à l'opposition de quelque vérité prouvée. De dire que cela est surprenant, ce ne serait pas une objection. Au contraire, tous ceux qui reconnaissent des substances immatérielles indivisibles leur accordent une multitude de perceptions à la fois, et une spontanéité dans leurs raisonnements et actes volontaires. De sorte que je ne fais qu'étendre la spontanéité aux pensées confuses et involontaires, et montrer que leur nature est d'envelopper des rapports à tout ce qui est au dehors. Comment prouver que cela ne se peut, ou qu'il faut nécessairement que tout ce qui est en nous, nous soit connu distinctement? N'est-il pas vrai que nous ne saurions nous souvenir toujours, même de ce que nous savons, et où nous rentrons tout d'un coup, par une petite occasion de réminiscence? Et combien de variétés ne pouvons-nous pas avoir encore dans l'âme, où il ne nous est point permis d'entrer si vite? Autrement l'âme serait un Dieu, au lieu qu'il lui suffit d'être un petit monde, qu'on trouve aussi imperturbable que le grand, lorsqu'on considère qu'il y a de la spontanéité dans le confus, comme dans le distinct. Mais on a raison dans un autre sens d'appeler perturbations, avec les anciens, ou passions, ce qui consiste dans les pensées confuses, où il y a de l'involontaire et de l'inconnu ; et c'est ce que, dans le langage commun, on n'attribue pas mal au combat du corps et de l'esprit, puisque nos pensées confuses représentent le corps ou la chair, et font notre imperfection.

Comme j'avais déjà donné cette réponse en substance, que les perceptions confuses enveloppent tout ce qui est au dehors, et renferment des rapports infinis, M. Bayle, après l'avoir rapportée, ne la réfute pas. Il dit plutôt que cette supposition, quand elle sera bien développée, est le vrai moyen de résoudre toutes les difficultés ; et il me fait l'honneur de dire qu'il espère que je résoudrai solidement les siennes. Quand il ne l'aurait dit que par honnêteté, je n'aurais pas laissé de faire des efforts pour cela, et je crois n'en avoir passé aucune : et si j'ai laissé quelque chose, sans tâcher d'y satisfaire, il faudra que je n'aie point pu voir en quoi consistait la difficulté qu'on me voulait opposer ; ce qui me donne quelquefois le plus de peine en répondant. J'aurais souhaité de voir pourquoi l'on croit que cette multitude de perceptions, que je suppose dans une substance indivisible, n'y saurait avoir lieu ; car je crois que, quand même l'expérience et le sentiment commun ne nous feraient point reconnaître une grande variété dans notre âme, il serait permis de la supposer. Ce ne sera pas une preuve d'impossibilité de dire seulement qu'on ne saurait concevoir une telle ou telle chose, quand on ne marque pas en quoi elle choque la raison ; et quand la difficulté n'est que dans l'imagination, sans qu'il y en ait dans l'entendement.

Il y a du plaisir d'avoir affaire à un opposant aussi équitable, et aussi profond en même temps que M. Bayle, qui rend tellement justice, qu'il prévient souvent les réponses, comme il a fait en remarquant que, selon moi, la constitution primitive de chaque esprit étant différente de celle de tout autre, cela ne doit pas paraître plus extraordinaire que ce que disent les Thomistes, après leur maître, de la diversité spécifique de toutes les intelligences séparées. Je suis bien aise de me rencontrer encore en cela avec lui, car j'ai allégué quelque part cette même autorité. Il est vrai que, suivant ma définition de l'espèce, je n'appelle pas cette différence spécifique ; car comme, selon moi, jamais deux individus ne se ressemblent parfaitement, il faudrait dire que jamais deux individus ne sont d'une même espèce ; ce qui ne serait point parler juste. Je suis fâché de n'avoir pas encore pu voir les objections de Dom François Lami, contenues, à ce que M. Bayle m'apprend, dans son second traité de la Connaissance de soi-même (édit. 1699) ; autrement j'y aurais encore dirigé mes réponses. M. Bayle m'a voulu épargner exprès les objections communes à d'autres systèmes, et c'est encore une obligation que je lui ai. Je dirai seulement qu'à l'égard de la force donnée aux créatures je crois avoir répondu, dans le mois de septembre du *Journal de Leipsig* (1698), à toutes les objections du mémoire d'un savant homme, contenues dans le même *Journal* (1697), que M. Bayle cite à la marge : et d'avoir démontré même que, sans la force active dans les corps, il n'y aurait point de variété dans les phénomènes ; ce qui vaudrait autant que s'il n'y avait rien du tout. Il est vrai que ce savant adversaire a répliqué (mai 1699), mais c'est proprement en expliquant son sentiment, et sans toucher assez à mes raisons contraires : ce qui a fait qu'il ne s'est point souvenu de répondre à cette démonstration, d'autant qu'il regardait la matière comme inutile à persuader et à éclaircir davantage, et même comme capable d'altérer la bonne intelligence. J'avoue que c'est le destin ordinaire des contestations, mais il y a de l'exception ; et ce qui s'est passé entre M. Bayle et moi paraît d'une autre nature. Je tâche toujours de mon côté de prendre des mesures propres à conserver la modération, et à pousser l'éclaircissement de la chose, afin que la dispute non seulement ne soit pas nuisible, mais puisse même devenir utile. Je ne sais si j'ai obtenu maintenant ce dernier point ; mais, quoique je ne puisse me flatter de donner une entière satisfaction à un esprit aussi pénétrant que celui de M. Bayle, dans une matière aussi difficile que celle dont il s'agit, je serai toujours content, s'il trouve que j'ai fait quelque progrès dans une si importante recherche.

Je n'ai pu m'empêcher de renouveler le plaisir, que j'avais eu autrefois, de lire avec une attention particulière plusieurs articles de son excellent et riche Dictionnaire ; et entre autres ceux qui regardent la philosophie, comme les articles des Pauliciens, Origène, Pereira, Rorarius, Spinosa, Zenon. J'ai été surpris, tout de nouveau, de la fécondité, de la force et du brillant des pensées. Jamais académicien, sans excepter Carnéade, n'aura mieux fait sentir les difficultés. M. Foucher, quoique très habile dans ses méditations, n'y approchait pas ; et moi je trouve que rien au monde n'est plus utile pour surmonter ces mêmes difficultés. C'est ce qui fait que je me plais extrêmement aux objections des personnes habiles et modérées, car je sens que cela me donne de nouvelles forces, comme dans la fable d'Antée terrassé. Et ce qui me fait parler avec un peu de confiance, c'est que, ne m'étant fixé qu'après avoir regardé de tous côtés et bien balancé, je puis peut-être dire sans vanité : *Omnia percepi, atque animo mecum ante peregi*. Mais les objections me remettent dans les voies et m'épargnent bien de la peine : car il n'y en a pas peu de vouloir repasser par tous les écarts, pour deviner et prévenir ce que d'autres peuvent trouver à redire ; puisque les préventions et les inclinations sont si différentes, qu'il y a eu des personnes fort pénétrantes, qui ont donné d'abord dans mon hypothèse, et ont pris même la peine de la recommander à d'autres. Il y en a eu encore de très habiles, qui m'ont marqué l'avoir déjà eue en effet, et même quelques autres ont dit qu'ils entendaient ainsi l'hypothèse des causes occasionnelles, et ne la distinguaient point de la mienne, dont je suis bien aise. Mais je ne le suis pas moins, lorsque je vois qu'on se met à l'examiner comme il faut.

Pour dire quelque chose sur les articles de M. Bayle, dont je viens de parler, et dont le sujet a beaucoup de connexion avec cette matière, il semble que la raison de la permission du mal vient des possibilités éternelles, suivant lesquelles cette manière d'univers qui l'admet, et qui a été admise à l'existence actuelle, se trouve la plus parfaite en somme parmi toutes les façons possibles. Mais on s'égare en voulant montrer en détail, avec les stoïciens, cette utilité du mal qui relève du bien, que saint Augustin a bien reconnue en général, et qui, pour ainsi dire, fait reculer pour mieux sauter ; car peut-on entrer dans les particularités infinies de l'harmonie universelle ? Cependant, s'il fallait choisir entre deux, suivant la raison, je serais plutôt pour l'origéniste, et jamais pour le manichéen. Il ne me paraît pas qu'il faille ôter l'action ou la force aux créatures, sous prétexte qu'elles créeraient si elles produisaient des modalités. Car c'est Dieu qui conserve et crée continuellement leurs forces, c'est-à-dire une source de modifications, qui est dans la créature, ou bien un état par lequel on peut juger qu'il y aura changement de modifications ; parce que, sans cela, je trouve, comme j'ai dit ci-dessus l'avoir montré ailleurs, que Dieu ne produirait rien, et qu'il n'y aurait point de substances hormis la sienne ; ce qui nous ramènerait toutes les absurdités du Dieu de Spinosa. Aussi paraît-il que l'erreur de cet auteur ne vient que de ce qu'il a poussé les suites de la doctrine, qui ôte la force et l'action aux créatures.

Je reconnais que le temps, l'étendue, le mouvement et le continu en général, de la manière qu'on les prend en mathématique, ne sont que des choses idéales, c'est-à-dire qui expriment les possibilités, tout comme font les nombres. Hobbes même a défini l'espace par *Phantasma existentis*. Mais, pour parler plus juste, l'étendue est l'ordre des coexistences possibles, comme le temps est l'ordre des possibilités inconstantes, mais qui ont pourtant de la connexion ; de sorte que ces ordres quadrent non seulement à ce qui est actuellement, mais encore à ce qui pourrait être mis à la place, comme les nombres sont indifférents à tout ce qui peut être *res numerata*. Et quoique dans la nature il ne se trouve jamais de changements parfaitement uniformes, tels que demande l'idée que les mathématiques nous donnent du mouvement, non plus que des figures actuelles, à la rigueur, de la nature de celles que la géométrie nous enseigne ; néanmoins les phénomènes actuels de la nature sont ménagés et doivent l'être de telle sorte, qu'il ne se rencontre jamais rien où la loi de la continuité (que j'ai introduite, et dont j'ai fait la première mention dans les *Nouvelles de la République des Lettres* de M. Bayle) et toutes les autres règles les plus exactes des mathématiques soient violées. Et bien loin de cela, les choses ne sauraient être rendues intelligibles que par ces règles, seules capables, avec celles de l'harmonie, ou de la perfection que la véritable métaphysique fournit, de nous faire entrer dans les raisons et vues de l'auteur des choses. La trop grande multitude des compositions infinies fait à la vérité que nous nous perdons enfin, et sommes obligés de nous arrêter dans l'application des règles de la métaphysique, aussi bien que des mathématiques à la physique ; cependant jamais ces applications ne trompent, et quand il y a du mécompte après un raisonnement exact, c'est qu'on ne saurait assez éplucher le fait, et qu'il y a imperfection dans la supposition. On est même d'autant plus capable d'aller loin dans cette application qu'on est plus capable de ménager la considération de l'infini, comme nos dernières méthodes l'ont fait voir. Ainsi, quoique les méditations mathématiques soient idéales, cela ne diminue rien de leur utilité, parce que les choses actuelles ne sauraient s'écarter de leurs règles; et on peut dire, en effet, que c'est en cela que consiste la réalité des phénomènes, qui les distingue des songes. Les mathématiciens, cependant, n'ont point besoin du tout des discussions métaphysiques, et de s'embarrasser de l'existence réelle des points, des indivisibles, des infiniment petits, et des infinis à la rigueur. Je l'ai marqué dans ma réponse à l'endroit des Mémoires de Trévoux, mai et juin 1701, que M. Bayle a cité dans l'article de Zénon; et j'ai donné à considérer la même année, qu'il suffit aux mathématiciens, pour la rigueur de leurs démonstrations, de prendre, au lieu des grandeurs infiniment petites, d'aussi petites qu'il en faut, pour montrer que l'erreur est moindre que celle qu'un adversaire voulait assigner, et par conséquent qu'on n'en saurait assigner aucune; de sorte que, quand les infiniment petits exacts, qui terminent la diminution des assignations, ne seraient que comme les racines imaginaires, cela ne nuirait point au calcul infinitésimal, ou des différences et des sommes, que j'ai proposé, que des excellents mathématiciens ont cultivé si utilement, et où l'on ne saurait s'égarer, que faute de l'entendre ou faute d'application, car il porte sa démonstration avec soi. Aussi a-t-on reconnu depuis dans le *Journal de Trévoux*, au même endroit, que ce qu'on y avait dit auparavant n'allait pas contre mon explication. Il est vrai qu'on y prétend encore que cela va contre celle de M. le marquis de l'Hôpital; mais je crois qu'il ne voudra pas, non plus que moi, charger la géométrie des questions métaphysiques.

J'ai presque ri des airs que M. le chevalier de Méré s'est donnés dans sa lettre à M. Pascal, que M. Bayle rapporte au même article. Mais je vois que le chevalier savait que ce grand génie avait ses inégalités, qui le rendaient quelquefois trop susceptible aux impressions des spiritualistes outrés, et le dégoûtaient même par intervalle des connaissances solides; ce qu'on a vu arriver depuis, mais sans retour, à MM. Stenonis et Swammerdam, faute d'avoir joint la métaphysique véritable à la physique et aux mathématiques. M. de Méré en profitait pour parler de haut en bas à M. Pascal. Il semble qu'il se moque un peu, comme font les gens du monde, qui ont beaucoup d'esprit et un savoir médiocre. Ils voudraient nous persuader que ce qu'ils n'entendent pas assez est peu de chose; il aurait fallu l'envoyer à l'école chez M. Roberval. Il est vrai cependant que le chevalier avait quelque génie extraordinaire, même pour les mathématiques; et j'ai appris de M. des Billettes, ami de M. Pascal, excellent dans les mécaniques, ce que c'est que cette découverte, dont ce

chevalier se vante ici dans sa lettre. C'est, qu'étant grand joueur, il donna les premières ouvertures sur l'estime des paris ; ce qui fit naître les belles pensées *De Alea*, de MM. Fermat, Pascal et Huygens, où M. Roberval ne pouvait ou ne voulait rien comprendre. M. le pensionnaire de Witt a poussé cela encore davantage, et l'applique à d'autres usages plus considérables par rapport aux rentes de vie : et M. Huygens m'a dit que M. Hudde a encore eu d'excellentes méditations là-dessus, et que c'est dommage qu'il les ait supprimées avec tant d'autres. Ainsi les jeux mêmes mériteraient d'être examinés, et si quelque mathématicien pénétrant méditait là-dessus, il y trouverait beaucoup d'importantes considérations ; car les hommes n'ont jamais montré plus d'esprit que lorsqu'ils ont badiné. Je veux ajouter, en passant, que non seulement Cavallieri et Torricelli, dont parle Gassendi dans le passage cité ici par M. Bayle, mais encore moi-même et beaucoup d'autres, ont trouvé les figures d'une longueur infinie, égales à des espaces finis. Il n'y a rien de plus extraordinaire en cela que dans les séries infinies, où l'on fait voir qu' $\frac{1}{2} + \frac{1}{4} + \frac{1}{8} + \frac{1}{16} + \frac{1}{32}$ etc., est égal à l'unité. Il se peut cependant que ce chevalier ait encore eu quelque bon enthousiasme, qui l'ait transporté dans ce monde invisible, et dans cette étendue infinie dont il parle, et que je crois être celle des idées ou des formes, dont ont parlé encore quelques scholastiques en mettant en question *utrum detur vacuum formarum*. Car il dit « qu'on y
« peut découvrir les raisons et les principes des choses, les vérités
« les plus cachées, les convenances, les justesses, les proportions,
« les vrais originaux et les parfaites idées de tout ce qu'on cherche. »
Ce monde intellectuel, dont les anciens ont fort parlé, est en Dieu, et en quelque façon en nous aussi. Mais ce que la lettre dit contre la division à l'infini fait bien voir que celui qui l'a écrite était encore trop étranger dans ce monde supérieur, et que les agréments du monde visible, dont il a écrit, ne lui laissaient pas le temps qu'il faut pour acquérir le droit de bourgeoisie dans l'autre. M. Bayle a raison de dire, avec les anciens, que Dieu exerce la géométrie, et que les mathématiques font une partie du monde intellectuel, et sont les plus propres pour y donner entrée. Mais je crois moi-même que son intérieur est quelque chose de plus. J'ai insinué ailleurs qu'il y a un calcul plus important que ceux de l'arithmétique et de la géométrie, et qui dépend de l'analyse des idées. Ce serait une caractéristique universelle, dont la formation me paraît une des plus importantes choses qu'on pourrait entreprendre.

LA MONADOLOGIE [1]

THÈSES DE PHILOSOPHIE, OU THÈSES RÉDIGÉES EN FAVEUR

DU PRINCE EUGÈNE

1714

1. La Monade, dont nous parlerons ici, n'est autre chose qu'une substance simple, qui entre dans les composés ; simple, c'est-à-dire sans parties. (*Théod.*, § 10.)

2. Et il faut qu'il y ait des substances simples, puisqu'il y a des composés ; car le composé n'est autre chose qu'un amas, ou *aggregatum* des simples.

3. Or, là où il n'y a point de parties, il n'y a ni étendue, ni figure, ni divisibilité possible. Et ces monades sont les véritables Atomes de la nature, et en un mot les Éléments des choses.

4. Il n'y a aussi point de dissolution à craindre, et il n'y a aucune manière concevable par laquelle une substance simple puisse périr naturellement. (§ 80.)

5. Par la même raison il n'y en a aucune, par laquelle une substance simple puisse commencer naturellement, puisqu'elle ne saurait être formée par composition.

6. Ainsi on peut dire que les Monades ne sauraient commencer ni finir que tout d'un coup, c'est-à-dire elles ne sauraient commencer que par création, et finir que par annihilation ; au lieu que ce qui est composé commence ou finit par parties.

7. Il n'y a pas moyen aussi d'expliquer comment une Monade puisse être altérée ou changée dans son intérieur par quelque autre créature, puisqu'on n'y saurait rien transposer, ni concevoir en elle

---

[1] Nous donnons ici le texte de la Monadologie d'après l'édition de M. Emile Boutroux qui a compulsé le manuscrit autographe de Leibniz à la Bibliothèque de Hanovre, ainsi que deux copies, revues et corrigées par Leibniz lui-même.

aucun mouvement interne, qui puisse être excité, dirigé, augmenté ou diminué là dedans, comme cela se peut dans les composés, où il y a de changement entre les parties. Les Monades n'ont point de fenêtres, par lesquelles quelque chose y puisse entrer ou sortir. Les accidents ne sauraient se détacher, ni se promener hors des substances, comme faisaient autrefois les espèces sensibles de scolastiques. Ainsi ni substance ni accident peut entrer de dehors dans une monade.

8. Cependant il faut que les Monades aient quelques qualités, autrement ce ne seraient même pas des êtres. Et si les substances simples ne différaient point par leurs qualités, il n'y aurait point de moyen de s'apercevoir d'aucun changement dans les choses, puisque ce qui est dans le composé ne peut venir que des ingrédients simples, et les monades étant sans qualités seraient indistinguables l'une de l'autre, puisque aussi bien elles ne diffèrent point en quantité : et par conséquent, le plein étant supposé, chaque lieu ne recevrait toujours dans le mouvement que l'Équivalent de ce qu'il avait eu, et un état des choses serait *indiscernable* l'un de l'autre.

9. Il faut même que chaque Monade soit différente de chaque autre. Car il n'y a jamais dans la nature deux êtres qui soient parfaitement l'un comme l'autre, et où il ne soit possible de trouver une différence interne, ou fondée sur une dénomination intrinsèque.

10. Je prends aussi pour accordé que tout être créé est sujet au changement, et par conséquent la Monade créée aussi, et même que ce changement est continuel dans chacune.

11. Il s'ensuit de ce que nous venons de dire que les changements naturels des monades viennent d'un principe interne, puisqu'une cause externe ne saurait influer dans son intérieur (§§ 396, 900) (1).

12. Mais il faut aussi qu'outre le principe du changement il y ait un *détail de ce qui change*, qui fasse pour ainsi dire la spécification et la variété des substances simples.

13. Ce détail doit envelopper une multitude dans l'unité ou dans le simple. Car tout changement naturel se faisant par degrés, quelque chose change et quelque chose reste ; et par conséquent, il faut que dans la substance simple il y ait une pluralité d'affections et de rapports, quoiqu'il n'y en ait point de parties.

14. L'état passager qui enveloppe et représente une multitude dans

---

(1) Renvois à la *Théodicée*.

l'unité ou dans la substance simple n'est autre chose que ce qu'on appelle la *Perception*, qu'on doit distinguer de l'aperception ou de la conscience, comme il paraîtra dans la suite. Et c'est en quoi les cartésiens ont fort manqué, ayant compté pour rien les perceptions dont on ne s'aperçoit pas. C'est aussi ce qui les a fait croire que les seuls Esprits étaient des Monades, et qu'il n'y avait point d'Ames des Bêtes ou d'autres Entéléchies, et qu'ils ont confondu avec le vulgaire un long étourdissement avec une mort à la rigueur, ce qui les a fait encore donner dans le préjugé scolastique des âmes entièrement séparées, et a même confirmé les esprits mal tournés dans l'opinion de la mortalité des âmes.

15. L'action du principe interne, qui fait le changement ou le passage d'une perception à une autre, peut être appelée *Appétition;* il est vrai que l'appétit ne saurait toujours parvenir entièrement à toute la perception où il tend, mais il en obtient toujours quelque chose et parvient à des perceptions nouvelles.

16. Nous expérimentons en nous-mêmes une multitude dans la substance simple, lorsque nous trouvons que la moindre pensée dont nous nous apercevons enveloppe une variété dans l'objet. Ainsi tous ceux qui reconnaissent que l'âme est une substance simple doivent reconnaître cette multitude dans la Monade, et M. Bayle ne devait point y trouver de difficulté comme il a fait dans son Dictionnaire, article *Rorarius*.

17. On est obligé d'ailleurs de confesser que la *Perception*, et ce qui en dépend est *inexplicable, par des raisons mécaniques*, c'està-dire par les figures et par les mouvements. Et, feignant qu'il y ait une machine, dont la structure fasse penser, sentir, avoir perception, on pourra la concevoir agrandie en conservant les mêmes proportions, en sorte qu'on y puisse entrer comme dans un moulin. Et cela posé, on ne trouvera en la visitant au dedans que des pièces qui poussent les unes les autres, et jamais de quoi expliquer une perception. Ainsi c'est dans la substance simple et non dans le composé, ou dans la machine, qu'il la faut chercher. Aussi n'y a-t-il que cela qu'on puisse trouver dans la substance simple, c'est-à-dire les perceptions et leurs changements. C'est en cela seul aussi que peuvent consister toutes *Actions internes* des substances simples. (Préf., 2, 6.)

18. On pourrait donner le nom d'Entéléchies à toutes les substances simples ou monades créées, car elles ont en elles une certaine perfection (ἔχουσι τὸ ἐντελές), il y a une suffisance (αὐτάρκεια) qui

les rend sources de leurs actions internes et pour ainsi dire des Automates incorporels.

19. Si nous voulons appeler âmes tout ce qui a *Perceptions* et *Appétits* dans le sens général que je viens d'expliquer, toutes les substances simples ou Monades créées pourraient être appelées Ames; mais, comme le sentiment est quelque chose de plus qu'une simple perception, je consens que le nom général de Monades et d'Entéléchies suffise aux substances simples, qui n'auront que cela, et qu'on appelle âmes seulement celles dont la perception est plus distincte et accompagnée de mémoire.

20. Car nous expérimentons en nous-mêmes un état, où nous ne nous souvenons de rien et n'avons aucune perception distinguée, comme lorsque nous tombons en défaillance ou quand nous sommes accablés d'un profond sommeil sans aucun songe. Dans cet état, l'âme ne diffère point sensiblement d'une simple monade; mais comme cet état n'est point durable, et qu'elle s'en tire, elle est quelque chose de plus (§ 64.)

21. Et il ne s'ensuit point qu'alors la substance simple soit sans aucune perception. Cela ne se peut pas même, par les raisons susdites; car elle ne saurait périr, elle ne saurait aussi subsister sans quelque affection, qui n'est autre chose que sa perception : mais quand il y a une grande multitude de petites perceptions, où il n'y a rien de distingué, on est étourdi; comme quand on tourne continuellement d'un même sens plusieurs fois de suite, où il vient un vertige qui nous peut faire évanouir et qui ne nous laisse rien distinguer. Et la mort peut donner cet état pour un temps aux animaux.

22. Et comme tout présent état d'une substance simple est naturellement une suite de son état précédent, tellement que le présent y est gros de l'avenir (§ 360);

23. Donc, puisque, réveillé de l'étourdissement, on *s'aperçoit* de ses perceptions, il faut bien qu'on en ait eu immédiatement auparavant, quoiqu'on ne s'en soit point aperçu; car une perception ne saurait venir naturellement que d'une autre perception, comme un mouvement ne peut venir naturellement que d'un mouvement. (§§ 401, 403.)

24. L'on voit par là que, si nous n'avions rien de distingué et pour ainsi dire de relevé, et d'un plus haut goût dans nos perceptions, nous serions toujours dans l'étourdissement. Et c'est l'état des Monades toutes nues.

25. Aussi voyons-nous que la nature a donné des perceptions relevées aux animaux, par les soins qu'elle a pris de leur fournir des organes, qui ramassent plusieurs rayons de lumière ou plusieurs ondulations de l'air pour les faire avoir plus d'efficace par leur union. Il y a quelque chose d'approchant dans l'odeur, dans le goût et dans l'attouchement et peut-être dans quantité d'autres sens qui nous sont inconnus. Et j'expliquerai tantôt, comment ce qui se passe dans l'âme représente ce qui se fait dans les organes.

26. La mémoire fournit une espèce de *consécution* aux âmes, qui imite la raison, mais qui doit en être distinguée. C'est que nous voyons que les animaux ayant la perception de quelque chose qui les frappe et dont ils ont eu la perception semblable auparavant, s'attendent par la représentation de leur mémoire à ce qui y a été joint dans cette perception précédente et sont portés à des sentiments semblables à ceux qu'ils avaient pris alors. Par exemple : quand on montre le bâton aux chiens, ils se souviennent de la douleur qu'il leur a causée et crient et fuient. (Prélim. § 64) (1).

27. Et l'imagination forte, qui les frappe et émeut, vient ou de la grandeur ou de la multitude des perceptions précédentes. Car souvent une impression forte fait tout d'un coup l'effet d'une longue habitude, ou de beaucoup de perceptions médiocres réitérées.

28. Les hommes agissent comme les bêtes en tant que les consécutions de leurs perceptions ne se font que par le principe de la mémoire, ressemblant aux médecins empiriques, qui ont une simple pratique sans théorie, et nous ne sommes qu'empiriques dans les trois quarts de nos actions. Par exemple, quand on s'attend qu'il y aura jour demain, on agit en empirique parce que cela s'est toujours fait ainsi jusqu'ici. Il n'y a que l'astronome, qui le juge par raison.

29. Mais la connaissance des vérités nécessaires et éternelles est ce qui nous distingue des simples animaux et nous fait avoir la Raison et les sciences, en nous élevant à la connaissance de nous-mêmes et de Dieu. Et c'est ce qu'on appelle en nous Ame raisonnable ou *Esprit*.

30. C'est aussi par la connaissance des vérités nécessaires et par leurs abstractions que nous sommes élevés aux actes réflexifs, qui nous font penser à ce qui s'appelle moi, et à considérer que ceci

(1) Ces Préliminaires sont l'Introduction de la *Théodicée* : « Discours sur la Conformité de la Foi avec la Raison. »

ou cela est en nous, et c'est ainsi qu'en pensant à nous, nous pensons à l'Être, à la Substance, au simple ou au composé, à l'immatériel et à Dieu même, en concevant que ce qui est borné en nous est en lui sans bornes. Et ces actes réflexifs fournissent les objets principaux de nos raisonnements. (*Théod.*, Préf. 4, *a*.).

31. Nos raisonnements sont fondés sur deux grands principes, *celui de la contradiction*, en vertu duquel nous jugeons faux ce qui est enveloppe, et vrai ce qui est opposé ou contradictoire au faux. (§§ 44, 196.)

32. Et *celui de la raison suffisante*, en vertu duquel nous considérons qu'aucun fait ne saurait se trouver vrai ou existant, aucune énonciation véritable, sans qu'il y ait une raison suffisante, pourquoi il en soit ainsi et non pas autrement, quoique ces raisons le plus souvent ne puissent point nous être connues. (§§ 44, 196.)

33. Il y a aussi deux sortes de vérités, celles de *Raisonnement* et celles de *Fait*. Les vérités de raisonnement sont nécessaires et leur opposé est impossible, et celles de fait sont contingentes et leur opposé est possible. Quand une vérité est nécessaire, on en peut trouver la raison par l'analyse, la résolvant en idées et en vérités plus simples, jusqu'à ce qu'on vienne aux primitives. (§§ 170, 174, 189, 280, 282, 367. — *Abrégé*, obj. 3.)

34. C'est ainsi que, chez les mathématiciens, les *théorèmes* de spéculation et les *canons* de pratique sont réduits par l'analyse aux *Définitions*, *Axiomes* et *Demandes*.

35. Et il y a enfin des *idées simples*, dont on ne saurait donner la définition ; il y a aussi des axiomes et demandes, en un mot des *principes primitifs*, qui ne sauraient être prouvés et n'en ont point besoin aussi, et ce sont les *énonciations identiques*, dont l'opposé contient une contradiction expresse. (§§ 36, 37, 44, 45, 49, 52, 121, 122, 337, 340, 344.)

36. Mais la *raison suffisante* se doit aussi trouver dans les vérités *contingentes ou de fait*, c'est-à-dire dans la suite des choses répandues par l'univers des créatures, où la résolution en raisons particulières pourrait aller à un détail sans bornes, à cause de la variété immense des choses de la nature et de la division des corps à l'infini. Il y a une infinité de figures et de mouvements présents et passés, qui entrent dans la cause efficiente de mon écriture présente, et il y a une infinité des petites inclinations et dispositions de mon âme présentes et passées, qui entrent dans la cause finale.

37. Et comme tout ce détail n'enveloppe que d'autres contingents antérieurs ou plus détaillés, dont chacun a encore besoin d'une analyse semblable pour en rendre raison, on n'en est pas plus avancé, et il faut que la raison suffisante ou dernière soit hors de la suite ou *séries* de ce détail des contingences, quelque infini qu'il pourrait être.

38. Et c'est ainsi que la dernière raison des choses doit être dans une substance nécessaire dans laquelle le détail des changements ne soit qu'éminemment, comme dans la source, et c'est ce que nous appelons *Dieu*. (§ 7.)

39. Or cette substance étant une raison suffisante de tout ce détail, lequel aussi est lié par tout, *il n'y a qu'un Dieu et ce Dieu suffit*.

40. On peut juger aussi que cette substance suprême qui est unique, universelle et nécessaire, n'ayant rien hors d'elle qui en soit indépendant, et étant une suite simple de l'être possible, doit être incapable de limites et contenir tout autant de réalité qu'il est possible.

41. D'où il s'ensuit que Dieu est absolument parfait, la perfection n'étant autre chose que la grandeur de la réalité positive prise précisément, en mettant à part les limites ou bornes dans les choses qui en ont. Et là, où il n'y a point de bornes, c'est-à-dire en Dieu, la perfection est absolument infinie. (§ 22, Préf. 4, *a*.)

42. Il s'ensuit aussi que les créatures ont leurs perfections de l'influence de Dieu, mais qu'elles ont leurs imperfections de leur nature propre incapable d'être sans bornes. Car c'est en cela qu'elles sont distinguées de Dieu. Cette *imperfection originale* des créatures se remarque dans *l'inertie naturelle des corps*. (§§ 20, 27-30, 153, 167, 377 et suiv.) (1).

43. Il est vrai aussi qu'en Dieu est non seulement la source des existences, mais encore celle des essences, en tant que réelles, ou de ce qu'il y a de réel dans la possibilité. C'est parce que l'entendement de Dieu est la région des vérités éternelles ou des idées dont elles dépendent, et que sans lui il n'y aurait rien de réel dans les possibilités, et non seulement rien d'existant, mais encore rien de possible. (§ 20.)

44. Car il faut bien que, s'il y a une réalité dans les essences

(1) Ce dernier membre de phrase manque dans le manuscrit autographe, mais a été ajouté par Leibniz dans l'une des copies.

ou possibilités, ou bien dans les vérités éternelles, cette réalité soit fondée en quelque chose d'existant et d'actuel, et par conséquent dans l'existence de l'être nécessaire, dans lequel l'essence renferme l'existence, ou dans lequel il suffit d'être possible pour être actuel.

45. Ainsi Dieu seul ou l'Être nécessaire a ce privilège, qu'il faut qu'il existe, s'il est possible. Et comme rien ne peut empêcher la possibilité de ce qui n'enferme aucunes bornes, aucune négation et par conséquence aucune contradiction, cela seul suffit pour connaître l'existence de Dieu *a priori*. Nous l'avons prouvée aussi par la réalité des vérités éternelles. Mais nous venons de la prouver aussi *a posteriori*, puisque des êtres contingents existent, lesquels ne sauraient avoir leur raison dernière ou suffisante que dans l'être nécessaire, qui a la raison de son existence en lui-même.

46. Cependant il ne faut point s'imaginer avec quelques-uns, que les vérités éternelles, étant dépendantes de Dieu, sont arbitraires et dépendent de sa volonté, comme Descartes paraît l'avoir pris et puis M. Poiret. Cela n'est véritable que des vérités contingentes, dont le principe est la *convenance* ou le choix *du meilleur*, au lieu que les vérités nécessaires dépendent uniquement de son entendement et en sont l'objet interne. (§§ 180, 184, 185, 335, 351, 380.)

47. Ainsi Dieu seul est l'unité primitive ou la substance simple originaire, dont toutes les monades créées ou dérivatives sont des productions, et naissent, pour ainsi dire, par des Fulgurations continuelles de la divinité de moment à moment, bornées par la réceptivité de la créature à laquelle il est essentiel d'être limité. (§§ 382, 391, 394, 398.)

48. Il y a en Dieu la *Puissance*, qui est la source de tout, puis la *Connaissance*, qui contient le détail des idées, et enfin la *Volonté*, qui fait les changements ou productions selon le principe du meilleur. (§§ 7, 149, 150.) Et c'est ce qui répond à ce qui dans les Monades créées fait le sujet ou la base, la faculté perceptive et la faculté appétitive. Mais en Dieu ces attributs sont absolument infinis ou parfaits, et dans les monades créées ou dans les entéléchies ou *perfectihabiis*, comme Hermolaus Barbarus traduisait ce mot, ce n'en sont que des imitations à mesure qu'il y a de la perfection. (§ 87.)

49. La créature est dite *agir* au dehors en tant qu'elle a de la perfection, et *pâtir* d'une autre en tant qu'elle est imparfaite. Ainsi l'on attribue l'action à la Monade en tant qu'elle a des perceptions

distinctes et la passion en tant qu'elle en a de confuses. (§§ 32, 66, 386.)

50. Et une créature est plus parfaite qu'une autre en ce qu'on trouve en elle ce qui sert à rendre raison à priori de ce qui se passe dans l'autre, et c'est par là qu'on dit qu'elle agit sur l'autre.

51. Mais dans les substances simples ce n'est qu'une influence idéale d'une monade sur l'autre, qui ne peut avoir son effet que par l'intervention de Dieu, en tant que dans les idées de Dieu une monade demande avec raison que Dieu, en réglant les autres dès le commencement des choses, ait égard à elle. Car, puisqu'une monade créée ne saurait avoir une influence physique sur l'intérieur de l'autre, ce n'est que par ce moyen que l'une peut avoir de la dépendance de l'autre. (§§ 9, 54, 65, 66; 201. — *Abrégé*, obj. 3.)

52. Et c'est par là qu'entre les créatures les actions et passions sont mutuelles. Car Dieu, comparant deux substances simples, trouve en chacune des raisons qui l'obligent à y accommoder l'autre, et par conséquent ce qui est *actif* à certains égards est passif suivant un autre point de considération : actif en tant que ce qu'on connaît distinctement en lui sert à rendre raison de ce qui se passe dans un autre, et *passif* en tant que la raison de ce qui se passe en lui se trouve dans ce qui se connaît distinctement dans un autre. (§§ 66.)

53. Or, comme il y a une infinité des univers possibles dans les idées de Dieu et qu'il n'en peut exister qu'un seul, il faut qu'il y ait une raison suffisante du choix de Dieu, qui le détermine à l'un plutôt qu'à l'autre. (§§ 8, 10, 44, 173, 196 et suiv., 225, 414, 416.)

54. Et cette raison ne peut se trouver que dans la *convenance*, dans les degrés de perfection que ces mondes contiennent, chaque possible ayant droit de prétendre à l'existence à mesure de la perfection qu'il enveloppe, (§§ 84, 167, 350, 201, 130, 352, 343 et suiv., 354.)

55. Et c'est ce qui est la cause de l'existence du meilleur que la sagesse fait connaître à Dieu, que sa bonté le fait choisir, et que sa puissance le fait produire. (§§ 8, 78, 80, 84, 119, 204, 206, 208. — *Abrégé*, obj. 1, 8.)

56. Or cette liaison ou cet accommodement de toutes les choses créées à chacune, et de chacune à toutes les autres, fait que chaque substance simple a des rapports qui expriment toutes les autres, et qu'elle est par conséquent un miroir vivant perpétuel de l'univers. (§§ 130, 360.)

57. Et comme une même ville regardée de différents côtés paraît tout autre et est comme multipliée perspectivement, il arrive de même que, par la multitude infinie des substances simples, il y a comme autant de différents univers, qui ne sont pourtant que les perspectives d'un seul selon les différents points de vue de chaque monade.

58. Et c'est le moyen d'obtenir autant de variété qu'il est possible, mais avec le plus grand ordre qui se puisse, c'est-à-dire c'est le moyen d'obtenir autant de perfection qu'il se peut. (§§ 120, 124, 241 sqq., 214, 243, 275.)

59. Aussi n'est-ce que cette hypothèse (que j'ose dire démontrée) qui relève, comme il faut, la grandeur de Dieu ; c'est ce que Monsieur Bayle reconnut, lorsque dans son Dictionnaire (article Rorarius) il y fit des objections, ou même il fut tenté de croire que je donnais trop à Dieu, et plus qu'il n'est possible. Mais il ne put alléguer aucune raison pourquoi cette harmonie universelle, qui fait que toute substance exprime exactement toutes les autres par les rapports qu'elle y a, fût impossible.

60. On voit d'ailleurs dans ce que je viens de rapporter les raisons *a priori* pourquoi les choses ne sauraient aller autrement. Parce que Dieu en réglant le tout a eu égard à chaque partie, et particulièrement à chaque monade, dont la nature étant représentative, rien ne la saurait borner à ne représenter qu'une partie des choses ; quoiqu'il soit vrai que cette représentation n'est que confuse dans le détail de tout l'univers et ne peut être distincte que dans une petite partie des choses, c'est-à-dire dans celles qui sont ou les plus prochaines ou les plus grandes par rapport à chacune des monades ; autrement chaque monade serait une divinité. Ce n'est pas dans l'objet, mais dans la modification de la connaissance de l'objet, que les monades sont bornées. Elles vont toutes confusément à l'infini, au tout, mais elles sont limitées et distinguées par les degrés des perceptions distinctes.

61. Et les composés symbolisent en cela avec les simples. Car, comme tout est plein, ce qui rend toute la matière liée, et comme dans le plein tout mouvement fait quelque effet sur les corps distants à mesure de la distance, de sorte que chaque corps est affecté non seulement par ceux qui le touchent, et se ressent en quelque façon de tout ce qui leur arrive, mais aussi par leur moyen se ressent de ceux qui touchent les premiers dont il est touché im-

médiatement: — il s'ensuit que cette communication va à quelque distance que ce soit. Et par conséquent tout corps se ressent de tout ce qui se fait dans l'univers, tellement que celui qui voit tout pourrait lire dans chacun ce qui se fait partout et même ce qui s'est fait ou se fera, en remarquant dans le présent ce qui est éloigné, tant selon les temps que selon les lieux ; σύμπνοια πάντα, disait Hippocrate. Mais une âme ne peut lire en elle-même que ce qui y est représenté distinctement, elle ne saurait développer tout d'un coup ses replis, car ils vont à l'infini.

62. Ainsi, quoique chaque monade créée représente tout l'univers, elle représente plus distinctement le corps, qui lui est affecté particulièrement et dont elle fait l'entéléchie : et comme ce corps exprime tout l'univers par la connexion de toute la matière dans le plein, l'âme représente aussi tout l'univers en représentant le corps, qui lui appartient d'une manière particulière. (§ 400.)

63. Le corps appartenant à une monade, qui en est l'entéléchie ou l'âme, constitue avec l'entéléchie ce qu'on peut appeler un *vivant*, et avec l'âme ce qu'on appelle un *animal*. Or ce corps d'un vivant ou d'un animal est toujours organique, car toute monade étant un miroir de l'univers à sa mode, et l'univers étant réglé dans un ordre parfait, il faut qu'il y ait aussi un ordre dans le représentant, c'est-à-dire dans les perceptions de l'âme, et par conséquent dans le corps suivant lequel l'univers y est représenté. (§ 403.)

64. Ainsi chaque corps organique d'un vivant est une espèce de machine divine, ou d'un automate naturel, qui surpasse infiniment tous les automates artificiels. Parce qu'une machine, faite par l'art de l'homme, n'est pas machine dans chacune de ses parties. Par exemple, la dent d'une roue de laiton a des parties ou fragments, qui ne nous sont plus quelque chose d'artificiel et n'ont plus rien qui marque de la machine par rapport à l'usage où la roue était destinée. Mais les machines de la nature, c'est-à-dire les corps vivants, sont encore machines dans leurs moindres parties jusqu'à l'infini. C'est ce qui fait la différence entre la Nature et l'Art, c'est-à-dire entre l'art divin et le nôtre. (§§ 134, 146, 194, 483.)

65. Et l'auteur de la nature a pu pratiquer cet artifice divin et infiniment merveilleux, parce que chaque portion de la matière n'est pas seulement divisible à l'infini, comme les anciens ont reconnu, mais encore sous-divisée actuellement sans fin, chaque partie en parties, dont chacune a quelque mouvement propre : autrement

il serait impossible que chaque portion de la matière pût exprimer l'univers. (Prélim. Discours, § 70; *Théod.*, § 195.)

66. Par où l'on voit qu'il y a un Monde de créatures, de vivants, d'animaux, d'entéléchies, d'âmes dans la moindre partie de la matière.

67. Chaque portion de la matière peut être conçue comme un jardin plein de plantes, et comme un étang plein de poissons. Mais chaque rameau de la plante, chaque membre de l'animal, chaque goutte de ces humeurs est encore un tel jardin ou un tel étang.

68. Et quoique la terre et l'air interceptés entre les plantes du jardin, ou l'eau interceptée entre les poissons de l'étang, ne soit point plante ni poisson, ils en contiennent pourtant encore, mais le plus souvent d'une subtilité à nous imperceptible.

69. Ainsi il n'y a rien d'inculte, de stérile, de mort dans l'univers, point de chaos, point de confusion, qu'en apparence ; à peu près comme il en paraîtrait dans un étang, à une distance dans laquelle on verrait un mouvement confus et grouillement pour ainsi dire de poissons de l'étang, sans discerner les poissons mêmes. (Préf. 5.)

70. On voit par là que chaque corps vivant a une entéléchie dominante qui est l'âme dans l'animal ; mais les membres de ce corps vivant sont pleins d'autres vivants, plantes, animaux, dont chacun a encore son entéléchie ou son âme dominante.

71. Mais il ne faut point s'imaginer avec quelques-uns, qui avaient mal pris ma pensée, que chaque âme a une masse ou portion de la matière propre ou affectée à elle pour toujours, et qu'elle possède par conséquent d'autres vivants inférieurs, destinés toujours à son service. Car tous les corps sont dans un flux perpétuel comme des rivières, et des parties y entrent et en sortent continuellement.

72. Ainsi l'âme ne change de corps que peu à peu et par degrés, de sorte qu'elle n'est jamais dépouillée tout d'un coup de tous ses organes, et il y a souvent métamorphose dans les animaux, mais jamais Métempsychose, ni transmigration des âmes : il n'y a pas non plus des âmes tout à fait séparées, ni de Génies sans corps. Dieu seul en est détaché entièrement. (§§ 90, 124.)

73. C'est ce qui fait aussi qu'il n'y a jamais ni génération entière, ni mort parfaite prise à la rigueur, consistant dans la séparation de l'âme. Et ce que nous appelons *générations* sont des développements et des accroissements, comme ce que nous appelons *morts* sont des enveloppements et diminutions.

74. Les philosophes ont été fort embarrassés sur l'origine des

formes, Entéléchies ou Ames : mais aujourd'hui, lorsqu'on s'est aperçu par des recherches exactes, faites sur les plantes, les insectes et les animaux, que les corps organiques de la nature ne sont jamais produits d'un chaos ou d'une putréfaction, mais toujours par des semences dans lesquelles il y avait sans doute quelque *préformation*, on a jugé que non seulement le corps organique y était déjà avant la conception, mais encore une âme dans ce corps et en un mot l'animal même, et que par le moyen de la conception cet animal a été seulement disposé à une grande transformation pour devenir un animal d'une autre espèce. On voit même quelque chose d'approchant hors de la génération, comme lorsque les vers deviennent mouches et que les chenilles deviennent papillons, (§§ 88, 89. Préf. 5 sqq., §§ 90, 187-188, 403, 86, 397.)

75. Les animaux, dont quelques-uns sont élevés au degré des plus grands animaux par le moyen de la conception, peuvent être appelés *spermatiques;* mais ceux d'entre eux, qui demeurent dans leur espèce, c'est-à-dire la plupart, naissent, se multiplient et sont détruits comme les grands animaux, et il n'y a qu'un petit nombre d'élus, qui passe à un plus grand théâtre.

76. Mais ce n'était que la moitié de la vérité : j'ai donc jugé que, si l'animal ne commence jamais naturellement, il ne finit pas naturellement non plus ; et que non seulement il n'y aura point de génération, mais encore point de destruction entière ni mort prise à la rigueur. Et ces raisonnements faits *a posteriori* et tirés des expériences s'accordent parfaitement avec mes principes déduits *a priori* comme ci-dessus. (§ 90.)

77. Ainsi on peut dire que non seulement l'âme (miroir d'un univers indestructible) est indestructible, mais encore l'animal même, quoique sa machine périsse souvent en partie et quitte ou prenne des dépouilles organiques.

78. Ces principes m'ont donné moyen d'expliquer naturellement l'union, ou bien la conformité de l'âme et du corps organique. L'âme suit ses propres lois, et le corps aussi les siennes; et ils se rencontrent en vertu de l'harmonie préétablie entre toutes les substances, puisqu'elles sont toutes des représentations d'un même univers. (Préf., § 6 ; *Théod.*, §§ 340, 352, 353, 358.)

79. Les âmes agissent selon les lois des causes finales par appétitions, fins et moyens. Les corps agissent selon les lois des causes efficientes ou des mouvements. Et les deux règnes, celui des causes

efficientes et celui des causes finales, sont harmoniques entre eux.

80. Descartes a reconnu que les âmes ne peuvent point donner de la force aux corps, parce qu'il y a toujours la même quantité de force dans la matière. Cependant il a cru que l'âme pouvait changer la direction des corps. Mais c'est parce qu'on n'a point su de son temps la loi de la nature, qui porte encore la conservation de la même direction totale dans la matière. S'il l'avait remarquée, il serait tombé dans mon système de l'harmonie préétablie. (Préf., §§ 22, 59, 60, 61, 62, 66, 345, 346 sqq., 354, 355.)

81. Ce système fait que les corps agissent comme si (par impossible) il n'y avait point d'âmes, et que les âmes agissent comme s'il n'y avait point de corps, et que tous deux agissent comme si l'un influait sur l'autre.

82. Quant aux esprits ou âmes raisonnables, quoique je trouve qu'il y a dans le fond la même chose dans tous les vivants et animaux, comme nous venons de dire (savoir que l'animal et l'âme ne commencent qu'avec le monde et ne finissent pas non plus que le monde), — il y a pourtant cela de particulier dans les animaux raisonnables, que leurs petits animaux spermatiques, tant qu'ils ne sont que cela, ont seulement des âmes ordinaires ou sensitives, mais, dès que ceux qui sont élus, pour ainsi dire, parviennent par une actuelle conception à la nature humaine, leurs âmes sensitives sont élevées au degré de la raison et à la prérogative des esprits. (§§ 91, 397.)

83. Entre autres différences qu'il y a entre les âmes ordinaires et les esprits dont j'en ai déjà marqué une partie, il y a encore celle-ci que les âmes en général sont des miroirs vivants ou images de l'univers des créatures, mais que les esprits sont encore images de la Divinité même, ou de l'Auteur même de la nature, capables de connaître le système de l'univers et d'en imiter quelque chose par des échantillons architectoniques, chaque esprit étant comme une petite divinité dans son département. (§ 147.)

84. C'est ce qui fait que les esprits sont capables d'entrer dans une manière de société avec Dieu, et qu'il est à leur égard non seulement ce qu'un inventeur est à sa machine (comme Dieu l'est par rapport aux autres créatures), mais encore ce qu'un prince est à ses sujets et même un père à ses enfants.

85. D'où il est aisé de conclure que l'assemblage de tous les esprits doit composer la cité de Dieu, c'est-à-dire le plus parfait état qui soit possible sous le plus parfait des monarques. (*Abrégé*, obj.)

86. Cette cité de Dieu, cette monarchie véritablement universelle est un monde moral dans le monde naturel, et ce qu'il y a de plus élevé et de plus divin dans les ouvrages de Dieu, et c'est en lui que consiste véritablement la gloire de Dieu, puisqu'il n'y en aurait point si sa grandeur et sa bonté n'étaient pas connues et admirées par les esprits : c'est aussi par rapport à cette cité divine qu'il a proprement de la bonté, au lieu que sa sagesse et sa puissance se montrent partout.

87. Comme nous avons établi ci-dessus une harmonie parfaite entre deux règnes naturels, l'un des causes efficientes, l'autre des finales, nous devons remarquer ici encore une autre harmonie entre le règne physique de la nature et le règne moral de la grâce, c'est-à-dire entre Dieu, considéré comme architecte de la machine de l'univers, et Dieu considéré comme monarque de la cité divine des esprits. (§§ 62, 74, 118, 248, 112, 130, 247.)

88. Cette harmonie fait que les choses conduisent à la grâce par les voies mêmes de la nature, et que ce globe par exemple doit être détruit et réparé par les voies naturelles dans les moments que le demande le gouvernement des esprits pour le châtiment des uns et la récompense des autres. (§§ 18 sqq., 110, 244-245, 340.)

89. On peut dire encore que Dieu comme architecte contente en tout Dieu comme législateur, et qu'ainsi les péchés doivent porter leur peine avec eux par l'ordre de la nature, et en vertu même de la structure mécanique des choses, et que de même les belles actions s'attireront leurs récompenses par des voies machinales par rapport aux corps, quoique cela ne puisse et ne doive pas arriver toujours sur-le-champ.

90. Enfin sous ce gouvernement parfait il n'y aurait point de bonne action sans récompense, point de mauvaise sans châtiment, et tout doit réussir au bien des bons, c'est-à-dire de ceux qui ne sont point des mécontents dans ce grand état, qui se fient à la Providence, après avoir fait leur devoir, et qui aiment et imitent, comme il faut, l'auteur de tout bien, se plaisant dans la considération de ses perfections suivant la nature du *pur amour* véritable, qui fait prendre plaisir à la félicité de ce qu'on aime. C'est ce qui fait travailler les personnes sages et vertueuses à tout ce qui paraît conforme à la volonté divine présomptive ou antécédente, et se contenter cependant de ce que Dieu fait arriver effectivement par sa volonté secrète, conséquente et décisive, en reconnaissant que, si nous pouvions entendre

assez l'ordre de l'univers, nous trouverions qu'il surpasse tous les souhaits des plus sages, et qu'il est impossible de le rendre meilleur qu'il est, non seulement pour le tout en général, mais encore pour nous-mêmes en particulier, si nous sommes attachés comme il faut à l'auteur du tout, non seulement comme à l'architecte et à la cause efficiente de notre être, mais encore comme à notre Maître et à la cause finale qui doit faire tout le but de notre volonté, et peut seul faire notre bonheur. (Préf. 4, § 278.)

PRINCIPES DE LA NATURE ET DE LA GRACE

FONDÉS EN RAISON

1714

L'Europe savante, 1718, nov. art. VI.

1. La substance est un être capable d'action. Elle est simple ou composée. La substance simple est celle qui n'a point de parties. La composée est l'assemblage des substances simples, ou des monades. Monas est un mot grec, qui signifie l'unité, ou ce qui est un.

Les composés, ou les corps, sont des multitudes ; et les substances simples, les vies, les âmes, les esprits sont des unités. Et il faut bien qu'il y ait des substances simples partout, parce que sans les simples il n'y aurait point de composés ; et par conséquent toute la nature est pleine de vie.

2. Les monades, n'ayant point de parties, ne sauraient être formées ni défaites. Elles ne peuvent commencer ni finir naturellement ; et durent par conséquent autant que l'univers, qui sera changé, mais qui ne sera point détruit. Elles ne sauraient avoir des figures ; autrement elles auraient des parties. Et par conséquent une monade en elle-même, et dans le moment, ne saurait être discernée d'une autre que par les qualités et actions internes, lesquelles ne peuvent être autre chose que ses perceptions (c'est-à-dire les représentations du composé, ou de ce qui est dehors dans le simple), et ses appétitions (c'est-à-dire ses tendances d'une perception à l'autre), qui sont les principes du changement. Car la simplicité de la substance n'empêche point la multiplicité des modifications, qui se doivent trouver ensemble dans cette même substance simple, et elles doivent consister dans la variété des rapports aux choses qui sont au dehors.

C'est comme dans un centre ou point, tout simple qu'il est, se trouvent une infinité d'angles formés par les lignes qui y concourent.

3. Tout est plein dans la nature. Il y a des substances simples, séparées effectivement les unes des autres par des actions propres, qui changent continuellement leurs rapports ; et chaque substance simple ou monade, qui fait le centre d'une substance composée (comme, par exemple, d'un animal), et le principe de son unicité, est environnée d'une masse composée par une infinité d'autres monades, qui constituent le corps propre de cette monade centrale, suivant les affections duquel elle représente, comme dans une manière de centre, les choses qui sont hors d'elle. Et ce corps est organique, quand il forme une manière d'automate ou de machine de la nature, qui est machine non seulement dans le tout, mais encore dans les plus petites parties qui se peuvent faire remarquer. Et comme à cause de la plénitude du monde tout est lié, et chaque corps agit sur chaque autre corps, plus ou moins, selon la distance, et en est affecté par réaction, il s'ensuit que chaque monade est un miroir vivant, ou doué d'action interne, représentatif de l'univers, suivant son point de vue, et aussi réglé que l'univers même. Et les perceptions dans la monade naissent les unes des autres par les lois des appétits, ou des causes finales du bien ou du mal qui consistent dans les perceptions remarquables, réglées ou déréglées, comme les changements des corps, et les phénomènes au dehors naissent les uns des autres par les lois des causes efficientes, c'est-à-dire des mouvements. Ainsi il y a une harmonie parfaite entre les perceptions de la monade et les mouvements des corps, préétablie d'abord entre le système des causes efficientes et celui des causes finales. Et c'est en cela que consiste l'accord et l'union physique de l'âme et du corps, sans que l'un puisse changer les lois de l'autre.

4. Chaque monade, avec un corps particulier, fait une substance vivante. Ainsi il n'y a pas seulement de la vie partout, jointe aux membres ou organes ; mais même il y a une infinité de degrés dans les monades, les unes dominant plus ou moins sur les autres. Mais quand la monade a des organes si ajustés que par leur moyen il y a du relief et du distingué dans les impressions qu'ils reçoivent, et par conséquent dans les perceptions qui les représentent (comme par exemple, lorsque par le moyen de la figure des humeurs des yeux, les rayons de la lumière sont concentrés et agissent avec plus de force), cela peut aller jusqu'au sentiment, c'est-à-dire jusqu'à une perception accompagnée de mémoire, à savoir, dont un certain

écho demeure longtemps pour se faire entendre dans l'occasion ; et un tel vivant est appelé animal, comme sa monade est appelée une âme. Et quand cette âme est élevée jusqu'à la raison, elle est quelque chose de plus sublime, et on la compte parmi les esprits, comme il sera expliqué tantôt.

Il est vrai que les animaux sont quelquefois dans l'état de simples vivants, et leurs âmes dans l'état de simples monades, savoir, quand leurs perceptions ne sont pas assez distinguées, pour qu'on s'en puisse souvenir, comme il arrive dans un profond sommeil sans songes, ou dans un évanouissement ; mais les perceptions devenues entièrement confuses se doivent redévelopper dans les animaux par les raisons que je dirai tantôt. Ainsi il est bon de faire distinction entre la *perception*, qui est l'état intérieur de la monade représentant les choses externes, et l'*aperception* qui est la conscience, ou la connaissance réflexive de cet état intérieur, laquelle n'est point donnée à toutes les âmes, ni toujours à la même âme. Et c'est faute de cette distinction que les cartésiens ont manqué, en comptant pour rien les perceptions dont on ne s'aperçoit pas, comme le peuple compte pour rien les corps insensibles. C'est aussi ce qui a fait croire aux mêmes cartésiens que les seuls esprits sont des monades, qu'il n'y a point d'âme des bêtes, et encore moins d'autres principes de vie. Et comme ils ont trop choqué l'opinion commune des hommes, en refusant le sentiment aux bêtes, ils se sont trop accommodés au contraire aux préjugés du vulgaire, en confondant un long étourdissement, qui vient d'une grande confusion des perceptions avec une mort à la rigueur où toute la perception cesserait ; ce qui a confirmé l'opinion mal fondée de la destruction de quelques âmes, et le mauvais sentiment de quelques esprits forts prétendus, qui ont combattu l'immortalité de la nôtre.

5. Il y a une liaison dans les perceptions des animaux qui a quelque ressemblance avec la raison ; mais elle n'est fondée que dans la mémoire des faits, et nullement dans la connaissance des causes. C'est ainsi qu'un chien fuit le bâton dont il a été frappé, parce que la mémoire lui représente la douleur que ce bâton lui a causée. Et les hommes, en tant qu'ils sont empiriques, c'est-à-dire dans les trois quarts de leurs actions, n'agissent que comme des bêtes ; par exemple, on s'attend qu'il fera jour demain, parce que l'on a toujours expérimenté ainsi. Il n'y a qu'un astronome qui le prévoie par raison ; et même cette prédiction manquera enfin, quand la cause du

jour, qui n'est point éternelle, cessera. Mais le raisonnement véritable dépend des vérités nécessaires ou éternelles ; comme sont celles de la logique, des nombres, de la géométrie, qui font la connexion indubitable des idées, et les conséquences immanquables. Les animaux où ces conséquences ne se remarquent point sont appelés bêtes ; mais ceux qui connaissent ces vérités nécessaires sont proprement ceux qu'on appelle animaux raisonnables, et leurs âmes sont appelées esprits. Ces âmes sont capables de faire des actes réflexifs, et de considérer ce qu'on appelle moi, substance monade, âme, esprit ; en un mot, les choses et les vérités immatérielles. Et c'est ce qui nous rend susceptibles des sciences ou des connaissances démonstratives.

6. Les recherches des modernes nous ont appris, et la raison l'approuve, que les vivants dont les organes nous sont connus, c'est-à-dire les plantes et les animaux, ne viennent point d'une putréfaction ou d'un chaos comme les anciens l'on crut, mais de semences préformées, et par conséquent de la transformation des vivants préexistants. Il y a de petits animaux dans les semences des grands, qui, par le moyen de la conception, prennent un revêtement nouveau qu'ils s'approprient, et qui leur donne moyen de se nourrir et de s'agrandir pour passer sur un plus grand théâtre, et faire la propagation du grand animal. Il est vrai que les âmes des animaux spermatiques humains ne sont point raisonnables, et ne le deviennent que lorsque la conception détermine ces animaux à la nature humaine. Et comme les animaux généralement ne naissent point entièrement dans la conception ou génération, ils ne périssent pas entièrement non plus dans ce que nous appelons mort ; car il est raisonnable que ce qui ne commence pas naturellement ne finisse pas non plus dans l'ordre de la nature. Ainsi, quittant leur masque ou leur guenille, ils retournent seulement à un théâtre plus subtil, où ils peuvent pourtant être aussi sensibles et aussi bien réglés que dans le plus grand. Et ce qu'on vient de dire des grands animaux a encore lieu dans la génération et la mort des animaux spermatiques plus petits, à proportion desquels ils peuvent passer pour grands, car tout va à l'infini dans la nature.

Ainsi non seulement les âmes, mais encore les animaux sont ingénérables et impérissables : ils ne sont que développés, enveloppés, revêtus, dépouillés, transformés ; les âmes ne quittent jamais tout leur corps, et ne passent point d'un corps dans un autre corps qui leur soit entièrement nouveau.

Il n'y a donc point de métempsycose, mais il y a métamorphose ; les animaux changent, prennent et quittent seulement des parties : ce qui arrive peu à peu, et par petites parcelles insensibles, mais continuellement, dans la nutrition ; et tout d'un coup, notablement, mais rarement, dans la conception ou dans la mort, qui font acquérir ou perdre tout à la fois.

7. Jusqu'ici nous n'avons parlé qu'en simples physiciens : maintenant il faut s'élever à la métaphysique, en nous servant du grand principe, peu employé communément, qui porte que rien ne se fait sans raison suffisante ; c'est-à-dire que rien n'arrive sans qu'il soit possible à celui qui connaîtrait assez les choses de rendre une raison qui suffise pour déterminer pourquoi il en est ainsi, et non pas autrement. Ce principe posé, la première question qu'on a droit de faire sera : Pourquoi il y a plutôt quelque chose que rien ? Car le rien est plus simple et plus facile que quelque chose. De plus, supposé que des choses doivent exister, il faut qu'on puisse rendre raison pourquoi elles doivent exister ainsi, et non autrement.

8. Or, cette raison suffisante de l'existence de l'univers ne se saurait trouver dans la suite des choses contingentes, c'est-à-dire des corps et de leurs représentations dans les âmes ; parce que la matière étant indifférente en elle-même au mouvement et au repos, et à un mouvement tel ou autre, on n'y saurait trouver la raison du mouvement, et encore moins d'un tel mouvement. Et quoique le présent mouvement, qui est dans la matière, vienne du précédent, et celui-ci encore d'un précédent, on n'en est pas plus avancé, quand on irait aussi loin que l'on voudrait ; car il reste toujours la même question. Ainsi, il faut que la raison suffisante, qui n'ait plus besoin d'une autre raison, soit hors de cette suite des choses contingentes, et se trouve dans une substance, qui en soit la cause, ou qui soit un être nécessaire, portant la raison de son existence avec soi ; autrement on n'aurait pas encore une raison suffisante où l'on pût finir. Et cette dernière raison des choses est appelée Dieu.

9. Cette substance simple primitive doit renfermer éminemment les perfections contenues dans les substances dérivatives qui en sont les effets ; ainsi elle aura la puissance, la connaissance et la volonté parfaites, c'est-à-dire elle aura une toute-puissance, une omniscience et une bonté souveraines. Et comme la justice, prise généralement, n'est autre chose que la bonté conforme à la sagesse, il faut bien qu'il y ait aussi une justice souveraine en Dieu. La rai-

son qui a fait exister les choses par lui, les fait encore dépendre de lui en existant et en opérant : et elles reçoivent continuellement de lui ce qui les fait avoir quelque perfection ; mais ce qui leur reste d'imperfection vient de la limitation essentielle et originale de la créature.

10. Il s'ensuit de la perfection suprême de Dieu qu'en produisant l'univers il a choisi le meilleur plan possible, où il y a la plus grande variété, avec le plus grand ordre : le terrain, le lieu, le temps les mieux ménagés : le plus d'effet produit par les voies les plus simples ; le plus de puissance, le plus de connaissance, le plus de bonheur et de bonté dans les créatures que l'univers en pouvait admettre. Car tous les possibles prétendant à l'existence dans l'entendement de Dieu, à proportion de leurs perfections, le résultat de toutes ces prétentions doit être le monde actuel le plus parfait qui soit possible. Et sans cela il ne serait pas possible de rendre raison pourquoi les choses sont allées plutôt ainsi qu'autrement.

11. La sagesse suprême de Dieu lui a fait choisir surtout les lois du mouvement les mieux ajustées et les plus convenables aux raisons abstraites ou métaphysiques. Il s'y conserve la même quantité de la force totale et absolue ou de l'action ; la même quantité de la force respective ou de la réaction ; la même quantité enfin de la force directive. De plus, l'action est toujours égale à la réaction, et l'effet entier est toujours équivalent à sa cause pleine. Et il est surprenant de ce que, par la seule considération des causes efficientes, ou de la matière, on ne saurait rendre raison de ces lois du mouvement découvertes de notre temps, et dont une partie a été découverte par moi-même. Car j'ai trouvé qu'il y faut recourir aux causes finales, et que ces lois ne dépendent point du principe de la nécessité comme les vérités logiques, arithmétiques et géométriques ; mais du principe de la convenance, c'est-à-dire du choix de la sagesse. Et c'est une des plus efficaces et des plus sensibles preuves de l'existence de Dieu pour ceux qui peuvent approfondir ces choses.

12. Il suit encore de la perfection de l'auteur suprême que non seulement l'ordre de l'univers entier est le plus parfait qui se puisse, mais aussi que chaque miroir vivant représentant l'univers suivant son point de vue, c'est-à-dire que chaque monade, chaque centre substantiel, doit avoir ses perceptions et ses appétits les mieux réglés, qu'il est compatible avec tout le reste. D'où il s'ensuit encore que les âmes, c'est-à-dire les monades les plus dominantes, ou plutôt les

animaux, ne peuvent manquer de se réveiller de l'état d'assoupissement, où la mort ou quelque autre accident les peut mettre.

13. Car tout est réglé dans les choses une fois pour toutes avec autant d'ordre et de correspondance qu'il est possible ; la suprême sagesse et bonté ne pouvant agir qu'avec une parfaite harmonie. Le présent est gros de l'avenir : le futur se pourrait lire dans le passé ; l'éloigné est exprimé dans le prochain. On pourrait connaître la beauté de l'univers dans chaque âme, si l'on pouvait déplier tous ses replis, qui ne se développent sensiblement qu'avec le temps. Mais, comme chaque perception distincte de l'âme comprend une infinité de perceptions confuses qui enveloppent tout l'univers, l'âme même ne connaît les choses dont elle a perception qu'autant qu'elle en a des perceptions distinctes et relevées ; et elle a de la perfection à mesure de ses perceptions distinctes.

Chaque âme connaît l'infini, connaît tout, mais confusément. Comme en me promenant sur le rivage de la mer, et entendant le grand bruit qu'elle fait, j'entends les bruits particuliers de chaque vague, dont le bruit total est composé, mais sans les discerner ; nos perceptions confuses sont le résultat des impressions que tout l'univers fait sur nous. Il en est de même de chaque monades. Dieu seul a une connaissance distincte de tout ; car il en est la source. On a fort bien dit qu'il est comme centre partout ; mais que sa circonférence n'est nulle part, tout lui étant présent immédiatement, sans aucun éloignement de ce centre.

14. Pour ce qui est de l'âme raisonnable ou de l'esprit, il y a quelque chose de plus que dans les monades, ou même dans les simples âmes. Il n'est pas seulement un miroir de l'univers des créatures, mais encore une image de la divinité. L'esprit n'a pas seulement une perception des ouvrages de Dieu ; mais il est même capable de produire quelque chose qui leur ressemble, quoiqu'en petit. Car, pour ne rien dire des merveilles des songes, où nous inventons sans peine, et sans en avoir même la volonté, des choses auxquelles il faudrait penser longtemps pour les trouver quand on veille ; notre âme est architectonique encore dans les actions volontaires, et, découvrant les sciences suivant lesquelles Dieu a réglé les choses (*pondere, mensura, numero*), elle imite dans son département et dans son petit monde, où il lui est permis de s'exercer, ce que Dieu fait dans le grand.

15. C'est pourquoi tous les esprits, soit des hommes, soit des gé-

nies, entrant en vertu de la raison et des vérités éternelles dans une espèce de société avec Dieu, sont des membres de la cité de Dieu, c'est-à-dire du plus parfait état, formé et gouverné par le plus grand et le meilleur des monarques : où il n'y a point de crime sans châtiment, point de bonnes actions sans récompense proportionnée ; et enfin autant de vertu et de bonheur qu'il est possible ; et cela non pas par un dérangement de la nature, comme si ce que Dieu prépare aux âmes troublait les lois des corps, mais par l'ordre même des choses naturelles, en vertu de l'harmonie préétablie de tout temps entre les règnes de la nature et de la grâce, entre Dieu comme architecte, et Dieu comme monarque ; en sorte que la nature mène à la grâce, et que la grâce perfectionne la nature en s'en servant.

16. Ainsi, quoique la raison ne nous puisse point apprendre le détail du grand avenir réservé à la révélation, nous pouvons être assurés par cette même raison que les choses sont faites d'une manière qui passe nos souhaits. Dieu étant aussi la plus parfaite et la plus heureuse, et par conséquent la plus aimable des substances, et l'amour pur véritable consistant dans l'état qui fait goûter du plaisir dans les perfections et dans la félicité de ce qu'on aime, cet amour doit nous donner le plus grand plaisir dont on puisse être capable, quand Dieu en est l'objet.

17. Et il est aisé de l'aimer comme il faut, si nous le connaissons comme je viens de dire. Car, quoique Dieu ne soit point sensible à nos sens externes, il ne laisse pas d'être très aimable, et de donner un très grand plaisir. Nous voyons combien les honneurs font plaisir aux hommes, quoiqu'il ne consiste point dans les qualités des sens extérieurs.

Les martyrs et les fanatiques, quoique l'affection de ces derniers soit mal réglée, montrent ce que peut le plaisir de l'esprit ; et, qui plus est, les plaisirs mêmes des sens se réduisent à des plaisirs intellectuels confusément connus.

La musique nous charme, quoique sa beauté ne consiste que dans les convenances des nombres, et dans le compte, dont nous ne nous apercevons pas, et que l'âme ne laisse pas de faire, des battements ou vibrations des corps sonnants, qui se rencontrent par certains intervalles. Les plaisirs que la vue trouve dans les proportions sont de la même nature ; et ceux que causent les autres sens reviendront à quelque chose de semblable, quoique nous ne puissions pas l'expliquer si distinctement.

18. On peut même dire que dès à présent l'amour de Dieu nous fait jouir d'un avant-goût de la félicité future. Et quoiqu'il soit désintéressé, il fait par lui-même notre plus grand bien et intérêt, quand même on ne l'y chercherait pas, et quand on ne considérerait que le plaisir qu'il donne, sans avoir égard à l'utilité qu'il produit ; car il nous donne une parfaite confiance dans la bonté de notre auteur et maître, laquelle produit une véritable tranquillité de l'esprit ; non pas comme chez les stoïciens résolus à une patience par force, mais par un contentement présent, qui nous assure même un bonheur futur. Et, outre le plaisir présent, rien ne saurait être plus utile pour l'avenir, car l'amour de Dieu remplit encore nos espérances, et nous mène dans le chemin du suprême bonheur, parce qu'en vertu du parfait ordre établi dans l'univers tout est fait le mieux qu'il est possible, tant pour le bien général que pour le plus grand bien particulier de ceux qui en sont persuadés, et qui sont contents du divin gouvernement ; ce qui ne saurait manquer dans ceux qui savent aimer la source de tout bien. Il est vrai que la suprême félicité, de quelque vision béatifique, ou connaissance de Dieu, qu'elle soit accompagnée, ne saurait jamais être pleine ; parce que Dieu étant infini, il ne saurait être connu entièrement.

Ainsi notre bonheur ne consistera jamais et ne doit point consister dans une pleine jouissance, où il n'y aurait plus rien à désirer et qui rendrait notre esprit stupide ; mais dans un progrès perpétuel à de nouveaux plaisirs et de nouvelles perfections.

RECUEIL DE LETTRES
ENTRE LEIBNIZ ET CLARKE

SUR DIEU, L'AME, L'ESPACE, LA DURÉE, ETC.

1715-1716

Premier écrit de M. Leibniz. Extrait d'une lettre de M. Leibniz à S. A. R Madame la princesse de Galles, écrite au mois de novembre 1715.

1. Il me semble que la religion naturelle même s'affaiblit extrêmement (en Angleterre). Plusieurs font les âmes corporelles, d'autres font Dieu lui-même corporel.

2. M. Locke et ses sectateurs doutent au moins si les âmes ne sont point matérielles et naturellement périssables.

3. M. Newton dit que l'espace est l'organe dont Dieu se sert pour sentir les choses. Mais s'il a besoin de quelque moyen pour les sentir, elles ne dépendent donc pas entièrement de lui et ne sont point sa production.

4. M. Newton et ses sectateurs ont encore une fort plaisante opinion de l'ouvrage de Dieu. Selon eux, Dieu a besoin de remonter de temps en temps sa montre, autrement elle cesserait d'agir. Il n'a pas eu assez de vue, pour en faire un mouvement perpétuel. Cette machine de Dieu est même si imparfaite, selon eux, qu'il est obligé de la décrasser de temps en temps par un concours extraordinaire, et même de la raccommoder, comme un horloger son ouvrage, qui sera d'autant plus mauvais maître, qu'il sera plus souvent obligé d'y retoucher et d'y corriger. Selon mon sentiment, la même force et vigueur y subsiste toujours, et passe seulement de matière en matière, suivant les lois de la nature, et le bel ordre préétabli. Et je tiens, quand Dieu fait des miracles, que ce n'est pas pour soutenir les besoins de la nature, mais pour ceux de la grâce.

En juger autrement, ce serait avoir une idée fort basse de la sagesse et de la puissance de Dieu.

Première réplique de M. Clarke.

1. Il est vrai, et c'est une chose déplorable, qu'il y a en Angleterre, aussi bien qu'en d'autres pays, des personnes qui nient même la religion naturelle, ou qui la corrompent extrêmement; mais, après le déréglement des mœurs, on doit attribuer cela principalement à la fausse philosophie des matérialistes, qui est directement combattue par les principes mathématiques de la philosophie. Il est vrai aussi qu'il y a des personnes qui font l'âme matérielle, et Dieu lui-même corporel; mais ces gens-là se déclarent ouvertement contre les principes mathématiques de la philosophie, qui sont les seuls principes qui prouvent que la matière est la plus petite et la moins considérable partie de l'univers.

2. Il y a quelques endroits, dans les écrits de M. Locke, qui pourraient faire soupçonner, avec raison, qu'il doutait de l'immatérialité de l'âme; mais il n'a été suivi en cela que par quelques matérialistes, ennemis des principes mathématiques de la philosophie, et qui n'approuvent presque rien dans les ouvrages de M. Locke, que ses erreurs.

3. M. le chevalier Newton ne dit pas que l'espace est l'organe dont Dieu se sert pour apercevoir les choses; il ne dit pas non plus que Dieu ait besoin d'aucun moyen pour les apercevoir. Au contraire, il dit que Dieu, étant présent partout, aperçoit les choses par sa présence immédiate, dans tout l'espace où elles sont, sans l'intervention ou le secours d'aucun organe, ou d'aucun moyen. Pour rendre cela plus intelligible, il l'éclaircit par une comparaison. Il dit que comme l'âme, étant immédiatement présente aux images qui se forment dans le cerveau par le moyen des organes des sens, voit ces images comme si elles étaient les mêmes choses qu'elles représentent, de même Dieu voit tout par sa présence immédiate, étant actuellement présent aux choses mêmes, à toutes les choses qui sont dans l'univers, comme l'âme est présente à toutes les images qui se forment dans le cerveau. M. Newton considère le cerveau et les organes des sens comme le moyen par lequel ces images sont formées, et non comme le moyen par lequel l'âme voit ou aperçoit ces images, lorsqu'elles sont ainsi formées. Et dans l'univers, il ne considère pas les

choses comme si elles étaient des images formées par un certain moyen ou par des organes ; mais comme des choses réelles, que Dieu lui-même a formées, et qu'il voit dans tous les lieux où elles sont, sans l'intervention d'aucun moyen. C'est tout ce que M. Newton a voulu dire par la comparaison, dont il s'est servi, lorsqu'il suppose que l'espace infini est, pour ainsi dire, le *Sensorium* de l'Être qui est présent partout.

4. Si parmi les hommes, un ouvrier passe avec raison pour être d'autant plus habile, que la machine qu'il a faite continue plus longtemps d'avoir un mouvement réglé, sans qu'elle ait besoin d'être retouchée, c'est parce que l'habileté de tous les ouvriers humains ne consiste qu'à composer et à joindre certaines pièces, qui ont un mouvement dont les principes sont tout à fait indépendants de l'ouvrier ; comme les poids et les ressorts, etc., dont les forces ne sont pas produites par l'ouvrier, qui ne fait que les ajuster et les joindre ensemble. Mais il en est tout autrement à l'égard de Dieu, qui non seulement compose et arrange les choses, mais encore est l'auteur de leurs puissances primitives, ou de leurs forces mouvantes, et les conserve perpétuellement. Et par conséquent, dire qu'il ne se fait rien sans sa providence et son inspection, ce n'est pas avilir son ouvrage, mais plutôt en faire connaître la grandeur et l'excellence. L'idée de ceux qui soutiennent que le monde est une grande machine qui se meut sans que Dieu y intervienne, comme une horloge continue de se mouvoir sans le secours de l'horloger ; cette idée, dis-je, introduit le matérialisme et la fatalité ; et, sous prétexte de faire de Dieu une *Intelligentia Supramundana*, elle tend effectivement à bannir du monde la providence et le gouvernement de Dieu. J'ajoute que par la même raison qu'un philosophe peut s'imaginer que tout se passe dans le monde, depuis qu'il a été créé, sans que la Providence y ait aucune part, il ne sera pas difficile à un pyrrhonien de pousser les raisonnements plus loin, et de supposer que les choses sont allées de toute éternité, comme elles vont présentement, sans qu'il soit nécessaire d'admettre une création, ou un autre auteur du monde, que ce que ces sortes de raisonneurs appellent la nature très sage et éternelle. Si un roi avait un royaume, où tout se passerait, sans qu'il y intervînt, et sans qu'il ordonnât de quelle manière les choses se feraient ; ce ne serait qu'un royaume de nom par rapport à lui ; et il ne mériterait pas d'avoir le titre de roi ou gouverneur. Et comme on pourrait soupçonner avec raison que ceux qui pré-

tendent que dans un royaume les choses peuvent aller parfaitement bien, sans que le roi s'en mêle ; comme on pourrait, dis-je, soupçonner qu'ils ne seraient pas fâchés de se passer du roi ; de même on peut dire que ceux qui soutiennent que l'univers n'a pas besoin que Dieu le dirige et le gouverne continuellement avancent une doctrine qui tend à le bannir du monde.

Second écrit de M. Leibniz, ou réplique au premier écrit de M. Clarke.

1. On a raison de dire dans l'écrit donné à madame la princesse de Galles, et que Son Altesse Royale m'a fait la grâce de m'envoyer, qu'après les passions vicieuses les principes des matérialistes contribuent beaucoup à entretenir l'impiété. Mais je ne crois pas qu'on ait sujet d'ajouter que les principes mathématiques de la philosophie sont opposés à ceux des matérialistes. Au contraire, ils sont les mêmes ; excepté que les matérialistes, à l'exemple de Démocrite, d'Epicure et de Hobbes, se bornent aux seuls principes mathématiques, et n'admettent que des corps ; et que les mathématiciens chrétiens admettent encore des substances immatérielles. Ainsi ce ne sont pas les principes mathématiques, selon le sens ordinaire de ce terme, mais les principes métaphysiques, qu'il faut opposer à ceux des matérialistes. Pythagore, Platon, et en partie Aristote, en ont eu quelque connaissance ; mais je prétends les avoir établis démonstrativement, quoique exposés populairement, dans ma *Théodicée*. Le grand fondement des mathématiques est le principe de la contradiction, ou de l'identité, c'est-à-dire qu'une énonciation ne saurait être vraie et fausse en même temps ; et qu'ainsi A est A, et ne saurait être non A. Et ce seul principe suffit pour démontrer toute l'arithmétique et toute la géométrie, c'est-à-dire tous les principes mathématiques. Mais, pour passer de la mathématique à la physique, il faut encore un autre principe, comme j'ai remarqué dans ma *Théodicée ;* c'est le principe de la raison suffisante ; c'est que rien n'arrive, sans qu'il y ait une raison pourquoi cela est ainsi plutôt qu'autrement. C'est pourquoi Archimède, en voulant passer de la mathématique à la physique dans son livre de l'Équilibre, a été obligé d'employer un cas particulier du grand principe de la raison suffisante. Il prend pour accordé que, s'il y a une balance où tout soit de même de part et d'autre et si l'on suspend aussi des poids égaux de part et d'autre aux deux extrémités de cette balance, le tout

demeurera en repos. C'est parce qu'il n'y a aucune raison pourquoi un côté descende plutôt que l'autre. Or par ce principe seul, savoir qu'il faut qu'il y ait une raison suffisante pourquoi les choses sont plutôt ainsi qu'autrement, se démontre la divinité, et tout le reste de la métaphysique, ou de la théologie naturelle ; et même en quelque façon les principes physiques indépendants de la mathématique, c'est-à-dire les principes dynamiques, ou de la force.

2. On passe à dire que, selon les principes mathématiques, c'est-à-dire selon la philosophie de M. Newton (car les principes mathématiques n'y décident rien), la matière est la partie la moins considérable de l'univers. C'est qu'il admet, outre la matière, un espace vide ; et que, selon lui, la matière n'occupe qu'une très petite partie de l'espace. Mais Démocrite et Épicure ont soutenu la même chose, excepté qu'ils différaient en cela de M. Newton du plus au moins ; et que peut-être, selon eux, il y avait plus de matière dans le monde que selon M. Newton. En quoi je crois qu'ils étaient préférables ; car plus il y a de la matière, plus y a-t-il de l'occasion à Dieu d'exercer sa sagesse et sa puissance ; et c'est pour cela, entre autres raisons, que je tiens qu'il n'y a point de vide du tout.

3. Il se trouve expressément dans l'appendice de l'optique de M. Newton que l'espace est le *sensorium* de Dieu. Or le mot *sensorium* a toujours signifié l'organe de la sensation. Permis à lui et à ses amis de s'expliquer maintenant tout autrement. Je ne m'y oppose pas.

4. On suppose que la présence de l'âme suffit pour qu'elle s'aperçoive de ce qui se passe dans le cerveau ; mais c'est justement ce que le Père Malebranche et toute l'école cartésienne nie, et a raison de nier. Il faut tout autre chose que la seule présence, pour qu'une chose représente ce qui se passe dans l'autre. Il faut pour cela quelque communication explicable, quelque manière d'influence. L'espace, selon M. Newton, est intimement présent au corps qu'il contient, et qui est commensuré avec lui ; s'ensuit-il pour cela que l'espace s'aperçoive de ce qui se passe dans le corps, et qu'il s'en souvienne après que le corps en sera sorti ? Outre que l'âme, étant indivisible, sa présence immédiate qu'on pourrait s'imaginer dans le corps ne serait que dans un point. Comment donc s'apercevrait-elle de ce qui se fait hors de ce point ? Je prétends d'être le premier qui ait montré comment l'âme s'aperçoit de ce qui se passe dans le corps.

5. La raison pourquoi Dieu s'aperçoit de tout n'est pas sa simple

présence, mais encore son opération ; c'est parce qu'il conserve les choses par une action qui produit continuellement ce qu'il y a de bonté et de perfection en elles. Mais les âmes n'ayant point d'influence immédiate sur les corps, ni les corps sur les âmes, leur correspondance mutuelle ne saurait être expliquée par la présence.

6. La véritable raison qui fait louer principalement une machine est plutôt prise de l'effet de la machine que de sa cause. On ne s'informe pas tant de la puissance du machiniste que de son artifice. Ainsi la raison qu'on allègue pour louer la machine de Dieu, de ce qu'il l'a faite tout entière, sans avoir emprunté de la matière du dehors, n'est point suffisante. C'est un petit détour, où l'on a été forcé de recourir. Et la raison qui rend Dieu préférable à un autre machiniste n'est pas seulement parce qu'il fait le tout, au lieu que l'artisan a besoin de chercher sa matière : cette préférence viendrait seulement de la puissance ; mais il y a une autre raison de l'excellence de Dieu, qui vient encore de la sagesse. C'est que sa machine dure aussi plus longtemps, et va plus juste que celle de quelque autre machiniste que ce soit. Celui qui achète la montre ne se soucie point si l'ouvrier l'a faite tout entière, ou s'il en a fait faire les pièces par d'autres ouvriers, et les a seulement ajustées ; pourvu qu'elle aille comme il faut. Et si l'ouvrier avait reçu de Dieu le don jusqu'à créer la matière des roues, on n'en serait point content, s'il n'avait reçu aussi le don de les bien ajuster. Et de même, celui qui voudra être content de l'ouvrage de Dieu ne le sera point par la seule raison qu'on nous allègue.

7. Ainsi il faut que l'artifice de Dieu ne soit point inférieur à celui d'un ouvrier ; il faut même qu'il aille infiniment au delà. La simple production de tout marquerait bien la puissance de Dieu ; mais elle ne marquerait point assez sa sagesse. Ceux qui soutiendront le contraire tomberont justement dans le défaut des matérialistes et de Spinoza, dont ils protestent de s'éloigner. Ils reconnaîtraient de la puissance, mais non pas assez de sagesse dans le principe des choses.

8. Je ne dis point que le monde corporel est une machine ou une montre qui va sans l'interposition de Dieu, et je professe assez que les créatures ont besoin de son influence continuelle ; mais je soutiens que c'est une montre qui va sans avoir besoin de sa correction, autrement il faudrait dire que Dieu se ravise. Dieu a tout prévu, il a

remédié à tout par avance. Il y a dans ses ouvrages une harmonie, une beauté déjà préétablies.

9. Ce sentiment n'exclut point la providence ou le gouvernement de Dieu : au contraire, cela le rend parfait. Une véritable providence de Dieu demande une parfaite prévoyance : mais de plus elle demande aussi, non seulement qu'il ait tout prévu, mais aussi qu'il ait pourvu à tout par des remèdes convenables préordonnés : autrement il manquera ou de sagesse pour le prévoir, ou de puissance pour y pourvoir. Il ressemblera à un Dieu socinien, qui vit du jour à la journée, comme disait M. Jurieu. Il est vrai que Dieu, selon les sociniens, manque même de prévoir les inconvénients ; au lieu que, selon ces Messieurs qui l'obligent à se corriger, il manque d'y pourvoir. Mais il me semble que c'est encore un manquement bien grand ; il faudrait qu'il manquât de pouvoir ou de bonne volonté.

10. Je ne crois point qu'on me puisse reprendre avec raison, d'avoir dit que Dieu est *Intelligentia Supramundana*. Diront-ils qu'il est *Intelligentia Mundana*, c'est-à-dire qu'il est l'âme du monde ? J'espère que non. Cependant ils feront bien de se garder d'y donner sans y penser.

11. La comparaison d'un roi, chez qui tout irait sans qu'il s'en mêlât, ne vient point à propos ; puisque Dieu conserve toujours les choses, et qu'elles ne sauraient subsister sans lui : ainsi son royaume n'est point nominal. C'est justement comme si l'on disait qu'un roi, qui aurait si bien fait élever ses sujets, et les maintiendrait si bien dans leur capacité et bonne volonté, par le soin qu'il aurait pris de leur subsistance, qu'il n'aurait point besoin de les redresser, serait seulement un roi de nom.

12. Enfin, si Dieu est obligé de corriger les choses naturelles de temps en temps, il faut que cela se fasse ou surnaturellement ou naturellement. Si cela se fait surnaturellement, il faut recourir au miracle pour expliquer les choses naturelles ; ce qui est en effet une réduction d'une hypothèse *ab absurdum*. Car avec les miracles on peut rendre raison de tout sans peine. Mais si cela se fait naturellement, Dieu ne sera point *Intelligentia Supramundana*, il sera compris sous la nature des choses ; c'est-à-dire, il sera l'âme du monde.

Seconde réplique de M. Clarke.

1. Lorsque j'ai dit que les principes mathématiques de la philosophie sont contraires à ceux des matérialistes, j'ai voulu dire qu'au

lieu que les matérialistes supposent que la structure de l'univers peut avoir été produite par les seuls principes mécaniques de la matière et du mouvement, de la nécessité et de la fatalité, les principes mathématiques de la philosophie font voir, au contraire, que l'état des choses, la constitution du soleil et des planètes, n'a pu être produit que par une cause intelligente et libre. A l'égard du mot de mathématique ou de métaphysique, on peut appeler, si on le juge à propos, les principes mathématiques des principes métaphysiques, selon que les conséquences métaphysiques naissent démonstrativement des principes mathématiques. Il est vrai que rien n'existe sans une raison suffisante, et que rien n'existe d'une certaine manière plutôt que d'une autre, sans qu'il y ait aussi une raison suffisante pour cela ; et par conséquent lorsqu'il n'y a aucune cause, il ne peut y avoir aucun effet. Mais cette raison suffisante est souvent la simple volonté de Dieu. Par exemple, si l'on considère pourquoi une certaine portion ou système de matière a été créée dans un certain lieu, et une autre dans un autre certain lieu, puisque tout lieu étant absolument indifférent à toute matière, c'eût été précisément la même chose *vice versa*, supposé que les deux portions de matière ou leurs particules soient semblables ; si, dis-je, l'on considère cela, on n'en peut alléguer d'autre raison que la simple volonté de Dieu. Et si cette volonté ne pouvait jamais agir, sans être prédéterminée par quelque cause, comme une balance ne saurait se mouvoir sans le poids qui la fait pencher, Dieu n'aurait pas la liberté de choisir ; et ce serait introduire la fatalité.

2. Plusieurs anciens philosophes grecs, qui avaient emprunté leur philosophie des Phéniciens, et dont la doctrine fut corrompue par Épicure, admettaient en général la matière et le vide. Mais ils ne surent pas se servir de ces principes, pour expliquer les phénomènes de la nature par le moyen des mathématiques. Quelque petite que soit la quantité de la matière, Dieu ne manque pas de sujets sur lesquels il puisse exercer sa puissance et sa sagesse ; car il y a d'autres choses, outre la matière, qui sont également des sujets sur lesquels Dieu exerce sa puissance et sa sagesse. On aurait pu prouver, par la même raison que les hommes ou toute autre espèce de créatures doivent être infinis en nombre, afin que Dieu ne manque pas de sujets pour exercer sa puissance et sa sagesse.

3. Le mot de *Sensorium* ne signifie pas proprement l'organe, mais le lieu de la sensation. L'œil, l'oreille, etc., sont des organes ; mais

ce ne sont pas des *Sensoria*. D'ailleurs, M. le chevalier Newton ne dit pas que l'espace est un *Sensorium ;* mais qu'il est, par voie de comparaison, pour ainsi dire, le *Sensorium*, etc.

4. On n'a jamais supposé que la présence de l'âme suffit pour la perception : on a dit seulement que cette présence est nécessaire afin que l'âme aperçoive. Si l'âme n'était pas présente aux images des choses qui sont aperçues, elle ne pourrait pas les apercevoir ; mais sa présence ne suffit pas, à moins qu'elle ne soit aussi une substance vivante. Les substances inanimées, quoique présentes, n'aperçoivent rien : et une substance vivante n'est capable de perception que dans le lieu où elle est présente, soit aux choses mêmes, comme Dieu est présent à tout l'univers ; soit aux images des choses, comme l'âme leur est présente dans son *Sensorium*. Il est impossible qu'une chose agisse, ou que quelque sujet agisse sur elle, dans un lieu où elle n'est pas présente ; comme il est impossible qu'elle soit dans un lieu où elle n'est pas. Quoique l'âme soit indivisible, il ne s'ensuit pas qu'elle n'est présente que dans un seul point. L'espace fini ou infini est absolument indivisible, même par la pensée ; car on ne peut s'imaginer que ses parties se séparent l'une de l'autre, sans s'imaginer qu'elles sortent, pour ainsi dire, hors d'elles-mêmes ; et cependant l'espace n'est pas un simple point.

5. Dieu n'aperçoit pas les choses par sa simple présence, ni parce qu'il agit sur elles ; mais parce qu'il est, non seulement présent partout, mais encore un être vivant et intelligent. On doit dire la même chose de l'âme dans sa petite sphère. Ce n'est point par sa simple présence, mais parce qu'elle est une substance vivante, qu'elle aperçoit les images auxquelles elle est présente, et qu'elle ne saurait apercevoir sans leur être présente.

6 et 7. Il est vrai que l'excellence de l'ouvrage de Dieu ne consiste pas seulement en ce que cet ouvrage fait voir la puissance de son auteur, mais encore en ce qu'il montre sa sagesse. Mais Dieu ne fait pas paraître cette sagesse, en rendant la nature capable de se mouvoir sans lui, comme un horloger fait mouvoir une horloge. Cela est impossible, puisqu'il n'y a point de forces dans la nature, qui soient indépendantes de Dieu, comme les forces des poids et des ressorts sont indépendantes des hommes. La sagesse de Dieu consiste donc en ce qu'il a formé, dès le commencement, une idée parfaite et complète d'un ouvrage, qui a commencé et qui subsiste toujours,

conformément à cette idée, par l'exercice perpétuel de la puissance et du gouvernement de son auteur.

8. Le mot de correction ou de réforme ne doit pas être entendu par rapport à Dieu, mais uniquement par rapport à nous. L'état présent du système solaire, par exemple, selon les lois du mouvement qui sont maintenant établies, tombera un jour en confusion; et ensuite il sera peut-être redressé, ou bien il recevra une nouvelle forme. Mais ce changement n'est que relatif, par rapport à notre manière de concevoir les choses. L'état présent du monde, le désordre où il tombera et le renouvellement dont ce désordre sera suivi entrent également dans le dessein que Dieu a formé. Il en est de la formation du monde comme de celle du corps humain. La sagesse de Dieu ne consiste pas à les rendre éternels, mais à les faire durer aussi longtemps qu'il le juge à propos.

9. La sagesse et la prescience de Dieu ne consistent pas à préparer des remèdes par avance, qui guériront d'eux-mêmes les désordres de la nature. Car, à proprement parler, il n'arrive aucun désordre dans le monde, par rapport à Dieu; et par conséquent, il n'y a point de remèdes; il n'y a point même de forces naturelles qui puissent agir d'elles-mêmes, comme les poids et les ressorts agissent d'eux-mêmes par rapport aux hommes. Mais la sagesse et la prescience de Dieu consistent, comme on l'a dit ci-dessus, à former dès le commencement un dessein, que sa puissance met continuellement en exécution.

10. Dieu n'est point une *intelligentia mundana* ni une *intelligentia supramundana*; mais une intelligence qui est partout dans le monde et hors du monde. Il est en tout, partout, et par-dessus tout.

11. Quand on dit que Dieu conserve les choses, si l'on veut dire par là qu'il agit actuellement sur elles, et qu'il les gouverne, en conservant et en continuant leurs êtres, leurs forces, leurs arrangements et leurs mouvements, c'est précisément ce que je soutiens. Mais si l'on veut dire simplement que Dieu, en conservant les choses, ressemble à un roi qui créerait des sujets, lesquels seraient capables d'agir sans qu'il eût aucune part à ce qui se passerait parmi eux; si c'est là, dis-je, ce que l'on veut dire, Dieu sera un véritable créateur, mais il n'aura que le titre de gouverneur.

12. Le raisonnement que l'on trouve ici suppose que tout ce que Dieu fait est surnaturel et miraculeux; et par conséquent, il tend à

exclure Dieu du gouvernement actuel du monde. Mais il est certain que le naturel et le surnaturel ne diffèrent en rien l'un de l'autre par rapport à Dieu : ce ne sont que des distinctions, selon notre manière de concevoir les choses. Donner un mouvement réglé au soleil (ou à la terre), c'est une chose que nous appelons naturelle : arrêter ce mouvement pendant un jour, c'est une chose surnaturelle selon nos idées. Mais la dernière de ces deux choses n'est pas l'effet d'une plus grande puissance que l'autre ; et par rapport à Dieu, elles sont toutes deux également naturelles ou surnaturelles. Quoique Dieu soit présent dans tout l'univers, il ne s'ensuit point qu'il soit l'âme du monde. L'âme humaine est une partie d'un composé, dont le corps est l'autre partie ; et ces deux parties agissent mutuellement l'une sur l'autre, comme étant les parties d'un même tout. Mais Dieu est dans le monde; non comme une partie de l'univers, mais comme un gouverneur. Il agit sur tout, et rien n'agit sur lui. Il n'est pas loin de chacun de nous ; car en lui nous (et toutes les choses qui existent) avons la vie, le mouvement et l'être.

Troisième écrit de M. Leibniz, ou réponse à la seconde réplique de M. Clarke.

1. Selon la manière de parler ordinaire, les principes mathématiques sont ceux qui consistent dans les mathématiques pures, comme nombres, arithmétique, géométrie. Mais les principes métaphysiques regardent des notions plus générales, comme la cause et l'effet.

2. On m'accorde ce principe important que rien n'arrive sans qu'il y ait une raison suffisante pourquoi il en soit plutôt ainsi qu'autrement. Mais on me l'accorde en paroles, et on me le refuse en effet ; ce qui fait voir qu'on n'en a pas bien compris toute la force. Et pour cela on se sert d'une de mes démonstrations contre l'espace réel absolu, idole de quelques Anglais modernes. Je dis idole, non pas dans un sens théologique, mais philosophique ; comme le chancelier Bacon disait autrefois qu'il y a *idola tribus, idola specus*.

3. Ces messieurs soutiennent donc que l'espace est un être réel absolu : mais cela les mène à de grandes difficultés ; car il paraît que cet être doit être éternel et infini. C'est pourquoi il y en a qui ont cru que c'était Dieu lui-même, ou bien son attribut, son immensité. Mais comme il a des parties, ce n'est pas une chose qui puisse convenir à Dieu.

4. Pour moi, j'ai marqué plus d'une fois que je tenais l'espace comme quelque chose de purement relatif, comme le temps ; pour un ordre des coexistences, comme le temps est un ordre des successions. Car l'espace marque en termes de possibilité un ordre des choses qui existent en même temps, en tant qu'elles existent ensemble, sans entrer dans leur manière d'exister. Et lorsqu'on voit plusieurs choses ensemble, on s'aperçoit de cet ordre des choses entre elles.

5. Pour réfuter l'imagination de ceux qui prennent l'espace pour une substance, ou du moins pour quelque être absolu, j'ai plusieurs démonstrations, mais je ne veux me servir à présent que de celle dont on me fournit ici l'occasion. Je dis donc que, si l'espace était un être absolu, il arriverait quelque chose dont il serait impossible qu'il y eût une raison suffisante, ce qui est encore notre axiome. Voici comment je le prouve. L'espace est quelque chose d'uniforme absolument ; et sans les choses y placées, un point de l'espace ne diffère absolument en rien d'un autre point de l'espace. Or il suit de cela (supposé que l'espace soit quelque chose en lui-même outre l'ordre des corps entre eux) qu'il est impossible qu'il y ait une raison pourquoi Dieu, gardant les mêmes situations des corps entre eux, ait placé les corps dans l'espace ainsi et non pas autrement ; et pourquoi tout n'a pas été pris au rebours (par exemple), par un échange de l'Orient et de l'Occident. Mais si l'espace n'est autre chose que cet ordre ou rapport, et n'est rien du tout sans les corps, que la possibilité d'en mettre ; ces deux états, l'un tel qu'il est, l'autre supposé au rebours, ne différeraient point entre eux. Leur différence ne se trouve donc que dans notre supposition chimérique de la réalité de l'espace en lui-même. Mais, dans la vérité, l'un serait justement la même chose que l'autre, comme ils sont absolument indiscernables ; et par conséquent, il n'y a pas lieu de demander la raison de la préférence de l'un à l'autre.

6. Il en est de même du temps. Supposé que quelqu'un demande pourquoi Dieu n'a pas tout créé un an plus tôt, et que ce même personnage veuille inférer de là que Dieu a fait quelque chose dont il n'est pas possible qu'il y ait une raison pourquoi il l'a faite ainsi plutôt qu'autrement, on lui répondrait que son illation serait vraie si le temps était quelque chose hors des choses temporelles ; car il serait impossible qu'il y eût des raisons pourquoi les choses eussent été appliquées plutôt à de tels instants qu'à d'autres, leur succession

demeurant la même. Mais cela même prouve que les instants hors des choses ne sont rien, et qu'ils ne consistent que dans leur ordre successif; lequel demeurant le même, l'un des deux états, comme celui de l'anticipation imaginée, ne différerait en rien, et ne saurait être discerné de l'autre qui est maintenant.

7. On voit par tout ce que je viens de dire que mon axiome n'a pas été bien pris; et qu'en semblant l'accorder on le refuse. Il est vrai, dit-on, qu'il n'y a rien sans une raison suffisante pourquoi il est, et pourquoi il est ainsi plutôt qu'autrement : mais on ajoute que cette raison suffisante est souvent la simple volonté de Dieu; comme lorsqu'on demande pourquoi la matière n'a pas été placée autrement dans l'espace, les mêmes situations entre les corps demeurant gardées. Mais c'est justement soutenir que Dieu veut quelque chose, sans qu'il y ait aucune raison suffisante de sa volonté, contre l'axiome, ou la règle générale de tout ce qui arrive. C'est retomber dans l'indifférence vague, que j'ai montrée chimérique absolument, même dans les créatures, et contraire à la sagesse de Dieu, comme s'il pouvait opérer sans agir par raison.

8. On m'objecte qu'en n'admettant point cette simple volonté, ce serait ôter à Dieu le pouvoir de choisir, et tomber dans la fatalité. Mais c'est tout le contraire : on soutient en Dieu le pouvoir de choisir, puisqu'on le fonde sur la raison du choix conforme à sa sagesse. Et ce n'est pas cette fatalité (qui n'est autre chose que l'ordre le plus sage de la Providence), mais une fatalité ou nécessité brute, qu'il faut éviter où il n'y a ni sagesse ni choix.

9. J'avais remarqué qu'en diminuant la quantité de la matière on diminue la quantité des objets où Dieu peut exercer sa bonté. On me répond qu'au lieu de la matière il y a d'autres choses dans le vide, où il ne laisse pas de l'exercer. Soit ; quoique je n'en demeure point d'accord ; car je tiens que toute substance créée est accompagnée de matière. Mais soit, dis-je : je réponds que plus de matière était compatible avec ces mêmes choses ; et par conséquent, c'est toujours diminuer ledit objet. L'instance d'un plus grand nombre d'hommes ou d'animaux ne convient point ; car ils ôteraient la place à d'autres choses.

10. Il sera difficile de nous faire accroire que dans l'usage ordinaire *sensorium* ne signifie pas l'organe de la sensation. Voici les paroles de Rodolphus Goclenius, dans son : *Dictionarium philosophicum*, v. *Sensitorium* : *Barbarum Scholasticorum*, dit-il, *qui interdum sunt*

simiœ græcorum. Hi dicunt Αἰσθητήριον. *Ex quo illi fecerunt sensitorium pro sensorio, id est, organo sensationis.*

11. La simple présence d'une substance, même animée, ne suffit pas pour la perception. Un aveugle et même un distrait ne voit point. Il faut expliquer comment l'âme s'aperçoit de ce qui est hors d'elle.

12. Dieu n'est pas présent aux choses par situation, mais par essence ; sa présence se manifeste par son opération immédiate. La présence de l'âme est tout d'une autre nature. Dire qu'elle est diffuse par le corps, c'est la rendre étendue et divisible ; dire qu'elle est tout entière en chaque partie de quelque corps, c'est la rendre divisible d'elle-même. L'attacher à un point, la répandre par plusieurs points, tout cela ne sont qu'expressions abusives, *Idola Tribus*.

13. Si la force active se perdait dans l'univers par les lois naturelles que Dieu y a établies, en sorte qu'il eût besoin d'une nouvelle impression pour restituer cette force, comme un ouvrier qui remédie à l'imperfection de sa machine ; le désordre n'aurait pas seulement lieu à l'égard de nous, mais à l'égard de Dieu lui-même. Il pouvait le prévenir et prendre mieux ses mesures, pour éviter un tel inconvénient : aussi l'a-t-il fait en effet.

14. Quand j'ai dit que Dieu a opposé à de tels désordres des remèdes par avance, je ne dis point que Dieu laisse venir les désordres, et puis les remèdes ; mais qu'il a trouvé moyen par avance d'empêcher les désordres d'arriver.

15. On s'applique inutilement à critiquer mon expression, que Dieu est *Intelligentia Supramundana*. Disant qu'il est au-dessus du monde, ce n'est pas nier qu'il est dans le monde.

16. Je n'ai jamais donné sujet de douter que la conservation de Dieu est une préservation et continuation actuelle des êtres, pouvoirs, ordres, dispositions et notions ; et je crois l'avoir peut-être mieux expliqué que beaucoup d'autres. Mais, dit-on, *This is all that I contended for* ; c'est en cela que consiste toute la dispute. A cela je réponds, serviteur très humble. Notre dispute consiste en bien d'autres choses. La question est : si Dieu n'agit pas le plus régulièrement et le plus parfaitement ? Si sa machine est capable de tomber dans les désordres, qu'il est obligé de redresser par des voies extraordinaires ? si la volonté de Dieu est capable d'agir sans raison ? Si l'espace est un être absolu ? Sur la nature du miracle, et

quantité de questions semblables, qui font une grande séparation.

17. Les théologiens ne demeureront point d'accord de la thèse qu'on avance contre moi, qu'il n'y a point de différence par rapport à Dieu, entre le naturel et le surnaturel. La plupart des philosophes l'approuveront encore moins. Il y a une différence infinie ; mais il paraît bien qu'on ne l'a pas considérée. Le surnaturel surpasse toutes les forces des créatures. Il faut venir à un exemple ; en voici un que j'ai souvent employé avec succès : si Dieu voulait faire en sorte qu'un corps libre se promenât dans l'éther en rond, à l'entour d'un certain centre fixe, sans que quelque autre créature agît sur lui ; je dis que cela ne se pourrait que par miracle, n'étant pas explicable par les natures des corps. Car un corps libre s'écarte naturellement de la ligne courbe par la tangente. C'est ainsi que je soutiens que l'attraction, proprement dite, des corps est une chose miraculeuse, ne pouvant pas être expliquée par la nature.

Troisième réplique de M. Clarke.

1. Ce que l'on dit ici ne regarde que la signification de certains mots. On peut admettre les définitions que l'on trouve ici ; mais cela n'empêchera pas qu'on ne puisse appliquer les raisonnements mathématiques à des sujets physiques et métaphysiques.

2. Il est indubitable que rien n'existe sans qu'il y ait une raison suffisante de son existence ; et que rien n'existe d'une certaine manière plutôt que d'une autre, sans qu'il y ait aussi une raison suffisante de cette manière d'exister. Mais à l'égard des choses qui sont indifférentes en elles-mêmes, la simple volonté est une raison suffisante pour leur donner l'existence, ou pour les faire exister d'une certaine manière ; et cette volonté n'a pas besoin d'être déterminée par une cause étrangère. Voici des exemples de ce que je viens de dire. Lorsque Dieu a créé ou placé une particule de matière dans un lieu plutôt que dans un autre, quoique tous les lieux soient semblables, il n'en a eu aucune autre raison que sa volonté. Et supposé que l'espace ne fût rien de réel, mais seulement un simple ordre des corps, la volonté de Dieu ne laisserait pas d'être la seule possible raison pour laquelle trois particules égales auraient été placées ou rangées dans l'ordre A, B, C, plutôt que dans un ordre contraire. On ne saurait donc tirer de cette indifférence des lieux aucun argument, qui prouve qu'il n'y a point d'espace réel, car les différents

espaces sont réellement distincts l'un de l'autre, quoiqu'ils soient parfaitement semblables. D'ailleurs, si l'on suppose que l'espace n'est point réel, et qu'il n'est simplement que l'ordre et l'arrangement des corps, il s'ensuivra une absurdité palpable. Car selon cette idée, si la terre, le soleil et la lune avaient été placés où les étoiles fixes les plus éloignées se trouvent à présent (pourvu qu'ils eussent été placés dans le même ordre et à la même distance l'un de l'autre), non seulement c'eût été la même chose, comme le savant auteur le dit très bien ; mais il s'ensuivrait aussi que la terre, le soleil et la lune seraient en ce cas-là dans le même lieu, où ils sont présentement : ce qui est une contradiction manifeste.

Les Anciens n'ont point dit que tout espace destitué de corps était un espace imaginaire : ils n'ont donné ce nom qu'à l'espace qui est au delà du monde. Et ils n'ont pas voulu dire par là que cet espace n'est pas réel ; mais seulement que nous ignorons entièrement quelles sortes de choses il y a dans cet espace. J'ajoute que les auteurs qui ont quelquefois employé le mot d'imaginaire pour marquer que l'espace n'était pas réel n'ont point prouvé ce qu'ils avançaient par le simple usage de ce terme.

3. L'espace n'est pas une substance, un être éternel et infini, mais une propriété, ou une suite de l'existence d'un être infini et éternel. L'espace infini est l'immensité ; mais l'immensité n'est pas Dieu ; donc l'espace infini n'est pas Dieu. Ce que l'on dit ici des parties de l'espace n'est point une difficulté. L'espace infini est absolument et essentiellement indivisible : et c'est une contradiction dans les termes que de supposer qu'il soit divisé ; car il faudrait qu'il eût un espace entre les parties que l'on suppose divisées ; ce qui est supposer que l'espace est divisé et non divisé en même temps. Quoique Dieu soit immense ou présent partout, sa substance n'en est pourtant pas plus divisée en parties que son existence l'est par la durée. La difficulté que l'on fait ici vient uniquement de l'abus du mot de partie.

4. Si l'espace n'était que l'ordre des choses qui coexistent, il s'ensuivrait que, si Dieu faisait mouvoir le monde tout entier en ligne droite, quelque degré de vitesse qu'il eût, il ne laisserait pas d'être toujours dans le même lieu ; et que rien ne recevrait aucun choc, quoique ce mouvement fût arrêté subitement. Et si le temps n'était qu'un ordre de succession dans les créatures, il s'ensuivrait que, si Dieu avait créé le monde quelques millions d'années plus tôt, il

n'aurait pourtant pas été créé plus tôt. De plus, l'espace et le temps sont des quantités ; ce qu'on ne peut dire de la situation et de l'ordre.

5. On prétend ici que, parce que l'espace est uniforme ou parfaitement semblable, et qu'aucune de ses parties ne diffère de l'autre, il s'ensuit que, si les corps qui ont été créés dans un certain lieu avaient été créés dans un autre lieu (supposé qu'ils conservassent la même situation entre eux), ils ne laisseraient pas d'avoir été créés dans le même lieu. Mais c'est une contradiction manifeste. Il est vrai que l'uniformité de l'espace prouve que Dieu n'a pu avoir aucune raison externe pour créer les choses dans un lieu plutôt que dans un autre ; mais cela empêche-t-il que sa volonté n'ait été une raison suffisante pour agir en quelque lieu que ce soit, puisque tous les lieux sont indifférents ou semblables, et qu'il y a une bonne raison pour agir en quelque lieu ?

6. Le même raisonnement, dont je me suis servi dans la section précédente, doit avoir lieu ici.

7 et 8. Lorsqu'il y a quelque différence dans la nature des choses, la considération de cette différence détermine toujours un agent intelligent et très sage. Mais lorsque deux manières d'agir sont également bonnes, comme dans les cas dont on a parlé ci-dessus, dire que Dieu ne saurait agir du tout, et que ce n'est point une imperfection de ne pouvoir agir dans un tel cas, parce que Dieu ne peut avoir aucune raison externe pour agir d'une certaine manière plutôt que d'une autre ; dire une telle chose, c'est insinuer que Dieu n'a pas en lui-même un principe d'action, et qu'il est toujours, pour ainsi dire, machinalement déterminé par les choses de dehors.

9. Je suppose que la quantité déterminée de matière, qui est à présent dans le monde, est la plus convenable à l'état présent des choses, et qu'une plus grande (aussi bien qu'une plus petite) quantité de matière aurait été moins convenable à l'état présent du monde, et que par conséquent elle n'aurait pas été un plus grand objet de la bonté de Dieu.

10. Il ne s'agit pas de savoir ce que Goclenius entend par le mot de *Sensorium*, mais en quel sens M. le chevalier Newton s'est servi de ce mot dans son livre. Si Goclenius croit que l'œil, l'oreille ou quelque autre organe des sens est le *Sensorium*, il se trompe. Mais quand un auteur emploie un terme d'art, et qu'il déclare en quel sens il s'en sert, à quoi bon rechercher de quelle manière d'autres

écrivains ont entendu ce même terme ? Scapula traduit le mot dont il s'agit ici *Domicilium*, c'est-à-dire le lieu ou l'âme réside.

11. L'âme d'un aveugle ne voit point, parce que certaines obstructions empêchent les images d'être portées au *Sensorium*, où elle est présente. Nous ne savons pas comment l'âme d'un homme qui voit aperçoit les images auxquelles elle n'est pas présente ; parce qu'un être ne saurait ni agir, ni recevoir des impressions, dans un lieu où il n'est pas.

12. Dieu étant partout est actuellement présent à tous, essentiellement et substantiellement. Il est vrai que la présence de Dieu se manifeste par son opération ; mais cette opération serait impossible sans la présence actuelle de Dieu. L'âme n'est pas présente à chaque partie du corps ; et par conséquent elle n'agit et ne saurait agir par elle-même sur toutes les parties du corps, mais seulement sur le cerveau ou sur certains nerfs et sur les esprits, qui agissent sur tout le corps, en vertu des lois du mouvement que Dieu a établies.

13 et 14. Quoique les forces actives qui sont dans l'univers diminuent, et qu'elles aient besoin d'une nouvelle impression, ce n'est point un désordre ni une imperfection dans l'ouvrage de Dieu ; ce n'est qu'une suite de la nature des créatures, qui sont dans la dépendance. Cette dépendance n'est pas une chose qui ait besoin d'être rectifiée. L'exemple qu'on allègue d'un homme qui fait une machine n'a aucun rapport à la matière dont il s'agit ici ; parce que les forces en vertu desquelles cette machine continue de se mouvoir sont tout à fait indépendantes de l'ouvrier.

15. On peut admettre les mots d'*Intelligentia Supramundana* de la manière dont l'auteur les explique ici. Mais, sans cette explication, ils pourraient aisément faire naître une fausse idée, comme si Dieu n'était pas réellement et substantiellement présent partout.

16. Je réponds aux questions que l'on propose ici : que Dieu agit toujours de la manière la plus régulière et la plus parfaite, qu'il n'y a aucun désordre dans son ouvrage, que les changements qu'il fait dans l'état présent de la nature ne sont pas plus extraordinaires que le soin qu'il a de conserver cet état, que lorsque les choses sont en elles-mêmes absolument égales et indifférentes, la volonté de Dieu peut se déterminer librement sur le choix sans qu'aucune cause étrangère la fasse agir ; et que le pouvoir que Dieu a d'agir de cette manière est une véritable perfection. Enfin, je réponds que l'espace ne dépend point de l'ordre ou de la situation ou de l'existence des corps.

17. A l'égard des miracles, il ne s'agit pas de savoir ce que les théologiens ou les philosophes disent communément sur cette matière, mais sur quelles raisons ils appuient leurs sentiments. Si un miracle est toujours une action qui surpasse la puissance de toutes les créatures, il s'ensuivra que si un homme marche sur l'eau, et si le mouvement du soleil (ou de la terre) est arrêté, ce ne sera point un miracle, puisque ces deux choses se peuvent faire sans l'intervention d'une puissance infinie. Si un corps se meut autour d'un centre dans le vide, et si ce mouvement est une chose ordinaire, comme celui des planètes autour du soleil, ce ne sera point un miracle, soit que Dieu lui-même produise ce mouvement immédiatement, ou qu'il soit produit par quelque créature. Mais si ce mouvement autour d'un centre est rare et extraordinaire, comme serait celui d'un corps pesant, suspendu dans l'air, ce sera également un miracle ; soit que Dieu même produise ce mouvement, ou qu'il soit produit par une créature invisible. Enfin, si tout ce qui n'est pas l'effet des forces naturelles des corps, et qu'on ne saurait expliquer par ces forces, est un miracle, il s'ensuivra que tous les mouvements des animaux sont des miracles. Ce qui semble prouver démonstrativement que le savant auteur a une fausse idée de la nature du miracle.

Quatrième écrit de M. Leibniz, ou réponse à la troisième réplique de M. Clarke.

1. Dans les choses indifférentes absolument, il n'y a point de choix, et par conséquent point d'élection ni de volonté ; puisque le choix doit avoir quelque raison ou principe.

2. Une simple volonté sans aucun motif (*a mere will*) est une fiction non seulement contraire à la perfection de Dieu, mais encore chimérique, contradictoire, incompatible avec la définition de la volonté, et assez réfutée dans la Théodicée.

3. Il est indifférent de ranger trois corps égaux et en tout semblables, en quel ordre qu'on voudra ; et par conséquent ils ne seront jamais rangés par celui qui ne fait rien qu'avec sagesse. Mais aussi, étant l'auteur des choses, il n'en produira point, et par conséquent il n'y en a point dans la nature.

4. Il n'y a point deux individus indiscernables. Un gentilhomme d'esprit de mes amis, en parlant avec moi en présence de Mme l'Électrice, dans le jardin de Herrenhausen, crut qu'il trouverait bien deux

feuilles entièrement semblables. Mme l'Électrice l'en défia, et il courut longtemps en vain pour en chercher. Deux gouttes d'eau ou de lait, regardées par le microscope, se trouveront discernables. C'est un argument contre les atomes, qui ne sont pas moins combattus que le vide, par les principes de la véritable métaphysique.

5. Ces grands principes de la raison suffisante et de l'identité des indiscernables changent l'état de la métaphysique, qui devient réelle et démonstrative par leur moyen : au lieu qu'autrefois elle ne consistait presque qu'en termes vides.

6. Poser deux choses indiscernables est poser la même chose sous deux noms. Ainsi l'hypothèse, que l'univers aurait eu d'abord une autre position du temps et du lieu, que celle qui est arrivée effectivement, et que pourtant toutes les parties de l'univers auraient eu la même position entre elles, que celle qu'elles ont reçue en effet, est une fiction impossible.

7. La même raison qui fait que l'espace hors du monde est imaginaire prouve que tout espace vide est une chose imaginaire ; car ils ne diffèrent que du grand au petit.

8. Si l'espace est une propriété ou un attribut, il doit être la propriété de quelque substance. L'espace vide borné, que ses patrons supposent entre deux corps, de quelle substance sera-t-il la propriété ou l'affection ?

9. Si l'espace infini est l'immensité, l'espace fini sera l'opposé de l'immensité, c'est-à-dire la mensurabilité ou l'étendue bornée. Or, l'étendue doit être l'affection d'un étendu. Mais si cet espace est vide, il sera un attribut sans sujet, une étendue d'aucun étendu. C'est pourquoi, en faisant de l'espace une propriété, l'on tombe dans mon sentiment qui le fait un ordre des choses, et non pas quelque chose d'absolu.

10. Si l'espace est une réalité absolue, bien loin d'être une propriété ou accidentalité opposée à la substance, il sera plus subsistant que les substances. Dieu ne le saurait détruire, ni même changer en rien. Il est non seulement immense dans le tout, mais encore immuable et éternel en chaque partie. Il y aura une infinité de choses éternelles hors de Dieu.

11. Dire que l'espace infini est sans parties, c'est dire que les espaces finis ne le composent point ; et que l'espace infini pourrait subsister, quand tous les espaces finis seraient réduits à rien, ce serait comme si l'on disait, dans la supposition cartésienne d'un

univers corporel étendu sans bornes, que cet univers pourrait subsister, quand tous les corps qui le composent seraient réduits à rien.

12. On attribue des parties à l'espace, p. 19, 3º édition de la *Défense de l'argument contre M. Dodwell* ; et on les fait inséparables l'une de l'autre. Mais page 30 de la seconde *Défense* on en fait des parties improprement dites ; cela se peut entendre dans un bon sens.

13. De dire que Dieu fasse avancer l'univers en ligne droite ou autre, sans y rien changer autrement, c'est encore une supposition chimérique. Car deux états indiscernables sont le même état, et par conséquent c'est un changement qui ne change rien. De plus, il n'y a ni rime ni raison. Or, Dieu ne fait rien sans raison ; et il est impossible qu'il y en ait ici. Outre que ce serait *agendo nihil agere*, comme je viens de dire, à cause de l'indiscernabilité.

14. Ce sont *Idola Tribus*, chimères toutes pures et imaginations superficielles. Tout cela n'est fondé que sur la supposition que l'espace imaginaire est réel.

15. C'est une fiction semblable, c'est-à-dire impossible, de supposer que Dieu ait créé le monde quelques millions d'années plus tôt. Ceux qui donnent dans ces sortes de fictions ne sauraient répondre à ceux qui argumenteraient pour l'éternité du monde. Car Dieu ne faisant rien sans raison, et point de raison n'étant assignable pourquoi il n'ait point créé le monde plus tôt, il s'ensuivra, ou qu'il n'ait rien créé du tout, ou qu'il ait produit le monde avant tout le temps assignable, c'est-à-dire que le monde soit éternel. Mais quand on montre que le commencement, quel qu'il soit, est toujours la même chose, la question pourquoi il n'en a pas été autrement cesse.

16. Si l'espace et le temps étaient quelque chose d'absolu, c'est-à-dire s'ils étaient autre chose que certains ordres des choses, ce que je dis serait contradictoire. Mais cela n'étant point, l'hypothèse est contradictoire ; c'est-à-dire c'est une fiction impossible.

17. Et c'est comme dans la géométrie où l'on prouve quelquefois par la supposition même qu'une figure soit plus grande. C'est une contradiction, mais elle est dans l'hypothèse, laquelle pour cela même se trouve fausse.

18. L'uniformité de l'espace fait qu'il n'y a aucune raison, ni interne, ni externe, pour en discuter les parties et pour y choisir. Car cette raison externe de discerner ne saurait être fondée que dans

l'interne : autrement c'est choisir sans discerner. La volonté sans raison serait le hasard des épicuriens. Un Dieu qui agirait par une telle volonté serait un Dieu de nom. La source des erreurs est qu'on n'a point de soin d'éviter ce qui déroge aux perfections divines.

19. Lorsque deux choses incompatibles sont également bonnes, et que tant en elles que par leur combinaison avec d'autres, l'une n'a point d'avantage sur l'autre, Dieu n'en produira aucune.

20. Dieu n'est jamais déterminé par les choses externes, mais toujours par ce qui est en lui, c'est-à-dire, par ses connaissances, avant qu'il y ait aucune chose hors de lui.

21. Il n'y a point de raison possible, qui puisse limiter la quantité de la matière. Ainsi cette limitation ne saurait avoir lieu.

22. Et supposé cette limitation arbitraire, on pourrait toujours ajouter quelque chose, sans déroger à la perfection des choses qui sont déjà : et par conséquent il faudra toujours y ajouter quelque chose, pour agir suivant le principe de la perfection des opérations divines.

23. Ainsi on ne saurait dire que la présente quantité de la matière est la plus convenable pour leur présente constitution. Et quand même cela serait, il s'ensuivrait que cette présente constitution des choses ne serait point la plus convenable absolument, si elle empêche d'employer plus de matière ; il faudrait donc en choisir une autre, capable de quelque chose de plus.

24. Je serais bien aise de voir le passage d'un philosophe, qui prenne *Sensorium* autrement que *Goclenius*.

25. Si *Scapula* dit que *Sensorium* est la place où l'entendement réside, il entendra l'organe de la sensation interne. Ainsi il ne s'éloignera point de *Goclenius*.

26. *Sensorium* a toujours été l'organe de la sensation. La glande pinéale serait, selon Descartes, le *Sensorium* dans le sens qu'on rapporte de *Scapula*.

27. Il n'y a guère d'expression moins convenable sur ce sujet, que celle qui donne à Dieu un *Sensorium*. Il semble qu'elle le fait l'âme du monde. Et on aura bien de la peine à donner à l'usage que M. Newton fait de ce mot un sens qui le puisse justifier.

28. Quoiqu'il s'agisse du sens de M. Newton, et non pas de celui de *Goclenius*, on ne me doit point blâmer d'avoir allégué le dictionnaire philosophique de cet auteur ; parce que le but des dictionnaires est de remarquer l'usage des termes.

29. Dieu s'aperçoit des choses en lui-même. L'espace est le lieu des choses, et non pas le lieu des idées de Dieu : à moins qu'on ne considère l'espace comme quelque chose qui fasse l'union de Dieu et des choses, à l'imitation de l'union de l'âme et du corps qu'on s'imagine ; ce qui rendrait encore Dieu l'âme du monde.

30. Aussi a-t-on tort dans la comparaison qu'on fait de la connaissance et de l'opération de Dieu avec celle des âmes. Les âmes connaissent les choses, parce que Dieu a mis en elles un principe représentatif de ce qui est hors d'elles. Mais Dieu connaît les choses parce qu'il les produit continuellement.

31. Les âmes n'opèrent sur les choses, selon moi, que parce que les corps s'accommodent à leurs désirs en vertu de l'harmonie que Dieu y a préétablie.

32. Mais ceux qui s'imaginent que les âmes peuvent donner une force nouvelle au corps, et que Dieu en fait autant dans le monde pour redresser les défauts de la machine, approchent trop Dieu de l'âme, en donnant trop à l'âme et trop peu à Dieu.

33. Car il n'y a que Dieu qui puisse donner à la nature de nouvelles forces ; mais il ne le fait que surnaturellement. S'il avait besoin de le faire dans le cours naturel, il aurait fait un ouvrage très imparfait. Il ressemblerait dans le monde à ce que le vulgaire attribue à l'âme dans le corps.

34. En voulant soutenir cette opinion vulgaire de l'influence de l'âme sur le corps, par l'exemple de Dieu opérant hors de lui, on fait encore que Dieu ressemblerait trop à l'âme du monde. Cette affectation encore de blâmer mon expression d'*intelligentia supramundana* y semble pencher aussi.

35. Les images dont l'âme est affectée immédiatement sont en elle-même ; mais elles répondent à celles du corps. La présence de l'âme est imparfaite, et ne peut être expliquée que par cette correspondance ; mais celle de Dieu est parfaite, et se manifeste par son opération.

36. L'on suppose mal contre moi que la présence de l'âme est liée avec son influence sur le corps, puisqu'on sait que je rejette cette influence.

37. Il est aussi inexplicable que l'âme soit diffuse par le cerveau, que de faire qu'elle soit diffuse par le corps tout entier. La différence n'est que du plus au moins.

38. Ceux qui s'imaginent que les forces actives se diminuent

d'elles-mêmes dans le monde ne connaissent pas bien les principales lois de la nature et la beauté des ouvrages de Dieu.

39. Comment prouveront-ils que ce défaut est une suite de la dépendance des choses ?

40. Ce défaut de nos machines, qui fait qu'elles ont besoin d'être redressées, vient de cela même, qu'elles ne sont pas assez dépendantes de l'ouvrier. Ainsi la dépendance de Dieu qui est dans la nature, bien loin d'être cause de ce défaut, est plutôt cause que ce défaut n'y est point ; parce qu'elle est si dépendante d'un ouvrier trop parfait, pour faire un ouvrage qui ait besoin d'être redressé. Il est vrai que chaque machine particulière de la nature est en quelque façon sujette à être détraquée, mais non pas l'univers tout entier, qui ne saurait diminuer en perfection.

41. On dit que l'espace ne dépend point de la situation des corps. Je réponds qu'il est vrai qu'il ne dépend point d'une telle situation des corps, mais il est cet ordre qui fait que les corps sont situables, et par lequel ils ont une situation entre eux en existant ensemble, comme le temps est cet ordre par rapport à leur position successive. Mais s'il n'y avait point de créatures, l'espace et le temps ne seraient que dans les idées de Dieu.

42. Il semble qu'on avoue ici que l'idée qu'on se fait du miracle n'est pas celle qu'en ont communément les théologiens et les philosophes. Il me suffit donc que mes adversaires sont obligés de recourir à ce qu'on appelle miracle dans l'usage reçu.

43. J'ai peur qu'en voulant changer le sens reçu du miracle on ne tombe dans un sentiment incommode. La nature du miracle ne consiste nullement dans l'usualité et l'inusualité ; autrement les monstres seraient des miracles.

44. Il y a des miracles d'une sorte inférieure, qu'un ange peut produire ; car il peut, par exemple, faire qu'un homme aille sur l'eau sans enfoncer. Mais il y a des miracles réservés à Dieu, et qui surpassent toutes les forces naturelles ; tel est celui de créer ou d'annihiler.

45. Il est surnaturel aussi que les corps s'attirent de loin, sans aucun moyen ; et qu'un corps aille en rond, sans s'écarter par la tangente, quoique rien ne l'empêchât de s'écarter ainsi. Car ces effets ne sont point explicables par la nature des choses.

46. Pourquoi la notion des animaux ne serait-elle point explicable par les forces naturelles ? Il est vrai que le commencement des ani-

maux est aussi inexplicable par leur moyen, que le commencement du monde.

Apostille.

Tous ceux qui sont pour le vide se laissent plus mener par l'imagination que par la raison. Quand j'étais jeune garçon, je donnai aussi dans le vide et dans les atomes ; mais la raison me ramena. L'imagination était riante. On borne là ses recherches : on fixe sa méditation comme avec un clou ; on croit avoir trouvé les premiers éléments, un *non plus ultra*. Nous voudrions que la nature n'allât pas plus loin, qu'elle fût finie comme notre esprit ; mais ce n'est point connaître la grandeur et la majesté de l'Auteur des choses. Le moindre corpuscule est actuellement subdivisé à l'infini, et contient un monde de nouvelles créatures, dont l'univers manquerait, si ce corpuscule était un atome, c'est-à-dire un corps tout d'une pièce sans subdivision. Tout de même, vouloir du vide dans la nature, c'est attribuer à Dieu une production très imparfaite ; c'est violer le grand principe de la nécessité d'une raison suffisante, que bien des gens ont eu dans la bouche, mais dont ils n'ont point connu la force, comme j'ai montré dernièrement en faisant voir par ce principe que l'espace n'est qu'un ordre des choses, comme le temps, et nullement un être absolu. Sans parler de plusieurs autres raisons contre le vide et les atomes, voici celles que je prends de la perfection de Dieu et de la raison suffisante. Je pose que toute perfection que Dieu a pu mettre dans les choses, sans déroger aux autres perfections qui y sont, y a été mise. Or, figurons-nous un espace entièrement vide. Dieu y pouvait mettre quelque matière, sans déroger en rien à toutes les autres choses : donc il l'y a mise : donc il n'y a point d'espace entièrement vide : donc tout est plein. Le même raisonnement prouve qu'il n'y a point de corpuscule qui ne soit subdivisé. Voici encore l'autre raisonnement pris de la nécessité d'une raison suffisante. Il n'est point possible qu'il y ait un principe de déterminer la proportion de la matière, ou du rempli au vide, ou du vide au plein. On dira peut-être que l'un doit être égal à l'autre ; mais comme la matière est plus parfaite que le vide, la raison veut qu'on observe la proportion géométrique, et qu'il y ait d'autant plus de plein qu'il mérite d'être préféré. Mais ainsi il n'y aura point de vide du tout ; car la perfection de la matière est à celle du vide, comme quelque chose à rien. Il en est de même des atomes. Quelle raison peut-on assigner de borner la nature dans le progrès de la subdivision ? Fictions purement arbitraires, et indignes de la vraie philosophie. Les raisons qu'on allègue pour le vide ne sont que des sophismes.

Quatrième réplique de M. Clarke.

1 et 2. La doctrine que l'on trouve ici conduit à la nécessité et à la fatalité, en supposant que les motifs ont le même rapport à la volonté d'un agent intelligent que les poids à une balance ; de sorte que quand deux choses sont absolument indifférentes, un agent intelligent ne peut choisir l'une ou l'autre, comme une balance ne peut se mouvoir lorsque les poids sont égaux des deux côtés. Mais voici en quoi consiste la différence. Une balance n'est pas un agent : elle est tout à fait passive, et les poids agissent sur elle ; de sorte que, quand les poids sont égaux, il n'y a rien qui la puisse mouvoir. Mais les êtres intelligents sont des agents ; ils ne sont point simplement passifs, et les motifs n'agissent pas sur eux, comme les poids agissent sur une balance. Ils ont des forces actives, et ils agissent quelquefois par de puissants motifs, quelquefois par des motifs faibles, et quelquefois lorsque les choses sont absolument indifférentes. Dans ce dernier cas, il peut y avoir de très bonnes raisons pour agir ; quoique deux ou plusieurs manières d'agir puissent être absolument indifférentes. Le savant auteur suppose toujours le contraire, comme un principe ; mais il n'en donne aucune preuve tirée de la nature des choses ou des perfections de Dieu.

3 et 4. Si le raisonnement que l'on trouve ici était bien fondé, il prouverait que Dieu n'a créé aucune matière, et même qu'il est impossible qu'il en puisse créer. Car les parties de matière, quelle qu'elle soit, qui sont parfaitement solides, sont aussi parfaitement semblables, pourvu qu'elles soient de figures et de dimensions égales ; ce que l'on peut toujours supposer comme une chose possible. Ces parties de matière pourraient donc occuper également bien un autre lieu que celui qu'elles occupent ; et par conséquent il était impossible, selon le raisonnement du savant auteur, que Dieu les plaçât où il les a actuellement placées ; parce qu'il aurait pu avec la même facilité les placer au rebours. Il est vrai qu'on ne saurait voir deux feuilles, ni peut-être deux gouttes d'eau, parfaitement semblables ; parce que ce sont des corps fort composés. Mais il n'en est pas ainsi des parties de la matière simple et solide. Et même,

dans les composés, il n'est pas impossible que Dieu fasse deux gouttes d'eau tout à fait semblables ; et nonobstant cette parfaite ressemblance, elles ne pourraient pas être une seule et même goutte d'eau. J'ajoute que le lieu de l'une de ces gouttes ne serait pas le lieu de l'autre, quoique leur situation fût une chose absolument indifférente. Le même raisonnement a lieu aussi par rapport à la première détermination du mouvement d'un certain côté, ou du côté opposé.

5 et 6. Quoique deux choses soient parfaitement semblables, elles ne cessent pas d'être deux choses. Les parties du temps sont aussi parfaitement semblables que celles de l'espace, et cependant deux instants ne sont pas le même instant : ce ne sont pas non plus deux noms d'un seul et même instant. Si Dieu n'avait créé le monde que dans ce moment, il n'aurait pas été créé dans le temps qu'il l'a été. Et si Dieu a donné (ou s'il peut donner) une étendue bornée à l'univers, il s'ensuit que l'univers doit être naturellement capable de mouvement ; car ce qui est borné ne peut être immobile. Il paraît donc, par ce que je viens de dire, que ceux qui soutiennent que Dieu ne pouvait pas créer le monde dans un autre temps, ou dans un autre lieu, font la matière nécessairement infinie et éternelle, et réduisent tout à la nécessité et au destin.

7. Si l'univers a une étendue bornée, l'espace qui est au delà du monde n'est point imaginaire, mais réel. Les espaces vides dans le monde même ne sont pas imaginaires. Quoiqu'il y ait des rayons de lumière, et peut-être quelque autre matière en très petite quantité dans un récipient, le défaut de résistance fait voir clairement que la plus grande partie de cet espace est destituée de matière. Car la subtilité de la matière ne peut être la cause du défaut de résistance. Le mercure est composé de parties qui ne sont pas moins subtiles et fluides que celles de l'eau ; et cependant il fait plus de dix fois autant de résistance. Cette résistance vient donc de la quantité, et non de la grossièreté de la matière.

8. L'espace destitué des corps est une propriété d'une substance immatérielle. L'espace n'est pas borné par les corps ; mais il existe également dans les corps et hors des corps. L'espace n'est pas renfermé entre les corps ; mais les corps, étant dans l'espace immense, sont eux-mêmes bornés par leurs propres dimensions.

9. L'espace vide n'est pas un attribut sans sujet ; car par cet espace nous n'entendons pas un espace où il n'y a rien, mais un

espace sans corps. Dieu est certainement présent dans tout l'espace vide ; et peut-être qu'il y a aussi dans cet espace plusieurs autres substances, qui ne sont pas matérielles, et qui par conséquent ne peuvent être tangibles, ni aperçues par aucun de nos sens.

10. L'espace n'est pas une substance, mais un attribut ; et si c'est un attribut d'un être nécessaire, il doit (comme tous les autres attributs d'un être nécessaire) exister plus nécessairement que les substances mêmes, qui ne sont pas nécessaires. L'espace est immense, immuable et éternel ; et l'on doit dire la même chose de la durée. Mais il ne s'ensuit pas de là qu'il y ait rien d'éternel hors de Dieu. Car l'espace et la durée ne sont pas hors de Dieu : ce sont des suites immédiates et nécessaires de son existence, sans lesquelles il ne serait point éternel et présent partout.

11 et 12. Les infinis ne sont composés de finis que comme les finis sont composés d'infinitésimes. J'ai fait voir ci-dessus en quel sens on peut dire que l'espace a des parties, ou qu'il n'en a pas. Les parties, dans le sens que l'on donne à ce mot lorsqu'on l'applique aux corps, sont séparables, composées, désunies, indépendantes les unes des autres, et capables de mouvement. Mais quoique l'imagination puisse en quelque manière concevoir des parties dans l'espace infini, cependant comme ces parties, improprement ainsi dites, sont essentiellement immobiles et inséparables les unes des autres, il s'ensuit que cet espace est essentiellement simple et absolument indivisible.

13. Si le monde a une étendue bornée, il peut être mis en mouvement par la puissance de Dieu ; et par conséquent l'argument que je fonde sur cette mobilité est une preuve concluante. Quoique deux lieux soient parfaitement semblables, ils ne sont pas un seul et même lieu. Le mouvement ou le repos de l'univers n'est pas le même état : comme le mouvement ou le repos d'un vaisseau n'est pas non plus le même état, parce qu'un homme renfermé dans la cabane ne saurait s'apercevoir si le vaisseau fait voile ou non, pendant que son mouvement est uniforme. Quoique cet homme ne s'aperçoive pas du mouvement du vaisseau, ce mouvement ne laisse pas d'être en état réel et différent, et il produit des effets réels et différents ; et s'il était arrêté tout d'un coup, il aurait d'autres effets réels. Il en serait de même d'un mouvement imperceptible de l'univers. On n'a point répondu à cet argument, sur lequel M. le chevalier Newton insiste beaucoup dans ses *Principes mathématiques*. Après avoir considéré

les propriétés, les causes et les effets du mouvement, cette considération lui sert à faire voir la différence qu'il y a entre le mouvement réel ou le transport d'un corps qui passe d'une partie de l'espace dans une autre, et le mouvement relatif, qui n'est qu'un changement de l'ordre ou de la situation des corps entre eux. C'est un argument mathématique qui prouve par des effets réels qu'il peut y avoir un mouvement réel où il n'y en a point de relatif; et qu'il peut y avoir un mouvement relatif où il n'yen a point de réel : c'est, dis-je, un argument mathématique auquel on ne répond pas, quand on se contente d'assurer le contraire.

14. La réalité de l'espace n'est pas une simple supposition : elle a été prouvée par les arguments rapportés ci-dessus, auxquels on n'a point répondu. L'auteur n'a pas répondu non plus à un autre argument, savoir que l'espace et le temps sont des quantités ; ce qu'on ne peut dire de la situation et de l'ordre.

15. Il n'était pas impossible que Dieu fît le monde plus tôt ou plus tard qu'il ne l'a fait. Il n'est pas impossible non plus qu'il le détruise plus tôt ou plus tard, qu'il ne sera actuellement détruit. Quant à la doctrine de l'éternité du monde, ceux qui supposent que la matière et l'espace sont la même chose doivent supposer que le monde est non seulement infini et éternel, mais encore que son immensité et son éternité sont nécessaires, et même aussi nécessaires que l'espace et la durée, qui ne dépendent pas de la volonté de Dieu, mais de son existence. Au contraire, ceux qui croient que Dieu a créé la matière en telle quantité, en tel temps et en tels espaces qu'il lui a plu, ne se trouvent embarrassés d'aucune difficulté. Car la sagesse de Dieu peut avoir eu de très bonnes raisons pour créer ce monde dans un certain temps : elle peut avoir fait d'autres choses avant que ce monde fût créé; et elle peut faire d'autres choses après que ce monde sera détruit.

16 et 17. J'ai prouvé ci-dessus que l'espace et le temps ne sont pas l'ordre des choses, mais des quantités réelles ; ce qu'on ne peut dire de l'ordre et de la situation. Le savant auteur n'a pas encore répondu à ces preuves ; et à moins qu'il n'y réponde, ce qu'il dit est une contradiction, comme il l'avoue lui-même ici.

18. L'uniformité de toutes les parties de l'espace ne prouve pas que Dieu ne puisse agir dans aucune partie de l'espace de la manière qu'il le veut. Dieu peut avoir de bonnes raisons pour créer des êtres finis ; et des êtres finis ne peuvent exister qu'en des lieux

particuliers. Et comme tous les lieux sont originairement semblables (quand même le lieu ne serait que la situation des corps), si Dieu place un cube de matière derrière un autre cube égal de matière, plutôt qu'au rebours, ce choix n'est pas indigne de la perfection de Dieu, quoique ces deux situations soient parfaitement semblables ; parce qu'il peut y avoir de très bonnes raisons pour l'existence de ces deux cubes, et qu'ils ne sauraient exister que dans l'une ou l'autre de ces deux situations également raisonnables. Le hasard d'Épicure n'est pas un choix, mais une nécessité aveugle.

19. Si l'argument que l'on trouve ici prouve quelque chose, il prouve (comme je l'ai déjà dit ci-dessus, § 3) que Dieu n'a créé, et même qu'il ne peut créer, aucune matière ; parce que la situation des parties égales et similaires de la matière était nécessairement indifférente dès le commencement, aussi bien que la première détermination de leur mouvement, d'un certain côté, ou du côté opposé.

20. Je ne comprends point ce que l'auteur veut prouver ici, par rapport au sujet dont il s'agit.

21. Dire que Dieu ne peut donner des bornes à la quantité de la matière, c'est avancer une chose d'une trop grande importance pour l'admettre sans preuve. Et si Dieu ne peut non plus donner de bornes à la durée de la matière, il s'ensuivra que le monde est infini et éternel nécessairement et indépendamment de Dieu.

22 et 23. Si l'argument que l'on trouve ici était bien fondé, il prouverait que Dieu ne saurait s'empêcher de faire tout ce qu'il peut faire ; et par conséquent qu'il ne saurait s'empêcher de rendre toutes les créatures infinies et éternelles. Mais, selon cette doctrine, Dieu ne serait point le gouverneur du monde : il serait un agent nécessaire, c'est-à-dire qu'il ne serait pas même un agent, mais le destin, la nature et la nécessité.

24-28. On revient encore ici à l'usage du mot de *sensorium*, quoique M. Newton se soit servi d'un correctif, lorsqu'il a employé ce mot. Il n'est pas nécessaire de rien ajouter à ce que j'ai dit sur cela.

29. L'espace est le lieu de toutes les choses et de toutes les idées comme la durée est la durée de toutes les choses et de toutes les idées. J'ai fait voir ci-dessus que cette doctrine ne tend point à faire Dieu l'âme du monde. Il n'y a point d'union entre Dieu et le monde. On pourrait dire, avec plus de raison, que l'esprit de l'homme est l'âme des images des choses qu'il aperçoit, qu'on ne peut dire que Dieu est

l'âme du monde, dans lequel il est présent partout, et sur lequel il agit comme il veut, sans que le monde agisse sur lui. Nonobstant cette réponse, qu'on a vue ci-dessus, l'auteur ne laisse pas de répéter la même objection plus d'une fois, comme si on n'y avait point répondu.

30. Je n'entends point ce que l'auteur veut dire par un principe représentatif. L'âme aperçoit les choses, parce que les images des choses lui sont portées par les organes des sens. Dieu aperçoit les choses, parce qu'il est présent dans les substances des choses mêmes. Il ne les aperçoit pas, en les produisant continuellement (car il se repose de l'ouvrage de la création); mais il les aperçoit, parce qu'il est continuellement présent dans toutes les choses qu'il a créées.

31. Si l'âme n'agissait point sur le corps, et si le corps, par un simple mouvement mécanique de la matière, se conformait pourtant à la volonté de l'âme dans une variété infinie de mouvements spontanés, ce serait un miracle perpétuel. L'harmonie préétablie n'est qu'un mot ou un terme d'art, et elle n'est d'aucun usage pour expliquer la cause d'un effet si miraculeux.

32. Supposer que, dans le mouvement spontané du corps, l'âme ne donne point un nouveau mouvement ou une nouvelle impression à la matière, et que tous les mouvements spontanés sont produits par une impulsion mécanique de la matière, c'est réduire tout au destin et à la nécessité. Mais quand on dit que Dieu agit dans le monde sur toutes les créatures comme il le veut, sans aucune union, et sans qu'aucune chose agisse sur lui, cela fait voir évidemment la différence qu'il y a entre un gouverneur qui est présent partout et une âme imaginaire du monde.

33. Toute action consiste à donner une nouvelle force aux choses sur lesquelles elle s'exerce. Sans cela, ce ne serait pas une action réelle, mais une simple passion, comme dans toutes les lois mécaniques du mouvement. D'où il s'ensuit que, si la communication d'une nouvelle force est surnaturelle, toutes les actions de Dieu seront surnaturelles, et il sera entièrement exclu du gouvernement du monde. Il s'ensuit aussi de là que toutes les actions des hommes sont surnaturelles, ou que l'homme est une pure machine, comme une horloge.

34 et 35. On a fait voir ci-dessus la différence qu'il y a entre la véritable idée de Dieu et celle d'une âme du monde.

36. J'ai répondu ci-dessus à ce que l'on trouve ici.

37. L'âme n'est pas répandue dans le cerveau ; mais elle est présente dans le lieu, qui est le *sensorium*.

38. Ce que l'on dit ici est une simple affirmation sans preuve. Deux corps, destitués d'élasticité, se rencontrant avec des forces contraires et égales, perdent leur mouvement. Et M. le chevalier Newton a donné un exemple mathématique, par lequel il paraît que le mouvement diminue et augmente continuellement en quantité, sans qu'il soit communiqué à d'autres corps.

39. Le sujet dont on parle ici n'est point un défaut, comme l'auteur le suppose, c'est la véritable nature de la matière inactive.

40. Si l'argument que l'on trouve ici est bien fondé, il prouve que l'univers doit être infini, qu'il a existé de toute éternité, et qu'il ne saurait cesser d'exister ; que Dieu a toujours créé autant d'hommes et d'autres êtres qu'il était possible qu'il en créât, et qu'il les a créés pour les faire exister aussi longtemps qu'il lui était possible.

41. Je n'entends point ce que ces mots veulent dire : un ordre, ou une situation, qui rend les corps situables. Il me semble que cela veut dire que la situation est la cause de la situation. J'ai prouvé ci-dessus que l'espace n'est pas l'ordre des corps ; et j'ai fait voir dans cette quatrième réplique que l'auteur n'a point répondu aux arguments que j'ai proposés. Il n'est pas moins évident que le temps n'est pas l'ordre des choses qui se succèdent l'une à l'autre, puisque la quantité du temps peut être plus grande ou plus petite ; et cependant cet ordre ne laisse pas d'être le même. L'ordre des choses qui se succèdent l'une à l'autre dans le temps n'est pas le temps même ; car elles peuvent se succéder l'une à l'autre plus vite ou plus lentement dans le même ordre de succession, mais non dans le même temps. Supposé qu'il n'y eût point de créatures, l'ubiquité de Dieu et la continuation de son existence feraient que l'espace et la durée seraient précisément les mêmes qu'à présent.

42. On appelle ici de la raison à l'opinion vulgaire ; mais comme l'opinion vulgaire n'est pas la règle de la vérité, les philosophes ne doivent pas y avoir recours.

43. L'idée d'un miracle renferme nécessairement l'idée d'une chose rare et extraordinaire. Car, d'ailleurs, il n'y a rien de plus merveilleux, et qui demande une plus grande puissance, que quelques-unes des choses que nous appelons naturelles ; comme, par exemple, les mouvements des corps célestes, la génération et la

formation des plantes et des animaux, etc. Cependant, ce ne sont pas des miracles, parce que ce sont des choses communes. Il ne s'ensuit pourtant pas de là que tout ce qui est rare et extraordinaire soit un miracle. Car plusieurs choses de cette nature peuvent être des effets irréguliers et moins communs, des causes ordinaires; comme les éclipses, les monstres, la manie dans les hommes, et une infinité d'autres choses que le vulgaire appelle des prodiges.

44. On accorde ici ce que j'ai dit. On soutient pourtant une chose contraire au sentiment commun des théologiens, en supposant qu'un ange peut faire des miracles.

45. Il est vrai que, si un corps en attirait un autre, sans l'intervention d'aucun moyen, ce ne serait pas un miracle, mais une contradiction ; car ce serait supposer qu'une chose agit où elle n'est pas. Mais le moyen par lequel deux corps s'attirent l'un l'autre peut être invisible et intangible, et d'une nature différente du mécanisme : ce qui n'empêche pas qu'une action régulière et constante ne puisse être appelée naturelle, puisqu'elle est beaucoup moins merveilleuse que le mouvement des animaux, qui ne passe pourtant pas pour un miracle.

46. Si par le terme de forces naturelles on entend ici des forces mécaniques, tous les animaux, sans excepter les hommes, seront de pures machines, comme une horloge. Mais si ce terme ne signifie pas des forces mécaniques, la gravitation peut être produite par des forces régulières et naturelles, quoiqu'elles ne soient pas mécaniques.

N. B. On a déjà répondu ci-dessus aux arguments que M. Leibniz a insérés dans une apostille à son quatrième écrit. La seule chose qu'il soit besoin d'observer ici, c'est que M. Leibniz, en soutenant l'impossibilité des atomes physiques (il ne s'agit pas entre nous des points mathématiques), soutient une absurdité manifeste. Car ou il y a des parties parfaitement solides dans la matière, ou il n'y en a pas. S'il y en a, et qu'en les subdivisant on y prenne de nouvelles particules, qui aient toutes la même figure et les mêmes dimensions (ce qui est toujours possible), ces nouvelles particules seront des atomes physiques parfaitement semblables. Que s'il n'y a point de parties parfaitement solides dans la matière, il n'y a point de matière dans l'univers ; car plus on divise et subdivise un corps, pour arriver enfin à des parties parfaitement solides et sans pores, plus la proportion que les pores ont à la matière solide de ce corps, plus, dis-je, cette proportion augmente. Si donc, en poussant la division et la subdivision à l'infini, il est impossible d'arriver à des parties parfaitement solides et sans pores, il s'ensuivra que les corps sont uniquement composés de pores (le rapport de ceux-ci aux parties solides augmentant sans cesse), et par conséquent qu'il n'y a point de matière du tout ; ce qui est une absurdité manifeste. Et le raisonnement sera le même, par rapport à la matière dont les espèces particulières des corps sont composées, soit que l'on suppose que les pores sont vides, ou qu'ils sont remplis d'une matière étrangère.

Cinquième réplique de M. Leibniz, ou réponse à la quatrième réplique de M. Clarke (1), sur les §§ 1 et 2 de l'écrit précédent.

1. Je répondrai cette fois plus amplement pour éclaircir les difficultés, et pour essayer si l'on est d'humeur à se payer de raison, et à donner des marques de l'amour de la vérité, ou si l'on ne fera que chicaner sans rien éclaircir.

2. On s'efforce souvent de m'imputer la nécessité et la fatalité, quoique peut-être personne n'ait mieux expliqué, et plus à fond que j'ai fait dans la *Théodicée*, la véritable différence entre liberté, contingence, spontanéité, d'un côté, et nécessité absolue, hasard, coaction, de l'autre. Je ne sais pas encore si on le fait parce qu'on le veut, quoi que je puisse dire, ou si ces imputations viennent de bonne foi, de ce qu'on n'a point encore pesé mes sentiments. J'expérimenterai bientôt ce que j'en dois juger, et je me réglerai là-dessus.

3. Il est vrai que les raisons font dans l'esprit du sage, et les motifs dans quelque esprit que ce soit, ce qui répond à l'effet que les poids font dans une balance. On objecte que cette notion mène à la nécessité et à la fatalité. Mais on le dit sans le prouver et sans prendre connaissance des explications que j'ai données autrefois pour lever toutes les difficultés qu'on peut faire là-dessus.

4. Il semble aussi qu'on se joue d'équivoque. Il y a des nécessités qu'il faut admettre. Car il faut distinguer aussi entre une nécessité absolue et une nécessité hypothétique. Il faut distinguer aussi entre une nécessité qui a lieu, parce que l'opposé implique contradiction, et laquelle est appelée logique, métaphysique ou mathématique ; et entre une nécessité qui est morale, qui fait que le Sage choisit le meilleur, et que tout esprit suit l'inclination la plus grande.

5. La nécessité hypothétique est celle que la supposition ou hypothèse de la prévision de Dieu impose aux futurs contingents. Et il faut l'admettre, si ce n'est qu'avec les sociniens on refuse à Dieu

---

(1) Dans l'édition de Londres de ce cinquième écrit, il y a à la marge plusieurs additions et corrections que M. Leibniz y avait faites en l'envoyant à M. Des Maiseaux. M. Clarke en rend compte dans un petit avertissement mis à la tête de cet écrit, et conçu en ces termes : « Les différentes leçons, imprimées à la marge de l'écrit suivant, sont des changements faits de la propre main de M. Leibniz dans une autre copie de cet écrit, laquelle il envoya à un de ses amis en Angleterre peu de temps avant sa mort. Mais dans cette édition on a inséré ces additions et corrections dans le texte, et par là on a rendu ce cinquième écrit conforme au manuscrit original, que M. Leibniz avait envoyé à M. Des Maiseaux. » — Note de l'éditeur français (Des Maiseaux).

la prescience des contingents futurs, et la providence qui règle et gouverne les choses en détail.

6. Mais ni cette prescience, ni cette préordination ne dérogent point à la liberté. Car Dieu, porté par la suprême raison à choisir entre plusieurs suites de choses ou mondes possibles, celui où les créatures libres prendraient telles ou telles résolutions, quoique non sans son concours, a rendu par là tout événement certain et déterminé une fois pour toutes sans déroger par là à la liberté de ces créatures ; ce simple décret du choix, ne changeant point, mais actualisant seulement leurs natures qu'il y voyait dans ses idées.

7. Et quant à la nécessité morale, elle ne déroge point non plus à la liberté. Car, lorsque le Sage et surtout Dieu, le sage souverain, choisit le meilleur, il n'en est pas moins libre ; au contraire, c'est la plus parfaite liberté de n'être point empêché d'agir le mieux. Et lorsqu'un autre choisit selon le bien le plus apparent et le plus inclinant, il imite en cela la liberté du Sage à proportion de sa disposition ; et sans cela, le choix serait un hasard aveugle.

8. Mais le bien, tant vrai qu'apparent, en un mot le motif, incline sans nécessité, c'est-à-dire sans imposer une nécessité absolue. Car lorsque Dieu, par exemple, choisit le meilleur, ce qu'il ne choisit point, et qui est inférieur en perfection, ne laisse pas d'être possible. Mais si ce que Dieu choisit était absolument nécessaire, tout autre parti serait impossible contre l'hypothèse, car Dieu choisit parmi les possibles, c'est-à-dire parmi plusieurs partis dont pas un n'implique contradiction.

9. Mais de dire que Dieu ne peut choisir que le meilleur, et d'en vouloir inférer que ce qu'il ne choisit point est impossible, c'est confondre les termes, la puissance et la volonté, la nécessité métaphysique et la nécessité morale, les essences et les existences. Car ce qui est nécessaire l'est par son essence, puisque l'opposé implique contradiction ; mais le contingent qui existe doit son existence au principe du meilleur, raison suffisante des choses. Et c'est pour cela que je dis que les motifs inclinent sans nécessité et qu'il y a une certitude et infaillibilité, mais non pas une nécessité absolue dans les choses contingentes. Joignez à ceci ce qui se dira plus bas, *Num.* 73 et 76.

10. Et j'ai assez montré dans ma *Théodicée* que cette nécessité morale est heureuse, conforme à la perfection divine ; conforme au grand principe des existences, qui est celui du besoin d'une raison

suffisante ; au lieu que la nécessité absolue et métaphysique dépend de l'autre grand principe de nos raisonnements, qui est celui des essences ; c'est-à-dire celui de l'identité ou de la contradiction ; car ce qui est absolument nécessaire est seul possible entre les partis, et sans contradiction.

11. J'ai fait voir aussi que notre volonté ne suit pas toujours précisément l'entendement pratique, parce qu'elle peut avoir ou trouver des raisons pour suspendre sa résolution jusqu'à une discussion ultérieure.

12. M'imputer après cela une nécessité absolue, sans avoir rien à dire contre les considérations que je viens d'apporter, et qui vont jusqu'au fond des choses, peut-être au delà de ce qui se voit ailleurs, ce sera une obstination déraisonnable.

13. Pour ce qui est de la fatalité, qu'on m'impute aussi, c'est encore une équivoque. Il y a *fatum mahometanum*, *fatum stoicum*, *fatum christianum*. Le destin à la turque veut que les effets arriveraient quand on en éviterait la cause, comme s'il y avait une nécessité absolue. Le destin stoïcien veut qu'on soit tranquille ; parce qu'il faut avoir patience par force, puisqu'on ne saurait regimber contre la suite des choses. Mais on convient qu'il y a *fatum christianum*, une destinée certaine de toutes choses, réglée par la prescience et par la providence de Dieu. *Fatum* est dérivé de *fari* ; c'est-à-dire prononcer, décerner ; et dans le bon sens, il signifie le décret de la providence. Et ceux qui s'y soumettent par la connaissance des perfections divines, dont l'amour de Dieu est une suite (puisqu'il consiste dans le plaisir que donne cette connaissance), ne prennent pas seulement patience comme les philosophes païens, mais ils sont même contents de ce que Dieu ordonne, sachant qu'il fait tout pour le mieux ; et non seulement pour le plus grand bien en général, mais encore pour le plus grand bien particulier de ceux qui l'aiment.

14. J'ai été obligé de m'étendre, pour détruire une bonne fois les imputations mal fondées, comme j'espère de pouvoir le faire par ces explications dans l'esprit des personnes équitables. Maintenant je viendrai à une objection qu'on me fait ici contre la comparaison des poids d'une balance avec les motifs de la volonté. On objecte que la balance est purement passive, est poussée par les poids ; au lieu que les agents intelligents et doués de volonté sont actifs. A cela je réponds que le principe du besoin d'une raison suffisante est commun

aux agents et aux patients. Ils ont besoin d'une raison suffisante de leur action, aussi bien que de leur passion. Non seulement la balance n'agit pas, quand elle est poussée également de part et d'autre ; mais les poids égaux aussi n'agissent point, quand ils sont en équilibre ; de sorte que l'on ne peut descendre, sans que l'autre monte autant.

15. Il faut encore considérer qu'à proprement parler les motifs n'agissent point sur l'esprit comme les poids sur la balance ; mais c'est plutôt l'esprit qui agit en vertu des motifs, qui sont ses dispositions à agir. Ainsi vouloir, comme l'on veut ici, que l'esprit préfère quelquefois les motifs faibles aux plus forts, et même l'indifférent aux motifs, c'est séparer l'esprit des motifs comme s'ils étaient hors de lui, comme le poids est distingué de la balance ; et comme si dans l'esprit il y avait d'autres dispositions pour agir que les motifs, en vertu desquels l'esprit rejetterait les motifs. Au lieu que dans la vérité les motifs comprennent toutes les dispositions que l'esprit peut avoir pour agir volontairement ; car ils ne comprennent pas seulement les raisons, mais encore les inclinations qui viennent des passions ou d'autres impressions précédentes. Ainsi, si l'esprit préférait l'inclination faible à la forte, il agirait contre soi-même, et autrement qu'il est disposé d'agir. Ce qui fait voir que les notions contraires ici aux miennes sont superficielles, et se trouvent n'avoir rien de solide, quand elles sont bien considérées.

16. De dire aussi que l'esprit peut avoir de bonnes raisons pour agir quand il n'a aucuns motifs, et quand les choses sont absolument indifférentes, comme on s'explique ici, c'est une contradiction manifeste ; car s'il a de bonnes raisons pour le parti qu'il prend, les choses ne lui sont point indifférentes.

17. Et de dire qu'on agira quand on a des raisons pour agir, quand même les voies d'agir seraient absolument indifférentes, c'est encore parler fort superficiellement, et d'une manière très insoutenable. Car on n'a jamais une raison suffisante pour agir, quand on n'a pas aussi une raison suffisante pour agir tellement ; toute action étant individuelle, et non générale, ni abstraite de ses circonstances, et ayant besoin de quelque voie pour être effectuée. Donc, quand il y a une raison suffisante pour agir tellement, il y en a aussi pour agir par une telle voie ; et par conséquent les voies ne sont point indifférentes. Toutes les fois qu'on a des raisons suffisantes pour une action singulière, on en a pour ses réquisits. Voyez encore ce qui se dira plus bas, *Num.* 66.

18. Ces raisonnements sautent aux yeux, et il est bien étrange qu'on m'impute que j'avance mon principe du besoin d'une raison suffisante, sans aucune preuve tirée de la nature des choses, ou des perfections divines. Car la nature des choses porte que tout événement ait préalablement ses conditions, réquisits, dispositions convenables, dont l'existence en fait la raison suffisante.

19. Et la perfection de Dieu demande que toutes ses actions soient conformes à sa sagesse, et qu'on ne puisse point lui reprocher d'avoir agi sans raisons, ou même d'avoir préféré une raison plus faible à une raison plus forte.

20. Mais je parlerai plus amplement sur la fin de cet écrit, de la solidité et de l'importance de ce grand principe du besoin d'une raison suffisante pour tout événement, dont le renversement renverserait la meilleure partie de toute la philosophie. Ainsi il est bien étrange qu'on veuille ici qu'en cela je commets une pétition de principe; et il paraît bien qu'on veut soutenir des sentiments insoutenables, puisqu'on est réduit à me refuser ce grand principe, un des plus essentiels de la raison.

Sur les §§ 3 et 4.

21. Il faut avouer que ce grand principe, quoiqu'il ait été reconnu, n'a pas été assez employé. Et c'est en bonne partie la raison pourquoi jusqu'ici la philosophie première a été si peu féconde, et si peu démonstrative. J'en infère, entre autres conséquences, qu'il n'y a point dans la nature deux êtres réels absolus indiscernables; parce que, s'il y en avait, Dieu et la nature agiraient sans raison, en traitant l'un autrement que l'autre; et qu'ainsi Dieu ne produit point deux portions de matières parfaitement égales et semblables. On répond à cette conclusion, sans en réfuter la raison; et on y répond par une objection bien faible : « Cet argument, dit-on, s'il était bon, prou- « verait qu'il serait impossible à Dieu de créer aucune matière; car « les parties de la matière parfaitement solides, étant prises égales « et de la même figure (ce qui est une supposition possible), seraient « exactement faites l'une comme l'autre. » Mais c'est une pétition de principe très manifeste, de supposer cette parfaite convenance, qui selon moi ne saurait être admise. Cette supposition de deux indiscernables, comme de deux portions de matière qui conviennent parfaitement entre elles, paraît possible en termes abstraits; mais

elle n'est point compatible avec l'ordre des choses, ni avec la sagesse divine, où rien n'est admis sans raison. Le vulgaire s'imagine de telles choses, parce qu'il se contente de notions incomplètes. Et c'est un des défauts des atomistes.

22. Outre que je n'admets point dans la matière des portions parfaitement solides, ou qui soient tout d'une pièce, sans aucune variété, ou mouvement particulier dans leurs parties, comme l'on conçoit les prétendus atomes. Poser de tels corps est encore une opinion populaire mal fondée. Selon mes démonstrations, chaque portion de matière est actuellement sous-divisée en parties différemment mues, et pas une ne ressemble entièrement à l'autre.

23. J'avais allégué que, dans les choses sensibles, on n'en trouve jamais deux indiscernables; et que, par exemple, on ne trouvera point deux feuilles dans un jardin, ni deux gouttes d'eau parfaitement semblables. On l'admet à l'égard des feuilles, et peut-être (*perhaps*) à l'égard des gouttes d'eau ; mais on pourrait l'admettre sans *perhaps* (*senza forse*, dirait un Italien), encore dans les gouttes d'eau.

24. Je crois que ces observations générales, qui se trouvent dans les choses sensibles, se trouvent encore à proportion dans les insensibles ; et qu'à cet égard on peut dire, comme disait Arlequin dans l'*Empereur de la Lune*, que c'est tout comme ici. Et c'est un grand préjugé contre les indiscernables, qu'on n'en trouve aucun exemple. Mais on s'oppose à cette conséquence : parce que, dit-on, les corps sensibles sont composés, au lieu qu'on soutient qu'il y en a d'insensibles qui sont simples. Je réponds encore que je n'en accorde point. Il n'y a rien de simple, selon moi, que les véritables monades, qui n'ont point de parties ni d'étendue. Les corps simples, et même les parfaitement similaires, sont une suite de la fausse position du vide et des atomes, ou d'ailleurs de la philosophie paresseuse, qui ne pousse pas assez l'analyse des choses, et s'imagine de pouvoir parvenir aux premiers éléments corporels de la nature, parce que cela contenterait notre imagination.

25. Quand je nie qu'il y ait deux gouttes d'eau entièrement semblables, ou deux autres corps indiscernables, je ne dis point qu'il soit impossible absolument d'en poser, mais que c'est une chose contraire à la sagesse divine, et qui par conséquent n'existe point.

Sur les §§ 5 et 6.

26. J'avoue que si deux choses parfaitement indiscernables existaient, elles seraient deux ; mais la supposition est fausse, et contraire au grand principe de la raison. Les philosophes vulgaires se sont trompés, lorsqu'ils ont cru qu'il y avait des choses différentes *solo numero*, ou seulement parce qu'elles sont deux : et c'est de cette erreur que sont venues leurs perplexités sur ce qu'ils appelaient le principe d'individuation. La métaphysique a été traitée ordinairement en simple doctrine des termes, comme un dictionnaire philosophique, sans venir à la discussion des choses. La philosophie superficielle, comme celle des Atomistes et des Vacuistes, se forge des choses que les raisons supérieures n'admettent point. J'espère que mes démonstrations feront changer de face à la philosophie malgré les faibles contradictions telles qu'on m'oppose ici.

27. Les parties du temps ou du lieu, prises en elles-mêmes, sont des choses idéales ; ainsi elles se ressemblent parfaitement, comme deux unités abstraites. Mais il n'en est pas de même de deux uns concrets, ou de deux temps effectifs, ou deux espaces remplis, c'est-à-dire véritablement actuels.

28. Je ne dis pas que deux points de l'espace sont un même point, ni que deux instants du temps sont un même instant, comme il semble qu'on m'impute ; mais on peut s'imaginer, faute de connaissance, qu'il y a deux instants différents, où il n'y en a qu'un ; comme j'ai remarqué dans l'art. 17 de la précédente réponse, que souvent en géométrie on suppose deux, pour représenter l'erreur d'un contredisant, et on n'en trouve qu'un. Si quelqu'un supposait qu'une ligne droite coupe l'autre en deux points, il se trouvera, au bout du compte, que ces deux points prétendus doivent coïncider, et n'en sauraient faire qu'un.

29. J'ai démontré que l'espace n'est autre chose qu'un ordre de l'existence des choses, qui se remarque dans leur simultanéité. Ainsi la fiction d'un univers matériel fini, qui se promène tout entier dans un espace vide infini, ne saurait être admise. Elle est tout à fait déraisonnable et impraticable. Car, outre qu'il n'y a point d'espace réel hors de l'univers matériel, une telle action serait sans but ; ce serait travailler sans rien faire, *agendo nihil agere*. Il ne se produirait aucun changement observable par qui que ce soit. Ce sont des imaginations des philosophes à notions incomplètes, qui se

font de l'espace une réalité absolue. Les simples mathématiciens, qui ne s'occupent que de jeux de l'imagination, sont capables de se forger de telles notions ; mais elles sont détruites par des raisons supérieures.

30. Absolument parlant, il paraît que Dieu peut faire l'univers matériel fini en extension ; mais le contraire paraît plus conforme à sa sagesse.

31. Je n'accorde point que tout fini est mobile. Selon l'hypothèse même des adversaires, une partie de l'espace, quoique fini, n'est point mobile. Il faut que ce qui est mobile puisse changer de situation par rapport à quelque autre chose, et qu'il puisse arriver un état nouveau discernable du premier ; autrement le changement est une fiction. Ainsi il faut qu'un fini mobile fasse partie d'un autre, afin qu'il puisse arriver un changement observable.

32. Descartes a soutenu que la matière n'a point de bornes, et je ne crois pas qu'on l'ait suffisamment réfuté. Et quand on le lui accorderait, il ne s'ensuit point que la matière serait nécessaire, ni qu'elle ait été de toute éternité, puisque cette diffusion de la matière sans bornes ne serait qu'un effet du choix de Dieu, qui l'aurait trouvé mieux ainsi.

Sur le § 7.

33. Puisque l'espace en soi est une chose idéale comme le temps, il faut bien que l'espace hors du monde soit imaginaire, comme les scholastiques mêmes l'ont bien reconnu. Il en est de même de l'espace vide dans le monde, que je crois encore être imaginaire, par les raisons que j'ai produites.

34. On m'objecte le vide inventé par M. Guérike, de Magdebourg, qui se fait en pompant l'air d'un récipient ; et on prétend qu'il y a véritablement du vide parfait, ou de l'espace sans matière, en partie au moins, dans ce récipient. Les aristotéliciens et les cartésiens, qui n'admettent point le véritable vide, ont répondu à cette expérience de M. Guérike, aussi bien qu'à celle de M. Torricelli, de Florence (qui vidait l'air d'un tuyau de verre par le moyen du mercure), qu'il n'y a point de vide du tout dans le tuyau ou dans le récipient ; puisque le verre a des pores subtils, à travers lesquels les rayons de la lumière, ceux de l'aimant et autres matières très minces peuvent passer. Et je suis de leur sentiment,

trouvant qu'on peut comparer le récipient à une caisse pleine de trous, qui serait dans l'eau, dans laquelle il y aurait des poissons, ou d'autres corps grossiers, lesquels en étant ôtés, la place ne laisserait pas d'être remplie par de l'eau. Il y a seulement cette différence que l'eau, quoiqu'elle soit fluide et plus obéissante que ces corps grossiers, est pourtant aussi pesante et aussi massive, ou même davantage ; au lieu que la matière qui entre dans le récipient à la place de l'air est bien plus mince. Les nouveaux partisans du vide répondent à cette instance que ce n'est pas la grossièreté qui fait de la résistance ; et par conséquent qu'il y a nécessairement plus de vide, où il y a moins de résistance ; on ajoute que la subtilité n'y fait rien, et que les parties du vif-argent sont aussi subtiles et aussi fines que celles de l'eau, et que néanmoins le vif-argent résiste plus de dix fois davantage. A cela je réplique que ce n'est pas tant la quantité de la matière, que la difficulté qu'elle fait de céder, qui fait la résistance. Par exemple, le bois flottant contient moins de matière pesante que l'eau de pareil volume, et néanmoins il résiste plus au bateau que l'eau.

35. Et quant au vif-argent, il contient à la vérité environ quatorze fois plus de matière pesante que l'eau, dans un pareil volume ; mais il ne s'ensuit point qu'il contienne quatorze fois plus de matière absolument. Au contraire, l'eau en contient autant, mais prenant ensemble tant sa propre matière, qui est pesante, qu'une matière étrangère non pesante, qui passe à travers de ses pores. Car tant le vif-argent que l'eau sont des masses de matière pesante, percées à jour, à travers lesquelles passe beaucoup de matière non pesante, et qui ne résiste point sensiblement, comme est apparemment celle de rayons de lumière, et d'autres fluides insensibles, tels que celui surtout qui cause lui-même la pesanteur des corps grossiers, en s'écartant du centre où il les fait aller. Car c'est une étrange fiction que de faire toute la matière pesante, et même vers toute autre matière ; comme si tout corps attirait également tout autre corps selon les masses et les distances ; et cela par une attraction proprement dite, qui ne soit point dérivée d'une impulsion occulte des corps : au lieu que la pesanteur des corps sensibles vers le centre de la terre doit être produite par le mouvement de quelque fluide. Et il en sera de même d'autres pesanteurs, comme de celles des plantes vers le soleil, ou entre elles. Un corps n'est jamais mû naturellement que par un autre corps qui le pousse en le touchant ;

et après cela il continue jusqu'à ce qu'il soit empêché par un autre corps qui le touche. Toute autre opération sur le corps est ou miraculeuse ou imaginaire.

Sur les §§ 8 et 9.

36. Comme j'avais objecté que l'espace, pris pour quelque chose de réel et d'absolu sans les corps, serait une chose éternelle, impassible, indépendante de Dieu, on a tâché d'éluder cette difficulté, en disant que l'espace est une propriété de Dieu. J'ai opposé à cela, dans mon écrit précédent, que la propriété de Dieu est l'immensité; mais que l'espace, qui est souvent commensuré avec les corps, et l'immensité de Dieu, n'est pas la même chose.

37. J'ai encore objecté que, si l'espace est une propriété, et si l'espace infini est l'immensité de Dieu, l'espace fini sera l'étendue ou la mensurabilité de quelque chose finie. Ainsi l'espace occupé par un corps sera l'étendue de ce corps; chose absurde, puisqu'un corps peut changer d'espace, mais qu'il ne peut point quitter son étendue.

38. J'ai encore demandé : si l'espace est une propriété, de quelle chose sera donc la propriété un espace vide borné, tel qu'on s'imagine dans le récipient épuisé d'air ? Il ne paraît point raisonnable de dire que cet espace vide, rond ou carré, soit une propriété de Dieu. Sera-ce donc peut-être la propriété de quelques substances immatérielles, étendues, imaginaires, qu'on se figure, ce semble, dans les espaces imaginaires ?

39. Si l'espace est la propriété ou l'affection de la substance qui est dans l'espace, le même espace sera tantôt l'affection d'un corps, tantôt d'un autre corps ; tantôt d'une substance immatérielle, tantôt peut-être de Dieu, quand il est vide de toute autre substance matérielle ou immatérielle. Mais voilà une étrange propriété ou affection, qui passe de sujet en sujet. Les sujets quitteront ainsi leurs accidents comme un habit, afin que d'autres sujets s'en puissent revêtir. Après cela, comment distinguera-t-on les accidents et les substances ?

40. Que si les espaces bornés qui y sont, et si l'espace infini est la propriété de Dieu, il faut (chose étrange !) que la propriété de Dieu soit composée des affections des créatures ; car tous les espaces finis, pris ensemble, composent l'espace infini.

41. Que si l'on nie que l'espace borné soit une affection des choses bornées, il ne sera pas raisonnable non plus que l'espace infini soit l'affection ou la propriété d'une chose infinie. J'avais insinué toutes ces difficultés dans mon écrit précédent ; mais il ne paraît point qu'on ait tâché d'y satisfaire.

42. J'ai encore d'autres raisons contre l'étrange imagination que l'espace est une propriété de Dieu. Si cela est, l'espace entre dans l'essence de Dieu. Or, l'espace a des parties ; donc il y aurait des parties dans l'essence de Dieu, *spectatum admissi*.

43. De plus, les espaces sont tantôt vides, tantôt remplis ; donc il y aura dans l'essence de Dieu des parties tantôt vides, tantôt remplies, et par conséquent sujettes à un changement perpétuel. Les corps, remplissant l'espace, rempliraient une partie de l'essence de Dieu, et y seraient commensurés ; et dans la supposition du vide, une partie de l'essence de Dieu sera dans le récipient. Ce Dieu à parties ressemblera fort au dieu stoïcien, qui était l'univers tout entier, considéré comme un animal divin.

44. Si l'espace infini est l'immensité de Dieu, le temps infini sera l'éternité de Dieu : il faudra donc dire que ce qui est dans l'espace est dans l'immensité de Dieu, et par conséquent dans son essence ; et que ce qui est dans le temps est dans l'éternité de Dieu. Phrases étranges, et qui font bien connaître qu'on abuse des termes.

45. En voici encore une autre instance. L'immensité de Dieu fait que Dieu est dans tous les espaces. Mais si Dieu est dans l'espace, comment peut-on dire que l'espace est en Dieu, ou qu'il est sa propriété ? On a bien ouï dire que la propriété soit dans le sujet ; mais on n'a jamais ouï dire que le sujet soit dans sa propriété. De même, Dieu existe en chaque temps : comment donc le temps est-il dans Dieu ; et comment peut-il être une propriété de Dieu ? Ce sont des alloglossies perpétuelles.

46. Il paraît qu'on confond l'immensité ou l'étendue des choses avec l'espace selon lequel cette étendue est prise. L'espace infini n'est pas l'immensité de Dieu ; l'espace fini n'est pas l'étendue des corps, comme le temps n'est point la durée. Les choses gardent leur étendue, mais elles ne gardent point toujours leur espace. Chaque chose a sa propre étendue, sa propre durée ; mais elle n'a point son propre temps, et elle ne garde point son propre espace.

47. Voici comment les hommes viennent à se former la notion de l'espace. Ils considèrent que plusieurs choses existent à la fois, et

ils y trouvent un certain ordre de coexistence, suivant lequel le rapport des uns et des autres est plus ou moins simple. C'est leur situation ou distance. Lorsqu'il arrive qu'un de ces coexistents change de ce rapport à une multitude d'autres, sans qu'ils en changent entre eux ; et qu'un nouveau venu acquiert le rapport tel que le premier avait eu à d'autres, on dit qu'il est venu à sa place, et on appelle ce changement un mouvement qui est dans celui où est la cause immédiate du changement. Et quand plusieurs, ou même tous, changeraient selon certaines règles connues de direction et de vitesse, on peut toujours déterminer le rapport de situation que chacun acquiert à chacun ; et même celui que chaque autre aurait ou qu'il aurait à chaque autre, s'il n'avait point changé, ou s'il avait autrement changé. Et supposant et feignant que parmi ces coexistents il y ait un nombre suffisant de quelques-uns, qui n'aient point eu de changement en eux, on dira que ceux qui ont un rapport à ces existents fixes, tel que d'autres avaient auparavant à eux, ont eu la même place que ces derniers avaient eue. Et ce qui comprend toutes ces places est appelé espace. Ce qui fait voir que pour avoir l'idée de la place, et par conséquent de l'espace, il suffit de considérer ces rapports et les règles de leurs changements, sans avoir besoin de se figurer ici aucune réalité absolue hors des choses dont on considère la situation. Et, pour donner une espèce de définition, place est ce qu'on dit être le même à A et à B, quand le rapport de coexistence de B avec C, E, F, G, etc., convient entièrement avec le rapport de coexistence qu'A a eu avec les mêmes ; supposé qu'il n'y ait eu aucune cause de changement dans C, E, F, G, etc. On pourrait dire aussi, sans ecthèse, que place est ce qui est le même en moments différents à des existents, quoique différents, quand leurs rapports de coexistence avec certains existents, qui depuis un de ces moments à l'autre sont supposés fixes, conviennent entièrement. Et existents fixes sont ceux dans lesquels il n'y a point eu de cause du changement de l'ordre de coexistence avec d'autres ; ou (ce qui est le même) dans lesquels il n'y a point eu de mouvement. Enfin, espace est ce qui résulte des places prises ensemble. Et il est bon ici de considérer la différence entre la place, et entre le rapport de situation qui est dans le corps qui occupe la place. Car la place d'A et de B est la même ; au lieu que le rapport d'A aux corps fixes n'est pas précisément et individuellement le même que le rapport que B (qui prendra sa place) aura aux mêmes fixes ; et ces rapports conviennent seulement. Car deux sujets différents, comme A et B, ne sauraient avoir précisément la même affection individuelle; un même accident individuel ne se pouvant point trouver en deux sujets, ni passer de sujet en sujet. Mais l'esprit non content de la convenance cherche une identité, une chose qui soit véritablement la même, et la conçoit comme hors de ces sujets ; et c'est ce qu'on appelle ici place et espace. Cependant cela ne saurait être qu'idéal, contenant un certain ordre où l'esprit conçoit l'application des rapports : comme l'esprit se peut figurer un ordre consistant en lignes généalogiques, dont les grandeurs ne consisteraient que dans le nombre des générations, où chaque personne aurait sa place. Et si l'on ajoutait la fiction de la métempsycose, et si l'on faisait revenir les mêmes âmes humaines, les personnes y pourraient changer de place. Celui qui a été père ou grand-père pourrait devenir fils ou petit-fils, etc. Et cependant ces places, lignes et espaces généalogiques, quoiqu'elles exprimeraient des vérités réelles, ne seraient que choses idéales. Je donnerai encore un exemple de l'usage de l'esprit de se former, à l'occasion des accidents qui sont dans les sujets, quelque chose qui leur réponde hors des sujets. La raison ou proportion entre deux lignes, L et M, peut être conçue de trois façons : comme raison du plus grand L, au moindre M ; comme raison du moindre M, au plus grand L ; et enfin comme quelque chose d'abstrait des deux, c'est-à-dire comme la raison entre L et M, sans considérer lequel est l'antérieur ou le postérieur, le sujet ou l'objet. Et c'est ainsi que les proportions sont considérées dans la musique. Dans la première considération, L le plus grand est le sujet ; dans la seconde, M le moindre est le sujet de cet accident, que les philosophes appellent relation ou rapport. Mais quel en sera le sujet dans le troisième sens? On ne saurait dire que tous les deux, L et M ensemble, soient le sujet d'un tel accident ; car ainsi nous aurions un accident en deux sujets, qui aurait une jambe dans l'un et l'autre dans l'autre ; ce qui est contre la notion des accidents. Donc il faut dire que ce rapport, dans ce troisième sens, est bien hors des sujets ; mais que, n'étant ni substance ni accident, cela doit être une chose purement idéale, dont la considération ne laisse pas d'être utile. Au reste, j'ai fait ici à peu près comme Euclide, qui, ne pouvant pas bien faire entendre absolument ce que c'est que raison prise dans le sens des géomètres, définit bien ce que c'est que mêmes raisons. Et c'est ainsi que, pour expliquer ce que c'est que la place, j'ai voulu définir ce que c'est que la même place. Je remarque enfin que les traces des mobiles, qu'ils laissent quelquefois dans les immobiles sur lesquels ils exercent leur mouvement, ont donné à l'imagination des hommes l'occasion de se former cette idée, comme s'il restait encore quelque trace lors même qu'il n'y a aucune chose immobile ; mais cela n'est qu'idéal, et porte seulement que, s'il y avait là quelque immobile, on l'y pourrait désigner. Et c'est cette analogie qui fait qu'on s'imagine des places, des traces, des espaces, quoique ces choses ne consistent que dans la vérité des rapports, et nullement dans quelque réalité absolue.

48. Au reste, si l'espace vide de corps (qu'on s'imagine) n'est pas vide tout à fait, de quoi est-il donc plein ? Y a-t-il peut-être des esprits étendus ou des substances immatérielles, capables de s'étendre et de se resserrer, qui s'y promènent et qui se pénètrent sans s'incommoder, comme les ombres de deux corps se pénètrent sur la surface d'une muraille ? Je vois revenir les plaisantes imaginations de M. Henri Morus (homme savant et bien intentionné d'ailleurs), et de quelques autres, qui ont cru que ces esprits se peuvent rendre impénétrables quand bon leur semble. Il y en a même eu qui se sont imaginé que l'homme, dans l'état d'intégrité, avait aussi le don de la pénétration ; mais qu'il est devenu solide, opaque et impénétrable par sa chute. N'est-ce pas renverser les notions des choses, donner à Dieu des parties, donner de l'étendue aux esprits ? Le seul principe du besoin de la raison suffisante fait disparaître tous ces spectres d'imagination. Les hommes se font aisément des fictions, faute de bien employer ce grand principe.

Sur le § 10.

49. On ne peut point dire qu'une certaine durée est éternelle ; mais on peut dire que les choses qui durent toujours sont éternelles, en gagnant toujours une durée nouvelle. Tout ce qui existe du temps et de la duration, étant successif, périt continuellement : et comment une chose pourrait-elle exister éternellement, qui, à parler exactement, n'existe jamais ? Car comment pourrait exister une chose, dont jamais aucune partie n'existe ? Du temps n'existent jamais que des instants, et l'instant n'est pas même une partie du temps. Quiconque considérera ces observations comprendra bien que le temps ne saurait être qu'une chose idéale ; et l'analogie du

temps et de l'espace fera bien juger que l'un est aussi idéal que l'autre. Cependant, si en disant que la duration d'une chose est éternelle, on entend seulement que la chose dure éternellement, je n'ai rien à y redire.

50. Si la réalité de l'espace et du temps est nécessaire pour l'immensité et l'éternité de Dieu ; s'il faut que Dieu soit dans des espaces ; si être dans l'espace est une propriété de Dieu ; Dieu sera en quelque façon dépendant du temps et de l'espace, et il en aura besoin. Car l'échappatoire que l'espace et le temps sont en Dieu, et comme des propriétés de Dieu, est déjà fermée. Pourrait-on supporter l'opinion qui soutiendrait que les corps se promènent dans les parties de l'essence divine ?

Sur les § 11 et 12.

51. Comme j'avais objecté que l'espace a des parties, on cherche une autre échappatoire en s'éloignant du sens reçu des termes, et soutenant que l'espace n'a point de parties ; parce que ses parties ne sont point séparables, et ne sauraient être éloignées les unes des autres par discerption. Mais il suffit que l'espace ait des parties, soit que ces parties soient séparables ou non ; et on les peut assigner dans l'espace, soit par les corps qui y sont, soit par les lignes ou surfaces qu'on y peut mener.

Sur le § 13.

52. Pour prouver que l'espace, sans les corps, est quelque réalité absolue, on m'avait objecté que l'univers matériel fini se pourrait promener dans l'espace. J'ai répondu qu'il ne paraît point raisonnable que l'univers matériel soit fini ; et quand on le supposerait, il est déraisonnable qu'il ait du mouvement, autrement qu'en tant que ses parties changent de situation entre elles ; parce qu'un tel mouvement ne produirait aucun changement observable, et serait sans but. Autre chose est quand ses parties changent de situation entre elles ; car alors on y reconnaît un mouvement dans l'espace, mais consistant dans l'ordre des rapports, qui sont changés. On réplique maintenant que la vérité du mouvement est indépendante de l'observation, et qu'un vaisseau peut avancer sans que celui qui est dedans s'en aperçoive. Je réponds que le mouvement est indépendant de l'observation ; mais qu'il n'est point indépendant de l'ob-

servabilité. Il n'y a point de mouvement, quand il n'y a point de changement observable. Et même quand il n'y a point de changement observable, il n'y a point de changement du tout. Le contraire est fondé sur la supposition d'un espace réel absolu, que j'ai réfuté démonstrativement par le principe du besoin d'une raison suffisante des choses.

53. Je ne trouve rien dans la définition huitième des Principes mathématiques de la nature, ni dans le scholie de cette définition, qui prouve, ou puisse prouver la réalité de l'espace en soi. Cependant j'accorde qu'il y a de la différence entre un mouvement absolu véritable d'un corps, et un simple changement relatif de la situation par rapport à un autre corps. Car lorsque la cause immédiate du changement est dans le corps, il est véritablement en mouvement ; et alors la situation des autres, par rapport à lui, sera changée par conséquence, quoique la cause de ce changement ne soit point en eux. Il est vrai qu'à parler exactement, il n'y a point de corps qui soit parfaitement et entièrement en repos ; mais c'est de quoi on fait abstraction, en considérant la chose mathématiquement. Ainsi je n'ai rien laissé sans réponse, de tout ce qu'on a allégué pour la réalité absolue de l'espace. Et j'ai démontré la fausseté de cette réalité, par un principe fondamental des plus raisonnables et des plus éprouvés, contre lequel on ne saurait trouver aucune exception ni instance. Au reste, on peut juger, par tout ce que je viens de dire, que je ne dois point admettre un univers mobile, ni aucune place hors de l'univers matériel.

Sur le § 14.

54. Je ne connais aucune objection, à laquelle je ne croie avoir répondu suffisamment. Et quant à cette objection, que l'espace et le temps sont des quantités, ou plutôt des choses douées de quantité, et que la situation et l'ordre ne le sont point, je réponds que l'ordre a aussi sa quantité ; il a ce qui précède et ce qui suit ; il y a distance ou intervalle. Les choses relatives ont leur quantité, aussi bien que les absolues. Par exemple, les raisons ou proportions dans les mathématiques ont leur quantité, et se mesurent par les logarithmes ; et cependant ce sont des relations. Ainsi, quoique le temps et l'espace consistent en rapports, ils ne laissent pas d'avoir leur quantité.

Sur le § 15.

55. Pour ce qui est de la question, si Dieu a pu créer le monde plus tôt, il faut se bien entendre. Comme j'ai démontré que le temps sans les choses n'est autre chose qu'une simple possibilité idéale, il est manifeste que, si quelqu'un disait que ce même monde qui a été créé effectivement ait sans aucun autre changement pu être créé plus tôt, il ne dira rien d'intelligible. Car il n'y a aucune marque ou différence, par laquelle il serait possible de connaître qu'il eût été créé plus tôt. Ainsi, comme je l'ai déjà dit, supposer que Dieu ait créé le même monde plus tôt, c'est supposer quelque chose de chimérique. C'est faire du temps une chose absolue, indépendante de Dieu, au lieu que le temps doit coexister aux créatures, et ne se conçoit que par l'ordre et la quantité de leurs changements.

56. Mais, absolument parlant, on peut concevoir qu'un univers ait commencé plus tôt qu'il n'a commencé effectivement. Supposons que notre univers, ou quelque autre, soit représenté par la figure

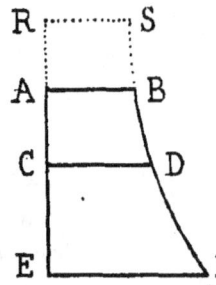

AF, que l'ordonnée AB représente son premier état ; et que les ordonnées CDEF, représentent des états suivants. Je dis qu'on peut concevoir qu'il ait commencé plus tôt en concevant la figure prolongée en arrière, et en y ajoutant RS, AR, BS. Car ainsi, les choses étant augmentées, le temps sera augmenté aussi. Mais si une telle augmentation est raisonnable et conforme à la sagesse de Dieu, c'est une autre question ; et il faut dire non, autrement Dieu l'aurait faite. Ce serait comme

> Humano capiti cervicem pictor equinam
> Jungere si velit.

Il en est de même de la destruction. Comme on pourrait concevoir quelque chose d'ajouté au commencement, on pourrait concevoir de même quelque chose de retranché vers la fin. Mais ce retranchement encore serait déraisonnable.

57. C'est ainsi qu'il paraît comment on doit entendre que Dieu a créé les choses en quel temps il lui a plu ; car cela dépend des choses qu'il a résolu de créer. Mais les choses étant résolues avec leurs rapports, il n'y a plus de choix sur le temps ni sur la place, qui

n'ont rien de réel en eux à part, et rien de déterminant, ou même rien de discernable.

58. On ne peut donc point dire, comme l'on fait ici, que la sagesse de Dieu peut avoir eu de bonnes raisons pour créer ce monde dans un tel temps particulier, ce temps particulier pris sans les choses étant une fiction impossible, et de bonnes raisons d'un choix ne se pouvant point trouver là où tout est indiscernable.

59. Quand je parle de ce monde, j'entends tout l'univers des créatures matérielles et immatérielles prises ensemble, depuis le commencement des choses ; mais si l'on n'entendait que le commencement du monde matériel, et si l'on supposait avant lui des créatures immatérielles, on se mettrait un peu plus à la raison en cela. Car le temps alors, étant marqué par les choses qui existeraient déjà, ne serait plus indifférent ; et il y pourrait avoir du choix. Il est vrai qu'on ne ferait que différer la difficulté. Car, supposant que l'univers entier des créatures immatérielles et matérielles ensemble a commencé, il n'y a plus de choix sur le temps où Dieu le voudrait mettre.

60. Ainsi on ne doit point dire, comme l'on fait ici, que Dieu a créé les choses dans un espace, ou dans un temps particulier, qui lui a plu. Car tous les temps et tous les espaces, en eux-mêmes, étant parfaitement uniformes et indiscernables, l'un ne saurait plaire plus que l'autre.

61. Je ne veux point m'arrêter ici sur mon sentiment expliqué ailleurs, qui porte qu'il n'y a point de substances créées entièrement destituées de matière. Car je tiens avec les anciens et avec la raison que les anges ou les intelligences, et les âmes séparées du corps grossier, ont toujours des corps subtils, quoique elles-mêmes soient incorporelles. La philosophie vulgaire admet aisément toute sorte de fictions ; la mienne est plus sévère.

62. Je ne dis point que la matière et l'espace sont la même chose ; je dis seulement qu'il n'y a point d'espace où il n'y a point de matière ; et que l'espace en lui-même n'est point une réalité absolue. L'espace et la matière diffèrent comme le temps et le mouvement. Cependant ces choses, quoique différentes, se trouvent inséparables.

63. Mais il ne s'ensuit nullement que la matière soit éternelle et nécessaire, sinon en supposant que l'espace est éternel et nécessaire ; supposition mal fondée en toutes manières.

Sur le §§ 16 et 17.

64. Je crois avoir répondu à tout, et j'ai répondu particulièrement à cette objection, qui prétend que l'espace et le temps ont une quantité, et que l'ordre n'en a point. (Voyez ci-dessus, n° 54.)

65. J'ai fait voir clairement que la contradiction est dans l'hypothèse du sentiment opposé, qui cherche une différence là où il n'y en a point. Et ce serait une iniquité manifeste d'en vouloir inférer que j'ai reconnu de la contradiction dans mon propre sentiment.

Sur le § 18.

66. Il revient ici un raisonnement que j'ai déjà détruit ci-dessus, n° 17. On dit que Dieu peut avoir de bonnes raisons pour placer deux cubes parfaitement égaux et semblables ; et alors il faut bien, dit-on, qu'il leur assigne leurs places, quoique tout soit parfaitement égal ; mais la chose ne doit point être détachée de ses circonstances. Ce raisonnement consiste en notions incomplètes. Les résolutions de Dieu ne sont jamais abstraites et imparfaites ; comme si Dieu décernait premièrement à créer les deux cubes, et puis décernait à par où les mettre. Les hommes, bornés comme ils sont, sont capables de procéder ainsi ; ils résoudront quelque chose, et puis ils se trouveront embarrassés sur les moyens, sur les voies, sur les places, sur les circonstances. Dieu ne prend jamais une résolution sur les fins, sans en prendre en même temps sur les moyens et sur toutes les circonstances. Et même j'ai montré, dans la *Théodicée*, qu'à proprement parler il n'y a qu'un seul décret dans l'univers tout entier, par lequel il est résolu de l'admettre de la possibilité à l'existence. Ainsi Dieu ne choisira point de cube, sans choisir sa place en même temps ; et il ne choisira jamais entre des indiscernables.

67. Les parties de l'espace ne sont déterminées et distinguées que par les choses qui y sont : et la diversité des choses dans l'espace détermine Dieu à agir différemment sur différentes parties de l'espace. Mais l'espace pris sans les choses n'a rien de déterminant, et même il n'est rien d'actuel.

68. Si Dieu est résolu de placer un certain cube de matière, il s'est aussi déterminé sur la place de ce cube ; mais c'est par rapport à d'autres portions de matière, et non pas par rapport à l'espace détaché, où il n'y a rien de déterminant.

69. Mais sa sagesse ne permet pas qu'il place en même temps deux cubes parfaitement égaux et semblables : parce qu'il n'y a pas moyen de trouver une raison de leur assigner des places différentes ; il y aurait une volonté sans motif.

70. J'avais comparé une volonté sans motif (telle que des raisonnements superficiels assignent à Dieu) au hasard d'Épicure. On y oppose que le hasard d'Épicure est une nécessité aveugle, et non pas un choix de volonté. Je réplique que le hasard d'Épicure n'est pas une nécessité, mais quelque chose d'indifférent. Épicure l'introduisait exprès, pour éviter la nécessité. Il est vrai que le hasard est aveugle ; mais une volonté sans motif ne serait pas moins aveugle, et ne serait pas moins due au simple hasard.

Sur le § 19.

71. On répète ici ce qui a déjà été réfuté ci-dessus, n° 21, que la matière ne saurait être créée, si Dieu ne choisit point parmi les indiscernables. On aurait raison, si la matière consistait en atomes, en corps similaires, ou autres fictions semblables de la philosophie superficielle ; mais ce même grand principe, qui combat le choix entre les indiscernables, détruit aussi ces fictions mal bâties.

Sur le § 20.

72. On m'avait objecté dans la troisième réplique (n°^{s} 7 et 8) que Dieu n'aurait point en lui un principe d'agir, s'il était déterminé par les choses externes. J'ai répondu que les idées des choses externes sont en lui, et qu'ainsi il est déterminé par des raisons internes, c'est-à-dire par sa sagesse. Maintenant on ne veut point entendre à propos de quoi je l'ai dit.

Sur le § 21.

73. On confond souvent, dans les objections qu'on me fait, ce que Dieu ne veut point, avec ce qu'il ne peut point. (Voy. ci-dessus, n° 9, et plus bas, n° 76.) Par exemple, Dieu peut faire tout ce qui est possible, mais il ne veut faire que le meilleur. Ainsi je ne dis point, comme on m'impute ici, que Dieu ne peut point donner des bornes à l'étendue de la matière ; mais il y a de l'apparence qu'il ne le veut point, et qu'il a trouvé mieux de ne lui en point donner.

74. De l'étendue à la durée, *non valet consequentia*. Quand l'éten-

due de la matière n'aurait point de bornes, il ne s'ensuit point que sa durée n'en ait pas non plus, pas même en arrière, c'est-à-dire qu'elle n'ait point eu de commencement. Si la nature des choses, dans le total est de croître uniformément en perfection, l'univers des créatures doit avoir commencé; ainsi il y aura des raisons pour limiter la durée des choses, quand même il n'y en aurait point pour en limiter l'étendue. De plus, le commencement du monde ne déroge point à l'infinité de la durée *a parte post*, ou dans la suite; mais les bornes de l'univers dérogeraient à l'infinité de son étendue. Ainsi il est plus raisonnable d'en poser un commencement que d'en admettre des bornes; afin de conserver dans l'un et dans l'autre le caractère d'un auteur infini.

75. Cependant ceux qui ont admis l'éternité du monde, ou du moins, comme ont fait des théologiens célèbres, la possibilité de l'éternité du monde, n'ont point nié pour cela sa dépendance de Dieu, comme on le leur impute ici sans fondement.

Sur les §§ 22 et 23.

76. On m'objecte encore ici, sans fondement, que, selon moi, tout ce que Dieu peut faire, doit être fait nécessairement. Comme si l'on ignorait que j'ai réfuté cela solidement dans la *Théodicée*, et que j'ai renversé l'opinion de ceux qui soutiennent qu'il n'y a rien de possible que ce qui arrive effectivement; comme ont fait déjà quelques anciens philosophes, et entre autres Diodore chez Cicéron. On confond la nécessité morale, qui vient du choix du meilleur, avec la nécessité absolue; on confond la volonté avec la puissance de Dieu. Il peut produire tout possible ou ce qui n'implique point de contradiction : mais il veut produire le meilleur entre les possibles. Voyez ce que j'ai dit ci-dessus, n° 9 et n° 74.

77. Dieu n'est donc point un agent nécessaire en produisant les créatures, puisqu'il agit par choix. Cependant ce qu'on ajoute ici est mal fondé, qu'un agent nécessaire ne serait point un agent. On prononce souvent hardiment et sans fondement, en avançant contre moi des thèses qu'on ne saurait prouver.

Sur le §§ 24-28.

78. On s'excuse de n'avoir point dit que l'espace est le *sensorium* de Dieu, mais seulement comme son *sensorium*. Il semble que l'un est aussi peu convenable et aussi peu intelligible que l'autre.

Sur le § 29.

79. L'espace n'est pas la place de toute chose, car il n'est pas la place de Dieu ; autrement voilà une chose coéternelle à Dieu, et indépendante de lui, et même de laquelle il dépendrait s'il a besoin de place.

80. Je ne vois pas aussi comment on peut dire que l'espace est la place des idées ; car les idées sont dans l'entendement.

81. Il est fort étrange aussi de dire que l'âme de l'homme est l'âme des images. Les images qui sont l'entendement sont dans l'esprit ; mais s'il était l'âme des images, elles seraient hors de lui. Que si l'on entend des images corporelles, comment veut-on que notre esprit en soit l'âme, puisque ce ne sont que des impressions passagères dans les corps dont il est l'âme ?

82. Si Dieu sent ce qui se passe dans le monde, par le moyen d'un *sensorium*, il semble que les choses agissent sur lui, et qu'ainsi il est comme on conçoit l'âme du monde. On m'impute de répéter les objections, sans prendre connaissance des réponses ; mais je ne vois point qu'on ait satisfait à cette difficulté ; on ferait mieux de renoncer tout à fait à ce *sensorium* prétendu.

Sur le § 30.

83. On parle comme si l'on n'entendait point comment, selon moi, l'âme est un principe présentatif, c'est-à-dire comme si l'on n'avait jamais ouï parler de mon harmonie préétablie.

84. Je ne demeure point d'accord des notions vulgaires, comme si les images des choses étaient transportées (*conveyed*) par les organes jusqu'à l'âme. Car il n'est point concevable par quelle ouverture ou par quelle voiture ce transport des images depuis l'organe jusque dans l'âme se peut faire. Cette notion de la philosophie vulgaire n'est point intelligible, comme les nouveaux cartésiens l'ont assez montré. L'on ne saurait expliquer comment la substance immatérielle est affectée par la matière : et soutenir une chose non intelligible là-dessus, c'est recourir à la notion scholastique chimérique de je ne sais quelles espèces intentionnelles inexplicables, qui passent des organes dans l'âme. Ces cartésiens ont vu la difficulté, mais ils ne l'ont point résolue : ils ont eu recours à un concours de Dieu tout particulier, qui serait miraculeux en effet ; mais je crois avoir donné la véritable solution de cette énigme.

85. De dire que Dieu discerne les choses qui se passent, parce qu'il est présent aux substances, et non pas par la dépendance que la continuation de leur existence a de lui, et qu'on peut dire envelopper une production continuelle : c'est dire des choses non intelligibles. La simple présence, ou la proximité de coexistence ne suffit point pour entendre comment ce qui se passe dans un être doit répondre à ce qui se passe dans un autre être.

86. Par après, c'est donner justement dans la doctrine, qui fait de Dieu l'âme du monde, puisqu'on le fait sentir les choses non pas par la dépendance qu'elles ont de lui, c'est-à-dire par la production continuelle de ce qu'il y a de bon et de parfait en elles, mais par une manière de sentiment ; comme l'on s'imagine que notre âme sent ce qui se passe dans le corps. C'est bien dégrader la connaissance divine.

87. Dans la vérité des choses, cette manière de sentir est entièrement chimérique, et n'a pas même lieu dans les âmes. Elles sentent ce qui se passe hors d'elles, par ce qui se passe en elles, répondant aux choses de dehors ; en vertu de l'harmonie que Dieu a préétablie par la plus belle et la plus admirable de toutes ses productions, qui fait que chaque substance simple en vertu de sa nature est, pour ainsi dire, une concentration et un miroir vivant de tout l'univers suivant son point de vue. Ce qui est encore une des plus belles et des plus incontestables preuves de l'existence de Dieu ; puisqu'il n'y a que Dieu, c'est-à-dire la cause commune, qui puisse faire cette harmonie des choses. Mais Dieu même ne peut sentir les choses par le moyen par lequel il les fait sentir aux autres. Il les sent, parce qu'il est capable de produire ce moyen ; et il ne les ferait point sentir aux autres, s'il ne les produisait lui-même toutes consentantes ; et s'il n'avait ainsi en soi leur représentation, non comme venant d'elles, mais parce qu'elles viennent de lui, et parce qu'il en est la cause efficiente et exemplaire. Il les sent, parce qu'elles viennent de lui, s'il est permis de dire qu'il les sent, ce qui ne doit qu'en dépouillant le terme de son imperfection, qui semble signifier qu'elles agissent sur lui. Elles sont, et lui sont connues, parce qu'il les entend et veut ; et parce que ce qu'il veut est autant que ce qui existe. Ce qui paraît d'autant plus, parce qu'il les fait sentir les unes aux autres ; et qu'il les fait sentir mutuellement par la suite des natures qu'il leur a données une fois pour toutes, et qu'il ne fait qu'entretenir souvent les lois de chacune à part ; lesquelles, bien que diffé-

rentes, aboutissent à une correspondance exacte des résultats. Ce qui passe toutes les idées qu'on a eues vulgairement de la perfection divine et des ouvrages de Dieu, et les élève au plus haut degré, comme M. Bayle a bien reconnu, quoiqu'il ait cru sans sujet que cela passe le possible.

88. Ce serait bien abuser du texte de la sainte Écriture, suivant lequel Dieu se repose de ses ouvrages, que d'en inférer qu'il n'y a plus de production continuée. Il est vrai qu'il n'y a point de production de substances simples nouvelles ; mais on aurait tort d'en inférer que Dieu n'est maintenant dans le monde que comme l'on conçoit que l'âme est dans le corps, en le gouvernant seulement par sa présence, sans un concours nécessaire pour lui faire continuer son existence.

Sur le § 31.

89. L'harmonie ou correspondance entre l'âme et le corps n'est pas un miracle perpétuel, mais l'effet ou la suite d'un miracle primigène fait dans la création des choses, comme sont toutes les choses naturelles. Il est vrai que c'est une merveille perpétuelle comme sont beaucoup de choses naturelles.

90. Le mot d'harmonie préétablie est un terme de l'art, je l'avoue ; mais non pas un terme qui n'explique rien, puisqu'il est expliqué fort intelligiblement, et qu'on n'oppose rien qui marque qu'il y ait de la difficulté.

91. Comme la nature de chaque substance simple, âme ou véritable monade, est telle, que son état suivant est une conséquence de son état précédent ; voilà la cause de l'harmonie toute trouvée. Car Dieu n'a qu'à faire que la substance simple soit une fois et d'abord une représentation de l'univers, selon son point de vue : puisque de cela seul il suit qu'elle le sera perpétuellement, et que toutes les substances simples auront toujours une harmonie entre elles, parce qu'elles représentent toujours le même univers.

Sur le § 32.

92. Il est vrai que, selon moi, l'âme ne trouble point les lois du corps, ni le corps celles de l'âme, et qu'ils s'accordent seulement, l'une agissant librement, suivant les règles des causes finales, et l'autre agissant machinalement, suivant les lois des causes efficientes. Mais cela ne déroge point à la liberté de nos âmes, comme

on le prétend ici. Car tout agent qui agit suivant les causes finales est libre, quoiqu'il arrive qu'il s'accorde avec celui qui n'agit que par des causes efficientes sans connaissance ou par machine; parce que Dieu, prévoyant ce que la cause libre ferait, a réglé d'abord sa machine en sorte qu'elle ne puisse manquer de s'y accorder. M. Jaquelot a fort bien résolu cette difficulté dans un de ses livres contre M. Bayle; et j'en ai cité le passage dans la *Théodicée*, part. 1, § 63. J'en parlerai encore plus bas, n° 124.

Sur le § 33.

93. Je n'admets point que toute action donne une nouvelle force à ce qui pâtit. Il arrive souvent dans le concours des corps que chacun garde sa force; comme lorsque deux corps durs égaux concourent directement. Alors la seule direction est changée, sans qu'il y ait du changement dans la force; chacun des corps prenant la direction de l'autre, et retournant avec la même vitesse qu'il avait déjà eue.

94. Cependant je n'ai garde de dire qu'il soit surnaturel de donner une nouvelle force à un corps; car je reconnais qu'un corps reçoit souvent une nouvelle force d'un autre corps, qui en perd autant de la sienne. Mais je dis seulement qu'il est surnaturel que tout l'univers des corps reçoive une nouvelle force; et ainsi qu'un corps gagne de la force, sans que d'autres en perdent autant. C'est pourquoi je dis aussi qu'il est insoutenable que l'âme donne de la force au corps; car alors tout l'univers des corps recevrait une nouvelle force.

95. Le dilemme qu'on fait ici est mal fondé, parce que, selon moi, il faut ou que l'homme agisse surnaturellement, ou que l'homme soit une pure machine comme une montre. Car l'homme n'agit point surnaturellement, et son corps est véritablement une machine, et n'agit que machinalement; mais son âme ne laisse pas d'être une cause libre.

Sur les §§ 34 et 35.

96. Je me remets aussi à ce qui a été ou sera dit dans ce présent écrit, n°s 82, 86 et 111, touchant la comparaison entre Dieu et l'âme du monde; et comment le sentiment qu'on oppose au mien fait trop approcher l'un à l'autre.

Sur le § 36.

97. Je me rapporte aussi à ce que je viens de dire touchant l'harmonie entre l'âme et le corps, n°s 89 et suiv.

Sur le § 37.

98. On me dit que l'âme n'est pas dans le cerveau, mais dans le *sensorium*, sans dire ce que c'est que ce *sensorium*. Mais supposé que ce *sensorium* soit étendu, comme je crois qu'on l'entend, c'est toujours la même difficulté; et la question revient si l'âme est diffuse par tout cet étendu, quelque grand ou quelque petit qu'il soit ; car le plus ou moins de grandeur n'y fait rien.

Sur le § 38.

99. Je n'entreprends pas ici d'établir ma dynamique, ou ma doctrine des forces ; ce lieu n'y serait point propre. Cependant je puis fort bien répondre à l'objection qu'on me fait ici. J'avais soutenu que les forces actives se conservent en ce monde. On m'objecte que deux corps mous, ou non élastiques, concourant entre eux, perdent de leur force. Je réponds que non. Il est vrai que les touts la perdent par rapport à leur mouvement total ; mais les parties la reçoivent, étant agitées intérieurement par la force du concours. Ainsi ce défaut n'arrive qu'en apparence. Les forces ne sont détruites, mais dissipées parmi les parties menues. Ce n'est pas les perdre, mais c'est faire comme font ceux qui changent la grosse monnaie en petite. Je demeure cependant d'accord que la quantité du mouvement ne demeure point la même, et en cela j'approuve ce qui se dit, page 341 de l'Optique de M. Newton, qu'on cite ici. Mais j'ai montré ailleurs qu'il y a de la différence entre la quantité du mouvement et la quantité de la force.

Sur le § 39.

100. On m'avait soutenu que la force décroissait naturellement dans l'univers corporel, et que cela venait de la dépendance des choses (troisième réplique sur les §§ 13 et 14). J'avais demandé, dans ma troisième réponse, qu'on prouvât que ce défaut est une suite de la dépendance des choses. On esquive de satisfaire à ma

demande, en se jetant sur un incident, et en niant que ce soit un défaut; mais que ce soit un défaut ou non, il fallait prouver que c'est une suite de la dépendance des choses.

101. Cependant il faut bien que ce qui rendrait la machine du monde aussi imparfaite que celle d'un mauvais horloger soit un défaut.

102. On dit maintenant que c'est une suite de l'inertie de la matière; mais c'est ce qu'on ne prouvera pas non plus. Cette inertie mise en avant, et nommée par Képler, et répétée par Descartes dans ses *Lettres*, et que j'ai employée dans la *Théodicée*, pour donner une image et en même temps un échantillon de l'imperfection naturelle des créatures, fait seulement que les vitesses sont diminuées quand les matières sont augmentées; mais c'est sans aucune diminution des forces.

Sur le § 40.

103. J'avais soutenu que la dépendance de la machine du monde d'un auteur divin est plutôt cause que ce défaut n'y est point; que l'ouvrage n'a pas besoin d'être redressé; qu'il n'est point sujet à se détraquer; et enfin, qu'il ne saurait diminuer en perfection. Je donne maintenant à deviner aux gens comment on peut inférer contre moi, comme on fait ici, qu'il faut, si cela est, que le monde matériel soit infini et éternel, sans aucun commencement; et que Dieu doit toujours avoir créé autant d'hommes et d'autres espèces qu'il est possible d'en créer.

Sur le § 41.

104. Je ne dis point que l'espace est un ordre ou une situation qui rend les choses situables; ce serait parler galimatias. On n'a qu'à considérer mes propres paroles, et les joindre à ce que je viens de dire ci-dessus, n° 47, pour montrer comment l'esprit vient à se former l'idée de l'espace, sans qu'il faille qu'il y ait un être réel et absolu qui y réponde, hors de l'esprit et hors des rapports. Je ne dis donc point que l'espace est un ordre ou une situation, mais un ordre des situations, ou selon lequel les situations sont rangées, et que l'espace abstrait est cet ordre des situations, conçues comme possibles. Ainsi c'est quelque chose d'idéal. Mais il semble qu'on ne me veut point entendre. J'ai répondu déjà ici, n° 54, à l'objection qui prétend qu'un ordre n'est point capable de quantité.

105. On objecte ici que le temps ne saurait être un ordre des choses successives, parce que la quantité du temps peut devenir plus grande ou plus petite, l'ordre des successions demeurant le même. Je réponds que cela n'est point ; car si le temps est plus grand, il y aura plus d'états successifs interposés ; et s'il est plus petit, il y en aura moins, puisqu'il n'y a point de vide ni de condensation ou de pénétration, pour ainsi dire, dans les temps, non plus que dans les lieux.

106. Je soutiens que, sans les créatures, l'immensité et l'éternité de Dieu ne laisseraient pas de subsister, mais sans aucune dépendance ni des temps, ni des lieux. S'il n'y avait point de créatures, il n'y aurait ni temps, ni lieux ; et par conséquent point d'espace actuel. L'immensité de Dieu est indépendante de l'espace, comme l'éternité de Dieu est indépendante du temps. Elles portent seulement à l'égard de ces deux ordres de choses, que Dieu serait présent et coexistant à toutes les choses qui existeraient. Ainsi je n'admets point ce qu'on avance ici, que si Dieu seul existait, il y aurait temps et espace, comme à présent. Au lieu qu'alors, à mon avis, ils ne seraient que dans les idées, comme des simples possibilités. L'immensité et l'éternité de Dieu sont quelque chose de plus éminent que la durée et l'étendue des créatures, non seulement par rapport à la grandeur, mais encore par rapport à la nature de la chose. Ces attributs divins n'ont pas besoin de choses hors de Dieu, comme sont les lieux et les temps actuels. Ces vérités ont été assez reconnues par les théologiens et par les philosophes.

Sur le § 42.

107. J'avais soutenu que l'opération de Dieu, par laquelle il redresserait la machine du monde corporel, prête par sa nature (à ce qu'on prétend) à tomber dans le repos, serait un miracle. On a répondu que ce ne serait point une opération miraculeuse, parce qu'elle serait ordinaire, et doit arriver assez souvent. J'ai répliqué que ce n'est pas l'usuel ou le non-usuel, qui fait le miracle proprement dit, ou de la grande espèce, mais de surpasser les forces des créatures ; et que c'est le sentiment des théologiens et des philosophes. Et qu'ainsi on m'accorde, au moins, que ce qu'on introduit, et que je désapprouve, est un miracle de la plus grande espèce, suivant la notion reçue, c'est-à-dire qui surpasse les forces créées ; et

que c'est justement ce que tout le monde tâche d'éviter en philosophie. On me répond maintenant que c'est appeler de la raison à l'opinion vulgaire. Mais je réplique encore que cette opinion vulgaire, suivant laquelle il faut éviter en philosophant, autant qu'il se peut, ce qui surpasse les natures des créatures, est très raisonnable. Autrement rien ne sera si aisé que de rendre raison de tout, en faisant survenir une divinité, *Deum ex machina*, sans se soucier des natures des choses.

108. D'ailleurs, le sentiment commun des théologiens ne doit pas être traité simplement en opinion vulgaire. Il faut de grandes raisons pour qu'on ose y contrevenir, et je n'en vois aucune ici.

109. Il semble qu'on s'écarte de sa propre notion, qui demandait que le miracle soit rare, en me reprochant, quoique sans fondement, sur le § 31, que l'harmonie préétablie serait un miracle perpétuel; si ce n'est qu'on ait voulu raisonner contre moi *ad hominem*.

Sur le § 43.

110. Si le miracle ne diffère du naturel que dans l'apparence et par rapport à nous, en sorte que nous appelions seulement miracle ce que nous observons rarement, il n'y aura point de différence interne réelle entre le miracle et le naturel; et, dans le fond des choses, tout sera également naturel, ou tout sera également miraculeux. Les théologiens auront-ils raison de s'accommoder du premier, et les philosophes du second?

111. Cela n'ira-t-il pas encore à faire de Dieu l'âme du monde, si toutes ses opérations sont naturelles, comme celles que l'âme exerce dans le corps? Ainsi Dieu sera une partie de la nature.

112. En bonne philosophie, et en saine théologie, il faut distinguer entre ce qui est explicable par les natures et les forces des créatures, et ce qui n'est explicable que par les forces de la substance infinie. Il faut mettre une distance infinie entre l'opération de Dieu qui va au delà des forces des natures, et entre les opérations des choses qui suivent les lois que Dieu leur a données, et qu'il les a rendues capables de suivre par leurs natures, quoique avec son assistance.

113. C'est par là que tombent les attractions proprement dites, et autres opérations inexplicables par les natures des créatures, qu'il faut faire effectuer par miracle, ou recourir aux absurdités, c'est-à-

dire aux qualités occultes scholastiques, qu'on commence à nous débiter sous le spécieux nom de forces, mais qui nous ramènent dans le royaume des ténèbres. C'est, *inventa fruge, glandibus vesci*.

114. Du temps de M. Boyle, et d'autres excellents hommes qui florissaient en Angleterre sous les commencements de Charles II, on n'aurait pas osé nous débiter des notions si creuses. J'espère que ce beau temps reviendra sous un aussi bon gouvernement que celui d'à présent, et que les esprits un peu trop divertis par le malheur des temps retourneront à mieux cultiver les connaissances solides. Le capital de M. Boyle était d'inculquer que tout se faisait mécaniquement dans la physique. Mais c'est un malheur des hommes de se dégoûter enfin de la raison même, et de s'ennuyer de la lumière. Les chimères commencent à revenir et plaisent, parce qu'elles ont quelque chose de merveilleux. Il arrive dans le pays philosophique ce qui est arrivé dans le pays poétique. On s'est lassé des romans raisonnables, tels que la *Clélie française*, ou l'*Armène allemande* ; et on est revenu depuis quelque temps aux contes des fées.

115. Quant aux mouvements des corps célestes, et, plus encore, quant à la formation des plantes et des animaux, il n'y a rien qui tienne du miracle, excepté le commencement de ces choses. L'organisme des animaux est un mécanisme qui suppose une préformation divine ; ce qui en suit est purement naturel et tout à fait mécanique.

116. Tout ce qui se fait dans le corps de l'homme, et de tout animal, est aussi mécanique que ce qui se fait dans une montre. La différence est seulement telle qu'elle doit être entre une machine d'une invention divine, et entre la production d'un ouvrier aussi borné que l'homme.

Sur le § 44.

117. Il n'y a point de difficulté chez les théologiens, sur les miracles des anges ; il ne s'agit que de l'usage du mot. On pourra dire que les anges font des miracles, mais moins proprement dits ou d'un ordre inférieur. Disputer là-dessus serait une question de nom. On pourra dire que cet ange, qui transportait Habacuc par les airs, qui remuait le lac de Bethzaïda, faisait un miracle ; mais ce n'était pas un miracle du premier rang, car il est explicable par les forces naturelles des anges, supérieures aux nôtres.

Sur le § 45.

118. J'avais objecté qu'une attraction proprement dite, ou à la scholastique, serait une opération en distance, sans moyen. On répond ici qu'une attraction sans moyen serait une contradiction. Fort bien ; mais comment l'entend-on donc, quand on veut que le soleil, au travers d'un espace vide, attire le globe de la terre? Est-ce Dieu qui sert de moyen? Mais ce serait un miracle s'il y en a jamais eu ; cela surpasserait les forces des créatures.

119. Ou sont-ce peut-être quelques substances immatérielles, ou quelques rayons spirituels, ou quelque accident sans substance, quelque espèce, comme intentionnelle ; ou quelque autre je ne sais quoi, qui doit faire ce moyen prétendu? choses dont il semble qu'on a encore bonne provision en tête sans assez les expliquer.

120. Ce moyen de communication est, dit-on, invisible, intangible, non mécanique. On pouvait ajouter avec le même droit, inexplicable, non intelligible, précaire, sans fondement, sans exemple.

121. Mais il est régulier, dit-on, il est constant, et par conséquent naturel. Je réponds qu'il ne saurait être régulier sans être raisonnable ; et qu'il ne saurait être naturel, sans être explicable par les natures des créatures.

122. Si ce moyen, qui fait une véritable attraction, est constant, et en même temps inexplicable par les forces des créatures, et s'il est véritable avec cela, c'est un miracle perpétuel ; et s'il n'est pas miraculeux, il est faux. C'est une chose chimérique ; une qualité occulte scholastique.

123. Il serait comme le cas d'un corps allant en rond, sans s'écarter par la tangente, quoique rien d'explicable ne l'empêchât de le faire. Exemple que j'ai déjà allégué, et auquel on n'a pas trouvé à propos de répondre ; parce qu'il montre trop clairement la différence entre le véritable naturel d'un côté, et entre la qualité occulte chimérique des écoles de l'autre côté.

Sur le § 4e.

124. Les forces naturelles des corps sont toutes soumises aux lois mécaniques, et les forces naturelles des esprits sont toutes soumises aux lois morales. Les premières suivent l'ordre des causes efficientes, et les secondes suivent l'ordre des causes finales. Les premières

opèrent sans liberté, comme une montre ; les secondes sont exercées avec liberté, quoiqu'elles s'accordent exactement avec cette espèce de montre, qu'une autre cause libre supérieure a accommodée avec elles par avance. J'en ai déjà parlé, n° 92.

125. Je finis par un point qu'on m'a opposé au commencement de ce quatrième écrit, où j'ai déjà répondu ci-dessus, n°s 18, 19, 20. Mais je me suis réservé d'en dire encore davantage en concluant. On a prétendu d'abord que je commets une pétition de principe ; mais de quel principe, je vous en prie ? Plût à Dieu qu'on n'eût jamais supposé des principes moins clairs ! Ce principe est celui du besoin d'une raison suffisante, pour qu'une chose existe, qu'un événement arrive, qu'une vérité ait lieu. Est-ce un principe qui a besoin de preuves ? On me l'avait même accordé ou fait semblant de l'accorder, au second numéro du troisième écrit : peut-être parce qu'il aurait paru trop choquant de le nier ; mais ou l'on ne l'a fait qu'en paroles, ou l'on se contredit, ou l'on se rétracte.

126. J'ose dire que, sans ce grand principe, on ne saurait venir à la preuve de l'existence de Dieu, ni rendre raison de plusieurs autres vérités importantes.

127. Tout le monde ne s'en est-il point servi en mille occasions ? Il est vrai qu'on l'a oublié par négligence en beaucoup d'autres ; mais c'est là justement l'origine des chimères ; comme, par exemple, d'un temps ou d'un espace absolu réel, du vide, des atomes, d'une attraction à la scholastique, de l'influence physique entre l'âme et le corps, et de mille autres fictions, tant de celles qui sont restées de la fausse persuasion des anciens, que de celles qu'on a inventées depuis peu.

128. N'est-ce pas à cause de la violation de ce grand principe que les anciens se sont déjà moqués de la déclinaison sans sujet des atomes d'Épicure ? Et j'ose dire que l'attraction à la scholastique, qu'on renouvelle aujourd'hui et dont on ne se moquait pas moins il y a trente ans ou environ, n'a rien de plus raisonnable.

129. J'ai souvent défié les gens de m'apporter une instance contre ce grand principe, un exemple non contesté, où il manque ; mais on ne l'a jamais fait, et on ne le fera jamais. Cependant il y a une infinité d'exemples où il réussit ; ou plutôt il réussit dans tous les cas connus où il est employé. Ce qui doit faire juger raisonnablement qu'il réussira encore dans les cas inconnus, ou qui ne deviendront connus que par son moyen, suivant la maxime de la philosophie

expérimentale, qui procède *a posteriori;* quand même il ne serait point d'ailleurs justifié par la pure raison ou *a priori.*

130. Me nier ce grand principe, c'est faire encore d'ailleurs comme Épicure, réduit à nier cet autre grand principe, qui est celui de la contradiction ; savoir que toute énonciation intelligible doit être vraie ou fausse. Chrisippe s'amusait à le prouver contre Épicure ; mais je ne crois pas avoir besoin de l'imiter, quoique j'aie déjà dit ci-dessus ce qui peut justifier le mien, et quoique je puisse dire encore quelque chose là-dessus, mais qui serait peut-être trop profond pour convenir à cette présente contestation. Et je crois que des personnes raisonnables et impartiales m'accorderont que d'avoir réduit son adversaire à nier ce principe, c'est l'avoir mené *ad absurdum.*

Cinquième réplique de M. Clarke.

Comme un discours diffus n'est pas une marque d'un esprit clair, ni un moyen propre à donner des idées claires aux lecteurs, je tâcherai de répondre à ce cinquième écrit d'une manière distincte, et en aussi peu de mots qu'il me sera possible.

1-20. Il n'y a aucune ressemblance entre une balance mise en mouvement par des poids ou par une impulsion, et un esprit qui se meut, ou qui agit, par la considération de certains motifs. Voici en quoi consiste la différence. La balance est entièrement passive, et par conséquent sujette à une nécessité absolue : au lieu que l'esprit non seulement reçoit une impression, mais encore agit, ce qui fait l'essence de la liberté. Supposer que lorsque différentes manières d'agir paraissent également bonnes, elles ôtent entièrement à l'esprit le pouvoir d'agir, comme les poids égaux empêchent nécessairement une balance de se mouvoir, c'est nier qu'un esprit ait en lui-même un principe d'action, et confondre le pouvoir d'agir avec l'impression que les motifs font sur l'esprit, en quoi il est tout à fait passif. Le motif, ou la chose que l'esprit considère, et qu'il a en vue, est quelque chose d'externe. L'impression que ce motif fait sur l'esprit est la qualité perceptive dans laquelle l'esprit est passif. Faire quelque chose après, ou en vertu de cette perception, est la faculté de se mouvoir de soi-même ou d'agir. Dans tous les agents animés, c'est la spontanéité ; et dans les agents intelligents, c'est proprement ce que nous appelons liberté. L'erreur où l'on tombe sur cette matière vient de ce qu'on ne distingue pas soigneusement ces deux choses, de ce que l'on confond le motif avec le principe d'action, de ce que l'on prétend que l'esprit n'a point d'autre principe d'action que le motif, quoique l'esprit soit tout à fait passif en recevant l'impression du motif. Cette doctrine fait croire que l'esprit n'est pas plus actif que le serait une balance, si elle avait d'ailleurs la faculté d'apercevoir les choses : ce que l'on ne peut dire sans renverser entièrement l'idée de la liberté. Une balance poussée des deux côtés par une force égale ou pressée des deux côtés par des poids égaux ne peut avoir aucun mouvement. Et supposé que cette balance reçoive la faculté d'apercevoir en sorte qu'elle sache qu'il lui est impossible de se mouvoir, ou qu'elle se fasse illusion, en s'imaginant qu'elle se meut elle-même, quoiqu'elle n'ait qu'un mouvement communiqué ; elle se trouverait précisément dans le même état, où le savant auteur suppose que se trouve un agent libre, dans tous les cas d'une indifférence absolue. Voici en quoi consiste la fausseté de l'argument dont il s'agit ici. La balance, faute d'avoir en elle-même un principe d'action, ne peut se mouvoir lorsque les poids sont égaux ; mais un agent libre, lorsqu'il se présente deux ou plusieurs manières d'agir également raisonnables et parfaitement semblables, conserve encore en lui-même le pouvoir d'agir parce qu'il a la faculté de se mouvoir. De plus, cet agent libre peut avoir de très bonnes et de très fortes raisons, pour ne pas s'abstenir entièrement d'agir ; quoique peut-être il n'y ait aucune raison qui puisse déterminer qu'une certaine manière d'agir vaut mieux qu'une autre. On ne peut donc soutenir que, supposé que deux différentes manières de placer certaines particules de matière fussent également bonnes et raisonnables, Dieu ne pourrait absolument, ni conformément à sa sagesse, les placer d'aucune de ces deux manières, faute d'une raison suffisante, qui pût le déterminer à choisir l'une préférablement à l'autre : on ne peut, dis-je, soutenir une telle chose, sans faire Dieu un être purement passif ; et par conséquent il ne serait point Dieu ou le gouverneur du monde. Et quand on nie la possibilité de cette supposition, savoir, qu'il peut y avoir deux parties égales de matière, dont la situation peut être également bien transposée, on n'en saurait alléguer d'autre raison que cette pétition de principe ; savoir, qu'en ce cas-là ce que le savant auteur dit d'une raison suffisante ne serait pas bien fondé. Car, sans cela, comment peut-on dire qu'il est impossible que Dieu puisse avoir de bonnes raisons pour créer plusieurs particules de matière parfaitement semblables en différents lieux de l'univers ? Et en ce cas-là, puisque les parties de l'espace sont semblables, il est évident que, si Dieu n'a point donné à ces parties de matière des situations différentes dès le commencement, il n'a pu en avoir d'autre raison que sa seule volonté. Cependant on ne peut pas dire avec raison qu'une telle volonté est une volonté sans aucun motif; car les bonnes raisons que Dieu peut avoir de créer plusieurs particules de matière parfaitement semblables doivent par conséquent lui servir de motif pour choisir (ce qu'une balance ne saurait faire) l'une des deux choses absolument indifférentes ; c'est-à-dire pour mettre ces particules dans une certaine situation, quoiqu'une situation tout à fait contraire eût été également bonne.

La nécessité, dans les questions philosophiques, signifie toujours une nécessité absolue. La nécessité hypothétique et la nécessité morale, ne sont que des manières de parler figurées ; et à la rigueur philosophique, elles ne sont point une nécessité. Il ne s'agit pas de savoir si une chose doit être, lorsque l'on suppose qu'elle est, ou qu'elle sera : c'est ce qu'on appelle une nécessité hypothétique. Il ne s'agit pas non plus de savoir s'il est vrai qu'un être bon, et qui continue d'être bon, ne saurait faire le mal ; ou si un être sage ne saurait agir d'une matière contraire à la sagesse ; ou si une personne qui aime la vérité, et qui continue de l'aimer, peut dire un mensonge ; c'est ce que l'on appelle une nécessité morale. Mais la véritable et la seule question philosophique touchant la liberté consiste à savoir si la cause ou le principe immédiat et physique de l'action est réellement dans celui que nous appelons l'agent ; ou si c'est quelque autre raison suffisante qui est la véritable cause de l'action, en agissant sur l'agent, et en faisant qu'il ne soit pas un véritable agent, mais un simple patient. On peut remarquer ici en passant que le savant auteur contredit sa propre hypothèse, lorsqu'il dit que la volonté ne suit pas toujours exactement l'entendement pratique, parce qu'elle peut quelquefois trouver des raisons exactement pour suspendre sa résolution. Car ces raisons-là ne sont-elles pas le dernier jugement de l'entendement pratique ?

24-25. S'il est possible que Dieu produise, ou qu'il ait produit deux portions de matière parfaitement semblables, de sorte que le changement de leur situation serait une chose indifférente ? Ce que le savant auteur dit d'une raison suffisante ne prouve rien. En répondant à ceci, il ne dit pas, comme il le devrait dire, qu'il est impossible que Dieu fasse deux portions de matière tout à fait semblables, mais que sa sagesse ne lui permet pas de le faire. Comment fait-il cela ? Pourra-t-il prouver qu'il n'est pas possible que Dieu puisse avoir de bonnes raisons pour créer plusieurs parties de matière parfaitement semblables en différents lieux de l'univers? La seule preuve qu'il allègue est qu'il n'y aurait aucune raison suffisante qui pût déterminer la volonté de Dieu à mettre une de ces parties de matière dans une situation plutôt que dans une autre. Mais si Dieu peut avoir plusieurs bonnes raisons (on ne saurait prouver le contraire), si Dieu, dis-je, peut avoir plusieurs bonnes raisons pour créer plusieurs parties de matière tout à fait semblables, l'indifférence de leur situation suffira-t-elle pour en rendre la création impossible, ou contraire à sa sagesse ? Il me semble que c'est formellement supposer ce qui est en question. On n'a point répondu à un autre argument de la même nature, que j'ai fondé sur l'indifférence absolue de la première détermination particulière du mouvement au commencement du monde.

26-32. Il semble qu'il y ait ici plusieurs contradictions. On reconnaît que deux choses tout à fait semblables seraient véritablement deux choses ; et nonobstant cet aveu, on continue de dire qu'elles n'auraient pas le principe d'individuation ; et dans le quatrième écrit, § 6, on assure positivement qu'elles ne seraient qu'une même chose sous deux noms. Quoique l'on reconnaisse que ma supposition est possible, on ne veut pas me permettre de faire cette supposition. On avoue que les parties du temps et de l'espace sont parfaitement semblables en elles-mêmes ; mais on nie cette ressemblance lorsqu'il y a des corps dans ces parties. On compare les différentes parties de l'espace qui coexistent, et les différentes parties successives du temps, à une ligne droite, qui coupe une autre ligne droite en deux points coïncidents, qui ne sont qu'un seul point. On soutient que l'espace n'est que l'ordre des choses qui coexistent; et cependant on avoue que le monde matériel peut être borné ; d'où il s'ensuit qu'il faut nécessairement qu'il y ait un espace vide au delà du monde. On reconnaît que Dieu pouvait donner des bornes à l'univers ; et, après avoir fait cet aveu, on ne laisse pas de dire que cette supposition est non seulement déraisonnable et sans but, mais encore une fiction impossible ; et l'on assure qu'il n'y a aucune raison possible qui puisse limiter la quantité de la matière. On soutient que le mouvement de l'univers tout entier ne produirait aucun changement; et cependant on ne répond pas à ce que j'avais dit, qu'une augmentation ou une cessation subite du mouvement du tout causerait un choc sensible à toutes les parties. Et il n'est pas moins évident qu'un mouvement circulaire du tout produirait une force centrifuge dans toutes les parties. J'ai dit que le monde matériel doit être mobile, si le tout est borné ; on le nie, parce que les parties de l'espace sont immobiles dont le tout est infini et existe nécessairement. On soutient que le mouvement renferme nécessairement un changement relatif de situation dans un corps par rapport à d'autres corps ; et cependant on ne fournit aucun moyen d'éviter cette conséquence absurde, savoir, que la mobilité d'un corps dépend de l'existence d'autres corps ; et que si un corps existait seul, il serait incapable de mouvement ; ou que les parties d'un corps qui circule (du soleil par exemple) perdraient la force centrifuge qui naît de leur mouvement circulaire, si toute la matière extérieure qui les environne était annihilée. Enfin, on soutient que l'infinité de la matière est l'effet de la volonté de Dieu ; et cependant on approuve la doctrine de Descartes, comme si elle était incontestable, quoique tout le monde sache que le seul fondement sur lequel ce philosophe l'a établie est cette supposition : Que la matière était nécessairement infinie, puisque l'on ne saurait la supposer finie sans contradiction. Voici ses propres termes : *Puto implicare contradictionem, ut mundus sit finitus.* Si cela est vrai, Dieu n'a jamais pu limiter la quantité de la matière ; et par conséquent il n'en est point le créateur, et il ne peut la détruire.

Il me semble que le savant auteur n'est jamais d'accord avec lui-même dans tout ce qu'il dit touchant la matière et l'espace. Car tantôt il combat le vide, ou l'espace destitué de matière, comme s'il était absolument impossible (l'espace et la matière étant inséparables) ; et cependant il reconnaît souvent que la quantité de la matière dans l'univers dépend de la volonté de Dieu.

33, 34, 35. Pour prouver qu'il y a du vide, j'ai dit que certains espaces ne font point de résistance. Le savant auteur répond que ces espaces sont remplis d'une matière qui n'a point de pesanteur. Mais l'argument n'était pas fondé sur la pesanteur ; il était fondé sur la résistance, qui doit être proportionnée à la quantité de la matière, soit que la matière ait de la pesanteur ou qu'elle n'en ait pas.

Pour prévenir cette réplique, l'auteur dit que la résistance ne vient pas tant de la quantité de la matière que de la difficulté qu'elle a à céder ; mais cet argument est tout à fait hors d'œuvre ; parce que la question dont il s'agit ne regarde que les corps fluides qui ont peu de ténacité, ou qui n'en ont point du tout, comme l'eau et le vif-argent, dont les parties n'ont de la peine à céder qu'à proportion de la quantité de matière qu'elles contiennent. L'exemple que l'on tire du bois flottant, qui contient moins de matière pesante qu'un égal volume d'eau, et qui ne laisse pas de faire une plus grande résistance; cet exemple, dis-je, n'est rien moins que philosophique. Car un égal volume d'eau renfermée dans un vaisseau, ou gelée et flottante, fait une plus grande résistance que le bois flottant ; parce qu'alors la résistance est causée par le volume entier de l'eau. Mais lorsque l'eau se trouve en liberté et dans son état de fluidité, la résistance n'est pas causée par toute la masse du volume égal d'eau, mais seulement par une partie de cette masse ; de sorte qu'il n'est pas surprenant que dans ce cas l'eau semble faire moins de résistance que le bois.

36, 37, 38. L'auteur ne paraît pas raisonner sérieusement dans cette partie de son écrit. Il se contente de donner un faux jour à l'idée de l'immensité de Dieu, qui n'est pas une *Intelligentia supramundana (semota a nostris rebus sejunctaque longe)*, et qui n'est pas loin de chacun de nous; car en lui nous avons la vie, le mouvement et l'être.

L'espace occupé par un corps n'est pas l'étendue de ce corps; mais le corps étendu existe dans cet espace.

Il n'y a aucun espace borné; mais notre imagination considère dans l'espace, qui n'a point de bornes, et qui n'en peut avoir, telle partie ou telle quantité qu'elle juge à propos d'y considérer.

L'espace n'est pas une affection d'un ou de plusieurs corps, ou d'aucun être borné, et il ne passe point d'un sujet à un autre; mais il est toujours, et sans variation, l'immensité d'un être immense, qui ne cesse jamais d'être le même.

Les espaces bornés ne sont point des propriétés des substances bornées; ils ne sont que des parties de l'espace infini dans lesquelles les substances bornées existent.

Si la matière était infinie, l'espace infini ne serait pas plus une propriété de ce corps infini, que les espaces finis sont des propriétés des corps finis. Mais, en ce cas, la matière infinie serait dans l'espace infini, comme les corps finis y sont présentement.

L'immensité n'est pas moins essentielle à Dieu que son éternité. Les parties de l'immensité étant tout à fait différentes des parties matérielles, séparables, divisibles et mobiles, d'où naît la corruptibilité, elles n'empêchent pas l'immensité d'être essentiellement simple ; comme les parties de la durée n'empêchent pas que la même simplicité ne soit essentielle à l'éternité.

Dieu lui-même n'est sujet à aucun changement par la diversité et les changements des choses, qui ont la vie, le mouvement et l'être en lui.

Cette doctrine, qui paraît si étrange à l'auteur, est la doctrine formelle de saint Paul et la voix de la nature et de la raison.

Dieu n'existe point dans l'espace ni dans le temps ; mais son existence est la cause de l'espace et du temps. Et lorsque nous disons, conformément au langage du vulgaire, que Dieu existe dans tout l'espace et dans tout le temps, nous voulons dire seulement qu'il est partout et qu'il est éternel : c'est-à-dire que l'espace infini et le temps sont des suites nécessaires de son existence ; et non que l'espace et le temps sont des êtres distincts de lui, dans lesquels il existe.

J'ai fait voir ci-dessus, sur le § 40, que l'espace borné n'est pas l'étendue des corps. Et l'on n'a aussi qu'à comparer les deux sections suivantes (47 et 48) avec ce que j'ai déjà dit.

48, 50, 51. Il me semble que ce que l'on trouve ici n'est qu'une chicane sur des mots. Pour ce qui est de la question touchant les parties de l'espace, voyez ci-dessus, Réplique III, § 3, et Réplique IV, § 11.

52 et 53. L'argument dont je me suis servi ici pour faire voir que l'espace est réellement indépendant des corps est fondé sur ce qu'il est possible que le monde matériel soit borné et mobile. Le savant auteur ne devait donc pas se contenter de répliquer qu'il ne croit pas que la sagesse de Dieu lui ait pu permettre de donner des bornes à l'univers, et de le rendre capable de mouvement. Il faut que l'auteur soutienne qu'il était impossible que Dieu fît un monde borné et mobile ; ou qu'il reconnaisse la force de mon argument, fondé sur ce qu'il est possible que le monde soit borné et mobile. L'auteur ne devait pas non plus se contenter de répéter ce qu'il avait avancé : savoir, que le mouvement d'un monde borné ne serait rien, et que, faute d'autres corps avec lesquels on pût les comparer, il ne produirait aucun changement sensible. Je dis que l'auteur ne devait pas se contenter de répéter cela, à moins qu'il ne fût en état de réfuter ce que j'avais dit d'un fort grand changement qui arri-

verait dans le cas proposé : savoir, que les parties recevraient un choc sensible par une soudaine augmentation du mouvement du tout, ou par la cessation de ce même mouvement. On n'a pas entrepris de répondre à cela.

53. Comme le savant auteur est obligé de reconnaître ici qu'il y a de la différence entre le mouvement absolu et le mouvement relatif, il me semble qu'il s'ensuit de là nécessairement que l'espace est une chose tout à fait différente de la situation ou de l'ordre des corps. C'est de quoi les lecteurs pourront juger, en comparant ce que l'auteur dit ici avec ce que l'on trouve dans les Principes de M. le chevalier Newton, lib. I, Defin. 8.

54. J'avais dit que le temps et l'espace étaient des quantités; ce qu'on ne peut pas dire de la situation et de l'ordre. On réplique à cela que l'ordre a sa quantité; qu'il y a dans l'ordre quelque chose qui précède et quelque chose qui suit; qu'il y a une distance ou un intervalle. Je réponds que ce qui précède et ce qui suit constituent la situation ou l'ordre : mais la distance, l'intervalle, ou la quantité du temps et de l'espace, dans lequel une chose suit une autre, est une chose tout à fait distincte de la situation ou de l'ordre, et elle ne constitue aucune quantité de situation ou d'ordre. La situation ou l'ordre peuvent être les mêmes lorsque la quantité du temps et de l'espace, qui intervient, se trouve fort différente. Le savant auteur ajoute que les raisons et les proportions ont leur quantité; et que, par conséquent, le temps et l'espace peuvent aussi avoir la leur, quoiqu'ils ne soient que des relations. Je réponds premièrement que, s'il était vrai que quelques sortes de relations (comme par exemple les raisons ou les proportions) fussent des quantités, il ne s'ensuivrait pourtant pas que la situation et l'ordre, qui sont des relations d'une nature tout à fait différente, seraient aussi des quantités. Secondement, les proportions ne sont pas des quantités, mais des proportions de quantités. Si elles étaient des quantités, elles seraient des quantités de quantités, ce qui est absurde. J'ajoute que si elles étaient des quantités, elles augmenteraient toujours par l'addition comme toutes les autres quantités. Mais l'addition de la proportion de 1 à 1, à la proportion de 1 à 1, ne fait pas plus que la proportion de 1 à 1, et l'addition de la proportion de $\frac{1}{2}$ à 1, à la proportion de 1 à 1, ne fait pas la proportion de $1\frac{1}{2}$ à 1, mais seulemeut la proportion de $\frac{1}{2}$ à 1. Ce que les mathméaticiens appellent quelque-

fois, avec peu d'exactitude, la quantité de la proportion, n'est, à parler proprement, que la quantité de la grandeur relative ou comparative d'une chose par rapport à une autre ; et la proportion n'est pas la grandeur comparative même, mais la comparaison ou le rapport d'une grandeur à une autre. La proportion de 6 à 1, par rapport à celle de 3 à 1, n'est pas une double quantité de proportion, mais la proportion d'une double quantité. Et en général, ce que l'on dit avoir une plus grande ou plus petite proportion n'est pas avoir une plus grande ou plus petite quantité de proportion ou de rapport, mais avoir une plus grande ou plus petite quantité à une autre. Ce n'est pas une plus grande ou plus petite comparaison, mais la comparaison d'une plus grande ou plus petite quantité. L'expression logarithmique d'une proportion n'est pas (comme le savant auteur le dit) la mesure, mais seulement l'indice ou le signe artificiel de la proportion. Cet indice ne désigne pas une quantité de la proportion ; il marque seulement combien de fois une proportion est répétée ou compliquée. Le logarithme de la proportion d'égalité est 0, ce qui n'empêche pas que ce ne soit une proportion aussi réelle qu'aucune autre ; et lorsque le logarithme est négatif, comme 1, la proportion, dont il est le signe ou l'indice, ne laisse pas d'être affirmative. La proportion doublée ou triplée ne désigne pas une double ou triple quantité de proportion ; elle marque seulement combien de fois la proportion est répétée. Si l'on triple une fois quelque grandeur ou quelque quantité, cela produit une grandeur ou une quantité, laquelle, par rapport à la première, a la proportion de 3 à 1. Si on triple une seconde fois, cela ne produit pas une double quantité de proportion, mais une grandeur ou une quantité, laquelle par rapport à la première a la proportion (que l'on appelle doublée) de 9 à 1. Si on triple une troisième fois, cela ne produit pas une triple quantité de proportion, mais une grandeur ou une quantité, laquelle par rapport à la première a la proportion (que l'on appelle triplée) de 27 à 1 ; et ainsi du reste. Troisièmement, le temps et l'espace ne sont point du tout de la nature des proportions, mais de la nature des quantités absolues, auxquelles les proportions conviennent. Par exemple, la proportion de 12 à 1 est une proportion beaucoup plus grande que celle de 2 à 1 ; et cependant une seule et même quantité peut avoir la proportion de 12 à 1, par rapport à une chose, et en même temps la proportion de 2 à 1, par rapport à une autre. C'est ainsi que l'espace d'un jour a une beaucoup plus grande proportion à une heure, qu'à la moitié d'un jour ; et cependant nonobstant ces deux proportions, il continue d'être la même quantité de temps sans aucune variation. Il est donc certain que le temps (et l'espace aussi par la même raison) n'est pas de la nature des proportions, mais de la nature des quantités absolues et invariables, qui ont des proportions différentes. Le sentiment du savant auteur sera donc encore, de son propre aveu, une contradiction ; à moins qu'il ne fasse voir la fausseté de ce raisonnement.

55-63. Il me semble que tout ce que l'on trouve ici est une contradiction manifeste. Les savants en pourront juger. On suppose formellement, dans un endroit, que Dieu aurait pu créer l'univers plus tôt ou plus tard. Et ailleurs on dit que ces termes mêmes (plus tôt et plus tard) sont des termes inintelligibles, et des suppositions impossibles. On trouve de semblables contradictions dans ce que l'auteur dit touchant l'espace dans lequel la matière subsiste. Voyez ci-dessus, sur le § 26-32.

64 et 65. Voyez ci-dessus, § 54.

66-70. Voyez ci-dessus, § 1-20 et § 24-25. J'ajouterai seulement ici que l'auteur, en comparant la volonté de Dieu au hasard d'Épicure lorsque entre plusieurs manières d'agir également bonnes elle en choisit une, compare ensemble deux choses, qui sont aussi différentes que deux choses le puissent être ; puisque Épicure ne reconnaissait aucune volonté, aucune intelligence, aucun principe actif dans la formation de l'univers.

71. Voyez ci-dessus, § 21-25.

72. Voyez ci-dessus, § 1-20.

73, 74, 75. Quand on considère si l'espace est indépendant de la matière, et si l'univers peut être borné et mobile (voyez ci-dessus, § 1-20 et § 26-32), il ne s'agit pas de la sagesse ou de la volonté de Dieu, mais de la nature absolue et nécessaire des choses. Si l'univers peut être borné et mobile par la volonté de Dieu, ce que le savant auteur est obligé d'accorder ici, quoiqu'il dise continuellement que c'est une supposition impossible, il s'ensuit évidemment que l'espace dans lequel ce mouvement se fait est indépendant de la matière. Mais si, au contraire, l'univers ne peut être borné et mobile, et si l'espace ne peut être indépendant de la matière, il s'ensuit évidemment que Dieu ne peut, ni ne pouvait donner des bornes à la matière ; et par conséquent l'univers doit être non seulement sans bornes, mais encore éternel, tant à *parte ante* qu'à *parte post*, nécessairement et indépendamment de la volonté de Dieu. Car l'opinion de ceux qui soutiennent que le monde pourrait avoir existé de toute éternité, par la volonté de Dieu, qui exerçait sa puissance éternelle ; cette opinion, dis-je, n'a aucun rapport à la matière dont il s'agit ici.

76 et 77. Voyez ci-dessus, § 73, 74, 75 et § 1-20 ; et ci-dessous, § 103.

78. On ne trouve ici aucune nouvelle objection. J'ai fait voir amplement, dans les écrits précédents, que la comparaison dont M. le chevalier Newton s'est servi, et que l'on attaque ici, est juste et intelligible.

79-82. Tout ce que l'on objecte ici dans la section 79, et dans la suivante, est une pure chicane sur des mots. L'existence de Dieu, comme je l'ai déjà dit plusieurs fois, est la cause de l'espace ; et toutes les autres choses existent dans cet espace. Il s'ensuit donc que l'espace est aussi le lieu des idées ; parce qu'il est le lieu des substances mêmes, qui ont des idées dans leur entendement.

J'avais dit, par voie de comparaison, que le sentiment de l'auteur était aussi déraisonnable que si quelqu'un soutenait que l'âme humaine est l'âme des images des choses qu'elle aperçoit. Le savant auteur raisonne là-dessus en plaisantant, comme si j'avais assuré que ce fût mon propre sentiment.

Dieu aperçoit tout, non par le moyen d'un organe, mais parce qu'il est lui-même actuellement présent partout. L'espace universel est donc le lieu où il aperçoit les choses. J'ai fait voir amplement ci-dessus ce que l'on doit entendre par le mot de *sensorium*, et ce que c'est que l'âme du monde. C'est trop que de demander qu'on abandonne la conséquence d'un argument, sans faire aucune nouvelle objection contre les prémisses.

83-88 et 89, 90, 91. J'avoue que je n'entends point ce que l'auteur dit, lorsqu'il avance que l'âme est un principe représentatif ; que chaque substance simple est par sa propre nature une concentration et un miroir vivant de tout l'univers ; qu'elle est une représentation de l'univers, selon son point de vue ; et que toutes les substances simples auront toujours une harmonie entre elles, parce qu'elles représentent toujours le même univers.

Pour ce qui est de l'harmonie préétablie, en vertu de laquelle on prétend que les affections de l'âme, et les mouvements mécaniques du corps, s'accordent sans aucune influence mutuelle, voyez ci-dessous sur le § 110-116.

J'ai supposé que les images des choses sont portées par les organes des sens dans le sensorium, où l'âme les aperçoit. On soutient que c'est une chose inintelligible ; mais on n'en donne aucune preuve.

Touchant cette question, savoir si une substance immatérielle agit sur une substance matérielle, ou si celle-ci agit sur l'autre, voyez ci-dessous, § 110-116.

Dire que Dieu aperçoit et connaît toutes choses, non par sa présence actuelle, mais parce qu'il les produit continuellement de nouveau ; ce sentiment, dis-je, est une pure fiction des scholastiques, sans aucun fondement.

Pour ce qui est de l'objection, qui porte que Dieu serait l'âme du monde, j'y ai répondu amplement ci-dessus, Réplique II, § 12, et Réplique IV, § 32.

92. L'auteur suppose que tous les mouvements de nos corps sont nécessaires et produits par une simple impulsion mécanique de la matière, tout à fait indépendante de l'âme ; mais je ne saurais m'empêcher de croire que cette doctrine conduit à la nécessité et au destin. Elle tend à faire croire que les hommes ne sont que de pures machines (comme Descartes s'était imaginé que les bêtes n'avaient point d'âmes) ; en détruisant tous les arguments fondés sur les phénomènes, c'est-à-dire sur les actions des hommes, dont on se sert pour prouver qu'ils ont des âmes, et qu'ils ne sont pas des êtres purement matériels. Voyez ci-dessous, sur § 110-116.

93, 94, 95. J'avais dit que chaque action consiste à donner une nouvelle force aux choses, qui reçoivent quelque impression. On répond à cela que deux corps durs et égaux, poussés l'un contre l'autre, rejaillissent avec la même force ; et que par conséquent leur action réciproque ne donne point une nouvelle force. Il suffirait de répliquer qu'aucun de ces deux corps ne rejaillit avec sa propre force ; que chacun d'eux perd sa propre force, et qu'il est repoussé avec une nouvelle force communiquée par le ressort de l'autre : car si ces deux corps n'ont point de ressort, ils ne rejailliront pas Mais il est certain que toutes les communications de mouvement purement mécaniques ne sont pas une action, à parler proprement ; elles ne sont qu'une simple passion, tant dans les corps qui poussent que dans ceux qui sont poussés. L'action est le commencement d'un mouvement qui n'existait point auparavant, produit par un principe de vie ou d'activité : et si Dieu ou l'homme, ou quelque agent vivant ou actif, agit sur quelque partie du monde matériel, si tout n'est pas un simple mécanisme, il faut qu'il y ait une augmentation et une diminution continuelle de toute la quantité du mouvement qui est dans l'univers. Mais c'est ce que le savant auteur nie en plusieurs endroits.

96, 97. Il se contente ici de renvoyer à ce qu'il a dit ailleurs. Je ferai aussi la même chose.

98. L'âme est une substance qui remplit le sensorium, ou le lieu dans lequel elle aperçoit les images des choses, qui y sont portées ; il ne s'ensuit point de là qu'elle doit être composée de parties semblables à celles de la matière (car les parties de la matière sont des substances distinctes et indépendantes l'une de l'autre) ; mais l'âme tout entière voit, entend et pense, comme étant essentiellement un seul être individuel.

99. Pour faire voir que les forces actives qui sont dans le monde, c'est-à-dire la quantité du mouvement ou la force impulsive communiquée aux corps ; pour faire voir, dis-je, que ces forces actives ne diminuent point naturellement, le savant auteur soutient que deux corps mous et sans ressort, se rencontrant avec des forces égales et contraires, perdent chacun tout leur mouvement, parce que ce mouvement est communiqué aux petites parties dont ils sont composés. Mais lorsque deux corps tout à fait durs et sans ressort perdent tout leur mouvement en se rencontrant, il s'agit de savoir ce que devient ce mouvement, ou cette force active et impulsive ? Il ne saurait être dispersé parmi les parties de ces corps, parce que ces parties ne sont susceptibles d'aucun trémoussement, faute de ressort. Et si l'on nie que ces corps doivent perdre leur mouvement total, je réponds qu'en ce cas-là il s'ensuivra que les corps durs et élastiques rejailliront avec une double force ; savoir, avec la force qui résulte du ressort et de plus avec toute la force directe et primitive, ou du moins avec une partie de cette force ; ce qui est contraire à l'expérience.

Enfin, l'auteur ayant considéré la démonstration de M. Newton, que j'ai citée ci-dessus, est obligé de reconnaître que la quantité du mouvement dans le monde n'est pas toujours la même ; et il a recours à un autre subterfuge, en disant que le mouvement et la force ne sont pas toujours les mêmes en quantité. Mais ceci est aussi contraire à l'expérience. Car la force dont il s'agit ici n'est pas cette force de la matière, qu'on appelle *vis inertiæ*, laquelle continue effectivement d'être toujours la même, pendant que la quantité de la matière est la même ; mais la force dont nous parlons ici est la force active, impulsive et relative, qui est toujours proportionnée à la quantité du mouvement relatif. C'est ce qui paraît constamment par l'expérience, à moins que l'on ne tombe dans quelque erreur faute de bien supputer et de déduire la force contraire, qui naît de la résistance que les fluides font au corps, de quelque manière que ceux-ci se puissent mouvoir, et de l'action contraire et continuelle de la gravitation sur les corps jetés en haut.

100, 101, 102. J'ai fait voir, dans la dernière section, que la force active, selon la définition que j'en ai donnée, diminue continuellement et naturellement dans le monde matériel. Il est évident que ce n'est pas un défaut, parce que ce n'est qu'une suite de l'inactivité de la matière. Car cette inactivité est non seulement la cause, comme l'auteur le remarque, de la diminution de la vitesse, à mesure que la quantité de la matière augmente (ce qui à la vérité n'est point une diminution de la quantité du mouvement) ; mais elle est aussi la cause pourquoi des corps solides, parfaitement durs et sans ressort, se rencontrant avec des forces égales et contraires, perdent tout leur mouvement et toute leur force active, comme je l'ai montré ci-dessus ; et par conséquent ils ont besoin de quelque autre cause pour recevoir un nouveau mouvement.

103. J'ai fait voir amplement, dans mes écrits précédents, qu'il n'y a aucun défaut dans les choses dont on parle ici. Car pourquoi Dieu n'aurait-il pas eu la liberté de faire un monde, qui continuerait dans l'état où il est présentement, aussi longtemps ou aussi peu de temps qu'il le jugerait à propos, et qui serait ensuite changé, et recevrait telle forme qu'il voudrait lui donner, par un changement sage et convenable, mais qui peut-être serait tout à fait au-dessus des lois du mécanisme ? L'auteur soutient que l'univers ne peut diminuer en perfection : qu'il n'y a aucune raison qui puisse borner la quantité de la matière ; que les perfections de Dieu l'obligent à produire toujours autant de matière qu'il lui est possible ; et qu'un monde borné est une fiction impraticable. J'ai inféré de cette doctrine que le monde doit être nécessairement infini et éternel ; c'est aux savants à juger si cette conséquence est bien fondée.

104. L'auteur dit à présent que l'espace n'est pas un ordre ou une situation, mais un ordre de situations. Ce qui n'empêche pas que la même objection ne subsiste toujours : savoir, qu'un ordre de situations n'est pas une quantité, comme l'espace l'est. L'auteur renvoie

donc à la section 54, où il croit avoir prouvé que l'ordre est une quantité. Et moi je renvoie à ce que j'ai dit sur cette section dans ce dernier écrit, où je crois avoir prouvé que l'ordre n'est pas une quantité. Ce que l'auteur dit aussi touchant le temps renferme évidemment cette absurdité : savoir, que le temps n'est que l'ordre des choses successives ; et que cependant il ne laisse pas d'être une véritable quantité ; parce qu'il est non seulement l'ordre des choses successives, mais aussi la quantité de la durée qui intervient entre chacune des choses particulières qui se succèdent dans cet ordre. Ce qui est une contradiction manifeste.

Dire que l'immensité ne signifie pas un espace sans bornes, et que l'éternité ne signifie pas une durée ou un temps sans commencement, sans fin, c'est (ce me semble) soutenir que les mots n'ont aucune signification. Au lieu de raisonner sur cet article, l'auteur nous renvoie à ce que certains théologiens et philosophes (qui étaient de son sentiment) ont pensé sur cette matière. Mais ce n'est pas là de quoi il s'agit entre lui et moi.

107, 108, 109. J'ai dit que, parmi les choses possibles, il n'y en a aucune qui soit plus miraculeuse qu'une autre, par rapport à Dieu ; et que par conséquent le miracle ne consiste dans aucune difficulté qui se trouve dans la nature d'une chose qui doit être faite, mais qu'il consiste simplement en ce que Dieu le fait rarement. Le mot de nature et ceux de forces de la nature, de cours de la nature, etc., sont des mots qui signifient simplement qu'une chose arrive ordinairement ou fréquemment. Lorsqu'un corps humain réduit en poudre est ressuscité, nous disons que c'est un miracle : lorsqu'un corps humain est engendré de la manière ordinaire, nous disons que c'est une chose naturelle ; et cette distinction est uniquement fondée sur ce que la puissance de Dieu produit l'une de ces deux choses ordinairement, et l'autre rarement. Si le soleil (ou la terre) est arrêté soudainement, nous disons que c'est un miracle ; et le mouvement continuel du soleil (ou de la terre) nous paraît une chose ordinaire et l'autre extraordinaire. Si les hommes sortaient ordinairement du tombeau, comme le blé sort de la semence, nous dirions certainement que ce serait aussi une chose naturelle : et si le soleil (ou la terre) était toujours immobile, cela nous paraîtrait naturel ; et en ce cas là nous regarderions le mouvement du soleil (ou de la terre) comme une chose miraculeuse. Le savant auteur ne dit rien contre ces raisons (ces grandes raisons, comme il les appelle), qui sont si évidentes. Il se contente de nous renvoyer encore aux manières de parler ordinaires de certains philosophes et de certains théologiens ; mais, comme je l'ai déjà remarqué ci-dessus, ce n'est pas là de quoi il s'agit entre l'auteur et moi.

110, 116. Il est surprenant que, sur une matière qui doit être décidée par la raison et non par l'autorité, on nous renvoie encore à l'opinion de certains philosophes et théologiens. Mais, pour ne pas insister sur cela, que veut dire le savant auteur par une différence réelle et interne entre ce qui est miraculeux et ce qui ne l'est pas ; ou entre des opérations naturelles et non naturelles, absolument, et par rapport à Dieu ? Croit-il qu'il y ait en Dieu deux principes d'action différents et réellement distincts, ou qu'une chose soit plus difficile à Dieu qu'une autre ? S'il ne le croit pas, il s'ensuit, ou que les mots d'action de Dieu naturelle et surnaturelle sont des termes dont la signification est uniquement relative aux hommes ; parce que nous avons accoutumé de dire qu'un effet ordinaire de la puissance de Dieu est une chose naturelle, et qu'un effet extraordinaire de cette même puissance est une chose surnaturelle (ce qu'on appelle les forces de la nature n'étant véritablement qu'un mot sans aucun sens), ou bien il s'ensuit que, par une action de Dieu surnaturelle, il faut entendre ce que Dieu fait lui-même immédiatement ; et par une action de Dieu naturelle, ce qu'il fait par intervention des causes secondes. L'auteur se déclare ouvertement, dans cette partie de son écrit, contre la première de ces deux distinctions ; et il rejette formellement la seconde dans la section 117, où il reconnaît que les anges peuvent faire de véritables miracles. Cependant je ne crois pas que l'on puisse inventer une troisième distinction sur la matière dont il s'agit ici.

Il est tout à fait déraisonnable d'appeler l'attraction un miracle, et de dire que c'est un terme qui ne doit pas entrer dans la philosophie, quoique nous ayons si souvent déclaré, d'une manière distincte et formelle, qu'en nous servant de ce terme nous ne prétendons pas exprimer la cause qui fait que les corps tendent l'un vers l'autre ; mais seulement l'effet de cette cause, ou le phénomène même, et les lois ou les proportions selon lesquelles les corps tendent l'un vers l'autre, comme on le découvre par l'expérience, quelle qu'en puisse être la cause. Il est encore plus déraisonnable de ne vouloir point admettre la gravitation ou l'attraction dans le sens que nous lui donnons, selon lequel elle est certainement un phénomène de la nature ; et de prétendre en même temps que nous admettions une hypothèse aussi étrange que l'est celle de l'harmonie préétablie, selon laquelle l'âme et le corps d'un homme n'ont pas plus d'influence l'un sur l'autre que deux horloges, qui vont également bien, quelque éloignées qu'elles soient l'une de l'autre, et sans qu'il y ait entre elles aucune action réciproque. Il est vrai que l'auteur dit que Dieu, prévoyant les inclinations de chaque âme, a formé dès le commencement la grande machine de l'univers d'une telle manière, qu'en vertu des simples lois du mécanisme les corps humains reçoivent des mouvements convenables, comme étant des parties de cette grande machine. Mais est-il possible que de pareils mouvements, et autant diversifiés que le sont ceux des corps humains, soient produits par un pur mécanisme, sans que la volonté et l'esprit agissent sur ces corps ? Est-il croyable que, lorsqu'un homme forme une résolution, et qu'il sait un mois par avance ce qu'il fera un certain jour, ou à une certaine heure ; est-il croyable, dis-je, que son corps, en vertu d'un simple mécanisme qui a été produit dans le monde matériel dès le commencement de la création, se conformera ponctuellement à toutes les résolutions de l'esprit de cet homme au temps marqué ? Selon cette hypothèse, tous les raisonnements philosophiques, fondés sur les phénomènes et sur les expériences, deviennent inutiles. Car, si l'harmonie préétablie est véritable, un homme ne voit, n'entend et ne sent rien, et il ne meut point son corps : il s'imagine seulement voir, entendre, sentir et mouvoir son corps. Et si les hommes étaient persuadés que le corps humain n'est qu'une pure machine, et que tous ses mouvements, qui paraissent volontaires, sont produits par les lois nécessaires d'un mécanisme matériel, sans aucune influence ou opération de l'âme sur les corps ; ils concluraient bientôt que cette machine est l'homme tout entier, et que l'âme harmonique, dans l'hypothèse d'une harmonie préétablie, n'est qu'une pure fiction et une vaine imagination. De plus, quelle difficulté évite-t-on par le moyen d'une si étrange hypothèse ? On n'évite que celle-ci, savoir, qu'il n'est pas possible de concevoir comment une substance immatérielle peut agir sur la matière. Mais Dieu n'est-il pas une substance immatérielle, et n'agit-il pas sur la matière ? D'ailleurs, est-il plus difficile de concevoir qu'une substance immatérielle agit sur la matière, que de concevoir que la matière agit sur la matière ? N'est-il pas aussi aisé de concevoir que certaines parties de matière peuvent être obligées de suivre les mouvements et les inclinations de l'âme, sans aucune impression corporelle, que de concevoir que certaines portions de matière soient obligées de suivre leurs mouvements réciproques, à cause de l'union ou adhésion de leurs parties, qu'on ne saurait expliquer par aucun mécanisme ; ou que les rayons de la lumière soient réfléchis régulièrement par une surface qu'ils ne touchent jamais ? C'est de quoi M. le chevalier Newton nous a donné diverses expériences oculaires dans son Optique.

Il n'est pas moins surprenant que l'auteur répète encore en termes formels que, depuis que le monde a été créé, la continuation du mouvement des corps célestes, la « formation des plantes et des ani-« maux, et tous les mouvements des corps humains et de tous les « autres animaux, ne sont pas moins mécaniques que les mouve-« ments d'une horloge ». Il me semble que ceux qui soutiennent ce sentiment devraient expliquer en détail par quelles lois de mécanisme les planètes et les comètes continuent de se mouvoir dans les orbes où elles se meuvent, au travers d'un espace qui ne fait point de résistance ; par quelles lois mécaniques les plantes et les animaux sont formés, et quelle est la cause des mouvements spontanés des animaux et des hommes, dont la variété est presque infinie. Mais je suis fortement persuadé qu'il n'est pas moins impossible d'expliquer toutes ces choses, qu'il le serait de faire voir qu'une maison ou une ville a été bâtie par un simple mécanisme, ou que le monde même a été formé dès le commencement sans aucune cause intelligente et active. L'auteur reconnaît formellement que les choses ne pouvaient pas être produites au commencement par un pur mécanisme. Après cet aveu, je ne saurais comprendre pourquoi il paraît si zélé à bannir Dieu du gouvernement actuel du monde, et à soutenir que sa providence ne consiste que dans un simple concours, comme on l'appelle, par lequel toutes les créatures ne font que ce qu'elles feraient d'elles-mêmes par un simple mécanisme. Enfin, je ne saurais concevoir pourquoi l'auteur s'imagine que Dieu est obligé, par sa nature ou par sa sagesse, de ne rien produire dans l'univers, que ce qu'une machine corporelle peut produire par de simples lois mécaniques, après qu'elle a été une fois mise en mouvement.

117. Ce que le savant auteur avoue ici, qu'il y a du plus et du moins dans les véritables miracles, et que les anges peuvent faire de tels miracles ; ceci, dis-je, est directement contraire à ce qu'il a dit ci-devant de la nature du miracle dans tous ses écrits.

118-123. Si nous disons que le soleil attire la terre au travers d'un espace vide ; c'est-à-dire que la terre et le soleil tendent l'un vers l'autre (quelle qu'en puisse être la cause), avec une force qui est en proportion directe de leurs masses, ou de leurs grandeurs et densités prises ensemble, et en proportion doublée inverse de leurs distances, et que l'espace qui est entre ces deux corps est vide, c'est-à-dire qu'il n'a rien qui résiste sensiblement au mouvement des corps qui le traversent ; tout cela n'est qu'un phénomène ou un fait actuel, découvert par l'expérience. Il est sans doute vrai que ce phénomène n'est pas produit sans moyen, c'est-à-dire sans une cause capable de produire un tel effet. Les philosophes peuvent donc rechercher cette cause, et tâcher de la découvrir, si cela leur est possible, soit qu'elle soit mécanique ou non mécanique. Mais s'ils ne peuvent pas découvrir cette cause, s'ensuit-il que l'effet même ou le phénomène découvert par l'expérience (c'est là tout ce que l'on veut dire par les mots d'attraction et de gravitation), s'ensuit-il, dis-je, que ce phénomène soit moins certain et moins incontestable ? Une qualité évidente doit-elle être appelée occulte, parce que la cause immédiate en est peut-être occulte, ou qu'elle n'est pas encore découverte ? Lorsqu'un corps se meut dans un cercle, sans s'éloigner par la tangente, il y a certainement quelque chose qui l'en empêche : mais si dans quelques cas il n'est pas possible d'expliquer mécaniquement la cause de cet effet, ou si elle n'a pas encore été découverte, s'ensuit-il que le phénomène soit faux ? Ce serait une manière de raisonner fort singulière.

124-130. Le phénomène même, l'attraction, la gravitation ou l'effort (quelque nom qu'on lui donne), par lequel les corps tendent l'un vers l'autre, et les lois ou les proportions de cette force sont assez connus par les observations et les expériences. Si M. Leibniz, ou quelque autre philosophe, peut expliquer ces phénomènes par les lois du mécanisme, bien loin d'être contredit, tous les savants l'en remercieront. En attendant, je ne saurais m'empêcher de dire que l'auteur raisonne d'une manière tout à fait extraordinaire, en comparant la gravitation, qui est un phénomène ou un fait actuel, avec la déclinaison des atomes, selon la doctrine d'Épicure ; lequel ayant corrompu, dans le dessein d'introduire l'athéisme, une philosophie plus ancienne et peut-être plus saine, s'avisa d'établir cette hypothèse, qui n'est qu'une pure fiction ; et qui d'ailleurs est impossible dans un monde où l'on suppose qu'il n'y a aucune intelligence.

Pour ce qui est du grand principe d'une raison suffisante, tout ce que le savant auteur ajoute ici touchant cette matière ne consiste qu'à soutenir sa conclusion, sans la prouver; et par conséquent il n'est pas nécessaire d'y répondre. Je remarquerai seulement que cette expression est équivoque; et qu'on peut l'entendre, comme si elle ne renfermait que la nécessité, ou comme si elle pouvait aussi signifier une volonté et un choix. Il est très certain, et tout le monde convient, qu'en général il y a une raison suffisante de chaque chose. Mais il s'agit de savoir si, dans certains cas, lorsqu'il est raisonnable d'agir, différentes manières d'agir possibles ne peuvent pas être également raisonnables, si, dans ces cas, la simple volonté de Dieu n'est pas une raison suffisante pour agir d'une certaine manière plutôt que d'une autre; et si, lorsque les raisons les plus fortes se trouvent d'un seul côté, les agents intelligents et libres n'ont pas un principe d'action (en quoi je crois que l'essence de la liberté consiste) tout à fait distinct du motif ou de la raison que l'agent a en vue? Le savant auteur nie tout cela. Et comme il établit son grand principe d'une raison suffisante, dans un sens qui exclut tout ce que je viens de dire, et qu'il demande qu'on lui accorde ce principe dans ce sens-là, quoiqu'il n'ait pas entrepris de le prouver, j'appelle cela une pétition de principe; ce qui est tout à fait indigne d'un philosophe.

N. B. La mort de M. Leibniz l'a empêché de répondre à cette cinquième réplique.

FIN DU TOME PREMIER

TABLE DES MATIÈRES

	Pages
Avis de l'Éditeur.	IV
Bibliographie de Leibniz.	V
Introduction	IX

Réflexions sur l'« Essai sur l'entendement humain » de M. Locke

I. — Échantillon de réflexions sur le livre Ier de l'*Essai de l'entendement de l'homme* 7
II. — Échantillon de réflexions sur le livre II 11

NOUVEAUX ESSAIS SUR L'ENTENDEMENT HUMAIN

Par l'auteur du « Système de l'harmonie préétablie »

Préface 13

LIVRE PREMIER

Des Notions innées

Chap. Ier. S'il y a des principes innés dans l'esprit de l'homme. . 35
Chap. II. Qu'il n'y a point de principes de pratique qui soient innés. 55
Chap. III. Autres considérations touchant les principes innés, tant ceux qui regardent la spéculation que ceux qui regardent la pratique. 68

LIVRE SECOND

Des Idées

Chap. Ier. Où l'on traite des idées en général et où l'on examine par occasion si l'âme de l'homme pense toujours. . 74
Chap. II. Des idées simples. 84
Chap. III. Des idées qui nous viennent par un seul sens. 84

Paul Janet. — Leibniz.   1.-52.

			Page
Chap.	IV.	De la solidité.	85
Chap.	V.	Des idées simples qui viennent par divers sens.	91
Chap.	VI.	Des idées simples qui viennent par réflexion	91
Chap.	VII.	Des idées simples qui viennent par sensation et par réflexion	92
Chap.	VIII.	Autres considérations sur les idées simples.	92
Chap.	IX.	De la perception.	96
Chap.	X.	De la rétention.	102
Chap.	XI.	De la faculté de discerner les idées.	103
Chap.	XII.	Des idées complexes	107
Chap.	XIII.	Des modes simples et premièrement de ceux de l'espace.	109
Chap.	XIV.	De la durée et de ses modes simples.	114
Chap.	XV.	De la durée et de l'expansion considérées ensemble.	117
Chap.	XVI.	Du nombre	118
Chap.	XVII.	De l'infinité.	120
Chap.	XVIII.	De quelques autres modes simples.	122
Chap.	XIX.	Des modes qui regardent la pensée	123
Chap.	XX.	Des modes du plaisir et de la douleur	125
Chap.	XXI.	De la puissance et de la liberté.	131
Chap.	XXII.	Des modes mixtes	174
Chap.	XXIII.	De nos idées complexes des substances	178
Chap.	XXIV.	Des idées collectives des substances.	187
Chap.	XXV.	De la relation.	187
Chap.	XXVI.	De la cause et de l'effet et de quelques autres relations	189
Chap.	XXVII.	Ce que c'est qu'identité ou diversité.	190
Chap.	XXVIII.	De quelques autres relations et surtout des relations morales	207
Chap.	XXIX.	Des idées claires et obscures, distinctes et confuses.	213
Chap.	XXX.	Des idées réelles et chimériques.	222
Chap.	XXXI.	Des idées complètes et incomplètes	224
Chap.	XXXII.	Des vraies et des fausses idées.	227
Chap.	XXXIII.	De l'association des idées.	227

LIVRE TROISIÈME

Des Mots

Chap.	Ier.	Des mots ou du langage en général.	231
Chap.	II.	De la signification des mots	235
Chap.	III.	Des termes généraux	245
Chap.	IV.	Des noms des idées simples.	254
Chap.	V.	Des noms des modes mixtes et des relations.	258
Chap.	VI.	Des noms des substances.	262
Chap.	VII.	Des particules.	290
Chap.	VIII.	Des termes abstraits et concrets	294

			Pages
Chap.	IX.	De l'imperfection des mots.	295
Chap.	X.	De l'abus des mots.	301
Chap.	XI.	Des remèdes qu'on peut apporter aux imperfections et aux abus dont on vient de parler	311

LIVRE QUATRIÈME

De la Connaissance

Chap.	1er.	De la connaissance en général.	317
Chap.	II.	Des degrés de notre connaissance.	323
Chap.	III.	De l'étendue de la connaissance humaine.	337
Chap.	IV.	De la réalité de notre connaissance.	353
Chap.	V.	De la vérité en général.	358
Chap.	VI.	Des propositions universelles, de leur vérité et de leur certitude	360
Chap.	VII.	Des propositions qu'on nomme maximes ou axiomes.	368
Chap.	VIII.	Des propositions frivoles	391
Chap.	IX.	De la connaissance que nous avons de notre existence.	396
Chap.	X.	De la connaissance que nous avons de l'existence de Dieu	398
Chap.	XI.	De la connaissance que nous avons de l'existence des autres choses	407
Chap.	XII.	Des moyens d'augmenter nos connaissances	412
Chap.	XIII.	Autres considérations sur notre connaissance	421
Chap.	XIV.	Du jugement.	421
Chap.	XV.	De la probabilité.	422
Chap.	XVI.	Des degrés d'assentiment.	424
Chap.	XVII.	De la raison.	441
Chap.	XVIII.	De la foi et de la raison et de leurs bornes distinctes.	462
Chap.	XIX.	De l'enthousiasme.	474
Chap.	XX.	De l'erreur.	478
Chap.	XXI.	De la division des sciences.	490

Correspondance de Leibniz et d'Arnauld (1686-1690) 499

Méditationes de Cognitione, Veritate et Ideis (1684). 621

Lettre sur la question si l'essence du corps consiste dans l'étendue (*Journal des Savants*, 18 juin 1691, p. 259) 627

Extrait d'une lettre pour soutenir ce qu'il y a de lui dans le « Journal des Savants » du 18 juin 1691 (*Journal des Savants*, 5 janvier 1693). 630

De primæ philosophiæ Emendatione et de Notione-substantiæ (1694). 632

Système nouveau de la nature (*Journal des Savants*, 27 juin 1695). 635

	Pages
Réponse de M. Foucher a Leibniz sur son nouveau système de la connaissance des substances (*Journal des Savants*, 12 septembre 1695).	645
Eclaircissement du nouveau système de la communication des substances (1696).	649
Second éclaircissement du « système de la communication des substances » (*Histoire des ouvrages des Savants*, février 1696).	653
Troisième éclaircissement : Extrait d'une lettre de M. Leibniz (*Journal des Savants*, 19 novembre 1696)	656
De rerum Originatione radicali (1697).	659
De ipsa Natura (1698).	666
De la démonstration cartésienne de l'existence de Dieu du R. P. Lami (*Mémoires de Trévoux*, 1701).	679
Considérations sur la doctrine d'un esprit universel (1702).	684
Réplique aux réflexions contenues dans la seconde édition du Dictionnaire critique de M. Bayle, article Rorarius sur le système de l'harmonie préétablie (*Histoire critique de la République des Lettres*, t. XI, p. [1702]).	694
La monadologie. Thèses de philosophie ou thèses rédigées en faveur du prince Eugène (1714).	707
Principes de la nature et de la grace fondés en raison (*L'Europe savante*, nov., art. VI).	723
Recueil de lettres entre Leibniz et Clarke, sur Dieu, l'ame, l'espace, la durée, etc. (1715-1716).	732
Table des matières..	7

Tours, Imprimerie E. Arrault et Cie

www.ingramcontent.com/pod-product-compliance
Lightning Source LLC
Chambersburg PA
CBHW070836020526
44114CB00041B/1288